이 책을 검토해 주신 선생님들

해법문학
수필·극

구성과 특징

- **2015 교육과정 10종 문학, 11종 국어 및 기타 교과서 수록 문학 작품 완전 분석**
  10종 문학 교과서, 11종 국어 교과서 및 독서, 화법과 작문, 언어와 매체 교과서에 수록된 문학 작품들을 망라하여 수록하였습니다.

- **교과서 수록 작품의 핵심을 모아 공부할 수 있는 자율 학습의 기본서**
  교과서에서 중요하게 다루는 학습 활동 내용을 중심으로 각 작품의 상세한 분석과 함께 핵심 내용을 한눈에 볼 수 있도록 구조화하여 쉽고 재미있게 학습할 수 있도록 하였습니다.

- **출제 가능성이 높은 문제로 내신과 수능에 철저한 대비**
  각 작품의 핵심 내용을 문제화하고, 교과서의 학습 활동을 응용한 문제와 수능 및 평가원, 교육청 기출문제, 비중이 높아지고 있는 서술형 문제 등을 제시하여 내신과 수능에 효율적으로 대비하도록 하였습니다.

▶ 갈래별 기본 개념을 풍부한 예시와 함께 제시하며 문학의 기본기를 다지고 간단 개념 체크를 통해 학습한 내용을 확인할 수 있도록 구성하였습니다.

▶ 연표를 통해 시각적으로 시대를 개관하면서 시대별 특징과 주요 작가 및 작품들을 풍부한 예시와 함께 정리하여 각 시대를 이해하는 배경지식을 얻을 수 있도록 하였습니다. 또한 간단 개념 체크를 통해 학습한 내용을 확인할 수 있도록 하였습니다.

❶ **핵심 정리** 작품의 성격, 주제, 특징 등 작품과 관련된 핵심적인 내용을 한눈에 살펴볼 수 있도록 정리하였습니다.

❷ **어휘·구절 풀이** 작품의 내용을 이해하기 쉽도록 어려운 어휘나 주요 구절을 상세하게 풀이하여 제시하였습니다.

❸ **본문 분석** 교과서 수록 작품 중 문학사적으로 중요하고 출제 가능성이 높은 작품을 선정하였습니다. 또한 행간주 등의 주석을 활용하여 작품에 대한 이해의 폭을 넓힐 수 있도록 하였습니다.

❹ **이해와 감상** 작품에 대한 체계적인 분석과 해설을 통해 작품의 내용을 바르게 이해하고 감상할 수 있도록 하였습니다.

❺ **작품 연구소** 시험에 자주 출제되고 중요한 작품의 핵심 내용을 이해하기 쉬운 도식과 알기 쉬운 해설로 제시하였습니다.

❻ **키포인트 체크** 작품의 주요 구성 요소를 파악하고, 빈칸에 알맞은 답을 넣어 봄으로써 작품을 한눈에 정리할 수 있도록 하였습니다.

❼ **확인 문제** 학습 활동에서 다루는 내용을 문제화하고 수능 및 평가원, 교육청 기출문제를 제시하였습니다.

❽ **함께 읽으면 좋은 작품** 본문에 수록된 작품과 함께 읽으면 좋은 작품을 소개하여 감상의 폭을 넓힐 수 있도록 하였습니다.

▶ 본문에서 다루지 않은 작품들을 핵심 정리, 이해와 감상, 작품 연구소 등의 충실한 자료와 키포인트 체크를 통해 학습할 수 있도록 구성하였습니다.

차례

I. 수필 문학

- 수필 문학 핵심 노트 16
- 한국 수필 문학사 20

1. 한국 수필

			문학							고등국어	독서	화법과작문	언어와매체
천재(김)	천재(정)	금성	동아	미래엔	비상	신사고	지학사	창비	해냄	고등국어	독서	화법과작문	언어와매체
001 이제야 참 조선인이 되었다 | 이봉창 22												비상		
002 산촌 여정 | 이상 24			●		●									
003 권태 | 이상 26							●							
004 여백을 위한 잡담 | 박태원 28									●					
005 바다 | 이태준 30								●						
006 파초 | 이태준 32														
007 게 | 김용준 34														
008 무궁화 | 이양하 36														
009 측상락 | 윤오영 38			●											
010 은전 한 닢 | 피천득 40					●									
011 뒤지가 진적 | 이희승 42	●													
012 산정무한 | 정비석 44														
013 특급품 | 김소운 46			●											
014 수필 | 피천득 48							●				지학사			지학사
015 참새 | 윤오영 50						●								
016 설해목 | 법정 52										●				
017 비닐우산 | 정진권 54											천재(이)			
018 당신이 나무를 더 사랑하는 까닭 | 신영복 56											신사고			
019 새 출발점에 선 당신에게 | 신영복 58						●					창비			
020 젊은 아버지의 추억 | 성석제 60								●						
021 내 유년의 울타리는 탱자나무였다 | 나희덕 62											지학사	미래엔		
022 반 통의 물 | 나희덕 64											비상(박안) 외 1			
023 존재의 테이블 | 나희덕 66				●										
024 순후와 질박함에 대하여 | 공선옥 68						●								
025 미안합니다 | 장영희 70											비상(박영)	비상		
026 하필이면 | 장영희 72											동아			
027 관용은 자기와 다른 것, 자기에게 없는 것에 대한 애정입니다 | 신영복 74										●				

			문학										고등국어	독서	화법과작문	언어와매체
			천재(김)	천재(정)	금성	동아	미래엔	비상	신사고	지학사	창비	해냄				
028	피혁삼우 | 오병훈	76											금성	비상		
029	소년 시절의 맛 | 성석제	78											해냄			
030	성난 풀잎 | 이문구	80					●									
031	꽃 출석부 1 | 박완서	82												천재		
032	앎과 힘의 뿌리, 문화유산 | 윤구병	84												미래엔		
033	네가 누리는 축복을 세어 보라 | 장영희	86											금성			
034	너라는 꽃이 피는 계절 | 김난도	88											천재(이)			
035	한 그루 나무처럼 | 윤대녕	90											비상(박영)			
036	나와 남 | 장영희	92							●							
037	우리는 어디로부터 왔는가 | 최인호	94											동아			
038	풀 비린내에 대하여 | 나희덕	96		●										신사고		
039	오해 | 박완서	98											천재(박)			
040	내리막길의 어려움 | 박완서	100	●													
041	우주와 사랑을 품은 요리, 볶음밥 | 노명우	102											천재(이)			
042	책 속에 길이 있다 | 이권우	104											비상(박안)			
043	과학자의 서재 | 최재천	106											천재(이)	비상		
044	신생 | 현기영	108												동아		
045	총, 꽃, 시 | 정재찬	110								●						

더 읽을 작품

			천재(김)	천재(정)	금성	동아	미래엔	비상	신사고	지학사	창비	해냄	고등국어	독서	화법과작문	언어와매체
046	옥중에서 보낸 편지 – 어머님께 | 심훈	112		●										신사고		
047	헐려 짓는 광화문 | 설의식	113											천재(이)			
048	불국사 기행 | 현진건	114														
049	조춘점묘 – 공지에서 | 이상	115														
050	신록 예찬 | 이양하	116														
051	귀거래 – 다도해기 6 | 정지용	117				●										
052	선부 자화상 | 김용준	118								●						
053	계절의 오행 | 이육사	119											금성			

차례

번호	제목	쪽	천재(김)	천재(정)	금성	동아	미래엔	비상	신사고	지학사	창비	해냄	고등국어	독서	화법과작문	언어와매체
054	나의 소원 | 김구	120														비상
055	구두 | 계용묵	121													천재	
056	나의 슬픈 반생기 | 한하운	122					●									
057	나무 | 이양하	123												신사고		비상
058	플루트 연주자 | 피천득	124											지학사			
059	엽차와 인생과 수필 | 윤오영	125				●										
060	다듬이 | 정진권	126														
061	거꾸로 보기 | 법정	127													지학사	
062	두꺼운 삶과 얇은 삶 | 김현	128													지학사	
063	지란지교를 꿈꾸며 | 유안진	129	●													
064	나는 걷고 싶다 | 신영복	130									●					
065	외래어 노이로제 | 박완서	131											천재(이)			
066	무량수전 배흘림기둥에 기대서서 | 최순우	132														
067	어리석은 자의 우직함이 세상을 조금씩 바꿔 갑니다 | 신영복	133												동아		
068	실수 | 나희덕	134													창비	
069	아름다운 흉터 | 이청준	135													비상	
070	밤의 순례 | 오정희	136												동아		
071	제비꽃은 제비꽃답게 피면 됩니다 | 정호승	137							●							
072	버려진 것들의 생명력 | 최성각	138							●							
073	회상 | 김훈	139											천재(이)			
074	옹달샘에서 달을 긷다 | 법정	140												동아		
075	괜찮아 | 장영희	141											신사고 외 1			
076	속는 자와 속이는 자 | 장영희	142											미래엔			
077	맛있는 책, 일생의 보약 | 성석제	143											신사고			
078	아날로그 변환 | 윤대녕	144													비상	
079	내 유년의 강, 명포를 추억하며 | 박정애	145									●					
080	눈 감아라 눈 감아라 | 김용택	146		●												
081	사랑하는 자의 모습으로 | 정혜윤	147									●					

2. 외국 수필

082	이탈리아 기행	괴테	148
083	〈감자 먹는 사람들〉에 대하여	빈센트 반 고흐	149
084	아버지의 뒷모습	주쯔칭	150
085	헛, 허허허허!	루쉰	151
086	안네의 일기	안네 프랑크	152
087	모리와 함께한 화요일	미치 앨봄	153
088	수레바퀴 자국에 고인 물속의 붕어	서경식	154
089	나는 말랄라	말랄라 유사프자이·크리스티나 램	155

II. 극 문학

| ● 극 문학 핵심 노트 | 158 |
| ● 한국 극 문학사 | 162 |

1. 한국 희곡

001	산돼지	김우진	164
002	토막	유치진	168
003	영웅 모집	채만식	172
004	소	유치진	176
005	제향날	채만식	180
006	동승	함세덕	184
007	살아 있는 이중생 각하	오영진	188
008	불모지	차범석	192
009	성난 기계	차범석	196
010	원고지	이근삼	200
011	만선	천승세	204
012	파수꾼	이강백	208

| 문학 | | | | | | | | | | 고등국어 | 독서 | 화법과작문 | 언어와매체 |
천재(김)	천재(정)	금성	동아	미래엔	비상	신사고	지학사	창비	해냄				
											비상		
											미래엔		
												지학사	
		●											
										천재(이) 외 1		지학사	
												지학사	
		●											
		●											
					●								
●													
●													
							●						
										동아			
			●			●							
										신사고 외 1			
		●	●				●						
	●		●		●					미래엔 외 1			

번호	작품	쪽
013	결혼 | 이강백	212
014	둥둥 낙랑둥 | 최인훈	216
015	칠산리 | 이강백	220
016	북어 대가리 | 이강백	224
017	비 오는 날이면 가리봉동에 가야 한다 | 양귀자 원작, 김윤주 각색	228

더 읽을 작품

번호	작품	쪽
018	산허구리 | 함세덕	232
019	맹 진사 댁 경사 | 오영진	233
020	정직한 사기한 | 오영진	234
021	산불 | 차범석	235
022	국물 있사옵니다 | 이근삼	236
023	어디서 무엇이 되어 만나랴 | 최인훈	237
024	출세기 | 윤대성	238
025	그 여자의 소설 | 엄인희	239
026	밥 | 김지하 원작, 임진택 각색	240
027	느낌, 극락 같은 | 이강백	241
028	집 | 김인경	242
029	빨래 | 추민주	243

2. 한국 시나리오

030	오발탄 | 이범선 원작, 나소운·이종기 각색	244
031	난장이가 쏘아 올린 작은 공 | 조세희 원작, 박진숙 극본	248
032	메밀꽃 필 무렵 | 이효석 원작, 동희선·홍윤정 각본	252
033	김 씨 표류기 | 이해준	256
034	고맙습니다 | 이경희	260
035	세상에서 가장 아름다운 이별 | 노희경 원작, 민규동 각색	264

교과서 연계표

번호	천재(김)	천재(정)	금성	동아	미래엔	비상	신사고	지학사	창비	해냄	고등국어	독서	화법과작문	언어와매체
013										●	비상(박안) 외 1			
014											천재(이)			
015														
016	●						●		●					
017									●					
018														
030			●											
031					●									
032						●								
033					●									
034											천재(이)			
035											지학사			

					문학						고등국어	독서	화법과 작문	언어와 매체
	천재(김)	천재(정)	금성	동아	미래엔	비상	신사고	지학사	창비	해냄				
036 그대를 사랑합니다 | 강풀 원작, 이만희 각색 268							●							
037 뿌리 깊은 나무 | 이정명 원작, 김영현·박상연 각색 272		●							●					비상
038 마이 리틀 히어로 | 안호경 각본, 황조윤 각색 276	●										미래엔			
039 두근두근 내 인생 | 김애란 원작, 최민석 외 각본 280											천재(박) 외 1			
040 님아, 그 강을 건너지 마오 | 진모영 284			●											
041 오늘부터 하모니 | 승형수·오혜성 288											동아			

더 읽을 작품

					문학						고등국어	독서	화법과 작문	언어와 매체
042 독 짓는 늙은이 | 황순원 원작, 신봉승·여수중 각색 292														
043 장마 | 윤흥길 원작, 윤삼육 각색 293														
044 8월의 크리스마스 | 오승욱·신동환·허진호 294								●					지학사	
045 공동 경비 구역 제이에스에이 | 박상연 원작, 박찬욱 외 각색 295														
046 건축학 개론 | 이용주 296													미래엔	
047 동주 | 신연식 297									●					

3. 외국 극

					문학						고등국어	독서	화법과 작문	언어와 매체
048 오이디푸스왕 | 소포클레스 298														
049 베니스의 상인 | 셰익스피어 299														
050 로미오와 줄리엣 | 셰익스피어 300				●		●	●							
051 햄릿 | 셰익스피어 301										●				
052 인형의 집 | 입센 302	●													
053 벚꽃 동산 | 체호프 303														
054 칼레의 시민들 | 게오르크 카이저 304														
055 유리 동물원 | 테네시 윌리엄스 305														

• 정답과 해설   306

작품 찾아보기

ㄱ

〈감자 먹는 사람들〉에 대하여 | 빈센트 반 고흐   149

거꾸로 보기 | 법정   127

건축학 개론 | 이용주   296

게 | 김용준   34

결혼 | 이강백   212

계절의 오행 | 이육사   119

고맙습니다 | 이경희   260

공동 경비 구역 제이에스에이 | 박상연 원작, 박찬욱 외 각색   295

과학자의 서재 | 최재천   106

관용은 자기와 다른 것, 자기에게 없는 것에 대한 애정입니다 | 신영복   74

괜찮아 | 장영희   141

구두 | 계용묵   121

국물 있사옵니다 | 이근삼   236

권태 | 이상   26

귀거래 – 다도해기 6 | 정지용   117

그 여자의 소설 | 엄인희   239

그대를 사랑합니다 | 강풀 원작, 이만희 각색   268

김 씨 표류기 | 이해준   256

꽃 출석부 1 | 박완서   82

ㄴ

나는 걷고 싶다 | 신영복   130

나는 말랄라 | 말랄라 유사프자이·크리스티나 램   155

나무 | 이양하   123

나와 남 | 장영희   92

나의 소원 | 김구   120

나의 슬픈 반생기 | 한하운   122

난장이가 쏘아 올린 작은 공 | 조세희 원작, 박진숙 극본   248

내 유년의 강, 명포를 추억하며 | 박정애   145

내 유년의 울타리는 탱자나무였다 | 나희덕   62

내리막길의 어려움 | 박완서   100

너라는 꽃이 피는 계절 | 김난도   88

네가 누리는 축복을 세어 보라 | 장영희   86

눈 감아라 눈 감아라 | 김용택   146

느낌, 극락 같은 | 이강백   241

님아, 그 강을 건너지 마오 | 진모영   284

ㄷ

다듬이 | 정진권   126

당신이 나무를 더 사랑하는 까닭 | 신영복   56

독 짓는 늙은이 | 황순원 원작, 신봉승·여수중 각색   292

동승 | 함세덕   184

동주 | 신연식   297

두근두근 내 인생 | 김애란 원작, 최민석 외 각본   280

두꺼운 삶과 얇은 삶 | 김현   128

둥둥 낙랑둥 | 최인훈   216

뒤지가 진적 | 이희승   42

ㄹ

로미오와 줄리엣 | 셰익스피어   300

ㅁ

마이 리틀 히어로 | 안호경 각본, 황조윤 각색   276

만선 | 천승세   204

맛있는 책, 일생의 보약 | 성석제   143

맹 진사 댁 경사 | 오영진   233

메밀꽃 필 무렵 | 이효석 원작, 동희선·홍윤정 각본   252

모리와 함께한 화요일 | 미치 앨봄   153

무궁화 | 이양하   36

무량수전 배흘림기둥에 기대서서 | 최순우   132

미안합니다 | 장영희   70

ㅂ

바다 | 이태준   30

반 통의 물 | 나희덕   64

밤의 순례 | 오정희   136

밥 | 김지하 원작, 임진택 각색   240

버려진 것들의 생명력 | 최성각   138

벚꽃 동산 | 체호프   303

베니스의 상인 | 셰익스피어   299

북어 대가리 | 이강백   224

불국사 기행 | 현진건   114

불모지 | 차범석   192

비 오는 날이면 가리봉동에 가야 한다 | 양귀자 원작, 김윤주 각색   228

비닐우산 | 정진권   54

빨래 | 추민주   243

뿌리 깊은 나무 | 이정명 원작, 김영현·박상연 각색   272

ㅅ

사랑하는 자의 모습으로 | 정혜윤   147

산돼지 | 김우진   164

산불 | 차범석   235

산정무한 | 정비석   44

산촌 여정 | 이상   24

산허구리 | 함세덕   232

살아 있는 이중생 각하 | 오영진   188

새 출발점에 선 당신에게 | 신영복   58

선부 자화상 | 김용준   118

설해목 | 법정   52

성난 기계 | 차범석   196

성난 풀잎 | 이문구   80

세상에서 가장 아름다운 이별 | 노희경 원작, 민규동 각색   264

소 | 유치진   176

소년 시절의 맛 | 성석제   78

속는 자와 속이는 자 | 장영희   142

수레바퀴 자국에 고인 물속의 붕어 | 서경식   154

수필 | 피천득   48

순후와 질박함에 대하여 | 공선옥   68

신록 예찬 | 이양하   116

신생 | 현기영   108

실수 | 나희덕   134

ㅇ

아날로그 변환 | 윤대녕   144

아름다운 흉터 | 이청준   135

아버지의 뒷모습 | 주쯔칭   150

안네의 일기 | 안네 프랑크   152

앎과 힘의 뿌리, 문화유산 | 윤구병   84

어디서 무엇이 되어 만나랴 | 최인훈   237

어리석은 자의 우직함이 세상을 조금씩 바꿔 갑니다 | 신영복   133

여백을 위한 잡담 | 박태원   28

엽차와 인생과 수필 | 윤오영   125

영웅 모집 | 채만식   172

오늘부터 하모니 | 승형수·오혜성   288

오발탄 | 이범선 원작, 나소운·이종기 각색   244

오이디푸스왕 | 소포클레스   298

오해 | 박완서   98

옥중에서 보낸 편지 – 어머님께 | 심훈   112

옹달샘에서 달을 긷다 | 법정   140

외래어 노이로제 | 박완서   131

우리는 어디로부터 왔는가 | 최인호   94

우주와 사랑을 품은 요리, 볶음밥 | 노명우   102

원고지 | 이근삼   200

유리 동물원 | 테네시 윌리엄스   305

은전 한 닢 | 피천득   40

이제야 참 조선인이 되었다 | 이봉창   22

이탈리아 기행 | 괴테   148

인형의 집 | 입센   302

ㅈ

장마 | 윤흥길 원작, 윤삼육 각색   293

젊은 아버지의 추억 | 성석제   60

정직한 사기한 | 오영진   234

제비꽃은 제비꽃답게 피면 됩니다 | 정호승   137

제향날 | 채만식   180

조춘점묘 – 공지에서 | 이상   115

존재의 테이블 | 나희덕   66

지란지교를 꿈꾸며 | 유안진   129

집 | 김인경   242

ㅊ

참새 | 윤오영   50

책 속에 길이 있다 | 이권우   104

총, 꽃, 시 | 정재찬   110

출세기 | 윤대성   238

측상락 | 윤오영   38

칠산리 | 이강백   220

ㅋ

칼레의 시민들 | 게오르크 카이저   304

ㅌ

토막 | 유치진   168

특급품 | 김소운   46

ㅍ

파수꾼 | 이강백   208

파초 | 이태준   32

8월의 크리스마스 | 오승욱·신동환·허진호   294

풀 비린내에 대하여 | 나희덕   96

플루트 연주자 | 피천득   124

피혁삼우 | 오병훈   76

ㅎ

하필이면 | 장영희   72

한 그루 나무처럼 | 윤대녕   90

햄릿 | 셰익스피어   301

헐려 짓는 광화문 | 설의식   113

헛, 허허허허! | 루쉰   151

회상 | 김훈   139

작가 찾아보기

ㄱ

게오르크 카이저	칼레의 시민들	304
계용묵	구두	121
공선옥	순후와 질박함에 대하여	68
괴테	이탈리아 기행	148
김구	나의 소원	120
김난도	너라는 꽃이 피는 계절	88
김소운	특급품	46
김영현	뿌리 깊은 나무	272
김용준	게	34
	선부 자화상	118
김용택	눈 감아라 눈 감아라	146
김우진	산돼지	164
김윤주	비 오는 날이면 가리봉동에 가야 한다	228
김인경	집	242
김현	두꺼운 삶과 얇은 삶	128
김훈	회상	139

ㄴ

나소운	오발탄	244
나희덕	내 유년의 울타리는 탱자나무였다	62
	반 통의 물	64
	실수	134
	존재의 테이블	66
	풀 비린내에 대하여	96
노명우	우주와 사랑을 품은 요리, 볶음밥	102

ㄷ

동희선	메밀꽃 필 무렵	252

ㄹ

루쉰	헛, 허허허허!	151

ㅁ

말랄라 유사프자이	나는 말랄라	155
미치 앨봄	모리와 함께한 화요일	153
민규동	세상에서 가장 아름다운 이별	264

ㅂ

박상연	뿌리 깊은 나무	272
박완서	꽃 출석부 1	82

	내리막길의 어려움	100
	오해	98
	외래어 노이로제	131
박정애	내 유년의 강, 명포를 추억하며	145
박진숙	난장이가 쏘아 올린 작은 공	248
박찬욱	공동 경비 구역 제이에스에이	295
박태원	여백을 위한 잡담	28
법정	거꾸로 보기	127
	설해목	52
	옹달샘에서 달을 긷다	140
빈센트 반 고흐	〈감자 먹는 사람들〉에 대하여	149

ㅅ

서경식	수레바퀴 자국에 고인 물속의 붕어	154
설의식	헐려 짓는 광화문	113
성석제	맛있는 책, 일생의 보약	143
	소년 시절의 맛	78
	젊은 아버지의 추억	60
셰익스피어	로미오와 줄리엣	300
	베니스의 상인	299
	햄릿	301
소포클레스	오이디푸스왕	298
승형수	오늘부터 하모니	288
신동환	8월의 크리스마스	294
신봉승	독 짓는 늙은이	292
신연식	동주	297
신영복	관용은 자기와 다른 것, 자기에게 없는 것에 대한 애정입니다	74
	나는 걷고 싶다	130
	당신이 나무를 더 사랑하는 까닭	56
	새 출발점에 선 당신에게	58
	어리석은 자의 우직함이 세상을 조금씩 바꿔 갑니다	133
심훈	옥중에서 보낸 편지 – 어머님께	112

ㅇ

안네 프랑크	안네의 일기	152
안호경	마이 리틀 히어로	276
엄인희	그 여자의 소설	239
여수중	독 짓는 늙은이	292
오병훈	피혁삼우	76
오승욱	8월의 크리스마스	294
오영진	맹 진사 댁 경사	233
	살아 있는 이중생 각하	188
	정직한 사기한	234
오정희	밤의 순례	136
오혜성	오늘부터 하모니	288
유안진	지란지교를 꿈꾸며	129
유치진	소	176
	토막	168

윤구병	앎과 힘의 뿌리, 문화유산	84
윤대녕	아날로그 변환	144
	한 그루 나무처럼	90
윤대성	출세기	238
윤삼육	장마	293
윤오영	엽차와 인생과 수필	125
	참새	50
	측상락	38
이강백	결혼	212
	느낌, 극락 같은	241
	북어 대가리	224
	칠산리	220
	파수꾼	208
이경희	고맙습니다	260
이권우	책 속에 길이 있다	104
이근삼	국물 있사옵니다	236
	원고지	200
이만희	그대를 사랑합니다	268
이문구	성난 풀잎	80
이봉창	이제야 참 조선인이 되었다	22
이상	권태	26
	산촌 여정	24
	조춘점묘 – 공지에서	115
이양하	나무	123
	무궁화	36
	신록 예찬	116
이용주	건축학 개론	296
이육사	계절의 오행	119
이종기	오발탄	244
이청준	아름다운 흉터	135
이태준	바다	30
	파초	32
이해준	김 씨 표류기	256
이희승	뒤지가 진적	42
임진택	밥	240
입센	인형의 집	302

ㅈ		
장영희	괜찮아	141
	나와 남	92
	네가 누리는 축복을 세어 보라	86
	미안합니다	70
	속는 자와 속이는 자	142
	하필이면	72
정비석	산정무한	44
정재찬	총, 꽃, 시	110
정지용	귀거래 – 다도해기 6	117
정진권	다듬이	126
	비닐우산	54

정혜윤	사랑하는 자의 모습으로	147
정호승	제비꽃은 제비꽃답게 피면 됩니다	137
주쯔칭	아버지의 뒷모습	150
진모영	님아, 그 강을 건너지 마오	284

ㅊ		
차범석	불모지	192
	산불	235
	성난 기계	196
채만식	영웅 모집	172
	제향날	180
천승세	만선	204
체호프	벚꽃 동산	303
최민석	두근두근 내 인생	280
최성각	버려진 것들의 생명력	138
최순우	무량수전 배흘림기둥에 기대서서	132
최인호	우리는 어디로부터 왔는가	94
최인훈	둥둥 낙랑둥	216
	어디서 무엇이 되어 만나랴	237
최재천	과학자의 서재	106
추민주	빨래	243

ㅋ		
크리스티나 램	나는 말랄라	155

ㅌ		
테네시 윌리엄스	유리 동물원	305

ㅍ		
피천득	수필	48
	은전 한 닢	40
	플루트 연주자	124

ㅎ		
한하운	나의 슬픈 반생기	122
함세덕	동승	184
	산허구리	232
허진호	8월의 크리스마스	294
현기영	신생	108
현진건	불국사 기행	114
홍윤정	메밀꽃 필 무렵	252
황조윤	마이 리틀 히어로	276

이제야 참 조선인이 되었다   산촌 여정   권태   여백을 위한 잡담   바다   파초   게   무궁화

측상락   은전 한 닢   뒤지가 진적   산정무한   특급품   수필   참새   설해목   비닐우산

당신이 나무를 더 사랑하는 까닭   새 출발점에 선 당신에게   젊은 아버지의 추억

내 유년의 울타리는 탱자나무였다   반 통의 물   존재의 테이블   순후와 질박함에 대하여

미안합니다   하필이면   관용은 자기와 다른 것, 자기에게 없는 것에 대한 애정입니다   피혁삼우

소년 시절의 맛   성난 풀잎   꽃 출석부 1   앎과 힘의 뿌리, 문화유산   네가 누리는 축복을 세어 보라

너라는 꽃이 피는 계절   한 그루 나무처럼   나와 남   우리는 어디로부터 왔는가   풀 비린내에 대하여   오해

내리막길의 어려움   우주와 사랑을 품은 요리, 볶음밥   책 속에 길이 있다   과학자의 서재   신생   총, 꽃, 시

I

수필 문학

수필 문학 핵심 노트

❶ 수필의 개념

인생에 대한 관조와 체험을 개성적 문체로 표현하여 붓 가는 대로 자연스럽게 쓴 글로, 정해진 형식 없이 글쓴이 자신을 진실하게 드러내면서 멋과 운치를 곁들인 산문 문학의 한 갈래이다.

❷ 수필의 특성

(1) **개성의 문학**: 글쓴이 자신이 서술의 주체인 '나'로, 다른 문학 갈래에 비해 글쓴이의 체험, 생활 태도, 인생관 및 세계관 등 개성적 면모가 솔직하게 표현된다.
　예 권정생, 〈사는 거야 어디 살건〉: 어렵고 궁핍한 삶을 살아가면서도 소외된 존재를 사랑으로 감싸 안고자 했던 글쓴이의 인생관이 잘 드러나 있음.

(2) **자유로운 형식의 문학**: 다른 문학 갈래에 비해 특정한 형식적 제한을 받지 않아 '무형식의 형식'으로 설명된다. 이는 형식을 무시한 채 써도 된다는 것이 아니라 다양한 형식으로 자유롭게 쓸 수 있다는 의미이다.
　예 이태준, 〈물〉: 소재 '물'에 대한 글쓴이의 생각이 '처음-중간-끝'의 구조나 논리적 순서와 상관없이 자유롭게 서술되어 있음.

(3) **비전문적인 문학**: 수필을 쓰는 데 특별한 재능이나 조건이 필요하지 않으므로 누구나 쓸 수 있는 대중적인 문학이다.
　예 김억중, 〈문학과 건축, 그 동상이몽〉: 문학 작품의 작가가 아닌, 건축가인 글쓴이가 문학과 건축의 관계에 대한 자신의 의견을 밝힘.

(4) **교훈과 성찰의 문학**: 인생에 대한 깊이 있는 사색으로 독자로 하여금 감동을 느끼고 자신의 삶을 반성할 수 있게 한다.
　예 법정, 〈무소유〉: 난을 키운 체험을 바탕으로 진정한 마음의 자유를 얻기 위해서는 무소유의 정신을 가져야 한다는 교훈을 전달함.

(5) **멋과 운치의 문학**: 수필에서 유머와 위트는 글쓴이의 개성을 두드러지게 하는 요소로, 건조함을 덜어 주고 지적인 감흥을 불러일으킨다.
　예 성석제, 〈소년 시절의 맛〉: 어린 시절, 학창 시절, 군인 시절에 먹었던 라면의 맛과 이를 다시 찾고자 한 노력들을 흥겨운 입담으로 풀어냄.　**Link** 본책 78쪽

❸ 수필의 요소

(1) **수필의 내용 요소**

① **제재**: 글쓴이가 주제를 구현하기 위해 선택한 소재. 글쓴이가 체험하고 사고할 수 있는 모든 것이 그 대상이 될 수 있다.

② **주제**: 글쓴이가 글 속에서 드러내고자 하는 중심 생각. 글쓴이가 제재를 대하는 태도를 통해 간접적으로 드러나기도 하지만, 글 속에 직접 서술되기도 한다.

③ **글쓴이의 관점 및 태도**: 글쓴이가 소재에 대하여 가지고 있는 느낌이나 생각. 이러한 글쓴이의 태도에 따라 글의 주제가 달라질 수 있다.

(2) 수필의 형식 요소

① 표현 기법: 글의 주제를 효과적으로 드러내기 위해 비유와 상징, 강조하기, 변화 주기 등의 다양한 표현 방법이 사용된다.

② 구성: '경험 – 성찰 – 깨달음', '대상 – 관조 – 의미 발견' 등과 같이 글의 내용을 일정한 원리에 따라 배열한 순서를 말한다.

③ 문체: 글쓴이의 개성이 드러나는 독특한 표현으로, 문장을 통해 드러난다.

⑩ 곽재구, 〈그림엽서〉

※ 내용 요소

제재	장애인 부부의 아름다운 삶
주제	삶을 아름답게 가꾸어 나가는 마음가짐의 중요성
글쓴이의 관점 및 태도	시각 장애인 '그'에 대한 선입견에서 벗어나 '그'를 따뜻한 시선으로 바라봄.

※ 형식 요소

표현 기법	장애인 부부의 모습을 '그림엽서'에 비유함.
구성	'경험 – 깨달음'의 구성
문체	간결하고 진솔한 문체

❹ 수필의 갈래

(1) 태도에 따른 갈래

① 경수필

• 생활 주변에서 일어나는 사소한 일을 소재로 가볍게 쓴 수필. 감성적·주관적·개인적·정서적 특성을 지니는 신변잡기이다. ≒ 미셀러니, 연수필

• 자유로운 내용과 비격식적 구조를 가진다.

• 일기, 편지, 기행문, 독후감, 감상문 등이 이에 속한다.

⑩

자장면은 좀 침침한 작은 중국집에서 먹어야 맛이 난다.

그 방은 퍽 좁아야 하고, 될 수 있는 한 깨끗하지 못해야 하고 칸막이에는 콩알만 한 구멍이 몇 개 뚫려 있어야 어울린다. / 식탁은 널판으로 아무렇게나 만든 앉은뱅이여야 하고, 그 위엔 담뱃불에 탄 자국이 검고 또렷하게 무수히 산재해 있어야 정이 간다. [중략]

그러나 내 친애하는 자장면 장수 여러분도 자꾸만 집을 수리하고 늘리고 새 시설을 갖추는 모양이다. 돈을 벌고 나보다 훌륭한 고객을 맞고, 그리하여 더 많은 돈을 벌고 싶은 것이야 물론 그분들의 정당한 소원이겠지만, 그러나 적어도 우리 동네와 내 직장 근처에만은 좁고 깨끗지 못한 중국집과 내 어리던 날의 그 장궤 같은 뚱뚱한 주인이 오래오래 몇만 남아 있었으면 한다.

– 정진권, 〈자장면〉

일상적이고 사소한 대상인 '자장면'을 소재로 소박하고 인정 넘치던 시절에 대한 그리움을 표현함.

간단 개념 체크

4 수필의 요소에 대한 설명으로 ○, 틀리면 X를 하시오.

(1) 수필의 요소는 크게 내용 요소와 형식 요소로 나눌 수 있다.
( )

(2) 수필의 주제는 글쓴이가 제재를 대하는 태도를 통해 간접적으로만 드러낼 수 있다.
( )

(3) 수필의 형식 요소 중 글쓴이의 개성이나 사상이 나타나 있는 문장의 특색을 문체라고 한다.
( )

5 빈칸에 들어갈 알맞은 말을 쓰시오.

(1) 수필의 갈래는 크게 □□와 진술 방식에 따라 분류할 수 있다.

(2) 수필은 태도에 따라 정서적이고 주관적인 성격이 강한 □□□과 논리적이고 객관적인 성격이 강한 □□□로 나눌 수 있다.

(3) 생활 주변에서 일어나는 사소한 일을 소재로 가볍게 쓴 수필을 경수필이라고 하는데, 자유로운 내용과 □□□□ 구조를 가진다.

6 다음 글을 읽고 태도에 따른 수필의 갈래를 쓰시오.

아까부터 밭 주변을 종종거리는 참새 서너 마리가 어쩐지 마음에 걸린다. 작년에도 너무 얕게 씨를 뿌려 낭패를 본 적이 있기 때문이다. 씨 뿌린 지 두 주일이 넘도록 싹이 나오지 않아 웬일인가 했더니 새들이 와서 잘 잡숫고 간 뒤였다. 그제야 농부들이 씨를 뿌릴 때 적어도 세 알 이상씩 심는 뜻을 알 것 같았다. 한 알은 새를 위해, 한 알은 벌레를 위해, 그리고 한 알은 사람을 위해. – 나희덕, 〈반 통의 물〉

답 4 (1) ○ (2) X (3) ○ 5 (1) 태도 (2) 경수필, 중수필 (3) 비격식적 6 경수필

수필 문학 핵심 노트

② 중수필

- 주로 무거운 내용을 담고 있는 논리적이고 객관적인 수필 ≒ 경수필(硬隨筆), 에세이
- 비개성적인 것으로, 비평적 수필·과학적 수필, 전기문 등이 이에 속한다.

> **예**
>
> 독서는 모름지기 자신을 열고, 자신을 확장하고 그리고 자신을 뛰어넘는 비약이어야 합니다. 그렇기 때문에 독서는 삼독입니다. 먼저 텍스트를 읽고 다음으로 그 텍스트를 집필한 필자를 읽어야 합니다. 그 텍스트가 제기하고 있는 문제뿐만 아니라 필자가 어떤 시대, 어떤 사회에 발 딛고 있는지를 읽어야 합니다. 그리고 최종적으로 그것을 읽고 있는 독자 자신을 읽어야 합니다. 그렇게 함으로써 자신의 처지와 우리 시대의 문맥을 깨달아야 합니다. [중략]
>
> 독서, 그것은 궁극적으로 자기가 갇혀 있는 문맥, 우리 시대가 갇혀 있는 문맥을 깨트리고, 드넓은 세계로 나아가는 자유의 여정이기도 합니다. 우리에게 필요한 것은 이 여정에서 길어 올려야 하는 우리들 자신에 대한 애정입니다.
>
> – 신영복, 〈책은 먼 곳에서 찾아온 벗입니다〉
>
> **바람직한 독서 태도 및 독서의 중요성과 가치를 전달함.**

[경수필과 중수필의 차이점]

경수필	중수필
문장의 흐름이 가벼운 느낌을 준다.	문장의 흐름이 무거운 느낌을 준다.
자기 고백적이며 '나'가 겉으로 드러난다.	논리적이며 '나'가 겉으로 드러나지 않는다.
개인적·주관적인 관점이 나타난다.	객관적·사회적인 관점이 나타난다.
개인적인 감정과 정서에 바탕을 둔다.	보편적인 논리와 이성에 바탕을 둔다.
정서적·신변잡기적이다.	지적·사색적이다.

(2) 진술 방식에 따른 갈래

① **서정적 수필**: 감정과 정서에 중심을 두고 일상생활이나 자연에서 느낀 것을 표현하는 수필로, 예술성이 강조되며 표현에 있어서 대체로 기교에 비중을 두는 경우가 많다.

　예 유경환, 〈고향 이루는 생각들〉: 어린 시절 고향에서의 기억들을 한 폭의 병풍처럼 그려 내어 고향에 대한 그리움을 표현함.

② **서사적 수필**: 글쓴이나 다른 사람의 이야기를 전하는 형식으로 쓰는 수필로, 내용의 사실성과 서술의 정확성이 중시된다. 이야기가 소설처럼 행동과 사건으로 표현되거나, 기행문처럼 시간의 흐름에 따라 인물의 공간적 이동을 나타내는 것으로, 대상에 주관성을 개입하지 않고 객관적으로 서술한다.

　예 이희승, 〈딸깍발이〉: 선비 정신을 지킨 '딸깍발이'의 정신과 강직한 삶의 태도를 구체적으로 묘사함.

간단 개념 체크

7 중수필에 대한 설명으로 맞으면 ○, 틀리면 X를 하시오.

(1) 중수필은 주로 무거운 내용을 담고 있는 논리적이고 객관적인 수필을 말한다. (　　)

(2) 중수필은 비개성적인 것으로 비평적 수필, 과학적 수필 등이 이에 속한다. (　　)

(3) 중수필은 개인적이고 정서적인 특성을 지니는 신변잡기에 해당한다. (　　)

8 다음 중 경수필과 중수필의 차이점을 옳게 설명한 것을 모두 고르시오.

> ㉠ 경수필이 가벼운 느낌을 주는 반면 중수필은 무거운 느낌을 준다.
> ㉡ 경수필은 논리적이며 '나'가 겉으로 드러나지 않는 반면 중수필은 자기 고백적이며 '나'가 겉으로 드러난다.
> ㉢ 경수필은 개인적이고 주관적인 관점이 나타나는 반면, 중수필은 객관적이고 사회적인 관점이 나타난다.
> ㉣ 경수필이 개인적인 감정과 정서에 바탕을 두는 반면, 중수필은 보편적인 논리와 이성에 바탕을 둔다.

9 빈칸에 들어갈 알맞은 말을 쓰시오.

(1) 서정적 수필은 예술성이 강조되며 표현에 있어서 대체로 □□에 비중을 두는 경우가 많다.

(2) 교훈적 수필은 글쓴이의 오랜 체험이나 깊은 □□에서 얻은 예지를 바탕으로 한 교훈적인 내용을 담은 수필을 말한다.

답 7 (1) ○ (2) ○ (3) X　8 ㉠, ㉢, ㉣　9 기교, 사색

③ 교훈적 수필: 글쓴이의 오랜 체험이나 깊은 사색에서 얻은 예지를 바탕으로 한 교훈적인 내용을 담은 수필로, 글쓴이의 신념과 함께 설득적 요소가 강하게 나타난다.

　　例 나희덕, 〈내 유년의 울타리는 탱자나무였다〉: 유년 시절의 체험을 바탕으로 고통을 슬기롭게 받아들여 삶의 자양분으로 삼아야 한다는 교훈을 전달함.

▶ Link 본책 62쪽

④ 희곡적 수필: 글쓴이나 다른 사람이 경험한 내용이나 극적인 요소를 지닌 사건을 서술하되, 사건의 내용 자체에 극적 요소가 있어서 내용이 다분히 희곡적으로 전개되는 수필로, 극적인 효과를 얻기 위해 현재 시제가 자주 쓰인다.

　　例 피천득, 〈은전 한 닢〉: 대화체와 현재 시제를 활용하여 글쓴이가 경험한 늙은 거지와의 일화를 제시함.

▶ Link 본책 40쪽

❺ 수필의 수용과 감상

글쓴이의 태도와 인생관 파악	수필에는 인생과 자연에 대한 글쓴이의 체험과 가치관이 독특한 개성에 의해 녹아들어 있음. → 글쓴이의 체험과 그에 대한 태도를 파악하고, 이를 바탕으로 글쓴이의 가치관이나 인생관 및 개성적인 면모를 발견할 수 있어야 함.
감상 결과의 내면화	글쓴이가 자신의 체험에 부여하고 있는 의미를 통해 독자 자신을 성찰하고 깨달음을 얻을 수 있어야 함. 더 나아가 자신을 둘러싼 사회와 자연의 모습을 새로운 시각으로 바라볼 수 있어야 함.

例
> 나무는 덕을 지녔다. 나무는 주어진 분수에 만족할 줄 안다. 나무로 태어난 것을 탓하지 아니하고, 왜 여기 놓이고 저기 놓이지 않았는가를 말하지 아니한다. 등성이에 서면 햇살이 따사로울까, 골짜기에 내려서면 물이 좋을까 하여, 새로운 자리를 엿보는 일도 없다. 물과 흙과 태양의 아들로 물과 흙과 태양이 주는 대로 받고, 후박(厚薄)과 불만족을 말하지 아니한다. 이웃 친구의 처지에 눈떠 보는 일도 없다. [중략] 나무는 훌륭한 견인주의자(堅忍主義者)요, 고독의 철인(哲人)이요, 안분지족(安分知足)의 현인(賢人)이다. 불교의 소위 윤회설이 참말이라면 나는 죽어서 나무가 되고 싶다.
> — 이양하, 〈나무〉 ▶ Link 본책 123쪽

글쓴이의 태도와 인생관 파악 – 나무처럼 분수에 만족하며 살고 싶음.	→ 독자의 수용 →	감상 결과의 내면화 – 갖지 못한 것들에 대해 불평만을 늘어놓았던 그동안의 생활을 돌아보게 되었음.

간단 개념 체크

10 다음 설명에 해당하는 수필의 갈래를 쓰시오.

(1) 글쓴이의 신념과 함께 설득적 요소가 강하게 나타난다.
　　(　　　　)

(2) 사건의 내용에 극적 요소가 있어 내용 전개가 다분히 희곡적이다. (　　　)

(3) 감정과 정서에 중심을 두고 일상생활이나 자연에서 느낀 정서를 표현한다.
　　(　　　　)

11 다음 글을 읽고 진술 방식에 따른 수필의 갈래를 쓰시오.

> 흐드러지게 핀 아카시아 꽃들이 어둠 속에서 희끄무레 잦아들며 달짝지근한 향기를 뿜어내었다. 산에는 짙은 색으로 어둠이 엉기고 있었다. 어슬렁대던 들고양이가 인기척에 놀라 후다닥 숲속으로 달아났다. 낮과 밤이 서로에게 소리 없이 스미고 뒤섞이며 한 세상을 여는 이 시간은 신비감이랄지 비현실감이랄지 하는 색채를 입는다.
> – 오정희, 〈밤의 순례〉

12 수필을 감상하는 방법에 대한 설명으로 맞으면 ○, 틀리면 X를 하시오.

(1) 수필에 반영된 글쓴이의 개성을 발견한다. (　　)

(2) 주제, 구성, 표현 등의 측면에서 잘못된 부분을 바로잡는다.
　　(　　)

(3) 수필에서 글쓴이가 자신의 체험에 부여하고 있는 의미를 바탕으로 독자 자신을 성찰하고 깨달음을 얻도록 한다.
　　(　　)

답 **10** (1) 교훈적 수필 (2) 희곡적 수필 (3) 서정적 수필 **11** 서정적 수필 **12** (1) ○ (2) X (3) ○

I 한국 수필 문학사

갑오개혁
(1894)

국권 피탈
(1910)

근대 수필의
출발

초창기
수필의 성장

◆ 〈서유견문(西遊見聞)〉
조선 후기 개화 사상가이자 정치가인 유길준이 1895년 일본 도쿄[東京] 교순사에서 단행본으로 펴낸 서양 기행문. 서문과 목차 외 총 20편 71개 항목에 달하는 본문으로 구성되어 있다. 당시 서양의 역사·지리·산업·정치·풍속 등이 잘 나타나 있으며 국한문 혼용체로 씌어 근대 언문일치 운동의 선구적 역할을 했다.

◆ 《청춘》
1914년 10월에 최남선이 창간한 우리나라 최초의 월간 종합지. 청년을 상대로 한 계몽지로서 《소년》지가 폐간된 후 그 후신으로 발간한 것으로, 신문학 운동이 일어나던 무렵에 문학 작품의 발표 및 문예 작품 현상 모집에 의한 창작 의욕의 진작, 해외 문학 번역 소개 등 문학 발전에 큰 구실을 하였다. 1918년 8월까지 통권 15호를 냈다.

개화기

- 이 시기의 수필은 백성들을 개화하고 계몽하고자 하는 성격을 강하게 띠었다.
- 서구 문물을 소개한 유길준의 〈서유견문(西遊見聞)〉은 기행문의 성격을 띠고 있어 근대 수필의 효시로 일컫는다. 이 외에도 최남선의 〈반순성기(半巡城記)〉가 발표되었다.
- 많은 개화 선각자가 신문에 논설을 발표함으로써 민중 계몽을 주도해 나갔는데, 당시의 신문에 실린 사설이나 논설은 에세이의 한국적 원형으로 볼 수 있다.

1910년대

- 《청춘》, 《학지광》, 《창조》 등에 계몽적·기행적 수필이 주로 발표되었으며, 단상(斷想) 수준의 수필도 발표되어 근대 수필의 초기 모습을 보였다. 특히 최남선이 발행한 《청춘》에서는 현대 수필은 물론이고 박지원·임제·허난설헌 등의 고전 수필을 소개하는 데도 힘썼다.

  예 전영택, 〈독어록(獨語錄)〉(1917) / 이광수, 〈남유잡감(南遊雜感)〉(1918)

1920년대

- 현대 수필의 초창기로, 수필의 형태가 아직 정립되지는 않았지만 수필이 차차 수필 문학으로서의 독자성을 확보하며 성장해 나갔다.
- 국민 문학파에 의해 수필이 주도되면서 우리 국토에 대한 애정을 담은 기행 수필이 주로 창작되었다.
- 문학성이 있는 수필과 논설체 수필이 다수 발표되어 기행 수필과 수상 수필로 병립되어 발전하였다.
- 일제의 검열을 피해 시나 소설 양식 대신에 수필 양식을 활용하는 경우도 많았다.
- 전문적인 수필가가 등장하지 않은 상태에서 시인, 소설가, 평론가, 기자 등이 수필을 발표하였다.
- 다양한 잡지와 신문을 통해 수필이 발표되었는데, 특히 《조선문단》, 《동광》 등의 동인지는 수필란을 별도로 설정하여 수필의 발전에 기여하였다.

  예 이광수, 〈금강산유기〉(1922) / 나도향, 〈그믐달〉(1925) / 최남선, 〈백두산 근참기〉(1926)

┌간단┐ 개념 체크

1 개화기의 수필은 백성들을 □□하고, □□□하고자 하는 성격을 강하게 띠었다.

2 유길준이 쓴 서양 기행문으로 우리나라 근대 수필의 효시로 일컬어지는 작품은?

3 1920년대에 동인지인 《창조》와 《백조》는 수필란을 별도로 설정하는 등 수필의 발전에 기여하였다. (○ / X)

답 1 개화, 계몽 2 서유견문 3 X

8·15 광복
(1945)

6·25 전쟁
(1950)

문학의
독자성 확보

산업 사회
속의 새로운
변모

1930년대~1940년대

- 수필의 이론 및 갈래 정립, 개인적 수필과 사회적 수필이라는 본격적인 수필 유형의 형성, 그리고 발표 무대의 확장 등과 더불어 근대 수필의 성숙을 이루게 되었다.
- 외국 문학을 연구하는 학자들에 의해 외국의 수필과 이론이 도입되었다. 외국 작품과 이론을 바탕으로 수필의 이론이 정립되고 문학적 수필이 발표되면서 수필 문학이 본격적으로 발전하기 시작하였다.
- 경수필과 중수필의 유형이 확립되었으며, 다양한 제재를 다룬 많은 문학적 수필이 발표되는 등 수필 문학이 비약적으로 성장하였다.
- 전문적인 수필가가 등장했으며, 수필이 독자적 갈래로 정립되었다.
- 수필 전문지가 발행되었으며, 이 외에도 많은 신문·잡지에 수필 고정란이 생기게 되었다.
- 일본의 억압 정책으로 1940년대에는 다른 갈래와 마찬가지로 암흑기를 맞이하게 된다.

📖 민태원, 〈청춘 예찬〉(1930) / 이상, 〈권태〉(1937) / 이양하, 〈신록 예찬〉(1937) / 김진섭, 〈매화찬〉(1939)

1950년대

- 수필 문학은 6·25 전쟁 이후 격동기를 겪으며 양적 측면과 깊이의 측면에서 새롭게 변모되었다.
- 예술성을 강조한 수필과 사회적 의미를 주제로 한 수필 등 다양한 형태의 작품이 발표되었는데, 사회의 불안이나 가치관의 상실을 다룬 교훈적 수필, 정서적 감응과 예술적 기교를 바탕으로 한 서정적 수필 등이 그것이다.

📖 이희승, 〈딸깍발이〉(1956) / 피천득, 〈은전 한 닢〉(1959)

1960년대 이후

- 산업화 과정을 거치면서 이러한 변화에 상응하는 다양한 제재의 수용과 수필가의 확대는 수필 문학의 발전을 불러왔다.
- 수많은 잡지 및 전문지에 수필이 발표되었으며, 전집(全集)이나 선집(選集) 형태의 수필집이 발간되었다.
- 1970년대에 들어와서는 《수필 문학》, 《현대 수필》, 《수필 문예》와 같은 수필 동인지가 발간되었다. 또한 수필이 베스트셀러가 되는 현상도 나타났다.

📖 정비석, 〈산정무한〉(1963) / 이양하, 〈나무〉(1964) / 피천득, 〈수필〉(1969) / 법정, 〈무소유〉(1976) / 박연구, 〈하나의 풍경〉(1979)

◆ **1930년대의 수필 이론**

김기림, 〈수필을 위하여〉	수필의 문학성과 그 영역 추구
김광섭, 〈수필 문학 소고〉	수필의 형식과 표현에 대한 이론 모색
김진섭, 〈수필의 문학적 영역〉	문학 양식으로서의 수필론 정립

간단 개념 체크

1 경수필과 중수필의 유형이 확립되고, 전문적인 수필가가 등장하는 등 수필이 독자적 갈래로 정립된 시기는?

2 1950년대는 사회의 불안이나 가치관의 상실을 다룬 교훈적 수필과 정서적 감응과 예술적 기교를 바탕으로 한 □□□ 수필 등 다양한 형태의 작품이 발표되었다.

3 외국 문학을 연구하는 학자들에 의해 외국의 수필과 이론이 도입된 것은 1960년대 이후이다. (○ / X)

📋 **답** 1 1930~1940년대 **2** 서정적 **3** X

001 이제야 참 조선인이 되었다 |이봉창

키워드 체크 #옥중 수기 #사실적 #고백적 #독립운동에 뛰어든 과정 #거사를 하게 된 계기

독서 비상(한)

🎯 핵심 정리
갈래 수기
성격 사실적, 고백적, 감정적
제재 이봉창의 삶
주제 조선인 이봉창이 겪은 차별과 거사의 배경
특징 ① 자신의 처지와 심정을 솔직하게 고백함.
　② 일제 강점기 당시의 시대상과 조선인의
　　현실 인식이 드러남.
출전 옥중 수기(1932)

💡 어휘 풀이
이태왕(李太王) 1910년 국권 피탈 때 일제가 상
왕(上王)인 고종을 이르던 말.
유치장 피의자나 경범죄를 지은 사람 등을 한때
가두어 두는 곳.
검속(檢束) 예전에, 공공의 안전을 해롭게 하거나
죄를 지을 염려가 있는 사람을 경찰에서 잠시 가두
던 일.
거사(擧事) 큰일을 일으킴.

🔖 구절 풀이
**❶ 생각해 보니 나는 불행한 인간이다. ~ 나는 가
치 없는 사람이다.** 이봉창의 정체성과 역사 인
식이 잘 드러나는 부분이다. 이봉창은 조선과
일본 어느 곳의 역사도 제대로 알지 못하는 자
신을 부끄러워한다. 그리고 자신을 '신일본인'
이라 칭하고, '고종'과 '경술국치'를 각각 일본이
이르던 말인 '이태왕 전하', '한일 합방' 등의 단
어로 쓰고 있다. 이를 통해 이봉창이 자신과 현
실을 어떻게 인식하고 있는지 잘 알 수 있다.
❷ 왜 나는 일본 사람인 ~ 여러 번 후회했다 이봉
창은 조선인이라는 이유로 검속을 당한 후 일
본 사람인 양 살아가려고 한다. 그런데 일본인
한테 무시를 당하는 조선 여자를 돕지 못하는
상황을 겪으면서 일본 사람인 양 살아가는 일
도 고통스럽다는 사실을 느끼게 된다. 그러면
서 일본인으로 살아가는 일은 거짓이고, 잘못
된 삶임을 자각하고 있다.

Q 이봉창이 거사를 결심하게 된 배경은?
이봉창은 일본인으로 살았던 일을 후회하며 조
선인 이봉창으로 생활할 각오로 상하이 임시 정
부를 찾아가서 취직을 부탁한다. 또한 교토 검속
때의 원한을 잊지 못하고 독립사상을 갖게 되면
서 일본을 응징할 마음으로 거사를 하게 되었음
이 드러나 있다.

👤 작가 소개

이봉창(1900~1932)
독립운동가. 1932년 1월 8일
도쿄 사쿠라다몬에서 일왕 히
로히토에게 수류탄을 던졌으
나 실패하였다. 그 자리에서 검
거된 후, 1932년 10월 10일
순국하였다. 1962년 건국 훈장 대통령장이 추서
되었다.

가 1928년 일왕 즉위식이 교토에서 있었다. ⓐ나는 그때 하숙집 부근 세탁소에서 일하는
조선인 야마즈미, 나와 같은 공장에서 일하는 일본인 이와다와 함께 일왕 즉위식을 보기
위해 교토에 가기로 했다. / ❶생각해 보니 나는 불행한 인간이다. 왜냐하면 조선 사람으로
태어나 우리 *이태왕 전하의 용안을 뵌 일이 없고, 한일 합방 후 신일본인이 되었다고 해도
일본 왕의 얼굴을 본 일도 없다. 또 조선 역사를 배운 일이 없고, 일본 역사도 배운 것이 없
다. 그것은 부끄러운 일이며 그러니 나는 가치 없는 사람이다.
　일왕 즉위식이 열린 날은 아침 7시부터 참석자들을 식장에 들어가게 해 주었다. ⓑ신체
검사를 받았는데 세 사람 가운데 나는 마지막에 서 있었다. 나는 무기를 감추고 있던 것도
아니어서 안심하고 있었다. 그런데 경찰이 내 주머니에 한문과 한글이 섞인 서울에서 온
편지가 있는 것을 보더니 자기들 본부까지 잠깐 가자고 했다. 나는 별로 이상한 편지가 아
니기 때문에 곧 끝날 줄 알고 따라갔다. 그랬는데 1시간 반쯤 지나 이번에는 아무 설명도
없이 경찰서 *유치장에 집어넣는 것이었다.
▶ 일왕 즉위식을 보기 위해 교토에 갔다가 유치장에 갇히게 됨.

나 그러다가 또 생각을 바꾸어 완전히 일본 사람으로 속이고 살아 보려고 했다. 그래서
1929년 오사카시 쓰루하시에 있는 비누 도매상에서 일본인이라고 속이고 점원 생활을 했
다. 쓰루하시 부근은 오사카시에서 조선인이 가장 많이 살고 있는 곳이었다. 그러나 나는
일본인 행세를 하느라 조선인들과는 교제를 완전히 끊고 지냈다. 심지어 사랑하는 조카딸
의 집조차 출입을 하지 않고 지냈다. / 조선 사람들은 물건을 사러 와서 서투른 일본 말로
물건의 값을 묻고 때로는 흥정을 하려 했다. 그럴 때면 일본인 주인은 귀찮아하면서 욕을
하고 더러 물건을 팔지 않는 때도 있었다. 한번은 일본 말을 한마디도 모르는 조선 여자가
물건을 사러 와서 가게 앞에서 서성거리고 있는 것을 보고, 일본인 주인은 물건을 훔치러
온 것으로 오해해서 큰소리를 질렀다. ⓒ그럴 때 내가 나서서 한마디 거들어 주면 일본인
주인과 조선 여자 모두에게 도움이 되어 원만하게 해결될 수 있다는 것을 알고 있었다. 하
지만 나는 입을 다물고 보고만 있었다. 참으로 서글펐다.
　❷왜 나는 일본 사람인 양 속이고 있는 것일까? 일본인으로 속이고 살면 조금이나마 고통
에서 벗어날 수 있다고 생각했는데, '역시 이것은 고통이다. ⓓ조선 사람이 조선 사람으로 살
지 않는 것은 거짓이다. 일본인으로 속이고 산다는 것은 잘못이다.' 하고 여러 번 후회했다.
▶ 차별을 당하지 않기 위해 일본인 행세를 하며 살지만 거짓된 삶에 자괴감을 느낌.

다 ⓔ1930년 11월 오사카는 불경기 때문에 취직난이 심했다. 그때 친구인 박 군한테서 상
하이의 영국 전자 회사가 조선 사람을 매우 우대해서 채용한다는 말을 들었다. 2년간 일본
인으로 속이고 살아 보았지만 그것은 역시 고통이었다. 그렇기 때문에 이제부터는 내 본명
인 이봉창으로, ㉠조선인으로 생활할 각오를 하고 곧 상하이로 갔다.
　상하이에서는 임시 정부를 찾아가 나의 사정을 설명하고 취직도 부탁했다. / 그러다가
단장인 백정선을 만나게 되어 나의 이력을 이야기하고 일본의 실정을 알렸다. 이야기를 나
누며 백정선도 점차 나를 믿게 되었는데, 나는 교토 *검속 때의 원한을 잊지 못하고 점차
독립 정신에 빠져들었다. 그래서 백정선이 준비해 준 수류탄 2개를 가지고 도쿄에 와서 이
번 *거사를 하게 된 것이다.
▶ 조선인으로 살아갈 각오를 한 후 거사를 하게 된 배경

1932년 2월 13일 도요다마 형무소 내 피고인 이봉창

* **중심 내용** 조선인으로 생활할 각오를 한 후 임시 정부에서 준비한 수류탄으로 거사를 일으킨 이봉창

이해와 감상

이 글은 일제 강점기 때 이봉창이 일왕을 암살하기 위해 폭탄을 던진 거사가 실패한 후, 구속된 상태에서 거사를 일으키기까지의 과정을 상세하게 기록하여 일본 예심 판사에게 제출한 수기이다. 일본에 나라를 빼앗긴 서글픈 처지에 놓이면서 수많은 민족적 차별을 당했던 일과 일본인 행세를 하게 된 일, 독립 정신을 갖고 수류탄 거사를 일으키게 된 일 등을 솔직하고 구체적으로 기록하고 있다.

이 글에는 일본인으로부터 민족적 차별을 당하고 일본인으로 거짓 행세를 했던 일을 고통이라고 여기며 서글퍼하는 글쓴이의 심정이 잘 나타나 있다. 특히 조선인으로서 진실한 생활을 하려는 의지에서 거사를 일으키게 된 것을 담담하면서도 생생하게 드러내고 있다.

🏠 작품 연구소

이 글에 나타난 이봉창의 주요 행적 및 심리

시기 및 장소	주요 행적 및 심리
1925년 오사카	• 조선인이라는 이유로 일자리를 구하지 못함. • 자신이 조선인임을 생각하지 않고 사람 행세를 하려 한 것이 잘못이라며 자조적인 태도를 보임.
1927년 이치오카	• 부두 노동일을 무리하게 하다 병으로 누워 있게 됨. • 부두 노동을 오래 할수록 임금이 오히려 내려감. → 조선인임이 밝혀지자 임금이 달라진 것임.
1928년 교토	• 일왕 즉위식을 보러 교토에 감. • 별다른 문제가 없는데도 조선인이라는 이유로 유치장에 갇힘. • 자신이 신일본인이 되었다고 생각하였지만, 조선인이라는 이유로 차별을 받는 현실에 괴로워함.
1929년 오사카	• 일본인 행세를 하며 비누 도매상에서 일함. • 조선 사람을 무시하는 일본인 주인의 행태를 보고도 입을 다물 수밖에 없어 서글퍼함. • 일본인으로 속이고 산 것을 후회함.
1930년 이후 상하이	• 조선인으로서 생활할 각오를 하고 상하이로 건너감. • 임시 정부의 백정선을 만나 독립 정신에 빠져들어 거사를 하게 됨.

조선인으로서의 삶과 일본인 행세를 하며 사는 삶

	조선인으로서의 삶	일본인 행세를 하며 사는 삶
삶의 모습	일왕 즉위식에 갔다가 경찰에게 잡혀 유치장에 갇힘.	점원 생활을 하며 조선인들과 교제를 완전히 끊고 살아감.
문제 상황	별다른 이유 없이 조선인이기 때문에 (한문과 한글이 섞인 편지가 주머니에 있었음) 잡혀 감.	일본 말을 몰라 난처한 지경에 처한 조선 여자를 도와주지 못함.
자각 내용	죄도 없이 차별을 당한다는 생각에 분노함. 조선인이므로 조선 독립운동에 몸을 바쳐야겠다고 생각함.	조선인으로서 살지 않은 것은 거짓이며 일본인으로 속이고 산다는 것은 잘못임을 자각함.

📖 함께 읽으면 좋은 작품

〈안네의 일기〉, 안네 프랑크 / 당시 시대 상황이 드러나는 작품

독일 나치 점령하에서 약 2년간 은신 생활을 했던 유대인 소녀 안네 프랑크가 쓴 일기이다. 제2차 세계 대전 당시의 시대 상황과 그 당시 사람들의 심리가 잘 드러난다는 점에서 이 글과 비교하여 읽어 볼 만하다.

🔗 Link 본책 152쪽

포인트 체크

[제재] 이봉창 의사가 □□□□에 뛰어들게 되기까지의 삶을 이야기하고 있다.

[관점] 글쓴이는 일본인 행세를 하며 살기도 했지만 그것을 후회하고 □□□으로서의 삶을 살기로 결심한다.

[표현] 이봉창 의사가 거사를 일으키게 되기까지의 과정을 □□ 순서대로 생생하게 기록하고 있다.

1 이 글의 글쓴이에 대한 설명으로 적절하지 않은 것은?

① 일행들과 함께 일왕 즉위식을 보러 교토에 간다.

② 독립운동을 하기 위해 1930년 중국 상하이로 건너간다.

③ 일왕 즉위식 때 주머니에 있던 편지 때문에 경찰에 끌려간다.

④ 조선인이 많은 오사카에서 일본인이라고 속이고 점원 생활을 한다.

⑤ 상하이 임시 정부의 백정선을 만나 자신의 이력과 일본의 실정을 알린다.

2 ⓐ~ⓔ 중, 〈보기〉의 밑줄 친 부분과 가장 관련 있는 것은?

| 보기 |

이 글에서 이봉창은 조선 패망과 한일 합방의 현실에서 자신의 삶을 성찰하고 고통을 느끼게 된다. 이를 통해 불행한 역사의 국민으로서의 자각을 하게 된다.

① ⓐ　　② ⓑ　　③ ⓒ　　④ ⓓ　　⑤ ⓔ

3 ㉠의 결과로 가장 적절한 것은?

① 친구인 박 군을 임시 정부로 데려옴.

② 불경기로 취직난이 심했지만 이겨 냄.

③ 교토 검속 때의 일에 대해 너그러이 용서함.

④ 임시 정부의 단장 백정선이 누구인지 밝혀 냄.

⑤ 독립 정신을 갖고 수류탄을 투척하는 거사를 일으킴.

내신 적중

4 (가)와 (나)에 드러난 글쓴이의 삶을 비교한 내용으로 알맞은 것은?

	(가)	(나)
①	경제적으로 어려워 궁핍한 생활을 함.	조선인이어서 취직을 못 하는 굴욕을 당함.
②	아무런 이유 없이 민족적 차별을 당함.	잘못되고 거짓된 삶을 자각하고 서글퍼함.
③	취직하는 데 제한을 받으며 생계가 어려워짐.	조선인에게 멸시를 받으며 괴롭게 살아감.
④	독립운동에 뛰어드나 실패하여 유치장에 갇힘.	경제적으로 성공하나 현실에 안주하는 삶을 살아감.
⑤	능력을 인정받지 못하고 구차한 삶을 살아가게 됨.	과거에 지녔던 이상과 꿈을 포기하고 좌절함.

5 글쓴이가 이 글을 쓴 궁극적인 의도가 무엇일지 30자 내외로 쓰시오.

문학 금성, 미래엔

핵심 정리

갈래 경수필
성격 감상적, 감각적, 체험적
제재 산촌에서의 생활
주제 산촌의 정경과 그에 대한 도시인의 정서
특징 ① 서간체 수필의 형식으로 구성함.
② 이국적인 단어와 근대적이고 도회적인
이미지로 산촌의 생활을 묘사함.
출전 《매일신보》(1935)

어휘 풀이

하도롱 포장지로 사용하는 질긴 지질의 다갈색 종이.
그믐칠야 음력 그믐께의 매우 어두운 밤.
석간 석간신문. 매일 저녁때에 발행되는 신문.
혼곤(昏困)하다 정신이 흐릿하고 고달프다.
유(類)다르다 여느 것과는 아주 다르다.
여차장(女車掌) 기차나 버스 따위에서 차 안의 일을 맡아보던 여자 승무원.
기초하다 글의 초안을 잡다.
서도 황해도와 평안도를 통틀어 이르는 말.
그라비어(gravure) 사진 제판법에 의한 오목판 인쇄. 잉크 층의 얇고 두꺼움에 따라 사진, 그림 따위의 밝고 어두움의 정도를 나타냄.

구절 풀이

❶ 동물원에서밖에 ～ 자꾸만 느낍니다. 글쓴이는 야생 동물이 살고 있는 산골의 모습을 낯설게 느끼고 있다. 인공적인 장소를 더 친근하게 여기는 점에서 도시적 감수성이 내면화된 모습을 엿볼 수 있다.

❷ 죽어 버릴까 ～ 와 있습니다그려! 글쓴이는 꿈 속에서 서울에 두고 온 가족을 만나자 가족에 대한 걱정 때문에 우울해지고, 결국 죽음까지 생각하게 된다.

❸ 화초가 피어 만발하는 ～ 꿈을 꾸고 싶습니다 밝은 이미지를 통해 글쓴이가 삶에 대한 꿈을 버리지 않았음을 짐작할 수 있다.

Q '식구들'에 대한 글쓴이의 심리는?

'포로들의 사진'에서 가난하고 힘없는 가족의 모습을 연상할 수 있는데, 글쓴이의 꿈에 식구들이 이러한 모습으로 나타났다는 점이나 꿈을 꾼 후 잠이 깨어 버렸다고 한 점에서, 글쓴이가 떨어져 있는 식구들에 대해 걱정하고 있음을 알 수 있다.

작가 소개

이상(1910～1937)
시인, 소설가. 본명은 김해경. 자의식의 세계를 탐구하고 형식을 파괴하는 새로운 기법을 통해 불안한 심리를 표현하는 작품을 썼다. 주요 작품으로 시 〈오감도〉, 소설 〈날개〉, 수필 〈권태〉 등이 있다.

향기로운 엠제이비(MJB)의 미각을 잊어버린 지도 20여 일이나 됩니다. 이곳에는 신문도
미국산 커피의 상표 – 이국적 느낌을 주는 소재 / 산촌에 머문 지 20여 일이 되었음. / 산촌(평안남도 성천)
잘 아니 오고 체전부(遞傳夫)는 이따금 하도롱 빛 소식을 가져옵니다. 거기는 누에고치
'우편집배원'의 전용어 / 갈색 봉투에 담긴 편지
와 옥수수의 사연이 적혀 있습니다. ㉠마을 사람들은 멀리 떨어져 사는 일가(一家) 때문에
농부들의 생활
수심(愁心)이 생겼나 봅니다. 나도 도회에 남기고 온 일이 걱정이 됩니다.
▶ 도시에 남기고 온 일에 대한 걱정

건너편 ㉠팔봉산(八峰山)에는 노루와 멧돼지가 있답니다. 그리고 기우제 지내던 개골창
성천 북쪽에 있는 산 / 작은 도랑
까지 내려와서 가재를 잡아먹는 '곰'을 본 사람도 있습니다. ❶동물원에서밖에 볼 수 없는
짐승, 산에 있는 짐승들을 사로잡아다가 동물원에 갖다 가둔 것이 아니라, 동물원에 있는
짐승들을 이런 산에다 내어놓아 준 것만 같은 착각을 자꾸만 느낍니다. 밤이 되면 달도 없
는 그믐칠야(漆夜)에 팔봉산도 사람이 침소로 들어가듯이 어둠 속으로 아주 없어져 버립
니다. ▶ 도시인의 눈에는 낯설게 느껴지는 산촌의 모습

그러나 공기는 수정처럼 맑아서 별빛만으로라도 넉넉히 좋아하는 누가복음도 읽을 수
별빛이 매우 밝음.
있을 것 같습니다. 그리고 또 참 별이 도회에서보다 갑절이나 더 많이 나옵니다. 하도 조용
한 것이 처음으로 별들의 운행하는 기척이 들리는 것도 같습니다. ▶ 고요하고 별빛이 밝은 산촌의 밤
매우 고요함.

객줏집 방에는 석유 등잔을 켜 놓습니다. 그 도회지의 석간(夕刊)과 같은 그윽한 내음
새가 소년 시대의 꿈을 부릅니다. 정 형! 그런 석유 등잔 밑에서 밤이 이슥하도록 '호까'―
편지글임을 알 수 있음.
연초갑지 ― 붙이던 생각이 납니다. 베짱이가 한 마리 등잔에 올라앉아서 그 연둣빛 색채
담배를 싸는 종이
로 혼곤한 내 꿈에 마치 영어 '티(T)' 자를 쓰고 건너긋듯이 유다른 기억에다는 군데군데
언더라인을 하여 놓습니다. 슬퍼하는 것처럼 고개를 숙이고 도회의 여차장이 차표 찍는
'베짱이 소리'의 비유적 표현 ①
소리 같은 그 성악(聲樂)을 가만히 듣습니다. 그러면 그것이 또 이발소 가위 소리와도 같
아집니다. 나는 눈까지 감고 가만히 또 자세히 들어 봅니다.
'베짱이 소리'의 비유적 표현 ②

그리고 비망록을 꺼내어 머룻빛 잉크로 산촌의 시정을 기초(起草)합니다.
잊지 않으려고 중요한 골자를 적어 둔 책자 / 시적인 정취

[A] ┌ 그저께 신문을 찢어 버린 / 때 묻은 흰나비
　　└ 봉선화는 아름다운 애인의 귀처럼 생기고 / 귀에 보이는 지난날의 기사 [중략]

파라마운트 회사 상표처럼 생긴 도회 소녀가 나오는 꿈을 조금 꿉니다. 그러다가 어느
미국 영화 제작사의 상표 – 이국적 느낌을 주는 소재 / 객줏집 방에서의 상념
사이에 도회에 남겨 두고 온 가난한 식구들을 꿈에 봅니다. 그들은 포로(捕虜)들의 사진처
꿈속에서 본 가난하고 지쳐 보이는 가족들의 모습을 비유적으로 표현함
럼 나란히 늘어섭니다. 그리고 내게 걱정을 시킵니다. 그러면 그만 잠이 깨어 버립니다.

❷죽어 버릴까 그런 생각을 하여 봅니다. 벽 못에 걸린 대 해어진 내 저고리를 쳐다봅니
다. 서도(西道) 천 리를 나를 따라 여기 와 있습니다그려!

등잔 심지를 돋우고 불을 켠 다음 비망록에 철필로 군청빛 '모'를 심어 갑니다. 불행한 인
펜촉에 펜대를 끼워서 글씨를 쓰는 기구
구(人口)가 그 위에 하나하나 탄생합니다. 조밀한 인구가. ▶ 꿈에서 만난 가족에 대한 걱정

내일은 진종일 화초만 보고 놀리라, 탈지면에다 알코올을 묻혀서 온갖 근심을 문지르리
근심, 걱정을 어떻게든 떨쳐 버리고 싶은 마음이 드러남.
라, 이런 생각을 먹습니다. 너무도 꿈자리가 뒤숭숭하여서 그러는 것입니다. ❸화초가 피어
가족에 대한 걱정 때문에
만발하는 꿈, 그라비어 원색판 꿈, 그림책을 보듯이 즐겁게 꿈을 꾸고 싶습니다. 그러면
간단한 설명을 위하여 상쾌한 시를 지어서 7포인트 활자로 배치하는 것도 좋습니다.

도회에 화려한 고향이 있습니다. 활엽수만으로 된 산이 고향의 시각을 가려 버린 이 산하
성천은 글쓴이가 잠시 머무르는 곳일 뿐. 글쓴이의 고향은 화려한 도회지 서울임.
에 팔봉산 허리를 넘는 철골 전신주가 소식의 제목만을 부호로 전하는 것 같습니다. [후략]
▶ 도시에 대한 향수

• 중심 내용 도회적 일상과 감수성에 젖은 글쓴이가 산촌에 머물며 느끼는 감정

이해와 감상

이 글은 글쓴이가 1935년 여름 평안남도 성천에 머물며 체험한 산촌의 풍물과 정취를 편지글의 형식을 활용하여 감각적으로 표현한 수필이다. 글쓴이는 산촌에서의 체험과 정서를 시각적·청각적·후각적 이미지 등으로 표현하고 있다. 특히 자연적이고 전통적인 사물을 도회적 감각을 바탕으로 하여 근대적이고 이국적인 이미지로 형상화한 점에서 글쓴이의 개성과 참신함을 느낄 수 있다. 이러한 서술 방식은 1930년대 우리 문단에 유행한 모더니즘적 취향을 반영하고 있으며 이상 시의 모더니즘적 경향과도 연관된다.

작품 연구소

〈산촌 여정〉에 나타난 글쓴이의 일상

이 글은 산촌 마을에서 글쓴이가 겪는 일상을 시간적 흐름에 따라 전개하고 있다.

| 산촌에서의 생활을 생각하고 도회에 남기고 온 일을 걱정함. | ⇒ | 밤이 되어, 객줏집 방에서 시정을 기초하고, 꿈에서 가족들의 모습을 보고 가족에 대해 걱정함. | ⇒ | 아침이 되어 객줏집 마당에 핀 화초들을 보면서 상념에 잠김. |

후락 부분

글쓴이의 도회적 감각

도회지 사람인 글쓴이는 산촌에서 생활하면서 산촌의 풍경을 도시적인 시선과 감각으로 바라보고 표현하고 있다. 이러한 근대적이고 이국적 이미지, 지적인 경향, 감각적 표현 등은 모더니즘 문학의 대표적인 특징으로 꼽을 수 있다.

노루, 멧돼지, 곰		동물원에서 산에다 내어놓아 준 동물
석유 등잔 냄새	비유	도회지의 석간과 같은 그윽한 냄새
베짱이 울음소리		여차장이 차표 찍는 소리, 이발소 가위 소리

〈산촌 여정〉의 형식과 그에 따른 효과

보내는 이		편지글		받는 이
글쓴이		• 산촌 경물에 대한 감상 • 도시에 대한 그리움 • 가족에 대한 걱정		정형

⬇

글쓴이 내면을 진술하게 고백하는 느낌을 줌.

자료실

1930년대 모더니즘(modernism) 문학

1930년대 초 프로 문학의 퇴조와 일본 군국주의의 대두를 배경으로 등장한 모더니즘 문학은 기존의 주정적(主情的)인 낭만주의 문학을 배격하고 주지적(主知的) 의식을 바탕으로 한 근대적이고 도회적인 감각을 통해 작품을 창작하려는 경향의 문학이다. 이상은 소설과 초현실주의적 시를 통해 모더니즘적 경향을 강하게 드러내었다.

함께 읽으면 좋은 작품

〈추일 서정〉, 김광균 / 모더니즘 경향을 보여 주는 작품

도회적이고 이국적인 시어와 감각적 이미지를 활용하여 가을의 쓸쓸한 풍경과 고독감을 표현한 시이다. 1930년대 모더니즘 계열의 회화적 이미지를 중심으로, 도시적 삶의 고독과 비애감을 드러내고 있다.

 키포인트 체크

제재 글쓴이가 ◻◻를 떠나 머물었던 평안남도 성천에서의 정경과 정서를 담고 있다.

관점 ◻◻의 정경이 글쓴이의 도회적 감수성을 바탕으로 재구성되어 묘사되고 있다.

표현 글쓴이는 산촌의 풍경을 다양한 ◻◻와 감각적 이미지를 통해 표현하고 있다.

1 이 글의 표현상 특징으로 적절하지 <u>않은</u> 것은?

① 감정의 노출 없이 담담한 어조로 진술하고 있다.

② 편지글의 형식으로 내면 심리를 진솔하게 전달하고 있다.

③ 비유적 표현을 활용하여 대상을 구체적으로 묘사하고 있다.

④ 이국적인 단어를 활용하여 신선하고 참신한 느낌을 주고 있다.

⑤ 감각적 이미지를 활용하여 대상을 생동감 있게 드러내고 있다.

2 이 글의 �㉠과 〈보기〉의 ㉡에 대한 설명으로 가장 적절한 것은?

| 보기 |

어서― 차라리― 어둬 버리기나 했으면 좋겠는데, 벽촌(僻村)의 여름날은 지리해서 죽겠을 만치 길다.

동(東)에 ㉡팔봉산(八峯山). 곡선은 왜 저리도 굴곡이 없이 단조로운고?

서를 보아도 벌판, 남을 보아도 벌판, 북을 보아도 벌판, 아― 이 벌판은 어쩌자고 이렇게 한이 없이 늘어 놓였을꼬? 어쩌자고 저렇게까지 똑같이 초록색 하나로 되어 먹었노?

― 이상, 〈권태〉

① ㉠은 공동체적 공간이고, ㉡은 외부와 단절된 공간이다.

② ㉠은 풍류를 즐기는 공간이고, ㉡은 심신을 수양하는 공간이다.

③ ㉠은 자족을 누리는 공간이고, ㉡은 현실 도피를 위한 공간이다.

④ ㉠은 내적 갈등을 해소하는 공간이고, ㉡은 내적 갈등을 유발하는 공간이다.

⑤ ㉠은 호기심을 자극하는 공간이고, ㉡은 단조로운 일상을 상기하는 공간이다.

3 이 글을 바탕으로 [A]를 감상한 내용으로 적절하지 <u>않은</u> 것은?

① '신문'은 도시적 삶을 상징하는군.

② '때 묻은 흰나비'는 도시의 때가 묻은 글쓴이를 의미하는 것으로 볼 수 있군.

③ '봉선화'는 글쓴이의 산촌 체험이 반영된 소재겠군.

④ '귀에 보이는'은 글쓴이가 벌레 소리를 듣고 있음을 의미하는군.

⑤ '지난날'은 도시에서의 글쓴이의 삶을 의미하겠군.

내신 적중

4 글쓴이가 ㉮와 같이 추측하는 이유를 글쓴이의 처지와 관련하여 30자 내외로 쓰시오.

003

권태 | 이상

키워드 체크 #초현실주의적 #도시인의 농촌 생활 #단조로움 #답답함 #무기력함

문학 신사고

🎯 핵심 정리
갈래 경수필
성격 지적, 초현실주의적
제재 여름날 벽촌에서의 생활
주제 단조로운 일상생활의 연속에서 느끼는 권태
특징 ① 자연이나 대상을 통해 글쓴이의 내면세계를 보여 줌.
② 주관적이고 개성적인 관점에서 대상을 바라봄.
출전 《조선일보》(1937)

💡 어휘 풀이
역(域) 경계 안의 지역.
표착하다 (비유적으로) 정처 없이 떠돌아다니다가 일정한 곳에 정착하다.
일망무제 한눈에 바라볼 수 없을 정도로 아득하게 멀고 넓어서 끝이 없음.
피안 현실적으로 존재하지 아니하는 관념적으로 생각해 낸 현실 밖의 세계.
흉맹하다 흉악하고 사납다.
형리(刑吏) 예전에 지방관아에서 형률에 관한 사무를 맡아 보던 사람.

📝 구절 풀이
❶ 지구 표면적의 ~ 않을 수 없었다. 끝없이 펼쳐진 초록색 벌판에 대한 글쓴이의 생각이 드러난 구절이다. 글쓴이는 자연이 온통 초록색으로 덮여 있는 모습에 권태를 느끼고 자연 풍경을 이처럼 만든 조물주의 몰취미와 신경의 조잡성을 비판하고 있다. 글쓴이의 심리를 투영하여 주관적이고 개성적으로 대상을 인식한 부분이다.
❷ 별은 그들과 관계없다. 별은 삶을 의미 있게 만드는 요소를 상징하나 '그들'은 이것을 가지고 삶을 의미 있게 만들지 못하고 있다는 뜻으로, 글쓴이가 자신의 권태로움을 주변 사람들에게까지 투영하고 있는 것이다.
❸ 그렇건만 내일이라는 것이 있다. '내일'은 지금과 같이 계속 권태롭게 살아갈 수밖에 없는 시간을 뜻한다. 글쓴이는 그런 의미에서 내일 지금보다도 더 견디기 어려운 권태가 있을 것이라는 부정적인 예상을 나타내고 있다.

Q 삶에 대한 글쓴이의 근본적인 태도는?
글쓴이는 삶에서 어떤 중대한 의미도 찾지 못하고 있기 때문에 자신의 삶을 권태롭게 느끼고 있다. 즉, 자신의 삶을 의미 없고 무가치하다고 여기고 있는 것이다.

👤 작가 소개
이상(본책 24쪽 참고)

가 나는 개울가로 간다. 가물로 하여 너무 빈약한 물이 소리 없이 흐른다. 뼈처럼 앙상한 물줄기가 왜 소리를 치지 않나?
가뭄

너무 덥다. 나뭇잎들이 다 축 늘어져서 허덕허덕하도록 덥다. 이렇게 더우니 시냇물인들 서늘한 소리를 내어 보는 재간도 없으리라.

나는 그 물가에 앉는다. 앉아서 자, 무슨 제목으로 나는 사색(思索)해야 할 것인가 생각해 본다. 그러나 물론 아무런 제목도 떠오르지는 않는다.
권태를 달래기 위한 방법

그렇다면 아무것도 생각 말기로 하자. 그저 한량없이 넓은 ㉠초록색 벌판, 지평선, 아무리 변화하여 보았댔자 결국 치열한 곡예의 ˙역을 벗어나지 않는 구름, 이런 것을 건너다본다.
끝이나 한이 없이 *변화무쌍하게 변하지만 그 자리에 있는 구름*

❶지구 표면적의 백분의 구십구가 이 공포의 ㉡초록색이리라. 그렇다면 지구야말로 너무나 단조무미한 채색이다. 도회에는 초록이 드물다. 나는 처음 여기 ˙표착(漂着)하였을 때 이 신선한 ㉢초록빛에 놀랐고 사랑하였다. 그러나 닷새가 못 되어서 이 ˙일망무제(一望無際)의 ㉣초록색은 조물주 몰취미(沒趣味)와 신경의 조잡성으로 말미암은 무미건조한 지구의 여백인 것을 발견하고 다시금 놀라지 않을 수 없었다.
취미가 전혀 없음.

어쩔 작정으로 저렇게 퍼러냐. 하루 온종일 저 ㉤푸른빛은 아무 짓도 하지 않는다. 오직 그 푸른 것에 백치와 같이 만족하면서 푸른 채로 있다.
▶ 끝없는 초록 벌판에서 권태를 느낌.

나 마당에서 밥을 먹으면 머리 위에서 무수한 별들이 야단이다. 저것은 또 어쩌라는 것인가. 내게는 별이 천문학의 대상이 될 수 없다. 그렇다고 시상(詩想)의 대상도 아니다. 그것은 다만 향기도 촉감도 없는, 절대 권태의 도달할 수 없는 ⓐ영원한 ˙피안(彼岸)이다. 별조차가 이렇게 싱겁다.
글쓴이를 둘러싼 어떠한 사물도 글쓴이의 삶을 의미 있는 것으로 만들지 못함.

저녁을 마치고 밖으로 나와 보면 집집에서는 ⓑ모깃불의 연기가 한창이다.

그들은 마당에서 멍석을 펴고 잔다. 별을 쳐다보면서 잔다. 그러나 그들은 별을 보지 않는다. 그 증거로는 그들은 멍석에 눕자마자 눈을 감는다. 그러고는 눈을 감자마자 쿨쿨 잠이 든다. ❷별은 그들과 관계없다.

나는 소화를 촉진시키느라고 길을 왔다 갔다 한다. 돌칠 적마다 멍석 위에 누운 사람의 수가 늘어 간다.
되돌아올 적마다

이것이 시체와 무엇이 다를까? ⓒ먹고 잘 줄 아는 시체, 나는 이런 실례(失禮)로운 생각을 정지해야만 되겠다. 그리고 나도 가서 자야겠다.
실례가 되는

방에 돌아와 나는 나를 살펴본다. 모든 것에서 절연된 지금의 내 생활, 자살의 단서조차를 찾을 길이 없는 지금의 내 생활은 과연 ⓓ권태의 극(極), 권태 그것이다.
인연이나 관계가 아주 끊어진

❸그렇건만 내일이라는 것이 있다. 다시는 날이 새지 않는 것 같기도 한 밤 저쪽에 또 내일이라는 놈이 한 개 버티고 서 있다. 마치 ⓔ˙흉맹(凶猛)한 ˙형리처럼, 나는 그 형리를 피할 수 없다. 오늘이 되어 버린 내일 속에서 또 나는 질식할 만치 심심해해야 되고 기막힐 만치 답답해야 된다.
▶ 권태로운 삶을 피할 수 없다는 것에 절망을 느낌.

• 중심 내용 지루하고 무의미한 일상 속에서 느끼는 삶의 권태로움

이해와 감상

이 글은 한여름 시골의 벽촌에 머물면서 겪은 농촌의 자연과 생활 풍경을 진술하게 서술한 수필이다. 도회지에 사는 글쓴이가 한여름의 시골 생활을 통해 몸소 느낀 것은 자연 풍경이 주는 아름다움과 농촌 생활의 편안함이 아니라, 단조로운 풍경과 일상에서 오는 지루함과 권태뿐이다. 글쓴이는 도회지와 대비되는 농촌 생활을 사실적으로 그리면서도 날카로운 눈으로 바라봄으로써 시골과 도회 생활의 장단점, 그리고 그 안에 스며 있는 삶의 여러 본질적 의미를 돌아보게 한다. 또한 글쓴이는 자신의 권태를 표현할 때는 심리주의적 탐색 방식을, 농민과 자연의 권태를 표현할 때는 상식적·피상적 관점을 벗어난 독창적이고 참신한 관점을 적용하고 있다. 이러한 노력은 수필이 취미나 교양에 머물지 않고 하나의 진지한 문학 양식으로 발전하는 데 크게 기여하였다.

작품 연구소

〈권태〉의 전체 구성

제1장	변함없는 자연, 의미 없는 장기 두기	단조로운 일상과 늘 같은 자연을 보며 지루해하고 의미 없이 장기를 두지만 권태를 인식조차 못하는 상대방에게 이질감을 느낌.
제2장	한없는 초록색 자연, 흥분이 없는 농민	한없이 넓은 초록색 벌판에서 단순한 노동을 일삼는 농민들을 보면서 그래도 권태를 지각할 수 있는 자신이 그들보다 낫다고 안도함.
제3장	짖지 않는 개	마을에 아무런 변화가 없고 늘 보던 사람들만 보아 짖을 필요가 없는 개들의 모습에 권태를 느낌.
제4장	개의 생식 활동, 세수하는 행위	아무도 관심을 갖지 않는 개들의 교미에 권태를 느끼고 자신이 세수하는 것을 따라 하는 주인집 아이들의 행위 또한 권태의 표현이라고 생각함.
제5장	소의 되새김질	식욕의 즐거움을 모르고 되새김질을 하는 소를 지상 최대의 권태라고 생각함.
제6장	돌과 풀을 가지고 노는 아이들	흔한 재료를 가지고 노는 아이들의 권태와 그것을 이기기 위해 '똥 누기 놀이'를 하는 모습을 지켜봄.
제7장	멍석 위에서 잠자는 사람들	멍석 위에서 자고 있는 사람들을 보며 '먹고 잘 줄 아는 시체'라고 생각하고 자신의 생활을 '권태의 극'이라고 여김.

글쓴이의 일상과 그에 따른 정서

| • 굴곡이 없는 산과 어디에나 있는 초록색의 벌판
• 똑같은 모습의 농가 풍경 | ┈┈ | 환경의 단조로움 |

↓

삶의 목표와 적극적 가치 의식이 없는 생활

↓

권태의 근본적인 원인으로, 글쓴이의 방황과 고민의 이유가 됨.

함께 읽으면 좋은 작품

〈날개〉, 이상 / 삶에 대한 강박적 관념을 드러내고 있는 작품

현대인의 도착되고 분열된 내면을 보여 주면서 동시에 그것을 집요하게 탐구하고 있는 심리주의 계열의 단편 소설이다. 자신의 삶에 대한 강박적 관념을 드러내고 있다는 점에서 이 글과 비교하여 읽어 볼 만하다.

Link 〈현대 소설〉 88쪽

키 포인트 체크

제재 여름날 벽촌의 권태로운 □□과 일상에 대한 사실적인 관찰을 다루고 있다.

관점 글쓴이는 단조로운 농촌의 풍경과 일상을 바라보며 □□를 느끼고 있다.

표현 배경과 사건을 통해 글쓴이의 □□를 효과적으로 드러내고 있다.

1 이 글에 대한 설명으로 적절하지 않은 것은?
① 글쓴이의 심리를 타인에게 투영하여 서술하고 있다.
② 현재 상황에 대한 느낌을 냉소적으로 서술하고 있다.
③ 중심 사건의 인과적 과정을 분석적으로 서술하고 있다.
④ 글쓴이의 심리를 통해 대상에 대한 인식을 드러내고 있다.
⑤ 현재 시제를 사용하여 글쓴이의 내면을 생생하게 드러내고 있다.

2 ㉠~㉤ 중, 글쓴이의 심리적 태도가 다른 하나는?
① ㉠　　② ㉡　　③ ㉢　　④ ㉣　　⑤ ㉤

3 〈보기〉는 이 글의 끝 부분이다. 〈보기〉를 고려할 때, 글쓴이가 지향하는 삶으로 적절한 것은?

┤ 보기 ├

불나비가 달려들어 불을 끈다. 불나비는 죽었든지 화상을 입었으리라. 그러나 불나비라는 놈은 사는 방법을 아는 놈이다. 불을 보면 뛰어들 줄도 알고, 평상에 불을 초조히 찾아다닐 줄도 아는 정열의 생물이니 말이다.

그러나 여기 어디 불을 찾으려는 정열이 있으면 뛰어들 불이 있느냐. 없다. 나에게는 아무것도 없고 아무것도 없는 내 눈에는 아무것도 보이지 않는다.

① 시골에서 여유 있게 사는 삶
② 사회의 부조리에 저항하는 삶
③ 노동을 하며 정직하게 살아가는 삶
④ 인간을 위해 자연을 유리하게 활용하는 삶
⑤ 어떤 목표를 달성하기 위해 정열을 불태우는 삶

4 ⓐ~ⓔ에 담긴 글쓴이의 정서로 적절하지 않은 것은?
① ⓐ: 삶에 자극을 주지 못하여 느끼는 거리감
② ⓑ: 건강하고 편안한 농촌의 삶에 대한 선망
③ ⓒ: 자기 삶을 성찰하지 않는 것에 대한 멸시
④ ⓓ: 더 악화될 수 없는 지경의 삶에 대한 절망
⑤ ⓔ: 현재의 삶에 저항하지 못하여 느끼는 무력감

5 〈보기〉를 참고하여 이 글에 나타난 '권태'의 원인을 30자 내외로 쓰시오.

┤ 보기 ├

식민지 현실에서 대개 고등 실업자가 되어 버린 지식인들은 방구들을 짊어지고 하릴없이 신문이나 뒤적이는 것이 일이었으니 자연 퇴영적이고 나태한 사고로 하루하루를 보낼 뿐이었다. 그럴 수밖에 없었던 것이 식민지 지식인들은 룸펜으로서의 생활에 자족하지 않으면 안 될, 무기력한 상황에 놓여 있었기 때문이다.
– 김진송, 《서울에 딴스홀을 허하라》

004 여백을 위한 잡담 | 박태원

키워드 체크   #개성적 #머리 모양의 비밀 #오해 불식을 위한 노력 #자기고백을 통한 해명

문학 창비

핵심 정리

갈래 경수필

성격 개성적, 경험적

제재 남다른 머리 모양

주제 자신의 머리 모양에 대한 주변 사람들의 반응과 그에 대한 석명

특징 ① 제재와 관련한 자신의 경험을 가감 없이 드러냄.
② 일상에서 경험한 사건을 바탕으로 삶의 태도에 대해 이야기함.

출전 《박문》(1939)

Q 글쓴이가 이 글을 쓰게 된 계기는?

글쓴이의 작품에 대한 호감과는 별개로, 그의 머리 모양에 대해서는 일방적 비난만을 퍼붓는 사람들에게 그러한 머리 모양을 하게 된 까닭을 설명하고자 이 글을 쓰게 되었다.

어휘 풀이

여급 여자 사환. 사환은 관청이나 회사, 가게 따위에서 잔심부름을 시키기 위하여 고용한 사람을 일컫는 말.

자가선전 자기선전. 자기가 한 일이나 자기의 장점을 드러내고 스스로 자랑함. 또는 그런 일.

곡해(曲解) 남의 말이나 행동을 본뜻과는 달리 좋지 아니하게 이해함. 또는 그런 이해.

석명(釋明) 사실을 설명하여 내용을 밝힘.

홍문연의 번쾌(樊噲) 홍문의 회합에서 항우의 참모에 의해 유방이 살해당할 처지에 놓이자 번쾌가 노하여 항우를 노려보는데, 그 노려보는 모습이 머리카락이 위로 뻗어 올라가고 눈자위가 다 찢어질 것 같았다고 함.

묘방(妙方) 묘책. 매우 교묘한 꾀.

구절 풀이

❶ 참말 까닭을 찾자면 ~ 게으르다는 것에 있다. 현재의 머리 모양을 유지할 수밖에 없는 까닭을 두 가지 측면에서 제시하고 있다. 게으른 천성을 하나의 이유로 제시하긴 하지만, 그보다는 자신의 노력으로는 제어할 수 없는 머리카락의 성질을 가장 큰 원인으로 여기고 있다.

❷ 그래, 마침내 생각해 낸 것이 ~ 한일자로 자르는 방법이었다. 지금의 머리 모양이 문제 해결을 위한 유일한 수단이었음을 밝히고 있다.

작가 소개

박태원(1909~1986)
소설가. '구인회(九人會)'의 일원으로 활동하였으며 실험성이 강한 작품을 발표하여 모더니즘 소설 분야를 개척하였다. 주요 작품으로 〈소설가 구보 씨의 일일〉, 〈천변 풍경〉, 〈성탄제〉 등이 있다.

혹 나의 사진이라도 보신 일이 있으신 분은 아시려니와 나는 나의 머리를 ㉠다른 이들과는 좀 다른 방식으로 다스리고 있다. / 뒤로 넘긴다거나 가운데로 모로나 가르마를 타서 옆으로 가른다거나 그러지 않고, 이마 위에다 가지런히 추려 가지고 한일자로 자른 머리, 조선에는 소위 이름 있는 이로 이러한 머리를 가진 분이 없으므로, 그래 사람들은 예를 일본에서 구하여 후지타 화백에게 비한 이도 있고, 농조를 좋아하는 이는 만담가 오츠지 시로에 견주기도 했으며, 《주부지우(主婦之友)》라는 가정 잡지의 애독자인 모 ˙여급은 성별을 전연 무시하고 여류 작가 요시다 노부코와 흡사하다고도 했으나 그 누구나 모두가 나의 머리에 호감을 가져 주지 못하는 것은 사실이다. ▶ 남들과는 많이 다른 글쓴이의 머리 모양

호감을? 호감은 말도 말고 지극한 악의조차 가지고서 나의 머리를 비난하고, 한 걸음 나아가서는 나의 사람됨에까지 논란을 캔 이조차 있었다. / 단순히 괴팍스러운 풍속이라 말하는 이에게 나는 사실 그것이 악취미임을 수긍했다. 그러나 어떤 이는 내가 남다른 머리 모양을 하고 다니는 것을 무슨 일종의 ˙자가선전을 위한 행동같이 오해하고, 신문 잡지와 같은 기관을 이용하여 대부분이 익명을 가지고 나를 욕했다. [중략] ▶ 자신의 머리 모양에 대한 사람들의 부정적 반응

이제 내가 내 머리에 관하여 몇 마디 잡담을 하더라도 아무도 그것을 나의 '자가선전'인 듯이 ˙곡해를 하지 않을 것이다. 『그래, 이 기회에 나의 작품은 사랑하면서도 나의 머리를 함께 사랑할 도리가 없어 나의 악취미를 슬프게 생각하고 있는 이들에게, 나는 나의 머리에 대해 한마디 ˙석명을 시험해 보고자 한다.』 ▶ 자신의 머리 모양에 대해 석명하고자 함.

머리에 대한 나의 악취미는 물론 단순한 악취미에서 출발된 것이 결코 아니다. ❶참말 까닭을 찾자면 나의 머리터럭이 인력으로는 어찌할 도리가 없게 억세다는 것과 내 천성이 스스로는 구제할 도리가 없게 게으르다는 것에 있다.

내가 중학을 나와 이제는 누구 꺼리지 않고 머리를 기를 수 있었을 때 마음속으로 은근히 원하기는, 빗질도 않고 기름도 안 바른 제멋대로 슬쩍 뒤로 넘긴 머리 모양이었다.

그러나 정작 기르고 보니, 나의 머리는 그렇게 고분고분하게 나의 생각대로 슬쩍 뒤로 넘어가거나 그래 주지를 않았다. ˙홍문연의 번쾌 장군인 양 내 머리터럭은 그저 제멋대로 위로 뻗쳤다. [중략]

중략 부분의 내용 머리를 다스리기 위해 취침 전에 머리에 기름을 바르고 빗질을 한 뒤 그 위에 수건을 씌워 머리를 졸라매고 잠들기도 했지만, 매번 그렇게 수고할 수는 없는 노릇이라고 고백한다.

며칠 가지 아니하여 나는 그만 머리에 기름칠할 것과 빗질할 것을 단념하여 버렸다. 가장 무난한 해결법은 도로 빡빡 깎아 버리는 것이겠으나 까까머리라는 것은 참말 나의 취미에는 맞지 않는다. 그래, 길게 기른 머리를 그대로 두어 두자니 눈을 가리고 코를 덮고, 그렇다고 쓰다듬어 올리자니 제각기 하늘을 가리키고…… ❷그래, 마침내 생각해 낸 것이 이것들을 이마 위에다 가지런히 추려 가지고 한일자로 자르는 방법이었다. [중략] ▶ 지금의 머리 모양을 하게 된 이유

그의 성미나 한가지로 나의 머리가 그처럼 고집 센 것은 슬픈 일이다. 그러나 또한 어찌할 도리가 없다. 나이 삼십이 넘었으니 그만 머리를 고치라고 말하는 이도 있으나, 『그것이 나의 악취미에서 나온 일이 아니니 이제 달리 ˙묘방이라도 생기기 전에는 ㉡얼마 동안 이대로 지내는 수밖에 별수가 없는 것이다.』 ▶ 자신의 머리 모양에 대한 현재의 입장(체념)

> **중심 내용** 자신의 머리 모양을 좋지 않게 바라보는 사람들에게 그러한 머리 모양을 할 수밖에 없는 사연을 밝힘.

이해와 감상

이 글은 자신의 남다른 머리 모양에 대한 주변 사람들의 반응과 그에 대한 자신의 생각을 이야기하고 있는 수필이다. 글쓴이는 머리 모양 때문에 자신의 사람됨과 문학 활동까지도 오해하고 욕하는 사람들에게 불쾌하고 괘씸한 감정을 느낀다. 그래서 그런 사람들에게 지금의 머리 모양을 하게 된 까닭을 설명하기 위해 이 글을 쓰게 된다. 자신이 남다른 머리 모양을 하게 된 까닭과 머리를 다스리기 위해 그동안 기울인 수고를 구체적으로 설명한 뒤, 일부러 그런 것이 아니라 머리가 워낙 억세 도리가 없으니 당분간 이대로 지낼 수밖에 없음을 이야기하고 있다.

🏠 작품 연구소

글쓴이의 남다른 머리 모양에 대한 주변 사람들의 시선

• 일본의 후지타 화백이나 만담가 오츠지 시로에 견주거나 여류 작가 요시다 노부코와 흡사하다고 평가함. • 악의를 가지고 비난하며 사람됨과 문학 활동까지 오해하고 욕함.

➡ 글쓴이의 독특한 머리 모양에 호감을 갖지 않음.

글쓴이가 남다른 머리 모양을 갖게 된 까닭

• 머리카락이 사람의 힘으로는 어찌할 도리 없이 억세서 고분고분하게 뒤로 넘어가지 않음. • 천성이 게을러서 머리를 다스리는 수고를 감당하기 어려웠고, 그렇다고 까까머리는 정말 하고 싶지 않음.

⬇

이마 위에다 가지런히 추려 가지고 한일자로 자른 머리를 하게 됨.

이 글을 쓴 의도와 이 글을 통해 전달하고자 하는 바

이 글을 쓴 의도	이 글을 통해 전달하고자 하는 바
자신의 작품은 좋아하지만 머리 모양에는 배타적인 태도를 보이는 사람들에게 지금의 머리 모양을 하게 된 까닭을 설명하기 위해서	• 자신의 머리 모양은 일부러 그렇게 한 것도 아니고, 머리가 억세게 타고나서 어쩔 도리가 없음. • 별다른 방법이 생기기 전까지 얼마 동안은 이대로 지낼 수밖에 없으므로 이대로 인정해 주었으면 함.

자료실

사람들이 잘 모르는 '수필가' 박태원

박태원은 그의 수필에서, 소설 구성상 오히려 스스로 억제하고 억압하는 편이었던 작가의 내면을 날것 그대로 드러내고 있다. 이렇게 그의 생각이 온전히 제시되어 있는 그의 수필 작품을 통해 우리는 박태원 문학의 기원과 경과를 어느 정도 가늠해 볼 수 있다.

박태원이 남긴 수필은, 일상의 삶을 유례하고 여유로운 문장으로 녹여 낸 수필도 여럿이지만, 당대를 함께 한 작가 김동인, 김유정, 이상에 대한 비판 및 동조를 통해 자신의 문학관을 드러낸 글, 이광수를 비롯한 여러 작가의 작품을 꼼꼼히 읽고 남긴 문예 비평 글들도 그에 못지않게 전해진다.

– 류보선, 《구보가 아즉 박태원일 때》

📖 함께 읽으면 좋은 작품

〈선부 자화상〉, 김용준 / 자신의 외모에 대한 글쓴이의 생각을 드러낸 작품

이 글은 자신의 얼굴에 대한 묘사와 함께 자신의 외모에 대한 긍정적 인식을 유머러스하게 표현한 수필이다. 글쓴이는 시종일관 자신의 얼굴에 대한 긍정적 인식을 드러내다가 글의 후반부에는 '자화상을 보니 추남이라 정이 떨어진다.'라고 고백하고 있어 독자에게 웃음을 주기도 한다.

🔗 Link 본책 118쪽

🔑 포인트 체크

제재 자신의 □□□□이 남다를 수밖에 없는 까닭에 대해 이야기하고 있다.

관점 글쓴이는 지금의 머리 모양을 당분간 그대로 □□하려고 한다.

표현 글쓴이는 자신의 경험과 생각을 □□한 문체로 드러내 공감을 이끌어 내고 있다.

1 이 글에 대한 설명으로 가장 적절한 것은?

① 과거를 회상하며 현재 자신의 삶의 태도를 되돌아보고 있다.

② 편지글의 형식을 빌려 바람직한 인간관계에 대한 소망을 드러내고 있다.

③ 자신을 향한 주변의 불편한 시선을 의식하고 이에 대한 입장을 밝히고 있다.

④ 특정 인물과 관련된 일화를 통해 인정이 사라져 가는 세태를 비판하고 있다.

⑤ 실제 경험한 일을 바탕으로 소외되고 고통받는 존재들에 대한 애정을 보여 주고 있다.

2 〈보기〉를 참고하여 이 글을 감상한 내용으로 적절하지 않은 것은?

┤ 보기 ├

수필은 자신의 삶을 되돌아보고 일상의 경험을 통해 새로운 의미를 찾는 글로서, 타인과 사회와의 관계 속에서 자신의 모습을 발견하고 이를 바탕으로 삶에 대한 깨달음을 드러낸다. 곧 수필은 자신의 경험을 소재로 삼아 글쓴이의 생활 태도나 인생관을 독창적이고 개성 있는 표현으로 서술하는 글이라 할 수 있다.

① 글쓴이는 '머리를 다른 이들과는 좀 다른 방식으로 다스리'는 일상의 경험을 글의 소재로 삼고 있군.

② 글쓴이는 사람들이 자신의 '머리를 비난하고', '사람됨에까지 논란을 캔' 일을 새로운 의미를 찾기 위한 경험으로 삼고 있군.

③ 글쓴이는 '그만 머리를 고치라'는 주변의 권유에도 불구하고 '얼마 동안 이대로 지내'겠다는 태도를 보여 주고 있군.

④ 글쓴이는 자신의 머리 다스리는 방식이 '악취미임을 수긍'하면서 타인과 조화를 이루는 삶의 중요성을 깨닫고 있군.

⑤ 글쓴이는 자신의 '악취미를 슬프게 생각하고 있는 이들'을 통해 머리털이 억세고 천성이 게으른 자신의 모습을 확인하고 있군.

3 ㉠의 구체적인 내용을 본문의 구절을 활용하여 쓰시오.

4 문맥을 고려할 때 ㉡의 이유로 가장 적절한 것은?

① 나이가 삼십이 넘고부터 소신대로 살고 싶어서

② 억센 머리털은 어떤 방법으로도 고칠 수가 없어서

③ 홍문연의 번쾌 장군인 양 위로 뻗친 머리 모양이 좋아서

④ 자신의 머리 모양을 비난하는 사람들에게 굴복하기 싫어서

⑤ 후지타 화백이나 만담가 오츠지 시로에 견주어지는 것이 좋아서

바다 | 이태준

문학 지학사

🎯 핵심 정리

갈래 경수필
성격 체험적, 비유적, 묘사적
제재 바다
주제 바다의 웅장함과 역동성이 주는 감동
특징 ① 가정을 통한 상상, 단어가 주는 어감 등 다양한 측면에서 대상에 대한 주관적 감정을 드러냄.
② 활유법, 은유법 등 비유적 표현을 활용하여 대상을 묘사함.
출전 《무서록》(1941)

💡 어휘 풀이

화전(火田) 주로 산간 지대에서 풀과 나무를 불살라 버리고 그 자리를 파 일구어 농사를 짓는 밭.
어족(魚族) 어류.
육대주(六大洲) 지구 위의 여섯 대륙. 아시아, 아프리카, 유럽, 오세아니아, 남아메리카, 북아메리카를 이름.
무인절도 무인고도. 육지와 멀리 떨어져 있는, 사람이 살지 않는 외딴섬.
기선(汽船) 증기 기관의 동력으로 움직이는 배를 통틀어 이르는 말.
기적(汽笛) 기차나 배 따위에서 증기를 내뿜는 힘으로 경적 소리를 내는 장치. 또는 그 소리.
희랍 '그리스'의 음역어(한자를 가지고 외국어의 음을 나타낸 말).

🎵 구절 풀이

❶ **'바다'라는 어감에서 ~ 생각도 된다.** 자신을 바다를 본 적이 없는 사람이라고 가정하고 '바다'라는 단어에서 느껴지는 웅장함과 무한함을 표현한 구절임.

❷ **'우미(うみ)'라거나 '씨-(Sea)'라면 ~ 울리는 소리다.** '바다'를 지칭하는 일본어 '우미', 영어 '씨-'와 우리말 '바다'의 어감을 비교한 구절이다. '바다'에서 모음 'ㅏ'는 감탄사 '아아'와 유사하기에 바다의 웅장함에 대한 감탄과 대응하고, 양성 모음이자 울림소리이기에 끝없이 뻗어 나가면서 넓게 울리는 느낌을 준다고 볼 수 있다.

❸ **사람이 어족이었다면 ~ 무인절도들이었을 것이다.** 사람이 육지에서 사는 포유류가 아니라 어류였다면 '지구'라는 명칭 대신 '수구'라는 명칭이 사용되었을 것이며, 육지는 한낱 무인도에 불과하고 오히려 바다가 삶의 터전이었을 것이라고 상상하는 부분이다. 글쓴이의 상상력과 발상의 전환이 돋보인다.

👤 작가 소개

이태준(1904~?)
소설가. 1925년 〈오몽녀〉로 집필을 시작하였다. 지식인의 고뇌를 그린 작품이 많으며 문장이 세련되고 단편 소설의 완성도가 높다. 주요 작품으로 소설 〈복덕방〉, 〈돌다리〉, 〈해방 전후〉 등이 있다.

㉠바다! / 바다를 못 본 사람도 있다.

작년 여름에 갑산(甲山) **화전 지대에 갔을 때, 거기의 한 노인더러 바다를 보았느냐 물으니 못 보고 늙었노라 하였다. 자기만 아니라 그 동리 사람들은 거의 다 못 보았고 못 본 채 죽으리라 하였다. 그리고 옆에 있던 한 소년이 바다가 뭐냐고 물었다. 바다는 물이 많이 고여서, 아주 한없이 많이 고여서 하늘과 물이 맞닿은 데라고 하였더니 그 소년은 눈이 똥그래지며, / "바다? / 바다!"/ 하고 그윽이 눈을 감았다. 그 소년의 감은 눈은 세상에서 넓고 크기로 제일가는 것을 상상해 보는 듯하였다.
▶ 바다를 보지 못한 화전 지대 사람들과 관련된 일화

내가 만일 아직껏 바다를 보지 못하고 '바다'라는 말만 듣는다면 '바다'라는 것이 어떠한 것으로 상상될까? 빛은 어떻고 넓기는 어떻고 보기는 어떻고, 무슨 소리가 날 것으로 상상이 될꼬? 모르긴 하지만 흥미 있는 상상일 것이다. 그리고 ❶'바다'라는 어감에서 무한히 큰 것을 느낄 것은 퍽 자연스러운 감정이라 생각도 된다.

한번 어느 자리에서『시인 지용은 말하기를 바다도 조선말 '바다'가 제일이라 하였다. '우미'니 '씨-'니보다는 '바다'가 훨씬 큰 것, 넓은 것을 가리키는 맛이 나는데, 그 까닭은 '바'나 '다'가 모두 경탄음인 '아'이기 때문, 즉 '아아'이기 때문이라 하였다.』동감이다. ❷'우미(うみ)'라거나 '씨-(Sea)'라면 바다 전체보다 바다에 뜬 섬 하나나 배 하나를 가리키는 말쯤밖에 안 들리나 '바다'라면 바다 전체뿐 아니라 바다를 덮은 하늘까지라도 총칭하는 말같이 크고 둥글고 넓게 울리는 소리다.

바다여. / 너를 가장 훌륭한 소리로 부를 줄 아는 우리에게 마땅히 예(禮)가 있으라.
▶ 조선말 '바다'라는 단어가 주는 느낌

지구의(地球儀)를 놓고 보면 육지보다는 수면이 훨씬 더 많다. 지구(地球)가 아니라 수구(水球)라야 더 적절한 명칭일 것 같다. 사람들이 육지에 산다고 저희 생각만 해서 지구라 했나 보다. ❸사람이 어족이었다면 물론 수구였을 것이요, 육대주라는 것도 한낱 새나 울고 꽃이나 피었다 지는 무인절도(無人絶島)들이었을 것이다. 여기다 포대(砲臺)를 쌓는 자 누구였으랴. 오직 〈별주부전〉의 세계였을 것을.
▶ 바다와 관련된 가정과 상상

벌써 8월! 파도 소리 그립다. 파도 소리뿐인가 하면 그렇지도 않다. 이국 처녀들처럼 저희끼리만 지껄이되 일종의 연정이 가는 갈매기 소리들, 이동하는 파이프 오르간, 기선의 기적들, 그리고 / "언제 여기 오셨세요? 얼마 동안 계십니까? 산보하실까요?"

오래간만에 만나는 사람들, 전차에서나 오피스에서 만날 때보다 모두 활발한 소리들.

저녁이면 슬픈 데도 바다다. 파도 소리에 재워지는 밤엔 흔히 꿈이 많았다. 꿈이 다시 파도 소리에 깨워지는 아침, 멀리 피곤한 기선은 고동만 틀고.

[A] 우리의 육안이 가장 먼 데를 감각하는 데도 바다다. 구름은 뭉게뭉게 이상향의 성곽처럼 피어오르고 물결은 번질번질 살진 말처럼 달리는데

'허! 어떻게 가만히 서만 있는가?'/ 뛰어들어 비어(飛魚)가 되자. 셔츠라도 벗어 깃발을 날리자. 쨍쨍한 모새밭 새 발자국 하나 나지 않은, 새로 탄생한 사막의 미(美)! 뛰고 또 뛰고…… / "오-." / "어-." / " 아-."

소리쳐도, 암만 기운껏 소리쳐도 파도 소리에 묻혀 그 거친 목소리 부끄러울 리 없도다.

바다는 영원히 **희랍(希臘)으로 즐겁다.
▶ 바다의 역동성이 주는 감동

· 중심 내용 바다의 웅장함과 역동성이 주는 감동

이해와 감상

이 글은 자연물인 바다에 대한 글쓴이의 다양한 상상과 느낌을 진솔한 문장으로 표현한 수필이다. 소설가의 독특한 시각과 상상력을 바탕으로 바다에 대한 생각을 간결하면서도 감각적으로 표현함으로써 글쓴이의 개성이 잘 드러나 있다. 특히 '바다'라는 명칭의 어감, 바다를 둘러싼 다양한 소리들, 그리고 주변의 구름과 파도(물결)에 대한 묘사 등을 통해 바다가 지닌 광활함과 역동성을, 글의 마지막 부분에서는 이러한 바다와 하나가 되고픈 소망과 함께 감탄사를 활용하여 바다에서 느껴지는 감동의 정서를 드러내고 있다.

🏠 작품 연구소

〈바다〉에 나타난 글쓴이의 개성적 인식

가정을 통한 상상	• 바다를 한 번도 보지 못했다면 '바다'라는 말을 들었을 때 바다가 어떠한 모습과 느낌으로 다가올지 상상해 봄. • 사람이 어족이었다면 '지구(地球)'가 아니라 '수구(水球)'였을 것이며, 육지는 무인절도였을 것이라고 상상해 봄.
단어가 주는 느낌 분석	우리말 '바다'는 경탄음을 사용하여 바다 전체뿐 아니라 바다를 덮은 하늘까지도 총칭하는 말같이 크고 둥글고 넓게 울리는 소리라고 생각함.

〈바다〉에 사용된 다양한 비유적 표현

표현	의미	수사법
이국 처녀들처럼 저희끼리만 지껄이되 일종의 연정이 가는 갈매기 소리들	'갈매기 소리'를 '이국 처녀들이 지껄이는 소리'에 비유함.	직유법, 의인법
이동하는 파이프 오르간, 기선의 기적들	'기적'을 '파이프 오르간'에 비유함.	은유법
구름은 뭉게뭉게 이상향의 성곽처럼 피어오르고	바다 위의 '구름'을 '이상향의 성곽'에 비유함.	직유법
물결은 번질번질 살진 말처럼 달리는데	바다의 '물결'을 '살진 말'에 비유함.	활유법, 직유법

자료실

이태준의 수필

이태준은 수필이라는 갈래가 다른 문학 갈래에 비해 삶의 체험, 인생의 연륜, 취미, 지식과 이상 등 '글쓴이의 모든 것'이 직접 재료가 된다고 언급했으며 수필의 문체 역시 감각적이면서도 간결한 특성을 지니도록 노력하였다. 즉, 사물에 대한 깊은 관찰력과 사색이 개성적이고 예술적 문체로 형상화되었을 때 수준 높은 수필이 탄생할 수 있다고 믿었던 것이다.

📖 함께 읽으면 좋은 작품

〈물〉, 이태준 / 자연물에 대한 생각을 자유롭게 서술한 작품

물에 관한 생각을 논리적·인과적 순서 없이 자유롭게 서술하고 있는 수필로, 물을 인격화하여 물의 속성과 혜택을 예찬하고 이를 본받아야 함을 전하고 있다.

〈그믐달〉, 나도향 / 참신하고 독특한 시각으로 자연물에 대한 느낌을 드러낸 작품

일상생활에서 쉽게 접할 수 있는 달을 참신하고 독특한 시각에서 분석하고, 여러 비유 대상을 끌어들여 그믐달의 애절함과 한스러움을 표현하고 있는 수필이다.

> **제재** ☐☐에 대한 글쓴이의 다양한 상상과 느낌을 표현하고 있다.
> **관점** 글쓴이는 바다에 대한 ☐☐, '바다'라는 단어가 주는 어감 등을 바탕으로 바다에 대한 개성적 인식을 드러내고 있다.
> **표현** 직유법, 은유법, 의인법, ☐☐☐ 등 다양한 비유적 표현을 활용하여 바다를 묘사하고 있다.

1 이 글에 대한 설명으로 가장 적절한 것은?
① 일화를 통해 인간의 무지를 풍자하고 있다.
② 자연 현상으로부터 삶에 대한 교훈을 유추하고 있다.
③ 섬세한 관찰을 통해 대상을 객관적으로 묘사하고 있다.
④ 인식의 전환을 통해 대상에 긍정적 의미를 부여하고 있다.
⑤ 개성적 인식을 바탕으로 자연물에 대한 사색을 드러내고 있다.

2 이 글을 감상한 내용으로 적절하지 않은 것은?
① '화전 지대'에서의 대화는 글쓴이가 직접 체험한 일을 글의 재료로 활용한 것임을 알려 주고 있어.
② '바다'라는 단어의 어감과 관련된 내용은 글쓴이의 언어적 지식이 바탕이 되었다고 볼 수 있어.
③ '지구가 아니라 수구'라고 상상한 내용은 글쓴이의 독창적 사고가 잘 드러난 부분이라고 생각해.
④ '갈매기 소리', '쨍쨍한 모새밭' 등 계절의 변화에 따른 묘사는 대상에 대한 글쓴이의 깊은 통찰력을 보여 주고 있어.
⑤ '바다!', '오―.' 등과 같은 영탄적 표현은 바다에 대한 글쓴이의 감동을 효과적으로 드러내고 있어.

3 이 글의 ㉠과 〈보기〉의 ⓐ에 대한 설명으로 가장 적절한 것은?

> **보기**
> 아무도 그에게 수심을 일러 준 일이 없기에
> 흰나비는 도무지 ⓐ바다가 무섭지 않다.
>
> 청 무우밭인가 해서 내려갔다가는
> 어린 날개가 물결에 절어서 / 공주처럼 지쳐서 돌아온다.
> – 김기림, 〈바다와 나비〉에서

① ㉠은 그리움의 대상이고, ⓐ는 극복의 대상이다.
② ㉠은 시각적 심상을, ⓐ는 청각적 심상을 드러낸다.
③ ㉠은 '소년'에게, ⓐ는 '나비'에게 미지의 대상이다.
④ ㉠은 '사람들'에게 도움을, ⓐ는 '나비'에게 상처를 준다.
⑤ ㉠은 정적 이미지를, ⓐ는 동적 이미지를 내포하고 있다.

4 다음은 [A]를 영상으로 표현하기 위한 제작 계획서의 일부이다. 이 글의 내용을 고려하여 빈칸에 들어갈 알맞은 내용을 차례대로 쓰시오.

장소	모래사장이 있는 바닷가
배경	여름날, 멀리 수평선 근처에서 _____
배우의 행동	물결을 따르듯 _____
음향 효과	갈매기 소리, 기적 소리, 파도 소리

파초 | 이태준

🎯 핵심 정리

갈래 경수필
성격 체험적, 서정적, 논쟁적
제재 파초
주제 파초에 대한 애정과 가치관
특징 ① 두 개의 이야기가 공통된 소재로 연결됨.
② 파초를 통해 글쓴이의 정서와 가치관을 표현함.
출전 《무서록》(1941)

💡 어휘 풀이

저윽 '적이'의 방언. 어지간한 정도로.
그예 마지막에 가서는 기어이.
장(長)차다 곧고도 길다.
주렴 구슬 따위를 꿰어 만든 발.
객(客)쩍다 행동이나 말, 생각이 쓸데없고 싱겁다.
움 땅을 파고 거적 등을 얹어 추위를 피해 채소나 화초 등을 넣어 두는 곳.

📖 구절 풀이

❶ **'요게 언제 ~ 그늘이 지나!'** 작은 파초가 글쓴이의 머리 위에서 그늘을 만들어 줄 만큼 큰 파초가 되려면 매우 오랜 시간이 걸릴 것이라며 탄식하고 있다. 글쓴이가 이웃집에서 큰 파초를 사 오는 동기가 된다.

❷ **새끼를 다섯이나 뜯어내었다.** 뿌리 옆에 생긴 덩이줄기를 갈라 번식시켰다는 뜻이다. 파초가 글쓴이의 정성 어린 보살핌으로 아주 잘 자랐음을 알 수 있다.

❸ **비 오는 날 ~ 여기 있을 것이다.** 다른 화초들과 달리 비가 올 때 더욱 싱싱해지는 파초의 모습이 보는 사람의 마음을 시원하게 해 준다는 뜻이다. 글쓴이가 파초의 멋을 알고 즐기고 있음이 드러나는 부분이다.

❹ **생각하면 고마운 ~ 쓰라는 말이다.** 곧 죽을 파초를 속여 팔라는 앞집 사람의 제안을 선의로 하는 말로 생각하여 그의 정직하지 못한 면을 직설적으로 비판하지 않고 있다.

Q 파초를 통해 알 수 있는 글쓴이의 성품은?

글쓴이는 파초를 통해 자신의 취향과 멋을 드러내 왔다. 그리고 파초가 죽어 쓸모가 없어질지도 모르는 상황에서도 버리지 않고 있다. 이는 자신이 아끼는 사물에 대한 바람직한 태도를 통해 금전적·물질적 가치만을 중시하는 현대적 가치관에 대한 비판을 드러내고 있는 것이다.

👤 작가 소개

이태준(본책 30쪽 참고)

가 작년 봄에 이웃에서 파초 한 그루를 사 왔다. 얻어온 것도 두어 뿌리 있었지만 모두 어미 뿌리에서 새로 찢어 낸 것들로 앉아서나 들여다볼 만한 키들이요, ❶요게 언제 자라서 키 큰 내가 들어선 만치 그늘이 지나!' 생각할 때는 *저윽 한심하였다. 그래 지나다닐 때마다 눈을 빼앗기던 이웃집 큰 파초를 *그예 사 오고야 만 것이다.
워낙 크기도 했지만 파초는 소 선지가 제일 좋은 거름이란 말을 듣고 선지는 물론이고 생선 씻은 물, 깻묵물 같은 것을 틈틈이 주었더니 작년 당년으로 성북동에선 제일 큰 파초가 되었고 올봄에는 ❷새끼를 다섯이나 뜯어내었다. 그런 것이 올 여름에도 그냥 그 기운으로 *장차게 자라 지금은 아마 제일 높은 가지는 열두 자도 훨씬 더 넘을 만치 지붕과 함께 솟아서 퍼런 공중에 드리웠다.
지나는 사람마다 / "이렇게 큰 파초는 처음 봤군!"
하고 우러러보는 것이다. 나는 그 밑에 의자를 놓고 가끔 남국의 정조(情調)를 명상한다.
파초는 언제 보아도 좋은 화초다. 폭염 아래서도 그의 푸르고 싱그러운 그늘은, 눈을 씻어 줌에 물보다 더 서늘한 것이며 ❸비 오는 날 다른 화초들은 입을 다문 듯 우울할 때 파초만은 은은히 빗방울을 퉁기어 *주렴(珠簾) 안에 누웠으되 듣는 이의 마음 위에까지 비를 뿌리고도 남는다. ㉠가슴에 비가 뿌리되 옷은 젖지 않는 그 서늘함, 파초를 가꾸는 이 비 기다림이 여기 있을 것이다. ▶ 파초의 멋을 즐김.

나 오늘 앞집 사람이 일찍 찾아와 보자 하였다. 나가니 / "거 저 파초 파십시오." / 한다.
"팔다니요?" / "저거 이전 팔아 버리셔야 합니다. 저렇게 꽃이 나온 건 다 큰 표구요, 내년엔 영락없이 죽습니다. 그건 제가 많이 당해 본 걸입쇼." / 한다.
"죽을 때 죽더라도 보는 날까진 봐야지 않소?"
"그까짓 인제 뭐 달 더 보자구 그냥 두세요? 지금 팔면 파초가 세가 나 저렇게 큰 건 오 원도 더 받습니다. 누가 마침 큰 걸 하나 구한다니, 그까짓 슬쩍 팔아 버리시죠."
❹생각하면 고마운 일이다. 이왕 죽을 것을 가지고 돈이라도 한 오 원 만들어 쓰라는 말이다. ▶ 파초를 팔라는 제안을 받음.

다 그러나 나는 마음이 얼른 쏠리지 않는다.
"그까짓 거 팔아 뭐 하우."
"아, 오 원쯤 받으셔서 미닫이에 비 뿌리지 않게 챙이나 해 다시죠."
그는 내가 서재를 짓고 챙을 해 달지 않는다고 자기 일처럼 성화하던 사람이다.
「나는 ㉡챙을 하면 파초에 비 맞는 소리가 안 들린다고 몇 번 설명하였으나 그는 종시 *객쩍은 소리로밖에 안 듣는 모양이었다.」 / 그는 오늘 오후에도 다시 한번 와서,
"거 지금 좋은 작자가 있는뎁쇼……." / 하고 입맛을 다시었다.
정말 파초가 꽃이 피면 열대 지방과 달라 한 번 말랐다가는 다시 소생하지 못하는지도 모른다. 그러나 내 마당에서, 아니 내 방 미닫이 앞에서 나와 두 여름을 났고 이제 그 발육이 절정에 올라 꽃이 핀 것이다. 얼마나 영광스러운 일인가! 그가 한 번 꽃을 피웠으니 죽은들 어떠리! 하물며 한 마당 수북하게 새순이 솟아오름에랴! [중략]
"어서 가슈. 그리구 올가을엔 *움이나 작년보다 더 기푹하게 파 주슈."
"참 딱하십니다." / 그는 입맛을 다시며 돌아갔다. ▶ 파초를 팔라는 제안을 거절함.

• **중심 내용** 정성스럽게 키운 파초의 절정을 감상하며, 파초를 팔아 이득을 얻으라는 제안을 거절함.

이해와 감상

이 글은 성격이 다른 두 부분으로 되어 있다. 전반부는 파초에 대한 글쓴이의 애정과 파초의 아름다움에 대한 내용이 서술되어 있다. 파초에 대한 글쓴이의 애정은 이웃집의 큰 파초를 사들이는 것과 이를 극진히 가꾸는 모습으로 나타나고 있다. 그리고 파초의 아름다움은 시원한 그늘과 빗소리를 통해 형상화되어 있다. 후반부는 파초를 두고 벌이는 글쓴이와 앞집 사람의 의견 대립이 대화적 구성을 통해 사실적으로 서술되어 있다. 이는 가치관의 대립이기도 하다. 여기서 글쓴이는 사물을 금전적·물질적 가치가 아닌 정신적·감정적 가치로 판단하는 것이 더 바람직한 태도임을 간접적으로 주장하고 있다. 이렇게 성격이 다른 두 부분이 파초라는 공통적 소재를 통해 무리 없이 연결되고 있다는 점이 이 글의 묘미이다.

🏠 작품 연구소

파초를 통해 드러나는 글쓴이의 인품

성실한 애정		멋		가치관
• 소 선지 • 생선 씻은 물 • 깻묵물	+	• 싱그러운 그늘 • 은은한 빗방울 소리	+	• 사람에 대한 정직함 • 물욕에 대한 무심함 • 사물에 대한 도리

이 글에 나타난 무형식의 형식

수필은 주제의 통일성, 구성의 단일성 등과 같은 형식적 제약을 덜 받으며 비교적 자유롭게 써 나가는 경우가 많다. 이 수필에도 그러한 점이 나타나고 있다. 이 수필에서 전반부는 파초에 대한 글쓴이의 애정과 파초가 가진 멋을 서술하고 있다. 또한 서술 태도도 독백적이고 묘사적이다. 이와 달리 후반부는 앞집 사람과의 대화를 통해 파초에 대한 서로 다른 태도, 즉 상이한 가치관을 대립적으로 드러내고 있다. 서술 태도 역시 전반부와는 달리 논쟁적이고 대화적이다.

자료실

파초(芭蕉)

외떡잎식물의 파초과(芭蕉科)에 속하는 다년생초. 키는 5m까지 자라기도 하지만 흔히 2~3m 자란다. 잎은 길이가 2m, 너비가 50cm로 가장자리는 약간 말리며, 잎맥은 다른 외떡잎식물과 달리 중앙맥에서 2차맥이 나란히 나온다. 바나나의 꽃처럼 생긴 연노란색의 꽃은 여름과 가을에 걸쳐 수상(穗狀) 꽃차례를 이루며 2줄로 나란히 핀다. 잎을 보기 위해 널리 심고 있으며, 중국이 원산지이다. 한국에는 고려 시대에 쓰인 《동국이상국집》에 파초를 뜻하는 '초(蕉)'가 실려 있는 점으로 미루어 보아 1200년경에 들어온 것으로 추정된다. 꽃이 피고 나면 식물체가 죽고, 그 대신 옆에 조그만 식물체가 새로 생기는 것으로 알려져 있다.

📖 함께 읽으면 좋은 작품

〈파초〉, 김동명 / '파초'를 소재로 한 작품

파초의 모습을 화자의 처지와 동일시하여, 조국의 향수와 부정적 현실에 대한 극복 의지를 형상화하고 있는 시이다. 파초를 일제 강점기라는 역사적 상황과 관련시키고 있다.

〈꽃 출석부 1〉, 박완서 / 꽃에 대한 글쓴이의 애정이 잘 드러난 작품

자신의 집 마당에 핀 꽃들을 관찰하며 느낀 즐거움을 표현한 수필이다. 글쓴이가 다른 사람은 별다른 감흥을 보이지 않는 소박한 꽃 복수초의 생명력에 신기해하고 감탄하고 있다는 점에서 이 글의 글쓴이의 태도와 비교하여 읽어 볼 만하다. Link 본책 82쪽

키 포인트 체크

제재 □□와 관련한 글쓴이의 경험과 감상을 서술하고 있다.

관점 정성을 다해 파초를 가꾸고 그것을 함부로 팔지 않는 모습을 통해 물질적 가치를 중시하는 모습에 대해 □□적 태도를 드러내고 있다.

표현 전반부는 독백적 어조로 글이 전개되는 데 반해, 후반부는 이웃과의 □□를 통해 내용을 전개하고 있다.

1 이 글에 대한 설명으로 적절하지 <u>않은</u> 것은?
① 대화를 직접적으로 인용하여 사실감을 높이고 있다.
② 해학적인 표현을 통해 편안한 분위기를 만들고 있다.
③ 대상을 심미적으로 그려 독자의 공감을 유도하고 있다.
④ 구체적인 행위를 통해 대상에 대한 애정을 보여 주고 있다.
⑤ 대립하는 다른 의견을 함께 제시하여 자신만의 가치관을 드러내고 있다.

2 ㉠의 의미로 가장 적절한 것은?
① 파초의 넓은 잎이 비를 가려 옷이 젖지 않게 한다.
② 파초를 보면 마치 비를 맞는 것 같은 느낌이 든다.
③ 파초의 시원함과 가슴 속의 시원함이 서로 닮았다.
④ 파초 잎에 떨어지는 빗소리가 시원한 느낌을 준다.
⑤ 파초는 비를 맞고 자라면서 큰 그늘을 만들어 준다.

3 글쓴이가 파초를 팔지 않으려는 이유와 거리가 <u>먼</u> 것은?
① 많은 즐거움을 준 대상에 대한 신의
② 주변의 부러움을 계속 사고 싶은 바람
③ 가까이 두고 보살피던 사물에 대한 애정
④ 삶의 정취를 가꾸어 가는 것에 대한 즐거움
⑤ 금전적 가치만을 중시하는 세태에 대한 반감

4 글쓴이가 파초를 사 온 동기를 고려하여 글쓴이의 태도를 비판할 때, 가장 적절한 것은?
① 돈을 들여 사 온 파초를 그대로 죽게 하여 손해를 입고 있다.
② 파초에만 신경을 쓰고 다른 화초에는 관심을 두지 않고 있다.
③ 이웃의 도움으로 파초를 사고도 이웃의 조언을 무시하고 있다.
④ 파초를 키우는 과정보다 그 절정을 즐기는 것에 집착하고 있다.
⑤ 모두가 관심을 두고 있는 파초를 혼자만 독점하여 즐기고 있다.

5 ㉡의 이유를 추측하여 40자 내외로 쓰시오.

핵심 정리

갈래 경수필
성격 풍자적, 현학적
제재 게
주제 게의 생태를 통한 인간의 삶 풍자
특징 ① 한시를 통해 독특한 관점을 드러냄.
② 게의 속성을 통해 인간의 속성을 풍자함.
③ 자신의 예술관에 대해 서술함.
출전 《근원 수필》(1948)

어휘 풀이

개결하다 분개하며 홀로 깨끗하다.
형용(形容) 사물의 생긴 모양.
청고하다 맑고 고결하다.
물욕(物慾) 재물을 탐내는 마음.
영달(榮達) 지위가 높고 귀하게 됨.
한묵(翰墨) 글을 짓거나 쓰는 것을 이르는 말.
앙버티다 끝까지 대항하며 버티다.
대문(大文) 대목. 이야기나 글 따위의 특정한 부분.
단장 몹시 슬퍼서 창자가 끊어지는 듯함.
미물 인간에 비하여 보잘것없는 작은 것이라는 뜻으로, '동물'을 이르는 말.
가증하다 괘씸하고 얄밉다.

구절 풀이

❶ **붓에 먹을 찍어 ~ 일생을 바치기도 하는 것이다.** 글쓴이의 예술관을 알 수 있는 대목이다. 예술은 단지 사물의 모습을 나타내는 것이 아니라 자연물을 빌려 작가의 정신을 나타내는 것이며 예술가는 이를 위해 일생을 바치기도 한다는 의미이다.

❷ **이 비애의 주인공은 ~ 너무나 많지 않은가.** 글쓴이가 어리석은 미물인 게와 자신을 동일시하고 나아가 우리 민족으로 확대하여 자아와 사회의 삶에 대한 성찰을 보여 주고 있다.

❸ **처음에는 제법 영리한 ~ 하고 마는 것이다.** 처음에는 미끼에 쉽게 덤비지 않던 게들이 결국 한꺼번에 잡히게 되는 모습을 통해 서로 욕심을 부리다 한꺼번에 망하고 마는 인간의 세태를 풍자하고 있다.

Q 글쓴이가 '게'를 좋은 화제로 생각하는 이유는?

'게'에 다양한 의미가 함축되어 있기 때문이다. 글쓴이는 다양한 상황에 처한 사람들에게 모두 의미 있는 존재가 될 수 있다는 점에서 '게'를 좋은 화제로 생각하고 있다.

작가 소개

김용준(1904~1967)
화가, 수필가. 활발한 미술 비평으로 한국 미술사에 공헌하였으며 수필 문학에도 영향을 미쳤다. 주요 작품으로 〈추사 글씨〉, 〈매화〉 등이 있다.

정소남(鄭所南)이란 사람이 난초를 그리는데 반드시 그 뿌리를 흙에 묻지 아니하니 타족(他族)에게 짓밟힌 땅에 °개결(慨潔)한 몸을 더럽히지 않으려 함이란다.
_{송말 원초의 시인이자 화가(1241~1318)}   _{송나라를 멸망하게 한 현재의 원나라에 그 뿌리를 두지 않으려 함.}

❶붓에 먹을 찍어 종이에다 환을 친다는 것이 무엇이 그리 대단한 노릇이리오마는 ㉠사물의 °형용을 방불하게 하는 것만으로 장기(長技)로 치는 데 그치지 않고, 자연을 빌려 작가의 °청고(淸高)한 심경을 호소하는 한 방편으로 삼는다는 데서 비로소 환이 예술로 등장할 수 있고 예술을 위하여 일생을 바치기도 하는 것이다.
_{'그림을 그리다'를 낮추어 표현한 말}

그런데 나란 사람이 일생을 거의 삼분의 이나 살아온 처지에 아직까지 나 자신이 환쟁이인지 예술가인지도 구별하지 못한다는 것은 딱하고도 슬픈 내 개인 사정이거니와, 되든 안 되든 그래도 예술가답게나 살아 보다가 죽자고 내 딴엔 굳은 결심을 한 지도 이미 오래다. 되도록 °물욕과 °영달에서 떠나자, °한묵으로 유일한 벗을 삼아 일생을 담박하게 살다 가자 하는 것이 내 소원이라면 소원이라 할까. [중략]
_{'화가'를 낮잡아 이름. 자신의 직업을 낮추어 표현한 말}
_{자연을 빌려 청고한 심경을 호소하는 예술가가 되기로 결심함.}
_{욕심이 없고 마음이 깨끗하게} ▶ 글쓴이의 예술관과 예술가로서의 소원

중략 부분의 내용 친구로부터 그림을 부탁받거나 자진해서 그려 보낼 때 '나'는 흔히 '게'를 화제로 삼는다.

게란 놈은 첫째, 그리기가 수월하다. 긴 양호(羊毫)에 수묵을 듬뿍 묻히고 호단(毫端)에 초묵을 약간 찍어 두어 붓 좌우로 휘두르면 °앙버티고 엎드린 꼴에 여덟 개의 긴 발과 앙증스런 두 개의 집게발이 즉각에 하얀 화면에 나타난다. 내가 그려 놓고 보아도 붓장난이란 묘미가 있는 것이로구나 하고 스스로 기뻐할 때가 많다. / 그리고는 화제를 쓴다.
_{양털로 촉을 만든 붓}   _{붓끝}
_{진한 먹}
_{그림의 이름 또는 제목}

滿庭寒雨滿汀秋   뜰에 가득 차가운 비 내려 물가에 온통 가을인데
만 정 한 우 만 정 추

得地縱橫任自由   제 땅 얻어 종횡으로 마음껏 다니누나.
득 지 종 횡 임 자 유

公子無腸眞可羨   창자 없는 게가 참으로 부럽도다.
공 자 무 장 진 가 선

平生不識斷腸愁   한평생 창자 끊는 시름을 모른다네.
평 생 불 식 단 장 수

역대로 게를 두고 지은 시가 이뿐이랴만 내가 쓰는 화제는 십중팔구 윤우당(尹于堂)의 작이라는 이 시구를 인용하는 것이 항례다.
_{조선 후기의 한문학자 윤희구(1867~1926)}
_{작품}   _{윤희구의 〈무장공자〉}   _{상례. 보통 있는 일}

[A] 왕세정(王世貞)의 "마음껏 횡행하기를 얼마나 하겠는가. 결국에는 사람 입에 떨어질 신세인 것을." 하는 °대문도 묘하기는 하나 무장공자(無腸公子)로서 °단장(斷腸)의 비애를 모른다는 대문이 더 내 심금을 울리기 때문이다. / ❷이 비애의 주인공은 실로 나 자신이 아닌가. 단장의 비애를 모르는 놈, 약고 영리하게 처세할 줄 모르는 눈치 없는 °미물(微物)! 아니 나 자신만이 아니라 우리 민족 중에는 이러한 인사가 너무나 많지 않은가.
_{중국 명나라의 문학가(1526~1590)}   _{아무 거리낌 없이 제멋대로 행동하기를}
_{창자가 없는 동물이라는 뜻으로, '게'를 이르는 말}
_{윤희구의 시구가 더 공감이 됨.}
▶ 게를 소재로 한 한시와 게에 대한 글쓴이의 생각

[B] 맑은 동해 변 바위틈에서 미끼를 실에 매달고 이 해공(蟹公)을 낚아 본 사람은 대개 짐작하리라. ❸처음에는 제법 영리한 듯한 놈도 내다본 체 않다가 콩알만큼씩 한 새끼 놈들이 먼저 덤비고 그 곁두리를 보아 가면서 차츰차츰 큰 놈들이 한꺼번에 몰려나와 미끼를 뺏느라고 수십 마리가 한 덩어리가 되어 동족상쟁을 하는 바람에 그때 실을 번쩍 추켜올리면 모조리 잡혀서 어부의 이(利)가 되게 하고 마는 것이다.
_게
_{같은 겨레끼리 서로 다툼.} ▶ 게의 어리석은 속성

_{쌍방이 다투는 틈을 타서 제삼자가 애쓰지 않고 가로챈 이득. 어부지리(漁夫之利)}
어리석고 눈치 없고 꼴에 서로 싸우기 잘하는 놈! / 귀엽게 보면 재미나고, 어리석게 보면 무척 동정이 가고, 밉살스레 보면 °가증(可憎)하기 짝이 없는 놈!
_{'게'에 대한 글쓴이의 복잡한 심정}

게는 확실히 좋은 화제다. 내가 즐겨 보내고 싶은 친구에게도 좋은 화제가 되거니와 또 뻔뻔스럽고 염치없는 친구에게도 그려 보낼 수 있는 확실히 좋은 화제다.
▶ 다양한 속성을 지녀 좋은 화제가 되는 게

> • 중심 내용 '게'를 통한 자아와 사회에 대한 성찰

이해와 감상

이 글은 흔히 볼 수 있는 소재인 게에 대한 독특한 관점이 드러나 있는 수필이다. 이 글에서 글쓴이는 게를 그리는 이유를 제시하고 있는데, 게는 창자가 없어 아픔을 모르며 어리석고 싸우기 잘하는 속성을 지녔기 때문임을 밝히고 있다. 글쓴이는 이러한 게의 속성을 글쓴이 자신은 물론 우리 민족으로 확대하여 삶에 대한 성찰을 드러내고 있다. '게'의 생태에서 어리석은 인간의 모습을 발견한 재치가 돋보이는 작품이다.

🏠 작품 연구소

소재 '게'의 속성에 대한 글쓴이의 인식

이 글에서 글쓴이는 '게'를 '무장공자'와 '해공'으로 비유하여 게의 속성을 제시하고 이를 바탕으로 하여 인간의 삶에 대해 성찰적 인식을 드러내고 있다.

| 무장공자(無腸公子) | 단장의 비애를 모르는 놈 | ⇒ | 세상일에 무감각한 글쓴이와 우리 민족의 모습을 성찰함. |
| 해공(蟹公) | 욕심 때문에 어부지리를 당하는 미련하고 어리석은 존재 | ⇒ | 어리석고 싸우기 좋아하는 사람들의 모습을 풍자함. |

자료실

근원 김용준의 미술 세계와 수필

근원은 이성적이라기보다는 감상적이며 차분하다기보다는 우발적이고 호방하다기보다는 분방한 성격의 소유자였다. 서양화를 숭상하고 동양화에 모멸감까지 가졌던 근원에게 장승업의 〈기명절지도(器皿折枝圖)〉는 유화에서 문인화로 돌아서는 중요한 이정표가 된다. 그의 이런 변화는 수필에 결정적 영향을 주는 것이기에 간과할 수 없다. 그가 수필을 활발하게 쓰던 시기가 바로 문인화로 전환되던 때이다. 만약 근원이 시종 서양화풍의 유화를 가까이하였다면 한국화의 필법이 물씬한 근원 수필은 가능하지 못했을 것이다. 근원은 진실한 감성과 개성의 표현을 추구한 원수원과 정판교의 선비 정신에 문인화적 지조를 투사시켰으며, 사물의 미학적 분석이 가능하였기에 시와 서화의 경계를 최대한 좁히면서 일장일렴(一張一斂)을 수필에 접맥시켰다.

– 박장원, 《현대 한국 수필론》

〈무장공자(無腸公子)〉

조선 후기 한문학자 윤희구(尹喜求)가 쓴 칠언절구의 한시이다. 무장공자(無腸公子)라는 말은 '창자가 없는 귀공자'라는 의미이다. 시인은 가을을 배경으로 여기저기 자유롭게 돌아다니는 게들을 바라보고, 게들이 창자가 없어 창자가 끊어지는 아픔을 모른다고 생각하고 있다. 그리고 게들의 모습을 자신이 현재 겪고 있는 시름, 아픔과 대비하여 슬픔 없는 게들을 부러워하고 있다.

📖 함께 읽으면 좋은 작품

〈선부 자화상〉, 김용준 / 문인 겸 미술가인 글쓴이의 개성이 나타난 작품

자신의 외모에 대한 생각과 선하게 살기를 바라는 마음이 드러난 수필이다. 외모에 나타나는 내면의 우울이 자신의 삶에 끼친 영향과 선부(善夫)라는 호를 얻은 것에 관한 글쓴이의 성찰이 드러나 있어 문인 겸 미술가였던 글쓴이를 좀 더 이해할 수 있다는 점에서 이 글과 함께 읽어 볼 만하다.

🔗 Link 본책 118쪽

〈발(跋)〉, 김용준 / 수필에 대한 글쓴이의 생각을 밝힌 작품

김용준의 수필관이 집약적으로 설명되어 있는 수필이다. 수필의 주요한 요소들이 망라되어 있어 김용준의 수필을 이해하는 데 많은 도움이 된다.

🔑 포인트 체크

제재 친구들에게 자주 그려 보내는 작품의 화제인 □에 대해 독특한 관점에서 자신의 생각을 표현하고 있다.

관점 글쓴이는 게의 속성을 통해 인간의 속성을 □□하고 있다.

표현 □□를 제시하여 게와 우리 민족의 모습에 대한 글쓴이의 생각을 드러내고 있다.

1 이 글의 글쓴이에 대한 설명으로 적절하지 않은 것은?
① 정소남의 일화를 통해 자신의 예술관을 설명하고 있다.
② 게의 독특한 모습을 자신과 동일시하며 삶을 성찰하고 있다.
③ 한시를 인용하여 대상에 대한 자신의 심정을 강조하고 있다.
④ 게를 그리기 쉽다고 하며 자신의 그림 실력을 자부하고 있다.
⑤ 그림을 나눠 주며 깨달음을 공유하려는 태도를 보이고 있다.

중요 기출

2 ㉠과 〈보기〉에 나타나 있는 예술관을 가장 잘 비교한 것은?

> **보기**
> 글씨와 그림은 모두 수예(手藝, 손의 예술)에 속하는 것이니, 그 솜씨가 없으면 비록 총명한 사람이 죽을 때까지 그것을 배울지라도 능할 수 없다. 그런 까닭에 "수(手)에 있는 것이지, 흉중(胸中)에 있는 것이 아니다."라고 하는 것이다.

① ㉠과 〈보기〉에서는 모두 예술을 삶과 동일시한다.
② ㉠과 〈보기〉에서는 모두 예술의 보편성을 추구한다.
③ ㉠에서는 예술을 감성적인 것으로, 〈보기〉에서는 이성적인 것으로 본다.
④ ㉠에서는 예술적 자질이 길러지는 것으로, 〈보기〉에서는 천부적인 것으로 전제한다.
⑤ ㉠에서는 어떠한 마음을 담느냐에, 〈보기〉에서는 어떻게 표현해 내느냐에 중점을 둔다.

3 [A]로 보아 글쓴이가 비판적으로 평가하는 인물 유형으로 가장 적절한 것은?
① 방향성을 상실한 채 목적의식 없이 살아가는 인물
② 부정적인 상황에 순응하여 무감각하게 살아가는 인물
③ 허례허식을 버리지 못하고 위선적으로 살아가는 인물
④ 다수의 의견에 아랑곳하지 않고 자신의 의견만을 고집하는 인물
⑤ 일확천금을 꿈꾸며 수단과 방법을 가리지 않고 부를 축적하는 인물

4 글쓴이가 [B]를 통해 풍자하고 있는 모습이 무엇인지 쓰시오.

무궁화 | 이양하

🎯 핵심 정리
갈래 경수필
성격 사색적, 체험적, 논리적
제재 무궁화
주제 국화(國花)로서의 자격이 충분한 무궁화
특징 대상에 대한 관찰을 바탕으로 논리적인 의견을 진술함.
출전 《학풍》(1948)

💡 어휘 풀이
소상(昭詳)하다 분명하고 자세하다.
번열하다 '벌열(閥閱)하다'의 변한 말. 나라에 공이 많고 벼슬 경력이 많다.

> **Q** 글쓴이가 '상허'와 어떤 친구의 말을 인용한 의도는?
>
> 글의 도입 부분에 제시된 무궁화에 대한 부정적인 생각은 상허의 말과 친구의 말이 인용됨으로써 한층 더 강화된다. 전체적으로 보았을 때 도입 부분의 내용은 글쓴이가 궁극적으로 주장하는 바와 반대되는데, 이는 오히려 글쓴이의 생각을 더욱 효과적으로 드러내는 기능을 한다.

🔖 구절 풀이
❶ 기억에 어렴풋하나 ~ 아직도 소상하다. 무궁화에 대한 글쓴이의 첫인상이 매우 부정적이었음을 밝히고 있다.

❷ 보라에 가까운 빨강 ~ 나무 잎새였다. 무궁화의 초라한 모습을 '창기의 입술'과 '나무 잎새'에 비유하여 구체적으로 묘사한 부분으로, 글쓴이의 실망감이 잘 드러나 있다.

❸ "게 무강나무 ~ 그게 아닌가." 고향에서 흔히 볼 수 있는 무강나무가 무궁화임을 알게 된 글쓴이의 친구가 무궁화에 대한 실망감을 나타낸 표현이다.

❹ 그러나 자신은 없지 아니하다. 무궁화는 겸손하지만 끈기 있게 꽃을 피우는 자신감을 가지고 있다는 의미이다.

▲ 무궁화

👤 작가 소개

이양하(1904~1963)
수필가, 영문학자. 자연과 일상에 대한 학자적인 인품과 따뜻한 시선이 잘 드러나는 수필을 주로 썼다. 주요 작품으로 〈나무〉, 〈신록 예찬〉, 〈나무의 위의〉 등이 있다.

우리 고향은 각박한 곳이 되어 전체 화초가 적지만 무궁화가 없다. 어려서부터 말은 들었지만 실지로 무궁화를 본 것은 십여 년 전, 처음 서울에 살기 시작한 때다. 서울 어디에서 첫 무궁화를 보았는가. — 역시 연전 교정이 아니었던가 한다. ❶기억에 어렴풋하나 그때 느
（연희전문학교）
낀 환멸은 아직도 •소상하다. ❷보라에 가까운 빨강, 게다가 대낮의 햇살을 이기지 못하여 시들어 오므라지고 보니, 빛은 한결 생채를 잃어, 문득 창기(娼妓)의 입술을 연상하게 하였
（천박한 느낌을 받음.）
다. 그러면 잎새에 아름다움이 있나 하고 들여다봐야 거세고 검푸른 것이 꽃 잎새라느니보다 나무 잎새였다. '샤론의 장미'라 한다 해서 여기 어떤 신비로운 동경을 가졌던 것은 아니나 우리의 소위 국화라는 것이 이렇게 평범하고 초라한 것이리라고는 생각지 못하였다. 무궁화가 어째서 우리의 국화가 되었을까 하고 안타깝게 생각하는 것은 아마 이때의 나 하나뿐이 아니겠다. [중략]
▶ 무궁화를 국화(國花)로 선택한 것에 대한 회의

그래 상허(尙虛)는 무궁화가 우리 국화로서 가당치 못하다는 여러 가지 이유를 들고, 우
（소설가 '이태준'의 호）
리들에게 좀 친근하고 보편적인 진달래를 국화로 하였으면 하는 의견을 말하였다. 그러나 국화로서의 무궁화에 대한 혐오의 감을 더 절실하게 단적으로 표현한 것은 어떤 내 친구의
（미워하고 꺼리는 감정）
다음 이야기겠다. 이 친구는 전라도 태생이 되어 어렸을 때부터 무궁화를 많이 보아 왔다. 그러나 그것이 우리의 국화인 무궁화란 것은 알지 못하였다. 그 역시 나와 마찬가지로 서
（어렸을 때부터 국화를 친근하게 보아 왔으면서도, 그것이 국화임을 몰랐다는 말로 국화에 대한 세인들의 무심함을 드러냄.）
울에 와서 이 사실을 처음 알게 되었는데, 그 순간에 그의 감명은 이러한 것이었다.

㉠❸"게 무강나무 아닌가. 우리 시골 가면 집 울타리 하는 바로 그게 아닌가."
▶ 무궁화에 대한 부정적 인식의 예
그러나 연희(延禧)에 있는 십 년 동안 여름마다 많은 무궁화를 보아 오고, 또한 사오 년
（연희전문학교）
동안은 두서너 그루의 흰 무궁화가 자라는 집에 살게 되어 아침저녁으로 이 꽃의 이모저모
（무궁화를 오래 관찰함.）
를 보아 온 이래, 무궁화에 대한 나의 생각은 많이 달라졌다.

오늘에 있어서도 우리 국화로는 꼭 무궁화라야 하겠다고 생각하는 것은 아니지마는 국화 대접을 하여 부끄러운 꽃이라고는 생각이 되지 아니한다. 그리고 생각하면 우리의 선인들이 무궁화를 소중하게 여긴 뜻과 연유는 충분히 알 수 있을 것 같고, 또 꽃 자체로도 여러 가지 미덕을 가져 결코 버릴 수 없는 아름다운 꽃의 하나라고 생각된다. [중략]
▶ 무궁화에 대한 인식 전환
꽃은 수줍고 은근하고 겸손하다. ❹그러나 자신은 없지 아니하다. 왜 그러냐 하면 피기
（동양적 미덕과 연결됨.）
시작하면 꽃 한 송이 한 송이는 대개 그날 밤사이에 시들어 뒤말라 버리고 말지만, 다음
[A]（「」: '무궁화(無窮花)'라는 이름의 의미와 밀접한 관련이 있음.）
날 새 송이가 잇대어 피고 하는 것이 팔월이 가고, 구월이 가고, 시월에 들어서도 어떤 때는 아침저녁 산들바람에 흰 무명 바지저고리가 차가울 때까지 끊임없이 핀다. 그동안 피고 지는 꽃송이를 센다면 대체 몇 천 송이 몇 만 송이가 될 것일까.

그중 많은 꽃을 피우는 때는 팔월 중순경인데, 이때면 나의 키만 한 나무에 수백 송이를 셀 수가 있다. 형제가 •번열하고 자손이 자자손손(子子孫孫) 백 대 천 대 이어 가는 것을
（우리 선인들이 무궁화를 사랑한 이유 - 무성함.）
무엇보다 큰 복으로 생각하던 우리의 선인들은 첫째 이러한 의미에 있어서 아마 무궁화를 사랑하였을 것이다. 그리고 꽃으로서도 이만큼 무성하고 이만큼 오래고 보면 그것만으로도 한 덕이라고 할 수 있지 아니할까. [후략]
▶ 무궁화의 미덕

후략 부분의 내용 무궁화가 국화로서 자격이 충분함을 이야기하고, 무궁화와 대한민국 정부 수립의 관련성을 언급하며 나라의 무궁한 발전을 염원하고 있다.

> • **중심 내용** 무궁화에 대한 생각의 변화와 무궁화의 미덕

이해와 감상

이 글은 1948년 8월 15일 대한민국 정부 수립을 기념하여 국화인 무궁화에 대한 글쓴이의 생각과 느낌을 표현한 수필이다. 무궁화에 대한 부정적인 시각에서 출발하고 있지만 내용이 전개됨에 따라 무궁화의 독특한 미덕과 아름다움을 밝히며 무궁화를 국화로 삼은 것이 마땅한 일임을 밝히고 있다.

글쓴이는 무궁화가 색깔과 모습이 수수하며, 끈질긴 생명력을 지니고 있고, 향기 또한 군자에게 어울리게 은은하며, 겸허한 미덕을 갖추고 있다고 예찬한다. 이 글은 긴 수난의 역사 속에서도 은근과 끈기의 미덕으로 참고 견디어 조국 광복의 감격을 맞이하게 된 우리의 민족성이 무궁화가 보여 주는 은근과 끈기의 미덕과 일치하고 있다고 하면서, 나라의 영원한 발전을 염원하는 의도를 은근히 드러내고 있다.

작품 연구소

'무궁화'에 대한 글쓴이의 인식 변화

글쓴이는 처음 무궁화를 보고 그 모습에 실망했지만 점차 무궁화가 보여 주는 은근과 끈기의 미덕이 우리 민족성과 일치하고 있음을 깨닫고, 결국 무궁화를 예찬하고 있다.

부정적	• 무궁화의 평범하고 초라한 모습에 환멸과 실망을 느낌. • 무궁화가 국화로 지정된 것에 회의를 품음.

↓

중립적	무궁화는 국화로 대접하기에 부끄러운 꽃이 아니라고 생각함.

↓

긍정적	• 선인들이 무궁화를 소중히 여긴 이유와 무궁화의 독특한 미덕을 이해함. • 여러 가지 미덕과 생명력을 지닌 아름다운 꽃임을 예찬함.

자료실

국화(國花)의 논쟁

민족주의와 국화와의 관계는 우리의 경우 더욱 두드러진다. 무궁화가 강조된 시기도 일제 침략이라는 민족적 위기와 일치할 뿐 아니라 상징적 의미 또한 배일(排日) 감정과 더불어 깊어졌던 것이다. 한말(韓末) 이전에는 무궁화를 민족적 상징이라 할 '국화'로 보지는 않았고, 민족적 위기가 닥치고서야 비로소 선구적 지식인과 반일 세력들에 의해 무궁화가 '한민족의 얼'을 상징하는 꽃으로 부각됐다. 이 무렵 일인들도 무궁화를 한국의 국화로 여겨 배척의 대상으로 삼기 시작했다.

《황성 신문》을 창간한 한서(翰西) 남궁억 선생은 강원도 홍천군 서면 모곡리에 있는 노고산 기슭에 은둔하며 무궁화 묘목을 길렀다. 그는 일제의 눈을 피해 이곳에서 뽕나무 밭 속에 무궁화를 번식시켜 전국에 퍼뜨렸다. 국사를 배울 수 없고 국기도 볼 수 없으며 애국가도 부를 수 없었던 만큼 무궁화만이라도 널리 퍼뜨리려 해마다 자라고 꽃을 피게 해 우리 국민으로 하여금 민족 얼을 잃지 않게 하고 조국 독립을 염원케 했다는 것이다. 1933년 11월 4일, 홍천 모곡(후감) 학교에 검거 선풍이 일어나 교장이던 남궁억은 물론 교사들도 모두 구금됐고 무궁화 묘목도 없어졌을 뿐 아니라 묘목들도 모조리 불살라 버렸다.

무궁화가 오늘날 '국화'로 여겨지게 된 이면에는 이처럼 수많은 사연과 역사적 배경이 깔려 있는 것이다. ─ 《동아일보》, 1982년 8월 6일 자

함께 읽으면 좋은 작품

〈무궁화〉, 유달영 / 무궁화를 소재로 한 작품

무궁화에 대한 지식과 경험을 바탕으로, 무궁화에 대한 감상을 일정한 형식 없이 서술한 수필이다. 국화 시비론(是非論)에 대한 반론의 근거를 여러 가지로 제시하고 있다.

포인트 체크

제재 무궁화에 대한 글쓴이의 인식과 국화(國花)로서 □□□의 덕목을 밝히고 있다.

관점 무궁화에 대한 글쓴이의 인식은 '부정적 → 중립적 → □□적'으로 변한다.

표현 도입부에 글쓴이의 전체 주장과 반대되는 무궁화에 대한 다른 사람의 부정적인 평가를 □□함으로써 오히려 글쓴이의 생각을 효과적으로 드러내고 있다.

1 이 글에 대한 설명으로 가장 알맞은 것은?

① 무궁화의 장점과 단점을 분석하고 있다.

② 상상 속의 무궁화를 환상적으로 묘사하고 있다.

③ 무궁화가 풍기는 이국적 정서를 설명하고 있다.

④ 무궁화에 대한 의견을 논리적으로 제시하고 있다.

⑤ 무궁화에 대한 감상을 다양한 심상을 동원하여 서술하고 있다.

2 '무궁화'에 대한 글쓴이의 인식 변화를 다음과 같이 정리할 때, ⓐ~ⓒ에 들어갈 적절한 말은?

① 인정, 혐오, 이해　　② 환멸, 이해, 인정

③ 회의, 환멸, 혐오　　④ 불신, 염원, 예찬

⑤ 혐오, 이해, 회의

3 글쓴이의 친구가 ㉠과 같이 이야기한 이유로 적절한 것은?

① 많은 사람이 국화인 무궁화에 대해 혐오감을 느끼기 때문이다.

② 무궁화가 국화라는 사실을 몰랐던 자신에게 실망했기 때문이다.

③ 무궁화를 국화로 지정한 선인들의 선택에 의구심을 느꼈기 때문이다.

④ 고향에서 쉽게 볼 수 있는 평범한 꽃이 국화임을 알고 실망했기 때문이다.

⑤ 무궁화에 대한 자신과 글쓴이의 인식에 차이가 있음을 알게 되었기 때문이다.

4 [A]에 나타난 무궁화에 대한 글쓴이의 평가와 그 이유를 쓰시오.

글쓴이의 평가	
이유	

문학 금성

🎯 핵심 정리

갈래 경수필
성격 독창적, 사색적
제재 화장실에서 용변 보는 행위
주제 현대인들이 세상과 절연되어 유유 한적하게 자유를 만끽할 수 있는 공간으로서의 화장실
특징 ① 화장실에서 용변 보는 행위를 독창적 시선으로 포착하여 새로운 의미를 부여함.
② 특유의 관찰력으로 평범한 일상에서 현대 문명의 특성을 읽어 내는 한편 재치 있는 표현을 통해 웃음을 유발함.
출전 《현대문학》(1959)

💡 어휘 풀이

속취(俗臭) 세속의 더러운 냄새
복지 신선들이 사는 곳. 행복을 누리며 잘살 수 있는 땅.
훼예 훼방과 칭찬을 아울러 이르는 말
분망(奔忙)하다 매우 바쁘다.
희황 중국 고대 전설상의 제왕인 '복희씨'의 다른 이름
오유하다 재미있고 즐겁게 놀다.
기산 영수 요임금 때 소부 허유가 임금의 자리를 물려받으라는 왕명을 피해 은거했다는 산과 강.

> **Q** 이 글에서 용변과 관련한 직접적 표현을 삼간 이유는?
>
> 화장실에서 용변을 보는 행위를 직접적, 사실적으로 묘사하는 것은 관습적으로 금기시되어 왔다. 글쓴이는 이러한 금기에서 벗어나는 한편, 자신의 생각을 효율적으로 전달하기 위해 화장실과 용변 보는 행위를 '이 곳', '이 작업', '이 시간' 등으로 에둘러 표현한다.

😊 구절 풀이

❶ **제집 대문간을 나설 때도 ~ 괴상스러운 일이 일어난 것만 같다.** 끊임없는 불안과 초조 속에서 살아나가는 현대인의 모습을 묘사한 구절임.
❷ **내가 이 작업을 하고 있는 한 ~ 문책하는 사람은 없다.** 용변 보는 일을 에둘러 표현한 구절이다. 용변 보는 일을 '작업'이라고 표현하며 상당히 중요한 행위임을 강조하는 동시에, 그 행위는 아무도 문책할 수 없는, 주체적이고 필수적인 행위임을 드러낸다.
❸ **이 지상에서 자유 해탈의 ~ 남아 있는 곳이 이곳뿐이다.** 화장실만이 바쁜 현대인이 근원적인 자유로움을 경험할 수 있는 유일한 공간임을 강조한다.

👤 작가 소개

윤오영(1907~1976)
수필가, 교육자. 간결하고 절제된 문체와 서정적인 문장의 수필을 많이 썼으며, 수필 문학의 이론을 정립하기 위해 노력하였다. 주요 작품으로 〈달밤〉, 〈소녀〉, 〈방망이 깎던 노인〉 등이 있다.

「」: 현대인들의 삶의 모습 ① – 고요하고 여유로운 삶은 현실과 동떨어진 이야기가 됨.

잠시나마 안정이 그립다. 『하도 숨 가쁜 세상이니 ⓐ흰 구름 뭉게뭉게 일어나는 깊은 산, 고요한 절에서 목탁을 울리며 사는 승려의 생활도 이 세상에서는 벌써 신화가 되고 말았다.』 강낭콩같이 푸르고 맑은 호숫가에 일간죽(一竿竹)을 드리우고 고기와 벗을 삼아 짙어가는 저녁노을에 물들어 보는 것도 태곳적 꿈인 양 싶다. 구태여 생생한 현실을 등지고 도피의 생활을 추구하랴마는 진실로 너무나 몸 둘 곳이 없이 숨 가쁘기 때문이다.
낚싯대

현대인들의 삶의 모습 ② – 숨 가쁘게 살아감. ▶ 현대인들의 바쁜 일상
❶㉠제집 대문간을 나설 때도 무슨 불안이 문밖에 기다리고 서 있는 것만 같고 제집 문간에 다 와서도 안에서 무슨 괴상스러운 일이 일어난 것만 같다. 이 초조한 심경은 대체 어디서 오는 것일까? 제집 방구석이라고 그리 안락한 자유성(自由城)은 아니다. 소란과 추악과 야비의 *속취(俗臭)는 구석구석 스미어 들고 무미와 건조와 침울과 공포는 염통에 쉬파리 떼처럼 들어붙는다.
현대인들의 삶의 모습 ③ – 자신의 집에서조차 편히 쉴 수 없음. *심장* ▶ 현대인들의 불안하고 초조한 심경

'이유 없는 반항'이란 십 대 소년의 생태를 그린 영화의 제목이라거니와 '이유 없는 초조'는 노경에 가까워 가도 면할 수 없는 현대인의 생태라고나 할까. 백팔번뇌에 시달리는 어리석은 중생들이라고 초연히 비웃는 석가모니는 대체 이 세상에 누구냐? ⓑ그러나 나에게는 한 *복지(福地)가 남아 있다. 변소에 문을 닫고 용변하는 시간 만은 완전히 이 세상과 절연된 특권을 향유한다. 겨우 두 다리를 오그리고 앉을 수 있는 좁은 우주. 그러나 ⓒ자유가 확보되어 있는 우주요, 나에게만 주권이 부여되어 있는 왕국이다. 이 우주 안에 들어 있는 동안만은 완전히 치외 법권에 속하는 지역으로 할애받고 있다. 그 시간만은 아무도 내절대권을 침해하려 들지 않는다. 영원히 연결되어 있는 시간 선상에서도 나에게만 완전히 포기해 준 은총의 시간이다. 큰기침을 하건 가래침을 뱉건 바지춤을 끄르고 하반부의 둔육(臀肉)을 노출하건, 수륙 병진(水陸竝進)으로 배출을 하건, 악취를 마음대로 분산시키건, 아무 시비도 체면도 없다. 법률이야 물론이지만 도덕도 예의도, 인습도 전통도 아무것도 ─. 모든 사회적인 간섭, 인간적인 관련에서 오는 시비 *훼예도 없다.
▶ 세상과 절연되어 자유를 만끽할 수 있는 화장실

나는 굳이 내 결백을 수식할 필요도 내 단정한 품격을 조작할 필요도, 시간에 *분망할 필요도 없다. 우선 조여 매었던 혁대를 끄르고 켜켜로 입었던 바지며 내의, 속내의에서부터 하반부의 둔육을 해방시키고 두 발을 고여, 전신을 편안히 내려 앉히면 ⓓ위로 충만했던 모든 들뜬 기운이 가라앉으며 평온한 *희황(羲皇) 시대로 돌아온다. 향기롭지 못한 냄새도 어느덧 잊어버리고 만다. 마치 이 세상에 오래 살아 이 세상 냄새를 모르고 배기듯이. 아무도 이 문을 열 사람은 없다. 아무 일도 내 스스로가 나가기 전에는 부를 리도 없다. 찾을 리도 없다. 나에 대한 모든 것은 나의 이 작업으로 말미암아 권위 있게 정지당하고 만다. 지구조차 이 속에서는 돌지 않는다. ㉡외계에서 수소탄이 터지든 태양이 물구나무를 서든 나는 결코 개의하지 아니해도 좋다. ❷내가 이 작업을 하고 있는 한, 이런 무관심과 태만에 대해서도 아무도 문책하는 사람은 없다. 잠시 가쁜 숨을 그치고 유유 한적한 세계에서 기상천외의 꿈속을 헤매며 *오유(遨遊)하는 것도 나의 자유일 것이다. ❸이 지상에서 자유 해탈의 시간은 이 시간뿐이고 ㉢소부(巢父) 허유(許由)가 놀던 *기산(箕山) 영수(潁水)는 남아 있는 곳이 이곳뿐이다.
▶ 누구에게도 방해받지 않고 자유 해탈을 누릴 수 있는 공간으로서의 화장실

> • 중심 내용 바쁜 현대인들이 근원적인 자유로움을 경험할 수 있는 유일한 공간으로서의 화장실

이해와 감상

이 글은 화장실에서 용변을 보는 지극히 일상적인 행위를 독창적인 시선으로 바라봄으로써 화장실에 대한 새로운 인식과 의미를 부여하고 있는 수필이다. 글쓴이는 지나치게 바쁘고 모든 것이 숨 가쁘게 돌아가는 세상에서 이유 없는 초조함에 시달린다. 이런 상황에서 글쓴이는 화장실을 소란한 현대 문명에서 벗어나 자신의 자유와 주체성을 확보할 수 있는 공간으로 인식하고 그곳에서 자유와 해탈을 만끽한다. 즉, 글쓴이에게 화장실은 누구에게도 방해받지 않고 근원적인 자유로움을 경험할 수 있는 유일한 공간임을 이야기하고 있다. 또한 일반적으로 금기시되고 불편할 수 있는 용변 행위를 에둘러 재치 있게 표현함으로써 독자들에게 소재에 대한 사유를 거부감 없이 할 수 있도록 이끌고 있다.

🏠 작품 연구소

현대인이 처한 상황

• 고요하고 여유로운 삶에서 멀어짐. • 숨 가쁘게 바쁘게 살아감. • 자신의 집에서조차 편히 쉴 수 없음.	➡ '이유 없는 초조'에 시달림.

'화장실'에 대한 새로운 인식

화장실에 대한 보편적 인식	좁은 공간, 세상과 절연된 공간

⬇ ← 글쓴이의 독창적인 시선

화장실에 대한 새로운 인식	• 인간의 근원적인 모습으로 돌아갈 수 있는 공간 • 인간의 주체성을 회복할 수 있는 공간 • 자유 해탈의 공간

〈측상락〉의 표현상 특징

구절	표현상 특징
수륙 병진으로 배출을 하건	화장실에서 용변 보는 모습을 우스꽝스럽게 나타냄. 관습적으로 직접 서술이 금기시되는 용변 보는 행위를 에둘러 표현함.
외계에서 수소탄이 터지든 태양이 물구나무를 서든	불가능한 상황을 가정하여 어떤 상황에도 개의치 않고 홀로 자유와 고독을 만끽할 수 있음을 표현함.
내가 이 작업을 하고 있는 한	용변 보는 일을 '작업'이라고 우회적으로 표현하고, 그것이 상당히 중요한 일임을 강조함.

⬇

• 일반적으로 금기시되는 소재를 다루기 위해 다양한 표현을 활용하고 있음.
• 독자에게 불쾌감을 줄 수 있는 행위를 과장과 비유를 통해 재치 있게 표현함으로써 말하고자 하는 바를 자연스럽게 전달함.

📖 함께 읽으면 좋은 작품

〈맑은 기쁨〉, 법정 / 특정한 장소에서 얻은 깨달음을 이야기하는 작품

이 글의 글쓴이가 화장실에서 얻은 깨달음에 대해 이야기한다면, 〈맑은 기쁨〉은 '산골 암자'에서 얻게 된 깨달음을 이야기한다. 글쓴이는 산방에서의 소박한 삶, 산속 동물들을 비롯한 자연물과 함께하는 삶을 통해 느끼는 행복과 기쁨을 담담하게 서술하고 있다. 두 글이 활용한 소재나 접근 방식은 상이하지만 결론적으로는 현대인들에게 자신의 삶을 성찰할 수 있는 기회를 마련해 준다는 점에서 공통점을 발견할 수 있다.

🔑 포인트 체크

제재 □□□에서 용변 보는 행위에 새로운 의미를 부여하고 있다.
관점 글쓴이는 현대인이 불안과 □□ 속에서 살고 있다고 인식하고 있다.
표현 글쓴이는 □□과 □□를 통해, 금기시되는 표현을 피하는 한편 독창적이고 개성적인 시선을 드러내고 있다.

1 이 글에 대한 설명으로 가장 적절한 것은?
① 우의적인 방식으로 삶에 대한 교훈을 전달하고 있다.
② 관조적인 태도로 자연과 조화를 이루는 삶을 모색하고 있다.
③ 독창적인 시선으로 일상적 소재에 새로운 의미를 부여하고 있다.
④ 예스러운 문체를 사용하여 전통 방식의 소중함을 부각하고 있다.
⑤ 묻고 답하는 방식을 통해 초월적 세계에 대한 지향을 표출하고 있다.

2 용변하는 시간에 대한 이해로 적절하지 않은 것은?
① 태만했던 자신을 반성하는 시간이다.
② 자신만의 절대권이 보장되는 시간이다.
③ 모든 사회적인 간섭에서 벗어나는 시간이다.
④ 누구에게도 체면을 지킬 필요가 없는 시간이다.
⑤ 가쁜 숨을 그치고 유유자적하며 보내는 시간이다.

3 ⓐ~ⓔ에 대한 설명으로 적절하지 않은 것은?
① ⓐ: 고요하고 여유로운 삶을 함축한다.
② ⓑ: 종교의 힘으로 이유 없는 초조에 시달리는 상황을 벗어날 수 있음을 보여 준다.
③ ⓒ: 화장실이 어느 것에도 구속받지 않고 자유를 만끽하는 공간임을 보여 준다.
④ ⓓ: 용변을 볼 때는 세상일로 들떴던 마음이 가라앉고 평온해짐을 나타낸다.
⑤ ⓔ: 고사(故事)를 활용하여 세상과 절연된 화장실의 공간적 특성을 드러낸다.

4 ㉠에 담긴 글쓴이의 심리를 나타내기에 가장 적절한 한자 성어는?
① 염량세태(炎涼世態)
② 동분서주(東奔西走)
③ 암중모색(暗中摸索)
④ 누란지위(累卵之危)
⑤ 좌불안석(坐不安席)

5 문맥을 고려하여 ㉡의 기능을 다음 〈조건〉에 맞게 쓰시오.
┤조건├
'~을 강조하기 위해 ~을 가정하고 있다.'의 형태로 쓸 것.

010 은전 한 닢 | 피천득

문학 비상

🎯 핵심 정리

갈래 경수필

성격 서사적, 콩트적, 체험적, 회상적

제재 은전 한 닢

주제 ① 소망을 이루려는 노력과 그 성취의 기쁨
② 인간의 맹목적인 소유욕과 집착에 대한 연민

특징 ① 대화 형식을 사용하며 콩트식 구성을 취함.
② 간결한 문체와 속도감 있는 전개로 사건이 구성됨.
③ 글쓴이의 논평이나 설명 없이 글을 마무리하여 깊은 여운을 줌.

출전 《금아 시문선》(1959)

💡 어휘 풀이

전장 중국에서, 환전(換錢)을 업으로 하던 상업 금융 기관.

은전(銀錢) 은돈. 은으로 만든 돈.

황망(慌忙)히 마음이 몹시 급하여 당황하고 허둥지둥하는 면이 있게.

각전 예전에, 일 전이나 십 전 따위의 잔돈을 이르던 말.

다양 중국에서 예전에 유통되던 은화를 가리키는 말.

🍀 구절 풀이

❶ 그는 마치 선고를 ~ 입을 쳐다본다. 아주 소중한 것(은전)의 진위 여부를 확인하는 상황에서 불안감과 초조감에 휩싸여 있는 거지의 심리 상태를 비유적으로 표현하고 있다.

❷ "이것은 훔친 것이 ~ 여섯 달이 더 걸렸습니다." 거지가 은전을 갖게 된 경위를 밝히고 있는 부분으로, 그 돈을 갖기 위해 얼마나 애를 썼는지가 드러나 있다. 은전 한 닢을 갖기 위한 거지의 맹목적 노력이 드러나 있다.

Q 이 글의 결말 처리 방법이 주는 효과는?

이 글은 은전 한 닢을 가져 보는 것이 거지의 소박하고도 맹목적인 소망이었음을 밝히는 말로 끝을 맺는다. 이처럼 글쓴이가 어떠한 논평도 하지 않은 채 인물의 대사만을 제시하는 방식은 글의 주제를 함축적으로 드러내는 한편 독자의 상상력을 자극함으로써 깊은 여운을 남기는 효과를 준다.

👤 작가 소개

피천득(1910~2007)
수필가, 시인, 영문학자. 간결하고 섬세한 문체를 바탕으로 일상생활에서 느낀 감정을 순수하고 서정적으로 그려 낸 작품을 많이 창작하였다. 주요 저서로 《인연》, 《금아 시문선》, 《산호와 진주》, 《금아 문선》 등이 있다.

예전 상해에서 본 일이다. 늙은 거지 하나가 **전장(錢莊)**에 가서 떨리는 손으로 1원짜리 **은전 한 닢**을 내놓으면서,

"황송하지만 이 돈이 못 쓰는 것이나 아닌지 좀 보아 주십시오."

하고 ❶그는 ㉠마치 선고를 기다리는 죄인과 같이 전장 사람의 입을 쳐다본다. 전장 주인은 거지를 물끄러미 내려다보다가, 돈을 두들겨 보고

"하 — 오(좋소)." / 하고 내어 준다. 그는 "하 — 오."라는 말에 기쁜 얼굴로 돈을 받아서 가슴 깊이 집어넣고 절을 몇 번이나 하며 간다. 그는 뒤를 자꾸 돌아보며 얼마를 가더니 또 다른 전장을 찾아 들어갔다. 품속에 손을 넣고 한참 꾸물거리다가 그 은전을 내어놓으며,

"이것이 정말 은으로 만든 돈이오니까?"

하고 묻는다. 전장 주인도 호기심 있는 눈으로 바라다보더니,

"이 돈을 어디서 훔쳤어?"

거지는 떨리는 목소리로, / "아닙니다. 아니에요."

"그러면 길바닥에서 주웠다는 말이냐?"

"누가 그렇게 큰돈을 빠뜨립니까? 떨어지면 소리는 안 나요? 어서 도로 주십시오."

거지는 손을 내밀었다. 전장 사람은 웃으면서 "하 — 오." 하고 던져 주었다.

그는 얼른 집어서 가슴에 품고 **황망히** 달아난다. ㉡뒤를 흘끔흘끔 돌아보며 얼마를 허덕이며 달아나더니 별안간 우뚝 선다. 서서 그 은전이 빠지지나 않았나 만져 보는 것이다. ㉢거친 손가락이 누더기 위로 그 돈을 쥘 때 그는 다시 웃는다. 그리고 또 얼마를 걸어가다가 어떤 골목 으슥한 곳으로 찾아 들어가더니 벽돌담 밑에 쪼그리고 앉아서 ㉣돈을 손바닥에 놓고 들여다보고 있었다. 그는 어떻게 열중해 있었는지 내가 가까이 선 줄도 모르는 모양이었다.

"누가 그렇게 많이 도와줍디까?"

하고 나는 물었다. 그러자 그는 내 말소리에 움칠하면서 손을 가슴에 숨겼다. 그리고는 떨리는 다리로 일어서서 달아나려고 했다.

"염려 마십시오. 빼앗아 가지 않소."

하고 나는 그를 안심시키려 하였다. 한참 머뭇거리다가 그는 나를 쳐다보고 이야기를 하였다. ❷"이것은 훔친 것이 아닙니다. 길에서 얻은 것도 아닙니다. 『누가 저 같은 놈에게 1원짜리를 줍니까? **각전(角錢)** 한 닢을 받아 본 적이 없습니다. 동전 한 닢 주시는 분도 백에 한 분 쉽지 않습니다.』 나는 한 푼 한 푼 얻은 돈에서 몇 닢씩을 모았습니다. 이렇게 모은 돈 마흔여덟 닢을 각전 닢과 바꾸었습니다. 이러기를 여섯 번을 하여 겨우 이 귀한 **다양[大洋]** 한 푼을 갖게 되었습니다. 이 돈을 얻느라고 여섯 달이 더 걸렸습니다."

㉤그의 뺨에는 눈물이 흘렀다. 나는

"왜 그렇게까지 애를 써서 그 돈을 만들었단 말이오? 그 돈으로 무얼 하려오?"

하고 물었다.

그는 머뭇거리다가 대답했다.

"이 돈 한 개가 갖고 싶었습니다."

▶ 거지가 은전 한 닢을 갖게 된 내력과 이유

• 중심 내용 은전 한 닢을 갖게 된 거지의 사연

이해와 감상

이 글은 글쓴이가 중국 상해에서 겪은 일을 간결한 문체를 통해 담아낸 수필로, 인물, 사건, 배경 등의 소설적 요소를 갖추어 한 편의 콩트 같은 느낌을 주고 있다. 첫 문장에서 앞으로 제시할 내용이 자신의 실제 체험임을 밝혀서 사실성과 흥미를 높인 후, 처음부터 끝까지 아무런 논평도 없이 객관적인 시각으로 늙은 거지의 행적을 담담하게 그리고 있다. 자신이 소유한 은전 한 닢이 진짜인지를 거듭 확인하는 거지의 행동에서 호기심을 느낀 글쓴이는 거지와 직접 대면하여 그가 은전 한 닢을 소유한 경위를 듣게 되는데, 대화체의 직접 화법을 주로 사용하여 늙은 거지의 행적을 간결하면서도 속도감 있게 전달하고 있다. 오랜 노력 끝에 은전 한 닢을 얻고 기뻐하는 거지의 모습을 통해 삶의 간절한 소망을 이루기 위한 노력과 성취의 기쁨을 전하는 한편, 맹목적인 소유욕에 대해 생각해 보게 한다. 또한 논평이나 설명을 생략하고 거지의 말로 글을 끝맺음으로써 독자의 상상력을 자극하고 있다.

작품 연구소

'은전 한 닢'의 의미

'은전 한 닢'을 얻기 위한 과정	'은전 한 닢'을 가지려는 이유
동전 48닢을 각전 한 닢으로 바꾸기를 6번 되풀이하여 6개월 만에 은전 한 닢을 얻음.	"이 돈 한 개가 갖고 싶었습니다."

↓

'은전 한 닢'의 의미
삶의 간절한 소망

〈은전 한 닢〉의 주제

이 글은 글쓴이의 설명이나 소감 없이 '이 돈 한 개가 갖고 싶었습니다.'라는 거지의 대답만을 제시하며 마무리하여 다양한 해석을 낳게 한다. 이 글에서는 이러한 결말 처리를 통해 주제를 함축적으로 보여 주고 있다.

"이 돈 한 개가 갖고 싶었습니다."

갖은 노력 끝에 '은전 한 닢'을 얻고 감격의 눈물을 흘리는 거지의 모습	맹목적으로 '은전 한 닢'을 소유하기 위해 애쓰는 거지의 모습
↓	↓
주제 ① 소망을 이루려는 노력과 그 성취의 기쁨	**주제 ②** 인간의 소유욕과 집착에 대한 연민

함께 읽으면 좋은 작품

〈무소유〉, 법정 / 소유에 대한 글쓴이의 인식이 드러난 작품

난초를 키우는 일상적인 체험을 바탕으로 한 교훈적인 수필로, 소유와 집착에서 고통과 번뇌가 비롯되므로 이를 버릴 때 마음의 평정과 자유를 얻을 수 있음을 제시하고 있다.

〈차마설〉, 이곡 / 인간의 그릇된 소유욕을 경계하는 작품

말을 빌려 탄 글쓴이의 경험을 바탕으로 쓴 고전 수필이다. 모든 것이 남에게 빌린 것이므로 자기 소유가 아님을 알고 집착에서 벗어나야 한다는, 소유에 대한 인식을 제시하고 있다. Link 〈고전 산문〉 78쪽

포인트 체크

제재 글쓴이가 상해에서 만난, ☐☐ 한 닢을 얻고 기뻐하는 늙은 거지의 모습을 그리고 있다.

관점 글쓴이는 거지의 행동에 대해 주관적인 평가는 배제하고 ☐☐☐ 인 시각으로 담담하게 서술하고 있다.

표현 거지의 말로 글을 마무리함으로써 ☐☐을 남기고 독자의 상상력을 자극하고 있다.

1 이 글의 서술상 특징으로 적절하지 <u>않은</u> 것은?

① 글쓴이가 인물의 심리를 요약적으로 제시하고 있다.
② 글쓴이의 실제 체험을 회고하는 형식을 취하고 있다.
③ 논평을 생략한 결말 처리 방식으로 여운을 주고 있다.
④ 인물, 사건, 배경과 같은 서사적인 요소가 나타나고 있다.
⑤ 대화체의 직접 화법을 주로 사용하여 속도감 있게 서술하고 있다.

2 이 글의 '늙은 거지'에 대한 평가로 가장 적절한 것은?

① 말 타면 경마 잡히고 싶다고 은전을 얻고도 욕심이 끝이 없군.
② 남의 장단에 춤춘다고 남이 은전을 모은다고 하니 따라 한 것이군.
③ 티끌 모아 태산이라고 작은 돈을 하나씩 모으고 모아서 큰 돈을 만들어 냈군.
④ 쟁기질 못하는 농부가 소 탓한다고 자신의 능력은 생각지 않고 남 탓만 하고 있군.
⑤ 닭 잡아먹고 오리발 내놓는다고 잘못된 방법으로 돈을 모으고도 속여 넘기려 하고 있군.

3 ㉠~㉢에 나타난 '늙은 거지'의 심리로 적절하지 <u>않은</u> 것은?

① ㉠: 은전이 진짜가 아닐까 봐 긴장하고 있다.
② ㉡: 소중한 은전을 빼앗기지 않을까 불안해하고 있다.
③ ㉢: 은전을 가지게 된 기쁨을 드러내고 있다.
④ ㉣: 은전을 더 갖고 싶은 마음을 드러내고 있다.
⑤ ㉤: 고생 끝에 은전을 얻게 된 감격을 표현하고 있다.

4 이 글에서 '늙은 거지'에게 '은전 한 닢'이 지닌 의미를 쓰시오.

5 다음은 이 글의 주제를 해석한 글이다. ⓐ와 ⓑ에 들어갈 알맞은 내용을 쓰시오.

> 이 글은 늙은 거지의 마지막 말에 대한 글쓴이의 반응이 생략되어 주제에 대한 다양한 해석이 가능하다. 노력 끝에 '은전 한 닢'을 얻게 되었음을 말하며 눈물 흘리는 거지의 모습을 고려할 때, 이 글의 주제는 ____ⓐ____ 이다. 반면 맹목적으로 '은전 한 닢'을 소유하기 위해 애쓴 거지의 모습을 고려할 때 이 글의 주제는 ____ⓑ____ 이다.

ⓐ: _____

ⓑ: _____

011

뒤지가 진적(珍籍) | 이희승

문학 천재(정)

🎯 핵심 정리

갈래 경수필
성격 사실적, 해학적, 회고적
제재 일제 강점기의 감옥 생활
주제 일제 강점기 감옥 현실의 폭로, 글을 읽고 싶은 욕구의 강함.
특징 ① 겪은 일을 사실적으로 그리고 있음.
② 일제 강점기 감옥의 현실을 잘 보여 주고 있음.
③ 글쓴이의 해학적 태도가 돋보임.
출전 《사상계》(1960)

💡 어휘 풀이

뒤지 똥을 누고 밑을 씻어 내는 종이.
진적 진귀한 책
차입(差入) 교도소나 구치소에 갇힌 사람에게 음식, 의복, 돈 따위를 들여보냄. 또는 그 물건.
경무휘보 왜정(倭政) 당시 경찰계의 유일한 기관 잡지.
걸터서 '걸터듬어서'의 뜻인 듯함. '걸터듬다'는 '무엇을 찾느라고 이것저것 되는 대로 마구 더듬다.'의 뜻.
소치(所致) 어떤 까닭으로 생긴 일.

> **Q** 감옥 안에 《경무휘보》 입수가 가능했던 이유는?
>
> 글쓴이는 이 '잡지의 재고품이 상당히 풍부해서'일 것이라고 생각한다. 이 글에는 따로 제시되어 있지 않지만 《경무휘보》는 경찰 관계자를 주 독자층으로 삼은 잡지이므로 불온한 내용이 들어 있지 않다고 판단하여 뒤지로 제공했으리라 추측할 수 있다.

🖋 구절 풀이

❶ 그리하여 우리는 어떻게 하든지 ~ 노력을 다 기울이었다. 일본은 형무소에 구속되어 있는 사람이 바깥세상 소식을 아는 것을 꺼려 신문을 뒤지로 제공하지는 않았다. 대신에 '경무휘보'라는 묵은 잡지를 뒤지로 제공하는데, 이것이라도 읽으면 지루함이 덜하니 이를 얻는 데 갖은 노력을 다했다는 것이다.

❷ 그 진정한 경지는 ~ 이해하기 어려울 것이다. 글쓴이는 읽을거리를 찾아 읽고 싶은 욕구가 얼마나 크며, 그것을 누르기가 얼마나 어려운지는 직접 경험해 보지 않으면 이해하기 어려움을 이야기하고 있다.

👤 작가 소개

이희승(1896~1989)

국어학자. 수필가. 시인. 독립 운동가. 조선어 학회의 '한글 맞춤법 통일안'의 원리를 자세히 설명한 《한글 맞춤법 강의》를 저술하는 등 우리말 연구에 힘썼다. 주요 저서로 《한글 맞춤법 강의》, 수필집 《벙어리 냉가슴》, 《먹추의 말참견》 등이 있다.

두 평쯤이나 될까 말까 한 좁은 감방 안에서 7, 8명의 식구가, 때로는 십여 명이 넘는 인구(人口)가 똥통과 동거 생활을 하면서 뒤를 볼 때에는 그래도 뒤지가 필요하였다.

그러므로 경찰서에서는 이 불가피한 청구에 응하기 위하여 뒤지를 공급하고 있었다. 원래 뒤지감의 종이를 따로 만들어 한 움큼씩 묶어서 파는 것이 있었지만, 이 당시에는 전쟁 중의 일본이 경제적 파탄에 직면하고 있었으므로 뒤지조차 구하기 어려웠다.

그리하여 일반으로 신문지나, 읽어 넘긴 잡지 같은 것을 썰어서 뒤지로 쓰고 있는 형편이었다. 감방 안에서 이러한 뒤지의 공급을 받으면, 이것은 도서관에서 책을 대하듯이 귀중한 읽을거리였다. 그런데 경찰서나 형무소에서는 구속되어 있는 사람이 바깥세상의 소식을 아는 것을 지극히 꺼리고 있어서, 신문지 조각 같은 것은 좀체로 들여 주지를 않았다. 만일 우리 동지들의 가족 중에서 음식물의 *차입을 할 적에, 신문지로 싸개지를 삼은 것이 있으면, 대개는 난로에 넣어서 태워 버리는 것이 보통이었다. 그래도 혹시 신문지가 남아 있고, 그것을 뒤지로 쓰겠다고 청구하면 읽을거리가 없어지도록 잘게 썰어서 넣어 준다. 그리하여 대개는 한 장이나 두 장밖에는 더 주지 않는다. / 그러면 뒤를 보기 전에 이 신문지 쪽을 한 줄 한 자도 빼놓지 않고 읽는다. 뒤지를 받고서 왜 뒤를 안 보느냐고 따지는 일도 있기 때문에, 똥통 위에 올라앉아서, 그것을 읽어 버리는 일도 있었다.

이러한 재료는 같은 감방에 있는 동지들도 읽어 보기를 열심히 바라고 있기 때문에 차마 혼자만 보고 없앨 수는 없었다. 그리하여 무슨 꾀를 부리고 무슨 방법을 쓰든지 간에 신문 조각을 돌려 가며 윤독(輪讀)하기로 하는 것이었다. 이것을 읽되 어엿이 펼쳐 놓고 보는 것이 아니라, 손바닥 안에 감추어질 만큼 접어서 간수의 눈을 피해 가며 몰래 읽어 내려가는 것이었다. [중략]

그런데 이러한 글발이 있는 종잇조각이라도 얻어 읽는 경우에는, 한결 지리한 시간이 쉽사리 지나는 것만 같았다. 더욱이 문초를 전부 마치고, 그저 구속만 되어 있는 동안은 진정 세월이 더딘 것이 지리하여 견딜 수가 없었다.

❶그리하여 우리는 어떻게 하든지 이 《*경무휘보》의 잡지 쪽을 많이 입수(入手)하도록 갖은 노력을 다 기울이었다. / ㉠우선 뒤를 자주 보기로 하였다. 설사가 나니까 한 장만으로 부족하니, 석 장 넉 장씩 달라고 하였다. 가다가는 뒤지를 얻기 위하여 헛뒤를 보는 일도 있었다. 이렇게 하여 다 각각 얻은 뒤지를 서로 돌려 가며 보는 것이었다.

그러나 이렇게 들여 주는 뒤지만으로는 진정 갈급질이 나서 못 견딜 지경이었다. 그리하여 다량으로 뒤지를 입수하기에 청소꾼을 이용하는 일이 많았다. 젊은 사람이 청소하러 나가서 마치 담배를 훔쳐 들이듯이, 뒤지를 *걸터서 감방으로 들여 주곤 하였다. ⓐ이와 같이 도둑글을 읽다가 들켜서 뒤지를 빼앗기는 일도 있었고, 뺨을 맞는 일도 한두 번이 아니었다. 그러나 이와 같이 봉변을 당하고도, 그래도 또 잡지 쪽 읽기를 단념하지 못하였다. 이로써 미루어 보면, 『사람이 하고 싶어 하는 의욕은 벌을 받거나 모욕을 당하는 것만으로 깨끗이 청산하여 버리지 못하는 것이 역시 인간인가 싶었다.』ⓑ이런 것도 인력(人力)으로 좌우할 수 없는 본능의 *소치인 듯하였다. ❷그 진정한 경지는 실지로 당하여 보지 않고서는 이해하기 어려울 것이다.

> • 중심 내용 뒤지에 있는 글을 읽기를 단념하지 못하여 봉변을 당하면서까지 뒤지를 얻어 읽으려 함.

이해와 감상

이 글은 1942년 글쓴이가 '조선어 학회 사건'으로 3년 가까이 감옥살이를 하던 때에 직접 겪었던 일을 다루고 있다. 일제 강점기 감옥 생활이 어떠했는지를 잘 보여 주는 한편, 감옥에 갇혀 있는 상황에서도 선비다운 풍모를 잃지 않으려는 글쓴이의 모습이 잘 나타나 있다.

글쓴이는 감옥 생활을 하면서 뒤지에 쓰인 글을 읽으며 무료함과 지루함을 견딘다. 감옥에서 유일한 읽을거리인 뒤지를 얻기 위해 노력하는 모습이나 봉변을 당하면서도 읽기를 단념하지 못하는 글쓴이의 모습이 해학적으로 나타나 있다. 또한 어려운 상황에서도 글을 읽고자 하는 글쓴이의 모습을 통해 인간의 의욕은 인력으로 좌우할 수 없는 것임을 깨닫는 과정을 잘 보여 주고 있다.

작품 연구소

제목 '뒤지가 진적'에 담긴 의미

'뒤지'의 역할
- 글쓴이와 동료들에게 읽을거리를 제공해 줌.
- 지루한 수감 생활을 견디게 해 줌.
- 글쓴이와 동료들이 글을 읽고 싶어 하는 욕망을 충족해 줌.
→ '똥을 누고 밑을 씻어 내는 종이'인 뒤지가 감옥 안에서는 귀중하게 여겨짐.

↓

제목의 의미
읽을거리에 목마른 사람에게는 뒤지라 할지라도 글이 적혀 있으면 진귀한 책과 같이 가치 있다는 의미가 담겨져 있음.

〈뒤지가 진적〉에 나타난 글쓴이의 개성

'뒤 자주 보기' '헛뒤 보기' 등 →
- 매우 고통스럽고 비참한 체험인데도 이를 회상하여 그리는 글쓴이의 태도는 해학적임.
- 읽는 이로 하여금 웃음을 짓게 만듦.

〈뒤지가 진적〉에 나타난 글쓴이의 경험과 깨달음

경험		깨달음
감옥살이를 하는 가운데에서도 글을 읽고자 노력함.	⇒	사람이 하고자 하는 것에 대한 의욕은 쉽게 꺾을 수 없는데 이는 그 의욕이 본능의 소치이기 때문임.

자료실

조선어 학회 사건

1942년 10월 일제에 의해 조선어 학회 회원 및 관련 인물이 검거되어 재판에 회부된 사건을 말한다. 일제의 탄압하에서 조선어 학회는 《우리말 큰사전》의 편찬을 서둘러 1942년 4월에 그 일부를 대동 출판사에 넘겨 인쇄하던 중, 함흥 영생 고등 여학교 학생 박영옥이 기차 안에서 친구들과 한국말로 대화하다가 조선인 경찰관인 야스다에게 발각되어 취조를 받게 된 사건이 벌어졌다. 이 사건에서 글쓴이는 2년 6개월의 징역형을 받게 된다.

함께 읽으면 좋은 작품

〈옥중에서 보낸 편지 – 어머님께〉, 심훈 / 일제 강점기 옥중 생활을 그린 작품

일제 강점기 때 3·1 운동 참여로 옥살이를 하는 동안 글쓴이가 어머니께 보낸 편지글로, 아들을 걱정하실 어머니를 위해 잔잔한 어조로 위로와 효심의 마음을 나타낸 글이다. 당시 감옥 안의 열악한 상황에도 의연했던 글쓴이의 모습이 잘 드러나 있다. Link 본책 112쪽

포인트 체크

제재 글쓴이가 조선어 학회 사건으로 □□□□를 하던 때의 체험이 담겨 있다.

관점 매우 고통스럽고 비참한 체험이지만 □□적인 태도로 자신의 경험을 회고하고 있다.

표현 글쓴이는 자신이 경험한 일을 □□적으로 그리고 있어 일제 강점기 감옥의 현실을 잘 보여 주고 있다.

1 이 글의 글쓴이에 대한 이해로 적절하지 않은 것은?

① 좁은 감방 안에서 많은 사람들과 지내야 했다.

② 뒤지를 작게 접어서 간수 몰래 글을 읽기도 했다.

③ 신문이나 잡지를 뒤지로 받게 되면 소중히 여겼다.

④ 경찰서에서 제공해 주는 뒤지만으로는 읽을거리가 턱없이 부족했다.

⑤ 《경무휘보》는 일본 경찰계의 기관지이기 때문에 뒤지로 들어오더라도 읽지 않았다.

2 ㉠과 같이 행동한 이유로 가장 적절한 것은?

① 일본인 간수의 눈을 피하기 위해

② 뒤지를 좀 더 많이 얻어 글을 읽기 위해

③ 질 좋은 뒤지를 얻어 담배와 바꾸기 위해

④ 일본인 간수의 횡포로부터 벗어나기 위해

⑤ 자신이 병약한 처지라는 것을 알리기 위해

3 ⓐ와 ⓑ를 이해한 내용으로 가장 알맞은 것은?

	ⓐ	ⓑ
①	뒤지를 얻어 읽으려다 봉변을 당함.	뒤지에 있는 글을 읽는 일을 결코 단념하지 못함.
②	뒤지를 얻는 일로 인해 동료들과 갈등을 벌임.	뒤지에 있는 글의 교훈을 실천하고 싶은 마음이 생김.
③	뒤지를 얻으려다가 실패하자 자책하게 됨.	뒤지에 있는 글보다 더 좋은 글을 쓰려는 욕구가 생김.
④	뒤지를 받았으나 불만이 생겨서 반항을 하게 됨.	뒤지를 보다가 겪은 모욕을 되갚아 주려는 마음이 생김.
⑤	뒤지에서 읽은 글이 마음에 들지 않아서 괴로워함.	뒤지에 있는 글을 쓴 사람의 인식을 바꾸고 싶은 마음이 생김.

내신 적중 多빈출

4 이 글의 제목에 '진적'이라는 말을 쓴 이유를 〈조건〉에 맞게 쓰시오.

조건
- '진적'의 사전적 의미를 고려할 것.
- 뒤지의 역할을 참고하여 쓸 것.

012

산정무한(山情無限) | 정비석

키워드 체크 #기행 수필 #낭만적 #묘사적 #금강산 기행 #서경과 서정의 조화 #화려체

핵심 정리

갈래 경수필, 기행 수필
성격 낭만적, 회고적, 서정적, 서경적, 묘사적
제재 금강산의 아름다운 풍경
주제 금강산 기행의 견문과 감상
특징 ① 주로 현재 시제로 문장을 진술함.
② 다양한 표현 기법과 화려한 문체를 구사함.
출전 《비석과 금강산의 대화》(1963)

어휘 풀이

완상하다 즐겨 구경하다.
목잔 나무로 사다리처럼 놓은 길.
답파하다 험한 길이나 먼 길을 끝까지 걸어서 돌파하다.
일망무제 한눈에 바라볼 수 없을 정도로 아득하게 멀고 넓어서 끝이 없음.
할거하다 땅을 나누어 차지하고 굳게 지키다.
칠보단장 여러 패물로 단장한 꾸밈새.
운해(雲海) 산꼭대기나 비행기에서 내려다보았을 때 바다처럼 널리 깔린 구름.
일망지하 한눈에 다 바라볼 수 있는 아래.
오연(傲然)히 태도가 거만하거나 그렇게 보일 정도로 담담하게.
구중심처 밖으로 잘 드러나지 않는 깊숙한 곳.

Q (나)에 나타난 표현상 특징은?

따스한 인정으로 가득 찬 온실 같은 찻집 안의 정경과 사나운 비와 우박이 내리는 유리창 너머의 모습을 대조적으로 표현하고 있다. 또한 '용호가 ~ 대로하신 것일까', '날씨는 ~ 온순해진다' 등에서 각각 우박이 사납게 퍼붓는 모습과 잠잠해진 날씨를 비유적으로 표현하고 있다.

구절 풀이

❶ **아! 천하는 ~ 웅장하고 숭엄하던가!** 글쓴이가 망군대에 올라가서 느낀 호언장기와 감동을 영탄법을 통해 표현하고 있다.
❷ **유상무상의 허다한 ~ 저기에서도 불끈** 갖가지 모양의 봉우리들이 솟아 있는 모습을 싸움터의 영웅들에 비유하고 있다.
❸ **우러러보는 단풍이 ~ 치마폭 같다고나 할까.** 단풍의 아름다움을 대구법과 비유법(직유)을 사용하여 참신하면서도 탄력성이 돋보이게 표현한 문장이다.
❹ **내·외·해 삼금강을 ~ 바랄 것이 무엇이랴.** 삼금강을 한눈에 바라보지 못한 아쉬움을 털고 비로봉 최고점까지 올랐다는 사실에 자부심을 느끼고 있다.

작가 소개

정비석(1911~1991)
소설가. 수필에서는 화려한 문체로 대상을 사실적으로 묘사한 작품을 많이 썼다. 주요 작품으로 〈소설 손자병법〉, 〈소설 초한지〉 등이 있다.

전략 부분의 내용 '장안봉 → 명경대 → 황천 계곡'으로 이어지는 여정과 견문이 드러나 있다.

가   그림 같은 연화담(蓮花潭) 수렴폭(垂簾瀑)을 **완상(玩賞)**하며, 몇 십 굽이의 석계(石階)와 **목잔(木棧)**과 철삭(鐵索)을 **답파(踏破)**하고 나니, 문득 눈앞에 막아서는 무려 삼백 단의 가파른 사닥다리 — 한 층계 한 층계 한사코 기어오르는 마지막 발걸음에서 시야는 **일망무제(一望無際)**로 탁 트인다. 여기가 해발 오천 척의 망군대(望軍臺) — ❶아! 천하는 이렇게도 광활하고 웅장하고 숭엄하던가!
[연화담: 금강산의 연못과 폭포 / 목잔: 돌계단 / 철삭: 쇠밧줄 / 망군대: 매우 높은 곳에 올라감. 약 1,515m. 1척은 약 30.3cm / □: 글쓴이의 여정 / ▶ 망군대에 오르는 과정과 망군대에 오른 소감]

  『이름도 정다운 백마봉(白馬峰)은 바로 지호지간(指呼之間)에 서 있고, 내일 오르기로 예정된 비로봉(毘盧峰)은 단걸음에 건너뛸 정도로 가깝다.』 그 밖에도, ❷유상무상(有象無象)의 허다한 봉들이 전시(戰時)에 **할거(割據)**하는 군웅들처럼 여기에서도 불끈 저기에서도 불끈, 시선을 낮춰 아래로 굽어보니, 발밑은 천인단애(千仞斷崖), 무한제(無限際)로 뚝 떨어진 황천 계곡에 단풍이 선혈처럼 붉다. ㉠❸우러러보는 단풍이 새색시 머리의 **칠보단장(七寶丹粧)** 같다면, 굽어보는 단풍은 치렁치렁 늘어진, 규수의 붉은 치마폭 같다고나 할까.
[『 』: 망군대에서 바라본 봉우리들의 모습 - 과장법 / 지호지간: 손짓하여 부를 만큼 가까운 거리 / 비로봉: 금강산의 최고봉 / 유상무상: 우주에 존재하는 모든 물체(금강산의 모든 봉우리) / 전시: 전쟁이 벌어질 때 / 천인단애: 천 길이나 되는 높은 낭떠러지 / 무한제: 끝이 없음. / ㉠: 직유법 / ▶ 망군대에서의 조망]

나   산마루가 가까울수록 비는 폭주(暴注)로 내리붓는다. 만 이천 봉이 단박에 창해(滄海)로 변해 버리는 것일까? 우리는 갈데없이 물에 빠진 쥐 모양을 해 가지고 비로봉 절정에 있는 찻집으로 찾아드니, 유리창 너머로 내다보고 섰던 동자가 문을 열어 우리를 영접하였고, 벌겋게 타오른 장독 같은 난로를 에워싸고 둘러앉았던 선착객들이 자리를 사양해 준다. 인정이 다사롭기 온실 같은데, 밖에서는 몰아치는 빗발이 어느덧 우박으로 변해서, 창을 때리고 문을 뒤흔들고 금시로 천지가 뒤집히는 듯하다. 용호(龍虎)가 싸우는 것일까? 산신령이 대로하신 것일까? 경천동지(驚天動地)도 유만부동이지, 이렇게 만상(萬象)을 뒤집을 법이 어디 있으랴고, 간장을 죄는 몇 분이 지나자, ㉡날씨는 삽시간에 잠든 양같이 온순해진다. 변환(變幻)도 이만하면 극치에 달한 듯싶다.
[폭주: 별안간 많이 쏟아져 내림. / 창해: 넓고 큰 바다 / 해학적 표현 - 물에 함빡 젖은 모습 / 글쓴이 일행을 맞아 주는 선착객들의 모습에서 따뜻한 인정을 느낌. / 날씨가 매우 좋지 않음. / 하늘과 땅을 놀라게 할 만한 일을 벌이더라도 정도와 분수가 있지(날씨의 변화가 더 이상 심할 수는 없음.) / ▶ 비로봉 절정에 있는 찻집에서 느낀 인정과 변화무쌍한 날씨]

다   비로봉 최고점이라는 암상(巖上)에 올라 사방을 조망했으나, 보이는 것은 그저 뭉게뭉게 피어오르는 **운해**뿐, — 운해는 태평양보다도 깊으리라 싶었다. ❹내·외·해(內外海) 삼금강(三金剛)을 **일망지하(一望之下)**에 굽어 살필 수 있다는 한 지점에서 허무한 운해밖에 볼 수 없는 것이 가석(可惜)하나, 돌이켜 생각건대 해발 육천 척에 다시 신장 오 척을 가하고 **오연히** 저립(佇立)해서, 만학천봉을 발밑에 꿇어 엎드리게 하였으면 그만이지, 더 바랄 것이 무엇이랴. 마음은 천군만마(千軍萬馬)에 군림하는 개선장군보다도 교만해진다.
[먼 곳을 바라보았으나 / 전망을 보지 못하게 하는 운해의 심리적 깊이 / 몹시 아까우나 / 글쓴이의 키 / 우두커니 머물러 서서 / 비로봉 정상에 오른 만족감 - 호연지기(浩然之氣) / ▶ 비로봉 최고점에서의 조망]

라   비로봉 동쪽은 아낙네의 살결보다도 흰 자작나무의 수해(樹海)였다. 설 자리를 삼가, **구중심처(九重深處)**가 아니면 살지 않는 ㉢자작나무는 무슨 수중(樹中) 공주이던가! 길이 저물어, 지친 다리를 끌며 찾아든 곳이 애화(哀話) 맺혀 있는 용마석(龍馬石) — 마의 태자의 무덤이 황혼에 고독했다. 능(陵)이라기에는 너무 초라한 무덤. 절책(鐵柵)도 상석(床石)도 없고, 풍우(風雨)에 시달려 비문조차 읽을 수 없는 화강암 비석이 오히려 처량하다.
[자작나무가 매우 많음. / 금강산 비로봉 위에 있는 바위 이름. 마의 태자의 말이 변한 것이라고 전해짐. / 임금이나 왕후의 무덤]

  무덤가 비에 젖은 두어 평 잔디밭 테두리에는 잡초가 우거지고, 『석양이 저무는 서녘 하늘에 화석(化石)된 태자의 애기(愛騎) 용마의 고영(孤影)이 슬프다. 무심히 떠도는 구름도 여기서는 잠시 머무르는 듯, 소복(素服)한 백화(白樺)는 한결같이 슬프게 서 있고, 눈물 머금은 초저녁달이 중천(中天)에 서럽다.』
[『 』: 자연물에 감정을 이입하여 마의 태자 무덤에서 느끼는 슬픈 심정을 표현함. / 애마, 자기가 사랑하는 말 / 외롭고 쓸쓸해 보이는 모습(그림자) / 소복을 입은 / 자작나무 / ▶ 마의 태자에 대한 회고와 인생무상]

• **중심 내용** 금강산 여행의 여정과 다양한 감상

44 I. 수필 문학

이해와 감상

이 글은 글쓴이가 금강산을 여행하며 보고 들은 내용과 느낀 점 등을 화려한 문체와 다양한 수사법으로 표현한 기행 수필이다. 이 글에서는 장안봉에서 명경대, 황천 계곡, 망군대, 마하연 여사, 비로봉, 마의 태자의 무덤으로 이어지는 여정과 이에 따른 감상이 구체적으로 나타나 있다. 특히 자연의 경치를 글로 나타낸 서경과 글쓴이의 감정이나 정서를 그려 낸 서정이 적절하게 조화를 이루고 있어 기행 수필의 차원을 한 단계 높였다는 평가를 받고 있다.

작품 연구소

〈산정무한〉에 나타난 기행문적 요소

여정	견문	감상	
황천 계곡과 망군대	내금강 역사, 장안봉의 경치 등	한국식 건축물에 대한 정겨움, 산의 아름다움에 대한 예찬	첫째 날
명경대	명경대의 장관 및 관련 고사	자아 성찰의 매개체로서의 거울 및 전생의 업에 대한 두려움	둘째 날
황천 계곡과 망군대	봉우리와 단풍의 모습	봉우리의 모습과 단풍의 아름다움에 대한 감탄	
마하연 여사	마하연 여사 및 여사의 정취	여관집의 환대에 대한 고마움, 남포등을 매개로 한 과거 회상	
비로봉	변화무쌍한 날씨 및 운해와 봉우리	변화무쌍한 날씨에 대한 감탄과 비로봉에서 느끼는 호연지기 [수록 부분]	셋째 날
마의 태자 무덤	용마석과 무덤	마의 태자에 대한 추모와 인생무상 [수록 부분]	

〈산정무한〉에 나타난 문체

• 그림 같은 연화담 수렴폭을 ～ 시야는 일망무제로 탁 트인다. • 내·외·해 삼금강을 ～ 더 바랄 것이 무엇이랴.	• 우러러보는 단풍이 ～ 규수의 붉은 치마폭 같다고나 할까. • 설 자리를 삼가, ～ 무슨 수중 공주이던가!
↓	↓
많은 어구를 이용하여 문장을 길게 표현해 글의 호흡이 느림.(만연체)	문장이 화려하며, 비유와 수식을 많이 사용함.(화려체)

자료실

마의 태자(麻衣太子)

신라 56대 경순왕의 태자이자 신라의 마지막 왕자. 935년(경순왕 9년) 10월 신라는 후백제 견훤과 고려 태조 왕건에 대항할 길이 없어 군신 회의를 열고 고려에 항복할 것을 논의하였다. 태자는 천년 사직을 하루아침에 버릴 수 없다고 반대하였으나, 결국 신라는 고려에 복종하겠다는 국서(國書)를 전달하게 된다. 태자는 통곡하며 금강산에 들어가 베옷을 입고 풀뿌리와 나무껍질을 먹으면서 여생을 보냈다고 한다.

함께 읽으면 좋은 작품

〈불국사 기행〉, 현진건 / 기행문적 요소가 나타난 작품

글쓴이가 경주 지방을 여행하고 쓴 기행 수필로, 여정보다는 불국사에 대한 감상을 중심으로 서술하고 있으며 시와 설화를 삽입하여 문학성을 높이고 있다.

Link 본책 114쪽

키 포인트 체크

제재 ▢▢▢ 기행 과정에서의 여정과 견문, 감상을 그리고 있다.

관점 금강산을 기행하는 과정에서 글쓴이가 느끼는 다양한 ▢▢을 제시하고 있다.

표현 금강산의 아름다움을 비유법과 ▢▢▢, 영탄법 등을 통해 표현하고 있다.

1 이 글의 표현상 특징으로 적절하지 <u>않은</u> 것은?

① 과장적 표현을 통해 대상을 묘사하고 있다.

② 시간과 공간의 이동에 따라 내용을 전개하고 있다.

③ 고사(古事)를 인용하여 글쓴이의 의견을 뒷받침하고 있다.

④ 의문형 종결 어미를 통해 글쓴이의 생각을 강조하고 있다.

⑤ 호흡이 긴 문장을 활용하여 내용을 구체적으로 전달하고 있다.

2 이 글을 읽고 알 수 있는 내용으로 적절하지 <u>않은</u> 것은?

① 비로봉은 날씨의 변화가 매우 극심하다.

② 망군대에 오르는 길은 매우 길고 가파르다.

③ 마의 태자의 무덤은 관리가 제대로 되지 않고 있다.

④ 비로봉 부근에는 자작나무들이 군락을 이루고 있다.

⑤ 비로봉에 오르면 언제라도 삼금강을 한눈에 볼 수 있다.

3 (다)에 나타난 글쓴이의 감정 변화로 적절한 것은?

① 기대감 → 아쉬움 → 자부심

② 두려움 → 호기심 → 즐거움

③ 이질감 → 기대감 → 놀라움

④ 자부심 → 두려움 → 아쉬움

⑤ 호기심 → 놀라움 → 경이감

4 ㉠ ～ ㉢에 사용된 표현 방식의 공통점으로 가장 적절한 것은?

① 비슷한 어구를 짝지어 표현의 효과를 높이고 있다.

② 감탄 조사 따위를 이용하여 감정을 강하게 나타내고 있다.

③ 사람이 아닌 것을 사람이 행동하는 것처럼 표현하고 있다.

④ 표현하고자 하는 대상을 다른 대상에 빗대어 표현하고 있다.

⑤ 쉽게 판단할 수 있는 사실을 의문의 형식으로 표현하여 상대편이 스스로 판단하게 하고 있다.

5 다음은 이 글의 글쓴이와의 가상 인터뷰이다. 기자의 질문에 대한 글쓴이의 대답을 완성하시오.

기자: 마의 태자의 무덤을 보고 어떤 감정을 느끼셨나요?

글쓴이: 저물 무렵 마의 태자의 초라한 무덤을 보니 애상감과 서러움이 느껴지더군요.

기자: 그렇다면 마의 태자의 무덤을 이야기하시면서 '구름', '백화', '초저녁달'을 언급하신 이유는 무엇인가요?

글쓴이: ＿＿＿＿＿＿＿＿＿＿＿＿＿＿＿＿ 함으로써 제가 느낀 감정을 효과적으로 전달하고자 한 것입니다.

013 특급품 | 김소운

키워드 체크 #유추적 #비자반의유연성 #특급품 비자반의 조건 #바둑판 균열 극복 #인생의 과실 극복

문학 금성

🎯 핵심 정리

갈래 경수필
성격 유추적, 교훈적
제재 비자반
주제 삶의 과실을 극복할 줄 아는 유연한 태도의
필요성
특징 ① 사실과 의견을 적절히 섞어서 서술함.
② 사물의 성질에서 인생의 교훈을 이끌어
냄.
출전 《건망허망》(1966)

> **Q** 흉터가 있는 '비자반'이 오히려 '특급품'
> 으로 여겨지는 이유는?
>
> 비자를 바둑판의 재료로 사용하는 이유는 그 유
> 연성에 있다. 반면(盤面)의 가느다란 흉터는 균
> 열을 스스로 유착·결합시킨 비자반의 유연성을
> 증명해 주는 것이기 때문이다.

💡 어휘 풀이

비자 비자반. 윗면을 비자나무 판자로 대어 만든
바둑판.
진중하다 아주 소중히 여기다.
진진하다 재미 따위가 매우 있다.
불측 미루어 헤아릴 수 없음.
목침 나무 토막으로 만든 베개.
유착하다 사물들이 서로 깊은 관계를 가지고 결합
하여 있다.
과실(過失) 부주의나 태만 따위에서 비롯된 잘못
이나 허물.

📖 구절 풀이

❶ **이를테면 졸업 증서이다.** 졸업 증서가 어떤 자
격을 증명해 주듯이, 균열이 생겼다 다시 결합
된 흔적은 비자의 유연성을 증명해 주는 증서
나 다름없다는 것이다.
❷ **재미가 깨를 볶는 이야기다.** 아주 재미있는 이
야기라는 의미이다. 글쓴이는 비자반과 관련된
이야기가 쉽게 생각하지 못했던 인생의 교훈을
제시해 준다는 점에서 이를 매우 흥미롭고 인
상적으로 여기고 있다.
❸ **어떤 생활, 어떤 환경 ~ 있을 수 있다.** 톨스토
이의 〈부활〉에 나오는 카추샤와 호손의 〈주홍
글씨〉에 나오는 주인공 헤스터 모두 삶의 과실
때문에 고통받은 인물들이다. 글쓴이는 이들을
통해 인간은 누구나 삶에서 과실을 저지를 가
능성이 있음을 말하고 있다.

👤 작가 소개

김소운(1907~1981)
시인, 수필가. 생활 주변의 사물
을 관찰하며 삶의 의미를 깊이
생각하는 경향의 수필을 썼다.
주요 작품으로 〈가난한 날의 행
복〉, 〈물 한 그릇의 행복〉, 〈특급
품〉 등이 있다.

비자는 연하고 탄력이 있어 두세 판국을 두고 나면 반면(盤面)이 얽혀서 곰보같이 된
다. 얼마 동안을 그냥 내버려 두면 반면은 다시 본디대로 평평해진다. 이것이 비자반의 특
징이다. / 비자를 반재(盤材)로 진중(珍重)하는 소이(所以)는, 오로지 이 유연성(柔軟性)
을 취함이다. 반면에 돌이 닿을 때의 연한 감촉 —, 비자반이면 여느 바둑판보다 어깨가 마
치지 않는다는 것이다. 아무리 흑단(黑檀)이나 자단(紫檀)이 귀목(貴木)이라고 해도 이런
것으로 바둑판을 만들지는 않는다. ▶ 유연성 때문에 최고의 바둑판 재료로 인정받는 비자반

비자반 일등품 위에 또 한층 뛰어 특급품이란 것이 있다. 반재며, 치수며, 연륜이며 어느
점이 일급과 다르다는 것은 아니나, 반면에 머리카락 같은 가느다란 흉터가 보이면 이게
특급품이다. 알기 쉽게 값으로 따지자면, 전전(戰前) 시세로 일급이 2천 원(돌은 따로 하고)
전후인데, 특급은 2천 4, 5백 원, 상처가 있어서 값이 내리기는커녕 오히려 비싸진다는 데
진진(津津)한 묘미가 있다. ▶ 특급품 비자반이 되기 위한 조건

반면이 갈라진다는 것은 기약치 않은 불측(不測)의 사고이다. 사고란 어느 때 어느 경
우에도 별로 환영할 것이 못 된다. 그 균열(龜裂)의 성질 여하에 따라서는 일급품 바둑판이
목침(木枕)감으로 전락해 버릴 수도 있다. 그러나 그렇게 큰 균열이 아니고 회생할 여지
가 있을 정도라면 형겊으로 싸고 뚜껑을 덮어서 조심스럽게 간수해 둔다.(갈라진 균열 사이
로 먼지나 티가 들어가지 않도록 하는 단속이다.)

1년, 이태, 때로는 3년까지 그냥 내버려 둔다. 계절이 바뀌고 추위, 더위가 여러 차례 순
환한다. 그동안에 상처 났던 바둑판은 제힘으로 제 상처를 고쳐서 본디대로 유착(癒着)해
버리고, 균열 진 자리에 ㉠머리카락 같은 희미한 흔적만이 남는다.

비자의 생명은 유연성이란 특질에 있다. 한 번 균열이 생겼다가 제힘으로 도로 유착·결
합했다는 것은 그 유연성이란 특질을 실지로 증명해 보인, ❶이를테면 졸업 증서이다. 하마
터면 목침감이 될 뻔했던 불구 병신이, 그 치명적인 시련을 이겨 내면 되레 한 급(級)이 올
라 특급품이 되어 버린다. ❷재미가 깨를 볶는 이야기다.

더 부연할 필요도 없거니와, 나는 이것을 인생의 과실과 결부해 생각해 본다. [중략]
▶ 비자반이 특급품이 되는 이치와 인생의 과실
중략 부분의 내용 인간의 일생은 과실의 연속임을 밝히고, 인생의 과실에 대한 다양한 사례를 제시하고 있다.

애정 윤리의 일탈(逸脫), 애정의 불규칙 동사, 애정이 저지른 과실로 해서 뉘우침과 쓰라
림의 십자가를 일생토록 짊어지고 가려는 이가 내 아는 범위로도 한둘이 아니다. ❸어떤 생
활, 어떤 환경 속에도 카추샤가 있고, 호손의 〈주홍 글씨〉의 주인공은 있을 수 있다. 다만
다른 것은, 그들 개개의 인품과 교양, 기질에 따라서 그 십자가에 경중(輕重)의 차가 있다
는 것뿐이다. [중략] ▶ 과실의 가능성이 있는 인생

과실은 예찬할 것이 아니요, 장려할 노릇도 못 된다. 그러나 그와 동시에 과실이 인생의
'올 마이너스'일 까닭도 없다. /『과실로 해서 더 커 가고 깊어 가는 인격이 있다.
『 』: 인생에 있어 과실의 긍정적 역할
과실로 해서 더 정화되는, 굳세어지는 사랑이 있다. / 생활이 있다.』

누구나 할 수 있는 일은 아니다. 어느 과실에도 적용된다는 것은 아니다. 제 과실, 제 상
처를 제힘으로 다스릴 수 있는 '비자반'의 탄력 — 그 탄력만이 과실을 효용한다.
인생이 바둑판만도 못하다고 해서야 될 말인가. ▶ 과실의 긍정적 역할과 과실에 대하는 바람직한 태도

> · **중심 내용** 균열을 극복하고 특급품이 되는 비자반처럼, 과실을 잘 이겨 냄으로써 성숙해지는 인생

이해와 감상

이 글은 우리 주변에서 흔히 볼 수 있는 바둑판을 소재로 하여, 삶에서 어쩔 수 없이 범하게 되는 잘못이나 허물을 대하는 바람직한 태도를 이끌어 내고 있는 수필이다. 흠이 있으면 가치가 떨어진다는 통념과 달리 비자반은 흉터가 있는 것이 오히려 특급품으로 인정받는다. 이는 흉터가 균열을 스스로 아물게 한 흔적, 즉 유연성을 증명해 주는 증거나 다름없기 때문이다. 글쓴이는 이를 통해 우리 인생에서도 과실이 있을 수 있지만, 과실에 낙담하지 않고 유연하게 이겨 낼 때 좀 더 성숙한 삶을 살아갈 수 있다는 교훈을 이끌어 내고 있다.

🏠 작품 연구소

〈특급품〉에 나타난 유추

'특급품 비자반'과 유사한 경우의 예

비자반과 같이 결함을 스스로 극복하여 더욱 훌륭한 결과를 만든 경우를 우리 주변에서 다양하게 찾아볼 수 있다.

대상	결함	극복 요인	결과물
비자반	균열	유연성	특급품 비자반
조개	이물질	치유력	진주
베토벤	청각 장애	예술혼	위대한 음악가

자료실

톨스토이의 〈부활〉에 나오는 카추샤

젊은 귀족 네플류도프는 하녀 카추샤를 유혹하여 임신시킨다. 카추샤는 그 때문에 해고되어 매춘부가 되고, 끝내는 범죄를 저지르게 된다. 배심원으로서 법정에 나간 네플류도프는, 카추샤를 보고 놀라움과 함께 양심의 가책을 받게 된다. 그러나 카추샤는 자신의 처지를 원망하지 않고 희생하는 자세로 살아간다. 네플류도프는 유형수(流刑囚)가 된 그녀의 뒤를 쫓아 시베리아로 떠난다.

호손의 〈주홍 글씨〉에 나오는 헤스터

헤스터는 홀로 살아가던 중 마을의 목사와 사랑에 빠져 딸을 낳는다. 오랫동안 소식이 없던 남편이 돌아와 헤스터의 부정을 고발하자, 마을 주민들은 그녀의 가슴에 간통을 의미하는 'A' 자를 붙여 주고 박해한다. 그러나 그녀는 아무도 원망하지 않고 성실함과 자비심으로 마을 사람들의 존경을 받는 인물이 된다.

📖 함께 읽으면 좋은 작품

〈내 유년의 울타리는 탱자나무였다〉, 나희덕 / 대상을 통해 바람직한 삶의 태도를 이끌어 낸 작품

탱자나무 가시와 관련된 유년 시절의 경험에서 삶의 고통을 대하는 태도를 이끌어 내고 있는 수필이다. 특급품 비자반을 통해 삶의 과실을 대하는 태도를 이끌어 낸 이 글과 비교하여 읽어 볼 수 있다.

🔗 Link 본책 62쪽

 키 포인트 체크

제재 우리 주변에서 흔히 볼 수 있는 ☐☐판에서 인생의 교훈을 이끌어 내고 있다.

관점 글쓴이는 과실에 낙담할 것이 아니라 그것을 ☐☐하게 이겨 내야 함을 말하고 있다.

표현 바둑판이 균열을 스스로의 힘으로 메우고 특급품이 된 것에서 과실을 극복하여 더욱 성숙한 삶을 사는 것을 ☐☐하여 서술하고 있다.

1 이 글에 대한 설명으로 적절하지 <u>않은</u> 것은?

① 사실과 그에 대한 감상을 섞어서 서술하고 있다.
② 현실의 세태에 대해 비판적 어조를 취하고 있다.
③ 일상적 사물에 대한 관찰을 바탕으로 하고 있다.
④ 평범한 소재를 통해 깨달은 인생의 진리를 말하고 있다.
⑤ 한자어를 사용하여 그윽하고 예스러운 느낌을 주고 있다.

2 이 글이 주는 교훈을 속담으로 표현할 때 가장 적절한 것은?

① 모난 돌이 정 맞는다.
② 믿는 도끼에 발등 찍힌다.
③ 비 온 뒤에 땅이 굳어진다.
④ 못난 색시 달밤에 삿갓 쓰고 나선다.
⑤ 될성부른 나무는 떡잎부터 알아본다.

중요 기출 고난도

3 '특급품'을 인생에 결부시킨 글쓴이의 관점과 가장 가까운 것은?

① 형은 아내와 동생의 관계를 오해한다. 그 때문에 아내가 목숨을 끊고 동생마저 집을 나간다. 그는 자신의 오해가 엄청난 불행을 초래하였음을 깨닫고 후회와 슬픔 속에서 살아간다. — 김동인, 〈배따라기〉

② 징용에 끌려가 한 팔을 잃은 만도는 아들인 진수마저 전쟁으로 다리를 잃자 절망감에 빠진다. 그러나 그는 아들을 업고 집으로 돌아오면서 삶에 대한 새로운 희망과 의지를 다진다. — 하근찬, 〈수난이대〉

③ 늙은 어부 산티아고는 바다에서 거대한 청새치 한 마리를 잡는다. 고기와 대결하며 그는 인간의 존재에 대해 생각한다. 돌아오다가 상어의 습격으로 잡은 고기를 잃지만, 그는 좌절하지 않는다. — 헤밍웨이, 〈노인과 바다〉

④ 나약한 소시민인 철호는 어머니가 실성하고 동생 영호가 범죄를 저지르다 붙잡힌 뒤 아내까지 유산의 후유증으로 죽자 절망감에 빠진다. 그는 삶의 방향을 상실한 채 택시 안에서 심한 빈혈증으로 쓰러진다. — 이범선, 〈오발탄〉

⑤ 가난과 굶주림 때문에 빵 한 조각을 훔치다가 감옥에 갇힌 장 발장은 19년 만에 출옥을 한다. 자신의 잘못에 회한을 느낀 그는 시장이 되어 선정을 베풀고, 고아인 코제트를 돌보며, 그의 행복을 위해 노력한다. — 위고, 〈레 미제라블〉

4 ㉠에서 알 수 있는 '특급품 비자반'의 속성은 무엇인지 20자 내외로 쓰시오.

수필 | 피천득

문학 신사고
국어 지학사
언매 지학사

🎯 핵심 정리

갈래 경수필
성격 비평적, 주관적, 비유적
제재 수필
주제 수필의 본질과 특성
특징 ① 대상에 대한 비유가 독창적이고 기발함.
② 이미지를 통해 대상을 정서적으로 전달함.
③ 섬세하면서도 단정적인 문체를 사용함.
출전 《산호와 진주》(1969)

💡 어휘 풀이

청자연적 청자로 만든 연적(벼룻물을 담는 그릇).
포도 포장한 길.
온아 우미 따뜻하고 우아하며, 빼어나고 아름다움.
방향 꽃다운 향기.
정연히 가지런하고 질서가 있게.
파격 일정한 격식을 깨뜨림.
번잡 번거롭게 뒤섞여 어수선함.

🐌 구절 풀이

❶ **수필은 청자연적이다.** 수필은 청자연적처럼 고결하면서도 우아한 멋을 지니고 있다는 말이다.
❷ **수필은 난이요 ~ 날렵한 여인이다.** 수필은 담담하고 그윽하며 한가로운 여유를 지니고 있는 한편, 산뜻한 감성과 기지, 아름다움이 있다는 말이다.
❸ **수필은 그 여인이 ~ 고요한 길이다.** 수필은 삶의 여유를 가지고 관조하고 사색하며 써야 한다는 말이다.
❹ **수필은 가로수 늘어진 ~ 주택가에 있다.** 수필은 깨끗하고 우아한 멋을 보여 주지만, 일상생활의 체험을 바탕으로 한다는 말이다.
❺ **수필이 비단이라면 ~ 무늬가 있는 것이다.** 약간의 무늬는 '유머와 위트'를 비유한 말이다. 수필은 담백한 가운데 유머와 위트를 드러냄으로써 그 미적 감각을 획득한다는 말이다.
❻ **'누에의 입에서 ~ 고치를 만들듯이'** 수필은 글쓴이의 개성과 그때의 심정에 의해 자연스럽게 우러나오는 것임을 비유한 표현이다.

Q 이 글을 설명문이 아니라 수필로 보는 이유는?

이 글은 수필에 대해 설명하고 있지만, 단순히 개념을 정의하는 차원을 넘어 다양한 비유를 통해 수필의 성격, 재료, 형식 등을 표현하고 있다. 한마디로 형식적 제약 없이 자유로운 문체로 수필의 특성을 잘 드러낸 '수필로 쓴 수필론'이라 할 수 있다.

👤 작가 소개

피천득(본책 40쪽 참고)

---

❶수필은 ㉠*청자연적(靑瓷硯滴)이다. ❷수필은 난(蘭)이요, 학(鶴)이요, 청초(淸楚)하고 몸맵시 날렵한 ㉡여인이다. ❸수필은 그 여인이 걸어가는, 숲속으로 난 평탄하고 고요한 길이다. ❹수필은 가로수 늘어진 ㉢*포도(鋪道)가 될 수도 있다. 그러나 그 길은 깨끗하고, 사람이 적게 다니는 주택가에 있다. ▶ 수필의 본질

수필은 ㉣청춘의 글은 아니요, 서른여섯 살 중년 고개를 넘어선 사람의 글이며, 정열이나 심오한 지성을 내포한 문학이 아니요, 그저 수필가가 쓴 단순한 글이다.

수필은 흥미를 주지마는, 읽는 사람을 흥분시키지는 아니한다. 수필은 ㉤마음의 산책(散策)이다. 그 속에는 인생의 향기와 여운이 숨어 있는 것이다. ▶ 인생의 향기와 여운을 담는 수필

수필의 색깔은 황홀 찬란하거나 진하지 아니하며, 검거나 희지 않고, 퇴락(頹落)하여 추(醜)하지 않고, 언제나 *온아 우미(溫雅優美)하다. 수필의 빛은 비둘기 빛이거나 진주 빛이다. ❺수필이 비단이라면 번쩍거리지 않는 바탕에 약간의 무늬가 있는 것이다. 그 무늬는 읽는 사람 얼굴에 미소를 띠게 한다.

수필은 한가하면서도 나태하지 아니하고, 속박을 벗어나고서도 산만(散漫)하지 않으며, 찬란하지 않고 우아(優雅)하며 날카롭지 않으나 산뜻한 문학이다. ▶ 수필의 성격

수필의 재료는 생활 경험, 자연 관찰, 또는 사회 현상에 대한 새로운 발견, 무엇이나 다 좋을 것이다. 그 제재가 무엇이든지 간에 쓰는 이의 독특한 개성과 그때의 무드에 따라 ❻'누에의 입에서 나오는 액(液)이 고치를 만들듯이' 수필은 써지는 것이다. 수필은 플롯이나 클라이맥스를 꼭 필요로 하지 않는다. 가고 싶은 대로 가는 것이 수필의 행로(行路)이다. 그러나 차를 마시는 거와 같은 이 문학은 그 차가 *방향(芳香)을 가지지 아니할 때에는 수돗물같이 무미(無味)한 것이 되어 버리는 것이다. ▶ 수필의 재료와 표현

수필은 독백(獨白)이다. 소설가나 극작가는 때로 여러 가지 성격을 가져 보아야 된다. 셰익스피어는 햄릿도 되고 폴로니아스 노릇도 한다. 그러나 수필가 램은 언제나 찰스 램이면 되는 것이다. 수필은 그 쓰는 사람을 가장 솔직히 나타내는 문학 형식이다. 그러므로 수필은 독자에게 친밀감을 주며, 친구에게서 받은 편지와도 같은 것이다. ▶ 수필의 고백적 성격

덕수궁 박물관에 청자연적이 하나 있었다. 내가 본 그 연적은 연꽃 모양으로 된 것으로, 똑같이 생긴 꽃잎들이 *정연히 달려 있었는데, 다만 그중에 꽃잎 하나만이 약간 옆으로 꼬부라졌었다. 이 균형 속에 있는, 눈에 거슬리지 않는 *파격(破格)이 수필인가 한다. 한 조각 연꽃잎을 옆으로 꼬부라지게 하기에는 마음의 여유를 필요로 한다.

이 마음의 여유가 없어 수필을 못 쓰는 것은 슬픈 일이다. 때로는 억지로 마음의 여유를 가지려다가, 그런 여유를 가지는 것이 죄스러운 것 같기도 하여, 나의 마지막 십분의 일까지도 숫제 초조와 *번잡(煩雜)에 다 주어 버리는 것이다. ▶ 마음의 여유가 담긴 수필

• 중심 내용 다양한 재료를 사용하여 글쓴이의 개성과 인생의 여운을 담는 수필 문학

이해와 감상

이 글은 수필의 특성을 함축적 비유를 통해 나타낸 '수필로 쓴 수필론'으로, 병렬적인 구성 방식에 따라 수필의 표현, 제재와 형식, 수필을 쓰는 마음가짐 등 수필 문학에 대한 이론을 문학적으로 표현하고 있다. 글쓴이는 수필을 쓰지 못하는 것이 마음의 여유가 없는 자신의 생활 때문이라고 반성하는 고백적 목소리로 글을 끝맺고 있다. 딱딱한 설명으로 흐르기 쉬운 주제의 글을 이렇듯 온아 우미하게 쓸 수 있는 것이 바로 피천득 수필의 특징이다. 피천득은 자신이 말한 수필론을 가장 훌륭하게 구현한 작가라고 할 수 있다.

작품 연구소

〈수필〉에 나타난 비유적 표현

이 글은 수필의 본질과 특성을 직접적으로 설명하지 않고 비유적으로 표현하고 있다.

'수필'이 비유된 대상	의미
청자연적	수필은 고결하고 우아한 멋을 지님.
난, 학, 여인	수필은 그윽하며 아름다움이 있음.
숲속으로 난 평탄하고 고요한 길	수필은 여유와 관조, 사색의 글임.
(깨끗하고 사람이 적게 다니는 주택가에 있는) 가로수 늘어진 포도	수필은 일상생활의 체험을 바탕으로 함.
서른여섯 살 중년 고개를 넘어선 사람의 글	수필은 삶의 연륜이 느껴지는 글임.
마음의 산책	수필은 인생의 향기와 여운을 담고 있어 마음에 안정을 줌.
비둘기 빛, 진주 빛	수필은 우아하면서도 은은한 느낌을 줌.
(번쩍거리지 않는 바탕에 약간의 무늬가 있는) 비단	수필은 담백한 가운데 유머와 위트를 드러냄.
(누에의 입에서 나오는 액이 만드는) 고치	수필은 글쓴이의 개성과 심정에 의해 자연스럽게 쓰여짐.
독백	수필은 고백적 성격의 글임.
친구에게서 받은 편지	수필은 독자에게 친밀감을 주는 글임.
(청자연적의) 꼬부라진 꽃잎 하나	수필은 균형 속에 있는, 눈에 거슬리지 않는 파격임.

자료실

피천득의 〈수필〉에 대한 평가

〈수필〉은 작자 피천득 자신의 수필론이다. 논(論)이라면 학술 논문이나 논술문을 생각할지 모르나 수필가가 쓴 것은 문장론, 작품론, 문화론, 시사론이 다 수필인 것이다. 지금까지 하나의 수필관을 가지고 구체적으로 수필을 논한 글이 없다는 점에서도 귀중한 글이다. 이 글은 작가로서 자기의 문학 세계를 말해 준 것이요, 스스로 수필 문학을 탐색하는 과정의 기록인 것이다.

– 윤오영, 〈수필 문학 입문〉

함께 읽으면 좋은 작품

〈곶감과 수필〉, 윤오영 / 수필의 특성을 곶감에 비유한 작품

감이 곶감이 되는 과정을 들어 수필의 특성을 밝힌 글이다. 글쓴이는 소설은 '밤'에, 시는 '복숭아'에, 수필은 '곶감'에 비유한다. 여러 번 손질을 해야 만들어지는 곶감처럼 수필에는 신비로운 문학적 정서가 담겨야 한다는 관점을 드러내고 있다.

키 포인트 체크

제재 관점 수필의 성격, 재료, 형식 등 □□ 문학에 대한 글쓴이의 생각을 자유롭게 서술하고 있다.

표현 다양한 □□적 표현을 통해 수필의 본질과 특성을 제시하고 있다.

1 이 글에 대한 설명으로 가장 적절한 것은?
① 대상을 객관적으로 분석하고 있다.
② 대상의 실질적인 가치를 제시하고 있다.
③ 대상과 관련된 역사적인 사실을 밝히고 있다.
④ 대상의 구성 단계가 고정되어 있음을 주장하고 있다.
⑤ 대상의 특성을 다양한 비유적 표현을 통해 나타내고 있다.

내신 적중 多빈출

2 이 글에 나타난 수필의 특성을 정리한 내용으로 적절하지 <u>않은</u> 것은?

• 성격
 – 여유와 관조, 사색이 담겨 있음. …………………①
 – 고결하고 우아한 멋을 지니고 있음. ……………②
 – 유머와 위트로 읽는 이에게 즐거움을 줌. ………③
• 재료
 – 생활 경험, 자연 관찰, 사회 현상에 대한 새로운 발견 등 다양함. …………………………④
• 형식
 – 글쓴이의 심오한 고뇌 끝에 완결성을 갖추게 됨.…⑤

3 이 글을 설명문이 아닌 수필로 구분하는 이유로 적절하지 <u>않은</u> 것은?
① 형식적 제약 없이 써 내려간 글이기 때문이다.
② 글쓴이의 개성적인 안목이 나타나기 때문이다.
③ 정서적이고 비유적인 표현을 사용했기 때문이다.
④ 수필의 개념을 정의하고 설명하고 있기 때문이다.
⑤ 글쓴이의 인생관이 담긴 고백적인 목소리가 느껴지기 때문이다.

4 ㉠~㉤ 중, 문맥상 의미가 나머지와 <u>다른</u> 하나는?
① ㉠ ② ㉡ ③ ㉢ ④ ㉣ ⑤ ㉤

5 이 글과 〈보기〉에 공통적으로 나타난 수필의 성격을 〈조건〉에 맞게 서술하시오.

┤보기├
　수필은 완성의 문학이 아니라 그 길에 도달하기 위해 최선을 다하는 문학이다. 수필은 자신의 삶을 통한 의미와 가치를 최상으로 높이는 도구이다. 수필을 쓰려면 무엇보다 겸허하고 진실해야 한다. 자신의 삶을 꽃피우는 문학이므로 스스로 교만과 허위의 옷을 벗어야 한다.
– 정목일, 〈수필은 삶의 문학〉

┤조건├
• 이 글에 나타난 구절을 활용하여 한 문장으로 쓸 것.
• 30자 내외로 쓸 것.

015 참새 | 윤오영

문학 비상

핵심 정리

갈래 경수필
성격 회고적, 성찰적
제재 참새
주제 우리 민족의 후덕함과 어린 시절을 떠올리게 하는 참새에 대한 상념
특징 ① 전통적인 것들에 대한 애착을 드러냄.
② 과거를 회상하며 현대 사회를 비판적으로 바라봄.
출전 《고독의 반추》(1974)

어휘 풀이

조촐하다 외모나 모습 따위가 말쑥하고 맵시가 있다.
잔풍(潺風)하다 고요하고 잔잔한 바람이 부는 듯하다.
사바(娑婆) 괴로움이 많은 인간 세계.
풍상(風霜) 많이 겪은 세상의 어려움과 고생을 비유적으로 이르는 말.
황연대각(晃然大覺) 환하게 모두 깨달음.

구절 풀이

❶ **접동새의 구슬픈 노래** '접동새'는 우리 문학 작품에서 한(恨)의 표상으로 쓰이는 경우가 많다. 이 글에서도 구슬픈 노래를 부르는 이미지로 제시되고 있다.

❷ **제비는 찾아와서 《논어》를 읽어 주고** 《논어》 위정편의 '아는 것을 안다고 하고 모르는 것을 모른다고 하는, 이것이 바로 아는 것이다(知之爲知之不知爲不知是知也).'라는 대목을 빨리 발음하면 제비 우는 소리와 비슷하다고 해서 전해지는 이야기이다.

❸ **달 속의 돌멩이까지 ~ 무한히 위대하지만** 미국이 아폴로 계획을 추진하여 인간의 달 착륙과 월석 채취에 성공한 것을 염두에 둔 표현으로, 과학 기술의 발전을 뜻한다.

❹ **옛 연화봉이 그리워 다시 연화봉으로 돌아갔다** 〈구운몽〉의 성진이 꿈에서 깨어나 현실의 연화봉으로 돌아간 것과 글쓴이가 어린 시절을 그리워하는 것을 관련짓고 있다.

❺ **잠결에 몽롱하던 두 눈은 이제 씻은 듯 깨끗하다** 처음에는 참새 소리에 잠을 깼지만, 나중에는 참새로 인한 사색으로 눈이 밝아짐을 표현한 것이다.

Q 이 글에 나타난 '참새 소리'의 기능은?

이 글에서 '참새 소리'는 글의 전개에 따라 그 기능을 달리하고 있다. 처음에는 글쓴이의 잠을 깨우고 여러 가지 상념을 불러일으키며 과거를 회상하게 한다. 하지만 끝 부분에서는 그 회상이 오늘날에 대한 성찰로 나아가게 하는 계기로 작용하고 있다.

작가 소개

윤오영(본책 38쪽 참고)

전략 부분의 내용 이른 새벽 글쓴이는 참새 소리에 잠에서 깨어 참새에 대한 상념에 잠기게 된다.

참새는 공작같이 화려하지도, 학같이 고귀하지도 않다. 꾀꼬리의 아름다운 노래도, ❶접동새의 구슬픈 노래도 모른다. 시인의 입에 오르내리지도, 완상가에게 팔리지도 않는 새다. 그러나 그 조그만 몸매는 귀엽고도 매끈하고, 색깔은 검소하면서도 ˚조촐하다. [중략]
(자신이 좋아하는 대상을 아끼고 즐기는 사람)
▶ 작고 귀엽고 조촐한 참새의 이미지

중략 부분의 내용 참새가 진달래꽃같이 우리와 친근한 존재임을 언급하고, 참새에게 너그럽고 부드러운 우리 민족의 태도와 새를 보던 소녀에 얽힌 추억에 대해 이야기하고 있다.

패가한 집을 가리켜 "참새 한 마리 안 와 앉는 집"이라고 한다. 또 참새 많이 모이는 마을을 복 마을이라고도 한다. 후덕스러운 말이요, 이유 있는 말이기도 하다. 참새는 양지바르고 ˚잔풍한 곳을 택한다. 여러 집이 오밀조밀 모인 대촌(大村)을 택하고 낟알이 풍족하고 방앗간이라도 있는 부유한 마을을 택하니 복지일 법도 하다. 풍족한 마을에서는 새한테도 각박하지가 않다. 언제인가 나는 어느 새 장수와 만난 적이 있었다. 조롱(鳥籠) 안에는 십자매, 잉꼬, 문조, 카나리아 기타 이름 모를 새들도 많았다. 나는 "참새만 없네." 하다가, 즉시 뉘우쳤다. 실은 참새가 잡히지 아니해서 다행인 것을……. 나는 어려서 조롱을 본 일이 없다. 시골서 새를 조롱에 넣어 기르는 사람은 한 사람도 없었다. ❷제비는 찾아와서 《논어》를 읽어 주고, 까치는 찾아와서 반가운 소식을 전해 주고, 꾀꼬리는 문 앞 버들가지로 오르내리며 "머리 곱게 빗고 담배밭에 김매러 가라."라고 일깨워 주고, 또한 참새는 한집의 한 식구인데 조롱이 무엇이 필요하랴. 뒷문을 열면 진달래 개나리가 창으로 들어오고, 발을 걷으면 복사꽃 살구꽃 가지각색 꽃이 철 따라 날고, 뜰 앞에 괴석에는 푸른 이끼가 이슬을 머금고 있다. 여기에 만일 꽃꽂이를 한다고 꽃가지를 꺾어 방 안에서 시들리고, 돌을 방구석에 옮겨 놓고 먼지를 앉혀 이끼를 말리고 또 새를 잡아 가두어 놓고 그 비명을 향락하는 자가 있다면, 그는 분명 악취미요, 그것은 살풍경이었을 것이다.
▶ 참새가 지닌 복스러움과 조롱 속 새에 대한 거부감

그런데 이제는 이 참새도 씨가 져서 천연기념물로 보호 대책이 시급하다는 이야기다. 세상에 참새들조차 명맥을 보존할 수가 없게 되었는가. 그동안 이렇게 세상이 변했는가. 생각하면 메마르고 삭막하고 윤기 없는 세상이다.

❸달 속의 돌멩이까지 캐내도록 악착같이 발전해 가는 인간의 지혜가 위대하다면 무한히 위대하지만, 한편 인간의 행복을 위하여 한 마리의 참새나마 다시금 아쉽고 그립지 아니한가.
▶ 참새가 사라져 가는 세상에 대한 비판과 참새에 대한 그리움

연화봉(蓮花峯)에서 하계로 쫓겨난 양소유(楊少遊)가 ˚사바 ˚풍상을 다 겪고 또 부귀공명을 한껏 누리다가, 석장(錫杖) 짚은 노승의 "성진아." 한 마디에 ˚황연대각, ❹옛 연화봉이 그리워 다시 연화봉으로 돌아갔다.

쩍 쩍 쩍. 잠결에 스쳐 간 ㉠참새 소리는 나에게 무엇을 깨우쳐 주려는 것인가. 날더러 어디로 돌아가라는 것인가. 사십 년간 꿈에도 생각해 본 적이 없는 네 소리. 무슨 인연으로 사십 년 전 옛 추억―. 가 버린 소년 시절, 고향 풍경을 이 오밤중에 불러일으켜 놓고 어디로 자취를 감춘 것이냐. ❺잠결에 몽롱하던 두 눈은 이제 씻은 듯 깨끗하다.

나는 문득 일어나 불을 피워 차를 달이며 고요히 책상머리에 앉는다.
▶ 어린 시절에 대한 그리움과 그에 따른 사색

• **중심 내용** 참새로 대표되는 전통적 가치와 멀어진 현대 사회에 대한 성찰

이해와 감상

이 글은 한국 전통의 정서를 회고적인 필치로 잘 그려 내고 있는 수필이다. 우리의 전통적인 농촌 마을에서 흔한 새였으나 지금은 많이 없어져서 보호 대책이 시급해진 참새에 대한 상념이 글쓴이의 체험을 바탕으로 하여 나타나고 있다. 작고 보잘것없는 미물을 따뜻한 애정을 가지고 바라보는 가운데 우리 민족의 후덕한 정서와 풍요로운 마음을 자연스럽게 드러내고 있다. 사라져 가는 옛것에 대한 그리움의 정서, 삭막해져 버린 현대 사회에 대한 비판 등을 담담하게 드러낸 데에 이 수필의 묘미가 있다.

🏠 작품 연구소

〈참새〉의 전체 구조

이른 새벽의 참새 소리	→	참새에 대한 상념	→	참새에 대한 그리움
		• 참새의 작고 조촐한 이미지 • 우리 민족과 친근한 참새 • 참새에게 너그러웠던 우리 민족 • 새를 보던 소녀에 대한 추억 • 참새의 복스러움과 조롱 속의 새에 대한 거부감		• 참새가 사라져 가는 세상에 대한 비판 • 어린 시절을 떠올리게 하는 참새 소리 • 자리에서 일어나 책상머리에 앉음.

상념의 계기

글쓴이가 묘사한 '참새'의 외양과 기질

외양	기질
• 화려하지도 고귀하지도 않음. • 조그만 몸매는 귀엽고 매끈함. • 색깔은 검소하면서도 조촐함.	• 모이면 조잘댐. • 기교 없이 솔직하고 가벼운 음성임. • 쫓으면 날아갔다가 금방 다시 옴. [중략 부분]

우리가 친근하게 느낄 수 있는 외양과 기질을 지님.

자료실

윤오영의 수필관

'붓 가는 대로 쓰는 글'이라는 수필의 정의는 수필을 누구나가 아무렇게나 써도 되는 글이라는 오해를 낳았는데, 이러한 인식을 깨기 위해 윤오영은 여러 비유를 통해서 자신의 수필관을 제시하였다.

첫째, 수필을 깍두기와 같다고 하였다. 흔한 재료인 무를 깍둑 썰어 양념에 무쳐 새로운 맛을 낸 음식이 깍두기인데, 이처럼 평범한 소재를 취하되 재래에 있던 여러 방법들을 이용하여 새로운 맛을 만들어 내는 것이 수필이라고 말한다.

둘째, 글 쓰는 법이 양잠(養蠶)과 같다고 하였다. 누에는 '뽕잎 먹기, 최면기, 탈피기'의 순서를 다섯 번이나 반복해야 비로소 고치 안에 들어앉게 되는데, 글 쓰는 이도 '왕성한 독서, 글쓰기, 사색과 회의'의 과정을 반복하며 위기를 극복해 내야만 고치 안의 누에처럼 성가(成家)한 작가가 될 수 있다고 말한다.

셋째, 수필을 곶감에 비유하였다. 곶감은 먼저 감의 껍질을 벗기고, 여러 번 손질하여 시득시득하게 말려 하얀 시설(柿雪)이 내려앉고 난 후에 모양을 매만져 완성하게 되는데, 이처럼 수필도 문장에서 먼저 문장기(紋章氣)를 벗겨 내어 오랜 세월 동안 다듬고 성숙하게 하여 수필만의 독특한 정서가 묻어난 후 개성을 입혀서 완성하는 것이라고 말한다.

📖 함께 읽으면 좋은 작품

〈사리화(沙里花)〉, 이제현 / 참새를 소재로 한 다른 시각의 작품

관(官)의 수탈을 참새가 곡식을 쪼아 먹는 데에 비유하여 원망하는 내용의 한시이다. '참새'라는 소재에 대해 이 글과 다른 시각을 보여 주고 있다. 🔗 Link 〈고전 시가〉 102쪽

🔑 포인트 체크

[제재] ▢▢를 통해 떠올린 글쓴이의 상념에 대해 이야기하고 있다.
[관점] 참새가 사라져 가는 현실에 안타까워하면서 현대 사회에 대해 ▢▢적인 시선을 드러내고 있다.
[표현] 소박한 문체를 사용하여 담담하게 과거를 ▢▢하고 있다.

1 이 글의 표현상 특징으로 적절하지 <u>않은</u> 것은?
① 간결한 문체로 주제를 전달하고 있다.
② 과거 회상을 통해 내용을 전개하고 있다.
③ 대상을 중심으로 연상한 내용을 서술하고 있다.
④ 유사한 대상 간의 공통점을 분석하여 이를 일반화하고 있다.
⑤ 의문형 종결 어미를 통해 현실에 대한 비판적 인식을 드러내고 있다

2 이 글의 글쓴이에 대한 이해로 적절하지 <u>않은</u> 것은?
① 다른 생명체와의 조화를 추구하고 있군.
② 고전을 인용할 만큼 고전에 대한 교양을 지니고 있군.
③ 평범한 대상을 좋아하는 소박한 성품을 드러내고 있군.
④ 인간의 지혜를 바탕으로 한 과학의 진보를 바라고 있군.
⑤ 작은 계기로 생각에 잠기는 사색적인 면을 지니고 있군.

내신 적중
3 다음 중 '참새'에 대한 글쓴이의 정서와 가장 유사한 것은?
① 나는 나의 참회의 글을 한 줄에 줄이자. / 만 이십사 년 일개월을 / 무슨 기쁨을 바라 살아왔던가. — 윤동주, 〈참회록〉
② 나는 당신의 살아 있는 연필 / 어둠 속에도 빛나는 말로 / 당신이 원하시는 글을 쓰겠습니다. — 이해인, 〈살아 있는 날은〉
③ 흐르는 구름 / 머언 원뢰(遠雷) / 꿈꾸어도 노래하지 않고 / 두 쪽으로 깨뜨려져도 / 소리하지 않는 바위가 되리라. — 유치환, 〈바위〉
④ 비료값도 안 나오는 농사 따위야 / 아예 여편네에게나 맡겨 두고 / 쇠전을 거쳐 도수장 앞에 와 돌 때 / 우리는 점점 신명이 난다. — 신경림, 〈농무〉
⑤ 잠 이루지 못하는 밤 고향집 마늘밭에 눈은 쌓이리. / 잠 이루지 못하는 밤 고향집 추녀 밑 달빛은 쌓이리. / 발목을 벗고 물을 건너는 먼 마을. / 고향집 마당귀 바람은 잠을 자리. — 박용래, 〈겨울밤〉

4 ⊙에 따른 글쓴이의 상념으로 적절하지 <u>않은</u> 것은?
① 참새의 겉모습과 생태
② 참새와 가깝게 지낸 기억
③ 현대 사회의 부정적인 모습
④ 참새의 가치를 몰랐던 아쉬움
⑤ 새 장수를 만나 조롱을 본 기억

5 이 글의 글쓴이가 현대 사회에 대해 보이는 태도를 이 글의 구절을 이용하여 40자 내외로 쓰시오.

016

설해목(雪害木) |법정

문학 해냄

🎯 핵심 정리
갈래 경수필
성격 교훈적, 사색적
제재 설해(雪害)를 입은 나무
주제 부드러운 것의 강함
특징 ① 유사한 성격의 여러 사례를 제시함.
② 대립적인 소재를 통해 주제를 효과적으로 드러냄.
출전 《무소유》(1976)

> **Q** 이 글에서 학생이 눈물을 흘린 일화와 나무가 부드러운 눈에 꺾인 일화를 제시한 이유는?
>
> 부드러움, 너그러움, 사랑 등이 강함, 억셈, 딱딱함, 강제적인 힘을 이겨 세상을 변화시킬 수 있다는 진리를 전달하기 위해서이다. 이를 통해 돈이나 권력 같은 힘만이 최고라고 믿는 현실에 일침을 가하고 있다.

💡 어휘 풀이
더벅머리 ① 더부룩하게 난 머리털. ② 터부룩한 머리털을 가진 사람.
노사 ① 나이 많은 승려를 높여 이르는 말. ② 나이 많은 스승.
아름드리나무 둘레가 한 아름이 넘는 큰 나무.
정정(亭亭)하다 나무 따위가 높이 솟아 우뚝하다.
귀의(歸依) 불교에서 부처와 불법(佛法)과 승가(僧伽)로 돌아가 의지하여 구원을 청함을 이르는 말.
정 돌에 구멍을 뚫거나 쪼아서 다듬는, 쇠로 된 연장.

🐚 구절 풀이
❶ **그는 사뭇 불안한 표정이었다.** 학생은 낯선 환경에 대한 어색함과 노승의 훈계가 있을 거라는 생각 때문에 불안해하고 있었다.
❷ **이때 더벅머리의 ~ 눈물이 흘러내렸다.** 학생은 진저리나는 훈계 대신에 다사로운 손길로 시중을 들어 주는 노승에게 감동해서 눈물을 흘린 것이다.
❸ **우리들은 잠을 ~ 의미 때문일까.** 억세고 꿋꿋한 나무들이 부드러운 눈에 꺾여 넘어지는 것이 놀랍고 그 속에서 삶의 예지를 발견하였기 때문에 잠을 이룰 수 없는 것이다.
❹ **바닷가의 조약돌을 ~ 물결이다.** 부드러운 것이 강한 것을 이기는 자연의 현상을 마지막 부분에 추가하여 글을 인상적으로 마무리하고 있다.

👤 작가 소개

법정(1931~2010)
승려, 수필가. 1945년에 출가하였으며, 불교의 가르침을 바탕으로 하여 일상적인 소재를 쉽고 간결하게 표현한 수필을 많이 썼다. 주요 작품으로 〈무소유〉, 〈나그네 길에서〉, 〈맑은 기쁨〉 등이 있다.

해가 저문 어느 날, 오막살이 토굴에 사는 노승 앞에 •더벅머리 학생이 하나 찾아왔다. 아버지가 써 준 편지를 꺼내면서 ❶그는 사뭇 불안한 표정이었다.
<u>일화의 시간적·공간적 배경이 드러남.</u>

사연인즉, 이 망나니를 학교에서고 집에서고 더 이상 손댈 수 없으니, 스님이 알아서 사람을 만들어 달라는 것이었다. 물론 노승과 그의 아버지는 친분이 있는 사이였다.
<u>언동이 몹시 막된 사람을 비난조로 이르는 말</u>

편지를 보고 난 노승은 아무런 말도 없이 몸소 후원에 나가 늦은 저녁을 지어 왔다. 저녁을 먹인 뒤 발을 씻으라고 대야에 가득 더운물을 떠다 주었다. ❷이때 더벅머리의 눈에서는 주르륵 눈물이 흘러내렸다.

그는 아까부터 훈계가 있으리라 은근히 기다려지기까지 했지만, 스님은 한마디 말도 없이 시중만을 들어 주는 데에 크게 감동한 것이었다. 훈계라면 진저리가 났을 것이다. 그에게는 백 천 마디 좋은 말보다는 다사로운 손길이 그리웠던 것이다.
<u>몸소 후원에 나가 늦은 저녁을 지어 먹이고, 발을 씻으라고 대야에 물을 떠다 준 것</u> ▶ 노승의 다사로운 손길에 감동한 더벅머리 학생

이제는 가고 안 계신 한 •노사(老師)로부터 들은 이야기다. 내게는 생생하게 살아 있는 노사의 모습이다.

산에서 살아 보면 누구나 다 아는 일이지만, 겨울철이면 나무들이 많이 꺾인다. ㉠모진 비바람에도 끄떡 않던 •아름드리나무들이, 꿋꿋하게 고집스럽기만 하던 그 소나무들이 눈이 내려 덮이면 꺾이게 된다. 가지 끝에 사뿐사뿐 내려 쌓이는 그 가볍고 하얀 눈에 꺾이고 마는 것이다.
<u>놀랍고도 신비한 대자연의 이치</u>

깊은 밤, 이 골짝 저 골짝에서 나무들이 꺾이는 메아리가 울려올 때, ❸우리들은 잠을 이룰 수 없다. •정정한 나무들이 부드러운 것 앞에서 넘어지는 그 의미 때문일까. 산은 한겨울이 지나면 앓고 난 얼굴처럼 수척하다. ▶ 부드러운 눈에 꺾이고 마는 나무들
<u>설해를 입어 꺾인 나무들이 많은 산의 모습을 비유함. (직유법)</u>

사밧티의 온 시민들을 공포에 떨게 하던 살인귀 앙굴리말라를 •귀의시킨 것은 부처님의 불가사의한 신통력이 아니었다. 위엄도 권위도 아니었다. 그것은 오로지 자비였다. 아무리 흉악무도한 살인귀라 할지라도 차별 없는 훈훈한 사랑 앞에서는 돌아오지 않을 수 없었던 것이다. ▶ 자비와 사랑에 돌아온 살인귀
<u>남을 깊이 사랑하고 가엾게 여김. 또는 그렇게 여겨서 베푸는 혜택</u>
<u>사랑은 살인귀마저 변화시킴.</u>

❹바닷가의 조약돌을 그토록 둥글고 예쁘게 만든 것은 무쇠로 된 ⓐ정이 아니라, 부드럽게 쓰다듬는 ⓑ물결이다. ▶ 부드러운 물결이 만든 둥근 조약돌

• **중심 내용** 사람과 자연을 변화시키는 부드러움의 강한 힘

이해와 감상

이 글은 더벅머리 학생의 이야기와 자연 속에서의 현상을 제시하여, 약해 보이기만 하는 부드러운 것이 오히려 더 강한 힘을 발휘하기도 한다는 것을 보여 주는 수필이다. 글쓴이의 체험에서 우러나온 삶에 대한 깊은 통찰을 바탕으로 하고 있으며 부드러운 것과 강한 것의 대립 구도를 통해 부드러운 것이 억센 것보다 강하다는 진리를 전하고 있다. 돈이나 권력 등 힘이 있는 것이 최고라고 믿는 오늘날의 현실에 대해 경종을 울리는 글이다.

작품 연구소

〈설해목〉의 주제 전달 방식

부드러움	강함과 억셈
시중 들어 주기	훈계
눈	비바람
자비	신통력, 위엄, 권위
물결	무쇠로 된 정

부드러움과 사랑이 억세고 강한 것을 꺾음.

인간의 삶과 자연 현상의 유사성

인간의 삶	자연 현상
• 노승이 망나니 학생을 훈계가 아니라 다사로운 손길로 감동시킴. • 부처님이 살인귀 앙굴리말라를 위엄이나 권위, 신통력이 아니라 자비로 귀의시킴.	• 비바람이 아닌 눈이 정정한 나무를 꺾어 넘김. • 무쇠로 된 정이 아니라 부드러운 물결이 바닷가의 조약돌을 둥글고 예쁘게 만듦.

자료실

법정 수필의 문학성

법정 수필의 문학성은 '우회성'적인 기법에서 그 가치를 발한다. 법정은 '주제 의식의 간접화'라는 수필 창작의 비밀에 정통하기 때문에 결코 누구도 넘볼 수 없는 문학성의 고지에 올라 있다는 것이다. 모진 비바람에도 꺾이지 않던 나무들이 사뿐사뿐 내리는 눈에 꺾이고 마는 자연 현상에 대한 문학적 형상화 과정은 '산은 한겨울이 지나면 앓고 난 얼굴처럼 수척하다'는 표현에서 초절정을 이룬다. 문학이 주는 맛이 절묘한 우회성에서 나온다면, 인식을 형상화하는 법정의 수법은 탁월하다고 할 수밖에 없다. 그가 그려 내는 풍경은 절경에 가까운 것이다. 부드러운 것이 강한 것을 이긴다는 정신을 어느 누가 이토록 아름답게 문학적으로 승화시킬 수 있을까 싶을 정도로 이 수필은 최고의 손맛을 자랑한다. 서 있는 나무와 내리는 눈의 내밀한 통정을 부끄럽지 않을 정도의 미적 정서로 그려 내는 데 성공하고 있다는 것은 그의 수필가적인 역량을 보여 준 단적인 예라 하겠다.

– 권대근, 〈법정 수필의 문학성〉

함께 읽으면 좋은 작품

〈당신이 나무를 더 사랑하는 까닭〉, 신영복 / 자연물을 통해 바람직한 삶의 태도를 드러낸 작품

신발 한 켤레의 토지에서 몇 백 년의 풍상을 겪어 온 소나무의 모습을 보고, 이윤 추구를 위해 무차별적으로 소비하는 현대인의 모습을 비판하고 바람직한 삶의 태도를 촉구하고 있는 수필이다. **Link** 본책 56쪽

키 포인트 체크

제재 부드러운 ☐에 소나무가 꺾이는 광경에서 얻은 깨달음을 이야기하고 있다.

관점 글쓴이는 세상을 변화시키는 것은 억세고 강한 것이 아니라 ☐☐ ☐☐의 힘임을 말하고 있다.

표현 '비바람, 위엄, 정'과 '눈, 자비, 물결' 등 ☐☐적인 소재를 통해 주제를 효과적으로 드러내고 있다.

1 이 글의 서술상 특징을 〈보기〉에서 골라 바르게 묶은 것은?

| 보기 |

ㄱ. 직접적인 체험을 바탕으로 세태를 비판하고 있다.
ㄴ. 다양한 사례를 제시하여 주제를 형상화하고 있다.
ㄷ. 대상의 속성을 다양한 관점에서 분석하여 묘사하고 있다.
ㄹ. 비유적인 표현을 활용해 대상의 모습을 제시하고 있다.

① ㄱ, ㄴ   ② ㄱ, ㄷ   ③ ㄴ, ㄷ
④ ㄴ, ㄹ   ⑤ ㄴ, ㄷ, ㄹ

2 ㉠과 유사한 의미의 한자 성어는?

① 허장성세(虛張聲勢)   ② 용감무쌍(勇敢無雙)
③ 외유내강(外柔內剛)   ④ 절차탁마(切磋琢磨)
⑤ 백절불굴(百折不屈)

내신 적중

3 이 글에서 ⓐ와 ⓑ의 내포적 의미와 유사한 것끼리 바르게 짝지어진 것은?

	ⓐ	ⓑ
①	훈계	자비
②	비바람	소나무
③	살인귀	신통력
④	한겨울	앓고 난 얼굴
⑤	노승	더벅머리 학생

4 이 글에서 이끌어 낼 수 있는 삶의 지혜로 가장 적절한 것은?

① 사랑의 힘은 위대하다.
② 작은 것이 모여 큰 것을 이룬다.
③ 부드러운 것이 강한 것을 이긴다.
④ 사람은 자비와 용서로 거듭 태어난다.
⑤ 인간은 자연의 법칙에 순응하며 살아야 한다.

5 이 글의 내용을 바탕으로 '설해목'의 의미를 쓰시오.

017

비닐우산 | 정진권

키워드 체크 #개성적 #비닐우산의덕 #단돈 백 원 #빗방울의 예술 #즐거운 짜증 #소중한 추억

국어 천재(이)

핵심 정리

갈래 경수필

성격 개성적, 성찰적, 회상적

제재 비닐우산

주제 볼품없는 비닐우산이 지니고 있는 아름다운 효용성

특징 ① 사물의 가치를 새롭게 발견하는 개성적인 인식을 바탕으로 함.
② 간결하고 담백한 문체로 서술함.

출전 《비닐우산》(1976)

Q 일반적으로 볼품없다고 여겨지는 비닐우산에 대한 글쓴이의 인식은?

값이 싸기 때문에 쉽게 비를 피할 수 있고 어디에다 놓고 와도 섭섭하지 않으며, 투명하기 때문에 우산 위로 떨어지는 물방울을 예술처럼 감상할 수 있고, 바람에 자주 뒤집히는 약한 물건이지만 즐거움을 선사해 주는 것으로 인식하는 개성적인 시각이 드러나고 있다.

어휘 풀이

살 우산살. 천, 종이, 비닐 따위로 된 우산의 덮개 부분을 얽어 받치는 뼈대.

일금(一金) (일정한 돈의 액수를 나타내는 수사 앞에 쓰여) 전체의 돈.

베 우산 비닐이 아니라 천인 베를 사용하여 만든 우산.

구절 풀이

❶ **그것은 백 원으로선 살 수 없는 체험일 것이다.** 볼품없는 비닐우산을 꺼내 썼던 어느 날, 한 소녀가 우산 속으로 뛰어들었던 경험을 소중한 추억으로 생각하는 글쓴이의 태도가 드러난다.

❷ **버리기에는 너무나도 아름다운 ~ 보고 싶은 우산이다.** 비닐우산에 대한 글쓴이의 개성적 인식이 드러나 있다. 싼값에 비를 피할 수 있다는 장점 외에도 빗방울이 만들어 내는 예술을 즐길 수 있고, 우산이 홀딱 뒤집히는 신선한 경험을 할 수 있으며, 특별한 추억까지 선사해 주는 비닐우산의 가치를 이야기하고 있다.

❸ **그리고 값싼 인생을 살며 ~ 걷는 우산이기도 하다.** 볼품없고 한 군데도 탄탄한 데가 없지만 아름다운 효용성을 지닌 비닐우산을 보며, 부실한 몸으로 자식들의 머리 위로 내리는 찬비를 막아 주려고 애쓰며 살고 있는 글쓴이 자신의 모습을 떠올리고 있다.

작가 소개

정진권(鄭震權, 1935~) 수필가. 간결하고 소박한 문체로 한국인 고유의 정서와 삶의 모습을 진솔하게 표현한 수필을 발표하였다. 주요 저서로 《푸르른 나무들에 저 붉은 해를》, 《한국인의 향수》 등이 있다.

언제 어디서 샀는지도 알 수 없지만, 우리 집에도 헌 비닐우산이 서너 개나 된다. 아마도 길을 가다가 갑자기 비를 만나서 내가 사 들고 온 것들일 게다. 하지만 그 가운데 하나나 제대로 쓸 수 있을까? 그래도 버리긴 아깝다. / 비닐우산은 참 볼품없는 우산이다. 눈만 흘겨도 금방 부러져 나갈 듯한 살하며, 당장이라도 팔랑거리면서 살을 떠날 듯한 비닐 덮개하며, 한 군데도 탄탄한 데가 없다. 그러나 그런대로 우리의 사랑을 받을 만한 덕(德)을 갖추고 있기 때문에, 아주 몰라라 할 수만은 없는 우산이기도 하다.

우리가 길을 가다가 갑자기 비를 만날 때, 가난한 주머니로 손쉽게 사 쓸 수 있는 우산은 이것밖에 없다. 물건에 비해서 값이 싼지 비싼지 그것은 알 수 없지만, 어떻든 일금 백 원으로 비를 안 맞을 수 있다면, 이는 틀림없이 비닐우산의 덕이 아니겠는가?

값이 이렇기 때문에 어디다 놓고 와도 섭섭하지 않은 것이 또한 이 비닐우산이다. [중략] 고가(高價)의 베 우산을 받고 나온 날은 어디다 그 우산을 놓고 올까 봐 신경을 쓰게 된다. 하지만 하루 종일 썩인 머리로 대포 한잔하는 자리에서까지 우산 간수 때문에 걱정을 할 수는 없지 않은가? 버리고 와도 께름할 게 없는 비닐우산은 그래서 좋은 것이다.

비닐우산을 받고 위를 쳐다보면, 우산 위에 떨어져 흐르는 물방울이 보인다. 그리고 빗방울이 떨어지면서 내는 그 환한 음향도 들을 만한 것이다. 투명한 비닐 덮개 위로 흐르는 물방울의 그 맑고 명랑함, 묘한 리듬을 만들어 내는 빗소리의 그 상쾌함, 단돈 백 원으로 사기에는 너무 미안한 예술이다.

바람이 좀 세게 불면 비닐우산은 홀딱 뒤집히기도 한다. 그것을 바로잡는 한동안, 비록 옷은 다소의 비를 맞는다 하더라도 우리는 즐거운 짜증을 체험할 수 있고, 또 행인들에게 가벼우나마 한때의 밝은 미소를 선사할 수 있어서 좋다. 그날이 그날인 듯, 개미 쳇바퀴 돌듯하는 우리의 재미없는 생활 속에, 그것은 마치 반 박자짜리 쉼표처럼 싱그러운 변화를 불러일으키는 것이다.

㉠좀 오래된 이야기 하나가 생각난다. 퇴근을 하려고 일어서다 보니, 부슬부슬 창밖에 비가 내린다. 나는 캐비닛 뒤에 두었던 헌 비닐우산을 펴 들고 사무실을 나왔다. 살이 한 개 부러져 있었다. 비가 갑자기 세차졌다. 머리는 어떻게 가렸지만, 옷은 다 젖다시피 했다. 그때였다. 누군가가 뛰어들었다. 책가방을 든 어린 소녀였다. 젖은 이마에 머리카락이 흐트러져 있었다. 나 하나의 머리도 가리기 어려운 곳을 예고도 없이 뛰어든 그 귀여운 침범자는 다만 미소로써 양해를 구할 뿐 말이 없었다. 우리는 버스 정류장까지 함께 걸었다. 옷은 젖지만, 그래도 우산을 받고 있다는 안도감이 있었다. 마침내 소녀의 버스가 왔다. 미소와 목례를 함께 보내고 그는 떠났다. 이상한 공허감이 비닐우산 속에 남았다. ❶그것은 백 원으로선 살 수 없는 체험일 것이다. [중략]

비닐우산은 참 볼품없는 우산이다. 한 군데도 탄탄한 데가 없다. 그러나 ❷버리기에는 너무나도 ㉡아름다운 효용성이 있음으로 하여 두고두고 보고 싶은 우산이다. ❸그리고 값싼 인생을 살며, 조금만 바람이 불어도 넘어질 듯한 부실한 사람, 그런 몸으로나마 아이들의 머리 위에 내리는 찬비를 가려 주려고 버둥대는 삶, ㉢비닐우산은 어쩌면 나와 비슷한 데도 적지 않은 것 같아서, 때때로 혼자 받고 비 오는 길을 쓸쓸히 걷는 우산이기도 하다.

▶ 자신의 삶을 비닐우산에 비유함.

• 중심 내용 볼품없는 비닐우산에서 발견한 아름다운 효용성

이해와 감상

이 글은 글쓴이의 개성적인 인식과 경험을 바탕으로 볼품없는 비닐우산에서 발견한 미덕에 대해 이야기하고 수필이다. 글쓴이는 비닐우산이 값이 싸서 비를 피하기에 용이하고 부담 없으며 빗방울과 빗소리가 만들어 내는 예술을 즐길 수 있다고 말하고 있다. 또 비닐우산은 바람에 쉽게 뒤집히기도 해서 재미없는 일상에 뜻밖의 즐거움을 주기도 한다고 말하고 있다. 그리고 비닐우산과 관련하여 겪은 즐겁고 아름다운 경험을 소개하고, 이러한 비닐우산이 부실하지만 아이들을 위해 애쓰는 글쓴이 자신의 삶과 비슷하다며 글을 마무리하고 있다.

🏠 작품 연구소

'비닐우산'에 대한 글쓴이의 개성적 인식

비닐우산의 특징	글쓴이의 개성적 인식
값이 쌈.	싼값에 비를 피할 수 있고, 어디에다 놓고 와도 부담스럽지 않음.
투명한 비닐로 되어 있음.	우산 위로 떨어져 흐르는 맑고 명랑한 물방울과 묘한 리듬의 빗방울 소리를 감상할 수 있음.
바람이 세게 불면 뒤집힘.	재미없는 일상에 즐거움과 싱그러운 변화를 불러일으킴.

〈비닐우산〉의 구성상 특징

비닐우산의 장점과 효용

• 비닐우산 속으로 불쑥 뛰어들어 온 어린 소녀와의 만남
• 버스 정류장에서 비닐 우산을 들고 누군가를 기다리는 젊은 여인의 모습 [중략 부분]

비닐우산의 장점 및 효용과 관련한 글쓴이의 생각을 전하면서, 그러한 생각과 연결될 수 있는 낭만적 경험을 삽화(揷話)로 제시하고 있다. 글쓴이가 오래전 비닐우산을 쓰고 겨우 비를 피하면서 걷고 있을 때 불쑥 우산 속으로 뛰어들어 왔던 어린 소녀와의 만남과 버스 정류장에서 누군가를 기다리고 있는 사람들의 모습을 관찰했던 경험이 이러한 삽화로 제시되어 있다.

〈비닐우산〉에 사용된 표현

역설적 표현	비닐우산이 세찬 바람에 뒤집혔을 때, 비를 맞아 짜증스러울 수 있지만 우산의 뒤집힌 모습이 우스꽝스러워 재미있기도 하다는 점에서 '즐거운 짜증'이라고 표현함.
비유적 표현	볼품없고 탄탄한 데도 없지만 아름다운 효용성을 지닌 비닐우산과, 부실하지만 아이들을 보호하고 키우고자 애쓰는 자신의 삶의 모습이 비슷하다고 표현함.

📖 함께 읽으면 좋은 작품

〈버려진 것들의 생명력〉, 최성각 / 현대인의 소비 습관을 비판한 작품

잘린 버드나무 몸통에서 싹이 돋고 줄기가 뻗는 것을 보면서, 버려진 것에도 생명력이 있으며, 버려진 것을 되살려 써야 한다는 생각을 드러낸 수필이다. 멀쩡한 물건을 쉽게 버리고 쉽게 사는 현대인의 소비 생활과 자원 낭비에 대하여 비판하고 있다. 보잘것없는 것들의 가치에 주목하고 있다는 점에서 이 글과 비교하여 읽어 볼 수 있다. 🔗Link 본책 138쪽

🔑 포인트 체크

제재 ☐☐☐☐에 대한 글쓴이의 경험과 생각이 담겨 있다.

관점 글쓴이는 비닐우산이 싸고 부담 없으며 일상에 뜻밖의 즐거움을 준다는 점에서 ☐☐이 있으며 자신과 비슷하다고 생각한다.

표현 우산이 바람에 뒤집혀 비에 젖은 상황을 ☐☐적 표현을 활용하여 긍정적으로 표현하고 있다.

1 이 글에 대한 설명으로 적절하지 <u>않은</u> 것은?
① 대상의 장점이 서술되어 있다.
② 대상에 대한 태도가 자주 바뀌고 있다.
③ 대상에 대한 개성적인 시각이 드러나 있다.
④ 대상과 글쓴이 자신을 유사하다고 보고 있다.
⑤ 대상과 관련된 글쓴이의 경험이 제시되어 있다.

2 ㉠을 삽입한 효과로 가장 알맞은 것은?
① 글쓴이의 상상을 통해 비닐우산의 새로운 가치를 드러내고 있다.
② 과거 회상을 통해 비닐우산의 볼품없는 모습을 환기시키고 있다.
③ 공허감을 느낀 경험을 제시하여 비닐우산의 단점을 드러내고 있다.
④ 직접 겪은 낭만적 체험을 제시하여 비닐우산의 가치를 부각하고 있다.
⑤ 일화를 제시하여 비닐우산에 대한 사람들의 인식의 차이를 나타내고 있다.

내신 적중 多빈출

3 ㉡에 해당되는 내용이 <u>아닌</u> 것은?
① 싼값으로 비를 피할 수 있게 해 준다.
② 소녀가 떠난 뒤의 허전함을 채워 준다.
③ 돈 주고도 살 수 없는 소중한 추억을 만들어 준다.
④ 쳇바퀴처럼 똑같은 일상에 재미있는 변화를 느끼게 한다.
⑤ 빗방울과 빗소리가 만드는 아름다운 예술을 즐길 수 있게 한다.

4 이 글을 읽은 독자의 반응으로 적절하지 <u>않은</u> 것은?
① 사물을 통해 삶의 문제점을 알고 현실을 직시하는 것이 중요함을 깨달았어.
② 사물을 어떤 시각으로 보느냐에 따라 그 가치가 달라질 수 있다는 것을 깨달았어.
③ 보잘것없고 하찮은 물건이라도 긍정적인 면을 가지고 있다는 것을 알게 되었어.
④ 대상을 통해 자신의 모습을 비춰 보는 것도 의미 있는 성찰이라는 것을 깨달았어.
⑤ 자세한 관찰과 다양한 시각을 통해 대상의 장점을 발견할 수 있다는 것을 깨달았어.

5 글쓴이가 ㉢과 같이 생각하는 이유가 무엇인지 쓰시오.

당신이 나무를 더 사랑하는 까닭 | 신영복

키워드 체크 　#편지글 형식　#비판적　#문명의 폭력성　#소나무 같은 사람　#솔방울의 저력

국어 신사고

🎯 핵심 정리

갈래 경수필, 기행 수필

성격 사색적, 비판적, 교훈적

제재 소광리의 소나무 숲

주제 이윤 추구를 위해 무차별적 소비를 하는 현대인들의 행태 비판, 현대 문명의 비정함과 폭력성 비판

특징 ① 경어체와 서간체 형식으로 서술함.
② 소나무의 모습을 통해 현대인의 삶에 대한 성찰과 비판적 인식을 보여 줌.
③ 인간과 소나무를 대조하여 교훈을 제시함.
④ 자연에서 얻은 깨달음을 인간 문제로 확장함.

출전 《나무야 나무야》(1996)

Q 소광리의 솔숲을 '회초리를 들고 기다리는 엄한 스승'에 빗댄 이유는?

좁은 땅에 뿌리박고 살면서도 우람한 자태를 드러내 보이는 소나무의 모습이 무엇 하나 변변하게 이루지 못한 자신을 반성하게 만들었기 때문이다.

💡 어휘 풀이

풍상 ① 바람과 서리를 아울러 이르는 말. ② 많이 겪은 세상의 어려움과 고생을 비유적으로 이르는 말.

산판일 나무를 찍어 내는 일판에서 나무를 베는 따위의 일.

그루터기 풀이나 나무 따위의 아랫동아리. 또는 그것들을 베고 남은 아랫동아리.

불문율(不文律) 문서의 형식을 갖추지 않은 법.

침습 갑자기 침범하여 공격함.

📖 구절 풀이

❶ **생산의 주체가 아니라 ～ 바로 사람입니다.** 인간이 이기적으로 소비하는 것을 넘어 인간 자신이 소비의 대상이 되는 현대 문명의 폭력성을 비판하고 있다.

❷ **나는 마치 꾸중 ～ 산을 나왔습니다.** 소광리 솔숲에서, 인간이 만든 '경제학의 폭력성', '무한 경쟁의 비정한 논리'를 깨닫고 깊이 반성했음을 드러내고 있다.

❸ **우리들이 자루가 되어 주지 ～ 해칠 수 없는 법이다.** 자루 없는 쇠도끼가 폭력을 가할 수 없는 것처럼, 우리들 스스로가 문명의 폭력을 휘두르는 자루가 되지 않는다면 문명의 폭력이 우리들을 해칠 수 없다는 것을 의미한다.

👤 작가 소개

신영복(1941～2016)
작가, 대학교수. 20년간의 오랜 수감 생활을 바탕으로 인생에 대한 사색과 성찰을 담은 글을 남겼다. 주요 저서로 《감옥으로부터의 사색》, 《나무야 나무야》, 《더불어 숲》 등이 있다.

『오늘은 당신이 가르쳐 준 태백산맥 속의 소광리 소나무 숲에서 이 엽서를 띄웁니다.』 아침 햇살에 빛나는 소나무 숲에 들어서니 당신이 사람보다 나무를 더 사랑하는 까닭을 알 것 같습니다. 200년, 300년, 더러는 500년의 *풍상(風霜)을 겪은 소나무들이 골짜기에 가득합니다. 그 긴 세월을 온전히 바위 위에서 버티어 온 것에 이르러서는 차라리 경이였습니다. 바쁘게 뛰어다니는 우리들과는 달리 오직 '신발 한 켤레의 토지'에 서서 이처럼 우람할 수 있다는 것이 충격이고 경이였습니다. 생각하면 소나무보다 훨씬 더 많은 것을 소비하면서도 무엇 하나 변변히 이루어 내지 못하고 있는 나에게 소광리의 솔숲은 마치 회초리를 들고 기다리는 엄한 스승 같았습니다. [중략]

▶ 인간과 대조되는 소나무의 경이로운 모습

우리가 살고 있는 이 지구 위의 유일한 생산자는 식물이라던 당신의 말이 생각납니다. 동물은 완벽한 소비자입니다. 그중에서도 최대의 소비자가 바로 사람입니다. 사람들의 생산이란 고작 식물들이 만들어 놓은 것이나 땅속에 묻힌 것을 파내어 소비하는 것에 지나지 않습니다. 쌀로 밥을 짓는 일을 두고 밥의 생산이라고 할 수 없는 것이나 마찬가지입니다. ❶생산의 주체가 아니라 소비의 주체이며 급기야는 소비의 객체로 전락되고 있는 것이 바로 사람입니다. 자연을 오로지 생산의 요소로 규정하는 경제학의 폭력성이 이 소광리에서만큼 분명하게 부각되는 곳이 달리 없을 듯합니다.

▶ 인간의 무차별적인 소비 행태 비판

*산판일을 하는 사람들은 큰 나무를 베어 낸 *그루터기에 올라서지 않는 것이 *불문율로 되어 있다고 합니다. 잘린 부분에서 올라오는 나무의 노기(怒氣)가 사람을 해치기 때문입니다. 어찌 노하는 것이 소나무뿐이겠습니까. 온 산천의 아우성이 들리는 듯합니다. [중략]

나는 문득 당신이 진정 사랑하는 것이 소나무가 아니라 ㉠소나무 같은 '사람'이라는 생각이 들었습니다. 메마른 땅을 지키고 있는 수많은 사람들이라는 생각이 들었습니다. 문득 지금쯤 서울 거리의 자동차 속에 앉아 있을 당신을 생각했습니다. 그리고 외딴섬에 갇혀 목말라하는 남산의 소나무들을 생각했습니다. 남산의 소나무가 이제는 더 이상 살아남기를 포기하고 자손들이나 기르겠다는 체념으로 무수한 솔방울을 달고 있다는 당신의 이야기는 우리를 슬프게 합니다. 더구나 그 솔방울들이 싹을 키울 땅마저 황폐해 버렸다는 사실이 우리를 더욱 암담하게 합니다. 그러나 그보다 더 무서운 것이 아카시아와 활엽수의 *침습(侵襲)이라니 놀라지 않을 수 없습니다. 척박한 땅을 겨우겨우 가꾸어 놓으면 이내 다른 경쟁수들이 쳐들어와 소나무를 몰아내고 만다는 것입니다. 무한 경쟁의 비정한 논리가 뻗어 오지 않는 곳이 없습니다.

▶ 무한 경쟁의 논리가 지배하는 현대 사회

❷나는 마치 꾸중 듣고 집 나오는 아이처럼 산을 나왔습니다. 솔방울 한 개를 주워 들고 내려오면서 생각하였습니다. 거인에게 잡아먹힌 소년이 ㉡솔방울을 손에 쥐고 있었기 때문에 다시 소생했다는 신화를 생각하였습니다. 당신이 나무를 사랑한다면 솔방울도 사랑해야 합니다. 무수한 솔방울들의 끈질긴 저력을 신뢰해야 합니다.

언젠가 붓글씨로 써 드렸던 글귀를 엽서 끝에 적습니다.

"처음으로 ⓐ쇠가 만들어졌을 때 세상의 모든 ⓑ나무들이 두려움에 떨었다. 그러나 어느 생각 깊은 나무가 말했다. 두려워할 것 없다. ㉢❸우리들이 자루가 되어 주지 않는 한 쇠는 결코 우리를 해칠 수 없는 법이다."

▶ 현대 문명의 폭력성에 대응하는 바람직한 태도

• **중심 내용** 이윤 추구를 위해 무차별적 소비를 하는 현대인의 행태 비판과 소나무처럼 살아가는 삶의 자세의 필요성

이해와 감상

이 글은 태백산맥 소광리 소나무 숲에서의 사색을 바탕으로, 현대 문명의 비정함과 폭력성을 비판하고 오늘날을 살아가는 바람직한 태도를 전하고 있는 수필이다. 글쓴이는 몇백 년의 풍상을 겪은 소나무 군락을 보며 '신발 한 켤레의 토지'만을 소비하는 소나무와 달리 너무 많은 것을 무차별적으로 소비하는 인간의 모습을 반성하고 있다. 그리고 인간이 자연에 가한 폭력에서 현대 문명이 인간에게 가한 폭력으로 생각을 확장하여, 자연뿐만 아니라 인간마저 소비의 객체로 전락시키는 현대 문명의 비정함과 폭력성을 비판하고 있다. 마지막으로 글쓴이는 싹을 틔울 수 있는 저력을 지닌 솔방울을 사랑하기를 당부하고, 소나무와 같이 뜻과 힘을 모은다면 무수한 폭력을 이겨 낼 수 있음을 비유적으로 제시하고 있다.

작품 연구소

이 글에 제시된 소나무에 대한 글쓴이의 생각

소광리 소나무 숲의 소나무	작은 땅에 뿌리내리고 사는 소나무를 보고, 너무 많은 것을 소비하며 사는 인간의 삶을 반성함.
남산의 소나무	문명에 고립되어 목말라하는 모습에 안타까움을 느끼고 솔방울을 사랑해야 한다고 생각함.

'소나무'와 '소나무 같은 사람'의 의미

소나무		소나무 같은 사람
몇백 년의 시간 동안 묵묵히 풍상을 겪어 내는 존재	소나무의 덕성 적용 →	문명의 폭력성을 묵묵히 견디어 내는 존재

글쓴이의 깨달음

관찰 및 떠올림	깨달음
'신발 한 켤레의 토지'만을 차지한 채 우람하게 서 있는 소나무를 봄.	좁은 땅에서도 우람한 자태를 드러내는 소나무에 감탄하며 많은 것을 소비하기만 하고 무엇 하나 이루어 내지 못한 자신을 반성함.
산판일을 하는 사람들의 불문율에 관해 생각함.	인간의 욕심 때문에 베어진 나무의 노기를 떠올리며 인간이 자연에 가한 폭력과 폭력적인 소비 행태를 반성함.
거인에게 잡아먹힌 소년에 관한 신화를 생각함.	힘들고 어려운 상황에서도 희망을 잃지 않아야 한다고 생각함.

소재의 상징적 의미

소재	상징적 의미
솔방울	황폐해지고 척박해진 환경에서도 소생할 수 있는 저력과 희망
쇠	문명의 폭력
자루	도구

함께 읽으면 좋은 작품

〈한 그루 나무처럼〉, 윤대녕 / 삶의 자세를 성찰하는 작품

약수터의 참나무에 박혀 있는 대못을 빼 준 것을 계기로 참나무와 인연을 맺은 사연을 소개하고, 이를 통해 삶의 태도를 반성하며 변치 않는 내면을 지닌 사람이 되고 싶다는 바람을 드러낸 수필이다. 일상적 소재인 나무를 통해 자신의 삶을 되돌아보며 앞으로의 삶의 태도에 대한 깨달음을 나타낸 점에서 이 글과 비교하여 읽어 볼 수 있다.

Link 본책 90쪽

키 포인트 체크

제재 ☐☐☐ 숲에서의 체험을 바탕으로 현대인의 삶에 대해 성찰하고 있다.

관점 글쓴이는 이기적으로 무차별적인 ☐☐를 하는 인간의 행태와, 무한 ☐☐의 비정한 논리가 지배하는 현실을 비판하고 있다.

표현 이기적이고 소비적인 인간과 ☐☐적인 존재로 '소나무'를 설정하여 깨달음을 제시하고 있다.

1 이 글에 대한 설명으로 적절하지 않은 것은?

① 경어체를 사용한 편지글 형식으로 서술하고 있다.
② 자연에서 얻은 깨달음을 인간 문제로 확대하고 있다.
③ 자연과 인간의 대조를 통해 교훈과 깨달음을 주고 있다.
④ 비유와 상징을 사용하여 주제를 효과적으로 드러내고 있다.
⑤ 문명의 폭력성을 극복하기 위해 자연과의 합일을 주장하고 있다.

내신 적중

2 이 글의 내용을 고려할 때, ㉠과 같은 사람으로 적절한 것은?

① 자연과의 조화와 합일을 추구하는 사람
② 적극적인 소비의 주체로서 살아가려는 사람
③ 무한 경쟁에서 살아남아 최고의 자리에 오른 사람
④ 인간의 목적에 맞게 자연을 다스리고 활용하는 사람
⑤ 현대 문명 속에서 문명의 폭력을 묵묵히 견디는 사람

3 ㉡과 상징적 의미가 가장 유사한 것은?

> **보기**
>
> 푸른 산이 흰 구름을 지니고 살 듯
> ①내 머리 위에는 항상 푸른 하늘이 있다
>
> 하늘을 향하고 ②산림처럼 두 팔을 드러낼 수 있는 것이
> 얼마나 숭고한 일이냐.
>
> 두 다리는 비록 연약하지만 ③젊은 산맥으로 삼고
> 부절히 움직인다는 둥근 지구를 밟았거니······
>
> 푸른 산처럼 든든하게 지구를 디디고 사는 것은 얼마 기쁜 일이냐
>
> 뼈에 저리도록 '생활'은 슬퍼도 좋다
> ④저문 들길에 서서 ⑤푸른 별을 바라보자······
>
> 푸른 별을 바라보는 것은 하늘 아래 사는 거룩한 나의 일과이거니······.
>
> – 신석정, 〈들길에 서서〉

4 ㉢의 문맥적 의미를 〈조건〉에 맞게 쓰시오.

> **조건**
>
> ⓐ와 ⓑ의 상징적 의미를 고려하여 쓸 것.

_{문학} 비상
_{국어} 창비

핵심 정리

갈래 경수필
성격 교훈적, 비유적
제재 대학 예비 합격자들에게 해 줄 말
주제 삶의 본질을 추구하며 실천하는 삶을 살기를 당부함.
특징 ① 자신의 체험을 제시하여 설득력을 얻음.
② 모두에게 적용될 수 있는 '당신'이라는 독자를 설정함.
출전 《나무야 나무야》(1996)

Q 글쓴이가 두 일화를 통해 전하고자 하는 바는?

글쓴이는 노인 목수가 집을 그리는 모습을 보고 충격을 받았던 과거의 경험과, 차치리라는 사람과 관련된 옛이야기를 서두에서 언급하고 있다. 이를 통해 글쓴이는 본질을 보지 못하고 본질이 아닌 것에 집착하는 사람의 어리석음을 비판하고 있다.

어휘 풀이

주춧돌 기둥 밑에 기초로 받쳐 놓은 돌. 집을 지을 때 가장 먼저 놓아야 함.
도리 서까래를 받치기 위하여 기둥 위에 건너지르는 나무.
본 버선이나 옷 따위를 만들 때에 쓰기 위하여 본보기로 만든 실물 크기의 물건.

구절 풀이

❶ **나의 서가가 ~ 낭패감이었습니다.** '서가'는 글쓴이가 쌓아 온 지식, 학문의 세계를 의미한다. 노인 목수가 그린 집 그림을 보고 본질을 추구하지 않았던 자신을 반성하게 된 것이다.

❷ **나는 당신을 위로하기 ~ 것이기 때문입니다.** 이 글을 쓴 의도를 밝히고 있다. '당신'이 위로의 대상이 아니라는 말은 앞으로 펼쳐진 당신의 미래를 비추어 보았을 때 현재의 모습이 실패가 아님을 분명히 하고 있는 것이다.

❸ **중간은 풍요한 ~ 낭만은 없습니다.** '중간'은 최고의 자리에 올라가지 못한 위치이다. 그러나 글쓴이는 '중간'이 다양한 경험을 할 수 있는 중요한 자리라고 말하고 있다. 글쓴이의 가치관이 드러나는 부분이다.

❹ **드높은 삶을 '예비'하는 ~ 믿고 있습니다.** 대학의 예비 합격자들을 구체적인 독자로 설정하고 있다. 그리고 그들의 신분을 재해석하여, 삶이라는 큰 가치의 지평에서 '합격자'가 될 것을 '예비'하라는 메시지를 전달하고 있다.

작가 소개

신영복(본책 56쪽 참고)

가 나와 같이 징역살이를 한 노인 목수 한 분이 있었습니다. 언젠가 그 노인이 내게 무얼 설명하면서 땅바닥에 집을 그렸습니다. 그 그림에서 내가 받은 충격은 잊을 수 없습니다. 집을 그리는 순서가 판이하였기 때문입니다. 지붕부터 그리는 우리들의 순서와는 거꾸로였습니다. 먼저 *주춧돌을 그린 다음 기둥·*도리·들보·서까래·지붕의 순서로 그렸습니다. 그가 집을 그리는 순서는 집을 짓는 순서였습니다. 일하는 사람의 그림이었습니다. 세상에 지붕부터 지을 수 있는 집은 없습니다. 그럼에도 불구하고 지붕부터 그려 온 나의 무심함이 부끄러웠습니다. ❶나의 서가(書架)가 한꺼번에 무너지는 낭패감이었습니다.

나 차치리(且置履)라는 사람이 어느 날 장에 신발을 사러 가기 위하여 발의 크기를 *본으로 떴습니다. 이를테면 종이 위에 발을 올려놓고 발의 윤곽을 그렸습니다. 한자(漢字)로 그것을 탁(度)이라 합니다. 그러나 막상 그가 장에 갈 때는 깜박 잊고 탁을 집에 두고 갔습니다. 신발 가게 앞에 와서야 탁을 집에다 두고 온 것을 깨닫고는 탁을 가지러 집으로 되돌아갔습니다. 제법 먼 길을 되돌아가서 탁을 가지고 다시 장에 도착하였을 때는 이미 장이 파하고 난 뒤였습니다. / 그 사연을 듣고는 사람들이 말했습니다.

"탁을 가지러 집에까지 갈 필요가 어디 있소. 당신의 발로 신어 보면 될 일이 아니오."

차치리가 대답했습니다. / ㉠"아무려면 발이 탁만큼 정확하겠습니까?"

주춧돌부터 집을 그리던 그 노인이 발로 신어 보고 신발을 사는 사람이라면 나는 탁을 가지러 집으로 가는 사람이었습니다.

탁(度)과 족(足), 교실과 공장, 종이와 망치, 의상(衣裳)과 사람, 화폐와 물건, 임금과 노동력, 이론과 실천…… 이러한 것들이 뒤바뀌어 있는 우리의 사고(思考)를 다시 한번 반성케 하는 교훈이라고 생각합니다. ▶ 차치리의 고사에서 얻은 교훈

다 ❷나는 당신을 위로하기 위하여 이 이야기를 전하는 것이 아닙니다. '위로'는 진정한 애정이 아닙니다. 위로는 그 위로를 받는 사람으로 하여금 스스로가 위로의 대상이라는 사실을 확인케 함으로써 다시 한번 좌절하게 하는 것이기 때문입니다. / 나는 당신이 대학의 강의실에서 이 편지를 읽든 아니면 어느 공장의 작업대 옆에서 읽든 상관하지 않습니다. 어느 곳에 있건 탁이 아닌 발을 상대하고 있다면 상관없다고 생각합니다. [중략]

그래서 나는 당신의 수능 시험 성적 100점은 그야말로 만점인 100점이라고 생각합니다. 그것은 올해 당신과 함께 고등학교를 졸업한 67만 5천 명의 평균 점수입니다. 당신은 친구들의 한복판에 서 있다는 것을 잊지 말아야 합니다. ❸중간은 풍요한 자리입니다. 수많은 곳, 수많은 사람을 만나는 자리입니다. 그보다 더 큰 자유와 낭만은 없습니다.

▶ 중간의 위치에 대한 새로운 해석

라 언젠가 우리는 늦은 밤 어두운 골목길을 더듬다가 넓고 밝은 길로 나오면서 기뻐하였습니다. 아무리 작은 실개천도 이윽고 강을 만나고 드디어 바다를 만나는 진리를 감사하였습니다. 주춧돌에서부터 집을 그리는 사람들의 견고한 믿음입니다. 당신이 비록 지금은 어둡고 좁은 골목길을 걷고 있다고 하더라도 나는 당신을 걱정하지 않습니다. 당신의 발로 당신의 삶을 지탱하고 있는 한 언젠가는 넓은 길, 넓은 바다를 만나리라고 믿고 있습니다. ❹드높은 삶을 '예비'하는 진정한 '합격자'가 되리라고 믿고 있습니다. 그리고 그 길의 어디쯤에서 당신과 만날 수 있기를 기대합니다.

▶ 삶의 진정한 합격자가 될 것을 격려함.

• 중심 내용 새 출발을 앞둔 사람들에게 본질적인 것을 추구하는 자세를 지닐 것을 당부함.

이해와 감상

이 글은 인생의 새로운 출발을 앞둔 사람들이 갖추어야 할 삶의 자세에 대하여 편지 형식으로 쓴 수필이다. 이 글에서 '당신'은 본질을 보지 못하고 겉모습과 형식에 집착하는 모든 사람이라고 할 수 있다. 글쓴이는 세상에 나아갔을 때 진정한 중요한 것은 성적, 실력 등이 아니라 우리 사회를 지탱하고 있는 많은 사람과의 연대이며 앞으로의 인생을 주체적으로 살아가야 한다고 설득하고 있다. 글쓴이는 목수를 만났던 경험과 차치리의 고사를 제시하여 본질이 아닌 것을 추구하는 사람의 어리석음을 비판하고, 어디에 있든 본질을 실천하는 삶을 살아가는 사람이 드높은 삶을 예비하는 진정한 합격자임을 강조하고 있다.

🏠 작품 연구소

〈새 출발점에 선 당신에게〉의 특징

형식상 특징	독자를 받는 사람으로 설정하고 쓴 편지글 형식
내용상 특징	글쓴이의 체험, 차치리 고사의 인용, 비유적 표현을 통해 삶의 본질을 추구하고 실천하는 삶을 살기를 당부함.

〈새 출발점에 선 당신에게〉에 나타난 일화에 담긴 의미

	본질인 것	본질이 아닌 것
노인 목수의 그림	• 집을 짓는 순서대로 집을 그림. • 구체적 실천에서 나온 그림	• 집의 지붕부터 그림. • 실천 없는 추상적 관념에서 나온 그림
차치리의 일화	족(足)	탁(度)

↓

중요한 것(본질)과 부수적인 것(본질이 아닌 것)이 뒤바뀌어 있는 우리의 사고를 비판하고, 삶의 본질을 추구할 것을 당부함.

자료실

《나무야 나무야》에서 '당신'의 의미

《나무야 나무야》가 독자들의 가슴에 강하게 와닿는 이유는 글 전체를 부드러운 교감의 장으로 만들어 주는 경어체의 서간문과 그 수신인인 '당신'의 역할 때문이다. 물론 독자에 대한 친밀감과 공감의 장을 확대하는 저자의 노력으로 해석할 수도 있겠지만, '당신'은 막연한 일반 독자나 단순한 문화적 장치로만 제한되기엔 그 역할이 매우 구체적이고 또 저자와 특별한 사적 공감대가 형성된 존재이다. '당신'은 저자를 방문지로 안내하고 중요한 관점을 제시해 주는 정신적 여행 가이드이자, 훌륭한 충고자이며 절친한 친구로, 때로는 저자의 내면의 목소리나 제2의 자아와 같은 다양한 역할을 담당한다.

저자는, 자신의 글을 구체적인 수신 대상이 있는 서간문체로 씀으로써 엽서의 발신인과 수신인, 작가와 독자 간의 탄탄한 관계를 설정한다. 저자는 이 '당신'을 매개로 자연스럽게 독자와 만나고, 자신의 느낌과 깨달음을 '당신'에게 투영시킴으로써 자신을 내세우지 않으면서 겸손하고 자연스럽게 생각을 펼쳐 보인다.

– 조병은 외, 《신영복 함께 읽기》

📖 함께 읽으면 좋은 작품

〈꽃들에게 희망을〉, 트리나 폴러스 / 삶의 자세를 탐구하고 있는 작품

살벌한 현실 속에서 참된 자아를 발견하는 나비의 이야기를 담고 있는 소설이다. 자아를 발견하는 과정의 고통을 이겨 내게 하는 힘이 희망과 사랑임을 전달하고 있다. 진정한 삶의 자세를 탐구하고 있다는 점에서 이 글과 비교하여 읽어 볼 수 있다.

키 포인트 체크

제재 인생의 새 ☐☐을 앞둔 사람들이 갖추어야 할 자세에 대해 이야기하고 있다.

관점 글쓴이는 ☐☐을 추구하며 실천하는 삶을 살 것을 당부하고 있다.

표현 글쓴이의 ☐☐과 고사를 제시하여 본질과 본질이 아닌 것의 구분에 대한 깨달음을 전하고 있다.

1 이 글에 대한 설명으로 가장 적절한 것은?

① 글쓴이의 경험을 제시하여 견해를 뒷받침하고 있다.

② 특정한 독자에 관한 전문적인 내용을 서술하고 있다.

③ 고사(古事)를 인용하여 옛것의 소중함을 전하고 있다.

④ 대비되는 두 가지 개념을 절충하여 결론을 제시하고 있다.

⑤ 글쓴이가 기대하는 독자의 모습을 글쓴이의 삶과 관련짓고 있다.

내신 적중 多빈출

2 이 글에서 그 의미 관계가 이질적인 것은?

① 화폐 — 물건

② 이론 — 실천

③ 탁(度) — 족(足)

④ 대학의 강의실 — 어느 공장의 작업대

⑤ 글쓴이의 집 그리는 순서 — 목수의 집 그리는 순서

3 이 글을 읽은 독자의 반응으로 적절하지 <u>않은</u> 것은?

① 글쓴이는 삶의 본질을 추구하는 자세가 드높은 삶에 이르는 길이라고 보고 있어.

② 글쓴이는 본질보다 본질이 아닌 것에 집착하는 사람들의 어리석음을 비판하고 있어.

③ 글쓴이는 목수의 그림을 보고 관념적 지식으로 사고하는 자신에 대해 반성하고 있어.

④ 글쓴이는 힘들게 살아가는 젊은이들에게 위로의 말이 큰 힘이 된다는 점을 전하고 있어.

⑤ 글쓴이는 '중간'이라는 위치가 다양한 인간관계를 형성할 수 있다는 점에서 긍정적이라고 보고 있어.

4 ㉠과 같은 사고를 비판할 때 사용할 수 있는 한자 성어로 가장 적절한 것은?

① 망양지탄(亡羊之歎)   ② 연목구어(緣木求魚)

③ 온고지신(溫故知新)   ④ 주객전도(主客顚倒)

⑤ 흥진비래(興盡悲來)

5 글쓴이가 (가)에서 깨달은 바가 무엇인지 30자 내외로 쓰시오.

020

젊은 아버지의 추억 | 성석제

문학 지학사

핵심 정리

갈래 경수필
성격 고백적, 회고적, 성찰적
제재 어린 시절, 아버지와의 대화
주제 아들의 치기 어린 자만심을 스스로 깨닫게 한 아버지의 지혜
특징 ① 글쓴이의 개성과 삶의 경험이 진솔하게 드러나고 있음.
② 과거의 일을 회상하여 서술함.
출전 《쓰가리》(1998)

어휘 풀이

기인(起因)하다 어떠한 것에 원인을 두다.
자존망대 앞뒤 아무런 생각도 없이 함부로 잘난 체함.
주마가편 달리는 말에 채찍질한다는 뜻으로, 열심히 하는 사람을 더욱 잘하도록 격려함을 이르는 말.
감복(感服) 마음속으로 감동하여 탄복함.

구절 풀이

❶ 나는 평소에 비해 숙제를 ~ 식구들에게 경어를 사용했다. 글쓴이가 자신을 천재라고 생각하며 '자존망대형 조발성 천재 증후군'을 앓고 있는 상황과 관련 있는 것으로, 경어를 사용함으로써 좀 더 성숙하고 어른스러운 모습을 식구들에게 보여 주려는 의도에서 나온 행동이라 할 수 있다.

❷ 그 물음에는 천재인 나도 대답할 말을 쉽게 찾을 수 없었다. 아버지는 글쓴이에게 자신이 없을 때 두려움에 떨도록 함으로써 세상살이가 그리 호락호락하지 않음을 깨닫게 해 준다. 아무리 천재인 양 해도 세상을 사는 일이 그리 만만치 않음을 깨달은 글쓴이는 아버지의 물음에 아무런 대꾸를 할 수 없었던 것이다.

> **Q** 아버지가 자만심에 빠진 글쓴이를 대한 방식은?
>
> 아버지는 바람이 세게 부는 어두운 밤길에 글쓴이를 혼자 두게 한 다음에 그 기분을 묻고 있다. 즉, 글쓴이를 질책하거나 직접 훈계하지 않고 글쓴이가 스스로 자신의 잘못을 깨우치도록 유도하고 있다.

작가 소개

성석제, (1960~)
소설가. 해학과 풍자 또는 익살과 과장을 통해 인간의 다양한 국면을 그린 작품을 주로 썼다. 주요 작품으로 〈내 인생의 마지막 4.5초〉, 〈황만근은 이렇게 말했다〉 등이 있다.

열세 살이 되기 직전의 겨울, 나는 전형적인 사춘기적 증상과 맞부닥쳤다. 굳이 이름을 붙인다면 '주제 파악 불량에서 *기인하는 *자존망대형(自尊妄大型) 조발성(早發性) 천재 증후군'이라 하겠는데, 그 증상은 먼저 학교에 가기 싫어하는 것으로 나타난다. 나는 일단 그 증상에 관해 아버지와 대화를 나눠 보기로 했다. 내가 아버지의 아들인 이상, 아버지도 나와 같은 나이에 나와 같은 문제로 고민했을 게 아닌가. 천재는 유전이니까.

㉠**나는 평소에 비해 숙제를 충실히 했고 어둡기 전에 집으로 들어왔으며 모든 식구들에게 경어를 사용했다.** 『그래서 "쟤가 요즈음 웬일이야."라는 찬사가 우리 집 지붕을 뚫고 하늘에 이르렀다가 다시 땅으로 떨어져 아버지의 귀에 들어가기를 기다렸다(이 원리는 라디오에서 배운 것임).』[중략]

▶ 사춘기적 증상으로 자만심이 가득 찼던 유년 시절

인적이 드문 신작로에 들어선 나는 조심스럽게 "아부지!" 하고 불렀다.

"왜?" / "드릴 말씀이 있습니다. 사나이 대 사나이로서."

아버지는 그날 마신 술로 기분이 좋았다. / "싸나아이? 어디 한번 해 보니라."

"저 학교에 안 가면 안 되겠습니까? 배울 것도 없는 것 같고 애들도 너무 유치해서 사귈 마음이 나지 않습니다. 차라리 자연과 라디오를 스승 삼고 주경야독으로 제 수준에 맞는 진학 준비를 하는 것이 좋겠다고 생각합니다. 어떻게 생각하시는지요?"

아버지는 한동안 말이 없이 씨익씨익, 하고 페달만 밟으셨다.

나는 얼씨구, 내 말이 먹혀드는구나 싶어 *주마가편(走馬加鞭) 격으로 말을 쏟아 냈다.

"실은 제 정신 수준은 보통 사람의 서른 살에 도달했다고 판단한 지 어언 두 달이 넘었습니다. 어쩌면 대학도 갈 필요가 없는지도 모르겠습니다. 비싼 학비를 안 대 주셔도 되니 이 얼마나 좋은 일이겠습니까?"

▶ 배울 것이 없어 학교에 가지 않겠다고 아버지께 말함.

아버지는 자전거를 세우고는 거의 표준말에 가까운 억양과 어휘로 말했다.

"고맙다, 내 걱정까지 해 주다니. 그렇지만 조금 더 생각을 해 보아라. 시간을 줄 테니."

그러고는 달빛 비치는 서산을 넘어 불어오는 바람 속에 자전거를 세워 두고는 신작로 아래 냇가로 내려갔다. 나는 아버지가 오줌을 누러 가시나 보다, 생각하고는 자전거 위에 앉은 채로 기다리고 있었다. / ㉡그런데 아버지는 한참이나 지났는데도 오시지 않았다.

세차게 불어오는 바람에 자전거는 금방이라도 쓰러질 것 같았다. 그렇지만 자칫 잘못 내리다가는 자전거와 함께 신작로 아래로 굴러떨어질 것 같아 이러지도 저러지도 못한 채 떨면서 기다리고 있을 수밖에 없었다. 아버지가 앉았던 안장을 움켜쥐고 내가 하느님을 서너 번은 족히 불렀을 때 비로소 아버지가 올라왔다.

"달밤에 신작로 위에서 자전거 타고 혼자 있으니까 세상이 다 니 아래로 보이더냐?"

아버지는 자전거를 끌면서 말씀하셨다.

❷**그 물음에는 천재인 나도 대답할 말을 쉽게 찾을 수 없었다.**

『그때 ⓐ아버지의 나이가 사십 대 초입이었다.』

▶ 자만했던 자신의 잘못을 깨닫고 부끄러움을 느낌.

ⓑ나는 내 아이가 내게 그렇게 말해 온다면 어떻게 할까 생각해 본다. 준비되지 않은 채 몸과 마음만 들뜬 아이를 마음으로 *감복시킬 생각을 하지 못하고 어떻게든 세상의 틀에 우겨 넣으려는 한, 내 중년은 아버지의 중년에 비할 수 없이 유치하다.』

▶ 아버지를 떠올리며 아이를 대하는 자신의 태도를 반성함.

• 중심 내용 자만심에 빠져 있던 글쓴이를 스스로 깨우치게 한 아버지의 지혜와 성숙함.

이해와 감상

이 글은 어린 시절 자만심에 빠져 있던 글쓴이를 아버지가 지혜롭게 일깨워 줬던 일화를 소개하면서 삶에 대한 깨달음을 전하는 수필이다. 사춘기적 증상에 빠져 자신을 천재라고 생각했던 글쓴이는 학교에 가지 않고 혼자 공부하고 싶다고 아버지에게 말한다. 아버지는 그런 아들의 의견을 묵살하거나 직접 훈계하지 않고, 아들이 스스로 깨달을 수 있도록 지혜롭게 이끌어 주고 있다. 그리고 이러한 아버지의 달리 자식을 마음으로 감복시킬 수 있는 태도를 아직 지니지 못한 자신에 대한 반성과 성찰로 글을 마무리하고 있다.

이 글은 자기중심적인 세계관에 사로잡혀 있는 사춘기 시절의 경험을 제재로 삼아 독자들의 공감을 불러일으키면서 웃음을 유발한다. 특히 한자를 활용하여 새로운 어구를 만들고, 부연 설명을 통해 재미를 유발하는 등 글쓴이의 익살스럽고 재기 발랄한 개성이 잘 드러나 있다.

🏠 작품 연구소

글쓴이의 경험과 깨달음

글쓴이는 사춘기적 증상에 빠져 아버지에게 앞으로 학교에 가지 않겠다고 함.

↓

아버지는 좀 더 생각해 보라고 말하며 자전거 위에 글쓴이를 남겨 두고 혼자 냇가로 내려감.

↓

글쓴이는 세차게 불어오는 바람에 자전거와 함께 신작로 아래로 굴러떨어질까 두려움에 떨며 아버지를 기다림.

↓

아버지가 올라와 달밤에 자전거 타고 혼자 있으니 세상이 다 아래로 보이냐고 물음.

↓

자만심에 빠져 있던 자신의 잘못을 스스로 깨달음.

아버지가 아들에게 가르침을 준 방식

가르침을 준 방식	의도
• 자만심에 빠진 아들이 학교를 그만두고 싶다고 말하자, 조금 더 생각해 보라며 시간을 줌. • 아들을 어두운 밤에 신작로 위에 혼자 있게 한 뒤 그 기분을 물어봄.	직접 훈계하지 않고 아들이 스스로 깨달을 수 있도록 하기 위해

글쓴이가 중년의 아버지를 기억하게 된 까닭

자식을 세상의 틀에 우겨 넣으려 한 중년의 글쓴이	↔	자식을 마음으로 감복시킨 중년의 아버지

↓

아버지와 같은 연배가 됐지만 아버지만큼 자식을 지혜롭게 대하지 못하는 자신의 부족함에 대한 반성과 성찰

📖 함께 읽으면 좋은 작품

〈눈 감아라 눈 감아라〉, 김용택 / 어머니의 말씀에서 얻은 깨달음이 담긴 작품

어머님의 말씀을 통해 눈에 보이지 않는 모든 생명이 다 소중하다는 인식을 드러내고 있는 글이다. 글쓴이는 어머니의 말씀을 통해 우리 주변에 지금 당장 보이지는 않지만 수많은 생명이 존재함을 인식하게 된다. 아버지의 지혜로 깨달음을 얻은 이 글과 비교하여 읽어 볼 수 있다.

 Link 본책 146쪽

🔑 포인트 체크

[제재] 사춘기 시절, 자만심에 빠진 글쓴이를 깨우쳐 준 ☐☐☐와의 일화를 전하고 있다.

[관점] 글쓴이는 자식을 마음으로 감복시킨 아버지를 떠올리며 아버지에 비해 부족한 자신을 ☐☐하고 있다.

[표현] ☐☐를 활용하여 새롭게 어구를 만들고, 괄호를 이용하여 부연 설명을 하면서 재미를 유발하고 있다.

1 이 글의 내용과 일치하지 <u>않는</u> 것은?

① 글쓴이는 사춘기를 겪으면서 자만심에 빠졌다.

② 글쓴이는 더 이상 배울 것이 없어 학교에 갈 필요가 없다고 생각한다.

③ 아버지는 글쓴이를 홀로 두고 냇가로 내려간 후 한참 동안 오시지 않았다.

④ 아버지는 학교에 가지 않겠다는 글쓴이의 말을 듣고 시간을 갖고 생각하라고 말한다.

⑤ 글쓴이는 아버지가 천재인 자신을 이해하지 못할 것으로 생각했지만 아버지께 조언을 구한다.

2 이 글에 대한 설명으로 적절하지 <u>않은</u> 것은?

① 과거 회상을 통해 현재의 삶을 성찰하고 있다.

② 익살스러운 글쓴이의 개성적 문체가 잘 드러나 있다.

③ 비슷한 내용의 일화를 병렬하여 주제를 강조하고 있다.

④ 글쓴이의 체험을 통해 깨달은 삶의 교훈을 전하고 있다.

⑤ 아버지와의 대화를 통해 잘못을 깨닫는 글쓴이의 모습이 나타나 있다.

내신 적중

3 ㉠의 이유로 가장 적절한 것은?

① 빨리 대학교에 가서 공부하고 싶어서

② 식구들로부터 무시당하지 않기 위해서

③ 순수하고 진실한 성격을 보여 주기 위해서

④ 천재답고 성숙한 태도를 보여 주기 위해서

⑤ 학교에서 배운 바를 실천하고 있음을 나타내기 위해서

4 ㉡에 담긴 아버지의 생각으로 가장 적절한 것은?

① '아버지란 존재의 무서움을 보여 줘야지.'

② '세상살이가 어렵다는 것을 알게 해 줘야지.'

③ '아버지의 사랑이 어떤 것인지 알게 해 줘야지.'

④ '어른을 공경하는 일의 중요함을 알게 해 줘야지.'

⑤ '어려울 때 친구의 도움이 필요하다는 사실을 알게 해 줘야지.'

5 ⓐ, ⓑ가 부모로서 자식을 대하는 태도가 어떻게 다른지 각각 쓰시오.

021 내 유년의 울타리는 탱자나무였다 | 나희덕

국어 지학사
독서 미래엔

🎯 핵심 정리
갈래 경수필
성격 서정적, 체험적, 교훈적
제재 탱자나무
주제 삶이 주는 고통을 슬기롭게 받아들여 삶의 자양분으로 삼아야 함.
특징 ① 구체적인 사물을 통한 비유를 사용하여 주제를 전달함.
② 일상적 경험을 바탕으로 교훈을 이끌어 냄.
출전 《반 통의 물》(1999)

💡 어휘 풀이
로트레크(Lautrec) 프랑스의 화가(1864~1901). 파리의 몽마르트르에 살면서 독자적 화풍으로 댄서, 가수, 창부 따위의 풍속을 그렸다. 작품에 〈물랭루주〉가 있다.
웃자라다 쓸데없이 보통 이상으로 많이 자라 연약하게 되다.
겸허(謙虛) 스스로 자신을 낮추고 비우는 태도가 있음.
전언(傳言) 말을 전함. 또는 그 말.

🔖 구절 풀이
❶ **가시 자체가 무엇인가 ~ 중요하지 않을까 싶다.** 가시의 긍정적인 면을 깨닫게 되면서 삶에 도움이 되는 방향으로 가시, 즉 삶의 고통을 받아들이고 이겨 내려는 태도가 필요함을 이야기하고 있다.
❷ **너무 아름답거나 ~ 자주 보게 된다.** 글쓴이는 지나치게 많거나 넘쳐서 가시가 없는 것이 오히려 불행이 될 수 있음을 말하고 있다.
❸ **내게 열매와 꽃과 가시를 처음으로 가르쳐 준 나무.** 탱자나무의 가시는 꽃과 열매를 지키기 위한 것이라는 아버지의 말씀을 통해 열매를 얻기 위해서는 가시가 필요함을 깨달은 것을 가리킨다.

Q '탱자나무'를 통해 글쓴이가 깨달은 것은?

어린 시절 탱자나무 가시의 의미를 알게 된 일과 성장기를 거치며 자신에게도 가시가 자라난 경험을 통해 가시가 우리의 삶에 긍정적인 역할을 할 수 있음을 깨달았다. 글쓴이는 어차피 뺄 수 없는 가시라면 그것을 지혜롭게 받아들이고 다스려 삶을 발전시키는 원동력으로 삼아야 함을 말하고 있다.

👤 작가 소개

나희덕(1966~)
시인. 대상에 대한 따뜻한 시선과 섬세하고 조용한 어조를 바탕으로 자연과 생명에 관심을 기울이는 작품을 많이 썼다. 주요 작품으로 시집 《뿌리에게》, 《어두워진다는 것》, 수필집 《반 통의 물》, 《저 불빛들을 기억해》 등이 있다.

전략 부분의 내용 집집마다 탱자나무 울타리가 많았던 어린 시절, 탱자 가시에 찔려 벌겋게 부어오른 상처를 보며 글쓴이는 가시에는 독이 있을 거라고 단정한다. 가시는 아름다운 꽃과 열매를 지키기 위한 것이라는 아버지의 말씀을 들은 뒤, 글쓴이는 제 가시에 찔려 상처를 입은 탱자 꽃잎에 알 수 없는 슬픔을 느낀다.

　한번 심어지고 나면 쉽게 뽑아낼 수 없는 탱자나무 같은 것이 마음에 자리 잡고 있다는 것을, 뽑아내려고 몸부림칠수록 가시는 더 아프게 자신을 찔러 댄다는 것을 알게 되었다. 그 후로 내내 크고 작은 가시들이 나를 키웠다.　▶ 글쓴이의 마음속에 자리 잡은 가시

　아무리 행복해 보이는 사람에게도 그를 괴롭히는 가시는 있기 마련이다. 어떤 사람에게는 용모나 ㉠육체적인 장애가 가시가 되기도 하고, 어떤 사람에게는 ㉡가난한 환경이 가시가 되기도 한다. 나약하고 내성적인 성격이 가시가 되기도 하고, ㉢원하는 재능이 없다는 것이 가시가 되기도 한다. 그리고 그 가시 때문에 오래도록 괴로워하고 삶을 혐오하게 되기도 한다.　▶ 삶을 고통스럽게 하는 가시

　로트레크라는 화가는 부유한 귀족의 아들이었지만 사고로 인해 두 다리를 차례로 다쳤다. 그로 인해 다른 사람보다 다리가 자유롭지 못했고 다리 한쪽이 좀 짧았다고 한다. 다리 때문에 비관한 그는 방탕한 생활 끝에 결국 불우한 생을 마감했다. 그러나 그런 절망 속에서 그렸던 그림들은 아직까지 남아서 전해진다.

　"내 다리 한쪽이 짧지 않았더라면 나는 그림을 그리지 않았을 것이다."라고 그는 말한 적이 있다. 그에게 있어서 가시는 바로 ㉣남들보다 약간 짧은 다리 한쪽이었던 것이다.

　로트레크의 그림만이 아니라, 우리가 오래 고통받아 온 것이 오히려 존재를 들어 올리는 힘이 되곤 하는 것을 겪곤 한다. 그러니 ❶가시 자체가 무엇인가 하는 것은 그리 중요한 문제가 아닐지도 모른다. 어차피 뺄 수 없는 삶의 가시라면 그것을 어떻게 받아들이고 다스려 나가느냐가 더 중요하지 않을까 싶다. 그것마저 없었다면 우리는 인생이라는 잔을 얼마나 쉽게 마셔 버렸을 것인가. 인생의 소중함과 고통의 깊이를 채 알기도 전에 얼마나 웃자라 버렸을 것인가.

　실제로 ❷너무 아름답거나 너무 부유하거나 너무 강하거나 너무 재능이 많은 것이 오히려 삶을 망가뜨리는 경우를 자주 보게 된다. 그런 점에서 사람에게 주어진 고통, 그 날카로운 가시야말로 그를 참으로 겸허하게 만들어 줄 선물일 수도 있다. 그리고 뽑혀지기를 간절히 바라는 가시야말로 우리가 더 깊이 끌어안고 살아야 할 존재인지도 모른다.　▶ 가시의 긍정적 역할

　가시 박힌 상처가 벌겋게 부어올라 마음이 쉽게 가라앉지 않는 날, 나는 고향의 탱자나무 울타리를 떠올리곤 한다. 둥근 탱자를 손에 쥐고 다니던 그때, 탱자 가시로 장난을 치곤 하던 그때, 내 삶에 이런 가시들이 돋아나리라고는 짐작조차 할 수 없었던 그때……그 평화롭던 유년의 울타리가 탱자나무로 되어 있었다는 사실이 내게는 어떤 전언처럼 받아들여진다.

　❸내게 열매와 꽃과 가시를 처음으로 가르쳐 준 나무. 내가 살아가면서 잃어버려야 할 것과 ㉤지켜 가야 할 것을 동시에 보여 준 나무. 그러면서 나와 함께 좁은 나이테를 늘려 가고 있을 탱자나무. 눈앞에 그 짙푸른 탱자나무를 떠올리고 있으면 부어오른 마음도 조금은 가라앉게 되는 것이다. [후략]　▶ 탱자나무를 통해 얻은 깨달음

- **중심 내용** 가시의 긍정적 의미와 이를 통해 얻은 깨달음

이해와 감상

이 글은 탱자나무에 얽힌 유년 시절의 체험을 바탕으로 삶에서 고통이 주는 의미를 성찰하고 있는 수필이다. 글쓴이는 인생에서 경험하는 고통을 탱자나무의 가시에 빗대어, 탱자나무의 가시가 꽃을 지켜 열매를 맺게 하는 것처럼 삶이 주는 고통을 잘 받아들여 자신의 발전에 도움이 되게 하는 태도가 필요함을 이야기하고 있다. 인간이 성장하면서 갖게 되는 가시, 즉 삶의 고통이 인생의 소중함을 깨닫게 하고 우리를 겸허하게 만들어 주는 긍정적인 역할을 한다는 깨달음을 전하고 있다.

작품 연구소

〈내 유년의 울타리는 탱자나무였다〉의 전체 구성

글쓴이는 앞부분에서는 어린 시절과 성장기를 거치면서 자신이 경험한 내용을 회고하고 있으며 뒷부분에서는 자신의 경험을 통해 깨달은 내용을 제시하고 있다.

| 경험 | 유년기 | • 탱자 가시를 가지고 놀이를 함.
• 아버지에게 탱자 가시에 대한 가르침을 받음.
• 자신의 가시에 상처 입은 탱자 꽃잎을 봄. | 전략
부분 |
| | 유년기 이후 | • 학창 시절, 대학 시절, 결혼 생활을 겪으며 무거운 생활의 짐을 짐.
• 자신 안에서 날카로운 가시들이 자라남. | |

| 깨달음 | • 가시와 같은 고통이 발전의 원동력이 되기도 함.
• 가시를 통해 인생의 소중함과 겸허함을 배울 수 있음. |

글쓴이가 추구하는 삶의 태도

| 로트레크의 이야기 | 다리가 불편함. → 그림을 그림. → 화가의 명성을 얻음. |

| '가시'에 대한 새로운 생각 | 가시는 존재를 들어 올리는 힘이자 우리를 겸허하게 만들어 주는 선물임.(가시의 긍정적인 역할) |

| 글쓴이의 태도 | 가시를 받아들이고 잘 다스려 삶을 발전시켜 나가고자 함. |

탱자나무 가시와 꽃, 열매의 관계

탱자나무는 '가시'를 통해 아름다운 '꽃'을 지킴으로써 '향기로운 열매'를 맺는다. 탱자나무는 날카로운 가시 때문에 스스로를 상처 입히기도 하지만, 결국 그러한 과정을 통해 '열매'를 얻을 수 있다.

▲ 탱자나무 꽃

▲ 탱자

함께 읽으면 좋은 작품

〈낙화〉, 이형기 / 삶의 고통을 긍정적으로 바라보는 시각이 드러난 작품

꽃이 피고 지는 것을 인간의 사랑과 이별에 빗대어 나타낸 시이다. 꽃이 지고 열매를 맺는 것처럼 이별을 통해 영혼이 성숙할 수 있음을 이야기하며 이별을 아름답게 받아들이고자 하는 태도를 나타내고 있다.

🔗 Link 〈현대 시〉 184쪽

키 포인트 체크

- 제재 탱자나무의 ☐☐와 관련된 유년 시절의 기억을 떠올리며 인생의 고통을 대하는 태도에 대해 이야기하고 있다.
- 관점 글쓴이는 삶이 주는 ☐☐을 피하지 말고 슬기롭게 받아들여야 한다는 깨달음을 전하고 있다.
- 표현 고통을 구체적 사물인 가시에 ☐☐하여 삶에서 고통이 주는 의미를 성찰하고 있다.

1 로트레크의 이야기와 관련하여 글쓴이가 '가시'에 대해 깨달은 내용으로 적절한 것은?

① 가시는 극복하기 힘든 고통을 안겨 준다.
② 가시는 사람들에게 삶을 혐오하게 만든다.
③ 가시에 굴복하여 실패한 삶을 산 사람이 많다.
④ 가시를 없애기 위해서는 굳은 의지와 노력이 필요하다.
⑤ 가시는 존재를 들어 올리는 힘으로, 발전의 원동력이 될 수 있다.

2 이 글을 바탕으로 하여 〈보기〉의 '그'를 이해한 내용으로 적절하지 <u>않은</u> 것은?

┤ 보기 ├

그는 대학원 학생인데, 성격상 다른 사람 앞에서 발표를 잘 못해 고민하고 있었다. 숙제라도 있는 날이면 걱정으로 잠을 이룰 수 없다고 했다. 자료 준비에서 정리, 연습까지 아무리 철저히 해도 자신이 없다는 것이다. 막상 자기 차례가 오면 어찌나 떨리는지 아는 것을 반도 발표하지 못하고, 그런 이유로 발표가 끝난 뒤에는 몹시 비참한 기분이 든다고 했다. 그리고 그런 자신이 미워진다는 것이다.
"선생님, 제 성격을 좀 바꿀 순 없을까요? 전 이것만 해결되면 아무 고민이 없습니다."
 – 이시형, 〈축복받은 성격〉

① '그'의 가시는 발표를 잘 못하는 내성적인 성격이로군.
② '그'는 자신이 가지고 있는 가시 때문에 괴로워하고 있어.
③ '그'는 자신의 가시를 끌어안고 살아가야 한다는 것을 깨닫지 못하고 있어.
④ '그'가 자신의 성격을 바꾸려고 하는 것은 가시를 뽑아내려고 하는 것으로 볼 수 있겠군.
⑤ 이 글의 글쓴이라면 '그'에게 자신의 가시를 의식하지 말고 당당하게 살아가라고 조언할 거야.

3 ㉠~㉤ 중, 이 글에서 의미하는 바가 <u>다른</u> 하나는?

① ㉠ ② ㉡ ③ ㉢ ④ ㉣ ⑤ ㉤

내신 적중

4 삶의 고통에 대한 글쓴이의 태도에 대해 쓰시오.

┤ 조건 ├

1. 가시의 긍정적 역할을 포함하여 쓸 것.
2. 40자 내외로 쓸 것.

022

반통의 물 |나희덕

국어 미래엔, 비상(박안)

🎯 핵심 정리

갈래 경수필
성격 체험적, 사색적, 성찰적
제재 밭을 가꾸는 일
주제 밭을 가꾸며 자연의 소중함과 생명에 대한 사랑을 깨달음.
특징 ① 농사를 짓는 자신의 체험에서 깨달음을 이끌어 냄.
② 밭을 일구면서 느낀 점을 솔직하게 드러 냄.
③ 길이가 짧은 일화를 병렬적으로 제시함.
출전 《반 통의 물》(1999)

Q 식물과 인간에게 '적절한 거리'가 중요한 이유는?

식물들을 빽빽한 간격으로 심어서 키우면 식물 사이에 적절한 거리를 확보하지 못하게 된다. 이렇게 되면 어느 것 하나 제대로 영양 섭취를 하지 못하게 되어 전체가 제대로 자랄 수 없게 된다. 글쓴이는 이러한 경험을 통해 사람 사이에서도 서로 지켜야 할 거리를 지키지 못하면 폭력과 환멸이 생겨난다는 점을 떠올리고 있다. 촘촘하게 돋아난 당근 싹을 솎아 낸 경험을 통해 깨달은 바를 나타내고 있는 것이다.

💡 어휘 풀이

대중 대강 어림잡아 헤아림.
종종거리다 발걸음을 가까이 자주 떼며 계속 빨리 걷다.
솎다 촘촘히 있는 것을 군데군데 골라 뽑아 성기게 하다.
중재(仲裁)하다 분쟁에 끼어들어 쌍방을 화해시키다.
푸성귀 사람이 가꾼 채소나 저절로 난 나물 따위를 통틀어 이르는 말.

🔖 구절 풀이

❶ 그제야 농부들이 씨를 ~ 한 알은 사람을 위해. 씨를 뿌릴 때 넉넉히 뿌리라고 했던 농부의 말에는, 농사를 지을 때에는 자연과 나눌 줄 아는 넉넉한 마음이 필요하다는 가르침이 담겨 있다는 것을 글쓴이가 깨닫게 된 부분이다.

❷ 푸성귀들을 키우는 것은 ~ 그냥 나온 게 아닌가 보다. 농작물은 저절로 자라는 것이 아니라, 물을 주기 위해 들판을 수차례 오가는 농부의 정성과 노력으로 자란다는 의미이다.

❸ 그 젖은 길은 이내 말라 ~ 별로 보지 못했다. 할아버지가 불편한 몸으로 텃밭의 채소에 물을 주기 위해 안간힘을 쓴 증거이기 때문에 아름답고 빛난 길이라고 표현한 것이다. 온 힘을 다해 생명을 키우는 할아버지에 대한 긍정적 인식이 드러나는 구절이다.

👤 작가 소개

나희덕(본책 62쪽 참고)

가 "좀 넉넉히 넣어요. 넉넉히." / 당근씨를 막 뿌리려는 남편에게 나는 몇 번이나 말했다. 다른 씨앗들은 한 번 키워 보았기 때문에 감을 잡을 수 있겠는데, 부추씨와 당근씨는 올해 처음 뿌리는 것이라 *대중이 서지 않았던 것이다.

게다가 아까부터 밭 주변을 *종종거리는 참새 서너 마리가 어쩐지 마음에 걸린다. 작년에도 너무 얕게 씨를 뿌려 낭패를 본 적이 있기 때문이다. 씨 뿌린 지 두 주일이 넘도록 싹이 나오지 않아 웬일인가 했더니 새들이 와서 잘 잡숫고 간 뒤였다. ❶그제야 농부들이 씨를 뿌릴 때 적어도 세 알 이상씩 심는 뜻을 알 것 같았다. 한 알은 새를 위해, 한 알은 벌레를 위해, 그리고 한 알은 사람을 위해. / 워낙 넉넉히 뿌린 탓인지, 새들이 당근씨를 별로 좋아하지 않는 탓인지, 당근 싹은 좀 늦긴 했지만 촘촘하게 돋아났다. 처음엔 그 어렵게 틔워 낸 이쁜 싹들을 *솎아 내느니 차라리 잘고 못생긴 당근을 먹는 게 낫다고 그냥 두었다. 그러나 워낙 자라는 속도가 빨라 자리를 잡지 못하고 밀려 나오는 뿌리가 하나둘이 아니었다. 이러다가는 당근 전체가 제대로 자랄 수 없을 것 같았다.

그것을 보면서 식물에게는 ㉠적절한 거리라는 것이 매우 중요하다는 생각이 들었다. 사람과 사람 사이에서도 지켜야 할 최소한의 거리가 깨졌을 때 폭력과 환멸이 생겨나는 것처럼, 『좁은 땅에 서로 머리를 디밀며 얽혀 있는 그 붉은 뿌리들에서도 어떤 아우성이 들려오는 것 같았다.』 내가 그들을 돕는 길은 갈 때마다 조금씩 솎아 주어서 그 아우성을 *중재하는 일이었다. 농사를 배운다는 것은 바로 그들의 적절한 '거리'를 익히는 과정이 아닐까.

나 밭 바로 옆에는 우물이나 수도가 없다. 조금 걸어가야 그 마을 사람들에게 농수를 공급하는 수로가 있는데, 호스나 관으로 연결하기에는 거리가 제법 된다. 또 그러기에는 작은 밭에 너무 수선스러운 일인 것 같아 그냥 물을 한 통 한 통 길어다 주었다. ❷푸성귀들을 키우는 것은 물이 아니라 농부의 발소리라는 말이 그냥 나온 게 아닌가 보다. 우리 밭을 흡족하게 적시려면 수로까지 적어도 열 번은 왕복을 해야 하니 그것도 만만치 않은 노릇이었다.

물통을 들고 걸을 때마다 생각나는 사람이 있다. 우리 집에서 가까운 텃밭을 일구시는 어떤 할아버지인데, 물을 주러 가시는 모습을 몇 번 본 적이 있다. 그 할아버지는 몸 반쪽이 마비되어 걷는 게 그리 자유롭지 못하다. 성한 한쪽 팔로 물통을 들고 걸어가시는 모습은 거의 몸부림에 가까우면서도 이상한 평화 같은 것을 느끼게 한다. 절뚝절뚝 몸이 심하게 흔들릴 때마다 물은 찰랑거리면서 그의 낡은 바지를 적시고 길 위에 쏟아져, 결국 반 통도 채 남지 않게 된다. 그렇게 몇 번씩 오가는 걸 나는 때로는 끌 듯이 지나가는 발소리로 듣기도 하고, 때로는 마른 길 위에 휘청휘청 내고 간 젖은 길을 보고 알기도 한다.

❸그 젖은 길은 이내 말라 버리곤 했지만, ㉡나는 그 길보다 더 아름답고 빛나는 길을 별로 보지 못했다. 그리고 어느 날부터인가 나 역시 그 밭의 채소들처럼 할아버지의 발소리를 기다리게 되었다. 반 통의 물을 잃어버린 그 발소리를. / 물통을 나르다가 문득 이런 생각이 들곤 한다. 내가 열 번 오가야 할 것을 그 할아버지는 스무 번 오가야 할 것이지만, 내가 이 채소들을 키우는 일도 그 할아버지와 크게 다르지 않은 어떤 안간힘 때문은 아닐까. 몸에 피가 돌지 않는 것처럼 문득문득 마음 한쪽이 굳어져 가는 걸 느끼면서, 절뚝거리면서, 그러면서도 남은 반 통의 물을 살아 있는 것들에게 쏟아붓고 싶은 마음, 그런 게 아니었을까.

·중심 내용 밭을 일구며 경험한 일들을 통해 생명을 대하는 올바른 자세를 깨달음.

이해와 감상

이 글은 밭에서 식물을 기르는 일상의 순간순간에 느낀 정서와 깨달은 생각을 솔직하게 드러낸 수필이다. 세 가지 짤막한 이야기로 구성된 이 글에는 씨를 뿌리고 김을 매고 물을 주는 각 과정에서 느낀, 자연과 사람에 대한 글쓴이의 생각이 담겨 있다. 지나치게 촘촘하여 제대로 자라지 못하는 당근 싹을 보며 적절한 거리의 중요성을 깨닫고, 김을 매며 공존의 의미를 생각하고, 불편한 몸으로 물을 길어 나르던 할아버지를 통해 생명의 소중함에 대해 이야기하고 있다. 살아 있는 생명을 소중히 여기고 자연을 아끼며 자연과 어우러져 살아가고자 하는 글쓴이의 따뜻한 마음이 잘 드러나 있다.

작품 연구소

〈반 통의 물〉에 나타난 글쓴이의 경험과 깨달음

경험	깨달음
씨를 뿌릴 때 세 알 이상씩 심음.	자연과도 나눌 줄 아는 넉넉한 마음이 필요함을 깨달음.
당근이 잘 자랄 수 있도록 싹들을 적절히 솎아 냄.	올바른 성장을 가능하게 하는 '적절한 거리'의 중요성을 깨달음.
풀을 뽑지 않아 밭에 잡초가 무성해짐. [중략 부분]	사람이 잡초와 채소를 구분하여 죽이고 살리는 것에 문제의식을 느낌. 공존이 땅의 본래적 질서임을 깨달음.
몸이 불편한 할아버지가 직접 물을 길어 와 밭을 일구는 모습을 봄.	몸이 불편해도 농사일에 정성을 쏟는 할아버지의 모습을 통해 생명을 소중히 여기는 마음이 가장 중요함을 깨달음.

〈반 통의 물〉에 나타난 전개 방식: 유추

당근	사람
당근 사이에 적절한 거리가 없으면 당근 전체가 제대로 자랄 수 없음.	사람 사이에 지켜야 할 최소한의 거리가 깨지면 폭력과 환멸이 생겨남.

적절한 거리를 만들어 주는 것이 중요함.

자료실

〈반 통의 물〉과 나희덕의 작품 경향

나희덕은 생명을 존중하고 자연에 대한 애정을 드러내는 자연 친화적인 시를 많이 썼다. 또한 대상을 따뜻한 시각으로 바라보며 차분하고 잔잔하게 인간의 내면을 드러내는 경향이 있다. 이러한 글쓴이의 태도는 이 글에서도 그대로 드러나 농사를 지으면서 당근 싹 하나, 농사를 방해하는 잡초 하나에도 애정을 기울이며 이들과 공존하려는 모습으로 나타난다. 이렇게 섬세한 정서를 바탕으로 밭을 가꾸며 느끼는 자신의 마음과 생각을 세밀하게 전달하여 독자에게 잔잔한 울림을 주고 있다.

함께 읽으면 좋은 작품

〈한 삼태기의 흙〉, 성현 / 농사와 학문의 유사성을 바탕으로 전개한 작품

가뭄에 대처하는 농부들의 대조적인 모습에서 학문을 하는 선비의 올바른 자세에 대한 깨달음을 이끌어 낸 고전 수필이다. 농사와 관련된 경험을 통해 깨달음을 얻는다는 점에서 이 글과 비교하여 읽어 볼 수 있다.

키 포인트 체크

제재 ▢을 가꾸는 과정에서 느끼고 깨달은 바에 대해 이야기하고 있다.
관점 글쓴이는 할아버지가 불편한 몸으로 나르는 반 통의 물에는 ▢▢을 사랑하는 마음이 담겨 있다고 생각하여, 나머지 반 통의 물이 흐른 길을 가장 ▢▢▢▢ 길로 인식한다.
표현 농사와 관련된 짧은 이야기들을 ▢▢적으로 나열하여 전개하고 있다.

1 이 글에 대한 설명으로 가장 적절한 것은?
① 일상의 체험을 통해 얻은 깨달음을 전달하고 있다.
② 공간에 따라 달라지는 사물의 의미를 밝히고 있다.
③ 특정 사건을 계기로 지난날의 추억을 떠올리고 있다.
④ 여러 사례들의 공통점을 분석하여 이를 일반화하고 있다.
⑤ 자연 현상과 인간 사회를 대비하여 의미를 강조하고 있다.

2 이 글을 통해 알 수 있는 사실로 가장 적절한 것은?
① 글쓴이는 작년에 남편이 씨앗을 얕게 뿌렸다고 생각한다.
② 남편은 당근씨를 넉넉히 뿌리라는 글쓴이의 충고에 불쾌해한다.
③ 글쓴이는 작년에 씨를 뿌리며 자연과 공생하는 삶의 교훈을 깨달았다.
④ 할아버지는 글쓴이에게 절뚝거리며 걷는 모습을 보여 주기 싫어한다.
⑤ 글쓴이는 불편한 몸으로 물을 길어 나르는 할아버지를 돕고 싶어 한다.

3 ㉠에 대한 설명으로 적절하지 않은 것은?
① 식물과 인간 모두에 적용되는 원리이다.
② 글쓴이가 농사를 지으며 깨닫게 된 교훈이다.
③ 친한 사이에도 서로 최소한의 예의를 지켜야 한다는 생각과 통한다.
④ 식물의 성장 속도를 조절하기 위해 일정 정도 거리를 유지해야 한다는 의미이다.
⑤ 서로 간 적절한 거리를 두지 않으면 원만한 인간관계를 유지할 수 없다는 의미이다.

내신 적중

4 이 글을 다음과 같이 정리한다고 할 때 ⓐ에 들어갈 내용으로 가장 적절한 것은?

글쓴이의 경험		글쓴이의 깨달음
몸이 불편한 할아버지가 힘겹게 채소에 물을 주는 것을 봄.	➡	ⓐ

① 생명을 소중히 여기는 마음을 가져야 한다.
② 나이가 들어도 성실함을 잃지 않아야 한다.
③ 어려운 이웃을 보면 적극적으로 도와야 한다.
④ 신체적인 조건으로 사람을 판단해서는 안 된다.
⑤ 성공하기 위해서는 실패를 두려워하지 말아야 한다.

5 글쓴이가 ㉡과 같이 생각하게 된 이유를 쓰시오.

문학 동아

핵심 정리
갈래 경수필
성격 성찰적, 반성적, 회고적
제재 존재의 테이블
주제 존재의 가치를 되찾으려는 노력
특징 ① 사물과 관련된 경험을 떠올리면서 자신의 삶을 성찰함.
② 다른 사람의 삶을 바탕으로 삶의 교훈을 이끌어 냄.
출전 《반 통의 물》(1999)

Q 바슐라르에게 '존재의 테이블'은 어떤 의미인가?

바슐라르에게 '존재의 테이블'은 자기 존재와 세계에 대해 충일한 행복을 느낄 수 있게 하는 존재, 가난과 외로움을 견디게 한 존재, 끊임없이 꿈꿀 수 있게 하는 존재라고 할 수 있다.

어휘 풀이
토산품점 그 지방에서 특유하게 나는 물품을 파는 상점.
바슐라르 (Bachelard, Gaston) 프랑스의 과학 철학자(1884~1962).
몽상(夢想) 실현성이 없는 헛된 생각을 함. 또는 그 생각.
충일(充溢)하다 가득 차서 넘치다.
우매(愚昧)하다 어리석고 사리에 어둡다.

구절 풀이
❶ **그 테이블에 앉는 순간만큼은 ~ 붙여진 이름일 것이다.** 바슐라르가 '존재의 테이블'이라고 이름을 붙인 까닭은 그 테이블을 통해 자기 존재와 세계에 대해 넘치는 행복을 느꼈기 때문일 것이라고 추측하고 있다.
❷ **그러면 나는 내가 닦고 ~ 넌지시 일러 주는 거울.** 자신의 테이블을 거울에 비유하여, 글쓴이의 삶에서 존재의 테이블이 갖는 의미를 나타내고 있다. 글쓴이에게 이 테이블은 자신이 현재 어디에 어떻게 있는지를 비추어 주고, 바쁘게 돌아가던 삶을 고요하게 가라앉혀 줌으로써 존재의 자리를 찾을 수 있게 도와주는 존재라는 것이다.
❸ **비로소 나는 고통스러우면서도 ~ 어렴풋하게나마 느끼게 된다.** 자신의 삶을 돌아보는 시간을 갖는 것이므로 고통스러울 수도 있지만, 그렇게 자신을 돌아보며 존재의 자리를 마련할 수 있다는 것에 자신의 존재의 의미를 느끼고 행복해진다는 의미이다.

작가 소개
나희덕(본책 62쪽 참고)

나에게는 '존재의 테이블'이라고 남몰래 부름 직한 앉은뱅이 탁자가 하나 있다. [중략] 나는 그 테이블을 인도 여행 중 어느 *토산품점에서 샀다. 직접 손으로 깎아서 만든 공예품들을 파는 집이었는데, 그 테이블을 보는 순간 나는 ㉠*바슐라르의 존재의 테이블을 떠올렸다. 그는 추운 겨울날 불기 없는 방에서 겨울 코트를 포개 입고 책을 읽곤 했는데, 그 즐거운 독서와 *몽상이 이루어지던 테이블을 '작업용 테이블'이라고 하지 않고 '존재의 테이블'이라고 불렀다. ❶그 테이블에 앉는 순간만큼은 자기 존재와 세계에 대해 *충일한 행복을 느낄 수 있었기 때문에 붙여진 이름일 것이다.

▶ '존재의 테이블'이라고 부르는 자신의 탁자를 소개함.

사실 그의 생애 자체는 객관적인 기준에서는 그리 풍요롭거나 행복하지 못했다고 할 수 있다. 시골 우체국 임시 직원에서 출발하여 결혼한 지 6년 만에 아내를 잃고 혼자서 어린 딸을 키우면서 살림을 꾸려 나가야 하는 입장이었다. 그러면서도 그는 꾸준히 독학을 해 나가서 마침내 교수 자격시험에 합격하고 세계적인 철학자가 되었다. 세상이 그를 받아 주거나 기억해 주지 않던 시절에 가난과 외로움을 견디게 해 준 것은 다름 아닌 그 '존재의 테이블'이었다. / 대학자가 된 이후에도 그가 끊임없이 꿈꿀 수 있었던 것 역시 그 테이블 위에서였다. 그는 책에서 얼마나 행복감을 느꼈던지, 매일 아침 책상 위에 쌓인 책 앞에서 ⓐ일용할 배고픔을 달라고 기도를 올릴 정도였다고 한다. [중략] ▶ '바슐라르에게 '존재의 테이블'이 갖는 의미

중략 부분의 내용 글쓴이는 바슐라르가 고통과 외로움을 이겨 낸 방식에 공감하여 여행 중에 테이블을 샀다.

그 테이블을 사지 않고도, 이미 집에 있는 테이블로도 충분히 만들 수 있는 존재의 자리를 나는 왜 그 테이블이 아니면 안 될 것처럼 생각했던 것일까. 그것은 아마도 오랫동안 자기 존재의 자리를 잃어버린 채 생활에 휘둘려 살아가고 있다는 위기감 때문이었을 것이다. 그리고 아무리 큰 집을 가졌다 해도 그 속에 정작 존재의 자리를 갖지 못한 사람들보다는 덜 *우매해지려는 욕심에서였을 것이다. ▶ 존재의 자리를 찾고자 하는 마음에 '그 테이블'을 삼.

이런 ⓑ쓸쓸한 자부심이 그 테이블에는 깃들어 있다. 그런데 문제는 '존재의 테이블'을 인도에서 한국 땅까지 끌고 와서 집 안에 들여놓은 후에도 그 앞에 앉을 시간을 그리 많이 갖지 못했다는 것이다. 아주 오래도록 거기에 앉지 못할 때도 있었다. 그럴 때는 바로 곁에 있는 ⓒ그 테이블이 아주 멀리, 그것이 만들어진 인도보다도 멀리 있는 것처럼 느껴진다. 새겨진 꽃문양 사이사이로 먼지가 끼어 가는 걸 보면서 내 마음이 그 모습 같거니 생각할 때도 많았다. 그토록 애착을 느꼈으면서도 어느 순간 ⓓ잡동사니 속에 함부로 굴러다니며 삐걱거리게 된 그 테이블을 볼 때마다 나는 새삼 쓸쓸해지고는 한다. [중략] ▶ '그 테이블'을 자주 활용하지 못하는 것에 쓸쓸함을 느낌.

그러다가도 그 삐걱거리는 ⓛ테이블을 잘 만져서 바로잡고 아주 공들여서 먼지를 닦는 날이 있다. ❷그러면『나는 내가 닦고 있는 것이 테이블이 아니라 실은 하나의 거울이라는 것을 알게 된다. 내가 지금 어디에 어떻게 앉아 있는가를 가장 잘 비추어 주는 거울. 그리고 힘든 일이 닥칠수록 그 테이블만큼 더 작아지고 고요해지는 것이 필요하다고 넌지시 일러 주는 거울.』/ 그렇게 잘 닦고 나면 다시 그 앞에 앉을 엄두도 나는 것이다. 볕이 잘 드는 창문 쪽으로 그 테이블을 가져다 놓고 두 손을 씻고…… 이렇게 누추한 생활에서 간신히 스스로를 건져 올려 그 앞에 데려다 놓는다. 그 드문 순간들에야 ⓔ❸비로소 나는 고통스러우면서도 행복하다는 것이 무엇인지를 어렴풋하게나마 느끼게 된다.

▶ '존재의 테이블'에 앉아 존재의 가치를 느끼며 행복해함.

• **중심 내용** '존재의 테이블'에 앉아서 일상을 성찰하며 존재의 가치를 느끼려 노력함.

이해와 감상

이 글은 글쓴이가 자신이 '존재의 테이블'이라고 부르는 한 테이블과 관련한 경험을 떠올리며 자신의 삶을 성찰하고 있는 수필이다. 글쓴이는 인도 여행 중 어느 토산품점에서 바슐라르의 '존재의 테이블'을 떠올리게 하는 테이블을 발견하고, 그 테이블을 사서 자신의 '존재의 테이블'로 삼는다. 비록 한국에 돌아와 그 앞에 앉을 시간을 많이 갖지는 못했지만, 가끔은 시간을 내어 테이블을 닦고 그 앞에 앉아 진지하고 경건한 자세로 자신의 삶을 돌아보는 시간을 갖는다. 글쓴이는 이러한 자신의 경험을 솔직하게 표현하고 있으며 자신의 생각과 성찰의 내용을 담담하면서도 섬세하게 드러내고 있다.

🏠 작품 연구소

글쓴이가 '존재의 테이블'을 갖게 된 과정

인도의 한 토산품점에서 테이블을 보는 순간 바슐라르의 존재의 테이블을 떠올림.

↓

바슐라르가 '존재의 테이블'을 통해 한 인간으로서 고통과 외로움을 이겨 낸 방식에 깊이 공감하여 자신도 존재의 테이블을 갖겠다고 생각함. [중략 부분]

↓

자기 존재의 자리를 잃어버린 채 생활에 휘둘러 살아가고 있다는 위기감, 존재의 자리를 갖지 못한 사람들보다 덜 우매해지려는 욕심에 토산품점에서 발견한 테이블을 자신의 존재의 테이블로 삼음.

글쓴이의 삶에서 '존재의 테이블'이 갖는 의미

• 힘든 일이 닥칠수록 더 작아지고 고요해지는 것이 필요하다고 넌지시 알려 줌. • 자신이 지금 어디에 어떻게 앉아 있는가를 가장 잘 비추어 줌.

↓

테이블이 아니라 하나의 거울이라고 생각함.

'존재의 테이블'과 관련한 글쓴이의 심리 변화

• 오랫동안 존재의 테이블 앞에 앉을 시간을 갖지 못해 심적으로 멀게 느껴지기도 함. • 테이블 사이에 먼지가 끼어 가는 것을 보며 자신의 마음에도 먼지가 끼어 가고 있다고 생각함.	→	• 테이블을 닦으며 자신의 삶을 비추고, 힘들게 살던 삶을 고요하게 가라앉힘. • 잘 닦인 테이블 앞에 앉아 자신의 삶을 경건하고 진지하게 돌아보려 함.
존재의 테이블을 자주 활용하지 못한 것에 씁쓸함을 느낌.		자신의 존재의 의미를 찾으며 일상의 순간들이 고통스러우면서도 행복하다고 느낌.

📖 함께 읽으면 좋은 작품

〈그림엽서〉, 곽재구 / 다른 사람의 삶에서 깨달음을 얻은 작품

시각 장애인인 '그'와의 몇 차례 만남을 통해 삶을 아름답고 따뜻하게 가꾸어 나가려는 마음가짐의 중요성을 전하고 있는 수필이다. 다른 사람의 삶에서 삶의 깨달음을 얻은 이 글과 비교하여 읽어 볼 수 있다.

🔑 포인트 체크

제재 여행 중에 구입한 □□□과 관련한 경험을 떠올리며 자신의 삶을 성찰하고 있다.

관점 글쓴이는 존재의 테이블에 앉아 자신의 삶을 돌아볼 때 고통스러우면서도 □□□을 느낀다.

표현 존재의 테이블을 □□에 비유하여 그것이 글쓴이에게 지니는 의미를 드러내고 있다.

1 이 글에 대한 설명으로 가장 적절한 것은?

① 현재의 삶의 문제점을 과거 회상을 통해 나타내고 있다.
② 철학자의 말을 재해석하여 새로운 의미를 부여하고 있다.
③ 사물과 관련된 글쓴이의 경험을 진솔하게 드러내고 있다.
④ 글쓴이의 가치관을 대변하는 사물에 대해 이야기하고 있다.
⑤ 비유적 표현을 사용하여 극복하기 힘든 삶의 고통을 나타내고 있다.

2 ㉠의 역할로 적절하지 않은 것은?

① 가난을 극복할 수 있게 해 주었다.
② 독서와 몽상을 즐길 수 있게 해 주었다.
③ 자신의 외적 환경을 잊을 수 있게 해 주었다.
④ 자신을 무시하는 세상을 용서할 수 있게 해 주었다.
⑤ 자기 존재와 세계에 대해 넘치는 행복을 느끼게 해 주었다.

3 ㉡과 〈보기〉의 '라디오'의 공통점으로 적절하지 않은 것은?

> **보기**
>
> 혼자 살다 보면 사람 목소리가 그리울 때가 있다. 대개 그 시간 때가 한밤중이라 어디로 전화를 걸 수도 없고, 이웃에 놀러 갈 수도 없다. 그럴 때면 나는 라디오를 튼다. 음악이 나오는 방송이 아닌 여러 사람들이 대화를 나누는 방송을 찾는다. 그러다가 생방송이고 청취자의 전화도 받는 방송을 만나면 얼른 채널을 멈춘다. 라디오에서 흘러나오는 소리로 존재하는 사람들 틈에 끼어들어 웃기도 하고 혼잣말로 말참견도 하다 보면 외로움이 덜어지기도 한다.
> – 함민복, 〈추억 속의 라디오〉에서

① 글쓴이의 마음이 가는 물건
② 글쓴이에게 행복을 주는 존재
③ 우리 주변에서 흔히 접하는 사물
④ 글쓴이의 외로움을 달래 주는 대상
⑤ 글쓴이에게 각별히 의미 있는 존재

4 ⓐ~ⓔ에 대한 설명으로 가장 적절한 것은?

① ⓐ: 학문적 성취에 따른 부와 명예에 대한 갈망을 의미한다.
② ⓑ: 존재의 자리를 갖지 못한 사람들보다 덜 우매해지려는 욕심을 의미한다.
③ ⓒ: 존재의 테이블을 버리고 싶은 마음을 나타낸 것이다.
④ ⓓ: 존재의 테이블에 대한 집착을 버렸음을 알 수 있다.
⑤ ⓔ: 고통을 참으면 행복에 이를 수 있다는 것을 의미한다.

5 글쓴이의 '존재의 테이블'의 역할 두 가지를 쓰시오.

024 순후와 질박함에 대하여 | 공선옥

키워드 체크 #체험적 #비판적 #시골 마을의 인정 #바람직한 공동체의 모습

문학 미래엔

◎ 핵심 정리

갈래 경수필
성격 체험적, 성찰적, 비판적
제재 시골 마을에서의 경험
주제 순후하고 질박한 시골 사람들에게서 받은 위로와 깨달음
특징 ① 대화를 직접 인용하여 생동감을 줌.
② 현대 사회의 문제점과 이에 대한 비판적 시각을 드러냄.
출전 《자운영 꽃밭에서 나는 울었네》(2000)

☀ 어휘 풀이

거개(擧皆) 거의 대부분.
자박자박 가볍게 발소리를 내면서 자꾸 가만가만 걷는 소리. 또는 그 모양.
사립문 사립짝(나뭇가지를 엮어서 만든 문짝)을 달아서 만든 문.
점철되다 관련이 있는 상황이나 사실 따위가 서로 이어지다.
순후(淳厚/醇厚)하다 온순하고 인정이 두텁다.
질박(質樸/質朴)하다 꾸민 데가 없이 수수하다.
유토피아(Utopia) 이상향.

✿ 구절 풀이

❶ **마을에 사는 사람들은 ~ 집에 오셨느냐, 묻는다.** 시골 사람들은 낯선 사람에게도 친절하게 대하는 따뜻한 인정이 있음을 제시하고 있다.

❷ **"할머니 집 구경해도 ~ 냉수 사발을 건네준다.** 처음 보는 사람에게도 스스럼없이 집 구경을 시켜 주고 물을 건네주는 시골 할머니의 순박한 모습을 느낄 수 있다.

❸ **아이를 업고 ~ 깨달음을 얻는다.** 인정이 메말라 가는 현대 사회 속에서 아이들을 위해 글쓴이 스스로 '순후'와 '질박함'을 잃지 않고 따뜻한 정신적 고향 같은 존재가 되겠다는 다짐을 하고 있다.

Q 글쓴이가 두려움을 느끼는 이유는?

글쓴이는 이 세상이 온통 아는 것이 너무 많고 돈과 권력에 욕심 부리고 다른 이를 경계하는 사람들로 가득 차 순박하고 따뜻한 인정을 잃게 될까 두려움을 느끼고 있다.

♟ 작가 소개

공선옥(1964~)
소설가. 여성의 운명적인 삶과 모성애를 뛰어난 구성력으로 생생히 그려 냈다는 평가를 받고 있다. 주요 작품으로 〈목숨〉, 〈장마〉, 〈오지리에 두고 온 서른 살〉 등이 있다.

전략 부분의 내용 이따금씩 반복되는 일상생활이 거추장스럽게 느껴져 무작정 집을 나선 글쓴이는 보성 강변길에 있는 한 시골 마을에 도착한다.

❶마을에 사는 사람들은 *거개가 나이 든 사람들이다. 그들은 낯선 사람이 말을 붙이면 하나도 낯설어하지 않으며 대답한다. 참으로 순박한 음성으로, 거기에 덤으로 ㉠미소까지 얹어서 예에, 한다. 그리고 나서 뉘 집에 오셨느냐, 묻는다. 나는 또 스스럼없이 대답한다.

"마을 구경 왔어요." / 그러면 그들은 또 어김없이 말한다. / "이런 촌에 뭐 볼 게 있다고."
나는 그러면 또, / "촌이니까 볼 게 많지요." / 한다.

고추를 말리는 할머니 옆에 아이를 돌려 안고 나는 가만히 앉는다.

"할머니 집은 어디세요?" / "저기여." / ❷"할머니 집 구경해도 돼요?"

"ㄴ구경이야 해도 되지만, 심란해서 원." / 나는 할머니를 *자박자박 따라간다. ㉢*사립문 옆에 감나무가 있고 마당 한 귀퉁이에 샘이 있고 안 가꾼 듯 가꾸어진 화단에는 붉은 맨드라미와 분홍 족두리꽃과 노란 분꽃이 화사하다.

"할머니는 누구랑 사세요?" / 마루에 걸터앉아 내가 누구랑 사느냐고 묻는 사이에 할머니는 어느 틈에 ㉣냉수 사발을 건네준다. 나는 맛난 물을 단숨에 들이켠다. 그리고 나서 빼놓지 않고 인사를 차린다. / "이럴 줄 알았으면 막걸리라도 받아 오는 건데."

"막걸리는 무슨, 집에 ㉤술 있는데 한잔 마실라요?" / "아이고, 아닙니다." / 나는 기쁘게 사양한다. 우린 오래전부터 알았던 사람들처럼, 어머니와 딸 사이인 것처럼 다정해진다.

이렇듯 낯선 사람을 보고도 하나도 낯설어하지 않는 시골 사람들이 나는 좋다. 처음 보는 사람인데도 하나도 낯설지 않은 시골 사람들, 정확히 말해 시골 할머니들에게서 나는 늘 위안을 얻는다. 돈이 많은 사람, 권력을 가진 사람, 육체가 너무 건강한 사람, 아는 것이 너무 많은 사람들 앞에서는 무형의 저항감을 느낀다. 가진 것 없고 그 생애 자체가 희생으로만 *점철된 시골 할머니들의 *순후한 인정, 그것이 비록 냉수 한 사발의 인정이라 할지라도 나는 사람을 반기고 사람을 사람으로 보고 사람을 섬기는 그 선한 눈빛이 좋아 어찌할 줄 모르겠다. 이제 이 한 시대가 또 정처 없이 흘러가 버리면 그들은 가고 그들의 인정도 끊기고 그 순후와 *질박함 또한 영영 사라져 버릴 것이다. 나는 그것이 두렵다. 끊어져 버리는 것이 두렵고 사라져 버리는 것이 두렵다. 이제 세상은 온통 아는 것 많은 사람들만의 세상이 될 것이고 돈 많은 사람들만의 세상이 될 것이고 사람을 경계하는 사람들만의 세상이 될 것이고, 그럴 것이고……. 나는 절망한다. 그러면, 내 지친 영혼은 어디 가서 위안을 얻나, 잃어버린 고향을, 어머니를 어디 가서 찾나.

내가 왜 이렇게 지치나, 무엇 때문에 이렇게 힘들어하는가, 늘 모르고 지내 오다가 그 할머니들을 보고 나서 나는 내가 결국은 고향을 잃어버려서, 어떤 정신적 *유토피아를 잃어버려서 그렇다는 걸 알게 된다. ❸아이를 업고 마을을 돌아 나오며 내 아이들에게 내가 바로 그런 어머니, 고향 같은 어머니가 되어야겠다는 깨달음을 얻는다.

나는 다시 집으로 돌아온다. 정성 들여서 청소를 하고 밥을 짓고 빨래를 하고 바느질을 하고 푸성귀를 가꾼다. 그러면서 나는 어떻게 늙어 갈 것인가를 생각한다. 늙는 생각을 하게 되면 나는 오래된 마을을 생각할 때 그런 것처럼 아주아주 포근해진다.

• 중심 내용 시골 할머니의 순후하고 질박한 모습을 통해 얻은 깨달음

이해와 감상

　이 글은 무의미한 일상에서 벗어나려고 찾아간 시골 마을에서 한 할머니를 만나 '순후'하고 '질박'한 인정을 느끼고 얻은 깨달음을 전하는 수필이다. 글쓴이는 할머니에게서 따뜻하고 포근한 인정과 위안을 느끼고, 이러한 인정이 점차 사라져 가는 현대 사회의 모습에 안타까움을 드러내고 있다. 따듯하고 후덕한 인정이 사라져 가는 현대 사회에서 스스로 위안을 줄 수 있는 존재가 되고자 다짐하는 글쓴이의 따스한 시선이 돋보이는 작품이다.

작품 연구소

글쓴이의 이동 경로와 깨달음

글쓴이의 집	시골 마을	글쓴이의 집
반복되는 일상에 지쳐 무작정 집을 나섬.	• 시골 할머니에게 순후하고 질박한 인정을 느낌. • 아이들에게 고향 같은 어머니가 되어야겠다고 생각함.	집안일을 하며 어떻게 늙어 갈 것인가를 생각함.

전략 부분

순후와 질박함의 시대가 사라지는 것에 대한 두려움

글쓴이가 추구하는 바람직한 공동체의 모습

할머니(시골 사람들)	현대인
• 낯선 사람을 경계하지 않고 친절하게 대함. • 순후하고 질박한 인정을 지님.	• 무의미한 지식이 너무 많음. • 돈과 권력에 욕심을 부림. • 자신의 건강에만 너무 신경 씀.
긍정적 시각	부정적 시각

타인에게 따뜻하고 후덕한 인정을 베풀 줄 아는 공동체를 추구함.

자료실

《자운영 꽃밭에서 나는 울었네》
공선옥의 첫 산문집인 《자운영 꽃밭에서 나는 울었네》는 총 3부로 나누어져 40여 편의 글이 실려 있다. 제1부는 작가의 고향인 전남 곡성의 보성강가에서의 삶을, 제2부는 공선옥 작품 세계의 근간이 되는 모성에 관한 이야기를, 제3부는 작가의 유년기 추억과 가슴 아픈 기억 그리고 모자 가정을 이루게 된 현재까지의 삶을 그리고 있다.

함께 읽으면 좋은 작품

〈자장면〉, 정진권 / 인정 넘치던 시절에 대한 향수가 잘 드러난 작품
　어린 시절 자장면 집의 모습에서 느꼈던 인정과 따뜻함을 그리워하며, 현대 사회에서 이러한 인정이 점차 사라져 가는 것에 대한 안타까운 마음을 드러내고 있는 수필이다.

〈속는 자와 속이는 자〉, 장영희 / 우리 사회에 필요한 가치관이 잘 드러난 작품
　타인에게 속았던 경험과 신의를 느꼈던 경험을 통해 우리 사회에 필요한 정직과 신용의 가치에 대해 돌아보도록 한 수필이다. 한 사람의 신의와 책임감이 세상을 살 만하게 만든다는 글쓴이의 생각이 잘 나타나 있다.

Link 본책 142쪽

키 **포인트 체크**

제재	한 ☐☐ 마을에서의 경험을 통해 따뜻한 인정이 사라져 가는 현실에 대한 안타까움을 이야기하고 있다.
관점	글쓴이는 순후한 인정이 사라져 가는 현대 사회에 ☐☐☐ 시각을 드러내면서, 다른 사람에게 따뜻한 인정을 베푸는 사람이 되겠다고 다짐하고 있다.
표현	☐☐를 직접 인용하여 생동감을 주고 있다.

1 이 글에 대한 설명으로 가장 적절한 것은?
　① 과거를 회상하며 현재의 문제점을 부각하고 있다.
　② 특정 소재를 중심으로 삶의 의미를 되새기고 있다.
　③ 현재형으로 서술하여 내용의 현장감을 살리고 있다.
　④ 여정 중심의 기행 수필로 사실적 묘사가 주를 이룬다.
　⑤ 유명 인물의 삶을 재조명하여 교훈을 이끌어 내고 있다.

2 글쓴이가 이동한 경로를 다음과 같이 나타낸다고 할 때, ⓐ와 ⓑ에 대한 설명으로 가장 적절한 것은?

시골 마을
ⓐ

글쓴이의 집	글쓴이의 집
권태를 느낌.	ⓑ

　① ⓐ에서 느낀 저항감이 ⓑ에서 순화되고 있다.
　② ⓐ에서 얻은 삶의 의욕이 ⓑ에서 다시 꺾이고 있다.
　③ ⓐ에서 얻은 깨달음을 ⓑ에서 실천하고자 하고 있다.
　④ ⓐ에서 만난 새로운 인연을 ⓑ에서까지 이어 가고 있다.
　⑤ ⓐ에서 경험한 낯선 세상을 바탕으로, ⓑ에서 이상향을 그리고 있다.

3 이 글로 미루어 글쓴이가 부정적으로 인식한 사회의 모습으로 볼 수 없는 것은?
　① 부유한 사람이 우대받는 사회
　② 학식으로 사람을 평가하는 사회
　③ 육체적 건강만을 추구하는 사회
　④ 권력을 가진 사람이 존경받는 사회
　⑤ 낯선 손님도 스스럼없이 받아 주는 사회

4 ㉠～㉤ 중, 시골 할머니들의 순후한 인정과 거리가 먼 하나는?
　① ㉠　　② ㉡　　③ ㉢　　④ ㉣　　⑤ ㉤

5 이 글을 바탕으로 〈보기〉의 구체적 내용을 〈조건〉에 맞게 쓰시오.
　┤ 보기 ├
　　나는 어떻게 늙어 갈 것인가를 생각한다.

　┤ 조건 ├
　　• '순후'와 '질박함'을 포함하여 쓸 것.
　　• 30자 내외로 쓸 것.

025 미안합니다 | 장영희

[국어] 비상(박영)
[독서] 비상

🎯 핵심 정리

갈래 경수필
성격 자아 성찰적, 반성적
제재 '미안합니다'라는 말
주제 '미안합니다'라는 말의 위력과 가치
특징 ① 대조되는 두 가지 일화를 제시하여 내용을 전달함.
② 아버지의 일화를 통해 자신을 되돌아봄으로써 주제 의식을 이끌어 냄.
출전 《내 생애 단 한 번》(2000)

💡 어휘 풀이

삐삐 '무선 호출기'를 일상적으로 이르는 말.
의구심(疑懼心) 믿지 못하고 두려워하는 마음.
호명(呼名)하다 이름을 부르다.
위력(偉力) 위대한 힘.

Q 글쓴이가 깨달은 '미안합니다'라는 말의 위력은?

글쓴이는 강의 시간에 있었던 일화와 아버지와 경비원과의 일화를 통해 '미안합니다'는 말이 인간관계를 형성·유지하거나 어떤 문제를 해결하는 데 긍정적 영향을 미친다는 점을 깨닫는다. 즉, '미안합니다'라는 말은 평화로운 관계를 만들고 문제를 원만히 해결하는 긍정적 기능이 있음을 알 수 있다.

⚙ 구절 풀이

❶ **영수에게 '미안해'라고 ~ 어리석게까지 여겨졌다.** 사건의 진상을 알게 되어 영수에게 미안해하면서도 막상 미안하다는 말을 하기 어려워, 온갖 구실을 만들어 자신의 행동을 합리화함으로써 편안해지려는 글쓴이의 모습이 나타나 있다.

❷ **경비원은 잠시 나와 목발을 번갈아 가며 쳐다보았다.** 주차 문제로 글쓴이의 아버지에게 화를 내던 경비원이 몸이 불편한 글쓴이를 보고 나서야 글쓴이의 아버지가 현관 앞에 차를 댄 상황을 이해하게 되는 장면이다.

❸ **잘못한 것 ~ 선생 체면?** 체면을 생각하지 않고 자신이 잘못한 일을 머리 숙여 사과하는 아버지의 모습을 통해 영수에게 사과하지 않으려 했던 자신의 행동을 반성하는 글쓴이의 모습이 나타나 있다.

👤 작가 소개

장영희(1952~2009)
영문학자, 수필가, 번역가. 소아마비 장애와 세 차례의 암 투병 속에서도 희망을 잃지 않고, 따뜻한 글로 희망을 전하였다. 주요 저서로 《내 생애 단 한 번》, 《살아온 기적 살아갈 기적》 등이 있다.

전략 부분의 내용 글쓴이는 강의 시간에 말더듬이 증세로 당황한 영수를 위해 서훈이 대신 책을 읽었음을 알지 못하고 영수와 서훈을 나무란다.

가 미안하다고 해야겠다. 나는 속으로 생각했다. 하지만 어떻게? 영수에게 수업 후에 오라고 할까? 그러면 영수가 더 부끄러워하지 않을까? 아니면 *삐삐 번호를 알아내어 내게 전화하라고 할까? 하지만 말더듬이 증상은 전화로 말할 때 더 심각해지니까 그것도 별로 좋은 생각이 아닌 듯하다. / 그렇다면 어떻게 사과를 할까. 이런저런 궁리를 하다가 가만히 생각해 보니, 정말로 내가 사과해야 하는 상황인가에 대해 *의구심이 일어났다. 요컨대 그게 정말 내 잘못이었는가 말이다. 영수에게 그런 문제가 있다는 것을 나는 모르지 않았는가?『학기 시작할 때 미리 자기에게 이러이러한 문제가 있으니 *호명하지 말아 달라고 한마디라도 해 줬으면 어련히 알아서 했을까 말이다.』

게다가 선생 체면에 학생에게 그런 말 했다고 해서 사과할 필요까지 있겠는가. 그리고 지금쯤은 영수도 다 잊어버리고 있을지도 모르는데 괜히 사과해서 오히려 긁어 부스럼이 될 수도 있다. / ❶영수에게 '미안해'라고 말할 필요가 없을 만한 온갖 구실들을 발견하고 나니 그제야 마음이 편해졌고, 오히려 사과하려고 생각했던 내가 어리석게까지 여겨졌다. 그리고 이 바쁜 와중에 그런 생각까지 하고 있다니, 쓸데없는 시간 낭비라고 결론짓고 그냥 잊어버렸다.
▶ 미안하다는 말을 하기가 어려워 자신의 행동을 합리화함.

나 하지만 오늘 나는 '미안합니다'라는 말, 아니 그 말의 *위력에 대해서 다시 생각해 봐야만 했다. / 저녁때 아버지가 오피스텔에 있는 나를 데리러 차를 갖고 오셨다. 아버지와 만나기로 한 약속 시간보다 조금 늦게 나갔는데, 건물 뒤편에 있는 주차장 경비원이 아버지에게 현관 가까이에 차를 댔다고 소리를 지르고 있었다. 아버지는 계속 허리를 굽히면서 사과하고 계셨다.
▶ 현관에 차를 댄 일로 아버지가 경비원에게 힐책을 받음.

"미안합니다. 잠깐만 있을 겁니다. 제가 기다리고 있는 사람이 곧 나올 겁니다." [중략]

❷경비원은 잠시 나와 목발을 번갈아 가며 쳐다보았다. 그러고는 아버지에게 깊이 머리를 숙이더니, / "아이구, 정말 죄송합니다. 왜 이분을 기다리고 있다고 말씀해 주시지 그랬어요. 만약 그랬다면 아무 말도 하지 않았을 텐데요. 이분이라면 몸이 불편하시니까 여기 대셔야지요. 이분을 자주 봬요." / 말을 하는 와중에도 그는 중간중간 "미안합니다, 죄송합니다."라는 말을 여러 번 되풀이했다. / 아버지는 또 아버지대로 "괜찮습니다. 제가 잘못한 건데요. 죄송합니다."라고 사과했고, 두 사람은 서로에게 인사하고 헤어졌다. 차가 떠날 때 경비원은 손까지 흔들며 우리들을 배웅해 주었다. / 얼마나 아름다운 결말인가! 서로 얼굴 붉히고 마음 상하고 헤어졌을 수도 있는 일이었지만, 두 사람은 모두 기꺼이 "미안합니다." 하고 사과를 했기 때문에 ㉠결과는 해피 엔딩이었다.
▶ 아버지와 경비원이 미안하다는 말로 문제 상황을 해결함.

다 문득 영수 얼굴이 떠올랐다. ❸잘못한 것 사과하는데 선생 체면은 무슨 선생 체면? 수업 중에 내가 한 말 때문에 영수가 아직도 상심해 있을지도 모른다. 내일은 수업 끝나고 정식으로 사과해야지. / "얘, 영수야, 지난번엔 미안했어. 수업 중에 읽는 것 시키지 말라고 말해 주지 그랬니. 모르고 그런 거니 용서해 줄 거지?"

이번 일을 계기로 나도 '미안합니다'를 좀 더 자주 말할 수 있을 것 같다.
▶ 영수에게 사과하지 못한 자신의 행동을 반성함.

• **중심 내용** 강의 시간의 경험과 아버지와 경비원과의 일화를 통해 깨달은 '미안합니다'라는 말의 위력

이해와 감상

이 글은 자신의 오해 때문에 상처를 받은 학생에게 미안하다는 말을 하지 못했던 글쓴이의 일화와 현관 앞에 차를 세운 문제로 경비원에게 '미안합니다'라고 말하며 원만한 화해를 이끌어 낸 아버지의 일화를 제시하여, '미안합니다'라는 말이 지닌 위력에 대한 깨달음을 전하고 있다. 글쓴이는 '미안하다'는 말에는 자신의 잘못을 인정하고 상대방을 배려하는 마음이 담겨 있기 때문에 '미안하다'는 말을 통해 문제를 평화롭게 해결할 수 있다는 점을 깨닫고 있다. 즉, '미안합니다'는 패배를 인정하는 것이 아닌 인격의 성숙을 드러내 주는 말임을 전하고 있다.

작품 연구소

〈미안합니다〉의 전체 구성

글쓴이는 자신이 경쟁 심리, 자존심 또는 자격지심 때문에 '미안해'라는 말을 하는 것을 어려워한다는 것을 이야기한 다음, 자신이 직접 경험한 두 가지 일화를 통해 자신의 태도에 대한 반성과 깨달음을 전달하고 있다.

도입	'미안하다'라는 말을 하는 것을 어려워하는 글쓴이	전략 부분
일화 1	학생에게 미안하다고 말을 해야 할 상황에서 갖가지 구실을 내세워 그 말을 하지 않으려는 글쓴이의 일화	
일화 2	'미안합니다'라는 말로 문제를 해결한 아버지와 경비원의 일화	
깨달음	자신의 잘못을 인정하고 상대의 처지를 이해하는 마음의 필요성	

글쓴이와 아버지가 처한 상황과 이에 대한 태도

미안하다는 말을 해야 하는 상황

글쓴이	아버지
서훈이 말을 더듬는 영수를 대신해 책을 읽은 것을 오해해 화를 냄.	딸을 위해 현관 가까이에 주차를 하여 경비원이 화를 냄.
'미안하다'는 말을 피할 구실을 떠올리고 잊어버림.	'미안합니다'라는 말을 계속 반복함.

자료실

장영희의 '수필론'

"아직까지 우리나라 문단이나 독자들 사이에서 수필에 대한 인식이 별로 높지 않아요. 미국이나 다른 서양 문화권에서는 수필을 당연히 떳떳한 정체성을 지닌 하나의 문학 갈래로 평가해 주는데 우리나라는 그렇지 않잖아요. 수필은 아무나 쓰는 신변잡기라는 전제가 깔려 있어요. 하지만 좋은 수필은 소설이나 시만큼 독자들에게 좋은 호응을 받을 수 있다고 생각해요. 또 수필은 그냥 사실만 적는 것이라고 하지만 절대로 그렇지 않아요. 글이라는 것은 하나의 정교한 예술품이라고 해야 하기 때문에 내가 아무리 신변잡기를 써도 그게 하나의 글로서 인정받기 위해선 굉장히 오래 갈고 닦아야 해요. 내가 오늘 쥐포 아저씨를 만나서 좋은 얘기를 들었다 끝. 이렇게 하면 그건 그냥 'fact(사실)'지 거기에 나의 해석이 들어가야 해요."

– 조윤경, 《새로운 문화 새로운 상상력》

함께 읽으면 좋은 작품

〈유머 철학 – 웃음과 인생〉, 이희승 / 웃음의 긍정적 가치를 밝힌 작품

인간의 삶에 있어 웃음이 주는 의미를 밝힌 수필이다. 글쓴이는 웃음 때문에 삭막한 세상이 감미롭고 인정이 넘치게 된다며 웃음에 대해 긍정적으로 이야기하고 있다.

포인트 체크

제재 '□□□□□'라는 말이 가진 위력에 대해 이야기하고 있다.

관점 '미안합니다'라는 말에는 잘못을 □□하고 상대방을 □□하는 마음이 담겨 있어 그 가치와 위력이 크다.

표현 □□되는 두 가지 일화를 제시하여 주제를 효과적으로 전하고 있다.

1 이 글에 대한 설명으로 가장 적절한 것은?
① 대비되는 일화를 통해 깨달음을 전하고 있다.
② 관조적인 태도로 대상에 대한 감상을 밝히고 있다.
③ 유추의 방식을 사용하여 주제 의식을 드러내고 있다.
④ 허구적 상상력을 통해 글쓴이의 생각을 강조하고 있다.
⑤ 비유적 표현을 통해 대상이 지닌 속성을 제시하고 있다.

2 이 글을 읽은 독자의 반응으로 적절하지 않은 것은?
① 경비원은 아버지가 기다리는 사람이 누구인지 알지 못했군.
② 글쓴이는 결국 영수에게 미안하다는 말을 해야겠다고 결심하게 되었군.
③ 글쓴이는 평소 '미안합니다'라는 말의 위력에 대해 깊이 생각해 보지 않았군.
④ '미안합니다'라는 말은 사람들 사이의 갈등을 해소하는 데 긍정적 역할을 하는군.
⑤ 글쓴이는 차가 떠날 때까지 아버지를 나무라는 경비원에게 불쾌한 감정을 느꼈군.

내신 적중

3 (가)에 나타난 글쓴이의 생각으로 적절한 것끼리 바르게 묶인 것은?

> ⓐ 선생 체면에 학생한테 사과하는 일은 곤란해.
> ⓑ 수업을 하다가 생긴 일이니까, 영수도 이해해 줄 거야.
> ⓒ 영수의 상황을 모르고 그런 것인데, 미안하다고 할 필요가 있을까?
> ⓓ 내가 사과한다고 영수의 상황이 나아지는 것도 아닌데 그럴 필요 없잖아?
> ⓔ 영수는 그때 상황을 이미 잊었을지도 모르는데 괜히 긁어 부스럼 낼 필요는 없어.

① ⓐ, ⓑ, ⓒ   ② ⓐ, ⓒ, ⓔ   ③ ⓑ, ⓒ, ⓓ
④ ⓑ, ⓓ, ⓔ   ⑤ ⓒ, ⓓ, ⓔ

4 '미안합니다'라는 단어를 활용하여 ㉠의 의미를 서술하시오.

5 다음은 글쓴이가 쓴 일기의 일부이다. 이 글의 내용을 고려하여 빈칸에 들어갈 알맞은 내용을 서술하시오.

> 2000년 00월 00일
> 나는 오늘 아버지와 오피스텔 경비원의 모습을 보고 쉽게 사과하지 못하는 내 자신을 깊이 반성하게 되었다. 두 분 사이에 약간의 오해가 있었으나, 두 분은 _____는 공통점이 있었다. 특히 서로 인사를 나누고 헤어진 후에도 손까지 흔들며 배웅해 주는 경비원의 모습에서 '미안하다'는 말의 위력을 새삼 느낄 수 있었다.

026 하필이면 | 장영희

국어 동아

◎ 핵심 정리

갈래 경수필
성격 체험적, 사색적
제재 '하필이면'이라는 말
주제 '하필이면'이라는 말을 통한 삶의 긍정적 성찰
특징 ① 글쓴이의 진솔한 경험과 깨달음이 나타남.
② '하필이면'을 긍정적으로 사용한 어린 조카의 말에 깨달음을 얻음.
③ 인식의 전환을 통해 자신의 삶을 긍정적으로 성찰하게 됨.
출전 《내 생애 단 한 번》(2000)

Q 글쓴이가 〈머피의 법칙〉이라는 노래를 인용한 이유는?

〈머피의 법칙〉 노래 가사에 나타난 상황이 '하필이면'이라는 말과 호응이 잘 되기 때문이다. 또한 독자에게 익숙한 노래 가사여서 독자의 흥미를 불러일으킬 수도 있기 때문이다.

☀ 어휘 풀이

망연자실(茫然自失) 멍하니 정신을 잃음.
안하무인(眼下無人) 눈 아래에 사람이 없다는 뜻으로, 방자하고 교만하여 다른 사람을 업신여김을 이르는 말.
양순(良順)하다 어질고 순하다.
소견(所見) 어떤 일이나 사물을 살펴보고 가지게 되는 생각이나 의견.
청명(淸明)하다 날씨가 맑고 밝다.

✍ 구절 풀이

❶ 이 노래에 나오는 '하필이면'이란 ~ 의문을 전제로 한다. 다른 사람은 별다른 노력을 기울이지 않고도 모든 일이 잘되어 가는 것 같은데 왜 자신의 인생만은 아무리 노력해도 일이 꼬이고 한심한 상황들만 일어나느냐는 의미이다.

❷ 물론 이보다 더 중요하고 근본적인 '하필이면'도 있다. 앞에 나열한 상황들은 삶 속에서 우연히 일어난 것이기 때문에 어쩌면 피할 수도 있는 상황이지만, 이후에 제시하는 상황들은 글쓴이에게 태생적·운명적으로 주어진 상황이어서 근본적으로 피할 수 없다는 의미이다.

❸ 아름이처럼 '하필이면'을 ~ 놀라운 것으로 변하는 것이었다. 글쓴이는 조카 아름이가 '하필이면'을 긍정적 의미로 사용하는 것을 듣고, 자신도 '하필이면'을 좋은 상황에 갖다 붙여 본다. 그 결과, 생활과 삶, 운명 등의 측면에서 여러 긍정적인 상황을 발견하고, 자신의 행운을 인식하게 되면서 삶을 긍정적으로 성찰하고 있다.

♟ 작가 소개

장영희(본책 70쪽 참고)

가 몇 년 전인가 십 대들이 즐겨 부르던 유행가 중에 〈머피의 법칙〉이라는 노래가 있었다. 확실히 기억은 안 나지만 가사가 대충 이랬다. / '화장실이 있으면 휴지가 없고, 휴지가 있으면 화장실이 없고, 미팅에 가도 하필이면 제일 맘에 안 드는 애랑 파트너가 되고, 한 달에 한 번 목욕탕에 가도 하필이면 그날이 정기 휴일이고' 등 '무슨 일이든 어차피 잘못되게 마련이다.'라는 '머피의 법칙'을 코믹하게 묘사하고 있다. / **❶**이 노래에 나오는 '하필이면'이란 말은 분명히 '왜 나만?'이라는 의문을 전제로 한다.
▶ 〈머피의 법칙〉 노래 가사를 떠올림.

나 아닌 게 아니라 하루하루 살아가면서 나도 '머피의 법칙'을 생각할 때가 많다. [중략] '하필이면' 큰맘 먹고 세차한 날은 갑자기 맑은 하늘에서 비가 오고, 무엇을 사기 위해 줄을 서면
하필이면 글쓴이에게만 일어난 한심한 상황 ①
바로 내 앞에서 매진되고.
상황 ②
더욱이 얼마 전에는 길거리를 걸어가다가 내 어깨에 새똥이 떨어지는 일도 있었다. 나는
상황 ③
망연자실, 한동안 서서 나의 '하필이면'의 운명에 경악했다. ⓐ1천만 서울 인구 중에 새똥
부정적이고 한심한 상황
맞아 본 사람은 아마 손가락으로 꼽을 정도일 텐데 '하필이면' 그게 나라니!
▶ 글쓴이에게 일어난 '머피의 법칙'
❷물론 이보다 더 중요하고 근본적인 '하필이면'도 있다. 남들은 멀쩡히 잘도 걸어 다니는데 왜 하필이면 나만 목발에 의지해야 하고, 어떤 사람은 펜만 잡으면 멋진 글이 술술 잘도
상황 ④ – 글쓴이에게 신체장애가 있음을 알 수 있음.
나오는데 왜 하필이면 나만 이 짤막한 글 하나 쓰면서도 머리를 벽에 박아야 하는가. / 그
상황 ⑤
렇다고 다른 재주가 있느냐 하면 노래, 그림, 손재주 그 어느 것 하나 내세울 게 없다. 하느님은 누구에게나 나름의 재능을 골고루 나눠 주신다지만, 아무리 생각해도 '하필이면' 나만
'하필이면'이라는 말에 대한 글쓴이의 부정적 인식
깜빡하신 듯하다. [중략] 그래서 '하필이면'이라는 말은 내게 한심하고 슬픈 말이다.
상황 ⑥
▶ 글쓴이에게만 일어난 운명적인 한심한 상황들

중략 부분의 내용 글쓴이는 어느 날 초등학교 2학년인 조카 아름이에게 인형을 사다 준다. 아름이는 인형을 받고 기뻐서 고마움의 표시로 '왜 하필이면 내게 주는데?'라고 묻는다.
한국말이 서툴러서 '하필이면'을 긍정적 의미로 사용함.

다 외국에서 살다 와 우리말이 아직 서툰 아름이가 '하필이면'이라는 말을 부적합하게 쓴 예였지만, ㉠**❸**아름이처럼 '하필이면'을 좋은 상황에 갖다 붙이자, 나의 '하필이면' 운명도 갑자기 찬란한 빛을 발하기 시작한다는 걸 깨달았다. 내가 누리는 많은 행복이 참으로 가당
경험을 통한 글쓴이의 깨달음이 드러남.
찮고 놀라운 것으로 변하는 것이었다.
▶ 조카의 '하필이면'을 통해 자신의 운명이 바뀌는 것을 깨달음.

도대체 내가 전생에 무슨 좋은 일을 했기에, 하고많은 사람 중에 '하필이면' 내가 훌륭한 부모님 밑에 태어나 좋은 형제들과 인연 맺고 이 아름다운 세상을 살고 있는가. 아무리 노력
하필이면 글쓴이에게 일어난 긍정적 상황 ①
해도 헐벗고 굶주리는 사람이 그토록 많은데 왜 '하필이면' 내가 무슨 권리로 먹을 것 입을
긍정적 상황 ②
것 걱정 없이 편하게 살고 있는가. / 또 ⓑ나보다 머리 좋고 공부 열심히 하는 사람이 얼마
긍정적 상황 ③
나 많은데 왜 '하필이면' 내가 똑똑한 학생들을 가르치고 있는가. / 게다가 실수투성이 **안하무인**인 데다가 남을 위해 하는 일이라곤 하나도 없는 나, 장영희를 '하필이면' 왜 많은 사람이 도와주고 사랑해 주는가(우리 어머니 말씀으로는 **양순**하고 웃기 좋아하는 나의 성격
긍정적 상황 ④
때문이라는데, 그렇다면 잘빠진 육체보다 아름다운 영혼을 타고난 것이 얼마나 다행인가).

'하필이면'의 이중적 의미를 생각하니 내가 지고 가는 인생의 짐이 남의 짐보다 무겁다고
'하필이면'의 긍정적 의미와 부정적 의미
아우성쳤던 좁은 **소견**이 새삼 부끄럽다.

창문을 여니, 우리 학생들이랑 호수 공원에 놀러 가기로 한 오늘, '하필이면' 날씨가 유난히 **청명**하고 따뜻하다.
▶ '하필이면'을 긍정적으로 인식하고 성찰함.

• **중심 내용** 조카가 '하필이면'이라는 말을 긍정적인 상황에 사용한 것을 듣고 세상일을 긍정적으로 보게 됨.

이해와 감상

이 글은 보통 부정적 상황에서 사용하는 '하필이면'이라는 말을 한 어린 아이가 긍정적인 상황에서 사용한 경우를 통해 자신의 삶을 긍정적으로 보게 된 일상의 경험과 깨달음을 적은 수필이다. 글쓴이는 평소 '하필이면' 자신의 일상생활에서 한심한 상황들이 일어나고, 또 '하필이면' 자신만 태생적·운명적으로 한심한 상황에 놓여 있다고 생각한다. 이런 글쓴이에게 '하필이면'은 한심하고 슬픈 말이었다. 그런데 어린 조카가 '하필이면'이라는 말을 긍정적 상황에 사용하는 것을 듣고 글쓴이는 '하필이면'을 좋은 상황에 써 보게 되고 이를 통해 자신이 많은 행복을 누리고 있음을 깨닫게 된다. 이처럼 이 글은 인식의 전환이 일어나기 전과 후의 삶에 대한 태도를 대조하여 보여 줌으로써 주제 의식을 선명하게 부각하고 있다.

🏠 작품 연구소

〈하필이면〉의 구조

'하필이면'		'하필이면'
• 세차한 날에 비가 오고, 줄을 서면 바로 앞에서 매진됨. • 어깨에 새똥이 떨어짐. • 목발에 의지함. • 글 쓰는 재주가 없음. • 하느님이 나누어 주시는 재능을 갖지 못함. • 큰돈을 못 받는 영혼을 갖고 태어남.	깨달음의 계기 → 조카 아름이가 '하필이면'을 긍정적으로 사용함.	• 훌륭한 부모님 밑에 태어나 좋은 형제들과 인연 맺고 아름다운 세상을 살고 있음. • 먹을 것 입을 것 걱정 없이 편하게 살고 있음. • 똑똑한 학생들을 가르치고 있음. • 많은 사람들이 도와주고 사랑해 줌.
↓		↓
한심하고 슬픈 말		삶을 긍정적으로 보는 말

삶에 대한 글쓴이의 인식과 태도

"아름이처럼 '하필이면'을 좋은 상황에 갖다 붙이자, 나의 '하필이면' 운명도 갑자기 찬란한 빛을 발하기 시작한다는 걸 깨달았다."

↓

• 삶과 생활, 운명에서 긍정적 의미를 발견하고 행운을 인식함.
• 자신의 삶을 긍정적으로 성찰함.

자료실

머피의 법칙(Murphy's law)

일이 좀처럼 풀리지 않고 갈수록 꼬이기만 하는 경우에 쓰는 용어. 예컨대 매일 버스를 타고 출근하다가 그날따라 택시가 타고 싶어 택시를 탔더니 교통사고가 발생한다든가, 열심히 시험공부를 했지만 운이 나쁘게도 자신이 놓치고 보지 않은 곳에서 시험 문제가 출제된다든가 하는 것이 모두 머피의 법칙에 속한다. 이와는 반대로 우연히도 자신에게 유리한 일만 계속해서 일어나는 것을 가리켜 샐리의 법칙(Sally's law)이라고 한다.

– 《두산백과》

📖 함께 읽으면 좋은 작품

〈괜찮아〉, 장영희 / 세상에 대한 긍정적 시각을 드러낸 작품

신체장애를 지닌 글쓴이가 어린 시절의 일화를 통해 세상에 대한 긍정적 시각을 갖게 되었음을 밝히고 있는 수필이다. 세상사에 대해 긍정적 시각을 가진 점이 이 글과 유사하다. **Link** 본책 141쪽

키 포인트 체크

제재 '□□□□'이라는 말과 관련한 글쓴이의 경험과 깨달음을 다루고 있다.

관점 글쓴이는 조카 아름이의 말을 들은 뒤 자신의 삶을 □□적으로 인식하게 된다.

표현 인식의 전환이 일어나기 전과 후의 삶의 태도를 □□적으로 보여 주어 주제 의식을 효과적으로 드러내고 있다.

1 이 글에 대한 설명으로 적절하지 않은 것은?

① 글쓴이의 진솔한 경험과 깨달음이 나타나 있다.
② 동일한 대상에 대해 이중적 의미를 부여하고 있다.
③ 상황에 맞는 다양한 예를 들어 독자의 이해를 돕고 있다.
④ 대조되는 상황을 제시하여 주제를 선명하게 부각하고 있다.
⑤ 상반된 관점을 절충하여 대상에 대한 새로운 인식을 드러내고 있다.

2 이 글의 글쓴이를 (A), 〈보기〉의 화자를 (B)라고 할 때, (A)와 (B)가 나눈 대화로 적절하지 않은 것은?

┤ 보기 ├

　사랑도 사람의 일이라, 만날 때에 미리 떠날 것을 염려하고 경계하지 아니한 것은 아니지만, 이별은 뜻밖의 일이 되고, 놀란 가슴은 새로운 슬픔에 터집니다.
　그러나 이별을 쓸데없는 눈물의 원천을 만들고 마는 것은 스스로 사랑을 깨치는 것인 줄 아는 까닭에, 걷잡을 수 없는 슬픔의 힘을 옮겨서 새 희망의 정수박이에 들어부었습니다.
　우리는 만날 때에 떠날 것을 염려하는 것과 같이, 떠날 때에 다시 만날 것을 믿습니다.
　아아, 님은 갔지마는 나는 님을 보내지 아니하였습니다.

– 한용운, 〈님의 침묵〉에서

① (A): 당신도 저처럼 안 좋은 상황이 일어났군요.
② (B): 예. 그러나 생각을 바꾸니 희망이 보이더군요.
③ (A): 맞아요. 저도 조카의 말을 듣고 생각이 바뀌었어요.
④ (B): 그렇죠. 생각을 바꾸니 재회에 대한 확신마저 생겼습니다.
⑤ (A): 슬픔을 겪은 후에야 우리가 느끼는 행복이 배가 되는 것 같습니다.

내신 적중 多빈출
3 ⓐ와 ⓑ에 대한 설명으로 적절한 것은?

① ⓑ는 ⓐ보다 더 중요하고 근본적인 '하필이면'에 해당된다.
② ⓐ는 삶 속에서 우연히 일어나는 '하필이면'에 해당되는 상황이다.
③ ⓑ는 태생적·운명적으로 피할 수 없는 '하필이면'에 해당되는 상황이다.
④ ⓐ에서는 '하필이면'을 긍정적으로 인식하여 제시된 상황에 감사하고 있다.
⑤ ⓑ에서는 '하필이면'을 부정적이고 한심한 의미를 가진 말로 인식하고 있다.

4 ㉠에 나타난 글쓴이의 삶에 대한 태도를 쓰시오.

027

관용은 자기와 다른 것, 자기에게 없는 것에 대한 애정입니다

| 신영복

문학 해냄

핵심 정리

갈래 경수필, 기행 수필
성격 사색적, 성찰적
제재 이스탄불
주제 자기와 다른 것에 대한 관용과 사랑의 중요성
특징 ① 기행문적 요소가 드러남.
② 비유, 예시 등의 방법으로 주제를 드러냄.
③ 경어체를 사용하여 자신의 생각을 부드럽게 전달함.
출전 《더불어 숲》(2003)

어휘 풀이

콘스탄티노플 이스탄불의 옛 이름. 비잔틴 제국의 수도였음.
비잔틴 비잔틴 제국의 수도를 이름. 330년 콘스탄티누스 황제에 의해 이름이 콘스탄티노플로 바뀌었으나, 그 이후에도 콘스탄티노플을 비잔틴이라 부르기도 하였음.
흑해 유럽과 아시아의 경계에 있는 바다
몽매(蒙昧)하다 어리석고 사리에 어둡다.
중화 세계 문명의 중심이라는 뜻으로, 중국 사람들이 자기 나라를 이르는 말.
오스만 튀르크 1299년 오스만 1세가 셀주크 제국을 무너뜨리고 소아시아에 세운 이슬람 제국.
정화(精華) 정수가 될 만한 뛰어난 부분.

구절 풀이

❶ **이곳에 와서 ~ 깨닫게 됩니다.** 이스탄불에 대한 글쓴이의 거리감과 무지가 중국과 서구 유럽에 종속된 기존의 사고방식에서 비롯된 것임을 자각하고 있다.
❷ **그보다 못한 ~ 놀라지 않을 수 없습니다.** 소피아 성당이 서구 유럽이 아닌 이스탄불에 있어서 그 예술성을 제대로 평가받지 못하는 현실을 예로 들고 있다. 이를 통해 서유럽 중심의 사고방식을 다시 한번 비판하고 있다.
❸ **메메트 2세는 ~ 약탈을 엄금했습니다.** 메메트 2세가 베푼 관용의 정신이 나타나는 부분이다. 흔히 우리가 알고 있는 '한 손엔 코란, 한 손엔 칼'로 연상되는 호전적인 이슬람에 대한 선입견이 깨지는 장면이다.

Q 우리의 의식 속에 쌓아 놓은 장벽에 해당하는 사례는?

다문화 가정에 대한 편견, 장애인에 대한 차별과 편견, 성 소수자에 대한 차별과 편견, 인종이 다른 사람들에 대한 차별과 편견 등을 들 수 있다.

작가 소개

신영복(본책 56쪽 참고)

이스탄불은 먼 곳에 있었습니다. 거리로는 로마나 파리보다 가까웠는데도 나의 의식 속에는 훨씬 더 먼 곳에 있었습니다. 이스탄불과 *콘스탄티노플, 그리고 *비잔틴이 서로 구별되지 않은 채 *흑해처럼 *몽매하기만 하였습니다.

이 아득한 거리감과 무지가 어디에서 왔는지 내게도 의문입니다. ❶이곳에 와서 비로소 깨닫게 된 것이지만, 그것은 나의 머릿속에 완강히 버티고 있는 이중의 장벽 때문이었습니다. 중국의 벽과 유럽의 벽이었습니다. 그것은 한마디로 우리 역사의 곳곳에 세워져 있는 벽이며 우리의 의식 속에 각인된 문화 종속성이라는 사실을 깨닫게 됩니다.

이스탄불로 오는 이번 여정도 이 두 개의 장벽을 넘어온 셈입니다. 중국 대륙을 횡단하고 런던·파리·아테네를 거쳐서 이스탄불에 도착했기 때문입니다. 돌궐과 흉노는 *중화(中華)라는 벽을 넘지 않고는 결코 온당한 실상을 만날 수 없으며, 마찬가지로 유럽이라는 높은 벽을 넘지 않고는 이슬람과 비잔틴의 역사를 대면할 수 없습니다. 만리장성보다 완고하고 알프스보다 더 높은 장벽이 우리의 생각을 가로막고 있음을 깨닫게 됩니다.

▶ 중국과 유럽 중심 세계관을 뛰어넘지 못하는 우리의 모습

오늘은 그 두 개의 장벽을 넘어 이곳 이스탄불의 소피아 성당과 블루 모스크 사이에 앉아 이 엽서를 띄웁니다. 소피아 성당은 로마로부터 세계의 중심을 이곳으로 옮겨 온 비잔틴 문명의 절정입니다. 직경 32m의 돔을 지상 56m의 높이에 그것을 받치는 단 한 개의 기둥도 없이 올려놓은 불가사의한 건축입니다. ❷그보다 못한 유럽의 유적들이 예찬되고 있는 것에 생각이 미치면 또 한 번 우리들의 부당한 편견에 놀라지 않을 수 없습니다. [중략]

▶ 비잔틴 문명의 절정인 소피아 성당

❸메메트 2세는 콘스탄티노플을 함락하고 난 다음 바로 이 소피아 성당으로 말을 몰아 성당 파괴를 금지했습니다. 다 같은 하나님을 섬기는 성소를 파괴하지 말라는 엄명을 내린 다음, 이제부터는 이곳이 사원이 아니라 모스크라고 선언하고 일체의 약탈을 엄금했습니다. 이것은 어쩌면 *오스만 튀르크가 그들보다 앞선 유럽 문명의 *정화를 그대로 계승하겠다는 의지라고 할 수도 있겠지만, 내게는 이슬람의 그러한 관용이 매우 감동적이었습니다.

이슬람의 이러한 전통이야말로 오늘날의 이스탄불을 공존과 대화의 도시로 남겨 놓았습니다. 동과 서, 고와 금이 함께 숨 쉬고 있습니다. 이스탄불은 보스포루스 해협을 사이에 두고 유럽 대륙과 아시아 대륙에 걸쳐 있는 실크 로드의 종착지입니다. 터키는 스스로 아시리아·그리스·페르시아·로마·비잔틴·오스만 튀르크 등 역대 문명을 계승하고 있는 나라로 자부합니다. 카파도키아·에페수스·트로이 등지에는 지금도 그리스·로마의 유적들이 남아 있습니다. 그래서 터키를 모자이크의 나라라고도 합니다. [중략]

▶ 여러 문화가 공존하는 이스탄불을 있게 한 관용 정신

당신이 이스탄불로 나를 부른 까닭을 이제 알 수 있을 것 같습니다. 당신이 보여 준 것은 이스탄불이 안고 있는 관용과 공존의 역사였습니다. 그뿐만 아니라 당신은 세계화라는 강자의 논리를 역조명할 수 있는 귀중한 시각을 안겨 주었습니다.

그러나 이스탄불에 있는 동안 내가 바라보고 있었던 것은 나의 의식 속에 자리 잡고 있는 거대한 두 개의 장벽이었습니다. 장벽은 단지 장벽의 건너편을 보지 못하게 할 뿐만 아니라 우리들 스스로를 한없이 왜소하게 만드는 굴레였습니다. 우리는 우리의 의식 속에 얼마나 많은 장벽을 쌓아 놓고 있는가를 먼저 반성해야 할 것입니다. 그리고 그것을 열어 가는 멀고 먼 여정에 나서야 할 것입니다.

▶ 이스탄불에서 얻은 깨달음과 반성

• **중심 내용** 이스탄불의 유적에서 동서고금의 다양한 문화를 공존하게 하는 관용의 정신을 느낌.

이해와 감상

이 글은 글쓴이가 세계의 역사 현장을 여행하며 쓴 글을 모은 《더불어 숲》에 실린 것이다. 신문에 연재된 엽서 글의 형식에 경어체의 문장을 사용함으로써 딱딱할 수 있는 내용을 부드럽게 전달하고 있다. 이 글에는 세계사의 현장에서 역사의 무게를 느낀 글쓴이의 겸손함, 그곳에서 먼저 과거를 돌아보고 앞으로 지향할 바를 언급하는 형식을 띠는 글의 구성 방식이 잘 드러나고 있다.

글쓴이는 중국이나 서유럽에 비해 상대적으로 낯선 이스탄불에 대한 상념으로 이야기를 시작한다. 그리고 타 종교의 건축물을 훼손하지 않고 보존한 이슬람의 관용에서 받은 인상을 말한다. 이는 글쓴이의 선입견이 깨진 데서 비롯된 것이다. 글쓴이는 이러한 관용의 정신이야말로 터키가 대제국을 건설하고 유지할 수 있었던 원동력이었음을 설파하고 있다. 그리고 이에 반하여 진행되고 있는 현재의 세계화를 비판하면서, 관용적 사유를 막는 것들에 대한 자기반성을 촉구하며 글을 마무리하고 있다.

🏠 작품 연구소

이 글의 구조

이스탄불에 대한 상념	• 지리적으로 로마나 파리보다 가까운 이스탄불이 멀게만 느껴짐. • 이스탄불이 멀게 느껴지는 이유는 중국과 서구 유럽에 종속된 사고방식 때문임.

↓

소피아 성당을 중심으로 한 견문과 감상	• 소피아 성당은 서유럽의 유적에 비해 그 가치를 인정받지 못하고 있음. • 원형이 보존된 소피아 성당 내부의 벽화를 보며 이슬람의 관용 정신을 새롭게 인식함.

↓

이스탄불에서 얻은 깨달음과 반성	• 성당과 모스크가 상징하는 문화의 공존은 세계화를 역조명할 수 있는 시각을 제공함. • 우리에게 관용적 사유를 방해하는 요소는 없는지 반성해야 함.

자료실

신영복 사상의 모태 – '감옥'

신영복은 육군 사관 학교의 경제학 강사로 근무하던 1968년 통일혁명당 사건으로 구속되어 무기 징역을 선고받는다. 그 후 20년 동안 수감 생활을 하다가 1988년에 특별 가석방으로 출소한다. 그는 후에 저서에서 수감 생활이 철저한 밑바닥 생활이었음을 고백한다. 열악한 환경 속에서 동료들과 함께 한 수감 생활과 비전향 장기수들과의 만남은 그의 사상과 인생관을 송두리째 뒤바꿔 놓게 된다. 감옥이라는 원초적 공간에서 관념적 지식인의 모습을 지우게 된 그는 자연스레 인간, 즉 감방 동료들과의 '관계 맺기'에 집중하게 된다. 그 과정에서 그는 '이론과 실천'의 변증법적인 관계로 세상과 인간을 이해하려고 노력하게 된다. 그리하여 감옥에서의 오랜 독서와 사색의 결과로 남을 이해하고 더불어 살고자 하는 '연대 의식'이야말로 삶을 풍성하게 한다는 깨달음을 얻는다.

📖 함께 읽으면 좋은 작품

《나는 빠리의 택시 운전사》, 홍세화 / 우리 사회에 진지한 성찰을 요구하는 글
프랑스에 망명한 글쓴이가 경험하고 사색한 내용을 담은 수필집이다. 해외에서 느낀 점을 소재로 삼은 점, 이 글의 '관용'과 유사한 의미인 '똘레랑스'를 담고 있는 점 등을 비교하면서 읽을 수 있다.

🔑 포인트 체크

[제재] 이 글은 글쓴이가 이스탄불에서 깨달은 □□의 정신에 대해 이야기하고 있다.
[관점] 글쓴이는 우리 의식 속에 쌓아 놓은 □□, 즉 자기중심적인 가치관이나 고정 관념을 넘어 앞으로 나아가야 한다고 말하고 있다.
[표현] 여정에서 느낀 생각을 다양한 □□를 통해 드러내고 있다.

1 이 글에 대한 설명으로 적절하지 않은 것은?
① 여정보다 견문과 감상의 비중이 크게 나타난다.
② 글쓴이의 생각을 경어체로 부드럽게 전달하고 있다.
③ 사회의 통합보다는 분화에 초점을 맞춰 주장하고 있다.
④ 글쓴이의 철학적이고도 사색적인 태도가 드러나고 있다.
⑤ 엽서의 형식을 빌려 독자들에게 이야기하듯이 다가가고 있다.

2 다음 중 '이스탄불'과 관련이 없는 것은?
① 파괴와 약탈　　　　② 콘스탄티노플
③ 실크 로드의 종착지　④ 공존과 대화의 도시
⑤ 고(古)와 금(今)이 동시에 숨 쉬는 곳

3 이 글에 나타난 글쓴이의 생각으로 적절하지 않은 것은?
① 오늘날 터키는 역대 문명의 여러 유적을 놓고 대립하고 있다.
② 메메트 2세는 소피아 성당의 가치를 인정하고 파괴를 금지하였다.
③ 다양한 문화를 외면하는 생각에 빠져 있지는 않은지 반성해야 한다.
④ 오늘날 이스탄불의 모습은 강자의 논리를 역조명할 수 있는 시각을 제공한다.
⑤ 소피아 성당은 유럽의 변방에 있다는 이유로 가치를 제대로 평가받지 못하고 있다.

4 이 글을 기행문의 구성 요소에 따라 정리한 내용으로 적절하지 않은 것은?

구성 요소	해당 내용
여정	중국-런던-파리-아테네를 지나 이스탄불에 도착함. ················①
견문	이스탄불의 외곽을 둘러싸고 있는 두 개의 높은 장벽을 봄. ···············② 소피아 성당과 블루 모스크가 마주 보고 있는 모습을 봄. ················③
감상	중국과 서유럽에 대한 종속적 사고를 깨닫고 반성함. ·················④ 관용적 사유를 방해하는 장벽을 열어 가야 한다는 깨달음을 얻음. ···········⑤

5 이 글과 오른쪽의 지도를 참고하여 이스탄불이 현재의 문화적 특성을 지니게 된 원인을 50자 내외로 쓰시오.

028

피혁삼우(皮革三友) | 오병훈

[국어] 금성
[독서] 비상

🎯 핵심 정리

갈래 경수필
성격 풍자적, 비유적, 우화적
제재 허리띠, 구두, 지갑
주제 자신의 주인을 위해 일하는 허리띠와 구두, 지갑의 일상
특징 ① 소품(피혁 제품)을 의인화하여 서술함.
② 3인칭 관찰자가 각각의 소품에 대해 서술함.
출전 《솔잎차를 마시며》(2004)

Q 이 글의 글쓴이가 택한 서술 방식의 특징은?

수필에서는 글쓴이 자신이 곧 수필의 서술자 '나'인 경우가 대부분이다. 그러나 이 글의 서술자는 글쓴이인 '나'가 아니라, 작품 밖에 존재하는 3인칭 관찰자이다. 글쓴이는 이와 같이 소설적 기법을 차용함으로써 자신이 전달하고자 한 바를 좀 더 효과적으로 표현하고 있다.

💡 어휘 풀이

신참(新參) 단체나 부류에 새로 참가하거나 들어옴. 또는 그런 사람. '새내기'로 순화.
총애(寵愛) 남달리 귀여워하고 사랑함.

🔖 구절 풀이

❶ **입이라고 해야 아래턱뿐이지만 ~ 꼬리를 잘도 물고 있다.** 허리띠를 입, 아래턱, 혀, 꼬리가 있는 존재로 의인화하고, 이를 바탕으로 사람의 허리에 허리띠가 채워진 모습을 입으로 제꼬리를 물고 있다고 묘사하고 있다.

❷ **주인이 크고 잘생긴 ~ 밀려날 것을 생각하면 앞날이 서글퍼진다.** 허리띠는 주인의 점점 늘어나는 허리둘레를 감당하지 못하는 때가 오면 신참에게 밀려나 주인에게 버림받을 수도 있다고 걱정한다. 이는 나이가 들수록 설 자리가 좁아지는 사회 현실을 빗대어 표현한 것으로 볼 수 있다.

❸ **주인의 얼굴이 찍힌 주민등록증이며 ~ 더 중요한 것은 돈이라는 종이이다.** 주인이 아끼는 여러 물품 중 가장 아끼는 것이 돈이라는 언급을 통해, 물질적 가치를 최우선시하는 현대인들의 특징을 넌지시 드러내고 있다.

👤 작가 소개

오병훈(1947 ~)
수필가. 식물학자. 전국의 명산과 도서 벽지를 누리며 자생 식물을 연구하면서 수필가로도 활동하고 있다. 주요 저서로 《솔잎차를 마시며》, 《초록빛 찾기》 등이 있다.

가

허리띠

일을 할 때면 제 꼬리를 물고 있어야 한다. ❶입이라고 해야 아래턱뿐이지만, 가느다란 혀 하나와 턱을 의지하여 제 꼬리를 잘도 물고 있다. 종일 주인의 허리를 껴안고 숨죽인 채 지내야 한다. 어쩌다 주인이 배에 힘이라도 주게 되면 턱이 빠질까 걱정이다. 실제 ㉠녀석의 친구 중에는 가끔씩 금속제 목이 떨어진 녀석도 있었다. 다행히도 솜씨 좋은 수선공을 찾아가 다시 끼워 놓을 수 있었지만. 『매일 ⓐ이런 상태로 지내야 하니 긴장의 연속이다.』[중략]
　친구 중에는 별난 녀석도 있다. 그의 주인이 모임의 뒤풀이 같은 곳에서 취하기라도 하면 허리를 꼭 껴안고 있어야 할 녀석의 머리를 잡고 꼬리까지 빼낸다. 그러고는 모가지를 잡은 채 배를 훑어 내리면서 익살스럽게 외친다. "이것이 무엇이냐. 배암이야 배암. 애들은 가. 어른들은 보짝보짝 다가와!" ⓑ취중 사람들의 배꼽이 빠질까 걱정이다. 배암이 무엇이기에 저리도 재미있을까. / 요즈음은 녀석에게도 고민이 하나 있다. 주인의 허리가 점점 굵어지는 것을 느낀다. 지난해에 이미 사용하는 구멍이 한 칸 더 뒤로 밀려났다. 주인의 허리가 굵어질수록 녀석은 입으로 꼬리를 잡기가 힘겹다. 요즘 들어 부쩍 힘이 부치는 느낌이다.
　이제 꼬리의 구멍이 두 개밖에 남지 않았다. 마지막 구멍까지 턱이 닿을 수 있으면 녀석도 버틸 수 있겠지만 그 이상은 곤란하다. ❷주인이 크고 잘생긴 *신참 녀석을 하나 데려올까 염려된다. 시장에 가면 얼룩무늬 악어가죽이나 부드러운 가죽까지 갖가지 색깔과 모양을 한 예쁜 것들이 얼마든지 있다. ㉢나이를 먹는 것도 서러운데 그들에게 밀려날 것을 생각하면 앞날이 서글퍼진다.

　▶ 나이를 먹어 가며 자신의 입지가 좁아지는 것에 대한 걱정과 서글픔

나

지갑

『가장 깊은 곳에 얌전히 숨어 있다. 언제나 주인의 심장 소리를 자장가처럼 들으며 잠이 든다.』딱히 무슨 거룩한 일이라고 할 수는 없지만 나름대로 할 일이 있다. ❸주인의 얼굴이 찍힌 주민 등록증이며, 신용 카드, 사진 한 장, 그리고 이름을 적은 몇 장의 종잇조각 등 소중한 것들을 보듬고 다닌다. 다른 사람들에게는 하찮은 것이겠지만 주인이 끔찍이도 아끼는 것들이다. / 더 중요한 것은 돈이라는 종이이다. 주인은 그 종이를 먹을 것으로 바꾼다.
『꼭 있어야 할 것들을 품고 있으니 ㉡녀석 또한 소중하게 여길 수밖에 없다. 녀석은 주인의 *총애를 받으며 의기양양하게 지낸다.』

　▶ 주인의 지갑에 들어 있는 물건들

『그때를 생각하면 지금도 아찔하다. ⓓ주인과 영원히 이별하는 줄 알았다.』[중략] 주인은 만원 전철에서 시달리고 있었다. 어느 때보다 힘이 드는지 이마에는 땀까지 맺혀 있었다. 정거장에서 출입문이 열리나 했는데 누군가 주인의 어깨를 툭 쳐서 주인이 넘어질 뻔했다. 문이 닫히는 순간 누군가, "도둑이야! 소매치기다!"라고 외쳤다. 주인의 손이 문득 가슴으로 갔다. 이쪽저쪽 주머니 부분을 눌러 보았으나 아무것도 없었다. 속주머니가 예리한 칼에 찢겨 있는 것이 아닌가. 주인은 마음속으로 빌었겠지, 사진만이라도 돌려주었으면 하고.
　며칠 후였다. 녀석을 찾았다는 연락에 주인이 파출소로 달려갔다. 눈물겨운 상봉이었다. 그때까지도 녀석은 빛바랜 사진 한 장을 꼭 껴안고 있었다. 돌아가신 어머니를 잊지 못해 늘 사진을 품고 다니는 주인을 생각하면 얼마나 다행인지 모른다. ㉣겨울이면 맨손으로 어머니 무덤의 눈을 쓸어내리는 주인이다.

　▶ 주인의 품으로 돌아온 지갑

· **중심 내용** 주인을 위해 일하는 사물들의 외양 및 주인과 함께 경험한 사건, 그에 따른 소회 제시

이해와 감상

이 글은 가죽으로 만든 소품 세 가지를 의인화하여 관찰자의 입장에서 각각의 모습과 상황에 대해 쓴 수필이다. 우리 주변에서 흔히 볼 수 있는 소품들을 소재로 일상생활의 감수성을 표현함으로써 제재의 다양성을 보여 주는 한편, 소품을 의인화하여 내용을 전개함으로써 현대 수필이 가진 기법의 다양성 측면도 잘 드러내고 있다.

글쓴이는 제목 '피혁삼우'를 통해 허리띠와 구두, 그리고 지갑 등 세 소품을 사람, 그중에서도 벗에 빗대고 있다. 글쓴이는 세 소품의 겉모양과 그들이 처한 상황을 구체적으로 제시하며, 현재를 살아가는 현대인들의 일면을 비유적으로 드러내고 있다.

작품 연구소

〈피혁삼우〉에 등장하는 세 소품의 겉모양과 각 소품이 처한 상황

	겉모양	처한 상황
허리띠	• 가느다란 혀 하나와 턱에 의지하여 제 꼬리를 물고 있음 • 꼬리의 구멍이 두 개밖에 남아 있지 않음.	• 주인이 신참 녀석을 데려올까 염려하고 있음. • 나이를 먹는 것도 서러운 와중에 주인이 데려올 신참에게 밀려날 것을 상상하며 서글퍼하고 있음.
구두 [생략 부분]	• 얼굴과 색깔이 같지만, 좌우가 대칭인 쌍둥이임. • 날씨에 따라, 주인의 행선지에 따라 천차만별의 모습을 보임.	• 하루 종일 백 근이 넘는 주인을 떠받치며 어디든 헤집고 다님. • 식당에서 우연히 만난 구두 아가씨를 잊지 못함.
지갑	(외양이 묘사되어 있지 않음.)	• 주인의 심장 소리를 자장가처럼 들으며 잠들 수 있는 가장 깊은 곳에 얌전히 숨어 있음. • 주인이 아끼는 것들을 보듬고 다녀 주인의 총애를 받음. • 주인과 영원히 이별할 뻔했다가 사진 한 장을 꼭 껴안고 재회함.

소품을 의인화함으로써 얻을 수 있는 효과

> '글쓴이＝나'로 설정하는 다른 수필과 달리 '허리띠', '지갑'을 의인화한 뒤 3인칭 관찰자가 이들의 모습을 이야기하게 함으로써 글쓴이 자신의 삶과 경험을 생동감 있게 표현함.

허리띠	지갑
나이가 들수록 입지가 좁아지는 것에 대한 심경을 우회적으로 드러냄.	어머니에 대한 애틋한 그리움을 부각하여 드러냄.

함께 읽으면 좋은 작품

〈규중칠우쟁론기〉 / 일상적인 사물을 의인화하여 세태를 풍자한 작품

조선 후기의 부녀자가 쓴 것으로 추정되는 한글 수필이다. 3인칭 관찰자 시점에서 규방 부인의 바느질 용품 일곱 가지를 의인화하여, 그들의 대화를 보여 주는 점이 독특하다. 인간의 이기적인 세태에 대한 풍자와 직분에 따라 성실하게 살아야 한다는 교훈이 담겨 있다. 또한 칠우가 당당히 자신의 주장을 펼치는 모습에서 봉건 사회 속에서 변화해 가는 여성상도 발견할 수 있다. Link 〈고전 산문〉 232쪽

키 포인트 체크

제재 주변에서 흔히 볼 수 있는 □□ 소품인 □□□, 구두, 지갑을 제재로 하여 이야기를 전개하고 있다.

표현 허리띠와 구두, 지갑을 □□□하여 □인칭 관찰자가 그 소품들의 일상과 고민, 경험 등을 전달하고 있다.

1 이 글에 대한 설명으로 가장 적절한 것은?

① 우화적 수법으로 바람직한 사회의 모습을 제시하고 있다.
② 글쓴이의 경험을 일화로 제시하여 공감을 이끌어 내고 있다.
③ 생활 주변의 소품을 의인화하여 주제 의식을 전달하고 있다.
④ 유추의 방식을 사용하여 대상에 대한 새로운 인식을 드러내고 있다.
⑤ 대상의 부정적 측면을 부각하여 현실에 대한 비판적 견해를 표출하고 있다.

2 ㉠과 ㉡에 대한 이해로 적절하지 않은 것은?

① ㉠은 언젠가 젊은 신참에게 밀려날까 봐 걱정한다.
② ㉡은 주인이 자신보다 더 아끼는 '사진'을 부러워한다.
③ ㉡은 주인의 사랑을 받으며 의기양양하게 지낸다.
④ ㉡에 비해 ㉠은 자신의 일을 하는 것을 힘겨워한다.
⑤ ㉠과 ㉡ 모두 주인을 위해 자신들의 일을 한다.

내신 적중

3 ⓐ∼ⓔ에 대한 설명으로 적절하지 않은 것은?

① ⓐ: 혀와 아래턱으로 꼬리를 물고 있어야 하는 상황을 가리킨다.
② ⓑ: 관용구를 통해 사람들이 우스워하는 모습을 효과적으로 나타낸다.
③ ⓒ: 나이가 들어갈수록 점점 입지가 좁아지는 현실을 우회적으로 표현한다.
④ ⓓ: 주인이 자신을 버릴지도 모른다는 두려움이 드러난다.
⑤ ⓔ: 어머니에 대한 주인의 애틋한 마음을 드러낸다.

4 빛바랜 사진과 〈보기〉의 '은수저'의 공통적인 기능을 쓰시오.

> ┤ 보기 ├
>
> 산이 저문다.
> 노을이 잠긴다.
> 저녁 밥상에 애기가 없다.
> 애기 앉던 방석에 한 쌍의 은수저
> 은수저 끝에 눈물이 고인다.
> 　　　　　[중략]
> 먼 들길은 애기가 간다.
> 맨발 벗은 애기가 울면서 간다.
> 불러도 대답이 없다.
> 그림자마저 아른거린다.
> 　　　　　　　　　 － 김광균, 〈은수저〉에서

소년 시절의 맛 | 성석제

국어 해냄

🎯 핵심 정리
갈래 경수필
성격 회상적, 체험적
제재 라면
주제 과거에 먹던 라면 맛에 대한 추억과 그리움
특징 ① 체험한 사실을 서사적으로 전개함.
　　 ② 특정 사물을 매개체로 하여 어린 시절에 대한 추억을 회상함.
출전 《소풍》(2005)

💡 어휘 풀이
사환(使喚) 관청이나 회사, 가게 따위에서 잔심부름을 시키기 위하여 고용한 사람.
대필(代筆) 남을 대신하여 글씨나 글을 씀. 또는 그 글씨나 글.
쇼트닝(shortening) 과자나 빵을 만드는 데에 많이 쓰는 반고체 상태의 기름.
자문(諮問) 어떤 일을 좀 더 효율적이고 바르게 처리하려고 그 방면의 전문가나, 전문가들로 이루어진 기구에 의견을 물음.

🐾 구절 풀이
❶ **꼬불꼬불한 국수 모양이 ~ 불러일으켰다.** 글쓴이는 처음 라면을 보았을 때 국수의 모양, 담긴 그릇, 냄새가 마치 다른 문화를 경험한 것 같은 낯선 느낌을 받았다.
❷ **그 맛은 ~ 위반의 맛이었다.** 처음으로 먹은 라면은 그전까지 먹었던 음식의 맛과 달리 인위적이고 독특하면서도 강한 맛이어서 글쓴이에게 강렬한 인상을 주었다.
❸ **수천 명이 이용하는 ~ 도리가 없었다.** 글쓴이는 군대에서 훈련병이었을 때 아무나 경험하기 힘든 상황에서 먹은 라면의 맛을 특별하게 기억하고 있다.

Q 글쓴이가 라면 맛 찾기를 통해 얻은 결론은?

글쓴이가 다양한 방법을 동원해도 과거의 라면 맛을 더 이상 느낄 수 없게 된 이유는, 글쓴이가 정서적으로 메마른 어른이 되었기 때문이다. 결국 글쓴이는 순수하게 라면 맛에 중독되었던 과거의 시간 자체를 되찾고 싶어 했던 것이다.

🧑 작가 소개
성석제(본책 60쪽 참고)

가　내가 라면을 처음 먹어 본 것은 초등학교 5학년 무렵이다. 하굣길에 읍내 아버지 사무실에 갔다가 *사환으로 있던 동네 형을 만났다. 아버지는 안 계셨고 형은 그때 마침 라면을 끓여 도시락과 함께 먹으려는 찰나였다. ❶꼬불꼬불한 국수 모양이 신기했고 납작한 양은 냄비, 거기서 풍겨 나오는 냄새는 읍내에서 십 리 길 가까운 시골에 사는 내게는 ⓐ도시적이다 못해 이국적인 느낌마저 불러일으켰다. [중략] ❷그 맛은 기존의 질서에서 살짝 일탈한 위반의 맛이었다. 동시에 인스턴트했고 중독의 예감을 안겨 주는 맛이었다.
　　　　（처음 맡아 본 라면 냄새에 대한 느낌）
（처음 먹어 본 라면 맛의 강렬함）　　　▶ 처음 라면을 접하고 먹어 본 기억

나　그로부터 대략 이 년 뒤, 서울 도심에 있는 고등학교로 진학했다. 그 학교는 내가 들어가던 해가 개교 90주년이라고 했다. ⓑ학교가 오래되었다는 게 중요한 게 아니고 학교 앞에 있는 분식집들의 전통이 만만치 않다는 것이 중요하다. 수업이 끝난 뒤 우리는 각자 밥을 꽉 눌러 채운 도시락을 하나씩 들고 분식집에 모였다. 그러면 주인은 미리 껍질을 벗겨 놓은 라면을, 역시 미리 수프를 풀어 끓여 놓은 냄비 속에 빠뜨렸다. 그러고는 시름하고 커다란 단무지 세 쪽 아니면 네 쪽을 접시에 담아 냄비와 함께 가져다주었다. 식탁에 있는 고춧가루를 살짝 풀어 라면과 함께 밥을 말아 먹으면 도서관에서의 한밤까지도 든든했다. 그때 ㉠그 라면이 얼마나 맛있었으면 도서관에 남아 공부를 하려고 라면을 먹는지, 라면을 먹으려고 도서관에 남아 있는지 잘 모를 지경이었다. ▶ 고등학생 때 먹었던 라면 맛에 대한 기억

다　훈련병이던 나는 어느 날 훈련소 식당 주방장의 연애편지를 *대필해 주고 나서 라면을 얻어먹게 되었다. 주방장은 빈 *쇼트닝 깡통을 가져오더니 바닥이 가려질 정도만 물을 붓고 취사용으로 쓰는 대포 같은 초대형 가스버너에 깡통을 올려놓았다. 십 초도 되지 않아 물이 요란하게 끓기 시작했다. 주방장은 라면 봉지의 앞면, 이음 선이 없는 부분을 밀어 라면이 깡통 안으로 떨어지게 만들고 수프를 뿌렸다. 그러곤 곧 버너의 불을 껐고 내게 기다란 조리용 젓가락을 건네주며 먹으라고 말했다. 그 맛 역시 잊을 수 없었다. ❸수천 명이 이용하는 취사도구(버너, 주방장, 젓가락)를 ⓒ계급도 없는 훈련병 혼자 독점한 기분이 주는 맛이 특별하지 않을 도리가 없었다.　（군 시절에 먹었던 라면 맛의 회상）　▶ 군대에서 먹었던 라면 맛에 대한 기억

라　그런데 언제부터인가 라면의 맛을 잃어버렸다. 라면의 종류는 과거와 비교할 수 없이 많아졌고 재료 역시 좋아졌지만 내가 찾는 그 맛은 어디에도 없었다. 한동안 나는 『초겨울 빈 들에 구하기도 힘든 찌그러진 양은 냄비를 들고 나가 짚으로 라면을 끓여 먹어 보기도 했다. 또 어렵사리 분유 깡통을 구해 젓가락을 넣다가 합선 사고를 내기도 했고 납작한 양은 냄비를 찾아 시장을 헤맨 적도 있다.』 여러 사람의 *자문을 얻어 이것저것 실험도 해 보았다. 『라면을 끓이는 냄비는 성냥불만 닿아도 파르르 반응하도록 얇을수록 좋다. 수프는 미리 찬물에 풀고 그 물을 최대한 오래 끓인 뒤 면을 넣는데 뚜껑은 덮지 말고 면을 섞거나 뒤집지 않는다. 날씨는 추울수록 좋고 끓는 부분과 차가운 대기에 접촉하는 면이 공존해야 한다. 면을 넣은 뒤 최소한의 시간만 익히고 곧 먹어야 한다.』 등등. [중략] 그렇지만 ⓓ그때와 같은 맛은 결코 돌아오지 않았다.　（과거의 라면 맛을 느끼지 못하게 됨）　（『』: 과거의 라면 맛을 다시 느끼기 위한 노력）　（『』: 라면 맛을 내기 위한 조건들）　▶ 과거의 라면 맛을 다시 맛보기 위한 노력

마　얼마 전에 나는 나름의 결론을 내렸다. 나는 라면을 먹고 싶어 하는 것이 아니라 그때 그 시절을 먹고 싶어 하는 거라고, 무지개를 찾는 소년처럼 헛되이, 저 멀리에서 황홀하게 ⓔ빛나는 그 시절을 되찾으려는 것이라고.　（다시 돌아가는 것은 불가능하므로）　（순수했던 과거）　▶ 라면 맛에 담긴 추억의 의미에 대한 깨달음

・**중심 내용** 소년 시절에 먹었던 라면 맛에 대한 추억과 그 시절에 대한 그리움

이해와 감상

이 글은 글쓴이가 소년 시절부터 학창 시절과 군대를 거치며 경험한 라면에 얽힌 추억들을 회상하면서 쓴 수필이다. 글쓴이는 먼저 처음 라면을 먹었던 때의 강렬한 기억을 바탕으로 계속 라면 맛에 빠져들었던 일화들을 서술한 후, 과거의 라면 맛을 다시 느껴 보기 위한 여러 가지 노력들을 나열하고 있다. 그러나 그때의 맛은 찾지 못하고, 결국 자신이 찾고 싶어 한 것은 과거의 라면 맛이 아니라 과거의 추억이라는 것을 깨닫는다. 글쓴이는 순수했던 과거의 기억을 현재에도 고스란히 느끼고 싶어 한 자신을 알게 되었을 때, 자신이 더 이상 과거의 맛을 느낄 수 없는 어른이 되었다는 사실까지 함께 인식하게 된 것이다.

🏠 작품 연구소

글쓴이가 먹은 라면의 맛

생애 최초로 먹은 라면	기존의 질서에서 살짝 일탈한 위반의 맛, 인스턴트하고 중독의 예감을 안겨 주는 맛

↓

중학교 때 먹은 라면	시골에서 먹던 것보다 짜고 더욱 인스턴트하고 냄새가 강한 맛 [중략 부분]

↓

고등학교 때 먹은 라면	도서관에 남아 공부를 하려고 라면을 먹는지, 라면을 먹으려고 도서관에 남아 있는지 모를 지경의 맛

↓

군대에서 먹은 라면	수천 명이 이용하는 취사도구를 계급도 없는 훈련병이 독점한 기분을 주는 잊을 수 없는 특별한 맛

글쓴이가 소년 시절의 라면 맛을 잃어버린 이유

과거	현재
순수한 꿈과 희망을 지녔던 시절, 잊을 수 없는 라면의 맛을 느낌.	꿈과 희망을 지닌 소년이 아닌 어른이 되었기 때문에 그 시절의 맛을 잃어버림.

↓

소년 시절의 라면 맛에 대한 그리움

자료실

성석제의 산문집 《소풍》

《소풍》은 성석제의 흥거운 입담과 날렵한 필치가 돋보이는 산문집이다. 주로 음식에 관해 연재한 글이 담겨 있다.

"이 책에 든 글들은 대체로 음식에 관한 것이지만 음식만 이야기하려고 한 것은 아니다. 음식을 통해서 새삼 깨닫게 되는 사람과 세상에 관해 썼다. 소풍 가서 나무 그늘에 둘러앉아 도시락을 먹고[食] 샘물을 마시는[飮] 것처럼, 자연스럽게 느낌[感]이 움직이는 것[動]을 공유하고 싶었다. 음식을 먹는 것이 소풍이라면 음식 이야기 역시 소풍이며, 무릇 이야기란 또한 우리 삶의 소풍과 같은 것이다."

성석제의 말에 따르면 음식이란 '추억의 예술이자 오감이 총동원되는 총체 예술'이다. 음식을 만든 사람, 먹는 장소, 먹는 동안 일어난 일, 함께 먹는 일행 등에 대한 느낌이 합쳐져 하나의 기억을 이룬다. 그리고 그 기억은 곧 음식을 먹은 사람의 개인사이자 그가 속한 사회의 풍속사의 일부이다.

📖 함께 읽으면 좋은 작품

〈자장면〉, 정진권 / 과거를 추억하고 현재를 돌아보는 작품

어린 시절 고향의 중국집에서 먹었던 자장면을 소재로 과거의 인정을 드러내고, 이와 대조되는 현대의 생활을 돌아보게 하는 수필이다. 인정 넘치던 과거에 대한 그리움을 느끼는 글쓴이의 모습에 주목하여 이 글과 함께 읽어 볼 만하다.

🔑 포인트 체크

- **제재** ☐☐에 얽힌 다양한 추억을 이야기하며 순수했던 시절에 대한 그리움을 표현하고 있다.
- **관점** 글쓴이는 옛날의 라면 맛을 되찾기 위해 노력하면서 자신이 그리워한 것은 순수했던 ☐☐☐☐ 자체였음을 깨닫게 된다.
- **표현** 자신이 체험한 사실을 서사적으로 서술하면서 ☐☐의 흐름에 따라 내용을 전개하고 있다.

1 이 글에 대한 설명으로 적절하지 않은 것은?
① 시간의 흐름에 따라 내용을 전개하고 있다.
② 중심 소재와 관련된 여러 일화를 제시하고 있다.
③ 글쓴이가 체험한 사실을 서사적으로 서술하고 있다.
④ 상반되는 상황을 통해 오늘날의 현실을 비판하고 있다.
⑤ 과거 회상을 통해 대상에 대한 그리움을 드러내고 있다.

2 (가)~(라)의 라면이 공통적으로 의미하는 것으로 가장 적절한 것은?
① 여유　　　② 추억　　　③ 경제력
④ 소박한 인심　　　⑤ 생소한 음식

3 ⓐ~ⓔ에 대한 설명으로 적절하지 않은 것은?
① ⓐ: 처음 경험해 본 것에 대한 생소함을 서술하고 있다.
② ⓑ: 특정 사실을 자신의 관심과 연관 지어 해석하고 있다.
③ ⓒ: 목적했던 상황이 이루어진 것에 대한 만족감을 표현하고 있다.
④ ⓓ: 많은 노력에도 목적을 이루지 못하여 아쉬워하고 있다.
⑤ ⓔ: 자신의 생각과 행동에 담긴 본래의 목적을 깨닫고 있다.

4 ㉠의 상황에 어울리는 한자 성어로 가장 적절한 것은?
① 물아일체(物我一體)　　② 산전수전(山戰水戰)
③ 언어도단(言語道斷)　　④ 역지사지(易地思之)
⑤ 주객전도(主客顚倒)

5 이 글과 〈보기〉에 나타난 '맛'에 대한 공통된 생각을 20자 내외로 쓰시오.

　보기

　　자장면은 좀 침침한 작은 중국집에서 먹어야 맛이 난다. 그 방은 퍽 좁아야 하고, 될 수 있는 한 깨끗지 못해야 하고 칸막이에는 콩알만 한 구멍들이 몇 개 뚫려 있어야 어울린다.
　　식탁은 널판으로 아무렇게나 만든 앉은뱅이어야 하고, 그 위엔 담뱃불에 탄 자국이 검고 또렷하게 무수히 산재해 있어야 정이 간다.

　　　　　　　　　　　　　　　　　　　　– 정진권, 〈자장면〉에서

내신 적중

6 글쓴이가 라면의 맛을 잃어버린 이유를 30자 내외로 쓰시오.

030

성난 풀잎 | 이문구

문학 미래엔

🌀 핵심 정리

갈래 경수필
성격 사색적, 성찰적
제재 풀독이 오른 경험
주제 인간 중심적 사고에 대한 성찰과 반성
특징 ① 글쓴이의 경험을 통해 인식의 변화를 드러냄.
② 다른 사람의 말을 인용하여 내용을 효과적으로 전달함.
출전 《인간 사회에 대한 꿈》(2006)

💡 어휘 풀이

떼치다 어떤 생각이나 정(情) 따위를 딱 끊어 버리다.
모르쇠 아는 것이나 모르는 것이나 다 모른다고 잡아떼는 것.
집터서리 집의 바깥 언저리.
울안 울타리를 둘러친 안.
풀독 풀의 독기.
옴 옴진드기가 기생하여 일으키는 전염 피부병.
달포 한 달이 조금 넘는 기간.

🌿 구절 풀이

❶ **서양의 한 자연주의 작가 ~ 말한 적이 있다.** 자연은 인간의 운명에 대해 관심을 두지 않는다는 것은 자연은 인간의 의지나 노력과는 무관하며, 인간의 질서에 인위적인 조작이나 개입을 하지 않는다는 것을 의미한다. 이를 통해 인간과 자연은 서로 동등하고 평등한 존재임을 나타낸다고 할 수 있다.

❷ **자연스럽다는 것은 ~ 무관한 것이 아니었던가.** 자연스럽다는 의미는 인간의 의지나 뜻이 개입되지 않고 자체의 질서를 원래 그대로 유지하고 있는 것을 의미한다.

Q 글쓴이가 풀독이 올랐는데도 장마가 끝나도록 병원을 찾지 않은 이유는?

글쓴이는 잡풀을 억지로 뽑으려 했던 일 때문에 풀독이 올랐음을 깨달으면서 인간 중심적 생각을 반성한다. 그래서 풀독이 오른 것을 병원에 가서 약이나 주사와 같은 인위적인 방법으로 치료하는 것이 아니라 자연의 순리대로 치유하는 것이 옳다고 생각하여 병원을 찾지 않는다.

👤 작가 소개

이문구(1941～2003)
소설가. 산업화 과정에서 시대의 변화에 적응하지 못하고 소외되어 가는 농촌 민중들의 삶을 그린 작품을 많이 썼다. 주요 작품으로 〈우리 동네〉, 〈으악새 우는 사연〉, 〈유자소전〉 등이 있다.

예로부터 하늘과 땅은 어질지가 않다(天地不仁)는 말이 있다. 온갖 생물을 낳고 기르면서도 그 생물들 가운데 어느 것을 편들거나 어느 것을 *떼치거나 하지 않고 자연에 그대로 맡긴다는 뜻이다. ❶서양의 한 자연주의 작가 역시 자연은 인간의 운명에 대해 관심을 두지 않는다고 말한 적이 있다. 『이를테면 큰 잉어가 어린 붕어를 먹고, 큰 붕어가 어린 피라미를 먹고, 큰 피라미가 어린 송사리를 먹고, 큰 송사리가 어린 생이를 먹고 살더라도 말리지 않으며, 넓고 넓은 바닷가의 오막살이집에서 늙은 아비가 고기잡이를 하며 철모르는 딸과 함께 살다가 배가 뒤집혀 돌아오지 않는다고 하더라도 *모르쇠를 댄다는 것이다.』

그리고 보면 '자연스럽다'는 말처럼 매몰스럽고 정나미가 떨어지는 말도 드물 것 같다. 그러나 그것은 어디까지나 인간의 이기주의적인 생각에 지나지 않는다. 자연은 인간의 힘을 더하지 않은 채 우주 사이에 저절로 된 그대로 그냥 있는 것이 제 본성이기 때문이다.

아무 데나 나는 풀도 이름이 없는 풀은 없다고 한다. 그러나 농부는 저마다 논밭에 심고 가꾸는 것이 아닌 것은 죄다 잡풀이라고 한다. 『자기에게 필요할 때는 나물도 되고 화초도 되고 약초도 되고 목초도 되고 거름도 되고 하는 풀도 필요가 없을 때는 잡풀이 되는 것이다.』 잡풀로 그치는 것만도 아니다. 논밭에 나서 서로가 살려고 작물과 경쟁을 할 때는 여지없이 농부의 원수가 되어 낫에 베이거나 호미에 뽑히거나 농약에 마르거나 하여 덧없이 죽어 가게 마련이다. 논밭의 작물은 주인의 발걸음 소리에 자란다는 말을 들을 때 잡풀의 서러움은 그 무엇에 견주어 말한대도 성에 찰 리가 없을 터이다.

나는 장마 전에 시골집에 가서 고추밭과 *집터서리에 뒤덮은 잡풀을 이틀에 걸쳐서 뽑고 베고 하였다. 장마가 지면 고추밭이 풀밭이 되고 *울안의 빗물도 빠지지 않아서 나간 집이나 다름이 없어질 터이기 때문이었다. 풀을 뽑고 베는 동안에 팔과 다리에 *'풀독'이 올랐다. 뽑히고 베일 때 성이 난 풀잎에 팔과 다리가 긁히더니 이윽고 벌겋게 부르트면서 옻이나 *옴이 오른 것처럼 가렵고 따갑고 쓰라려서 안절부절못하게 된 거였다.

약국에서는 접촉성 피부염이라면서 먹는 약과 바르는 약을 지어 주었지만, 열흘이 지나고 보름이 지나도 가라앉지 않았다. 누구는 병원의 주사 한 방이면 직방으로 나을 텐데 미련을 떤다고 흉을 보기도 했다. 그러나 장마가 끝나도록 병원을 찾지 않았다.

㉠한갓 잡풀일망정 뽑히고 베일 때 왜 느낌이 없을 수 있겠는가. 느낌이 있다면 왜 가만히 있을 수 있겠는가. ❷자연스럽다는 것은 본디 인간의 뜻과 무관한 것이 아니었던가. 풀독은 근 *달포나 되어서야 자연스럽게 가라앉았다.

• **중심 내용** 풀독이 올라 고생했던 경험을 바탕으로 자연에 대한 인식과 성찰을 나타냄.

이해와 감상

이 글은 잡풀을 베다가 풀독이 올랐던 경험을 통해 인간 중심적 사고에 대한 성찰과 반성을 담고 있는 수필이다. 글쓴이는 고추밭과 집터서리에 뒤덮인 풀을 쓸모없는 잡풀이라 여겨 뽑고 베어 낸다. 그러나 그 과정에서 풀독이 오르고 글쓴이는 그 풀독이 잡풀의 저항, 분노라고 생각하게 된다. 즉, 잡풀도 인간과 동등하게 자신을 해하려는 대상에 반발할 수 있음을 깨닫고 이를 통해 인간 중심적인 가치관에 대해 반성하는 모습을 보이고 있다.

작품 연구소

'자연스럽다'의 의미

사전적 의미	• 억지로 꾸미지 아니하여 이상함이 없다. • 순리에 맞고 당연하다. • 힘들이거나 애쓰지 아니하고 저절로 된 듯하다.
이 글에서의 의미	• 인간의 의지나 노력과 무관하며, 인간의 인위적인 조작이 개입되지 않았다. • 모든 존재는 근원적으로 평등하다.

〈성난 풀잎〉에 나타난 글쓴이의 인식 변화

풀독이 오르기 전	풀독이 오른 후
• 고추밭과 집터서리에 뒤덮인 잡풀은 필요가 없으므로 뽑고 베어 내야 한다고 생각함. • 인간에게 이로운지 해로운지만을 중심으로 상황이나 사태를 판단함.	• 잡풀도 인간과 동등하게 자신을 인위적으로 해하려는 대상에 반발할 수 있다는 것을 깨달음. • 인간 중심이 아닌 대상의 입장을 헤아려 상황이나 사태를 판단함.
이기주의적 사고, 인간 중심적 사상	이타주의적 사고, 생명 존중 사상

(가운데: 풀독이 오름.)

제목 '성난 풀잎'이 의미하는 바

• 한갓 잡풀일망정 뽑히고 베일 때 왜 느낌이 없을 수 있겠는가.
• 느낌이 있다면 왜 가만히 있을 수 있겠는가.

↓

글쓴이는 풀이 뽑히고 베이면서 고통과 분노를 느껴 풀독이 오른 것이라고 생각함.

↓

인간 중심적인 사고로 자연의 순리를 거스르는 삶의 태도를 경고하고 질책하는 존재를 의미함.

함께 읽으면 좋은 작품

〈풀 비린내에 대하여〉, 나희덕 / 문명의 이기와 생태 문제에 대한 성찰이 담긴 작품
글쓴이가 자동차를 운전하면서 겪은 일을 바탕으로 현대 문명의 이기를 사용하는 행위가 다른 생명에게 미치는 영향을 생각해 보도록 이끄는 수필이다. 생태 문제에 대한 성찰을 담고 있다는 면에서 이 글과 비교하여 읽어 볼 만하다. ▶ **Link** 본책 96쪽

포인트 체크

[제재] 풀을 베다가 □□이 오른 경험에서 얻은 깨달음을 이야기하고 있다.
[관점] 글쓴이는 □□ 중심적 사고에서 벗어나 대상의 입장에서 생각하는 이타주의적 사고를 보이고 있다.
[표현] 노자와 서양의 한 자연주의 작가의 말을 □□하여 내용을 효과적으로 전달하고 있다.

1 이 글에 대한 설명으로 적절하지 <u>않는</u> 것은?

① 설의적 표현을 사용하여 자신의 생각을 강조하고 있다.
② 구체적인 경험을 통한 글쓴이의 인식 변화가 나타나고 있다.
③ 열거법과 연쇄법을 사용하여 구체적인 사례를 제시하고 있다.
④ 다른 사람의 말을 인용하여 내용을 효과적으로 전달하고 있다.
⑤ 역설적 표현을 사용하여 대상에 대한 비판적 태도를 드러내고 있다.

2 ㉠에 담긴 의미로 가장 적절한 것은?

① 자신의 행동에 대해 스스로 책임을 지는 것은 당연하다.
② 어려운 일을 혼자만의 힘으로 극복하기 어려운 것은 당연하다.
③ 자신에게 위해가 발생하면 이에 반발하는 마음이 생기는 것은 당연하다.
④ 다른 사람을 위해 희생하는 마음이 없다면 존중을 받지 못하는 것은 당연하다.
⑤ 처음에 가졌던 생각을 쉽게 바꾸었을 때에 신뢰감을 주지 못하는 것은 당연하다.

3 이 글의 글쓴이가 〈보기〉의 '포수'에게 할 충고로 가장 적절한 것은?

> ┤ 보기 ├
>
> 2
> 새는 울어 / 뜻을 만들지 않고
> 지어서 교태로 / 사랑을 가식(假飾)하지 않는다.
>
> 3
> 포수는 한 덩이 납으로 / 그 순수(純粹)를 겨냥하지만,
> 매양 쏘는 것은 / 피에 젖은 한 마리 상(傷)한 새에 지나지 않는다.
>   – 박남수, 〈새〉에서

① 인간의 이기심 때문에 자연을 파괴해서는 안 된다.
② 인간은 자연의 순수한 모습을 본받아 살아가야 한다.
③ 인간의 인위적인 조작을 통해 자연을 개선해야 한다.
④ 인간은 한낱 미물에 불과하므로 자연을 섬기고 살아야 한다.
⑤ 인간에게 이로운지 해로운지를 기준으로 상황을 판단해야 한다.

4 이 글의 제목이 의미하는 바를 30자 내외로 쓰시오.

031

꽃 출석부 1 | 박완서

키워드 체크 #체험적 #복수초에 대한 감탄 #꽃 출석부 #꽃들에 대한 애정

[독서] 천재

🎯 핵심 정리

갈래 경수필
성격 체험적, 개성적
제재 복수초, 마당의 꽃
주제 어려움을 이겨 내고 때를 지켜 피어나는 꽃들을 기억하고 기다림.
특징 ① 마당에서 꽃을 기르는 글쓴이의 경험을 소재로 함.
② 글쓴이의 세심한 관찰력과 섬세한 감정이 드러남.
③ 머릿속에 꽃 출석부가 생겼다는 표현을 통해 꽃이 피기를 기다리는 설렘과 기쁨을 드러냄.
출전 《호미》(2007)

💡 어휘 풀이

속절없다 단념할 수밖에 달리 어찌할 도리가 없다.
언저리 둘레의 가부분.
지열 ① 지구 안에 본디부터 있는 열. ② 햇볕을 받아 땅 표면에서 나는 열.
기화요초(琪花瑤草) 옥같이 고운 풀에 핀 구슬같이 아름다운 꽃.

🐾 구절 풀이

❶ **그러나 빛깔은 진한 황금색이어서 ~ 생뚱스러워 보였다.** 겨울이 가고 봄이 왔지만 아직 아무 초목도 눈을 틔우지 않은 황량한 마당에 유독 노란 황금색 꽃을 피운 복수초의 모습이 주변과 어울리지 않음을 표현한 것이다.

❷ **놀랍게도 제일 먼저 녹은 ~ 해를 보고 있었다.** 복수초가 눈을 이겨 내고 생생하게 피어난 모습에 감탄하고 있다. 소나무조차 쌓인 눈의 무게를 이기지 못하고 꺾인 듯 축 처진 모습과 비교했을 때, 작은 꽃송이인 복수초가 두텁게 쌓인 눈을 녹여 내는 모습은 생명의 신비로움과 경이로움을 느끼게 해 준다.

❸ **이름을 모르면 백 번이라는 ~ 궁금하지 않았을지도 모른다.** 글쓴이는 자신의 마당에서 자라는 백 가지가 넘는 꽃들의 이름을 모두 기억하고, 출석부에 앞 번호 학생과 뒤 번호 학생을 구별하여 기억하듯 그 꽃들이 언제 피고 언제 지는지를 기억하고 있다. 글쓴이의 섬세한 관찰력과 함께 꽃에 대한 지극한 애정을 엿볼 수 있다.

👤 작가 소개

박완서(1931~2011)
소설가. 일상적 삶을 중년 여성 특유의 섬세하고 현실적 감각으로 그려 냈으며 특히 한국 전쟁의 비극적 체험을 심화된 내면 의식을 통해 밀도 있게 형상화하였다. 주요 작품으로 소설 〈엄마의 말뚝〉, 〈그 많던 싱아는 누가 다 먹었을까〉, 수필집 《못 가 본 길이 더 아름답다》 등이 있다.

전략 부분의 내용 글쓴이는 작년 가을 이웃에게서 복수초를 나누어 받아 양지바른 곳에 복수초를 심는다. 하지만 볼품없는 겉모습 때문에 눈 속에서 피어나는 복수초라는 것이 믿기지 않고 심은 자리조차 이내 잊어버린다.

아마 3월이 되자마자였을 것이다. 샛노란 꽃 두 송이가 땅에 닿게 피어 있었다. 하도 키가 작아서 하마터면 밟을 뻔했다. ❶그러나 빛깔은 진한 황금색이어서 아직 아무것도 싹트지 않은 황량한 마당에 몹시 생뚱스러워 보였다. 그리고 곧 큰 눈이 왔다. 아무리 눈 속에서도 피는 꽃이라고 알려져 있어도 그 작은 키로 견디기에는 너무 많은 눈이었다. 나는 눈으로는 눈의 무게를 이기지 못해 꺾인 듯이 축 처진 소나무 가지를 바라보면서 마음으로는 그 샛노란 꽃의 *속절없음을 생각하고 있었다. 대문 밖의 눈은 치워 주었지만 마당의 눈은 그대로 방치해 두었기 때문에 녹아 없어지는 데 며칠 걸렸다. ❷놀랍게도 제일 먼저 녹은 데가 복수초 *언저리였다. 고 작은 풀꽃의 머리칼 같은 뿌리가 땅속 어드메서 따뜻한 *지열을 길어 올렸기에 복수초는 그 두터운 눈을 녹이고 더욱 샛노랗게 더욱 싱싱하게 해를 보고 있었다. 온종일 그렇게 피어 있다가 해 질 무렵에는 타원형으로 오므라든다. 그러다가 아주 시들어 버릴 줄 알았는데 다음 날 해만 뜨면 다시 활짝 핀다. [중략] 어떤 친구는 마당에 피는 꽃이 백 가지도 넘는다고 해서 부러워했는데 이런 것까지 쳐서 백 가지냐고 기막힌 듯이 물었다. 듣고 보니 내가 그런 자랑을 한 적이 있는 것 같았다. 그러나 거짓말을 한 건 아니다. 그 친구는 아마 *기화요초가 어우러진 광경을 상상했나 보다. 내가 백 가지도 넘는다고 한 것은 복수초 다음으로 피어날 민들레나 제비꽃, 할미꽃까지 다 합친 수효이다. 올해는 복수초가 1번이 되었지만 작년까지만 해도 산수유가 1번이었다. 곧 4월이 되면 목련, 매화, 살구, 자두, 앵두, 조팝나무 등이 다투어 꽃을 피우겠지만 그래도 조금씩 날짜를 달리해 순서대로 피면서 그 그늘에 제비꽃이나 민들레, 은방울꽃을 거느린다. 꽃이 제일 먼저 핀 것은 복수초이지만 잎이 제일 먼저 흙을 뚫고 모습을 드러낸 것은 상사초이고 그다음이 수선화이다. 수선화는 벚꽃이 필 무렵에나 필 것 같고 상사초는 잎이 시들어 지상에서 사라지고 나서도 한참이나 더 있다가 꽃대를 밀어 올릴 것이다. 이렇게 그것을 기다리고 마중하다 보니 ⊙내 머릿속에 출석부가 생기게 되고, 출석부란 원래 이름과 함께 번호를 매기게 되어 있는지라 백 번이 넘는다는 걸 알게 되었다. ❸이름을 모르면 백 번이라는 숫자도 나오지 않았을 것이다. 그것들이 순서를 지키지 않고 멋대로 피고 지면 이름이 궁금하지 않았을지도 모른다.

▶ 눈 속에서 살아나 꽃을 활짝 피운 복수초와 꽃들이 피는 순서를 바탕으로 만든 꽃 출석부

내가 출석을 부르지 않아도 그것들은 올 것이다. 그래도 나는 그것들이 올해도 하나도 결석하지 않고 전원 출석하기를 바라기 때문에 ⓛ그것들이 뿌리로, 씨로 잠든 땅을 함부로 밟지 못한다. 그것들이 왕성하게 자랄 여름에는 그것들이 목마를까 봐 마음 놓고 어디 여행도 못 할 것이다. 그것들은 출석할 때마다 내 가슴을 기쁨으로 뛰놀게 했다. 백 식구는 대식구이다. 나에게 그것들을 부양할 마당이 있다는 걸 생각만 해도 뿌듯한 행복감을 느낀다. 내가 이렇게 ⓒ사치를 해도 되는 것일까. 괜히 송구스러울 때도 있다.

▶ 꽃들이 전원 출석하기를 기다리며 행복감을 느낌.

그것들은 내가 기다리지 않아도 올 것이다. 그래도 나는 기다린다. 기다리는 기쁨 때문에 기다린다.

▶ 꽃들이 피기를 기쁜 마음으로 기다림.

• **중심 내용** 복수초를 비롯하여 마당에 핀 꽃들의 출석부를 만들고, 그것들을 관찰하며 느끼는 기쁨과 즐거움.

이해와 감상

이 글은 글쓴이가 마당에 핀 소박한 꽃들을 관찰하며 느낀 기쁨과 즐거움을 표현한 수필이다. 글쓴이는 오랜 시간 마당의 꽃들을 관찰하면서 다른 이들 눈에는 대수롭지 않아 보이는 꽃들도 일일이 기억해 백 가지 종류가 넘는 꽃들의 이름, 꽃들이 피는 순서도 빠짐없이 외우고 있다. 이른 봄, 눈 속에서도 생생하게 꽃을 피워 내는 복수초를 관찰하며 감탄하고 자랑스러워하는 모습, 꽃 출석부를 만들어 꽃 하나하나를 확인하고 소중히 여기는 모습에서 글쓴이가 지닌 자연에 대한 세심한 관심과 무한한 애정을 느낄 수 있다.

작품 연구소

'복수초(福壽草)'에 대한 글쓴이의 생각 변화

작년 가을	올해 3월	큰 눈이 온 뒤
볼품없는 겉모습 때문에 눈 속에서 피어나는 복수초라는 것이 믿기지 않음. [전략 부분]	황량한 마당과 어울리지 않게 샛노란 꽃을 피운 모습이 생동스럽다고 생각함.	• 신기해하고 감탄함. • 자랑스럽게 여김.

마당에 핀 꽃들에 대한 글쓴이의 태도

• 백 가지가 넘는 꽃들의 이름과 꽃이 피는 시기를 알고 있음. • 피는 순서에 따라 꽃을 정리해 보니 백 번이 넘어 꽃 출석부를 만듦. • 꽃 출석부의 꽃들이 전원 출석하기를 바람.	• 꽃을 좋아하고 꽃과 함께하는 생활에 기쁨을 느낌. • 마당에 핀 소박한 꽃들을 모두 소중하게 여기며 관심을 기울임.

〈꽃 출석부 1〉에 나타난 글쓴이의 개성

• 꽃들이 잘 피어나기를 바라며 땅을 함부로 밟지 않고 여행도 잘 다니지 않음.
→ 자연을 사랑하고 자연과 함께하는 삶에 가치를 둠.
• 꽃의 이름, 피는 시기, 특성을 잘 알고 있음.
→ 섬세한 관찰력을 지니고 있음.

자료실

복수초(福壽草)

미나리아재빗과의 여러해살이풀. 높이는 25~30cm 정도이며, 잎은 어긋나고 세 번 또는 네 번 우상 복엽이다. 4~5월에 누런색 꽃이 원줄기와 가지 끝에 한 개씩 피고 열매는 수과(瘦果)이다. 산지의 나무 그늘에서 나는데 한국, 일본, 중국 등지에 분포한다.

함께 읽으면 좋은 작품

〈이름 없는 꽃〉, 신경준 / 꽃과 관련한 깨달음을 전하는 작품

이 작품은 동산에 피어 있는 이름 없는 꽃들을 보며 아름다움은 그 이름에 의해 나타나는 것이 아니라는 것을 깨달은 고전 수필이다. '꽃의 이름'에 대한 생각이 이 글과 어떤 점에서 차이가 나는지 비교하여 감상할 수 있다. Link 〈고전 산문〉 252쪽

〈매화사〉, 안민영 / 매화의 아름다움을 예찬하는 작품

이 작품은 총 8수로 된 연시조로, 매화의 아름다움과 지조, 절개 등을 예찬한 내용을 담고 있다. 특히 눈 속에서도 꽃을 피우는 매화의 속성과 매화를 의인화하여 대상에 대한 애정을 드러낸 점은 이 글과 유사하다고 볼 수 있다. Link 〈고전 시가〉 232쪽

 키 포인트 체크

제재 마당에서 □□을 기르는 글쓴이의 경험에 관해 이야기하고 있다.
관점 백 가지가 넘는 꽃들의 □□을 알고 있으며, 꽃이 피는 순서에 따라 꽃 □□□를 만들 정도로 꽃들에 대한 애정을 가지고 있다.
표현 머릿속에 꽃 출석부가 생겼다는 표현을 통해 꽃이 피기를 기다리는 □□과 기쁨을 드러내고 있다.

1 이 글에 대한 설명으로 가장 적절한 것은?
① 여러 대상의 공통점과 차이점을 부각하고 있다.
② 일상적 사물을 예술적 차원으로 승화시키고 있다.
③ 대상에 대한 글쓴이의 섬세한 관찰력을 드러내고 있다.
④ 개인의 경험을 일반화하여 사회적 현상으로 확대하고 있다.
⑤ 객관적인 태도로 대상을 관찰하여 담담한 어조로 말하고 있다.

내신 적중 多빈출

2 '복수초'에 대한 글쓴이의 생각 변화 과정을 다음과 같이 나타내었을 때, ⓐ~ⓒ에 들어갈 말을 바르게 연결한 것은?

작년 가을 ⓐ	올해 3월 ⓑ	큰 눈이 온 뒤 ⓒ

	ⓐ	ⓑ	ⓒ
①	믿음직하다	낯설다	반갑다
②	원망스럽다	낯익다	신기하다
③	의심스럽다	엉뚱하다	생경하다
④	미덥지 못하다	생뚱스럽다	감탄하다
⑤	의심스럽다	확신하다	맹신하다

3 ㉠에 대한 설명으로 적절하지 않은 것은?
① 꽃이 피는 시기에 따라 출석 번호를 매기고 있다.
② 출석부에 있는 꽃들의 출석 번호는 매년 동일하다.
③ 글쓴이는 출석부에 있는 대상들의 이름을 모두 알고 있다.
④ 주변에서 비교적 흔하게 볼 수 있는 꽃들이 많이 포함되어 있다.
⑤ 꽃들이 피기를 기다리는 마음에 글쓴이의 머릿속에 저절로 생긴 것이다.

4 ㉡에 나타난 태도를 한자 성어로 나타내었을 때, 가장 적절한 것은?
① 애지중지(愛之重之)
② 결초보은(結草報恩)
③ 학수고대(鶴首苦待)
④ 자포자기(自暴自棄)
⑤ 자승자박(自繩自縛)

5 ㉢의 문맥적 의미를 20자 내외로 쓰시오.

앎과 힘의 뿌리, 문화유산 | 윤구병

독서 미래엔

🎯 핵심 정리

갈래 경수필

성격 체험적, 사색적, 교훈적

제재 조상들의 삶의 흔적인 문화유산

주제 우리 문화유산 전승의 가치와 중요성

특징 ① 농촌 생활에서 겪었던 경험과 그에 따른 생각 등을 잔잔한 어조로 서술함.

② 우리 문화유산에 대한 가치를 그와 상반되는 대상과 대조하여 서술함.

출전 《가난하지만 행복하게》(2008)

💡 어휘 풀이

창포물 창포의 잎과 뿌리를 우려낸 물. 단오에 머리를 감거나 몸을 씻는 데 쓴다.

치부(置簿)되다 마음속으로 그러하다고 생각되거나 여겨지다.

Q '도시의 정원'과 '농가의 뜰'의 차이점은?

도시의 정원이 늘 푸른 나무들로 잘 꾸며진 정원이라면, 농가의 뜰은 실생활에서 유용한 쓰임이 있는 나무와 꽃들로 이루어져 있다. 글쓴이는 농가의 정원을 조선식 뜰, 우리의 살아 있는 문화유산의 하나로 보고 있다.

🔎 구절 풀이

❶지나간 삶의 흔적이 ~ 축적된다는 말이다. 다양한 모습으로 살아온 조상들의 흔적이 곧 문화유산이며, 문화유산은 무엇을 할 능력이 있는 힘이라는 뜻이다.

❷눈여겨보면 볼수록 ~ 놀라게 된다. 초라한 겉모습과 달리, 이 뜰을 가꾼 사람은 감나무, 살구나무, 모란과 작약 등 실생활에서 쓰임이 유용한 나무와 꽃들을 심었기 때문이다.

❸아, 그렇구나. 생산 문화와 ~ 이렇듯 두드러지는구나. 생산 문화는 농가의 뜰(조선식 정원), 소비문화는 도시의 정원이 갖는 의미나 속성과 관련된다. 글쓴이는 실생활에서 유용한 쓰임이 있는 것들로 이루어진 농가의 뜰을 더 높이 평가하고 있다. 즉, 생산 문화를 더욱 가치 있게 보고 있음을 알 수 있다.

❹"양파 껍질도 ~ 소리보다 더 반갑다. 천연물감을 만드는 재료와 물들이는 방법을 알려 주는 마을 어른들이나 이웃들의 말을 직접 인용하면서, 그들의 입에서 전해 들을 수 있는 전통의 지혜가 무척 반갑고 소중한 것임을 나타내고 있다.

👤 작가 소개

윤구병(1943~)
철학자. 일명 '농부 철학자'라고 불리며, '변산 공동체'에서 농사를 짓고 자급자족하는 공동체 삶의 소중함을 가르치고 있다. 주요 저서로 《가난하지만 행복하게》, 《실험 학교 이야기》, 《윤구병 일기》 등이 있다.

나는 문화유산을 우리보다 앞서 살다 간 분들이 남긴 삶의 흔적이라고 하고 싶다. 삶의 흔적은 동시에 앎의 흔적이기도 하다. 집을 지을 줄 아는 이는 집을, 그림을 그릴 줄 아는 이는 그림을, 그릇을 빚을 줄 아는 이는 그릇을 유산으로 남겼다. 무엇을 '할 줄 안다'는 말은 무엇을 '할 능력이 있다'는 말이다. 따라서 **❶**지나간 삶의 흔적이 쌓인다는 말은 곧 여러 형식과 내용을 지닌 앎이 축적된다는 말이요, 달리 말하면 힘이 축적된다는 말이다. [중략]
  ▶ 조상들의 삶의 흔적인 문화유산

중략 부분의 내용 글쓴이는 의식주와 관련된 문화유산, 어렵게 살던 이들이 남긴 생활 문화 흔적에 관심이 있다.

내가 사는 농가의 뜰에는 여러 가지 나무가 서 있다. 잘 꾸며 놓은 도시의 정원에 견주면 초라하기 짝이 없는 뜰이다. 소나무, 회양목, 향나무들로 대표되는 늘 푸른 나무는 한 그루도 없다. 그러나 **❷**눈여겨보면 볼수록 이 뜰을 가꾼 분의 슬기로움에 놀라게 된다.

잘 손질된 앙증맞은 상록수로 꾸며 놓은 정원은 조선식 정원이 아니다. 내 눈앞에 있는 이 시골집 뜰이 조선식 정원이다. 우리 집 뜰에는 감나무가 큰 것, 작은 것 합해서 일곱 그루, 살구나무와 앵두나무, 석류나무, 보리수나무가 한 그루씩 있다. 또 화단에는 모란과 작약, 국화, 붓꽃 들이 심겨 있다. 이상한 생각이 들었다. 다른 과일나무들은 한 그루뿐인데 왜 감나무만 유난히 많을까. 두 해가 지나고 나서야 그 이유가 조그마한 일깨움으로 가슴을 쳤다. 직접 먹어 보면서 느낀 바이지만 다른 과일들은 모두 한 철 음식이다. 그리고 많이 먹어 보았자 배를 불려 주지 못한다. 그러나 감은 곶감으로 깎아 오래 간직해 두고 먹을 수 있을뿐더러 공복에 훌륭한 요깃거리가 된다. 꽃만 해도 그렇다. 모란이나 작약의 뿌리는 좋은 한약재이고, *창포물로는 머리를 감고, 국화꽃은 다시 향기로운 술을 빚을 수 있다. **❸**아, 그렇구나. 생산 문화와 소비문화의 차이가 뜰을 꾸미는 데서까지 이렇듯 두드러지는구나.
  ▶ 문화유산 ① – 도시의 정원과 다른 농가의 뜰

우리 집 뜰에 서 있는 과일나무들도 나에게 살아 있는 문화유산이지만 천연물감을 만드는 여러 재료와 물들이는 법을 일러 주는 ㉠마을 어른들이나 이웃들도 훌륭한 문화유산이라고 할 수 있다. [중략] 같은 밤나무 껍질이나 쑥에서도 한 가지 색만 나오는 게 아니라 하기에 따라 그야말로 색깔의 파노라마가 펼쳐진다.

❹"양파 껍질도 쓰레기로 버리지 않고 모아 두면 좋은 천연물감 재료가 되는데……."

무심히 던지는 이런 한마디가 우리의 귀에는 가뭄에 듣는 단비 소리보다 더 반갑다. 살아가는 데 필요한 앎과 힘의 원천인 문화유산은 이렇듯이 살아 숨 쉬는 생명체의 모습으로 전승되어 오기도 하고, 살림에 도움이 되는 세간의 모습으로 드러나기도 한다. [중략]
  ▶ 문화유산 ② – 마을 어른들이나 이웃들

지난 200년 동안 자본이 숨은 주체가 되어 빚어낸 '만드는 문화'의 거센 물결에 휩쓸려 수천 년 동안 자연이 숨은 주체가 되어 키워 온 '기르는 문화'의 유산들이 낡은 생활 양식의 찌꺼기로 *치부되고 여기저기 함부로 버려지는 것을 볼 때마다 가슴앓이를 하는데, 이 가슴앓이가 다만 지난날에 대한 향수에서 비롯된 것이라고는 믿지 않는다. 「수천 년, 수백 년의 세월에 걸쳐 대대로 전승되어 우리네 살림의 기둥이자 버팀벽 노릇을 해 왔던 그 많은 유산을 상속받지 못하면 나날의 삶을 사람답게 꾸려 갈 앎도 힘도 잃어버리지 않을까, 그렇게 되면 우리가 당장 살길이 막힐 뿐만 아니라 우리 후손들이 살길조차 없애 버리는 꼴이 되지 않을까 하는 걱정이 눈앞을 가린다.」
  ▶ 문화유산의 단절에 대한 염려

• **중심 내용** 앎과 힘의 뿌리인 문화유산의 가치를 알고 전통 문화유산이 단절되지 않도록 경계해야 함.

이해와 감상

이 글은 글쓴이가 농촌에서 생활하며 겪었던 경험을 이야기하면서, 우리 문화유산 전승의 가치와 중요성을 전달하고 있는 수필이다. 글쓴이는 농촌에서 생활하며 알게 된 농가의 뜰에 담긴 슬기로움에 감탄하고, 천연 물감 염료를 만들어 옷감을 물들이는 과정에서 마을 사람들에게 듣게 되는 전통의 지혜를 값지게 여긴다. 그리고 이러한 경험과 그에 따른 생각을 바탕으로 하여 자신이 생각하는 문화유산의 의미와 중요성을 제시하는 동시에 이러한 문화유산이 단절되지 않도록 경계해야 함을 전달하고 있다.

🏠 작품 연구소

글쓴이가 생각하는 문화유산

• 우리보다 앞서 살다 간 분들이 남긴 삶의 흔적
• 여러 형식과 내용을 지닌 앎의 축적, 힘의 축적

농가의 뜰과 도시의 정원

농가의 뜰		도시의 정원
실생활에 유용한 쓰임이 있는 나무와 꽃	⬌	잘 손질된 앙증맞은 상록수
⬇		⬇
생산 문화		소비 문화

글쓴이가 대상으로 삼은 문화유산과 그에 대한 글쓴이의 생각

농가의 뜰	겉으로는 초라해 보이지만 실제로는 유용한 나무와 꽃들로 이루어져 있어 생활에 필요한 것을 생산할 수 있는 문화유산임.
마을 어른들과 이웃들	앎과 힘의 원천으로, 살아 숨 쉬는 생명체의 모습으로 전승되어 오는 문화유산임.
항아리 [중략 부분]	잘생기면 잘생긴 대로, 못생기면 못생긴 대로 아름다움이 있고 살림에 보탬이 되는 문화유산임.

기르는 문화와 만드는 문화

기르는 문화		만드는 문화
• 자연이 주체임. • 오랫동안 대대로 전승되어 살림의 기둥이자 버팀벽 노릇을 해 옴.	⬌	• 자본이 주체임. • '기르는 문화'의 유산을 낡은 것으로 치부하고 함부로 버림.

⬇
오랜 세월 동안 전승되어 온 문화유산을 이어받아 '기르는 문화'를 지켜 나가야 함.

📖 함께 읽으면 좋은 작품

〈산수유나무의 농사〉, 문태준 / 자연물을 바라보는 참신한 발상이 돋보이는 작품
이 작품은 농사는 인간만이 짓는다는 인간 중심적 사고와 화려한 꽃이나 풍성한 열매 등 가시적인 것에만 집중하는 관념을 깨고, '산수유나무의 그늘'을 '산수유나무가 한 해 동안 지은 농사'로 참신하게 표현한 작품이다. 🔗 Link 〈현대 시〉 320쪽

🔑 포인트 체크

[제재] 조상들의 삶의 흔적인 □□□□에 대한 글쓴이의 경험과 생각을 이야기하고 있다.
[관점] 글쓴이는 전통 문화유산의 가치와 중요성을 말하면서, 이러한 문화유산이 □□되지 않도록 경계해야 함을 이야기하고 있다.
[표현] 우리 문화유산에 대한 가치를 그와 상반되는 대상과 □□하여 서술하고 있다.

1 이 글에 나타난 글쓴이의 생각과 일치하지 않는 것은?
① 글쓴이는 문화유산을 앎과 힘의 뿌리라고 생각한다.
② 글쓴이는 우리의 문화유산이 단절될까 봐 염려한다.
③ 글쓴이는 '기르는 문화'는 가치 있고 소중한 것이라고 생각한다.
④ 글쓴이는 감나무가 다른 나무보다 우리 토양에 더 적합하다고 생각한다.
⑤ 글쓴이는 농가의 뜰이나 마을 어른들을 살아 있는 문화유산이라고 생각한다.

[내신 적중]

2 〈보기〉는 이 글의 중략된 부분 중 일부이다. 〈보기〉를 통해 짐작할 수 있는 글쓴이의 삶의 모습과 거리가 먼 것은?

┤ 보기 ├
우리 조상들이 남긴 문화유산 가운데 지금 가장 내 관심을 끄는 것은 살림에 연관된 것이고, 더 구체화하여 말하면 의식주에 연관된 것이다. 잘살던 사람들의 고급문화에 연관된 것도 더러 눈길을 끌지만, 어렵게 살던 이들이 남긴 생활 문화의 흔적이 내 삶에 더 큰 힘을 준다. 대학교수직을 버리고 농사를 짓겠다고 결심했지만 나는 농사일에 젖먹이나 다름없다. 의식주에 필요한 것을 기를 줄도 모르는 처지다. 아는 게 없으니 힘도 없다. 따라서 농촌 문화의 유산을 이어받는 일은 나에게 심미안을 높이고 삶의 질을 추구하는 일이 아니라 살아남을 길을 찾는 절박한 생존의 문제다.

① 소박하고 실용적인 삶을 추구한다.
② 전통 문화유산의 소중함을 잘 알고 있다.
③ 옛사람들이 남긴 생활 문화를 지키고자 한다.
④ 전통 문화유산을 통해 예술적인 심미안을 기르고자 한다.
⑤ 사회적 성공이나 명예보다 자신이 더 소중하게 생각하는 가치를 추구한다.

3 다음 중 성격이 다른 하나는?
① 우리나라 고유의 형식으로 지은 집, 한옥
② 우리나라 첨단 과학 기술의 결정체, 스마트폰
③ 우리나라의 식생활 문화를 지켜 온 뿌리, 김치
④ 우리 선조들의 과학적 지혜가 담겨 있는 난방 장치, 온돌
⑤ 아름다우면서도 실용성을 겸비한 우리의 전통 복장, 한복

4 글쓴이가 ㉠과 같이 말한 이유를 쓰시오.

국어 금성

🎯 핵심 정리

갈래 경수필
성격 비판적, 낙관적
제재 잡지 인터뷰 기사
주제 장애가 있는 것과 상관없이 하루하루가 축복인 삶
특징 ① 장애인에 대한 사회적 편견을 비판함.
② 자신의 삶을 낙관적으로 바라보는 태도가 나타남.
③ 자신이 누리는 많은 축복을 열거함.
출전 《살아온 기적 살아갈 기적》(2009)

Q '천형'이라는 단어에 나타난 사회적인 인식을 정리하면?

'천형'은 '하늘이 내리는 큰 벌'이란 뜻으로, '천형 같은 삶'이란 말에는 장애인으로 사는 삶 자체를 형벌처럼 생각하는 사회적 인식이 담겨 있다. 즉, 대부분의 비장애인은 장애인이 힘들고 비참한 삶을 살아간다는 편견을 가지고 있다고 볼 수 있다.

💡 어휘 풀이

우송(郵送)되다 우편으로 보내지다.
천형 천벌. 하늘이 내리는 큰 벌.
직경(直徑) 지름. 원이나 구 따위에서, 중심을 지나는 직선으로 그 둘레 위의 두 점을 이은 선분.
안하무인(眼下無人) 눈 아래에 사람이 없다는 뜻으로, 방자하고 교만하여 다른 사람을 업신여김을 이르는 말.
지력(智力) 사물을 헤아리는 능력.

🎀 구절 풀이

❶ **무언가를 못해서가 아니라 ~ 장애인이 되는 것이다.** 신체적 불편 때문이 아니라 장애에 대한 사람들의 인식 때문에 신체적 장애가 있는 사람들이 우리 사회에서 장애인이 된다고 말하고 있다.

❷ **영어 속담에 ~ 내 삶에도 축복은 있다.** 이 글의 제목이 드러나는 부분으로 글쓴이의 삶의 태도를 잘 보여 준다. 이 속담은 자신이 '가지지 못한 것'이 아닌 '누리는' 것에 초점을 맞추어 보게 함으로써 삶에 대한 낙관적이고 긍정적인 관점을 제시한다.

❸ **나는 적어도 기본적 지력과 ~ 그것도 이 시대에 천운이다.** 다른 사람에 대한 공감과 배려를 축복이라고 생각하는 글쓴이의 선한 품성이 엿보이는 부분이다. 또한 기본적인 소양을 '천운'이라 여기며 감사하는 모습을 통해 글쓴이가 소박하고 긍정적인 삶의 태도를 지니고 있음을 알 수 있다.

👤 작가 소개

장영희(본책 70쪽 참고)

얼마 전 어느 잡지와 인터뷰를 했다. 최근 몇 년간 나에 대한 기사는 거의 암 환자 장영희, 투병하는 장영희에 국한되어 있어서 그냥 인간 장영희, 문학 선생 장영희에게 초점을
〔사회에서 관심을 갖는 글쓴이의 모습〕   〔글쓴이가 중요하게 생각하는 자신의 모습〕
맞춰 줄 것을 조건으로 인터뷰에 응했다. 나는 열심히 문학의 중요성, 신세대 대학생들의 경향 등등을 성의껏 말했다. 그런데 오늘 *우송되어 온 잡지를 보니 기사 제목이 ㉠'신체 장애로 *천형(天刑) 같은 삶을 극복하고 일어선 이 시대 희망의 상징 장영희 교수'였다.
                                                ▶ 글쓴이의 장애에 초점이 맞추어진 인터뷰 제목

'천형 같은 삶?' 그 기자의 의도와는 상관없이 난 심히 불쾌했다. 어떻게 감히 남의 삶을
〔글쓴이의 삶이 천벌을 받은 삶이라고 평하함.〕
'천형'이라고 부르는가. 맞다. 나는 1급 신체 장애인이고, 암 투병을 한다. 그렇지만 이제껏 한 번도 내 삶이 천형이라고 생각해 본 적은 없다. 사람들은 신체장애를 갖고 살아간다는
〔글쓴이의 삶의 태도: 장애에 굴하지 않고 낙관적인 삶의 태도를 지님.〕
건 너무나 끔찍하고 비참하리라고 생각하지만, 그렇지 않다. ㉡'이가 없으면 잇몸으로 산다.'
            〔비장애인들의 편견〕   〔장애가 있다고 해서 끔찍하거나 비참한 삶은 아님.〕
는 말이 있듯이 내 나름의 삶의 방식에 익숙해져 그런대로 큰 불편을 느끼지 않고 살아간다. 솔직히 난 늘 내 옆을 지키는 목발을 유심히 보거나 남들이 '장애인 교수' 운운할 때에야 '아 참, 내가 장애인이었지.' 하고 새삼 깨닫는다.

『장애인이 '장애'인이 되는 것은 신체적 불편 때문이라기보다는 사회가 생산적 발전의 '장
『 』: 사회적 편견 때문에 장애인이 '장애'인으로 규정됨.
애'로 여겨 '장애인'으로 만들기 때문이다. ❶무언가를 못해서가 아니라 못하리라고 기대하기 때문에 그 기대에 부응해서 장애인이 되는 것이다.』 하지만 그것은 단지 신체적 능력만을 능력으로 평가하는 비장애인들의 오만일지도 모른다. [중략]   ▶ 편견이 장애인을 '장애'인으로 만듦.

❷영어 속담에 '네가 누리는 축복을 세어 보라.'라는 말이 있다. 누구의 삶에든 셀 수 없이
                        〔속담을 인용하여 누구나 많은 축복을 누림을 강조함.〕
많은 축복이 있다는 사실을 전제하는 말이다. '천형'이라고 불리는 내 삶에도 축복은 있다.
                                                    〔자신의 삶에 대한 낙관적인 태도〕
첫째, 나는 인간이다. 개나 소, 말, 바퀴벌레, 엉겅퀴, 지렁이가 아니라 나는 인간이다. 지
〔글쓴이의 삶이 축복인 이유 ①〕
난주에 여섯 살짜리 어린 조카와 놀이공원에 갔는데 돈을 받고 아이들을 말에 태워 주는 곳이 있었다. 예닐곱 마리의 말이 어린아이 하나씩을 등에 태우고 줄지어 원을 그리며 돌고 있었다. 말들은 각기 '평야', '질주', '번개', '무지개', '바람' 등 무한한 자유를 의미하는 이름표를 달고 *직경 5미터나 될까 말까 한 좁은 공간을 하루 종일 터벅터벅 돌고 있었다. 아,
              〔자유를 의미하는 이름을 지녔으나 자유롭지 못한 말들의 역설적인 상황〕
그 초점 없고 슬픈 눈. 난 그때 내가 인간으로 태어난 축복에 새삼 감격하고 감사했다.

둘째, 내 주위에는 늘 좋은 사람만 있다. 좋은 부모님과 많은 형제 사이에서 태어난 축복
                  〔글쓴이의 삶이 축복인 이유 ②〕
은 말할 것도 없고, 내 주변은 늘 마음 따뜻한 사람들, 현명한 사람들, 재미있는 사람들로 가득하다. 이 세상에 태어나서 그들을 만난 것을 난 천운이라고 생각한다.

셋째, 내게는 내가 사랑하는 일이 있다. 가치관의 차이겠지만, 난 대통령, 장관, 재벌 총
              〔글쓴이의 삶이 축복인 이유 ③〕
수보다 선생이 훨씬 보람 있고 멋진 직업이라고 생각한다. 그것도 한국에서 손꼽히는 좋은
      〔글쓴이의 직업〕
대학에서 똑똑한 우리 학생들을 가르칠 수 있는 게 천운이 아니고 무엇이겠는가.

넷째, 남이 가르치면 알아들을 줄 아는 머리와 남이 아파하면 같이 아파할 줄 아는 마음
                  〔지력〕   〔양심〕
을 갖고 있다. 몸은 멀쩡하다손 쳐도 아무리 말해도 못 알아듣는 *안하무인에, 남을 아프게 해 놓고 오히려 쾌감을 느끼는 이상한 사람들도 많은데, ❸나는 적어도 기본적 *지력과 양
                                                              〔글쓴이의 삶이 축복인 이유 ④〕
심을 타고났으니, 그것도 이 시대에 천운이다.   ▶ 글쓴이가 누리는 많은 축복들

그래서 나는 아름다운 사람들과 함께 내가 좋아하는 일을 하며, 이 멋진 세상에서 하루 하루 살아가는 축복을 함께 누리며 살아간다.   ▶ 축복을 누리며 살아가는 글쓴이

• 중심 내용 장애에 대한 사회적 편견을 비판하면서, 하루하루의 삶을 축복으로 여기는 긍정적인 태도로 살아감.

이해와 감상

이 글은 신체적 능력만을 중심으로 평가하는 사회적 편견과 장애인에 대한 왜곡된 시선을 비판하면서 자신의 삶이 축복임을 낙관적인 태도로 그리고 있는 수필이다. 글쓴이는 인간 장영희, 문학 선생 장영희에 초점을 맞춰 한 인터뷰 기사 제목에 자신의 삶을 '천형 같은 삶'이라고 표현한 것을 보며 장애인에 대한 사회적 편견의 문제점을 지적한다. 그러면서 '네가 누리는 축복을 세어 보라.'라는 영어 속담을 인용하며 자신의 삶에도 많은 축복이 있음을 말하고 있다. 자신의 삶을 축복으로 여기는 글쓴이의 낙관적인 삶의 태도가 잘 드러나 있는 글이다.

작품 연구소

이 글에 나타난 장애인에 대한 사회적 편견

- 글쓴이의 삶을 '천형 같은 삶'이라고 칭함.
- 신체장애를 갖고 살아가는 것을 끔찍하고 비참할 것이라 생각함.
- 무언가를 못해서가 아니라 못하리라고 기대함.

↓

장애인이 '장애'인이 되는 것은 신체적 불편함 때문이 아니라
사회가 장애인들을 편견의 틀에 가두고 바라보기 때문임.

사회적 편견에 대한 글쓴이의 태도

• 자신의 삶을 천형이라고 생각하지 않음. • 자신의 삶에도 축복이 있다고 여김.	→ • 장애에 대한 사회적 편견을 비판함. • 자신의 삶을 긍정적이고 낙관적으로 바라봄.

글쓴이가 세어 본 삶의 축복

- 인간으로 태어나 자유를 누리고 있음.
- 주위에 늘 좋은 사람만 있음.
- 자신이 사랑하는 일(학생들을 가르침)을 하고 있음.
- 기본적인 지력과 양심을 타고났음.

↓

글쓴이의 특징	• 무심코 지나칠 수 있는 일들에서 삶의 의미를 찾고 감사하는 마음을 느낌. • 타인에 대한 공감과 배려를 소중한 능력이라고 생각하는 선량한 성품임. • 기본적인 소양을 갖춘 것에도 감사하는 모습에서 소박하고 긍정적인 삶의 태도가 엿보임.

함께 읽으면 좋은 작품

〈상한 영혼을 위하여〉, 고정희 / 고통을 수용하는 성숙한 삶의 자세가 드러난 작품

어려운 상황에도 굴하지 않고 강한 의지로 견디어 나가는 삶의 태도를 형상화한 시로, 고통을 수용하고 미래에 대한 낙관적 인식을 보임으로써 진정한 내면적 성숙의 길을 제시하고 있는 작품이다. 이 글과는 고통에 맞서 삶에 대해 낙관적인 인식을 보여 주는 점에서 유사하다. 그러나 〈상한 영혼을 위하여〉가 상징적인 시어를 사용하고 시상을 점층적으로 전개하며 강한 의지를 강조하여 표현했다면, 이 글은 글쓴이의 생각을 직접 서술하고 있다는 점에서 차이가 있다. **Link** 〈현대 시〉 261쪽

키 포인트 체크

- **제재** 잡지 인터뷰 기사 [ ][ ]을 언급하며 장애인에 대한 사회적 [ ][ ]을 비판하고 있다.
- **관점** 글쓴이는 '천형'이라 불리는 자신의 삶에도 축복이 있다며, [ ][ ]적이고 긍정적인 삶의 태도를 보이고 있다.
- **표현** 영어 속담을 [ ][ ]하면서 자신의 삶에 대한 태도를 자연스럽게 제시하고 있다.

1 이 글에 대한 설명으로 적절하지 않은 것은?
① 글쓴이가 인간으로 누리는 축복들을 열거하고 있다.
② 글쓴이가 체험한 여러 사건들을 병렬적으로 나열하고 있다.
③ 글쓴이가 겪은 구체적인 체험을 바탕으로 하여 글을 전개하고 있다.
④ 속담을 인용하여 글쓴이가 삶에서 누리는 축복을 강조하고 있다.
⑤ 역설적인 상황을 통해 놀이공원의 말들이 처한 상황을 효과적으로 제시하고 있다.

2 글쓴이의 태도에 대한 설명으로 적절한 것은?
① 성실하고 검소하다.
② 순박하여 세상 이치를 잘 모르고 있다.
③ 자신의 부족한 모습에 대해 반성하고 있다.
④ 자신의 삶을 긍정적으로 바라보며 감사하고 있다.
⑤ 자신이 처한 부정적인 상황들 때문에 고뇌하고 있다.

내신 적중 **多빈출**

3 ㉠에 대한 설명으로 적절하지 않은 것은?
① 글쓴이와 합의하지 않은 내용이다.
② 장애에 대한 사회적 편견이 담긴 제목이다.
③ 인간 장영희, 문학 선생 장영희에 초점을 맞춘 제목이다.
④ 독자들에게 신체장애는 천벌과 같이 부정적인 일이라는 편견을 줄 수 있는 제목이다.
⑤ 기자가 글쓴이의 여러 면모 중에서 장애를 극복한 점에 가장 큰 중점을 두었음을 짐작할 수 있는 제목이다.

4 문맥을 통해 알 수 있는 ㉡의 의미로 가장 적절한 것은?
① 자신이 지닌 장애와 병을 극복하기 위해 부단한 노력을 한다.
② 자신의 불편한 점을 무시하고 자신이 갖고 있는 능력에만 집중을 한다.
③ 신체적 능력만을 중요시하는 비장애인들의 편견을 고치기 위해 노력한다.
④ 장애와 병이 있어도 자신이 가진 능력을 바탕으로 큰 불편을 느끼지 않고 살아간다.
⑤ 자신의 삶을 천형이라 부르는 사람이 있어도 자신을 사랑하는 사람들을 통해 위로를 받으며 살아간다.

내신 적중

5 글쓴이가 자신의 삶에도 축복이 있다고 생각하는 이유를 모두 쓰시오.

034 너라는 꽃이 피는 계절 | 김난도

[국어] 천재(이)

🎯 핵심 정리

갈래 경수필

성격 체험적, 사색적, 교훈적, 비유적

제재 꽃과 인생

주제 일찍 성공하지 못한 것에 좌절하지 말고 자신의 전성기를 대비하라.

특징 ① 인간의 삶을 꽃의 생태와 연관 지어 사람마다 주목받는 시기가 다름을 알기 쉽게 설명함.

② 교수로서 제자(청년)에게 인생에 대해 조언하는 형식으로 서술함.

출전 《아프니까 청춘이다》(2010)

Q '어떤 꽃이 가장 훌륭하다고 생각하는가?'라는 질문이 적절하지 않은 이유는?

'훌륭하다'라는 말은 '나무랄 데가 없다.', '칭찬할 만하다.'라는 뜻을 가진 말로, 평가의 의미를 담고 있다. 그런데 꽃은 '좋아함'의 대상이지, '평가'의 대상이 아니기 때문에 '가장 훌륭한가?'라는 질문은 적절하지 않다.

💡 어휘 풀이

안달 속을 태우며 조급하게 구는 일.

기개(氣槪) 씩씩한 기상과 굳은 절개.

소년등과(少年登科) 예전에, 젊은 나이에 과거에 급제하던 일.

Q 글쓴이가 꽃 이야기를 하는 이유는?

꽃은 피는 시기가 제각각이고 그 매력이 달라 우열을 가릴 수 없다. 이러한 꽃의 특성을 인간의 삶과 연결 지음으로써 주제를 효과적으로 전달하고 독자의 공감을 이끌어 내고 있다.

🔖 구절 풀이

❶ 그대, 좌절했는가? ~ 계절을 준비하라. 글쓴이의 중심 생각이 드러난 부분이다. 다른 사람과 자신을 비교하며 자신의 성공이 늦어지는 것을 비관하지 말고, 묵묵히 자신의 길을 걷다 보면 화려한 기개를 뽐내게 되는 자신만의 때가 올 것이라는 내용을 전달하고 있다.

❷ 너무 일찍 출세하면 ~ 근원이 되는 것이다. 옛 사람들이 소년등과를 인간의 세 가지 불행 중 첫 번째로 꼽은 것을 글쓴이의 시각에서 해석하고 있는 부분이다. 일찍 성공한 사람은 자만하기 쉬워 오히려 나태해지거나 적이 많아질 수 있으므로 이른 출세를 경계하는 말이 생긴 것이라고 설명하고 있다.

👤 작가 소개

김난도(1963~)

사회학자. 대학생을 가르친 경험을 바탕으로 청년들에게 위로와 깨달음을 주는 글을 많이 썼다. 주요 저서로 《아프니까 청춘이다》, 《천 번을 흔들려야 어른이 된다》, 《트렌드 코리아》 등이 있다.

전략 부분의 내용 서로 다른 꽃이 다양한 시기에 제각각 피어남을 이야기하고 있다.

갑자기 꽃 얘기를 이렇게 장황하게 늘어놓는 것은, 그대에게 이 질문을 하고 싶어서다. ─ 독자를 '그대'라고 지칭함.

"자, 위에 등장한 꽃 중에서 그대는 어떤 꽃이 가장 훌륭하다고 생각하는가?" ─ 의도적으로 어리석은 질문을 던짐.

그렇다. '가장 좋아하는가'가 아니라, '가장 훌륭하다고 생각하는가'다.

"참 어리석은 질문이네. 계절에 따라 피는 꽃은 저 나름의 아름다움이 있는데, 무엇이 가장 훌륭하냐고? 이건 말이 안 되는 질문이야!" / 이렇게 생각했다면, 질문의 의도를 제대로 파악한 것이다. ⓐ가장 훌륭한 꽃은 없다. 저마다 훌륭하다. 그 나름의 이유가 있어 제가 피어날 철에 만개하는 것이다. / 문제는, 꽃에 대해서는 그렇게 유연하게 사고할 수 있으면서 자기 인생에 대해서는 그렇게 생각하지 못한다는 것이다. 청춘들은 대부분 가장 일찍 꽃을 피우는 '매화'가 되려고만 한다.
─ 글쓴이가 자신의 질문에 대해 답함.(자문자답)
─ 꽃에 대해서는 우열을 가리지 않으면서 자신의 인생에 대해서는 우열을 가림.
─ 대부분의 청춘들이 일찍 성공하고자 함.
▶ 질문을 통해 모든 꽃은 저마다 훌륭함을 이야기함.

인생에 관한 한, 우리는 지독한 근시다. 바로 코앞밖에 보지 못한다. 그래서 늦가을 아름다운 고운 빛을 선사하는 ⓐ국화는 되려 하지 않고, 다른 꽃들은 움도 틔우지 못한 초봄에 향기를 뽐내는 ⓑ매화가 되려고만 한다. 하지만 '일찍' 꽃을 피웠다는 이유만으로 『매화가 세상 꽃 중에서 가장 아름다운가? 가장 훌륭한가? / 그렇지 않다. 매화 꽃잎이 다 지고 난 5월에 만개하는 장미는 어느 꽃보다 화려한 자태를 자랑한다. 하지만 장미가 마음이 급해 3월에 피고자 한다면 어떻게 될까? 춘삼월 찬 이슬에 살아남기 어려울 것이다.』
─ 『 』: 자문자답의 형식

ⓒ꽃은 저마다 피는 계절이 다르다. 개나리는 개나리대로, 동백은 동백대로, 자기가 피어야 하는 계절이 따로 있다. 꽃들도 저렇게 만개의 시기를 잘 알고 있는데, 왜 그대들은 하나같이 ⓒ초봄에 피어나지 못해 *안달인가?
─ 『 』: 유추의 설명 방식을 사용함.

❶그대, 좌절했는가? 친구들은 승승장구하고 있는데, 그대만 잉여의 나날을 보내고 있는가? 잊지 말라. 그대라는 꽃이 피는 계절은 따로 있다. 아직 그때가 되지 않았을 뿐이다. 그대, 언젠가는 꽃을 피울 것이다. 다소 늦더라도, 그대의 계절이 오면 여느 꽃 못지않은 화려한 *기개를 뽐내게 될 것이다. 그러므로 고개를 들라. 그대의 계절을 준비하라. [중략]
─ 쓰고 난 후 남은 것
─ 누구나 언젠가는 성공할 때가 있음.
─ 명령형 어미를 사용하여 단호하고 강한 어조로 자신의 주장을 전달함.
▶ 꽃이 저마다 피는 계절이 다르듯이 사람도 꽃을 피우는 시기가 다름.

중략 부분의 내용 옛사람들은 *소년등과를 인간의 세 가지 불행 중 첫 번째로 꼽았다는 것을 말하고 있다.

ⓓ이상하지 않은가? 일찍 출세하는 것이 인간의 세 가지 불행 중 하나라니 말이다. 좋게 죽지 못할 것이라는 단언은 섬뜩하기까지 하다. 왜 그럴까? 왜 일찍 출세하면 불행해지는 것일까? / ❷너무 일찍 출세하면 나태해지고 오만해지기 쉽다. 나태하므로 더 이상의 발전이 없고, 오만하므로 적이 많아진다. 그러니 더 이상 성공하기 어렵고, 종국에는 이른 출세가 불행의 근원이 되는 것이다. 아마도 선인(先人)들은 수많은 사례를 경험한 끝에 이런 격언을 만들게 됐을 것이다.
─ 자문자답의 형식
─ 일의 마지막
▶ 일찍 출세하는 것의 부작용

선생으로서 내가 제자들에게 바라는 것은 '일찍' 출세하는 것이 아니라, '크게' 성공하는 것이다. 어차피 인생은 크고 작은 굴곡으로 이루어져 있다. 인생을 마감하면서 "내 가장 큰 성취는 이것이었다."라고 말하는 것이 중요하지, "그래도 내가 20대 후반에는 남보다 훨씬 잘나갔다."라고 스스로 위로하는 것은 큰 의미가 없다.

그런데도 많은 청춘들이 소년등과를 부러워하고, 잠정적인 실패에 좌절하며, 잠깐의 뒤처짐에 열등감을 느낀다. 그러지 말라. ⓔ그대의 전성기는 아직 멀리 있다.
▶ 일찍 성공하지 못한 것에 좌절하지 말고 자신만의 전성기를 대비해야 함.

• 중심 내용 꽃이 저마다 피는 계절이 다르듯이 사람도 능력을 인정받고 주목받는 시기가 다름.

이해와 감상

이 글은 미래에 대한 불안과 성공에 대한 조바심으로 힘들어하는 젊은이들에게 용기와 위안을 주고자, 글쓴이가 인생의 선배이자 선생님으로서 조언하고 격려하는 내용을 담고 있다. 인간의 삶을 꽃의 생태와 연관 지어 인간도 각자 자신만의 꽃을 피우는 전성기가 있음을 설명하고, 옛사람들의 말을 인용하여 일찍 성공하는 것에 대한 경계의 내용을 담고 있다. 이를 통해 젊은이들에게 이른 성공과 출세에 집착하지 않고 차분히 자신만의 때를 준비할 것을 당부하며, 삶과 성공에 대한 인식을 바꿀 것을 유도하고 있다. 자문자답을 활용한 전개, 단호한 명령적 어조의 사용 등으로 자신의 생각을 이 글의 독자인 '그대'들에게 효과적으로 전달하고 있다.

🏠 작품 연구소

〈너라는 꽃이 피는 계절〉을 쓴 목적

이 글에서 다루는 문제 상황	젊은이들이 자신의 꿈을 이루기 위해 참을성을 가지고 노력하며 여유를 갖기보다는 일찍 성공하지 못한 상황에 절망하고 좌절하는 분위기가 강함.
이 글의 예상 독자	글쓴이의 제자들, 제자들과 비슷한 또래의 젊은이들

↓

글쓴이가 이 글을 쓴 목적	성공에 대한 조바심으로 힘들어할 젊은이들에게 용기와 희망을 주고 격려하기 위해

꽃에서 유추한 인간의 삶

꽃		인간의 삶
• 꽃은 저마다 피는 계절이 다름. • 피는 시기와 무관하게 모두 저마다의 가치가 있다고 생각함.	→	• 누구나 언젠가는 성공할 때가 있음. • 인생에 대해 우열을 가릴 수 없음.

옛사람들의 생각에 대한 글쓴이의 해석

옛사람들은 인간의 세 가지 불행 중 첫 번째로 '소년등과'를 꼽음.

↓

이른 출세는 나태와 오만을 불러와 더 이상의 발전을 어렵게 하고 적을 만들기 쉬움.

↓

일찍 성공하지 못한 것 때문에 좌절하지 말고 자신의 전성기를 준비해야 함.

자료실

인간의 세 가지 불행

송나라의 학자 정이(程頤)는 인생의 세 가지 큰 불행으로 다음과 같은 것들을 들었다. 첫째는 '소년등과(少年登科)'로 어린 시절에 과거에 급제하여 출세하는 것, 둘째는 '석부형제지세(席父兄弟之勢)'로 권세 좋은 부모 형제를 만나는 것, 셋째는 '유고재능문장(有高才能文章)'으로 뛰어난 재주와 문장력을 가지는 것이다. 여기에는 인생의 고난을 경험하지 못한 사람들이 교만함 때문에 어려움을 겪을 수 있다는 뜻이 담겨 있다.

📖 함께 읽으면 좋은 작품

〈흔들리며 피는 꽃〉, 도종환 / 꽃을 통해 인생을 노래한 작품

꽃의 생장을 인생과 연관 지어 실패를 겪게 되더라도 좌절하지 않아도 됨을 노래하는 시이다. 꽃을 통해서 인생을 이야기하며 독자에게 위로를 준다는 점에서 이 글과 함께 읽어 볼 만하다.

🔑 포인트 체크

제재	이 글은 ☐☐마다 피는 시기가 다름을 언급하며 사람도 꽃처럼 전성기가 제각각임을 이야기하고 있다.
관점	글쓴이는 독자들에게 이른 ☐☐과 출세에 집착하지 말고 차분히 자신만의 때를 기다리라고 ☐☐하고 있다.
표현	유추의 전개 방식, ☐☐☐☐을 통해 글을 전개하고 있다.

1 이 글의 표현상 특징에 해당하지 <u>않는</u> 것은?

① 유추를 통해 자신의 생각을 전개하고 있다.
② 경어체를 사용하여 독자에게 친근감을 주고 있다.
③ 자문자답의 형식을 사용하여 글을 전개하고 있다.
④ 명령형 어미를 사용하여 자신의 주장을 전달하고 있다.
⑤ 비유적 표현을 사용하여 자신의 생각을 강조하고 있다.

2 이 글을 이용하여 조언해 주기에 적절하지 <u>않은</u> 사람은?

① 참을성이 없는 사람　　② 남과 비교를 잘하는 사람
③ 크게 성공하려는 사람　　④ 실패하여 낙심을 잘하는 사람
⑤ 성급하게 목표를 이루려는 사람

3 ⓐ와 ⓑ가 각각 빗대고 있는 대상이 무엇인지 쓰시오.

ⓐ	ⓑ

내신 적중

4 ㉠~㉤을 통해 글쓴이가 전달하고자 한 내용으로 적절하지 <u>않은</u> 것은?

① ㉠: 꽃의 아름다움은 우열을 가려 평가할 수 없다.
② ㉡: 꽃처럼 사람도 저마다의 전성기가 있다.
③ ㉢: 남들보다 일찍 성공하지 못하였다고 해서 조급해하지 마라.
④ ㉣: 시대가 다르므로 선인들의 생각을 항상 따를 필요는 없다.
⑤ ㉤: 다소 늦더라도 차분히 준비하면 자신만의 때가 올 것이다.

5 이 글과 〈보기〉에서 공통적으로 강조하고 있는 교훈을 30자 내외로 �시오.

⊣ 보기 ⊢

　그러나 모든 꽃이 장미일 필요는 없다. 모든 꽃이 장미처럼 되려고 애를 쓰거나 장미처럼 생기지 않았다고 실망해서도 안 된다. 나는 내 빛깔과 내 모습에 어울리는 아름다움을 가꾸는 일이 더 중요하다. 어차피 나는 장미로 태어나지 않고 코스모스로 태어난 것이다. 그러면 가녀린 내 꽃대에 어울리는 소박한 아름다움을 장점으로 만드는 일이 중요하다. 욕심 부리지 않는 순한 내 빛깔을 개성으로 삼는 일이 먼저이어야 한다. 남들에게서는 발견할 수 없는 내 모습, 내 연한 심성을 기다리며 찾는 사람이 반드시 있기 때문이다.

035 한 그루 나무처럼 | 윤대녕

키워드 체크 #성찰적 #참나무와의 교감 #우주 나무가 된 참나무 #참나무에서 얻은 깨달음

국어 비상(박영)

🎯 핵심 정리

갈래 경수필
성격 체험적, 성찰적
제재 약수터의 참나무
주제 변하지 않는 삶에 대한 바람
특징 ① 일상적인 소재와 체험을 통해 삶의 자세를 성찰함.
② 자연물과의 교감을 통한 이야기를 전달함.
출처 《이 모든 극적인 순간들》(2010)

💡 어휘 풀이

재간(才幹) 어떠한 수단이나 방도.
장도리 한쪽은 뭉뚝하여 못을 박는 데 쓰고, 다른 한쪽은 넓적하고 둘로 갈라져 있어 못을 빼는 데 쓰는 연장.
심산(心散)스럽다 마음이 어수선하다.
염원(念願) 마음에 간절히 생각하고 기원함. 또는 그런 것.
무연히 아득하게 너른 상태로.

Q 글쓴이가 모든 사물에 영혼이 깃들어 있다는 말을 믿게 된 계기는?

나무를 올려다보며 어머님의 건강을 빌었더니 실제로 어머님이 건강을 되찾게 되어서이다. 평범하기 짝이 없는 참나무가 글쓴이의 염원을 하늘에 전달해 주는 우주 나무가 된 셈이다.

🧩 구절 풀이

❶ **괜히 마음이 심산스러울 때 ~ 나무를 보러 올라가곤 했다.** 참나무에 박힌 대못을 빼내 준 이후 참나무와 인연을 맺게 되었고, 글쓴이가 누군가에게 위로받고 싶은 기분이 들 때마다 참나무를 찾아가게 되었음을 알 수 있다.

❷ **이를테면 나는 평범하기 ~ 삼게 된 셈이었다.** 우리 옛 신화에서 사람과 하늘을 연결해 주는 존재였던 '우주 나무'처럼 참나무가 글쓴이에게 특별한 의미를 갖는 존재가 되었다는 것을 밝히고 있다.

❸ **그동안 나는 사소한 ~ 실천한 적이 있었던가.** 헐벗은 채 눈을 맞으며 찬바람 속에서 말없이 서 있는 참나무를 보며 사소한 일에도 마음이 흔들리고 원망의 시간을 보냈던 자기 자신을 반성하고 있다.

👤 작가 소개

윤대녕(1962~)
소설가, 획일적인 인간관을 거부하고 존재의 시원에 대한 탐구를 소재로 하여 작품 세계를 펼쳤으며, 새로운 인간의 가치를 독특한 구성과 미학적인 문체를 통해 표현하였다. 작품집으로 《은어 낚시 통신》, 《누가 걸어간다》, 《달의 지평선》 등이 있다.

전략 부분의 내용 2년 반 동안 주말마다 산행을 한 일과 계곡 물가나 약수터에 앉아 보내는 혼자만의 시간의 소중함에 대해 말하고 있다.

그런데 어느 날 약수터 옆에 서 있는 <u>참나무 한 그루</u>가 내 눈에 들어왔다. 인연이란 참으로 묘하디묘한 것이어서 하필이면 나무에 박혀 있는 <u>녹슨 대못</u>이 먼저 눈에 보였다. 오래전에 누군가 바가지를 걸어 놓기 위해 박아 놓은 것 같았다. 손으로는 빼낼 *재간이 없어 그대로 내려왔는데 두고두고 그 대못이 가슴에 남았다. ▶ 글쓴이의 눈에 들어온 참나무 한 그루

그다음 주말에 나는 배낭에 *장도리를 챙겨 넣고 약수터로 올라갔다. 녹슨 못을 빼내고 나니 마음이 그렇게 후련할 수가 없었다. 그 나무와의 인연은 그렇게 시작됐다. 바야흐로 사월이 되면서 참나무는 연둣빛의 아름다운 잎을 가지마다 무성하게 토해 내고 있었다. 그 후로 나는 그 참나무를 보기 위해, 아니 보고 싶어 산에 오르는 기분이 들었다. ❶괜히 마음이 *심산스러울 때, 남에게 무심코 아픈 말을 내뱉고 후회할 때, 또한 이유 없는 공허함에 사로잡힐 때면 나는 그 나무를 보러 올라가곤 했다. 나무는 언제나 그 자리에 서 있었고 내게 시원한 그늘을 내주며 때로는 미소를 짓거나 무어라 말을 건네 오는 것 같았다. 네가 그 못을 빼 주지 않았더라면 나는 계속 옆구리가 아팠을 거야. 혹은 내게 위로의 말을 전해 주기도 했다. 힘든 때일수록 한결같은 마음을 갖도록 노력해 봐. 나는 그 나무 아래 앉아 커피를 마시며 책을 읽거나 사과나 김밥을 먹기도 했다. 여름 한철을 나는 주말마다 새로 사귄 친구를 만나러 가듯 설레는 마음을 안고 산으로 올라갔다. ▶ 대못을 빼내 준 뒤 참나무와 인연을 맺게 됨.

우리의 옛 신화를 보면 '우주 나무'라는 게 있다. 지상과 천상을 이어 주는 나무로 아직도 시골에 가면 커다란 느티나무에 천들이 감겨 있는 것을 흔히 볼 수 있다. 우리네 민간 신앙으로 우주 나무는 사람의 *염원을 하늘에 전달해 주는 역할을 한다. ❷이를테면 나는 평범하기 짝이 없는 참나무를 나의 우주 나무로 삼게 된 셈이었다.

가을이 시작될 무렵 지방에 살고 계신 어머니가 몸이 편찮으시다는 연락을 받았다. 곧장 내려가 볼 수 없었던 나는 마음을 달래려 저녁 무렵 산으로 올라갔다. 그리고 나무를 올려다보며 어머님의 건강을 빌었다. <u>모든 사물에 영혼이 깃들어 있다는 말을 이제 나는 믿는다.</u> 내가 지방에 다녀오고 나서 얼마 후에 어머님은 가까스로 건강을 되찾았다. ▶ 글쓴이의 우주 나무가 된 참나무

지난 주말에도 산에 다녀왔다. 눈이 내린 날이었다. 불과 일주일 만에 약수터의 참나무는 제 스스로 모든 잎을 떨군 채 찬바람 속에 *무연히 서 있었다. 그리고 침묵의 시간으로 돌아간 듯 더 이상 말이 없었다. 나는 내가 못을 빼냈던 자리를 찾아보았다. 상처는 아직도 완전히 아물지 않은 상태였다. / 그 헐벗은 나무를 보며 나는 생각했다. ❸그동안 나는 사소한 일에도 얼마나 자주 마음이 흔들렸던가. 또 어쩌다 상처를 받게 되면 얼마나 많은 원망의 시간을 보냈던가. 그리고 나는 길을 잃은 사람이 다시 찾아올 수 있도록 변함없이 그 자리에 서 있었던 적이 있었던가. 그렇게 말없이 기다림을 실천한 적이 있었던가. ▶ 참나무를 보며 자기 성찰을 하게 됨.

이제부터는 ㉠<u>한 그루 나무처럼 살고 싶다.</u> 자기 자리에 굳건히 뿌리를 내리고 세월이 가져다주는 변화를 조용히 받아들이며 가끔은 누군가 찾아와 기대고 쉴 수 있는 사람이 되었으면 싶다. 겉모습은 어쩔 수 없이 변하더라도 속마음은 변하지 않는 사람이 되고 싶다. 한 그루 나무처럼 말이다. ▶ 한 그루 나무처럼 살고 싶다는 바람을 갖게 됨.

> • **중심 내용** 참나무를 보며 쉽게 흔들리지 않고 남을 포용할 수 있는 삶을 사는 것을 소망함.

이해와 감상

이 글은 산행에서 만난 약수터 참나무와의 인연을 통해 삶에 대한 반성과 성찰을 보여 주는 수필이다. 글쓴이는 약수터 옆 참나무에 박힌 대못을 빼 준 인연을 계기로 참나무와 교감을 나누게 된다. 나뭇잎을 모두 떨구었지만 변함없이 그 자리에서 기다려 주는 참나무의 모습을 보면서, 사소한 일에도 마음이 흔들리고 원망의 시간을 보냈던 그간의 삶을 반성하고 겉모습은 변하더라도 속마음은 변치 않는 사람이 되겠다는 다짐을 드러내고 있다. 일상적 소재인 나무를 통해 자신의 삶의 태도를 되돌아보며 앞으로의 삶의 태도에 대한 깨달음을 담담하게 밝히고 있다.

🏠 작품 연구소

〈한 그루 나무처럼〉에 나타난 글쓴이의 경험과 성찰

글쓴이의 경험	• 약수터에서 대못이 박힌 참나무를 발견함. • 장도리로 녹슨 대못을 빼낸 뒤 참나무와 인연을 맺게 됨. • 어머니가 편찮으실 때 참나무를 보며 어머니의 건강을 빈 후 어머니가 건강을 되찾음. • 눈이 내린 날 잎을 떨군 채 찬바람 속에 무연히 서 있는 참나무를 봄.
글쓴이의 성찰	• 사소한 일에도 자주 마음이 흔들렸던 자신을 반성함. • 상처를 받게 되면 많은 원망의 시간을 보냈던 자신을 돌아봄. • 말없이 기다림을 실천한 적이 없었던 자신을 반성함.

글쓴이가 추구하는 삶의 태도

봄의 참나무	겨울의 참나무
연둣빛의 아름다운 잎으로 무성함.	모든 잎을 떨군 채 찬바람 속에 말없이 서 있음.

참나무는 무성한 잎을 가진 봄이든 모든 잎을 떨군 겨울이든 관계없이 늘 그 자리에 굳건히 뿌리를 내리고 있음.

글쓴이가 추구하는 삶의 태도	• 한 그루 나무처럼 자연의 순리에 따르고 다른 사람을 포용할 수 있는 사람이 되고 싶음. • 겉모습은 어쩔 수 없이 변하더라도 속마음은 한 그루 나무처럼 변하지 않는 사람이 되고 싶음.

📖 함께 읽으면 좋은 작품

〈나무〉, 이양하 / 나무를 통해 바람직한 삶의 자세를 이끌어 낸 작품

나무에 대한 애정 어린 성찰을 바탕으로 인간이 본받아야 할 나무의 속성을 서술하고 나무의 덕을 따르고 싶은 글쓴이의 바람을 드러낸 작품이다. 🔗 Link 본책 123쪽

〈남신의주 유동 박시봉방〉, 백석 / 나무를 통해 자신의 삶을 성찰한 작품

고향을 떠나 객지에 홀로 머물고 있는 시적 화자가 자신의 지나온 삶을 차분히 응시하고 반성하면서 새로운 삶의 의지를 다지는 모습을 보여 주고 있는 작품이다. 외로움과 추위를 견디고 서 있는 '갈매나무'의 모습를 통해 자신의 삶을 성찰하고 있다는 점에서 이 글과 유사하다. 🔗 Link 〈현대 시〉 148쪽

🔑 포인트 체크

[제재] 약수터의 ◻◻◻와 관련한 글쓴이의 경험과 깨달음을 담고 있다.

[관점] 글쓴이는 참나무를 통해 사소한 일에도 ◻◻이 흔들리고, 많은 원망의 시간을 보내며, 변함없이 자리를 지키지 못했던 자신의 모습을 ◻◻한다.

1 이 글의 글쓴이에 대한 이해로 적절하지 않은 것은?

① 자연물과의 교감을 통해 삶의 위안을 얻고 있다.

② 일상적 경험에서 발견한 삶의 교훈을 전하고 있다.

③ 눈을 맞고 서 있는 참나무를 보며 연민을 느끼고 있다.

④ 계절에 따른 나무의 변화에서 주제를 이끌어 내고 있다.

⑤ 대못을 빼 준 일을 계기로 나무에게 의미를 부여하고 있다.

2 ⊙의 이유로 적절하지 않은 것은?

① 묵묵하게 자신에게 주어진 일을 해 나가려고

② 작은 일에 흔들리지 않고 의연하게 대처하려고

③ 다른 사람을 위하여 자신을 희생하며 살아가려고

④ 한결같은 마음으로 자신의 본분을 잃지 않으려고

⑤ 자신에게 상처를 준 사람조차 너그럽게 용서하려고

중요 기출

3 이 글의 내용을 〈보기〉와 같이 구조화했을 때, 이에 대한 설명으로 적절하지 않은 것은?

┤ 보기 ├

'나'의 경험

[A] 어느 날	➡	[B] 그 다음 주말	➡	[C] 그 후

⬇

'나'의 깨달음

[D] 눈이 내린 날	➡	[E] 이제부터

① [A]에서 글쓴이는 나무에 못이 박혀 있는 모습을 발견하고 연민을 느끼고 있다.

② [B]에서 글쓴이는 장도리를 사용해 나무에 박힌 못을 빼내고 홀가분해하고 있다.

③ [C]에서 글쓴이는 언제나 제 자리를 지키는 나무의 그늘 밑에서 나무에게 친밀감을 느끼고 있다.

④ [D]에서 글쓴이는 모든 잎을 떨군 채 찬바람 속에 무연히 서 있는 나무를 보면서 자신을 성찰하고 있다.

⑤ [E]에서 글쓴이는 나무를 본받아 겉과 속이 일치하는 사람이 되겠다고 다짐하고 있다.

4 글쓴이가 참나무를 '우주 나무'라고 생각하는 이유를 쓰시오.

┤ 조건 ├

글쓴이의 구체적인 경험을 바탕으로 쓸 것.

나와 남 | 장영희

아주 옛날, [*]프로메테우스가 인간을 빚으면서, 각자의 목에 두 개의 보따리를 매달아 놓
았다고 한다. 보따리 하나는 다른 사람의 결점으로 가득 채워 앞쪽에, 또 다른 보따리는 자
신들의 결점으로 가득 채워 등 뒤에 달아 놓았다고 한다. 그래서 사람들은 앞에 매달린 다
른 사람의 결점들은 잘도 보고 시시콜콜 이리 뒤지고 저리 꼬투리 잡지만, 뒤에 매달린 보
따리 속의 자기 결점은 전혀 볼 수 없게 되었다고 한다. / ❶따지고 보면 아무리 평판 좋고
훌륭한 사람일지라도 마음만 먹으며 비난거리는 얼마든지 찾아낼 수 있다. 인간 성향이라
는 게 모두 양면적이라서 마음먹기에 따라 얼마든지 서로 상반되는 해석이 가능하기 때문
이다. 아주 겸손하고 나서기 꺼려하는 사람은 카리스마가 부족하고 자신감이 없다고 비난
하고, 반대로 박력 있고 당당한 사람은 겸손하지 못하고 되바라졌다고 욕한다. [중략]

두뇌 과학자들에 의하면 우리의 속 모습은 겉모습보다 더 차이가 난다고 한다. 얼핏 보
기에는 똑같이 큰골 작은골로 이루어져 있고 생김새도 비슷하게 보이지만, 두뇌마다 제각
각 조금씩 찌그러진 정도나 굴곡, 주름 잡힌 정도가 달라서, 절대로 두 개의 두뇌가 완벽하
게 같을 수 없다는 것이다. 즉, 사람마다 살아가면서 제각각 다른 경험을 하고, 그 경험에
따라 갖는 느낌, 기억, 생각이 두뇌에 작은 선이나 주름을 하나씩 만들기 때문에, 억만 년이
지나도 똑같은 두뇌가 있을 수 없다는 말이다.

비슷하면서도 다르고, 다르면서도 또 비슷한 우리들. 앞뒤로 보따리 하나씩 메고 돌아다
니면서 열심히 앞 보따리를 뒤적거려 보지만, 결국은 앞 보따리나 뒤 보따리나 속에 들어
있는 건 매한가지이다. 이렇게 보면 장점이 저렇게 보면 단점이고, 저렇게 보면 단점이 이
렇게 보면 장점이다. 결국 장단점이 따로 없지만, 어차피 세상을 판단하는 기준은 자기 자
신이다. 그런데 제각각 나에게 맞는 도수의 안경을 끼고 다른 사람을 보니, 이리저리 찌그
러지고 희미하고 탐탁지 않게 보이는 것은 당연하다. 그러니 ❷서로 다른 안경을 끼고 서로
손가락질하며 못생겼다고 흉보며 사는 세상이 항상 시끄러운 것도 당연하다.

가끔 누군가 내게 행한 일이 너무나 말도 안 되고 화가 나서 견딜 수 없을 때가 있다. 며
칠 동안 가슴앓이하고 잠 못 자고 하다가도 문득 '만약 내가 그 사람 입장이었다면 나라도
그럴 수 있었을지 모르겠다.'라는 생각이 들 때가 있다. 그러면 꼭 이해하는 마음이 아니더
라도 '오죽하면 그랬을까.' 하는 동정심이 생기는 것이다. 물론 그러지 않았더라면 좋았겠
지만, 그리고 그 대상이 나였다는 것이 너무나 억울하고 마음 아프지만, 그래도 마음의 [*]응
어리가 조금씩 풀어지면서 '까짓것, 그냥 용서해 버리자.'라는 마음이 생길 때가 있다. '남'
의 마음을 '나'의 마음으로 헤아릴 때 생기는 ㉠기적이다.

한 유행가 가사에서 '남'에서 점을 하나 빼면 '님'이 된다고 했다. 아닌 게 아니라 인간관
계는 여섯 살짜리 조카가 갖고 노는 자석 글자판의 글자 놀이와 같은 건지도 모른다. '남'
에서 받침을 하나 빼면 '나'가 된다. 점 하나 옮기면 '너'가 된다. '남'의 받침과 획을 잘못 갖
다 붙이면 '놈'이 된다. ❸사람 사는 게 엎치나 뒤치나 마찬가지이고, '나', '너', '남', '놈'도 따
지고 보면 다 그저 받침 하나, 점 하나 차이일 뿐이다. 그런데도 왜 우리는 악착같이 '나'와
'남' 사이에 깊은 골을 파 놓고 그렇게 힘겹게 살아가는지 모르겠다.

🎯 핵심 정리

갈래 경수필
성격 사색적, 교훈적
제재 나와 남
주제 너그러운 마음으로 남을 대하는 자세의 필
요성
특징 ① 신화와 유행가 가사를 인용하여 독자의
흥미를 유발함.
② 누구나 경험해 보았을 만한 상황을 제시
하여 독자의 공감을 유도함.
출전 《내 생애 단 한 번》(2000)

Q 프로메테우스 신화를 언급하며 글을 시
작함으로써 얻을 수 있는 효과는?

독자로 하여금 관심과 흥미를 갖게 하면서 사람
들이 지닌 문제점을 지적하고 있다. 즉, 자신의
결점은 생각지 못하고 타인의 결점을 따지는 인
간의 성향을 우의적으로 드러냄으로써 독자의
흥미를 유발하고 있다.

💡 어휘 풀이

프로메테우스(Prometheus) 그리스 신화에 나오
는 티탄족의 영웅. 흙으로 인간을 빚었으며 인간에
게 불을 훔쳐다 줌.
응어리 가슴속에 쌓여 있는 한이나 불만 따위의
감정.

🐚 구절 풀이

❶ **따지고 보면 아무리 ~ 해석이 가능하기 때문이
다.** 인간은 어떤 관점으로 바라보느냐에 따라
좋게 보이기도 하고 나쁘게 보이기도 한다. 그
자체로 절대적으로 좋은 것도 없고 나쁜 것도
없다는 의미인데, 인간은 자신의 잣대로 타인
을 평가하기 때문에 상대가 좋게 보이지 않을
때가 있고, 그로 인해 세상이 시끄러워진다는
데 이 글의 문제의식이 있다.

❷ **서로 다른 안경을 ~ 항상 시끄러운 것도 당연
하다.** 글쓴이는 사람들이 저마다의 관점을 갖
고 있는데, 자기만의 관점으로 세상을 판단하
고 다른 사람을 비난하기 때문에 갈등이 일어
난다고 생각하고 있다.

❸ **사람 사는 게 ~ 점 하나 차이일 뿐이다.** 사람들
이 살아가는 것이 크게 달라 보여도 결국은 별
차이가 없다는 것을 글자판의 글자 놀이에서
'나', '남', '너'는 받침 하나, 점 하나의 차이에 불
과하다는 사실을 통해 강조하고 있다.

🧑 작가 소개

장영희(본책 70쪽 참고)

- 중심 내용 인간관계에서 '나'를 대하듯 '남'을 대하면 마음의 평안을 얻고 세상의 갈등이 해소될 수 있음.

이해와 감상

이 글은 나를 대하듯 남을 대하면 마음의 평안을 얻게 된다는 내용을 담은 교훈적 성격의 수필이다. 글쓴이는 누구나 공감할 수 있는 상황을 이야기하며 입장을 바꿔 남을 이해하는 태도를 지닐 것을 말하고 있다. 사람들은 서로 다른 경험을 하며 살기 때문에 서로 다른 자신만의 기준으로 세상을 판단하게 된다. 때로는 기준, 관점의 차이에 의해 상대방과 불편한 관계에 놓이기도 하는데, 점 하나의 차이일 뿐인 '나'와 '남'의 관계를 생각하며 너그러운 마음으로 남을 바라보는 자세가 필요함을 말하고 있다.

작품 연구소

〈나와 남〉에서 글쓴이가 전달하려는 의미

우리는 자신의 단점은 보지 못하지만 남의 단점은 잘 보여서, 살아가면서 남들과 크고 작은 갈등을 겪게 된다. 따지고 보면 '나'와 '남'은 점 하나의 차이에 불과할 정도로 매우 긴밀한 관계를 맺고 있다. 글쓴이는 조금만 달리 생각하면 이해할 수 있는 상대방의 언행에 대해 우리가 너무 민감하게 반응하여 스스로 피곤하게 산다고 생각하며 안타까워하고 있다. 그러면서 조금만 여유를 가지고 나를 대하듯 남을 대하면 단점으로 보였던 상대방의 모습을 이해할 수 있게 되므로 이러한 마음가짐을 가져야 한다는 것을 강조하고 있다.

〈나와 남〉에 나타난 표현 전략과 효과

표현 전략		효과
• 그리스 신화의 내용을 활용함. • 유행가의 가사를 인용함.	➡	• 독자의 흥미와 관심을 유발함. • 내용을 더욱 효과적으로 전달함.
• 두뇌 과학자들의 연구 결과를 제시함.	➡	• 내용의 신뢰성을 높임.
• 누구나 경험해 보았을 만한 상황을 제시함.	➡	• 독자의 공감을 유발함.

자료실

장영희의 수필론

장영희의 수필은 독자가 작품 속에 깊이 들어오도록 하면서도 자기의 개성을 잘 살린다. 장영희의 창작은 자신의 생각을 독자에게 전하려는 것이 아니라 독자와 대화를 나누는 것으로 되어 독자 자신이 작가와 동일화한 감동을 받는다. 작가는 독자가 고해 사제 같아서 자기 내면에 숨겨 놓은 갈등과 모난 자아를 독자에게 내보여 마음의 평화와 자신감을 얻는다고 한다. 장영희는 독자와 나눔의 차원을 설정하여 작품을 독자에게 내놓아서 자기가 평화를 얻으므로 독자에게 그만큼 돌려주려 한다. 그 방법은 독자가 글을 읽고 독자 자기를 반성할 수 있는 방법을 찾는데, 그것이 가르치려 드는 것이 아니라 독자와 공감대를 찾아 따뜻한 대화와 위로가 되어 주는 것이다.
– 신재기, 《수필과 비평》 제102호

함께 읽으면 좋은 작품

〈운수 안 좋은 날〉, 박완서 / 상대방의 입장에서 배려하고 존중하는 태도가 필요함을 생각하게 하는 작품

우연히 전철에서 겪은 짧은 사건을 통해 다른 사람의 입장이 되어 생각하고 행동하는 자세가 필요함을 역설하고 있는 수필이다. 글쓴이가 자신이 겪은 경험을 바탕으로 다른 사람을 배려하지 않는 각박한 세태를 비판하고 인간관계에서 다른 사람의 입장이 되어 생각해 보는 자세의 중요성을 강조하고 있다는 점에서 이 글과 유사하다.

키 포인트 체크

제재 이 글은 '☐'의 기준에서 '☐'을 함부로 판단하는 태도에 대한 문제의식을 담고 있다.

관점 '나'와 '남'은 점 하나의 차이에 불과할 정도로 매우 긴밀한 ☐☐를 맺고 있으므로 너그러운 마음으로 남을 바라보는 자세가 필요하다.

표현 그리스 ☐☐ 이야기, 유행가 가사, 두뇌 과학자의 견해 등을 인용함으로써 자신이 말하고자 하는 바를 효과적으로 전달하고 있다.

1 이 글에 대한 설명으로 가장 적절한 것은?

① 대립되는 관점을 절충해 새로운 대안을 제시하고 있다.
② 전문가의 견해를 인용해 잘못된 통념을 비판하고 있다.
③ 과거 회상을 바탕으로 자신의 삶의 태도를 성찰하고 있다.
④ 신화를 인용해 현실에 대한 부정적 인식을 강조하고 있다.
⑤ 타인을 대하는 바람직한 태도에 대한 자신의 생각을 이야기하고 있다.

2 이 글을 읽은 학생의 반응으로 적절하지 않은 것은?

① 사람마다 생각이 다를 수 있다는 것을 인정하면 세상의 갈등이 사라질 것 같아.
② 인간관계에서 역지사지의 태도를 가질 때 진정한 마음의 평안을 얻을 수 있겠군.
③ 자신의 결점은 보지 못하고 다른 사람의 결점을 잘 보는 것은 타고난 본능과 같은 거로군.
④ 사람마다 겉모습이 다른 것처럼 생각도 다르므로 자신만의 개성을 잃지 않고 살아가야 해.
⑤ 관점에 따라 다양한 해석이 가능하다는 걸 인정하면 다른 사람들에게 너그러워질 수 있겠어.

3 이 글에서 ㉠이 의미하는 바를 50자 내외로 쓰시오.

내신 적중 多빈출

4 이 글의 글쓴이(A)와 〈보기〉의 글쓴이(B)를 비교한 내용으로 가장 적절한 것은?

| 보기 |

제비꽃이 제비꽃이면 되듯이 나 또한 이대로 나 자신이면 됩니다. 아무리 남의 장점이 돋보여도 남의 장점을 통해 나의 단점을 찾으려고 노력하면 어리석습니다. 오히려 그 단점이 장점일 수 있습니다. [중략] 장점이라고 생각한 그 장점이 경우에 따라서는 단점일 수 있습니다. 남의 장점을 나의 장점으로 가져오기에는 나의 어떤 형편이나 환경이 그에 적합하지 않을 수 있습니다.

① A가 남과 비교하는 것의 어리석음을 꾸짖고 있는 반면, B는 '나'와 '남'이 크게 다르지 않음을 일깨우고 있다.
② A는 '나'와 '남'을 지나치게 구분하는 것을 경계하는 반면, B는 자신의 고유한 가치를 발견할 것을 강조하고 있다.
③ A는 인간의 숙명적 한계를 인정하려는 태도를, B는 인간의 무한한 가능성을 인정하려는 태도를 보여 주고 있다.
④ A는 자신의 관점으로만 다른 사람을 판단하는 태도를, B는 자신의 주관 없이 유행을 좇는 태도를 비판하고 있다.
⑤ A는 상대방의 단점을 너그럽게 포용할 줄 아는 자세를, B는 상대방을 배려할 줄 아는 성숙한 자세를 중시하고 있다.

037 우리는 어디로부터 왔는가 | 최인호

키워드 체크 #사색적 #도시 정원 속 개구리 #생명의 신비 #자연의 섭리 #생명의 근원은 어디에

국어 동아

핵심 정리

갈래 경수필
성격 경험적, 사색적
제재 정원에서 개구리를 발견한 일
주제 자연의 섭리와 생명의 근원에 대한 사색
특징 ① 정원에서 개구리를 발견한 경험이 생명의 근원에 대한 사색으로 이어지는 과정을 보여 줌.
② 주제와 관련된 시를 인용하여 주제를 부각함.
③ 질문의 형태로 글을 마무리하며 독자들에게 사색의 기회를 부여함.
출전 《최인호의 인연》(2010)

어휘 풀이

잇큐 1394~1481. 일본 최고의 선시(禪詩) 작가. 1500여 편의 시를 남겼다.
뜨락 뜰. 집 안의 앞뒤나 좌우로 가까이 딸려 있는 빈터.

구절 풀이

❶ **그는 도대체 어디서 왔을까. ~ 어떻게 태어났음일까.** 도시 한복판 정원에서 개구리를 발견한 경험을 통해 생명이 어디에서부터 시작되는 것인지에 대해 궁금증을 가지게 된 부분이다. 글쓴이가 자연의 섭리와 생명의 근원에 대해 사색하는 계기가 된다.

❷ **아아, 우리는 누구인가. ~ 어디로 가고 있음인가.** 글쓴이는 자연의 신비로운 섭리와 생명의 근원에 대한 사색을 통해 식물도 동물도 사람도 모두 흙 한 줌에서 왔음을 깨닫는다. 그리고 이러한 깨달음으로부터 도출된 질문으로 끝을 맺어 여운을 주면서, 독자로 하여금 질문에 대한 답을 스스로 생각해 보도록 이끌고 있다.

> **Q** 글쓴이가 정원의 나무들을 그저 내버려 두면 된다고 이야기한 이유는?
>
> 정원에 있는 나무들은 사람이 인위적인 힘을 가하지 않고 그저 내버려 두어도 흙과 태양과, 빗물, 그 밖의 모든 자연의 요소들의 시기적절한 힘으로 인해 자라나고 열매 맺기 때문이다. 즉, 자연의 섭리에 의해 자라나기 때문이다.

작가 소개

최인호(1945~2013)
소설가, 시나리오 작가. 초기에는 산업화의 과정에서 소외된 사람들을 다루는 소설을 주로 썼으며, 후기에는 종교나 역사를 다루는 장편소설을 주로 발표하였다. 주요 작품으로 소설 〈별들의 고향〉, 〈타인의 방〉, 수필집 《길 없는 길》 등이 있다.

오래전 봄날, 정원에 앉아 있다가 장미 나무 그늘 아래에서 무엇인가 팔짝팔짝 뛰어 깜짝 놀라 살펴보니 아주 작은 청개구리 한 마리였다. 이 도시의 정원에 청개구리 새끼라니, 깜짝 놀라서 눈을 비비고 개구리를 다시 보니 벌써 어디론가 사라지고 없어 내가 잘못 보았던가 까마득히 잊어버리고 있었다.
　글쓴이의 경험 – 정원에서 아주 작은 청개구리를 발견함.
▶ 오래전 봄날, 정원에서 작은 청개구리를 발견함.

그런데 그해 초여름 잔디를 깎다가 뭔가 팔짝팔짝 뛰면서 영산홍 나뭇가지 사이로 숨어버리는 물건이 있어 재빨리 뛰어 달려가 바라보니 어린아이 주먹만 한 개구리 한 마리였다. 개구리는 그늘진 나무숲 사이에 숨어 가만히 앉아 있었으므로 나는 비로소 찬찬히 살펴볼 수 있었다.
　글쓴이의 경험 – 정원에서 어린아이 주먹만 한 개구리를 발견함.

지난봄 잘못 보았다고 생각했던 그 청개구리가 자라서 어른 개구리가 되었는가 살펴보았더니 청개구리는 아니고 그냥 평범한 흑갈색 개구리였다. 도대체 이 개구리 한 마리가 어디서 찾아왔는가. 나는 신기해서 한참을 쳐다보았다. 우리 정원 잔디밭에 개구리 한 마리가 살고 있다는 소문은 여기저기 퍼져서 아내가 어느 날 내게 이렇게 말했다.
　도시에서는 흔한 일이 아니기 때문에

『"우리 집 정원에 개구리가 있어요, 여보."
　「」: 가족이 모두 개구리가 출연한 것에 신기해하며 기뻐함.
아들 녀석도 어느 날 잔디밭에 나갔다가 맨발로 뛰어와서 소리쳐 말했다.

"개구리다, 개구리! 우리 집에 개구리 한 마리가 살고 있다!"

맨발로 뛰어오는 아들 녀석의 기쁜 표정은 마치 우리 집 정원에서 유전이 발견되었다는 기쁨보다 훨씬 더 강렬한 것이었다.』

아들의 표현대로 우리 집 마당에 ⓐ개구리 한 마리가 숨어 살고 있었다. ❶그는 도대체 어디서 왔을까. 이 도시 한복판 정원 속에서 어떻게 잉태되고 어떻게 태어났음일까. [중략]
▶ 정원에 개구리가 살고 있음을 알게 됨.

중략 부분의 내용 글쓴이는 정원에 개구리뿐만이 아니라 나방, 참새 떼를 비롯하여 살아 숨 쉬는 것이 많이 있음을 알게 된다. 글쓴이는 *잇큐의 시를 인용하며 나무의 생명력에 감탄한다.

잇큐의 시처럼 감나무의 가지를 부러뜨려 봐도 감은 보이지 않고 대추나무의 가지를 부러뜨려 봐도 대추는 보이지 않는다. 그런데도 이제 가을이 오면 감나무에는 감이 주저리주저리 열리고, 대추나무에는 대추가 주저리주저리 열릴 것이다.

그들을 위해 내가 따로 할 일은 없다. 그저 내버려 두면 그뿐인 것이다. 태양은 제가 알아서 알맞게 온도를 재어 열매를 숙성시킬 것이며 때맞춰 내리는 빗물은 저희끼리 알아서 그들의 갈증을 채워 주고 메마른 나무의 뿌리를 적셔 줄 것이다.
　인위적인 힘이 필요 없는 자연의 섭리

모과나무에서는 ⓑ노오란 모과들이 알알이 열매 맺어 향기를 피울 것이고 나무 그늘 속에 숨어 살던 개구리가 만약 우리 집 식구의 희망 사항처럼 죽지 않고 그때까지 살아 있다면 아마도 우리 집 땅속을 파고 들어가 그 속에서 기나긴 겨울잠을 잘 것이다.
▶ 때가 되면 소생하고 열매를 맺는 생명의 경이로움

『이 모든 것이 ⓒ흙 한 줌에서부터 나오는 것이니 아아, 흙이란 얼마나 신비한 것인가.』 잇큐의 시처럼, 그대 나아가 *뜨락의 흙 한 줌을 떠서 가만히 들여다보라. 그 흙 한 줌 속에서
　「」: 모든 생명이 흙에서 시작된 것임을 깨달음.
나무가 자라고, 꽃이 피어나고, 풀이 우거지고, 개구리가 태어난다.

그 흙 한 줌 속에서 ⓓ감이 열리고, ⓔ대추가 매달린다. 우리의 육체도 그 흙 한 줌에서 비롯되어 태어난 것이니, ❷㉠아아, 우리는 누구인가. 그리고 어디로부터 와서 어디로 가고 있음인가.
▶ 흙에서 온 모든 생명의 경이로움과 생명에 대한 사색

> • 중심 내용 집 앞마당에서 벌어지는 자연물의 움직임과 변화를 바라보며 생명 탄생의 근원을 성찰함.

이해와 감상

이 글은 어느 봄날 자신의 집 정원에서 개구리를 발견한 경험을 통해 자연의 신비로운 섭리와 생명의 근원에 대하여 사색하고 있는 수필이다. 글쓴이는 도시 한복판에서 개구리가 어떻게 태어났는지 궁금해하며 사색을 시작한다. 글쓴이는 정원에서 살아 숨 쉬는 것이 많이 있다는 사실을 알게 되고, 겨울에 이사할 때 옮겨 심어 죽을 것 같았던 모과나무가 열매를 맺는 것을 보면서 황량한 도시에서도 어김없이 만날 수 있는 생명의 신비와 자연의 섭리에 대하여 경탄하고 있다. 마지막 부분에서는 '흙 한 줌'에서 모든 생명이 비롯된다고 이야기하면서 '아, 우리는 누구인가. 그리고 어디로부터 와서 어디로 가고 있음인가.'라고 말함으로써 독자에게 끝나지 않는 사색의 기회를 제공하고 있다.

작품 연구소

이 글에 나타난 글쓴이의 경험과 그에 대한 글쓴이의 생각과 깨달음

글쓴이의 경험	글쓴이의 생각과 깨달음
• 정원에 사는 개구리를 발견함. • 정원에 나방, 참새 등이 날아오는 것을 보게 됨. • 열매가 제대로 맺힐까 걱정했던 모과나무가 봄이 되자 꽃을 피우고 열매를 맺는 것을 보게 됨. • 생명의 근원이 어디서 온 것인지 사색함.	• 개구리가 어디서 왔을지 궁금해함. • 정원에 살아 숨 쉬는 것이 많다는 것을 알게 됨. • 각자의 때에 맞추어 소생하는 생명의 경이로움에서 자연의 섭리를 떠올림. • 식물도 동물도 사람도 모두 흙 한 줌에서 왔음을 깨달음.

이 글에 인용된 잇큐의 시

잇큐의 시 전문	벚나무 가지를 부러뜨려 봐도 그 속엔 벚꽃이 없네. 그러나 보라. 봄이 되면 얼마나 많은 벚꽃이 피는가.

↓

이 시에서 표현하고자 하는 바	어디에서 오는지 알 수 없지만 봄이 되면 언제나 무수히 피어나는 벚꽃을 통해 생명의 신비로움과 자연의 섭리를 표현함.

↓

이 글에서 이 시를 인용함으로써 얻을 수 있는 효과	• 글의 앞뒤 내용을 자연스럽게 연결함. • 작품의 주제를 효과적으로 이끌어 냄.

함께 읽으면 좋은 작품

〈흙의 노래를 들어라〉, 김훈 / 봄 흙의 생명력과 봄나물에 대한 사색이 나타난 작품

작가가 자전거로 전국을 여행하고서 쓴 《자전거 여행》에 실려 있는 글로, 남해안의 경작지를 둘러보고 봄 흙 속에서 새싹이 땅 위로 올라오는 생명 현상과 흙의 근본, 그리고 그 흙을 터전으로 삼고 사는 사람들의 삶의 모습, 흙에서 자라난 냉이와 달래와 쑥이 친화력 있는 된장과 만나 어우러지는 맛 등을 간결하면서도 깊이 있는 문장으로 표현하고 있는 수필이다. 자연의 생명력에 대한 예찬을 드러내고 있다는 점에서 이 글과 유사하다.

포인트 체크

제재 정원에서 ☐☐☐를 발견한 경험을 바탕으로 생명 탄생의 근원을 성찰하고 있다.

관점 글쓴이는 때에 맞춰 소생하는 생명의 경이로움에 ☐☐하는 태도를 보이고 있다.

표현 중간에 ☐를 삽입하여 글의 앞뒤 내용을 자연스럽게 연결하면서, 글의 주제를 효과적으로 부각하고 있다.

1 이 글에 대한 설명으로 가장 적절한 것은?
① 다른 사람의 견해를 제시하여 설득력을 높이고 있다.
② 자연물과의 대화를 통해 자신의 삶을 성찰하고 있다.
③ 객관적인 연구 결과를 제시하여 자신의 생각을 뒷받침하고 있다.
④ 단정적인 어조를 사용하여 자신의 주장을 강하게 제시하고 있다.
⑤ 대상과 관련한 경험을 제시하고, 그에 대한 느낌과 성찰을 이야기하고 있다.

2 ⓐ~ⓔ 중에 성격이 다른 하나는?
① ⓐ   ② ⓑ   ③ ⓒ   ④ ⓓ   ⑤ ⓔ

내신 적중

3 〈보기〉는 이 글의 생략된 부분 중 일부이다. 〈보기〉를 통해 알 수 있는 글쓴이의 개성으로 가장 적절한 것은?

┤ 보기 ├
때가 되어 봄이 되자 모과나무에는 연분홍 수줍은 꽃들이 일제히 피어나더니 잎새도 눈부시게 피어나고, 그 꽃잎마다 알 수 없는 곳에서 날아온 벌들과 나비들이 꽃가루를 모아 열매를 맺게 하더니 저리도 많은 모과가 열리게 하였다. 이 얼마나 놀라운 일인가. 이 황량한 도시의 어느 곳에서 벌들은 날아오고, 이 도시의 어느 곳에서 나비가 살아 날아다니고 있는가.

① 도시 문명을 예찬하는 인물임.
② 관찰력이 있고 사색적인 인물임.
③ 생활력이 있고 낙관적인 인물임.
④ 작은 것들에 관심을 가지는 인물임.
⑤ 도시의 황량함을 비판적으로 바라보는 인물임.

4 ㉠과 같은 방식으로 이 글을 마무리함으로써 얻을 수 있는 효과가 무엇인지 쓰시오.

┤ 조건 ├
독자의 관점에서 쓸 것.

문학 천재(정)
독서 신사고

🎯 핵심 정리

갈래 경수필
성격 일상적, 성찰적, 생태적
제재 자동차 운전
주제 자동차 사용에 대한 바람직한 태도, 문명의 이기와 생태 문제에 대한 성찰
특징 ① 글쓴이의 운전 경험을 바탕으로 생태 문제에 대한 성찰을 이끌어 냄.
② 통념에 대한 비판적 사고를 드러내어 독자에게 성찰의 기회를 제공함.
출전 《저 불빛들을 기억해》(2012)

💡 어휘 풀이

범퍼(bumper) 충돌 사고 발생 시 충격을 완화하기 위하여 자동차의 앞과 뒤에 설치한 장치.
잔해(殘骸) ① 썩거나 타다가 남은 뼈. ② 부서지거나 못쓰게 되어 남아 있는 물체.
살상(殺傷) 사람을 죽이거나 상처를 입힘.
자각(自覺) 현실을 판단하여 자기의 입장이나 능력 따위를 스스로 깨달음.
원죄(原罪) (기독교에서) 모든 인간이 날 때부터 가지고 있다는 죄.

> **Q** '풀 비린내'의 의미는?
>
> 이 글에서 '풀 비린내'는 죽은 풀벌레 잔해의 냄새를 말한다. 글쓴이는 자동차에 엉겨 붙어 죽은 풀벌레를 보고 자신이 편리함과 안락함을 누리는 동안 다른 생명은 죽어 갈 수도 있음을 깨닫게 된다. 글쓴이는 '풀 비린내' 때문에 생명을 죽인 것에 죄책감을 느끼게 된다.

🪶 구절 풀이

❶ **스웨덴의 생태주의자인 ~ 말한 바 있다.** 자동차가 누구의 방해도 받지 않고 운전자를 어디로든 데려다 줄 수 있는 밀폐된 공간임을 뜻하는 말이다.
❷ **그것은 흙먼지가 아니라 ~ 부딪쳐 죽은 잔해였다.** 글쓴이가 자동차에 대한 생각을 정리하도록 이끈 사건이다. 자신에게 편리함과 안락함을 주는 자동차가 다른 생명체를 죽일 수 있다는 사실을 자각하게 된 계기이다.
❸ **인간에게 안락한 공간이 ~ 자각이 그제서야 찾아왔다.** 생명의 중요성에 대해 강조하고 있는 부분으로, 다른 생명에 대한 인간의 무심함에 경고를 보내고 있다.
❹ **차를 소유하고부터는 ~ 생각이 들곤 한다.** 글쓴이는 자동차를 몰고 다니는 것 자체가 엄청난 살생 행위라고 보고 있으므로 자동차를 소유하고 있는 자신은 생태 문제에 대해 말할 자격이 없으며 생태 문제에 대한 자신의 의견 역시 설득력이 약할 수밖에 없다고 생각하고 있다.

👤 작가 소개

나희덕(본책 62쪽 참고)

전략 부분의 내용 글쓴이는 자동차를 해체하여 새로운 용도로 거듭나게 한 〈감성적 기계〉라는 미술 작품을 보고 자동차에 대한 자신의 평소 생각을 되돌아본다.

❶스웨덴의 생태주의자인 에민 텡스룀은 자동차라는 물건이 "자기 자신의 영토 안에 머물고자 하는 의지와 이 영토 밖으로 움직일 필요성"을 동시에 충족해 준다고 말한 바 있다. 현대인들이 자동차라는 '아늑한 자궁'으로부터 잠시도 떨어지고 싶어 하지 않는 것도 바로 이 모순된 욕망을 자동차라는 공간이 해결해 주기 때문일 것이다. 앞에서 말한 〈감성적 기계〉처럼 자동차를 해체하지 않아도 자동차는 이미 충분히 '감성적 기계' 노릇을 하고 있는 셈이다.
▶ 자동차에 대한 글쓴이와 현대인의 인식

하지만 얼마 안 가서 자동차에 대한 낯설고 당혹스러운 경험을 하게 되었다. 갑자기 서울에 갈 일이 생겼는데 주말이라 차표를 구할 수 없었다. 몇 번을 망설이다가 나는 초보 주제에 식구들을 태우고 서울로 가는 고속 도로로 접어들었다. 긴장을 해서인지 무사히 서울에 도착해서 일을 보고 다음 날 밤에 광주로 내려올 수는 있었다. 그런데 밤에 고속 도로를 달리는데 차창에 무언가 타닥타닥 부딪치는 소리가 났다. 처음엔 그저 속도 때문에 모래 알갱이 같은 게 튀는 소리려니 했다.

다음 날 아침 출근을 하려는데 유리창은 물론이고 앞 범퍼에 푸르죽죽한 것들이 잔뜩 엉겨 있었다. ❷그것은 흙먼지가 아니라 수많은 풀벌레들이 달리는 차체에 부딪쳐 죽은 잔해였다. 마치 거대한 모터 주위에 두껍게 쌓여 있는 먼지 뭉치처럼 말이다. 그것을 닦아 내려다 나는 지난밤 엄청난 범죄라도 저지른 사람처럼 손발이 후들후들 떨려 도망치듯 세차장으로 갔다. 그러나 세차 기계의 물살에도 엉겨 붙은 풀벌레들의 흔적은 완전히 지워지지 않았다. 운전대를 잡을 때마다 풀 비린내는 몸서리치는 기억으로 남았고, 나는 손을 씻고 또 씻었다. / 시속 100킬로미터 정도의 속력에 그렇게 많은 풀벌레가 짓이겨졌다는 것도 믿기 어려웠지만, 이런 살상의 경험을 모든 운전자들이 초경처럼 겪었으리라는 사실이야말로 나에게는 예상치 못한 충격이었다. ❸인간에게 안락한 공간이 다른 생명을 해칠 수 있다는 자각이 그제서야 찾아왔다.
▶ 자동차로 인한 글쓴이의 충격적인 경험

옛날 티베트의 승려들은 입을 열어 말을 할 때마다 공기 중의 미생물을 죽이게 될까 봐 얼굴에 일곱 겹의 천을 두르고 다녔다고 한다. 그걸 생각하면 자동차를 몰고 다닌다는 것 자체가 엄청난 살생 행위라고도 말할 수 있을 것이다. 그렇다고 하루아침에 차를 없앨 수도 없는 형편이어서 나는 자동차에 대한 태도를 정리할 필요를 느꼈다. 「차를 유지하되 사용을 최소화하고 의존도를 낮추는 선에서 타협할 수밖에 없었다. 그리고 그 '감성적 기계'의 편안함에 길들여지려는 순간마다 그것이 풀 비린내뿐 아니라 피비린내를 불러올 수도 있다는 자각을 잊지 않으려고 한다.」
▶ 경험을 통한 글쓴이의 성찰과 깨달음

운전을 시작하기 전까지 나는 걷기 예찬자였고, 인공적인 공간보다는 자연 속에 머물기를 누구보다 좋아했다. 그러나 ❹차를 소유하고부터는 생태적인 어떤 발언도 할 자격이 없다는 생각이 들곤 한다. 차를 소유하되 그에 종속되지 않는다는 것, 이런 아슬아슬한 줄타기가 앞으로 얼마나 지속될 수 있을지 모르겠다. 다만 그날 아침의 풀 비린내가 원죄 의식처럼 내 손에 남아 있을 따름이다.
▶ 생태 문제와 관련한 글쓴이의 반성

• **중심 내용** 자동차 운전을 통해 깨달은 생명 존중의 중요성

이해와 감상

이 글은 자동차의 편리함에 익숙해져 있는 현대인들에게 생태 문제에 대한 물음을 던지며 반성과 성찰을 이끌어 내는 교훈적인 수필이다. 자동차가 주는 편안함과 안락함에 익숙해져 가던 글쓴이는 어느 날 밤중에 고속 도로를 달린 후 큰 충격을 받는다. 자동차 앞 범퍼에 엉겨 붙은 무수한 풀벌레들의 잔해를 보고 의도하지 않게 자신이 무수한 생명을 죽였다는 죄책감을 갖게 된 것이다. 이러한 죄책감은 인간에게 안락함을 제공하는 문명의 이기가 다른 생명을 해칠 수도 있다는 깨달음으로 이어진다. 여전히 글쓴이의 손에 남아 있는 '풀 비린내'는 글쓴이의 의식에 뿌리 깊게 자리를 잡은 죄책감과 생태적 사유에 대한 자각에서 비롯된 것이다.

작품 연구소

'자동차'에 대한 글쓴이의 태도

글쓴이의 생태적 사유

'생태적 사유'란 생물들이 서로 공존하는 데 있어 영향을 미치는 것을 인지하고 모든 생물이 조화롭게 살아가는 데 관심을 기울이는 사유를 말한다. 글쓴이는 운전 경험을 통해 생명은 소중하며, 자신의 이익을 위해 다른 생명을 해칠 권리는 어떤 존재에게도 없다는 생태적 사유를 이끌어 내고 있다.

자료실

〈감성적 기계〉

〈감성적 기계〉는 태국의 설치 미술가인 수라시 쿠솔웡의 작품으로, 1965년형 폴크스바겐의 엔진과 핸들, 바퀴, 새시 등 부속 용품을 완전히 제거하고 차체를 뒤집어 그물 침대로 기능하도록 설치한 후 각종 휴식 장치를 마련한 공간이다. 관객은 이곳에서 영화를 보거나 인터넷을 즐기며 휴식을 취할 수 있으며, 음료 등을 마실 수 있다. 작가는 이 작품을 통해 물건과 사람들의 시간을 획기적으로 전복하는 예술적 상상력을 관객이 체감하기를 바란 것이다.

– 광주 비엔날레 편, 《프로젝트 1 멈춤: 실현》

함께 읽으면 좋은 작품

〈산성 눈 내리네〉, 이문재 / 환경 문제에 대한 생각이 잘 드러난 작품

지구 환경이 심각하게 오염되었고 더 이상 낭만적인 자연이 존재하지 않게 된 것을 비판한 시이다. 공장과 자동차의 매연 때문에 산성 눈이 내리게 된 상황을 노래하면서 환경 오염의 심각성을 드러내고 있다.

 《현대 시》 359쪽

키 포인트 체크

제재 글쓴이가 ☐☐☐를 운전하며 겪은 일을 바탕으로 현대 문명의 이기와 생태 문제에 대한 성찰을 담고 있다.

관점 글쓴이는 자동차가 다른 생명을 해칠 수 있음을 깨닫고 차에 대한 ☐ ☐☐를 낮추기로 결심한다.

표현 다른 사람의 말을 ☐☐하여 자동차에 대한 현대인의 의식을 드러내고 있다.

1 이 글에 대한 설명으로 가장 적절한 것은?

① 일상의 경험을 바탕으로 자신의 삶을 성찰하고 있다.
② 부정적 사회상을 자연 현상에 빗대어 드러내고 있다.
③ 대상에 대한 분석을 바탕으로 주제를 형상화하고 있다.
④ 자연물과의 대화를 통해 자신의 문제점을 발견하고 있다.
⑤ 타인의 견해를 인용하여 자신의 인생관을 뒷받침하고 있다.

2 이 글에 대한 감상으로 적절하지 않은 것은?

① '손을 씻고 또 씻'는 행위로 보아, 글쓴이는 자신의 행동에 죄책감을 느꼈음을 알 수 있어.
② '풀 비린내'를 잊지 못하는 것으로 보아, 글쓴이는 문명의 이기가 주는 편안함을 거부하고자 함을 알 수 있어.
③ 풀벌레가 죽은 일을 '살상의 경험'으로 표현한 것으로 보아, 글쓴이에게 그 사건이 매우 충격적이었음을 알 수 있어.
④ 자동차에 대한 생각을 '아슬아슬한 줄타기'로 표현한 것으로 보아, 글쓴이는 자동차를 필요악으로 여기는 것 같아.
⑤ '풀 비린내'를 '원죄 의식'에 비유한 것으로 보아, 글쓴이는 생명을 중시하는 삶의 태도를 지향하고 있음을 알 수 있어.

3 〈보기〉를 참고하여 글쓴이의 생각을 이해한 내용으로 가장 적절한 것은?

┤ 보기 ├

'생태적 사유'란 모든 유기체는 서로 연결되어 있으며 인간을 비롯한 모든 생명체는 조화로운 관계를 통해 존재한다는 인식을 바탕으로 한다. 이것은 자연을 신성함이 깃든 생명체로 인식하는 한편 자연을 인간의 욕망 실현을 위한 자원으로 생각한 근대 문명에 대한 반성적 시각을 드러낸다.

① 자연의 신성함을 통해 인간의 욕망을 희석시켜야 한다.
② 인간의 욕망에 대한 반성은 자연의 신성함을 숭배하는 태도로 발전되어야 한다.
③ 인간은 자신의 이익을 위해 자연의 어떠한 생명체도 해칠 권리를 갖고 있지 않다.
④ 자연을 이용하여 만들어진 근대 문명은 역설적으로 자연에 의해 무너질 수 있다.
⑤ 인간은 자연의 신성성을 해치지 않는 범위 안에서 자연을 적극적으로 이용해야 한다.

4 이 글에 나타난 '자동차'에 대한 글쓴이의 태도 변화를 고려하여 빈칸에 들어갈 알맞은 내용을 쓰시오.

'풀 비린내' 사건 전		'풀 비린내' 사건 후
자동차가 주는 편안함에 점점 익숙해져 감.	➡	자동차를 유지하되 _____ _____ 결심함.

오해 | 박완서

국어 천재(박)

🎯 핵심 정리
갈래 경수필
성격 경험적, 성찰적
제재 먹이를 챙겨 주던 고양이에게 놀랐던 경험
주제 고양이에 대한 오해와 성찰
특징 ① 고양이에게 먹이를 준 자신의 생활 경험을 고백하고 있음.
　　　② 경험에서 깨달은 점(성찰)과 느낀 점(정서)이 잘 나타나 있음.
출전 《노란집》(2013)

💡 어휘 풀이
익명(匿名) 이름을 숨김. 또는 숨긴 이름이나 그 대신 쓰는 이름.
영락없이 조금도 틀리지 아니하고 꼭 들어맞게.
툇마루 툇간에 놓은 마루.
전율(戰慄) 몸이 떨릴 정도로 감격스러움을 비유적으로 이르는 말.
만면(滿面) 온 얼굴.
환대(歡待) 반갑게 맞아 정성껏 후하게 대접함.
담보(擔保) 맡아서 보증함.

Q 글쓴이가 뒷문 밖 툇마루에 와 있는 어미 고양이와 새끼들을 보고 감동한 이유는?

글쓴이는 그동안 고양이에게 먹이를 따로 챙겨 주었기 때문에, 어미 고양이가 글쓴이에게 감사와 친애의 표시를 하기 위해서 찾아왔다고 생각하여 감동하였다.

🔖 구절 풀이
❶아파트에 살 때도 그러했지만 ~ 담아서 꼭꼭 잘 여미게 된다. 단독 주택에서는 집 앞에 쓰레기봉투를 내놓기 때문에 어느 집에서 나온 쓰레기봉투인지 알아볼 수 있다. 집 앞에 내놓는 쓰레기라도 깔끔하게 보이고 싶어 잘 여미는 행동에서 글쓴이의 부지런하고 정갈한 성품이 드러난다.
❷녀석은 챙겨 주는 것보다 ~ 강력한 경고가 아니었을까. 글쓴이가 그동안 자신이 고양이에 관해 했던 여러 생각이 오해였을 수 있음을 성찰하고 있는 부분이다. 이제까지 글쓴이가 인간의 관점에서 바라봤던 것과 달리 고양이의 관점에서 생각해 보고 있다.

👤 작가 소개
박완서(본책 82쪽 참고)

가 ❶아파트에 살 때도 그러했지만 땅 집에 살고부터는 더더욱 쓰레기에 신경이 쓰인다. 아파트에서는 분류해서 내다 버리는 순간 쓰레기봉투는 ●익명의 것이 되어 버린다. 그러나 땅 집에서는 수거차가 오는 날 집 앞에 내다 놔야 하기 때문에 누구네 쓰레기라고 딱지를 써 붙인 거나 다름이 없다. 쓰레기이지만 깔끔하게 보이고 싶어 넘치지도 모자라지도 않게 담아서 꼭꼭 잘 여미게 된다. / 쓰레기라도 깔끔하게 보이고 싶다는 내 허영심을 비웃듯이 수거차가 오기 전에 우리 쓰레기봉투가 무참하게 파헤쳐지는 일이 빈번하다는 것을 알게 되었다. 생선이나 닭고기를 먹고 난 후는 ●영락없이 그런 일을 당했다. 고양이들의 소행이었다. 개는 안 기르는 집이 거의 없다시피 하지만 고양이 기르는 집은 거의 없는 것 같은데도 동네에는 고양이들이 많다.　▶ 집 대문 앞에 내놓은 쓰레기봉투를 고양이가 파헤침.

중략 부분의 내용 고양이 때문에 속상하던 글쓴이는 쓰레기봉투의 훼손을 막기 위해 고양이가 좋아할 만한 먹이를 따로 접시에 담아 고양이가 잘 다니는 통로에 놓아두기로 한다. 그러자 쓰레기봉투가 훼손당하는 일이 없어지고, 글쓴이와 가족들은 고양이에게 먹이를 주는 일에 더욱 재미를 붙이게 된다.

나 뒷문 밖에는 꽤 넓은 ●툇마루가 있는데 거기 우리 집 단골 얼룩 고양이가 꼭 저 닮은 새끼를 다섯 마리나 거느리고 나란히 앉아 있는 게 아닌가. 어미는 산후라 그런지 털이 꺼칠했지만 새끼들은 털이 반지르르 윤이 흐르는 게 정말이지 눈이 부시게 아름다웠다. 어떤 인간의 가족에게서도 그렇게 아름다운 모습은 본 적이 없었다.
나는 거의 ●전율에 가까운 기쁨을 느꼈다. 그뿐이 아니었다. 나는 감동까지 하고 있었다. 나는 『나에게 잘 얻어먹은 어미 고양이가 그동안 해산을 해서 반질반질 잘 기른 새끼들을 나에게 자랑도 할 겸, 감사와 친애의 표시도 할 겸해서 그렇게 가족 나들이를 나왔으려니』하고 있었다. 그 쌀쌀맞고 영악하기만 한 고양이로서는 기특하기 짝이 없는 마음이 아닌가.
나는 마치 손주 새끼들 반기듯이 ●만면에 웃음을 띠고 두 손까지 활짝 벌려 그들 고양이 가족을 ●환대한다는 표시를 하며 부엌문 쪽으로 갔다. 그러나 그다음에 나는 기절을 할 뻔하게 놀라고 말았다. 어미가 눈으로 불을 뿜으며 으르릉 이를 드러내고 나에게 공격 태세를 취하는 게 아닌가. 신속하고도 눈부신 적의(敵意)였다. 다행히 순간적이었다. 내가 혹시 대낮에 환상을 본 게 아닌가 싶게 고양이 가족은 소리도 없이 신속하게 모습을 감추었다. 그래도 나는 무서워서 부엌문을 닫아 버렸다.　▶ 친해졌다고 생각한 고양이가 적의를 보이자 소스라치게 놀람.
두근거리는 가슴을 진정하고 나니까 고양이에 대한 내 오해가 하도 어처구니없어서 슬며시 웃음이 났다. 그까짓 먹고 남은 생선 뼈 따위 좀 챙겨 주고 나서 내가 녀석을 길들인 줄 알다니. ❷녀석은 챙겨 주는 것보다 스스로 쓰레기봉투를 뚫고 찾아내는 게 훨씬 스릴도 있고 보람도 있었을 것이다. 어쩌면 녀석이 나를 공격하려 했다는 것조차 오해일 수도 있었다. 나에 대한 녀석의 적의는 곧 저렇게 생긴 인간이라는 족속에게 길들여지면 절대로 안 돼, 라는 제 새끼들에 대한 강력한 경고가 아니었을까.
우리는 흔히 고양이는 은혜를 모르는 동물이라고 생각하며 길들이기를 꺼려 한다. 그게 인간들끼리 통하는 생각이라면 고양이들끼리 통하는 생각은 인간이라는 머리 검은 동물에게 길들여진다는 건 자유와 자존심을 ●담보로 해야 하는, 즉 죽느니만도 못한 짓이라는 것일지도 모르겠다.　▶ 자신의 일방적인 오해에 대해 성찰하고 고양이의 입장에서 생각해 봄.

> • 중심 내용 고양이에 대한 오해와 그를 통해 깨달은 인간 중심적 사고에 대한 반성

이해와 감상

이 글은 글쓴이가 고양이와 있었던 경험에서 얻은 깨달음을 담은 수필이다. 글쓴이는 집 앞에 내놓은 쓰레기봉투를 고양이가 파헤치는 일이 없게 하려고 고양이에게 음식을 주기 시작한다. 어느 날 집 뒷문 밖에 고양이와 새끼들이 앉아 있는 것을 보고, 글쓴이는 고양이가 감사와 친애의 표시로 새끼들을 데리고 나들이를 왔을 것이라 생각하고 반가운 마음에 고양이에게 다가간다. 하지만 고양이가 적대감을 보이자 글쓴이는 놀란 가슴을 쓸어내리면서 자신이 고양이에게 가졌던 생각이 인간 중심적 사고에서 온 착각일 수 있다는 깨달음을 얻는다.

작품 연구소

글쓴이의 경험과 그에 따른 정서 변화

〈오해〉의 구성상 특징

글쓴이가 고양이에 대해 오해한 내용과 깨달음

고양이에 관한 오해	고양이에 관한 깨달음
고양이는 글쓴이가 먹이를 챙겨 주어서 좋아했을 것이다.	고양이는 직접 음식을 찾아 먹는 것을 더 좋아했을 것이다.
고양이는 새끼들을 자랑하고 감사와 친애의 표시를 하러 나들이를 왔을 것이다.	고양이가 글쓴이에 대한 어떤 감정이나 의도를 가지고 나들이를 나온 것이 아닐 수 있다.
고양이는 글쓴이를 공격하려고 했을 것이다.	고양이는 글쓴이가 아닌 새끼들을 향해서 경고의 메시지를 보냈을 것이다.
고양이는 은혜를 모르는 동물이다.	고양이는 인간에게 길들여지는 것을 거부할지도 모른다.

함께 읽으면 좋은 작품

〈속는 자와 속이는 자〉, 장영희 / 경험에서 얻은 깨달음을 전하고 있는 작품

속는 자와 속이는 자와 관련한 글쓴이의 상반된 경험을 제시하고 이러한 경험을 통해 얻은 글쓴이의 감정과 깨달음을 전하고 있는 글이다. 특히 경험에 따른 글쓴이의 감정 변화가 잘 드러나 있어 고양이와 관련한 경험에서 느끼는 감정 변화를 잘 표현한 이 글과 비교하여 읽어 볼 만하다.

Link 본책 142쪽

키 포인트 체크

제재 먹이를 챙겨 주던 ☐☐☐ 때문에 놀랐던 경험에서 얻은 깨달음을 이야기하고 있다.

관점 글쓴이는 자신이 고양이에 대해 생각했던 것이 ☐☐였음을 깨닫고 인간 중심적으로 생각했던 자신의 태도를 ☐☐하고 있다.

1 이 글의 특징으로 적절하지 <u>않은</u> 것은?

① 사건이 시간의 흐름에 따라 전개되고 있다.
② 글쓴이의 경험에 따른 정서가 드러나 있다.
③ 극적인 반전 없이 평이하게 사건이 진행되고 있다.
④ 경험을 통하여 얻은 사유의 결과를 서술하고 있다.
⑤ 생활 속 경험이 생생한 표현을 통해 잘 드러나고 있다.

내신 적중 다빈출

2 이 글에 드러난 글쓴이의 정서로 적절하지 <u>않은</u> 것은?

① 어미 고양이의 공격 태세에 기절할 뻔하게 놀란다.
② 고양이 가족을 보고 전율에 가까운 기쁨을 느낀다.
③ 고양이가 감사와 친애의 표시로 찾아온 줄 알고 감동한다.
④ 고양이 때문에 쓰레기봉투가 무참하게 파헤쳐지는 일이 생기자 속상해한다.
⑤ 그동안 먹이를 주었던 고양이가 적의를 보이자 배신감을 느끼며 허탈해한다.

3 글쓴이가 고양이에 대하여 했던 오해가 <u>아닌</u> 것은?

① 고양이는 은혜를 모르는 동물이다.
② 고양이는 직접 먹이를 찾아내는 것을 좋아했을 것이다.
③ 고양이는 먹이를 챙겨 주던 글쓴이에게 길들여졌을 것이다.
④ 고양이는 글쓴이에게 감사의 표시로 새끼들을 데리고 찾아왔을 것이다.
⑤ 고양이는 자기와 새끼들에게 다가오려는 글쓴이를 공격하려 했을 것이다.

4 〈보기〉를 참고하여 이 글을 감상한 내용으로 가장 적절한 것은?

┤ 보기 ├

사물은 그 자체가 이상한 것이 아니고 나의 생각을 거쳐서야 이상해지는 것이기에 이상함은 결국 나에게 있는 것이지 사물이 이상한 것은 아니다.　　　－《산해경》

① 대상에 대한 주관적이고 임의적인 판단이 모든 갈등의 원인이 된다는 것을 알게 되었어.
② 인간이 동물이나 다른 대상을 제대로 이해하는 것은 불가능한 일이라는 것을 알게 되었어.
③ 인간 중심적인 사고가 다른 대상에 대한 오해와 착각을 불러일으킬 수 있다는 것을 깨달았어.
④ 사물에 대한 생각이나 판단은 모두 이전 세대의 생각이나 판단에 영향을 받는다는 것을 깨달았어.
⑤ 판단 기준이 명확하고 객관적이어야만 대상의 본질을 제대로 파악할 수 있다는 점을 알게 되었어.

5 고양이가 모습을 감춘 후, 글쓴이는 고양이를 어떤 동물로 생각하게 되었는지를 쓰시오.

040 내리막길의 어려움 | 박완서

키워드 체크 #성찰적 #관조적 #산과 인생의 공통점 #품위 있게 내려오기

[문학] 천재(김)

핵심 정리

갈래 경수필

성격 사색적, 성찰적, 관조적

제재 숙부의 회갑 여행

주제 인생의 내리막길에서 품위 있게 내려오기의 어려움

특징 ① 등산과 하산이라는 숙부의 경험을 통해 교훈을 이끌어 냄.
② 하산의 경험에서 인생의 내리막길을 유추하여 주제를 형상화함.

출천 《노란집》(2013)

어휘 풀이

회갑(回甲) 육십갑자의 '갑(甲)'으로 되돌아온다는 뜻으로, 예순한 살을 이르는 말.

중풍(中風) 뇌혈관의 장애로 갑자기 정신을 잃고 넘어져서 구안괘사, 반신불수, 언어 장애 따위의 후유증을 남기는 병.

Q '그런 일'의 구체적인 의미는?

숙부가 오르막길은 쉽게 올랐으나 내리막길에서 다리가 풀려 움직이지 못하고 사람들의 도움을 받아 내려온 과거의 일을 의미한다.

구절 풀이

❶ **숙모는 그때 얘기를 할 때마다 ~ 소리를 잊지 않았다.** 숙모는 내리막길에서 여러 사람이 숙부를 도와준 일을 말할 때마다 '사람 사는 세상'이라고 표현하며 숙부를 도와준 사람들에게 고마워한다. 이 말에는 사람은 누군가 어려울 때 서로 돕고 사는 것이 도리이며, 또한 그러한 도움을 받은 것을 감사히 여겨야 한다는 생각이 담겨 있다고 볼 수 있다.

❷ **제힘으로 당당하게 걸어 ~ 남겨 놓아야 한다.** 등산의 경험에서 인생의 교훈을 떠올리고 있다. 명예나 인기 등에서 정점에 다다른 후면 누구나 내리막길을 걷게 된다. 그때 제힘으로 당당하게 내려오기 위해서는 성공하는 과정에서 온 힘을 쓰지 말고 힘을 남겨 놓아야 한다는 생각이 나타나 있다.

❸ **등산에 있어서만 아니라 ~ 품위 있기가 더 어렵다는 걸** 숙부의 경험과 자신의 경험을 종합하여 내리막길에서 겪었던 경험을 인생으로 확장하여 권력이나 명예, 인기에 있어서도 오르는 과정보다 내려오는 과정에서 품위를 지키기가 더 어렵다는 것을 드러내고 있다.

작가 소개

박완서(본책 82쪽 참고)

숙부의 *회갑 때였으니까 아마 60년대 초였을 것이다. 숙부하고 숙모하고 회갑 여행을 간 데가 속리산이었다. 그때만 해도 법주사까지 가는 길이 버스로도 어찌나 꼬불꼬불 험하던지 두 분은 자주 간이 콩알만 해졌노라고 했다. 첫날은 법주사 구경을 하고 다음 날은 숙부가 앞장서서 문장대까지 올랐다. 나는 문장대라는 데를 올라 본 적이 없지만, 회갑이라고 자식들이 모양내 준 신사복에 새 구두 신은 숙부와 긴 치마에 고무신 신은 숙모가 정상까지 올랐으니 그다지 높은 산은 아니었다 싶다.

그런데 내리막길에 문제가 생겼다. 앞장서서 건강을 과시하던 숙부가 내리막길에서는 갑자기 다리에 뼈가 없는 것처럼 흐느적대더니 도저히 못 내려가겠다고 주저앉은 것이다. 하필 거기서 *중풍이 온 줄로만 안 숙모는 어쩔 줄을 몰라 그냥 큰 소리로 도움을 청했다. 그때만 해도 요새처럼 등산객이 많지 않을 때였고, 또 평일이어서 주위에 아무도 없을 줄 알았는데 계속해서 죽자구나 울부짖자 하나둘 사람들이 모여들기 시작했다.

❶숙모는 그때 얘기를 할 때마다 ⊙"야야, 그 산꼭대기도 사람 사는 세상이더구나."라는 소리를 잊지 않았다. 사람들 중에도 젊은 학생들이 서로 힘을 합해 번갈아 가며 숙부를 업고 어느 만큼 내려오니까 매점이 나오고 매점까지 상품을 운반하는 차가 있어 그걸 얻어 타고 여관까지 돌아올 수가 있었다. 아마 요새 같으면 119를 부를 만한 사건이었지만 그 시절에는 여관까지 돌아오는 게 고작이었고 자식들한테 급히 연락을 하려고 해도 전화를 놓고 사는 자식이 없어서 다음 날 직장으로 전화할 작정으로 그날은 고단도 하고 긴장도 풀려 잘 주무셨다고 한다.

숙모가 깨 보니 숙부는 아무 일도 없었던 것처럼 바깥을 산책하고 있었다. 숙모는 안심도 되었지만 화도 나서 도대체 무슨 생각으로 그런 엄살을 부렸느냐고 숙부를 다그쳤다. 숙부는 절대로 엄살이나 꾀병이 아니라 그때는 정말 두 다리의 뼈가 지느러미가 된 것처럼 흐느적대 한 발자국도 뗄 수가 없었다고 우기더란다. ▶ 전반부: 숙부가 내리막길에서 고생을 함.

어떻게 그런 일이 있을 수 있었는지 나도 회갑을 넘기면서 비로소 이해하게 되었다. 나이 들수록 오르막길보다 내리막길이 더 어렵고 발목이나 무릎에도 부담이 더 간다. 가끔 나보다 젊은 사람들하고 산에 갈 적이 있는데 그들한테 지지 않으려고 오르막길에 기운을 다 써 버리면 내려올 때 다리가 휘청거려 누군가의 도움을 받아야 한다. ❷제힘으로 당당하게 걸어 내려오려면 올라갈 때 힘을 다 써 버리지 말고 남겨 놓아야 한다. ❸등산에 있어서만 아니라 권력이나 명예, 인기에 있어서도 오르막보다는 내리막에 품위 있기가 더 어렵다는 걸 ⓒ전직 권력자들의 언행을 보면서 곰곰이 느끼게 되는 요즘이다. ▶ 후반부: 인생의 내리막길에서 품위를 지키기가 어려움을 깨달음.

• **중심 내용** 인생의 내리막길에서 품위 있게 내려오는 것이 어렵다는 것을 깨달음.

100 I. 수필 문학

이해와 감상

이 글은 주변 사람과 글쓴이의 경험을 통해 오르막길보다 내리막길이 더 어렵다는 깨달음을 전하고 있다. 사람들은 흔히 오르막길보다 내리막길을 걸을 때 더 쉽다고 생각한다. 그러나 숙부의 경험이나 글쓴이의 경험에서 보듯이 산에서 내려올 때 오르막을 걸을 때보다 더 어려움을 느끼기도 한다. 글쓴이는 친숙하고 섬세한 표현을 통해 하산 길에서 얻은 경험을 인생으로 확대하여 품위 있게 내려오기가 어렵다는 메시지를 전하고 있다. 또한 인생의 내리막길을 잘 내려오기 위해서는 올라갈 때 힘을 다 써 버리지 말고 남겨 놓아야 함을 이야기하고 있다.

작품 연구소

'내리막길'에 대한 글쓴이의 생각 변화

글쓴이의 회갑 이전	오르막길이 내리막길보다 어렵다.

↓

'나도 회갑을 넘기면서 비로소 이해하게 되었다.'

글쓴이의 회갑 이후	나이가 들면서 오르막길보다 내리막길을 걷기가 더 어렵다. 인생사의 오르막길과 내리막길도 이와 비슷하다.

〈내리막길의 어려움〉에 나타난 교술 갈래의 이원적 특성

전반부(사실의 서술)		후반부(교훈의 제시)
글쓴이가 직접 또는 간접적으로 경험한 사실 제시	➡	글쓴이가 사실을 토대로 깨달은 점(주제, 독자에게 전하고 싶은 메시지) 제시
숙부가 문장대에서 내려오는 길에 큰 어려움을 겪음.	➡	• 인생의 내리막길에서 품위를 지키기가 어려움. • 인생의 내리막길을 잘 내려오기 위해서 올라갈 때 힘을 다 써 버리지 말고 남겨 놓아야 함.

〈내리막길의 어려움〉의 전개 방식

나이가 들수록 산을 탈 때 오르막길보다 내리막길이 더 어렵고 몸에 부담이 간다.

↓

산과 인생은 오르막길과 내리막길이 있다는 공통점이 있다.

↓

그러므로 인생에서도 오르막보다는 내리막에 품위 있기가 더 어렵다.

유추의 방법을 활용하여 주제를 전달함.

함께 읽으면 좋은 작품

〈이옥설〉, 이규보 / 경험에서 얻은 깨달음을 다른 상황에 확대하여 적용한 작품

집을 수리하는 과정에서 얻은 깨달음을, 사람과 나라의 정치에 확대하여 적용한 고전 수필이다. 글쓴이는 퇴락한 행랑채를 수리하면서 어떠한 잘못이든지 더 커지기 전에 고쳐야 한다는 것을 깨달았는데, 이러한 이치는 사람이 살아가는 과정이나 나라를 다스리는 과정에 모두 똑같이 적용된다는 것을 이야기하고 있다. Link 〈고전 산문〉 74쪽

키 포인트 체크

제재 숙부의 회갑 여행에서 있었던 일과 글쓴이의 경험을 통해 오르막길보다 ☐☐☐☐이 더 어렵다는 것을 이야기하고 있다.

관점 하산 길에서 얻은 경험을 ☐☐으로 확대하여 ☐☐ 있게 내려오기가 어렵다는 메시지를 전달하고 있다.

표현 이 글의 제목은 내리막길이 쉽다는 통념을 뒤집어 놓은 ☐☐적 표현이다.

1 이 글에 대한 설명으로 적절한 것은?

① 일상의 경험을 소재로 교훈을 이끌어 내고 있다.
② 시간의 흐름에 따라 변화하는 세태를 비판하고 있다.
③ 설의적 표현을 통해 글쓴이의 생각을 부각하고 있다.
④ 묻고 답하는 방식으로 글쓴이의 의도를 제시하고 있다.
⑤ 타인의 말을 인용하여 글쓴이의 생각을 강조하고 있다.

2 ㉠에 담긴 숙모의 감정으로 가장 적절한 것은?

① 산에서 도움을 받아 고마워함.
② 산에 살고 있는 사람을 보고 신기해함.
③ 도움 요청을 외면한 사람들에게 서운해함.
④ 건강 관리를 제대로 못한 남편에게 화가 남.
⑤ 젊은 학생들이 남편을 업고 내려온 것에 대해 미안해함.

내신 적중 多빈출

3 〈보기〉를 활용하여 이 글을 감상한 것으로 적절하지 <u>않은</u> 것은?

보기

교술 갈래는 전통적으로 ⓐ사실의 서술과 ⓑ교훈의 제시로 이루어지는 특성이 있다. 대개 전자는 ⓒ전반부에, 후자는 ⓓ후반부에 배치되어 이원적 구성을 취할 때가 많다.

① 숙부 내외의 등산 이야기는 ⓐ에 해당한다.
② ⓑ는 인생의 내리막길에서 품위 있게 내려오기의 어려움을 가리킨다.
③ ⓒ에서 오르막길보다 내리막길이 더 어렵다는 글쓴이의 깨달음이 나타나 있다.
④ ⓓ에서는 내리막길을 대비하는 삶의 자세를 제시하고 있다.
⑤ ⓓ에서 글쓴이는 ⓐ와 유사한 경험을 하면서 숙부의 일에 공감하게 된다.

4 ㉡과 관련한 글쓴이의 생각이 어떠한지 〈조건〉에 맞게 쓰시오.

조건

'~ 안 된다. ~ 한다.'와 같은 형식의 문장으로 쓸 것.

우주와 사랑을 품은 요리, 볶음밥 | 노명우

[국어] 천재(이)

🎯 핵심 정리

갈래 경수필

성격 비유적, 설득적, 논리적

제재 볶음밥

주제 자립 요리의 의미와 자립 요리로서 볶음밥의 매력

특징 ① 볶음밥의 특징을 나열하고 그 장점을 드러냄.
② 십 대 독자를 고려하여 쉽고 재미있는 비유를 통해 흥미를 유발함.
③ 유추의 방식으로 어른이 되는 과정을 볶음밥을 만드는 과정에 빗대어 제시함.

출전 《소년이여, 요리하라!》(2015)

> **Q** 자립을 위해 필요한 요리의 조건에는 어떠한 것들이 있는가?
>
> 자립을 위해 필요한 요리는 구하기 쉬운 재료여야 하고 요리에 특별한 기술이 필요하지 않아야 한다. 또한 음식물 쓰레기가 적게 남는 요리여야 하고, 설거짓거리가 단순해야 하며 재미있고 창조적이어야 한다.

💡 어휘 풀이

거창(巨創)하다 일의 규모나 형태가 매우 크고 넓다.

궁극(窮極) 어떤 과정의 마지막이나 끝.

📖 구절 풀이

❶ 나 또한 스스로 ~ 비로소 어른이 되었다. 글쓴이의 경험이 드러난 부분으로, 글쓴이는 자신의 경험을 바탕으로 누군가에 의존하지 않고 자신의 먹을거리를 해결하는 것이 진정한 자립이라는 성찰을 이끌어 내고 있다.

❷ 아이에서 어른이 되어 가는 ~ 딱 적당한 나이다. 십 대는 자립 요리를 시작하기에 가장 적당한 때라는 것은, 이 시기가 어른이 되는 것에 대해 생각해 보고 다양한 시도와 노력을 통해 어른이 되는 과정을 배우기 시작해야 하는 시기임을 나타낸다.

❸ 그 실패를 통해 여러분만의 ~ 지구는 가득 차 있다. 볶음밥을 만드는 과정에서 실패를 할 수도 있지만 결국은 자신만의 볶음밥을 만들게 된다는 것을 통해 어른이 되는 과정을 유추하여 설명하고 있다. 수많은 실패를 겪지만 거기서 배울 점을 찾아 결국 진정한 어른이 되고 하나하나의 빛나는 사회 구성원이 되어 살아가게 된다는 인식이 담겨져 있다.

👤 작가 소개

노명우(1966~)
사회학자. 사회적 존재로서의 인간과 우리 사회의 여러 문제, 미디어 및 문화 이론 등을 연구해 왔다. 주요 저서로 《세상 물정의 사회학》, 《혼자 산다는 것에 대하여》, 《호모 루덴스, 놀이하는 인간을 꿈꾸다》 등이 있다.

짐승은 날것으로 먹는다. 하지만 인간은 자신의 뜻을 담아 재료를 변형한다. 날것을 굽고 찌고 튀기기도 하고, 날것에 소금과 후추를 넣어 맛을 낸다. ㉠요리는 이렇게 탄생한다. 요리란 결국 자신이 동물이 아니라 인간임을 표현하는 창의적 활동인 셈이다. 그래서 사람은 누구나 자기만의 요리를 할 줄 알아야 한다.   ▶ 인간만의 창조적인 활동인 요리

갓 태어난 인간이 할 수 있는 일은 별로 없다. 갓난아이는 먹고 싸고 울고 웃기만 한다. 어린아이는 자기 스스로 먹을 것을 챙기지 못한다. 어린아이를 돌봐 주는 성인이 어린아이를 위해 요리를 한다. 따라서 어른이 된다는 것은 자신이 스스로 해야 할 일이 늘어난다는 뜻이다. / ❶나 또한 스스로 요리해 먹을 수 있게 되면서 비로소 어른이 되었다. 자신이 먹을 것을 스스로 요리할 뿐만 아니라 다른 사람을 위해 요리할 수 있다면 그건 더 어른스럽다. 요리를 배우는 일은, 그래서 어른이 되는 과정을 배우는 것이기도 하다. ❷아이에서 어른이 되어 가는 십 대야말로 자립 요리를 시작하기에 딱 적당한 나이다. 이 시기에 요리를 위한 첫걸음을 시작하면, 여러분은 법적으로 성인이 되었을 때 자신의 먹을거리는 스스로 해결할 줄 아는 의젓한 인물이 되어 있을 것이다. 그게 진정한 의미의 자립이다.   ▶ 스스로 먹을거리를 해결할 수 있는 것이 진정한 자립임.

자립을 위해 필요한 요리는 고급 레스토랑에서나 먹을 수 있는 거창한 요리가 아니다. 자립을 위해 필요한 요리가 되기 위해서는 몇 가지 조건이 필요하다. 첫째, 구하기 쉬운 재료여야 한다. 둘째, 요리하는 데 특별한 기술이 필요하지 않아야 한다. 셋째, 음식물 쓰레기가 적게 남는 요리여야 한다. 넷째, 설거짓거리가 단순해야 한다. 하지만 이 모든 조건에 더해 마지막으로 자립을 위해 필요한 요리의 가장 중요한 조건은 재미있고 창조적이어야 한다는 것이다. / 자립 요리를 위한 이 모든 조건을 거의 완벽하게 충족하는 음식이 있으니, 바로 볶음밥이다. 볶음밥은 밥을 이용한 음식이다. 그리고 밥은 어디에나 있다. 지구 어느 곳에 있든 가장 손쉽게 구할 수 있는 음식 재료는 밀가루와 밥이다. 따라서 가장 손쉽게 구할 수 있는 음식 재료인 쌀로 만든 밥에서 자립 요리를 출발하는 것도 괜찮다. [중략]   ▶ 자립 요리의 조건을 충족하는 볶음밥

재료의 조합은 무궁무진하기에 볶음밥은 요리하는 사람의 창의력을 자극한다. 전혀 어울리지 않을 것 같았던 조합을 통해 새로운 볶음밥을 발견하기도 한다. 밥과 불고기가 만나면 평범한 불고기볶음밥이지만, 불고기볶음밥에 셀러리를 썰어 넣으면 갑자기 평범한 불고기볶음밥이 마법에서 풀려난 왕자님처럼 고급스러운 맛으로 변신하기도 한다. 요리는 이래서 즐겁다. 발견하는 재미를 우리에게 선물하니까. 요리를 잘하는 사람은 그 누구보다도 상상력이 풍부한 사람이다. 그래서 창조적인 사람 중에는 요리를 잘하는 사람이 많다.   ▶ 무궁무진한 재료의 조합으로 창의력을 자극하는 볶음밥

물론 처음에는 실패할 수도 있다. 제법 어울리는 재료라 생각했는데, 막상 요리해 보니 어울리지 않을 수도 있다. 그럴 땐 실패에서 배우면 된다. 여러분은 실패를 통해 어떤 재료와 어떤 재료가 서로 어울릴지 하나하나 배우게 될 것이다. ❸그 실패를 통해 여러분만의 궁극의 볶음밥 요리법을 완성하면, 여러분은 성인의 세계로 하산해도 된다. 자립할 충분한 조건을 갖추었으니. 그리고 그 볶음밥에 여러분의 이름을 붙이면 된다. 우주에 존재하는 수많은 별처럼, 수많은 실패를 바탕으로 완성된 빛나는 볶음밥으로 우리가 사는 지구는 가득 차 있다.   ▶ 실패를 통해 완성되는 볶음밥과 어른이 되는 과정

• 중심 내용 자립 요리로서의 볶음밥과 어른이 되는 과정

이해와 감상

이 글은 요리를 통해 어른이 되어 가는 과정을 성찰한 글이다. 글쓴이는 진정한 자립은 스스로 요리하여 먹을 때 이루어지며, 유추의 방식으로 요리를 배우는 일과 어른이 되어 가는 과정을 설명하며 독자들에게 '어른이 되는 것'이라는 화두를 던지고 있다. 또 자립 요리로서 볶음밥을 추천하며 볶음밥에 담긴 자신 나름의 철학을 풀어내고, 성인으로 성장하는 과정을 실패를 딛고 볶음밥을 완성하는 과정에 빗대어 설명하고 있다.

작품 연구소

글쓴이가 생각하는 진정한 의미의 자립

갓난아이	자기 스스로 먹을 것을 챙기지 못함.
십 대	자신의 먹을거리를 스스로 해결함.
어른	자신이 먹을 것은 물론 다른 사람을 위해 요리를 함.

⇒ 진정한 자립은 자신이 먹을 것을 스스로 요리하여 먹는 것을 의미함.

이 글의 전개 방식: 유추

| 볶음밥을 만드는 과정 | 어른이 되는 과정 |
| 실패를 통해 자신만의 요리법을 완성해 감. | 실패를 통해 더욱 성숙한 어른이 됨. |

→ 유추는 같은 종류의 것 또는 비슷한 것에 기초하여 다른 사물을 미루어 추측하는 방법이다. 이 글에서는 실패를 통해 완성해 간다는 공통점을 바탕으로 하여 볶음밥을 만드는 과정에서 어른이 되어 가는 과정을 유추하고 있다.

이 글에 쓰인 다양한 표현 방법

함께 읽으면 좋은 작품

〈특급품〉, 김소운 / 삶의 과실을 유연하게 이겨 내는 자세를 말하는 작품

비자나무로 만든 바둑판에 갈라졌다 붙은 상처가 있을 때 가장 값진 특급품이 될 수 있는 것과 같이, 삶에서도 과실을 저지를 수 있지만 그것을 극복하며 유연하게 이겨 낼 때 더 나은 삶을 살아갈 수 있다는 점을 이야기하고 있는 수필이다. 살아가면서 겪는 실패나 실수를 통하여 더 나은 삶을 살아갈 수 있다는 것을 이야기하고 있다는 점에서 이 글과 함께 읽어 볼 만하다. **Link** 본책 46쪽

포인트 체크

- **제재** ☐☐ 요리로서의 볶음밥을 만드는 과정을 이야기하며 실패를 통해 ☐☐이 되는 과정을 유추하고 있다.
- **관점** ☐☐☐에 대하여 긍정적인 태도를 보이고 있으며, 단순한 요리를 넘어서는 의미를 부여하고 있다.
- **표현** 독자의 이해를 돕고 흥미를 끌기 위해 유추, ☐☐, 비유 등 다양한 표현 방법을 활용하고 있다.

1 이 글에 대한 설명으로 가장 적절한 것은?
① 일상적인 소재와 관련된 경험과 생각을 전달하고 있다.
② 주관적인 생각을 배제하고 객관적인 정보를 제시하고 있다.
③ 대상의 장단점을 고르게 제시하며 독자의 판단을 유도하고 있다.
④ 가정을 통해 호기심을 유발하면서 중요 개념을 정리해 나가고 있다.
⑤ 대상에 대한 통념을 반박하면서 그와 상반된 의미를 부여하고 있다.

2 ㉠에 대한 글쓴이의 생각으로 적절하지 않은 것은?
① 창의적인 활동이다.
② 자립을 위하여 꼭 필요한 것이다.
③ 어른이 되는 과정을 배우는 일이다.
④ 십 대는 누구나 능숙하게 할 줄 알아야 하는 일이다.
⑤ 자신이 동물이 아닌 인간임을 드러내는 창의적 활동이다.

3 이 글에서 사용한 표현 방법에 대한 설명으로 적절하지 않은 것은?
① 갓난아기와 성인을 대조하며 자신의 생각을 전개하고 있다.
② 비유적 표현으로 볶음밥의 창조적인 변신을 표현하고 있다.
③ 구체적인 요리 재료의 예를 들어 자신의 생각을 설명하고 있다.
④ 반어적 표현으로 실패를 성공으로 이끄는 방법을 소개하고 있다.
⑤ 자립 요리의 조건을 열거하며 자립 요리로서 볶음밥의 매력을 드러내고 있다.

내신 적중

4 다음 〈보기〉의 가상 인터뷰에서 빈칸에 들어갈 말로 적절한 것은?

| 보기 |
기자: 볶음밥의 어떤 점을 칭찬하고 싶으신가요?
글쓴이: 볶음밥은 웬만해선 실패하지 않는 요리입니다. 조리법이 간단하거든요. 또 조리 도구도 프라이팬과 조리용 주걱만 있으면 됩니다. 밥만 준비되어 있다면 5분에서 10분 안에 멋진 볶음밥을 만들 수 있죠.
기자: 아, 볶음밥은 ( )는 점을 이야기하시는군요.

① 재료를 구하기 쉽다　② 설거짓거리가 단순하다
③ 재미있고 창조적이다　④ 특별한 기술이 필요하지 않다
⑤ 음식물 쓰레기가 적게 남는다

5 이 글을 통해 알 수 있는 볶음밥을 만드는 과정과 어른이 되는 과정의 공통점은 무엇인지 쓰시오.

[국어] 비상(박안)

🎯 핵심 정리
갈래 경수필
성격 회고적, 교훈적
제재 책 읽기
주제 독서의 가치와 필요성
특징 ① 자신의 경험을 바탕으로 생각을 풀어 나감.
② 다양한 근거를 제시하며 독서의 가치와 중요성을 주장함.
출전 《책 읽기부터 시작하는 글쓰기 수업》(2015)

Q 정보가 그 자체로 가치를 지니지 못하는 이유는?

정보 혁명 이전에는 정보를 장악한 사람이 권력을 쥐었지만, 인터넷이 상용화된 지금은 정보의 양이 많아졌으며 누군가 그것을 독점할 수도 없기 때문이다.

💡 어휘 풀이
정보 혁명 컴퓨터의 발달로 야기되는 혁명적인 사회 변혁.
유관(有關)하다 관계나 관련이 있다.
지평(地平) 사물의 전망이나 가능성 따위를 비유적으로 이르는 말.
광휘(光輝) 눈부시게 훌륭함을 비유적으로 이르는 말.

⚙️ 구절 풀이
❶ **인터넷이면 다 해결된다는 사람들이 있습니다.**
과거에 책을 통해 얻었던 정보를 오늘날에는 인터넷을 통해 얻을 수 있으므로 더 이상 책 읽기가 유용하지 않다고 말하는 사람들이 있다는 의미이다.
❷ **우리의 눈에는 비늘이 덮여 ~ 그 비늘을 벗겨 줍니다.**
우리가 편견 때문에 세상을 왜곡되게 바라보는 것을 '눈에는 비늘이 덮여' 있다고 비유적으로 표현하고 있다. 글쓴이는 좋은 책을 읽으면 우리 시야에 새로운 지평을 열어 줘서 우리 눈을 가리고 있는 편견을 없애 주므로, 새로운 시각으로 세상을 볼 수 있을 것이라고 말하고 있다.

👤 작가 소개

이권우(1963~)
도서 평론가. 책을 소개하는 내용과 읽기와 쓰기에 관한 책을 주로 썼다. 주요 저서로 수필집 《어느 게으름뱅이의 책읽기》, 《책과 더불어 배우며 살아가다》, 《여행자의 서재》 등이 있다.

전략 부분의 내용 '책' 하면 먼저 떠오르는 어린 시절의 경험을 통해 책 읽기의 중요성을 이야기하고 있다.

지금은 어렵게 어린 시절을 보내는 사람들이 과거보다는 적어 보입니다. 그런 측면에서, 제가 책 읽기에서 느꼈던 감정을 요즘 젊은이들이 경험할 일은 드물 것 같습니다. <u>결핍을 충족해 주는 책 읽기의 즐거움</u> 그렇지만 변하지 않는 것이 하나 있습니다. 어떤 시대나 예민한 청소년기에는 늘 모자람을 느낀다는 사실입니다. 아무리 세상이 청소년들을 향해 새로운 것을 쏟아 내어도 비어 있고 부족한 것이 있게 마련입니다. 그래서 외로운 것이지요. 그러나 그 모자람을 채워 간다면 스스로가 충만해집니다. 자신감도 생기고 미래에 대한 전망도 얻게 됩니다. 그렇게 되려면 어떻게 해야 할까요? 저는 책 읽기가 해답이라고 생각합니다. <u>중심 문장</u> 청소년들은 책을 읽으며 그 안에 담긴 다양한 사람들의 삶과 가치관을 간접적으로 경험할 수 있습니다. 그러한 경험을 통해 자신의 삶에서 모자라고 부족한 부분을 채워 나갈 수 있는 것입니다.
<u>다양한 사람들의 삶과 가치관을 간접 경험함으로써</u> ▶ **책 읽기의 가치** ①: 청소년기의 모자람을 채워 줌.

❶인터넷이면 다 해결된다는 사람들이 있습니다. 그야말로 정보의 바다에 들어가면 원하는 모든 것을 낚아 올릴 수 있다고 말하지요. 저는 이런 주장에 동의하지 않습니다. 정보는 이제 그 자체로는 가치를 지니지 못합니다. 정보 혁명 이전에는 정보를 장악한 사람이 권력을 쥐었지만, 지금은 정보가 엄청나게 쏟아져 나오는 데다가 특정인이 그것을 독점할 수도 없기 때문입니다.
<u>정보가 그 자체로 가치를 지니지 못하는 이유 ①   정보가 그 자체로 가치를 지니지 못하는 이유 ②</u>

『그렇다면 흩어져 있고, 넘쳐 나고, 흘러 다니는 정보를 가치 있게 만드는 것은 무엇일까요? 그것은 바로 수많은 정보 가운데 의미 있는 것을 골라내는 눈입니다. 그리고 무관해 보<u>정보를 가치 있게 만드는 것 ①</u>이는 정보를 엮어서 유관한 그 무엇으로 다시 만들어 내는 능력입니다. 더 나아가서 그러<u>정보를 가치 있게 만드는 것 ②</u>한 정보를 바탕으로 가치 있는 지식을 창조하는 능력입니다.』 이런 안목과 능력을 갖추기<u>정보를 가치 있게 만드는 것 ③</u>위해서는 평소 꾸준히 책을 읽어 나가야 합니다. 가장 작고 낮은 단위의 정보에서 시작해,<u>책 읽기의 필요성</u>가장 크고 높은 단위의 지식을 다루는 것은 오직 책뿐이기 때문입니다.
『 』: 문답법을 통해 정보를 가치 있게 만드는 것이 무엇인지 제시함.   인터넷에 있는 정보들의 특징-정보의 범람으로 가치를 잃음.
▶ **책 읽기의 가치** ②: 정보를 가치 있게 만드는 눈과 능력을 키워 줌.

문학 작품은 언어로 이루어진 상상의 집입니다. 이곳은 우리가 경험하지 못했거나 앞으<u>비유, 문학 작품은 인간의 상상을 언어로 표현한 예술임.</u>로도 경험하지 못할 이야기로 가득 차 있습니다. 이 간접 경험의 세계를 통해 우리는 자신<u>문학 작품 읽기의 효과 ①</u>과 다른 사람을 더욱 깊이 이해하게 됩니다. 그리고 이러한 이해는 고통받는 이들의 아픔을 헤아릴 줄 아는 마음을 갖게 합니다. 문학 작품을 읽는 이유는 결국 다른 이들의 고통을 어루만질 줄 아는 성숙한 시민으로 성장하기 위함이지요. 수없이 많은 문학 작품이 담긴<u>문학 작품 읽기의 효과 ②</u>   <u>비유(원관념: 책)</u>그릇, 그것이 곧 책입니다. [중략] ▶ **책 읽기의 가치** ③: 문학 작품 읽기를 통해 성숙한 시민으로 성장할 수 있음.

❷우리의 눈에는 비늘이 덮여 있습니다. 경험이라는, 편견이라는, 이미 알고 있다는 생각의 비늘 말이지요. 좋은 책은 바로 그 비늘을 벗겨 줍니다. 그야말로 우리 시야에 새로운 지<u>비유, 세상을 왜곡되게 바라보게 하는 편견   좋은 책의 효과: 편견을 없애 줌.</u>평을 활짝 열어 주지요. 그 놀라움을 무엇에 비할 수가 있을까요. 정말 심 봉사가 눈을 번쩍<u>비유, 시야에 새로운 지평을 여는 놀라움</u>뜨는 것과 같을 겁니다. 과정은 비록 고통스러울지라도 결과는 무척이나 값지니, 그토록<u>바쁘고 책 읽기가 재미없기 때문에</u>책 읽기의 중요함을 강조할 수밖에 없는 것입니다.

'㉠책 속에 길이 있다.'라는 말을 늘 기억하시길 바랍니다. 그 길은 평생 가야 할 길입니<u>비유, 바람직한 삶의 방향</u>다. 비록 어려울지라도 절대 후회하지 않을 길이며, 가치 있는 길입니다. 그 길을 걷고 있을 때, 우리의 삶은 광휘로 둘러싸이게 됩니다. 그러니 책과 벗하는 것이야말로 우리가 누릴 수 있는 가장 큰 복이라고 말씀드릴 수밖에요. ▶ 책 속에 길이 있으므로 책과 벗하며 살아야 함.

· **중심 내용** 책과 벗하며 사는 것이 큰 복이므로 책을 읽어야 한다.

이해와 감상

이 글은 글쓴이가 자신의 어린 시절 체험을 바탕으로 책 읽기의 가치와 필요성을 말하고 있는 수필이다. 글쓴이는 독서가 청소년기에 느끼는 결핍을 채울 수 있고, 수많은 정보에서 의미 있는 정보를 골라내어 가치 있는 지식을 창조할 수 있는 능력을 기를 수 있으며, 문학 작품을 읽음으로써 타인을 이해할 줄 아는 성숙한 시민으로 성장할 수 있다고 말하고 있다. 물론 독서가 어렵고 따분할 수도 있지만, 우리의 정신적 능력을 키워 주고, 새로운 시각으로 세상을 바라볼 수 있게 해 주므로 평생 책을 벗하는 삶을 살아가자고 이야기하며 글을 마무리하고 있다.

🏠 작품 연구소

글쓴이가 어린 시절의 경험을 통해 깨달은 내용

경험	효과	깨달음
유년 시절 '자유 교양 문고'를 읽고 독후감을 쓰면서 행복을 느낌.	책 읽기로 결핍을 충족함.	책 읽기는 중요하고 가치 있는 일임.

글쓴이가 말하는 책 읽기의 가치

- 인터넷에 있는 수많은 정보 가운데 의미 있는 것을 골라내는 눈을 가질 수 있음.
- 무관해 보이는 정보를 엮어서 가치 있는 지식을 창조하는 능력을 갖출 수 있음.

+

- 문학 작품을 읽고 간접 경험을 함으로써 자신과 다른 사람을 더욱 깊이 이해할 수 있음.
- 고통받는 사람들의 아픔을 헤아리고 그 고통을 어루만질 줄 아는 성숙한 시민으로 성장할 수 있음.

〈책 속에 길이 있다〉에 사용된 비유적인 표현

보조 관념	원관념
언어로 이루어진 상상의 집	문학 작품
우리 눈에 덮인 비늘	편견 때문에 세상을 있는 그대로 바라보지 못하고 왜곡되게 바라보게 하는 것
심 봉사가 눈을 번쩍 뜨는 것	좋은 책을 읽고 편견을 없애 새로운 지평을 열게 된 놀라움
길	바람직한 삶의 방향

📖 함께 읽으면 좋은 작품

《격몽요결》, 이이 / 학문을 시작하는 이들을 가르치기 위해 쓴 글

《격몽요결》은 '우매한 자를 깨우치다'라는 뜻으로, 조선 시대에 율곡 이이가 청년 자제들의 독서·궁리와 학문 생활 및 일상생활의 윤리 등에 대해 자세히 분류하고 가르치고자 지은 책이다. 이이는 이 책에서 초학자가 배워야 할 10가지 덕목을 제시하였는데, 특히 4장은 독서 장으로 책 읽기의 바른 방법을 설명하고 있다. 이 글과 《격몽요결》을 통해 예나 지금이나 책 읽기가 중요함을 깨달을 수 있다.

🔑 포인트 체크

제재 어린 시절 자신의 경험을 바탕으로 □□□는 평생 해야 할 가치 있는 일임을 이야기하고 있다.

관점 책 속에는 □이 있으므로 평생 책과 □하는 삶을 살아야 함을 이야기하고 있다.

표현 다양한 □□적 표현을 활용하여 내용을 인상적으로 전달하고 있다.

1 이 글의 서술상 특징으로 가장 적절한 것은?
① 두 대상의 공통점과 차이점을 제시하고 있다.
② 자신의 경험에 바탕을 두고 글을 시작하고 있다.
③ 의문을 제기하여 독자가 집중하도록 유도하고 있다.
④ 시간의 흐름에 따른 대상의 변화 과정을 나열하고 있다.
⑤ 문제점을 제시한 후, 이에 대한 해결 방안을 제시하고 있다.

2 정보를 가치 있게 만드는 것으로 글쓴이가 제시한 내용을 〈보기〉에서 있는 대로 고르시오.

┤보기├

ㄱ. 의미 있는 정보를 골라내는 눈
ㄴ. 정보의 바다에 자주 접속하는 노력
ㄷ. 가능한 한 많은 정보를 수집하는 능력
ㄹ. 기존 정보를 바탕으로 가치 있는 지식을 창조하는 능력
ㅁ. 무관해 보이는 정보를 엮어 관련 있는 정보로 만드는 능력

내신 적중 **多빈출**

3 이 글에 나타난 책 읽기의 가치로 적절하지 않은 것은?
① 힘든 시기에 위안을 얻을 수 있다.
② 경제적인 결핍을 충족해 줄 수 있다.
③ 정보를 가치 있게 만드는 능력을 키울 수 있다.
④ 세상을 왜곡되게 바라보게 하는 편견에서 벗어날 수 있다.
⑤ 다른 사람의 고통을 어루만지는 성숙한 시민으로 자랄 수 있다.

4 이 글을 읽고 해결할 수 있는 질문으로 적절하지 않은 것은?
① 우리가 문학 작품을 읽어야 하는 까닭은?
② 사람들이 인터넷에 대해 가지고 있는 편견은?
③ 글쓴이가 책 읽기의 중요성을 강조하는 까닭은?
④ 일상생활에서 책과 벗할 수 있는 구체적인 방법은?
⑤ 오늘날 정보가 그 자체로 가치를 갖지 못하는 까닭은?

5 ㉠의 의미를 〈조건〉에 맞게 20자 내외로 쓰시오.

┤조건├

'길'의 원관념을 고려하여 쓸 것.

[국어] 천재(이)
[독서] 비상

🎯 핵심 정리

갈래 경수필

성격 체험적, 고백적, 회고적

제재 《이기적 유전자》를 읽은 경험

주제 삶의 가치관과 방향을 재정립하는 데 영향을 미친 독서 경험

특징 ① 자신의 가치관과 인생관, 세계관 변화에 영향을 끼친 독서 경험에 초점을 맞춰 서술함.
② 독서 경험에 따른 그때그때의 감정 변화를 솔직하게 서술함.

출전 《과학자의 서재》(2015)

Q 글쓴이가 《이기적 유전자》를 읽고 좌절감을 느낀 이유를 추측하면?

이미 유전자가 모든 것을 다 정해 놓았고, 인간은 단지 유전자가 미리 계획한 대로 움직이는 상황에서 인간이 애쓰며 노력하는 것은 모두 허사라는 생각이 들었을 것이다. 이러한 생각 끝에, 지금처럼 연구에 노력을 기울일 필요가 없다는 회의감이 밀려왔고, 이 감정이 좌절감으로 이어진 것 같다.

💡 어휘 풀이

일장춘몽 '한바탕의 봄꿈'이라는 뜻으로, 헛된 영화나 덧없는 일을 비유적으로 이르는 말.

아류(亞流) 문학예술, 학문에서 독창성이 없이 모방하는 일이나 그렇게 한 것. 또는 그런 사람.

해탈(解脫) ①『불교』번뇌의 얽매임에서 풀리고 미혹의 괴로움에서 벗어남. ②얽매임에서 벗어남.

🐚 구절 풀이

❶ 그러나 《이기적 유전자》를 읽고 ~ 말로 표현하기가 쉽지 않다. 글쓴이가 《이기적 유전자》를 읽고 난 후에 새로운 지적 세계에 눈을 뜨게 되었고, 그로 인해 이전에 고민하던 사안에 대해 명확한 해답을 얻어 지적 청량감을 느끼게 되었음을 알 수 있다.

❷ 그런데 내게 주어진 것보다 ~ 아등바등 살 필요는 없다. 나의 일들은 모두 내 유전자가 나에게 허락한 범주 내의 일이므로, 욕심을 부리기보다는 주어진 일에 최선을 다하며 마음 편히 살 필요가 있다는 깨달음이 드러나 있다.

🧑 작가 소개

최재천(1954 ~)
생물학자. 주로 동물의 행동 생태를 연구했으며 '개미 박사'로도 유명하다. 강연이나 방송 등 다양한 활동을 통해 일반인에게 과학을 널리 알려 왔다. 주요 저서로 《개미 제국의 발견》, 《생명이 있는 것은 다 아름답다》, 《통찰》 등이 있다.

가 세상을 살면서 책 한 권 때문에 인생관, 가치관, 세계관이 하루아침에 바뀌는 경험을 하는 이들이 과연 몇이나 될까? 대부분은 아마 단 한 번도 그런 짜릿한 경험을 못 하고 생을 마칠 것이다. 그런데 나는 《이기적 유전자》를 읽으면서 그런 엄청난 경험을 했다. [중략]

그전에는 여러 가지 삶의 의문에 이렇게도 생각하고 저렇게도 생각하면서, 그때마다 다른 답을 내곤 했다. ❶그러나 《이기적 유전자》를 읽고 난 그 새벽부터는 모든 것이 가지런해졌다. 한길로 나란히 늘어선 것처럼. 그저 유전자의 관점에서 세상을 다시 분석하면 모든 것이 명쾌하게 설명되었다. 그때 느낀 기쁨과 즐거움은 말로 표현하기가 쉽지 않다.

▶ 《이기적 유전자》를 읽은 뒤, 세상에 대한 의문점이 해소되고, 인생관, 가치관, 세계관이 바뀌는 경험을 함.

나 그런데 그 황홀감은 시간이 지나면서 좌절감으로 변하기 시작했다. / 처음 읽었을 때는 답을 얻은 기분에 세상이 달라 보였는데, 그 단계가 지나니 시간이 지날수록 만사가 시시하게 여겨졌다. / '그래, 무엇 때문에 난 그렇게 애를 썼나? 저 사람은 무엇 때문에 저렇게 기를 쓰나? 모든 것이 유전자 때문인데, 유전자가 계획한 대로 움직이는 것뿐인데……'

이런 생각이 드니까 모든 것에서 맥이 풀렸다. 열심히 사는 것, 노력하는 것이 말짱 헛일이고 인생사 ㉠일장춘몽(一場春夢)이라는 말이 떠올랐다. / '그럼, 지금 내가 사라져도 별것 아니겠네? 어차피 세상은 유전자 덕에 탈 없이 유지될 테니……'

책을 읽고 몇 달이 지난 시기였다. 그렇게 아무것도 할 수 없는 상태로 잠시 살았다. 하지만 다행히 방황이 길지는 않았고 재해석을 통해 세상의 의미를 정리했다. [중략] 긍정적이고 낙천적인 성격 덕분에 금방 추스를 수 있었으며 새로운 가치관으로 세상을 보려고 노력했다. 그러면서 내가 할 일, 해야 할 일을 찾아가기로 마음먹었다.

가장 먼저 한 일은 학문적으로 더 깊이 이해하기 위해 그 책과 같은 주제를 다루는 책들을 닥치는 대로 읽은 것이다. 《이기적 유전자》가 나온 뒤에 그 아류의 책들이 나오기 시작했는데 무조건 다 읽었다. 그뿐 아니라 그 주제를 다루는 토론회가 있으면 모두 참여했다. 몇 년 동안 내가 토론한 주제는 오로지 《이기적 유전자》에서 다룬 주제와 비슷한 것뿐이었다. 그러다 보니 어느 순간부터 굉장히 편안해졌다.

▶ 좌절감을 극복하기 위해 글쓴이가 기울인 노력

다 해탈이라는 표현을 함부로 쓰면 안 되겠지만, 정말이지 나는 웬만한 일은 초월한 느낌으로 한다. 분명히 포기는 아닌데 손을 다 놓고도 마음이 편안한 상태로 넘어가게 된 것이다. / '그래. 나는 아무것도 아니야. 지금 없어져도 세상에 아무런 변화를 일으킬 수 없는 그런 존재야. 그렇지만 그렇다고 해서 굳이 없어질 필요는 없다. 내가 존재하는 이유는 따로 있다. 이 세상에 태어났으니 나의 모든 상황에 온 힘을 다하고 즐기며 사는 것이다. 나에게 주어진 삶의 길을 아름답게 가면 된다.'

자칫하면 운명론자처럼 보일 위험이 있지만 운명론자와는 다르다. 내가 가야 할 길을 담담히, 최선을 다해 아름답게 가면 세상도 나도 의미 있는 존재가 된다고 생각한다. ❷그런데 내게 주어진 것보다 더 많은 무엇을 해 보겠다고 욕심을 부리며 아등바등 살 필요는 없다. 내가 할 수 있고 해야 할 일들은 어떻게 보면 내 유전자가 나한테 허락한 범주 내에서의 일들이다. 그러므로 할 수 있다는 자신감을 갖고 최선을 다하면 내가 하고자 한 일을 모두 이룰 수 있다고 믿는다.

▶ 《이기적 유전자》을 해석하며 얻게 된 깨달음을 통해 여유로운 삶의 자세를 지니게 됨.

• 중심 내용 《이기적 유전자》를 읽고 난 후에 삶의 가치관과 방향을 재정립하게 됨.

1. 한국 수필

이해와 감상

이 글은 글쓴이가 독서를 통해 성장한 경험을 진술하게 쓴 수필이다. 글쓴이는 자신의 흥미와 관심사에 따라 책을 선택해 읽으면서 진로를 찾고 학문적 길과 삶의 방향을 정립해 나간다. 특히 이 글에는 글쓴이의 삶과 학문에 큰 영향을 미친 《이기적 유전자》라는 책을 읽고 느낀 생각들이 자세하게 서술되고 있다. 이를 통해 진로나 삶의 방향을 정하는 데 독서가 독자에게 어떤 영향을 미치는지 생각해 볼 수 있다.

🏠 작품 연구소

글쓴이가 진로를 정하는 데 영향을 준 독서 경험

읽은 책이나 글	글쓴이가 받은 영향
〈모닥불과 개미〉	개미의 행동에 호기심을 갖게 되었고 이는 미국 유학 중 사회 생물학에 입문하는 계기가 됨.
《사회 생물학》	사회 생물학이라는 새로운 학문의 매력에 빠지게 되었고,《이기적 유전자》를 읽도록 이끌어 줌.
《이기적 유전자》	세상에 대한 근원적 궁금증을 해결해 주었고, 삶의 가치관과 방향을 정하게 함.

《이기적 유전자》를 읽은 뒤 글쓴이의 심리 변화

책을 읽은 직후	생각의 조정 시기	생각의 재정립 시기
여러 가지 삶의 의문이 유전자의 관점에서 명쾌하게 해결됨.	인간의 의지를 부정하는 '이기적 유전자'로 세상을 보니 삶의 의지가 상실됨.	욕심내지 않고 할 수 있는 일에 최선을 다하면 행복과 만족을 얻을 수 있음을 깨달음.
↓	↓	↓
황홀감	좌절감	편안함

자료실

《이기적 유전자》

영국의 진화 생물학자 리처드 도킨스가 쓴 책으로 일반 대중들을 대상으로 진화 생물학을 소개하는 내용을 담고 있다. 저자는 이 책에서 인간을 포함한 모든 생명체는 DNA 또는 유전자에 의해 창조된 생존 기계라고 주장한다. 동시에 모든 생명체를, 자기의 유전자를 후세에 남기기 위해 이기적인 행동을 수행하는 존재로 규정한다. 이러한 주장은 생물학계를 비롯해 과학계 전반을 떠들썩하게 만들었다. 저자는 자신의 주장을 뒷받침하기 위해서 성의 진화, 이타주의의 본질, 협동의 진화, 적응의 범위, 무리의 발생, 가족계획, 혈연 선택 등의 주요 쟁점과 게임 이론, 진화적으로 안정한 전략의 실험, 죄수의 딜레마, 박쥐 실험, 꿀벌 실험 등 방대한 현대 연구 이론과 실험을 보여 준다.

이 책이 던지는 여러 메시지를 통해 우리는 사회 생물학의 논쟁이 되었던, 유전적 요인과 환경 문화적 요인 가운데 인간의 본질을 좀 더 잘 설명할 수 있는 것이 무엇인지 생각해 볼 수 있다.

📖 함께 읽으면 좋은 작품

〈지적 생활의 즐거움〉, 이병주 / 자신의 독서 경험을 성찰한 글

소설가인 글쓴이가 자신의 독서 편력에 관해 쓴 수필이다. 글쓴이는 소년 시절 한 책에서 읽은 문장에서 영향을 받아 다양한 분야의 철학 서적을 섭렵한다. 이후에는 경제학, 사회학, 정치학 등 다양한 사회 과학 서적도 탐독하게 된다. 글쓴이가 자신의 독서 생활과 독서 인생에 대해 성찰하는 내용이 나와 있어 독서가 독자에게 어떤 영향을 미치는지 이 글과 비교하여 읽어 볼 수 있다.

키 포인트 체크

제재 자신의 학문과 삶에 큰 영향을 끼친 《□□□ □□□》를 읽은 경험에 관해 이야기하고 있다.

관점 글쓴이는 유전자의 힘을 체감하고 난 후 □□은 버리되 모든 일에 □□을 다하는 자세를 지니게 된다.

표현 글쓴이는 독서 경험에 따라 그때그때 겪었던 감정의 변화를 □□하게 서술하고 있다.

1 이 글에 대한 설명으로 가장 적절한 것은?

① 특정 서적을 소개하며 양서를 판단하는 기준을 제시하고 있다.

② 특정 서적과 연관 지어 독서가 삶에 미친 영향을 서술하고 있다.

③ 과거의 체험을 통해 무비판적인 독서의 위험성을 일깨워 주고 있다.

④ 자신이 이룬 학문적 성취를 바탕으로 독서의 필요성을 역설하고 있다.

⑤ 다른 사람과의 비교를 통해 자신의 독서 수준에 대한 자부심을 드러내고 있다.

2 다음 중 ㉠과 바꾸어 쓸 수 있는 한자 성어는?

① 격세지감(隔世之感) ② 남가일몽(南柯一夢)
③ 백년하청(百年河淸) ④ 새옹지마(塞翁之馬)
⑤ 수구초심(首丘初心)

3 이 글의 내용을 고려할 때, 글쓴이가 〈보기〉의 학생에게 해 줄 수 있는 조언으로 가장 적절한 것은?

┤ 보기 ├

"《이기적 유전자》를 읽고 너무나 혼란스러워서 어떻게 하면 좋을지 모르겠습니다. 좌절감이 너무나 큽니다."

① 책에서 설명해 주는 다양한 삶의 의문들을 해결해 가세요.

② 포기하면 모든 것이 편해집니다. 흘러가는 순리에 몸을 맡기세요.

③ 인간의 자유의지는 유전자보다 강합니다. 유전자를 극복해 보세요.

④ 조바심을 내지 말고 할 수 있다는 자신감을 갖고 더 깊게 생각해 보세요.

⑤ 자신에게 주어진 것보다 더 많은 것을 하겠다는 욕심을 가지고 공부해 보세요.

내신 적중 多빈출

4 다음은 이기적 유전자를 읽은 뒤 글쓴이의 심리 변화 과정이다. ⓐ에 들어갈 적절한 말과, 글쓴이가 ⓐ와 같이 느낀 이유가 무엇인지 쓰시오.

책을 읽은 직후	생각의 조정 시기	생각의 재정립 시기
황홀감	ⓐ	편안함

독서 동아

🎯 핵심 정리

갈래 경수필
성격 회상적, 감상적
제재 봄
주제 봄을 맞이하여 떠올린 신생의 이미지
특징 ① 봄 병아리와 관련된 어린 시절의 체험을 통해 신생의 이미지를 제시함.
② 소설 내용을 인용하여 말하고자 하는 바를 강조함.
출전 《소설가는 늙지 않는다》(2016)

Q 어미 닭과 글쓴이의 어머니의 공통점은?

어미 닭은 솔개가 뜨거나 매운바람이 불면 병아리를 자신의 날개 안에 거두어 안고, 어머니는 비가 오거나 흙바람이 불면 치마폭을 펼쳐 글쓴이를 감싸 주셨다. 둘 다 위기 상황이 오면 자신의 품으로 자식들을 감싸 안으며 지키는, 모성애가 지극한 모습을 보여 주고 있다.

💡 어휘 풀이

꺼벙하다 모양이나 차림새가 거칠고 터부룩하여 엉성하다.
무르녹다 일이나 상태가 한창 이루어지려는 단계에 달하다.
매운바람 살을 엘 듯이 몹시 찬 바람.
빙렬 얼음의 표면에 이리저리 갈라진 금 모양의 무늬.
포란 부화하기 위하여 암새가 알을 품어 따뜻하게 하는 일.
안주(安住)하다 현재의 상황이나 처지에 만족하다.
시르죽다 기운을 차리지 못하다.

📖 구절 풀이

❶ **봄이 무대 전면에 등장하려고, 지금 한참 리허설을 하고 있는 것이다.** 아직은 겨울 기운이 남아 있지만 겨울 바람 속에서 봄의 기운을 느끼며 곧 봄이 오리라는 기대를 표현하고 있다. 봄을 의인화하여 마치 본 공연에 앞서 연습을 하듯이 봄이 등장하기 직전의 준비를 하고 있음을 표현하였다.

❷ **태어나려는 자는 ~ 파괴하지 않으면 안 된다.** 새로운 모습으로 성장하기 위해서는 그 전에 자신이 속해 있던 세계에서 나와 새로운 세계로 나아가야 함을 의미한다. 이를 위해서는 안주해 왔던 세계를 깨는 두려움을 극복해야 한다.

👤 작가 소개

현기영(1941~)
소설가. 소설 〈순이 삼촌〉을 비롯해 제주 4·3 사건과 관련하여 제주도가 겪었던 비극과 항쟁의 역사를 재조명하는 작품을 많이 발표하였다. 주요 작품으로 〈변방에 우짖는 새〉, 〈지상에 숟가락 하나〉, 〈누란〉 등이 있다.

가 봄이 저만치 오고 있다. 꽃샘추위가 차갑게 옷소매 속을 파고들지만, 그 추위를 뚫고 봄이 꾸준히 진군해 오고 있다. ❶봄이 무대 전면에 등장하려고, 지금 한창 리허설을 하고 있는 것이다. / 봄, 하면 나에게 먼저 생각나는 것이 노란 봄 병아리다. 물론 봄철엔 장닭도 눈에 띄게 아름다워진다. 봄볕에 벼슬과 깃털의 붉은색이 더욱 짙어지는데, 발로 흙을 헤집어 벌레를 잡아 놓고 암탉과 병아리들을 부르는 그 자랑스러운 모습이라니! 가장 노릇은 이렇게 하렸다, 라고 인간에게 가르치는 것 같다. 아직 꽁지가 덜 자란 풋닭도 꺼벙해 보이지만, 하는 짓이 예쁘다. [중략] 그러나 아무리 그렇더라도 신생의 봄과 가장 어울리기는 노랑 병아리일 것이다.
▶ 봄이 오면 노란 봄 병아리가 떠오름.

나 새봄과 더불어 탄생하는 봄 병아리는 아름답고 튼튼하다. 병아리들을 거느리고, 앞에서 실한 궁뎅이를 내두르며 아그작 아그작 걷는 어미 닭의 당찬 모습도, 봄빛이 무르녹은 푸른 하늘에 병아리를 노리는 솔개가 소용돌이 물에 뜬 낙엽처럼 큰 원을 그리며 천천히 감도는 모습도 눈에 선하다. ㉠어미 닭은 매나 솔개가 하늘에 뜨거나 매운바람이 몰아치거나 하면 얼른 날개를 펴 제 새끼들을 거두어 안았는데, 그 따뜻하고 넉넉한 모성애는 궁핍한 시절에 자식 넷을 먹여 살려야 했던 내 어머니의 모습이기도 했다. 어리기가 병아리만 했을 때 나는 어머니의 치마꼬리를 잡고 나들이에 따라나서곤 했는데, 도중에 갑자기 비가 오거나 흙바람이 불거나 하면 어미 닭이 그러하듯이 어머니는 넉넉한 치마폭을 펼쳐 나를 감싸 주곤 했던 것이다.
▶ 봄 병아리에 대한 기억과 어린 시절의 회상

다 언 대지를 녹이는 봄기운이 초목의 싹을 틔우고, 얼었던 강이 풀리기 시작하면, 돌 맞은 유리창처럼, 두꺼운 얼음판 위에 방사선 모양의 길고 날카로운 빗금의 균열들이 여기저기 생기고, 강가에는 빙렬(氷裂) 현상이 일어난다. 얼음장들이 자글자글 낮은 소리를 내며 그물처럼 수많은 균열을 만들어 내는데, 그 자글거리는 소리가 어미 닭의 오랜 포란(抱卵)의 인고가 끝나고 십여 개의 달걀들이 부화할 때, 알 속의 병아리가 세상 밖으로 나오려고 여린 부리로 껍데기를 깨면서 어미를 부르는 낮은 울음소리와 흡사하다. 알 속에서 그 소리를 들으면 어미 닭은 즉시 병아리를 위해서 밖에서 껍질을 쪼아 준다. 이렇게 병아리와 어미 닭이 안에서 밖에서 동시에 쪼아 껍데기를 깨뜨리는 일을 줄탁동시라고 했다.

헤르만 헤세는 그의 아름다운 소설 〈데미안〉에서 이렇게 말했다. "새는 알을 깨고 나온다. 알은 세계다. ❷태어나려는 자는 하나의 세계를 파괴하지 않으면 안 된다." 자신이 안주해 왔던 한 세계를 깨는 두려움을 극복한 자만이 더 넓은 세계를 획득할 수 있다는 뜻이다. 『딱딱한 알껍데기를 연약한 부리로 깨뜨리는 그 힘이 놀랍다.』 병아리뿐만 아니라 모든 태어나는 것들의 생명력이 ㉡그렇다. 여린 새싹이 어떻게 저 딱딱하게 군은 땅을 뚫고 솟아오르는지 정말 불가사의하다. 무력해 보이는 것 속에 상상하기 어려운 강인한 생명력이 있는 것이다. 그리고 병아리뿐만 아니라, 무릇 신생의 첫 빛깔이 가녀린 노란색인 것도 흥미롭다. 봄의 햇살도 그렇고, 초목의 새싹·햇순·속잎도 처음에는 노란색에 가까운 연두색이다.
▶ 한 세계를 깨야 더 넓은 세계를 만날 수 있음.

라 이렇게 언 땅 위에 겨우내 시르죽어 있던 햇빛이 노란색으로 되살아나기 시작하면 나는 으레 골목 안에서 어린이들이 뛰노는 시끌짝한 소리와 함께 노란 털복숭이 봄 병아리가 생각나곤 하는데, 그것은 바로 그 아름다운 신생의 이미지 때문이다.
▶ 봄 병아리에서 신생의 이미지를 느낌.

┌───┐
│ • 중심 내용 봄을 맞이하여 봄 병아리를 통해 신생의 이미지를 느낌. │
└───┘

이해와 감상

이 글은 글쓴이가 봄을 맞이하여 떠올린 신생의 이미지를 바탕으로 하여 쓴 글이다. 글쓴이는 신생의 봄과 가장 어울리는 것으로 노란 병아리를 떠올린다. 새봄에 태어나는 봄 병아리는 아름답고 튼튼하다. 병아리는 태어나기 위해 여린 부리로 알껍데기를 깨고 나와야 한다. 약해 보이지만 강인한 생명력을 지니고 있는 것이다. 이는 새싹도 마찬가지이다. 딱딱하게 굳은 땅을 뚫고 나오는 새싹의 모습에 글쓴이는 경외감을 느낀다. 그리고 병아리와 새싹이 노란색이라는 점을 들어 신생의 이미지에 어울리는 색깔은 노란색이라고 생각하고 있다. 즉, 글쓴이가 생각하는 신생의 이미지는 생명력, 노란색으로 대표된다고 볼 수 있다.

작품 연구소

글쓴이가 떠올린 신생의 이미지

노란 봄 병아리	• 신생의 봄과 가장 잘 어울림.
	• 아름답고 튼튼함.

어미 닭과 글쓴이의 어머니의 공통점

어미 닭	글쓴이의 어머니
매나 솔개가 하늘에 뜨거나 매운바람이 몰아치면 얼른 날개를 펴 제 새끼들을 거두어 안는다.	갑자기 비가 오거나 흙바람이 불면 넉넉한 치마폭을 펼쳐 글쓴이를 감싸 주곤 하셨다.

→공통점: 자식을 보호하는 따뜻하고 넉넉한 모성애가 있다.

글쓴이가 병아리와 새싹을 통해 말하고자 하는 바

알 속의 병아리	여린 새싹
딱딱한 알껍데기를 연약한 부리로 깨뜨림.	딱딱하게 굳은 땅을 뚫고 솟아오름.

• 새롭게 태어나기 위해 용기를 내어 기존에 안주해 왔던 세계에서 벗어남.
• 겉으로는 무력해 보이지만, 강인한 생명력을 지니고 있음.

신생의 시각적 이미지

신생의 이미지를 나타내는 대상		공통점
• 노란 병아리	• 여린 새싹	• 가녀린 노란색
• 봄의 햇살	• 초목의 새싹·햇순·속잎	• 노란색에 가까운 연두색

함께 읽으면 좋은 작품

〈봄은 고양이로다〉, 이장희 / 봄이 주는 느낌을 표현한 작품

고양이에 대한 섬세하면서도 치밀한 관찰과 분석에서 오는 연상 작용을 통해, 봄이 주는 느낌을 감각적으로 표현한 시이다. 〈봄은 고양이로다〉는 고양이의 신체 부위에서 봄의 이미지를 떠올리고 있고, 이 글은 병아리를 통해 신생의 이미지를 떠올리고 있지만, 두 작품 모두 봄을 맞이하는 느낌을 묘사적, 감각적으로 형상화하고 있다는 공통점이 있다.

Link 〈현대 시〉 56쪽

포인트 체크

제재 노란 [　][　][　]를 중심으로 봄을 맞이하며 떠올린 신생의 이미지를 이야기하고 있다.

관점 글쓴이가 생각하는 신생의 이미지는 [　][　][　]과 노란색으로 대표된다.

표현 잘 알려진 소설의 내용을 [　][　]하고, 다양한 [　][　]적 표현을 활용하여 말하고자 하는 바를 효과적으로 전달하고 있다.

1 이 글에 대한 설명으로 적절하지 <u>않은</u> 것은?

① 대상의 행동을 구체적으로 묘사하고 있다.
② 글쓴이의 정서를 직접적으로 표현하고 있다.
③ 봄을 의인화하여 계절의 변화를 생생하게 표현하고 있다.
④ 향토적 소재를 통해 과거 삶의 애환을 절절하게 그리고 있다.
⑤ 책의 내용을 인용하여 글쓴이가 말하고자 하는 바를 강조하고 있다.

내신 적중 多빈출

2 이 글에 나타난 '신생의 이미지'에 대한 설명으로 적절하지 <u>않은</u> 것은?

① 가녀린 노란색의 이미지이다.
② 글쓴이가 부모로서 자식들에게 보인 태도를 성찰하게 한다.
③ 골목 안에서 뛰노는 어린이들의 소리를 통해 떠올릴 수 있다.
④ 여려 보이지만 강인한 생명력이 있어 글쓴이의 경외심을 불러일으킨다.
⑤ 봄 병아리, 봄의 햇살, 초목의 새싹·햇순·속잎 등을 통해 떠올릴 수 있다.

3 ⓐ과 다음 시의 '아버지'의 공통점을 한 문장으로 쓰시오.

어머님,
제 예닐곱 살 적 겨울은
목조 적산 가옥 이층 다다미방의
벌거숭이 유리창 깨질 듯 울어 대던 외풍 탓으로
한없이 추웠지요, 밤마다 나는 벌벌 떨면서
아버지 가랑이 사이로 시린 발을 밀어 넣고
그 가슴팍에 벌레처럼 파고들어 얼굴을 묻은 채
겨우 잠이 들곤 했었지요.

– 이수익, 〈결빙의 아버지〉에서

4 ⓑ의 의미로 가장 적절한 것은?

① 가녀린 노란색이다.
② 봄이 되면 피어난다.
③ 신생의 이미지를 나타낸다.
④ 여리게 보이지만 실은 매우 강인하다.
⑤ 어머니의 도움을 받아 새로운 세상에 태어난다.

045 총, 꽃, 시 | 정재찬

키워드 체크 #상징적 #사색적 #총보다 강한꽃 #시의 가치 #다양한 매체 활용

문학 지학사

🎯 핵심 정리

갈래 경수필
성격 상징적, 사색적
제재 총을 이기는 꽃
주제 작은 것이 큰 것을 고치고, 부드러운 것이 강한 것을 이긴다.
특징 ① 주제를 전달하기 위해 다양한 분야의 여러 사례를 제시함.
② 상징적인 소재들을 활용하여 주제를 전달함.
출전 《그대를 듣는다》(2017)

Q 이 시에서 말하고자 하는 바는?

이 시는 전쟁의 폭력성과 미래에 대한 희망을 동시에 이야기하고 있다. '방공호'를 통해 전쟁 상황임을 암시하고, 할머니의 말을 통해 이런 전쟁 상황에 대한 절망과 한탄을 드러낸다. 그러나 '꽃씨를 받으신다', '꽃씨를 털으시리라' 등을 통해 전쟁의 비극에서도 희망을 버리지 않는 모습을 제시하고 있다.

💡 어휘 풀이

방공호 적의 항공기 공습이나 대포, 미사일 따위의 공격을 피하기 위하여 땅속에 파 놓은 굴이나 구덩이.
주류(主流) 조직, 단체 내부의 중심적 부류.
자기도취(自己陶醉) 스스로에게 황홀하게 빠지는 일.
변방(邊方) 나라의 경계가 되는 변두리 지역.

🔖 구절 풀이

❶ **정말 이 야만의 시대에 꽃이 과연 총을 이길 수 있는가.** 앞에서 생략된 부분에서 영상 속 아버지는 아들에게 '꽃이 총을 이길 수 있다'고 말한다. 이 문장은 이런 아빠의 말에 문제를 제기하는 방식으로 서술되고 있지만, 이는 곧 꽃이 총을 이길 수 있음을 강조하여 표현한 것으로 볼 수 있다.

❷ **현실의 장면 하나, ~ 당당하기 때문이다.** 꽃이 총을 이기는 것이 환상이나 낭만이 아닌 실재 세계에서 가능한 일임을 보여 주는 사례이다.

❸ **총은 꽃을 이기지 못한다.** 총은 횡포와 폭력, 전쟁의 상징성을 띤 세계를 나타낸다. 겉으로는 강한 것처럼 보여도 전 인류의 보편적 가치인 사랑과 평화까지 억누르지 못한다. 의심도 두려움도 없는 순수하고 당당한 평화에 대한 의지를 억압적인 도구가 이겨 낼 수 없는 것이라는 생각을 나타낸다.

👤 작가 소개

정재찬 (1962~)
문학 교육학자. 영화와 광고, 공감할 만한 이야기를 엮어 쉽게 시를 설명해 주는 글을 주로 썼다. 주요 저서로 《시를 잊은 그대에게》, 《그대를 듣는다》 등이 있다.

전략 부분의 내용 테러가 난 프랑스의 극장을 찾아온 아빠 앙겔과 다섯 살짜리 아들 브랑동이 '꽃'과 '촛불'의 의미에 대해 대화하는 영상 내용을 제시하며 꽃이 총을 이길 수 있을지 의문을 제기한다.

❶정말 이 야만의 시대에 꽃이 과연 총을 이길 수 있는가. 그 답을 시에게 묻는다.
_{총이 난무하는 폭력과 횡포의 시대}

할머니 꽃씨를 받으신다. / °방공호(防空壕) 위에 / 어쩌다 된 /
_{생명, 희망의 상징}　　　　_{전쟁 중임을 드러냄.}

채송화 꽃씨를 받으신다. //
_{부정적 현실에서의 새로운 희망과 생명}

호(壕) 안에는 / 아예 들어오시던 않고

말이 수째 적어지신 / 할머니는 그저 누워우시다. //
_{전쟁 상황에 대한 분노}

[A] ── 진작 죽었더라면 / 이런 꼴 / 저런 꼴 / 다 보지 않았으련만…… //
_{할머니의 말을 직접적으로 제시함. → 폭력적 현실에 대한 절망과 한탄이 드러남.}

글쎄 할머니, / 그걸 어쩌란 말씀이셔요.

수째 말이 적어지신 / 할머니의 노여움을 / 풀 수는 없었다. //
_{여전히 지속되는 전쟁 상황에 대한 분노}

할머니 꽃씨를 받으신다. / 인제 지구(地球)가 깨어져 없어진대도

할머니는 역시 살아 계시는 동안은 / 그 작은 꽃씨를 털으시리라.
_{어둡고 답답한 현실에서 새로운 희망을 잊지 않으려는 노력}

　　　　　　　　　　　　　　　　　　　　 – 박남수, 〈할머니 꽃씨를 받으시다〉

[중략]

이렇든 저렇든 할머니는 분에 겨워 말수조차 줄어드셨고, 이제 당신 목숨은 상관조차 않으신다. 방공호에 아예 들어오시지도 않으니 말이다. 그런데 그런 분이 하찮은 채송화, 그것도 '어쩌다' 핀 채송화, 자잘하기 이를 데 없어 거두기 힘들고 짜증만 잔뜩 나는 그 채송화 꽃씨를 손수 받으시는 것이다. 채송화라? 혹시 동요 〈꽃밭에서〉를 기억하는가. [중략]
_{앞에서 소개한 시와 같은 시기, 같은 소재를 다룸.}

중략 부분의 내용 동요 〈채송화〉가 권길상 선생이 1953년 피란 시절에 작곡한 곡임을 밝힌 뒤, 동요 속 아빠가 난리 속에서 꽃밭을 만든 이유가 무엇일지 생각해 보고 있다.

혹여나 아빠와 할머니가 키웠던 채송화가 '나' 아니었을까, 채송화 꽃씨는 내 자식이 아닐까. 그 덕에 지금 우리가 꽃밭에서 시와 노래를 즐기며 살고 있는 게 아니겠는가.
_{소중한 대상}　　　　　　　　　　　　　　　　　　　　_{새로운 희망을 이어 갈 후손들}
　　　　　　　　　　　　　　　　　　▶ 시와 동요를 통해 전쟁에서 미래에 관한 희망을 다룬 사례를 살펴봄.

그래, 전쟁 통에도 꽃은 피었고, 사람들은 꽃을 키웠다. 채송화 꽃밭은 환상이나 낭만이 아닌 실재 세계였던 것이다. 하지만 현실이든 상상이든 그게 무슨 대수랴. 중요한 것은 군화 자국 옆에 꽃들을 피우고, 총자루에 꽃을 매며, 총구에 꽃을 꽂는 일 아니겠는가.
_{총강함을 이기는 꽃(부드러움)}

❷현실의 장면 하나, 거장 마크 리부(Marc Riboud)의 사진 〈꽃을 든 여인〉을 찾아보라.
_{프랑스의 유명한 사진작가}
1967년 10월 21일, 미국의 수도 워싱턴, 펜타곤 앞에서 베트남전 반대 시위가 열렸다. 착
_{미국 국방부}
검까지 되어 있는 군인들의 총 앞으로 꽃무늬 옷차림의, 중간 이름까지 장미꽃(rose)인 잔 로즈 캐즈미어라는 17세 여고생이 꽃 한 송이를 들고 다가선다. 꽃을 든 군인보다 꽃을 든 여인이 더 강하다. 당당하기 때문이다. [중략]　　　　　　▶ 사진을 통해 총보다 강한 꽃의 사례를 보여 줌.
_{사랑과 평화를 추구하는 데서 당당하고 강인한 자세가 나옴.}

❸총은 꽃을 이기지 못한다. 총이 이기면 사람이 죽는다. 더 큰 총은 더 많은 사람을 죽인다. 그래서 거친 남성, 어른의 폭력, °주류의 횡포에 맞서는 것은 늘 여성, 아이, 장애다. 아
_{강한 존재}　　　　　　　　　　　　　　　　　_{부드러운 존재}
픈 자만이 아픔을 안다. 작은 것이 큰 것을 고치고, 부드러운 것이 강한 것을 이긴다. 그러
므로 꽃이 총을 이긴다. 그리고 그런 꽃을 시는 닮고자 한다. 시는 지배 언어의 °자기도취
_{주제 의식이 드러남}　　　　　　　　　　　　　　　　　　　　　　_{거짓과 폭력, 횡포}
를 일깨우는 °변방의 언어이기 때문이다.
_{소외된 세계를 사랑과 진실의 마음으로 표현하는 언어}　　　　　　　▶ 크고 강한 것을 이기는 작고 부드러운 꽃을 담는 시

· 중심 내용 다양한 분야의 여러 사례를 활용하여 '총'을 이기는 '꽃'과 '시'의 가치에 대해 이야기함.

이해와 감상

이 글은 '총', '꽃', '시'라는 상징적인 소재를 통해 작은 것이 큰 것을 고치고, 부드러운 것이 강한 것을 이긴다는 주제를 전달하고 있다. 글쓴이는 여러 분야의 다양한 매체를 활용하여 어떠한 폭력과 거대한 힘도 사랑과 평화, 희망을 바라는 마음을 이길 수 없다는 점을 말하고 있다.

또한 '강한 것, 큰 것, 폭력적인 것'을 의미하는 '총'이 '약한 것, 작은 것, 부드러운 것'을 의미하는 '꽃'을 결코 이길 수 없으며, '시'는 그러한 '꽃'을 닮고자 한다는 점에서 '꽃'과 '시'는 '총'과 대립된다고 말하고 있다. 다양한 분야의 매체 자료를 활용하여 지배 언어의 자기도취를 이겨 내는 변방의 언어로서의 시의 힘을 친근한 어조로 전달하고 있다.

작품 연구소

〈총, 꽃, 시〉에서 활용한 다양한 소재

영상	• 아빠 앙겔과 아들 브랑동이 대화하는 모습을 찍은 영상 • 아빠는 아들에게 '꽃이 우리를 지켜 주고 촛불이 떠나간 이들을 잊지 않게 해 준다'고 말함.
시	• 박남수, 〈할머니 꽃씨를 받으시다〉 • 전쟁의 비극 속에서도 꽃씨를 받으며 희망을 버리지 않는 할머니의 모습이 나타남.
동요	• 어효선 작사·권길상 작곡, 〈꽃밭에서〉 • 1953년 피란 시절 난리 통에도 '나'를 위해 채송화를 심으며 꽃밭을 만드는 아버지가 나옴.
사진	• 마크 리부, 〈꽃을 든 여인〉 • 총검을 겨누는 군인에게 꽃을 건네는 17세 소녀의 모습이 나타남.
그림	• 지현곤, 〈병사와 꽃 3〉 • 전쟁의 폐허 속에서 총을 멘 군인에게 꽃 한 송이를 주는 어린아이의 모습이 제시됨.

'총', '꽃', '시'의 관계

'총'		'꽃'
• 폭력적이고 지배적인 힘 • 전쟁, 거친 남성, 군인의 폭력, 주류의 횡포, 지배 언어	↔	• 부드러움 속에 담긴 희망의 힘 • 평화, 여성, 아이, 장애, 변방의 언어

↑

'시'
• '꽃'을 닮고자 함.
• '꽃'이 상징하는 바를 언어로 형상화한 것

〈총, 꽃, 시〉에서 글쓴이가 전달하고자 하는 바

• 작은 것이 큰 것을 고칠 수 있음.
• 부드러운 것이 강한 것을 이길 수 있음.
• 변방의 언어가 지배 언어를 반성시킬 수 있음.

함께 읽으면 좋은 작품

〈설해목〉, 법정 / 부드러움의 강한 힘을 이야기하는 작품

약해 보이고 부드러운 것이 오히려 더 강함 힘을 발휘하기도 한다는 것을 보여 주는 작품이다. 대립적인 소재를 나열하여 부드러운 것이 억센 것보다 강하다는 깨달음을 전하고 있다는 점에서 이 글과 비교하여 읽어 볼 만하다. Link 본책 52쪽

 포인트 체크

[제재] 총보다 강한 ☐☐의 사례를 제시하고 있다.
[관점] 약한 것, 작은 것, 부드러운 것인 '꽃'이 강한 것, 큰 것, ☐☐적인 것인 '총'을 이길 수 있다고 생각한다.
[표현] 글쓴이는 영상, ☐, ☐☐, 사진, 그림 등 다양한 매체의 자료들을 활용하여 주제를 전달하고 있다.

1 이 글에 대한 설명으로 가장 적절한 것은?
① 화제의 개념을 풀이하여 독자들의 이해를 돕고 있다.
② 시간적 흐름에 따른 화제의 변모 양상을 서술하고 있다.
③ 대상에 대한 감각적 묘사를 중심으로 내용을 전개하고 있다.
④ 여러 가지 글감을 일정한 기준에 따라 분류하여 설명하고 있다.
⑤ 다양한 분야의 사례들을 제시하여 글쓴이의 생각을 전달하고 있다.

2 [A]를 이 글과 연관지어 이해한 내용으로 적절하지 <u>않은</u> 것은?
① '방공호'는 전쟁으로 인한 폭력과 횡포를 겪고 있음을 나타내는군.
② '채송화 꽃씨'는 전쟁 통에도 꽃을 피울 수 있다는 희망을 나타내는군.
③ '그걸 어쩌란 말씀'을 통해 전쟁을 환상이나 낭만으로 여기고 있음을 알 수 있군.
④ '할머니의 노여움'은 '더 큰 총이 더 많은 사람을 죽'이는 데 대한 분노를 나타내는군.
⑤ '지구(地球)가 깨어져 없어'진다는 것은 '거친 남성, 어른의 폭력, 주류의 횡포'가 극에 달하는 상황을 나타내는군.

3 다음은 지현곤 작가의 〈병사와 꽃 3〉이다. 이 글의 내용을 고려할 때, 이 그림에 대한 설명으로 적절하지 <u>않은</u> 것은?

① 총을 든 군인은 전쟁 상황을 상징한다.
② 총보다 꽃이 강하다는 주제 의식을 드러내고 있다.
③ 장애를 극복하려는 작가의 삶의 태도가 담겨 있다.
④ 아이가 들고 있는 꽃 한 송이는 순수함을 상징한다.
⑤ 작고 부드러운 것이 크고 강한 것을 이기는 사례에 해당한다.

[내신 적중]

4 이 글의 주제 의식을 고려하여 '총', '꽃', '시'의 관계에 대한 글쓴이의 생각을 50자 내외로 쓰시오.

046 옥중에서 보낸 편지 – 어머님께 | 심훈

교도소나 구치소에 갇힌 사람에게 음식, 의복, 돈 따위를 들여보냄.
어머니! / 오늘 아침에 차입해 주신 고의적삼을 받고서야 제가 이곳에 와 있는 것을
편지글의 대상, 돈호법   여름에 입는 홑바지와 저고리. 아들에 대한 걱정과 사랑을 나타내는 소재   감옥
집에서도 아신 줄 알았습니다. 잠시도 어머니의 곁을 떠나지 않던 막내둥이의 생사를
                           막내아들인 글쓴이를 가리킴.
한 달 동안이나 아득히 아실 길 없으셨으니 그동안에 오죽이나 애를 태우셨겠습니까?
        어떻게 하면 좋을지 몰라 막막하게   자신 때문에 애를 태웠을 어머니를 걱정함.
저는 이곳까지 굴러 오는 동안에 꿈에도 생각지 못하던 고생을 겪었건만 그래도 몸
성히 배포 유하게 큰집에 와서 지냅니다. 고랑을 차고 용수는 썼을망정 난생처음으로
        죄수들의 은어로, 교도소를 이르는 말   수갑   죄수의 얼굴을 보지 못하게 머리에 씌우는 둥근 통 같은 기구
자동차에다가 보호 순사까지 앉히고 거들먹거리며 남산 밑에서 무학재 밑까지 내려
굴는 맛이란 바로 개선문으로 들어가는 듯하였습니다.   독립운동을 한 데에 대한 긍지와 자부심을 표현함.
                                  ▶ 독립운동(3·1 운동)을 하다 감옥에 갇힌 자신을 걱정하는 어머니를 안심시킴.
어머니! / 「날이 몹시도 더워서 풀 한 포기 없는 감옥 마당에 뙤약볕이 내리쪼이고, 주
        계절적 배경   삭막한 감옥 풍경
황빛의 벽돌담은 화로 속처럼 달고 방 속에는 똥통이 끓습니다. 밤이면 가뜩이나 다리
도 뻗어 보지 못하는데, 빈대, 벼룩이 다투어 가며 진물을 살살 뜯습니다.」 그래서 한 달
                                「 」: 열악한 감옥 환경
동안이나 쪼그리고 앉은 채 날밤을 새웠습니다. 그렇건만 대단히 이상한 일이 있지 않
겠습니까? 생지옥 속에 있으면서 괴로워하는 사람이 하나도 없습니다. 누구의 눈초리
에도 뉘우침과 슬픈 빛이 보이지 않고 도리어 그 눈들은 샛별과 같이 빛나고 있습니다.
        조국을 위해 독립운동을 했다는 강한 자부심으로 고통과 괴로움을 이겨 나감.
더구나 노인네의 얼굴은 앞날을 점치는 선지자처럼, 고행하는 도승처럼 그 표정조
                      비유를 통해 사람들의 조국 독립에 대한 열망과 의지를 생생히 표현함.
차 엄숙합니다. 날마다 이른 아침 전등불이 꺼지는 것을 신호 삼아 몇천 명이 같은 시
        조국 독립을 염원하는 간절하고 진지한 자세
간에 마음을 모아서 정성껏 같은 발원으로 기도를 올릴 때면 극성맞은 간수도 칼자루
신이나 부처에게 소원을 빎.   조국 독립을 위한 엄숙한 기도에 간수도 물러남.
소리를 내지 못하며 감히 들여다보지도 못하고 발꿈치를 돌립니다.
                      ▶ 감옥 안에 있지만 누구도 후회하지 않고 조국 독립을 위해 기도함.
어머니! / 어머니께서는 조금도 저를 위해 근심하지 마십시오. 지금 조선에서는 우
                      아들을 걱정하는 어머니를 안심시킴.
리 어머님 같으신 어머니가 몇천이요 또 몇만 분이나 계시지 않습니까? 그리고 어머
        조선의 많은 청년들이 조국 독립을 위해 애쓰고 있음.
님께서도 이 땅의 이슬을 받고 자라나신 공로 많고 소중한 따님 중 한 분이시고, 저는
어머님보다 더 크신 어머님을 위해 한 몸을 바치려는 영광스런 이 땅의 사나이외다.
        조국, 민족   조국의 독립을 위해 헌신하겠다는 태도
콩밥을 먹는다고 끼니때마다 눈물겨워하지도 마십시오. 어머님이 마당에서 절구에
메주를 찧으실 때면 그 곁에서 한 주먹씩 주워 먹고 배탈이 나던, 그렇게도 삶은 콩을
        과거의 추억을 상기시켜 어머니를 위로하고 안심시킴.
좋아하던 제가 아닙니까? 한 알만 마루 위에 떨어지면 흘끔흘끔 쳐다보고 다른 사람
이 먹을세라 주워 먹는 것이 한 버릇이 되었습니다. [중략]
                      ▶ 원래 콩을 좋아했으니 콩밥을 먹는 것을 걱정 말라며 어머니를 위로함.
어머니! / 며칠 동안 몰래 적은 이 글월을 들키지 않고 내어보낼 궁리를 하는 동안에
                '편지'를 달리 이르는 말
비는 어느덧 멈추고 날은 오늘도 저물어 갑니다.
구름 걷힌 하늘을 우러러 어머니의 건강을 비올 때, 비 뒤의 신록은 담 밖에 더욱 아
름답사온 듯 먼 천(川)의 개구리 소리만 철창에 들리나이다.
                      ▶ 어머니의 건강을 기원함.

키 포인트 체크

제재 이 글은 글쓴이가 □□에 갇힌 자신을 걱정할 어머니를 안심시키기 위해 쓴 편지이다.
관점 □□□□을 한 것을 후회하지 않으며, 조국을 위해 □□하겠다는 포부를 드러내고 있다.
표현 □□□, 설의법, 직유법, 은유법 등을 활용하여 어머니를 위로하고, 조국 독립에 대한 의지를 드러내고 있다.

답 감옥, 독립운동, 희생(헌신), 돈호법

047 헐려 짓는 광화문 | 설의식

키워드 체크 #신문 사설 #민족적 #철거되는 광화문 #광화문의 역사적 의미 #울분과 저항

헐린다, 헐린다 하던 광화문은 마침내 헐리기 시작한다. 총독부 청사(廳舍) 까닭으로 헐리고 총독부 정책으로 다시 지어지리라 한다.
_{조선 총독부 건물을 지으려고 광화문을 헐게 됨.}
▶ 일제에 의해 강제로 헐리는 광화문

원래 광화문은 물건이다. 울 줄도 알고, 웃을 줄도 알며, 노할 줄도 알고, 기뻐할 줄도 아는 사람이 아니다. 밟히면 꾸물거리고 죽이면 소리치는 생물이 아니라, 돌과 나무로 만들어진 건물이다.

의식 없는 물건이요, 말 못하는 물건이라, 헐고 부수고 끌고 옮기고 하되, 반항도 회피도 기뻐도 설워도 아니한다. 『다만 조선의 하늘과 조선의 땅을 같이한 조선의 백성들
_{『 』: 광화문은 단순한 건물이 아니라 조선 백성의 역사와 울분, 한이 서린 건물임.}
이 그를 위하여 아까워하고 못 잊어 할 뿐이다. 오백 년 동안 풍우(風雨)를 같이 겪은 조선의 자손들이 그를 위하여 울어도 보고 설워도 할 뿐이다.』

『석공의 망치가 네 가슴을 두드릴 때도 너는 앎이 없으리라마는, 뚜닥딱 하는 소리를
_{『 』: 광화문을 의인화함.}
듣는 사람이 가슴 아파하며, 역군(役軍)의 연장이 네 허리를 들출 때에 너는 괴로움이
_{공사장에서 일을 하는 사람}
없으리라마는, 우지끈하는 소리를 듣는 사람이 허리를 저려 할 것을 네가 과연 아느
_{광화문 철거를 바라보는 조선 백성의 슬픔}
냐, 모르느냐.』

팔도강산의 석재와 목재와 인재의 정수(精粹)를 뽑아 지은 [광화문아!] 돌덩이 하나
_{불순물이 섞이지 아니하여 깨끗하고 순수한 것} _{□: 돈호법}
옮기기에 억만 방울의 피가 흐르고 기왓장 한 개 덮기에 억만 줄기의 눈물이 흘렀던
우리의 [광화문아!] 청태(靑苔) 끼인 돌 틈에 이 흔적이 남아 있고 풍우 맞은 기둥에 그
_{푸른 이끼}
자취가 어렸다 하면, 너는 옛 모양 그대로 있어야 네 생명이 있으며, 너는 그 신세 그대
로 무너져야 네 일생을 마친 것이다. [중략]
_{광화문에 담긴 역사적 의미와 자취를 생각할 때 광화문은 헐려서는 안 되는 우리 민족의 유산임.}
▶ 우리 역사에서 광화문이 지니는 의미와 가치

너의 천명과 너의 천직은 이미 없어진 지가 오래였거니와, 너의 생명과 너의 일생은
_{타고난 운명}
지금 헐리는 순간에, 옮기는 찰나에 마지막으로 없어지려고 하는구나! 오오, 가엾어
_{한탄의 고조}
라! 너의 마지막 운명을 우리는 알되 너는 모르니, 모르는 너는 모르고 지내려니와 아
_{광화문이 일제에 의해 헐림.}
는 우리는 어떻게 지내라느냐.
_{광화문이 헐리는 것을 지켜보고 있을 수밖에 없는 것에 대한 비탄}

총독부에서 헐기는 헐되 총독부에서 다시 지어 놓는다 한다. 그러나 다시 짓는 그 사
람은 상투 짠 옛날의 그 사람이 아니며, 다시 짓는 그 솜씨는 피 묻은 옛날의 그 솜씨가
아니다. 하물며 이시이인(伊時伊人)의 감정과 기분과 이상(理想)이야 말하여 무엇하
_{광화문을 다시 짓는다 해도 광화문이 지닌 역사적 자취와 의미는 훼손되어 복구될 수 없음.} _{그때 그 사람} _{설의적 표현으로 한탄의 정서를 강조함.}
라?
▶ 광화문이 헐리는 것에 대한 한탄

다시 옮기는 그곳은 북악을 등진 옛날의 그곳이 아니며, 다시 옮기는 그 방향은 구궁
_{서울의 경복궁 북쪽에 있는 산}
(九宮)을 정면으로 한 옛날의 그 방향이 아니다. 서로 보지도 못한 지가 벌써 수년이나
_{구중궁궐, 겹겹이 문으로 막은 깊은 궁궐이라는 뜻으로, 임금이 있는 대궐 안을 이르는 말}
된 경복궁 옛 대궐에는 장림(長霖)에 남은 궂은비가 오락가락한다. 광화문 지붕에서
_{오래 계속되는 장마}
뚝딱하는 망치 소리는 장안(長安)을 거쳐 『북악에 부딪친다. 남산에도 부딪친다. 그리
_{『 』: 반복을 통해 광화문 본래 모습을 잃는 것에 대한 울분을 강조함.}
고 애달파하는 백의인(白衣人)의 가슴에도 부딪친다······』
_{흰옷 입은 사람이라는 뜻으로, '한민족'을 이르는 말}
▶ 광화문이 본래의 모습과 의미를 잃어버리는 것에 대한 울분

키 포인트 체크

제재 일제가 조선 총독부 건물을 짓기 위해 [ ][ ][ ]을 철거한 사건에 대해 쓰고 있다.

관점 글쓴이는 일제에 의해 광화문이 철거되는 것에 대해 분노와 [ ][ ]을 토해 내고 있다.

표현 의인법, 돈호법, 영탄법, [ ][ ][ ] 등 다양한 표현 방법을 사용하여 광화문 철거에 대한 아픔과 울분을 드러내었다.

답 광화문, 울분, 설의법

핵심 정리

갈래 중수필, 신문 사설
성격 민족적, 저항적, 사회 참여적
제재 광화문의 철거
주제 광화문의 철거에 대한 분노와 저항
특징 ① 대상(광화문)을 의인화하여 말을 건네듯이 서술함.
② 민족적 울분을 정서적 애상이 아닌 힘 있는 분노로 표현함.
③ 돈호법, 영탄법, 설의법을 사용하여 글쓴이의 울분과 한탄을 강조하여 나타냄.
출전 《동아일보》(1926)
작가 설의식(1900~1954) 언론인, 평론가. 동아일보에 입사하여 사회부 기자, 주일 특파원, 편집 국장 등을 지냈다. 주요 저서로 《해방 이후》, 《해방 이전》, 《통일 조국》 등이 있다.

이해와 감상

이 글은 일제에 의해 강제로 헐리게 된 광화문에 대한 안타까운 심정을 표현한 신문 사설이다. 광화문은 조선 시대 정궁인 경복궁의 정문이자 왕실과 국가의 권위를 상징하는 문인데, 일제가 조선 총독부 청사를 짓기 위해 강제로 헐어 옮겨 버렸다. 글쓴이는 팔도강산의 석재와 목재와 인재의 정수를 뽑아 만들고, 많은 충신과 간신, 역사적 사건의 마디마디가 새겨져 있는 광화문의 헐림은, 단순한 건물의 헐림이 아니라, 우리 민족혼이 헐림이요, 훼손으로 파악하고 있다. 글쓴이는 이렇듯 우리의 민족혼이 담긴 건물이 일제에 의해 말살되는 데 대한 울분을 강한 어조로 표현하고 있는데 이는 이후에 이어질 저항을 상상할 수 있게 한다.

작품 연구소

〈헐려 짓는 광화문〉의 구성

처음	'광화문 철거'라는 화제 제시
중간	광화문에 서려 있는 민족의 한과 광화문의 역사적 의미
끝	광화문이 본래의 모습과 의미를 잃는 것에 대한 울분과 한탄

〈헐려 짓는 광화문〉에 쓰인 표현 방법

의인법	석공의 망치가 네 가슴을 두드릴 때도 ~ 네가 과연 아느냐, 모르느냐.
돈호법	• 팔도강산의 ~ 뽑아 지은 광화문아! • 돌덩이 하나 ~ 우리의 광화문아!
영탄법	오오, 가엾어라!
설의법	하물며 이시이인의 ~ 말하여 무엇하랴?

048 불국사 기행 | 현진건

키워드 체크 #기행 수필 #예찬적 #서사적 #불국사와 석굴암의 아름다움 #설화 삽입

제35대 경덕왕(景德王) 시절, 당시 재상 김대성은 왕의 명을 받들어 토함산 아래에
불국사를 이룩할새, 나라의 힘을 기울이고 천하의 명공을 모아들였는데, 그 명공 가운
_{경북 경주시 불국동과 양북면 사이에 있는 산}
데는 멀리 당나라로부터 불러 내 온 젊은 석수 한 명이 있었다. 이 절의 중심으로 말하
_{기술이 뛰어난 장인(匠人)}
면 두 개의 석탑으로, 이 두 탑의 역사(役事)가 가장 거창하고 까다로웠던 것은 물론이
_{돌을 다루어 물건을 만드는 사람}
다. 젊은 당나라 석수는 그 두 탑 중의 하나인 석가탑을 맡아 짓기로 되었다. [중략]
_{석가탑과 다보탑}　　　　　_{토목이나 건축 따위의 공사}
수만 리 타국에 남편을 보내고 외로이 공규(空閨)를 지키던 그의 아내 아사녀(阿斯
▶ 석가탑을 짓기 위해 당나라에서 온 젊은 석수
女)는 동으로 흐르는 구름에 안타까운 회포를 붙이다 못하여 필경 남편을 찾아 신라
_{오랫동안 남편 없이 아내 혼자서 사는 방}　　　　_{마음속에 품은 생각이나 정}
로 건너오게 되었다. 머나먼 길에 피곤한 다리를 끌고 불국사 문 앞까지 찾아왔으나,
_{토목이나 건축 따위의 일}
큰 공역(工役)을 마치기도 전이요, 더러운 여인의 몸으로 신성한 절 문 안에 들어서지
_{불사를 건축할 때 외부인과 여인을 가까이하지 않았던 금기(禁忌)를 말함.}
못한다 하여 차디찬 거절을 당하고 말았다. / 절 문을 지키던 사람도 거절을 하기는 하
였으되, 그 정상(情狀)에 동정하였음이리라. 아사녀에게 이르기를, / "여기서 얼마 아
_{딱하거나 가엾은 상태}
니 가면 큰못이 있는데, 그 맑은 물속에는 시방 짓는 절의 그림자가 뚜렷이 비칠지니,
_{지금}
그대 남편이 맡아 짓는 석가탑의 그림자도 응당 거기 비치리라. 그림자를 보아 역사가
끝나거든 다시 찾아오라." / 하였다. ▶ 남편을 찾아 신라로 왔으나 남편을 만나지 못한 아사녀

아사녀는 그 말대로 그 못가에 가서 전심전력으로 비치는 절 모양을 들여다보며 하
루바삐, 아니 한시바삐 석가탑의 그림자가 나타나기를 기다렸다. 달빛에 흐르는 구
름 조각에도 그는 몇 번이나 석가탑의 그림자로 속았으랴. 하루 이틀, 한 달 두 달, 일
_{설의법, 남편이 빨리 일을 마치기를 바라는 마음을 강조함.}
년 이태, 지리하고도 조마조마한 찰나 찰나를 지내는 동안 절 모양이 뚜렷이 비치고,
_{지루하고도}
다보탑이 비치고, 가고 오는 사람의 그림자도 비치건마는, 오직 자기 남편이 맡은 석
가탑의 그림자는 찾으려야 찾을 길이 없었다. 사랑하는 아내가 멀리멀리 찾아왔다는
소식을 뒤늦게야 들은 당나라 석수는, 밤을 낮에 이어 마침내 역사를 마치고 창황히
_{밤에도 낮처럼 일을 하여}　　　　_{미처 어찌할 사이 없이 매우 급작스럽게}
못가로 뛰어왔건마는, 아내의 양자(樣姿)는 보이지 않았다. 그도 그럴 일, 아무리 못
_{겉으로 나타난 모양이나 모습}
속을 들여다보아도 석가탑의 그림자는 끝끝내 나타나지 않는 데 실망한 그의 아내는
_{석가탑을 무영탑(無影塔)이라고 부르는 이유를 알 수 있게 함.}
남편의 이름을 부르며 그만 못 가운데에 몸을 던진 까닭이다. [중략]
▶ 남편을 기다리다 못해 몸을 던진 아사녀

오늘도 못가를 돌 때, 문득 못 옆 물가에 사람의 그림자가 아련히 나타났다. / "아, 저
기 있구나!" / 하며 그는 이 그림자를 향해 뛰어들었다. 그러나 벌린 그의 팔 안에 안긴
것은 아내가 아니요, 사람이 아니요, 사람만 한 바위덩이다. 그는 바위를 잡은 찰나에
문득 제 눈앞에 나타난 아내의 모양을 길이길이 잊지 않으려고 그 바위를 새기기 시작
하였다. 제 환상에 떠오른 사랑하는 아내의 모양은 다시금 거룩한 부처님의 모양으로
_{죽은 사람의 넋이 정토나 천상에 나도록 기원하는 일}
변하였다. 그는 제 예술로 죽은 아내를 살리고 아울러 부처님에게까지 천도하려 한 것
_{아내를 잃은 슬픔을 종교적으로 승화함.}
이다. 이 조각이 완성되면서 자기 역시 못 가운데에 몸을 던져 아내의 뒤를 따랐다.
▶ 바위에 부처를 새기고 아내의 뒤를 따른 석수

포인트 체크

제재 경주를 순례하고 쓴 수필로, ☐☐☐와 석굴암에 대한 ☐☐과 감상이 나타나 있다.

관점 글쓴이는 불국사와 석굴암의 예술적인 아름다움에 대해 ☐☐☐ 태도를 취하고 있다.

표현 석가탑을 지은 당나라 석수와 그의 처 아사녀에 대한 ☐☐를 삽입하여 석가탑의 예술성을 부각하
고 있다.

답 불국사, 견문, 예찬적, 설화

핵심 정리

갈래 경수필, 기행 수필
성격 예찬적, 서사적, 감상적, 서정적
제재 불국사
주제 불국사와 석굴암의 예술적 아름다움 예찬
특징 ① 여정, 견문, 감상 등 기행문의 요소가 나타남.
② 여정에 따른 추보식 구성을 취함.
③ 시와 설화를 삽입하여 문학성을 높임.
출전 〈고도 순례 경주〉(1929)
작가 현진건(1900~1943) 소설가. 염상섭과 함께
사실주의 문학의 대표 작가로 단편 소설을 개척
하는 데 힘썼다. 주요 작품으로 소설 〈운수 좋은
날〉, 〈빈처〉 등이 있다.

이해와 감상

이 글은 1929년 여름 글쓴이가 경주 지방을 여행하
고 그해 《동아일보》에 연재한 〈고도 순례 경주〉 중 일
부로, 글쓴이의 문학성이 돋보이는 기행 수필이다. 전
체 구조는 경주 시내에서 불국사 가는 길, 불국사의
다보탑과 석가탑, 석굴암 가는 길의 치술령, 석굴암의
순서로 구성되어 있는데, 여정보다는 글쓴이의 견문
과 감상을 중점적으로 소개하고 있다. 중간에 설화와
시조를 삽입하는 등 수필의 자유로운 형식을 극대화
하고 있다. 또한 글쓴이의 소설적 상상력이 두드러지
게 나타나며, 묘사의 치밀성이나 개성이 드러나는 문
체 등 언어의 유창성이 돋보인다.

작품 연구소

시와 설화의 삽입과 그 효과

이 글에서는 석가탑 조성에 참여한 석수와 그의 아내
아사녀에 대한 설화를 삽입하여 석수의 예술적 열정
을 부각하는 동시에 석수가 영지의 원불(願佛)을 조각
하게 되는 필연성을 부여하고 있다. 이 외에도 글쓴이
는 치술령에서 박제상의 의연한 죽음과 망부석이 된
그의 아내 이야기를 소재로 한 연시조를 창작하여 삽
입하기도 하였다. 이는 이 글의 문학성을 높이는 데
기여하고 있다.

삽입 설화 분석

배경	• 시간 – 통일 신라 제35대 경덕왕 때 • 공간 – 토함산 아래 불국사
구성	내용상 이별과 만남, 소멸과 재생의 이원적 구조를 취함.
주제	사랑의 예술적·종교적 승화
특징	• 비극적 전설이면서 예술적으로 미화된 이 야기임. • 예술과 사랑이라는 낭만적 제재를 다룸. • 외국인을 내세운 이색적 모티프를 취함.

▲ 불국사의 석가탑

049 조춘점묘(早春點描) – 공지(空地)에서 | 이상

키워드 체크 #비판적 #1930년대 서울의 모습 #진정한 공지가 없음 #각박해진 도시 문명

전략 부분의 내용 얼음이 아직 풀리기 전 어느 날 덕수궁 마당에서 글쓴이는 넓은 마당을 비워 둔 것을 의아해한다. 그러나 곧 연못에서 스케이팅을 하는 사람들을 보고는 덕수궁의 마당이 일시적인 공지였음을 생각하고, 연못의 주인인 금붕어들이 사람들 때문에 골치를 앓고 있을 것이라고 생각한다.

그날 황혼 천하에 공지 없음을 한탄(恨歎)하며 뉘 집 이층에서 저물어 가는 도회를
글의 주제가 직접적으로 나타남.
내려다보고 있었다.

그때 실로 덕수궁 연못 같은 날만 따뜻해지면 제 출몰에 해소(解消)될 엉성한 공지
어떤 현상이나 대상이 나타났다 사라졌다 함.
와는 비교가 안 되는 참 훌륭한 공지를 하나 발견하였다.
×× 보험 회사 신축 용지
×× 보험 회사 신축 용지라고 대서특서한 높다란 판장(板墻)으로 둘러막은 목산(目
특별히 두드러지게 보이도록 글자를 크게 씀.   널빤지로 친 울타리   눈셈
算) 범 천 평 이상의 명실상부의 공지가 아닌가.
이름과 실상이 서로 꼭 맞음.
잡초가 우거졌다가 우거진 채 말라서 일면(一面)이 세피아 빛으로 덮인 실로 황량한
검은색에 가까운 흑갈색
공지인 것이다. 입추(立錐)의 여지가 가히 없는 이 대도시 한복판에 이런 인외경(人外
송곳을 세움.   사람의 흔적이 없는 지역
境)의 감(感)을 풍기는 적지 않은 공지가 있다는 것은 기적 아닐 수 없다.
▶ 보험 회사 신축 용지를 발견한 글쓴이
인마(人馬)의 발자취가 끊긴 지 — 아니 그건 또 처음부터 없었는지도 모르지만 —
오랜 이 공지에는 강아지가 서너 마리 모여 석양의 그림자를 끌고 희롱한다. 정말 공
현대인들이 상실하고 있는 삶의 자유와 여유로움
지 — 참말이지 이 세상에는 인제는 공지라고는 없다. 아스팔트를 깐 뻔질한 길도 공
모든 공간이 누군가의 소유물로 이해되는 현대 사회에 대한 안타까움   미끄럽게 윤기가 흐르는
지가 아니다. 질펀한 논밭, 임야, 석산, 다 아무개의 소유답(所有畓)이요, 아무개 소
유의 산깔이요, 아무개 소유의 광산인 것이다. 생각하면 들에 나는 풀 한 포기가 공지
산깔. 산림을 의미함.   땅 소유자의 허락 없이는 아무것도 마음대로 할 수 없는 상황
에 뿌리를 내리지 못한다. 이치대로 하자면 우리는 소유자의 허락이 없이 일보(一步)
의 반보(半步)를 어찌 옮겨 놓으리오. 오늘 우리가 제법 교외로 산보도 할 수 있는 것
은 아직도 세상인심이 좋아서 모두들 묵허(默許)를 해 주니까 향유할 수 있는 사치.
모르는 체 버려 둠으로써 슬머시 허락함.
하나도 공지가 없는 이 세상에 어디로 갈까 하던 차에 이런 공지다운 공지를 발견하고
저기 가서 두 다리 쭉 뻗고 누워서 담배나 한 대 피웠으면 하고 나서 또 생각해 보니까
이것도 역시 ×× 보험 회사가 이윤을 기다리고 있는 건조물(建造物)인 것을 깨달았다.
진정한 의미의 공지가 아님.
다만 이 건조물은 콘크리트로 여러 층을 쌓아 올린 것과 달리 잡초가 우거진 형태를
하고 있을 뿐인 것이다.
▶ 모든 공지가 소멸된 현대 사회에 대한 안타까움

봄이 왔다. 가난한 방 안에 왜꼬리 분(盆) 하나가 철을 찾아서 요리조리 싹이 튼
흙을 담아 화초나 나무를 심는 그릇
다. 그 닷곱 한 되도 안 되는 흙 위에다가 늘 잉크병을 올려놓고 하다가 싹트는 것을 보
다섯 홉(반 되)
고 잉크병을 치우고 겨우내 그대로 두었던 낙엽을 거두고 맑은 물을 한 주발 주었다.
놋쇠로 만든 밥그릇
그리고 천하에 공지라곤 요 분 안에 놓인 땅 한 군데밖에는 없다고 좋아하였다. 그러
나 두 다리를 뻗고 누워서 담배를 피우기에는 이 동글납작한 공지는 너무 좁다.
여유와 휴식을 얻기에는   ▶ 진정한 공지를 가질 수 없는 현실에 대한 아쉬움

키 포인트 체크

제재 모든 것에 [ ][ ][ ]가 있어 진정한 공지가 사라진 도시 공간에 대해 이야기하고 있다.

관점 글쓴이는 여유와 휴식을 누릴 수 있는 [ ][ ]가 없는 도회지에 아쉬움과 [ ][ ][ ][ ]을 느끼고 있다.

표현 보험 회사 신축 용지에서 공지를 찾던 경험을 통해 소유욕이 가득 찬 도시 공간에 대한 [ ][ ][ ] 인식을 드러내고 있다.

答 소유자, 공지, 안타까움, 비판적

핵심 정리
갈래 경수필
성격 독백적, 체험적, 비판적
제재 도회지의 공지
주제 개인적 휴식 공간을 주지 않는 도시 문명에 대한 비판
특징 소유욕과 이윤 추구로 각박해진 도시 문명에 대한 비판을 드러냄.
출전 《매일신보》(1936)
작가 이상(본책 24쪽 참고)

이해와 감상

이 글은 텅 빈 덕수궁과 스케이트장이 된 궁 안 연못, 건물이 빽빽이 들어선 1930년대 서울의 모습에 대한 글쓴이의 비판적인 상념을 서술한 수필이다. 글쓴이는 문명화된 도회지의 공간이 모두 누군가의 소유물이 되어 이윤 추구의 대상이 되어 버린 상황, 더 이상 진정한 공지가 남아 있지 않은 현실을 안타까워하고 있다. 이러한 인식에는 자본주의화에 따라 개인의 인간다운 삶이 더욱더 어려워진 일제 강점기 조선의 실상에 대한 예리한 통찰이 담겨 있다. 그런 점에서 이 글은 글쓴이의 감성과 지성이 통합되어 나타난 문명 비판적 수필로 볼 수 있다.

작품 연구소

글쓴이가 발견한 '공지'와 이에 대한 글쓴이의 생각

×× 보험 회사 신축 용지	×× 보험 회사가 이윤을 기다리고 있는 건조물임.
글쓴이의 방에 있는 왜꼬리 분	두 다리를 뻗고 누워 담배를 피우기에는 너무 좁음.

↓

진정한 공지가 남아 있지 않은 도시 문명에 대한 안타까움과 비판

글쓴이의 바람과 도회지 상황 간의 부조화

글쓴이의 바람	도회지의 상황
빈 공간에서 자유와 여유를 즐기고 싶음.	이윤을 위해 모든 공간이 누군가의 소유물이 됨.

자료실

조춘점묘

〈조춘점묘〉는 이상이 1936년 3월 3일부터 26일까지 《매일신보》에 연재한 수필이다. '조춘(早春)'은 이른 봄을, '점묘(點描)'는 인물이나 사물의 전체를 묘사하지 아니하고 그 작은 부분을 각각 떼어서 따로따로 묘사하는 일을 의미한다. 〈보험 없는 화재〉, 〈단지한 처녀〉, 〈차생윤회〉, 〈공지에서〉, 〈도회의 인심〉, 〈골동벽〉, 〈동심행렬〉로 이루어져 있다.

050 신록 예찬 | 이양하

키워드 체크 #예찬적 #사색적 #신록의 아름다움 #인생의 의미 성찰

전략 부분의 내용 자연이 베풀어 주는 혜택을 예찬하며 그중에서도 가장 아름답게 나타나는 것이 5월임을 말한다.

나는 오늘도 나의 문법이 끝나자 큰 무거운 짐이나 벗어 놓은 듯이 옷을 훨훨 털며 본관 서쪽 숲 사이에 있는 나의 자리를 찾아 올라간다. 나의 자리래야 솔밭 사이에 있는 겨우 걸터앉을 만한 조그마한 소나무 그루터기에 지나지 못하지마는 오고 가는 여러 동료가 나의 자리라고 명명하여 주고 또 나 자신이 소나무 그루터기에 앉아 솔잎 사이로 흐느끼는 하늘을 우러러볼 때 하루 동안에도 가장 기쁜 시간을 가질 수 있으므로 시간의 여유 있을 때마다 나는 한 큰 특권이나 차지하는 듯이 이 자리를 찾아 올라와 하염없이 앉아 있기를 좋아한다. 물론 나에게 멀리 군속을 떠나 고고한 가운데 처하기를 원하는 선골(仙骨)이 있다거나 또는 나의 성미가 남달리 괴팍하여 사람을 싫어한다거나 하는 것은 아니다. 나는 역시 사람 사이에 처하기를 즐거워하고 사람을 그리워하는 갑남을녀(甲男乙女)의 하나요, 또 사람이란 모든 결점에도 불구하고 역시 가장 아름다운 존재의 하나라고 생각한다. 그리고 또 사람으로서도 아름다운 사람이 되려면 반드시 사람 사이에 살고 사람 사이에서 울고 웃고 부대껴야 한다고 생각한다. 그러나 이런 때 — 푸른 하늘과 찬란한 태양이 있고 황홀한 신록이 모든 산 모든 언덕을 덮는 이때 기쁨의 속삭임이 하늘과 땅, 나무와 나무, 풀잎과 풀잎 사이에 은밀히 수수(授受)되고, 그들의 기쁨의 노래가 금시에라도 우렁차게 터져 나와 산과 들을 흔들 듯한 이러한 때를 당하면,「나는 곁에 비록 친한 동무가 있고 그의 아름다운 이야기가 있다 할지라도 이러한 자연에 곁눈을 팔지 아니할 수 없으며, 그의 기쁨의 노래에 귀를 기울이지 아니할 수 없게 된다.」그리고 또 어떻게 생각하면 우리 사람이란 — 세속에 얽매여 머리 위에 푸른 하늘이 있는 것을 알지 못하고, 주머니의 돈을 세고 지위를 생각하고 명예를 생각하는 데 여념이 없거나, 또는 오욕 칠정(五慾七情)에 사로잡혀 서로 미워하고 시기하고 질투하고 싸우는 데 마음의 영일(寧日)을 갖지 못하는 우리 사람이란 어떻게 비소(卑小)하고 어떻게 저속한 것인지 결국은 이 대자연의 거룩하고 아름답고, 영광스러운 조화를 깨뜨리는 한 오점 또는 한 잡음밖에 되어 보이지 아니하여 될 수 있으면 이러한 때를 타 잠깐 동안이나마 사람을 떠나 사람의 일을 잊고, 풀과 나무와 하늘과 바람과 한가지로 숨 쉬고 느끼고 노래하고 싶은 마음을 억제할 수가 없다.

▶ 잠시나마 세속을 떠나 자연에 동화되고 싶음.

후략 부분의 내용 글쓴이는 신록에는 우리의 마음에 참다운 기쁨과 위안을 주는 힘이 있다며, 신록의 아름다움을 예찬한다.

포인트 체크

[제재] 5월의 ▢▢ 속에서 자연의 아름다움을 만끽하는 즐거움을 이야기하고 있다.

[관점] 글쓴이는 대자연의 거룩함과 아름다움을 ▢▢하며 인간 사회의 현실을 소소하고 비속한 것으로 여기고 있다.

[표현] 자연과 대비되는 인간의 비속함을 ▢▢ 또는 ▢▢으로 표현하면서, 잠깐이나마 자연과 동화되고 싶은 소망을 나타내고 있다.

답 신록, 예찬, 오점, 잡음

핵심 정리

갈래 경수필
성격 낭만적, 예찬적, 사색적
제재 5월의 신록
주제 신록의 혜택과 아름다움, 아름다운 자연에 몰입하고 동화되고 싶은 소망
특징 ① 자연과 인간을 대비함.
② 서술과 묘사를 적절히 배합함.
③ 비유법과 대조법을 구사하며 표현의 미를 살림.
출전 《조선일보》(1937)
작가 이양하(본책 36쪽 참고)

이해와 감상

이 글은 5월의 신록을 보며 자연과 인간에 대해 사색하고, 자연에 동화되고 싶은 마음을 표현한 수필이다. 글쓴이는 오월의 하늘을 배경으로 신록의 숲속에서 올려다본 푸른 잎사귀들을 보며, 자연의 아름다움에 매료된 자신의 심경을 드러내고 있다. 글쓴이는 신록을 통해 번잡한 세상에서 잠시라도 떠나 순수하고 맑은 아름다움을 누리고 싶으며, 모든 초록이 다 좋으나 유독 자신이 좋아하는 것은 청신하고 발랄한 담록이라는 주장으로 글을 끝맺고 있다. 자연 현상에서 느낀 정서적인 체험에 충분한 사색이 곁들여지면서, 인생에 대한 깊고 확고한 태도와 자연에 대한 심미안적 통찰력이 드러나고 있는 글이다.

작품 연구소

인간 사회와 자연의 대비

이 글에서 글쓴이는 자연이 주는 혜택과 아름다움을 예찬하고 인간의 가치를 자연보다 비속한 것으로 보고 있다. 또한 오월의 신록에서 경이로움을 발견하고 현실에서 잠시 벗어나 자연과의 일체감을 맛본다. 이것은 인간 사회에 대한 부정을 의미하는 것은 아니지만, 이 글에서 글쓴이는 자연의 아름다움이 인간의 아름다움에 앞선다고 생각하고 있다. 글쓴이가 자연과 인간 사회를 대조하며 자연을 예찬하는 것은, 곧 지위와 명예에 집착하는 인간의 세속적 면모를 성찰하게 하는 의미를 지닌다고 볼 수 있다.

| 표면적 의도 | 신록의 혜택과 아름다움 예찬 |
| 이면적 의도 | 인간의 세속적인 삶의 태도 반성 촉구 |

051 귀거래 – 다도해기 6 | 정지용

문학 미래엔

키워드 체크 #사실적 #예찬적 #한라산 백록담 #해소녀 #해소녀와의 대화 #인어 같은 해소녀

가 해발 1950미터요 이수(里數)로는 60리가 넘는 산 꼭두에 천고(千古)의 신비를 감
추고 있는 백록담(白鹿潭) 푸르고 맑은 물을 곱비도 없이 유유자적하는 목우(牧牛)들
과 함께 마시며 한나절 놀았습니다. 그러나 내가 본래 바닷이야기를 쓰기로 한 것이오
니 섭섭하오나 산의 호소식(好消息)은 할애하겠습니다. 혹은 산행(山行) 120리에 과
도히 축항 부두로 한낮에 돌아다닐 적에도 여태껏 풍란(風蘭)의 향기가 코에 알른거리
는 것이오, 고산식물(高山植物) 암고란(巖高蘭) 열매(시레미)의 달고 신맛에 다시 입
안이 고이는 것입니다. 깨끗한 돌 위에 배낭을 베개 삼아 해풍을 쏘이며 한숨 못 잘 배
도 없겠는데 눈을 감으면 그 살찌고 순하고 사람 따르는 고원의 마소들이 나의 뇌수
(腦髓)를 꿈과 같이 밟고 지나며 꾀꼬리며 회파람새며 이름도 모를 진기한 새들의 아
름다운 소리가 나의 귀를 소란하게 하는 것이 아닙니까.

▶ 신비로운 풍경을 만나면서 한라산을 등반함.

나 우리는 축항을 달리 돌아 한편에서 해녀라기보담은 해소녀 일단을 찾아냈으니
호—이 휘파람 소리(물속에서 나오면 호흡에서 절로 휘파람 소리가 난다.)에 두름박을
동실동실 띄우고 푸른 물속을 갈매기보다도 더 재빨리 들고 나는 것입니다. 제주에 온
보람을 다 찾지 않았겠습니까. 물속에 드는 시간이 대개 이삼십 초 가량이요 많아야
일 분 동안인데 나올 적마다 청각 미역 소라 등속을 훔켜들고 나오는 것입니다. 그러
면서 떠들며 이야기하며 하는 것이니 우리는 그들이 물에로 기어 올라오기를 기다리
고 있었던 것입니다. 열육칠 세쯤 되어 보이는 해녀들이 인어와 같은 모양을 하고 올
라오는 것입니다. [중략] 실로 미려하게 발달된 품이 스포츠나 체조로 얻은 육체에 비
길 배가 아니었습니다. 그리고도 천진한 부끄럼을 속이지 못하여 뺨을 붉히는 것입니
다. 우리는 그중에 한 소녀를 보고 그것(잠수경)을 무엇이라고 하느냐고 물으니까 "거
눈이우다." 안경을 '눈'이라고 하니 해녀는 눈을 넷을 갖고 소라와 전복과 조개가 기어
다니며 미역과 청각이 푸르고 산호가 붉은 이상스런 삼림 속으로도 몇 차례씩 나가려
는 것입니다. 하도 귀엽기에 소녀의 육안을 손가락으로 가리키며 저 눈은 무슨 눈이라
고 하노 하니깐, / "그눈이 그눈이고 그눈이 그눈입주기 무시거우깡?"

소녀는 혹시 성낸 것이나 아니었을까? 그러나 내가 웃어 버리니깐 소녀도 바로 웃었
습니다. 물론 물에서 금시 잡아 내온 인어처럼 젖어 서서 있는 것이었습니다. 소라와
같이 생기었으나 그보다 적은 것인데 꾸정이라고 이릅니다. 하나에 얼마냐고 물으니,
"일 전(一錢)마씸." / 이것을 어떻게 먹는 것이냐고 물으니, / "이거 이제 곧 깡먹으
면 맛좋수다." / 까 주기만 할 양이면 반드시 먹으랴고 벼르고 있노라니 소녀는 돌멩이
로 꾸정이를 깨어 알맹이를 손톱으로 잘 바라서 두 손으로 공손히 바치며, / "얘 — 이
거 먹읍서." / 맛이 좋고 아니 좋고 간에 우리는 얼굴을 찡그리어 소녀들의 고운 대접
을 무색하게 할 수가 없었습니다.

▶ 해소녀에게서 순수함과 인어와 같은 신비함 등의 아름다움을 느낌.

주석 (본문 하단 방주):
- 한라산의 높이
- 고삐
- 먹여 기르는 소
- 좋은 소식
- 항구
- 후각적 심상
- 시로밋과의 상록 관목
- 미각적 심상
- 청각적 심상
- 나이가 어린 해녀의 무리
- 뒤웅박
- 제주에 온 목적 중 하나가 해녀들이 헤엄치는 것을 보는 것임을 알 수 있음.
- 손가락을 우그러서 힘 있게 꽉 잡고
- 뭍으로
- 물질로 일군 몸매가 운동이나 체조로 만든 몸매보다 훨씬 아름답다는 뜻
- 부끄러움을 타는 해소녀들의 모습
- 글쓴이가 해소녀에게 관심을 보임.
- "그것은 눈입니다."라는 뜻
- 녹조류 청각과의 해조
- 미안함과 불안감을 가짐.
- 글쓴이가 안심함.
- 풋풋하고 싱그러운 해소녀의 모습
- 작은
- "일 전입니다."라는 뜻
- "이것을 이제 곧 까서 먹으면 맛이 좋습니다."라는 뜻
- 먹을 것이라고 생각하고 있노라니
- 발라서
- "예, 이것 드십시오."라는 뜻
- 해소녀의 호의와 정성에 보답하고자 함.

키 포인트 체크

제재 한라산을 오르면서 느낀 정서와 제주의 ☐☐☐들에게서 받은 인상과 느낌을 나타내고 있다.

관점 글쓴이는 제주의 해소녀에 대해 ☐☐적 태도를 지니고 있다.

표현 제주도 ☐☐이 쓰인 대화를 직접 인용하여 제시함으로써 생생한 현장감을 전달하고 있다.

답 해소녀, 예찬, 방언

핵심 정리

갈래 경수필, 기행 수필
성격 사실적, 회상적, 낭만적, 예찬적
제재 한라산과 제주의 해소녀들
주제 한라산과 제주의 해소녀들에게서 받은 아름다운 인상과 감흥
특징 ① 공간의 이동에 따라 글을 전개함.
② 독자들에게 말하는 듯한 경어체를 사용하여 친밀감을 드러냄.
③ 제주도 방언이 쓰인 대화를 인용하여 생생한 현장감을 줌.
출전 《조선일보》(1938)
작가 정지용(1902~1950) 시인. 섬세한 이미지와 세련된 시어를 특징으로 하는 1930년대를 대표하는 시인이다. 초기에는 이미지즘 계열의 작품을 썼으나, 후기에는 동양적 조응의 세계를 주로 형상화하였다. 시집으로 《정지용 시집》, 《백록담》 등이 있다.

이해와 감상

이 글은 글쓴이가 제주도의 한라산과 바닷가를 여행하면서 겪은 경험과 느낌을 드러낸 기행 수필이다. 여행 경로에 따라 여행의 감흥을 잘 드러내었으며, 제주도 방언을 사용하는 현지인들과 나눈 대화를 인용하여 여행지의 생생한 현장감을 전달하고 있다. 또한 경어체를 사용하여 정중하고 친근한 태도를 드러낸 것도 특징이다.

내용 면에서 제주의 '해소녀'에 대한 깊은 인상을 자세하게 나타내었는데, 특히 '해소녀'를 인어처럼 여겨 그들에 대한 신비함을 드러내었다. 또한 '해소녀'를 보고 싱그러움, 풋풋함, 순수함, 공손함 등을 느껴 '해소녀'에 대한 내적, 외적 아름다움을 모두 드러내고 있다. 이는 글쓴이가 '해소녀'에 대해 예찬적 태도를 나타낸 것이라고 할 수 있다.

작품 연구소

감각적 이미지를 활용한 묘사

후각적	풍란의 향기가 코에 알른거리는 것
미각적	암고란 열매(시레미)의 달고 신맛
청각적	꾀꼬리며 회파람새며 이름도 모를 진기한 새들의 아름다운 소리

↓

다양한 감각적 이미지를 활용하여 산에 오른 즐거움을 생동감 있게 묘사함.

글쓴이가 해소녀들에게서 받은 인상

외적 인상	• 갈매기보다 빠른 수영 솜씨 • 능숙한 물질로 각종 해산물을 쉽게 채취함. • 인어와 같은 신비로운 모습 • 물질로 만들어진 건강하고 아름다운 몸매
내적 인상	• 천진하고 순수함. • 부끄러움을 지님. • 화를 내지 않고 미소를 지음. • 친절함과 공손함.

052 선부 자화상 | 김용준

문학 지학사

키워드 체크 #신변잡기적 #외모에 대한 긍정적 인식 #선량한 삶을 추구 #타인의 평가를 겸손하게 수용

원고를 써 달라는 족족 시치미를 딱 떼고 거절하는 판에 여성지에서 하필 왈, 자화상을 그려 달란다. / 그 목적이 나변(那邊)에 있는지를 족히 짐작하는지라 이번에 또 거절을 하는 날이면 제 얼굴이 "추남이 되어 저러는 게로구나." 할 테니 옛다 보아라 "추남이라고 자랑 못할 날까 보냐." 하고 튀어 나설 나인 줄을 알아차린 눈치 빠른 편집자 씨의 약은 꾀에 안 넘어가려다가 기어이 내가 또 넘어가는구나.
▶ 자화상을 그려 달라는 한 여성지의 부탁에 응하게 됨.

기왕 내친 걸음이니 내 얼굴 자랑이나 좀 해 보자꾸나. 「나는 원래 순후(純厚)하고 면장(面長)하고 안심(顏深)하고 비고(卑高)한 분이니, 나쁘게 말하자면 톨스토이 같고, 좋게 말하자면 해중(海中)에서 솟아오른, 문인(文人)·묵객(墨客)이 애무(愛撫)하는 괴석(怪石)과 같다.」「」: 자신의 외모에 대한 긍정적 인식을 유머러스하게 드러냄.

한때 유학생 시대에는 동경 일판에 내 코는 몰리에르 코 같다고 자못 평판이 자자하였던 코라 지금도 끔찍이 내가 사랑하는 코다. 남들은 어떻게 볼는지 모르지만 나는 거울을 놓고 내 얼굴의 이모저모를 아무리 뜯어보아도 그저 좋기만 하다.
자신의 외모에 대한 만족감

더구나 요즈음은 여름에 빨갛게 깎았던 머리가 수더분하게 길어 오르고 코밑 턱 밑의 수염이 제법 고전풍으로 어울려서, 다른 분은 실례의 말씀으로 이 수염을 보시고 욕 꽤나 할는지 모르나 내 눈에는 이 수염처럼 내 적막(寂寞)한 심사를 위로해 주는 것은 없다.
자신의 외모에 대한 만족감
▶ 자신의 외모에 대한 긍정적 인식을 드러냄.

내 얼굴에서 군이 결점을 잡아내자면 양미간이 좁고 찌부러져서 보는 이는 속이 빽빽하다 하겠으나 기실은 내 속이 빽빽한 것이 아니요 미간의 좁은 내 심저(心底)에 깊이 숨은 우울이 나타난 것이다. / 그러나 나는 이 우울이 나로 하여금 그림을 그리게 하고 글을 읽게 하며 부단히 내 불량심을 바로잡아 주는 것이 아닌가 한다.
외모의 결점도 긍정적으로 인식하는 태도가 드러남.
▶ 얼굴에 나타난 우울 역시 자신의 마음을 바로잡아 주는 긍정적 작용을 함.

나는 어느 좌석에서 희한하게도 통쾌한 호(號) 하나를 얻었으니 왈 선부(善夫)라.

평생에 소원이 어찌하였으면 선량하게 살아 볼까 하는 것이었는데, 그러면서 늘 나는 양심에 거리끼는 일을 가끔 저지르고 그러고는 곧 참회하곤 하였다. 하다못해 이름 하나만이라도 선(善) 자를 넣어 볼까 하던 차에 별안간 선부란 이름이 튀어나왔다.
글쓴이가 추구하는 삶의 태도

그러나 막상 선부 하고 부르고 보니 내가 과연 선 자를 놓을 만한 잼이가 되는가 싶어서 마음이 움츠러진다. 선부가 부당하면 불선부(不善夫)도 좋다. 어느 친구나 나를 불선부라 부른 것은 결코 섭섭히 생각지 않는다.
'선부'라는 호에 대한 부담감, 반성
자신의 삶에 대한 평가를 겸손하게 받아들임.
▶ 자신이 '선부(善夫)'라는 호를 가질 만한 사람인지를 성찰함.

이제까지 내 자랑을 하기는 했으나 자화상을 보니 나도 그 추남임에는 정이 떨어진다. / 아내가 늘 "저런 인 줄 알았으면 시집을 아니 올걸" 하는 고충을 내가 모르는 바 아니다. / 그리고 편집자 씨가 내 얼굴을 장사하려는 현명(賢明)도 잘 알기 때문에 이제 일필휘지(一筆揮之) 내 얼굴이 지상(紙上)에 재현된 것이다.
자신의 외모에 대해 자랑했지만, 막상 그려 놓은 자화상을 보니 추남임. → 독자의 웃음 유발
글씨를 단숨에 죽 내리 씀.
▶ 여성지에 실을 자화상을 보고 스스로를 추남이라고 이야기함.

포인트 체크

제재 글쓴이는 □□□을 그려 달라는 잡지사의 부탁을 받고 자신의 □□과 선부라는 호에 대한 여러 상념을 떠올리고 있다.

관점 글쓴이는 □□하게 살고자 하지만, 잘되지 않아 반성하고 있다.

표현 글쓴이는 내내 외모에 대한 자랑을 하다가 끝에 가서 자신을 추남이라고 칭하여 □□을 유발한다.

답 자화상, 얼굴, 선량, 웃음

핵심 정리

갈래 경수필

성격 주관적, 성찰적, 신변잡기적

제재 나의 외모와 '선부'라는 호에 대한 상념

주제 자화상과 '선부'라는 호를 통해 돌아본 자신의 삶에 대한 상념

특징 ① 자신의 외모에 대한 긍정적인 인식을 유머러스하게 드러냄.
② '선부'라는 호와 관련한 생각을 드러내며, 자신이 추구하는 삶의 자세를 밝힘.

출전 《여성》(1939)

작가 김용준(본책 34쪽 참고)

이해와 감상

이 글은 자화상을 그리면서 떠오른 글쓴이 자신에 대한 여러 상념을 서술한 수필이다. 글쓴이는 자신의 얼굴의 이모저모를 관찰하며 만족감을 드러내고 있으며 이를 유머러스하게 표현하고 있다. 그러나 자신이 '선부'라는 호를 얻게 된 이야기를 하면서부터 글쓴이의 태도가 변하고 있다. 글쓴이는, 선량하게 살아가고자 하지만 이를 잘 실천하지 못해 참회를 반복하는 자신의 모습을 돌아보며, 사람들이 자신을 선부라고 부르지 않는다고 해도 받아들이겠다고 말하고 있다. 즉, 글쓴이는 자신의 삶을 비춰 주는 자신의 얼굴에 대해 스스로는 만족하지만, 타인이 보았을 때는 그렇지 않을 수도 있다는 것을 겸손하게 인정하고 있는 것이다. 그러면서 마지막에는 '자화상을 보니 나도 그 추남임에는 정이 떨어진다.'라고 고백하고 자신에 대한 아내의 고충과 불만을 제시하여 독자의 웃음을 자아내며 글을 마무리하고 있다.

작품 연구소

글쓴이의 성찰 과정

외모	호
↓	↓
• 자신의 얼굴을 자랑함. • 외모의 결점마저도 장점으로 승화시킴.	자신이 선부(善夫)라는 호로 불릴 만한 사람인지에 대해 생각함.

↓

자기애를 바탕으로 꾸밈없이 정직하게, 그리고 선량하게 살고자 하는 의지를 드러냄.

053 계절의 오행 | 이육사

키워드 체크 #의지적 #저항적 #눈물을 흘리지 않는 사람 #금강심 대 유언 #부끄럽지 않은 시

눈물을 흘리지 않는 사람이 되리라고 배워 온 것이 세 살 때부터 버릇이었나이다. 그
_{어머니의 가르침}
렇다고 이 버릇을 팔십까지 지킨다고는 아예 말하지도 않습니다. 그야 지금 내 눈앞에
_{평생 동안, 죽을 때까지}
얼마나 기쁘고 훌륭하고 착한 것이 있을지도 모르면서 그대로 자꾸만 살아가는 판이
_{모양이니}
니 어쩌면 눈이 아슬아슬하고 몸서리나고 악한 일인들 없다고 하겠습니까? 차라리 그
_{몹시 싫거나 무서워서 몸이 떨리고} _{설의법. '있다'는 의미}
것은 그 악한 맛에 또는 빛에 매력을 느끼고 도취되어 갈는지도 모르는 것입니다. 그
_{어떠한 것에 마음이 쏠려 취하다시피 되어}
래서도 눈물을 흘리지 않는 사람이 된다면 그 또한 어머님의 가르침을 저버리지 않은
_{그렇게 해서라도}
방편이라고 하오리까? 딴은 내 일찍이 눈물을 흘리지 않는 사람이 되려고 마음먹어
_{설의법. '방편이 된다'는 의미} _{자기 나름대로의 생각이나 기준}
본 열다섯 애기 시절은 '수신제가치국평천하(修身齊家治國平天下)'의 도(道)를 다 배
_{자기 몸을 다스린 뒤, 가정을 다스린 뒤, 나라를 다스린 뒤, 천하를 다스린다.}
웠다고 스스로 들떠서 남의 입으로부터 '교동(驕童)'이란 기롱(譏弄)까지도 면치 못하
_{교만한 아이} _{실없는 말로 놀림.}
였건마는 어쩐지 이 시절이 되면 마음 한편이 허전하고 무엇이 모자라는 것만 같아 발
_{낙동강}
길은 저절로 내 동리 강가로만 가는 것이었습니다. [중략]
_{마을. 여기서는 이육사의 고향인 '안동'을 가리킴.} ▶ 어릴 때부터 '눈물을 흘리지 않는 사람'이 되고자 함.
　지구가 생겨서 몇 억만 년 사이 모진 풍상에 겨우 풍화 작용으로 모래가 되고 그 위
_{바람과 서리}
에 푸른 매태와 이끼가 덮인 이 척토(瘠土)에 '생명의 기원'의 원형 같은 그곳의 노주
_{이끼} _{메마른 땅} _{이육사가 언젠가 한 번 찾아갔던 화전민 부락}
민(老注民)들과 한데 살면서 태양과 친히 회화를 하는 것으로 심심풀이를 하고 살아
_{늙은 주민들} _{대화를 나누는}
가며 온갖 고독이나 비애를 맛볼지라도, '시 한 편'만 부끄럽지 않게 쓰면 될 것을 그래
_{부끄럽지 않은 시를 쓰고자 하는 이육사의 바람}
이것이 무엇이겠소. 날에 날마다 거리를 나가는 내 눈동자는 사람들의 얼굴을 향하여
고양이 눈깔처럼 하루에 몇 번씩 변해지는 것이오. 아무리 거슬리는 꼴을 보아도 얼굴
_{사람에 따라 다른 반응을 보임.}
에 드러내지 않는다는 것이 군자의 도량이라고 해서 사랑하는 것은 아니오. 그 군자란
_{사물을 너그럽게 용납하여 처리할 수 있는 넓은 마음과 깊은 생각}
말 속에 얼마나 한 무책임과 무관심이 반죽이 되어 있는 것을 알고는 있는 것이오.
_{무책임과 무관심이 섞여 있는 '군자'라는 말에 대한 비판적 태도} ▶ 오직 '부끄럽지 않은 시' 한 편을 쓰고자 함.
　그러나 시인의 감정이란 얼마나 빠르고 복잡하다는 것을 세상치들이 모르는 것뿐이
_{이 세상 사람들}
오. 내가 들개에게 길을 비켜 줄 수 있는 겸양을 보는 사람이 없다고 해도 정면으로 달
려드는 표범을 겁내서는 한 발자국이라도 물러서지 않으려는 내 길을 사랑할 뿐이오.
_{억압적인 일제 강점기 혹은 일제의 탄압} _{일제의 탄압에 저항하고자 하는 단호한 의지} _{저항시를 쓰는 것}
그렇소이다. 내 길을 사랑하는 마음, 그것은 나 자신에 희생을 요구하는 노력이오. 이래
_{저항시를 쓰는 것은 자기희생이 따르는 어려운 일임.}
서 나는 내 기백을 키우고 길러서 금강심(金剛心)에서 나오는 내 시를 쓸지언정 유언
_{어떤 유혹에도 움직이지 않는 견고한 마음. 유언을 대신하는 삶의 최종적 언어} _{'금강심'과 대조되는 말}
은 쓰지 않겠소. 그래서 쓰지 못하면 죽어 광석이 되어 내가 묻힌 척토를 향기롭게 못
_{'금강심에서 나오는 시를 쓰지 못하면'}
한다한들 누가 말하리오. 무릇 유언이라는 것을 쓴다는 것은 팔십을 살고도 가을을 경
험하지 못한 속배(俗輩)들이 하는 일이오. 그래서 나는 이 가을에도 아예 유언을 쓰려
_{인생의 원숙함에 이르지 못한 속된 사람들}
고는 하지 않소. 다만 나에게는 행동의 연속만이 있을 따름이오, 행동은 말이 아니고,
_{정신적으로 이겨 내고 견뎌 내려는 강인한 의지}
나에게는 시를 생각한다는 것도 행동이 되는 까닭이오.
_{시에 굳건한 정신(불의에 대한 저항)을 담음.} ▶ 유언 대신 금강심에서 나오는 시를 쓰고자 함.

포인트 체크

제재 일제 강점기라는 불의한 시대를 살아가는 글쓴이의 삶의 태도와 □□□에 대해 이야기하고 있다.

관점 글쓴이는 암울하고 가혹한 시대 현실 속에서도 □□□□ 않은 시를 쓰고자 한다.

표현 □□과 □□□을 대조하여 죽음에도 굴하지 않는 강인한 저항 정신과 의지를 나타내고 있다.

답 시 정신, 부끄럽지, 유언, 금강심

핵심 정리

갈래 경수필

성격 의지적, 저항적, 비판적, 회상적

제재 금강심(金剛心)의 시 정신

주제 불의한 시대와 타협하지 않으려는 의지와 금강심의 시 정신

특징 ① 경어체를 사용하여 글쓴이의 의지와 저항 정신을 드러냄.
② 대조적 표현을 사용하여 주제를 선명하게 부각함.
③ 설의법을 사용하여 자신의 생각을 효과적으로 드러냄.

출전 《조선일보》(1940)

작가 이육사(1904~1944) 시인, 독립운동가. 본명은 이원록(李源祿)이다. 중국을 오가며 항일 독립운동을 하다가 베이징 감옥에서 순국하였다. 어떤 어려움에도 굽히지 않는 강인한 정신을 노래한 시를 많이 남겼다. 주요 작품으로 〈청포도〉, 〈절정〉, 〈광야〉, 〈꽃〉 등이 있으며, 유고 시집 《육사 시집》이 있다.

이해와 감상

이 글은 글쓴이가 어린 시절을 회상하며 자신의 시작(詩作) 태도와 시 정신에 대해 쓴 수필이다. 글쓴이는 '눈물을 흘리지 않는 사람'으로 표상된 대장부의 기백을 회상하는 것을 시작으로, 인생과 사회, 그리고 역사에 대한 폭넓은 교양을 드러내고 그에 대한 전망을 피력하고 있다. 특히 '정면으로 달려드는 표범'을 향하여 한 발자국도 물러서지 않겠다는 의지를 드러내고 있는데, 이는 일제 강점기라는 불의한 시대 속에 놓인 자아를 스스로 치열하게 성찰한 결과로 볼 수 있다. 또 글쓴이는 '유언'을 쓰지 않고 '금강심'에서 나오는 시를 쓰겠다고 하여 어떠한 유혹과 고난에도 굴하지 않는 굳센 의지와 저항 정신을 나타내고 있다.

작품 연구소

글쓴이가 추구한 것들

① 눈물을 흘리지 않는 사람이 되는 것
② 부끄럽지 않은 시를 쓰는 것
③ 금강심에서 나오는 시를 쓰는 것

'유언'과 '금강심'의 대조적 의미

유언
• 죽음에 이르러 남기는 말
• 인생의 원숙함에 이르지 못한 속된 사람들이 하는 행위

↕

금강심
• 어떠한 유혹에도 움직이지 않는 견고한 마음
• 유언을 대신하는 삶의 최종적 언어
• 글쓴이의 시 정신과 시작(詩作) 태도
• 글쓴이가 지향하는 삶의 태도

중요 구절의 상징적 의미

정면으로 달려드는 표범	억압적인 일제 강점기 혹은 일제의 탄압
행동의 연속	굳건한 저항 정신과 강인한 의지

054 나의 소원 | 김구

언매 비상

키워드 체크 #설득적 #의지적 #나의 절실한 소원 #자주독립 #내가 원하는 우리나라

가 『"네 소원이 무엇이냐" 하고 하나님이 물으시면, 나는 서슴지 않고
_{절대적 존재를 내세워서 소원의 절실함을 강조함.}
"내 소원은 대한 독립이오." 하고, 대답할 것이다.

"그다음 소원은 무엇이냐?" 하면, 나는 또 / "우리나라의 독립이오." 할 것이요, 또

"그다음 소원이 무엇이냐?" 하는 셋째 번 물음에도, 나는 더욱 소리를 높여서

"나의 소원은 우리나라 대한의 완전한 자주독립이오." 하고 대답할 것이다.』
『 』: 비슷한 내용을 반복함으로써 소원의 절실함을 강조함. ▶ 우리나라의 완전한 자주독립을 염원함.
동포 여러분!
_{청중의 관심을 유도함.}
나 김구의 소원은 이것 하나밖에 없다. 내 과거의 70 평생을 이 소원을 위해 살아왔고, 현재에도 이 소원 때문에 살고 있고, 미래에도 나는 이 소원을 달하려고 살 것이다.
_{이루려고}
독립이 없는 백성으로 70 평생에 설움과 부끄러움과 애탐을 받은 나에게는 세상에 가
_{몹시 답답하거나 안타까워 속이 끓는 듯함.}
장 좋은 것이 완전하게 자주 독립한 나라의 백성으로 살아보다가 죽는 일이다. 나는 일찍이 우리 독립 정부의 문지기가 되기를 원했거니와, 그것은 우리나라가 독립국만 되
_{독립한 나라의 미천한 자의 비유적 표현}
면 나는 그 나라에 가장 미천한 자가 되어도 좋다는 뜻이다. 왜 그런고 하면, 독립한 제 나라의 빈천이 남의 밑에 사는 부귀보다 기쁘고, 영광스럽고, 희망이 많기 때문이다.
▶ 독립한 나라의 백성으로 살고 싶음.
나 나는 우리나라가 세계에서 가장 아름다운 나라가 되기를 원한다. 가장 부강한 나
_{수준 높은 문화를 가진 나라}
라가 되기를 원하는 것은 아니다. 내가 남의 침략에 가슴이 아팠으니, 내 나라가 남을 침략하는 것을 원치 아니한다. 우리의 부력(富力)은 우리의 생활을 풍족히 할 만하고,
_{많은 재산으로 인하여 생기는 힘}
우리의 강력(强力)은 남의 침략을 막을 만하면 족하다. 오직 한없이 가지고 싶은 것은 높은 문화의 힘이다. 문화의 힘은 우리 자신을 행복하게 하고, 나아가서 남에게 행복
_{글쓴이가 가장 강조하는 것} _{문화의 힘이 중요한 이유}
을 주기 때문이다. 지금 인류에게 부족한 것은 무력도 아니오, 경제력도 아니다. 자연 과학의 힘은 아무리 많아도 좋으나, 인류 전체로 보면 현재의 자연과학만 가지고도 편
_{상대적으로 인의, 자비, 사랑이 부족함을 강조함. → 궁극적으로 '문화'를 강조함.}
안히 살아가기에 넉넉하다.
▶ 높은 문화의 힘을 가지기를 원함.
인류가 현재에 불행한 근본 이유는 인의(仁義)가 부족하고, 자비가 부족하고, 사랑
_{어짊과 의로움}
이 부족한 때문이다. 이 마음만 발달이 되면 현재의 물질력으로 20억이 다 편안히 살
_{인의, 자비, 사랑}
아갈 수 있을 것이다. 인류의 이 정신을 배양하는 것은 오직 문화이다. 나는 우리나라
_{문화의 힘을 통해 인의, 자비, 사랑 등의 정신을 키울 수 있음}
가 남의 것을 모방하는 나라가 되지 말고, 이러한 높고 새로운 문화의 근원이 되고, 목
_{글쓴이가 바라는 우리나라의 모습}
표가 되고, 모범이 되기를 원한다. 그래서 진정한 세계의 평화가 우리나라에서, 우리
_{글쓴이가 바라는 우리나라의 역할 → 세계 평화 실현에 앞장서기를 바람.}
나라로 말미암아서 세계에 실현되기를 원한다.

홍익인간(弘益人間)이라는 우리 국조(國祖) 단군의 이상이 이것이라고 믿는다. 또
_{홍익인간의 이념으로 세계 평화 실현을 달성할 수 있을 것임을 강조함.}
우리 민족의 재주와 정신과 과거의 단련이 이 사명을 달하기에 넉넉하고, 국토의 위치
_{과거에 여러 나라의 침략을 잘 극복한 것} _{세계 평화 실현의 임무}
와 기타의 지리적 조건이 그러하며, 또 1차 2차 세계대전을 치른 인류의 요구가 그러하며, 이러한 시대에 새로 나라를 고쳐 세우는 우리의 서 있는 시기가 그러하다고 믿는다. 우리 민족이 주연 배우로 세계의 무대에 등장할 날이 눈앞에 보이지 아니하는가.
_{우리 민족이 세계에서 중요한 위치와 역할을 맡게 될 것임(설의적 표현).} ▶ 글쓴이가 바라는 우리나라의 역할과 문화 국가 건설의 여건

키 포인트 체크

제재 우리나라의 □□□□에 대한 소원과 글쓴이가 바라는 우리나라의 모습이 제시되어 있다.
관점 글쓴이는 우리나라가 높은 문화의 근원이 되어 □□□□에 도움이 되기를 바라고 있다.
표현 단호한 어조, 문답법, □□법, 점층법, 설의법 등을 통해 자신의 주장을 강조하고 있다.

답 자주독립, 세계 평화, 반복

핵심 정리

갈래 중수필, 연설문
성격 주관적, 설득적, 비판적, 의지적
제재 우리나라의 독립, 민족과 국가
주제 ① 조국의 자주독립
② 우리나라의 최고 문화 건설의 사명
특징 ① 단정적이고 단호한 어조로 내용을 전달함.
② 점층법, 반복법, 설의법 등 다양한 표현 방식을 사용하여 자신의 주장을 효과적으로 드러냄.
출전 《백범일지》(1947)
작가 김구(1876~1949) 독립운동가, 정치가. 호는 백범(白凡). 3·1 운동 후 중국 상하이에 망명하여 대한민국 임시 정부를 이끌었다. 광복 후에는 남한만의 단독 정부 수립에 반대하여 남북 협상에 임하는 등 통일의 길을 모색하다가 1949년 암살당하여 뜻을 이루지 못하였다. 1962년, 건국훈장 대한민국장에 추서되었다. 저서로 《백범일지》가 있다.

이해와 감상

이 글은 1947년 김구가 《백범일지》를 간행할 때 특별히 그 말미에 부가한 부록으로, '민족 국가', '정치 이념', '내가 원하는 우리나라'라는 세 편의 글로 이루어져 있다. 이 글에는 민족주의자와 자유주의자로서의 김구의 정치적 이념과 사상이 잘 드러나 있다. 여기에서는 '민족 국가', '내가 원하는 우리나라'의 일부 내용을 발췌하여 구성하였다.

작품 연구소

〈나의 소원〉의 핵심 내용

구분	핵심 내용
민족 국가	나의 소원은 우리 민족의 독립이다.
정치 이념	내가 원하는 정치 이념은 '자유'이다.
내가 원하는 우리나라	높은 문화를 지닌 우리나라 건설은 교육의 힘으로 가능하다.

(가)에 나타난 표현 방식

질문	답변
네 소원	대한 독립
그다음 소원	우리나라의 독립
또 그다음 소원	우리나라 대한의 완전한 자주독립

↓

• 문답법: 글쓴이의 소원을 묻고 답하는 방식으로 제시하여 문장의 단조로움을 탈피하고 독자의 관심을 유도함.
• 반복법: '독립이오'라는 어구를 반복함으로써 소원의 절실함을 강조함.
• 점층법: 소원의 강도를 높여 제시함으로써 독자의 감흥을 고조시킴.

(나)에서 글쓴이가 원하는 우리나라

성격	높은 문화의 힘으로 세계 평화를 실현하는 나라
이유	문화는 인류에게 필요한 인의, 자비, 사랑의 정신을 배양하기 때문에

055 구두 | 계용묵

키워드 체크 #신변잡기적 #구두 소리 #글쓴이와 여자 사이의 오해 #글쓴이의 당혹감, 서글픔

가 구두 수선(修繕)을 주었더니, 뒤축에다가 어지간히도 큰 징을 한 개씩 박아 놓았다. 보기가 흉해서 빼어 버리라고 하였더니, 그런 징이래야 한동안 신게 되고, 무엇이 어쩌구 하며 수다를 피는 소리가 듣기 싫어 그대로 신기는 신었으나, 점잖지 못하게 저벅저벅, 그 징이 땅바닥에 부딪치는 금속성 소리가 심히 귓맛에 역(逆)했다. 더욱이, 시멘트 포도(鋪道)의 딴딴한 바닥에 부딪쳐 낼 때의 그 음향(音響)이란 정말 질색이었다. 또그닥또그닥, 이건 흡사 사람이 아닌 말발굽 소리다. ▶ 구두 소리가 귀에 거슬림.(프롤로그)

나 어느 날 초으스름이었다. 좀 바쁜 일이 있어 창경원(昌慶苑) 곁담을 끼고 걸어 내려오노라니까, 앞에서 걸어가던 이십 내외의 어떤 한 젊은 여자가 이 이상히 또그닥거리는 구두 소리에 안심이 되지 않는 모양으로, 슬쩍 고개를 돌려 또그닥 소리의 주인공을 물색하고 나더니, 별안간 걸음이 빨라진다. [중략]

그러나 이 여자더러, 내 구두 소리는 그건 자연(自然)이요, 인위(人爲)가 아니니 안심하라고 일러 드릴 수도 없는 일이고 해서, 나는 그 순간 좀 더 걸음을 빨리하여 이 여자를 뒤로 떨어뜨림으로 공포(恐怖)에의 안심을 주려고 한층 더 걸음에 박차를 가했더니, 그럴 게 아니었다. 도리어 이것이 이 여자로 하여금 위협이 되는 것이었다.

「내 구두 소리가 또그닥또그닥, 좀 더 재어지자 이에 호응하여 또각또각, 굽 높은 뒤축이 어쩔 바를 모르고 걸음과 싸우며 유난히도 몸을 일어 내는 그 분주함이란, 있는 마력(馬力)은 다 내보는 동작에 틀림없다. 그리하여 한참 석양 놀이 내려 퍼지기 시작하는 인적 드문 포도 위에서 또그닥또그닥, 또각또각 하는 이 두 음향의 속 모르는 싸움은 자못 그 절정에 달하고 있었다.」

나는 이 여자의 뒤를 거의 다 땄던 것이다. 2, 3보(步)만 더 내어 디디면 앞으로 나서게 될 그럴 계제(階梯)였다. 그러나 이 여자 역시 힘을 다하는 걸음이었다. 그 2, 3보라는 것도 그리 용이히 따라지지 않았다. 한참 내 발뿌리에도 풍진(風塵)이 일었는데, 거기서 이 여자는 뚫어진 옆 골목으로 살짝 빠져 들어선다. 다행한 일이었다. 한숨 나간다. 이 여자도 한숨이 나갔을 것이다. 기웃해 보니, 기다랗고 내뚫린 골목으로 이 여자는 횅하니 내닫는다. 이 골목 안이 저의 집인지, 혹은 나를 피하느라고 빠져 들어갔는지, 그것은 알 바 없으나, 나로선 이 여자가 나를 불량배로 영원히 알고 있을 것임이 서글픈 일이다. ▶ 구두 소리로 인한 글쓴이와 여자 사이의 오해(사건의 소개)

다 여자는 왜 그리 남자를 믿지 못하는 것일까. 여자를 대하자면 남자는 구두 소리에까지도 세심한 주의를 가져야 점잖다는 대우를 받게 되는 것이라면, 이건 이성(異性)에 대한 모욕이 아닐까 생각을 하며, 나는 그 다음으로 그 구두 징을 뽑아 버렸거니와 살아가노라면 별(別)한 데다가 다 신경을 써 가며 살아야 되는 것이 사람임을 알았다. ▶ 세상살이의 어려움에 대한 서글픔(에필로그)

키 포인트 체크

제재 ☐☐의 징 소리 때문에 생긴 오해로 인해 빚어진 사건을 제시하고 있다.

관점 글쓴이는 세심한 것까지 신경 써야 하는 세태에 대한 서글픔과 함께 인간관계가 왜곡된 현대 사회에 대한 ☐☐ 의식을 드러내고 있다.

표현 희곡적 구성, ☐☐☐를 활용하여 인물의 심리와 상황을 생생하고 전달하고 있다.

답 구두, 비판, 의성어

핵심 정리

갈래 경수필
성격 서사적, 신변잡기적
제재 구두 소리
주제 ① 인간관계가 왜곡된 현대 사회에 대한 비판
② 일상에서 세심한 곳까지 신경을 써야 하는 세태에 대한 서글픔
특징 ① 체험한 사실을 서사적으로 전개함.
② 의성어를 적절히 구사하여 긴장감을 드러냄.
출전 《상아탑》(1955)
작가 계용묵(1904~1961) 소설가. 단편 소설 창작에 주력하였으며, 뛰어난 산문으로 수필 작가로서도 일가를 이루었다. 주요 작품으로 〈백치 아다다〉, 〈별을 헨다〉 등이 있다.

이해와 감상

이 글은 일상생활에서 글쓴이가 체험한 내용과 그를 통한 깨달음을 실감 나고 재미있게 그린 수필이다. 구두 수선공이 구두 뒤축에 박아 준 징에서 나는 소리 때문에 벌어진 사건을 희곡적 구성으로 긴장감 있게 제시한 점이 특징이다. 무심코 박은 구두 징의 소리가 한 여자에게 불안을 느끼게 만들어 버린 어처구니없는 사건에 대한 글쓴이의 당혹감이 잘 드러나 있으며 이를 통해 세심한 것까지 신경을 써야 하는 세태에 대한 서글픔. 그리고 인간관계가 왜곡된 현대 사회에 대한 비판 의식을 드러내고 있다.

작품 연구소

〈구두〉에 나타난 글쓴이의 체험과 깨달음

이 글은 일상생활에서의 사소한 체험을 바탕으로 한 글쓴이의 깨달음을 주제로 제시하고 있다.

체험	구두에 징을 박았더니 구두 소리가 심하게 났다. 그러자 앞서 가던 여자가 겁을 먹고 걸음을 빠르게 하더니 곧 골목길에 숨었다.

↓

깨달음	살면서 사소한 일 하나까지 조심하며 살아야겠다.

↓

주제	인간관계가 왜곡된 현대 사회에 대한 비판

〈구두〉의 구성상 특징

이 글은 '기-서-결'의 3단 구성으로 이루어졌다. 희곡적 사건을 중간에 두고 앞뒤의 프롤로그와 에필로그를 통해 사건의 배경과 작가의 깨달음을 진술하고 있는 것이다. 특히 사건을 제시한 중간 부분에서는 극적인 반전 등 상승과 하강이라는 희곡적 구성 원리를 사용하여 오해로 인해 빚어진 사건의 긴박한 순간을 잘 포착하여 나타내고 있다.

의성어 활용의 효과

'또그닥또그닥', '또각또각'

• 시간의 흐름에 따른 인물의 심리와 고조된 긴장감을 잘 나타냄.
• 상황을 생동감 있게 전달함.

056 나의 슬픈 반생기 | 한하운

문학 미래엔

키워드 체크 #자서전 #나병 환자의 삶 #인간 폐업령 #시 〈파랑새〉 #문학에 대한 열정 #삶의 희망과 기쁨

가 태평양 전쟁의 전세는 일본 본토에 가까이 다가왔다. 나는 내 몸에 이상이 오는 것
제2차 세계대전 중 1941년 일본이 하와이 진주만을 공격하면서 시작된 미일 전쟁. 1945년 8월 일본의 항복으로 끝남.
을 느꼈다. 결절이 콩알같이 스멀스멀 몸의 이곳저곳에 울뚝불뚝 나타나는 것이었다.
살갗 밑에 비정상적인 조직이 생겨서 볼록하게 두드러진 멍울
검은 눈썹은 자고 나면 자꾸만 없어진다. 코가 막혀서 숨을 제대로 쉬지 못하고, 말은
'나환자'를 낮잡아 이르는 말
코 먹은 소리다. / 거울을 보니 사람의 얼굴이 아니라 바로 문둥이 그 화상이었다. 기절
'얼굴'을 속되게 이르는 말
할 노릇이다. 결절은 팔, 다리, 얼굴 할 것 없이 나날이 기하급수로 단말마의 발악처럼
「 」: 글쓴이가 느끼는 몸의 이상   숨이 끊어질 때의 마지막 고통
퍼지는 것이었다. 이곳저곳에서 쑥덕쑥덕한다.
나환자에 대한 사람들의 수군거림
　하루는 상사가 부른다. "몹쓸 병이 아닌가?"라고 묻는다. 빨리 치료를 하라는 것이
나병
었다. 이제는 그만이다. "세상아, 잘 있거라!" 하면서 나는 창황히 집으로 돌아왔다.
어떻게 할 겨를도 없이 매우 다급히
　고향 땅 함흥에 돌아왔으나, 이 꼴로 집에 들어갈 수가 없다. 더욱이 동리 사람의 눈
이 무서워서 도저히 밝은 낮에는 들어갈 수가 없었다.
　진종일 밤이 오기를 기다렸다. 사람이 안 다니는 들에서 종일 굶으며 기다려야 했
다. 이제는 정말로 문둥이가 된 설움이 가슴을 찢는다. 문둥이 생활로 입학(入學)하는
비유적 표현
분함과 서러움에 하루 종일 잔디에서 울었다. 내가 나를 생각해 보아도 내 값이 정말
로 한 푼어치도 되지 않는 것 같다. / 이제는 인간 폐업령이 내려졌다. 나는 원한의 피
사람으로서의 가치가 없다고 느낌.   사람 구실을 하며, 사람답게 살 수 없는 상황
를 토하며 통곡하였다. 몇백 번 고쳐 죽어도 자옥자옥 피맺힌 서러움과 뉘우침이 가득
나병이 걸린 뒤의 절망적 현실 인식
찬 문둥이라는 것을 비로소 알게 되었다. / 밤이 어두워진다. 모든 것을 검게 가리어 주
는 밤이 온다. 나는 여기서 인간의 자유와 이상과 동경을 상징하는 노래로 〈파랑새〉라
나환자의 모습을 가리어 주는 시간
는 시를 읊으며 인간의 행복을 빌었다.　　　　　▶ 나병 때문에 인간답게 살 수 없는 서러움과 한

나 이런 엄청난 비극 속에서도 나에게 살아야겠다는 용기를 주는 것이 있었으니, 그
나병 때문에 고통받는 삶
것은 바로 문학이었다. 나는 문학을 통해 이 땅을 아름답게 만들고, 인간의 꿈을 이 땅
글쓴이의 소망
위에 행복하게 구현하고 싶었다. 이런 나의 소망은 내 마음속에 한 줄기 불길로 타오
절망적 현실 속에서 문학에 대한 열정이 타오름.
르기 시작했다.
　내 마음속에 활활 타오르는 문학에 대한 열정은 한 줄기 피어나는 꽃과도 같았다. 이
비유적 표현
꽃을 보고 나는 내가 살아 있는 기쁨을 느끼기 시작했다. 이것은 살아야 할 생명이 삶
문학에 대한 열정을 통해 삶의 희망을 발견함.
에 대해 새로운 발견을 했을 때 느낄 수 있는 환희의 불이었다. 구름이 떠가며 흩어지
는 것, 한 마리의 새가 우짖는 것, 몇만 년을 유구히 흘러가는 것, 그리고 두 남녀가 빚
까마득히 오래
어내는 희로애락(喜怒哀樂)이 모두 꽃같이 애절한 기쁨이었다.
　내 마음속에 타오르는 문학에 대한 열애는 오히려 영원의 나라에서 사랑으로, 또한
아름다움으로 승화(昇華)하는 것 같은 느낌으로 나를 황홀하게 하였다.
　비가 그친다. 몇 달이나 계속해서 내리던 장마가 그치고 하늘이 맑게 갠다. 얼마나
기쁜 일이냐! 나는 무슨 중병을 다 치르고 난 듯 경쾌한 기분이다.
문학으로 인해 삶의 고통을 이겨 내게 됨.　　　　　　　▶ 문학을 통해 삶의 희망을 찾음.

키 포인트 체크

　제재 ☐☐☐로서 겪은 고통과 비애, 그리고 이를 극복하려 노력한 글쓴이의 삶이 나타나 있다.

　관점 글쓴이는 절망적인 상황에서도 ☐☐을 통해 삶의 희망을 발견하게 된다.

　표현 ☐☐☐ 표현을 사용하여 글쓴이의 삶을 구원해 준 문학에 대한 ☐☐과 기쁨을 생생하게 표현
　　하고 있다.

답 나환자, 문학, 비유적, 열정

핵심 정리

갈래 경수필, 자서전

성격 애상적, 자전적, 고백적, 의지적

제재 나환자의 삶과 문학에 대한 열정

주제 나환자의 삶의 비애를 문학에 대한 열정으로 이
겨 냄.

특징 ① 글쓴이의 체험을 시간 순서에 따라 서술함.
② 나병 때문에 고통스러웠던 과거를 회상하며,
문학을 통해 삶의 희망을 찾는 모습을 솔직
하게 서술함.

출전 《나의 슬픈 반생기》(1959)

작가 한하운(1919~1975) 시인. 함경남도 도청 축산
과에 근무하다가 나병이 악화되어 사직한 후,
시 〈전라도 길〉을 발표하면서 본격적인 창작 활
동을 시작하였다. 나병 때문에 투병하고 유랑하
며 겪은 고통과 삶의 소망을 표현한 작품들을
많이 썼다. 주요 저서로 《한하운 시초》, 《보리피
리》 등이 있다.

이해와 감상

이 글은 나병으로 인한 삶의 고통과 슬픔, 그리고 그
러한 삶의 고통을 이겨 낼 수 있는 원동력이 되어 준
문학에 대한 열정을 의지적으로 표현하고 있는 자서
전이다. 절망적인 상황에서도 살아가겠다는 용기를
준 문학에 대한 열정을 고백하며 문학을 통해 '이 땅
을 아름답게 만들고 인간의 꿈을 이 땅 위에 행복하게
구현'하고자 하는 소망을 가지게 되었고, 그로 인해
소소한 일상의 풍경에서도 삶의 느낌을 느끼게 되었
다고 진솔하게 이야기하고 있다.

작품 연구소

글쓴이의 상황과 심리

| '문둥이 그 화상'
'문둥이가 된 설움'
'문둥이 생활로 입학' | ➡ | 인간 폐업령 |

글쓴이는 나병에 걸린 자신을 자조적으로 표현하고
있는데, 이는 나병으로 인한 절망감과 비참함을 표현
하는 것이라 볼 수 있다. '인간 폐업령'이 내려졌다는
표현은 더 이상 사람답게, 사람 구실을 하며 살 수 없
는 자신의 운명에 대한 절망적인 인식과 정서를 절실
히 드러낸 것으로 볼 수 있다.

본문에 언급된 시 〈파랑새〉

| 나는 / 나는 / 죽어서 / 파랑새 되어 //
푸른 하늘 / 푸른 들 / 날아다니며 //
푸른 노래 / 푸른 울음 / 울어 예으리 //
나는 / 나는 / 죽어서 / 파랑새 되리.
　　　　　　　　　　－ 한하운, 〈파랑새〉 |

→ 이 시는 시인이 살아서는 이룰 수 없는 자유롭고
즐거운 삶에 대한 절실한 바람을 평이하고 쉬운 시어
의 반복과 푸른색의 색채어의 강조를 통하여 표현하
고 있다. 이 시에서 '파랑새'는 세상을 자유롭게 날아
다니는 존재로 화자의 소망이 투영된 대상이다.

057 나무 |이양하

[독서] 신사고 [언매] 비상

키워드 체크 #예찬적 #사색적 #나무가 지닌 덕 #나무에게서 배우다 #의인법

가 나무는 덕을 지녔다. 나무는 주어진 분수에 만족할 줄을 안다. 나무는 태어난 것을 탓하지 아니하고, 왜 여기에 놓이고 저기 놓이지 않았는가를 말하지 아니한다. 등성이
안분지족(安分知足)
에 서면 햇살이 따사로울까, 골짜기에 내려서면 물이 좋을까 하여, 새로운 자리를 엿
산의 등줄기
보는 일도 없다. 물과 흙과 태양의 아들로 물과 흙과 태양이 주는 대로 받고, 후박(厚
薄)과 불만족을 말하지 아니한다. 이웃 친구의 처지에 눈떠 보는 일도 없다. 소나무는
많고 넉넉함과 적고 모자람.
남의 처지를 부러워한 적이 없다
진달래를 내려다보되 깔보는 일이 없고, 진달래는 소나무를 우러러보되 부러워하는
일이 없다. 소나무는 소나무대로 스스로 족하고, 진달래는 진달래대로 스스로 족하다.
▶ 자신의 처지에 만족하는 나무

나 나무는 고독하다. 나무는 모든 고독을 안다. 안개에 잠긴 아침의 고독을 알고, 구름
에 덮인 저녁의 고독을 안다. 부슬비 내리는 가을 저녁의 고독도 알고, 함박눈 펄펄 날
글쓴이가 나무를 오랫동안 관찰하였음을 알 수 있음.
리는 겨울 아침의 고독도 안다. 나무는 파리 옴짝 않는 한여름 대낮의 고독도 알고, 별
얼고 돌 우는 동짓달 한밤의 고독도 안다. 그러나 나무는 어디까지든지 고독에 견디고
고독을 이기고 또 고독을 즐긴다.
▶ 고독을 견디고 즐기는 나무

다 나무에 아주 친구가 없는 것은 아니다. 달이 있고, 바람이 있고, 새가 있다. 달은 때
를 어기지 아니하고 찾고, 고독한 여름밤을 같이 지내고 가는 의리 있고 다정한 친구
다. 웃을 뿐 말이 없으나, 이심전심 의사가 잘 소통되고 아주 비위(脾胃)에 맞는 친구
마음과 마음으로 서로 뜻이 통함.
다. 바람은 달과 달라 아주 변덕 많고 수다스럽고 믿지 못할 친구다. 그야말로 바람잡
이 친구다. 자기 마음 내키는 때 찾아올 뿐 아니라, 어떤 때는 쏘삭쏘삭 알랑대고, 어떤
가만히 있는 사람을 자꾸 꾀거나 추겨서 마음이 움직이게 하는 모양
때는 난데없이 휘갈기고, 또 어떤 때는 공연히 뒤틀려 우악스럽게 남의 팔다리에 생채
할퀴어지거나 긁히어서 생긴 작은 상처
기를 내놓고 달아난다. 새 역시 바람같이 믿지 못할 친구다. 역시 자기 마음 내키는 때
찾아오고, 자기 마음 내키는 때 달아난다. 그러나 가다 믿고 와 둥지를 틀고, 지쳤을 때
찾아와 쉬며 푸념하는 것이 귀엽다. [중략]

나무는 이 모든 것을 잘 가릴 줄 안다. 그러나 좋은 친구라 하여 달만을 반기고, 믿지
나무는 여러 친구의 좋은 모습과 좋지 않은 모습을 잘 분간하면서도 친구들을 차별하지 않음.
못할 친구라 하여 새와 바람을 물리치는 일도 없다. 그리고 달을 유달리 후대(厚待)하
고 새와 바람을 박대(薄待)하는 일도 없다.
아주 잘 대접함. 또는 그런 대접
정성을 들이지 않고 아무렇게나 대접   ▶ 여러 친구를 공평하게 대하는 나무

라 나무에 하나 더 원하는 것이 있다면, 그것은 천명(天命)을 다한 뒤에 하늘 뜻대로
타고난 수명
다시 흙과 물로 돌아가는 것이다. 그러나 사람은 가다 장난삼아 칼로 제 이름을 새겨
보고, 흔히는 자기 쓸 곳 닿는 대로 가지를 쳐 가고, 송두리째 베어 가곤 한다. 나무는
그래도 원망하지 않는다. 새긴 이름은 도리어 그들의 원대로 키워지고, 베어 간 재목
이 혹 자기를 해칠 도낏자루가 되고 톱 손잡이가 된다 하더라도 이렇다 하는 법이 없
다. 나무는 훌륭한 견인주의자(堅忍主義者)요, 고독의 철인(哲人)이요, 안분지족(安
分知足)의 현인(賢人)이다. 불교의 소위 윤회설이 참말이라면 나는 죽어서 나무가 되
굳게 참고 견디어 내는 사람   어질고 사리에 밝은 사람
고 싶다.
세상에서 말하는 바   ▶ 운명에 순응하는 나무의 덕성과 죽어서 나무가 되고 싶은 소망

키 포인트 체크

[제재] 인간이 본받아야 할 ☐☐의 속성에 대해 이야기하고 있다.
[관점] 글쓴이는 나무가 지닌 덕성을 ☐☐하면서 죽어서 나무가 되고 싶다는 소망을 드러내고 있다.
[표현] ☐☐☐, 열거법을 사용하여 나무의 속성에서 인간이 본받아야 할 교훈들을 이끌어 내고 있다.

[답] 나무, 예찬, 의인법

🎯 핵심 정리

갈래 경수필
성격 사색적, 교훈적, 서정적, 예찬적
제재 나무
주제 나무에서 배우는 삶의 자세
특징 ① 나무와 생태의 모습을 인간의 삶의 자세와 연결함.
② 나무를 의인화하여 바람직한 삶의 자세를 이끌어 냄.
출전 《나무》(1964)
작가 이양하(본책 36쪽 참고)

이해와 감상

이 글은 나무에 대한 애정 어린 성찰을 담담하고 관조적인 어조로 형상화하고 있는 수필이다. 글쓴이는 나무의 속성을 인간이 본받아야 할 덕성에 비유하고 있다. 그리고 주어진 분수에 만족하는 것, 고독을 알고 견딜 줄 아는 것, 모든 친구에게 너그러운 것 등 나무가 지닌 덕성을 예찬하면서 스스로 '죽어서 나무가 되고 싶다'고 이야기하고 있다. 이는 글쓴이의 인생관을 함축적으로 보여 주는 구절로, 글쓴이는 자신이 바라는 삶의 모습을 나무를 통해 드러내고 있는 것이다.

작품 연구소

나무의 속성을 통한 삶의 성찰

나무의 속성	인간의 삶에 주는 교훈
주어진 분수에 만족할 줄 앎.	물질적인 것에 욕심을 부리지 않고 자신의 처지에 만족해야 함.
고독을 알고, 이기고 견디고 즐김.	고독한 순간을 맞닥뜨리더라도 이를 견디어 내야 함.
친구의 성품을 알지만 이에 따라 친구를 후대하거나 박대하지 않음.	다른 사람의 성품과 장단점을 인식하되, 너그러운 태도로 다른 사람을 대해야 함.
천명을 다한 뒤에 하늘 뜻대로 다시 흙과 물로 돌아감.	운명과 자연의 순리에 따라 살아가야 함.
사람이 자신에게 해를 가하더라도 이를 원망하지 않음.	다른 사람을 원망하지 않아야 함.

〈나무〉에 나타난 주요 표현 방법

의인법	나무의 속성을 인간에 빗대어 표현함.
열거법	나무의 속성을 늘어놓으며 상세하게 표현함.

↓

글쓴이가 본받고 싶은 나무의 성품을 좀 더 구체적이고 생생하게 드러냄.

058 플루트 연주자 | 피천득

[국어] 지학사

키워드 체크 #비유적 #오케스트라의 하모니 #플루트 연주자의 역할 #조화로운 삶

배턴을 든 오케스트라의 지휘자는 찬란한 존재다. 그러나 토스카니니 같은 지휘자 밑에서 플루트를 분다는 것은 또 얼마나 영광스러운 일인가. 다 지휘자가 될 수는 없는 것이다. 다 콘서트마스터가 될 수도 없는 것이다. 오케스트라와 같이 하모니를 목적으로 하는 조직체에 있어서는 멤버가 된다는 것만도 참으로 행복된 일이다. 그리고 각자의 맡은 바 기능이 전체 효과에 종합적으로 기여된다는 것은 의의 깊은 일이다. 서로 없어서는 안 된다는 신뢰감이 거기에 있고, 칭찬이거나 혹평이거나, '내'가 아니요 '우리'가 받는다는 것은 마음 든든한 일이다. ▶ 멤버 간의 신뢰감을 바탕으로 하모니를 이루는 오케스트라

자기의 악기가 연주하는 부분이 얼마 아니 된다 하더라도, 그리고 독주하는 부분이 없다 하더라도 그리 서운할 것은 없다. 남의 파트가 연주되는 동안 기다리고 있는 것도 무음(無音)의 연주를 하고 있는 것이다. ▶ 작은 역할도 모두 중요한 오케스트라

베이스볼 팀의 외야수(外野手)와 같이 무대 뒤에 서 있는 콘트라베이스를 나는 좋아한다. 베토벤 교향곡 제5번 〈스케르초(Scherzo)〉의 악장 속에 있는 트리오 섹션에는 둔한 콘트라베이스를 쩔쩔매게 하는 빠른 대목이 있다. 나는 이런 유머를 즐길 수 있는 베이스 연주자를 부러워한다.

〈전원 교향악〉제3악장에는 농부의 춤과 아마추어 오케스트라가 나오는 장면이 묘사되어 있다. 서투른 바순이 제때 나오지 못하고 뒤늦게야 따라 나오는 대목이 몇 번 있다. 이 우스운 음절을 연주할 때의 바순 연주자의 기쁨을 나는 안다. 팀파니스트가 되는 것도 좋다. 하이든 교향곡 94번의 서두가 연주되는 동안은 카운터 뒤에 있는 약방 주인같이 서 있다가, 청중이 경악(驚愕)하도록 갑자기 북을 두들기는 순간이 오면 그 얼마나 신이 나겠는가? ▶ 연주자 각자의 역할에서 얻는 기쁨

자기를 향하여 힘차게 손을 흔드는 지휘자를 쳐다볼 때, 그는 자못 무상(無上)의 환희를 느낄 것이다. 어렸을 때 나는, 공책에 줄 치는 작은 자로 교향악단을 지휘한 일이 있었다. 그러나 그 후 지휘자가 되겠다고 생각을 해 본 적은 없다. 토스카니니가 아니라도 어떤 존경받는 지휘자 밑에서 무명(無名)의 플루트 연주자가 되고 싶은 때는 가끔 있었다. ▶ 전체와 조화를 이루는 작은 구성원이 되고 싶은 바람

▲ 오케스트라

키 포인트 체크

제재 우리 사회를 □□□□□에 빗대어 조화로운 삶의 중요성을 이야기하고 있다.
관점 글쓴이는 전체의 조화를 위해 구성원 모두가 자신의 □□에 충실해야 한다고 말하고 있다.
표현 □□적 표현을 사용하여 전체와 조화를 이루는 구성원이 되고 싶은 글쓴이의 바람을 이야기하고 있다.

답 오케스트라, 직분(역할), 비유

059 엽차와 인생과 수필 |윤오영

문학 금성

키워드 체크   #사색적 #비유적 #엽차와 같은 삶 #수필은 인생이 걸어온 자취

누구나 생활은 하고 있지만 생활 속에서 생활을 알고, 생활을 말할 수 있는 사람은
<sub 생활의 경지에 도달한 사람>
그리 많지가 않다. 누구나 책을 보고 글을 읽지만 글 속에서 글을 알고 글을 말할 수 있
는 사람 또한 드물다. 민노자(閔老子)의 차를 마시고 대뜸 그 향미와 기품이 다른 것
독서의 경지에 도달한 사람
을 알아낸 것은 오직 장대(張岱)뿐이다. 그는 「낭차(閬茶)가 아니고 개차(岕茶)인 것을
알았고, 봄에 따 말린 것과 가을에 따 말린 것을 감별했고 끓인 물이 혜천(惠泉)의 물
「」: 장대가 민노자의 차를 마시고 차의 종류와 차를 만든 시기, 물의 종류까지 알아냄.
인 것까지 알아내어 주인을 놀라게 했다. 장대는 과연 맛을 아는 다객(茶客)이다. 다도
민노자
락(茶道樂)이 그리 대단한 것은 아니지만, 마시는 바에는 이쯤 되어야 비로소 다향(茶
차를 달이거나 마실 때의 즐거움   장대의 경지에 이르러야   차향
香)의 진미와 아취를 말할 수 있지 아니한가. [중략] ▶ 민노자의 차의 향미와 기품을 유일하게 알아낸 장대
음식의 아주 좋은 맛   고아한 정취

'절실'이란 두 자를 알면 생활이요, '진솔'이란 두 자를 알면 글이다. 눈물이 그 속에
있고, 진리가 또한 그 속에 있다. 거짓 없는 눈물과 웃음, 이것이 참다운 인생이다. 인
참다운 인생의 조건
생의 에누리 없는 고백, 이것이 곧 글이다. 정열의 부르짖음도 아니요, 비통의 하소연
참다운 글의 조건
도 아니요, 정(精)을 모아 기(奇)를 다툼도 아니요. 요(要)에 따라 재(才)를 자랑함도 아
성리학의 이론에 대한 논쟁   원하는 것   재주
니다. 인생의 걸어온 자취 그것이 수필이다.
수필의 의미

"봄을 아껴 날마다 까부룩히 취했더니, 깨고 보매 옷자락엔 술 자욱이 남았고나 惜
석
春連日醉昏昏, 醒後衣裳見酒痕." 삼춘행락(三春行樂)도 간데없고, 옷자락에 떨어
춘 연 일 취 혼 혼 성 후 의 상 견 주 흔   봄맞이, 꽃놀이, 화전놀이 따위로 봄철을 즐겁게 지내는 일
진 두어 방울의 주흔(酒痕)! 이것이 인생의 반점이요, 행로의 기록이다. 이 기록이,
술의 흔적   술의 흔적과 같이 지난 시간에 대한 자취가 인생의 기록임.
이 반점이 곧 수필이다. 이것이 인생의 음미다.   ▶ 수필은 인생의 걸어온 자취임.
수필은 지난 인생을 음미하는 것임.

「등잔불 없는 화롯가에서 젊은 친구와 마른 인절미를 구어 먹으며 담화의 꽃을 피우
「」: 연암과 소동파의 글을 사례로 들어 수필의 의미를 뒷받침함.   서로 이야기를 주고받음
다 손가락을 데던 일을 회상하는 문호 박연암은 지나간 우정에 새삼 흐뭇했다. 달밤에
잠을 잃고 뒷산으로 올라갔던 시인 소동파는 때마침 마루 끝에서 반겨 주는 상인(上人)
을 보고 이 세상에 한가한 손이 둘이 있다고 기뻐했다. 아무것도 아닌 일이지마는 이것
이 다 인간 생활의 그윽한 모습들이 아니냐.」   ▶ 수필은 평범하지만 그윽한 생활의 모습을 담아냄.
생활에서 그윽한 모습을 담아내는 것이 수필임.

첫 번째 방향(芳香), 두 번째 감향(甘香), 세 번째 고향(苦香), 네 번째 담향(淡香),
꽃다운 향기   단 향   쓴 향   엷은 향기
다섯 번째 여향(餘香)이 있어야 차의 일품(逸品)이라 한다. 그런 차를 심고 가꾸고 거
향기로운 물건이 없어진 뒤에도 남아 있는 향기 아주 뛰어난 물건
두고 말리고 끓이는 데는, 각각 남모르는 고심과 비상한 정력이 필요하다. 민옹(閔翁)
일품 차의 향을 우려내는 노력이 필요함.   민노자
의 차가 곧 그것이다. 이 맛을 아는 사람이 곧 장대다. 엽차는 육미봉탕(六味鳳湯)이나
'닭국'을 익살스럽게 이르는 말.
고량진미는 아니다. 누구나 평범하게 마시는 차다. 그러나 각각 향(香)과 품(品)이 있
기름진 고기와 좋은 곡식으로 만든 맛있는 음식   품질, 품격
다. 평범한 생활 속에서 향기를 거두고 품을 쌓기란 쉬운 일이 아니다. 수필이란 거기
제대로 된 수필을 쓰고 읽는 것은 어려운 일임.
서 우러난 차향이다. 평범한 생활 속에서 진실을 깨치고, 그것을 아끼고, 또 음미하고
평범한 생활에서 거둔 향기와 쌓은 품   수필의 의미와 가치
기뻐하고, 눈물과 사랑을 지닌 사람들이 서로 즐길 수 있는 글이다. 그러나 민옹과 장
대는 드물다.   ▶ 수필을 제대로 쓰거나 읽을 수 있는 사람은 드묾.
생활 속에서 진실을 깨치고 음미하고 즐길 수 있는 사람은 드물다.

포인트 체크

제재 인생과 ☐☐을 차에 빗대어 서술하고 있다.
관점 글쓴이는 ☐를 만들고 마시는 경지가 다 다르듯이, ☐을 쓰고 읽는 경지도 사람마다 다르다고 보고
있다.
표현 중국 고사 인용과 ☐☐☐의 잦은 사용으로 고전적인 분위기를 자아내고 있다.

답 수필, 차, 글, 한자어

🎯 핵심 정리
갈래 경수필
성격 사색적, 비유적
제재 엽차, 인생, 수필
주제 생활 속에서 깨친 인생의 진실이 담긴 수필의
품격과 가치
특징 ① 인생의 진리가 담긴 수필을 그윽한 향과 품
을 지닌 일품 차에 비유하여 내용을 전개함.
② 수필에 대한 글쓴이의 견해를 차와 동양 문
학에 대한 글쓴이의 풍부한 지식을 통해 뒷
받침함.
출전 《고독의 반추》(1974)
작가 윤오영(본책 38쪽 참고)

이해와 감상

이 글은 인생과 수필을 차에 빗대어 서술한 수필이다.
이 글에서 글쓴이는 수필이란, 평범하지만 그윽한 생
활을 담아낸 글로, 인생의 진실을 깨우치고 음미하며
즐길 수 있는 품격 있는 글임을 강조하고 있다. 글쓴
이는 같은 차를 마시더라도 사람들이 다다르는 경지
는 각자 다르다는 통찰을 바탕으로 사람들의 생활과
인생의 경지도 각자 다르며, 평범한 생활 속에서 향기
를 거두고 품을 쌓는 일이 중요하다고 말한다. 그리고
수필이란 참다운 인생의 자취로서 사람들은 수필을
통해 평범한 생활 속에서 진실을 깨치고, 아끼고, 음
미하며 서로 즐길 수 있지만 그러한 경지에 이른 사람
들은 드물다고 말하고 있다.

작품 연구소

엽차의 특징과 의미

• 특별히 고급스럽거나 특이한 것이 아님.
• 각각의 향과 품이 있음.

↓

평범한 생활을 의미하지만, 평범한 생활 속에서 진실을
깨치고, 아끼며, 음미하고 기뻐하고, 눈물과 사랑을 지니
며 사는 것이 중요함.

수필의 속성

• 인생의 걸어온 자취
• 평범한 생활 속에서 거둔 향기와 쌓은 품
• 평범한 생활 속에서 진실을 깨치고, 그것을 아끼고,
음미하고 기뻐하고, 눈물과 사랑을 지닌 사람들이
서로 즐길 수 있는 글

'민옹과 장대는 드물다'는 말의 의미

민옹	• 향미와 기품이 다른 차를 만듦. → 평범한 생활 속에서 향기를 거두고 품을 쌓을 수 있는 사람, 경지에 이른 수필을 쓰는 작가
장대	• 민옹의 차를 마시고 차의 종류와 차를 만든 시기, 차에 사용된 물 등을 알아냄. → 다른 사람의 생활과 글을 즐길 수 있는 사람, 수필의 의미를 음미할 수 있는 독자

'오늘날 삶의 경지에 이르거나, 수필을 제대로 쓰고 읽을
수 있는 사람이 드물다.'를 의미함.

060 다듬이 |정진권

키워드 체크 #낭만적 #다듬이에 얽힌 추억 #어머니의 사랑 #사라져 가는 전통문화

나는 어려서 다듬이질하는 것을 많이 보았다. 풀 먹인 흰 빨래가 꼽꼽해지면, 다듬잇
돌에 맞게 네모로 접어 놓고 방망이질을 했다. 빨래가 너무 마르면 입으로 물을 뿜어
서 다시 꼽꼽하게 한 뒤에 다듬이질을 했다. 나는 이따금 바가지로 찬물 심부름도 했
다. 다듬이질은 혼자서도 하고 둘이 마주 앉아 하기도 했다. 혼자 하는 소리는 좀 둔탁
한 느낌이었지만, 맞다듬이질을 할 때의 그 소리는 경쾌하고도 청랑한 것이었다. 『휘영
청 달이 밝은 가을밤에 혼자 뒷간에 앉아 있자면 마을은 온통 그 경쾌하고 청랑한 다
듬이 소리투성이였다. 소년은 그 다듬이 소리에 취했다가 달 한 번 쳐다보고, 그리고
갑자기 생각난 듯이 아랫배에다 힘을 주었다. 그러다가 뒷간을 나와 보면, 환히 불 밝
은 아랫방 문에 맞다듬이질하는 그림자가 보였다. 그때 사립문 뒤에 세워 놓은 수숫대
의 마른 잎새가 우수수 소리를 내기도 했다. 어디선가 컹컹 개 짖는 소리도 들려왔
다.』[중략]   ▶ 다듬이질에 대한 어린 시절의 추억

다듬잇돌은 여름에도 차가웠다. 그래서 어린 시절의 어느 날, 나는 그 서늘한 다듬잇
돌을 베고 누운 일이 있다. 그때 어머니가 이걸 보시고는 깜짝 놀라 나를 일으켜 앉히
셨다. / "다듬잇돌을 베고 누우면 입이 돌아간다. 알았니?"

그 후 나는 한 번도 그걸 벤 일이 없다. 찬 것을 베고 누우면 안면 신경이 마비될 수
도 있다는 말은 내가 다 커서 들은 것이다. 다듬잇돌을 보면, 그때 어머니가 놀라시던
그 모습도 문득 떠오를 때가 있다.   ▶ 다듬잇돌에 얽힌 어머니와의 일화

다듬잇방망이를 보아도, 또 생각나는 것이 하나 있다. 중학교 3학년 때 우리는 산골
로 피난을 갔었다. 그런데, 그 이듬해에 호열자가 돌아서 온 동네에 울음소리가 끊일
날이 없었다. 그때 세 살이던 내 아우도 그 무서운 병에 걸리고 말았다. 어머니는 이 아
이를 안고 하루 스물네 시간씩 한 주일을 견디셨다. 온몸에 마마 같은 것이 마치 팥을
삶아 뿌린 듯이 돋아서 방바닥에 누일 수가 없었다. 얼굴도 눈코를 분간할 수가 없고,
입안도 다 터져서 쌀 한 톨 넣을 수가 없었다. 그때 나는 어머니가 시키시는 대로 국수
를 만들었다. 우선 밀가루를 개고, 그것을 다듬잇방망이로 얇게 밀어서 가늘게 썰어다
가 끓이는 것이다. 그러면 어머니는 한 가닥씩 아우의 입에 넣어 주셨다. 자다가 문득
깨서 일어나 보면, 어머니는 그 애를 안고 말없이 들여다보고 계셨다. 그것은 이 세상
에서 가장 슬픈 눈, 가장 간절한 기원이 담긴 그런 눈이었다. 아, 우리 어머니의 그 애
절한 기구(祈求)가 하늘에 사무쳤음인가, 내 아우는 마침내 살아났다. 그 애가 결혼식
을 마치고 신혼여행을 떠날 때, 나는 그 뒷모습을 바라보면서 어머니의 그 눈을 생각
했다. [중략]   ▶ 다듬잇방망이에 얽힌 어머니의 사랑에 대한 일화

이제 다듬잇돌은 서서히 사라지고 있다. 바야흐로 지금은 물에 빨아서 다리지도 않
고 입는 옷의 시대인 것이다. 그래서 내 아내는 그것으로 북어나 두드릴 뿐이다.
▶ 다듬잇돌이 사라지는 현실에 대한 아쉬움

키 포인트 체크

제재 [ ][ ][ ]에 얽힌 글쓴이의 어린 시절의 추억과 어머니의 사랑을 회상하고 있다.

관점 글쓴이는 다듬잇돌이 서서히 사라지고 있는 현실에 [ ][ ][ ]을 느끼고 있다.

표현 대체로 문장이 간결하며, 어려운 한자어 대신 쉬운 [ ][ ][ ]를 많이 사용하고 있다.

답 다듬이, 아쉬움, 고유어

핵심 정리

갈래 경수필
성격 회고적, 서정적, 낭만적
제재 다듬이
주제 다듬이에 대한 추억과 옛것이 사라지는 것에 대
한 아쉬움
특징 ① 현재와 어린 시절의 경험을 비교함.
② 간결하고 담백한 문체로 진정성을 느끼게 함.
출전 《한국인의 향수》(1979)
작가 정진권 (본책 54쪽 참고)

이해와 감상

이 글은 간결하고 소박한 문체로 다듬이에 얽힌 글쓴
이의 추억과 사라져 가는 다듬이 문화에 대한 아쉬움
을 표현하고 있는 수필이다. 글쓴이는 다듬잇돌과 다
듬잇방망이에 얽힌 과거의 추억을 회상하면서 어머니
의 깊은 사랑을 떠올리고 있으며, 다듬잇돌이 사라져
가고 있는 지금의 현실에 대한 아쉬움을 드러내고 있
다. 이는 다듬잇돌뿐만 아니라 사라져 가는 전통문화
에 대한 향수라고도 할 수 있다. 추상어나 개념어보다
는 구체어를 주로 사용하고, 어려운 한자어 대신 쉽고
아름다운 고유어를 활용하여 서정적인 느낌을 풍부하
게 드러내고 있는 글이다.

작품 연구소

소재 '다듬이'의 의미와 이에 대한 글쓴이의 정서

다듬이	• 어린 시절의 추억을 회상하게 하는 매개체 • 어머니에 대한 그리움을 불러일으키는 대상 • 사라져 가는 전통문화

↓

글쓴이의 정서	• 어린 시절에 대한 그리움 • 사라져 가는 전통문화에 대한 아쉬움, 안타까움

〈다듬이〉에 나타난 문체상 특징

• 나는 어려서 다듬이질하는 것을 많이 보았다.
• 그 후 나는 한 번도 그걸 벤 일이 없다.
• 이제 다듬잇돌은 서서히 사라지고 있다.

• 대체로 문장이 짧고 간결함.
• 비유나 수식이 거의 없어 소박한 느낌을 줌.
• 어려운 한자어 대신 쉬운 고유어를 많이 사용함.

▲ 다듬잇돌과 다듬잇방망이

061 거꾸로 보기 | 법정

키워드 체크 #성찰적 #일상에서 발견한 깨달음 #거꾸로 보기를 통한 새로운 발견 #고정 관념 벗어나기

그날도 여름 옷가지를 빨아 다리고 나서 노곤해진 몸으로 마루에 누워 쉬려던 참이
었다. 팔베개를 하고 누워서 서까래 끝에 열린 하늘을 무심히 바라보고 있었다. 그러
_{마룻대에서 도리 또는 보에 걸쳐 지른 나무}
다가 모로 돌아누워 산봉우리에 눈을 주었다. 갑자기 산이 달리 보였다. 하, 이것 봐라
_{우연히 한 행동으로 새로운 깨달음을 얻는 계기가 됨.}
하고 나는 벌떡 일어나, 이번에는 가랑이 사이로 산을 내다보았다. 우리들이 어린 시
_{거꾸로 보기}
절 동무들과 어울려 놀이를 하던 그런 모습으로.

그건 새로운 발견이었다. 하늘은 호수가 되고, 산은 호수에 잠긴 그림자가 되었다.
　　　　　　　　　　　　　　　　　　　　　▶ 우연히 산을 거꾸로 보고 새로운 발견을 함.
우리가 일상적으로 사람을 대하거나 사물을 보고 인식하는 것은 틀에 박힌 고정 관
념(固定觀念)에 지나지 않는다. 그렇기 때문에 이미 알아 버린 대상에서는 새로운 모
습을 찾아내기 어렵다. 아무개 하면, 자신의 인식 속에 들어와 이미 굳어 버린 그렇고
그런 존재로밖에 볼 수가 없는 것이다. 이건 얼마나 그릇된 오해인가. 사람이나 사물
은 끝없이 형성되고 변모하는 것인데. / 그러나 보는 각도를 달리함으로써 그 사람이
_{모양이나 모습이 달라지거나 바뀜.}　　　　　　　　　　_{글쓴이의 새로운 깨달음}
나 사물이 지닌 새로운 면을, 아름다운 비밀을 찾아낼 수가 있다. 우리들이 시들하게
생각하는 그저 그렇고 그런 사이라 할지라도 선입견에서 벗어나 맑고 따뜻한 '열린 눈'
으로 바라본다면 시들한 관계의 뜰에 생기가 돌 것이다. ▶ 거꾸로 보기를 통해 고정 관념을 버려야 함.
_{기존의 무심했던 관계에서 활기 넘치는 새로운 관계가 성립됨(비유법)}
차를 즐기는 사람들은 흔히 이런 말을 한다. 어디서 나오는 무슨 차는 맛이 좋고, 어
　　　　　　　　　　　　　_{차에 대한 사람들의 이야기를 간접적으로 인용함.}
디 차는 맛이 시원치 않다고. 물론 기호에 따라 그렇게 말할 수도 있겠지만 차 맛에 어
떤 표준이 있는 것은 아니다. 『형편없는 찻감만 아니라면 한 잔의 차를 통해 삶에 대한
　　　　　　　　　　　　　　　　　　　　　　　`『 』: 유추의 전개 방식이 쓰임.`
잔잔한 기쁨과 감사를 누릴 수 있을 것이다. 요는 그 차가 지닌 특성을 알맞게 우릴 때
바로 '그 차 맛'을 알 수 있다. 사람의 일도 마찬가지다. 인격에 고정된 어떤 틀이 있는
것은 아니다. 그 사람이 지닌 좋은 덕성(德性)을 찾아낼 수 있다면 그는 내게 좋은 친
구가 될 것이다.』[중략]　　　　　　_{어질고 너그러운 성질}
　　　　　　　　　　　　　　　▶ 대상의 좋은 면을 찾아내는 태도가 중요함.

중략 부분의 내용 글쓴이는 가톨릭 신자인 지인의 인도로 한 수도원을 방문한다. 그곳은 수도원의 일반적
인 모습과 달리 여느 민가와 다름없는 조그만 초가집이었다.

마침 점심시간이 되어 주인과 나그네가 함께 한 상에 둘러앉아 구수한 냉잇국과 김
치에 맛있는 공양을 했다. 처음 찾아간 나그네에게도 전혀 부담을 주지 않는 편안한
_{절에서 음식을 먹는 일}　　　　　　　　　　　_{작은 건물, 적은 인원 소박한 음식 때문에 편안함을 느낌.}
집이었다. 이곳 자매들은 마을에 일손이 바빠지면 밭에 나가 일을 거든다고 했다. 그
래서 마을 사람들에게는 고맙고 가까운 이웃이 되는 모양이다. 조그마한 초가에서 항
상 웃음이 넘치는 걸 보고, 수도회의 이름이 그대로 '작은 자매들의 우애회'로구나 싶
었다. / 일산의 밤가시골 초가집 수도원에서 교회와 사원을 바라보는 '눈'을 나는 그날
　　　　　　　　　　　　　　　　　　　　　　　　　　_{새로운 인식}
의 선물로 받아 왔다. 『가난하고 소탈하고 그러면서도 평화와 기쁨이 넘치는 자매들의
　　　　　　　　　　　`『 』: 비유적 표현을 통해 가치 있는 삶의 모습과 바람직한 종교인의 자세를 제시함.`
있음이, 우리에게 빛과 소금이 되었으면 싶었다.』▶ 소탈한 수도원 사람들의 모습에서 새로운 깨달음을 얻음.
_{꼭 필요한 존재}

키 포인트 체크

[제재] ☐☐☐ 보기를 통해 깨달은 삶의 교훈을 이야기하고 있다.

[관점] 글쓴이는 고정 관념에서 벗어나 사물을 새롭게 바라보는 ☐☐을 가져야 한다고 보고 있다.

[표현] 이 글은 구체적 경험에서 얻은 깨달음을 ☐☐를 통해 사람과 사물로 확장하고 있다.

[답] 거꾸로, 시각, 유추

🎯 **핵심 정리**

갈래 경수필
성격 체험적, 성찰적, 교훈적
제재 거꾸로 보기
주제 사물을 보는 새로운 시각의 중요성
특징 ① 일상적인 경험을 통해 삶의 교훈을 전달함.
　　　② 비유, 인용, 유추를 통해 주제 의식을 뒷받침함.
출전 《산방한담》(1983)
작가 법정(본책 52쪽 참고)

이해와 감상

이 글은 소소한 일상의 경험에서 발견한 깨달음을 담
담하게 그리고 있는 수필이다. 글쓴이는 가랑이 사이
로 산봉우리의 모습을 바라보는 소위 '거꾸로 보기'
체험으로 이야기를 시작하고 있다. 그리고 유추의 기
법을 통해 자신이 깨달은 바를 사물과 인간관계에 접
목하고 있다. 또한 '차(茶)'에 대한 비유를 통해 우리가
지닌 선입견과 고정 관념을 없애면 사물의 새로운 면
모와 새로운 인간관계를 발견할 수 있다고 말하고 있
다. 마지막으로 글쓴이는 조그만 초가집의 수도원을
방문했던 일화를 통해 자신의 깨달음을 심화·확대하
며 종교와 삶의 문제를 성찰하는 데에 이르고 있다.

작품 연구소

〈거꾸로 보기〉의 구조

자연에서 얻은 우연한 깨달음
거꾸로 바라본 자연의 모습이 새롭게 느껴짐.

↓ 유추

사람과 사물로 확장된 '거꾸로 보기'
사람과 사물을 고정 관념에서 벗어나 다른 시각으로 보면 새로운 모습을 발견할 수 있음.

↓ 심화

사람과 사물에 대한 또 다른 깨달음
한 수도원을 방문한 후 종교와 삶에 대한 새로운 깨달음을 얻게 됨.

두 일화에서 얻은 글쓴이의 깨달음

일화	재작년 여름날, 산을 거꾸로 바라봄.	지난 3월, 작은 수도원을 방문함.
새로운 발견	거꾸로 보니 하늘은 호수가 되고, 산은 호수에 잠긴 그림자가 되었음.	수도원은 민가와 구분이 가지 않는, 야산 아래 있는 조그만 초가집이었음.
글쓴이의 깨달음	사람이나 사물은 다양한 모습을 지니고 있어서 보는 각도를 달리하면 그 사람이나 사물의 새로운 면을 볼 수 있음.	가난하고 소탈한 모습으로 이웃에게 필요한 존재가 되는 수녀들을 보고 세상의 빛과 소금이 되고자 하는 사명을 깨달음.

062 두꺼운 삶과 얇은 삶 | 김현

화작 지학사

키워드 체크 #비판적 #반성적 #아파트 대 땅집 #자연적 대 인위적 #내면적 대 표면적

땅 집이 아름다운 것은 그것이 많은 것을 숨기고 있기 때문이다. 어린 왕자에 대한 아름다운 산문을 남긴 생텍쥐페리는 사막이 아름다운 것은 어디엔가 우물이 있기 때문이라고 말한 적이 있다. 과연 그렇다. 땅 집이 아름다운 것은 곳곳에 우물과 같은 비밀스러운 것들이 있기 때문이다. 아파트에는 그 비밀이 있을 수가 없다. 오 분 안에 찾아낼 수 없는 것은 아파트에 없다. 거기에는 모든 것이 노출되어 있다. 스물두 평 또는 서른두 평의 평면 위에 무엇을 숨길 수가 있을 것인가. 쓰임새 있는 것만이 아파트에서는 존중을 받는다. 아파트에 쓰임새 없는 것으로서 존재하는 것은 값비싼 골동품뿐이다. 그 골동품들 또한 아파트에서는 얼마나 엷게 보이는지. 그것은 얼마짜리로서 존재하는 것이지 그것의 두께로 존재하지 않는다. 두께 없는 사물과 인간. 아파트에서 우리는 모든 것을 그대로 드러내고 산다. 그러나 감출 것이 없을 때에 드러낸다는 것이 무슨 의미를 가질 수 있을까? 드러낼 수 있다는 것은 감출 수도 있다는 말에 다름 아니다. 사람은 자기가 드러내는 것보다 훨씬 많은 것을 숨겨야 살 수 있다. 그 숨김이 불가능해질 때에 사람은 사회가 요구하는 것만을 살 수밖에 없게 된다. 무의식은 숨김이라는 생생한 역동성을 잊고 표면과 동일시되어 메말라 버린다. 표면의 인공적인 삶만이 가장 중요한 것으로 여겨지게 되는 것이다. 그 가장 첨예한 상징적인 사실이 아파트에서는 채소를 손수 가꿔 먹을 수 없는 것이다. [중략] ▶ 아파트에서의 인공적이고 얇은 삶

지금도 내 어린 시절을 회상할 때면, 옻나무나 발목까지 빠지던 펄의 감촉이 맨 처음 되살아나오고, 가도가도 끝이 없던 여름날의 황톳길의 더위와 모깃불의 매캐한 냄새가 나를 가득 채운다. 나는 내 아이들에게 그 자연을 살게 할 수가 없는 것이다. 그 대신에 내가 소풍날에야 한두 개 얻어먹었던 삶은 달걀이나, 내가 고등학교 때에야 맛본 자장면 따위를 시켜 주며, 그들의 관심을 〈원더 우먼〉이나 〈육백만 불의 사나이〉로 돌려놓고 있다. 나의 바다와 산은 〈원더 우먼〉이나 〈육백만 불의 사나이〉의 달리기와 높이 뛰어오르기 또는 높은 데서 뛰어내리기로 바뀌어져 있다. 좋은 자연을 보고 숨 쉬는 대신에 이제는 하도 먹어 맛도 없는 달걀이나 자장면을 먹고 자라는 내 불쌍한 아이들! 계속 자라면서 그들이 배우는 것은 선생님께 잘 보이기, 과외 공부하기, 회색 시멘트에 길들기, 오·엑스식의 문제 알아맞히기, 그리고 재치 있게 말하기 따위이다. 한마디로 감춰지지 않는 것 배우기이다. 아니 이렇게 쓰는 것만으로 충분하지는 않다. 나도 내 아이들처럼 아파트의 삶에 완전히 길들여져 있다. 그래서 내 주위의 모든 것을 엷게 본다. 거기에서 벗어나기란 얼마나 힘이 드는가. 그것은 거기에서 벗어나야 된다는 당위만으로 벗어날 수 있는 게 아니다. 아파트에서 벗어나야, 아니 땅 집으로 가야 사물과 인간의 두께를 발견할 수 있다는 생각 자체가, 이미 내가 아파트에서의 삶에 깊이 물들어 있음을 보여 준다. ▶ 얇은 삶을 비판하면서 그것에 물든 자신의 모습을 반성함.

키 포인트 체크

제재 현대인의 삶의 공간인 □□□에서의 삶에 대해 이야기하고 있다.
관점 글쓴이는 아파트가 대변하는 인위적·표면적 삶에 대해 □□하며 반성하고 있다.
표현 아파트와 땅 집에서의 삶을 □□하여 자연적·내면적 가치를 중시하는 삶을 강조하고 있다.

답 아파트, 비판, 대조

핵심 정리

갈래 경수필
성격 비판적, 사색적, 자기 고백적
제재 아파트에서의 삶과 땅 집에서의 삶
주제 정신적 가치가 살아 있는 삶의 중요성, 자연과 함께하는 삶의 필요성
특징 ① 땅 집에서의 삶과 아파트에서의 삶을 대조하여 주제를 전달함.
② 현재의 삶을 비판적으로 인식하고 반성함.
출전 《두꺼운 삶과 얇은 삶》(1986)
작가 김현(1942~1990) 문학 평론가. 1962년 평론 《나르시스의 시론》을 〈자유 문학〉에 발표하며 등단하였다. 주요 저서로 《존재와 언어》, 《한국 문학사》, 《분석과 해석》 등이 있다.

이해와 감상

이 글은 아파트에서의 삶과 땅 집에서의 삶을 대조하면서 인생에 대한 통찰을 담아내고 있는 수필이다. 글쓴이는 아파트와 땅 집이 단순한 주거 공간이 아니라 인간의 사고 양식을 대변한다는 관점에서 두 대상의 차이점을 기술하고 있다. 글쓴이는 아파트에서의 삶은 얇은 삶, 즉 인위적·표면적인 것만을 중시하는 삶의 양식을 보여 주는 반면, 땅 집에서의 삶은 두꺼운 삶, 즉 자연적·내면적인 가치가 존중되는 삶의 양식을 보여 준다고 말하고 있다. 그리고 이를 통해 깊이 없는 삶을 살아가는 현대인들에 대한 비판적인 시각을 드러내고 있다. 또한 얇은 삶을 비판하는 자신도 그러한 삶에 깊이 물들어 있음을 인식하며 자기반성적 사고를 드러내고 있다.

작품 연구소

글쓴이의 자기반성에 담긴 의미

글쓴이는 사는 곳에 따라 삶의 모습과 깊이가 달라질 수 있다는 자신의 생각에 비판적으로 접근하면서, 아파트의 삶에 길들여져 있는 자신을 반성하고 있다. 그리고 아파트에 살고 이에 길들여져 있으면서도 아파트에서의 삶을 비판하는 자기모순과, 삶의 깊이를 잃어버린 자신의 삶을 반성하고 있다.

'땅 집'과 '아파트'의 특성 비교

땅 집		아파트
• 아름다운 우물과 같이 비밀스러운 가치가 존재함. • 자연 재배가 가능함. → 자연과의 교감이 가능함.	↔	• 모든 것이 노출되어 있는 구조로 비밀이 존재할 수 없음. • 채소를 직접 키울 수 없음. → 자연과의 교감이 불가능함.
자연적이고 내면적인 가치가 존중되는 삶의 양식		인위적이고 표면적인 것만을 중시하는 삶의 양식
↓		↓
두꺼운 삶		얇은 삶

063 지란지교를 꿈꾸며 |유안진

문학 천재(김)

키워드 체크 #사색적 #내가 바라는 친구 #진정한 친구 관계 성찰

『 』: 글쓴이가 소망하는 친구의 모습 나열
『저녁을 먹고 나면 허물없이 찾아가 차 한잔을 마시고 싶다고 말할 수 있는 친구가 있
서로 매우 친하여, 체면을 돌보거나 조심할 필요가 없이
었으면 좋겠다. 입은 옷을 갈아입지 않고 김치 냄새가 좀 나더라도 흉보지 않을 친구
가 우리 집 가까이에 있었으면 좋겠다.

비 오는 오후나 눈 내리는 밤에 고무신을 끌고 찾아가도 좋을 친구, 밤늦도록 공허한
마음도 마음 놓고 보일 수 있고, 악의 없이 남의 얘기를 주고받고 나서도 말이 날까 걱
정되지 않는 친구가……』
▶ 허물없고 편안한 친구에 대한 소망

사람이 자기 아내나 남편, 제 형제나 제 자식하고만 사랑을 나눈다면 어찌 행복해질
수 있으랴. 영원이 없을수록 영원을 꿈꾸도록 서로 돕는 진실한 친구가 필요하리라.
설의법. 행복해질 수 없다는 의미
그가 여성이어도 좋고 남성이어도 좋다. 나보다 나이가 많아도 좋고 동갑이거나 적
어도 좋다. 다만 그의 인품이 맑은 강물처럼 조용하고 은근하며 깊고 신선하며 예술과
글쓴이가 소망하는 친구의 모습
인생을 알고 중후한 몸가짐을 할 수 있으면 된다. ▶ 인품이 깊고 예술과 인생을 아는 친구에 대한 소망

때로 약간의 변덕과 신경질을 부려도 그것이 애교로 통할 수 있을 정도면 괜찮고 나
의 변덕과 괜한 흥분에도 적절히 맞장구를 쳐 주고 나서, 얼마의 시간이 흘러 내가 평
온해지거든 부드럽고 세련된 표현으로 충고를 아끼지 않았으면 좋겠다.
글쓴이가 소망하는 친구의 모습 ▶ 자신에게 충고를 아끼지 않는 친구에 대한 소망
나는 많은 사람을 사랑하고 싶진 않다. 많은 사람과 사귀기도 원치 않는다. 나의 일
생에 한두 사람과 끊어지지 않는 아름답고 향기로운 인연으로 죽기까지 지속되길 바
란다. 『나는 여러 나라 여러 곳을 여행하면서, 끼니와 잠을 아껴 될수록 많은 것을 구경
『 』: 여행에서의 경험을 근거로 제시하여 한두 사람과 깊고 오랜 인연을 이어 나가고 싶은 자신의 우정관을 뒷받침함.
하였다. 그럼에도 지금은 그 많은 구경 중에 기막힌 감회로 남은 것은 거의 없다. 만약
지난 일을 돌이켜 볼 때 느껴지는 회포
내가 한두 곳 한두 가지만 제대로 감상했더라면, 두고두고 되새겨질 자신이 되었을걸.』

[중략]
▶ 친구를 많이 사귀기보다 한두 사람과 아름답고 오랜 인연을 맺고 싶음.

『내가 길을 가다가 한 묶음의 꽃을 사서 그에게 들려 줘도 그는 날 주책이라고 나무라
『 』: 서로의 허물을 무난히 받아주고 이해해 주는 관계가 되기를 바람.
지 않으며, 건널목이 아닌 데로 찻길을 건너도 나의 교양을 비웃지 않을 게다. 나 또한
더러 그의 눈에 눈곱이 끼더라도 이 사이에 고춧가루가 끼었다 해도 그의 숙녀됨이나
신사다움을 의심하지 않으며, 오히려 인간적인 유유함을 느끼게 될 게다.』
여유가 있고 느림
『우리의 손이 비록 작고 여리나, 여로를 버티어 주는 기둥이 될 것이며, 우리의 눈에
여행하는 길. 또는 나그네가 가는 길. 인생의 여로
핏발이 서더라도 총기가 사라진 것은 아니며, 눈빛이 흐리고 시력이 어두워질수록 서
로를 살펴 주는 불빛이 되어 주리라.』
『 』: 인생을 살아가며 서로가 서로에게 의지가 되고 힘이 되어 주는 관계가 되기를 바람. 염습할 때에 송장에 입히는 옷
그러다가 어느 날이 홀연히 오더라도 축복처럼, 웨딩드레스처럼 수의(壽衣)를 입게
죽을 때까지 우정을 이어 가기를 바람.
되리라. 같은 날 또는 다른 날이라도.

세월이 흐르거든 묻힌 자리에서 더 고운 품종의 지란(芝蘭)이 돋아 피어, 맑고 높은
지초(芝草)와 난초(蘭草)를 아울러 이르는 말
향기로 다시 만나지리라.
▶ 죽어서도 영원할 우정을 바람.

키 포인트 체크

제재 진정한 □□ 관계에 대한 글쓴이의 성찰과 소망에 대해 이야기하고 있다.
관점 글쓴이는 여러 사람을 사귀기보다는 한두 사람과 아름답고 오랜 □□을 이어 가기를 바라고 있다.
표현 '~면 좋겠다'는 표현을 □□하여 자신이 바라는 친구의 모습을 열거하고 있다.

답 친구, 인연, 반복

핵심 정리
갈래 경수필
성격 일상적, 사색적
제재 친구
주제 진정한 친구 관계에 대한 성찰과 소망
특징 ① '~면 좋겠다'를 반복하여 글쓴이가 원하는 친구의 특징이나 모습을 열거함.
② 간결하고 자연스러운 문장을 사용하여 글쓴이가 추구하는 인간관계에 대해 서술함.
출전 《지란지교를 꿈꾸며》(1989)
작가 유안진(1941~) 시인. 여성의 삶을 깊이 응시하는 시, 자연의 이치를 통찰하는 작품을 많이 썼다. 주요 저서로 시집 《절망 시편》, 《다보탑을 줍다》, 수필집 《우리를 영원케 하는 것들》 등이 있다.

이해와 감상

이 글은 글쓴이가 소망하는 친구의 모습과 우정에 대해 쓴 수필로 글쓴이의 인간관과 우정관을 엿볼 수 있다. 글쓴이는 자신의 허물을 무난하게 받아 주며 아무 때나 찾아가도 편안한 친구, 맑고 깊은 인품을 지닌 친구, 예술과 인생을 알고 중후한 몸가짐을 지닌 친구, 자신의 변덕과 흥분에 적절히 맞장구쳐 주지만, 부드럽고 세련되게 충고해 줄 줄도 아는 친구 등 자신이 원하는 친구의 모습을 자세하고 구체적으로 나열하여 나타내고 있다. 또 여러 사람과 사귀기보다 한두 사람과의 아름다운 인연을 오래 지속하고, 죽어서도 변하지 않을 우정을 바라는 마음을 표현하고 있다.

작품 연구소

여행 경험에서 이끌어 낸 우정관
· 여러 나라 여러 곳을 여행하며 많은 것을 구경함.
· 기막힌 감회로 남은 것이 거의 없음.
↓
한두 가지만 제대로 감상했으면 두고두고 기막힌 감회로 남았을 것임.
↓
우정 또한 많은 사람과 사귀기보다 일생에 한두 사람과 끊어지지 않는 아름답고 향기로운 인연으로 지속되길 바람.

자료실

우정과 관련된 사자성어
· 지란지교(芝蘭之交): 지초(芝草)와 난초(蘭草)의 교제라는 뜻으로, 벗 사이의 맑고도 고귀한 사귐을 이르는 말.
· 관포지교(管鮑之交): 옛날 중국의 관중(管仲)과 포숙(鮑叔)처럼 친구 사이의 우정이 깊음을 이르는 말.
· 수어지교(水魚之交): 물이 없으면 살 수 없는 물고기와 물의 관계라는 뜻으로, 아주 친밀하여 떨어지려야 떨어질 수 없는 사이를 비유적으로 이르는 말.
· 단금지계(斷金之契): 쇠라도 자를 만큼의 굳은 약속이라는 뜻으로, 매우 두터운 우정을 이르는 말.

064 나는 걷고 싶다 |신영복

문학 창비

키워드 체크 #감옥에서 보낸 편지 #사색적 #자유를 향한 의지

계수님께
편지를 받는 대상. '계수'는 남자 형제 사이에서 동생의 아내를 이르는 말
작년 여름, 비로 다 내렸기 때문인지 눈이 인색한 겨울이었습니다.

눈이 내리면 눈 뒤끝의 매서운 추위는 죄다 우리가 입어야 하는데도 눈 한번 찐하게

안 오나, 젊은 친구들 기다려 쌓더니 얼마 전 사흘 내리 눈 내리는 날 기어이 운동장 구
추위는 아랑곳하지 않고 눈을 기다리는 젊은이들. 눈사람의 가슴에 글귀를 박은 사람들

석에 눈사람 하나 세웠습니다.

옥뜰에 서 있는 눈사람. 연탄 조각으로 가슴에 박은 글귀가 섬뜩합니다.
감옥의 뜰
"나는 걷고 싶다."
자유를 향한 의지

있으면서도 걷지 못하는 우리의 다리를 깨닫게 하는 그 글귀는 단단한 눈 뭉치가 되
역설. 나와 젊은 친구들이 처한 상황(자유 의지를 억압당함.)   자유를 향한 의지를 다시 한번 다짐함.

어 이마를 때립니다.

내일모레가 2월 초하루. 눈사람도 어디론가 가고 없고 먼 데서 봄이 오는 기척이 들
자연의 이치 → 추운 날이 지나고 따뜻한 봄날이 올 것을 기대함.

립니다.
'그 날짜에 효력이 발생함'의 뜻을 더하는 접미사
1월 25일부 편지와 돈 받았습니다. 계수님의 건강과 발전을 빕니다.
편지와 돈을 받았다는 소식을 알림.   편지를 받는 사람에 대한 안부 인사

1988. 1. 30.
▶ 눈사람을 만들며 깨달은 현실과 자유를 향한 의지

◎ 핵심 정리

갈래 경수필, 편지글
성격 고백적, 사색적
제재 옥뜰에 서 있는 눈사람
주제 자유를 향한, 굽히지 않은 의지
특징 ① 계수님께 전하는 편지글의 형식을 통해 글쓴 이의 의지를 드러냄.
　　　② 대화하듯이 자연스럽게 씀.
출전 《감옥으로부터의 사색》(1988)
작가 신영복(본책 56쪽 참고)

이해와 감상

이 글은 글쓴이가 20년 20일 동안 수감 생활을 하면서 가족들에게 보낸 편지 중 하나이다. 이 글에서 글쓴이는 감옥 뜰에 서 있는 눈사람에 대해 이야기하며, 육체적으로 자유를 억압당한 상황에서 자유를 향한 의지를 억누를 수 없다는 생각을 드러내고 있다. 또 눈사람이 사라지고 봄이 오는 기척이 들리듯이, 언젠가 어둡고 고난스러운 찬 시절이 지나고 밝고 희망에 찬 날이 올 거라는 기대를 은연중에 드러내고 있다.

작품 연구소

편지의 목적과 편지에 담긴 의미

편지의 목적	① 자신의 근황을 알림. ② 돈을 받았음을 알림. ③ 계수님의 건강과 발전을 기원함.
편지에 담긴 의미	눈사람과 관련한 일화를 통해, 비록 육체는 감옥에 수감되어 있지만 자유를 향한 의지는 굽히지 않았음을 드러냄.

편지에 사용된 다양한 표현과 그 효과

역설	있으면서도 걷지 못하는 우리의 다리 → 화자가 처한 현실을 드러냄.
은유	그 글귀는 단단한 눈 뭉치가 되어 이마를 때립니다. → 자유를 향한 의지를 다시 한번 다짐하고 부각함.

키 포인트 체크

제재 글쓴이는 [ ][ ] 뜰에 서 있는 눈사람에 관해 이야기하며 자신의 근황을 전하고 있다.
관점 글쓴이는 눈사람의 가슴에 박힌 글귀를 통해 [ ][ ]를 향한 의지를 나타내고 있다.
표현 [ ][ ]적 표현을 사용하여 자신이 처한 억압적 상황을 드러내고 있다.

답 감옥, 자유, 역설

065 외래어 노이로제 | 박완서

키워드 체크 #풍자적 #애니 커트 #써쎈느 커트 #외래어 강박증

전략 부분의 내용 글쓴이는 시내에 나왔다가 충동적으로 호텔 지하상가 미장원에 머리를 자르러 들어간다.
_{미용실}
평소 단골로 다니던 미장원과 달리 넓고 사치스러워 보이는 미장원에 살짝 주눅이 든다.

어떤 모양으로 커트를 치겠느냐는 건 내 차례가 되어 거울 앞 의자에 앉고 나서 묻는
게 보통 미장원에서의 순서인데 여기선 달랐다. 소녀의 말씨는 감기듯 나긋나긋하면
서도 어딘가 이국적이었다.

"애니 커트로 하시겠어요, 써쎈느 커트로 하시겠어요?"
_{글쓴이는 '애니 커트'와 '써쎈느 커트'라는 단어를 낯선 외래어로 여김.}
소녀가 그렇게 속삭였다고 내 귀는 알아들었다. 그러나 이런 난감할 때가 있나. 그
두 종류의 커트가 도대체 어떤 모양을 의미하는지 알 턱이 없었다. 그렇다고 미장원
에서 통용되는 외래어를 못 알아들은 것까지 창피해할 거야 없지 싶어 나는 용기 내어
그 두 가지 이상한 이름의 커트가 어떻게 다른가 물어보았다. 나는 그때 애니 커트와
써쎈느 커트를, 해방이 되고도 오랫동안 미장원에 남아 있던 우찌마끼니 소도마끼니
_{일본식 표현으로, 머리를 연출하는 스타일을 이르는 말}
하는 일본말처럼 일정한 머리 모양을 가리키는 새로운 외래어인 줄 알고 물어본 거였
다. 그러나 소녀의 대답은 전혀 엉뚱했다.
_{동문서답의 대답을 함.}
"애니 커트는 팔천 원이고 써쎈느 커트는 만 삼천 원예요."
_{커트의 가격의 차이를 물어본 줄 알고 대답하는 소녀}
그 소리 역시 최초의 질문처럼 매우 낮게 속삭이듯 혀를 굴려 말했다. 우리 동네 미
_{우리말에 멋을 부려 외래어처럼 표현하는 소녀의 모습}
장원에서 삼천 원에 커트 치던 나로서는 그 비싼 값도 놀라웠지만 소녀의 입가에 어린
미소가 너 따위가 팔천 원짜리밖에 더 하겠느냐고 말하는 듯해서 나는 더 물어볼 용기
를 잃고 항복하듯이 비참하게 말했다. _{주눅이 든 글쓴이의 모습} ▶ 미용실의 낯선 환경과 처음 듣는 외래어에 주눅이 듦.

"그럼 그 팔천 원짜리로 해 주세요." / "애니 커트로 해 주세요."라고 말하지 않은 건
소녀처럼 그렇게 부드럽게 혀 꼬부라진 소리를 낼 자신이 없어선지도 몰랐다. 미용실
로 나가 순서를 기다리는 동안 나는 눈치껏 그 두 가지 커트가 어떻게 다른가를 알아
내려고 남들이 커트 친 머리 모양을 열심히 살폈으나 도무지 어림짐작도 할 수 없었
다. _{미용실에서 통용되는 외래어를 알아차리려고 노력했지만 결국 알아내지 못함.} 만일 남들이 치는 커트는 다 만 삼천 원짜리고 팔천 원짜리는 괴상한 머리 모양을
뜻하는 거라면 어쩌나 근심이 되는 채로 나는 긴 의자에 누워 편안히 머리를 축이고
나서 마침내 거울 앞에 앉았다. 그때 단골인 듯싶은 여자가 원피스 위에 밍크 숄만 두
르고 황급히 들어와 선생님을 찾았다. 나처럼 생머리였다.
_{애니 커트와 써쎈느 커트의 비밀이 밝혀지는 계기가 되는 존재}

"선생님 방금 외출하셨어요. 두 시간 후에나 돌아오실 텐데……."

"어머머, 두 시간씩이나……. 큰일 났네, 시간 없는데." / "그러시면 예약을 하실 걸
그랬어요." / "할 수 없지 뭐. 언니한테 부탁을 해야지. 김 언니 있지?"
_{애니 커트가 언니 커트임을 알게 됨.}
내가 애니 커트, 써쎈느 커트로 알아들은 건 실은 언니 커트, 선생님 커트였던 것이다.
내 귀에 문제가 있는 게 아니라 내 외래어 노이로제가 문제였던 것이다.
_{무분별한 외래어 사용에 대한 강박 관념이 낳은 오해임을 밝힘.} ▶ 외래어라고 생각했던 단어의 정체를 알게 됨.

포인트 체크

제재 미장원에서 ☐☐☐에 대한 강박 때문에 상대방의 말을 제대로 알아듣지 못한 글쓴이의 경험을
이야기하고 있다.

관점 글쓴이는 동네 미장원과는 사뭇 다른 호텔 미장원의 낯선 환경에 ☐☐이 들어 있다.

표현 글쓴이가 잘못 알아들은 외래어의 정체를 마지막에 밝힘으로써 ☐☐의 효과를 거두고 있다.

답 외래어, 주눅, 반전

핵심 정리

갈래 경수필
성격 풍자적, 비판적
제재 미장원에서의 경험
주제 친숙한 단어도 잘못 알아듣게 한 외래어에 대한
강박증
특징 ① 글쓴이가 잘못 알아들은 단어를 마지막에 밝
혀 풍자의 효과를 부각함.
② 인물의 감정을 섬세하고 재치 있게 표현함.
출전 《나의 아름다운 이웃》(1991)
작가 박완서(본책 82쪽 참고)

이해와 감상

이 글은 외래어 노이로제에 시달리는 주인공이 낯선
외래어로 알아들은 '애니', '써쎈느'라는 말이 사실 '언
니'와 '선생님'이었다는 반전을 담고 있다. 호텔 미장
원에서 주눅이 든 인물의 심리를 섬세하고 재치 있게
표현하였으며 외래어가 무분별하게 사용되는 현대 사
회를 풍자적으로 그려 내고 있다.

작품 연구소

글쓴이의 심리 변화

동네와는 다른 호텔 미장원의 환경과 준비 과정에서 주눅이 듦.
↓
소녀가 말한 '애니 커트', '써쎈느 커트'를 이해하지 못하고 당황함.
↓
단골인 듯한 손님의 말에서 글쓴이가 궁금해하던 말이 외래어가 아님을 알고 궁금증이 해소됨.

글쓴이가 오해를 한 이유

호텔 미장원의 낯선 환경 [전략 부분]	• 소파가 있는 탈의실이 있음. • 분홍색 가운을 입혀 줌. • 커트를 치는 준비 과정이 동네 미장원과는 다름.
소녀의 말	• 나긋나긋하면서도 이국적인 말씨 • 자신의 질문에 엉뚱한 대답을 함.

↓

낯설고 비싸 보이는 환경에 주눅이 들어서

미장원에서의 경험에 대한 글쓴이의 생각

직원의 말을 제대로 알아듣기 전	직원이 한 말이 무슨 말인지 몰라 직원에게 물어봤으나 다른 엉뚱한 대답을 들음.

↓

단골인 듯한 손님의 말을 듣고, '애니 커트, 써쎈느 커트'가 '언니 커트, 선생님 커트'임을 알게 됨.

↓

직원의 말을 이해한 뒤	무분별한 외래어 사용에 대한 강박 때문에 상대방의 말을 제대로 알아듣지 못했음을 알게 됨.

066 무량수전 배흘림기둥에 기대서서 | 최순우

키워드 체크 #기행 수필 #감상적 #부석사 무량수전 #훌륭한 문화유산 #순리의 아름다움

소백산 기슭 부석사의 한낮, 스님도 마을 사람도 인기척이 끊어진 마당에는 오색 낙엽이 그림처럼 깔려 초겨울 안개비에 촉촉히 젖고 있다. 『무량수전, 안양문, 조사당, 응향각들이 마치 그리움에 지친 듯 해쓱한 얼굴로 나를 반기고,』 호젓하고도 스산스러운
얼굴에 핏기나 생기가 없어 파리한   어수선하고 쓸쓸한 분위기가 있는
희한한 아름다움은 말로 표현하기가 어렵다. 나는 무량수전 배흘림기둥에 기대서서
사무치는 고마움으로 이 아름다움의 뜻을 몇 번이고 자문자답했다.
▶ 무량수전 배흘림기둥에 기대서서 느끼는 아름다움
『무량수전은 고려 중기의 건축이지만 우리 민족이 보존해 온 목조 건축 중에서는 가
「 」: 문화재 전문가다운 견해를 드러냄.
장 아름답고 가장 오래된 건물임이 틀림없다.』 기둥 높이와 굵기, 사뿐히 고개를 든 지
붕 추녀의 곡선과 그 기둥이 주는 조화, 간결하면서도 역학적이며 기능에 충실한 주심
포의 아름다움, 이것은 꼭 갖출 것만을 갖춘 필요미이며 문창살 하나 문지방 하나에도
기둥머리 바로 위에 짜 놓은 공포(拱包)
나타나 있는 비례의 상쾌함이 이를 데가 없다. 멀찍이서 바라봐도 가까이서 쓰다듬어
봐도 『무량수전은 의젓하고도 너그러운 자태이며 근시안적인 신경질이나 거드름이 없
「 」: 의인법   앞날의 일이나 사물 전체를 보지 못하고 눈앞의 부분적인 현상에 사로잡히는
다.』 무량수전이 지니고 있는 이러한 자체야말로 석굴암 건축이나 불국사 돌계단의 구
무량수전과 석굴암, 불국사를 비교함.
조와 함께 우리 건축이 지니는 참멋, 즉 조상들의 안목과 그 미덕이 어떠하다는 실증
을 보여 주는 본보기라 할 수밖에 없다.
▶ 무량수전의 아름다움

무량수전 앞 안양문에 올라앉아 먼 산을 바라보면 산 뒤에 또 산, 그 뒤에 또 산마루,
눈길이 가는 데까지 그림보다 더 곱게 겹쳐진 능선들이 모두 이 무량수전을 향해 마련
산등성이를 따라 죽 이어진 선
된 듯싶어진다. 『이 대자연 속에 이렇게 아늑하고도 눈맛이 시원한 시야를 터 줄 줄 아
「 」: 의상 대사의 안목에 대한 예찬적 태도를 드러냄.   눈으로 보고 느끼는 기분
는 한국인, 높지도 얕지도 않은 이 자리를 점지해서 자연의 아름다움을 한층 그윽하게
빛내 주고 부처님의 믿음을 더욱 숭엄한 아름다움으로 이끌어 줄 수 있었던 뛰어난 안
목의 소유자, 그 한국인, 지금 우리의 머릿속에 빙빙 도는 그 큰 이름은 부석사의 창건
주 의상 대사이다.』
▶ 부석사의 창건주인 의상 대사에 대한 예찬
통일 신라 시대의 승려(625~702). 우리나라 화엄종의 창시자
이 무량수전 앞에서부터 당간 지주가 서 있는 절 밖, 그 넓은 터전을 여러 층 단으로
당간을 받쳐 세우는 기둥
닦으면서 그 마무리로 쌓아 놓은 긴 석축들이 각기 다른 각도에서 이뤄진 것은 아마도
돌로 쌓아 만든 옹벽
먼 안산이 지니는 겹겹한 능선의 각도와 조화시키기 위해 풍수 사상에서 계산된 계획
풍수지리에서, 집터나 묏자리의 맞은편에 있는 산
일 수도 있을 것 같다. 이 석축들의 짜임새를 바라보고 있으면 신라나 고려 사람들이
지녔던 자연과 건조물의 조화에 대한 생각을 알 수 있을 것 같고, 그것은 순리의 아름
건축물이 자연과 조화를 이루고 있음.
다움이라고 이름 짓고 싶다. 크고 작은 자연석을 섞어서 높고 긴 석축을 쌓아 올리는
일은 자칫 잔재주에 기울기 마련이지만, 이 부석사 석축들을 돌아보고 있으면 이끼 낀
크고 작은 돌들의 모습이 모두 그 석축 속에서 편안하게 자리 잡고 있어서 희한한 구
성을 이루고 있다.
자연과 건조물의 조화를 느낌.
▶ 석축과 안산을 통해 느낀 순리의 아름다움

키 포인트 체크

제재 글쓴이는 ☐☐☐☐을 중심으로 부석사와 그 주변 경관을 감상하고 있다

관점 자연과 조화를 이룬 ☐☐☐☐의 아름다움과 그 아름다움을 만들어 낸 의상 대사의 안목을 ☐☐
하고 있다.

표현 ☐☐☐을 사용하고 석굴암, 불국사 등과 비교하여 무량수전이 지닌 아름다움과 멋을 표현하고
있다.

답 무량수전, 부석사, 예찬, 비유법(의인법)

핵심 정리

갈래 경수필, 기행 수필
성격 감상적, 예찬적
제재 부석사 무량수전
주제 부석사의 순리적 아름다움 예찬
특징 ① 전통문화 속에 담긴 아름다움을 따뜻한 시각
으로 그림.
② 한국 미술의 전 영역에 걸쳐 작품의 면면을
살핌.
출전 《무량수전 배흘림기둥에 기대서서》(1994)
작가 최순우(1916~1984) 미술 사학자, 미술 평론
가. 국립 중앙 박물관 관장을 맡아 국립 중앙 박
물관을 확장·발전시켰다. 주요 저서로 《한국
미술사》, 《나는 내 것이 아름답다》 등이 있다.

이해와 감상

이 글은 무량수전의 아름다움을 중심으로 부석사와
그 주변 경관을 묘사하고 한국적인 순리의 아름다움
을 예찬하고 있는 수필이다. 글쓴이는 무량수전 배흘
림기둥에 기대서서 날이 저무는 소백산맥을 바라보
며, 훌륭한 문화유산을 남긴 조상께 감사하며 조상들
이 문화에 대해 지녔던 태도에 경외심을 드러내고 있
다. 특히 부석사의 창건주인 의상 대사를 떠올리며 그
의 안목에 감탄하기도 한다. 그리고 자연과 조화된 부
석사 석축들을 바라보면서 순리의 아름다움이라 예찬
하고 있다. 문화재 전문가인 글쓴이의 식견과 우리 문
화에 대한 애정이 돋보이는 글이다.

자료실

부석사
경북 영주시 부석면 봉황산(鳳凰山) 중턱에 위치
한 절로, 676년(신라 문무왕 16) 의상(義湘)이 왕
명을 받들어 창건한 이래 화엄종(華嚴宗)의 중심
사찰이 되었다. 경내에는 무량수전(국보 제18
호)·조사당(국보 제19호)·소조 여래 좌상(塑造
如來坐像, 국보 제45호)·조사당 벽화(국보 제46
호)·무량수전 앞 석등(국보 제17호) 등의 국보와
삼층 석탑·석조 여래 좌상·당간지주(幢竿支柱)
등의 보물, 원융 국사비·불사리 탑 등의 지방 문
화재가 있다.

▲ 부석사

배흘림기둥
건물의 조화와 안정을 위하여 기둥 중간 부분의
배가 약간 부르도록 한 건축 양식으로, 그리스·로
마 고전 건축의 외벽면 기둥에 사용하였다. 엔타
시스(entasis)라고도 한다.

067 어리석은 자의 우직함이 세상을 조금씩 바꿔 갑니다 | 신영복 [독서] 동아

키워드 체크 #기행 수필 #서간체 형식 #평강 공주의 주체성과 우직함 #삶의 진정성 추구

나는 <u>수많은 사람들이 함께 창작하고 그 후 더 많은 사람들이 오랜 세월에 걸쳐서 승낙한</u> 온달 장군과 평강 공주의 이야기를 믿습니다. 다른 어떠한 실증적 사실(史實)보다도 당시의 정서를 더 정확히 담아내고 있다고 생각하기 때문입니다. 완고한 신분의 벽을 뛰어넘어 미천한 출신의 바보 온달을 선택하고 드디어 용맹한 장수로 일어서게 한 평강 공주의 결단과 주체적 삶에는 민중의 소망과 언어가 담겨 있기 때문입니다. 이것이 바로 온달 설화가 당대 사회의 이데올로기에 매몰된 한 농촌 청년의 우직한 충절의 이야기로 끝나지 않는 까닭이라고 생각됩니다. 인간의 가장 위대한 가능성은 이처럼 과거를 뛰어넘고 사회의 벽을 뛰어넘어 드디어 자기를 뛰어넘는 비약에 있는 것이라고 할 수 있기 때문입니다. ▶ 온달과 평강 공주 설화의 의미와 가치

나는 평강 공주와 함께 온달 산성을 걷는 동안 내내 '능력 있고 편하게 해 줄 사람'을 찾는 당신이 생각났습니다. '신데렐라의 꿈'을 버리지 못하고 있는 당신이 안타까웠습니다. 『현대 사회에서 평가되는 능력이란 인간적 품성이 도외시된 '경쟁적 능력'입니다. 그것은 다른 사람들의 낙오와 좌절 이후에 얻을 수 있는 것으로, 한마디로 숨겨진 칼처럼 매우 비정한 것입니다.』 그러한 능력의 품속에 안주하려는 우리의 소망이 과연 어떤 실상을 갖는 것인지 고민해야 할 것입니다. ▶ 세속적 소망을 가진 '당신'에 대한 안타까움

당신은 기억할 것입니다. 세상 사람은 현명한 사람과 어리석은 사람으로 분류할 수 있다고 당신이 먼저 말했습니다. 현명한 사람은 자기를 세상에 잘 맞추는 사람인 반면에 어리석은 사람은 그야말로 어리석게도 세상을 자기에게 맞추려고 하는 사람이라고 했습니다. 그러나 역설적이게도 세상은 이런 어리석은 사람들의 우직함으로 인하여 조금씩 나은 것으로 변화해 간다는 사실을 잊지 말아야 한다고 생각합니다. 우직한 어리석음, 그것이 곧 지혜와 현명함의 바탕이고 내용입니다.

'편안함' 그것도 경계해야 할 대상이기는 마찬가지입니다. 편안함은 흐르지 않는 강물이기 때문입니다. '불편함'은 흐르는 강물입니다. 흐르는 강물은 수많은 소리와 풍경을 그 속에 담고 있는 추억의 물이며 어딘가를 희망하는 잠들지 않는 물입니다.

당신은 평강 공주의 삶이 남편의 입신(立身)이라는 가부장적 한계를 뛰어넘지 못한 것이라고 하였습니다만 산다는 것은 살리는 것입니다. 살림[生]입니다. 그리고 당신은 자신이 공주가 아니기 때문에 평강 공주가 될 수 없다고 하지만 살림이란 '뜻의 살림'입니다. 세속적 성취와는 상관없는 것이기도 합니다. 그런 점에서 나는 평강 공주의 이야기는 한 여인의 사랑의 메시지가 아니라 그것을 뛰어넘는 '삶의 메시지'라고 생각합니다. / 나는 당신이 언젠가 이 산성에 오기를 바랍니다. 남한강 푸른 물굽이가 천 년 세월을 변함없이 감돌아 흐르는 이 산성에서 평강 공주와 만나기를 바랍니다. ▶ 평강 공주의 주체적 삶이 주는 교훈을 얻길 바람.

키 포인트 체크

제재 ☐☐과 ☐☐ 공주의 설화를 재해석하여 현대인이 가져야 할 바람직한 삶의 태도에 대해 이야기하고 있다.

관점 글쓴이는 평강 공주를 ☐☐이고 능동적인 삶을 산 인물로 평가하고 있다.

표현 ☐☐ 형식과 경어체 사용을 통해 부드러운 느낌을 주고 있다.

답 온달, 평강, 주체적, 편지

핵심 정리

갈래 경수필, 기행 수필
성격 교훈적, 사색적, 설득적, 비판적
제재 온달과 평강 공주의 이야기
주제 어리석은 자의 우직함은 세상을 바꾸는 가치이다.
특징 ① 편지를 쓰듯 친근한 표현을 사용함.
　② 설화에서 새로운 가치를 이끌어 냄.
　③ 자신의 가치관을 기존의 가치관과 비교함.
출전 《나무야 나무야》(1996)
작가 신영복(본책 56쪽 참고)

이해와 감상

이 글에서 글쓴이는 평강 공주의 설화를 재해석하여 편안한 삶에 안주하기보다는 주체적인 판단과 실천으로 삶을 개척하는 것이 중요하다는 견해를 펼치고 있다. 또한 글쓴이는 '당신'과 '평강 공주'의 삶을 대비하여 어리석은 사람들의 우직함이 세상을 바꾸는 원동력이라는 것과 삶의 진정성을 추구하는 것이 가치 있는 삶이라는 것을 알려 주고 있다. 경어체로 '당신'이라는 인물에게 편지를 쓰듯 서간체 형식으로 서술하여 친근하고 부드러운 느낌이 들게 하고 있는 것이 특징이다.

작품 연구소

글쓴이가 생각하는 긍정적인 삶과 부정적인 삶의 모습

긍정적인 삶	부정적인 삶
• 평강 공주 • 어리석은 사람 • 세상을 자신에게 맞추려는 사람 • 불편함, 흐르는 강물	• 편하게 해 줄 사람을 찾는 당신 • 현명한 사람 • 세상에 자신을 맞추는 사람 • 편안함, 흐르지 않는 강물

↓

주체적이고 능동적인 삶을 선택한 평강 공주
+
자신의 신분을 딛고 노력과 우직함으로 진실한 삶을 산 온달

→ 힘든 삶을 선택하여 어리석어 보이지만 사실은 그것이 세상을 바꾸는 가치 있는 삶이라는 것을 역설적으로 보여 줌.

자료실

온달 산성(溫達山城)
사적 제264호로 지정된 충북 단양군 영춘면에 있는 옛 석성(石城)이다. 원형이 잘 보존되어 있으며 삼국 시대의 유물이 출토되기도 하였다. 남한강 변 해발 427m의 성산(城山)에 반월형으로 축조된 테뫼식 산성이다. 이 산성은 영토 전쟁에서 우위를 점하기 위해 한강 이남을 차지하려는 각국에게 전초 기지 역할을 할 수 있는 곳이어서 신라와 고구려 사이의 치열한 전투가 있었을 것으로 예상되는 곳이다.

068 실수 | 나희덕

[화작] 창비

키워드 체크 #교훈적 #실수의 긍정적 의미 #실수에 관대한 태도의 필요성

옛날 중국의 곽휘원이란 사람이 떨어져 살고 있는 아내에게 편지를 보냈는데, 그 편지를 받은 아내의 답시는 이러했다.

벽사창에 기대어 당신의 글월을 받으니 / 처음부터 끝까지 흰 종이뿐이옵니다.

아마도 당신께서 이 몸을 그리워하심이 / 차라리 말 아니하려는 뜻임을 전하고자 하신 듯하여이다.

이 답시를 받고 어리둥절해진 곽휘원이 그제야 주위를 둘러보니, 아내에게 쓴 의례적인 문안 편지는 책상 위에 그대로 있는 게 아닌가. 아마도 그 옆에 있던 흰 종이를 편지인 줄 알고 잘못 넣어 보낸 것인 듯했다. 백지로 된 편지를 전해 받은 아내는 처음엔 <u>곽휘원이 저지른 실수</u> 무슨 영문인가 싶었지만, 꿈보다 해몽이 좋다고 자신에 대한 그리움이 말로 다할 수 없음에 대한 고백으로 그 여백을 읽어 내었다. <u>남편의 실수가 오히려 아내에게 깊고</u> <u>곽휘원의 실수가 아내를 행복한 오해로 이끎.</u> <u>그윽한 기쁨을 안겨 준 것이다. 이렇게 실수는 때로 삶을 신선한 충격과 행복한 오해</u> <u>로 이끌곤 한다.</u> [중략] <u>실수의 긍정적 효과</u> ▶ 실수와 관련된 곽휘원의 일화

중략 부분의 내용 글쓴이는 암자에 묵었을 때 스님에게 빗을 빌려 달라고 말했던 자신의 실수를 언급한다.

그러면 실수의 '어처구니없음'은 어디서 오는 것일까. 『원래 어처구니란 엄청나게 큰 『 』: '어처구니없음'의 의미 사람이나 큰 물건을 가리키는 뜻에서 비롯되었는데, 그것이 부정어와 함께 굳어지면서 어이없다는 뜻으로 쓰이게 되었다. 크다는 뜻 자체는 약화되고 그것이 크든 작든 우리가 가지고 있는 상상이나 상식을 벗어난 경우를 지칭하게 된 것이다.』 그러니 상상에 빠지기 좋아하고 상식으로부터 자유로워지려는 사람에게 어처구니없는 실수가 그림자처럼 따라다니는 것은 아주 자연스러운 일이다. / 결국 실수는 삶과 정신의 여백 마음의 여유 에 해당한다. 『그 여백마저 없다면 이 각박한 세상에서 어떻게 숨을 돌리며 살 수 있겠 실수 『 』: 실수의 필요성, 설의법 는가. 그리고 발 빠르게 돌아가는 세상에 어떻게 휩쓸려 가지 않고 남아 있을 수 있겠는가.』 어쩌면 사람을 키우는 것은 능력이 아니라 실수의 힘일지도 모른다. ▶ 실수의 긍정적 의미

그러나 날이 갈수록 실수가 용납되는 땅은 점점 좁아지고 있다. 사소한 실수조차 짜증과 비난의 대상이 되기가 십상이다. 남의 실수를 웃으면서 눈감아 주거나 그 실수가 나오는 내면의 풍경을 헤아려 주는 사람을 만나기도 어려워져 간다. [중략] ▶ 사소한 실수조차 용납하지 않는 세태

도대체 정신을 어디에 두고 사느냐는 말을 들을 때면 그 말에 무안해져 눈물이 핑 돌기도 하지만, 내 속의 어처구니는 머리를 디밀고 이렇게 소리치는 것이다. 정신과 마음은 내려놓고 살아야 한다고. 어디로 가는 줄도 모르고 뛰어가는 자신을 하루에도 몇 번씩 세워 두고 '우두커니' 있는 시간, 그 '우두커니' 속에 사는 '어처구니'를 많이 만들어 내면서 살아야 한다고. 바로 그 실수가 곽휘원의 아내로 하여금 백지의 편지를 꽉 상상에 빠지는 순간, 상식으로부터 자유로워지는 순간이 필요하다는 의미 찬 그리움으로 읽어 내도록 했으며, 산사의 노스님으로 하여금 기억의 어둠 속에서 빗 하나를 건져 내도록 해 주었다고 말이다. ▶ 실수를 통해 얻은 글쓴이의 깨달음

키 포인트 체크

제재 사람들이 부정적으로 인식하는 □□ 를 새로운 시각에서 바라보며 새로운 의미를 부여하고 있다.

관점 표현 글쓴이는 예화와 '□□□□□□□'의 뜻을 통해 실수의 □□□ 의미를 제시한 후 실수에 관대해야 한다고 말하고 있다.

답 실수, 어처구니없음, 긍정적

핵심 정리

갈래 경수필
성격 교훈적, 자기 고백적
제재 실수
주제 실수의 긍정적 의미, 실수를 너그럽게 용납해 주는 태도의 필요성
특징 ① 일화를 통해 독자의 관심과 흥미를 유발함.
② 단어의 뜻을 통해 제재에 의미를 부여함.
출전 《반 통의 물》(1999)
작가 나희덕 (본책 62쪽 참고)

이해와 감상

이 글은 글쓴이의 경험담을 토대로 부정적으로 인식되는 실수를 새로운 시각으로 바라보고 실수의 긍정적 의미를 이끌어 내고 있는 수필이다. 글쓴이는 편지 대신 흰 종이를 아내에게 보낸 곽휘원의 실수와 스님에게 빗을 빌린 자신의 실수를 이야기하면서 이러한 실수가 오히려 삶에 신선한 충격과 여유를 가져다줄 수 있다는 깨달음을 전하고 있다. 글쓴이는 사소한 실수조차 짜증과 비난의 대상이 되기 쉬운 오늘날의 현실에서 상상을 즐기며 상식으로부터 자유로워지는 어처구니를 많이 만들어 내며 살 것을 당부하고 있다.

작품 연구소

〈실수〉의 구성 방식

이 글은 전반부에서 두 개의 예화를 다루고 있다. 하나는 곽휘원의 예화이고 다른 하나는 글쓴이의 체험(중략 부분)이다. 이 두 이야기는 모두 삶에 여유를 가져다주는 실수의 긍정적 의미라는 주제를 뒷받침하고 있다. 그러나 이 글에서는 이 두 이야기를 바로 주제와 연결하지 않고 그 가운데 징검다리를 하나 두고 있다. 글쓴이가 일상에서 저지르는, 악의가 섞이지 않은 실수에 관한 이야기와 '어처구니'라는 단어의 의미를 밝힌 부분이 그것이다. 예화와 주제를 연결해 주는 이러한 징검다리로 인해 독자는 '실수'라는 말에도 긍정적인 의미를 부여할 수 있음을 깨닫게 되고, 자연스럽게 글의 주제에 다가갈 수 있는 것이다.

글쓴이가 깨달음을 얻은 과정

곽휘원의 실수	글쓴이의 실수
아내에게 문안 편지 대신 흰 종이를 보냄.	암자에 묵으면서 스님에게 빗을 빌려 달라고 함.

↓

실수에 대한 글쓴이의 생각
• 삶을 신선한 충격과 행복한 오해로 이끎.
• 삶에 의외의 수확이나 즐거움을 가져다줌.

↓

글쓴이의 깨달음
• 실수는 삶과 정신의 여백에 해당함.
• 실수를 용납하지 않는 삶보다 이를 여유롭고 너그럽게 받아들이는 삶의 자세가 필요함.

069 아름다운 흉터 |이청준

키워드 체크 #자전적 #교훈적 #흉터에 대한 인식 변화 #흉터는 고난 극복의 기록

나의 두 손등과 손가락들에는 세 종류의 흉터가 선명하게 남아 있다. / 초등학교 1학
년 때 첫 소풍을 가기 전날 오후 마음이 들뜨다 못해 토방 아래에 엎드려 있는 누렁이
_{소풍에 대한 설렘}
놈의 목을 졸라 대다 졸지에 숨이 막힌 녀석이 내 왼손을 덥석 물어뜯어 생긴 세 개의
_{갑작스러운 판국} _{땔감을 구하러}
개 이빨 자국 세트가 하나, 역시 초등학교 5학년 때쯤 남의 산으로 나무를 하러 갔다
『　』: 손에 남은 흉터가 어린 시절의 가난한 형편과 관련됨을 보여 줌.
가 조급한 도둑 톱질 끝에 내 쪽으로 쓰러져 오는 나무둥치를 피하려다 마른 가지 끝
에 손등을 찍혀 생긴 기다란 상처 자국이 그 둘, 고등학교에 다닐 때까지 방학이 되면
고향 집으로 내려가 논밭걷이와 푸나무를 하러 다니며 낫질을 실수할 때마다 왼손 검
_{풀과 나무를 아울러 이르는 말}
지와 장지 손가락 곁쪽에 하나씩 더해진 낫 상처 자국이 나중엔 이리저리 이어지고 뒤
얽히며 풀려 흐트러진 실타래의 형국을 이루고 있는 것이 그 세 번째 흉터의 꼴이다.』
_{어떤 일이 벌어진 형편이나 국면}
　그런데 나는 시골에서 광주로 중학교 진학을 나오면서부터 한동안 그 흉터들이 큰
부끄러움거리가 되고 있었다. 도회지 아이들의 희고 깨끗하고 부드러운 손에 비해 일
_{중학생 때 흉터에 대한 인식} _{손이 가진 모습을 가볍게 이르는 표현}
로 거칠어지고 흉터까지 낭자한 그 남루하고 못생긴 내 손꼴새라니.
_{여기저기 흩어져 어지러운} _{▶ 손에 있는 흉터에 열등감을 가짐.}
　그러나 그 후 세월이 흘러 직장 일을 다니는 청년기가 되었을 때『그 흉터들과 볼품없
『　』: 흉터에 대한 인식의 전환
는 손꼴이 거꾸로 아름답고 떳떳한 사랑과 은근한 자랑거리로 변해 갔다.』
_{청년 때 흉터에 대한 인식}
　"아무개 씨도 무척 어려운 시절을 힘차게 살아 냈구만. 나는 그 흉터들이 어떻게 생
_{흉터가 어려운 시절을 성실하게 극복한 흔적(증거)임을 일깨움.}
긴 것인 줄을 알지."
　직장의 한 나이 든 선배님이 어떤 자리에서 내 손등의 흉터를 보고 그의 소중스런 마
_{글쓴이와 글쓴이의 직장 선배 모두 가난하지만 성실한 삶을 삶.}
음속 비밀을 건네주듯 자신의 손을 내게 가만히 내밀어 보였을 때, 그리고 그 손등에
나보다도 더 많은 상처 자국들이 수놓여 있는 것을 보았을 때부터였다.
_{▶ 손에 있는 흉터에 자부심을 지님.}
　그렇다. 그 흉터와, 흉터 많은 손꼴은 내 어려웠던 어린 시절의 모습이요, 그것을 힘
들게 참고 이겨 낸 떳떳하고 자랑스런 내 삶의 한 기록일 수 있었다. 그 나이 든 선배
님의 경우처럼, 우리 누구나가 눈에 보이게든 안 보이게든 삶의 쓰라린 상처들을 겪어
_{사람은 누구나 시련과 고난을 겪음.}
가며 그 흉터를 지니고 살아가게 마련이요, 어떤 뜻에선『그 상처의 흔적이야말로 우리
『　』: 글쓴이의 깨달음 – 우리의 삶은 시련과 고난을 극복하는 과정을 통해 더욱 단단해짐.
삶의 매우 단단한 마디요 숨은 값이라 할 수도 있을 것』이기 때문이다.
_{숨겨진 가치}
　그렇다면, 그것은 오직 나만의 자랑이나 내세움거리로 삼을 수는 없으리라. 그것은
_{흉터} _{자랑거리}
오히려 우리 누구나가 자신의 삶을 늘 겸손하게 되돌아보고, 참삶의 뜻과 값이 무엇인
가를 새롭게 비춰 보는 거울로 삼음이 더 뜻있는 일일 것이다.
_{흉터의 역할과 가치} _{▶ 흉터가 주는 삶의 교훈과 깨달음}
　이런 생각 속에서도 때로 아쉽게 여겨지는 일은 요즘 사람들 가운데엔 작은 상처나
흉터 하나 지니지 않으려 함은 물론, 남의 아픈 상처 또한 거기 숨은 뜻이나 값을 한 대
_{참뜻을 이해하지 못하는}
목도 읽어 주지 못하는 이들이 흔해 빠진 현상이다.
_{▶ 타인의 상처나 흉터를 이해하지 못하는 현대인의 모습 비판}
　아무쪼록 자기 흉터엔 겸손한 긍지를, 남의 흉터엔 위로와 경의를, 그리고 흉터 많은
우리 삶엔 사랑의 찬가를 함께할 수 있기를!
_{▶ 고난의 극복으로 이루어지는 삶에 대한 애정}

키 포인트 체크

제재 손에 난 □□에 대한 글쓴이의 인식 변화와 이를 통한 깨달음이 나타나 있다.

관점 글쓴이는 자신의 흉터에 대해 □□□을 느끼면서, 타인의 흉터를 이해하지 못하는 사람들을 □
□□으로 바라보고 있다.

표현 흉터를 삶의 한 기록, 삶을 비추는 □□ 등으로 비유하며 흉터의 참된 가치를 밝히고 있다.

답 흉터, 자부심, 비판적, 거울

핵심 정리

갈래 경수필

성격 자전적, 체험적, 교훈적, 비판적

제재 손에 난 세 개의 흉터

주제 약점과 고난을 성실히 극복해 가는 삶의 가치

특징 ① 흉터에 대한 인식이 변화된 경험을 통해 얻
은 삶에 대한 깨달음을 서술함.
② 흉터가 지닌 참된 의미와 가치를 밝힘.

출전 《아름다운 흉터》(2004)

작가 이청준(1939~2008) 소설가. 1965년에《사상
계》에 단편 〈퇴원〉이 당선되어 등단하였다. 현
실을 있는 그대로 그리기보다는 관념적으로 형
상화하였다. 주요 작품으로 〈눈길〉, 〈병신과 머
저리〉, 〈줄〉 등이 있다.

이해와 감상

이 글은 흉터에 대한 인식 변화를 통해 인생의 참된
가치와 삶에 대한 올바른 태도를 깨달았음을 전하는
수필이다. 사춘기 시절 자신의 흉터에 부끄러움을 느
꼈던 글쓴이는 청년기가 되었을 때 자신처럼 손에 흉
터가 있는 직장 선배의 말을 통해 흉터에 대해 자부심
을 느끼게 된다. 즉, 우리는 누구나 시련과 고난을 겪
기 마련이며, 흉터는 시련과 고난을 극복하는 과정에
서 더욱 단단해진 우리의 삶을 보여 주는 흔적임을 깨
닫게 된 것이다. 글쓴이는 이러한 깨달음을 바탕으로
자신과 타인의 삶, 나아가 모든 인간의 삶에 대한 올
바른 자세가 무엇인지를 전달하고 있다.

작품 연구소

'흉터'에 대한 글쓴이의 인식 변화
글쓴이는 자신의 흉터에 열등감을 지니고 있었다. 그
러나 흉터가 고난을 성실히 극복한 기록임을 깨닫고
자신의 흉터에 자부심을 느끼고 있다.

```
           흉터에
          대한 인식

어려웠던 유년 시절        어려움을 성실하게
을 보여 주는 부끄러  →    이겨 낸 자랑스러운
운 흔적                 흔적

      고난을 극복해 가는 삶의 가치에 대한 깨달음
```

경구(警句)에 의한 마무리
'경구'는 진리나 삶에 대한 느낌이나 사상을 간결하고
날카롭게 표현한 말을 뜻한다. 경구는 인생에 대한 깊
은 사색을 담는 수필의 어느 부분에나 유용하게 쓰일
수 있다. 이 글은 경구로 글을 마무리함으로써 주제를
압축하여 전달하고, 구체적·일면적 의미를 보편적·
일반적 진리로 확대하고 있으며, 인상적인 여운을 남
기고 있다.

070 밤의 순례 | 오정희

[독서] 동아

키워드 체크 #서정적 #감각적 #밤길 풍경 #밤길 속의 상념 #밤길 걷기의 효과

제법 큰 야산을 끼고 있는 동네여서 산을 굽이굽이 돌아가며 산책로가 길게 이어졌
다. 한적한 길을 걷다 보면 한 단계씩 낮아지는 음계처럼 어둠이 짙어졌다. 어두워지
기를 기다려 관 뚜껑을 열고 나오는 드라큘라처럼 집을 빠져나오는 사람은 나뿐만이
아니었다. [중략]
▶ 동네 산책로의 저녁 풍경

밤의 풍경은 낮의 풍경과는 확연히 다르다. 역설적으로, 어두워져야 더 잘 보이는 것
들도 있기 마련이다. 달과 별이 그러하고 어두운 허공 속에 외로이 서 있는 나무들의
자태가 그러하고 혼자 걷는 사람의 마음이 그러하였다. / 인적이 없는 길에서는 간혹
큰 소리로 노래를 부르기도 하고, 우줄우줄 따라오는 내 그림자를 보면서 걷는 동안
마음은 끈 풀린 연처럼 허허해지고 걸음은 정처 없어지기 마련이었다.
▶ 밤과 낮의 풍경 차이

밤길을 걸으면 이상하게 불안감이 사라졌다. 혼자 걷는 자의 외로움은 고양감으로,
일종의 자부심으로 작용하기도 하였다. 때때로 찾아오는 이런 유의 쓸쓸함과 호젓함
을, 그로 인해 정화되고 고양되는 듯한 느낌을 생은 기실 얼마나 필요로 하는 것이랴.
▶ 밤길을 걸으면 불안감이 사라짐.
『흐드러지게 핀 아카시아 꽃들이 어둠 속에서 희끄무레 잦아들며 달짝지근한 향기
를 뿜어내었다. 산에는 짙은 색으로 어둠이 엉기고 있었다. 어슬렁대던 들고양이가 인
기척에 놀라 후다닥 숲속으로 달아났다. 낮과 밤이 서로에게 소리 없이 스미고 뒤섞이
며 한 세상을 여는 이 시간은 신비감이랄지 비현실감이랄지 하는 색채를 입는다.』때문
에 길을 따라가다 보면 어딘가에서 엉뚱하게『어린 날 동네 길목의 우물이나 퇴락한 옛
집을 만나고 오래전에 죽은 사람들도 만날 것 같은, 일종의 시간 여행과도 같은 느낌
에 사로잡히게 된다.』어떤 낯선 곳에서도 기시감이 느껴지는가 하면 현실의 모든 것이
낯설어지는, 자기 자신조차도 낯설어지는 시간인 것이다. 그런가 하면 내가 살아오면
서 잊고 잃었던 것, 내 안에 깊숙이 가라앉아 좀체 떠오르지 않거나 짐짓 모른 체 외면
해 왔던 '추억과 비밀과 죽은 자들이 보존되어 있는 방'의 빗장이 느슨히 풀리기도 하
는 것이다.
▶ 밤의 신비감과 비현실감

일정한 목적이나 용무가 없는 걸음과 생각은 방만하고 지향 없이 내닫는다. 고개를
젖혀 달도 보고 별도 보고 담장 안에서 비죽이 솟아 어둠 속에서 꽃 피우는 나무들을
하냥 바라보는 해찰을 부리기도 한다. 동화처럼 환하게 불을 밝히고 달려가는 밤 기차
를 보며 아련한 향수에 사로잡히기도 한다. 간혹 고개를 깊이 숙이고 가는 사람들을
보며 "불행한 사람들이 생각에 잠겨 있을 때는 방해하지 않는 게 좋다. 하던 생각이 중
단될 수도 있으니까."라는 릴케의 말을 떠올리기도 한다. [중략]
▶ 밤길을 걸으면 생각에 잠겨 동심과 향수가 생기고, 다른 사람의 말이 떠오름.
『밤길을 혼자 걸어 본 사람은 안다. 꽃피는 봄과 잎 무성한 여름, 스산한 가을과 얼어
붙은 겨울, 달과 별과 바람이, 서로에게서 '저만치' 떨어져 서 있는 나무들이 저마다의
시간을 살고 있음을.』
▶ 밤길을 걸으면 사계절의 변화를 알 수 있음.

키 포인트 체크

제재 이 글은 □□ 걷기에 대한 글쓴이의 상념을 담고 있다.

관점 글쓴이는 밤길을 걸을 때의 □□과 효과를 차분하고 담담하게 전달하고 있다.

표현 다양한 □□적 이미지와 수사법을 활용하여 글쓴이의 생각을 효과적으로 전달하고 있다.

답 밤길, 이점, 감각

핵심 정리

갈래 경수필

성격 서정적, 감각적, 사색적

제재 밤길 걷기

주제 밤길 걷기에 대한 상념

특징 ① 밤길 걷기에 대한 글쓴이의 생각을 드러냄.
② 밤길을 걸을 때의 풍경을 다양한 감각적 이
미지를 사용하여 구체적으로 묘사함.
③ 다양한 수사법을 사용하여 글쓴이의 생각을
효과적으로 드러냄.

출전 《내 마음의 무늬》(2006)

작가 오정희(1947~) 소설가. 현대인의 삶과 의식
을 비판적으로 성찰하는 작품을 많이 썼다. 주
요 저서로 《바람의 넋》, 《옛 우물》 등이 있다.

이해와 감상

이 글은 일상생활에서 누구나 경험할 수 있는 밤길 걷
기에 대한 글쓴이의 생각을 담은 수필이다. 글쓴이는
차분하고 담담한 어조로, 밤길을 걸을 때의 여러 가지
이점이나 효과를 드러내고 있다. 이 글은 세심한 관찰
과 섬세한 필치를 드러내고 있는 점이 특징이다. 산문
이면서도 밤 풍경을 다양한 감각적 이미지로 묘사하
여 서정성을 부각하고 있고, 여러 가지 수사적 표현을
사용하여 대상을 구체적이고 자세하게 나타냈다. 또
한 사색적이고 잔잔하게 글을 전개하여 글쓴이 특유
의 내면 지향적 주제 의식과 문체 미학을 잘 드러냈다
고 볼 수 있다.

작품 연구소

밤길 걷기의 이점과 효과
① 불안감이 사라짐.
② 밤의 신비감과 비현실감을 맛봄.
③ 동심과 향수가 생기고, 다른 사람의 말이 떠오름.
④ 사계절의 변화를 알 수 있음.

밤 풍경 묘사에 사용된 다양한 감각적 이미지

시각적 이미지	• 흐드러지게 핀 아카시아 꽃들 • 산에는 짙은 색으로 어둠이 엉기고 있었다.
후각적 이미지	달짝지근한 향기를 뿜어내었다.
촉각적 이미지	낮과 밤이 서로에게 소리 없이 스미고

다양한 수사적 표현

역설법	어두워져야 더 잘 보이는
열거법	달과 별이 그러하고 ~ 사람의 마음이 그러하였다.
직유법	• 한 단계씩 낮아지는 음계처럼 어둠이 짙어졌다. • 어두워지기를 ~ 드라큘라처럼 집을 빠져나오는 사람은 나뿐만이 아니었다. • 동화처럼 환하게 불을 밝히고 달려가는 밤 기차
도치법, 의인법	밤길을 혼자 걸어 본 사람은 안다. ~ 나무들이 저마다의 시간을 살고 있음을.

071 제비꽃은 제비꽃답게 피면 됩니다 |정호승 [문학] 신사고

#유추적 #진정한봄 #개인과 전체의 조화 #나만의 아름다움 #나를 사랑하자

꽃들은 남들을 부러워하지 않습니다. 제비꽃은 결코 진달래를 부러워하지 않고, 진
달래는 결코 장미를 부러워하지 않습니다. 있는 그대로 자신을 한껏 꽃피우다가 떠날
시간이 되면 아무 말 없이 떠나갑니다. 만일 제비꽃이 진달래를 부러워하고 진달래가
장미를 부러워한다면 꽃들의 세계에서도 인간들과 똑같은 불행한 일들이 일어나고 말
것입니다. [중략] 만일 제비꽃이 제비꽃답게 피지 않으면 어떻게 되겠습니까. 아마 이
땅에 진정한 봄이 찾아오지 않을 것입니다. 제비꽃이 제비꽃답게 피어남으로써 세상
을 진정한 봄으로 가득 차게 합니다. 만일 제비꽃이 나팔꽃이나 목련처럼 피어난다면
그것은 봄의 비극입니다. 인간이 인간답게 살지 않고 짐승처럼 살 때 느낄 수 있는 인
간의 비극과 마찬가지입니다. [중략]

꽃밭이 아름답기 위해서도 조화가 가장 중요합니다. 제비꽃이 혼자 아름답다고 해
서 꽃밭 전체가 다 아름다운 것은 아닙니다. 전체와 어울리는 조화의 아름다움을 통해
비로소 제비꽃의 아름다움이 진정한 아름다움이 될 수 있습니다. 제비꽃이 진달래를
부러워하거나 닮고 싶어 하지 않는 까닭은 바로 그 때문입니다. 제비꽃은 제비꽃으로
피어나 오직 조화의 아름다움이 이루어지기를 바랄 뿐입니다.

인간도 마찬가지입니다. 나는 나만의 특별한 아름다움을 지니고 있지만, 다른 사람
들의 아름다움과 조화를 이룸으로써 진정 나의 아름다움이 빛나는 것입니다. 제비꽃
이 제비꽃이면 되듯이 나 또한 이대로 나 자신이면 됩니다. 아무리 남의 장점이 돋보
여도 남의 장점을 통해 나의 단점을 찾으려고 노력하면 어리석습니다. 오히려 그 단점
이 장점일 수 있습니다. 남의 장점을 통해 남편과 아내, 부모와 자녀의 단점을 찾아내
려고 노력한다면 그 또한 어리석은 일입니다. 장점이라고 생각한 그 장점이 경우에 따
라서는 단점일 수 있습니다. 남의 장점을 나의 장점으로 가져오기에는 나의 어떤 형편
이나 환경이 그에 적합하지 않을 수 있습니다.

제비꽃은 제비꽃답게 피면 되고, 진달래는 진달래답게 피면 됩니다. 세상에 아름답
지 않은 꽃은 없듯이 세상에 쓸모없는 인생은 없습니다. 어느 누구의 인생이든 인생의
무게와 가치는 똑같습니다. 다만 내가 나의 인생을 소중하게 여기지 않을 뿐입니다.

저는 누구보다도 먼저 제 자신을 사랑합니다. 제가 제 자신을 사랑해야 진정 다른 사
람을 사랑할 수 있습니다. 지금 있는 그대로의 저는 신이 주신 가장 위대한 선물입니
다. 언제나 그 선물을 감사하게 받아들이고 소중하게 여깁니다. 신이 저에게 주신 재
능은 더욱더 노력해서 살리지만, 주시지 않은 것에 대해서는 탐내거나 부러워하지 않
습니다.

오늘 밤, 저는 시를 쓰는 제비꽃입니다. 저도 그저 제비꽃답게 피어나면 됩니다.

▶ 조화를 통해 더욱 빛나는, 모든 존재의 아름다움과 가치

🔑 포인트 체크

[제재] 제비꽃을 제재로 각각의 존재가 어우러져 만들어 내는 □□로운 세상의 아름다움을 강조하고 있다.

[관점] 모든 존재의 가치를 있는 그대로 소중히 여기는 □□적인 태도와 각각의 존재가 모여 이루어지는
□□□를 소중히 생각하는 태도를 보이고 있다.

[표현] 독자에게 직접 □□□하는 문체를 사용해 사색의 내용을 쉽고 간결하게 전달하고 있다.

[답] 조화, 긍정, 공동체, 이야기

🎯 핵심 정리

갈래 경수필

성격 사색적, 성찰적, 유추적

제재 제비꽃

주제 각자의 개성을 존중하고, 조화를 추구하며 사는
삶의 중요성

특징 꽃을 통하여 바람직한 삶의 자세를 이야기함.

출전 《내 인생에 힘이 되어 준 한마디》(2006)

작가 정호승(1950~) 시인. 정치적·경제적으로 소외
된 사람들에 대한 애정을 슬프고도 따뜻한 시어
들로 그려 냈다. 주요 시집으로 《슬픔이 기쁨에
게》, 《외로우니까 사람이다》, 《포옹》 등이 있다.

이해와 감상

이 글은 하나하나 개성적인 모든 존재가 고귀하고 소
중하며, 각각의 개성적인 존재가 서로 어울려 조화를
추구하는 모습이 진정으로 아름답다는 생각을 전하고
있다. 꽃밭이 아름답기 위해서는 각자의 개성과 아름
다움을 지니고 있는 꽃들이 서로 어울려 조화를 이루
어야 하듯이, 사람이 사는 세상도 다른 사람들의 아름
다움과 조화를 이룸으로써 나의 아름다움 또한 빛나
야 아름다운 사회가 됨을 이야기하고 있다. 또한 개인
의 가치와 공동체적 삶의 중요성을 균형 있게 이야기
하고 있으며 독자에게 직접 이야기하는 문체를 사용
하여 내용을 쉽고 편안하게 전달하고 있다.

작품 연구소

이 글의 내용 전개 방법

꽃밭	• 제비꽃, 진달래, 장미 등 다양한 모습의 꽃들이 각각의 개성과 아름다움을 지니고 있음. • 각각의 꽃들의 아름다움이 어우러져 아름다운 꽃밭이 됨.

⬇ 유추

세상	• 사람들은 저마다의 개성과 아름다움을 지니고 있음. • 다른 사람의 아름다움과 조화를 이룸으로써 자신의 아름다움도 같이 빛나는 사회가 됨.

→ 이 글에서는 각기 아름다운 다양한 꽃들이 모여 조
화로운 꽃밭을 이루게 되는 것처럼, 개성적인 사람
들이 모여 조화로운 세상을 만들어 갈 때 모두의
삶이 더욱 아름다워진다는 내용을 유추하여 전개
하고 있다.

072 버려진 것들의 생명력 |최성각

문학 신사고

키워드 체크 #생태적 #버려진 나무에서 자란 새싹 #무분별한 소비 습관 비판 #현대인의 오만함 비판

전략 부분의 내용 글쓴이는 땔감으로 쓰려고 창고에 보관해 두었던 버려진 버드나무 몸통에서 싹이 돋고 줄기가 뻗은 것을 보며 나무의 강인한 생명력을 느끼게 된다. 그리고 버리기 아까운 물건들이 너무 많이 버려지는 세태에 대해 지적하고 있다.

물건들이 시골의 앞마당에 자꾸 쌓이자 내 작업도 톱과 망치, 드라이버만으로 부족
_{아직 쓸 만한데도 버려진 물건들을 글쓴이가 가져옴.   버려진 물건을 재활용하는 일}
해 제대로 된 공구들이 조금씩 갖춰지기 시작했다. 드릴과 전기톱, 그라인더 등이 그
_{연식기. 숫돌바퀴를 빠르게 회전시켜 공작물의 면을 깎는 기계}
것이다. 잘라 낸 송판과 대패질을 새로 한 각목들이 설계대로 조립되면 세상에 하나밖
_{소나무를 켜서 만든 널빤지   모서리를 모가 나게 깎은 나무}
에 없는 누더기 탁자가 탄생한다. 잠깐 뚝딱거리면 의자도 생긴다. 널찍한 개집도 만
들었다. 균형을 맞추느라 자꾸 덧대다 보니 내 작품들은 좀 무거운 게 흠이다. 그렇지
만 내 조악한 목공 작품들을 친구들은 아주 좋아한다. 이 엉터리 무면허 목공에게 주
_{거칠고 나쁜   주워 온 나무로 물건을 만드는 자신에 대한 비유}
문이 들어오기 시작했다. 독서대도, 앉은뱅이 탁자도 주문받았다. 주문에 고무된 나는
주워 온 나무들로 뭐든 만들 수 있을 것 같은 행복한 착각에 빠지기도 한다. 그뿐인가,
_{힘을 내도록 격려하여 용기를 북돋움.}
딸애 키에 맞춰 화장대도 만들어 주었다. 딸애는 결혼할 때 갖고 가겠다고 기뻐했다.
_{버려진 것들로 새로운 물건을 만들어 내는 일에 기쁨을 느꼈기 때문에}
그러고 보니 어렸을 때, 아버지가 마당에서 썰매도 만들어 주셨고, 병정놀이 때 쓸 멋
진 나무칼도 깎아 주셨던 기억이 난다. 지금도 내 책상 위의 작은 책꽂이 하나는 돌아
가신 아버님이 만들어 주신 것이다.   ▶ 버려진 목재로 그럴듯한 물건을 만들어 내는 즐거움

사람들이 어느 날 느닷없이 도시로 몰리고 손끝 하나 까딱 않고 뭐든 쉽게 사들이면
_{대량 생산에 따른 소비 생활의 보편화}
서 타고난 손의 기능은 퇴화하기 시작했다. 오래 쓰고, 고쳐 쓰고, 다시 쓰는 일보다는
_{스스로 무언가를 만드는 능력을 상실했다는 의미}
새것을 사는 게 더 멋진 삶이라고 광고는 쉴 새 없이 부추겼고, 사람들은 그 거짓말에
_{소비 지향적 분위기 조성}
쉽게 굴복했다. 유한한 자연 자원과 그것들이 사람한테 오기까지 걸린 시간에 모두들
_{광고에 현혹되어 낭비를 일삼게 됨.   자원의 가치와 소중함}
무감각해져 버렸다. 이런 무신경과 난폭한 낭비는 정말 벌 받을 짓이 아닐 수 없다. 쓰
_{오늘날의 세태에 대한 비판적 인식을 직접적으로 드러냄.}
레기가 어디로 가는지 아무도 신경 쓰지 않는다. 고작 태우거나 묻어 버리는데, 묻어
도 능사가 아니지만 태우면 더욱이나 안 되는 것들을 너무 많이 만든다. 이른바, '불필
_{잘하는 일   대기 오염을 유발하는 물질을 배출하는 제품}
요한 생산'이다. 이렇게 과감한 소비 생활은 외양이 아무리 화려해도 문명이라는 이름
_{현대인의 소비 습관에 대한 비판이 직접적으로 드러남.}
의 야만과 어리석음의 극치가 아닐 수 없다. 어찌 생각하면, 모두들 허무주의자들 같
_{미래의 삶을 고려하지 않고 유한한 자원을 무분별하게 소비하고 있기 때문에}
기도 하다.

"지구라는 우주선에는 승객은 없다. 모두 승무원일 뿐이다."라고 말한 이는 맥루한
_{인간에게는 한정된 자원을 함부로 쓸 권리가 없음을 의미   캐나다의 영문학자이자 문명 비평가}
이었다. 이 행성에 대한 최소한의 책임은커녕, 시방 우리는 오만한 승객인 양 착각의
_{지금}
삶을 살고 있다. 물에 담가 둔 버드나무 토막을 보고 사람들이 "어쩌면 살겠네!"라고
한마디씩 건넨다. 나무는 아마 자신을 두고 한 소리라 알아듣지 않겠나 싶다. 살든 못
살든, 물이 좀 올랐다 싶으면 대문 옆에 심을 생각이다.
_{버려진 것이 가진 생명력을 믿고 그것을 되살리고 싶은 글쓴이의 바람이 드러남.}   ▶ 유한한 자원을 낭비하는 현대인의 오만함에 대한 비판

키 포인트 체크

[제재] 버려진 ☐☐☐☐ 몸통에서 ☐이 돋고 줄기가 뻗는 것을 본 경험을 통해 자원과 환경을 어떻게 꾸려 나가야 할지를 생각해 보게 하고 있다.

[관점] 글쓴이는 오늘날의 세태를 '☐☐☐과 난폭한 낭비'라고 지적하며 현대인의 무분별한 소비 생활에 대한 ☐☐을 드러내고 있다.

답 버드나무, 싹, 무신경, 비판

핵심 정리

갈래 경수필
성격 교훈적, 생태적
제재 버려진 버드나무에서 자라난 싹과 줄기
주제 현대인의 무분별한 소비 습관에 대한 반성과 비판
특징 ① 생태학적인 관점에서 현대 문명의 문제점을 비판함.
② 권위 있는 학자의 말을 인용하여 자신의 생각을 뒷받침함.
출전 《달려라 냇물아》(2007)
작가 최성각(1955~) 소설가. 자연과 생명에 대한 관심을 바탕으로 한 생태 소설을 여러 편 발표하였다. 주요 저서로 《잠자는 불》, 《택시 드라이버》, 《사막의 우물 파는 인부》 등이 있다.

이해와 감상

이 글은 끊임없이 새로운 물건을 만들어 낼 뿐만 아니라 이미 만들어진 물건들 역시 과감하게 버리는 현대인의 소비 행태와 이에 따른 환경 파괴를 비판하고 있는 수필이다. 글쓴이는 버려진 버드나무에서 돋아난 새싹을 바라보며 버려진 것들이 지닌 강인한 생명력을 확인하고, 인간이 자연으로부터 받은 것을 소중히 여겨야 함을 강조하고 있다. 현대인들로 하여금 인류의 미래를 위해 자연 자원과 환경을 어떻게 꾸려 나가야 할지를 생각해 보게 하는 글이다.

작품 연구소

〈버려진 것들의 생명력〉의 전체 구성
글쓴이는 창고 뒤쪽의 목재를 정리하다가 버드나무 몸통에서 싹이 나고 줄기가 자란 것을 발견하고, 버려진 것에 담겨 있는 강인한 생명력을 깨닫게 된다. 그리고 무분별한 소비 습관으로 유한한 자원을 낭비하는 현대인들에 대한 비판적 인식을 드러내고 있다.

경험·깨달음	버려진 나무에서 자란 싹과 줄기에서 강인한 생명력을 느낌. [전략 부분]
현대인의 삶	물건을 손쉽게 버림.
글쓴이의 삶	버려진 것들에게 새 생명을 부여하는 일에서 기쁨을 얻음.
현실 비판	유한한 자원을 낭비하는 현대 문명의 오만함에 대해 비판함.

제목 '버려진 것들의 생명력'에 담긴 의미

버려진 것		생명력
버려진 버드나무 몸통	+	싹과 줄기

• 버려진 것들도 생명력을 지니고 있음.
• 버려진 것은 쓰레기가 아니라 되살려 쓸 수 있는 자원임.

073 회상 | 김훈

[국어] 천재(이)

키워드 체크 #좋은 문장의 조건 #《난중일기》 문장의 영향 #사실만을 가지런히 챙기는 문장

내가 쓴 장편 소설 《칼의 노래》 첫 문장은 "버려진 섬마다 꽃이 피었다."입니다. 『이
_{이순신이 마주친 비참한 상황을 객관적으로 진술하는 문장}
순신이 백의종군해서 남해안으로 내려왔더니 그 두 달 전에 원균의 함대가 칠천량에
_{벼슬 없이 군대를 따라 싸움터로 감.}
서 대패해서 조선 수군은 전멸하고 남해에서 조선 수군의 깨진 배와 송장이 떠돌아다
니고 그 쓰레기로 덮인 바다에 봄이 오는 풍경을 묘사하기 시작한 것입니다. "버려진
섬마다 꽃이 피었다."에서 버려진 섬이란 사람들이 다 도망가고 빈 섬이란 뜻으로, 거
_{『 』: 매우 비참하고 긴박한 상황}
기 꽃이 피었다는 거예요. 나는 처음에 이것을 "꽃은 피었다."라고 썼습니다. 그러고
_{'은'이라는 강조의 뜻을 나타내는 보조사를 사용하여 꽃과 달리 사람들의 상황은 좋지 않음을 주관적으로 강조하는 문장}
며칠 있다가 고민 고민 끝에 "꽃이 피었다."라고 고쳐 놨어요. 그러면 "꽃은 피었다."와
_{주관적 정서를 배제하고, 일어난 일을 객관적으로 진술하는 문장}
"꽃이 피었다."는 어떻게 다른가. 이것은 하늘과 땅의 차이가 있습니다. "꽃이 피었다."
는 꽃이 핀 물리적 사실을 객관적으로 진술한 언어입니다. "꽃은 피었다."는 꽃이 피었
다는 객관적 사실에 그것을 들여다보는 자의 주관적 정서를 섞어 넣은 것이죠. "꽃이
피었다."는 사실의 세계를 진술한 언어이고 "꽃은 피었다."는 의견과 정서의 세계를 진
술한 언어입니다. 이것을 구별하지 못하면 나의 문장과 소설은 몽매해집니다. 문장 하
_{사실의 세계를 진술하는 언어와 의견과 정서의 세계를 진술한 언어}   _{어리석고 사리에 어두워집니다}
나하나마다 의미의 세계와 사실의 세계를 구별해서 끌고 나가는 그런 전략이 있어야
_{글쓴이가 중요하게 생각하는 글쓰기 전략}
만 내가 원하고자 하는 문장에 도달할 수 있습니다.
▶ 좋은 문장을 쓰기 위해 글쓴이가 중요하게 생각하는 것

나는 사실만을 가지런하게 챙기는 문장이 마음에 듭니다. 나는 이런 문장을 이순신
_{글쓴이가 좋아하는 문장}
장군의 《난중일기》에서 읽었습니다. 거기 보면 사실에 정확하게 입각한 군인의 언어
를 느낄 수 있습니다. [중략] 아무런 수사적 장치가 없는 문장. 그러나 나한테 그것은
_{말이나 글을 다듬고 꾸며서 좀 더 아름답고 정연하게 만드는, 또는 그런 것.}
놀라운 문장이었습니다. 암담한 패전 소식이 육지로부터 전해 오는 날, 이순신은 "나
는 밤새 혼자 앉아 있었다."라고 씁니다. 아, 좋죠. "나는 밤새 혼자 앉아 있었다." 이것
_{비참한 상황에 대한 정서 표출을 배제한 채 물리적 사실만을 객관적으로 기록함.}
은 죽이는 문장입니다. 슬프고 비통하고 곡을 하며 땅을 치고 울고불고하는 것이 아니
_{매우 훌륭하고 대단한 문장}   _{주관적인 정서를 직접적으로 표출하는 것}
고 나는 밤새 혼자 앉아 있었다, 혼자 앉아 있었다는 그 물리적 사실을 객관적으로 진
술한 것이죠. 거기에 무슨 형용사와 수사학을 동원해서 수다를 떨어 본들, "나는 밤새
혼자 앉아 있었다."를 당할 도리가 없습니다. 이것은 전혀 수사학의 세계가 아닙니다.
_{미사여구로는 사실에 입각한 담백한 문장을 이길 수 없음.}
그것은 아주 강력한 주어와 동사의 세계죠. 내가 사랑하는 주어와 동사의 세계는 바로
이런 것입니다. 그분은 사실에 입각해 있습니다. [중략] ▶ 이순신이 《난중일기》에서 구사한 문장의 특징
_{수사를 동원하지 않고 사실을 진술하는 문장}
수사, 형용사, 부사가 하나도 안 나오고 밋밋하고 재미가 없지만, 부하를 죽였다는
_{화려한 미사여구를 쓰지 않음.}
문장과 바람이 불었다는 문장 사이에서 그의 문장은 삼엄한 긴장에 도달합니다. 그것
은 아주 전압이 높은 문장입니다. 볼트가 높은 고압 전류가 흐르는 문장입니다. 만지
_{비유, 긴장감이 매우 높게 느껴지는 문장임.}   _{비유, 긴장의 강도가 매우 큼.}
면 전기가 올 것처럼 찌르찌르 하는 문장이죠. 문과 대학에서는 그런 문장을 안 가르
치더군요. 문과 대학에서는 셰익스피어, 턴, 워즈워스를 배웠습니다. 그것도 훌륭한
문장이었지만 내가 읽은 《난중일기》에는 그보다 더 좋은 문장이 있었습니다. 저는 장
군님께 많은 신세를 졌습니다.
_{글쓴이가 《난중일기》의 문장에 큰 영향을 받음.}
▶ 《난중일기》의 문장을 높이 평가함.

핵심 정리

갈래 경수필

성격 설명적, 예시적

제재 《난중일기》에 쓰인 이순신의 문장

주제 이순신의 문장은 간결하고 자신은 이에 큰 영향을 받았다.

특징 ① 《난중일기》에 쓰인 문장을 인용하여 이순신이 쓴 문장의 특징을 설명함.
② 이순신의 문장을 보고 글쓴이가 받은 인상을 비유를 통해 효과적으로 표현함.

출전 《바다의 기별》(2008)

작가 김훈(1948~) 소설가, 언론인. 대학교 재학 시절 도서관에서 《난중일기》를 읽고 깊은 감명을 받았다. 대학을 중퇴하고 여러 언론사에서 30여 년간 기자로 일하다가 불혹을 넘긴 나이에 《문학동네》에 〈빗살무늬토기의 추억〉을 발표하며 문단에 데뷔했다. 주요 저서로 《칼의 노래》, 《화장》, 《남한산성》 등이 있다.

이해와 감상

이 글은 《칼의 노래》의 작가인 글쓴이가 자신에게 큰 영향을 미친 《난중일기》의 문장에 대해 쓴 글이다. 글쓴이는 《칼의 노래》의 첫 문장인 "버려진 섬마다 꽃이 피었다."를 처음에는 "꽃은 피었다."라고 썼다가 다시 고민 끝에 "꽃이 피었다."라고 고쳤음을 이야기하며 문장 하나하나의 중요성을 강조하고 있다. 그리고 자신에게 영향을 미친 《난중일기》의 문장을 인용하며 사실만을 가지런하게 표현한 문장들이 얼마나 간결하고 놀라우며 긴장감이 넘치는가에 대해 이야기하고 있다.

작품 연구소

소설 《칼의 노래》 첫 문장의 차이점

꽃은 피었다.	꽃이 피었다.
객관적 사실에 그것을 들여다보는 자의 주관적 정서를 섞어 넣음.	물리적 사실을 객관적으로 진술함.
↓	↓
의견과 정서의 세계를 진술한 언어	사실의 세계를 진술한 언어

《난중일기》 문장을 통해 알 수 있는 글쓴이의 문장관

《난중일기》 문장의 특징	• 주어와 동사의 세계로, 수사적 장치가 없이 사실만을 정확하게 기록함. • 매우 긴장감이 높게 느껴짐.
↓	
글쓴이의 문장관	• 문장마다 의미의 세계와 사실의 세계를 구별해서 끌고 가야 글쓴이가 원하는 문장에 도달할 수 있음. • 사실만을 가지런히 챙기는 문장에서 큰 영향을 받음.

포인트 체크

[제재] 《난중일기》에 쓰인 이순신의 □□에서 많은 영향을 받았음을 이야기하고 있다.

[관점] 글쓴이는 《난중일기》에 쓰인, □□만을 챙기는 이순신의 간결한 문장을 높이 평가하고 있다.

[표현] □□를 통해 이순신의 문장이 긴장감 있는 문장임을 강조하고 있다.

[답] 문장, 사실, 비유

074 옹달샘에서 달을 긷다 | 법정

키워드 체크   #자연 친화적   #옹달샘과 달   #산중의 풍류와 여유로움   #안분지족   #무소유적 삶

나는 요즘 옹달샘으로 물 길으러 가는 일에 재미를 누리고 있다. 개울물을 뜨러 가는 일보다 더 정감이 있다. 가는 길에는 솔가리가 수북이 쌓여 있어 푹신푹신한 그 감촉이 마치 카펫 위를 걷는 것 같다. / 예전 시골에서는 이 솔가리를 갈퀴로 긁어 불쏘시개나 땔감으로 썼다. 장날이면 솔가리를 지게에 한 짐씩 지고 나와 팔기도 했었다. 나는 땔감보다도 눈으로 보고 발로 밟는 그 맛이 더 좋아 그대로 둔다. 나무들이 떨군 그 잎은 그 나무 아래서 삭아 거름이 되어 다시 뿌리로 돌아간다. 이것이 자연의 순환 법칙이다. 생과 사의 소식도 바로 이런 데에 있을 것이다. ▶ 자연 속에서 누리는 즐거움과 자연의 순환 법칙

이 샘에서 물을 길을 때마다 문득 고려 시대 이규보의 시(詩)가 연상된다.
〈영정중월(詠井中月)〉

산중에 사는 스님 달빛이 너무 좋아	山僧貪月色
물병 속에 함께 길어 담았네	幷汲一瓶中
방에 들어와 뒤미처 생각하고	到寺方應覺
병을 기울이니 달은 어디로 사라져 버렸네	瓶傾月亦空

물을 길으러 갔다가 때마침 우물에 달이 떠 있는 것을 보고 그 달을 함께 길어 담는다. 아마 청명한 가을밤이었을 것이다.

밤이 이슥하도록 글을 읽다가 출출한 김에 차라도 한잔 마실까 해서 우물로 물을 길으러 간다. 길어 놓은 물보다 새로 길은 물이라야 차 맛이 새롭다. 차 맛은 곧 물맛에 이어지기 때문이다.

때마침 둥근달이 우물에 들어와 있는 것을 보고 바가지로 물과 함께 달을 길어 담는다. 하던 일을 마저 하다가 뒤늦게 생각이 나서 길어 온 샘물을 끓이려고 다로의 차관에 물병을 기울이니 함께 길어 온 달은 그새 어디로 새어 나가고 없다.

샘물과 달과 차가 어울린 가을밤 산중의 그윽한 풍류이다. 내가 이 옹달샘의 이름을 급월정(汲月井)이라고 한 것도 이런 정취가 떠올랐기 때문이다. ▶ 산중에서 즐기는 풍류와 여유로움

새로 지은 귀틀집의 방이 얼마나 크냐고 누가 묻기에 두 평짜리 단칸방이라고 했다. 그 방으로 드나드는 문지방 위에 폭 한 자 너비의 선반이 내가 서서 손을 뻗칠 수 있는 높이로 걸려 있다. 그 위에 몇 권의 책과 옷을 담은 광주리가 놓여 있다. 옛 그리스의 철인 디오게네스의 통에 견준다면 궁궐인 셈이다.

나는 이 새로운 거처에서 더욱 단순해지고, 더욱 진실해지고, 더욱 순수해지고, 더욱 온화해지고, 더욱 친절해지고, 더욱 인정이 깊어지고자 노력할 것이다. ▶ 새 거처에서 다지는 앞으로의 포부

키 포인트 체크

제재 □□□과 달을 통해 산중의 한적한 생활을 그리고 있다.
관점 글쓴이는 자연에서 여유와 □□를 즐기며 사는 삶을 추구하고 있다.
표현 □□를 인용하여 산문의 단조로움을 탈피하면서 글의 분위기를 부각하고 있다.

답 옹달샘, 풍류, 한시

핵심 정리

갈래 경수필
성격 자연 친화적, 사색적
제재 산중의 한적한 생활
주제 산중 생활의 여유와 풍류
특징 ① 자연 친화적 삶의 태도로 자연에서 풍류와 여유를 즐기며 사는 삶을 살고자 함.
② 한시를 인용, 삽입하여 산문의 단조로움을 탈피하고 글의 분위기를 부각함.
출전 《아름다운 마무리》(2008)
작가 법정(본책 52쪽 참고)

이해와 감상

이 글은 인위적인 요소나 물질적 풍요에서 벗어나 자연에서 풍류와 여유를 즐기며 사는 삶을 살고 싶은 글쓴이의 바람이 드러난 수필이다. 글쓴이는 깊은 산사(山寺)에서의 삶을 즐기며 소박한 삶을 살고자 하는 태도를 드러내고 있다. 또한 이규보의 한시를 인용, 삽입하여 자신의 생각을 매우 압축적으로 제시하고 있으며, 동시에 산문의 단조로움을 탈피하는 효과를 주고 있다. 그리고 자연의 순환 법칙과 불교의 윤회 사상을 바탕으로, 안분지족과 무소유적 삶의 태도를 추구하고 있으며, 새로운 거처인 두 평짜리 단칸방에서 더욱 바람직한 삶을 살 것을 다짐하며 글을 마무리하고 있다.

작품 연구소

〈옹달샘에서 달을 긷다〉에 나타난 글쓴이가 추구하는 삶의 모습

- 나는 땔감보다도 눈으로 ~ 다시 뿌리로 돌아간다.
- 밤이 이슥하도록 글을 읽다가 ~ 물을 길으러 간다.
- 샘물과 달과 차가 어울린 ~ 정취가 떠올랐기 때문이다.
- 새로 지은 귀틀집의 ~ 옷을 담은 광주리가 놓여 있다.

↓

- 실용성보다는 자연의 순환성을 추구함.
- 자연에서 여유로움과 풍류를 즐기며 사는 삶을 추구함.
- 물질적 풍요에서 벗어나 안분지족(安分知足)의 삶을 추구함.

이규보의 시 〈영정중월(詠井中月)〉 해제

갈래	5언 절구의 한시
성격	불교적
제재	우물 속의 달
주제	인간 욕망의 허무함에 대한 달관적 태도로 세상사에 대한 집착에서 벗어나고자 함.
특징	불교적 깨달음을 형상화하여 인간 욕망의 허무함을 드러냄.

자료실

디오게네스(기원전 412?~기원전 323?)

고대 그리스의 키니코스학파의 대표적 철학자. 시노페의 디오게네스라고도 한다. 가난하지만 부끄러움이 없는 자족 생활을 실천하였다. 일광욕을 하고 있을 때 알렉산드로스 대왕이 찾아와 소원을 물으니, 아무것도 필요 없으니 햇빛을 가리지 말고 비켜 달라고 말한 일화가 유명하다.
－《두산백과》

075 괜찮아 | 장영희

국어 신사고, 지학사

키워드 체크 #'괜찮아'에 담긴 긍정적 의미 #타인에 대한 배려 #세상은 살 만한 곳

어머니는 내가 집에서 책만 읽는 것을 싫어하셨다. 그래서 방과 후 골목길에 아이들이 모일 때쯤이면 대문 앞 계단에 작은 방석을 깔고 나를 거기에 앉히셨다. 아이들 노는 걸 구경이라도 하라는 뜻이었다.
> 장애 때문에 글쓴이가 방 안에만 갇혀 지내는 일이 없게 하려고 함.

딱히 놀이 기구가 없던 그때, 친구들은 대부분 술래잡기, 사방치기, 공기놀이, 고무줄놀이 등을 하고 놀았지만 나는 공기놀이 외에는 그 어떤 놀이에도 참여할 수 없었다. 하지만 『골목 안 친구들은 나를 위해 꼭 무언가 역할을 만들어 주었다. 고무줄놀이
> 신체적 장애 때문에

나 달리기를 하면 내게 심판을 시키거나 신발주머니와 책가방을 맡겼다. 그뿐인가. 술래잡기를 할 때는 한곳에 앉아 있어야 하는 내가 답답해할까 봐 어디에 숨을지 미리 말해 주고 숨는 친구도 있었다.』/ 우리 집은 골목에서 중앙이 아니라 모퉁이 쪽이었는
> 『 』: 글쓴이를 놀이에 참여시키려는 친구들의 배려

데 내가 앉아 있는 계단 앞이 늘 친구들의 놀이 무대였다. 놀이에 참여하지 못해도 난 전혀 소외감이나 박탈감을 느끼지 않았다. 아니, 지금 생각해 보면 내가 소외감을 느낄까 봐 친구들이 배려해 준 것이었다.
> 친구들의 배려 덕분에

▶ 몸이 불편한 글쓴이에 대한 친구들의 배려

그 골목길에서의 일이다. 초등학교 1학년 때였던 것 같다. 하루는 우리 반이 좀 일찍 끝나서 나 혼자 집 앞에 앉아 있었다. 그런데 그때 마침 골목을 지나던 깨엿 장수가 있었다. 그 아저씨는 가위를 철렁이며, 목발을 옆에 두고 대문 앞에 앉아 있는 나를 흘끗 보고는 그냥 지나쳐 갔다. 그러더니 리어카를 두고 다시 돌아와 내게 깨엿 두 개를 내밀었다. 순간 아저씨와 내 눈이 마주쳤다. 아저씨는 아무 말도 하지 않고 아주 잠깐 미소를 지어 보이며 말했다. / "괜찮아."
> 글쓴이를 위로하려는 엿장수 아저씨의 마음을 느낄 수 있음.

무엇이 괜찮다는 건지 몰랐다. 돈 없이 깨엿을 공짜로 받아도 괜찮다는 것인지, 아니면 목발을 짚고 살아도 괜찮다는 말인지…… 하지만 그건 중요하지 않다. 중요한 것은 내가 그날 마음을 정했다는 것이다. 『이 세상은 그런대로 살 만한 곳이라고, 좋은 친구들이 있고 선의와 사랑이 있고, "괜찮아"라는 말처럼 용서와 너그러움이 있는 곳이라고 믿기 시작했다는 것이다.』[중략]
> 『 』: 어린 시절의 경험을 통해 세상에 대해 긍정적 인식을 지니게 됨.

▶ 글쓴이에게 괜찮다고 말해 준 깨엿 장수 아저씨

'그만하면 참 잘했다'고 용기를 북돋아 주는 말, '너라면 뭐든지 다 눈감아 주겠다'는 용서의 말, '무슨 일이 있어도 나는 네 편이니 넌 절대 외롭지 않다'는 격려의 말, '지금은 아파도 슬퍼하지 말라'는 나눔의 말, 그리고 마음으로 일으켜 주는 부축의 말, 괜찮아. / 그래서 세상 사는 것이 만만치 않다고 느낄 때, 죽을 듯이 서로 노력해도 내 맘대로 일이 풀리지 않는다고 생각될 때, 나는 내 마음속에서 작은 속삭임을 듣는다. 오래전 내 따뜻한 추억 속 골목길 안에서 들은 말 — '괜찮아! 조금만 참아, 이제 다 괜찮아질 거야.' / 아, 그래서 '괜찮아'는 이제 다시 시작할 수 있는 희망의 말이다.

▶ '괜찮아'에 담긴 여러 가지 긍정적 의미

키 포인트 체크

제재 신체적 ☐☐를 지닌 글쓴이가 ☐☐ 시절에 겪은 일화를 통해 세상에 대한 긍정적 시각을 갖게 되었음을 이야기하고 있다.

관점 글쓴이는 깨엿 장수의 '괜찮아'를 듣고 이 세상은 ☐☐와 사랑, 용서와 너그러움이 있는 살 만한 곳이라고 믿게 된다.

표현 '괜찮아'라는 말에 담긴 여러 의미를 ☐☐하며 주제를 강조하고 있다.

답 장애, 어린(유년), 선의, 나열

핵심 정리

갈래 경수필
성격 교훈적, 체험적
제재 어린 시절의 일화
주제 다른 사람에 대한 배려와 격려의 소중함
특징 ① 일상적 언어로 자신의 체험과 생각을 고백함.
② 일화를 통해 타인에 대한 배려와 이해의 소중함을 일깨움.
출전 《살아온 기적 살아갈 기적》(2009)
작가 장영희(본책 70쪽 참고)

이해와 감상

이 글은 타인에 대한 배려가 남아 있는 우리 사회에 대한 긍정적인 시각이 드러난 수필이다. 어린 시절 친구들이 다리가 불편한 자신을 놀이에 끼워 주었던 경험과 깨엿 장수가 엿을 주며 자신에게 괜찮다는 위로의 말을 해 주었던 경험을 통해 이 세상은 좋은 친구가 있고 선의와 사랑, 용서와 너그러움이 있는 그런대로 살 만한 곳이라는 깨달음을 제시하고 있다. 우리가 살고 있는 세상이 그렇게 각박하지만은 않다는 메시지를 통해 독자에게 희망과 긍정적 인식을 전해 주고 있다.

작품 연구소

〈괜찮아〉를 통해 얻을 수 있는 인식

국적이 다르다는 이유, 피부색이 다르다는 이유, 경제적 여건이 다르다는 이유 등 여러 가지 이유로 자신과 다른 사람에게 편견을 지니는 경우가 많다. 하지만 인간은 혼자 살 수 없는 존재로, 누군가와 더불어 살아갈 수밖에 없고, 그러기 위해서는 자신과 다른 사람에 대한 배려와 이해심이 필요하다. 글쓴이는 목발을 짚어야 하는 신체적 장애를 지니고 있었지만 친구들은 그러한 글쓴이의 처지를 이해하고 배려함으로써 따뜻한 나눔을 공유한다. 이 글은 물질적으로 급속히 발전하고 있는 현대 사회에서 우리가 놓치고 있는 인간적 유대감과 따뜻함에 대해 돌아보고 주변 사람들을 따뜻한 시선으로 감싸 안을 수 있는 열린 마음을 갖게 하는 기회를 준다고 할 수 있다.

'괜찮아'라는 말에 담긴 의미

용기	그만하면 참 잘했다.
용서	너라면 뭐든지 다 눈감아 주겠다.
격려	무슨 일이 있어도 나는 네 편이니 넌 절대 외롭지 않다.
나눔	지금은 아파도 슬퍼하지 마라.
부축	마음으로 일으켜 줌.
희망	이제 다시 시작할 수 있음.

더 읽을 작품

076 속는 자와 속이는 자 | 장영희

국어 미래엔

키워드 체크 #희망적 #속이지 않는 자와 속이는 자 #서로 신뢰하는 사회

19세기 영국 작가 찰스 램은 인간을 크게 두 가지 유형, '빚을 지는 자와 빚을 지지 않는 자'로 나누었지만, 내가 생각하기엔 '속는 자와 속지 않는 자'로 나누는 것도 괜찮을 듯싶다.
찰스 램과 글쓴이가 인간을 구분하는 방법을 비교하여 독자의 흥미를 유도함.
내 주변을 보면 좀 어수룩해서 무조건 남의 말을 믿고 잘 속아 넘어가는 사람이 있는가 하면 명석하고 눈치가 빨라 여간해서 잘 속아 넘어가지 않는, 완전히 변별되는 두 그룹이 있기 때문이다. [중략] ▶ 인간은 속는 자와 속지 않는 자로 나눌 수 있음.

중략 부분의 내용 글쓴이는 가짜 굴비 사건을 이야기하며 자신이 잘 속는 유형의 사람임을 밝힌다.

며칠 전에는 오전에 중요한 약속이 있어서 시내에 나가는데 초행길이라 택시를 타고 가기로 했다. 집 앞에 서 있는데 빈 택시는 없고, 간혹 지나가는 택시들은 이미 꽉
처음으로 가는 길
차서 합승조차 할 수 없었다. 약속 시간은 자꾸 다가오고, 날씨는 어찌나 추운지 온몸이 얼어붙는 듯했다. 그때 마침 택시 하나가 오더니 내 앞에 섰다. 젊은 기사가 내 목발을 보면서 말했다.
글쓴이는 소아마비 때문에 몸이 불편함.

"이 손님들 모셔다 드리고 금방 올 테니까 한 2, 3분만 기다리세요." [중략]
몸이 불편한 글쓴이에 대한 택시 기사의 배려 ▶ 택시 기사가 곧 돌아온다며 글쓴이에게 기다리라고 함.
중략 부분의 내용 한참을 기다려도 택시 기사가 오지 않자 글쓴이는 속았다는 생각에 속상해한다.

왜 나는 그렇게 잘 속아 넘어갈까? 얼마나 호락호락해 보이면 허구한 날 속임의 대상이 될까? 나는 지독한 자괴감(自愧感)에 빠졌다. 중요한 약속이고 뭐고, 만사가 귀찮았다. 막 다시 집으로 들어가려는데 택시 한 대가 급하게 골목길을 빠져나왔고, 아까 그 청년 기사가 황급히 차에서 내렸다.
반전 상황 – 글쓴이와 약속을 지킨 택시 기사

"아이쿠 죄송해요. 이걸 어쩌나, 도와드린다는 것이……." / 청년은 정말 어쩔 줄 몰라 하며 어깨에 멘 내 가방을 들어 주었다. 차바퀴가 얼음 구덩이에 빠진 채 헛돌아 근
글쓴이에 대한 미안함을 드러냄. 글쓴이의 오해와 달리 택시 기사가 진실한 인물임을 알 수 있음.
처 가게에서 뜨거운 물을 얻어다 붓고 나서야 간신히 빠져나왔다는 것이었다.

차에 올라타자 청년 기사가 말했다. / "다른 손님들이 차를 잡는데, 시간이 많이 지났어도 기다리실 것 같아서 빈 차로 왔지요."

"왜 내가 기다릴 거라고 생각했어요?" / 내가 물었다.

"얼굴을 보니 그렇게 생기셨어요. 의리 있게 생기셨다고요." / 청년이 웃으며 말했다.

'의리 있게 생겼다'는 말은 사실 '어수룩하고 융통성 없게 생겼다.'를 예의 바르게 말한 것인지도 모르지만, 난 무조건 그가 고마웠다. 그리고 어떻든 무슨 상관이랴, 어수룩하든 똑똑하든, 속고 속이고 빚지고 빚 갚으며 서로서로 사슬 되어 사는 세상인
글쓴이가 다시 세상에 대한 믿음을 가질 수 있게 도와주었기 때문에
데……. 얼었던 몸이 녹으면서 내 마음도 녹기 시작했다. 영어에 '한 개의 속임수는 천
세상에 대한 믿음을 다시 가지게 됨.
개의 진실을 망친다'라는 격언이 있지만 어쩌면 그 반대 '한 개의 진실은 천 개의 속임수를 구한다'가 더욱 맞는 말인지도 모른다. '속이지 않는 자'가 한 명만 있어도 '속이는
자' 천 명을 이길 수 있기 때문이다. 글쓴이의 깨달음
▶ 약속을 지킨 청년 기사를 통해 다시 희망을 가짐.

키 포인트 체크

제재 글쓴이는 인간을 속는 자와 [ ][ ] 자로 나눌 수 있다고 한 뒤, 이와 관련한 경험을 제시하고 있다.

관점 글쓴이는 [ ][ ]을 지킨 청년 기사를 통해 한 사람의 신의가 세상을 살 만하게 만든다고 생각한다.

표현 [ ][ ]을 활용하여 글쓴이의 깨달음을 효과적으로 전달하고 있다.

답 속이는, 약속, 격언

🎯 핵심 정리

갈래 경수필
성격 사색적, 희망적
제재 속는 자와 속이는 자
주제 믿음이 있는 사회에 대한 소망
특징 ① 대조적인 경험을 제시하며 내용을 전개함.
    ② 격언을 활용하여 글쓴이의 깨달음을 효과적으로 전달함.
출전 《살아온 기적 살아갈 기적》(2009)
작가 장영희(본책 70쪽 참고)

이해와 감상

이 글의 글쓴이는 자신의 경험을 상기하며 우리 사회의 속는 자와 속이는 자에 대한 생각을 소박한 문체로 담담하게 서술하고 있다. 남의 말을 잘 믿는 글쓴이는 굴비를 속아서 산 사건을 통해 잘 속는 자신과 세상의 각박함에 크게 실망한다. 그리고 택시 기사의 호의가 자신을 속이려는 속임수인 줄 알고 다시 자괴감과 사회에 대한 염증을 느낀다. 그렇지만 뒤늦게 나타난 택시 기사의 배려를 통해 한 사람의 신의와 책임감이 세상을 살 만하게 만든다는 점을 깨닫게 된다. 이 글은 특히 장애를 극복한 글쓴이의 개인적인 삶의 경력과 맞물려서 더 큰 감동과 울림을 주고 있다.

작품 연구소

〈속는 자와 속이는 자〉의 구조
이 글은 먼저 글쓴이가 생각하는 인간의 유형을 밝힌 뒤, 인간 유형과 관련 있는 상반된 경험을 제시한다. 그리고 이러한 경험을 통해 얻은 세상에 대한 깨달음을 전하고 있다.

도입	인간의 두 가지 유형에 대한 생각 – 속는 자와 속지 않는 자
경험	• 생선을 파는 청년들에게 속아서 가짜 굴비를 산 경험[중략 부분] • 약속을 지킨 택시 기사에게 감동을 받은 경험
깨달음	상대방을 속이지 않는 한 사람의 존재로 인해 세상에 대한 희망을 가지게 됨.

자료실

찰스 램(Charles Lamb, 1775~1834)
영국의 수필가. 1796년 누이인 메리가 정신병 발작으로 어머니를 살해하는 불행한 가족사를 겪었다. 엘리아라는 필명을 사용하였으며 여동생을 돌보며 일생을 독신으로 살면서 문학에 심취하였다. 1863년 발표한 《엘리아 수필집》은 영국 최고의 수필 걸작으로 불린다.

077 맛있는 책, 일생의 보약 | 성석제

키워드 체크 #무협지 대 박지원 소설 #고전 읽기의 즐거움 #독서가 인생을 바꾸다 #독서의 가치

전략 부분의 내용 중학교 2학년 때 서울로 전학을 간 글쓴이는 자신의 뜻과 상관없이 산악반 활동을 하다가, 3학년이 되어 도서반에 가게 된다. 도서반 선생님은 마음에 드는 책을 골라 읽다 가면 된다고 안내한다.

가 나는 책을 고르러 가는 아이들의 뒤를 따라가서, 한자로 제목이 씌어 있어서 아이들이 거의 손을 대지 않는 책 중 하나를 꺼내 들었다. / 그 책은 '한국 고전 문학 전집' 같은 묵직한 제목 아래 편집된 수십 권의 총서(叢書) 가운데 한 권이었다. 반드시 읽어야 한다는 것을 강조하는 고전 대부분이 그렇듯 책 표지는 사람의 손을 거의 거치지 않아서 깨끗했다. 지은이는 박지원, 내가 처음으로 펴 든 대목이 〈허생전〉이었다. 나이가 두 자리 숫자가 되면서 무협지에 빠지기 시작해서 전학 오기 전 국내에 출간된 대부분의 무협지를 읽었다고 생각하고 있던 내게, 한문 문장을 번역한 예스러운 문체는 별 거부감이 없었다. 오히려 옆자리나 앞자리의 아이들이 읽고 있는 현대 소설이 가볍게 느껴질 정도였다. 내용 역시 익숙했다. 허생이라는 인물은 깊고 고요한 곳에 숨어 있으면서 실력을 쌓은 뒤에 일단 세상에 나갈 일이 생기자 한바탕 멋지게 세상을 뒤흔들어 놓고서는 다시 제자리로 돌아온다. 무협지에서 흔히 볼 수 있는 방식이었다.
▶ 평소 무협지를 즐겨 읽어 〈허생전〉의 내용이 익숙하게 느껴짐.

나 그런데 그 책 속에 있는 주인공들은 내가 읽었던 수천 권의 무협지 속 주인공과는 달라도 많이 달랐다. 무협지를 읽고 나면 주인공의 이름 말고는 기억에 남는 게 없는데,『박지원의 소설은 주인공이 다음에 어떻게 되었을지 궁금해지고 내가 주인공이 되었더라면 어떻게 했을지 자꾸만 생각을 하게 만들었다. 한두 번 씹으면 단맛이 다 빠져 버리는 무협지와는 달리 그 책의 내용은 읽을수록 새로운 맛이 우러나왔다. 보석처럼 단단하고 품위 있는 문장은 아름답기까지 했다.『』: 무협지와는 다른, 박지원 소설의 특징 책을 읽으면서 내 정신세계가 무슨 보약을 먹은 듯이 한층 더 넓어지고 수준이 높아지는 듯한 느낌이 들었다.』[중략]
▶ 글의 제목과 관련되는 구절 → 독서의 가치

중학교 3학년 1학기 특별 활동 시간에 나는 몇 백 년 전 글을 쓴 사람의 숨결이 글을 다리로 하여 건너와 느껴지는 경험을 처음 해 보았다. 무엇보다 중요한 것은 그것이 무척 재미있었다는 것이다. 읽으면 내 피와 살이 되는 고전, 맛있는 고전, 내가 재미를 들인 최초의 고전이 우리의 조상이 쓴 것이라는 데서 나오는 뿌듯함까지 맛볼 수 있었다.
▶ 고전을 읽고 재미와 가치를 느낌.

다 내가 1학기의 특별 활동 시간에 읽은 것은 박지원의 책이 전부였다. 하지만 내가 지금 소설을 쓰고 있는 것은 바로 그 책 때문이라고 생각한다. 특별하지 않은 특별 활동 시간에 읽은 아주 특별한 그 책이 내 일생을 바꾸었다.
▶ 고전 읽기 경험이 글쓴이의 삶(진로)에 영향을 미치게 됨.

누구에게나 그런 일이 일어날 수 있다. 모르고 지나갈 수도 있다. 어떤 책을 계기로 인간의 지극한 정신문화, 그 높고 그윽한 세계에 닿고 그의 일원이 되는 것은 그것을 겪어 보지 못한 사람은 알 수 없는 행복을 안겨 준다. 책은 이 세상에 인간으로 나서 인간으로 살면서 인간다운 삶을 살고 드높은 가치를 추구하는 길을 보여 준다. 책은 지구상에서 인간이라는 종(種)만이 알고 있는, 진정한 인간으로 나아가는 통로이다.
▶ 사람의 삶을 바꾸어 놓는 독서의 가치

키 포인트 체크

제재 도서반에서의 ☐☐ 경험이 글쓴이 자신의 삶에 미친 영향을 이야기하고 있다.

관점 글쓴이는 책을 통해 진정한 ☐☐으로 성장할 수 있다고 생각한다.

표현 책을 읽으면서 성장하는 느낌을 ☐☐을 먹은 것에 빗대어 표현하고 있다.

답 독서, 인간, 보약

핵심 정리

갈래 경수필

성격 회고적, 경험적

제재 도서반에서의 독서 경험

주제 독서의 가치와 중요성

특징 ① 중학교 때의 읽기 경험을 회상하며 독서의 가치와 중요성을 강조함.
② 박지원의 소설을 읽으며 매력을 느꼈던 경험을 통해 고전의 가치를 강조함.
③ 비유적인 표현을 사용하여 독서의 가치를 효과적으로 드러냄.

출전 〈국립 어린이 청소년 도서관〉(2010)

작가 성석제(본책 60쪽 참고)

이해와 감상

이 글은 글쓴이가 자신의 중학생 시절의 독서 경험을 토대로 쓴 수필이다. 중학교 3학년 때 특별 활동 시간에 박지원의 작품을 읽으면서 고전 읽기의 맛을 느끼게 되었고, 결국 이 경험 때문에 글 쓰는 사람이 되었다고 이야기하면서, 독서의 재미와 가치를 피력하고 있다. 제목인 '맛있는 책, 일생의 보약'은 이러한 독서의 가치를 드러내는 표현으로, 좋은 책을 읽는 것이 재미뿐만 아니라 몸에 건강을 주는 보약처럼 사람의 삶에 중요한 영향을 준다는 것을 뜻한다. 이러한 이야기를 통해 글쓴이는 우리 인생에서 독서가 얼마나 중요한지를 효과적으로 전달하고 있다.

작품 연구소

무협지와 박지원 소설의 공통점과 차이점

공통점		• 문체가 예스러움. • 내용(주인공이 실력을 쌓은 뒤에 한바탕 멋지게 세상을 뒤흔들어 놓고 다시 제자리로 돌아옴.)
차이점	무협지	• 읽고 나면 주인공 이름 외에는 기억에 남는 것이 없음. • 한두 번 읽고 나면 재미가 없어짐.
	박지원 소설	• 주인공이 다음에 어떻게 되었을지 궁금해지고 자꾸만 생각을 하게 됨. • 읽을수록 새로운 맛이 우러남. • 단단하고 품위 있는 문장의 아름다움을 느낌. • 정신세계가 넓어지고 수준이 높아지는 느낌이 듦.

글쓴이가 말하는 독서의 가치

• 사람의 일생을 바꿀 수 있음.
• 인간의 높고 그윽한 정신문화의 세계를 경험하는 행복을 줌.
• 인간다운 삶을 살고 높은 가치를 추구하도록 함.
• 진정한 인간으로 나아가는 통로가 됨.

078 아날로그 변환 | 윤대녕

키워드 체크 #교훈적 #승용차보다는 버스 #걸을 때 비로소 보이는 것 #아날로그식 삶

12년 된 차를 최근에 바꿨다. 예상치 못한 헐값에 팔려 가는 애마를 보면서 나는 이런저런 감회와 상념에 젖어 있었다. [중략] 얼마 전 내가 처분한 차는 스포츠카에 해당하는 물건이었고 40대 후반으로 접어드는 나이에 더 이상 그런 차를 몰고 다닐 처지나 정황이 아니었다. / 얻은 게 있으면 그만큼 잃은 게 있다고 했던가. 그렇다면 잃은 만큼 얻는 것도 있는 것일까. 이왕 차에 대한 집착을 버렸으니 고유가 시대에 가능한 한 버스를 타기로 했다. 버스를 타려면 우선 정류장까지 걸어가야 하고 어느 정도 기다려야 한다. 흔들림도 견뎌야 하고, 때로 자리도 양보해야 하며, 혹시 늦지나 않을까 습관적으로 시계를 확인해야 한다. 옆자리에 낯선 사람이 앉는 것도 어쩐지 불편하다.
▶ 버스 이용의 불편함

그런데 서서히 버스 타는 일에 익숙해지면서 미묘한 변화가 찾아왔다. 일단 시야가 넓어지고 몸이 편하다. 시야가 넓어졌다는 것은 차창을 통해 거리의 풍경을 선택적으로 바라볼 수 있다는 것이고 몸이 편하다는 것은 그만큼 긴장감이 빠져나갔다는 뜻이다. 운전을 할 때는 도로와 신호등 외에는 모든 사물이 그저 스쳐 지나가는 풍경일 따름이다. 그리고 무엇보다 경제적이다. 가까운 거리의 경우 지하철로 환승을 해도 천 원 안팎이다. 그래서 버스를 이용한 날이면 뿌듯한 느낌까지 들었다.
▶ 버스 이용의 장점

내친김에 어느 날부터 나는 걷기로 했다. 버스 안에서 차창을 통해 세상을 바라보는 것이 아니라 직접 몸을 움직여 겪고 싶은 충동이 일었다. 이를테면 디지털에서 아날로그로의 변환이라 할 만한 사건이었다. 이런 변화 또한 나이가 들어 가는 증상이라면 딱히 할 말이 없다. 하지만 그런들 어떤가. 제아무리 미식가라 할지라도 한국인이라면 결국 토속 된장과 묵은 김치로 입맛이 돌아오게 마련이다. 아무튼, 틈나는 대로 나는 걸었다. 『그동안 무심히 보아 넘겼거나 미처 알지 못했던 것들이 너무도 많다는 것을 걸으면서 나는 느꼈다.』 거리에서, 시장을 오가면서, 빌딩 계단을 오르면서, 이발소를 다녀오면서, 혼자 오래된 식당에 들어가 앉아 묵은 김치로 끓여 낸 찌개를 먹으면서, 노인들이 드나드는 허름한 동네 목욕탕에 다녀오면서……. 그러면서 나는 '본다'와 '겪다'의 차이를 깨달았고, 이 가속도의 시대에 오히려 거꾸로 움직이면서 『그동안 잃어버렸거나 놓쳐 버렸던 많은 것들을 몸을 통해 실감 나게 받아들이게 되었다.』 그 느낌은 이루 말할 수 없이 신선하고 가슴 벅찬 것이었다. 몸과 마음이 한결 가벼워졌음은 물론이고 이제야 조금은 편견 없이 세상을 볼 수 있게 되었다는 자각이 들었다.
▶ 아날로그로의 변환을 통해 얻게 된 깨달음과 기쁨

그래서 이참에 한 가지 더 해 보고 싶은 일이 생겼다. 다름이 아니라 아날로그식으로 사람을 만나 보고 싶다. 전화나 전자 우편이 아닌 편지나 엽서로 오랜 친구에게 소식을 전하고 약속을 청해 들뜬 기분으로 해후하는 것이다. 그렇다면 덤으로 답장을 기다리는 재미도 있지 않을까.
▶ 아날로그식 만남에 대한 기대

키 포인트 체크

제재 ☐를 판 뒤 나타난 변화와, 그 변화를 통해 새롭게 발견한 삶의 ☐☐를 전하고 있다.

관점 글쓴이는 ☐☐☐☐ 변환을 통해 얻게 된 깨달음과 기쁨을 전하면서, 아날로그식 만남에 대한 기대도 드러내고 있다.

표현 이 글은 아날로그 방식의 삶과 디지털 방식의 삶을 ☐☐하여 주제를 드러내고 있다.

답 차, 가치, 아날로그, 대조

핵심 정리

갈래 경수필

성격 사색적, 교훈적, 반성적

제재 차를 판 후 겪은 경험

주제 아날로그식 삶의 미덕

특징 ① 일상적 경험에서 새로운 삶의 가치관을 발견함.
② 아날로그식과 디지털식 삶의 방식을 대조하여 주제를 드러냄.

출전 《이 모든 극적인 순간들》(2010)

작가 윤대녕(본책 90쪽 참고)

이해와 감상

이 글은 '아날로그' 방식의 삶과 '디지털' 방식의 삶을 대조하여 세상과 직접 소통하는 아날로그적 삶이 주는 깨달음과 기쁨을 담고 있는 수필이다. 글쓴이는 직접 차를 모는 대신 버스를 이용하게 되면서 주변을 둘러 볼 수 있게 되었고 나아가 걷기를 통해 직접 몸을 움직여 세상을 겪음으로써 디지털 방식인 '본다'와 아날로그 방식인 '겪다'의 차이를 실감한다. 그러면서 그동안 자신이 얼마나 많은 것을 잃어버리거나 놓쳤는지를 깨닫고 아날로그식 삶이 주는 기쁨을 드러내고 있다. 글쓴이는 여기서 더 나아가 세상의 일상적 체험뿐만 아니라 사람들과의 소통에 대해서도 '아날로그 변환'을 다짐하고 있다.

작품 연구소

〈아날로그의 변환〉에 나타난 글쓴이의 삶의 변화 양상

079 내 유년의 강, 명포를 추억하며 |박정애

키워드 체크 #회고적 #비판적 #강에 얽힌 추억 #아름다운 유년 #무분별한 개발 비판

<small>어머니의 고향이 명포임을 알 수 있음.</small>
우리 어머니 택호는 명포댁.
<small>집주인의 벼슬 이름이나 처가나 본인의 고향 이름 따위를 붙여서 그 집을 부르는 말</small>
당연히 명포엔 어머니의 친정이자 우리 사 남매의 외가가 있었다. 숲으로 둘러싸인 아버지의 동네 숲실과 달리, 지형이 양지바른 포구 같아서 명포(明浦)라 불렸던 외가 동네에는, 배들이 들락날락하는 포구는 없어도 <small>배가 드나드는 개의 어귀</small> 금모래가 빛나고 예쁜 조약돌이 널린 강변과 숱한 생명을 품고 밤이나 낮이나 흐르는 얕은 강이 있었다. [중략]
<small>핵심 소재인 '강에 대한 긍정적인 묘사</small> ▶ 어머니의 고향인 명포 소개

중략 부분의 내용 막내를 임신한 어머니는 동생과 글쓴이 중에서 한 명을 친정에 일 년 동안 맡기기로 하는데, 결국 글쓴이가 일 년 동안 외가에 있게 된다. <small>글쓴이가 명포에 있는 외가에서 지내게 된 이유</small> 일 년이 지난 뒤 어느 여름날, 글쓴이는 고디를 주우러 명포 물가로 나간다. <small>다슬기</small>

나는 금세 한 바가지를 주워 놓고 얕은 물속에 당그랗게 떠올라 있는 당글 바위 위에 엎드렸다. <small>저녁 국거리로 쓸 다슬기를 주워 놓음.</small> <small>넓은 공간에 홀로 우뚝 드러나 있게</small> 뜨겁게 달궈졌다 알맞추 식은 바위는 어머니 등판 같았다. 눈을 감으면, <small>넉넉하고 따뜻함</small> 이 세상에는 오로지 내 나른한 몸뚱이와 강물 흐르는 소리밖에 존재하지 않았다. 실제로는 강물이 흘러가는 것이었지만, 내가 바위를 타고 떠내려가는 느낌이 들었다. 나는 옛이야기에 나오는 연오랑과 세오녀처럼 바위를 타고 떠내려갔다. 한없이, 한없이, 떠 <small>글쓴이의 상상의 시작</small> 내려가다 보면, 지느러미를 가진 사람 물고기들이 나타나 퍼덕거렸다. 그들은 사람 사는 땅이 너무 슬퍼서 물속으로 들어가 물고기가 된 종족이었다.

> 엄마가 올까. / 그럼, 오지. 오고말고. / 엄마가 올까. / 그럼, 오지. 오고말고.

<small>□: 글쓴이와 글쓴이가 상상한 사람 물고기의 대화 – 엄마를 간절하게 기다리는 마음이 나타남.</small>
꿈속에서인 듯 찰방찰방, 찰박찰박, 물을 건너오는 발소리가 들렸다.
<small>강을 건너오는 엄마의 발소리 – 상상이 아닌 현실</small>

> 엄마가 올까. / 그럼, 오지. 오고말고.

"거, 누구?" / 목소리가 생생했다. 꿈이 아니었다. 나는 눈을 떴다. 저 멀리, 아이를 업은 여자가 다리를 절룩거리며 강을 건너오고 있었다. / "옴마." / "마침 잘 만났다. 우 <small>엄마가 옴. – 상상이 아닌 현실</small> 리 큰딸이 일 년 새, 마이 컸데이." / 어머니가 모래밭에서 포대기를 끌렀다. 나는 아기를 받아 안았다. 눈이 큰 아기가 나를 보고 방긋 웃었다. [중략] ▶ 강에 얽힌 유년 시절의 추억

『장마철에는 작은 배를 불러 건너기도 했던 강, 피라미며 송사리며 모래무지며 고디 <small>「 」: 강에 얽힌 유년 시절의 추억</small> 를 한정 없이 품고 있던 강. 헤엄 못 치는 어린아이도 바가지 하나 꿰어 차고 고디를 주울 수 있었던 친구 같던 강. 당글 바위 위에 엎드려 눈 감으면, 흘러, 흘러, 인간 물고기 <small>강의 친근함을 비유적으로 표현함.</small> 를(미야자키 하야오의 애니메이션 〈벼랑 위의 포뇨〉를 보고, 한 번도 만난 적 없는 미야자키와 내가 물속 인간에 대해 그토록 유사한 상상을 했다는 사실에 놀랐었다.) 만날 수 있던 강. 내 마음속에서 영원히 흐르는 유년의 강.』

그 강은, 이제, 없다. 충충한 물을 가둔 운문 댐이 있을 뿐이다. 깊이를 알 수 없는 운 <small>맑거나 산뜻하지 못하고 흐리고 침침한</small> 문 댐은, 나 같은 사람한테는 접근 불가의 대형 수족관 같은 곳이다. <small>쉼표를 사용하여 강의 부재를 강조함.</small> <small>개발로 인해 강이 사라짐.</small> <small>댐과의 거리감을 비유적으로 표현함.</small>
댐으로 바뀐 뒤, 나는 한 번도 명포에 가지 않았다.
<small>친구 같던 강이 대형 수족관과 같이 다가갈 수 없는 곳이 되었기 때문에</small> ▶ 지금은 사라진 명포에 대한 아쉬움과 강 개발에 대한 비판

포인트 체크

제재 이 글은 명포에 있는 ☐에 얽힌 아름다웠던 유년 시절의 추억을 담고 있다.

관점 지금은 사라져 갈 수 없는 강에 대한 ☐☐☐을 드러내면서 무분별한 개발에 대해 ☐☐적인 태도를 보이고 있다.

표현 옛이야기와 애니메이션을 ☐☐하여 글쓴이의 생각을 구체적으로 표현하고 있다.

답 강, 아쉬움, 비판, 인용

핵심 정리

갈래 경수필
성격 회고적, 서사적, 비판적
제재 명포에 있는 강
주제 ① 강에 얽힌 유년의 추억
　　　② 무분별한 강 개발에 대한 비판
특징 ① 어린 시절 글쓴이의 경험을 서사적으로 전개함.
　　　② 특정 장소에 얽힌 추억을 회상하면서 현대 사회의 개발에 대해 비판적인 인식을 보여 줌.
　　　③ 옛이야기와 애니메이션을 인용하며 글쓴이의 경험과 생각을 구체적으로 표현함.
　　　④ 비유적인 표현을 활용하여 강과 댐에 대한 글쓴이의 느낌을 드러냄.
출전 《강은 오늘 불면이다》(2011)
작가 박정애(1970~) 소설가. 1998년 《문학 사상》을 통해 등단하였다. 주요 저서로 소설 《에덴의 서쪽》, 청소년 소설 《환절기》, 동화 《친구가 필요해》 등이 있다.

이해와 감상

이 글은 유년 시절의 아름다운 기억으로 남아 있던 강이 없어진 뒤, 그 강을 생각하며 쓴 작품이다. 글쓴이는 어린 시절에 일 년 동안 명포에 있는 외가에 가서 살게 된다. 글쓴이는 강에서 다슬기도 주우며 강을 친구같이 여기며 지냈다. 하지만 시간이 지나 강은 개발되어 접근 불가능한 댐으로 바뀌었고, 글쓴이는 명포에 가지 않게 되었다. 이처럼 글쓴이는 강과 얽힌 유년의 경험을 전개한 뒤 현재 댐으로 변해 버린 모습을 제시하여 과거와 대비되는 현재의 모습을 강조하고, 현대 사회의 개발에 대하여 비판적인 인식을 드러내고 있다.

작품 연구소

다른 이야기나 작품을 인용한 효과

	내용	효과
연오랑과 세오녀	연오와 세오가 일본으로 건너가게 되자 일월이 빛을 잃었는데, 세오의 비단으로 제사를 지내자 다시 빛을 회복하게 되었다는 설화	바위를 타고 떠내려가는 듯한 느낌을 실감나게 표현함.
〈벼랑 위의 포뇨〉	호기심 많은 물고기 소녀 '포뇨'가 육지에 와 겪는 모험과 사랑 이야기를 담은 애니메이션	글쓴이가 상상한 인간 물고기를 이해하기 쉽게 표현함.

강과 댐에 대한 글쓴이의 생각

	강	댐
보조 관념	친구	대형 수족관
글쓴이의 생각과 태도	• 친구처럼 친근하고 가까이할 수 있는 존재임. • 긍정적이고 우호적인 시선으로 바라봄.	• 접근이 불가능함. • 부정적이고 비판적인 시선으로 바라봄.

080 눈 감아라 눈 감아라 | 김용택

문학 천재(정)

키워드 체크 #생태적 #땅속 벌레들의 눈 #작은 생명의 소중함 #생명 존중 태도

집에 석유 보일러가 고장이 난 모양이다. 펑 하고 돌다가 갑자기 피시시 꺼져 버리곤 했다. 답답하기만 했다. 보일러 시공자에게 전화를 걸었더니 '에야'가 찬 모양이란다.

공사를 맡아서 행하는 사람 또는 회사　에어, 공기
어디 어디를 눌러 보고 다시 전원을 넣어 보란다. 시키는 대로 해 보면 펑 하고 터졌다가는 피시시 그쳐 버리곤 했다. ▶ 집 석유 보일러가 고장 남.

다시 전화를 했다. 시공자가 왔다. 다짜고짜 '에야'가 찼다며 '에야'를 빼내기 위해 물을 먼저 빼내야 된다며 호스를 가져오란다. 호스를 어디에 끼우니 뜨거운 물이 호스를 따라 나와 김을 모락모락 피우며 마당에 퍼지는 것이었다. 이때 어머니께서 재빨리 마당에 나오시더니 마당에 퍼지는 뜨거운 물 가까이에서 이렇게 조용조용 말씀을 하시는 것이었다.

"눈 감아라. 눈 감아라."

보이지 않는 작은 생명까지 소중하게 여기는 태도가 드러나는 말. 글쓴이의 사색의 계기
그 모습이 너무도 엄숙하고 진지하여 나는 그저 가만히 숨을 죽이고 있다가 그 말씀이

작은 생명을 대하는 어머니의 태도
끝나자 어머니께 여쭈어보았다. 대충 짐작은 했지만 어머니의 말씀은 몹시 진지했다.

뜨거운 물이 땅에 스며들어 땅속의 벌레들 눈에 닿으면 눈이 먼다는 것이었다. 그러니 벌레들에게 눈을 감으라고 일러 준다는 것이다.

캄캄한 땅속 벌레들의 눈. ▶ 보일러를 고치는 동안 어머니가 땅속 벌레들에게 하는 말씀을 듣게 됨.

보이지 않는 작은 생명들
어머니와 내 둘레 캄캄한 어둠 속의 눈들이 반짝이며 별빛처럼 빛나는 것을 나는 보았다. 별빛 하나 다치지 않으련다. 별빛 하나 다치게 해선 안 된다. 별빛처럼 빛나는 세

보이지 않는 작은 생명들의 존재에 대한 깨달음

하나하나의 모든 존재
상의 모든 살아 있는 눈빛들에게 지금 우리는 "눈 감아라. 눈 감아라."라는 경고도 없이 뜨거운 물을 마구 붓진 않는지.

자연 파괴와 개발 위주의 현대 사회에 대하여 경각심을 일깨움.
▶ 보이지 않는 작은 생명의 소중함에 대해 상기하게 됨.

핵심 정리

갈래 경수필
성격 성찰적, 생태적
제재 어머니의 말씀
주제 생명 있는 모든 존재들의 소중함
특징 ① 자신의 경험을 바탕으로 하여 깨달음을 얻고 있음.
　② 깨달음을 바탕으로 독자들에게 경각심을 주고 있음.
출전 《김용택의 어머니》(2012)
작가 김용택(1948~) 시인. 초기 시는 주로 섬진강 주변의 고향과 고향 사람들의 이야기를 세태에 비추어 서정적으로 노래했다. 1990년대 이후로는 직관에 의한 서정성을 강조하여 소박한 진실에 바탕을 두고 전통과 현대를 이어 주는 특이한 감응력의 시를 주로 썼다. 주요 저서로 《섬진강》, 《그 여자네 집》, 《시가 내게로 왔다》 등이 있다.

이해와 감상

이 글은 아무리 작은 생명체라도 소중히 여기는 글쓴이의 어머님의 마음이 담겨 있는 글이다. 글쓴이는 집 보일러를 고치는 과정에서 뜨거운 물을 빼서 마당에 버리는데, 어머니가 땅속 벌레들에게 "눈 감아라. 눈 감아라."라고 말씀하시는 모습을 보고, 작은 생명이라도 소중히 여기는 생명 존중의 태도를 경험하게 된다. 어머니의 말씀을 통해 지금 당장 눈에 보이지는 않지만 우리 주변에 무수히 존재하고 있는 수많은 생명들에 대하여 인식하게 되고, 이어서 모든 살아 있는 것들에 대한 존중과 배려 없이 행동하는 현대인들에게 경각심을 주면서 글을 마무리하고 있다. 또한 "눈 감아라. 눈 감아라."라는 경고도 없이 뜨거운 물을 마구 붓진 않는지.'라는 마지막 문장에서 독자들로 하여금 자신의 행동을 돌아보게 만들고 있다.

작품 연구소

어머니의 말에 담긴 의미

"눈 감아라. 눈 감아라."	• 땅속 벌레들에게 하는 말 • 벌레들의 눈이 다치지 않게 하려는 배려의 말 • 보이지 않는 작은 존재와 생명을 소중히 여기는 태도를 드러낸 말 • 자연 친화적이며 생태적인 가치관을 드러낸 말

키 포인트 체크

제재 글쓴이의 어머님의 말씀을 통해 눈에 보이지 않는 모든 □□이 다 소중하다는 인식을 드러내고 있다.
관점 자신의 □□을 통해 자신의 태도를 성찰하며 독자들에게도 생명 존중의 태도를 전달하고 있다.
표현 일상적이고 쉬운 표현과 □□적 표현을 함께 사용하여 짧고 간결하게 내용을 전달하고 있다.

답 생명, 경험, 비유

081 사랑하는 자의 모습으로 | 정혜윤

키워드 체크 #사색적 #책을 읽는 이유 #책은 대화 상대 #책은 사랑의 도구

문학 창비

삶이란 뭘까요? 아주 간단히 말하면, 내가 이 세상에서 겪는 일이겠죠. 그러니 세상을 잘 알수록 좋겠죠. 그러나 세상을 알고 싶다고 생각해도 혼자서는 제대로 탐구할 수가 없습니다. 대화 상대가 필요합니다. 책은 '어떻게 살아갈까?' 고민하는 사람에게
> 독서의 필요성
> 책 → 세상을 탐구할 수 있는 도구

중요한 대화 상대가 될 수 있습니다. 『책은 자꾸 일어나라고 합니다. 깨어나라고 합니다. 그만 자라고 합니다. 다시 생각해 보라고 합니다. 생각 못 한 게 있다고 알려 줍니다. 내가 보는 세상이 아주 작다고 말합니다. 내가 겪고 있는 일들을 다른 사람은 어떻게 헤쳐 나가는지 혹은 어째서 헤쳐 나가지 못하는지 보여 줍니다.』 [중략]
> 『 』: 책의 기능 → 인간에게 깨달음의 기회를 끊임없이 제공함.
> ▶ 책은 삶에 대한 고민에 휩싸인 사람에게 대화 상대가 되어 줌.

중략 부분의 내용 글쓴이는 만화 〈뽀빠이〉를 보며 사람은 자신의 특성대로 대상을 사랑하게 되며, 사람이 무언가를 아주 좋아하면 세상만사를 그것으로 설명할 수도 있겠다는 생각을 한다.

그런데 사랑은 결국 디테일입니다. 사랑하는 순간 우리는 디테일로 기억하고 기억
> 사랑은 구체적인 것들로 기억됨.

되길 바랍니다. 사라 에밀리 미아노의 《눈에 대한 백과사전》에 나오는 한 남자의 편지에서처럼요. / "나를 당신과 사랑에 빠졌던 남자로 추억하지 마십시오. 그보다는 지평선에 뜬 작은 무지개를 보여 주러 당신을 앨버타주로 데려갔던 남자로, 당신이 자신을
> 구체적인 사랑의 모습 ①

괴롭힐 때마다 영국에서부터 달려왔던 남자로 기억해 주십시오. 나 역시 당신을 그런
> 구체적인 사랑의 모습 ②

방식으로 기억할 것입니다."
> ▶ 구체적인 모습으로 기억하고 기억되는 사랑의 속성

그래서 "책을 왜 읽어요?"라는 질문에 저는 무수히 많은 디테일로 답하고 싶습니다. 우리의 충동, 능력, 게으름, 타성, 우정, 불안, 고통, 회한, 슬픔, 욕망, 상상력, 기억, 위로, 정체성, 공감, 재탄생, 창조, 이 모든 것에 대해서요. 저는 책을 읽고 한 발짝씩 나
> 책에서 배울 수 있는 디테일

가며 거기서 배운 디테일들로 사람과 세상을 사랑하고 싶었습니다. 사랑은 그만큼 중요하기 때문입니다. 인간을 비인격적으로 취급하는 일이 만연하는 세상에서, 모든 것
> 책에서 배운 것들로 사람과 세상을 사랑하고 싶은 글쓴이의 바람이 드러남.

이 거래되는 세상에서 사랑만은 유일하게 거래할 수 없습니다. 사랑만은 돈으로 바꿀 수 없는 것이기에 인간의 존엄성과 관련됩니다. 삶은 이 세계에서 내게 벌어지는 일이
> 글쓴이가 사랑이 중요하다고 생각하는 이유

라고 앞에서 말했습니다. 하지만 사랑은 "이미 벌어진 일을 어떻게 하겠어?"라며 삶을 수수방관하게 하지 않습니다.
> ▶ 책에서 배운 것들로 사람과 세상을 사랑하고 싶은 바람

우리에겐 오늘 당장 어떻게 살아야 할지 모르는 순간들이 있습니다. '지금, 여기'에서 어떻게 존재해야 할지 길을 잃을 때가 있습니다. 우리가 가치를 두는 것을 더 잘 사랑하기 위해서 조금씩 조금씩 나를 바꾸어 나가는 것. 이것이야말로 우리가 지금 여기서 힘 있게 존재할 수 있는 방식 아닐까요? 나의 삶은 유한하지만 애쓰고 있다는 것, 그것도 네 옆에서 너와 함께 너의 영향 아래서. 누구에게나 중요한 게 있다면 바로 이런 것일 겁니다.
> ▶ 존재를 힘 있게 만드는 사랑의 힘

키 포인트 체크

제재 책을 읽어야 하는 □□를 제시함으로써 우리 삶 속에서 책 읽기가 갖는 의미를 생각해 보게 하고 있다.

관점 글쓴이는 □□은 돈으로 바꿀 수 없는 것으로, 인간의 □□□과 관련되기 때문에 중요하다고 생각한다.

표현 스스로 □□을 던지고, 거기에 답을 하며 글을 전개하고 있다.

답 이유, 사랑, 존엄성, 질문

핵심 정리

갈래 경수필
성격 사색적, 성찰적
제재 책 읽기가 갖는 의미
주제 책을 읽는 이유
특징 ① 자신의 독서 경험을 바탕으로 책을 읽는 이유에 대해 설명함.
② 경어체를 사용하여 친근하고 정감 어린 느낌을 줌.
출전 《삶을 바꾸는 책 읽기》(2012)
작가 정혜윤. 작가이자 라디오 프로듀서. 주로 책과 책 읽기에 관한 책을 많이 썼다. 주요 저서로 《그들은 한 권의 책에서 시작되었다》, 《뜻밖의 좋은 일》 등이 있다.

이해와 감상

이 글은 "책을 왜 읽어요?"라는 질문에 대한 답을 주고 있다. 글쓴이는, 책은 삶에 대한 고민에 휩싸여 있을 때 대화 상대가 되어 주고, 거기에서 배운 것들로 사람과 세상을 사랑할 수 있게 해 주기 때문에 반드시 읽어야만 하는 것이라고 답한다. 이를 통해 독자는 삶 속에서 책 읽기가 갖는 의미가 무엇인지 생각해 볼 수 있다. 짧은 글이지만 책 읽기가 갖는 의미와 가치, 책 읽기에서 기대할 수 있는 즐거움을 적절한 예시와 감각적인 문체로 잘 풀어내고 있다.

작품 연구소

〈사랑하는 자의 모습으로〉의 짜임

처음	대화 상대로서의 책
중간	《눈에 대한 백과사전》을 통해 알 수 있는 사랑의 속성
끝	책을 통해 배운 것으로 사람과 세상을 사랑하고 싶은 소망

'책을 왜 읽어요?'라는 질문에 대한 답변

책을 읽는 행위

↓

'충동, 능력, 게으름, 타성, 우정, 불안, 고통, 회한, 슬픔, 욕망, 상상력, 기억, 위로, 정체성, 공감, 재탄생, 창조'에 대한 이해

↓

사람과 사랑을 구체적으로 기억하고 기억되게 만드는 디테일로 작용함.

이탈리아 기행 | 괴테

독서 비상

🎯 **핵심 정리**

갈래 기행 수필

성격 감상적, 예찬적

제재 베네치아의 현재 모습

주제 자연을 극복하고 이룩한 도시 베네치아에 대한 예찬

특징 ① 자연을 적극적으로 활용하여 이룩한 도시에 대한 감상이 잘 드러남.
② 당시 사람들의 자연을 대하는 태도를 알 수 있음.

출전 《이탈리아 기행》(1829)

👁 **이해와 감상**

이 글은 10년 동안 고위 관직을 맡아 행정 능력을 발휘하던 괴테가 시인의 상상력을 옥죄는 일상으로부터 벗어나기 위해 떠난 이탈리아 여행 중의 견문과 감상을 적은 글이다. 괴테는 베네치아, 피렌체, 로마, 나폴리, 시칠리아 등 이탈리아 전역을 1년 9개월에 걸쳐 여행하면서 다양한 예술적 체험을 하고 새로운 상상과의 만남을 얻게 된다.

🏠 **작품 연구소**

글쓴이의 자연관

- "옛날 사람들이 지혜와 노력으로써 ~ 보존해야 할 것이다."
- "그들은 또 운하를 현명하게 관리함으로써 ~ 최선을 다할 것이다."

⬇

- 인간이 이미 점유해서 특정한 목적에 맞게 형태와 방향을 부여한 것을 자연이 멋대로 공격하거나 바꾸지 못하게 해야 함.
- 인간은 자신들의 재산을 보호하기 위해 최선을 다해 자연을 관리해야 함.

자료실

베네치아(Venezia)

이탈리아 베네토주(州)의 주도(州都). 영어로는 베니스(Venice)라고 한다. 베네치아만(灣) 안쪽의 118개의 섬이 약 400개의 다리로 이어져 있다. 섬과 섬 사이의 수로가 중요한 교통로가 되어 독특한 시가지를 이루며, 흔히 '물의 도시'라고 부른다. 한때 지중해 전역에 세력을 떨쳤던 해상공화국의 요지였고, 오늘날에는 주로 운하·예술·건축과 독특하고 낭만적인 분위기로 많은 관광객의 발길이 끊이지 않고 있다.

👤 **작가 소개**

괴테(Johann Wolfgang von Goethe, 1749~1832)

독일의 시인, 소설가, 극작가. 독일이 낳은 세계적인 문호로 평가받고 있다. 자기 체험의 고백과 참회의 내용을 다룬 작품을 주로 썼다. 주요 작품으로 〈젊은 베르테르의 슬픔〉, 〈파우스트〉 등이 있다.

10월 9일

아침부터 밤까지 아주 근사한 날이었다! 키오자 맞은편에 있는 펠레스트리나를 방문했다. 베네치아 공화국은 그곳에 '무라치'라고 하는, 바다에 맞서는 거대한 방벽을 건설 중이다. 사람들은 돌 블록으로 이 방벽을 쌓고 있다. 이것은 연안을 바다로부터 격리하는, '리도'라고 하는 길다란 지협을 거친 파도로부터 보호하기 위한 것이다.
> 밖으로부터 쳐들어오는 것을 막으려고 쌓은 벽
> 강이나 호수, 바다를 따라 잇닿아 있는 육지
> 두 개의 육지를 연결하는 좁고 잘록한 땅 ▶ 펠레스트리나를 방문한 괴테

연안은 오래된 자연의 산물이다. 먼저 밀물과 썰물의 조류와 대지의 상호작용에 이어서 태곳적 바다의 수면이 점차 낮아진 결과, 아드리아해의 위쪽 끝부분에 광활한 늪이 형성되었다. 그 늪은 밀물 때에는 바닷물에 잠기지만 썰물 때에는 부분적으로 드러난다. 「인간의 기술은 그 땅의 가장 높은 부분을 접수했으며, 그리하여 수백 개의 섬으로 이루어짐과 동시에 수백 개의 섬으로 에워싸인 베네치아가 탄생한 것이다. 이와 동시에 엄청난 노력과 막대한 비용을 들여서 사람들은 썰물 때에도 주요 지점에 전함을 댈 수 있도록 늪에다 깊은 운하를 준설하였다.
> 「」: 베네치아가 자연을 적극적으로 이용하여 만들어졌음을 알 수 있음.
> 배의 운항이나 수리(水利), 관개(灌漑) 따위를 위하여 육지에 파 놓은 물길 ▶ 베네치아 건설 과정

옛날 사람들이 지혜와 노력으로써 고안해 내고 실행한 것을, 이제는 현재의 우리가 그에 못지않은 지혜와 노력으로써 보존해야 할 것이다. 기다란 띠 모양의 뭍인 리도는 연안 호수를 바다와 갈라놓고 있는데, 바닷물이 안으로 들어오는 통로는 두 곳뿐이다.
> 글쓴이의 자연관이 드러남. → 인간이 추구하는 가치에 맞게 자연을 개발하고 활용해야 한다고 생각함.
> 리도의 역할
하나는 카스텔로 근처에 있고 또 하나는 그 맞은편 끝인 키오자 근처에 있다. 밀물은 보통 하루에 두 번씩 들어오고, 마찬가지로 썰물도 하루에 두 번씩 나간다. 항상 똑같은 방향으로 똑같은 과정을 되풀이하는 것이다. 밀물 때에는 안쪽의 늪지대가 침수되는데, 가장 높은 곳은 물에 젖기는 하지만 그래도 외부에서 그 존재가 눈에 보인다. ▶ 리도의 역할

그러나 만일 바다가 새로운 길을 찾아 그 지협을 공격하며 제멋대로 드나든다면 상황은 달라질 것이다. 리도와 펠레스트리나, 산피에트로 등지의 작은 마을들이 침수됨은
> 카스텔로와 키오자 근처의 통로 이외의 길
두말할 필요도 없고, 바닷물이 모든 것을 아무렇게나 삼켜 버려 그곳의 소통로도 막혀
> 바닷물이 새로운 길로 들어올 경우 문제점 ①
버릴 것이다. 리도는 섬으로 변할 것이고, 지금은 그 배후에 있는 섬들이 지협으로 변할
> 바닷물이 새로운 길로 들어올 경우 문제점 ②
것이다. 그러한 사태가 닥치지 않도록 베네치아 사람들은 리도를 보호하기 위해 모든
> 바닷물이 새로운 길로 들어올 경우 문제점 ③
> 바닷물이 새로운 길로 들어올 경우 문제점 ④
노력을 기울여야 한다. 그래서 인간이 이미 점유해서 특정한 목적에 맞게 형태와 방향
> 글쓴이의 당부
을 부여한 것을, 자연이 제멋대로 공격하거나 이렇게 저렇게 바꾸지 못하게 해야 할 것
이다. [중략]
> 글쓴이의 자연관이 드러남. – 자연보다 인간을 우위에 둠. ▶ 리도를 보호해야 하는 이유

어쨌든 베네치아 사람들은 그 문제에 대해 아무 걱정도 할 필요가 없다. 바닷물이 서서히 빠져나간다는 사실이 베네치아를 천 년 동안이나 안전하게 보호해 주었고, 그들은
> 자연의 법칙
또 운하를 현명하게 관리함으로써 자신들의 재산을 보호하기 위해 최선을 다할 것이다.
> 베네치아 사람들은 자연을 현명하게 관리할 것이므로 베네치아의 미래를 긍정적으로 예측함. ▶ 베네치아의 미래를 긍정적으로 바라보는 괴테

🔑 **포인트 체크**

제재 베네치아 사람들이 ☐☐을 이용하여 만든 도시의 모습을 보고 느낀 감상을 담고 있다.

관점 글쓴이는 ☐☐을 자연보다 우위에 두고, 자연을 지배와 이용의 대상으로 보고 있다.

표현 베네치아의 역사와 ☐☐적 특성을 상세하게 묘사하며 설명하고 있다.

답 자연, 인간, 지리

083 〈감자 먹는 사람들〉에 대하여 | 빈센트 반 고흐

[독서] 미래엔

핵심 정리

갈래 편지글
성격 설명적, 예시적
제재 그림 〈감자 먹는 사람들〉
주제 그림 〈감자 먹는 사람들〉을 그린 과정 및 삶과 예술을 대하는 고흐의 태도
특징 ① 고흐의 삶과 예술에 대한 태도를 엿볼 수 있음.
② 그림을 그린 과정을 자세히 제시하고 있어 고흐가 그림을 그린 의도를 이해하는 데 도움이 됨.
출전 《고흐의 편지》(2011)

이해와 감상

이 글은 빈센트 반 고흐가 그의 동생 테오 반 고흐에게 보낸 편지 중 하나로, 이 편지에서 고흐는 〈감자 먹는 사람들〉을 그리며 느낀 고뇌, 그림에 담고자 했던 농부의 삶과 노동의 가치, 그림을 온전히 감상하는 방법을 이야기하고 있다. 특히 고흐는 예술가는 진솔한 삶을 그려야 하며, 물질적 어려움이나 세간의 비판에 흔들리지 말아야 한다는 생각을 분명히 밝히고 있다.

Q 반 고흐가 〈감자 먹는 사람들〉을 그린 의도는?

땅을 파며 농사를 짓던 투박한 손으로 등불 아래에서 감자를 먹는 사람들을 사실적으로 그림으로써 신성한 육체노동으로 정직하게 양식을 얻으며 살아가는 사람들의 진솔한 삶의 가치를 널리 알리기 위해서이다.

작품 연구소

반 고흐의 예술관과 인생관

예술관	• 인간의 삶을 진솔하고 정직하게 드러내야 함. • 예술과 삶에 대한 진지한 반성을 불러일으켜야 함. • 주위의 평가에 흔들리지 않고 올바른 신념을 굳게 지켜야 함.
인생관	• 노동을 하며 정직하게 살아가는 농부의 삶은 그 자체로 정당하게 가치를 인정받아야 함. • 물질적 어려움에 굴하지 않고 자신만의 예술을 계속 이어 가려 함.

작가 소개

고흐(Vincent Willem van Gogh, 1853~1890)
네덜란드의 화가. 인상파의 영향을 받아 강렬한 색채와 격정적인 필치로 독특한 화풍을 확립하여 20세기 야수파에 큰 영향을 주었다. 주요 작품으로 〈감자 먹는 사람들〉, 〈해바라기〉, 〈자화상〉 등이 있다.

전략 부분의 내용 빈센트 반 고흐는 편지를 통해 동생 테오에게 안부를 전하며 그림 〈감자 먹는 사람들〉을 그리면서 느꼈던 감정과 그 그림을 금빛 틀이나 구릿빛 배경에 걸어야 하는 이유를 이야기한다.

가 「나는 등불 아래 감자를 먹는 사람들이 접시로 들이미는 바로 그 손으로 땅을 팠다는 사실을 캔버스에 옮겨 보려 애쓴 거야. 그렇게 육체 노동으로 정직하게 양식을 얻었음을 말하고 싶었어. 우리네 교양 있는 사람들과 전혀 다른 삶을 그림에 담고 싶었지. 이유는 모르더라도 사람들이 그런 삶에 감탄하고 인정하기를 바란다.」
「」: 고흐가 〈감자 먹는 사람들〉을 그린 의도 → 육체노동을 통해 얻은 정직한 양식을 먹는, 농부들의 가치 있는 삶을 드러내기 위해
흔히 육체노동을 하지 않고 교양 있다고 여겨지는 도시의 사람들

개인적으로 나는 농민을 관례에 따라 부드럽게 그리기보다는 투박한 모습 그대로 그리는 편이 낫다는 결론을 굳히게 되었지. 날씨와 풍광에 색이 바래 미묘한 모습을 띠게 된 누더기에 꾀죄죄한 파란 치마와 조끼를 걸친 시골 처녀가 도시 숙녀보다 더 좋아 보이거든. 하지만 숙녀처럼 차려입는다면 그녀의 참모습을 사라져 버리겠지. 작업복을 입고 들에 나온 농부는 신사의 외투 같은 것을 걸치고 주일에 교회에 갈 때보다 훨씬 더 좋아 보여.
지금까지와는 다른, 고흐가 농부들을 그리는 방식
▢: 고흐가 긍정적으로 여기며 그림에 담고자 했던 농촌과 농부들의 사실적인 모습
▢: 농촌과 농부들의 모습과는 거리가 먼 도시와 도시 사람들의 모습

농촌 생활을 관례에 따라 곱게 다듬어 그린다면 잘못일 거야. 시골을 그린 그림에서 베이컨과 연기, 감자 삶는 김 등의 냄새가 나야 좋지. 불결한 게 아니거든. 외양간에서 거름 냄새가 진동한다고 해서 이상할 것도 없어. 밭에서는 밀이 익어 가거나 감자나 퇴비, 거름 냄새가 나는데, 이건 도시민들에게 유익할뿐더러 도움이 된다고 할 수 있지. 그렇지만 농촌 생활을 그린 그림이 향수 냄새가 풍기면 되겠어? [중략] 우리는 진솔하고 정직한 그림을 내놓아야 해.
사람들이 더럽고 불쾌하게 여기는 농촌의 모습이 오히려 유익한 것임.
▶ 〈감자 먹는 사람들〉을 통해 농민들의 노동과 삶의 가치를 그대로 보여 주고 싶었던 고흐
세간의 평가에 흔들리지 않고 농부들의 정직한 삶을 담은 진솔한 그림을 추구할 것임.

나 농촌 생활을 그린다는 것은 만만치 않아. 또 예술과 삶을 진지하게 생각하는 사람들에게 진지한 반성을 불러일으키는 그림을 그리려 애쓰지 않았다면, 한 인간으로서 자신을 비판해야겠지. 밀레, 드 그루 등 많은 이들이 "더럽고, 천하고, 쓰레기 같고, 악취가 난다."라는 혹평에 흔들리지 않은 모범적인 모습을 보여 주었잖니. 흔들리는 사람이 된다면 수치스럽겠지. 안 돼, 농부를 그리려면 자신이 농부가 되어 그들처럼 느끼고 생각해야 해.
반 고흐의 예술관: 그림을 통해 사람들에게 진지한 예술과 삶을 추구하게 함.
농민과 농촌의 모습을 사실적으로 그린 화가들
농부를 그리려면 그들의 삶을 온전히 이해해야 함.

지금의 화가들 모습은 도움이 안 돼. 나는 번번이 농부들이 또 다른 세상에 살고 있다고 생각해. 많은 점에서 교양 있는 세계보다 훨씬 더 나은 세상 말이야. 무엇 때문에 그들이 예술이나 여타 많은 것을 알아야 하겠니? [중략]

이 그림에 너무 몰두하다 보니 이사하는 것을 거의 잊었어. 이것도 신경을 써야 하는데 말이야. 걱정이 적지 않지만 이 분야의 화가들은 신경 쓸 일이 너무 많아서 그들보다 내가 조금이라도 안락한 생활을 할 수 있기를 바라지도 않아. 그런데도 그들이 그림을 그려 나가고 있으니, 나 또한 물질적 어려움에 주춤하기도 하겠지만, 그것에 무너져 파묻혀 있을 수는 없을 거야.
삶을 대하는 고흐의 태도가 드러남. 생활고에 시달리면서도 자신의 예술을 계속 이어 나가고자 함.
▶ 예술과 삶을 진지하게 생각하는 사람들이 진지한 반성을 할 수 있도록 이끄는 그림을 그려 나가려는 고흐

포인트 체크

제재 이 글은 고흐가 그림 〈▢▢ 먹는 사람들〉을 동생에게 보내면서, 자신의 예술관, 인생관에 대해 쓴 편지이다.

관점 고흐는 농부의 정직한 ▢▢과 성실한 삶을 담은 그림을 긍정적으로 평가하고 있다.

표현 거름 냄새, 감자 삶는 김, 베이컨 연기 등으로 ▢▢ 생활을 감각적으로 형상화하고 있다.

답 감자, 노동, 농촌

084

아버지의 뒷모습 |주쯔칭

[화작] 지학사

🎯 핵심 정리
갈래 경수필
성격 회고적, 사실적, 서사적
제재 아버지의 뒷모습
주제 아버지의 사랑
특징 ① 글쓴이의 심리 변화가 잘 드러남.
　　② 사건 중심으로 몇 개의 짧은 장면을 연
　　　결하여 선명한 이미지로 제시함.
출전 《아버지의 뒷모습》(1925)

👁 이해와 감상
이 글은 자식에 대한 아버지의 사랑을 일화를 통
해 그려 낸 수필이다. 짐짓 무관심한 척하지만 행
동을 통해 은연중에 드러나는 부정(父情)이 인상
적인 작품이다. 아버지가 뚱뚱한 몸으로 철길을
가로질러 귤을 사 오는 하나의 사건을 중심으로
잘 짜인 구조 속에 몇 개의 장면이 긴밀하게 연결
되어 선명한 이미지로 제시되고 있다. 부정(父情)
이라는 우리의 보편적 체험에서 오는 정서적 공
감으로 인해 감동을 느낄 수 있다.

🏠 작품 연구소
아버지의 대한 글쓴이의 심리 변화

```
아버지가 세상 물정에 어둡
고, 자신을 못 미더워하는
것 같아 불만을 느낌.
        ↓
아버지가 힘겹게 귤을          귤
사러 가심.            아들에 대한 아버
        ↓            지의 헌신적인 사
아버지의 사랑을 깨달음.      랑을 상징
```

이 글의 성격
이 글은 서정적 수필이지만, 서사적 수필의 성격
도 지니고 있다. 전체적으로는 개인의 생활 체험
에서 비롯된 감상이 나타나 있지만, 아버지에 대
해 회상하는 부분은 사건 위주이기 때문이다.

인물	아버지와 '나'
사건	'나'를 위해 힘들게 귤을 사러 가신 아버지의 뒷모습을 보고 아버지의 사랑을 느낌.
배경	플랫폼

👤 작가 소개
주쯔칭(朱自淸, 1898~1948)
중국의 시인, 수필가. 장시 〈훼멸(毁滅)〉을 발표하
여 초기 시단에 큰 영향을 끼쳤다. 고전 문학의 연
구와 계몽에 힘썼고, 이 방면의 논술을 많이 남겼
다. 주요 작품으로 〈종적(踪迹)〉, 〈배영(背影)〉, 주
요 저서로 《표준과 척도》 등이 있다.

우리 부자는 강을 건너 기차역에 이르렀다. 나는 아버지께 짐을 지키고 계시라고 하
고는 역사 안으로 들어가 차표를 샀다. 짐을 옮기려면 아무래도 짐이 많아서 짐꾼에게
웃돈을 얹어 줘야 할 것 같았다. 아버지는 그네들과 한바탕 흥정을 벌이고 계셨다. 내가
옆에서 보기에도 아버지는 역부족이었다. 내가 나서야 할 것 같았다. 그러나 아버지는
끝내 당신이 품삯을 흥정하고야 말았다.
　　　　　　아들을 위하는 아버지의 모습 ①
　　나는 기차에 올랐다. 찻간까지 따라오신 아버지는 창가 쪽에 자리를 잡아 주셨다. 나
　　　　　　　　　　　　　　　　아들을 위하는 아버지의 모습 ②
는 그 자리에 아버지가 주신 자주색 외투를 깔았다. 아버지는 작별 인사를 하듯 이야기
하셨다.

『"얘야, 조심해서 가거라. 밤에는 각별히 주의하고, 그리고 감기 들지 않도록 잘해라."
　『」: 아들에 대한 아버지의 사랑이 드러남.
　　아버지는 여기서 그치지 않고 또 기차 안의 심부름꾼에게 나를 부탁하는 것이었다.』
　　　　　　　　　　　　　　　　　　　　　아들을 위하는 아버지의 모습 ③
나는 속으로 아버지의 어리숙함을 비웃었다.
　　　　아버지에 대한 글쓴이의 감정을 숨김없이 드러냄.
'돈만 아는 사람들한테 부탁은 무슨 부탁! 더군다나 나같이 이렇게 다 큰 청년을 맡기
다니. 내가 스스로 알아서 어련히 잘할라고.'　　　　　　▶ 아버지의 당부와 글쓴이의 불만

아, 지금에 와서 생각해 보니 그 당시 난 지나치게 똑똑하게 굴었던 것 같다.

나는 아버지를 안심시키는 투로 말했다. / "아버지, 이제 그만 가 보세요."

아버지는 내 말에 아랑곳하지 않고 차창 밖을 바라보시더니 이내 말씀하셨다.

"내 나가서 귤 좀 사 올 테니 너는 여기 가만히 있거라."
아들에 대한 아버지의 사랑을 단적으로 보여 주는 소재
나는 고개를 돌려 창밖을 내다보았다. 저쪽 플랫폼 난간 밖으로 즐비하게 늘어선 상
인들이 물건을 팔고 있는 것이 보였다. 하지만 그곳까지 가려면 철로를 건너야 했다. 그
것도 이쪽 플랫폼에서 뛰어내린 다음 다시 저쪽 플랫폼으로 올라가야 했다. 몸이 뚱뚱
하신 아버지로서는 여간 힘드는 일이 아니었다. 마땅히 내가 가야 할 것 같아 자리에서
일어났다. 그러나 아버지는 한사코 당신이 가시겠다는 것이다. 나는 하는 수 없이 도로
자리에 앉았다.　　　　　　아버지(3인칭 대명사 '자기'를 아주 높여 이르는 말)

검은색 중절모를 쓰고 검은색 마고자에 남색 두루마기를 입으신 아버지의 모습이 눈
에 들어왔다. 아버지는 철로 변을 약간 휘청거리면서도 천천히 살펴 가고 계셨다. 이때
　　　　　　　　　　　　　　　　　　저고리 위에 덧입는 웃옷
의 아버지는 그다지 힘들어 보이지 않았다. 이제 철로를 다 건너서 저쪽 플랫폼에 오르
려고 할 때는 그리 쉽지 않을 것이다.『아버지는 먼저 양손을 플랫폼 위 바닥에 댄 채 두
　　　　　　　　　　　　　　　　『」: 힘겹게 귤을 사러 가는 아버지의 모습 – 아들에 대한 아버지의 사랑이 드러남.
다리를 모으고는 위로 오르려고 한껏 뛰셨다. 순간 뚱뚱한 몸이 중심을 잃으며 왼쪽으
로 기우뚱하였다. 몹시 힘겨워하시는 모습이 역력했다.』　　　▶ 힘겹게 귤을 사러 가시는 아버지

아버지의 뒷모습을 지켜보고 있던 나는 가슴이 뭉클해졌다. 나도 모르게 눈가에 눈물
이 글썽거렸다. 얼른 고개를 떨구며 눈물을 훔쳤다. 남의 시선을 의식해서였지만 무엇
　　　　　　　　　　　자신을 향한 아버지의 지극한 사랑을 느껴서
보다 아버지한테 눈물 자국을 보이고 싶지 않았다.　　　　　▶ 아버지의 사랑을 느낌.

🔑 포인트 체크
[제재] 귤을 사러 가는 아버지의 ☐☐☐을 보며 자신을 향한 아버지의 사랑에 대해 느낀 점을 이야기하고
있다.
[관점] 글쓴이는 처음에는 아버지의 지나친 보살핌을 못마땅해 하지만, 자신을 위해 애쓰는 아버지의 뒷모습
을 보고 아버지의 사랑에 ☐☐하고 있다.

[답] 뒷모습, 감동

085

헛, 허허허허! | 루쉰

문학 금성

🎯 핵심 정리

갈래 경수필, 잡문(雜文)
성격 현실 비판적, 풍자적
제재 자신의 견해 세우기
주제 두려움 때문에 진실을 말하지 못하는 세태나 태도에 대한 비판
특징 ① 풍자를 통해 현실 세태와 태도에 대한 비판 의식을 드러냄.
② 이야기 속에 이야기가 삽입되어 있는 '액자식 구성'을 취함.
③ 질문과 대답 형식으로 간결하게 글을 전개함.
출전 《아침꽃을 저녁에 줍다》(1991)

😊 이해와 감상

이 글은 겉에서 볼 때 자신의 견해를 어떻게 세워야 할지에 대해 이야기하고 있지만, 내부적으로는 거짓을 말해야 인간관계를 유지할 수 있는 세태나 사회 현상을 풍자적으로 비판하고 있는 글이다. 내부 이야기를 통해 거짓말일 수도 있는 말을 한 사람은 좋은 대접을 받고, 진실을 말한 사람은 나쁜 대접을 받는 모습을 제시함으로써 두려움 때문에 진실을 말하지 못하는 세태, 태도를 비판하고 있는 것이다. 그리고 이 글은 '꿈에, 나는 소학교 교실에 있었다.'라고 하여 사실이 아닌 '꿈'을 통해 글쓴이의 생각을 드러낸 허구적 수필이라고 할 수 있다.

🏠 작품 연구소

선생님이 들려준 이야기의 함축적 의미

덕담	악담
• "아이가 부자가 된다." • "아이가 높은 벼슬을 한다."	아이가 죽는다.
⬇	⬇
거짓말	진실
⬇	⬇
좋은 대접을 받음	나쁜 대접을 받음

함축적 의미	거짓을 말하기는 쉬우나, 진실을 말하는 것은 목숨을 거는 일과도 같음.

선생님의 마지막 대답에 담긴 '웃음'의 의미와 의도

웃음의 의미	자신의 견해를 제대로 말하지 않고 감추는 수단
의도	진실을 말하는 것을 두려워하는 태도에 대한 풍자의 의미를 담고 있음.

👤 작가 소개

루쉰(魯迅, 1881~1936)
중국의 문학가이자 사상가. 그의 문학과 사상에는 모든 허위를 거부하는 정신과 어디까지나 현실에 뿌리박은 강인한 사고가 뚜렷하게 부각되어 있다. 중국 현대 문학의 창시자이며 주요 작품으로 〈아큐정전〉, 〈광인일기〉 등이 있다.

꿈에, 나는 소학교 교실에 있었다.
　　　　초등학교
글을 쓰려고, 선생님께 내 자신의 견해를 어떻게 세워야 하는지를 여쭈었다.

"어렵지."
글에서 자신의 견해를 세우는 것이 결코 간단하지 않음을 말함.
선생님은 안경 너머로 나를 힐끔 보시며 말씀하셨다.　　　▶ 외화: 꿈에서의 질문과 대답 ①

『"이런 이야기가 있단다. 옛날 어떤 집에서 아들을 얻어 집안이 온통 축제 판이었단다.
『 』: 내화
만 한 달이 되어, 잔칫날 손님들에게 아이를 보였겠지? 물론 덕담을 들으려고 말이야.
중국에서는 태어난 지 만 한 달이 되는 날을 '만월(滿月)'이라 하여 축하 잔치를 벌임.　　남이 잘되기를 비는 말
그날 온 손님 가운데 한 사람이 애를 보더니 이렇게 말했지.

ー 우와, 이 아이는 크면 부자가 되겠는데요.
　　　첫 번째 덕담 = 거짓말일 수 있음.
부모는 이 말을 듣고 무척 고마워했지.

이번에는 다른 사람이 말했단다.

ー 이 녀석, 크면 높은 벼슬하겠습니다.
　　　두 번째 덕담 = 거짓말일 수 있음.
주인도 답례로 그에게 덕담을 해 주었지.

그런데 다른 한 사람은 이렇게 말했단다.

ー 이 아이는 분명 죽을 겁니다.
　　　악담처럼 들리는 말 = 진실
그러자 사람들이 그를 죽도록 때렸지.』
내화: 거짓말일 수도 있는 말을 한 사람은 좋은 대접을 받고, 진실을 말한 사람은 나쁜 대접을 받음.
사람이 죽는다는 것은 당연한 일이지만 부자가 되거나 벼슬을 할 거라는 건 거짓말
　　　　　　　　진실
일 수도 있지. 그런데 거짓말은 좋은 보답을 얻었고, 진실은 죽도록 얻어맞은 셈이지.
　　　　　　　　　　　　　　　　　상반된 결과
너는……?"

"선생님, 저는 거짓말도 하기 싫고, 얻어맞기도 싫어요. 그러면 어떻게 말해야 하지요?"

"그래, 그럼 이렇게 하려무나. 우와ー! 이 아이는 정말! 이걸 보세요! 얼마나……. 어
　　　　　　　　　　　　　　　진실도, 거짓도 아닌 의미 없는 말과 웃음
이구! 하하! 허허허 헛, 허허허허!"　　　　　　　　　　　　▶ 외화: 꿈에서의 질문과 대답 ②

🔑 포인트 체크

제재 자신의 [　][　] 세우기를 제재로, [　][　]을 말해야 인간관계를 유지할 수 있는 세태나 사회 현상에 대해 이야기하고 있다.

관점 글쓴이는 진실을 말하는 것을 두려워하는 태도에 대해 [　][　]적 입장을 취하고 있다.

표현 외화와 내화로 되어 있는 [　][　]식 구성, 질문과 대답 형식으로 글을 전개하고 있다.

답 견해, 거짓, 비판, 액자

086

안네의 일기 |안네 프랑크

[국어] 천재(이), 신사고
[화작] 지학사

핵심 정리
갈래 경수필, 일기문
성격 대화적, 고백적
제재 일기장
주제 자신의 일상에 대한 성찰
특징 ① 일기장을 의인화하여 일기장인 '키티'와 대화하는 형식으로 서술함.
② 자신의 상황과 심리를 솔직하게 드러냄.
③ 2차 세계 대전 당시 박해받던 유대인의 생활이 생생하게 드러남.
출전 《안네의 일기》(1947)

이해와 감상
이 일기는 1940년 독일군 점령하의 암스테르담에서 살고 있던 안네라는 소녀가 나치스의 박해를 피하여 부모님과 언니, 그리고 다른 유대인 가족과 은신처에서 함께 사는 동안 쓴 것이다. 안네는 자신의 일기장을 '키티'라고 부르며 일기장에 자신의 상황과 심리를 솔직하게 드러내고 있다. 안네는 독일의 어느 유대인 수용소에서 장티푸스에 걸려 짧은 일생을 마쳤으나 이 일기는 안네의 사망 후, 가족 중 유일한 생존자인 아버지의 손에 들어가게 되었다. 1947년에 네덜란드어로 출판된 이후 각국어로 번역되어 세계적인 반응을 불러일으켰다.

작품 연구소
중심 소재를 통해 알 수 있는 글쓴이의 태도와 성격

중심 소재	일기장 '키티'
글쓴이의 태도	일기장에 이름을 붙이고 친구처럼 대하며 편지를 쓰듯 일기를 씀.
글쓴이의 성격	일기장을 대하는 태도나 일기장에 기록한 내용을 보아 일상에 충실하고, 사려 깊은 성격임.

〈안네의 일기〉를 통해 알 수 있는 당시 시대 상황
• 나치스로부터 소환장을 받은 유대인은 강제 수용소로 끌려갔음.
• 유대인들은 나치스의 박해를 피해 살았음.

'소환장'의 역할

소환장	→	• 긴박하고 긴장된 분위기를 조성함. • 인물들에게 공포심을 불러일으킴.

작가 소개
안네 프랑크(Anne Frank, 1929~1945)
독일 프랑크푸르트 출신. 나치스의 박해가 심한 독일에서 네덜란드로 피신해 숨어 살면서도 작가의 꿈을 키우며 일기를 썼다. 1944년 은신처가 발각되어 1945년 3월 열다섯의 나이로 사망했다.

가 1942년 6월 20일 토요일 / 나는 왜 외톨이라고 느끼는 걸까?

드디어 문제의 핵심, 내가 왜 일기를 쓰기 시작했는가에 대해서 말할 차례인데, 그건 한마디로 말해서 마음을 털어놓을 만한 참다운 친구가 나에게는 없기 때문입니다.

나에게는 사랑하는 부모님과 열여섯 살인 언니가 있습니다. 친구라고 부를 만한 사람은 서른 명쯤 알고 있습니다. 남자 친구도 많습니다. 모두들 어떻게 해서든 나의 관심을 끌려고 하죠. 그게 잘 안 되면 교실의 거울을 통해 몰래 나를 볼 정도니까요. 친척도 많고 상냥한 아주머니들도, 좋은 집도 있습니다.

그래요. 무엇 하나 부족한 게 없는 것처럼 보입니다. 그 '진짜' 친구를 제외하면요. 내 친구들은 모두 그냥 장난을 치거나 농담을 하는 사이일 뿐입니다.

『주변의 그저 그렇고 그런 일 말고는 아무에게도 얘기하고 싶지 않으니 아무래도 서로 더 이상 가까워지는 건 무리인 것 같습니다. 그것이 문제의 핵심입니다. 어쩌면 내게 남을 신뢰하는 마음이 부족한 탓인지도 모르겠습니다. 그렇다고 해도 그건 엄연한 사실이며, 달리 뾰족한 수도 없는 것 같습니다.』그래서 일기를 쓰기로 한 겁니다.
『 』: 일기를 쓰기 시작한 이유
자신의 모습을 성찰함.

오랫동안 기다리고 바라던 이 친구의 모습이 내 마음의 눈에 한층 빛나 보이도록, 보통 사람들처럼 일기 속에 진솔한 사실을 쭉 늘어놓지는 않을 생각이지만, 그래도 이 일기장을 마음의 친구로 삼아 앞으로 내 친구 '키티'라고 부르겠어요.
일기장을 의인화함.   ▶ 자신의 모습에 대한 성찰과 일기를 쓰게 된 이유

나 1942년 7월 8일 수요일 / 비상 탈출

오후 3시, 누군가 현관의 벨을 눌렀습니다. 마침 나는 집 뒤의 베란다에 누워 한가롭게 볕을 쬐며 책을 읽고 있었으므로 그 소리를 듣지 못했습니다. 그런데 조금 뒤 언니 마르고가 숨을 헐떡이며 부엌문으로 나오더니 나직한 목소리로 말했습니다.

"조금 전에 SS(나치스 친위대)에서 아빠에게 소환장을 보내 왔어. 엄마는 벌써 판 단
위기감이 고조됨.
아저씨 댁으로 상의하러 가셨어(판 단 씨는 아빠의 직장 동료예요.)."

언니의 말은 큰 충격이었습니다. 소환장…… 그것이 무엇을 뜻하는지는 누구라도 알
소환장을 받은 사람은 강제 수용소로 끌려간다는 것이 공공연한 사실임을 말하고 있음.
겠지요. 강제 수용소라든가 쓸쓸한 감옥, 그런 정경이 잇달아 머릿속을 맴돌았습니다. 어떻게 아빠를 그처럼 끔찍한 운명에 내맡길 수가 있겠어요?   ▶ 소환장으로 인한 가족의 두려움

다 1943년 12월 24일 금요일 / 여긴 "지상 천국인가, 절망의 늪인가?"

아마 당신도 1년 반이나 갇혀서 지낸다면 종종 견딜 수 없게 될 때가 있을 거예요. 아
나치스의 박해를 피해 1년 반 동안 갇혀 지내고 있는 안네의 상황이 드러남.
무리 올바른 판단력이 있고 감사하는 마음을 잊지 않아도 마음 깊은 곳의 솔직한 느낌까지 억누를 수는 없거든요. 자전거를 타고, 춤을 추고, 휘파람을 불고, 세상을 보고, 청춘을 맛보고, 자유를 만끽하고, ……나는 이런 걸 동경해요. 그러나 그런 마음을 밖으로 드러내서는 안 되죠. 하기는 우리 여덟 사람 모두가 자신을 불쌍하게 여기거나 불만스
힘든 상황에서도 다른 사람을 배려하는 태도를 잃지 않으려는 안네
러운 표정을 지으며 지낸다면, 도대체 어떻게 될까요?
▶ 절망적인 상황에서도 자신의 모습을 성찰하는 안네

키 포인트 체크

[제재] 이 글은 나치스의 박해를 피해 은신처에서 살던 동안 쓰여진 사춘기 소녀 안네 프랑크의 ☐☐이다.
[표현] 일기장을 ☐☐☐하여 마치 친구와 대화하는 것처럼 자신의 이야기를 솔직하게 표현하고 있다.

답 일기, 의인화

087 모리와 함께한 화요일 | 미치 앨봄

키워드 체크 #교훈적 #노교수와 제자의 대화 #인생 수업 #살아 있음의 의미 #죽어 감의 의미

[화작] 지학사

🎯 핵심 정리

갈래 경수필
성격 교훈적, 회상적
제재 죽음을 앞둔 노교수와 제자가 나눈 대화
주제 인생의 진정한 의미와 가치
특징 ① 글쓴이의 실제 경험을 토대로 하여 설득력을 높임.
② 스승과 제자가 주고받은 대화를 중심으로 내용을 전개함.
출전 《모리와 함께한 화요일》(1998)

👁 이해와 감상

이 글은 칼럼니스트인 글쓴이가 자신의 대학 시절 은사와의 마지막 수업에서 배운 내용을 담은 책이다. 글쓴이는 일주일에 한 차례, 화요일마다 루게릭병을 앓고 있는 모리 교수를 만나 인생에 대해 이야기한다. 모리 교수는 루게릭병이 심해져 몸을 거의 움직일 수 없는 상황에서도 인생의 의미, 즉 사랑, 일, 가족, 나이 든다는 것, 용서, 후회, 죽음 등 여러 주제와 관련하여 자신의 경험에서 얻은 바를 열정적으로 들려준다. 이런 과정을 통해 글쓴이는 삶의 진정한 의미와 가치를 성찰하게 된다.

🏠 작품 연구소

모리 교수의 삶의 태도

• 더 이상 말을 못하게 되더라도 사람들과 마음을 나누는 것을 포기하지 않음.
• 병에 걸려 움직이기 힘들지만 삶의 진정한 의미와 죽음을 맞는 과정을 열정적으로 이야기함.

↓

• 남은 시간을 최선을 다해 쓰려고 함.
• 자신의 죽음을 가치 있는 일로 승화하려고 함.

👤 작가 소개

미치 앨봄(Mitch Albom, 1958~)
소설가, 칼럼니스트. 평범한 사람들이 자기 연민과 고통을 넘어 삶의 숨겨진 의미를 깨달아 가는 과정을 감동적으로 형상화한 작품을 많이 썼다. 주요 저서로 《천국에서 만난 다섯 사람》, 《8년의 동행》 등이 있다.

전략 부분의 내용 루게릭병을 앓고 있는 교수 모리 슈워츠는 병에 걸린 뒤에 쓴 아포리즘을 계기로 〈나이트라인〉이라는 프로그램에 출연하게 되고, 20년 전 제자인 글쓴이와 재회하게 된다. 글쓴이는 매주 화요일마다 모리 교수를 만나 세상, 가족, 죽음, 사랑 등 인생에 대해 이야기한다.

*깊은 진리를 간결하게 표현한 말이나 글

〈나이트라인〉은 모리 선생님 인터뷰 방송 이후의 이야기를 준비했다. 프로그램에 대한 반응들이 워낙 뜨거웠기 때문이다. [중략]

"하지만 낙심하는 날도 있습니다. 속이고 싶지 않아요. 병이 진행되고 있음을 깨달으면 더럭 겁이 납니다. 손을 쓰지 못하면 어떻게 하나? 말을 할 수 없게 되면 어쩐다?
*건강이 점점 더 나빠지기 때문에
오히려 음식물을 삼키지 못하는 것은 그렇게 많이 걱정되진 않아요. 튜브를 통해 음
*□: 병이 진행되면서 발생할 일들 – 모리 교수가 앓고 있는 루게릭병은 근육이 서서히 위축되어 힘을 쓰지 못하게 되는 병임.
식물을 섭취하면 또 어떻습니까? 하지만 내 **목소리**는? 내 **손**은? 그것들은 나의 중요
□: 다른 사람과 소통하게 해 주는, 마음을 나누게 해 주는 소중한 것
한 일부거든요. 목소리로 말을 합니다. 또 손으로 제스처를 취하구요. 사람들과 손과 말로 마음을 나누는데…."

"더 이상 말을 못하게 되면 어떻게 타인과 마음을 나누시겠습니까?"/코펠이 물었다.

모리 선생님은 어깨를 으쓱했다. / "아마도 사람들에게 '예'나 '아니오'로 답할 수 있게 물어봐 달라고 부탁하겠지요." [중략]
*모리 교수의 긍정적인 성격을 엿볼 수 있음.
▶ 자신의 증상에 대한 생각을 솔직하게 말하는 모리 교수

프로그램이 끝나기 전, 선생님은 최근에 받은 편지 한 통을 코펠에게 읽어 주었다.

처음 〈나이트라인〉 프로그램이 방영된 후, 엄청난 편지가 밀려들었다. 펜실베이아에
*모리 교수는 자신이 삶의 마지막을 어떻게 맞고 있는지를 방송에서 이야기함. – 병에 걸렸지만 계속 보람 있는 삶을 살고자 함.
서 어린이 9명으로 이루어진 특수 학급을 가르치는 선생님이 아주 특별한 내용의 편지를 보내 왔다. 그 학급 어린이들은 모두 한쪽 부모를 잃은 아이들이었다.

"그래서 내가 그 선생님에게 이런 답장을 해 주었습니다."

모리 선생님은 천천히 코와 귀에 안경을 걸치면서 말했다.

"친애하는 바바라… 귀하의 편지에 깊은 감동을 받았습니다. 선생님이 한쪽 부모를 잃은 아이들과 해 온 일들이 매우 소중하게 느껴집니다. 나 또한 어린 나이에 한쪽 부모를 잃었답니다…."

카메라가 계속 돌아가고 있는데, 갑자기 선생님은 안경을 고쳐 썼다.

그는 말을 멈추고 입술을 깨물었다. 목이 메이기 시작했다. 눈물이 흘러내렸다.

"어릴 때 어머니를 잃었는데… 내게는 타격이 컸습니다… 당시에 선생님 학급 같은 학급이 있어서 나도 슬픔을 털어놓을 수 있었으면 얼마나 좋았을까요. 나 역시 그 학
*모리 교수가 특수 학급 교사에게 감동을 받은 이유
급에 들어가고 싶었을 겁니다. 왜냐면…."

그의 목소리가 갈라졌다.

"… 왜냐면 난 너무도 외로웠으니까요…."

"모리, 어머니가 돌아가신 지 70년이나 지났잖습니까. 한데 아직도 그 고통이 계속되고 있습니까?" / 코펠이 물었다.

"그럼요." / 우리 선생님은 그렇게 속삭였다.
▶ 특수 학급의 교사에게 편지를 받은 일화를 이야기하는 모리 교수

🔑 포인트 체크

제재 죽음을 앞둔 노교수와 그의 제자가 ☐☐의 의미와 가치에 대해 나눈 대화를 담고 있다.

관점 모리 교수는 루게릭병에 걸려 몸을 자유롭게 쓰지 못하는 상황에서도 포기하지 않고 ☐☐ 있는 삶을 살고자 노력한다.

답 인생, 보람

088 수레바퀴 자국에 고인 물속의 붕어 | 서경식

(이하 본문 생략)

089

나는 말랄라

|말랄라 유사프자이·크리스티나 램

문학 금성

🎯 핵심 정리

갈래 경수필

성격 회고적, 비판적, 의지적

제재 탈레반 치하의 삶

주제 여성과 아동의 인권과 교육받을 권리를 위한 노력

특징 ① 다양한 사회 문제와 이에 대응하는 인물의 태도가 나타남.
② 글쓴이가 경험한 일과 그때의 생각을 구체적으로 회상함.
③ 평화를 바라는 글쓴이의 단호한 의지가 나타남.

출전 《나는 말랄라》(2014)

👁 이해와 감상

이 글은 탈레반의 공포에서 벗어나 학교에 다니는 것이 꿈이었던 한 소녀의 자전적 수필이다. 이 글에는 여자아이들이 교육받을 권리를 위해 목숨을 걸고 투쟁한 가족의 이야기, 테러리즘의 실체를 폭로하는 현장의 목소리, 불의에 침묵하지 않고 맞서 싸우는 사람들의 용기에 대한 이야기가 담겨 있다.

🏠 작품 연구소

당시 시대 상황과 이에 대한 글쓴이의 대응 방식

시대 상황	글쓴이의 대응 방식
• 탈레반이 여성을 차별하고 학교를 폭파함. • 탈레반이 모든 여학교를 닫으려 함. • 사람들이 목숨을 위협받고 자유를 억압당함.	• 두려움에 빠지지 않고 용기를 냄. • 언론사에 자신들이 처한 상황을 인터뷰함. • 진실을 밝히는 것이 자신의 권리를 위한 일이자 의무라고 생각함.

⬇

글쓴이의 성격	• 용기가 있고 담대함. • 옳다고 믿는 것을 지키기 위해 목숨을 걸고 노력함.

자료실

탈레반

1994년 아프가니스탄에서 결성된 무장 이슬람 정치 단체로 1996년부터 2001년까지 아프가니스탄을 지배한 세력이다. 이슬람교에 대한 엄격한 해석으로 많은 사회적 문제를 일으켜 국제사회의 비난을 샀다. 2001년 11월 탈레반 정권이 무너진 뒤, 파키스탄과의 접경 지역으로 도피하였다.

👤 작가 소개

말랄라 유사프자이(Malala Yousafzai, 1997~)

파키스탄의 인권 운동가. 파키스탄에서 태어나 아프가니스탄 접경 지역인 스와트 밸리에서 자랐다. 열한 살부터 탈레반 치하의 삶에 대한 글을 썼으며, 여성 교육을 위한 목소리를 냈다. 어린 나이에도 위험한 상황 속에서 모든 어린이의 교육권을 위하여 투쟁한 공로로 2014년 17세의 나이에 노벨 평화상을 수상하였다.

전략 부분의 내용 탈레반의 계속되는 폭격에도 열한 살 소녀 말랄라(글쓴이)와 그의 가족은 두려움에 굴복하지 않는다. 말랄라는 무장 세력 때문에 여학생들이 학교를 그만두는 문제로 언론과 인터뷰를 한다.

가 한 기자는 나를 '타크라 제나이', 밝게 빛나는 어린 숙녀라 불렀고, 또 다른 기자는 내게 '파카 제나이', 나이보다 현명한 아이라고 말했다. 내 마음속에는 신께서 나를 보호해 줄 거라는 믿음이 있었다. 내가 나의 권리를 위해, 우리 소녀들의 권리를 위해 말하는 것은 잘못이 아니다. 그렇게 하는 것은 나의 의무이기도 하다. 신은 우리가 그런 상황에서 어떻게 행동하는지 보고 싶어 한다. 코란에 이런 말씀이 있다. "그릇됨은 사라져야 한다. 그러면 진실이 가득할 것이다." 만일 한 남자가, 즉 파즐울라가 모든 것을 파괴할 수 있다면, 한 소녀가 그것을 바꾸는 건 왜 못하겠는가? 나는 그렇게 생각하며 내게 힘을 달라고 매일 밤 신에게 기도했다. ▶ 말랄라가 위험을 무릅쓰고 인터뷰를 하는 이유

나 학교는 계속 파괴되고 있었다. 2008년 10월 7일 밤, 멀리서 연쇄적으로 폭발음이 들려왔다. 다음 날 아침, 복면을 한 무장 세력들이 상고타 수녀원 부속 여학교와 남학교인 엑셀시어 칼리지에 침입해 사제 폭발 장치로 학교 건물을 폭파했음을 알게 되었다. 학생들은 사전에 협박을 받은 교사들이 이미 대피시킨 상태였다. 이 두 학교는, 특히 상고타는 마지막 왈리 시절까지 거슬러 올라가는 오랜 전통과 뛰어난 학업 성적으로 잘 알려진 곳이었다. 또 상당히 큰 학교로, 엑셀시어에는 이천 명, 상고타에는 천 명의 학생이 있었다. 폭발 사건 후 그곳을 찾은 아버지는 건물이 완전히 파괴되어 잔해만 남은 광경을 보았다. 아버지는 부서진 벽돌과 불에 탄 책들 가운데 서서 텔레비전 기자들과 인터뷰를 했고 충격에 빠진 표정으로 집에 돌아왔다. "남은 건 돌무더기뿐이었어." ▶ 학교를 파괴하는 일을 멈추지 않는 탈레반

다 그러다 2008년 말, 파즐울라의 부관 마울라나 샤 다우란이 라디오에서 모든 여학교는 문을 닫을 것이라고 선언했다. 1월 15일부터 여자들은 학교에 가서는 안 된다고 경고했다. 처음에 나는 그 말이 농담인 줄 알았다. "우리가 학교 가는 걸 어떻게 막을 건데?" 나는 친구들에게 말하곤 했다. "그 사람들은 그럴 힘이 없어. 자기네가 산도 파괴할 거라고 말하지만 길 하나 통제 못 하잖아." / 다른 여자아이들은 내 말에 동의하지 않았다. "누가 그 사람들을 막을 건데?" 친구들이 물었다. "그 사람들은 벌써 학교 수백 곳을 폭파했어. 하지만 아무도 어떻게 하지 못했어."

아버지는 스와트 사람들에게 말했다. 마지막 교실 하나가 있고, 마지막 선생님 한 사람과 마지막 학생 한 사람이 살아 있다면 교육은 멈추지 않고 계속된다고. 우리 부모님은 내가 학교를 그만두어야 한다고 말한 적이 없었다. 단 한 번도. 우리는 학교를 사랑하긴 했지만 탈레반이 학교에 가지 못하게 막을 때까지는 교육이 얼마나 소중한 것인지 깨닫지 못했다. 학교에 간다는 것은, 책을 읽고 숙제를 한다는 것은, 그저 시간을 보내는 하나의 방식이 아니라 우리의 미래였던 것이다. ▶ 교육의 힘을 깨닫는 말랄라

🔑 포인트 체크

제재 글쓴이는 탈레반 치하에서 여성과 아동이 □□받을 권리를 누리기 위해 노력하고 있다.

관점 탈레반의 횡포 때문에 공포스러운 상황에서도 두려움에 좌절하지 않고 현실을 바꾸려는 강한 □□를 보이고 있다.

답 교육, 의지

산돼지 토막 영웅 모집 소 제향날 동승 살아 있는 이중생 각하 불모지

성난 기계 원고지 만선 파수꾼 결혼 둥둥 낙랑둥 칠산리 북어 대가리

비 오는 날이면 가리봉동에 가야 한다 오발탄 난장이가 쏘아 올린 작은 공 메밀꽃 필 무렵

김 씨 표류기 고맙습니다 세상에서 가장 아름다운 이별 그대를 사랑합니다 뿌리 깊은 나무

마이 리틀 히어로 두근두근 내 인생 님아, 그 강을 건너지 마오 오늘부터 하모니

Ⅱ

극 문학

극문학 핵심 노트

1. 희곡

❶ 희곡의 개념

배우들이 무대 위에서 관객을 상대로 말과 행동을 통해 직접 보여 주기 위해 꾸며 낸 이야기로, 무대 상연을 전제로 한다.

❷ 희곡의 특징

(1) **무대 상연을 전제로 한 문학**: 희곡은 무대 상연을 전제로 하기 때문에 많은 제약이 따르며, 극적 관습을 지켜야 한다.

(2) **행동과 대사의 문학**: 작가의 개입이 어려우므로 인물의 행동과 대사를 통해 인물의 성격이 드러나고 사건이 진행되며 주제가 형상화된다.

(3) **갈등의 문학**: 인물의 성격과 의지의 대립에 따른 갈등과 그 해소 과정을 주된 내용으로 한다.

(4) **현재 진행형의 문학**: 배우들의 행동을 통해 관객의 눈앞에서 벌어지고 있는 사건으로 현재화하여 표현한다.

❸ 희곡의 요소

(1) **해설**: 막이 오르기 전후에 시·공간적 배경, 등장인물, 무대 장치 등을 설명하는 글

> **예**
>
> 때: 광복 직후 / 곳: 서울
> 등장인물
> 이중생: 53세. 사업가. 일제 강점기에 친일을 하여 돈을 벌었으며, 광복 후 목재 회사와 산림 산업을 맡아 거드름을 부리며 살지만 본디 천박한 인물
>
> — 오영진, 〈살아 있는 이중생 각하〉
>
> [작품의 시간적·공간적 배경과 등장인물을 소개하고 있음.]

(2) **지시문(지문)**: 등장인물의 행동이나 말투, 음향 효과나 무대 장치 등을 설명하는 글

행동 지시문	등장인물의 동작, 표정, 말투, 입장 및 퇴장, 심리 등을 지시함.
무대 지시문	배경, 무대 장치 및 소도구 배치, 음향 효과 등을 지시함.

> **예**
>
> 이때 무대 전체가 어두워지고 스포트라이트가 교수만을 포착한다. 잠시 모든 것이 조용해지며 과거를 상기시키는 감상적인 음악이 고요히 흘러나온다.
>
> [조명과 음향 효과를 지시하고 있음.]
>
> — 이근삼, 〈원고지〉 **Link** 본책 200쪽

간단 개념 체크

1 빈칸에 들어갈 알맞은 말을 쓰시오.

(1) 희곡은 □□□□을 전제로 하는 문학이다.

(2) 희곡은 인물 간의 대립에 따른 □□과 그 해소 과정을 주된 내용으로 하는 문학이다.

2 희곡의 특징에 대한 설명으로 맞으면 ○, 틀리면 X를 하시오.

(1) 희곡은 무대 상연을 전제로 하기 때문에 시간이나 공간의 제약이 없다. (   )

(2) 희곡은 인물의 대사와 행동을 통해 인물의 성격이 드러나고 사건이 진행된다. (   )

3 다음 설명에 해당하는 희곡의 요소를 쓰시오.

> 이것은 희곡의 요소 중 막이 오르기 전후에 시·공간적 배경, 등장인물, 무대 장치 등을 설명하는 글을 말한다.

4 희곡의 요소 중 지시문의 종류와 특징을 바르게 연결하시오.

(1) 행동 지시문 ·　　· ㄱ. 배경, 무대 장치, 음향 효과 등을 지시함.

(2) 무대 지시문 ·　　· ㄴ. 등장인물의 동작, 표정, 말투 등을 지시함.

답 1 (1) 무대 상연 (2) 갈등　2 (1) X (2) ○　3 해설
4 (1) ㄴ (2) ㄱ

(3) 대사: 등장인물이 하는 말로, 사건을 전개하고 인물의 성격을 드러내는 데 중요한 역할을 한다.

대화	인물과 인물이 서로 주고받는 대사 예 명서 처: 귀한 사람이 와유. / 명서: 미쳤위! 방정맞게 이렇게 허문 되려 집안의 우환을 사는 거여.(유치진, 〈토막〉) ▶ Link 본책 168쪽
독백	인물이 상대역 없이 혼자서 소리를 내어 하는 대사 예 회기: (혼잣소리로) 담배는 포장도 중요하지만 알맹이가 좋아야지!(차범석, 〈성난 기계〉) ▶ Link 본책 196쪽
방백	관객에게는 들리고 상대역에게는 들리지 않는 것으로 약속된 대사 예 로미오: (방백) 좀 더 들어 볼까, 말을 걸어 볼까?(셰익스피어, 〈로미오와 줄리엣〉) ▶ Link 본책 300쪽

❹ 희곡의 구성단위

막	무대의 휘장이 오르고 내리는 사이의 한 단위로, 공간의 변화나 긴 시간의 경과를 보여 줌.
장	막의 하위 단위로, 조명이나 등장인물의 등장 및 퇴장으로 구분하며, 새로운 사건의 시작이나 짧은 시간의 경과를 보여 줌.

❺ 희곡의 구성 단계

현대 희곡은 대체로 '발단 – 전개 – 절정 – 하강 – 대단원'의 5단 구성을 취한다.

❻ 희곡과 소설의 비교

요소	희곡	소설
표현	대화(대사)로 표현함.	서술, 묘사 및 대화로 표현함.
등장 인물	인물의 수가 제한됨.	인물의 수에 제약이 없음.
배경	시간적·공간적 배경에 제약이 있음.	시간적·공간적 배경에 제약이 없음.
시제	현재 시제를 씀.	다양한 시제를 씀.

가 주지: '외면사보살 내면여야차(外面似菩薩 內面如夜叉)'라 하셨느니라. 네 에 미는 바루 이 경문과 같이, 얼굴은 보살님같이 아름답지만, 마음은 야차같이 무서운 독물이야.

도념: 스님, 그렇게 악마 같을 리가 없습니다.

> 희곡은 소설과 달리 서술자 없이 행동과 대사를 통해 사건이 전개됨.

— 함세덕, 〈동승〉 **Link** 본책 184쪽

나 도념이를 지켜보는 눈빛에는 변함없이 다사롭고 애잔한 정이 담겨 있었지만 겉으로는 매섭고 엄한 태도를 누그러뜨리지는 않았다. 그리고 그런 큰스님에게서 도념이의 마음은 점점 멀어져 갔다.

"외면사보살 내면여야차, 라."

"외면사보살 내면여야차, 라."

도념이는 시들한 목소리로 큰스님이 외우는 불경을 따라 읊었다.

— 박혜수, 〈동승〉

2. 시나리오

❶ 시나리오의 개념

영화를 만들기 위하여 쓴 각본으로, 상영을 전제로 하여 작가가 꾸며 낸 이야기이다.

❷ 시나리오의 특징

(1) 화면에 의해 표현되므로 촬영을 고려해야 하며, 특수한 시나리오 용어가 사용된다.

(2) 대사와 행동으로 인물의 특성과 사건의 진행을 표현한다.

(3) 장면의 변화가 자유롭고 시간적·공간적 배경이나 등장인물 수의 제약이 적다.

(4) 직접적인 심리 묘사가 어렵고 장면과 대상에 의해 간접적으로 묘사된다.

(5) 예정된 시간에 상영될 수 있도록 내용이 구성된다.

❸ 시나리오의 요소

시나리오의 각 장면은 대사와 지시문, 해설로 구성되어 인물의 성격을 드러내고 사건을 전개하게 된다.

장면 표시	사건의 배경이 되는 장면의 설정이나 장면 번호. 'S#(scene number)'으로 나타냄. 예 S# 67. 5-1반 교실(오전)
해설	시나리오의 첫머리에 등장인물, 때와 장소, 배경 등을 설명해 놓은 부분.
대사	인물의 성격을 드러내고 사건을 진행시키며, 갈등 관계를 나타내고 작품의 주제를 구현함.
지시문	인물의 표정이나 동작, 카메라 위치, 필름 편집 기술 등을 지시함. 예 카메라가 마루로 천천히 이동하면 정원이 바가지를 앞에 놓고 만년필을 만지고 있다. (오승욱·신동환·허진호, 〈8월의 크리스마스〉) **Link** 본책 294쪽

간단 개념 체크

9 다음 중 시나리오의 특징에 대한 설명으로 맞는 것을 모두 고르시오.

> ㉠ 특수한 전문 용어를 사용한다.
> ㉡ 화면에 의해 표현되므로 촬영을 고려해야 한다.
> ㉢ 대사와 행동을 통해 사건이 진행되며 막과 장으로 구분된다.
> ㉣ 직접적인 심리 묘사가 어렵고 장면과 대상에 의해 간접적으로 묘사된다.
> ㉤ 장면의 변화가 자유롭고 시간적·공간적 배경이나 등장인물 수의 제약이 적다.

10 시나리오의 요소에 대한 설명으로 맞으면 ○, 틀리면 X를 하시오.

(1) 시나리오의 요소 중 첫머리에 등장인물, 때와 장소, 배경 등을 설명해 놓은 것을 '장면 표시'라고 한다. (　　)

(2) 시나리오의 요소 중 인물의 성격을 드러내고 사건을 진행시키며, 갈등 관계를 나타내고 작품의 주제를 구현하는 것을 '해설'이라고 한다. (　　)

11 다음 밑줄 친 부분에 해당하는 시나리오 요소를 쓰시오.

> 일한: 전 자격이 안 되거든요. 처음부터 이 방송에…… 학력을 위조했습니다.
> 당혹스런 얼굴의 사람들. 수군대기 시작한다.
> — 안호경 각본, 황조윤 각색, 〈마이 리틀 히어로〉

답 9 ㉠, ㉡, ㉣, ㉤ **10** (1) X (2) X **11** 지시문

❹ 시나리오의 구성단위

플롯(plot)을 기초로 장면(scene)을 구성하고, 장면들을 연결하여 시퀀스(sequence)를 설정하며 시퀀스들이 모여 한 편의 시나리오가 만들어진다.

숏(shot)	카메라가 한 번의 연속 촬영으로 찍은 장면으로, 컷(cut)이라고도 함.
장면(scene)	영화의 최소 단위. 같은 장소, 시간 내에서 동일한 인물에 의해 일어나는 일련의 상황이나 사건. 하나 또는 여러 개의 숏으로 구성됨.
시퀀스(sequence)	하나의 에피소드를 이루는 구성단위. 연극의 막에 해당함. 하나 또는 여러 개의 장면으로 구성됨.

❺ 희곡과 시나리오의 비교

구분	희곡	시나리오
목적	연극 상연	영화 상영
단위	막과 장	장면(scene)
제약	시간적·공간적 배경, 인물 수에 제약이 있음.	비교적 제약이 적음.
형태	상연으로 소멸됨.(순간 예술)	필름으로 보존됨.(영구 예술)
독자성	문학적 독자성이 있음.	문학적 독자성이 없음.

❻ 주요 시나리오 용어

C.U.	클로즈업(Close Up). 장면이나 인물의 특정 부분을 집중적으로 확대하여 찍는 것.	I.O.	Iris Out. 화면이 천천히 닫히는 것.
D.E.	Double Exposure. 이중 노출. 두 화면이 포개어지는 것.	Ins.	인서트(Insert). 화면과 화면 사이에 다른 화면을 끼워 넣는 것. 📌 인서트 컷(ins. cut)−현실의 이도의 표정
E.	효과음(Effect). 📌 이도: (이펙트(E.)) 모두의 진심을 얻어 내어, 모두를 오직 품고 ……	NAR.	내레이션. 해설 📌 홍연: (내레이션) 학교에 가도 아무 재미가 없다. 공부도 하기 싫고 친구들 얼굴도 지겹다.
F.I.	페이드인(Fade In). 화면이 처음에 어둡다가 점차 밝아지는 것.	Montage	몽타주. 여러 장면을 한데 배합하여 일시적으로 보여 주는 것.
F.O.	페이드아웃(Fade Out). 화면이 처음에 밝았다가 점차 어두워지는 것. 📌 나란히 앉아 있는 두 사람. 에프오(F.O.)	O.L.	오버랩(Over Lap). 화면을 자연스럽게 겹치게 하면서 장면을 바꾸는 것. 📌 만호: 페이스메이커 할게요. 그럼 30킬로미터라도 달릴 수 있잖아요. 달리고 싶어요. 오엘(O.L.)
I.I.	Iris In. 화면 속 임의의 한 점을 원형으로 확대시키면서 화면을 나타내는 것.	PAN.	Panning. 카메라를 상하좌우로 이동하는 것.

간단 개념 체크

12 빈칸에 들어갈 알맞은 말을 쓰시오.

(1) 영화의 최소 단위로, 하나 또는 여러 개의 숏으로 구성되는 것을 □□이라고 한다.

(2) 하나 또는 여러 개의 장면으로 구성된 것으로, □□□가 모여 한 편의 시나리오가 만들어진다.

13 희곡과 시나리오 각각의 특징을 바르게 연결하시오.

(1) 희곡 •　• ㄱ. 시간적, 공간적 제약이 적음.

　　　• ㄴ. 막과 장으로 구분됨.

(2) 시나리오 •　• ㄷ. 문학적 독자성이 있음.

　　　• ㄹ. 필름으로 보존됨.

14 다음 설명에 해당하는 시나리오 용어를 쓰시오.

(1) 장면이나 인물의 특정 부분을 집중적으로 확대하여 찍는 것. (　　)

(2) 화면이 처음에 어둡다가 점차 밝아지는 것. (　　)

(3) 화면을 자연스럽게 겹치게 하면서 장면을 바꾸는 것. (　　)

15 시나리오에 관한 설명으로 맞으면 ○, 틀리면 X를 하시오.

(1) 시나리오는 순간 예술로, 무대 위에서 상연함으로써 소멸된다. (　　)

(2) 시나리오 용어 'Ins.'는 화면과 화면 사이에 다른 화면을 끼워 넣는 것을 의미한다. (　　)

답 **12** (1) 장면 (2) 시퀀스　**13** (1) ㄴ, ㄷ (2) ㄱ, ㄹ
14 (1) C.U. (2) F.I. (3) O.L.　**15** (1) X (2) ○

한국 극 문학사

갑오개혁
(1894)

국권 피탈
(1910)

신극 등장 및
신파극 도입

신파극 탈피
및
근대극 시도

간단 개념 체크

1 1910년대에는 ☐☐☐이 주류를 이루었지만, 근대적 색채를 띤 조중환의 〈병자 삼 인〉이라는 첫 창작 희곡이 만들어지기도 하였다.

2 다음과 같은 활동이 이루어졌던 시기는?

> • 서구의 근대적 극 양식이 도입되면서 근대적 희곡 창작이 본격화되었다.
> • 외국 작가들의 희곡이 번안·번역되어 자주 공연되었다.

( )

3 일제의 가혹한 억압과 수탈의 참상을 그린 사실주의 극은 유치진의 〈토막〉이다.
(○ / ✕)

답 **1** 신극 **2** 1920년대 **3** ○

개화기~1910년대

- 개화기에 이르러 민속극이 급격하게 쇠퇴하였다.
- 판소리가 서양의 연극과 결합된 형태의 창극(唱劇)이 '협률사'와 '원각사' 등에서 공연되어 인기를 끌었으나 1910년 일제의 창극 단체 강제 해산으로 중단되었다.
- 근대극에 더욱 가까워진 형태인 신극이 등장하였는데, 창극과는 달리 산문으로 된 대사를 사용하였다.
- 세상 풍속과 인정 비화(人情悲話) 등을 제재로 한 통속극인 일본의 신파극이 국내에 도입되었다.
- 1910년대 역시 개화기의 신파극이 주류를 이루었지만, 근대적 색채가 짙은 조중환의 〈병자 삼 인〉(1912)이라는 첫 창작 희곡이 만들어지기도 하였다.
- 윤백남의 〈운명〉(1917)과 이광수의 〈규한(閨恨)〉(1917)이 창작되면서 현대적 희곡의 면모를 보여 주기 시작하였다.

1920년대

- '극예술 협회', '민중 극단', '토월회'의 결성을 계기로 서구의 근대적 극 양식이 도입되면서 근대적 희곡 창작이 본격화되었다.
- 사회의식이나 현실 인식이 뚜렷한 희곡들이 등장했으며 일상어에 의한 대사, 등장인물의 현실성, 무대의 현실화 등을 통해 사실주의적 경향을 보여 주었다.
- 입센, 몰리에르, 셰익스피어, 체호프 등 외국 작가들의 희곡이 번안·번역되어 자주 공연되었다.
예 조명희, 〈김영일의 사(死)〉(1923) / 김우진, 〈산돼지〉(1926) / 박승희, 〈아리랑 고개〉(1929)

1930년대~광복

- 본격적인 근대극이 이루어져 사실주의 극이 뿌리를 내렸다.
- 유치진이 중심이 된 '극예술 연구회'가 창작극, 전문 극을 적극 전개하여 연극 발전에 크게 기여하였으며 본격적인 사실주의 희곡이 발표되었다.
- 처음으로 유성 영화가 도입되어 저항적 주제의 시나리오 작품이 창작되었다.

예

주요 작품	작가	특징
토막	유치진	일제의 가혹한 억압과 수탈의 참상을 그린 사실주의 극의 효시임.
동승	함세덕	인간적 감정과 종교적 숙명 사이에서의 갈등을 그림.
맹 진사 댁 경사	오영진	한국적 골계미를 통해 인간의 탐욕과 우매성을 풍자·비판함.

◆ 극예술 연구회
김진섭·유치진·이헌구·서항석 등 해외 문학파를 주축으로 1931년에 조직된 연극 단체이다. 극예술에 대한 일반의 이해를 넓히고 진정한 의미의 신극을 수립하는 데 창립 취지를 두었다. 초창기의 번역극과 소인극에서 탈피하고 창작극과 전문극을 적극 전개하여 연극 발전에 크게 공헌하였다.

8·15 광복
(1945)

6·25 전쟁
(1950)

사실주의 극
확립

서구의
새로운 극
양식 도입

광복 직후

- 일제 강점기의 삶과 항일 투쟁을 재구성하고 애국 애족 정신을 고취하는 작품들이 발표되었다.
- 유치진이 대표했던 민족적 리얼리즘, 함세덕이 주도했던 사회주의 리얼리즘, 김춘광과 이서구 등이 이끌었던 상업 극 등이 있었다.

예 이광래, 〈독립군〉(1945) / 유치진, 〈조국〉(1946) / 함세덕, 〈고목〉(1947) / 오영진, 〈살아 있는 이중생 각하〉(1949)

1950~1960년대

- 사실주의 경향을 띠면서 서구의 표현 기법을 다양하게 활용하여 발전하였다.
- 사회적·정치적 변동을 수용하여 전후 현실 인식과 현실 참여 의식을 띠는 작품이 중심을 이루었다.

예	주요 작품	작가	특징
	나도 인간이 되련다	유치진	인간성의 회복이라는 주제를 형상화함.
	불모지	차범석	전후 사회의 모순을 세대 간의 갈등을 통해 드러냄.
	오발탄	나소운·이종기	전후 사회의 빈곤과 부조리한 현실을 비판한 시나리오임.
	만선	천승세	사실적 표현과 방언의 구사를 통해 인간의 집념과 좌절을 형상화함.
	국물 있사옵니다	이근삼	서사 극적 기법을 도입하여 현대인의 속물근성을 비판함.

1970년대 이후

- 서사 극, 부조리극의 도입 등 기법 면에서 혁신을 꾀하였다.
- 주제 면에서는 현대 사회 및 정치 현실의 모순 비판, 분단 문제에 대한 관심, 우리 역사에 대한 재인식 등으로 다양화되며 발전을 이루었다.
- 대학가를 중심으로 마당극 운동이 전개되기도 하였다.

예	주요 작품	작가	특징
	파수꾼	이강백	상징적이고 우화적인 수법으로 1970년대의 정치 현실을 풍자함.
	둥둥 낙랑둥	최인훈	전통 설화를 창조적으로 변용하여 나라와 연인을 둘러싼 인간적 고뇌를 그림.

간단 개념 체크

1 광복 직후에는 함세덕이 주도한 사회주의 리얼리즘, 유치진이 대표했던 ☐☐☐ ☐☐☐☐, 김춘광과 이서구 등이 주도한 상업 극 등이 있었다.

2 1950년대 전후 사회의 모순을 세대 간의 갈등을 통해 드러낸 차범석의 작품은?
( )

3 1970년대 이후의 우리 극 문학은 서사 극, 부조리극의 도입 등으로 기법 면에서 매우 새로운 모습이 나타났다. (○ / X)

4 이강백은 〈파수꾼〉에서 전통 설화를 변용하여 나라와 연인 사이에서 고뇌하는 호동 왕자의 모습을 담아냈다. (○ / X)

답 **1** 민족적 리얼리즘 **2** 불모지 **3** ○ **4** X

◆ 마당극
1970년대 이후 탈춤, 풍물, 판소리 따위의 전통 민속 연희를 창조적으로 계승·발전시킨 실험적인 야외 연극으로, 사회 비판과 현실 고발을 주로 담고 있다. 한국 전통 연희의 공동체적 성격을 계승하여 자생적으로 발생한 연극 양식이다. 무대 장치 등을 거의 두지 않은 텅 빈 공간과 사소한 소품들을 놀이적으로 운용하며, 관객의 자기표현 방식·사회 인식 등과 교섭함으로써 관객의 집단성과 인식을 강화시킨다.

001 산돼지 | 김우진

문학 비상

핵심 정리

갈래 장막극, 표현주의 극
성격 실험적, 상징적
배경 ① 시간 – 1920년대
② 공간 – 서울과 가까운 어느 마을
제재 일제 강점기 지식인의 삶
주제 식민지 지식인의 새로운 삶의 방향 모색과 좌절
특징 ① 우리나라 최초의 표현주의 극임.
② 상징적 수법을 사용하여 인물의 심리를 드러냄.
출전 《조선지광》(1926)

어휘 풀이

진보(進步)하다 정도나 수준이 나아지거나 높아지다.
퇴화(退化)하다 생물체의 기관이나 조직의 형태가 단순하게 되고 크기가 줄어드는 등 진화나 발달 이전의 모습으로 변화하다.
위선자(偽善者) 겉으로만 착한 체하는 사람.
곡절(曲折) 순조롭지 아니하게 얽힌 이런저런 복잡한 사정이나 까닭.
선사(膳賜) 존경, 친근, 애정의 뜻을 나타내기 위하여 남에게 선물을 줌.
애걸복걸(哀乞伏乞)하다 소원 따위를 들어 달라고 애처롭게 사정하며 간절히 빌다.
산해진미(山海珍味) 산과 바다에서 나는 온갖 진귀한 물건으로 차린, 맛이 좋은 음식.

Q 이 작품에서 최 주사댁의 말하기 방식은?

최 주사댁은 원봉이 하던 이야기의 화제를 일부러 다른 곳으로 돌린다거나 원봉의 말을 못 들은 듯이 이리저리 고개를 돌리며, 영순과 차혁의 교제에 대한 못마땅함을 표현하는 원봉의 의도를 모르는 척하고 있다.

구절 풀이

❶ 잠들기 어렵니? 잠 오는 약 먹여 주랴? 신경 쇠약을 앓는 원봉을 걱정하는 최 주사댁의 마음이 담겨 있다. 또한 원봉의 말을 병 때문에 정신이 날카로워져 내뱉는 한탄 정도로 받아들이는 태도를 드러낸다.

❷ 처음에는 그 집돼지를 ~ 가까이하시려고 애쓰시오? 차혁을 대하는 최 주사댁의 태도가 달라진 것을 지적하고 있다. 이는 최 주사댁이 영순과 원봉이 결혼하게 될 것을 우려하여 그 대안으로 차혁을 선택했기 때문이다.

❸ 옛날 옛적에 ~ 선사로 주었더래요. 원봉이 부모의 사정으로 최 주사 집에 맡겨진 과거의 일을 삽살개 이야기에 비유하고 있다. 원봉의 말을 못 알아듣는 척하고 있는 최 주사댁을 비꼬는 의도가 드러나 있다.

가 **최원봉:** 흥, 나 같은 산돼지가 그런 소리밖에 더 지를라고요. 아니, 한마디 물어봅시다. 나 죽으면 영순이를 어떤 데로 시집보내시려우?

주변 환경과 쉽게 타협하지 않는 원봉의 성격을 드러내는 별명이면서, 원봉이 지닌 사회 개혁에 대한 숙명을 의미함.

최 주사댁: ❶잠들기 어렵니? 잠 오는 약 먹여 주랴?
최악해진 원봉의 비관적인 사고방식

최원봉: 천만에, 걱정 마세요. 이것 봐요. 혁이는 산돼지도 못 되고 집돼지예요. 들돼지도 못 되고. 그러니까 더욱 탈이지요. (웃으며) 그런데 어머니 대답 좀 하세요. ❷처음에는 그 집돼지를 미워해서 그리 떼어 버리려고 애쓰더니 요새 와서는 왜 또 그리 가까이하시려고 애쓰시오? 내 어머니 속은 참 모르겠소. 영순이가 내 병 봐 주느라고 항상 내 옆에 붙어 있으니까 집안일 봐 줄 사람이 없어서 그러시오? 아, 대답 좀 해 보세요. 혹은 집돼지가 진화를 해서 들돼지가 되는 모양이오? 진화란 말을 아시오? *진보한단 말이야.* 그러면 더 이상하지. *'산돼지'와 '집돼지'의 과도기적 상태* 산돼지가 들돼지로, 들돼지가 집돼지로 진화하는 법은 있지만, 집돼지가 들돼지로 *퇴화하는 수가 있소?*
『 』: 자신이 차혁에 비해 낫다는 의미로 하는 말
▶ 차혁에 대한 반감을 드러내는 원봉

나 **최 주사댁:** 너는 요새 와서 왜 그리 혁이를 미워하니? 그래도 처음에는 친하게 지내더니. *영순을 두고 차혁과 원봉이 갈등하고 있음.* 너부터 말 좀 해 봐라. [중략]

최원봉: 환한 일 아니에요? 제가 가지고 있던 보석이 이제야 값이 비싼 귀중한 것인 줄을 아니까 그런 것 아니에요. 돼지에게다가 진주를 내던져 준다는 말이 있지 않습니까? *피가 섞이지 않은 원봉의 여동생 영순* 아까운 진주 같은 보석을 돼지 발밑에다 내던지는 것이 아깝지 않아요? *값어치를 모르는 사람에게는 보물도 아무 소용없음.* 더구나 그 *위선자*인 돼지가 내 진주를 뺏어 가려고 하니 내 속이 어떻게 상하게요. *영순* *차혁* 이왕 돼지 앞에 내던져 주시려 한들 그 더러운 집돼지에게다! 더구나 그 진주는 내가 모르기 전부터 내 것으로 맡아 두었던 것을! *영순을 원봉과 결혼시키라는 최 주사의 유언을 두고 하는 말*

최 주사댁: (원봉이의 말을 못 들은 듯이 이리저리 고개를 돌리다가) 그게 모두 무슨 말뜻인지 *일부러 원봉의 의도를 모르는 척함.* 한마디도 못 알아듣겠다.
▶ 비유적 표현을 통해 최 주사댁에게 따지는 원봉

다 **최원봉:** 못 알아들으세요? 어머니가 *곡절을 이야기 안 해 주시니까 내가 더 말씀해 드릴까요? 이런 이야기가 있더랍니다. ❸옛날 옛적에 ㉠상놈 하나가 있는데 죽을 때 친구 되는 ㉡양반에게 ㉢삽살개 한 마리를 *선사로 주었더래요. 이 양반님은 그걸 받아 가지고 어찌 귀여운지 ㉣보물과 음식을 넣어 둔 곳간 옆에다가 매 두고 ㉤도적놈을 지키라고 했더래요. 그런데 그놈의 삽살개는 도적 지킬 줄을 알아야지요. 도리어 도적놈한테 몽둥이만 얻어맞고 한마디 짖지도 못하고 있었더랍니다. 그러니 그 양반 놈의 속이 얼마나 상할 것이오? 호령을 해 말하기를 "삽살개에게도 양반, 상놈이 있구나. 너는 도적 지킬 줄도 모르니 잡아서 개장이나 해 먹겠다." 하고 나서는 불일내로 그 개 목숨이 떨어지게 되었더랍니다. *며칠 걸리지 아니하는 동안* 그 개는 그래도 목숨이 아까워서 다시는 아니 그러겠으니 살려만 달라고 *애걸복걸한 끝에 다시 보화 곳간 문지기 노릇을 하게 되었더랍니다. 그런데 그 개가 그때에야 *영순을 의미함.* 비로소 정신을 차리고 보니 제가 지키고 있는 곳간 안에는 별별 보화와 *산해진미가 들어 있는 줄 알게 되었소그려. 그래서 하룻밤은 문을 뜯어 열어젖히고 들어가서 한 번에 모두 내 것을 만들려고 했더니 이번에는 도적놈이 나서서 방해를 치지 않겠소. 그 양반 주인이 이걸 보고서는 어찌 분이 났던지 곳간 문을 죄 열어젖히고 그 안에 든 것을 도적놈에게 내어 주었답니다.
▶ 개 이야기에 빗대어 자신의 생각을 말하는 원봉

• 중심 내용 영순의 결혼 문제로 인한 원봉과 최 주사댁의 갈등   • 구성 단계 전개

이해와 감상

이 작품은 자신의 위치와 역할을 알면서도 현실의 장벽에 부딪혀 아무 것도 할 수 없는 일제 강점기 지식인의 저항 의식과 좌절을 그리고 있는 희곡이다. '산돼지'라는 제목은 사회 개혁의 숙명을 지녔으나 집돼지처럼 아무런 행동도 하지 못한 채 그저 현실의 울타리에 머물 수밖에 없는 주인공 원봉을 상징한다. 원봉은 이러한 상황 속에서 심각한 내면적 갈등을 겪는데, 이는 원봉이 앓는 병환과 몽환 장면을 통해 구체화된다.

특히 몽환 장면에서는 표현주의 기법을 통해 원봉의 내면적 갈등 및 의식 세계를 그려 내었다. 그러나 이 작품은 현실 개혁의 구체적인 방향을 제시하지 않았다는 한계도 가지고 있다.

전체 줄거리

발단	최원봉이 차혁과 바둑을 둔다. 청년회 간부인 원봉은 자신의 주관으로 연 바자회의 수익금 50원을 써 버리고, 이러한 사실을 덮어 주려는 차혁과 싸운다.
전개	사람들은 원봉을 '산돼지'라 부르고 원봉은 자신의 행동에 대해 정신적 갈등을 일으켜 몽환병에 시달린다. 최 주사의 유언에도 불구하고, 원봉과 정숙, 영순과 차혁이 각각 교제한다.
절정·하강	원봉은 자기를 둘러싸고 있는 비밀(꿈속에서 토벌 병정에 쫓기는 동학군이었던 아버지와 관군에게 쫓기다가 원봉을 낳고 죽은 어머니의 일)을 꿈을 통해 알게 된다. 원봉은 자신에게 지워진 사회 개혁의 사명과 현실과의 괴리로 고민한다.
대단원	꿈에서 현실로 돌아오고, 원봉에게 실망해 일본 동경으로 떠났던 원봉의 애인 정숙이 돌아온다. 둘은 서로의 나아갈 방향을 논의하며 갈등을 해소한다.

인물 관계도

차혁
청년회 관계자이자 원봉의 친구. 목적을 위해서 수단은 상관없다고 여기며 공금을 유용한 원봉의 부정을 숨기려 함.

최원봉
청년회 간부. 부친이 동학군이란 이유로 부모가 관군에게 죽임을 당하고, 최 주사에게 양육됨.

정숙
원봉의 약혼녀인 신식 여인. 원봉이 병에 걸리자 동경에서 돌아와 원봉과 지식인으로서의 미래를 이야기함.

연인 ——— 양어머니 ↑↓ 양아들

최영순
최 주사의 딸. 원봉과 함께 자란 사이. 원봉의 건강을 걱정하며 극진하게 돌보는 전통적인 여인

최 주사댁
원봉과 영순의 어머니. 남편 최 주사의 유언에 따라 원봉과 영순을 결혼시키려 했으나, 영순에 대한 애정 때문에 태도를 바꿈.

작품 연구소

'개 이야기'에 담긴 의미와 관련 인물

원봉은 최 주사댁 앞에서 자신이 짐작하고 있는 출생의 비밀을 개 이야기에 빗대어 이야기하고 있다.

대상	관련 인물
상놈	최원봉의 친부모
양반	최 주사·최 주사댁
삽살개	최원봉
보물, 음식	최영순

포인트 체크

인물 최원봉은 저돌적인 성격을 가진 인물로, 사회 개혁의 숙명을 지녔으나 무기력한 ☐☐에 부딪혀 내면적 갈등을 겪는 인물이다.

배경 1920년대 ☐☐ 강점기 서울의 어느 마을을 배경으로 하고 있다.

사건 차혁과 영순의 교제 문제로 ☐☐☐☐과 갈등을 겪는 원봉은 ☐☐에서 본 환상을 통해 자신의 출생에 얽힌 비밀을 알게 되고, 자신에게 지워진 ☐☐☐☐의 사명과 현실의 괴리로 고민한다.

1 이 글의 인물 관계를 다음과 같이 정리하였을 때, ㉠~㉢의 관계를 바르게 연결한 것은?

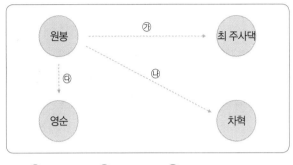

	㉠	㉡	㉢
①	우호적	우호적	적대적
②	우호적	적대적	대립적
③	적대적	우호적	우호적
④	대립적	적대적	우호적
⑤	대립적	우호적	적대적

2 (가)에 대한 감상으로 적절하지 않은 것은?

① '집돼지'는 현실에 순응하는 사람을 뜻하는군.

② '산돼지'는 주변의 환경과 쉽게 타협하지 못하는 사람을 말하는군.

③ 여기서 '진화'는 야생의 존재가 세속에 물들어 가는 것을 의미하는군.

④ 원봉은 '산돼지'에서 진화한 '집돼지'가 '산돼지'보다 낫다고 생각하고 있군.

⑤ 최 주사댁은 '산돼지' 같은 원봉보다 '집돼지' 같은 혁이 낫다고 여기고 있군.

내신 적중 多빈출

3 ㉠~㉢을 〈보기〉의 인물들과 연결할 때, 적절한 것은?

보기

원봉은 동학군이었던 부모가 죽고 나서 아버지의 친구인 최 주사에 의해 양육된다. 영순은 원봉을 친오빠로 알고 성장한다. 최 주사는 죽을 때 원봉과 영순을 결혼시키라는 유언을 남겼다. 하지만 영순은 원봉의 친구인 차혁과 연인 관계에 있다.

① ㉠ - 최 주사   ② ㉡ - 원봉의 부모

③ ㉢ - 원봉   ④ ㉣ - 차혁

⑤ ㉤ - 영순

4 이 글에서 '원봉'이 '최 주사댁'에게 궁극적으로 하려는 말을 15자 내외로 쓰시오.

1. 한국 희곡

☀️ **어휘 풀이**

진저리 몹시 싫증이 나거나 귀찮아 떨쳐지는 몸짓.

바스 베이스(bass). 남성의 가장 낮은 음역. 또는 그 음역의 가수.

동한(冬寒) 겨울철의 추위.

중복(中腹) 산의 중턱.

석총(石塚) 돌을 쌓아 올려 만든 높은 무덤.

시시(時時)로 때때로.

팬터마임(pantomime) 무언극. 대사 없이 표정과 몸짓만으로 내용을 전달하는 연극.

기치(旗幟) 예전에, 군대에서 쓰던 깃발.

서계 서로 맺은 약속을 어기면 징벌을 가함.

Q **이 작품에 나타난 몽환 장면의 기능은?**

뜻대로 되지 않는 현실에 불만을 가지고 여러 인물과 갈등하던 원봉은 꿈속에서 본 환상을 통해 출생의 비밀을 확인하게 된다.

🐚 **구절 풀이**

❶ **그러니까 왜 ~ 두고 기르세요?** 원봉은 사회 개혁의 숙명을 이루기 위해서 최 주사의 집을 떠나야 한다. 그러나 최 주사댁은 원봉의 결혼 문제에 간섭하는 등 원봉이 현실에 안주하기를 요구한다. 원봉은 이에 따른 답답함을 집에 갇혀 사는 산돼지에 비유하고 있다.

❷ **노래가 이어 가는 ~ 있는 것 같다.** 원봉이 잠들고 몽환의 장면으로 넘어가는 부분이다. 몽환적인 배경 음악과 분위기를 통해 인물의 꿈속으로 들어가는 장면을 연출하고 있다.

❸ **이하의 인물이 ~ 보조로 지나간다.** 팬터마임을 통해 동학 혁명이 발발하고 실패하는 과정을 시각적으로 나타내고 있다. 또한 동학 혁명의 실패 후에 원봉의 부모가 겪을 수난을 암시하고 있다.

❹ **저는 동학 역적 놈을 ~ 불쌍하지 않아요?** 원봉의 출생의 비밀인 생부의 동학 운동 경력이 드러나는 부분으로 배 속의 자식을 살리기 위한 원봉이네의 절박함이 드러나 있다.

Q **병정의 강압적인 태도에 담긴 작가의 의도는?**

병정(관군)은 원봉이네의 애원에 아랑곳하지 않는 매정한 태도를 보이고 있다. 작가는 이를 통해 동학 농민 운동의 실패에 따른 동학군과 그 가족들의 비참한 모습을 보여 주고 있다. 이러한 장면을 본 관객은 연민과 공포를 느끼고, 극 중 인물과 사건에 더욱 몰입하게 된다.

👤 **작가 소개**

김우진(1897~1926)
극작가. 조명희 등과 함께 '극예술 협회'의 중심 인물로 활동하였다. 독일 표현주의의 영향을 받았으며, 이를 직접 작품을 창작하면서 실험하였다. 주요 작품으로 〈정오(正午)〉, 〈난파〉 등이 있다.

가 최원봉: 하하, 내 이야기가 그리 무서워요?

최 주사댁: (번쩍 고개를 들고) 누가 무섭다고 그러니? 너 그런데 또 한마디 대답해 봐라. 혁이가 너만 못하니? 영순이에게 장가올 만한 자격이 못 돼서 그러니? ▶ 속마음을 감춤.

최원봉: 왜 그리 시치미를 뚝 떼려고 드시오? (돌아누우며) 흥, 그렇지요. 그만둡시다. 산돼지와 집돼지가 비교나 됩니까?

최 주사댁: 너 왜 그리 돼지 말은 잘 내놓니? 무슨 돼지 무슨 돼지 이름까지 지어 가면서. 귓속에 못이 박이다시피 듣고 나니까 나도 이제는 *진저리가 난다.

최원봉: ❶그러니까 ㉠왜 이런 산돼지를 집 안에다가 두고 기르세요? 그게 벌써 틀린 일 아녀요?

최 주사댁: 네가 하도 그러니까 나도 요새 와서는 밤이면 돼지꿈에 가위만 눌려 못 견디겠다.

최원봉: 그게 더욱 내 말이, 내 꿈이 거짓말이 아닌 증거예요. 그만둡시다. 일이란 되어 가는 대로밖에 더 될라고요. ▶ 돼지 이야기에 진저리 치는 최 주사댁

나 ❷노래가 이어 가는 동안 원봉이는 잠들고 무대는 어두워진다. 그리고 몽롱한 달빛 같은 창백색이 나타난다. 그러나 다만 여름철 그믐달 밤의 하늘과 같이 아무것도 안 보인다. 노래는 다시 누구의 소린지 *바스와 합창이 되어 가지고 되풀이해 나가는 동안 무대에는 무한한 공간만 채워 있는 것 같다. / 몇 번 노래가 되풀이해 가다가 제1절이 끝나기 전부터 창백색이 좀 밝아 온다. 그리고 나타나는 것은 병실 대신에 *동한 중의 벌판이 나타난다. 완경사의 야산이 나지막해져 온 곳 *중복에 무대가 놓인 셈이다. 왼편으로 숲, 잡목, 오른편으로 언덕. 여기저기 *석총. 회색 겨울 하늘이 낮게 걸려 있어서 전경을 금시라도 와 누를 것 같다. 지상과 언덕 위에는 약간 흰 눈이 덮여 있고 *시시로 회오리바람과 싸라기눈. / ❸이하의 인물이 등장하기 전에 갑자년 동학당 전군 행렬의 *팬터마임이 지나간다. '오만 년 수운대의(五萬年受運大義)' 글자를 쓴 오색의 *기치를 선두로 도중(道衆)의 어깨에는 '궁을(弓乙)', 등에는 '동심의맹(同心義盟)'이라 박은 삼삼오오의 일대. 환희와 *서계(誓戒)와 격려와 혹은 혼란을 표시하는 팬터마임. 천천히 그러나 무거운 수천 리 걸어온 피로된 보조로 지나간다. 무대 한참 동안 공허. ▶ 꿈속에서 동학 혁명 당시의 광경을 보는 원봉

병정: (산발한 원봉이네의 손목을 끌어 잡고 들어온다.) 썩썩 걸어라! 너하고 같이 가다가는 얼어 죽겠다. ▶ 만삭인 원봉이네에게 빨리 걸으라고 타박함.

원봉이네: (비틀비틀하며) 제발 살려 주시오. 죽으면 죽었지 다시는 더 못 나가겠습니다. (목멘 소리로) 제발 적선 좀 해 주시오. ❹저는 동학 역적 놈을 남편으로 둔 죄로 이 자리에서 참형을 당해도 원통할 것은 없습니다마는 이 배 속에 든 어린 아기를 위해서 살려 주시오. 이 배 속 아기가 불쌍하지 않아요?

병정: (따귀를 붙이며) 웬 잔소리야, 잔소리가! 그따위 소리는 관찰사님 앞에 가서 네 멋대로 지껄이라니까 못 들었어! 썩 걸어! 걷지 않겠니? ▶ 동학군의 가족인 원봉이네를 고발하러 가는 길임.

원봉이네: (두 손으로 합장하며) 이 아기를 위해, 이 배 속에 든 어린 아기를 위해 제발 살려 주세요. 이 아기가 무슨 죄가 있습니까?

병정: 에잇, 귀찮아! 그러니까 누가 네 애를 죽인다니? 관가로 가기만 가잔 말이야.

원봉이네: 더 걸어가다가는 정말 둘이 다 죽겠습니다. 한 발자국도 떼어 놓지 못하겠어요. 만삭된 이 무거운 몸을 해 가지고 삼십 리나 걸어왔으니 아무리 몸이 튼튼한 사람이기로 당할 수가 있습니까? ▶ 동학당의 가족이란 이유로 관청으로 끌려가는 원봉이네

・ **중심 내용** 꿈속에서 본 환상을 통해 출생의 비밀을 알게 되는 원봉　　　・ **구성 단계** 절정

작품 연구소

〈산돼지〉에 나타난 갈등 구조

[최원봉의 무기력함과 아버지의 뜻 사이의 갈등]

이 작품의 주된 갈등으로, 원봉은 동학당이었던 아버지의 뜻을 이어받아 사회와 민족을 위해 나서야 한다고 생각은 하지만, 현실적으로는 아무것도 하지 못한 채 좌절하고 만다.

최원봉		최원봉의 생부
현실적 무기력함을 느끼는 인물	⟷	동학당으로서 현실 개혁 의지를 지녔던 인물

[출생의 비밀과 영순을 둘러싼 최원봉과 최 주사댁 사이의 갈등]

최원봉은 영순과 자신이 친남매가 아니라는 사실을 숨긴 채 영순과 차혁의 교제를 인정하고 맺어 주려 하는 최 주사댁과 갈등을 일으키고 있다.

최원봉		최 주사댁
영순과 자신이 친남매가 아님을 확인하고자 함.	⟷	최원봉의 출생의 비밀을 숨기고 영순과 차혁을 맺어 주고자 함.

[최원봉이 차혁·영순의 교제 때문에 느끼는 갈등]

최원봉은 차혁과 영순의 교제 때문에 갈등을 겪고 있다. 최 주사가 영순과 원봉을 혼인시키라는 유언을 남겼으며, 원봉 역시 영순에게 마음을 두고 있기 때문이다.

제목 '산돼지'의 의미

'산돼지'는 저돌적이며 주변 환경과 쉽게 타협하지 않는 최원봉의 성격을 드러내는 별명이면서 원봉이 지닌 사회 개혁에 대한 숙명을 의미한다. 중략된 부분에서 원봉은 꿈속에서 죽은 아버지가 자신에게 산돼지 탈을 씌우려는 환상을 보는데, 이는 아무것도 이룰 수 없는 무력한 현실에서 아버지가 남긴 사명을 부담스러워하는 원봉의 내면 심리가 반영된 것으로 볼 수 있다. 즉 제목 '산돼지'는 <u>자신에게 주어진 숙명과 현실적인 무기력함 사이에서 극심한 정신적 갈등을 느끼는 최원봉의 모습이자 1920년대 식민지 지식인의 모습을 의미하는 것이다.</u>

자료실

표현주의와 〈산돼지〉

19세기 문예 사조의 주류였던 사실주의가 현실의 모방에 초점을 두었다면, 표현주의는 삭막한 현실 속에 사는 개인의 정신 상태를 표현하는 데 중점을 두었다. 그래서 표현주의 극에서는 외부 사실을 그대로 받아들이는 정상적인 인물을 버리고, 정서적으로 불안한 상태에 있는 인물의 내면적 체험을 무대 위에 표현하고자 하였다. 이를 위해 조명, 분장, 무대 장치 등도 인물의 내면세계를 더욱 효과적으로 암시할 수 있도록 꾸며졌다. 신파극에서 근대극으로 넘어가는 과도기였던 당시의 우리 연극계에서, 김우진은 이 표현주의를 빠르게 수용하여 실제 창작에 적용하였다. 특히 이 작품에서는 제2막에서 몽환 장면을 설정하고, 그 몽환 장면이 그대로 현실의 원봉에게 연결되도록 하는 표현주의 수법을 사용하고 있다.

📖 함께 읽으면 좋은 작품

〈제향날〉, 채만식 / 일제 강점기 지식인의 고뇌가 드러난 작품

구한말에서 일제 강점기까지 있었던 민족의 수난사를 김성배의 가족사를 통해 그려 낸 희곡으로, 식민지 지식인으로서의 의무와 책임이 무엇인지를 보여 준다. Link 본책 180쪽

---

5 (나)에 대한 이해로 적절하지 <u>않은</u> 것은?

① 비극적인 분위기가 느껴진다.

② 원봉이 출생하기 전의 상황에 해당한다.

③ 동학 혁명 때의 사건을 사실적으로 보여 준다.

④ 최 주사댁이 원봉의 생모가 아님을 알 수 있다.

⑤ 상징적인 수법으로 원봉의 내면세계를 드러낸다.

내신 적중

6 〈보기〉를 참고하여 ㉠을 감상한 내용으로 가장 적절한 것은?

┤ 보기 ├

희곡 〈산돼지〉는 자신의 위치와 자신이 해야 할 일을 알지만 현실의 벽에 부딪혀 아무것도 이룰 수 없었던 일제 강점기 지식인의 모습을 주인공 원봉의 저항과 좌절을 통해 보여 주고 있다.

① 원봉과 영순의 연애가 풀리지 않는 이유는 원봉의 성격에 있어.

② 원봉이 산돼지같이 변한 것은 그를 키운 최 주사댁의 영향이 커.

③ 최 주사댁은 원봉이 겪는 좌절의 직접적인 원인을 제공하는 인물이야.

④ 최 주사댁은 원봉이 스스로의 삶을 개척해 나갈 수 없다고 생각하고 있어.

⑤ 원봉은 집에서는 식민지 지식인으로서의 사명을 이룰 수 없다고 생각하고 있어.

7 〈보기〉와 (나)의 사건 제시 방법의 차이점을 50자 내외로 쓰시오.

┤ 보기 ├

문 여사: 뭐 안중근의 사촌 동생 안명근이가 주동자라지요?

세정: 아니 당신은 어떻게 그리 속속들이 잘 아오? 마치 수사기관원 같군. ……헛허……. [중략]

문 여사: 며칠 전부터 수상한 사람이 집 밖을 어슬렁대고 있다는군요. 행랑채 할아범이 그러더군요.

세정: 나를 찾더라구? ─ 차범석, 〈새야 새야 파랑새야〉

8 (나)를 공연하기 위해 연출자가 메모한 내용으로 적절하지 <u>않은</u> 것은?

① 무대는 극의 분위기에 맞추어 황량한 느낌이 들도록 표현할 것

② 원봉이네를 맡은 배우는 초췌한 모습으로 분장하여 고생한 모습을 부각할 것

③ 동학 혁명의 발발과 실패의 과정을 팬터마임으로 보여 줄 다수의 보조 출연자를 섭외할 것

④ 원봉이 꿈속에서 보는 상황임을 나타내야 하므로 조명은 암전 상태에서 점차 밝아지게 처리할 것

⑤ 동학당 전군이 지나갈 때 힘이 넘치고 생기가 가득하게 느껴지도록 즐거운 함성 소리를 효과음으로 제시할 것

002 토막 | 유치진

[문학] 천재(김)

✍ 핵심 정리

갈래 장막극, 비극, 사실주의 극
성격 비판적, 현실 고발적, 사실적
배경 ① 시간 – 1920년대
　　　② 공간 – 어느 가난한 농촌
제재 일제 강점기 한국 농촌의 현실과 비참한 삶
주제 일제의 가혹한 억압과 수탈의 참상 고발
특징 ① 사실주의 희곡의 전형임.
　　　② 상징적인 배경을 설정함.
출전 《문예 월간》 (1931~1932)

💡 어휘 풀이

토막(土幕) 움막집. 땅을 파고 위에 거적 따위를 얹고 흙을 덮어 추위나 비바람만 가릴 정도로 임시로 지은 집.
종신(終身) 목숨을 다하기까지의 동안.
신상(身上) 한 사람의 몸이나 처신, 또는 그의 주변에 관한 일이나 형편.
장골(壯骨) 기운이 세고 큼직하게 생긴 뼈대. 또는 그런 뼈대를 가진 사람.
싸리문 ① 싸릿가지를 엮어 만든 문. ② 사립짝을 달아서 만든 문.
서기(瑞氣) 상서로운 기운.
양 어떤 모양을 하고 있거나 어떤 행동을 짐짓 취함을 나타내는 말.
우환(憂患) 집안에 복잡한 일이나 환자가 생겨서 나는 걱정이나 근심.

🔖 구절 풀이

❶ **설사 오빠가 ~ 우릴 위해서 싸웠어유.** 해방 운동을 하는 명수를 자랑스럽게 여기는 금녀의 모습이 나타나 있다. 금녀는 명수의 행동에 역사적·민족적 의의를 부여하고 있다.

❷ **금녀야, 뭘 하니? 빨리 머리를 풀어라.** 사람이 죽으면, '발상(發喪)'이라고 하여 상제가 머리를 풀고 울어서 초상난 것을 알리는 풍속이 있다. 명수가 죽어 돌아오리라는 것을 암시하는 부분이다.

❸ **오빠 생각만 ~ 심허신걸유.** 금녀의 불안감이 드러나는 부분이다. '오빠 생각', '오늘은 유달리' 등을 통해서 앞으로 진행될 사건이 명수에 대한 불길한 소식으로 이어지리라는 것을 암시하고 있다.

Q 이 작품에서 효과음 '바람 소리'의 기능은?

비극적 상황을 강조하는 기능을 한다. 다 쓰러져 가는 토막을 스쳐 가는 바람 소리는 극의 분위기를 스산하면서도 침울하게 만들어, 금세라도 불행한 사건이 벌어질 것 같은 느낌을 준다.

가 금녀: 이웃 마을 오빠의 친구에게 알아봤더니 오빠 헌 일은 정말 훌륭한 일이래요, 우리두 이런 °토막살이에서 죽지 말구, ㉠좀 더 잘 살아 보자는…….
　　　　（해방 운동에 가담함.）

명서 처: 그럼 그렇지. 그래 °종신 징역을 산다는 건 정말이라지? / 이웃 여자: 종신 징역?

명서 처: 거짓말야! 거짓말야! (미친 듯이 부르짖는다.) / 금녀: 암, 거짓말이죠!

명서 처: 종신 징역이란 감옥에서 죽어 나온단 말 아냐? 젊어서 새파란 그가! 금지옥지 내 자식이! 내겐 아무래두, 아무래두 믿을 수 없는 일야! 그런 청천에 벼락 같은 일이 우리 명수의 °신상에 있어 어쩔랴구! 신문에만 난 걸 보구 그걸 우리 명수라지만 그런 멀쩡한 소리가 어딨어? 이 넓은 팔도강산에 얼굴 같은 사람이 없구, 최명수란 이름 석 자 가진 사람이, 어디 우리 자식 하나뿐일 거라구? ㉡이건 누가 뭐래두 난 안 믿어.

금녀: 어머니, 이러시다가 병이나 나시문 어떻게 해유? ❶설사 오빠가 죽어 나온대두 조금도 서러울 건 없어유. 외려 우리의 자랑이에유. 오빠는 우릴 위해서 싸웠어유. [중략]『여기를 떠날 때만 해두 오빠는 나무를 하거나 꿀밭을 매거나 남의 두 몫은 했었는데, 지금쯤은 어머니, 오빠 얼마나 대장부가 됐겠우?』
　　（오히려）　　　　　　　　　　　　　　　　　　　　　　　　『　』: 어머니에 대한 위로

명서 처: …… 옳아! ㉢그놈은 몸도 크구 기상도 좋았겠다! 그놈이 지금은 얼마나 훌륭한 °장골이 됐겠니? 제 어미도 몰라보게 됐을 거야. …… 아아, 명수야! 이제 명수가 저 °싸리문에 나타나서 장부다운 우렁찬 목소리로 이 어미를 부르고 떠벅떠벅 내 앞으로 걸어와서 그 억센 손으로 이 여윈 팔목을 덜컥 붙잡을 것이다. …… 그러면 이 토막에도 °서기가 날 거야.

금녀: 아무렴, 서기가 나구말구! 이 어두운 땅도 환해질 거예유.
　　　　　　　　　　　　　　조국의 광복을 상징　　　▶ 명수를 생각하며 위안을 삼는 명서 처와 금녀

나 명서 처: ㉣아이구 금녀야! 우린 이런 형상으루 어떻게 우리 명수를 만나니? 이렇게 찌들어진 형상으루! 너의 오빠를 맞이하기엔 이 집은 너무 누추하구나. 금녀야, 우리는 집 안을 치우구 몸을 단속하자. 이런 꼬락서니로 우리 명수를 만나서는 안 된다. 얘야, 이리 와서 머리를 빗어라. 기름두 남았지? 싸리문에는 불을 켜구…… 귀한 사람이 들어올 때 집 안이 컴컴해선 못 쓰느니라.
　　　　　　　　　　　　　　　　　　귀한 아들을 정성스럽게 맞고자 함.　희망　명수

금녀: (어머니의 미친 듯이 서두는 °양을 바라보고 있는 금녀의 눈에는 일종의 공포의 빛이 감돈다.) / ⓐ바람 소리.
　　　　　　　　　　　　　　　　　　　　　앞으로 닥칠 불행한 사건을 예견하게 함.

명서 처: ❷금녀야, 뭘 하니? 빨리 ㉤머리를 풀어라. 에미는 불을 켤 테니까.

금녀: (불안한 듯이 어머니만 꼭 바라보고 섰다.)

이웃 여자: 좀 답답해서 저러겠니? 보고 있는 나까지 속이 졸이는구나.

금녀: ❸오빠 생각만 나문 저러신대유. 그러던 중에두 오늘은 유달리 심허신걸유.
　　　　명서 처의 실성 증세가 이전부터 있어 왔음을 알 수 있음.　　　　　　　　　　▶ 아들 생각에 광기를 보이는 명서 처

다 명서: (골방에서 얼굴을 내밀고) 대체 이게 웬일이야? 왜 이리 야단들을 해?

명서 처: 귀한 사람이 와유.
　　　　　　　　　　명수의 죽음을 암시함.

명서: 미쳤우! 방정맞게 이렇게 허문 되려 집안의 °우환을 사는 거여.

명서 처: 귀인이 온다는데 무슨 잔소릴…… / 바람 소리 인다.　▶ 부산을 떠는 아내를 핀잔하는 명서
　　　　　명수

• 중심 내용 명수에 대한 가족의 걱정과 기다림　　• 구성 단계 절정

이해와 감상

이 작품은 사실주의 희곡의 대표작으로 한국 근대극의 본격적 출발이자, 일제 강점기의 현실을 강렬하게 고발하는 작품이라는 문학사적 의의를 지닌다. 1931년 12월부터 1932년에 걸쳐 《문예 월간》에 발표되었으며 1933년 2월 '극예술 연구회'에서 공연하였다. 이 작품은 1920년대의 궁핍한 농촌을 배경으로 하여, 당시의 비참한 현실상과 사회적인 모순을 보여 주고 있다. 그 암울한 현실 상황은 병자(명서), 정신 이상자(명서 처), 고향을 떠나는 유랑민(경선), 민족적 저항의 희생자(명수)와 같은 인물들을 통해 여실히 드러나고 있다. 또한 한 가족의 희망이 좌절되는 사건의 귀결은 이러한 현실의 비극성을 심화시키는 효과를 갖는다. 퇴락한 토막의 음습하고 어두운 분위기와 가난하고 병든 명서 가족의 삶은, 일제 강점기였던 1920~1930년대 조선의 모습을 생생하게 반영한 것이다.

🔍 전체 줄거리

발단	가난한 농부인 명서네 가족은 일본으로 돈을 벌러 간 아들 명수가 큰 돈을 보내 주리라는 희망을 갖고 있다.
전개	명수가 독립운동을 하다 투옥되었다는 소식에 희망은 사라지고, 명서의 처는 정신 이상 증세를 일으킨다.
절정	명서네의 궁핍은 더욱 심해지고, 명서의 처는 아들 명수가 종신 징역을 살지도 모른다는 말에 거의 실성 상태에 이르게 된다.
하강·대단원	명서네 가족은 명수의 백골이 담긴 소포를 받게 되어 오열하고, 금녀가 부모를 위로하면서 막이 내린다.

👥 인물 관계도

명서
가난하고 병든 노인. 생활 능력이 전혀 없지만 가장으로서의 체통과 위엄은 잃지 않음.

명서 처
생활력이 강한 아낙네. 아들에 대한 무조건적인 사랑과 희망을 지님.

금녀
명서의 딸로 병약한 처녀. 지혜롭고 밝은 마음을 지님.

명수
명서의 아들. 일본으로 돈을 벌러 갔으나 독립운동을 하다 투옥되어 백골로 집에 돌아옴.

삼조
돈을 벌러 일본으로 건너간 젊은이로, 일본에서 명수의 백골을 보내 옴.

🏠 작품 연구소

〈토막〉에 나타난 시대적 현실과 이를 상징하는 내용

〈토막〉은 일제 강점기인 1920년대 궁핍한 농촌을 배경으로 하여 가혹한 현실 속에서 파괴되어 가는 농민들의 삶과 이를 극복하려는 의지를 그리고 있다.

내용	상징적 의미
다 기울어진 토막	일제의 수탈에 피폐해진 조선
명서 일가의 처지	민족 전체의 비극적 삶의 축소판
명수의 해방 운동	일제에 대한 조선 민중의 투쟁
명수의 죽음	독립에 대한 희망의 좌절
금녀의 마지막 대사	민족의 비극적 현실에 대한 극복 의지와 희망

🔑 포인트 체크

인물 가난하고 병든 노인 명서는 생활력은 없지만 ☐☐으로서의 체통을 지키려는 인물이며, 명서의 처는 아들에 대한 ☐☐☐적인 사랑과 희망을 지닌 인물이다.

배경 일제 강점기 가난한 ☐☐ 마을을 배경으로 하여, 일제의 억압과 수탈 아래 농민들의 궁핍하고 비참한 현실을 그리고 있다.

사건 극심한 빈곤 속에서 ☐☐에 간 명수에게 유일한 희망을 품고 살아가는 명서네 일가는 독립운동을 하다 투옥된 명수가 ☐☐로 돌아오자 절망에 빠진다.

1 이 글에 대한 설명으로 적절하지 **않은** 것은?
① 내용과 표현에서 사실주의 극의 특성을 보여 주고 있다.
② 상황에 대처하는 인물들의 다양한 태도를 드러내고 있다.
③ 인물의 불안한 심리를 통해 당시 민족의 심정을 대변하고 있다.
④ 역사적 비극 때문에 꿈을 잃어버린 청년을 중심인물로 하고 있다.
⑤ 명서 일가를 통해 우리 민족 전체의 비극을 상징적으로 보여 주고 있다.

2 이 글에서 알 수 있는 '명수'에 대한 설명으로 적절하지 **않은** 것은?
① 집을 떠나 객지에 나가 있다.
② 나무 베기와 농사일을 잘하는 청년이다.
③ 의미 있는 일을 하던 중에 곤란을 겪고 있다.
④ 가족을 위해 폭력을 써서 죗값을 치르고 있다.
⑤ 현재 신상에 대해 가족이 잘 알고 있지 못하다.

3 ㉠~㉤ 중, 사건의 복선 역할을 하는 대사로 가장 적절한 것은?
① ㉠　② ㉡　③ ㉢　④ ㉣　⑤ ㉤

4 ⓐ가 주는 극적 효과로 가장 적절한 것은?
① 계절적 배경이 겨울임을 알려 준다.
② 새로운 인물이 등장할 것을 암시한다.
③ 인물이 느끼고 있는 공포감을 완화한다.
④ 무거운 대화 후에 가라앉은 분위기를 전환한다.
⑤ 비극적인 사건이 벌어질 듯한 긴장감을 조성한다.

내신 적중 多빈출
5 이 글의 시대적 배경을 고려할 때 토막이 상징하는 바를 30자 내외로 쓰시오.

지장(指章) 도장을 대신하여 손가락에 인주 따위를 묻혀 그 지문을 찍은 것.

육시(戮屍) 이미 죽은 사람의 시체에 다시 목을 베는 형벌을 가함.

처치(處置)하다 일을 감당하여 처리하다.

밭은기침 병이나 버릇으로 소리도 크지 아니하고 힘도 그다지 들이지 않으며 자주 하는 기침.

안치(安置)하다 상, 위패, 시신 따위를 잘 모셔 두다.

합장(合掌)하다 두 손바닥을 합하여 마음이 한결같음을 나타내다.

Q 이 작품에서 우편배달부의 역할은?

우편배달부는 명수에 대한 걱정으로 극도에 달한 명서 일가의 불안감을 잠시 완화시키면서도, 다른 한편으로 명수의 유골을 배달함으로써 작품을 비극적인 파국으로 이끄는 이중적인 역할을 하고 있다. 또한 문패, 도장에 관한 대화를 통해 명서 일가의 궁핍한 처지를 간접적으로 드러내고 있다.

🔖 구절 풀이

❶ **왜 밖에 문패도 없소?** 배달부가 문패도 없는 누추한 토막에 사는 명서 일가의 형편을 무시하고 있다. 배달부는 이어서 소포를 받아 가라는 부분과 도장을 내놓으라는 부분에서도 고압적인 언행을 보이고 있다.

❷ **최명수의 백골.** 시나리오였다면 클로즈업이나 인서트로 처리되어야 할 부분을 대사로 표현한 것이다. 희곡이 지닌 표현상 제약의 한 단면을 볼 수 있다.

❸ **다 기울어진 이 집** 여기서 집은 토막의 상황뿐 아니라 가세가 기운 가정, 또는 가문을 나타낸다. 나아가 일제의 침탈로 파괴되어 가는 조국을 상징하는 것으로도 볼 수 있다.

❹ **이놈들아, ~ 마저 처치해라!** 일제에 대한 명서의 분노가 폭발하고 있다. 이것은 당시 우리 민족 전체의 분노로 확대 해석할 수 있다.

Q 금녀의 마지막 대사의 기능은?

금녀의 대사에는 비극적 상황 속에서도 희망을 버리지 않는 강한 의지가 드러나 있다. 일제 강점기라는 시대 상황을 고려할 때 이는 일제 식민지의 빈궁한 현실을 참고 견디면 조국 광복의 날이 올 것이라는 미래에 대한 작가의 희망의 표현이기도 하다.

👤 작가 소개
유치진(1905~1974)
극작가, 연출가, 연극 평론가. '극예술 연구회' 회원으로 활동하면서 근대극의 확립에 힘썼다. 1930년대에는 사실주의를 바탕으로 일제 강점의 현실을 고발했으며, 광복 후에는 민족의식을 고취하는 역사극을 많이 썼다. 주요 작품으로 〈버드나무 선동리의 풍경〉, 〈자명고〉, 〈원술랑〉 등이 있다.

가 남자의 소리: 이 집에 최명서란 사람 있소? / 명서 처: 일본서 왔우?
불행한 소식의 전달자 출현   아들 소식만을 애타게 기다리는 상황

남자의 소리: 그렇소. / 명서 처: 일본서?

　　그때에 사립문을 박차는 듯이 한 남자 안으로 들어선다. 그는 우편배달부다. 소포를 들었다.

우편배달부: (들어서며) ❶왜 밖에 문패도 없소? / 모녀: (무언)

우편배달부: 빨리 도장을 내요. / 명서: 도장?

명서 처: (금녀에게 의아한 듯이) 너의 오빠가 아니지?

금녀: 배달부예유. / 명서: (실망한 듯이) 칫!

우편배달부: 얼른 소포 받아 가요! 원, 무식해도 분수가 있지. 빨리 도장을 내요.

명서: (반항적 어조로) 내겐 도장 같은 건 없소. / 우편배달부: 그럼 ˙지장이라도……
　　　　　　　　　　　　　가난하고 피폐한 삶

명서: (떨리는 손으로 지장을 찍는다. 우편배달부 퇴장) ▶ 일본에서 온 소포

나 명서 처: 음, 그 애에게서 물건이 온 게로구먼. / 명서: 뭘까?

명서 처: 세상에 귀신은 못 속이는 게지! 오늘 아침부터 이상한 생각이 들더니, 이것이 올려구 그랬던 가 봐. 당신은 우환이니 뭐니 해도……
　　아들에게서 좋은 소식이 올 것이라고 굳게 믿고 싶은 심정

명서: (소포의 발송인의 이름을 보고) 하아 하! 이건 네 오래비가 아니라 삼조가……

명서 처: 아니, 삼조가 뭣을 보냈을까? 입때 한마디 소식두 없던 애가……. (소포를 끌러서 궤짝을 떼어 보고)

금녀: (깜짝 놀라) 어머나!

명서 처: (자기의 눈을 의심하듯이) 대체 이게…… 이게? 에그머니, 맙소사! 이게 웬일이냐?

명서: (되려 멍청해지며, 궤짝에 쓰인 글자를 읽으며) ❷최명수의 백골. / 금녀: 오빠의?
　　　　　　　　　　　　　　　　　　　　　　　　명수의 죽음을 드러냄.

명서 처: 그럼, 신문에 난 게 역시! 아아, 이 일이 웬일이냐? 명수야! 네가 왜 이 모양으로 돌아왔느냐? (백골 상자를 꽉 안는다.) / 금녀: 오빠! ▶ 백골로 돌아온 명수

다 명서: 『나는 여태 개돼지같이 살아오면서, 한마디 불평두 입 밖에 내지 않구 꾸벅꾸벅 일만 해 준 사람이여.』 무엇 때문에, 무엇 때문에 내 자식을 이 지경을 맨들어 보내느냐? 응, 이 ˙육실헐 놈들! (일어서려고 애쓴다.)
　『 』: 일제 강점기에 학대받고 살던 민족 전체의 비참한 현실을 대변함.

금녀: (눈물을 씻으며) 아버지! (하고 붙든다.)

명서: 놓아라! 명수는 어디루 갔니? ❸다 기울어진 이 집을 뉘게 맽겨 두구 이눔은 어딜?

금녀: 아버지! 아버지!

명서: (궤짝을 들고 비틀거리며) ❹이놈들아, 왜 뼉다구만 내게 갖다 맽기느냐? 내 자식을 죽인 눔이 이걸 마저 ˙처치해라! (쇄진하여 쓰러진다. 궤짝에서 백골이 쏟아진다. ˙밭은기침! 한동안.)

명서 처: (흩어진 백골을 주우며) 명수야, 내 자식아! 이 토막에서 자란 너는 백골이나마 우리를 찾아왔다. 『인제는 나는 너를 기다려서 애태울 것두 없구 동지섣달 기나긴 밤을 울어 새우지 않아두 좋다!』 명수야, 이제 너는 내 품 안에 돌아왔다.
　　　　　　　　　　　　　　『 』: 아들의 죽음에 대한 슬픔을 반어적으로 표현함.

명서: …… 아아, 보기 싫다! 도루 가져가래라!
　　　명수의 죽음을 인정하지 않으려는 태도

금녀: 아버지, 서러 마세유. 서러워 마시구 이대루 꾹 참구 살아가세유. 네, 아버지! 결코 오빠는 우릴 저버리진 않을 거예유. 죽은 혼이라두 살아 있어, 우릴 꼭 돌봐 줄 거예유. 그때까지 우린 꾹 참구 살아가세유. 예, 아버지!

명서: …… 아아, 보기 싫다! 도루 가지고 가래라!

　　금녀의 어머니는 백골을 ˙안치하여 놓고 열심히 무어라고 중얼거리며 ˙합장한다.

　　바람 소리 정막(靜幕)을 찢는다. ▶ 가족들의 비탄과 절규

· **중심 내용** 백골이 되어 돌아온 명수와 비탄에 빠진 명서 일가　　· **구성 단계** 하강·대단원

🏠 작품 연구소

제목 '토막'의 상징적 의미

토막은 '움집, 움막집'을 말하는 것으로, 이 작품의 제목이자 무대 배경이다. 토막은 음습하고 어두우며 환기가 되지 않는 곳으로, 인간적인 삶이 어려운 환경이다. 이 작품의 무대 배경으로 제시되는 토막의 빈궁한 모습은, <u>1920년대의 참담하고 궁핍한 농촌의 현실</u>을 보여 주면서, 동시에 일제의 식민지로 전락한 당시 조선의 사회 현실을 상징적으로 드러내고 있다.

〈토막〉과 사실주의 정신

문학에서의 사실주의는 그 시대의 현실을 작품 속에서 진실하고 정확하게 재현해 내는 것을 말한다. 〈토막〉에 제시된 상황과 등장인물들은 궁핍과 피폐함이 가속화되어 가는 1920년대 일제 강점기의 현실을 그대로 보여 주는 역할을 한다.

그 시대의 상황을 가장 잘 보여 주는 전형적인 배경과 전형적인 인물의 설정	➡ 사회의 모순을 고발하려는 의도
무대 묘사와 인물 각각의 대사	➡ 현실의 상세한 모습을 드러내고자 하는 작가 의식

📋 자료실

〈토막〉의 문학사적 의의

〈토막〉은 우리 현대 희곡사에서 본격적인 희곡으로서 첫 작품이자, 사실주의 희곡의 첫 작품이다. 유치진의 처녀작인 동시에 대표작인 이 작품은 일제 강점기의 현실을 강력하게 고발하여 당시 무대에 올랐을 때 대단한 반향을 불러일으켰다. 1930년대는 신파극의 전성기로, 예술적 감동을 주지 못하는 대중 극에 식상해 있던 연극인들이 새로운 연극 또는 정통적 연극을 갈망하게 되는데, 유치진 등이 주도한 '극예술 연구회'는 이에 부응하여 서구의 사실주의 연극을 수용하기 시작하였다. 이러한 점에서 〈토막〉은 한국 근대극의 출발이라는 의의를 지닌다. 1930년대 유치진의 작품들은 모두 이러한 근대성과 본격 극을 지향하였다.

〈토막〉의 시대적 배경

이 작품의 시대적 배경이 되고 있는 1920년대는 3·1 운동의 실패로 우리 민족이 정신적인 좌절과 실의에 빠져 있던 시기이다. 또한 농촌 경제의 측면에서도 농민들이 질곡 속으로 빠져들던 시기였다. 일제는 동양 척식 주식회사, 조선 식산 은행 등을 통해 일본의 농업 자본을 침투시키고 우리의 토지를 몰수하였다. 그 결과 조선인 지주는 소지주 또는 소작농으로 전락하여 가난한 삶을 살 수밖에 없었다. 그래서 상환 불능한 빚에 묶여 토지와 가옥을 몰수당하기도 하였으며, 혹은 살 길을 찾아 고향을 떠나 유랑민이 될 수밖에 없었다. 이 작품의 명서와 경선 일가의 삶은 바로 이러한 당시 상황의 축소판이라고 볼 수 있다.

📖 함께 읽으면 좋은 작품

〈불모지〉, 차범석 / 한 일가의 불행을 사실적으로 그린 작품

변화하는 시대에 적응해 나가지 못하는 최 노인 일가의 불행을 사실적으로 그린 희곡으로, 새로운 것과 전통적인 것의 대립을 통해 근대화 과정에서 겪는 가족의 해체와 가치관의 변화를 상징적으로 보여 주고 있다.
🔗 Link 본책 192쪽

〈만무방〉, 김유정 / 일제 강점기 농촌의 현실을 고발한 작품

일제 강점하에서 착취당하고 소외당하는 농민의 삶을 응칠과 응오 형제의 상반된 삶을 통해 사실적으로 형상화한 소설로, 현실 비판 의식을 강하게 드러내고 있다.
🔗 Link 〈현대 소설〉 76쪽

---

6 이 글을 공연할 때, 연출가의 지시 내용으로 적절하지 <u>않은</u> 것은?

① 명서 일가가 입을 의상은 남루해 보이는 것으로 준비할 것
② 배달부는 대사를 할 때 고압적인 표정과 어조에 신경 쓸 것
③ 금녀는 비틀거리는 명서를 보면서 안타까운 표정을 지을 것
④ 명서 처는 명서가 마지막 대사를 할 때 혼절한 듯 쓰러질 것
⑤ 궤짝에서 백골이 쏟아져 흩어질 때 조명을 비추어 강조할 것

내신 적중

7 다음은 이 글이 초연된 1933년 당시의 가상 대화이다. 빈칸에 들어갈 말로 가장 적절한 것은?

> 기자: 연극 〈토막〉이 성공을 거둔 이유가 무엇이라고 생각하세요?
> 작가: ▭▭▭▭▭▭▭▭이 관객에게 좋은 반응을 일으키지 않았나 생각합니다.

① 당시 사회의 어둡고 힘든 면을 사실적으로 다룬 점
② 역사적인 사건을 토대로 민족의 비극을 재조명한 점
③ 등장인물의 모습을 통해 개인의 삶을 돌아보게 한 점
④ 풍자적인 기법으로 사회의 모순을 신랄하게 비판한 점
⑤ 섬세한 심리 묘사를 통해 서정적인 분위기를 형성한 점

8 이 글과 〈보기〉를 비교하여 감상한 내용으로 적절하지 <u>않은</u> 것은?

> ┤ 보기 ├
> 은퇴한 아버지, 며느리 정애, 막내딸 영희는 월남할 때 북에 두고 온 (아버지의) 맏딸을 기다리는 중이다. 맏딸이 이북에 있음에도 불구하고, 반 백치가 되어 가는 아버지의 고집 때문에 온 가족은 매일 밤 12시가 되면 그녀를 기다리는 의식을 치른다. 12시를 알리는 벽시계 소리가 울리고 때마침 변소에 갔다 온 식모가 문을 열고 들어온다. 순간 영희는 적의에 타오르는 눈길로 식모를 가리키고 아버지에게 언니가 왔다고 소리치며 의미 없는 기다림에 대한 반발심을 표출한다. – 소설 〈닳아지는 살들(이호철)〉의 줄거리

① 이 글에서는 갈등이 해소되고 있지만, 〈보기〉에서는 갈등이 계속되고 있어.
② 명수와 〈보기〉의 '맏딸'은 시대적인 상황 때문에 가족과 떨어져 지내게 되었어.
③ 백골과 〈보기〉의 '식모'는 인물의 기대를 꺾는 계기를 만들었다는 점에서 비슷해.
④ 명서 처와 〈보기〉의 '아버지'는 집에 돌아올 자식을 기다리는 일에 집중하고 있어.
⑤ 금녀는 의지적으로, 〈보기〉의 '영희'는 임기응변을 통해 상황을 극복하려 하고 있어.

9 〈보기〉를 고려하여 '우편배달부'의 역할을 20자 내외로 쓰시오.

> ┤ 보기 ├
> 우편배달부는 명수의 유골이 담긴 소포를 명서네 가족에게 전달한다.

003 영웅 모집 |채만식

문학 천재(김)

핵심 정리

갈래 사회극, 실험극
성격 풍자적, 사실적
배경 ① 시간 – 1930년대
② 공간 – 서울 파고다 공원
제재 일제 강점기의 여러 삶의 군상
주제 일제 강점기에서 비참하게 살아가는 민중을 구원할 영웅 출현에 대한 기대
특징 ① 관찰자적 시선을 가진 중심인물이 주변의 여러 대상을 관찰하는 형식을 취함.
② 당시로서는 낯선 피에로를 중심인물로 등장시킴.
출전 《중앙》(1934)

Q 작품의 주인공을 '피에로'로 선정한 이유는?

이 작품이 창작된 시기에 발간된 《모던 조선 외래어 사전》(1936)에서는 '피에로'의 의미를 '이면(裏面)의 비애를 감추고 표면만 웃는 사람'으로 규정하고 있다. 이는 일제 강점하에서 억지웃음을 강요당하고, 고통스러운 삶 때문에 비애에 빠진 우리 민족의 모습과 닮아 있다. 따라서 피에로는 일제 강점하 우리 민족의 모습을 상징하는 인물이라고 할 수 있다.

어휘 풀이

모닝 모닝코트(morning coat). 앞단이 비스듬하고 뒤가 긴 서양식 남성용 예복.
헌팅 헌팅캡(hunting cap). 차양이 아주 짧고 둥글넓적하며 끝이 뾰족하게 만든 모자. 사냥할 때 많이 쓴다.
룸펜(Lumpen) 부랑자 또는 실업자를 이르는 말.
제가끔 제각기. 저마다 따로따로.
간도 북간도. 두만강과 마주한 간도 지방의 동부. 일제 강점기에 우리나라 사람이 많이 살았다.
호지(胡地) 오랑캐가 사는 땅. 흔히 중국 동북 지방을 이른다.

구절 풀이

❶ **피에로가 관객석을 등지고 ～ 사리탑을 바라본다.** 무대 위 피에로의 모습을 설명하고 있다. 피에로가 관객을 등지고 서 있는 것은 관객과 피에로가 동일한 시선을 갖게 함으로써 관객이 무대 위에서 벌어지는 사건에 더욱 집중하게 하는 효과가 있다. 또한 피에로가 공원을 오가는 인물들을 비판적으로 바라보는 것처럼 관객들도 등장인물들을 비판적인 관점에서 생각해 볼 수 있게 한다.

❷ **조선서 태어나서 ～ 인제 원이 아니 되겠소!** 이주민 가족이 고향을 떠나면서 마지막으로 서울의 파고다 공원을 둘러보는 상황이다. 조선에서 태어났지만 아무리 노력해도 살 수가 없기 때문에 조선을 떠난다는 이주 이유가 제시되어 있다. 일제 강점하 우리 민중들이 느끼는 비애가 나타나 있다.

무대

㉠파고다 공원의 일부를 모사한 것. 풍경은 여름철. 사리탑(舍利塔)을 배경으로 하고 군데군데 정원수가 들어서 있다. 관객석에서 잘 보이도록 세 개의 벤치가 후면에 두 개 전면에 한 개 해서 삼각형으로 배치되어 있다. 밤. 막이 열리면 ㉮❶피에로가 관객석을 등지고 서서 사리탑을 바라본다. 입은 옷은 *모닝인데 저고리는 몹시 작고 바지는 굉장하게 크다. 넥타이는 새빨갛고 모자는 *헌팅이다. 표정은 줄곧 무섭게 엄숙하다. [중략] ▶ 시간적, 공간적 배경 소개와 피에로의 등장

중략 부분의 내용 공원에 차례로 소년 A와 B, 전문학교 학생 A와 B, 거리의 여자와 어떤 남자, 신사 A와 B, 젊은 과부와 과부의 옛 친구, 병든 노동자와 순사, *룸펜과 행인 A와 B가 각각 등장하여 대화를 주고받고 사라진다. 피에로는 그들이 대화하는 모습을 지켜보는데, 대화의 내용이 하나같이 일제 강점기 조선의 궁핍하고 열악한 삶의 면면들을 보여 주는 내용이다. 피에로는 그들의 대화를 들으며 한숨을 쉬거나, 탄식을 하거나, 분노한다.

이주민 가족: (무대 왼편 전면으로 등장. *제가끔 유랑해 가는 사람들에게 알맞은 보꾸러미들을 이고 들고 지고 했다. 전면 중앙에서 관객석을 등지고 머물러 선다.)

딸: (사리탑을 가리키며) 아버지 저건 무엇이오?

피에로: (주의해서 바라본다.)

아버지: 오냐, 저건 사리탑이라는 탑이란다. 예전에는 여기가 절터였더란다. 그런데 불이 나서 절은 없어지고 탑만 남았다가 시방은 공원이 되었느니라. (사이) 모다 잘들 보아 두어라. 인제 마주막으로 *간도로 떠나면 언제 다시 와서 서울 구경들을 하겠니!

어머니: (불평스럽게) 영감두 원! 북간도로 떠둥구러 가는 팔자에 서울 구경을 해서 무얼 하겠다고 가든 길품을 메이고 예서 하루를 묵는단 말이요!

아버지: 마누라도 원 딱한 소리 마우. 우리는 늙었으니 그런 것 저런 것 상관없지만 저것들이야 어대 그렇소? ❷조선서 태어나서 조선서 저만큼씩이나 자라 가지고 아무리 살 수가 없어 만리타국으로 떠나기는 할망정 그래도 조선 종자들인데 서울 구경 한 번 못한대서야 저이도 인제 원이 아니 되겠소!

아들: 아버지 그런 걱정은 마세요. 인제 잘되면 돌아와서 보아란 듯이 살 텐데.

아버지: 아므렴 그래야지. 만리타국의 *호지에 가서 영영 뿌리가 백혀서야 쓰겠니. (사이) 다들 보았니? 다행히 다시 돌아오거든 시방 하든 말 일르고 잘들 살어라. (눈물이 눈에 고인다. 목멘 소리로) 가자 인젠.

일동: (무대 오른쪽 전면으로 퇴장)

피에로: ⓐ(방금 울듯이 그들의 뒤를 바라본다.) 조선을 죽도록 지키잖구! ▶ 파고다 공원을 구경하고 조선을 떠나는 이주민 가족과 이를 안타까워하는 피에로

주정꾼 A와 B: (비틀거리며 마주 잡고 무대 왼쪽 후면으로 등장)

피에로: ⓑ(이마를 찌푸린다.)

A: 어, 튀튀. / **B:** 아 여보 박 상! / **피에로:** (흘겨본다.)

B: 게 우리가 오랜만에 만나서…… / **A:** 오랜만이구 말구 응 긴 상!

B: 아하하하하…… 누 — 따 주우쿠나. / **A:** 노들강변 비둘기 한 쌍.

B: 허허허허, 이런 제길.

두 사람: (여전히 비틀거리며 무대 오른쪽 전면으로 퇴장) ▶ 술에 취해 공원을 지나가는 주정꾼들과 이를 보며 분노하는 피에로

· 중심 내용 피에로가 공원에서 이주민 가족과 주정꾼들을 관찰함.   · 구성 단계 8, 9

이해와 감상

이 작품은 1930년대 서울 파고다 공원을 배경으로 하여 일제 강점기를 살아가던 다양한 사람들의 삶을 보여 주는 희곡이다. 당시로서는 낯선 '피에로'가 중심인물로 등장하고 피에로가 공원에서 각계각층을 대표하는 10개의 인물군을 일정한 거리를 두고 관찰하고 인물들을 비판하는 형식으로 이루어져 있다. 피에로는 줄곧 진지한 태도로 인물들의 대화를 지켜보고 일제 강점기의 우리 민족에게 영웅이 필요한 상황이라며 시대 상황을 날카롭게 비판한다.

하지만 피에로가 현실의 문제를 해결하는 방법으로 제시한 영웅 모집의 과정에서 피에로는 사실과 어긋나는 정보를 제공하여 풍자의 대상으로 전락하고, 풍자의 주체이며 동시에 풍자의 대상이 되는 이중적 풍자가 이루어진다. 채만식의 소설에서 발견되는 풍자성이 이 작품에서도 날카롭게 묻어난다.

🔍 전체 줄거리

1	두 소년의 대화 – 카스텔라 한 조각을 두고 두 소년이 싸움.
2	전문학교 학생들의 대화 – 전문학교 학생들이 등장하여 전문학교를 졸업해도 취직하지 못하는 실태를 이야기함.
3	거리의 여자와 어떤 남자의 대화 – 거리의 여자가 병든 삶을 근근이 이어 나감.
4	신사들의 대화 – 역사의식이 없는 신사가 공원을 유흥지로 바꾸려고 함.
5	과부와 옛 친구의 대화 – 과부가 혼자 아이를 키울 수 없어 첩살이를 했으나 결국 다시 과부가 됨.
6	순사와 노동자의 대화 – 병든 노동자가 암담한 미래에 절망함.
7	룸펜의 꾀죄죄한 모습과 시대의 흐름을 따라가는 행인들의 대화 – 변절을 일삼아 온 기회주의자들은 죄의식도 없이 풍족하게 살고, 이러한 시대의 흐름을 타지 못한 룸펜들은 가난에 시달림.
8	이주민 가족의 대화 – 온전한 세계관을 가졌으나 조선에서 살 수 없어 간도로 떠남.
9	주정꾼들의 대화 – 현실에 대한 고민 없이 방탕한 생활을 함.
10	피에로와 소년들의 대화 – 피에로는 시대 상황을 제대로 인식하고 영웅이 필요함을 깨닫지만 영웅을 모집하는 과정에서 무지함을 드러내 소년들에게 조롱 당함.

👥 인물 관계도

피에로
극 중 관찰자이자 이야기를 풀어 나가는 인물. 예리하고 정확한 듯해 보이나 풍자와 비판의 대상이 되기도 함.

연민, 아쉬움 / 조롱 / 못마땅해함.

이주민 가족
비참한 현실에서 벗어나기 위해 고국을 떠나 간도로 이주하려 함.

주정꾼들
일제 강점하의 부조리한 현실에 대해 문제의식 없이 방탕하게 살아감.

소년들
일제 강점하의 부조리한 현실에 무관심함.

키 포인트 체크

인물 피에로는 비판적인 시각으로 현실을 바라보는 인물이지만, 후반부에는 그의 허구성이 폭로되어 [   ]의 대상으로 전락한다. 그 밖의 인물들은 일제 강점하에서 힘겹게 살아가는 우리 민중들이다.

배경 시간적 배경은 1930년대이고, 공간적 배경은 서울 파고다 [   ]이다.

사건 이주민 가족, 주정꾼들 등 일제 강점하 우리 민중들의 대화를 지켜보던 피에로가 [   ]이 필요함을 느끼고 [   ]을 모집하고 있다.

---

1 이 글의 '이주민 가족'에 대한 설명으로 적절하지 <u>않은</u> 것은?

① 아버지는 사리탑의 내력을 가족들에게 설명하고 있다.

② 이주민 가족은 현실의 어려움 때문에 조선을 떠나야 하는 처지이다.

③ 아들은 앞날을 긍정적으로 내다보며 현실 극복 의지를 드러내고 있다.

④ 어머니는 현재의 처지에 절망하며 아버지의 태도에 불만을 드러내고 있다.

⑤ 아버지는 자신과 다른 입장을 가진 아들을 고려하여 자신의 생각을 숨기고 있다.

내신 적중

2 〈보기〉를 참고할 때, ㉠을 공간적 배경으로 설정한 이유를 짐작한 내용으로 가장 적절한 것은?

⊣ 보기 ⊢
'공원'은 각계각층의 많은 사람이 수시로 오가는 장소이다.

① 공간에 따른 인물들의 심리 변화를 보여 주려고

② 사람이 많이 드나들기 때문에 중요한 공간임을 드러내려고

③ 여러 계층의 인물들을 등장시켜 그들 사이의 갈등 관계를 보여 주려고

④ 다양한 계층의 인물들을 통해 당대의 암울한 현실을 실감나게 보여 주려고

⑤ 당대를 살아가는 다수의 인물을 통해 그들이 꿈꾸는 이상적인 삶의 모습을 보여 주려고

3 ⓐ와 ⓑ에 대한 설명으로 적절하지 <u>않은</u> 것은?

① ⓐ와 ⓑ에 나타난 관찰자는 동일한 인물이다.

② ⓐ와 ⓑ에는 당대의 현실에 대한 관찰자의 반응이 나타나 있다.

③ ⓐ에는 관찰자의 심리가 언어적 표현과 비언어적 표현을 통해 드러나 있다.

④ ⓑ에는 관찰자의 심리가 비언어적 표현을 통해 드러나 있다.

⑤ ⓐ에는 현실에 순응하는 태도가, ⓑ에는 이상 세계를 추구하는 태도가 드러난다.

4 작가가 ㉮와 같이 연출한 의도가 무엇일지 쓰시오.

어휘 풀이

호색(好色) 남자가 여자와 육체적 관계를 맺는 것을 몹시 좋아하고 밝힘.

까막까막 작은 눈을 잇따라 가볍게 감았다 떴다 하는 모양.

행랑아범 남의 행랑에 살면서 심부름이나 궂은일을 하는 나이 든 남자 하인을 이르는 말.

Q 피에로가 열거하는 영웅의 국적이 다른 이유는?

영웅이 필요한 시대라고 비판적 관점을 유지하던 피에로이지만 막상 자신이 영웅으로 칭한 인물들의 출신 국가를 사실과 다르게 말하고 있으며 그들 중에는 독재자도 있다. 이와 같은 점에서 영웅이 나타나길 바라는 피에로의 갈망은 진정성을 잃게 되고, 관객들은 피에로를 비판적으로 바라보게 되면서 피에로는 현실을 풍자하는 존재에서 풍자의 대상으로 바뀌며 이중 풍자가 이루어진다.

구절 풀이

❶ 이태리의 히틀러 ~ 영웅이 있어야 됩니다. 자, 영웅. 조선의 민중들을 주의 깊게 관찰하고 평가했던 피에로는 결국 영웅이 필요하다는 생각에 도달한다. 하지만 피에로는 영웅이라 칭하는 인물들의 국적을 모두 사실과 다르게 말한다. 이는 막연히 영웅 출현만을 기대하고 현실에 대한 냉철한 인식은 부족한 당대 지식인의 모습이라고 할 수 있다. 이로써 그동안 상대를 풍자하는 주체였던 피에로가 이번에는 풍자의 대상이 되며 상황이 역전되고 있다.

❷ 아마 저 사람이 미친놈인가 부다. 소년들은 피에로를 '미친놈'이라고 부르며 조롱하고 있다. 민족을 구원할 영웅이 나타나기를 바라면서 사실과 다른 내용을 말하고 영웅에 대한 왜곡된 인식을 갖고 있는 피에로가 풍자의 대상으로 전락하고 있다.

작가 소개

채만식(1902~1950)
소설가, 극작가. 문학 전 분야에 걸쳐 다양한 활동을 하였다. 풍자적인 작품을 주로 썼으며, 사회 부조리와 갈등을 사실적으로 묘사하는 한편 날카로운 역사의식을 보여 주었다는 평가를 받고 있다. 주요 작품으로 소설 〈레디메이드 인생〉, 〈치숙〉, 〈태평천하〉, 〈탁류〉 등이 있다.

㉮ **피에로:** (흘겨보며) 망할 자식들! (고개를 숙이고 뒷짐을 지고 뚜벅뚜벅 무대 전면을 왔다 갔다 거닐면서 골똘히 생각한다. 가끔가다가 고개를 갸웃거린다.) _{주정꾼들에 대한 반감을 드러냄.} 큰일 났어 큰일 났어. 아무래도 큰일 났어. _{문제 해결을 위해 골똘하는 진지한 모습(이후에 나타나는 무지한 모습과 대비됨)} (사이) 영웅이 영웅이! 위대한 영웅이 나야만 해. (고개를 끄덕거린다.) 그래 영웅이 나야 해, 영웅이 영웅이! (갑자기 무대 왼쪽 전면으로 뛰어들어 간다.)
▶ 피에로가 우리 민중의 현실을 보고 영웅의 필요성을 느낌.

— ㉠ 무대 잠시 빈다.
_{장면을 구분하고 관객의 주의를 집중시키는 효과}

㉯ **피에로:** (영웅 대모집(英雄大募集)이라고 쓴 아직 먹이 마르지 아니한 선 간판을 손에 들고 또 한 손에는 조그마한 종을 들고 허둥지둥 뛰어나온다. 휘휘 둘러보다가 전면 벤치에 간판을 기대어 세워 놓고 관객석을 향하여 서서 종을 흔들며 부르짖는다.) 자, 영웅이 나와야 합니다, 영웅. ㉡**❶이태리의 히틀러 같은 영웅, 독일의 뭇솔리니 같은 위대한 영웅, _{인물의 국적을 다르게 말함. – 히틀러는 독일의 독재자, 뭇솔리니(무솔리니)는 이태리의 독재자} 와싱톤 같은 거룩한 영웅! 나폴레옹 같은 위대한 영웅. 보시요 와싱톤은 불란서의 오늘날의 영화를 끼치었고 나폴레옹은 미국의 아버지가 되지 아니하였습니까?** 우리에 _{인물의 국적을 다르게 말함. – 와싱톤(워싱턴)은 미국의 초대 대통령, 나폴레옹은 프랑스의 황제} 게도 영웅이 있어야 됩니다. 자, 영웅.

소년들: (여기저기서 모여들어 차츰차츰 피에로를 둘러싸고 구경을 한다.)

㉰ **피에로:** 자, 우리 조선에도 영웅이 있어야 합니다. 여러분 누구나 다 응모하십시오. 자 누구나 다 응모하십시오. 영웅은 참으로 좋은 것입니다. 민족을 구하여 그 일홈이 영원히 _{영웅에 대한 왜곡된 인식이 드러남. – 영웅은 모집을 통해 탄생시킬 수 있는 존재가 아님.} _{이름} 남으니 좋고 또 영웅에게는 여러 가지 특전이 있습니다. 좋은 집에서 살 수가 있고 맘대로 술을 먹을 수가 있고 **호색도 할 수가 있습니다. 약간의 허물은 모다 덮어 줍니다. _{엉뚱한 특전을 제시함. – 영웅에 대한 왜곡된 인식이 나타남.} 자, 누구든지 와서 영웅이 되십시오. 시기는 지금입니다. 기회를 놓치지 마십시오, 자.

소년 갑: 여보세요? / **피에로:** 왜 그러니?

소년 갑: 그게 무슨 약이요? / **피에로:** (흥이 깨져서) 약? 예끼 놈! _{피에로가 종을 흔들며 소리치는 모습을 보고, 약을 파는 것으로 오해함.}

소년 을: 나는 빈대 약 파는 줄 알았지.

피에로: (기가 막혀) 이놈아 약이 아니야 조선의 큰 일꾼 영웅을 모집하는 게야.

소년 갑: 영웅이 무어유? / **피에로:** 우리 조선을 위해서 일할 사람이다.

소년 갑: (**까막까막 생각하다가) 그럼 저 우리 집 옆에 김 서방 오라구 해요? 일 시키면 품삯 주지요? 전에는 생선 장수 했지만 지금은……. / **피에로:** (기가 막혀) 예끼 녀석! _{상황에 맞지 않는 엉뚱한 말 – 현실에 대한 인식이 부족함.}

소년 병: 그럼 영웅은 어떤 사람이래야 해요?

피에로: 위대해야 한다. 큰사람이래야 된다.

소년 갑: 큰 사람요? / **피에로:** 아므렴 큰사람이래야지.

소년 갑: 그러면 저 우리 집 **행랑아범이 키가 퍽 큰데. / **피에로:** 예끼 녀석! (그리려 한다.) _{상황에 맞지 않는 엉뚱한 말 – 현실에 대한 인식이 부족함을 드러냄.}

소년 갑: (피하며) 괜히 그래요!

피에로: (다시 종을 흔들며) 자, 영웅이야 영웅! 어서 바삐 나오십시오. 이대로 가다가는 큰일 납니다, 어서 영웅이 나오시오.

소년 을: (저희끼리) 이애 그럼 영웅이 무어냐. / **소년 갑:** 몰라.

『**소년 병:** **❷아마 저 사람이 미친놈인가 부다. _{무심한 반응 – 일제 강점기 현실에 대해 고민하지 않고 무관심한 세태를 드러냄.} _{풍자의 주체였던 피에로가 풍자의 대상으로 전락함.}

소년 정: 오라 미친놈이야. (물러서며) 야 미친놈 봐라.

소년들: (사방으로 헤어지며 일제히) 야, 미친놈 봐라.

피에로: (눈이 둥그랬다가 성이 나서 이리저리 날뛰며) 이놈의 자식들!

소년들: 야, 미치꽹이다. / **피에로:** (눈을 뒤집어쓰고 이리저리 소년들을 쫓는다.)

소년들: (더욱이 소리를 지른다.)』 『 』: 일제 강점하 우리 민족 간에 펼쳐지는 부조리한 상황 풍자

(급히 막이 내린다.) ▶ 영웅을 모집하는 피에로를 향한 소년들의 조롱

· **중심 내용** 피에로가 영웅을 모집하고 소년들이 피에로를 농락함. · **구성 단계** 10

작품 연구소

극 형식의 전환점으로서의 〈영웅 모집〉

〈영웅 모집〉은 일제 강점기를 배경으로 하여 그동안 상연되어 온 전통의 극 형식과 다른 서구의 극 형식을 지향한 작품이다.

전통극	현대극
• 특정한 무대 장치가 없음. • 무대와 객석의 구분이 없음. • 특정한 대본 없이 진행되며 즉흥적 대사가 많음. • 관객의 능동적 참여가 가능함.	• 특정한 무대 장치를 설치함. • 무대와 객석이 구분됨. • 대본에 따라 계획적으로 진행됨. • 관객의 능동적 참여가 비교적 어려움.

〈영웅 모집〉에 사용된 실험적 기법

• 당시에는 낯선 소재였던 피에로를 주인공으로 설정함.
• 피에로가 다른 인물들과 거리를 둔 상태에서 그들을 관찰한 뒤 인물에 대해 평가하는 구성을 반복함.

↓

낯선 인물의 등장, 관찰과 평가의 반복 구조를 통해 일제 강점기의 부조리한 현실을 풍자함.

극 전개에 따른 피에로의 위상 변화

일제 강점하에서 힘겹게 살아가는 다양한 인물을 관찰하고 평가함.	→	민족을 구원할 영웅이 필요함을 깨달음.	→	영웅을 모집하면서 인물들의 국적을 잘못 말하고, 엉뚱한 특전을 제시함.
현실을 비판하는 인물				비판을 받는 대상

피에로는 공원을 지나는 다양한 인물을 관찰하면서 일제 강점하에서 비참하게 살아가는 우리 민중들의 모습에 안타까워하고, 민족의식 없이 살아가는 인물들을 비판한다. 그리고 이와 같은 암울한 현실에서 벗어나기 위해서는 영웅이 필요하다는 사실을 깨닫는다. 이처럼 피에로는 우리 민족이 처한 현실을 인식하고, 민족의 앞날을 진지하게 고민하고 문제를 해결하려는 의지를 가진 긍정적인 인물로 그려진다.

그러나 작품의 후반부에서 피에로는 흡사 약을 팔기 위해 광고하는 것처럼 영웅을 모집하고, 잘못된 정보와 엉뚱한 특전을 내세우는 모습을 보이며 영웅에 대한 왜곡된 인식과 무지함을 드러낸다. 피에로는 결국 소년들에게 조롱을 당하고, 작품 말미에는 풍자의 대상으로 전락하게 된다.

함께 읽으면 좋은 작품

〈제향날〉, 채만식 / 여러 대에 걸친 민족 수난사를 다룬 작품

구한말에서 일제 강점기까지 불의의 세력에 저항하는 삶을 산 김성배 일가의 가족사를 통해 지식인으로서의 의무와 책임이 무엇인지를 보여 주는 희곡이다. 작가는 이 작품에서 절망적 상황에 직면하더라도 지식인의 책임과 의무를 다하려는 실천 의지와 역사에 대한 올바른 인식을 가지는 것만이 민족의 역사를 이끌어 나가는 원동력이라는 의식을 드러내고 있다. 일제 강점기의 현실과 이에 대한 비판 의식을 어떻게 형상화하였는지 〈영웅 모집〉과 비교하며 읽을 수 있다. Link 본책 180쪽

---

5 ㉠, ㉡, ㉢에 대한 설명으로 적절한 것은?

① ㉠에서 시작된 인물의 고뇌는 ㉡를 거쳐 ㉢에서 해소되고 있다.
② ㉠와 ㉡에는 인물이 느끼는 불안감이, ㉢에는 자신감이 나타나 있다.
③ ㉠에는 인물의 긍정적 면모가, ㉡와 ㉢에는 부정적 면모가 나타나 있다.
④ ㉠에 나타난 인물의 현실에 대한 비판적 인식은 ㉡와 ㉢에서 더욱 강화되고 있다.
⑤ ㉠에는 인물의 과거 지향적 태도가, ㉡에는 현재 지향적 태도가, ㉢에는 미래 지향적 태도가 각각 나타나 있다.

6 ㉠의 기능으로 적절하지 않은 것은?

① 장면을 구분한다.
② 관객의 집중을 유도한다.
③ 중심인물이 교체됨을 알린다.
④ 이어질 장면에 대한 궁금증을 유발한다.
⑤ 다음 무대의 소품을 준비할 시간을 벌어 준다.

7 〈보기〉를 참고하여 이 글을 감상한 내용으로 적절하지 않은 것은?

┤ 보기 ├

극작가로서 채만식은 종종 실험적 창작 기법을 활용하였다. 소설적 서사성과 희곡적 연극성을 최대로 활용하면서 등장인물의 삶을 통해 역사의식을 형상화하는 데 목적이 있었다. 그래서 소재나 인물 등에 상상력을 더하거나 작품의 구성을 자유롭게 개방하는 방법을 사용했다.

① 당시에는 낯선 소재였던 피에로를 중심인물로 설정한 점은 실험적 기법의 하나로 볼 수 있겠군.
② 민중이 처한 현실의 문제를 영웅 모집을 통해 해결하려는 시도는 작가의 상상력이 반영된 것으로 볼 수 있겠군.
③ 소년들과 피에로가 주고받는 대화를 통해 갈등을 부각한 점은 현장감 넘치는 연극성을 활용한 장치로 볼 수 있겠군.
④ 소년들이 영웅 모집에 엉뚱하게 반응하는 모습은 역사의식이 부족했던 민중의 모습을 형상화한 것으로 볼 수 있겠군.
⑤ 인물 간의 갈등이 해결되는 과정을 역순행적 구성으로 제시한 점은 작품의 구성을 자유롭게 개방한 결과로 볼 수 있겠군.

8 〈보기〉는 '피에로'와 '소년들'의 대화 양상을 평가한 것이다. 〈보기〉의 ⓐ에 들어갈 한자 성어로 적절한 것은?

┤ 보기 ├

피에로의 말에 소년들은 상황에 맞지 않는 엉뚱한 대답을 하고 있다. 이렇게 (ⓐ   )하는 상황이 반복되고 급기야 대화는 파국으로 치닫고 만다.

① 상부상조(相扶相助)　　② 문동답서(問東答西)
③ 난형난제(難兄難弟)　　④ 수수방관(袖手傍觀)
⑤ 난의문답(難疑問答)

내신 적중 다빈출

9 ㉡에 담긴 작가의 의도가 무엇일지 30자 내외로 쓰시오.

소 | 유치진

문학 지학사

🎯 핵심 정리
갈래 장막극, 비극, 사실주의 극
성격 사실적, 현실적, 고발적
배경 ① 시간 – 1930년대
　　　　② 공간 – 어느 가난한 농촌
제재 소
주제 가난에 시달리는 일제 강점기 농촌의 현실
특징 사실주의 계열의 첫 장막극임.
출전 《동아일보》(1935)

Q 국서가 사용하는 말투의 특징과 효과는?

이 작품에서 국서는 비속어와 방언을 사용하고 있다. 비속어와 방언의 사용을 통해 등장인물의 성격을 효과적으로 나타낼 수 있을 뿐만 아니라 극에 현실감을 부여할 수 있다.

💡 어휘 풀이
타작(打作)마당 타작(곡식의 이삭을 떨어서 낟알을 거두는 일)하는 마당.
품 삯을 받고 하는 일.
사대육신(四大六身) 두 팔, 두 다리, 머리, 몸뚱이라는 뜻으로, 온몸을 이르는 말.
점지하다 신불(신령과 부처)이 사람에게 자식을 갖게 하여 주다.
공진회 각종 산물이나 제품들을 한곳에 많이 모아 놓고 품평하고 전시하는 모임.
내력(來歷) 지금까지 지내온 경로나 경력.
마름 지주를 대리하여 소작권을 관리하는 사람. ≒사음(舍音).
실념 곡식알이 여물고 익음.
말세(稅) 곡식을 사고팔 때 가운데서 흥정을 붙여 주고 그 보수로 받는 돈.

🐾 구절 풀이
❶ 에이 죽일 ~ 삼신할머니가 글렀어! 바쁜 농사일은 돕지 않고 빈둥거리고 놀고 있는 자식들에 대한 국서의 푸념이다. 자식들에 대한 국서의 불만이 극명하게 나타나고 있다.
❷ 우리 소는 ~ 함부로 팔어? 소에 대한 국서의 애정이 드러난 부분이다. 국서는 소를 매우 소중한 존재로 여기고 있다는 점에서 소를 팔아 장사를 하려는 개똥이의 바람이 쉽게 이루어지지 않을 것임을 짐작하게 한다.
❸ 너 따위 ~ 돈을 벌어? 올바르지 못한 정신 상태로는 돈을 벌 수 없다는 의미이다. 타지로 나가려는 아들과 이에 반대하는 아버지 사이의 갈등이 드러나고 있다.
❹ 도처에 춘풍이거든요! '도처춘풍(到處春風)'은 풍년이 들어 모든 것이 무사태평하고 순조롭다는 뜻으로 쓰였다. 그러나 이는 작품의 비극적인 내용과 대비되는 표현이기도 하다.

가 막이 오르면, 집 뒤에 *타작마당이 있는 듯, ㉠거기에서 분주하게 타작하는 소리(일꾼들의 간간이 외치는 소리와 군호 맞춰 노래 부르는 소리) 들린다. 무대에는 절구통에 돼지 꼬리 같은 댕기를 드린 더벅머리 노총각 말똥이가 걸터앉아 있을 뿐이고 아무도 없다.

국서: (뒤곁에서) 말똥아! 말똥아! 이 빌어먹다 죽을 놈이 어딜 갔어? (말똥이 "빌어먹을!" 하면서 ㉡가마니를 쓰고 절구통 뒤에 숨는다.) 국서, 헛간으로 나온다. 완고한 농사꾼. 뒤통수에 눈곱만 한 상투가 붙었다. …… 일은 허지 않구 이 육실헐 놈이 어디로 새버리고 말았담? [중략] / 개똥이, 어슬렁어슬렁 울타리 밖 한길에 나타난다. 양복을 입고 모자를 썼다.

국서: 이놈 개똥아! 오늘같이 바쁜 날에 너는 어디를 쏘다니냐? 없는 돈에 *품 사서 일허는 것을 보구두 그래 *사대육신 성헌 놈들이 왜 그렇게 빈둥거리고 노느냐 말이야? 이놈, 성 녀석은 또 어딜 갔니? / 개똥이: (퉁명스럽게) 못 봤어요, 나는. [맏아들 말똥이]

국서: ❶에이 죽일 놈들! 자식들 있다는 보람이 어디 있어! 그저 삼신할머니의 잘못이야. 이 따위를 자식이라구 *점지해 주신 삼신할머니가 글렀어!　　▶ 자식들에 대한 국서의 불만

나 개똥이: 아버지, 그렇게 부아만 내지 마시구 내게 한밑천 만들어 주. 나같이 바다에서 벌어 먹던 놈더러 농사를 지으라니 될 말이오. 여기서 이냥 놀기만 해두 갑갑해 죽겠는데…….　[노엽거나 분한 마음]　[이러한 모습으로 줄곧]

국서: 이놈아, 네가 아무리 뱃놈이기로서니 애비를 좀 거들어 주었다구 뼉다귀가 뿌러질 게냐? / 개똥이: …… 저 이것 봐요, 아버지. 우리 집 소, 그만 팔아 주우. 나 한밑천 해 가지고 항구에 가서 돈 많이 벌어 가지구 올게. 일천오백 냥(30원)만 있으면 돼요.　[갈등의 매개체]

국서: 원, 이 지각없는 자식 놈의 소리 좀 들어 보게. 이놈아, ❷우리 소는 저래 뵈도 이런 데 있는 여느 소하고는 종자가 다르다. 너두 알지? 우리 소의 아버지뻘 되는 소가 읍내 *공진회(共進會)에서 일등상을 받았어. 정신 차려라! 일등상이야. 그런 *내력 있는 소를 함부로 팔어? …… 저 소가 우리 집에서 밭이나 갈고 이웃에 불려 가서 품앗이나 들고 하니까 이놈이 업신여겨서.　「」: 국서의 소에 대한 애정 → 전개될 갈등이 소와 관련된 것임을 보여 줌.　[국서가 소를 아끼는 이유]

개똥이: 아버지, 요즘 바닷가에 나가면 장사할 게 참 많아요, 이때를 넘겨서는 안 돼. 추워지면 이 벌이도 없어.

국서: 흥, ❸너 따위 농사꾼의 자식 놈이 그렇게 대가리에다가 기름을 처바르고 게다가 양복까지 잡숫고 그래 가지고두 돈을 벌어? 당최 그런 생각일랑 염두에두 두지 말고 외양간이나 치워라. 그리고 성 녀석 만나거든 어서 타작마당으로 오라구 그래.　[비아냥거림.]

개똥이: 아버지, 그렇지만……. / 국서: 얼른, 이놈아! 시키는 대로 왜 고분고분히 못해!

㉢개똥이 하는 수 없는 듯이 집 뒤로 나간다.　　▶ 소를 둘러싼 국서와 개똥이의 갈등

다 처: (㉣헛간 입구에서 웃고 있는 사음을 발견하고) 아이구 *마름님. 어서 오슈.　[국서의 처]

사음: (술을 한 바가지 켜고) 국서는 어딨나? / 처: 저기 타작마당으로 갔나 봐유.

사음: 어때? 금년에는 볏섬이나 늘겠지? *실념(實稔)이 잘됐으니까.

문진: 암요, ❹도처에 춘풍이거든요! / 처: 아무려면 작년, 재작년의 흉년에다 비하겠어유?　[밀린 빚을 이번에 다 받으려는 의도]

사음, 헛간 입구를 통해 타작마당으로 퇴장. 다른 사람들도 다 따라 나간다.

말똥이: (혼자) …… 마름 녀석. *말세나 좀 낮게 받아먹자구 그저 알랑거리지!　　▶ 밀린 빚 때문에 타작마당에 등장한 사음

• 중심 내용 풍년을 맞은 국서네 마을　　• 구성 단계 발단

이해와 감상

이 작품은 1935년에 발표된 사실주의 희곡으로, 일제 강점기에 삶의 터전과 희망을 상실한 채 몰락해 가던 농민들의 삶을 형상화하고 있다. 이 작품에서 발생하는 갈등은 모두 '소'라는 소재를 중심으로 빚어진다. 일제의 수탈 정책 때문에 몰락해 가는 농촌의 현실 속에서 국서는 자신의 분신과도 같은 '소'를 소중히 지키려 하지만, 두 아들은 저마다의 개인적인 이유로 소를 팔려고 한다. 그리고 이와 같은 가족 구성원 간의 갈등은 사음에게 소를 빼앗기게 되면서 국서 가족으로 대표되는 소작농과 지주 간의 계층적 갈등으로 확대된다. 이러한 사건의 이면에는 일제 강점기의 모순적 사회 구조의 문제가 내재해 있다고 할 수 있다.

전체 줄거리

발단	국서는 좋은 품종의 소를 가진 것을 긍지로 삼고, 아들들보다 더 애지중지한다. 차남 개똥이는 만주에 가서 일확천금을 모을 궁리로 소를 팔아 노자를 마련해 달라고 조른다. 장남 말똥이는 빚 때문에 일본으로 팔려 가게 된 귀찬이와의 결혼을 위해 소를 팔 것을 조른다.
전개	국서네는 결국 소를 팔아 귀찬이네 빚을 갚아 주기로 하고, 개똥이는 소를 몰래 팔아 만주로 떠날 궁리를 한다.
절정	소장수가 그 소는 이미 팔리기로 되어 있지 않느냐고 말해 개똥이는 의심을 받게 되고, 집안에는 한바탕 난리가 벌어진다. 그 와중에 마름이 나타나 밀린 빚 대신에 소를 끌고 가 버린다.
하강	귀찬이는 결국 일본으로 팔려 가고, 국서는 소를 찾기 위해 마름과 주인을 상대로 소송을 하기로 하나, 소송을 해 봤자 소작인에게 이로울 것이 없다는 말에 절망한다.
대단원	말똥이는 지주네 곳간에 불을 질러 주재소에 붙잡혀 가고, 개똥이는 만주로 떠날 것을 결심한다.

인물 관계도

말똥이	개똥이
국서의 큰아들. 동네 처녀 귀찬이와 결혼하고 싶은 마음에 농사일을 거부함으로써 현실에 대해 소극적인 저항을 보임.	국서의 작은아들. 일확천금을 꿈꾸며 만주로 떠나려 하는 다소 허황된 생각에 사로잡혀 있음.

자신의 목적을 위해 소를 팔고자 함.

국서
농사꾼. 선량하지만 현실을 올바르게 보지 못하고 지금까지 해 온 농사일과 전통적 가치관만을 고수하는 완고하고 보수적인 인물

애정 → 소

사음(마름)	귀찬이 부
국서네 마을 소작농들의 도지를 관리하는 마름. 이기적인 성격을 지님. 빚의 상환 대가로 소를 빼앗으려 함.	국서의 이웃. 경제적 곤란 때문에 딸을 팔면서도 딸에게 닥칠 불행을 예측하지 못하는 현실 인식이 부족한 인물

인물 가난한 □□□ 국서는 좋은 품종의 □를 가진 것을 긍지로 삼고 자신의 분신처럼 여기는 인물이다.

배경 1930년대 □□의 수탈 정책으로 몰락해 가는 □□의 비참한 현실이 사실적으로 드러나 있다.

사건 가난에 시달리는 국서는 밀린 □ 때문에 집안의 희망인 소를 □□에게 빼앗긴다.

1 이 글에 대한 설명으로 가장 적절한 것은?

① 과장된 의상과 소품을 통해 희극성을 드러내고 있다.
② 무대의 경계를 허물어 관객을 극에 참여시키고 있다.
③ 조명 효과를 통해 막과 막, 장과 장 사이를 구분하고 있다.
④ 일상적인 구어체 대사를 사용하여 사실성을 높이고 있다.
⑤ 과거와 현재의 상황을 한 무대에서 함께 보여 주어 입체감을 높이고 있다.

2 이 글의 '소'와 〈보기〉의 '소'를 비교한 내용으로 가장 적절한 것은?

┤ 보기 ├

영화 〈워낭 소리〉는 평생 땅을 지키며 살아온 농부 최 노인과, 그와 30년 넘게 동고동락한 소 한 마리에 대한 이야기이다. 소의 평균 수명은 20년 정도인데, 이 소는 무려 마흔 살이나 된다. 귀가 잘 안 들리는 최 노인이지만 소의 워낭 소리는 희미하게 들려도 귀신같이 알아듣고, 한쪽 다리가 불편해도 소에게 먹일 풀을 베기 위해 매일 산에 오른다.

① 모두 생명의 절대적인 가치를 되새기게 한다.
② 모두 농민의 소박하고 넉넉한 모습을 보여 준다.
③ 모두 인물 간의 갈등을 불러일으키는 역할을 한다.
④ 각각 국서와 '최 노인'에게 삶의 희망을 의미한다.
⑤ 각각 국서와 '최 노인'에게 분신과도 같은 존재이다.

3 ㉠~㉤에 대해 공연 방식을 논의한 내용으로 적절하지 <u>않은</u> 것은?

① ㉠: 일꾼의 함성 소리와 노랫소리를 배경음으로 넣어야지.
② ㉡: 말똥이가 있는 곳은 조명을 어둡게 비추어서 국서가 말똥이를 보지 못하는 상황을 자연스럽게 처리해야지.
③ ㉢: 집 뒤쪽의 공간은 구체적으로 보여 줄 필요는 없어.
④ ㉣: 사음은 다른 인물보다 말끔한 의상을 입혀야겠어.
⑤ ㉤: 확신에 찬 표정을 짓고 우렁찬 목소리로 말해야겠어.

내신 적중

4 '국서'와 '개똥이'의 대화 내용을 다음과 같이 정리하였을 때, @에 들어갈 알맞은 내용을 쓰시오.

국서	개똥이
현재 상황을 강조하며 집안 일을 도울 것을 요구함.	@
개똥이의 계획을 비판하며 분별력 없는 태도를 나무람.	시기의 중요성을 들어 아버지를 설득함.
개똥이의 태도를 꾸짖으며 말을 돌림.	더 이상 대화를 이어 가지 못하고 퇴장함.

☀ 어휘 풀이

도지(賭地) 도조. 남의 논밭을 빌려서 부치고 논밭을 빌린 대가로 해마다 내는 벼.

보퉁이 물건을 보에 싸서 꾸려 놓은 것.

팔자소관(八字所關) 타고난 운수로 인하여 어쩔 수 없이 당하는 일.

근실(勤實)히 부지런하고 진실하게.

무방(無妨)하다 거리낄 것이 없이 괜찮다.

Q 귀찬이 부의 대사에서 알 수 있는 당시의 상황은?

귀찬이 부는 궁핍한 살림과 밀린 빚 때문에 딸 귀찬이를 일본인에게 팔았다고 이야기하고 있으며, 이에 대해 별다른 죄책감을 드러내고 있지도 않다. 이러한 모습을 통해 일제 강점기 우리 민족의 피폐한 삶과 이로 인해 도덕성조차 잃어 가던 당시 사람들의 모습을 짐작해 볼 수 있다.

🐚 구절 풀이

❶ 자식 팔아먹구 잘되는 집안은 못 봤어. 귀찬이 부가 빚 때문에 귀찬이를 팔게 된 것에 대해 말똥이가 불만을 터뜨리며 한 말이다. 말똥이는 귀찬이와 결혼할 수 없게 되어 화가 나 있다.

❷ 계집애가 나서 ~ 덕을 뵈겠지요. 귀찮게 생각하던 아이가 팔려 가면서 40원을 벌게 해 주니 오히려 덕을 준 아이가 되었다는 뜻이다. 이러한 태도는 곤궁한 삶이 인간의 윤리 의식마저 마비시키고 있음을 보여 준다.

❸ 춘향 모의 문자가 ~ 바래야겠군요……. 〈춘향전〉에서 암행어사가 되어 출두한 이몽룡을 보고 춘향 모가 기뻐하면서 딸을 잘 길러 서울 사람 오거들랑 묻지 말고 사위 삼으라고 말하는 부분을 두고 춘향 모의 문자라고 한 것이다. 딸을 팔아 40원을 얻은 귀찬이네의 상황을 보고 이제는 아들이 아니라 딸 낳기를 바라야겠다고 이야기하는 국서 처의 모습을 통해 탈출구를 찾을 수 없는 절망적인 상황으로 인해 도덕성조차 상실하게 된 당시의 사회상을 엿볼 수 있다.

❹ 자네가 묵은 도지를 ~ 무방한 일이라구. 소를 중심으로 국서와 두 아들의 갈등이 심화되던 중 사음이 끼어들면서 인물 간의 갈등이 더욱 복잡해지고 극에 긴장을 더하고 있다. 이전까지는 국서 가족 간의 개인적인 갈등이었던 것이, 사음의 개입으로 소작농과 지주 사이의 계층 간의 갈등으로 그 범위가 확대되고 있다.

❺ 남의 소를 가지구 ~ 남의 집 명줄을 가지구……. 국서네가 일제 강점하에서 불합리한 소작 제도 때문에 자신들의 희망이나 다름없는 소를 빼앗길 위기에 처하자 국서의 처는 그 허무한 감정과 상황의 부당함을 대사를 통해 드러내고 있다.

가

귀찬이 부: (소리를 낮추어서) 그런데 저, 댁에서도 이런 소문을 들었어요? 어찌되는 건지 내년부터는 무슨 농지령이란 법령이 새로 내린다나요. 그래서 입때까지 밀린 •도지는 이번 추수까지 다 해 들여놔야 한대요. 그렇잖으면 논을 떼고 막 집행을 헌대요.

처: 우리한테는 금년 봄부터 그런 말썽이군요. 어찌되는 놈의 세상인지.

귀찬이 부: 허는 수 없어서 우리는 우리 집 귀찬이란 년을 팔어먹게 했지요.

처: 귀찬이를? 그 얌전한 애를? / 귀찬이 부: 도지를 갚지 않으면 논을 뗀다는 데야 해 볼 장수가 있나요. 자식이라도 팔어서 갖다 갚어야지. 그렇게라도 하지 않으면 꿩 잃고 매 잃는다는 셈으로 논은 논대로 떨어지구 자식은 자식대로 굶겨 죽일걸.

말똥이: (혼잣말같이) …… 논이 떨어지면 어쩌란 말야! 빌어먹을! ❶자식 팔어먹구 잘되는 집안은 못 봤어. (퇴장)

처: (말똥이를 바라보고) 저런! 육실할! 저놈이 바로 환장을 했어! …… 그런데 귀찬이는 영 팔게 했수? / 귀찬이 부: 2천 냥(40원)에 아주 작정을 지었답네다. 그것두 원체 요즘은 이 곳저곳서 계집애 팔려는 데가 많어서 좀체 사 갈 사람이 없었어요. 그러는 것을 읍내에 나까무라 상헌테다가 말해서 일본으로 팔게 했어요. 선금으로 우선 천 냥(20원) 받고, 도장 찍구 계약까지 했지요.

처: 에그, 댁에는 딸을 잘 가져서 •보퉁이 신세는 면하시겠구려. 우리 집에는 사내새끼가 둘이나 있으면서 무슨 •팔자소관으로 그런지 사람의 간장을 이처럼 썩이는구려. 한 자식은 배 타러 다닌다구 떠댕기다가 집에 들면 농사짓는 것을 업수이 여기구, 한 자식은 여태 •근실히 잘하던 놈이 부쩍 오늘부터 병든 황소같이 늘어 자빠지니…… 우리 집안에는 무슨 망쪼가 든 거야요. 그렇잖으면 이럴 리가 없어요.

귀찬이 부: (일어서며) …… ㉠❷계집애가 나서 귀찮스럽다구 해서 개 에미가 귀찬이란 이름을 붙였지요. 그랬는데 그게 되려 우리한테 덕을 뵈겠지요. 이힛힛…….

처: 참 세상일은 모를 일이야. 뭐든지 그저 거꾸로만 돼 가거든. ❸춘향 모의 문자가 아니라도 인젠 아들 낳기는 바라지 말구, 딸 낳기만 바래야겠군요……. 이왕이면 저 뒤에 가서 술 한잔 자시고 가슈.

▶ 빚을 갚기 위해 딸을 일본인에게 팔기로 한 귀찬이 부

나

사음: 개똥이가 만주 간다더니, 왜 이 지경이야? ……그런데 국서, 내가 지금 온 것은 다른 게 아니라 아까 말해 두고 간 그 도지 때문에 왔는데, 이런 판에 말하기는 안됐지마는 잘 들게. 나는 집에 가서 이렇게 생각하고 왔네. ❹자네가 묵은 도지를 아직 못 해다 갚는 바에야 내가 저 소를 몰고 가두 •무방한 일이라구. [중략]

국진: 이게 무슨 짓이우? 남의 소를 두고 미리 소장수하구 흥정까지 하구 와서.

사음: 일없네! 자네 작은아들이 이 소 흥정을 하려다가 못했단 말을 내가 듣고 얼씨구나 허구 쫓아온 걸세. / 국서: 남의 소를 임자 몰래 팔어먹는 법이 어디 있담!

구경하는 사람 중에서 "암 그런 법은 없지."

사음: 돈을 내놓고 법을 찾게. 그것이 정당헌 일일세.

국진: (소장수 C가 소를 몰아내려는 것을 떼밀어 버리고) 비켜! 이런 악착스런 노릇이 어디 있어! 솔랑은 마구간에 넣어 놓고 따져 봐! (소를 몰고 집 뒤로 간다.)

소장수 C: (따라 나가며) 이런 제기랄!

사음: (같이 따르며) 이래서는 뒷일이 좋지 못해! 이 사람 국진이!

처: ……원 천하에! ❺남의 소를 가지구 이게 무슨 짓이야. 남의 집 명줄을 가지구…….

▶ 사음에게 강제로 소를 빼앗기는 국서네

• 중심 내용 가난으로 말미암은 국서네와 귀찬이네의 파탄   • 구성 단계 전개·절정

작품 연구소

소재 '소'의 상징적 의미

국서에게 '소'는 정신적 기둥이며, 개똥이에게는 일확천금의 기회를 열어 줄 수 있는 수단이다. 또한 말똥이에게는 사랑을 이룰 수 있는 희망이기도 하다. 이처럼 이 작품에서 '소'는 평화로운 농촌 공동체의 소중한 자산이자 희망을 상징한다. 그러므로 일제의 불합리한 소작 제도에 의해 소를 빼앗기게 되는 현실은 <u>국서네로 대표되는 우리 농촌 공동체의 희망이 송두리째 상실되는 것</u>을 의미한다. 이를 더욱 확대해서 본다면, <u>일제에게서 지켜 내야 할 민족혼</u>을 상징한다고도 할 수 있다.

〈소〉의 문학사적 특성

작가의 현실 인식 면에서 볼 때, 이 작품은 작가의 첫 작품인 〈토막〉과 같은 계열의 작품으로 가난한 소작농과 마름의 갈등에 초점을 두고 있다. 두 작품 모두 농촌을 배경으로 하고 있는데, 이는 당시 농촌이 일제 수탈 정책의 가장 큰 피해 지역이요, 농민은 가장 큰 희생을 강요당한 계층이었기 때문이다.

〈소〉	〈토막〉
1930년대 농촌을 배경으로 함.	1920년대 농촌을 배경으로 함.
지주의 수탈과 소극적 저항	일제의 수탈상과 이에 대한 삶의 몸부림
'소'의 상실로 대변되는 당대 농민들의 현실	'토막'을 통해 나타난 어둡고 침체된 분위기
국서의 두 아들이 겪는 좌절	아들 명수의 죽음
이웃집 귀찬이가 가난 때문에 일본인에게 팔려 감.	이웃인 경선이가 가난 때문에 고향을 떠남.

자료실

〈소〉에 나타난 '풍년거지'의 역설

고난과 해학이 어우러진 이 작품은 풍년거지의 역설적 상황을 근간으로 하고 있다. 즉 풍년은 왔으나 먹고살기는 더욱 어려운 모순적 상황을 통해 일제 강점기 농촌의 실상을 포착하고자 하는 것이다. 역설이 존재하는 것은 농사 제도의 구조적 모순 때문이다. 국서 처의 대사("농사가 잘되면 어디 논임자 밭 임자가 가만둡니까?")에서처럼 소작인들은 아무리 풍년이 들었어도 지주에게 밀린 도지를 갚느라고 쌀 한 톨 구경할 수 없는 상황이다. 심지어 새로 실시될 농지령 때문에 그동안 밀린 도지를 다 갚지 않으면 논을 떼게 될 처지가 되어 버렸다. 밀린 도지 때문에 딸을 팔고는 딸 낳기를 잘 했다고 생각하게 된 귀찬이네의 상황, 자식보다 소중하게 여기던 소를 지주에게 억울하게 빼앗겼지만 소보다 비싼 소송 비용 때문에 소를 포기할 수밖에 없는 국서네의 상황 모두가 역설적인 상황에 해당한다.

– 김용수, 〈유치진의 사실주의 극에 대한 재검토〉

함께 읽으면 좋은 작품

〈사하촌〉, 김정한 / 지주와 소작농 간의 갈등을 다룬 작품

사하촌에서 저수지 물길 문제를 두고 벌어지는 지주 계층(친일 세력과 보광사 중들)과 소작농(사하촌 주민) 사이의 갈등을 다룬 소설이다. 가뭄과 지주의 횡포로 고통에 시달리며 살아가는 농민 스스로의 자각이 드러나 있다.

Link 〈현대 소설〉 125쪽

〈홍염〉, 최서해 / 일제 강점기 만주 이민자들의 삶을 그린 작품

서간도를 배경으로 조선 이민 농부들의 비참한 삶과 그에 대한 저항을 그린 소설이다. 주인공 문 서방이 빚 때문에 지주에게 딸을 빼앗기고 이 작품의 말똥이처럼 지주의 집에 불을 지름으로써 그 울분을 표현한다는 내용을 담고 있다.

---

5 〈보기〉를 참고하여 이 글을 감상한 내용으로 적절하지 <u>않은</u> 것은?

┤ 보기 ├

일제는 식민 지배 동안 동양 척식 주식회사와 조선 식산 은행 등을 통해 일본의 농업 자본을 침투시켰을 뿐만 아니라, 합법을 가장한 편법으로 우리의 토지를 몰수하였다. 그 결과 기존의 토착 지주는 줄어들고 소지주나 소작농으로 전락하여 가난하게 살 수밖에 없었다.

① 귀찬이 부가 딸을 팔 수밖에 없는 이유가 짐작이 가는군.
② 농지령은 우리의 토지를 몰수하기 위한 일본의 편법이겠군.
③ 국서의 불행은 당시 우리 민족이 겪은 고통을 대표하고 있군.
④ 국서는 소로 빚을 갚았으니 앞으로는 형편이 나아질 수 있겠군.
⑤ 국서 또한 일제 강점하에 어렵게 살아가던 소작농이라 할 수 있겠군.

6 (나)에 나타난 갈등의 원인과 갈등 양상을 바르게 짝지은 것은?

	갈등의 원인	갈등 양상
①	소	국서와 국진 사이의 갈등
②	도지	국서네와 사음 사이의 갈등
③	도지	말똥이와 개똥이 사이의 갈등
④	농지령	국서 처와 말똥이 사이의 갈등
⑤	농지령	국서 처와 귀찬이 부 사이의 갈등

7 (나)에 나타난 '사음'의 말하기 방식으로 가장 적절한 것은?

① 본심을 숨기고 딴전을 부리면서 논점을 흐리고 있다.
② 권위 있는 이의 말을 인용하여 상대를 조롱하고 있다.
③ 상대가 듣기 좋은 소리만 하면서 비위를 맞추고 있다.
④ 사례를 들어 현재 상황이 낙관적임을 보여 주고 있다.
⑤ 자신의 입장만을 내세우며 상대의 말을 묵살하고 있다.

8 ㉠에 대한 반응으로 적절하지 <u>않은</u> 것은?

① 딸이 팔리게 된 상황에 기뻐하고 있군.
② 부조리한 상황에 저항하지 못하고 있군.
③ 부자를 동경하는 모습을 보여 주고 있군.
④ 현실 문제를 제대로 판단하지 못하고 있군.
⑤ 생활고 때문에 윤리 의식마저 마비되고 있군.

9 이 글에서 '국서'와 '처'에게 있어 '소'가 의미하는 바를 단적으로 나타내는 표현을 찾아 쓰시오.

005 제향날 | 채만식

핵심 정리

갈래 장막극

성격 비판적, 저항적

배경 ① 시간 – 1937년 가을
② 공간 – 최 씨의 집

제재 구한말과 일제 강점기를 살았던 김성배 일가의 삶

주제 부정적 세력에 대한 투쟁, 이상향 추구의 영속성

특징 ① 작가의 역사의식이 뚜렷하게 드러남.
② 과거와 현재를 교차하는 방식으로 진행됨.
③ '프로메테우스 이야기'를 삽입하여 일제 강점기 지식인의 책무를 드러냄.

출전 《조광》(1937)

Q 원시인들에게 불을 가져다준 프로메테우스의 행위가 상징하는 바는?

프로메테우스는 제우스가 감춰 둔 불을 훔쳐 인류에게 가져다주었다. 이로써 그는 인류에게 문명의 근원을 가져다준 영웅으로 일컬어진다. 이러한 프로메테우스의 모습은 김성배 일가 삼대가 부정적인 권력자들에게 저항하며 당대 지식인으로서의 의무와 책임을 다하는 모습을 연상하게 한다.

어휘 풀이

제향(祭享) 제사(祭祀)의 높임말.

프로메테우스(Prometheus) 그리스 신화에 나오는 티탄족의 영웅. 인간에게 불을 훔쳐다 주어 인간에게는 문화를 준 은인이 되었으나, 그로 인하여 제우스의 노여움을 사 코카서스의 바위에 묶여 독수리에게 간을 쪼이는 고통을 받았다고 한다.

상수(上手) 객석에서 무대를 보았을 때 무대의 오른쪽.

암전(暗轉) 연극에서, 무대를 어둡게 한 상태에서 무대 장치나 장면을 바꾸는 일.

부싯돌 부시로 쳐서 불을 일으키는 데 쓰는 석영(石英)의 하나. 아주 단단하고 회색, 갈색, 검은색 등을 띤다.

근리(近理)하다 이치에 거의 맞다.

인(人)버러지 은혜를 모르는 사람을 비유적으로 이르는 말.

구절 풀이

❶ 그리해서 느이는 ~ 이룰 수가 있는 것이다. 프로메테우스가 인류에게 불을 가져다준 궁극적인 이유가 드러나 있다.

❷ 어느 집에서는 ~ 십상이었지. 프로메테우스가 인간에게 불을 가져다준 행동에 담긴 정신이 우리 민족의 삶 속에서도 끊임없이 이어 내려온 것임을 엿볼 수 있는 대목이다.

❸ 어떤 놈이 ~ 주었단 말이냐고. 프로메테우스가 인간에게 불을 가져다준 것이 독단적인 행동이었다는 것과 그 결과 그가 고통을 받게 될 것임을 짐작할 수 있다.

가 [무대] / 배경은 빙원(氷原)과 눈 쌓인 원산(遠山). 무대에는 눈 덮인 빙판. 무대가 밝아지면 중앙에 남녀의 성별이 나지 않게 김생의 털가죽으로 몸을 가린 원시인 5, 6인이 한 무더기가 되어 떨고 있고 손에 횃불을 든 *프로메테우스, *상수로 서서히 등장.

원시인들: (프로메테우스와 불을 보고 겁을 내어 뒤로 물씬물씬 몰려간다.)

프로메테우스: 무서워하지 마라. 나는 느이를 구하러 왔느니라. 이 불을 느이를 줄 테니 이것을 받아 가지라.

원시인 1: 그건 무엇이오?

프로메테우스: 이것은 불이라고 하는 것이다. 『이것이 있으면 치웁지 아니하고 음식을 이것에다가 익혀 먹으면 보드랍고도 맛이 있고, 이것을 켜 놓으면 밤에도 모든 것이 보이고, 또 이것으로 쇠를 녹여서는 여러 가지 연장을 만들어 사냥을 할 수 있고, 느이를 침노하는 사나운 짐승들을 대적해서 이길 수가 있는 것이다. ❶그리해서 느이는 겨레가 크게 번성할 것이요 좋은 세상을 이룰 수가 있는 것이다.』

원시인 2: 대체 그게 무엇이길래 그렇게 좋드람? 어데? (가까이 와서 불을 덥썩 만지다가 질겁하고 물러선다.) 아이구, 어얏? (성을 내어) 그런 독하고 무서운 것을 주면서 우리를 속이려고! (동류를 돌아보고) 손을 대니까 머 끊어지게 아픈걸, 그래.

프로메테우스: 아니다. 그렇게 너무 가까이 대니까 데어서 뜨거운 것이다. 자— 이것을 받아 가거라. 그러나 이것은 물을 끼었으면 죽는 법이다. 마른 나뭇가지를 모아 놓고 거기다 옮겨라. 그리고 어찌해서 영영 꺼져 버리거든 산에 가서 쇳덩이와 돌멩이를 구해서 그것을 마주 부드치면 거기서 조그만한 불이 일어나느니라. 그놈을 마른 풀잎에다가 받아서 불을 장만해라. 자— 받아 가거라.

원시인 한 사람이 나서서 횃불을 받는다. 프로메테우스, 횃불을 주고 상수로 퇴장.

▶ 삽입 이야기: 원시인에게 불을 전해 주는 프로메테우스

나 무대 급히 *암전. 다시 밝아지면 도로 전경.

상인: 그래서. / 영오: 뭘, 거짓뿌렁! 성냥이 있는데 왜 불이 없어.

상인: 아, 그 녀석이! 너 할머니한테 여쭈어 보아라. 옛날에 성냥이 있었는가.

최 씨: 없구 말구. 내가 젊었을 때만 해도 황(黃) 개피허구 *부싯돌뿐이었드란다. 그리고 네 말이 *근리한 말인가 부다. 옛날에는 밤에 화로에 불을 담어 두었다가 그 이튿날이면 그놈으로 불을 이루더니라. 그걸 불씨라고 하지. ㉠❷어느 집에서는 불씨가 삼대째 내려오느니 사대째 내려오느니 하고, 그리고 그 화로는 그 집 맏며느리가 꼬옥 맡어 두더니라. 그렇게 맡었다가 이튿날 새벽에 불을 이루는데, 혹시 불씨를 죽였으면 집안이 망할 징조라고 큰일이 나지. 도루 쫓겨 가기가 십상이었지.

상인: 거 봐, 이 녀석아. 내가 거짓말을 했니? / 영오: 그럼, 자—. (밤 벗긴 것을 준다.)

상인: 옳—지. (받어먹고) 그런데 말이다. 그 뒤에 하늘에서 하느님이 가만히 내려다보니까 아 *인버러지들이 불을 가지고 있겠지! 아, 그래서 하느님이 그만 노—발대발 역정이 나서 ❸어떤 놈이 내 거룩한 불을 훔쳐다가 저놈들 인버러지를 주었단 말이냐고, 인제 저것들이 불을 가지고 왼갖 짓을 다 해설랑은 내 턱을 치받으려 들 테니 이럴 수가 있단 말이냐고.

▶ 프로메테우스 이야기를 들려주는 상인

• 중심 내용 프로메테우스 신화를 들려주는 상인 • 구성 단계 하강

이해와 감상

이 작품은 구한말에서 1930년대까지의 민족 수난사를 김성배의 가족사를 통해 그린 희곡이다. 김성배와 그의 아들 김영수는 부정한 권력에 저항하였으나 결국엔 좌절하게 된다. 또한 작품의 결말을 통해 김상인의 저항적인 삶 역시 쉽지 않을 것임을 예상할 수 있다. 하지만 작가는 이들과 같이 절망적 상황에 직면하더라도 지식인의 책임과 의무를 다하려는 실천 의지와 역사에 대한 올바른 인식을 가지는 것만이 민족의 역사를 이끌어 나가는 원동력이라는 의식을 보여 주고 있다.

또한 이 작품은 극 중에 프로메테우스 신화를 삽입하여 주제를 효과적으로 전달하고 있다. 봉건적인 왕권에 도전한 김성배, 일제의 권력에 대항한 김영수, 독립운동의 성격과 유사한 면이 있는 사회주의 운동을 하는 김상인 모두 민족을 위해 희생하며 부정적인 세력에 대항하는 삶을 살았다는 점에서 인류에게 불씨를 전해 주는 프로메테우스와 공통점이 있다.

전체 줄거리

발단	최 씨 남편 김성배의 제향날에 최 씨가 외손자 영오에게 남편 김성배에 대한 이야기를 해 준다.	전경
전개	최 씨의 남편 김성배가 동학 농민 운동에 가담했다가 혁명이 실패하면서 처형당한다.	제1막
절정	최 씨의 아들 김영수는 3·1 운동을 주도하다 실패한 후 쫓기는 몸이 되어 상해로 떠나 독립운동을 한다.	제2막
하강	최 씨의 손자인 상인이 프로메테우스의 신화를 이야기해 주며 집안 대대로 간직해 온 불씨의 소중함을 일깨워 준다.	제3막
대단원	일본에 유학 중인 상인이 사회주의 운동을 하고 있음이 암시된다.	

인물 관계도

최 씨
남편과 아들의 저항적 삶을 지켜본 관찰자. 영오와의 대화를 통해 극의 중심 내용을 서술하고 해설하는 역할을 함.

김성배
제1막의 주인공. 동학 혁명군의 접주로 활약하지만 동학군이 패퇴하고 부친이 자기 대신 잡혀 곤혹을 당하자 자수하여 공개 처형됨.

김영수
제2막의 주인공. 김성배의 아들로, 소지주였던 부친의 가업을 잇다가 3·1 운동을 도모한 후 일본 관헌에 쫓겨서 중국으로 망명함.

영오
최 씨의 외손자이자 상인의 외사촌. 최 씨에게 가족사에 대한 이야기를 들음.

김상인
김영수의 아들이자 김성배의 손자. 사회주의 운동을 하며 조부와 부친의 삶의 궤적을 이어 감.

작품 연구소

〈제향날〉의 이야기 구조

- 김성배와 김영수의 과거 이야기를 극적으로 재현하는 장면과 최 씨가 이야기를 서술하는 장면이 반복되는 구조를 보임. [전략 부분]
- 프로메테우스 신화를 삽입하여 김성배 일가의 삶을 상징적으로 표현함.

↓

- 비슷한 구조의 이야기를 반복적으로 제시하여 주제 의식을 강조함.
- 사건을 극적으로 제시하는 창과 사건을 요약·서술하는 아니리가 반복되는 판소리의 이야기 구조와 유사함.

키 포인트 체크

인물 최 씨는 남편 김성배와 아들 김영수의 □□□ 삶을 지켜본 인물로, 외손자 영오와의 대화를 통해 극의 중심 내용을 서술, 해설하는 역할을 한다.

배경 1937년 가을 최 씨의 집을 배경으로 하여 □□□에서 일제 강점기까지의 민족 수난사를 다루고 있다.

사건 김성배의 제향날, 최 씨는 손자들에게 동학 농민 운동에 가담했던 남편과 3·1 운동을 주도했던 아들에 대한 이야기를 들려준다. 상인이 영오에게 □□□□□□ 신화를 들려주며 집안 대대로 간직해 온 불씨의 소중함을 일깨운다.

1 이 글에 대한 설명으로 적절하지 않은 것은?
① (가)는 인물의 꿈속에서 일어난 사건에 해당한다.
② (가)에서는 작가의 의도를 상징적으로 제시하고 있다.
③ (나)에서는 (가)의 내용과 관련된 이야기를 하고 있다.
④ (가)와 (나)는 다른 공간에서 벌어지는 사건이다.
⑤ (가)와 (나)의 장면은 조명 효과를 통해 구분되고 있다.

2 이 글에 나타난 장면으로 적절하지 않은 것은?
① 상인이 밤을 받아먹는 장면
② 원시인들이 추위에 떠는 장면
③ 최 씨가 화로에 불을 담는 장면
④ 영오가 상인의 이야기를 듣는 장면
⑤ 프로메테우스가 원시인들에게 불을 전하는 장면

3 이 글을 공연하기 위한 회의 내용으로 적절하지 않은 것은?
① 무대는 두 개의 공간이 빠르게 전환될 수 있도록 구성해야겠어.
② 소품으로는 횃불과 밤을, 의상으로는 짐승의 털가죽을 준비해야겠어.
③ 원시인들은 불을 처음 본 상황이므로 불을 경계하는 모습을 연기해야 해.
④ 영오는 다른 사람의 말을 쉽게 믿지 않는, 의심이 많은 성격의 인물로 설정해야겠어.
⑤ 프로메테우스 역을 맡은 배우는 원시인들과 달리 비범한 느낌이 들도록 분장과 말투에 신경 써야겠어.

4 '프로메테우스'가 인류에게 불을 전해 준 궁극적인 이유가 나타나는 문장을 찾아 첫 2어절과 끝 2어절을 쓰시오.

5 〈보기〉의 밑줄 친 부분을 고려하여 ㉠을 통해 작가가 말하고자 하는 바를 50자 내외로 쓰시오.

┤ 보기 ├
그리스 신화에서 프로메테우스는 제우스가 감추어 둔 불을 훔쳐 인간에게 전해 주는데, 여기서 프로메테우스의 불은 이중적인 의미를 가진다. 인류에게 내려진 이기(利器)이자 결코 꺼질 수 없는 영속성이라는 의미가 바로 그것이다.

☀ 어휘 풀이

연산 죽 잇대어 있는 산.

비끄러매다 ① 줄이나 끈 따위로 서로 떨어지지 못하게 붙잡아 매다. ② 제멋대로 하지 못하게 강제로 통제하다.

보과 어떤 일의 보답으로 돌아오는 결과나 보람.

영겁(永劫) 영원한 세월.

차면(遮面) 집의 내부가 바깥으로 드러나 보이지 않도록 앞을 가림. 또는 그런 물건이나 장치.

방백(傍白) 연극에서, 등장인물이 말을 하지만 무대 위의 다른 인물에게는 들리지 않고 관객만 들을 수 있는 것으로 약속되어 있는 대사.

사회주의(社會主義) 사유 재산 제도를 폐지하고 생산 수단을 사회화하여 자본주의 제도의 사회적·경제적 모순을 극복한 사회 제도를 실험하려는 사상. 또는 그 운동.

고학(苦學)하다 학비를 스스로 벌어서 고생하며 배우다.

Q 프로메테우스의 절규에 담긴 의미는?

프로메테우스의 절규는 김성배 부자의 절규와 같은 것으로, 프로메테우스 신화는 김성배와 김영수의 행위를 인류 역사를 위한 헌신으로 승화하는 장치가 되고 있다. 불씨를 옮겨 준 프로메테우스가 인간 세계에 풍요롭고 안락한 생활을 가져다주었듯이, 어려운 시대에 의를 위해서 투쟁하는 자는 훌륭한 역사를 창조하는 자요, 역사를 이어 가는 불씨 같은 존재임을 상징하는 것이다.

✿ 구절 풀이

❶ **의를 행한 보과품!** 프로메테우스가 자신이 겪는 끝없는 고통을 보람으로 받아들이는 장면이다. 의로운 행동에는 희생이 따를 수 있다는 작가의 생각을 엿볼 수 있다.

❷ **그래도 나는 ~ 뉘우치지 아니하노라.** 영원히 바위에 묶인 채 사나운 독수리에게 살을 쪼이는 형벌을 받고 있음에도 의를 이루었으므로 뉘우치지 않는다는 의연한 태도를 보이고 있다.

❸ **응. 그럼, ~ 잘살면 그만이지.** 최 씨는 상인이 사회주의를 한다는 것을 고학한다는 말로 이해하고 있다. 그만큼 최 씨는 세상 물정에는 어두운 인물로, 그저 손자 상인이 착실하게 공부해서 편안하게 살기를 바라고 있다.

Q 상인이 사회주의를 한다는 것의 의미는?

가정의 안녕과 평화라는 최 씨의 소박한 소망이 시대를 외면하지 못한 남편과 아들에 의해 좌절되고, 또 다시 손자에 의해 좌절될 것임을 예고하고 있다. 하지만 할아버지 세대로부터 이어져 온 불의에 대한 저항 의지가 상인의 사회주의 운동 참여로 인해 대물림될 것이라는 예상은 또 다른 의미에서 희망적 메시지를 담고 있기도 하다.

👤 **작가 소개**

채만식(본책 174쪽 참고)

[무대] / 배경은 멀리 *연산(連山)의 산봉우리들. 무대에는 그들 연산 중에 제일 높은 봉이 보이는 바위 하나. 무대가 밝아지면 한쪽 눈이 상하고, 한편 귀가 떨어진 프로메테우스가 굵은 쇠사슬로 팔과 다리를 바위에 *비끄러매고 앉아 있다.

프로메테우스: (눈을 치뜨고 하늘을 올려다보면서) ❶의를 행한 *보과(報果)품! 의를 이룬 보과품은 *영겁의 고초! 죽지 아니하고 영겁토록 받는 고초! 사나운 수리가 살을 쪼아 먹고 까막까치는 눈을 파먹고 귀를 떼어 먹고 그러고도 끊이지 아니하는 극형!

『 』: 프로메테우스가 인류에 불을 가져다준 후 받는 형벌

㉮천둥소리 우르릉거리고 번개를 친다. 폭우가 내린다. 폭우가 그치고 강풍이 분다. 강풍이 그치고 눈이 내린다.

프로메테우스: (눈이 내릴 때에) 응, ❷그래도 나는 의(義)를 이루었노라. 뉘우치지 아니하노라.

무대 급히 암전. 다시 밝아지면 도로 전경.　　　　▶ 삽입 이야기: 의를 이루고 벌을 받는 프로메테우스

최 씨: 아이! (혀를 끌끌 찬다.) 불쌍하다.

상인: 하하하하, 불쌍해요?

최 씨: 그럼, 불쌍하잖니! ㉠언제까지고 그렇게 묶여 앉아 고생을 할 테니!

상인: 그런데 얼마 전에 누가 가서 풀러 놓아주었답니다. 할머니.

최 씨: 아이, 잘했다. 아무렴, 놓아주어야지.

상인: 하하하하. (일어나서 마당으로 내려선다.)

영오: 언니, 어데 가우? / 상인: 나 누구 좀 만나고 오마.

같은 부모에게서 태어난 사이이거나 일가친척 가운데 항렬이 같은 동성의 손위 형제를 이르거나 부르는 말

영오: 나도 같이 가? / 상인: 너는 못 오는 데다.

최 씨: ㉡일찍 들어와서 저녁 먹어라. / 상인: 네. (*차면께로 걸어간다.)

영락없이

최 씨: (우두커니 바라보다가) 저것이 뒤태는 여승 제 애비야!

상인 역시 아버지 영수처럼 민족을 위한 일을 할 것임을 암시함.

영오: 외삼촌?

최 씨: 그래. ㉢돌아서서 저렇게 걸어나가는 걸 보면 그저 하릴없이 제 애빈걸! 뒷데숙이가 볼록 나온 것이며 어깨통이 떡 벌어진 것이며 걸음걸이며. (한숨)

뒤통수

상인: (한 번 돌려다 보고 차면 밖으로 퇴장.)　　　　▶ 이야기를 마치고 퇴장하는 상인

최 씨: (*방백) ㉣어여 하루바삐 공부를 다 하고 와서 장가나 들고 자식이나 낳고 그래서 편

상인이 안락하고 평화로운 삶을 살기를 희망함.

안히 살아가게 해라. 믿느니 믿느니 그것뿐이다. (한숨)

영오: 할머니, 할머니. / 최 씨: 오―냐.

영오: 그런데 말이유. 우리 선생님도 그러시고 또 우리 반 동무아이도 그러는데 언니가 *사회주의가 무엇인지 사회주의 한다고 그러겠지?

최 씨: 무엇? 사우주? 그건 무슨 말이라든?

세상 물정에 어두운 최 씨의 면모

영오: 나도 모르겠어. 그냥, 이애 영오야! 느이 외갓집 ㉤상인이 형은 동경 가서 사회주의 한다지? 그래.

최 씨: ❸응. 그럼, 아마 돈 없이 *고학한다는 말인가 보구나. 그렇다면야 어떻니? ㉥그렇게 고학을 해서라도 공부만 착실히 잘해서 장하게 되어 가지고 잘살면 그만이지. (밤 담겨 있는 그릇을 들여다보고) 인제는 다 깠다. 그새 이야기를 하느라 까는 줄 모르게. (밤을 까서

이야기

물에 담근 그릇을 들여다보고) 많이도 깠다. (마지막 까던 밤을 물에다가 담방 담그면서) 내가 옛날 '노구할미' 뿐이다. 『노구할미가 상전이 벽해되는 것을 보고는 입에 물었던 대추씨 하나를 뱉어 놓고 벽해가 상전이 되는 것을 보고는 또 대추씨 하나를 뱉어 놓고 연해 그런 것이 대추씨가 모여서 큰 산이 되었다더니 나도 이얘기를 하는 동안에 밤을 이렇게

: 상전벽해를 거듭한 역사적 사건들이 오늘에 이르렀음과 상인의 투쟁이 곧 시작될 것을 의미함.

많이 까 놓았구나!』 (바깥을 우두커니 내어다보면서) 구름도 허연 게 탐스럽기도 헐어진다!

앞으로 겪게 될 불행을 암시함.

▶ 상인의 희망적인 앞날만을 바라고 있는 최 씨

· 중심 내용 최 씨의 바람과 달리 사회주의 운동을 하는 상인　　· 구성 단계 하강·대단원

🏠 작품 연구소

〈제향날〉에서 '프로메테우스 신화'의 상징적 의미

프로메테우스는 제우스 몰래 불을 훔쳐 내어 인간에게 전해 주고 유용하게 쓸 수 있도록 도와준다. 그 때문에 신의 분노를 사서 영원히 바위에 묶여 독수리에게 살을 쪼이는 형벌을 받게 되는데, 그는 자신의 행위를 뉘우치지 않고 의연한 태도를 보인다. 이러한 프로메테우스의 모습을 제시한 것은 프로메테우스처럼 일제 강점기의 지식인들에게도 민족적 수난을 극복하기 위한 자기희생과 의연한 자세가 필요함을 드러내기 위해서이다.

| 프로메테우스 | 극형을 받고 있음에도 '의(義)'를 이루었기에 의연함. | ➡ | 지식인 | 자기희생과 의연한 자세가 필요함. |

'프로메테우스 신화'에 등장하는 '불'의 상징성

| 불 | 인류의 삶에 새로운 원동력을 줌. | 확대 적용 ➡ | • 우리가 대대로 계승해야 할 민족혼
• 독립을 위한 저항 의지 |

〈제향날〉에서 사용된 회상 기법

〈제향날〉에서 '회상'은 극을 진행하는 주요 기법이다. 조선 후기부터 일제 강점기에 이르는 포괄적인 이야기를 한 편의 연극으로 만들기는 쉽지 않다. 이에 작가는 서술자와 같은 역할(극 중 서술자)로 최 씨를 설정하고, 최 씨가 손자들에게 해 주는 설명에 따라 동학 농민 운동, 3·1 운동 등의 사건을 무대에 재현하였다. 이 작품은 전체가 3막으로 되어 있는데 별도로 '전경(前景)'이라는 독립된 장면을 설정하고 있다. 바로 이 장면이 최 씨와 손자들이 대화를 나누고 있는 '극 중 현재'에 해당한다.

📋 자료실

〈제향날〉의 희곡으로서의 한계와 가능성

동학금을 지원한 증조부, 동학 접주였던 조부, 3·1 운동 주동자였던 부친, 사회주의 운동을 하는 상인 등 4대에 걸친 가족사를 다룬 〈제향날〉은 식민지 현실을 역사 인식 연속선상에서 추구하면서 민족 장래를 상징적으로 모색하는 점에서 눈에 띈다. 〈제향날〉은 남편 제삿날에 상인의 할머니인 최 씨가 외손자인 영오에게 가족사를 들려주는 형식으로 전개된다. 이야기 가운데 친손자인 상인도 가담하여 영오에게 프로메테우스 신화를 들려준다. 이야기를 들려주는 현실 장면에서 과거사나 신화가 재현되는 회상 장면이 일곱 차례나 반복된다. 과거사나 신화를 같은 방식으로 재현시킨 것은 미숙한 수법으로 여겨진다. 아울러 독백이나 설명을 곁들인 최 씨 대사는 속도가 느리고, 회상 장면과 일부 중복되는 내용도 있어, 극적 행동으로는 부자연스럽고 갈등 구조를 취약하게 하는 요인도 없지 않다. 그러나 가족사적인 투쟁이 인간을 구원하려는 프로메테우스의 희생에 비유되고, 미래 독립 국가 건설을 위한 불씨로 상징되어 어린 손자에게 교훈으로 남겨지는 점은 극적 상상력이 극도로 발현된 사실주의 극의 커다란 성과이다. 서사 극에 관한 선구적 시도도 주목할 만하다.

– 서연호·이상우, 《우리 연극 100년》

📖 함께 읽으면 좋은 작품

〈태평천하〉, 채만식 / 그릇된 역사 인식을 지닌 인물을 풍자한 작품

구한말에서 일제 강점기로 이어지는 수난기를 바탕으로, 민족의 현실은 아랑곳하지 않고 자신의 이익만을 채우는 윤 씨 일가의 가족사를 통해 친일 지주층의 반민족적 세태를 강하게 비판한 장편 소설이다.

📲 Link 〈현대 소설〉 112쪽

〈간〉, 윤동주 / 프로메테우스 신화를 모티프로 삼은 작품

정의롭지 못한 현실과 타협하고 싶은 유혹을 떨쳐 버리고 양심에 거스름 없는 삶을 살기 위해 끊임없이 반성하며 희생하겠다고 다짐하는 내용의 시이다.

---

6 이 글의 등장인물에 대한 설명으로 적절하지 <u>않은</u> 것은?

① ⓐ: 집안을 일으킬 것으로 기대하고 있다.
② ⓑ: 기대를 부담스러워하고 있다.
③ ⓒ: 친근하게 잘 따르고 있다.
④ ⓓ: 자신이 하는 일을 알리지 않으려 한다.
⑤ ⓔ: 상인에 대한 일을 알려 준다.

7 ㉔에 대한 설명으로 적절하지 <u>않은</u> 것은?

① 자연의 변화를 통해 시간의 경과를 보여 준다.
② 감각적인 연출을 통해 관객의 주의를 집중시킨다.
③ 인물이 처한 극한의 상황을 효과적으로 표현한다.
④ 신화를 표현한 장면과 극 중 현실 상황을 구분한다.
⑤ 이어지는 대사의 의미를 강조하는 분위기를 형성한다.

8 ㉠~㉢ 중, 〈보기〉의 밑줄 친 부분에 해당하는 대사로 가장 적절한 것은?

┤ 보기 ├

상인은 동학 농민 운동에 참여했던 김성배의 손자이고 3·1 운동에 참여했던 김영수의 아들이다. 그리고 관객은 최 씨의 대사를 통해 상인을 할아버지 김성배와 아버지 김영수와 동일한 맥락에서 파악하게 된다.

① ㉠   ② ㉡   ③ ㉢   ④ ㉣   ⑤ ㉤

9 이 글의 '상인'이 〈보기〉의 '윤 직원'에게 할 수 있는 말로 가장 적절한 것은?

┤ 보기 ├

윤 직원: 자네, 뭣 때문에 사회주의를 하나? 돈이나 밥이 나오는 것도 아닌데 말이야. 지금이 얼마나 좋은 세상인가! 그야말로 태평천하지. 순사들이 거리거리마다 다니면서 우리 조선을 보호해 주지, 게다가 난 그동안 힘들게 모은 재산을 일본이 다 지켜 주니 이보다 더 좋을 수가 없네.

① 사회주의 독립운동은 조국을 구하는 유일한 방법입니다.
② 저도 할머니 때문에 사회주의를 계속할지 고민이 됩니다.
③ 나 혼자 편하다고 민족의 고통을 등한시해서는 안 됩니다.
④ 일본 순사들의 보호만으로 태평천하가 되는 것은 아닙니다.
⑤ 대의를 이루기 위해서라면 어떠한 희생도 감수해야 합니다.

10 ㉕의 의미를 '최 씨'의 입장에서 20자 내외로 쓰시오.

[국어] 동아

🎯 핵심 정리
갈래 단막극, 비극, 낭만주의 극
성격 낭만적, 비극적
배경 ① 시간 - 초겨울
　　　　② 공간 - 깊은 산속의 어느 절
제재 어머니에 대한 그리움
주제 인간적 사랑과 불교의 가르침 사이의 갈등
특징 ① 등장인물의 심리 묘사에 치중함.
　　　　② 운명과 의지 사이의 갈등이 잘 드러남.
출전 《동아일보》(1939)

💡 어휘 풀이
주지(住持) 절을 주관하는 승려.
파계(破戒) 불가에서 계율을 어기고 지키지 아니함.
심줄 '힘줄'의 변한말.
관세음보살(觀世音菩薩) 아미타불의 왼편에서 교화를 돕는 보살. 세상의 소리를 들어 알 수 있는 보살이므로 중생이 고통 가운데 열심히 이 이름을 외면 도움을 받게 된다.
유식론 법상종의 주요 경전으로, 인식의 과정을 명확히 하고 실천 수행의 다섯 계위를 밝히고 있다.
경문(經文) 불교의 교리를 밝혀 놓은 경전의 문구.
야차(夜叉) 사천왕에 딸린 여덟 귀신의 하나로, 사람을 괴롭히거나 해친다는 사나운 귀신.
대악무도(大惡無道)하다 대단히 악독하고 사람의 도리에 어긋난 데가 있다.
법당(法堂) 불상을 안치하고 설법도 하는 절의 정당(正堂).
이무기 전설상의 동물로 뿔이 없는 용. 어떤 저주에 의하여 용이 되지 못하고 물속에 산다는, 여러 해 묵은 큰 구렁이를 이른다.
진애 ① 티끌과 먼지를 통틀어 이르는 말. ② 세상의 속된 것을 비유적으로 이르는 말.
오탁 불가에서 세상의 다섯 가지 더러움을 이르는 말.
사바 괴로움이 많은 인간 세계.
살(煞) 사람을 해치거나 물건을 깨뜨리는 모질고 독한 귀신의 기운.

📖 구절 풀이
❶ 파계를 한 ~ 헤어야 한다. 도념이 파계를 한 어머니의 죄를 물려받았기 때문에 죄를 없애기 위해서는 남들보다 더 열심히 불공을 드려야 한다는 주지의 생각이 드러나 있다.
❷ 걸으루 보면 ~ 오탁의 사바니라. 주지는 도념이 속세에 나아가지 못하도록 속세를 온갖 추악하고 더러움이 판치는 곳으로 말하고 있다. 도념이 속세의 현실에 두려움을 갖게 함으로써 절을 떠나지 못하도록 하려는 주지의 의도가 반영되어 있다.

도념: (홀연히) 스님, 전 세상에 가서 살구 싶어요.

주지: 닥뜨려. 무얼 잘했다구 또 그런 소리를 하구 있니?
　　'닥쳐'의 사투리

도념: 절더러 거짓말한다구만 마시구, 저한테 어머니 계신 데를 가르쳐 주십쇼.
　　　　　　　　　　　　　　　　　어머니에 대한 그리움

주지: 네 어미란 대죄를 지은 자야. 너에겐 에미라기보다 대천지원수라는 게 마땅하겠다.
　　여승의 신분으로 사냥꾼과 함께 도망간 일
**❶ 파계를 한 네 에미 죄의 피가 그 피를 받은 네 심줄에 가득 차 있으니까, 너는 남이 한
　　　　　　　　　　어머니의 행적을 문제 삼아 도념의 뜻을 꺾으려 함.
번 헤일 염주면 두 번 헤어야 한다.**
　　도념의 뜻을 무시하고 불교의 가르침을 강요함.

도념: 왜 밤낮 어머니 욕만 하십니까? 아름다운 관세음보살님은 그 얼굴처럼 마음두 인자
　　　　　　　　　　　　　　　　　　　　　　　지혜와 자비의 표상
하시다구 하시지 않으셨어요? 절에 오는 사람마다 모두 우리 엄마는 이뻤을 것이라구
허는 걸 보면 스님 말씀 같은 그런 무서운 죄를 지으셨을 리가 없어요.
　　　　　　　　어머니를 그리워하는 마음 때문에 주지의 말을 믿지 않음.

주지: 그건 부처님에게만 여쭙는 소리야. 너 《유식론(唯識論)》에 쓰인 경문 알지?

도념: 네.

주지: '외면사보살 내면여야차(外面似菩薩 內面如夜叉)'라 하셨느니라. 네 에미는 바루 이
경문과 같이, 얼굴은 보살님같이 아름답지만, 마음은 야차같이 무서운 독물이야.
　　　　　　　　　　　　　　　　　　　　　　　도념의 어머니에 대한 적개심

도념: 스님, 그렇게 악마 같을 리가 없습니다.

주지: 네 아비의 죄가 네 어미에게두 옮아서 그러니라.

도념: 옳다니요?

주지: 네 아비는 사냥꾼이거든, 하루에두 산 짐승을 수십 마리씩 잡어, 부처님의 가슴을 서
늘하시게 한 대악무도한 자야. 빨리 법당으루 들어가자. 냉수에 목욕하구, 내가 부처
님께 네가 저지른 죄를 모다 깨끗이 씻어 주시두록 기도해 주마.

도념: 싫어요, 싫어요. 하루 종일 향불 냄새를 쐬면 골치가 어찔어찔해요.
　　어머니의 목도리를 만들기 위해 토끼를 살생한 죄
　　　　　　　　　　　　　이미 마음이 절에서 떠남.

┌ **주지:** 이게 무슨 죄받을 소리니? (조용히 달래며) 도념아, 너, 저 연못을 봐라. 오월이 되
│ 면 꽃이 피고, 잎사귀엔 구슬 같은 이슬이 구르구 있지 않니? 저렇게 잔잔한 연못두 한
│ 겹 물만 퍼내구 보면 시꺼먼 개흙투성이야. 그것뿐인 줄 아니? 십 년 묵은 이무기가
│ 　　　　　　　　　　　더럽고 혼탁한 속세를 비유함.
[A] 용이 돼서 하늘루 올라갈려구 혓바닥을 낼름거리며 비 오기만 기다리구 있단다. 동네
│ 두 꼭 저 연못과 마찬가지야. ❷ 걸으루 보면 모두 즐겁구 평화한 듯하지만 속에는 모든
│ 죄악과 진애(塵埃)가 들끓는 그야말루 경문에 아로새겨 있는 글자 그대루 오탁(五
│ 　　　　　세상의 모든 추악한 요소
└ 濁)의 사바(娑婆)니라.**

도념: 아니에요. 모두들 그렇지 않대요. 연못 속에는 연근이라는 뿌럭지가 있지, 이무기는
　　　　　　　　　　　　　　　　　　　　　　　　　　　　　　　　　　　　뿌리
없대요.

주지: 누가 그러던? 누가 그래?

도념: 동네 사람들 올라올 적마다 물어봤어요.

주지: 그럼 동네 녀석들 하는 소리는 정말이구 내 말은 거짓말이란 말이지? 경전이, 부처님
말씀이 모두 거짓말이란 말이지? 오! 이런 불가사리 같은 녀석 봤나? (하고 펄펄 뛴다.)

도념: 스님, 바른 대루 말이지, 저는 이 절에 있기가 싫습니다.

주지: 듣자 듣자 하니까 나중엔 못하는 소리가 없구나? 오, 그 눈으로 날 보지 마라. 살생을
하더니 전신에 살이 뻗친 모양이다.
　　　　　　토끼를 죽인 일
　　　　　　　　　　　▶ 절을 떠나고 싶다고 말하는 도념과 이를 말리는 주지

・**중심 내용** 미망인을 따라 절을 떠나려 하는 도념과 이를 만류하는 주지의 갈등　　・**구성 단계** 절정

이해와 감상

이 작품은 승려이기에 앞서 한 어린아이로서 어머니를 그리워하는 마음과 불가(佛家)에서의 삶 사이에서 겪는 심리적 갈등이 잘 드러난 희곡이다. 작가의 작품 중에서도 낭만적인 경향이 강하며 사건의 전개가 긴밀하고, 각 인물들의 의지와 심리를 섬세하고도 진실하게 그려 냈다고 평가받고 있다. 어머니를 향한 도념의 간절한 기다림, 그에 따른 절망과 좌절이 간결하고 긴밀한 극적 구조 속에 녹아 있다. 또한 이 작품은 도념의 출생에 대한 비밀과 미망인이 도념을 속세로 데려가려는 상황에 대한 갈등이 극적 긴장의 축을 이루고 있는데, 결국 도념은 어머니가 존재하고 꿈과 자유와 희망이 있다고 믿는 속세를 향해 떠나게 된다. 이는 경직된 종교의 계율보다는 인간적 따뜻함을 추구하는 작가의 의식이 반영된 것으로, 참다운 사랑과 인간다운 삶이란 무엇인가를 생각하게 한다.

🔍 전체 줄거리

발단	깊은 산속에 있는 절의 동승인 도념은 어머니가 자신을 데리러 오리라는 확신을 갖고 늘 어머니를 기다린다.
전개	죽은 자식을 위해 불공을 드리러 오는 미망인이 도념에게 연민을 느끼고 양자로 삼고자 한다.
절정	도념이 절에서 죄를 씻으며 지내는 것이 바람직하다고 생각한 주지는 도념의 입양을 반대한다.
하강	도념이 어머니의 목도리를 만들기 위해 불상 뒤에 숨겨 둔 토끼 가죽이 발견되면서 미망인의 양자로 가려던 일이 좌절된다.
대단원	도념은 초부의 우려를 뒤로 하고 어머니를 찾기 위해 주지 몰래 절을 떠난다.

👥 인물 관계도

초부	주지
정이 많고 성실한 나무꾼. 도념의 그리움을 이해하여 도와주려는 인정 많고 따뜻한 인간애를 지닌 인물	도념이 갈등을 겪는 주요 원인이 되는 인물. 겉으로는 완고하지만 내심 도념을 아끼고 사랑함.

이해 ──── ↕ 갈등

도념
열네 살의 동승. 어머니에 대한 그리움과 동승으로서의 삶 사이에서 갈등하는 인물. 순수하고 천진난만한 면을 지니고 있으나, 결국 어머니를 찾아 절을 떠나는 강한 의지를 보임.

어머니를 느낌. ↓ ↑ 죽은 자식을 느낌.

미망인
남편과 아들을 잃은 불행한 인물. 도념을 양자로 삼고자 하나 결국 주지의 반대를 받아들이는 운명론적·순응적 인물

🏠 작품 연구소

'절'이라는 공간에 대한 주지와 도념의 인식

'절'에 대한 주지와 도념의 인식은 상반된다. 주지에게 '절'은 사냥꾼인 도념의 아버지, 사냥꾼과 정을 통한 비구니인 도념의 어머니와 그들의 아들인 도념이 죄를 깨끗이 씻어 낼 수 있는 신성한 공간이지만, 도념에게는 어머니를 기다리는 공간인 동시에 어머니를 찾기 위해 떠나야만 하는 공간이다.

주지	절	도념
도념과 도념 부모의 죄를 씻어 낼 수 있는 공간	← 절 →	어머니를 기다리는 공간이자 어머니를 찾기 위해 떠나야만 하는 공간

🔑 포인트 체크

[인물] 동승 도념은 ☐☐☐에 대한 그리움 때문에 절을 떠나고 싶어 하고, ☐☐는 도념이 세속적 욕망을 다스리고 불도에 정진하길 바란다.

[배경] 초겨울 깊은 산속의 어느 ☐을 배경으로 하고 있다.

[사건] 도념이 ☐☐☐을 따라 절을 떠나려 하자 주지는 이를 만류하고, 도념은 어머니를 찾기 위해 주지 몰래 절을 떠나고 있다.

1 이 글에 대한 설명으로 적절하지 <u>않은</u> 것은?
① 세속적 공간에 대한 인물의 동경이 나타나고 있다.
② 실험적 기법으로 비현실적인 공간을 표현하고 있다.
③ 일상적 대화체로 내용을 현실감 있게 전개하고 있다.
④ 가치관의 차이로 인한 등장인물 간의 갈등을 그리고 있다.
⑤ 대사를 통해 인물과 관련된 과거의 정보를 전달하고 있다.

2 〈보기〉는 이 글을 소설로 각색한 것이다. 〈보기〉와 이 글을 비교한 내용으로 가장 적절한 것은?

┤ 보기 ├

도념이를 지켜보는 눈빛에는 변함없이 다사롭고 애잔한 정이 담겨 있었지만 겉으로는 매섭고 엄한 태도를 누그러뜨리지는 않았다. 그리고 그런 큰스님에게서 도념이의 마음은 점점 멀어져 갔다.
"외면사보살 내면여야차, 라."
"외면사보살 내면여야차, 라." / 도념이는 시들한 목소리로 큰스님이 외우는 불경을 따라 읊었다.
"겉보기는 보살처럼 아름다워도 그 속은 야차처럼 모질고 악착스러울 수 있다. 자고로 만물은 그 속을 보고 알아야지 겉모습만 가지고 판단해서는 안 된다는 말이다."
– 박혜수, 〈동승〉

① 이 글은 〈보기〉와 달리 시대적 상황을 실감 나게 전달하고 있다.
② 이 글은 〈보기〉와 달리 대화 내용을 리듬감 있게 전달하고 있다.
③ 이 글은 〈보기〉와 달리 작가가 경험한 내용을 직접적으로 전달하고 있다.
④ 이 글은 〈보기〉와 달리 인물의 내면 의식을 더욱 구체적으로 전달하고 있다.
⑤ 이 글은 〈보기〉와 달리 서술자 없이 행동과 대사를 통해 내용을 전개하고 있다.

3 [A]에 나타난 인물의 말하기 방식으로 가장 적절한 것은?
① 동정심을 유발하여 상대를 설득하고 있다.
② 권위자의 견해를 제시하여 상대의 잘못을 지적하고 있다.
③ 상대의 약점을 지적하여 반성과 깨달음을 유도하고 있다.
④ 대중들의 일반적 평가를 제시하여 자신의 주장을 합리화하고 있다.
⑤ 비유를 통해 대상의 부정적 속성을 언급하여 상대를 회유하고 있다.

[내신 적중]
4 '도념'과 '주지' 사이에 나타난 갈등의 주요 내용을 40자 내외로 쓰시오.

☀️ 어휘 풀이

공덕(功德) 좋은 일을 행한 덕으로 훌륭한 결과를 가져오게 하는 능력.
열화(熱火) 뜨거운 불길이라는 뜻으로, 매우 격렬한 열정을 비유적으로 이르는 말.
범종(梵鍾) 절에 매달아 놓고, 대중을 모이게 하거나 시각을 알리기 위하여 치는 종.
고깔 승려나 무당 또는 농악대들이 머리 위에 쓰는, 위 끝이 뾰족하게 생긴 모자.
바랑 승려가 등에 지고 다니는 자루 모양의 큰 주머니.
깽매기 '꽹과리'의 전라도 방언.
동냥 승려가 시주를 얻으려고 돌아다니는 일. 또는 그렇게 얻은 곡식.
독경(讀經) 불교 경전을 소리 내어 읽거나 욈.
산문(山門) 절 또는 절의 바깥문.
등걸 줄기를 잘라 낸 나무 밑동.

Q 초부의 역할은?

초부는 도념을 잘 이해하고 동정하는 따뜻한 심정의 소유자이다. 이 부분에서는 도념이 친 산사의 종소리에 감응하는 마음을 표현하여, 산사를 내려가는 도념의 심리 상태가 관객에게 전달되도록 하는 역할을 하고 있다.

🏵️ 구절 풀이

❶ **자기 한 몸의 ~ 될 것입니다.** 도념의 어머니가 비구니로서 사냥꾼과 정을 통하여 낳은 도념을 버리고 떠난 사실을 두고 한 말이다. 타락한 속세에서는 도념의 죄를 씻을 수 없다는 주지의 생각이 드러나 있다.
❷ **내가 동냥 달라구 ~ 여러 번 꾸었어요.** 어머니를 향한 도념의 간절한 그리움이 그동안 꿈으로 여러 차례 표현되었음이 나타나는 부분이다. 이러한 꿈은 절을 떠나고자 하는 도념의 의지를 더욱 굳어지게 한다.
❸ **멀리 동리를 ~ 비탈길을 내려간다.** 세속적인 감정과 불교적인 삶 사이의 갈등이 서정적으로 제시된 부분으로, 배경 묘사와 음향 효과를 통해 인상적으로 장면을 정리하고 있다. 또한 점점 거세게 쏟아지는 눈을 통해서 도념의 앞길이 쉽지 않을 것임을 암시하고 있다.

Q 결말을 통해 알 수 있는 작가 의식은?

도념이 어머니를 찾기 위해 절을 떠나 속세로 향하는 장면을 통해, 도념에게 필요한 것은 종교의 계율이 아닌 인간적 온정이라는 작가의 생각을 엿볼 수 있다. 그러나 작가는 이와 같은 감상적 결말에 그치지 않고 작품 전반에 도념을 도와주는 초부, 엄격하면서도 도념을 사랑하는 주지, 죽은 아이 대신 도념을 양자로 삼으려는 미망인 등을 적절히 배치하고 있다. 이를 통해 참사랑의 모습과 그 의미를 생각해 볼 수 있다.

👤 작가 소개

함세덕(1915~1950)
극작가. 사실적이면서도 서정성이 강한 희곡을 써서 호평을 받았으며, 광복 이후에는 사회주의 이데올로기 희곡을 썼다. 주요 작품으로 〈산허구리〉, 〈낙화암〉, 〈고목〉 등이 있다.

가 주지: 아씨께서 진정으로 얘를 사랑하신다면, 눈앞에 두구 노리개를 삼으실랴구 하시지 말구 얘 매디매디에 사무쳐 있는 전생의 죄 속에서 영혼을 구하게 이 절에 둬 주십시오. ❶자기 한 몸의 죄만 아니라 제 아비 제 어미 죄도 씻어야 할 테니까 얘는 여간한 •공덕을 쌓기 전에는 저승에 가서 무서운 지옥을 면치 못하게 될 것입니다.

도념: 스님, 죽어서 지옥에 가더래두 난 내려가겠어요. 찾아오는 사람을 막지 않구 떠나는 사람을 붙들지 않는 것이 우리 절 주의라구 늘 말씀하시지 않으셨습니까?

주지: (•열화같이 노하며) 수다스러. 한번 못 간다면 못 가는 줄 알어라. (㉠)『아씨께서 서방님을 잃으시구 외아들마저 잃으신 것두 다 전생에 죄가 많으셨던 탓입니다. 아씨 죄두 미처 벗지 못하시구 이 죗덩이를 데려다가 어떻게 하실려구 이러십니까? 두 번 다시 이 이야기를 꺼내시려거든 다신 이 절에 오시지 마십시오.

▶ 미망인과 도념을 만류하는 주지

나 주위는 차츰차츰 어두워진다. 이윽고 •범종 소리 들려온다. 멀리 산울림. 초부, 나무를 안고 나와 지게에 얹고, 담배를 한 대 피운다. 흩날리는 초설을 머리에 받은 채 슬픈 듯한 표정으로 종소리를 듣는다. / 사이. / 이윽고 종소리 그친다. 도념, •고깔을 쓰고 •바랑을 걸머지고, •깽매기를 들고 나온다.

초부: (지게를 지고 일어서며) 지금 그 종 네가 쳤니?

도념: 그럼은요. 언제 내가 안 치구 다른 이가 쳤나요?

초부: 밤낮 나무해 가지구 비탈 내려가면서 듣는 소리지만 오늘은 왜 그런지 유난히 슬프구나. (일어서다가 도념의 옷차림을 발견하고) 아니, 너 갑자기 바랑은 왜 걸머지구 나오니?

도념: 이번 가면 다시 안 올지 몰라요.

초부: 왜? 스님이 •동냥 나가라구 하시든? / 도념: 아, 아니요. 몰래 나가려구 해요.

초부: 이렇게 눈이 오는데 잘 데두 없을 텐데, 어딜 간다구 이러니? 응, 갈 곳이나 있니?

도념: 조선 팔도 다 돌아다닐 걸요 뭐.

초부: 하 얘, 그런 생각 말구, 어서 가서 스님 말씀 잘 듣구 있거라.

도념: 벌써 언제부터 나가려구 별렀는데요? 그렇지만 스님을 속이고 몰래 도망가기가 차마 발이 떨어지지 않어서 못 갔어요.

초부: 어머니 아버질 찾거나 했으면 좋겠지만 찾지두 못하면 다시 돌아올 수두 없구, 거지밖에 될 게 없을 텐데 잘 생각해서 해라.

도념: 꼭 찾을 거예요. ❷내가 동냥 달라구 하니까 방문 열구 웬 부인이 쌀을 퍼 주며 나를 한참 바라보구 있더니 별안간 "도념아, 내 아들아, 이게 웬일이냐." 하구 맨발바닥으로 뛰어 내려오던 ㉡꿈을 여러 번 꾸었어요.

초부: 가려거든 빨리 가자. 퍽퍽 쏟아지기 전에. 이 길루 갈 테니? / 도념: 비탈길루 가겠어요.

초부: 그럼 잘 — 가라. 난 이 길루 가겠다. / 도념: 네, 안녕히 가세요.

초부, 나무를 지고 내려간다. 도념, 두어 걸음 나갈 때 법당에서의 주지의 •독경 소리. 발을 멈추고 생각난 듯이 바랑에서 표주박을 꺼내 잣을 한 움큼 담아서 •산문 앞에 놓는다.

도념: (무릎을 꿇고) 스님, 이 잣은 다람쥐가 겨울에 먹으려고 •등걸 구멍에다 모아 둔 것을 제가 아침이면 몰래 꺼내 뒀어요. 어머니 오시면 드리려구요. 동지섣달 긴긴 밤 잠이 안 오시어 심심하실 때 깨무십시오. (산문에 절을 한 후) 스님, 안녕히 계십시오.

❸멀리 동리를 내려다보고 길게 한숨을 쉰다. 정숙. 원내에서는 목탁과 주지의 염불 소리만 청청히 들릴 뿐, 눈은 점점 펑펑 내리기 시작한다. ⓐ도념, 산문을 돌아다보며 비탈길을 내려간다.

▶ 어머니를 찾아 절을 떠나는 도념

•중심 내용 미망인을 따라가려는 소망이 좌절된 후 어머니를 찾아 절을 떠나는 도념 •구성 단계 대단원

🏠 작품 연구소

도념에 대한 등장인물의 입장

```
        절을 떠나 속세로
       나가고자 하는 도념
```

주지	미망인
속세를 온갖 타락과 부패가 가득한 세계로 인식하여, 도념이 계속 절에 머무르며 죄를 씻어 내기를 바람.	어린 도념을 절에만 머물게 하는 것은 가혹하다고 생각하며, 도념과 속세에서 새로운 생활을 시작하고자 함.

제목 '동승'의 의미

'동승(童僧)'은 나이가 어린 승려를 이르는 말이다. 이 작품은 구도자로서 승려의 신분인 동시에 인간적으로는 어린아이인 동승 도념의 갈등과 선택을 다루고 있다.

동(童)	승(僧)
어머니를 그리워하는 어린아이	속세와의 인연을 끊고 불도에 정진해야 하는 신분

⬇

어머니를 그리워하는 인간적 감정과 세속적 인연을 끊고 종교적 삶을 살아야 하는 숙명 사이에서 갈등하는 '도념'의 처지를 드러냄.

도념의 상황과 관련된 주제 의식

도념이 어머니를 그리워하는 어린아이라는 점을 고려할 때	➡	어머니에 대한 그리움과 사랑
도념이 부처의 가르침을 수행해야 하는 수도승이라는 점을 고려할 때	➡	인간적 욕망과 종교적 구도 사이의 갈등

📋 자료실

〈동승〉의 새로운 관점의 해석 – 인물의 성숙

〈동승〉은 일반적으로 불성(佛性) 대 모성(母性)의 대립이라는 관점으로 해석되고 있다. 하지만 나아가 도념과 미망인의 성숙이라는 차원에서 해석해 볼 수 있다. 주지가 도념과 미망인이 함께 떠나는 것을 반대하면서 미망인이 처한 숙명을 언급하였을 때, 미망인은 그 말에 수긍하면서 자신의 죄가 도념에게 끼칠까 두렵다며 자신의 고집을 꺾는 대목이라든가, 미망인이 마지막에 도념을 한 달에 한 번씩 보러 오겠다고 하고 도념 또한 그 약속을 하지만 약속과 무관하게 조용히 절을 떠나는 것에서 그 점을 확인할 수 있다. 태생부터 상처를 지닌 도념은 미망인의 양자가 되기 위한 과정에서 또 다른 상처를 입게 되고, 미망인 또한 자신의 숙명이나 업보를 수긍할 수밖에 없는 과정에서 상처를 받게 된다. 게다가 도념이 절을 떠나면서 일부러 비탈길을 선택하는 것이나 조선 팔도 다 돌아다닐 것을 각오하는 것 등과 같이 미망인이나 다른 사람에게 의지하는 것이 아니라 주체적으로 문제를 해결하려는 의지를 보인다는 점에서 도념의 성숙을 엿볼 수 있다.
– 한귀은, 〈연극과 영화의 통합적 교육 3 – 함세덕 희곡 '동승'〉

📖 함께 읽으면 좋은 작품

〈별〉, 황순원 / 어머니에 대한 그리움이 나타난 작품

죽은 어머니의 이미지를 찾아 헤매는 한 소년의 모습을 그린 성장 소설이다. 기억에 남아 있지 않은 어머니를 아름다운 모습으로 간직하고 싶어 하는 소년의 모습과 이 글에 나타난 도념을 관련지어 볼 수 있다.

---

5 이 글의 등장인물에 대한 설명으로 가장 적절한 것은?

① 초부는 속세로 가는 도념의 뜻을 존중하고 보내 준다.
② 도념은 잣을 두고 가면서 어머니와의 만남을 포기한다.
③ 도념은 주지의 평소 약속대로 미망인을 따라가려고 한다.
④ 미망인은 도념이 지닌 죄의 무게를 알고 입양을 포기한다.
⑤ 주지는 미망인에 대한 적대감 때문에 도념의 입양을 반대한다.

중요 기출 高난도

6 〈보기〉를 바탕으로 이 글을 감상한다고 할 때, 적절하지 않은 것은?

┤보기├

대사에는 대화, 방백, 독백 등이 있다. 대화는 등장인물 간에 주고받는 대사로, 인물들의 관계를 알려 주고 사건을 진행시키는 기능을 한다. 방백이 관객을 청자로 상정한 대사라면, 독백은 배우가 심리적으로 자극을 받아 촉발된 혼잣말이다. 독백은 사건 진행을 일시적으로 중단하고 배우가 내면 심리를 직접 드러낼 수 있게 하여, 연극의 서사에 시적 분위기를 첨가하는 기능을 한다.

① 두 사람의 대화는 초부와 도념이 그동안 친밀한 관계를 형성하고 있었음을 보여 주는군.
② 두 사람의 말을 통해, 초부가 도념의 결심을 헤아리고 도념의 의사를 존중하게 되는 과정을 확인할 수 있군.
③ 도념이 초부와 헤어진 후 어머니에 대한 감정을 드러내야 한다는 심리적 자극을 받았기 때문에 독백을 하였군.
④ 도념의 독백은 절을 떠나는 사건을 지연하고 작품의 서정적 분위기를 강화하는 기능을 하는군.
⑤ 독백 후 도념은 말을 가급적 억제하고 한숨이나 시선 혹은 신체 연기를 활용하여 심리적 정황을 전달하는군.

7 ㉠에 어울리는 지시문으로 적절하지 않은 것은?

① 미망인을 보고 엄하게
② 미망인을 보고 선언하듯
③ 미망인을 보고 단호하게
④ 미망인을 보고 애원하면서
⑤ 미망인을 보고 언짢은 목소리로

8 ㉡에 내포된 '도념'의 정서로 가장 적절한 것은?

① 속세에서의 삶에 대한 걱정
② 헤어진 어머니에 대한 간절한 그리움
③ 미망인을 따라가지 못하게 된 아쉬움
④ 자신을 찾지 않는 어머니에 대한 원망
⑤ 어머니를 못 만날지도 모른다는 두려움

내신 적중

9 다음은 ⓐ가 암시하는 바를 정리한 것이다. 이 글의 내용을 고려하여 빈칸에 들어갈 알맞은 내용을 쓰시오.

도념이 눈 내리는 비탈길을 걸어가는 것은 _____ _____을 암시하고 있다.

🎯 핵심 정리

갈래 장막극, 사회 풍자극, 희비극

성격 풍자적, 해학적

배경 ① 시간 - 광복 직후
② 공간 - 서울

제재 친일 잔재 세력의 이중성

주제 ① 친일 세력 청산과 새로운 세계에 대한 희구
② 이기적이고 탐욕스러운 인물에 대한 풍자와 비판

특징 ① 부정적 인물과 긍정적 인물 간의 대비를 통해 사건을 전개함.
② 해학적 표현을 통해 풍자의 효과를 극대화함.

출전 《오영진 전집 1》(1989) / 초연 1949

Q 이중생이 자신이 죽은 것처럼 꾸미는 이유는?

이중생은 재물을 모으기 위해서 반민족적 행위도 개의치 않는 부도덕한 인물이다. 자신의 비리가 밝혀지면서 조사 활동이 전개되자 자신이 죽은 것처럼 꾸미고 재산을 일시적으로 사위 송달지 앞으로 해 둔다. 이를 통해 자신의 죽음을 빌미로 끝까지 재산을 지키려는 이중생의 파렴치한 모습을 드러내고 있다.

💡 어휘 풀이

경동맥(頸動脈) 대동맥에서 갈려 나와 목을 지나 머리나 얼굴로 피를 보내는 동맥.

양도(讓渡)하다 재산이나 물건을 남에게 넘겨주다.

백씨(伯氏) 남의 맏형을 높여 이르는 말.

물(物)계 어떤 일의 처지나 속내.

문중(門中) 성과 본이 같은 가까운 집안.

유지(遺志) 죽은 사람이 살아서 이루지 못하고 남긴 뜻.

후수막 무대의 뒤편에 드리운 장막.

모리배(謀利輩) 온갖 수단과 방법으로 자신의 이익만을 꾀하는 사람. 또는 그런 무리.

범인(凡人) 평범한 사람.

🔖 구절 풀이

❶ 양심의 가책대루 행동허신 게죠. 최 변호사가 이중생의 행적에 대해 멋대로 미화하여 말하자 김 의원이 양심의 가책대로 죽은 것이라고 단정하고 있다. 이를 통해 이중생의 행적에 대한 김 의원의 부정적 인식과 그의 합리적이고 비타협적인 성격의 일면을 확인할 수 있다.

❷ 조용히 선생을 ~ 아량이 있습니다. 김 의원이 이중생의 재산 상속자가 송달지라는 것을 알고 공익사업에 이중생의 유산을 써 줄 것을 제안하고 있다. 송달지에게 이중생의 재산을 보건 시설 건립에 쓰게 된다면 이중생의 비리에 대해 유리한 조사 결과를 제출하겠다는 뜻을 전하고 있다.

가 **이중건:** 그럼요, 내가 눈을 감겼죠. °경동맥으로 면도칼을 싹둑 잘러 버렸는걸.
_{이중생의 형} _{해학적 요소. 이중생의 죽음을 거짓으로 설명하다가 말실수를 함. → 긴장감과 웃음을 유발함.}

김 의원: 경동맥으로 면도칼을 잘러요?

최 변호사: 헛, 헛…… 취하셨군. 면도칼로 경동맥을 끊었지.
_{이중건의 말실수를 술에 취한 탓으로 돌려 무마함.}

이중건: 어, 참……
_{말실수했음을 알고 당황함.}

최 변호사: 그래서 여기가 왼통 피바다가 됐더랍니다. 유설랑 고시란히 책탁 위에 놓여 있었죠. 송 선생…… 유서는 벌써 전에 꾸며 놓으셨죠, 네?
_{책상과 탁자}

김 의원: 유언엔 전 재산을 송 선생께 °양도하기루 됐다죠?

최 변호사: 글쎄, ㉠이 점이 또 고인이 대범하시구 출중허신 점이죠. 보통 인간 같구 볼 지_{이중생}경이면 제아무리 열 사위 미운 데가 없다구 한들 아들딸을 한 구둘 두구 어떻다구 사위에게 전 재산을 양도헌답니까? 들어 보십쇼. 돌아가신 어른의 의견이…… 돈이란 건, 그_{송달지}걸 잘 이용할 줄 알구 나라에 유익되게 쓸 줄 아는 사람이 가져야 하는 법이다. 저 혼자 잘먹구 흥청거리구 놀라구 돈이 필요한 게 아니라 국가적인 사업을 하자구 귀하기두 하구 필요두 한 것이란 말이죠. 그러니깐 돈이란 벌기보담 쓰기가 힘든 물건이라……. 하식 군으로 볼 지경이면 살아 돌아온다 해도 아직 입에 젖비린내 나는 삼십 살 풋내기야 나라_{이중생의 아들. 아버지의 권유로 일제 징용을 갔음.}를 위해 적당히 쓸 줄 알 리 없을 터이구, °백씨 영감이야 실례의 말씀이지만 시골 양반_{이중건}이니 세상 °물계를 아실 리 없으니 이루 두말할 필요조차 없구 보니, 예라 모르겠다, 그래두 믿을 만한 위인은 °문중을 둘러봐두 여기 계신 송 선생밖엔 없으려니……. 그래서_{이중생이 재산을 송달지에게 물려준 이유를 설명함.}유서두 그렇게 쓰셨죠. 그렇습죠? 고인의 °유지가…… 송 선생……?

송달지: 네…… 글쎄, 뭐 그렇겠죠. _{거짓 초상극에 대한 불편한 심리와 아무 말도 하지 않고 상주 노릇만 하라는 이중생의 협박에 따른 소극적 태도가 드러남.}
이중생, 병풍 위로 머리를 내밀고 극이 진행하는 동안에 °후수막까지 나와 귀를 기울인다.
_{김 의원의 방문 의도와 자신의 재산 처리에 대한 지대한 관심}
▶ 이중건의 말실수와 이중생을 칭찬하는 최 변호사

나 **최 변호사:** 암, 그렇구말구요. 고인의 생전에는 °모리배이니 인색가이니 많은 시비두 받았_{인색한 사람}지만 하나밖에 없는 동기간에는 각별했습죠. 이번 유서에두 당신의 백씨 일을 가장 걱정_{이중건}했습니다. 훌륭허시죠. 보통이 아니에요. 자기가 과오를 범했다구 자결하는 그 용기만 보아두 °범인이 아닙네다.

김 의원: ❶양심의 가책대루 행동허신 게죠. 그래 송 선생의 희망이라구 헐까, 의견이라구_{이중생이 양심의 가책을 느껴 죽었다고 생각함.} _{유산 상속인인 송달지의 의사를 물어봄.}헐까, 어떻습니까?

송달지: 의견이오?

최 변호사: 희망? (이중생 긴장한다.)
_{재산 처분에 관한 이야기가 나오므로}

김 의원: (달지에게) ❷조용히 선생을 찾아 말씀드릴 일이지만, 고인의 유지두 그러시다니, 우리두 그 유지를 존중하는 의미루 송 선생의 의사를 충분히 참고하여 행정 당국과 사법 당국에도 댁에 유리하도록 의견서를 제출할 아량이 있습니다. 돈이라는 건 필요하게 쓰구 유익하게 써야 하는 것이 아닙니까?
_{이중생의 돈을 공익을 위해 쓰려는 의도를 드러냄.}

최 변호사: (예상치 못해 무슨 말을 해야 할지 모르겠다는 듯이) 아량?
_{예상과는 다른 상황에 놀람.}

김 의원: (그냥 달지에게) 보건 시설 같은 것은 어떻습니까, 선생이 의사라구 허시니 말씀입니다만……
_{보건 시설(무료 병원)을 건립하자고 제안함.}

최 변호사: 보건 시설?
▶ 이중생의 재산을 보건 시설 건립에 쓸 것을 제안하는 김 의원

• 중심 내용 이중생의 상가에 와 송달지에게 유산을 보건 시설 건립에 쓰자고 제안하는 김 의원 • 구성 단계 하강

이해와 감상

이 작품은 광복 직후의 혼란기를 배경으로 친일파 경제 사범인 주인공 이중생의 치부(致富)와 몰락을 주된 내용으로 하는 희곡이다. 작가는 이 작품을 통해 광복 후에도 친일 잔존 세력이 여전히 활개 치던 병든 사회상을 고발하는 동시에 '하식'이라는 미래 지향적 인물을 내세워 부패한 기성 질서의 지배로부터 정의롭고 건강한 새 시대로의 전환에 대한 희망을 제시하고 있다. 또한 이 작품은 이중생이 비극적인 죽음을 맞이하기 전까지 극을 해학적으로 이끌어 나가고 있는데, 이렇게 희극과 비극의 요소가 함께 나타난다는 점에서 고전 문학의 미의식을 계승하고 있다고 볼 수 있다.

Q 전체 줄거리

발단	이중생은 일제 강점기에 아들 하식을 징용을 보내면서까지 친일을 하여 큰돈을 모으고 광복 후의 사회적 혼란을 틈타 많은 재산을 모은다. 어느 날 손님 맞을 준비로 분주한 이중생의 집에 형사가 들이닥친다.
전개	그동안 저질러 온 사기, 배임, 횡령 혐의가 발각되어 체포 수감된 이중생은 최 변호사의 도움으로 가석방된 후, 자신의 재산을 지키기 위해 위장 자살극을 꾸민다.
절정	최 변호사, 이중건, 송달지 등이 거짓으로 초상을 치르고 손님을 접대한다.
하강	문상을 온 김 의원은 송달지에게 이중생의 재산을 보건 시설을 건립하는 데 쓰자고 제안하고 송달지는 이를 수락해 재산을 헌납하게 된다.
대단원	징용에서 돌아온 하식은 아버지의 행위를 비판하고 전 재산을 잃은 이중생은 결국 진짜 자살을 선택하여 생을 마친다.

👥 인물 관계도

이중건
이중생의 형. 이중생의 비도덕적인 면을 비판하는 듯하지만, 사실은 동생의 재산으로 편하게 지내고 싶어 하는 위선적 인물

최 변호사
이중생의 고문 변호사. 윤리 의식을 잃어버린 채 자신의 이익을 위해 문제적 인물인 이중생에게 지식을 파는 인물

이중생
극단적인 이기주의자이자 기회주의자. 일제 강점기에는 친일 행위를 하여, 광복 후에는 무허가 목재 회사를 차려 돈을 모음. 천박하고 무식함.

김 의원
국회의 조사 의원. 원칙에 충실하고 사회 정의를 구현하려는 인물. 사건을 전환하고 극의 절정을 형성하는 데 중요한 역할을 함.

송달지
이중생의 사위. 내성적이며 온순한 성격으로 생활력이 없어 처가에 얹혀 지내는 인물. 극의 마지막 부분에서 성격의 변화가 나타남.

그 외 주요 인물
• 우 씨: 이중생의 아내. 남편을 대단한 존재로 알고 부자인 것을 자랑스럽게 여기지만, 집안 하인들에게조차 존경을 받지 못함.
• 하식: 이중생의 아들. 아버지 이중생 때문에 일제의 징용에 끌려가 10년 만에 집에 돌아옴. 해방된 조국의 건강한 가치를 상징함.

키 포인트 체크

인물 이중생은 극단적인 이기주의자로, 아들 하식을 징용 보내면서까지 □□을 하여 돈을 모으는 천박한 인물이다.
배경 □□ 직후 서울을 배경으로 하여 친일 잔재 세력이 활개 치던 병든 사회상을 고발하고 있다.
사건 이중생은 자신의 재산을 지키려고 위장 □□을 꾸미고, 의도치 않게 전 재산을 잃게 되면서 진짜 자살을 선택하여 생을 마감한다.

1 이 글에 대한 설명으로 가장 적절한 것은?
① 빈부 격차에 따른 현실의 모순을 비판하고 있다.
② 중심인물의 부조리한 면을 드러내 이를 풍자하고 있다.
③ 근대화에 따른 가족 해체 문제를 중점적으로 다루고 있다.
④ 소품을 활용하여 인물의 심리를 효과적으로 묘사하고 있다.
⑤ 진실을 왜곡하는 모습을 통해 권력의 폭력성을 고발하고 있다.

2 이 글의 내용으로 보아 〈보기〉에 나타난 인물 간의 갈등으로 가장 적절한 것은?

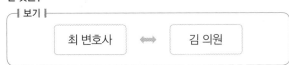

① 이중생의 신념을 따르려는 인물과 이를 배격하려는 인물 간의 갈등
② 이중생의 재산을 지키려는 인물과 이를 유익하게 쓰려는 인물 간의 갈등
③ 이중생의 죽음을 덮으려는 인물과 이중생의 죽음의 원인을 밝히려는 인물 간의 갈등
④ 이중생의 집안을 부흥시키려는 인물과 이중생의 집안을 몰락시키려는 인물 간의 갈등
⑤ 이중생의 재산이 송달지에게 양도되는 것을 반대하는 인물과 이를 찬성하는 인물 간의 갈등

3 ㉠에 대한 반응으로 가장 적절한 것은?
① 우물 안 개구리라고 편견이나 선입견이 너무 심하군.
② 걱정도 팔자라고 쓸데없이 남의 집 일에 참견하고 있군.
③ 눈 가리고 아웅 한다고 얕은수로 상대방을 속이려 하는군.
④ 송충이는 솔잎을 먹어야 한다는데, 자기 분수도 모르고 날뛰는군.
⑤ 고양이 목에 방울 달라더니, 실행하기도 어려운 일로 분주하군.

4 이 글에서 해학적 요소를 통해 웃음을 유발하는 부분을 찾아 쓰시오.

☀️ **어휘 풀이**

가부간(可否間) 옳거나 그르거나, 찬성하거나 반대하거나 어쨌든.

참작(參酌)하다 이리저리 비추어 보아서 알맞게 고려하다.

배임(背任) 주어진 임무를 저버림. 주로 공무원 또는 회사원이 자기의 이익을 위하여 임무를 수행하지 않고 국가나 회사에 재산상의 손해를 주는 경우를 이른다.

횡령(橫領) 공금이나 남의 재물을 불법으로 차지하여 가짐.

청산(淸算)하다 서로 간에 채무·채권 관계를 셈하여 깨끗이 해결하다.

자인(自認)하다 스스로 인정하다.

함구불언(緘口不言)하다 입을 다물고 말을 하지 아니하다.

일껀 '일껏'의 방언. 모처럼 애써서.

배라먹다 (속되게) 남에게 구걸하여 거저 얻어먹다.

Q 김 의원과 최 변호사의 대사에 나타난 극적 갈등의 양상은?

김 의원은 이중생의 자살 사건을 조사하기 위해 국회에서 온 인물이며, 최 변호사는 이중생의 고문 변호사로 이중생의 재산을 지켜 내야 하는 인물이다. 그런데 김 의원이 이중생의 재산으로 보건 시설을 짓는 것을 제안하게 되면서 두 인물 사이의 갈등이 점점 심화되고 있다.

🔖 **구절 풀이**

❶ **내가 의사 공부를 ~ 상업이 아닙니다.** 내성적인 성격으로, 이중생이 시키는 대로 행동하던 송달지가 처음으로 자신의 의견을 당당하게 밝히고 있는 부분이다. 이는 김 의원의 제안에 힘을 실어 주게 되면서 재산을 보전하려던 이중생의 계획을 틀어지게 만든다.

❷ **고, 고인의 재산을 ~ 결정허시지…… 헤헤!** 변호사라는 직업과는 어울리지 않는 말투로, 김 의원의 기분을 맞추려는 의도가 담겨 있다. 이중생의 재산이 갑자기 보건 시설 건립에 쓰이도록 결정되려고 하자 당황한 최 변호사의 심리가 반영되어 있다.

❸ **만일, 가족 가운데 ~ 고소라두 하시죠.** 이중생을 법대로 처벌하겠다는 김 의원의 단호함이 드러나는 부분이다. 이중생은 상황을 뒤집으려면 자신의 자살을 번복해야 하므로, 이러지도 저러지도 못하는 처지에 놓여 있다.

❹ **이중생, 옆방에서 ~ 어쩔 줄을 모른다.** 수많은 불법적인 행위를 저질러 온 이중생이 "그럴 법이"라는 말을 내뱉는 아이러니한 상황이다. 죽은 척 숨어 있던 이중생이 예치 못한 상황에서 말소리를 내는 희극적인 장면이기도 하다.

❺ **자넨 살아 있는, ~ 왜 몰라, 응?** 자신을 살아 있다고 해야 할지 죽어 있다고 해야 할지 혼란스러워하는 모습이 우스꽝스럽게 나타나 있다. 또한 작품 제목이 극 중 대사 속에서 실현되면서 그 의미를 구체화하고 있다.

👤 **작가 소개**

오영진(1916~1974)

극작가. 향토적 소재와 한국적 해학을 통해 희극미를 창조했다는 평가를 받고 있다. 주요 작품으로 〈살아 있는 이중생 각하〉, 〈해녀 뭍에 오르다〉 등이 있다.

가 송달지: (의외로 흥분해서) 그렇습니다. ❶내가 의사 공부를 시작한 것두 그런 의미에서 한 것이죠. 의사란 상업이 아닙니다.

김 의원: 잘 알겠습니다. 판결 결과가 이렇다 저렇다 경솔히 말할 수 없으나, 송 선생의 생각을 관계 당국에 보고해서 고인의 재산을랑 특별히 이 방면에 쓰시게 하시죠? (이중생 곤두박질한다.)
_{신중한 성격} _{이중생의 좌절}

최 변호사: ❷고, 고인의 재산을 어데다 써요? 헤헤……. 아, 아니올시다. 고인의 생각은 그렇잖습니다. 좀 더 찬찬히 의논해 가지구설랑 결정허시지……. 헤헤!

김 의원: 그야 물론 당국에서 *가부간 집행할 일이지 여기서 결정지을 성질의 것이 아니죠.

최 변호사: 아, 아니올시다. 그런 의미가 아니구 고인의 가족, 『이를테면 고인의 마누라……, 그러니까 바로 여기 앉은 상속인인 송 선생의 장모두 계시구, 그의 딸, 다시 말할 것 같으면 송 선생의 부인두 있구, 아들두 있구, 안 그렇습니까? 그 가족들의 생각두 알아봐야죠. 그렇게 됐지 아마, 송 선생?』
_{「」: 이중생의 유족을 상기시켜 김 의원의 동정을 얻고자 함.}

송달지: 네, 제 의견만으룬…….
_{송달지에게 의견을 철회하라는 의도}

최 변호사: 암, 그렇구 말구. 가족의 의사두 *참작해야지.
_{최 변호사의 지적에 다시 소심한 태도를 보임. - 우유부단한 성격}

김 의원: 잘 아실 분이 일부러 오해하시는 것 같구만요. 사기, *배임, 공금 *횡령, 탈세, 공문서 위조 등을 법적으로 *청산하면 고인에게는 아무런 재산두 남지 않는 것을 잘 아실 텐데…….
_{최 변호사의 높은 법률 지식을 근거로 내린 판단}

최 변호사: 그렇겠지만 개인 재산이야 침해할 수 없잖아요? 더욱이 이 양반에게 양도된 이상…….
_{송달지}

김 의원: 그렇기에 우리는 이중생 자신이 이미 자기의 죄를 자각하고 국민으로서의 모든 권리와 의무를 포기하였으므로 고인의 소유였던 재산을 법적으로 처리하기 전에 우선 상속인인 송 선생의 의견을 참고하겠다는 게 아닙니까? ❸만일, 가족 가운데 불만을 가진 분이 계시면 자기 죄과를 *자인하고 입증하는 고인의 유설랑은 없애 버리구 이중생을 다시 살려 내 가지구 상속인 송달지 씨를 걸어 고소라두 하시죠.

❹이중생, 옆방에서 "그럴 법이!" 하고는 제 손으로 입을 틀어막는다. 송과 최, 어쩔 줄을 모른다.
_{죽은 이중생의 목소리가 들렸기 때문에}
▶ 보건 시설 건립에 쓰이게 된 이중생의 재산

나 이중생: (두 팔을 휘두르고 두 발을 궁그르며) 달지! 자네는 누구의 허락을 받았길래 독단적 행동을 헌단 말야, 응? 누가 자네더러 무료 병원 세워 달랬어, 응? 대답 좀 해 봐. 나는, 그래 무료 병원 세울 줄 몰라서 이 지경인 줄 아나? 내가 뭐랬어? 유산이니 재산 문제는 일체 *함구불언하라구……. 자네, 그래 무슨 원한이 있어서 우리 집안을 망치는 게야. 응? 천치면 천치처럼 말 챙견이나 말 것이지, 뭐이 어쩌구 어째? "내 의견은 그렇습니다만……?" 의견이 무슨 당찮은 의견이란 말야? 내 재산, 내 돈 가지구 왜 염치없이 제 의견을 말해…… 응? 의견이 또 도대체 자네 같은 위인에게 무슨 의견이야. *일껀 의견이랍시구 내세운 게 장인 재산 물에 타 버리는 종합 병원? 에끼, 고약한 놈 같으니라구, 어디서 배운 의견이야? ❺자넨 살아 있는, 아니 죽어 있는! 아아, 아니 살아 있는 이중생……, 죽어 있는 이중생의 재산 관리인 이외의 아무것도 아닌 걸 왜 몰라, 응? 이 천치! 어서 없어져! (달지 묵묵히 일어난다.) 어딜 가? 앉어 있지 못허구, 그래 어떡헐 셈인가, 응? 나는 그래 어떡허면 좋단 말야. 이 집은, 토지는, 현금은 어떡허란 말이야. 그래, 자네 의견대루 *배라먹을 무료 병원에 내놓으란 말인가? 어디 좀 말해 보겠나, 응? 이 재산이, 내 재산이 어떤 건 줄이나 알구 그래? 이 사람, 왜 말이 없어? 일 처리 그렇게 잘하니 끝을 맺어야지.
_{분노의 표현} _{송달지에 대한 이중생의 인식 ①} _{송달지에 대한 이중생의 인식 ②} _{송달지에 대한 이중생의 인식 ③} _{비속어를 통해 이중생의 천박한 인품이 드러남} _{일을 그르친 송달지에 대한 비아냥거림}
▶ 보건 시설 건립에 찬성한 송달지를 원망하는 이중생

• **중심 내용** 전 재산이 보건 시설 건립에 쓰이게 되자 송달지에게 화를 내는 이중생   • **구성 단계** 하강

작품 연구소

제목 '살아 있는 이중생 각하'의 상징적 의미

살아 있는	• 살아 있으면서 죽은 척하는 인물의 이중적 행태에 대한 조롱을 나타냄. • 지키려 했던 재산도 잃고 자식에게 존재를 부정당하는 등 진정으로 살아 있다고 할 수 없다는 반어적 의미를 나타냄.
이중생	• 인물의 '이중성'을 드러내고자 한 이름 • 두 개의 생(生)이란 뜻으로, 두 번 죽는 사람 혹은 살아 있지만 죽은 사람 행세를 해야 하는 인물의 상황을 반영함.
각하	붙일 필요 없는 높임의 호칭을 사용함으로써 인물을 조롱하고 야유하는 의도를 표현함.

〈살아 있는 이중생 각하〉에 나타난 갈등

이중생		김 의원
자결한 것처럼 꾸며 탐욕스럽게 자신의 재산을 지키려 함.	↔	진실을 밝혀 이중생의 재산을 공익 사업에 쓰려 함.

이중생		송달지
개인의 욕심을 위해 사위를 이용하려 함.	↔	의사로서의 신념을 갖고 양심을 지키고자 함.

〈살아 있는 이중생 각하〉의 무대 장치

이 작품의 무대 장치는 일본식과 한국식이 절충된 가옥으로 광복 이후에 쉽게 볼 수 있던 형태이다. 이러한 무대 설정은 사건이 진행되는 시기가 광복 직후라는 것을 암시하는 한편, 작품의 시사성, 세태 풍자적 성격과도 밀접한 관련을 지닌다. 일본식이 가미된 가옥의 모습을 통해 광복이 되었음에도 친일 세력이 온갖 술수를 동원하여 득세하고 있던 시대 상황을 암시하며, 그러한 상황에 대한 작가의 비판적 태도를 드러내고 있다.

자료실

〈살아 있는 이중생 각하〉의 시사성

〈살아 있는 이중생 각하〉는 광복 이후의 시대상을 선명하게 반영한 사회 풍자극이라는 평가를 받고 있다. 작품이 쓰인 당시 친일 잔재의 청산 문제는 가장 큰 사회적 쟁점 중 하나였다. 그럼에도 이 문제를 다룬 문학 작품은 많지 않았다. 오영진은 드물게 이중생이라는 친일파 경제 사범을 극의 소재로 삼아 통렬한 고발 의식을 표출하고 있다. 또한 징병에서 돌아온 하식이 보고 온 실상을 이중생에게 전하는 대사를 통해, 공산주의 세력이 강화되고 있으며 그것이 민족의 장래에 부정적인 영향을 미칠 것이라는 작가의 생각을 표현하고 있다는 점 또한 이 작품이 시사성이 강한 작품이라는 하나의 근거가 되고 있다.

– 김재석, 〈살아 있는 이중생 각하의 자기 모순성〉

함께 읽으면 좋은 작품

〈꺼삐딴 리〉, 전광용 / 인물의 처세에 대한 풍자와 비판이 드러난 작품

일제 강점기에는 친일을, 6·25 전쟁 시기에는 친미를 일삼아 치부를 한 이인국 박사의 행적과 처세에 대한 비판과 풍자를 보여 주는 소설이다. 오직 자신의 출세와 치부를 위해 반민족적 행위를 일삼는 이인국 박사에 대한 비판과 풍자의 태도가 이중생에 대한 작가의 태도와 유사하다고 할 수 있다. Link 〈현대 소설〉 168쪽

〈해방 전후〉, 이태준 / 해방 후 필요한 새로운 가치관과 의식을 역설한 작품

주인공 '현'이 해방 후에도 구시대적 가치를 지닌 '김 직원'과 이별함으로써, 구시대적 가치에서 벗어나 새로운 가치를 추구해야 한다는 주제 의식을 드러낸 소설이다. 이중생의 아들 하식이 국가와 민족의 앞날을 우려하는 신세대를 대표한다는 점과 관련지어 생각해 볼 수 있다.

---

5 이 글의 인물 관계를 다음과 같이 정리할 때, ⓐ~ⓔ에 대한 설명으로 적절하지 않은 것은?

① ⓐ: 상대의 예상과 다른 행동을 하여 갈등을 유발한다.
② ⓑ: 자신의 의견을 김 의원에게 대신 전달하도록 한다.
③ ⓒ: 서로 마주치지 않으면서 특별한 갈등을 빚지 않는다.
④ ⓓ: 상대의 동의를 받아들이며 자신의 주장을 강화한다.
⑤ ⓔ: 상대의 눈치를 보면서 자신의 목적을 이루고자 한다.

6 (나)에서 알 수 있는 '이중생'에 대한 설명으로 적절하지 않은 것은?

① 언행에서 천박한 면모가 드러난다.
② 자기 재산에 대한 집착이 매우 강하다.
③ 주변 사람들을 돕는 것에는 관심이 없다.
④ 쉽게 흥분했다 쉽게 가라앉는 다혈질이다.
⑤ 사람에 대한 무시와 비난을 서슴지 않는다.

7 〈보기〉를 참고하여 이 글을 감상한 내용으로 적절하지 않은 것은?

┤ 보기 ├

〈살아 있는 이중생 각하〉가 성공을 거둘 수 있었던 것은, 이전에 행한 선악에 따라 현재의 행복이나 불행이 결정되는 인과응보(因果應報)의 구성을 적절히 사용한 점과 이상적인 것이 승리하게 되는 결과에 대한 구체적인 근거를 제시한 점 때문이다. 또한 광복 이후 시급한 문제 중 하나인 친일 청산 문제를 적극적으로 다룬 점도 성공 요인이라고 할 수 있다.

① 송달지는 이상적인 것이 승리하는 계기를 마련하는군.
② 이중생과 최 변호사는 이상적인 것과 꾸준히 대립하는군.
③ 이중생이 부정하게 모은 재산은 친일 문제와 연관되는군.
④ 송달지와 최 변호사는 인과응보의 구성을 잘 보여 주는군.
⑤ 김 의원은 이중생이 패배하게 되는 구체적 근거와 관련 있군.

8 다음은 독서 토론 동아리의 누리집 게시판에 올라온 질문이다. 빈칸에 들어갈 알맞은 내용을 쓰시오.

문학 게시판 🔍

💬 작가가 이중생의 대사 중에 "자넨 살아 있는, 아니 죽어 있는! 아아, 아니 살아 있는 이중생……"과 같은 구절을 포함한 이유는 무엇일까?

↳ 두 개의 생(生)이라는 뜻을 지닌 '이중생'이라는 이름과 관련이 있는 것 같아.
↳ 극 중에서 주인공이 처한 상황이나 주인공에 대한 작가의 태도와도 관련이 있어.
↳ 그렇다면 작가는 _____ 하고자 한 것이군.

불모지(不毛地) |차범석

문학 동아, 신사고

🎯 핵심 정리

갈래 장막극, 비극
성격 사실적, 비극적, 세태 고발적
배경 ① 시간 – 1950년대 전후(戰後)
② 공간 – 서울 종로 한복판
제재 최 노인 일가의 삶
주제 근대화 과정에서 겪는 가족의 해체와 가치관의 변화
특징 ① 대조적인 배경 및 인물 설정으로 근대화 과정에서 발생하는 갈등을 드러냄.
② 세대 차이의 비극과 도시 문명의 급격한 변화를 강조하기 위해 대사와 조명 등을 효과적으로 활용함.
출전 《문학 예술》(1957)

Q 최 노인의 집과 주변의 모습을 묘사하는 방식은?

이 작품에서 최 노인의 집은 '낡은 기와집'과 어둡고 음산한 '폐가'의 모습으로, 근대화가 진행되는 주변의 풍경은 '매끈한 고층 건물'이나 '질주하는 전차며 자동차의 소음'으로 묘사되고 있다. 이와 같은 대조의 방식은 소란스럽게 진행되는 근대화의 반대편에 있는 최 노인 일가가 처한 초라하고 무기력한 상황을 더욱 심화하여 보여 준다.

💡 어휘 풀이

불모지 식물이 자라지 못하는 거칠고 메마른 땅.
풍상(風霜) ① 바람과 서리를 아울러 이르는 말. ② 많이 겪은 세상의 어려움과 고생을 비유적으로 이르는 말.
면목(面目) 사람이나 사물의 겉모습.
일신(一新)하다 아주 새로워지다. 또는 아주 새롭게 하다.
대차(大差) 큰 차이.
노다지 ① 캐내려 하는 광물이 많이 묻혀 있는 광맥. ② 손쉽게 많은 이익을 얻을 수 있는 일감을 비유적으로 이르는 말.

📖 구절 풀이

❶ **배경으로, 면목이 ~ 폐가처럼 멸시하고 있다.**
주변의 최신식 건물을 의인화하여 낡은 기와집과 대조하고 있다. 이는 근대화를 지향하는 세력과 옛것을 고수하는 세력 간의 갈등을 암시한 것으로 볼 수 있다.

❷ **이처럼 대차적인 ~ 찬바람처럼 풍겨 나온다.**
'낡은 집'이 처한 부정적인 상황을, 감각적인 표현을 통해 실감 나게 나타내고 있다. 이러한 상황은 장차 최 노인 가족의 갈등의 요인으로 작용하며, 극의 비극적 결말을 암시하기도 한다.

❸ **도깨비가 나건 ~ 다행으로 알아 이놈아!** 경재의 의견을 물리치는 장면으로, 최 노인의 고집스럽고 완고한 성격을 보여 준다. 또한 근대화가 진행되던 1950년대 전후 사회의 서울 한켠에는 집을 갖지 못한 사람들도 많았음을 짐작할 수 있다.

무대

번화한 상가에 자리 잡은 최 노인의 낡은 기와집, 정면에 유리문이 달리고, 마루를 사이에 두고 방이 둘 있고, 좌편으로 기역형으로 굽어서 부엌과 장독대 유리문 저쪽은 가게. 우편으로 대문을 끼고, 헛간과 방 하나의 딴채가 서너 평이 못 넘는 좁은 뜨락을 에워싸고 웅크리고 앉았다. 해묵은 지붕에는 푸른 이끼며 잡초까지 자라나서 오랜 *풍상을 겪어 내려온 이 집의 역사를 말해 주는 듯하다. ❶*배경으로, *면목이 *일신해져 가는 매끈한 고층 건물의 행렬이 엿보이고 좌우편에도 역시 3, 4층이나 되어 보이는 최신식 건물이 들어서서 이 낡은 기와집을 거의 폐가처럼 멸시하고 있다. 좌편 건물은 아직도 건축 공사가 진척 중에 있는지 통나무로 얽어맨 작업 보조대에 거적때기가 걸려서 건물은 반쯤 가려진 채로다. ❷*이처럼 *대차적인 주변의 장애로 말미암아 이 낡은 집 안팎에는 온종일 햇볕이 안 드는 탓인지 한층 어둡고 습하며 음산한 공기가 찬바람처럼 풍겨 나온다. 때는 초여름 어느 일요일 오전.

막이 오르면 질주하는 전차며 자동차의 소음이 잇달아 들려온다. 뜰가에서 경운이가 함석 통에 담긴 빨래를 빨고 있고 부엌에서 설거지를 하는 어머니의 초라한 모습이 보인다. 좌편 담 아래에 마련된 조그마한 화단 앞엔 아까부터 최 노인이 쪼그리고 앉아서 화초며 푸성귀들을 손보고 있다. 입에 물린 파이프에서 이따금 뱉어지는 담배 연기가 한가롭다. 잠시 후 경재가 물지게를 지고 좁은 대문을 간신히 빠져나와 경운 앞에다 부려 놓는다.
▶ 최신식의 집들과 대조를 이루는 최 노인의 집

경재: 어유 오늘은 웬 사람이 그리도 많아…… 공동 수도엔 난장판인걸! (하며 항아리에다 물을 붓는다.)

경운: (여전히 빨래를 하며) 비가 개니까 집집마다 빨래하느라고 그렇겠지…….

경재: 아버지 우리도 다음엔 제발 물 흔한 집으로 옮깁시다. 물만 길르다가 내년 봄엔 낙제하게 생겼는걸요! 하루 이틀도 아니구…….

최 노인: (돌아보지도 않고) 그래…….

경운: 애도 속없는 소리 잘하긴 경애 언니 닮았나 봐! 누가 이따위 골목 구석에서 살고 싶어 살고 있니?

경재: 살기 싫으면 딴 데로 옮기면 될걸 왜 이런 게딱지 굴속에서 산다는 거요?

최 노인: (눈을 크게 부릅뜨며) 무슨 소리냐? 이 집이 어때서?

경재: 아버지나 좋아하시지 우리 식구 중에서 이 집을 좋아하는 사람이 누가 있어요?

최 노인: 싫은 놈은 언제건 나가라지! 절간이 미우면 중이 나가는 법이야.

경재: (남은 물통을 비우며) 중도 없는 절을 뭣에 쓰게요? 도깨비나 날걸…….

최 노인: (약간 핏대를 올리며) ❸*도깨비가 나건 *노다지가 나건 제집 지니고 산다는 걸 다행으로 알아 이놈아!

경재: (못마땅한 낯으로) 다행으로 알 건덕지가 있어야죠.

최 노인: (휙 돌아서며) 뭐, 뭐야?

경운: (재빨리 공기를 수습하려 들며) 경재야, 한 번만 더 길어 와! 물이 끊어지면 어떡할랴구…….
▶ 낡은 집을 둘러싸고 벌어지는 식구들 사이의 갈등

· **중심 내용** 낡은 집을 둘러싸고 벌어지는 식구들 사이의 갈등 · **구성 단계** 발단

이해와 감상

한 가족의 생활 단면을 통해 1950년대 전후(戰後)의 어둡고 불안한 사회 상황을 집약적으로 드러낸 사실주의 희곡이다. 이 작품은 근대화를 상징하는 최신식 건물과 전근대적 가치관을 상징하는 낡은 한옥을 대조시키고 있는데, 이러한 배경은 새로운 것을 지향하는 자식들과 옛것을 고집하는 최 노인 사이의 대립과 갈등으로 구체화된다.

구시대의 전통을 유지하려는 최 노인의 모습과 그로 인한 가족 간의 갈등 및 비극은 높이 치솟은 고층 건물의 모습과 대조를 이루어, 전후 불모(不毛)의 현실적 모순을 상징적으로 제시해 준다. 구시대는 힘을 잃었고 새로운 시대는 아직 열리지 않았다는 점에서, 1950년대는 불모지였던 것이다. 최 노인과 자식들의 면모는 전후 시대의 세대 의식을 집약적으로 보여 주며, 전후의 시대상을 냉철하게 드러내고 있다.

전체 줄거리

발단	신식 결혼이 유행하여 전통 혼례용 혼구를 대여하는 최 노인의 사업이 날로 쇠퇴하게 되자, 가족들은 자신들이 살고 있는 낡은 한옥을 팔자고 권유하지만 최 노인은 집에 집착한다.
전개	실업 상태인 큰아들 경수, 배우를 꿈꾸는 큰딸 경애 등 가족들은 모두 은근히 최 노인을 원망하며 집을 팔자고 종용한다.
절정	가족들의 성화와 큰아들의 방황을 보다 못한 최 노인은 심경의 변화를 일으켜 집을 세놓기로 한다.
하강	집을 파는 것으로 오해한 큰아들이 이를 막으려 하고, 최 노인은 큰아들이 집을 팔지 않고 세놓는 것에 대해 불만을 표시한 것으로 오해하여 심한 갈등을 일으킨다.
대단원	모든 불화의 원인이 돈에 있다고 생각한 큰아들은 권총으로 강도 행각을 벌이다가 체포되고, 사기를 당한 큰딸은 자살을 한다.

인물 관계도

작품 연구소

〈불모지〉의 무대 설정상 특징

최 노인의 기와집	번화한 상가
• 장독대, 헛간, 방 하나의 딴채 • 지붕 위의 이끼와 잡초 • 햇볕이 안 들고, 어둡고 습하며 음산한 분위기	• 매끈한 고층 건물 • 3, 4층의 최신식 건물 • 건축 공사 중인 건물

키 포인트 체크

인물 ☐☐☐은 옛것을 지키려 하는 구세대적 인물로, 새로운 것을 지향하는 신세대인 ☐☐들과 갈등을 빚는다.

배경 한국 전쟁 직후 서울 ☐☐ 한복판을 배경으로 하고 있다.

사건 낡은 집을 지키려는 최 노인과 신식 주택으로 ☐☐ 가고 싶어 하는 자식들이 대립하던 중에 큰아들 경수는 강도 짓을 해 경찰에 붙잡히고, 큰딸 경애는 ☐☐를 당해 스스로 목숨을 끊는다.

1 이 글을 통해 알 수 있는 당시의 사회상으로 적절하지 않은 것은?

① 도시 개발이 한창 진행 중이었다.

② 학교에서 낙제 제도를 실시하였다.

③ 여성의 사회 진출이 활발하게 이루어졌다.

④ 자기 집을 갖지 못한 사람이 많이 존재하였다.

⑤ 수도 시설이 제대로 갖추어지지 않은 집들이 있었다.

2 이 글을 영화화하기 위해 토의한 내용으로 가장 적절하지 않은 것은?

① 최 노인의 집은 어둡고 음산하게 꾸미는 게 좋겠어.

② 최 노인의 담배 연기를 통해 물질적 여유를 강조하자.

③ 최 노인의 집은 번화한 상가 옆에 배치하여 상대적으로 초라한 느낌을 살려야 할 것 같아.

④ 전차 소리나 자동차 소음 등의 음향 효과를 통해 근대화되고 있는 도시의 모습을 드러내야겠어.

⑤ 최 노인이 이사하자는 경재의 말을 반박하는 장면에서는 고집스럽고 완고한 표정이 드러나도록 연기해야 해.

3 〈보기 1〉을 참고할 때, 이 글의 인물들과 〈보기 2〉의 밑줄 친 인물들의 대화 내용으로 적절하지 않은 것은?

┤보기 1├

이 작품은 1950년대 전후의 사회 상황을 보여 주고 있는데, 최 노인은 옛것을 고집하는 구세대를, 자식들은 시대의 변화를 따르고자 하는 새로운 세대를 상징하고 있다.

┤보기 2├

"숭헌…… 뉘라 양력 슬두 슬이라 이른다더냐, 상것들이나 왜놈 세력을 아는 벱여……." 세모가 되면 한두 군데서 들어오던 세찬을 놓고 으레껏 꾸중이시던 할아버지 말씀이 자주 되살아나 마음 한 켠이 걸리지 않은 바도 아니었지만, 시절이 이러매 신정 연휴를 빌미할 수밖에 없음을 달리 어쩌랴 하며 견딘 거였다. 그러나 할아버지한테 결례(불효)를 저지르고 있다는 느낌을 나 자신에게까지 속일 수는 없었다. — 이문구, 〈관촌 수필〉

① 할아버지: 새로운 것만 좇는 요즘의 현실이 개탄스러워.

② 경운: 하지만 옛것만 고수하려는 사람이 몇이나 되겠어요.

③ 최 노인: 남이야 어떻게 살든 그게 무슨 상관이람. 나는 옛것을 고수하면서 살 생각이야.

④ 경재: 세상은 점점 편리하게 바뀌고 있는데, 불편한 옛것을 지키는 것이 무슨 의미가 있어요.

⑤ 나: 중요한 것은 변화를 수동적으로 따라가는 것이 아니라 그 변화를 주도해야 한다는 점이에요.

4 이 글에서 주요 갈등 관계를 이루는 인물과 그 원인을 쓰시오.

1. 한국 희곡

신의(信義) 믿음과 의리를 아울러 이르는 말.

발작(發作) 어떤 병의 증세나 격한 감정, 부정적인 움직임 따위가 갑자기 세차게 일어남.

응시(凝視)하다 눈길을 모아 한 곳을 똑바로 바라보다.

경음악(輕音樂) 작은 규모의 형식으로 연주하는, 대중성을 띤 가벼운 음악. 재즈, 샹송, 팝송 따위가 있다.

허사(虛事) 헛일.

발광(發狂)하다 미친병의 증세가 밖으로 드러나 비정상적이고 격하게 행동하다.

Q 이 부분에 나타난 희곡의 갈래적 특성은?

희곡은 무대 위에서의 상연을 전제로 한 갈래이기 때문에 많은 제약이 따르는데, 인물 수의 제약도 그중 하나이다. 만약 시나리오라면 '군중'이라는 다수의 인물을 등장시킬 수도 있겠지만 희곡에서는 그것이 어렵기 때문에 인물의 대사, 음향 효과, 가상적 상황 설정 등으로 이러한 부분을 처리하게 된다.

🔖 **구절 풀이**

❶ **취직 통지서가 왔었어요…… 영등포에서…….** 경수가 권총으로 보석상을 털려고 했던 것이 경수의 취직 문제와도 관련된 것임을 알 수 있다. 취직이 쉽지 않았던 당시의 현실을 엿볼 수 있으며, 뒤늦게 도착한 취직 통지서는 경수의 비극을 더욱 심화하는 역할을 한다.

❷ **왜 남의 이름을 ~ 관계없는 사람이에요!** 경솔하게 행동한 오빠에 대해 원망의 심정을 드러내고 있다. 이 작품에서 젊은 세대에 속하는 자녀들끼리도 현실에 대한 대응 방식에 따라 갈등이 있음을 알 수 있다.

❸ **차도에서 들리는 ~ 유난히도 자극적이다.** '기적 소리'와 '애상적인 경음악'은 각각 근대화가 활기차게 진행되고 있는 외부 상황(사회)과 강도 사건으로 인해 파멸에 이른 경수네의 내부 상황을 대조시켜 상황의 비극적 분위기를 고조하고 있다.

👤 **작가 소개**

차범석(1924~2006)
극작가. 1955년 《조선일보》 신춘문예에 희곡 〈밀주(密酒)〉가 가작으로 입선하고, 1956년 같은 신문에 〈귀행〉이 당선되어 등단하였다. 사실주의의 바탕 위에서 현대적 서민 심리를 작품화하였다. 주요 작품으로 〈불모지〉, 〈껍질이 깨지는 아픔 없이는〉, 〈산불〉, 〈청기와집〉, 〈열대어〉, 〈대리인〉, 〈환상여행〉, 〈꿈하늘〉 등이 있다.

중략 부분의 내용 가족의 성화에 최 노인은 집을 세놓기로 하는데 경수는 최 노인이 집을 파는 것으로 오해하여 부자간에 심한 갈등을 겪는다. 모든 불화의 원인이 돈에 있다고 생각한 경수는 강도 행각을 벌여 경찰에 체포된다.

가 경수: 어머니 우시지 마세요, 저는 이미 눈물도 말라 버렸어요. 제가 없더라도 경재가 제 몫까지 효성을 바칠 거예요…….

어머니: 아…… 하나님도 변덕스럽지! 하루만 앞서 소식을 주셨어도 아들 하나 살릴 텐데……. 죽은 다음에 의사를 보내면 무슨 소용이람! 아이구……. / 경수: 무슨 얘기예요?
_{사후 약방문: 사람이 죽은 다음에야 약을 구한다는 뜻으로, 때가 지나 일이 다 틀어진 후에야 뒤늦게 대책을 세움을 비유적으로 이르는 말}
_{아직 취직 사실을 모르고 있음.}

경재: (마루 끝에 놓인 편지를 보이며) ❶취직 통지서가 왔었어요…… 영등포에서…….

경수: (고랑이 채인 손으로 편지를 받아 보며) 고마운 친구야…… 그래도 그 친구만은 *신의를 지켜 주었군……. (*발작적으로 웃으며) 나에게 주는 송별 꽃다발치고는 최고군! 핫하……. (하며 대문 쪽으로 걸어간다. 땅에 떨어진 편지를 경재가 줍는다.)
_{반어적 표현}

이때 대문이 열리며 경운이가 마치 유령처럼 들어온다. 뺨에는 눈물 자국이 남았다. 경운과 마주친 경수는 화석처럼 서서 경운을 *응시한다.
_{절망적 심정, 집 안의 분위기 함축}

경수: (속삭이듯 그러나 떨리는 목소리로) 경운아! 용서해라…….

경운: ❷왜 남의 이름을 불러요? 나는 아무 관계없는 사람이에요! (하며 외면을 한다.)

경수: (입술가에 심한 경련을 일으키며) 알겠다……. 그렇지! 관계있을 리가 없지……. (뒤를 돌아보며) 어머니…… 경재야…… 아버님을……. (하며 획 돌아서 나간다.)

형사가 대문 밖으로 나가자 밖이 어수선해지면서 군중들의 웅성거리는 소리가 난다.

형사: (소리만) 비켜! 저리 가라니깐! 뭘 보겠다는 거야! 저리 가!
_{고압적인 말투}

이 말과 함께 군중들의 웅성대는 소리도 멀어지며 골목 안은 전처럼 조용해진다. ❸차도에서 들리는 기적 소리와 이웃 다방에서 울려오는 애상적인 *경음악의 부조화 음이 유난히도 자극적이다. / 어머니: (대문을 쓸어안을 듯이) 경수야! 경수야!
▶ 경찰에 체포되는 경수

나 경운의 방에 불이 켜지며 발이 걸린 미닫이문 너머로 경운의 모습이 아련히 보인다.

경운: (무엇을 발견했는지 놀라 비명을 지르며) 앗!……. 경재야! 경재야!
_{새로운 사건 발생, 관객의 긴장감 유발}

경재: 누나! 왜 그래?

경운: 언니가 …… (누워 있는 경애를 흔들며) 언니! 언니! 정신 차려! / 최 노인: 무슨 일이냐?

경재는 급히 방으로 뛰어간다. 그러나 경운의 통곡 소리가 터지자 어머니가 불길한 예감에 사로잡히며 방 가까이 온다. 경재가 한 장의 종이를 손에 들고 나온다.

경재: 큰누나가 자살을 했어요……. / 어머니: 뭐라고?
_{유서}

최 노인: 경애가? / 어머니: 아니 자살을 하다니…….

경운: 죽긴 왜 죽어! 못난이! (하며 방에서 뛰쳐나온다. 그의 손에는 빈 약갑이 들렸다.) 수면제를 먹었어요……. / 최 노인은 유서를 읽고 있다. 그의 손은 가늘게 떨린다.
_{약을 넣는 갑}

경애의 목소리: '아버님! 그리고 어머니…… 저는 속았어요. 마음도 몸도 남에게 속았으니 더 이상 살 수 없어요……. 나일론 면사포를 사 드리겠다는 것도 *허사가 되었어요…….'
_{심사위원을 사칭한 사람에게 사기를 당함.}

최 노인: (유서를 읽다 말고) 아니 이게 무슨 꼴이람! ㉠이렇게 한꺼번에 집안이……. 아니 이게……. / 최 노인은 벌떡 일어서며 안절부절못한다. 어느새 어머니는 방에 들어가서 경애의 시체를 안고 운다.

경운: 아버지 진정하세요……. 네……. / 최 노인: 이런 팔자도 있담! 허……. 풀포기만 시들게 하는 줄 알았더니 사람까지…… 아니 이게 정말이야? 경애야! (하며 *발광하는 사람처럼 방으로 뛰어들려고 하자 경운이와 경재가 아버지를 안아 말린다.)
▶ 사기를 당하고 스스로 목숨을 끊은 경애

· **중심 내용** 체포되는 경수와 자살한 경애로 인해 비탄에 빠진 집안 · **구성 단계** 대단원

작품 연구소

〈불모지〉에 나타난 인물 간의 갈등 구조

등장인물	인물의 성격	세대적 의미	사회적 의미
최 노인	보수적	기성세대	전통 사회
↕	↕	↕	↕
자식들	현실적	신세대	근대화 사회

〈불모지〉의 상징과 대조의 기법

〈불모지〉는 상징과 비유의 구조가 매우 튼튼하다. 과거 세대와 새로운 세대, 낡은 한옥과 현대식 고층 빌딩 간의 대립적 요소가 이 작품의 주요 축을 이루고 있다.

대립적 요소	
오랜 풍상을 겪은 낡은 기와집	주변의 매끈한 고층 빌딩
구세대	신세대
낡은 한옥의 정적	주변 길거리 자동차의 소음
구식 결혼식 물품 대여업	신식 나일론 면사포
어둡고 습함.	밝음.

또한 인물의 행위 역시 상징성을 띠게 되는데, 최 노인이 고층 건물 때문에 그늘져 잘 자라지도 않는 텃밭의 채소나 푸성귀 등만을 바라보며 갈등을 애써 삭이려 하다가 마침내 제정신이 아닌 듯 그것들을 짓밟아 버리는 행위는 장남 경수의 좌절과 파국, 큰딸 경애의 자살로 전이·확대된다.

제목 '불모지'의 상징적 의미

'불모지'란 '식물이 자라지 않는 거칠고 메마른 땅'으로 자연적인 조건이 좋지 못하여 식물이 잘 자라지 못하는 곳을 이른다. 작가가 이처럼 부정적인 의미를 지닌 '불모지'를 제목으로 설정한 것은 <u>구세대는 그 힘을 상실하였고 새로운 세대는 아직 뿌리내리지 못한 1950년대를 불모지로 인식했기 때문이다.</u>

자료실

〈불모지〉를 개작한 〈태양을 향하여〉의 줄거리

종로로서 근 50년 동안이나 재래식 혼구 대여업을 하는 최 노인 일가는 신식 혼인이 유행하게 되자 장사에 어려움을 겪는다. 그런데다 경애는 영화배우가 되겠다고 말썽이고, 군대에 간 경수는 부상을 당하여 의수(義手)를 하고 돌아온다. 경애의 일과 세금 문제로 집안이 더욱 곤란해지는 가운데 경수와 혼약했던 춘자는 경수를 멀리한다. 한편 5층 빌딩이 들어서자 최 노인네 집은 햇빛도 잘 들지 않고, 가게 문을 닫았는데도 세금은 계속 나오며, 경수는 가출하고, 경애는 마침내 스스로 목숨을 끊고 만다. 파멸 직전에 이른 집안 살림은 경운의 박봉으로 겨우 이어 가는데, 가출했던 경수가 돌아와 취직을 하고, 춘자도 마음을 돌리게 된다. 그리고 오랫동안 집을 팔지 않겠다고 고집하던 최 노인도 이사 갈 새 집을 보아 두었다고 말한다. 마침내 파멸의 위기에 처했던 최 노인 일가에 화합의 서광이 비친다.

함께 읽으면 좋은 작품

〈오발탄〉, 이범선 원작, 나소운·이종기 각색 / 한 가족의 삶을 통해 전후 한국 사회의 부조리를 고발한 작품

6·25 전쟁 뒤 고향을 떠난 월남 피란민 가족의 비참한 삶의 단면을 여실히 보여 주는 시나리오로, 뿌리가 뽑힌 자들의 가난과 고통, 그리고 인간다운 삶을 방해하는 비정한 현실을 심도 깊게 묘사하고 있다.

Link 본책 244쪽

---

5 이 글의 비극적 분위기를 고조시키는 요소와 가장 거리가 먼 것은?

① 경애의 유서에 나일론 면사포를 사 드리려 한 내용이 적힘.
② 취직 통지서가 경수의 강도 사건이 난 바로 다음 날 도착함.
③ 경수가 끌려 나간 후 다방에서 애상적인 경음악이 울려 옴.
④ 경수가 대문 밖으로 끌려 나가자 많은 사람들이 웅성거림.
⑤ 최 노인이 발광한 듯 방으로 뛰어들려 하자 자식들이 말림.

내신 적중

6 〈보기〉는 이 글을 개작한 희곡의 결말 부분이다. 개작하면서 작가가 고려했을 사항으로 적절하지 않은 것은?

⊣ 보기 ⊢

경재: 그럼, 춘자 누나도 우리와 함께 있겠단 말이군요, 네? 햇볕이 흔한 집에서 말이어요.
경수: (빙그레 웃으며) 그래. 해바라기처럼 태양을 향해 다시 한번 살아 보자, 경재야. / 어머니: (좋아서) 경수야!
최 노인: (기쁨과 괴로움이 뒤범벅이 되어) 이러고 있을 게 아니라, 춘자는 어서 집에 가 봐야지. 어른들이 기다리실 텐데……. 경재야, 정류장까지 바래다줘라……. [중략]
어머니: (조용히) 경애는 갔지만, 두 사람이 살아났으니, 얼마나 다행한 일이우. / 최 노인: (눈을 감고서) 이사를 하려면 짐이 많을 거야……. 오십 년간 살아온걸!

– 차범석, 〈태양을 향하여〉

① '춘자'라는 새로운 인물을 추가해야겠어.
② 긍정적인 이미지를 담은 제목으로 바꾸는 것이 좋겠어.
③ 원작과 달리 이사를 결심하는 최 노인의 모습을 제시해야겠어.
④ 극 중 경재의 역할을 부각하여 신세대의 가능성을 강조해야지.
⑤ 비극적 결말보다는 가족이 화합하는 모습을 통해 희망을 보여 주는 게 낫지 않을까?

7 ⊙에 담긴 심정과 가장 관련 깊은 것은?

① 일희일비(一喜一悲)   ② 반신반의(半信半疑)
③ 동병상련(同病相憐)   ④ 설상가상(雪上加霜)
⑤ 점입가경(漸入佳境)

8 다음은 '최 노인'이 쓴 일기의 일부이다. 〈보기〉를 참고하여 빈칸에 들어갈 적절한 내용을 쓰시오

> 2000년 00월 00일
> 내가 얼마나 더 살지 모르겠으나. 오늘은 내 인생에 있어 가장 슬픈 날로 기억될 것이다. 큰아들인 경수가 강도 짓을 하다가 체포되어 가자마자. 큰딸인 경애가 스스로 자신의 생을 마감하고 말았다. 불쌍한 내 자식들! 집안이 이렇게 한꺼번에 망조가 들다니…….
> 이 모든 것이 ＿＿＿＿＿＿＿＿ 때문이다. 이것이 풀포기뿐만 아니라 내 자식의 목숨까지 앗아 간 것이다.

⊣ 보기 ⊢

이 작품은 근대화와 전근대적 가치관의 대립적 구조를 중심으로 사건이 전개되고 있다.

성난 기계 |차범석

키워드 체크 #사실주의극 #세태 고발적 #각박한 현대 사회 #비인간화 #인간성 회복에 대한 희망 #휴머니즘

국어 신사고, 해냄

🎯 핵심 정리
갈래 단막극, 사실주의 극
성격 사실적, 세태 고발적
배경 ① 시간 - 현대의 어느 늦가을
② 공간 - 종합 병원 외과 과장실
제재 비인간화되고 소외된 현대인의 삶
주제 현대인의 인간성 상실과 회복
특징 ① 전반부와 후반부가 대립 구조를 보임.
② 물질문명을 비판하고 휴머니즘을 옹호함.
③ 밀도 있는 심리 묘사로 갈등을 잘 보여 줌.
출전 《사상계》(1959)

Q 이 작품에서 상현 부부가 겪고 있는 갈등은?

상현의 아내인 인옥이 폐 수술과 같이 중요한 문제를 남편과 상의하지 않은 것으로 보아, 이들이 정상적인 부부 관계를 유지하지 못하고 있음을 짐작할 수 있다. 또한 이후 상현의 대사에서, 인옥이 생계를 해결하기 위해 부정을 저지르는 문제 때문에 서로 갈등을 겪고 있음을 알 수 있다.

💡 어휘 풀이
방치(放置)하다 내버려 두다.
내외(內外) 남편과 아내를 아울러 이르는 말.
판국(局) 일이 벌어진 사태의 형편이나 국면.
분개(憤慨/憤愾)하다 몹시 분하게 여기다.

🐝 구절 풀이
❶ 글쎄, 그게 ~ 어디 있겠습니까……. 상현이 아내의 폐 수술을 반대하는 근본적인 이유가 금전 때문임을 알 수 있다. 아내의 목숨보다 돈을 더 중요하게 생각하는 반인륜적인 면모를 느낄 수 있다.
❷ 부끄러운 얘기지만 ~ 담배를 팔아야만……. 아내가 공장에서 몰래 빼오는 담배를 팔아 생계를 유지하는 처지이면서도 아내에게 미안함을 느끼기보다는 이런 처지라도 계속 유지되기를 바라는 비열한 일면을 엿볼 수 있다.
❸ 아니……. 별말 없었소. 상현의 비열함을 알게 된 회기가, 인옥과의 대화 내용을 전달해 줄 필요성을 느끼지 못하여 그에 관한 말문을 닫아 버리는 장면이다.
❹ 수술을 해서 몸이 ~ 그리고 나도……. 아내가 완쾌되면 돈 때문에 계속 부정을 저질러야 하므로 더 불행해질 것이고, 자신도 고통을 받아 역시 불행해질 것이라는 의미이다. 아내에 대한 불신이 담겨 있다.

상현: (바싹 다가앉으며) 선생님! 어떻게 되었습니까?

회기: (사무적으로) 어렵겠는데요……. 그렇게 악화되도록 *방치하시다니 가족들의 무책임도 어지간하시군요.

상현: (안도감에 풀리며) 거절하셨다구요? 감사합니다. ⓐ그런 걸 가지고 난 괜시레 속을 썩어서……. 감사합니다. / 회기: (뜻밖의 말에 영문을 모르겠단 듯) 아니, 뭐라구요?
▸ 상현이 갈등하고 있었음을 알 수 있음.

상현: 실은 제 처가 나와는 한마디 의논도 없이 수술을 받겠다고 서두르고 있어서요…….
▸ 상현이 의외의 답을 하고 있기 때문

회기: 그래요……. / 상현: ❶글쎄, 그게 될 말입니까? ⓑ다른 병이면 또 모르지만 폐를 함부로 떼어 내고 갉아 내어서야 되겠어요? 게다가 요즈음 세상은 돈 있고 병 치료도 하는 법이지……. 그런 돈이 어디 있겠습니까…….
▸ 인간성이 상실된 현대 사회

회기: 그렇지만 치료빈 걱정할 필요가 없다던데요?
▸ 상현의 아내 김인옥의 말

상현: (완강히 부인하며) 그럴 리가 있습니까! 우리 *내외가 죽어라 벌어도 어린것들하고 겨우 풀칠하는 *판국인데……. 그런 돈 있으면…….

회기: (잠시 생각 끝에) 그럼, 선생께서는 부인의 병을 고치지 않아도 좋단 말씀인가요?

상현: (약간 당황하며) ❷부끄러운 얘기지만……. 내 벌이라는 게 처가 공장에서 나올 때 속옷이나 치마폭에 감춰 가지고 나오는 담배를 팔아야만……. (회기와 시선이 마주치자 ⊙멋쩍게 웃으며) 하지만, 그게 어디 쉽습니까? 감시가 이만저만이라야죠.
▸ 금전적인 이유로 아내의 수술을 반대하는 상현

회기: ⓒ그것만으로 생활비가 나올까요?

상현: 그러니 자연히 감독관에게 곱게 보여야만…….
▸ 인옥과 감독관의 부정한 관계 암시

회기: 듣자니 부인께서는 오 년 이상 근무하고 계시던 모양이던데…….

상현: (한숨을 뱉으며) 사실인즉 그렇기 때문에 남자 종업원 사이에서도…….

회기: (이해가 안 된다는 듯) 예?

상현: (자기의 말을 스스로 지워 버리기라도 하듯이) 그렇지만 먹고살려니까 할 수 있습니까! (사이) 아내는 가끔 집에 안 들어오는 날이 있지요. 그럴 때는 으레 야근이라는 거예요.
▸ 목구멍이 포도청
나도 처음엔 그런 줄만 알았는데……. 알고 보니까 그게…….

회기: (말없이 상현의 떨리는 손을 내려다본다.)
▸ 분노의 심정이 드러남.

상현: (*분개하여) 그렇지 않고는 물건을 가지고 나올 수가 없다는 거예요…….
▸ 생계를 위해 기본적인 윤리마저 저버려야 하는 상황임.

회기: (불쑥 일어서며) 아까 부인께서 하던 말이 이제야 납득이 되는군……. (하며 창밖을 내다본다.) / 상현: 뭐라고 하던가요?

회기: ❸아니……. 별말 없었소. (상현을 보며) ⓓ그렇지만 부인께선 현재의 생활이 퍽 피곤한 눈치던데……. [중략]

상현: ❹수술을 해서 몸이 회복된다면 내 아내는 더 불행해질 거예요! 그리고 나도…….

회기: 아니, 불행해지다니……. 건강해야 더 벌어서 아이들도 편하게…….

상현: ⓔ흥! 내 처가 가족을 위해서 수술을 원하는 줄 아십니까? / 회기: 그럼…….

상현: (내뱉듯이) 내 아내는 건강을 회복하면 지금보다 더 자주 놀아날 생각에서예요!

회기: (어이없다는 듯) 원…… 그럴 리가…….

상현: (완강히) 아닙니다. 선생님, 그 여자는 그런 성격입니다. 옛날부터…….
▸ 아내의 부정을 이유로 아내의 수술을 반대하는 상현

• 중심 내용 아내 인옥의 수술을 반대하는 상현 • 구성 단계 절정

이해와 감상

이 작품은 종합 병원의 외과 과장실을 배경으로 냉정하고 인간미 없던 한 의사가 인간성을 회복해 가는 과정을 그린 희곡이다. 이 작품은 크게 전반부와 후반부로 나눌 수 있는데, 전반부에서는 인옥의 인간적인 호소와 회기의 기계적 대응이 갈등을 이루고 있으며, 후반부에서는 상현의 비인간적인 태도와 회기의 인간적 면모가 갈등 관계를 형성하고 있다. 기계로 불리던 주인공 회기가 감정을 지닌 '성난 기계'로 변화하는 과정을 통해 비정하고 각박한 현대 사회를 비판하고 인간성 회복에 대한 가능성을 보여 주고 있다.

전체 줄거리

발단	담배 공장 포장공으로 일하는 인옥이 폐 전문 의사 양회기를 찾아와 수술해 달라고 애원한다.
전개	회기는 결과에 확신이 없다며 수술을 거부하고 인옥은 수술을 포기하고 돌아간다.
절정	상현이 회기를 찾아와 금전적인 문제와 아내의 부정을 이유로 인옥의 폐 수술을 반대한다.
하강	상현의 이기적이고 비정한 태도에 회기는 그의 행위를 살인이라고 생각하며 분노한다.
대단원	회기는 간호사 금숙을 시켜 인옥에게 수술을 받으러 오라는 속달 우편을 보내도록 지시한다.

인물 관계도

양회기
종합 병원 과장으로 폐 전문 외과 의사. 기계처럼 냉정하고 빈틈이 없음. 자신보다 더 비정한 상현의 모습을 보고 잠재된 인간성을 회복함.

정금숙
양회기가 근무하는 병원의 간호사. 양회기를 사모하며, 상사에게 충성하는 인물

최상현
김인옥의 남편. 경제적으로 무능력하며, 돈 때문에 아내의 수술을 반대하는 비정한 인물

김인옥
최상현의 아내. 담배 공장의 포장공이며, 가족을 위해서 어떠한 모욕도 감수하는 헌신적인 인물

작품 연구소

〈성난 기계〉의 극적 반전

이 작품은 주인공 회기가 부정적 인물 유형에서 긍정적 인물 유형으로 변화하는 극적 반전을 통해 작품의 전반부와 후반부가 대립하는 양상을 보인다. 이러한 극적 반전은 인간성 회복이라는 주제 의식을 효과적으로 드러내 준다.

	전반부		후반부
사건	인옥의 인간적인 호소 ↕ 회기의 냉정한 거절	⇒	상현의 극단적인 비인간성 ↕ 회기의 인간적인 분노
의미	인간성 상실	⇒	잠재된 인간성 회복
소재	기계	⇒	성난 기계

1. 한국 희곡

키 포인트 체크

[인물] 폐 전문 외과 의사 회기는 □□처럼 냉정하고 빈틈없는 인물이고, 상현은 □ 때문에 아내의 수술을 반대하는 비정하고 이기적인 인물이다.

[배경] 어느 □□□□의 외과 과장실을 배경으로 하고 있다.

[사건] 회기는 돈 때문에 아내(인옥)의 수술을 반대하는 상현을 보고 □□를 느껴 □□과 양심을 회복하고 인옥을 살리기로 마음먹고 있다.

1 이 글을 감상하는 태도로 적절하지 않은 것은?

① 극 중 상황을 당대 사회의 세태와 연관해서 이해해야겠어.
② 대화가 진행되면서 갈등이 형성되는 양상을 파악해야겠어.
③ 말줄임표로 생략되는 대사의 내용을 추측하며 읽어야겠어.
④ 인물의 호소에 감정을 이입하여 글의 주제를 이해해야겠어.
⑤ 동작 지시문이 실행되는 공연 상황을 상상하며 읽어야겠어.

2 〈보기〉에서 이 글을 바르게 이해한 내용만을 골라 묶은 것은?

┤보기├
ㄱ. 상현은 수술비 때문에 아내의 수술을 반대하고 있다.
ㄴ. 상현은 아내의 부정한 행동을 알면서도 묵인하고 있다.
ㄷ. 상현의 아내는 가정보다 자신의 욕망을 중요시하고 있다.
ㄹ. 회기는 상현의 이야기를 듣고 그의 처지를 동정하고 있다.

① ㄱ, ㄴ ② ㄱ, ㄷ ③ ㄴ, ㄷ ④ ㄴ, ㄹ ⑤ ㄷ, ㄹ

3 ㉠에 담긴 의미로 가장 적절한 것은?

① 비밀 유지에 대한 안도
② 동정심 유발을 위한 술수
③ 상대방의 배려에 대한 감사
④ 아내에 대한 미안한 마음의 표출
⑤ 치부(恥部)가 드러난 상황에 대한 순간적 모면

4 ⓐ~ⓔ 중, 〈보기〉의 밑줄 친 내용과 가장 가까운 것은?

┤보기├
의사소통 중에 돌려 말하는 경우가 있는데, 이는 자신의 의도를 감추고 싶을 때나 직설적으로 말하면 상대방이 거북해할 때 주로 나타난다.

① ⓐ ② ⓑ ③ ⓒ ④ ⓓ ⑤ ⓔ

5 '상현'이 아내의 수술을 반대하는 두 가지 이유를 40자 내외로 쓰시오.

☀ 어휘 풀이

미심(未審)쩍다 분명하지 못하여 마음이 놓이지 않는 데가 있다.

인력(人力) 사람의 힘. 사람의 능력.

공(空)으로 힘을 들이거나 대가를 치르지 않고 거저.

주시(注視)하다 어떤 목표물에 주의를 집중하여 보다.

접수부(接受簿) 접수한 사실이나 건수를 기록하는 장부.

속달 우편(速達郵便) 특정 구역 안에서 보통 우편보다 빨리 보내 주는 우편.

수혈(輸血) 빈혈이나 그 밖의 치료를 위하여 건강한 사람의 혈액을 환자의 혈관 내에 주입하는 것.

😊 구절 풀이

❶ **어차피 죽을 ~ 그대로 두는 게죠.** 상현은 인옥의 남편임에도 인옥의 수술을 반대하며 아내의 죽음을 방치하려 하고 있다. 상현의 비인간적이고 이기적인 성격이 드러나는 부분이다.

❷ **그건 너무 심하지 않소?** '기계'처럼 비정했던 회기가 상현의 태도를 보며 분노하는 장면으로, 그의 가치관이 변화하고 있음을 알 수 있다. 상현의 비인간적인 태도를 접하고 회기의 내부에 잠재해 있던 인간적인 면모가 드러나고 있다.

❸ **참을 수 없는 모욕을 당한 것 같애!** 상현과의 대화를 통해서 자신이 마치 인옥의 처지가 된 것처럼 모욕을 느꼈다는 뜻이다. 회기가 다른 사람의 처지를 이해하는 인간성을 회복하고 있음을 암시하고 있다.

❹ **기계가 노하셨네요…….** '기계'는 회기를 가리키는 말로, 그가 기계처럼 비정하고 인간성을 상실한 사람임을 의미한다. 반면 '노하다'는 인간적인 감정이다. 따라서 회기가 분노했다는 것은 그가 제대로 된 인간적인 감정을 느낄 수 있게 되었음을, 즉 인간성을 회복하게 되었음을 의미한다.

❺ **그 담배만은 진짜겠지요…….** 상현이 두고 간 담배를 '진짜'라고 표현하고 있다. 인간성을 상실한 상현은 '가짜'라는 의미를 드러냄으로써 현대인의 인간성 상실을 비판하는 작품의 주제 의식을 표현하고 있다.

Q **회기의 태도가 달라진 이유는?**

회기는 원래 비정한 인물이었으나 자기보다 더 비인간적인 상현의 모습을 보면서 자신의 내면에 잠재되어 있던 인간성을 회복하고, 환자인 인옥을 수술하기로 결심한다.

Q **'포장'과 '알맹이'의 상징적 의미는?**

'포장'은 겉모습(육체)을, '알맹이'는 내면(인간성, 정신)을 상징하는 것으로 포장보다 알맹이가 중요하다는 회기의 대사는 그가 인간성을 회복하였음을 암시한다. 또한 인간성을 상실한 현대인을 비판하고 휴머니즘을 옹호하는 이 작품의 주제 의식을 드러내고 있다.

🖊 작가 소개

차범석(본책 194쪽 참고)

회기: 그렇지만 어찌 되었든 부인 때문에 온 식구가 살아가고 있는 게 아니오?

상현: (혼잣소리로) 그럴 바엔 차라리 죽는 게 낫지! / 회기: 누가 말이오?

상현: (눈물을 글썽거리며) 아내는 항상 나를 무능하다고 빈정대지만…… 그렇지만 나는 그런 아내에게 대해서 한마디 대꾸도 못하는 바보였죠……. 왜 그랬는지 아십니까? 선생님……. / 회기: 선생은 너무 의심이 많으시군.

상현: 내가요? 천만에! 난 지금까지 한 번도 의심하진 않았죠. 도리어 <u>알고도 모르는 척했</u>을 뿐입니다.
_{이미 알고 있었으므로 의심이 아님.} _{생각 때문에}

회기: (●**미심쩍게**) 내가 알기엔 부인께서는 가족을 위해서 수술을 받아야겠다고 한사코 고집하는 것을……. / 상현: 아닙니다. 그건…….

회기: (㉠) 그렇지만, 내버려 두면 부인께서 어떻게 된다는 건 아시고 계시죠?
_{죽게 됨.}

상현: (냉혹하게) 별 수 없죠! 죽고 사는 건 ●**인력**으로 막을 수 없으니까.
_{인명재천(人命在天): 사람의 목숨은 하늘에 달려 있다는 뜻}

회기: (㉡) 아니, 그럼 부인이 죽어도 괜찮단 말이오?
_{부인에 대한 무책임하고 이기적인 태도에 대한 분개}

상현: ❶**어차피 죽을 목숨이라면……** 그대로 두는 게죠. 그 돈이 있으면 나와 어린것들이 살아날 수 있으니까요! / 회기: (㉢) ❷그건 너무 심하지 않소?

상현: (반항적으로) 심한 건 내 아내죠. 그 병이 어떤 병이라고 수술을 합니까? 그것도 ●**공으로** 한다면 또 모르지만, 돈 쓰고 저 죽고 하면, 남은 우리들은 어떻게 살아가라고. 선생
_{나머지 가족이 살아야 하는 문제는 고려하지 않으므로}
님! 그러니 나는……. / 회기: (외치며) 그건 살인이나 다름없소…….
_(결코 수술을 원하지 않는다)
이 말이 떨어지자 금숙은 의아한 표정으로 회기를 쳐다본다.
_{이전의 '기계' 같은 모습과 다르므로}

상현: 뭐라구요? / 회기: (강하게) 아내가 죽어 가도 내버려 두는 법이 어디 있단 말이오?
_{회기의 인간적인 면모가 드러남.}

상현: (처음에 지녔던 겸손과 비굴은 찾아볼 수 없는 태도로) 참견 마세요! 내 처를 내가 죽이건 살리건 무슨 걱정이오! 나 살고 남도 있지! (불쑥 일어서서 손가방을 쥐며) 아무튼 실례
_{이기적이고 개인주의적인 모습}
했습니다! (하며 문을 탁 닫고 나가 버린다.)

회기는 감전된 사람처럼 멍하니 서 있고 금숙은 회기를 ●**주시**하고만 있다. 무거운 침묵이 흐른다.
▶ 상현의 비인간적인 태도에 분노하는 회기

[A]

회기: (여전히 허공을 바라보며) 미스 정! / 금숙: 예?

회기: 아까 그 환자의 주소 알지! / 금숙: 예, ●**접수부**를 보면…….

회기: 좋아! 그럼 ●**속달 우편**으로 보내요. / 금숙: 예? (하며 가까이 온다.)
_{상현의 아내인 김인옥}
_{회기의 강한 의지를 읽을 수 있음.}

회기: 수술을 받고 싶으면 편지 받는 즉시 찾아오라고!

금숙: (㉣) 아니, 그렇지만…….

회기: (속삭이듯) 자신은 있어! 그 대신 ●**수혈용** 혈액을 충분히 준비할 것을 잊지 말아! 알겠어? / 금숙: (빙그레 웃으며) 선생님, 웬일이세요?

회기: 응? (가볍게 웃으며) <u>이번 환자는 꼭 살려 보고 싶은 의욕이 생기는군!</u>

금숙: 왜요? / 회기: (㉤) 그 친구에게 살해당할 바엔 내가 맡아서 살리지! ❸참을
_{죽어 가는 아내를 내버려 두는 것을 살인과 같은 것으로 봄.}
수 없는 모욕을 당한 것 같애!

금숙: (흘끗 쳐다보며) ㉮❹기계가 노하셨네요……. / 회기: 잔소리 말고, 편지나 어서 써!

금숙: 예! (하며 제자리에 앉아 편지를 쓰기 시작한다.)

회기는 상현이 두고 간 담뱃갑을 발견하자, 담배 한 가치를 빼더니 물끄러미 바라본다.
_{작품의 효과적인 마무리를 이끄는 소재}

회기: (혼잣소리로) 담배는 ⓐ<u>포장</u>도 중요하지만 ⓑ<u>알맹이가 좋아야지!</u>

금숙: (편지를 쓰다 말고) ❺그 담배만은 진짜겠지요……. 공장에서 직접 나왔을 테니까…….

회기: 그렇지! (하며 라이터 불을 켠다.)
▶ 환자(인옥)를 수술하기로 결심하는 회기

• **중심 내용** 상현의 비정함에 분노하고 인옥을 수술하기로 결심하는 회기   • **구성 단계** 하강·대단원

작품 연구소

제목 '성난 기계'의 상징적 의미

기계	인옥: 선생님은 냉정하시군요…… 기계처럼……[전략 부분]
	인간미를 상실한 채 다른 사람의 고통을 외면하는 양회기의 비인간성을 단적으로 표현함.

↓

성난 기계	금숙: 기계가 노하셨네요…….
	기계가 감정을 가지게 되었다는 뜻으로, '성난 기계'는 '상실된 인간성의 회복'을 상징함.

〈성난 기계〉에 나타난 갈등 관계

갈등 관계	갈등 내용
회기 ↔ 인옥	수술을 받으려는 인옥과 수술을 거부하는 회기의 갈등
회기 ↔ 상현	아내 인옥의 수술을 반대하는 상현과 그에게 분노를 느끼며 인옥을 살리기로 마음먹는 회기의 갈등
상현 ↔ 인옥	금전적인 문제와 생계를 위해 부정을 저지른 것에 대한 상현과 인옥의 갈등

〈성난 기계〉의 구성

이 작품은 구성이 매우 단순한 단막극이다. 어느 폐 외과 과장실(회기와 금숙이 근무하는 공간)이라는 단일한 공간에서 이루어진 사건을 다루고 있으며 등장인물도 양회기, 정금숙, 최상현, 김인옥 넷뿐이다. 또한 다양한 사건이 별도로 전개되는 것이 아니라 인물의 대사를 통해 극이 전개되는 대사 중심의 희곡으로 인물들의 행동도 많지 않다. 이 작품은 이와 같은 단일한 무대 장치, 소수의 등장인물, 단순한 사건 등을 통해서 주제 의식을 선명하게 형상화하고 있다.

자료실

사실주의 극과 차범석의 작품 경향

사실주의 극은 19세기 말에서 20세기 전반에 이르기까지 유럽을 비롯한 여러 나라에서 유행한 연극 양식이다. 사실주의 희곡 작가는 실재하는 세계의 진실한 묘사를 위해 노력할 것, 가능한 한 직접적인 관찰과 경험을 토대로 작품을 쓸 것, 최대한 객관적으로 묘사할 것에 주목하였다. 한국에 사실주의 극이 수용된 것은 1922년에 창단된 극단 '토월회(土月會)'를 통해서였다. 이 새로운 사조는 '신극(新劇)'이라 불리었고 1931년에 조직된 '극예술 연구회'에 의해 본격적으로 뿌리내리게 되었다. 사실주의 극은 1970년대까지 한국 희곡의 주류를 이루었다.
차범석은 사회성이 짙은 작품을 주로 썼다. 그는 지속적으로 사실주의를 고집하며 변천하는 현실을 작품에 그대로 담았다. 그의 작품은 제재의 폭이 매우 넓지만 대체로 가난한 서민들과 전쟁으로 고통받는 사람들의 삶, 문명의 발달로 인한 인간성의 상실과 인간의 소외, 애욕(愛慾)의 갈등과 정치의 허위성, 구세대와 신세대의 갈등과 그에 따른 전통의 몰락 등을 주제로 다루고 있다. 그리고 〈성난 기계〉는 문명 비판적인 그의 초기 작품 세계를 대표하는 작품이다.

함께 읽으면 좋은 작품

〈제3병동〉, 김정한 / 물질 만능주의 풍조를 다룬 작품

인간미를 상실한 채 메말라 가고 있는 현대 사회의 현실과 가난한 자의 소외 및 삶의 애환을 병원이라는 배경을 통해 사실적으로 그리고 있는 소설이다.

---

6 이 글에서 '금숙'의 역할로 가장 적절한 것은?

① 인물의 태도가 바뀌는 계기를 만들고 있다.
② 인물들 간에 발생한 갈등을 중재하고 있다.
③ 작가의 허구적인 대리인 역할을 하고 있다.
④ 새로운 갈등이 유발될 것을 암시하고 있다.
⑤ 인물의 성격이 변화한 것을 알려 주고 있다.

7 이 글의 내용으로 보아 ㉠~㉤에 들어갈 지시문으로 적절하지 않은 것은?

① ㉠: 조용하나 위엄 있게
② ㉡: 뭉클 불쾌감이 솟으며
③ ㉢: 덤덤한 표정으로
④ ㉣: 놀라운 표정으로
⑤ ㉤: 분노를 띠며

중요 기출

8 [A]의 '회기'와 〈보기〉의 '이인국'에 대한 설명으로 적절한 것은?

보기

형무소에서 병보석으로 가출옥되었다는 중환자가 업혀서 왔다. 횡뎅그런 눈에 앙상하게 뼈만 남은 몸을 제대로 가누지도 못하는 환자, 그는 간호원의 부축으로 겨우 진찰을 받았다.
청진기의 상아 꼭지를 환자의 가슴에서 등으로 옮겨 두 줄기의 고무줄에서 감득되는 숨소리를 감별하면서도, **이인국** 박사의 머릿속은 최후 관정의 분기점을 방황하고 있었다.
입원시킬 것인가, 거절할 것인가…….
환자의 몰골이나 업고 온 사람의 옷매무새로 보아 경제 정도는 뻔한 일이라 생각되었다. 그러나 그것보다도 더 마음에 켕기는 것이 있었다. 일본인 간부급들이 자기 집처럼 들락날락하는 이 병원에 이런 사상범을 입원시킨다는 것은 관선 시의원이라는 체면에서도 떳떳지 못할뿐더러, 자타가 공인하는 모범적인 황국 신민(皇國臣民)의 공든 탑이 하루아침에 무너지는 결과를 가져오는 것이라는 생각이 들었다.
– 전광용, 〈꺼삐딴 리〉

① '회기'는 '이인국'과 달리 환자보다 사회적 체면을 중시한다.
② '이인국'은 '회기'와 달리 환자보다는 자기 일신(一身)을 먼저 생각한다.
③ 두 인물 모두 의료 행위의 결과보다는 과정을 중시한다.
④ 두 인물 모두 환자의 생사 여부 때문에 수술 문제를 놓고 갈등한다.
⑤ 두 인물 모두 환자의 경제 문제를 환자 치료의 중요한 요소로 삼는다.

내신 적중

9 이 글의 주제를 고려하여 ⓐ와 ⓑ의 의미를 각각 쓰시오.

내신 적중 多빈출

10 이 글의 내용으로 보아 ㉮의 의미가 무엇인지 50자 내외로 쓰시오.

문학 금성, 미래엔, 지학사

🎯 핵심 정리

갈래 단막극, 희극, 부조리극
성격 반사실적, 서사적, 풍자적, 실험적
배경 ① 시간 – 현대
　　　　② 공간 – 어느 중년 교수의 가정
제재 어느 중년 교수의 일상
주제 현대인의 기계적인 삶에 대한 풍자
특징 ① 특별한 사건 전개나 뚜렷한 갈등 없이
　　　　극 중 상황만을 전개함.
　　　　② 무대 장치, 소품, 인물의 분장, 대사, 행동
　　　　등을 희극적으로 과장함.
출전 《사상계》(1960)

Q 이 작품에 나타난 장면 전환 방법은?

보통 희곡에서는 장면 전환을 위해서 조명을 모두 끄고 무대를 바꾸는 막이나 장의 기법을 사용한다. 그런데 이 작품은 무대 위에 응접실과 플랫폼이라는 두 개의 공간을 설정하고, 조명을 통해 장면을 전환하고 있다. 이는 기존의 사실주의 극을 혁신한 것으로, 부조리극의 특징으로 볼 수 있다.

🔅 어휘 풀이

플랫폼(platform) 극 무대의 바닥을 부분적으로 높여 만든 단으로, 공간이 다름을 상징하기 위해 사용함.
축음기(蓄音機) 레코드에서 녹음한 음을 재생하는 장치.

❀ 구절 풀이

❶ **아래위 양복이 ~ 원고지 칸투성이다.** 교수의 삶이 원고를 쓰는 것과 관련됨을 알 수 있다. 원고지처럼 규격화된 틀에 얽매여 살아가는 교수의 모습을 나타내고 있다.
❷ **밖에서 돌아오시면 ~ 하품을 하신답니다.** 피곤에 지친 하품을 달콤한 하품으로 이해하는 아이러니한 상황으로, 가족 간의 무관심을 암시하고 있다.
❸ **처는 교수 허리에 ~ 감아 준다.** '철쇄'와 '굵은 줄'은 현대인의 삶을 구속하는 현실적인 압박을 상징한다. 교수가 집에서도 구속을 받고 있음을 알 수 있다.
❹ **김 씨면 어떻고 ~ 못 하겠어.** 과도한 업무로 정상적인 사고를 하지 못하는 교수의 모습이 나타나 있다. 또한 출판사 주인의 이름이 무엇이든 상관없다고 말하는 교수의 모습에서 현대인들의 단절된 인간관계를 엿볼 수 있다.

Q '시끄럽고 귀가 아픈 곡'이 되풀이되는 것의 효과는?

시끄러운 음악의 반복은 교수의 피로를 자극하게 된다. 이는 새로울 것이 없으며 지루하고 고통스럽기만 한 일상을 나타낸다. 또한 장남이 어머니의 부탁과 달리 시끄럽고 귀가 아픈 곡을 튼 것은 가족 간 의사소통의 부재를 의미한다.

가　졸음이 오는 지루한 음악과 더불어 철문 도어가 무겁게 열리며 교수 등장. ❶아래위 양복이 원고지를 덧붙여 만든 것처럼 이것도 원고지 칸투성이다. 손에는 큼직한 낡은 가방을 들고 있다. 허리에 쇠사슬을 두르고 있는데, 허리를 돌고 남은 줄이 마루에 줄줄 끌려 다닌다. 쇠사슬이 도어 밖까지 나가 있어 끝이 없다. 도어를 닫고 소파에 힘들게 앉는다. 여전히 쇠사슬을 끌고 다니면서 가방은 자기 옆에 놓고 처음으로 전면을 바라본다. 중년에 퍽 마른 얼굴, 이마에는 주름살이 가고 찌푸린 얼굴은 돌 모양 변화가 없다. 잠시 후, 피곤하다는 듯이 두 손을 옆으로 뻗치면서 크게 기지개를 한다. '아아.' 하고 토하는 큰 하품은 무엇에 두드려 맞아 죽는 비명같이 비참하게 들려 오히려 관객들을 놀라게 한다. 장녀가 *플랫폼에 나타난다.

장녀: 저의 아버지랍니다. ❷밖에서 돌아오시면 늘 이렇게 달콤한 하품을 하신답니다. (교수는 머리를 기대고 잠을 자고 있다. 코를 고는데 흡사 고양이 우는 소리다.) 인제 어머님이 돌아오셔요. 어머님은 늘 아버지의 건강을 염려하세요.

적당한 곳에서 처가 나타난다. 과거에는 살도 쪘지만 현재는 몸이 거의 헝클어져 있다. 퇴색한 옷을 입고 있다. 소리를 안 내고 들어와 잠자는 교수의 주머니를 샅샅이 턴다. 돈을 한 주먹 쥐고 이어 교수의 가방을 턴다. 돈 부스러기를 몇 장 찾아내고 그 액수가 적음에 실망을 한다. 잠시 후 교수를 흔들어 깨운다.

장녀: 제 말이 맞았지요?

플랫폼 방 불이 서서히 꺼진다.　　　　　▶ 교수와 교수 처, 장녀의 등장

나　**처:** 여보, 여기서 그냥 주무시면 어떡해요. 옷도 안 갈아입으시고.

교수: 깜빡 잠이 들었군. / 교수 일어선다.

처: 어서 옷을 갈아입으세요. (❸처는 교수 허리에 칭칭 감긴 철쇄를 풀어 헤치고, 소파 뒤의 막대기에 감겨 있는 또 하나의 굵은 줄을 풀어 교수 허리에 다시 감아 준다.) 옷을 갈아입으시니 한결 시원하시지 않아요? / **교수:** 난 잘 모르겠어. [중략]

교수: 내일 만나, 내일 만나. / **처:** 내일 누구가 누구를 만난단 말이에요?

교수: 내가 그 이 씨를 만난다니까. / **처:** 이 씨는 또 누구요?

교수: 당신이 만나라는 출판사 주인 말이야. / **처:** 그 주인이 왜 이 씨예요? 김 씨지.

교수: 그래, 김 씨랬어. / **처:** 이름도 못 외고 어떻게 해요.

교수: (화를 내며) ❹김 씨면 어떻고 이 씨면 어때? 박 씨면 또 어때? 아닌 게 아니라 누가 누군지 분간을 못 하겠어. 누굴 만난다고 찾아가다가 보면 영 딴 사람에게 가게 된단 말이야. (잠시 사이) 거 애들보고 음악이나 한 곡 틀라고 하시오.

처: (순하고 부드러운 목소리로 옆방을 향하여) 애들아, (잠시 후) 애들아, (대답이 없다. 여전히 부드럽게) 애들아. / **장남:** (처의 소리와는 정반대로 호령이나 하듯이) 왜 그래요?

처: 가벼운 음악이나 한 곡 틀어라. 아버지가 피곤하시단다. / **장남:** 알겠어요!

옆방에서 *축음기 소리가 난다. 시끄럽고 귀가 아픈 곡이면 어떤 음악이건 상관없다. 관에 고장이 난 듯 똑같은 곡이 되풀이된다. 처는 무표정한 얼굴, 교수는 시끄럽다는 듯이 손으로 귀를 막는다. 참다못해 교수는 손을 흔들며 중지하라는 시늉을 한다. ⓐ음악이 멎으면 옆방이 밝아진다. 소파에 앉아 무엇을 처먹고 있는 장남과 아무렇게나 앉아 화장을 하고 있는 장녀가 보인다.
　　　　　　　　　　　　　　　　　　　　　　　▶ 유대 관계가 단절된 가족들

• 중심 내용 집에서도 구속과 억압을 받는 교수의 피곤한 일상　　**• 구성 단계** 발단·전개

이해와 감상

이 작품은 겉보기에는 평범한 대학교수와 그 가정의 이중성을 웃음을 자아내는 소극(笑劇)의 형식으로 처리하여, 삶의 의미를 상실한 채 무의미하게 살아가는 현대인의 일상과 현대 사회의 부조리한 현실을 보여 주고 있다. 부조리극의 대표적인 형식을 보여 주는 이 작품은 갈등의 발전 구조가 없고 각 장면의 상징적인 의미를 전달하는 데 초점을 맞추고 있으며 상황을 희극적으로 과장한다. 이 작품에서 유사한 행위나 무의미한 대사가 반복되는 것은 일상적 삶의 무의미함과 무가치함을 나타낸 것으로, 거대한 조직 사회 속에서 개인의 위치가 축소되고, 인간이 소외될 수밖에 없음을 드러낸다.

Q 전체 줄거리

발단	장남, 장녀, 교수, 교수의 처가 등장한다.
전개	교수는 처의 추궁에 이성이 마비된 듯한 혼란스러운 모습을 보인다.
절정	장남과 장녀가 처에게 용돈을 요구하고 감독관이 나타나 교수에게 번역을 독촉한다.
하강	교수는 천사에게서 자신의 꿈을 찾으려 하나 실패하고 감독관이 다시 번역을 독촉한다.
대단원	교수는 기계적으로 번역을 하려 하고 감독관이 또다시 번역을 독촉한다.

인물 관계도

감독관
관념적인 인물로, 교수를 기계적으로 움직이게 만드는 강압적인 힘을 상징함.

천사
교수의 분열된 자의식으로, 잃어버린 꿈과 희망을 상징함.

교수
한때는 꿈과 정열을 품었지만 가장으로서의 의무감에 짓눌려 정상적인 사고 능력을 상실한 무기력한 인물

처
돈을 밝히는 세속적인 인물. 남편을 착취하고, 자식에게는 부모로서의 의무를 다할 것을 강요받음.

장남, 장녀
등장인물이자 극의 해설자 역할. 세속적이고 이기적이며 부모의 의무만을 강요함.

작품 연구소

〈원고지〉의 희극적 과장과 그 의미

대상	희극적 과장	의미
무대	교수가 사용하는 공간을 원고지 무늬로 꾸밈.	규격화된 틀 속에서의 무의미한 일상생활 풍자
의상 및 소품	장녀의 화려한 옷차림과 분장	물질주의적 가치관을 지닌 인물의 모습
	교수의 원고지 무늬 양복과 쇠사슬	규격화된 틀에 얽매여 살면서 압박감과 구속감을 느끼는 인물의 모습
대사	• 자녀들이 소개하는 내용과 실상의 불일치 • 부모와 대조되는 자녀들의 퉁명스러운 말투	• 대화 단절과 유대감 상실 풍자 • 전도된 가족 관계 풍자
기타	• 똑같은 음악의 반복 • 3년 전과 같은 신문 내용	지루한 일상의 반복

인물 ⬚⬚는 꿈과 희망을 잃고 기계적으로 살아가는 무기력한 인물이다. 장남과 장녀는 이기적인 인물로 부모의 ⬚⬚만을 강요하고, 처는 ⬚에만 관심을 보이고 있다.

배경 현대 사회 어느 중년 ⬚⬚의 가정을 배경으로 하여 무의미하게 살아가는 현대인의 일상을 보여 주고 있다.

사건 원고 번역에 시달리는 중년 교수는 가족들에게도 구속당하며 기계적으로 살아간다. 교수는 ⬚⬚에게서 자신의 잃어버렸던 ⬚을 찾으려 하지만 실패하고 무의미한 일상을 계속해 나간다.

---

1 이 글의 등장인물에 대한 설명으로 적절하지 않은 것은?

① 교수는 이성적인 판단 능력을 상실하고 있다.
② 장녀는 교수에게 연민의 마음을 느끼고 있다.
③ 교수는 여유 있게 휴식을 즐기지 못하고 있다.
④ 장남은 교수와 처의 말을 귀담아듣지 않고 있다.
⑤ 처는 교수가 돈을 많이 벌기만을 기대하고 있다.

2 〈보기〉의 밑줄 친 부분과 관련된 이 글의 특징으로 가장 적절한 것은?

┤ 보기 ├

서구 전통극에서 관객석과 무대는 엄격히 구별되어 있다. 그러다 보니 관객의 참여는 제한되고 다만 관객은 감상을 통해 극 중 내용에 환상적으로 몰입할 수 있을 뿐이다. 그런데 〈원고지〉는 이러한 전통극의 특징을 벗어나 일종의 '낯설게 하기' 효과를 통해 관객의 극 중 몰입을 방해하고 있다.

① 장면이 바뀔 때마다 배경 음악을 달리하고 있다.
② 무대의 음향 효과를 객석에서 들리도록 하고 있다.
③ 배우의 희화적인 행동을 통해 웃음을 유발하고 있다.
④ 배우가 객석의 관객에게 직접적으로 말을 건네고 있다.
⑤ 플랫폼 형식의 무대를 꾸며 상징적인 의미를 담고 있다.

3 〈보기〉의 시에 '교수'가 관심을 보였다면, 그 이유로 가장 적절한 것은?

┤ 보기 ├

사람들 사이에 섬이 있다. / 그 섬에 가고 싶다.
– 정현종, 〈섬〉

① 집에서도 하나의 섬과 같은 고립감을 느껴서
② 새로운 공간에서 복잡하지 않은 삶을 꾸리고 싶어서
③ 인간을 욕망의 노예로 만드는 공간을 피하고 싶어서
④ 가장으로서 느끼는 삶의 무게감에서 벗어나고 싶어서
⑤ 반복되는 일상에서 벗어나 이상적인 세계로 떠나고 싶어서

4 ㉠의 기능으로 가장 적절한 것은?

① 사건의 종결　② 긴장감 조성　③ 장면의 전환
④ 갈등의 해소　⑤ 시간의 흐름 암시

내신 적중 多빈출

5 (가)의 원고지 무늬로 된 '양복'과 '쇠사슬'이 상징하는 의미가 무엇인지 쓰시오.

중략 부분의 내용 기계적으로 반복되는 일상 속에서 교수는 이성이 마비된 듯 혼란스러운 모습을 보인다. 장남과 장녀는 처에게 용돈을 요구하고, 감독관이 나타나 교수에게 번역을 독촉한다.

가 이때 무대 전체가 어두워지고 *스포트라이트가 교수만을 포착한다. 잠시 모든 것이 조용해지며 과거를 상기시키는 감상적인 음악이 고요히 흘러나온다. 교수 전면에 또 하나의 스포트라이트가 *투사되며 천사가 역시 미소를 지으며 가벼운 발레를 추면서 들어온다. 교수는 천사를 물끄러미 바라본다.
〔삶의 진정한 가치를 추구하던 젊은 날의 희망과 정열을 상징하는 존재〕

교수: (한참 있다) 옳아, 생각이 나는 것 같아. 그래 바로 그거.

천사: 나를 완전히 잊은 줄 알았어요.

교수: (일어서며) 분명 그래. 아직 잊지를 않았어. 나의 희망, 나의 정열의 옛 모습이야.
〔과거의 교수 자신〕 〔천사의 상징적 의미〕

천사: 쥐꼬리만 한 기억력이 아직 남아 있군요.

교수: 언제 어떻게 돼서 당신과 헤어졌는지 모르겠습니다. 나에게도 불타는 듯한 정열이 있었어요. 그래요. 생각이 납니다. 밤을 새워 가며 아름다움을 노래하고, 진리를 위해 온 생애를 바치겠노라고 떠들던 때…… 아, 꿈 같은 시절이었습니다. 당신은 왜 나를 버렸어요? / 천사: 당신이 나를 떠났지요. 당신을 돕고 싶습니다. ❶그러나 이미 늦었어요. 나한테 되돌아오기는 너무 늦었어요.

교수: ❷내 꿈을 도로 찾아 주십시오. 생각할 힘을 주시오. 요즈음은 통 사고를 할 수가 없습니다. / 천사: 사고할 필요가 없어요. 이미 사고가 난걸요.
〔사고(事故). 뜻밖에 일어난 불행한 일〕 〔사고(思考). 생각하고 궁리함.〕 〔동음이의어를 활용한 언어유희〕

교수: 이 ㉠함정에서 뛰어나가고 싶습니다. (천사가 서서히 사라진다.) 가지 마시오! 내 희망, 내 정열은 어떻게 되는 거요. 꿈을 주십시오! 내 꿈! 내 꿈!
〔현실에 대한 교수의 인식〕 〔절망적인 상황〕

꿈을 잃은 교수는 맥없이 전면을 바라보며 앉아 있다. ❸어둠 속에서 창을 여는 소리가 나며, 감독관이 얼굴을 나타낸다. / 감독관: (회초리를 흔들며) ⓐ원고! 원고는 언제 쓰는 거야?
〔현실의 중압감을 상징〕 〔▶ 젊은 날의 꿈을 상징하는 천사와의 만남과 감독관의 독촉〕

나 장녀: (관객들에게) ⓑ벌써 아침이 됐습니다. (자고 있는 교수를 가리키며) 아버지는 연구하시다가 가끔 그대로 책상에서 주무신답니다. 그야말로 학자지요. 여러분은 아침에 어머니가 먼저 안 나오시고 제가 이 방에 대신 왔다는 점을 이상하게 생각하실는지 모르겠습니다. 어머니는 아침 일찍이 아버지 원고를 가지고 출판사로 달려갔으니 이렇게 제가 대신 왔습니다. 아시겠지요. ⓒ아버지가 밤늦도록 수고하시니 저도 아버지를 위해 한 가지 좋은 일을 해 드리고 있습니다. 아침마다 아버지께 신문을 읽어 드립니다. (교수를 깨운다.) 아버지. (교수 눈을 비비며 머리를 든다.) 아버지, 아침 신문 왔어요. 읽어 드리겠어요. / 교수: (하품을 하며) 그래, 읽어 다오.
〔반어적 표현〕

장녀: (신문을 읽는다.) 비가 많이 왔어요. ❹강원도 쪽에 눈이 굉장한 모양이에요. 또 살인입니다. 『이번엔 두 살 난 애가 자기 애비를 죽였대요. 참, *지프차가 동대문을 들이받아 동대문이 완전히 무너졌답니다. 지프차는 도망가 버리구』 이것 봐요. 아버지 《개성을 잃은 노동자》라는 번역 책이 악마사에서 다시 나왔어요. 이 씨가 또 당선됐답니다. 신경통에 드는 한약이 새로 나왔군요. 끔찍도 해라. 남편이 자기 아내한테 또 매 맞았대요.
〔『 』: 비현실적 사건(현대 사회의 비정상적이고 부조리한 모습 고발)〕 〔출판사 이름. 현대 사회의 비정한 현실을 상징적으로 드러냄.〕

교수: ❺하룻밤 사이에 참 신기한 사건도 많아라. 세상이 그렇게 변해서야 어디 살 수 있겠니. 너 왼쪽 손에 들고 있는 종이는 뭐냐? / 장녀: 이거요?

영자 신문을 교수에게 준다. 교수는 받기가 무섭게 기계적으로 번역을 한다.

장녀: 뭘 번역을 하세요? / 교수: 이 영어를 우리말로 고치는 거야. / 그대로 번역을 한다.

장녀: ⓓ아버지두 참! 그거 오늘 아침 영어 신문이에요.

교수: (신문을 보더니) ⓔ그렇군! 난 영어길래 곧 번역하려구 했지.
〔번역하는 행위가 기계화·자동화됨.〕 〔▶ 기계적으로 영자 신문을 번역하려 하는 교수〕

• **중심 내용** 젊은 날의 꿈을 상실한 채 계속 기계적이고 무의미한 삶을 사는 교수   • **구성 단계** 하강·대단원

🏠 작품 연구소

〈원고지〉에서 주인공의 직업을 '교수'로 설정한 이유

이 작품에서 주인공의 직업은 교수이다. 교수는 학문을 추구하는 대표적인 지식인 계급이다. 여기서 지식인이란 자신의 지식을 토대로 하여 자기가 속한 시대나 사회의 문제를 통찰하고, 그것을 기반으로 현실의 문제에 대해 비판할 수 있는 능력을 지닌 사람을 말한다. 그런데 이 작품에서 교수는 한때 학문 추구의 열정을 가지고 있었으나, 현재는 돈을 버는 기계처럼 살아가고 있다. 이 작품은 이와 같이 사회의 지식인으로 대변되는 교수까지도 물질의 노예가 되어 버린 상황을 보여 줌으로써 현대 사회의 문제점과 허구성을 강하게 풍자하고 있다.

교수	• 원고지 무늬의 양복 • 허리의 쇠사슬 • 원고 독촉에 시달림.	⇒	• 강압적인 상황에서 계속 원고를 쏠 수밖에 없음. • 물질의 노예가 되어 버림.

〈원고지〉에 쓰인 호칭과 그 효과

이 작품에는 등장인물의 명칭이 고유 명사가 아니라 '교수', '처', '장남', '장녀' 등 보통 명사로 되어 있다. 이는 객관화된 호칭으로 가족 구성원 간의 유대감 상실을 효과적으로 보여 준다. 또한 인물들이 특수한 개인이 아니라 그 인물이 속한 집단을 대표하는 유형화된 인물임을 보여 줌으로써 현대 사회의 모습을 효과적으로 제시해 주고 있다.

인물의 호칭
교수, 처, 장남, 장녀

↓

• 인물이 속한 집단을 대표하는 유형화된 인물임을 의미함.
• 풍자의 범위를 사회 전체로 확대할 수 있게 함.
• 가족 구성원 간의 유대 관계 상실과 거리감을 보여 줌.

〈원고지〉의 부조리극 형식

• 암시적인 무대 장치를 사용함. • 의외의 음향과 조명을 사용함. • 인물의 대사와 행위가 일치하지 않음. • 유사한 행위나 무의미한 대사를 반복함. • 특별한 갈등 없이 극 중 상황만을 보여 줌.	⇒	현대인의 고독과 소통의 부재를 드러내는 부조리극의 형식을 보여 줌.

자료실

부조리극

현대 문명을 살아가는 현대 인간의 존재와 삶의 문제들이 무질서하고 부조리하다는 것을 소재로 삼은 연극 사조이다. 부조리극은 고대 그리스극의 전통을 파괴하는 사실주의 극 그 이상으로 사실주의 극을 철저히 파괴해 반연극적 특성을 보여 준다. 플롯이나 스토리 개념의 부재, 자동인형과 같은 등장인물, 시작과 끝의 부재, 꿈과 악몽의 반영, 논리적 맥락에서 벗어난 대사 등 연극 그 자체가 행위의 의미를 해체당하는 부조리를 만들어 부조리성을 강조하는 기법을 사용하는데, 이러한 특성은 상징주의, 표현주의, 초현실주의 등의 전통을 계승한 결과라고 할 수 있다.

📖 함께 읽으면 좋은 작품

〈북어 대가리〉, 이강백 / 현대 사회의 부조리를 비판한 작품

'자앙'과 '기임'이라는 두 창고지기를 통해 현대 산업 사회에서 방향성을 상실한 채 기계적으로 살아가는 현대인의 삶과 인간 소외를 그리고 있는 희곡이다. 🔗 **Link** 본책 224쪽

〈역사(力士)〉, 김승옥 / 현대의 기계적인 일상생활을 풍자한 작품

능률과 효율성으로 특징지어지는 현대 문명을 비판한 소설로, 그 반대 항으로 설정한 '역사'라는 인물을 통해 작가가 모색하고 있는 대안적인 인간형을 보여 주는 작품이다. 🔗 **Link** (현대 소설) 176쪽

---

6 이 글의 특징에 대한 설명으로 적절하지 않은 것은?

① 등장인물이 극 중 상황에 대해 해설을 한다.
② 반어적 표현을 통해 인물의 상황을 드러낸다.
③ 조명의 변화를 통해 다음 사건이 진행될 방향을 암시한다.
④ 등장인물의 이름을 보통 명사로 제시하여 익명성을 강조한다.
⑤ 환상적인 장면 설정을 통해 인물이 처한 현실의 문제를 드러낸다.

7 〈보기〉와 관련하여 이 글을 이해한 내용으로 적절하지 않은 것은?

┤ 보기 ├

말라붙고 짜부라진 눈, / 북어들의 빳빳한 지느러미.
막대기 같은 생각 / 빛나지 않는 막대기 같은 사람들이
가슴에 싱싱한 지느러미를 달고
헤엄쳐 갈 데 없는 사람들이 / 불쌍하다고 생각하는 순간,
느닷없이 / 북어들이 커다랗게 입을 벌리고
거봐, 너도 북어지 너도 북어지 너도 북어지
귀가 먹먹하도록 부르짖고 있었다.

– 최승호, 〈북어〉

① 장녀는 '말라붙고 짜부라진' 내용의 신문을 읽고 있다.
② 교수는 천사와의 대화를 통해 '막대기 같은 생각'을 바꾸게 되었다.
③ 교수는 과거에 '싱싱한 지느러미' 같은 정열을 지녔다.
④ 교수는 현실 속에서 '헤엄쳐 갈 데 없는' 처지에 놓여 있다.
⑤ 감독관은 교수가 '북어'와 같은 삶에서 벗어날 수 없음을 일깨우고 있다.

8 ㉠의 문맥적 의미로 가장 적절한 것은?

① 부도덕한 삶의 누적에 따른 양심의 가책
② 성공만을 위한 굴욕적인 삶에 대한 환멸감
③ 시대 변화에 적응하지 못하는 자아의 불안감
④ 무능력 때문에 경제적 어려움이 심화되는 현실
⑤ 삶의 가치를 상실하고 기계적으로 반복하는 일상

중요 기출

9 ⓐ~ⓔ 중, 〈보기〉의 밑줄 친 부분에 해당하는 대사로 보기 어려운 것은?

┤ 보기 ├

희곡에서 대사는 작품의 주제를 제시하고, 등장인물의 성격을 드러내며, 무대 밖에서 일어나고 있는 사건에 대한 정보를 전달해 준다.

① ⓐ   ② ⓑ   ③ ⓒ   ④ ⓓ   ⑤ ⓔ

10 이 글에서 작가가 신문의 기사 내용을 통해 풍자하고자 하는 바를 20자 내외로 쓰시오.

가 **곰치:** (마루 위에 벌렁 드러누워 버리며) 이고, 도삼아아 ―. / **구포댁:** (무표정한 얼굴)

곰치: (드러누운 채) ㉠아무 말도 아니여! (처절하게) ❶그래, 뱃놈은 물속에서 죽어사 쓰는
법이여. 그것이 팔짜니라아 ―. (열을 올려) 나는 안 죽어! 기어코 배를 부리고 말 것이여!
돛 달 때마다 만선으로 배가 터지는 때가 반다시 있고말고!

구포댁: (마당을 서성대며) 흥! 그 꼴로 에미를 보다니……. 눈은 희멀겋게 뜨고는 머리는 산
발하고는, 옷은 뭣을 입었드라? 옳제! ❷생모시 저고리 바지를 입고는……. 그 옷은 해 주
지도 않았었는디 으디서 빌려 입었단 말잉가? 연철이 옷이등가?

곰치: 뭣이라고? 믄 소리여? / **구포댁:** (내뱉듯) 우리 도삼이 말이요!

곰치: (벌떡 일어나 앉으며) 뭣이라고? 도삼이?

구포댁: 아암! 나는 도삼이를 봤어!

곰치: (눈을 휘둥그렇게 뜨고는) 도, 도삼이를 봐?

구포댁: 봤고말고! 이 에미 손목을 떨어져라 흔들어 댐시러는 뭣이라고 했쌌드만은 새끼가
말소리도 똑똑하게 안 하고 실실 웃기만 하고는……. 그러다가…… 그러다가…… 그냥
가 부렀어! (몇 걸음 부리나케 달려가다 우뚝 서며 찢어질 듯) 도삼아! 도삼아!

곰치: 저것이…….

구포댁: (사방을 휘둘러보고 나선) 아니, 아니……. 이 매정스런 놈의 새끼가 으디로 가 부렀
어? 아, 도삼어― 도삼어으― (그 자리에 주저앉으며) 으흐흐흐! (운다.)

곰치: (침통하게) 도삼이는 죽었다!

구포댁: 죽었어? 연철이도 죽고?

곰치: ㉡아암! 벌써 죽었어! / **구포댁:** 그짓말! 내가 아까참에도 봤는디?

곰치: (구포댁의 어깨를 툭툭 치며) ㉢여봐! 정신 채려! ▶ 도삼을 잃고 실성한 구포댁을 말리는 곰치

나 **구포댁:** ❸그람 남은 놈은…… 남은…… (아기를 들어 보이며) 이놈 하나란 말이제?

곰치: 으음 ― ㉣그놈이 열 살만 되면 그물을 손질할 놈이여!

구포댁: (ⓐ) 이놈도 그물을 칠 것잉고? 열 살이면?

곰치: 아암! ❹열 살만 되면 그물을 치고말고!

구포댁: (아기를 들어 눈앞에다 세우고는 뚫어지게 쳐다본다.)

곰치: 나한테 남은 것은 그물하고 이놈하고 슬슬이뿐이여! (허탈하게) 다아 잃었어! 다…….

구포댁: (불현듯) 우 참! 우리 슬슬이! 아조 범쇠한테 시집보내!

곰치: (깜짝 놀라) 뭣이라고?

구포댁: 제 발로 얹어 묵는 놈한테 시집가서는 안 되제! 그래도 범쇠는 배를 부링께…….
(사방을 두리번거리며) 슬슬어으―.

곰치: ㉤미친 소리! 나가고 없어!

구포댁: (아기를 들쳐 업으며) 그람 찾어사제! 범쇠는 배가 있어!

곰치: (막아서며) 안 된다! 이 곰치 두 눈이 멀뚱할 때까지는 절대 안 돼! 내일이라도 당장
배 탄다! 으뜸 배라도 타고 만다! 칠산 바다 부서는 아직도 사태여!

구포댁: (갑자기 간드러지게) 흐흐흐흐― 부서가 사태? 그람 내일도 만선이겠네?
▶ 남은 자식의 장래에 대한 곰치와 구포댁의 갈등

・**중심 내용** 아들을 잃은 구포댁의 실성　　・**구성 단계** 하강

이해와 감상

이 작품은 남해안의 작은 어촌을 배경으로 어민들의 욕망과 좌절을 토속적이고 지방색 짙은 언어를 통해 그린 희곡으로, 한국 사실주의 극의 대표작으로 평가받고 있다. 험난한 바다와 대결하고자 하는 강한 집념을 지닌 남편 곰치와 본능적인 모성애로 바다를 벗어나고자 하는 그의 아내 구포댁과의 갈등을 중심으로 다양한 갈등 양상이 복합적으로 드러나 있다. '만선'이라는 인간 본연의 욕망에 집착하는 곰치와 자신의 비극적 운명을 자식 대에까지는 넘겨 줄 수 없다고 생각하는 구포댁의 모습을 통해 인간 삶의 양면성을 보여 주고 있다.

Q 전체 줄거리

발단	칠산 바다에 부서 떼가 몰려들고 곰치는 선주 임제순에게 빚 독촉을 받는다.
전개	곰치는 선주와 불리한 조건의 계약을 맺고 아들 도삼과 딸 슬슬이의 애인 연철과 함께 물고기를 잡기 위해 배를 타고 나간다.
절정	풍랑에 배가 뒤집어지면서 곰치는 고기는 물론 도삼과 연철마저 잃고 돌아온다.
하강	구포댁은 도삼의 죽음에 실성해 버리고 곰치는 만선에 대한 미련을 못 버리고 어린 아들마저 어부로 만들기로 결심한다.
대단원	구포댁은 갓난 아들을 빈 배에 태워 육지로 보내고, 애인을 잃고 범쇠에게 시집갈 처지가 된 슬슬이는 스스로 목을 맨다.

👥 인물 관계도

임제순
선주(60세). 배를 빌려 준 대금에 비싼 이자를 붙여 어부들의 원성을 삼. 곰치에게 빚 갚기를 독촉함.

구포댁
곰치의 아내(48세). 모성애가 강한 인물로, 아들 도삼의 죽음 후에 실성함.

곰치
가난한 어부(49세). 수많은 시련에도 만선의 꿈을 좇는 강인하고 우직한 인물

성삼
곰치의 친구이자 어부(47세). 만선에 대한 곰치의 고집을 만류함.

도삼
곰치의 아들(30세). 곰치와 고기를 잡으러 바다에 나갔다가 풍랑을 만나 목숨을 잃음.

슬슬이
곰치의 딸이자 연철의 연인(19세). 연철이 죽고 범쇠에게 시집갈 처지가 되자 목을 맴.

연철
슬슬이의 연인(28세). 곰치의 집념 때문에 무리하게 바다에 나갔다가 실종됨.

범쇠
주막 주인(50세). 슬슬이를 탐하는 인물. 슬슬이가 자신의 처지를 비관하여 자살하게 하는 원인을 제공함.

🔑 포인트 체크

인물 어부 곰치는 우직한 성격으로 오직 ☐☐에만 집착하는 인물이다. 곰치의 아내 구포댁은 ☐☐☐가 강한 인물이다.

배경 남해안의 작은 ☐☐을 배경으로 하여 어민들의 비극적인 삶을 사실적으로 보여 주고 있다.

사건 ☐☐독촉에 시달리던 곰치는 만선을 꿈꾸며 바다에 나가지만 거센 풍랑에 딸 슬슬이의 애인 연철과 아들 도삼을 잃는다. 구포댁은 도삼의 죽음에 실성하여 어린 아들을 살리려 빈 ☐에 실어 육지로 보내고 슬슬이는 자신의 처지에 절망하여 스스로 목을 맨다.

(중요 기출)

1 이 글에 대한 설명으로 적절하지 않은 것은?

① 대화를 간결하고 속도감 있게 진행시키고 있다.
② 현장감을 강조하기 위해 사투리를 사용하고 있다.
③ 언어유희를 통해 인물 간의 갈등을 부각시키고 있다.
④ 인물의 직업과 공간적 배경을 짐작하게 하는 단어를 사용하고 있다.
⑤ 지시문을 많이 사용하여 인물의 말과 행동에 대한 이해를 돕고 있다.

2 〈보기〉를 바탕으로 이 글을 감상한 내용으로 적절하지 않은 것은?

┤ 보기 ├

㉮ 시련 → ㉯ 목표
㉮ 시련 → ㉰ 좌절

① 곰치와 구포댁은 현재 ㉮의 위치에 있는 상태로군.
② 곰치와 구포댁에게 도삼의 죽음은 ㉮에 해당하겠군.
③ 곰치에게는 만선을 이루는 것이 ㉯에 해당하겠군.
④ 구포댁은 ㉮를 겪고 ㉯에 더욱 집착하고 있군.
⑤ 구포댁은 ㉮를 경험하고 곰치의 ㉰를 염려하고 있군.

3 ㉠~㉤ 중, 〈보기〉의 밑줄 친 내용을 뒷받침하는 대사로 가장 적절한 것은?

┤ 보기 ├

〈만선〉은 대자연과 맞서는 어민의 끈질긴 삶의 의지를 그려 인물의 전형(典型)을 창조하는 데 성공한 작품이다. 이 작품이 돋보이는 이유는 바로 '곰치'와 같은 독특한 유형의 인물을 창조한 데 있다.

① ㉠ ② ㉡ ③ ㉢ ④ ㉣ ⑤ ㉤

4 ⓐ에 들어갈 지시문으로 가장 적절한 것은?

① 체념하면서 ② 퉁명스럽게
③ 만족스러운 듯이 ④ 눈이 휘둥그레져서
⑤ 이판사판이라는 듯이

5 만선이 '곰치'에게 주는 의미를 20자 내외로 쓰시오.

어휘 풀이

널쪽 널조각. 널빤지의 조각.

기겁(氣怯)하다 숨이 막힐 듯이 갑작스럽게 겁을 내며 놀라다.

단말마(斷末魔) 목숨이 끊어질 때의 몹시 심한 고통.

장(長)대 대나무나 나무로 다듬어 만든 긴 막대기.

Q 구포댁이 아기에 관한 질문에 모른다고 답하는 이유는?

구포댁은 어린 아들을 배에 태워 육지로 보냄으로써 뱃사람이라는 숙명에서 벗어나게 하려는 모성애를 보인다. 그런데 곰치가 아들의 행방을 알면 아들은 뱃사람이 되어야 한다는 숙명의 굴레에서 벗어날 수가 없기 때문에 이를 모른 척하고 있는 것이다.

구절 풀이

❶ **숨줄이 끊어져도 참말로 몰라!** 구포댁에게 바다는 지긋지긋한 죽음의 공간으로 인식되고 있기 때문에 본능적인 모성애로 아기를 살리고 싶어 배에 태워 보낸 것이다. 그러므로 목숨을 걸고서라도 절대 아기의 행방을 말하지 않겠다며 처절하게 반항하고 있는 것이다.

❷ **뭍으로 가야 안 죽어! ~ 지 명대로 살텡께!** 구포댁이 아기를 배에 태워 보낸 이유가 드러나고 있다. 구포댁의 입장에서 바다는 죽음의 숙명을 벗어날 수 없는 곳이기 때문에 뭍을 지향하고 있는 것이다.

❸ **헛간에 널쪽 ~ 타고 쫓아가사제!** 거친 풍랑 속에서도 바다에 나가려는 곰치의 집념이 드러나는 대사이다. 또한 다음 장면에서 성삼이 널쪽을 확인하러 헛간으로 갔다가 슬슬이가 죽은 것을 확인하는 계기가 된다.

❹ **못 개! ~ 못 가아一.** 뱃사람이 될 아들을 찾으려는 곰치와, 아들이 돌아오면 죽음을 피하지 못할 것이라고 생각하는 구포댁의 갈등이 첨예하게 드러나고 있다. 실성한 와중에도 아들의 목숨을 지키기 위해 몸부림치는 구포댁의 모성애를 느낄 수 있다.

❺ **곰치야아 ~ 만선에 미친 놈아一.** 성삼은 곰치 일가가 파멸하는 과정을 지켜본 인물이다. 곰치의 고집을 만류해 오던 성삼은 슬슬이의 죽음까지 보게 되면서 곰치에 대한 연민과 분노가 폭발하고 있다.

Q 곰치가 어린 아들에게 집착하는 이유는?

곰치에게 삶의 목적이자 이유는 어부로서 만선의 꿈을 실현하는 것이다. 그리고 자신의 대에서 그 꿈을 이루지 못하면 자식 대에서라도 반드시 그 꿈을 실현시키겠다는 집념을 가지고 있다. 따라서 구포댁이 하나 남은 아들을 배에 태워 육지로 보낸 것을 알고는 거센 풍랑 속에서 널쪽을 타고서라도 아들을 뒤쫓으려는 것이다.

작가 소개

천승세(1939~)
소설가, 극작가. 1958년 《동아일보》 신춘문예에 〈점례와 소〉가 당선되어 등단하였다. 주로 인간 사회의 비정한 모습을 문학적으로 승화시키는 작업을 해 왔다. 주요 작품으로 〈물꼬〉 등이 있다.

가 구포댁 뭐라 중얼대며 들어온다. 그네의 등엔 아기가 없다.
_{아기를 어딘가로 떠나보냈음.}

곰치: (와락 달려들어) 아니, 으쨌다고 남의 배를 띄웠나? 엉?
_{우실이네 배}

구포댁: (실실 웃으며) 나 배 안 띄웠어! 참말!

곰치: (목을 움켜쥐고) 말을 햇! 어서! (구포댁의 등을 보곤 기겁해서) 아니, 애기는? 애기는 으따 뒀어? 엉? / **구포댁:** (손을 내저으며) 몰라! 나는 몰라! ❶숨줄이 끊어져도 참말로 몰라!

곰치: 뭇이? 말 안 해? (목을 바싹 졸라 대며) 이래도? 이래도?

성삼: (황급히 곰치의 손을 떼어 놓으며) 이라면 못써! 물어봐사제, 이라면 못써! (구포댁에게) 아짐씨, 나 성삼인디 나 알지라우?
_{실성한 구포댁에게 자신을 알아보는지부터 물어봄.}

구포댁: (연방 고개를 내저으며) 애기는 몰라! 나는 몰라!

곰치: (다시 구포댁의 목을 졸라 잡고) 이것을 나 죽이고 말 거여! 말 안 할래? 애기 으따가 뒀어? 응? 어서 말을 해! / **구포댁:** 갔다! 가 부렀어! / **곰치:** 뭇이? 가?
_{비극적 숙명(죽음)을 피할 수 있는 곳}

구포댁: 쩌그 뭍으로 갔다! 가 뿌렀어! / **곰치:** 배에다 실어 보냈구나! 응?

구포댁: 아문! ❷뭍으로 가야 안 죽어! 지 명대로 살라면 뭍으로 가야 해! 좋은 사람 좋은 부모 만나서 호강하고 크라고! 그래사 지 명대로 살텡께! 쩌그 뭍으로 배 타고 갔다!
_{아들의 생존에 대한 강한 집착}

곰치: ㉠이런 육실헐! (살기등등한 눈으로 사정없이 목을 조른다.)

구포댁: (숨이 막혀) ㉡오냐아, 오냐, 주, 죽여라아— 어서어— 내 새, 새끼는 갔다! 무, 뭍으로 가 뿌렀어—. / **곰치:** (목을 조르다 밀어붙이며) 뒈겨! 어서 뒈져 뿌럿!
_{곰치에 대한 반발}

구포댁: (뚱— 나가떨어지며) 히히히— 만선인디, 내가 으째 죽어? (일어나 마당을 뱅뱅 돌며) 슬슬이아아— 너도 범쇠한테 가그라아—. 범쇠는 배를 부리지야!
▶ 아기를 배에 태워 육지로 보낸 구포댁

나 **곰치:** (살기 찬 눈으로 구포댁을 바라보고 서선) 저 육실헐 것을! 그냥…… (성삼에게 급하게) 성삼이! 얼른 가 보세! 붙잡어사제! 엉? 어서!

성삼: 이 바람 통에 으쩐 미친놈이 배를 내줘? 코딱지만 한 동네 나루로 배가 밀리는 판에?

곰치: (나가려) ❸헛간에 널쪽 있네! 그놈이라도 타고 쫓아가사제!

성삼: ㉢널쪽? 배가 부서지는 판에 널쪽을 타고 쫓아?
_{위험하고 불가능한 상황}

곰치: 배보다도 널쪽이 더 나어! 널쪽만 안 놓치면 집채 같은 파도 속에서도 널쪽은 안 부서겨! / **성삼:** 글써 안 돼!
_{곰치의 무모하고 고집스러운 성격}

곰치: ㉣안 될 것이 뭇잉가? 곰치는 해! 어서! 어서! (나간다.)

구포댁: (곰치의 가랑이를 쥐어 잡고) ❹못 가! 못 간다! 내버려 둬! 뭍에 가서 지 명대로 살게 내버려 두어—. 못 간다아—. 못 가아—.

곰치: 이것 안 놔? 안 놀 것이여? (사정없이 발로 차 버리곤 부리나케 나가 버린다.)

구포댁: 못 가! 못 간다는디! 내버려 두어! / 구포댁 허겁지겁 곰치를 쫓아 나가 버린다. 무대엔 침통한 얼굴의 성삼이 혼자 한동안 넋을 빼고 있다간 불현듯 바삐 헛간 쪽으로 간다.
▶ 아기를 쫓아 거친 바다로 나가는 곰치

다 **성삼:** (처절하게) 기가 막혀! (꺼질 듯) 후유 — (헛간 속에 발을 들여놓으며 고개를 설레설레) 이럴 수가! 이럴 수가! (헛간 속으로 들어가 버린다. — 사이 — 기겁해서 뒷걸음질 쳐 나오며) 엉? 스, 슬슬이! 스, 슬슬이가 모, 목을 매고 죽었구나! 슬슬이가 죽었어! 슬슬이가 죽어! (신음처럼) 허어 — 슬슬이가 죽다니—.
_{장면을 보여 주지 않고 대사로 처리함. - 희곡의 제약성}

성삼, 감전당한 듯 그 자리에 넋 빼고 서 있다간 미친 듯이 달음질쳐 나가 버린다.

성삼: ㉤❺곰치야아— 이놈아아— 이 만선에 미친 놈아—.
_{연속되는 비극으로 인한 당혹감과 허탈감}

**단말마의 울부짖음 무대에 번져 온다. 『기세 좋은 바람, 마당을 휩쓸고 지나간다. 긴 장대가 건들건들, 널린 보잘것없는 생선들이 따라 건들거린다.』
_{「 」 배경을 통한 비극적 분위기 고조 / 비극성의 고조, 음향 효과를 활용하여 비극적 분위기를 생성하게 전달함.}
▶ 절망적 현실에 목을 맨 슬슬이

· **중심 내용** 가족의 파멸을 불러온 곰치의 집념   · **구성 단계** 대단원

🏠 작품 연구소

〈만선〉의 갈등 양상

이 작품은 다양한 갈등을 바탕으로 사건이 전개되면서 주제를 구현하고 있다. 먼저 곰치와 바다의 갈등을 들 수 있다. 바다는 곰치의 삶의 터전으로, 만선의 꿈을 실현시킬 수 있는 공간이자 자식의 목숨을 앗아 간 곳이기도 하다. 곰치는 이러한 바다에 도전을 하게 된다. 그리고 바다에 대한 곰치의 도전에서 곰치와 구포댁의 갈등이 파생된다. 곰치는 아들을 바다에서 잃었지만 바다를 버리지 못한 채 만선을 꿈꾸고, 구포댁은 곰치의 그러한 고집 때문에 하나 남은 어린 아들까지 잃게 될까 봐 뭍으로 떠나보낸다. 한편 곰치와 임제순의 갈등은 빈부 간의 갈등이라 할 수 있다. 고리대금업을 하는 악덕 선주 임제순은 실현 불가능한 조건으로 곰치와 계약을 하는데, 곰치는 그 부당함에 격분하면서도 만선을 통해 극복할 수 있다는 의지를 보인다. 결국 곰치가 자신의 운명을 적극적으로 개척하려는 의지를 보여 주면서 숙명과 의지의 갈등이 나타난다고 할 수 있다.

갈등의 양상	갈등의 의미
곰치↔바다	인간과 자연의 대결 구도
곰치↔구포댁	숙명에 대한 도전과 숙명에서의 탈출
곰치↔임제순	빈부 차이에 의한 갈등(어민의 비참한 삶)

곰치와 구포댁의 갈등

이 작품의 다양한 갈등 양상 중, 곰치와 구포댁은 운명을 대하는 서로 다른 태도를 보임으로써 사건 전개의 중심축을 이루고 있다.

곰치	⟷	구포댁
바다에 대한 집념		바다를 벗어나고자 하는 욕구
만선을 실현하고자 하는 집착		자식의 생명에 대한 집착
자연과 싸우며 만선을 이루고자 하는 부성(父性)의 우직함		자식을 죽음이라는 숙명에서 벗어나게 하기 위한 모성(母性)의 몸부림

제목 '만선'의 상징적 의미

만선	사전적 의미	물고기 따위를 많이 잡아 가득히 실음. 또는 그런 배
	↓	
	작품 속 의미	곰치가 이루고자 하는 소망과 의지

↓

인간이 이루고자 하는 삶의 목표이자 가치를 상징함.

〈만선〉의 비극성과 카타르시스

이 작품은 좌절할 줄 모르는 곰치의 집념과 의지가 오히려 그에게 파멸의 원인으로 작용하는 비극적 구성 방법을 취하고 있다. 이렇게 인물의 성격에 의해 비극이 결정되는 형식을 성격비극이라고 한다. 관객의 입장에서는 만선에 대한 곰치의 의지가 파멸되는 과정을 보면서 공포와 함께 연민의 정서를 느끼게 된다

📖 함께 읽으면 좋은 작품

〈독 짓는 늙은이〉, 황순원 / 인물의 집념과 좌절을 보여 주는 작품

일생을 독 굽는 일에 바친 한 노인의 고뇌를 표현한 소설이다. 주인공이 목표의 성취를 위해 무서운 집착을 보인다는 면에서 곰치와 유사하다.

---

6 이 글의 내용에 대한 설명으로 적절하지 않은 것은?

① 구포댁은 곰치의 다그침에 동문서답(東問西答)하고 있다.

② 곰치는 성삼의 만류에도 막무가내(莫無可奈)로 나서고 있다.

③ 성삼은 슬슬이의 죽음을 알고 아연실색(啞然失色)하고 있다.

④ 곰치는 끝까지 견인불발(堅忍不拔)의 자세를 보여 주고 있다.

⑤ 구포댁은 곰치가 아기를 되찾아 올까 봐 노심초사(勞心焦思)하고 있다.

7 연출자가 ㉠∼㉤에 대한 연기를 지시한다고 할 때, 그 내용으로 적절하지 않은 것은?

① ㉠: 구포댁을 향한 극심한 분노가 드러나도록 표정 연기를 해 주세요.

② ㉡: 곰치에 대한 강한 반발심이 느껴지도록 연기해 주세요.

③ ㉢: 널쪽을 타고 바다에 나가는 것이 가능할까 하는 의구심이 나타나는 어조로 연기해 주세요.

④ ㉣: 곰치의 무모하고 고집스러운 성격이 드러날 수 있도록 연기해 주세요.

⑤ ㉤: 곰치에 대한 연민과 분노가 동시에 나타나야 한다는 점에 신경 써 주세요.

8 〈보기〉의 ㉮∼㉰ 중, 이 글에서 확인할 수 있는 내용만을 골라 바르게 묶은 것은?

┤ 보기 ├

희곡에서 갈등은 ㉮인물 간의 이해관계가 달라 서로 불화를 일으키는 경우와 ㉯집단 사이의 목표가 달라 적대적 관계로 대립하는 경우, ㉰인물의 의지와 타고난 운명 사이에서 일어나는 대결 등으로 나타난다. 또한 ㉱마음속에 여러 욕구가 동시에 일어나 갈피를 못 잡는 상태로 나타나기도 한다.

① ㉮, ㉯ ② ㉮, ㉰ ③ ㉮, ㉱ ④ ㉯, ㉰ ⑤ ㉰, ㉱

9 〈보기〉는 (가) 앞에 생략된 내용을 추측하여 구성한 장면이다. 이 글을 참고하여 빈칸에 들어갈 알맞은 내용을 〈조건〉에 맞게 쓰시오.

┤ 보기 ├

구포댁: (아이를 실은 배를 바다로 떠밀며) 저 아이에게 뭍은 _____ 공간이야.

그러니 지금 배에 실어 보낼 수밖에 없어.

┤ 조건 ├

반드시 '숙명'이라는 단어를 포함할 것.

문학 천재(정), 동아, 비상
국어 미래엔, 지학사

🎯 핵심 정리

갈래 단막극, 풍자극
성격 풍자적, 교훈적, 상징적, 우화적
배경 ① 시간 – 근대
②공간 – 어느 마을의 황야에 있는 망루
제재 촌장과 파수꾼의 위선
주제 진실을 향한 열망과 진실이 통하지 않는 사회의 비극
특징 ① 이솝 이야기를 바탕으로 현실을 우의적으로 그림.
② 상징성이 강한 인물과 소재를 사용함.
출전 《현대 문학》(1974)

Q '해설자–촌장–운반인'이 1인 다역으로 설정된 이유는?

이 작품에서 '해설자–촌장–운반인'은 모두 한 배우가 연기하도록 되어 있다. 이는 세 인물의 유사한 역할 때문이다. 해설자는 무대와 관객을, 촌장과 운반인은 망루와 마을을 연결하는 매개자의 기능을 하고 있다.

💡 어휘 풀이

파수(把守)꾼 경계하여 지키는 일을 하는 사람.
망루(望樓) 적이나 주위의 동정을 살피기 위하여 높이 지은 다락집.
황야(荒野) 버려두어 거친 들판.

Q 이 작품이 풍자하고 있는 시대적 현실은?

촌장은 이리 떼라는 공포의 대상을 만들어 마을을 통제하고 있다. 그리고 이리 떼가 존재하지 않음을 알게 된 파수꾼 다를 회유하고 있다. 이러한 내용은 안보 논리를 과도하게 포장하고 악용하여 정권을 유지하려고 했던 1970년대의 정치 상황을 풍자하고 있는 것으로 볼 수 있다.

🐾 구절 풀이

❶ **검은 옷차림. ~ 음성으로 말한다.** 촌장의 겉모습과 태도를 설명하는 지시문이다. 온화하고 신뢰감을 주는 촌장의 모습은 앞으로 보이게 될 위선을 더욱 강조하는 효과가 있다.

❷ **사람들은 이리 떼에 ~ 만든 거야.** 촌장은 존재하지 않는 이리 떼에 대한 경계심이 오히려 마을의 질서를 유지하는 힘이었다는 억지 주장을 펴고 있다. 이는 공포를 조장하여 권력을 유지하려는 의도가 반영된 것이다.

❸ **아하, 언제부터 ~ 있다는 걸 말이다.** 촌장이 마을 사람들을 속여 온 자신의 행위를 반성하는 척하는 장면이다. 우선 파수꾼 다를 안심시킨 뒤, 그를 자신의 뜻대로 회유하려는 촌장의 의도가 담겨 있다.

❹ **그래, 살인이지. ~ 흘러내릴 거다.** 촌장은 그동안 속아 온 마을 사람들의 분노에 자신이 희생당할 것이라는 끔찍한 상황을 가정하며 파수꾼 다를 압박하고 있다. 이는 진실이 밝혀지지 않도록 파수꾼 다를 꾀기 위한 것이다.

해설자, 촌장이 되어 등장. ❶검은 옷차림. 이해심이 많아 보이는 얼굴과 정중한 태도. 낮고 부드러운 음성으로 말한다. [중략]
　　　　　　　　　　　　　　　　　　　　위선적인 모습과 다른 촌장의 외모 – 표리부동(表裏不同)

다: 촌장님은 이리가 무섭지 않으세요? / 촌장: 없는 걸 왜 무서워하겠냐?
　　　　　　　　　　　　　　　　　　　　이리 떼가 존재하지 않음을 인정함.

다: 촌장님도 아시는군요? / 촌장: 난 알고 있지.

다: 아셨으면서 왜 숨기셨죠? 모든 사람들에게, 저 덫을 보러 간 파수꾼에게, 왜 말하지 않은 거예요? / 촌장: 말해 주지 않는 것이 더 좋기 때문이다.
　　　　　　　　　　　　　　　　　　　▶ 이리 떼가 없음을 시인하는 촌장

다: 거짓말 마세요, 촌장님! 일생을 이 쓸쓸한 곳에서 보내는 것이 더 좋아요? 사람들도 그렇죠! '이리 떼가 몰려온다.' 이 헛된 두려움에 시달리고 사는 게 그게 더 좋아요?
사람들에게 공포감을 주는 대상

촌장: 애야, 이리 떼는 처음부터 없었다. 없는 걸 좀 두려워한다는 것이 뭐가 그렇게 나쁘다는 거냐? 지금까지 단 한 사람도 이리에게 물리지 않았단다. 마을은 늘 안전했어. 그리고
　　　　　　진실을 속인 자신의 행위를 정당화함.　　　　　　　　　　□: 촌장이 자기 합리화를 위해 사용한 어휘
❷사람들은 이리 떼에 대항하기 위해서 단결했다. 난 질서를 만든 거야. 질서, 그게 뭔지 넌 알기나 하니? 모를 거야, 너는. 그건 마을을 지켜 주는 거란다. 물론 저 충직한 파수꾼에겐 미안해. 수천 개의 쓸모없는 덫들을 보살피고 양철 북을 요란하게 두들겼다. 하나 말이다, 그의 일생이 그저 헛되다고만 할 순 없어. ㉠그는 모든 사람들을 위해 고귀하게 희생한 거야. 난 네가 이러한 것들을 이해하여 주기 바란다. 만약 네가 새벽에 보았다는
　　　　　　　　　　　　　　　　　살신성인(殺身成仁)
구름만을 고집한다면, 이런 것들은 모두 허사가 된다. 저 파수꾼은 늙도록 헛북이나 친 것이 되구, 마을의 질서는 무너져 버린다. 애야, 넌 이렇게 모든 걸 헛되게 하고 싶진 않겠지? / 다: 왜 제가 헛된 짓을 해요? 제가 본 흰 구름은 아름답고 평화로웠어요. 저는 그
　　　　　　　　　　　　　　　　　　　이리 떼의 정체
걸 보여 주려는 겁니다. 이제 곧 마을 사람들이 온다죠? 잘됐어요. ㉡저는 망루 위에 올라가서 외치겠어요. / 촌장: 뭐라구? (잠시 동안 굳은 표정으로 침묵) 사실 우습기도 해. 이리 떼? 그게 뭐냐? 있지도 않은 그걸 이 황야에 가득 길러 놓고, 마을엔 가시 울타리를 둘렀다. 망루도 세웠고, 양철 북도 두들기고, 마을 사람들은 무서워서 떨기도 한다. ❸아
　　　　　　　　　　　　　　　　　" ": 마을 사람들에게 불안감을 조성하는 행위 – 원인
하, 언제부터 내가 이런 거짓 놀이에 익숙해졌는지 모른다만, ㉢나도 알고는 있지. 이 모든 것이 잘못되어 있다는 걸 말이다. / 다: 그럼 촌장님, 저와 같이 망루 위에 올라가요.
　결과
그리구 함께 외치세요. / 촌장: 그래, 외치마. / 다: ㉣아, 이젠 됐어요!
　　　　　　　　　　　　　이어지는 내용을 보아 거짓임.

촌장: (혼잣말처럼) 그러나 잘될까? 흰 구름, 허공에 뜬 그것만으로 마을이 잘 유지될까? 오히려 이리 떼가 더 좋은 건 아닐지 몰라. / 다: 뭘 망설이시죠?

촌장: 아냐, 아무것두…… 난 아직 안심이 안 돼서 그래. 사람들은 망루를 부순 다음엔 속은 것에 더욱 화를 낼 거야! 아마 날 죽이려고 덤빌지도 몰라. 아니 꼭 그럴 거다. 그럼 뭐냐? 지금까지 이리에게 물려 죽은 사람은 단 한 명도 없었는데, 흰 구름의 첫날 살인이 벌어진다. / 다: 살인이라구요?
　　　　　　　　　　　　　　　　　└ 너 때문에

촌장: ❹그래, 살인이지. (난폭하게) ㉤생각해 보렴, 도끼에 찍히고 망치로 얻어맞은 내 모습
　　　　　　　두려움
을. 살은 찢기고 피가 샘솟듯 흘러내릴 거다. 끔찍해. 애, 너는 내가 그런 꼴이 되길 바라고 있지? / 다: 아니에요, 그건! / 촌장: 아니라구? 그렇지만 내가 변명할 시간이 어디 있니? 난 마을 사람들에게 왜 이리 떼를 만들었던가, 그걸 충분히 설명해 줘야 해. 그럼 그들도 날 이해할 거야. / 다: 네, 그렇게 말씀하세요.
　　　　　　　　　　　　　　　　　　　　▶ 진실을 은폐하기 위해 파수꾼 다를 회유하는 촌장

· **중심 내용** 파수꾼 다를 설득하는 촌장　　· **구성 단계** 전개·절정

이해와 감상

이 작품은 우화적인 기법을 적용하여 권력층의 위선을 간접적으로 폭로하고 있는 희곡이다. 국가의 당면 과제를 앞세워 개인의 자유를 침해하던 1970년대의 정치 상황을, 거짓으로 공포감을 조성하여 마을을 통제하는 촌장의 행동에 빗대어 나타내고 있다. 이 작품에서 파수꾼 가와 나는 망루에서 '이리 떼가 몰려온다!'라고 거짓을 외치며 양철 북을 두드리는 아이러니한 상황을 지속하고, 진실을 밝히고자 했던 파수꾼 다마저 촌장의 회유와 계략에 말려들어 조용히 양철 북을 두드리게 된다. 진실을 파헤치려고 노력했으나 결국 나약하게 무너지고 마는 파수꾼 다의 모습은 독자에게 연민과 함께 현실 상황에 대한 분노를 불러일으킨다.

전체 줄거리

발단	철책 너머에 이리가 존재하지 않는다는 소년 파수꾼 다의 편지를 받고 촌장이 망루로 찾아온다.(촌장과 파수꾼 다의 만남)
전개	파수꾼 다가 말한 대로, 촌장은 이리 떼가 존재하지 않는다는 사실을 인정하게 된다.(파수꾼 다의 승리)
절정	파수꾼 다는 마을 사람들에게 진실을 알리려 하고, 촌장은 다양한 이유를 내세워 마을 사람들에게 진실을 알리는 일을 하루 연기하도록 파수꾼 다를 회유한다.(촌장의 설득)
하강	파수꾼 다가 촌장에게 회유를 당하고, 오늘 하루는 거짓말을 해야 하는 상황이 된다.(촌장과 파수꾼 다의 타협)
대단원	촌장의 의도에 따라 파수꾼 다가 거짓말을 하게 되고, 파수꾼 다는 결국 망루에서 벗어나지 못하는 존재가 된다.(촌장의 승리)

인물 관계도

촌장
이리 떼가 존재한다는 거짓말로 공포심을 조장하여 권력을 유지하는 위선적 인물. 진실을 밝히려는 파수꾼 다를 교묘한 논리로 굴복시키는 권력자

회유·설득 ⇄ 굴복

파수꾼 다
이리 떼가 존재하지 않는다는 사실을 알고 진실을 밝히려 하지만, 결국 촌장의 계략에 속아 그의 뜻에 따르게 되는 인물

복종·협력 ↑

기만 ↘

기만 ↓

파수꾼 가, 나
촌장의 거짓말을 믿고 충실히 파수꾼의 역할을 다하는 인물. 진실에 대한 의구심을 전혀 품지 않는 권력의 추종자들

기만 →

마을 사람들
현실을 직시하지 못한 채 독재 권력에 기만당하며 살아가는 대다수의 민중을 상징함.

작품 연구소

〈파수꾼〉과 이솝 이야기 '양치기 소년과 늑대'의 비교

이 작품은 이솝 이야기 '양치기 소년과 늑대'를 모티프로 하여 변용하였으나 내용 전개에 있어서는 다음과 같은 차이를 보인다. 작가는 널리 알려진 이솝 이야기를 활용하여 진실이 통하지 않는 부조리한 현실을 풍자하고, 작품의 주제 의식을 더욱 효과적으로 전달하고자 하였다.

	〈파수꾼〉	양치기 소년과 늑대
진실 왜곡의 내용	이리 떼가 마을을 노리고 있음.	늑대가 양들을 공격함.
진실 왜곡의 의도	촌장의 마을 통제	양치기 소년의 재미
진실 왜곡의 결과	마을 사람이 이리 떼의 공포에 떨게 됨.	소년의 양이 늑대에게 죽임을 당함.

포인트 체크

인물 촌장은 진실을 왜곡하여 권력을 유지하는 □□□인 인물, 파수꾼 다는 □□을 밝히려 하지만 결국 촌장의 회유에 넘어가는 나약한 인물이다.

배경 어느 마을의 황야에 있는 □□를 배경으로 하고 있다.

사건 파수꾼 □는 철책 너머에 □□□가 존재하지 않는다는 사실을 알고서는 마을 사람들에게 진실을 밝히려 하지만 □□의 계략에 넘어가 거짓말을 하고 결국 망루를 벗어나지 못하게 된다.

1 이 글의 표현상 특징으로 가장 적절한 것은?

① 역순행적 구성 방식으로 사건을 전개하고 있다.
② 상징적 소재를 통해 주제 의식을 드러내고 있다.
③ 장황한 해설을 통해 풍자적 효과를 극대화하고 있다.
④ 속도감 있는 대화를 통해 갈등의 심화를 보여 주고 있다.
⑤ 구체적인 시간적 배경을 설정하여 사실성을 높이고 있다.

2 ㉠~㉤에 담긴 인물의 심리 및 태도로 적절하지 않은 것은?

① ㉠: 타인의 희생을 들어 상대의 마음을 돌리려 하고 있다.
② ㉡: 진실을 밝히고자 하는 굳은 의지를 드러내고 있다.
③ ㉢: 그동안 자신이 저지른 잘못을 진심으로 뉘우치고 있다.
④ ㉣: 상대의 약속에 걱정을 떨치고 마음을 놓고 있다.
⑤ ㉤: 상황을 과장하여 상대를 심리적으로 압박하고 있다.

내신 적중

3 〈보기〉의 ㉮~㉺에 해당하는 내용을 이 글에서 찾아 연결할 때, 적절하지 않은 것은?

┤ 보기 ├
㉮권력은 ㉯제도를 통해 ㉰담론(談論)을 생산해 내고, 이를 이용해 ㉱사회 구성원들에게 ㉲공동의 위기의식을 심어 놓는다. 구성원들이 구조 자체를 의심하지 못하게 제도를 통해 교묘하게 통제하는 것이다.

① ㉮ – 촌장
② ㉯ – 파수꾼
③ ㉰ – 이리 떼의 습격
④ ㉱ – 마을 사람들
⑤ ㉲ – 흰 구름

4 〈보기〉는 이 글에 대한 작가 노트의 일부분이다. 〈보기〉에 가장 부합하는 것은?

┤ 보기 ├
우화적인 희곡의 강점은, 우화적인 방법이 성공할 경우 보편성과 상징성을 얻을 수 있다는 점이다. 그것은 시간과 장소의 제약을 받지 아니하고 어느 시대나 어느 장소에서든 들어맞는 것이다.

① 이 글은 1970년대 한국의 정치적 상황을 연상하게 한다.
② 이 글의 인물 중 촌장은 권력의 위선적 속성을 보여 준다.
③ 이 글의 인물들은 '이리 떼'에 대한 시각 차이로 갈등한다.
④ 이 글은 역사에서 반복되는 권력의 부패를 떠올리게 한다.
⑤ 이 글은 진실을 왜곡하는 부조리한 사회 현실을 보여 준다.

5 이 글에서 '파수꾼 다'와 '촌장'이 각각 중요시하는 것을 50자 내외로 쓰시오.

어휘 풀이

은밀(隱密)하다 숨어 있어서 겉으로 드러나지 아니하다.

진상(眞相) 사물이나 현상의 거짓 없는 모습이나 내용.

영구(永久)히 시간상으로 무한히 이어진 상태로.

한갓지다 한가하고 조용하다.

Q 촌장이 마을 사람들을 향해 연설하는 장면에서 나타나는 희곡의 특성은?

희곡은 무대 상연을 전제로 하기 때문에 대규모의 군중 장면 등을 그대로 보여 주기가 어렵다. 이 작품 역시 무대 앞에 마을 사람들이 있다고 가정하고 촌장이 관객들을 향해 연설함으로써 희곡의 제약을 극복하고 있다.

구절 풀이

❶ 오늘은 나에게 ~ 외칠 테니. 촌장이 진실을 밝히려는 파수꾼 다를 회유하기 위해 타협안을 내세우는 장면이다. 촌장은 다양한 설득을 통해 파수꾼 다를 서서히 굴복시켜 나가는 용의주도한 면모를 보여 주고 있다.

❷ 이리 떼다, 이리 떼! 이리 떼가 몰려온다! 파수꾼 다가 촌장의 말에 완전히 회유되었음을 보여 주는 장면이다. 진실을 둘러싼 대결에서 결국 촌장이 승리하고 있음을 알 수 있다.

❸ 가시거든 마을 광장에 ~ 처벌을 논의합시다. 망루와 마을이 떨어져 있음을 알 수 있다. 운반인은 이리 떼가 없다는 파수꾼 다의 편지 내용을 마을 사람들에게 알렸으나, 진실이 은폐되면서 희생당할 처지에 놓이게 되었다.

❹ 내 마음은 너와 ~ 그리워하던 것이 있다. 여기서 '딸기'는 촌장이 어린 시절 황야에서 딴 딸기를 말한다. 파수꾼 다와 함께 딸기를 따고 싶다는 촌장의 말은 권력을 가진 자가 자신의 특권을 이용해 민중을 현혹하는 말로 이해할 수 있다.

❺ 파수꾼 다는 양철 북을 두드리기 시작한다. 파수꾼 다는 촌장에게 회유당하고, 거짓말을 함으로써 스스로를 속박하게 된다. 이는 진실을 알고 있으면서도 결국 권력의 지배에 순응하는 민중의 무력한 면을 드러낸다. 파수꾼 다의 이러한 모습은 관객에게 연민과 분노를 동시에 불러일으킨다.

Q 이 부분에 나타난 촌장의 태도 변화는?

촌장은 지금까지 보였던 다정한 태도에서 돌변하여 권력자의 냉정한 태도를 취하고 있다. 또한 어조 역시 단호하고 고압적으로 바뀌고 있다. 파수꾼 다는 이미 진실을 은폐하고 거짓말을 한 약점이 있으므로, 촌장의 명령을 거역하기 어렵다. 따라서 촌장은 파수꾼 다의 입을 원천적으로 봉쇄하기 위해 마을에 오지 말 것을 명령하고 있다.

작가 소개

이강백(1947~)
극작가. 1971년 〈다섯〉이 《동아일보》 신춘문예에 당선되어 등단하였다. 주로 현대 사회의 모순을 비판하는 우화적인 희곡을 많이 썼다. 주요 작품으로 〈결혼〉, 〈느낌, 극락 같은〉 등이 있다.

촌장: 하나 지금은 내가 말할 틈이 없다. 사람들이 오면, 넌 흰 구름이라 외칠 거구, 사람들은 분노하여 도끼를 휘두를 테구, 그럼 나는, 나는…… (*은밀한 목소리로) 얘, 네가 본 그 흰 구름 있잖니, 그건 내일이면 사라지고 없는 거냐?

다: 아뇨. 그렇지만 난 오늘 외치구 싶어요.

촌장: 그것 봐. 넌 내가 끔찍하게 죽는 것을 보고 싶은 거야. 더구나 더 나쁜 건, 넌 흰 구름을 믿지도 않아. 내일이면 변할 것 같으니까, 오늘 꼭 외치려고 그러는 거지. 아하, 넌 네가 본 그 아름다운 걸 믿지도 않는구나!

<small>상대방을 궁지에 몰아 자신의 목적을 달성하려는 논리</small>

다: (창백해지며) 그건, 그건 아니에요!

촌장: 그래? 그럼 너는 내일까지 기다려야 해. (괴로워하는 파수꾼 다를 껴안으며) **❶**오늘은 나에게 맡겨라. 그러면 나도 내일은 너를 따라 흰 구름이라 외칠 테니.

다: 꼭 약속하시는 거죠? / **촌장:** 물론 약속하지.

<small>촌장의 계략에 넘어감.</small>

다: 정말이죠, 정말? / **촌장:** 그럼. 정말 약속한다니까. [중략] ▶ 촌장에게 서서히 설득당하는 파수꾼 다

파수꾼 다는 망루 위에 올라간다. 긴 침묵. 마침내 부르짖는다.

다: **❷**이리 떼다, 이리 떼! 이리 떼가 몰려온다!

<small>권력의 속임수에 쉽게 넘어가는 우매한 모습 – 파수꾼 다는 결국 촌장의 하수인으로 전락함.</small>

파수꾼 가의 손이 번쩍 들려지며 그도 외친다. 파수꾼 나는 신이 나서 양철 북을 두드린다. 북소리, 한동안 계속된다.

<small>불안감이 증폭됨.</small>

가: 북소리 중지! 이리 떼는 물러갔다.

촌장: 주민 여러분! 이것으로 *진상은 밝혀졌습니다. 흰 구름은 없으며 이리 떼뿐입니다. 이 망루는 *영구히 유지되어야겠지요. 양철 북도 계속 쳐야 할 것입니다. 여러분, 다음 이리의 습격 때까진 잠시 시간적 여유가 있습니다. 그 틈을 이용하여 돌아가십시오. **❸**가시거든 마을 광장에 다시 모이시기 바랍니다. 수다쟁이 운반인의 처벌을 논의합시다. 그럼 어서 돌아가십시오. 이리 떼가 여러분을 물어뜯으러 옵니다.

<small>이리 떼가 존재하지 않는다는 파수꾼 다의 편지 내용을 마을에 알림.</small>
<small>마을 사람들에게 재차 공포심을 조성함.</small> ▶ 파수꾼 다를 설득하여 그가 마을 사람들을 속이게 한 촌장

망루 위에서 파수꾼 다가 내려온다.

나: 난 네가 이렇게 용감해질 줄은 몰랐구나.

촌장: 고맙다. 정말 잘해 주었다.

나: 아냐, 난 몰랐던 건 아니었어. 넌 나에게 용감한 사람이 되마구 약속하질 않았니? 난 그때 이미 알아본 거야. 넌 꼭 훌륭한 파수꾼이 될 거라구.

촌장: 얘, 나 좀 보자. (*한갓진 곳으로 데리고 가서) 너한테는 안됐다만, 넌 이곳에서 일생을 지내야 한다. / **다:** 네? / **촌장:** 마을엔 오지 말아라.

<small>모든 진실을 알고 있는 파수꾼 다의 입을 봉쇄함.</small>

바람 부는 소리가 거칠게 들려온다.

<small>촌장을 믿었다가 배신당한 파수꾼 다의 허무한 마음을 강조함.</small>

촌장: 난 저 사람들이 싫어. **❹**내 마음은 너와 함께 ㉠딸기 따기에 가 있다. 넌 내 추억이야. 너에게는 내가 늘 그리워하던 것이 있다. / 사이.

촌장: 하지만…… 여긴 너무 쓸쓸해. / 사이.

촌장: 그럼, 잘 있거라.

나: 가시려구요, 촌장님?

촌장: 사람들이 기다리고 있어서요.

나: 제가 저만큼 바래다 드리지요. 덫도 좀 살펴볼 겸 해서요. (함께 걸어가며) 그런데 말입니다, 양철 북을 치던 내 모습이 멋있지 않던가요?

<small>사건의 본질을 알지 못함.</small>

촌장과 파수꾼 나, 퇴장한다. 바람 소리만이 더욱 거칠어진다. 잠시 후, 망루 위의 파수꾼이 "이리 떼다!" 외친다. **❺**파수꾼 다는 양철 북을 두드리기 시작한다. / – 막 –

<small>결국 권력의 논리에 순응하는 무기력한 모습</small> ▶ 촌장의 계략으로 영원히 파수꾼 일을 하게 된 파수꾼 다

• **중심 내용** 영원히 파수꾼 일을 하게 된 파수꾼 다 • **구성 단계** 하강·대단원

🏠 작품 연구소

〈파수꾼〉에 나타난 다양한 상징

대상	상징적 의미
촌장	지배 이념을 생산하여 민중을 통제하려 하는 권력자
파수꾼 가, 나	지배 이념에 대한 회의 없이 이를 확산·증폭하는 자
파수꾼 다	지배 이념에 대한 회의를 지니고 진실을 밝히려 하는 소수
마을 사람들	지배 이념에 의해 통제되는 다수의 민중
이리 떼	거짓, 지배 이념
흰 구름	진실
망루, 양철북	불안감을 조성하여 민중을 통제하기 위한 권력의 장치
딸기	권력자만이 누릴 수 있는 특권, 권력자가 민중을 현혹하기 위해 언급하는 회유책
도끼	권력자가 민중을 협박하기 위해 언급하는 대상

파수꾼 다의 심리 및 태도 변화

이리 떼가 없다는 사실을 알게 됨.	• 마을 사람들에게 진실을 알리고자 함. • 진실을 은폐하려고 하는 촌장에 대해 반발함.

↓

촌장이 회유함.	• 촌장의 회유와 협박에 혼란스러워함. • 촌장에게 설득당함.

↓

촌장에 의해 마을로 돌아올 수 없게 됨.	• 촌장에게 배신당한 후 허무함을 느낌. • 자신의 무력함에 절망하고, 결국 진실 왜곡에 동참함.

📋 자료실

이강백의 작품과 우화적 기법

이 작품은 우화의 방식을 빌려 현실을 풍자하고 있다. 첫 번째 이유는, 당시에 독재 권력 때문에 권력에 대한 비판이 금기시되었기 때문이다. 이러한 상황에서 〈파수꾼〉은 우화라는 상징적 기법을 통해 1970년대의 문학적 과제 중 하나였던 권력의 위선적인 실체를 밝히려 했고, 관객은 작품의 이면에 감추어진 진실을 발견할 수 있었다. 두 번째 이유는 우화적 기법을 이용함으로써 마치 '이솝 우화'처럼 시간과 공간을 초월하여 누구든지 이해할 수 있는 보편성과 상징성을 획득할 수 있기 때문이다. 이 작품은 1970년대에 생산된 정치적 우화이지만, 그 의미는 좀 더 포괄적으로 해석될 수 있다. 시대가 흘러도 구성원들을 교묘히 통제하려는 권력의 행태는 계속되고 있기 때문이다. 이와 같은 이유로 이강백은 상당수의 작품에 우화적 기법을 사용하고 있다.

1970년대 한국의 정치 상황

박정희 정권은 정부 시책 가운데 국가 안보 최우선화, 안보상 취약점이 될 일체의 사회 불안 불용, 안보 위주의 새 가치관 정비 등을 골자로 하는 '국가 비상 사태'를 선언하여 야당의 극한 투쟁을 물리치고 '국가 보위에 관한 특별 조치법'을 변칙 통과시켰다. 박정희 정권의 교육 정책은 주로 민족 주체성 교육 및 안보 교육 강화 중심으로 실시되면서 국사 교육·윤리 교육·반공 교육·군사 교육을 강화해 갔다.
– 강만길, 《고쳐 쓴 한국 현대사》

📖 함께 읽으면 좋은 작품

〈동물 농장〉, 조지 오웰 / 우화적 기법으로 독재 정권을 풍자한 작품

1945년에 스탈린 치하의 독재 정치를 풍자하기 위하여 창작한 소설로, 동물들을 주인공으로 설정한 우화의 방식을 통해 공산주의 및 독재 정치의 모순을 비판하고 있다.
🔗 Link 〈현대 소설〉 411쪽

---

6 이 글의 내용을 다음 도식에 따라 정리하고자 한다. ⓐ~ⓔ에 대한 이해로 적절하지 **않은** 것은?

① ⓐ: 촌장과 파수꾼 다
② ⓑ: 이리 떼에 관한 진실의 공개 여부
③ ⓒ: 내일이면 사라지는 흰 구름의 존재
④ ⓓ: 파수꾼 다가 촌장의 요구를 받아들여 거짓말을 함.
⑤ ⓔ: 권력자의 위선과 이에 굴복하는 개인의 나약함을 드러냄.

내신 적중 多빈출

7 이 글의 등장인물에 대한 이해로 적절하지 **않은** 것은?

① 파수꾼 다는 결국 촌장에게 설득당하고 마는군.
② 파수꾼 나는 사건의 본질을 알고자 하는 의지가 없군.
③ 촌장은 파수꾼 다의 희생에 진심으로 미안해하고 있군.
④ 마을 사람들은 여전히 '이리 떼'의 실체를 알지 못했겠군.
⑤ 파수꾼 가는 의구심 없이 자신의 역할에만 충실할 뿐이군.

---

8 이 글을 연극으로 공연할 때, 고려할 점으로 가장 적절한 것은?

① 무대 전체에 연기를 깔아 흰 구름의 효과를 내면 좋겠어.
② 촌장은 가벼운 표정과 과장된 태도를 보이는 것이 좋겠군.
③ 무대 배경에 철책을 넘어서 몰려오는 이리 떼를 그려 넣어야겠어.
④ 파수꾼 다 역에 건장한 배우를 쓰면 그의 용기가 부각될 거야.
⑤ 촌장이 마을 사람들에게 말할 때에는 관객을 바라보도록 해야겠어.

---

9 〈보기〉는 '촌장'이 '파수꾼 다'를 회유하는 다른 장면이다. 〈보기〉의 밑줄 친 부분을 참고하여 ㉠의 의미를 30자 내외로 쓰시오.

┤ 보기 ├

촌장: 그 성난 사람들만 오지 않는다면 난 너하구 딸기라도 따라 가고 싶다. 난 어디에 딸기가 많은지 알고 있거든. 이리 떼를 주의하라는 팻말 밑엔 으레 잘 익은 딸기가 가득하단다.

문학 해냄
국어 비상(박안), 비상(박영)

✪ 핵심 정리
갈래 단막극, 실험극
성격 풍자적, 희극적, 교훈적
배경 ① 시간 - 현대
　　　　② 공간 - 어느 저택
제재 어떤 남자의 결혼담
주제 소유의 본질과 진정한 사랑의 의미
특징 ① 특별한 무대 장치가 없음.
　　　　② 관객을 극 중으로 끌어들임.
　　　　③ 이야기책의 내용을 극 중 현실로 바꿈.
출전 《이강백 희곡 전집 1》(1982) / 초연 1974

Q 작가가 이 작품을 소극장 공연으로 설정한 의도는?

소극장 공연은 무대와 관객 사이의 물리적인 거리가 가깝기 때문에 배우와 관객 사이의 심리적인 거리도 좁힐 수 있다. 이와 같은 특징 때문에 관객은 극 중 인물에게 더욱 친밀감을 느낄 수 있다. 작가는 관객을 작품 속으로 끌어들여 주제를 더욱 실감 나게 전달하고자 이 작품을 소극장 공연으로 설정한 것이다.

☀ 어휘 풀이
실내악 한 악기가 한 성부씩 맡아 연주하는 기악 합주곡.
소도구(小道具) 연극이나 영화 따위에서, 무대 장치나 분장에 쓰는 작은 도구류를 통틀어 이르는 말.
구색(具色) 여러 가지 물건을 고루 갖춤. 또는 그런 모양새.
회중시계(懷中時計) 몸에 지닐 수 있게 만든 작은 시계.
답신(答信) 회답으로 통신이나 서신을 보냄. 또는 그 통신이나 서신.
의향(意向) 마음이 향하는 바. 또는 무엇을 하려는 생각.

✿ 구절 풀이
❶ 이 연극의 ~ 빌려야 한다. 관객을 작품의 일부로 끌어들이는 실험적 기법을 사용하고 있다. 이는 소극장이라는 무대의 특성과 작품의 주제 의식과 연관이 있다.
❷ 그의 손엔 ~ 사용하기도 한다. 과장된 크기로 회중시계를 강조하고 있다. 회중시계는 이 작품에서 중요시하고 있는 '시간'을 상징하는 소도구이다. 또한 시간에 맞추어 기계적으로 살아가는 현대인을 상징하기도 한다.
❸ 옛날에, 옛날에, ~ 빈털터리였습니다. 책 속의 사기꾼은 극 중의 남자와 동일시되는 인물이다. 책을 읽음으로써 극 중 상황을 설명하고 있다.
❹ 여자로부터 즉각 답신이 왔습니다. 책 속의 내용이자 극 중 사건에 해당한다. 사건을 빠르게 전개하고, 즉각 답신을 보내는 여자를 통해 물질 만능주의에 빠진 현대인의 모습을 드러내고 있다.

작가 노트
무대 지시문 역할을 함.

　이 작품은 응접실 또는 아담한 소극장(小劇場) 같은 곳, 그런 실내(室內)에서 공연하기 알맞도록 썼다. 음악으로 비교한다면 *실내악(室內樂)* 같은 것이다.
〔관객을 작품 속으로 끌어들이기에 쉬운 무대〕

　무대를 따로 만들 필요도 있지 않고 별다른 조명이나 효과의 도움을 받지 않아도 된다. 그러나 절대적으로 필요한 것은 그 장소에 모인 사람들이다. ❶이 연극의 등장인물, 하인은 그들로부터 잠시 모자라든가 구두, 넥타이 등을 빌려야 한다. 이 빌린 물건들을 단순히 *소도구로 응용〔관객〕 되돌려 주는 것을 전제로 함.〕하기 위해서만이 아니다. 이 작품을 검토하면 알겠으나, 이 잠시 빌렸다가 되돌려 준다는 것엔 보다 더 깊은 의미가 있고 이 연극에 있어 중대한 역할을 차지하게 된다.
〔빌린다는 것의 의미에 대해 생각해 보게 함.〕

　하인, 그는 빌린 물건들로 한 남자를 치장한다. *구색에 맞지 않고 엉뚱한 다른 물건들로 남자는 좀 우스꽝스럽기는 하지만 그럭저럭 부자처럼 보이게 된다.
〔여러 관객에게 빌려서 치장하였기 때문에〕

　남자, 그는 의자에 앉아 얼굴을 다 가리는 커다란 이야기책을 읽기 시작한다.

　하인은 그 남자의 곁에 부동자세로 선다. ❷그의 손엔 거의 쟁반만큼이나 커다란 *회중시계가 들려져 있는데 실제로 하인은 가끔 그것을 쟁반으로 사용하기도 한다. 몹시 꼼꼼하게 시간을 재는 그의 모습은 꼭 그럴 필요는 없겠으나 무뚝뚝하고 건강했으면 한다.
〔사무적, 기계적〕
▶ 무대 설명과 등장인물 및 소품 소개

남자: (이야기책을 낭독한다.) ❸옛날에, 옛날에, 한 사기꾼이 살고 있었습니다. 그는 젊고 잘생겼으나 땡전 한 닢 없는 빈털터리였습니다.〔'남자'와 동일한 성격을 띰.〕 어느 날 그는 외로워졌으므로 결혼하고 싶어졌습니다. 누구나 젊음의 한 시기엔 외로워지기 마련입니다. 그래서 그런지 누구나 결혼한다고들 합니다. 하지만 그 사기꾼에겐 엄청난 고민이 있었습니다. 그 고민은 이렇습니다. 이 세상의 어떤 처녀가, 자기 같은 빈털터리 남자와 결혼해 줄 리 있겠습니까? 없습니다. 아무도 없다고 생각했습니다.〔물질 만능주의 시대를 의미함.〕 그래서 그런지 그는 몹시 절망적인 기분이 들었습니다. 그런 기분은 좋지 않습니다. 저절로 한숨이 나오고, 정신에도, 몸에도, 해롭습니다. 빨리 심호흡을 해서 그런 기분을 몰아내야 합니다. 그래서 그런지 젊은 사기꾼도 심호흡을 했습니다. 그리고는 벌떡 일어섰습니다. [중략] 정원이 딸린 집과 훌륭한 옷과 그리고 그 밖에 부자로 보일 수 있는 여러 가지 물건들을 빌리러 다닌 것입니다.〔새로운 상황이 벌어질 것을 암시함.〕
▶ 결혼을 하기 위해 물건을 빌리러 다니는 남자

　젊은이의 아름다움에 행운이 있어라! / 신께서 정하신 바에 행운이 있어라!
〔《아라비안나이트》에 나오는 시의 한 부분〕

　마침내 그 젊은 사기꾼의 소망이 이루어졌습니다. 정원이 있는 최고급 저택을 빌릴 수 있었으며, 모자와 넥타이, 호사스런 의복, 그리고 이 건장한 하인까지 빌렸던 겁니다. 단,〔남자를 부자로 보이게 하는 것들 - 부(富)를 결혼의 조건으로 여김.〕 조건이 있었습니다. 빌린 물건마다엔 사용할 수 있는 시간적 제약이 붙었습니다. 이 저택은 사십오 분 동안만 그가 주인이며 다음엔 되돌려 줘야 합니다. 넥타이는 이십팔 분, 모자는 십구 분 오십 초, 그 밖에 다른 물건에도 제각기 정해진 시간이 있었습니다. 그러〔결혼의 조건을 갖추었기 때문에〕〔하인의 손에 들린 '회중시계'와 관련됨.〕나 젊은 사기꾼은 매우 만족했습니다. 그래서 즉시 여성 잡지를 뒤져 사교란에 주소를 낸 여자에게 전보를 쳤습니다. ❹여자로부터 즉각 *답신이 왔습니다. 맞선을 볼 *의향이 있다는 것입니다. 바로 그것은 이쪽이 바라는 바이기도 했습니다. (혼잣말처럼) 왜 아직 안 온담? (다시 책을 낭독한다.)〔극 중 현실에 대한 반응(책 속 사건과 중첩)〕 오겠다 약속한 시간이 벌써 지났습니다. (하인, 시계를 본 채 손가락 다섯 개를 펼친다.) 딱 오 분 지났습니다. 그는 초조해졌습니다. 책을 읽어 마음을 달래 보려 하였으나 초조해지기만 했습니다.〔빌린 물건들마다 사용할 수 있는 시간이 정해져 있기 때문에〕
▶ 이야기책의 내용을 극 중 현실로 바꿈.

・**중심 내용** 결혼을 위해 여러 가지 물건들을 빌린 남자　　・**구성 단계** 발단

이해와 감상

이 작품은 전통적 기법을 벗어나 실험적 기법으로 창작된 희곡으로, 소유의 본질과 진정한 사랑의 의미를 생각해 보게 한다. 이야기책 속 사건을 극 중 현실로 바꾸어 상황을 관객에게 설명하는 독특한 구성 방식을 취하고 있으며, 다양한 장치를 이용해 한정된 시간 안에 결혼을 해야 하는 남자의 성공담을 풀어 나가고 있다. 이 작품은 별다른 무대 장치도 없고 관객과 무대의 절대적인 구분도 없다. 또한 필요한 소품을 등장인물에게 빌려주는 방식으로 관객의 참여를 유도하기도 한다. 작가는 결혼이라는 소재를 통해 세상 모든 것이 본래 누군가에게 빌린 것에 지나지 않는다는 주제 의식을 전하면서 더불어 진정한 사랑이란 물질적인 것이 아니라 진실한 태도와 마음에서 나오는 것임을 제시하고 있다.

전체 줄거리

발단	가난한 사기꾼인 남자는 결혼을 위해 여러 가지 물건을 빌린 후 맞선을 보기로 한 여자를 기다린다.
전개	초조한 기다림 끝에 맞선을 보기로 한 여자가 도착한다. 남자는 여자에게 사랑을 느끼게 되고 소유의 본질을 깨닫는다.
절정	약속된 시간이 되면서 하인이 남자가 빌린 물건을 하나씩 빼앗아 가기 시작한다. 남자의 처지를 알게 된 여자가 떠나려 하자, 남자는 소유의 본질과 헌신적 사랑의 중요성을 이야기하며 여자에게 결혼해 달라고 설득한다.
하강·대단원	여자는 남자의 청혼을 받아들인 후 그곳을 떠나자고 한다.

인물 관계도

남자		여자
가난한 사기꾼으로 결혼을 하기 위해 많은 물건을 빌려 부자 행세를 함.	헌신적으로 설득함. ←→ 진정한 사랑에 눈뜸.	남자의 맞선 상대자. 물질을 중시하지만 남자의 설득으로 진정한 사랑에 눈을 뜨고 그의 청혼을 받아들임.

종속 ↕ 구속

하인
빌린 시간이 끝난 물건을 남자로부터 회수함.

작품 연구소

'결혼'에 대한 인물들의 인식

이 작품은 결혼이라는 소재를 바탕으로 사건이 진행되고 있는데, 구성 단계에 따라 결혼의 조건에 대한 인물들의 인식이 달라지고 있다.

	발단	대단원
결혼의 조건	소유의 정도 ⇒	헌신적인 사랑
조건의 성격	순간적·외면적 가치 ⇒	절대적·본질적 가치

〈결혼〉에서 '시간'과 소품의 기능

〈결혼〉은 남자 주인공이 저택을 빌린 '45분간'의 시간 동안 진행되는데, 이는 실제 극이 상연되는 시간의 길이와 일치한다. 즉 45분이 지나고 남자 주인공이 쫓겨나는 순간 끝을 맺게 된다. 〈결혼〉에서 시간의 흐름에 따라 무대 위에서 사라지는 소품은 눈에 보이지 않는 시간의 흐름을 가시화하여 극의 주제 의식을 형성하는 데 기여하고 있다.

포인트 체크

[인물] ⬚⬚을 하고 싶어 하는 가난한 남자와 물질을 중시하는 여자가 등장하고 있다.

[배경] 현대의 어느 ⬚⬚을 배경으로 하고 있다.

[사건] 빈털터리인 남자가 집과 물건들을 빌려 여자와 맞선을 보는데 약속된 시간이 되면 ⬚⬚이 남자의 ⬚⬚을 하나씩 빼앗는다. 남자는 여자를 설득하고 결국 여자는 남자의 ⬚⬚을 받아들인다.

1 이 글에 대한 설명으로 적절하지 <u>않은</u> 것은?

① 무대 장치나 효과 등을 특별하게 설정하지 않고 있다.
② 이야기책 내용과 극 중 현실의 상황이 중첩되고 있다.
③ 전래 동화에서 극적 모티프를 차용하여 반영하고 있다.
④ 극의 진행에 필요한 소도구를 관객에게 빌려 쓰고 있다.
⑤ 특정 인물의 모습을 통해 사회의 단면을 드러내고 있다.

2 '남자'가 이야기책을 낭독하는 것의 효과로 적절하지 <u>않은</u> 것은?

① 남자가 지닌 결혼관을 전달한다.
② 책 속의 '사기꾼'과 남자를 동일시하게 한다.
③ 앞으로 극이 진행될 기본적인 방향을 제시한다.
④ 책 내용과 같은 환상적 사건의 발생을 암시한다.
⑤ 책 내용을 바탕으로 하여 극에 흥미를 갖게 한다.

3 이 글과 〈보기〉의 공통점으로 가장 적절한 것은?

┤ 보기 ├

말뚝이: 쉬이. (반주 그친다.) 여보, 구경하시는 양반들, 말씀 좀 들어 보시오. 짤따란 곰방대로 잡숫지 말고 저 연죽전으로 가서 돈이 없으면 내게 기별이래도 해서 양칠간죽, 자문죽을 한 발가웃씩 되는 것을 사다가 육모깍지 희자죽, 오동수복 연변죽을 이리저리 맞추어 가지고 저 재령 나무리 거이 낚시 걸듯 죽 걸어 놓고 잡수시오.

– 작자 미상, 〈봉산 탈춤〉

① 음악을 더하여 작품의 분위기를 경쾌하게 조성하고 있다.
② 가면을 쓰고 공연하여 각 인물의 특징을 극대화하고 있다.
③ 대상을 우스꽝스럽게 표현하여 주제 의식을 강화하고 있다.
④ 무대와 객석의 경계를 희미하게 하여 소통을 도모하고 있다.
⑤ 인물들의 신분 차이를 통해 계층 간의 갈등을 보여 주고 있다.

4 다음은 '남자'가 빌린 물건과 각 물건을 사용할 수 있는 시간을 정리한 것이다. ㉠과 ㉡에 들어갈 알맞은 내용을 쓰시오.

모자	넥타이	저택
19분 50초	28분	45분

시간의 흐름	빌린 물건을 돌려줄 시간이 다가온다는 설정은 극의 흐름상 (㉠) 기능을 한다.
빌린 물건	남자가 가진 것이 모두 빌린 물건이라는 것을 통해 작가는 (㉡)임을 말하고 있다.

어휘 풀이

하늬바람 서쪽에서 부는 바람.

덤 제 값어치 외에 거저로 조금 더 얹어 주는 일. 또는 그런 물건.

본색(本色) ① 본디의 빛깔이나 생김새. ② 본디의 특색이나 정체.

절규(絕叫)하다 있는 힘을 다하여 절절하고 애타게 부르짖다.

증인(證人) 어떤 사실을 증명하는 사람.

Q 인간의 삶에 대한 남자의 관점은?

남자는 모든 사물뿐 아니라 인간의 삶조차도 누군가로부터 빌린 것으로 인식한다. 남자는 인간을 주어진 시간 속에서 살아가는 유한한 존재, 시간의 지배를 받는 존재로 여기기 때문이다. 즉 인간은 일정한 시간이 지나면 죽음을 맞고 자신이 가진 물건은 물론 자신의 삶까지 버리고 떠나야 하므로 삶을 빌린 것이라고 보는 것이다.

구절 풀이

❶ 모두 빌린 ~ 잠시 빌린 겁니다. 남자의 대사를 통해 자연 현상뿐 아니라 자기 자신에 이르기까지 세상의 모든 것은 잠시 빌린 것이라는 작가의 의식을 드러내고 있다.

❷ 하인, 엄청나게 큰 ~ 분위기가 조성된다. 긴장감이 조성되고 있는 부분이다. 하인은 제한된 시간이 경과함에 따라 남자에게 빌려 준 것들을 하나씩 회수하고, 마침내 남자를 저택에서 쫓아내려 하고 있다.

❸ 누구든 관객석의 ~ 물건을 가리키며 관객을 극 중에 끌어들이고 있다. 이와 같은 기법은 여자로 하여금 소유의 본질을 깨닫게 하고, 관객에게 주제 의식을 구체적으로 전달하는 효과가 있다.

❹ 여기 증인이 ~ 소중한 덤입니다. 여자가 청혼을 받아들이기로 결심하게 하는 결정적 대사이다. 모든 것을 주인에게 되돌려 주고 빈털터리가 된 남자는 관객을 증인으로 내세워 여자에게 영원한 사랑을 약속하고 있다. 이 역시 관객의 극중 참여를 유도하고 있는 부분이다.

❺ 어머니도 말짱한 사기꾼과 결혼했었다던데…… 여자의 아버지가 남자처럼 빌린 재산으로 어머니를 현혹하여 결혼했음이 드러나고 있다. 여자가 물질에 집착했던 이유가 나타나 있다.

Q 하인의 '구둣발'이 의미하는 바는?

남자가 집을 돌려주어야 할 시간이 되어도 나가지 않자, 하인은 남자를 내보내기 위해 다가온다. 하인은 남자가 여자에게 청혼하는 동안 구둣발로 남자를 걷어차기 위해 준비하고 남자에게 다가옴으로써 극의 긴장감을 고조시키고 있다.

작가 소개

이강백(본책 210쪽 참고)

중략 부분의 내용 맞선을 보기로 한 여자가 도착하고, 여자는 남자가 부자라는 사실에 기쁨을 감추지 못한다. 남자는 약속된 시간이 되면서 하인에게 물건을 하나씩 빼앗기고, 남자는 여자에게 사실을 고백한다.

가 남자: 내 것이라곤 없습니다. / 여자: (충격을 받는다.)
　　　　　　　　　　　　자신이 빈털터리임을 고백함.　　　남자가 빈털터리인 사기꾼임을 알았기 때문에

남자: ❶모두 빌린 것들뿐이었지요. 저기 두둥실 떠 있는 달님도, 저 은빛의 구름도, 이 °하늬바람도, 그리고 어쩌면 여기 있는 나마저도, 또 당신마저도…… (미소를 짓고) 잠시 빌린 겁니다. / 여자: 잠시 빌렸다구요? / 남자: 네, 그렇습니다.

❷하인, 엄청나게 큰 구두 한 짝을 가져오더니 주저앉아 자기 발에 신는다. 그 구둣발로 차 낼
　　　　　　　　　　　　　　　남자를 쫓아내기 위한 소도구
듯한 험악한 분위기가 조성된다.
　　　　　　긴장감 조성

남자: 결혼해 주십시오. 당신을 빌린 동안에 오직 사랑만을 하겠습니다.
　　　　　　　　　　　　　　당신과 함께 사는 동안에

여자: ……아, 어쩌면 좋아?
　　　　긴장감이 점차 고조됨.

하인, 구두를 거의 다 신는다. [중략] 여자, 작별 인사를 하고 문전까지 걸어 나간다.

남자: 잠깐만요, °덤……. / 여자: (㉠멈칫 선다. 그러나 얼굴은 남자를 외면한다.)
　　　　여자의 별명이자 소유에 대한 작가의 관점을 암시함.

남자: 가시는 겁니까, 나를 두고서? / 여자: (침묵)

남자: 덤으로 내 말을 조금 더 들어 봐요.

여자: (악의적인 느낌이 없이) 당신은 사기꾼이에요.　　　▶ 남자가 빈털터리임을 알고 떠나려 하는 여자
　　남자를 전적으로 부정하지 않음. → 행복한 결말 암시

나 남자: 그래요, 난 사기꾼입니다. 이 세상 것을 잠시 빌렸었죠. 그리고 시간이 되니까 하나
　　　　　　　　　　　　　　　　　　　　　　소유의 본질에 대한 철학적 사고
둘씩 되돌려 줘야 했습니다. 이제 난 °본색이 드러나고 이렇게 빈털터리입니다. 그러나
덤, 여기 있는 사람들에게 물어봐요. 누구 하나 자신 있게 이건 내 것이다, 말할 수 있는
　　　　　　　　　　　　　모두가 본래는 빈털터리임.
가를. 아무도 없을 겁니다. 없다니까요. 모두들 덤으로 빌렸지요. 눈동자, 코, 입술, 그 어
느 것 하나 자기 것이 아니고 잠시 빌려 가진 거예요. (❸누구든 관객석의 사람을 붙들고 그
가 가지고 있는 물건을 가리키며) 이게 당신 겁니까? 정해진 시간이 얼마지요? 잘 아꼈다
가 그 시간이 되면 꼭 돌려주십시오. 덤, 이젠 알겠어요?

여자, 얼굴을 외면한 채 걸어 나간다. / 하인, 서서히 그 무거운 구둣발을 이끌고 남자에게 다
　　　　　　　　　　　　　　　　　　　　　　　　　　　　　긴장감이 최고조에 이름.
가온다. 남자는 뒷걸음질을 친다. 그는 마지막으로 °절규하듯이 여자에게 말한다.

[A]
남자: 덤, 난 가진 것 하나 없습니다. 모두 빌렸던 겁니다. 그런데 덤, 당신은 어떻습니
까? 당신이 가진 건 뭡니까? 무엇이 정말 당신 겁니까? (넥타이를 빌렸던 남성 관객
　　　　　　　　　　　　　　　　　　　　　　　　　　　　　관객에게 주제 의식을 인식시킴.
에게) 내 말을 들어 보시오. 그럼 당신은 나를 이해할 거요. 내가 당신에게서 넥타이를
빌렸을 때, 그때 내가 당신 물건을 어떻게 다뤘소? 마구 험하게 했었소? 어딜 망가
뜨렸소? 아니오, 그렇진 않았습니다. 오히려 빌렸던 것이니까 소중하게 아꼈다간 되
돌려 드렸지요. 덤, 당신은 내 말을 들었소? ❹여기 °증인이 있습니다. 이 증인 앞에서
약속하지만, 내가 이 세상에서 덤 당신을 빌리는 동안에, 아끼고, 사랑하고, 그랬다가
　　　　　　　　　　　　　　　　　　　　　　　　　　　'헌신적 사랑'이라는 주제와 연결됨.
언젠가 그 시간이 되면 공손하게 되돌려 줄 테요. 덤! 내 인생에서 당신은 나의 소중한
　　이별의 시간, 죽음의 시간　　　　　　　　　작가가 생각하는 인생의 본질적 의미
덤입니다. 덤! 덤! 덤!　　　　　　　　　　　　　▶ 여자에게 헌신적으로 구애하는 남자

다 ㉡남자, 하인의 구둣발에 걷어채인다.

여자, 더 이상 참을 수 없다는 듯 다급하게 되돌아와서 남자를 부축해 일으키고 포옹한다.
　　　　　　　　　　　　　　　　　　　남자의 말에 설득당함.

여자: 그만해요! / 남자: 이제야 날 사랑합니까?

여자: 그래요! 당신 아니고 또 누굴 사랑하겠어요!

남자: 어서 결혼하러 갑시다, 구둣발에 차이기 전에!

여자: 이래서요, ❺어머니도 말짱한 사기꾼과 결혼했었다던데…….
　　　　　　　　　여자의 아버지
남자: 자아, 빨리 갑시다! / 여자: 네, 어서 가요!　　▶ 진정한 사랑의 의미를 깨닫고 남자의 청혼을 받아들이는 여자

· 중심 내용 남자와 여자가 결혼하기로 함.　　· 구성 단계 절정·하강·대단원

작품 연구소

〈결혼〉의 주제 의식

〈결혼〉은 시간의 흐름 속에서 무엇인가를 빌렸다가 되돌려 준다는 데 가장 중요한 의미를 부여한 작품이다. 이 작품은 젊음, 생명, 자연 현상들을 시간의 흐름 속에서 빌리고 또 되돌려 주어야 할 것들로 형상화해 놓았다. 그 밖에 이 작품에서 '시간 속에서 빌림 – 되돌려 줌'의 모습을 띠고 나타난 것으로 애정, 특히 남녀 간의 사랑을 들 수 있다. 아마도 작가가 이 작품 속에서 가장 공들여 형상화하고자 했던 '시간 속에서 빌림 – 되돌려 줌'의 모습은 바로 이것이었을 것이다. 작품의 표제가 보여주고 있듯이 이 작품은 남녀 간의 사랑과 결합 양식에 일차적인 관심을 두고 있기 때문이다. 따라서 이 작품은 참된 사랑이란 무엇인가를 숙고하게 만드는, 어찌 보면 미처 덜 다듬어진, 그러면서도 인간의 삶의 모습을 아름답게 형상화한 희극이라 평할 수 있다.

– 권오만, 〈이강백 단막 희극 '결혼'의 의미와 극술〉

〈결혼〉에 쓰인 실험적 기법과 그 효과

	기법	효과
무대 장치	특별한 무대 장치가 없음.	관객이 극 중 인물에게 친밀감을 느끼게 되며, 관객의 극 중 참여를 유도함.
상징적 소재와 인물의 행위	회중시계를 활용하여 시간의 경과에 따라 물건을 회수하는 등 상징적인 장치를 사용함.	모든 것은 일정한 시간이 지나면 돌려주어야 한다는 주제 의식을 전달함.
사건 전개	이야기책의 내용과 극 중 사건이 일치함.	관객에게 극 중 상황을 자연스럽게 알려 줌.
배우의 대사	등장인물이 관객에게 질문을 던짐.	관객의 참여를 유도함.
관객의 역할	관객의 물건을 소품으로 활용하고, 사건 전개 과정에서 관객을 증인으로 내세움.	관객에게 친밀감을 줄 뿐 아니라 작품의 주제를 실감 나게 전달함.

자료실

보이지 않는 것에서 진실을 발견하는 이강백의 희곡들

이강백은 1970년대에 사회 현실에 대해 적극적으로 표현했던 작품들과 달리 인간의 내면의 외로움, 진실함과 책임 의식 등 보편적 인간성과 삶의 의미에 대해서 이야기하는 작품들도 여러 편 발표한다. 〈결혼〉, 〈보석과 여인〉, 〈올훼의 죽음〉, 〈우리들 세상〉, 〈내가 날씨에 따라 변할 사람 같소?〉가 이와 같은 작품들이다. 이들 작품 중 〈우리들 세상〉을 제외한 네 편은 매우 공통적인 주제 의식을 지니고 있다는 점에서 주목할 만하다. 작가는 이 작품을 통해 현실의 표면에서 보이는 것, 현실적인 것보다 그 내면의 보이지 않는 것 속에 진실이 있음을 알레고리적 형상화를 통해 이야기하고 있다.

– 이영미, 〈이강백 희곡의 세계〉

함께 읽으면 좋은 작품

〈무소유〉, 법정 / 무소유의 진리를 드러낸 작품

인간의 괴로움과 번뇌는 어떤 것에 집착하고 더 많이 가지려는 소유욕에서 비롯된다는 점을 전하고 있는 수필이다. 소유에 대한 집착을 버리면 진정한 행복을 얻을 수 있다는 교훈을 담고 있다.

〈원고지〉, 이근삼 / 다양한 실험적 기법을 활용한 작품

다양한 실험적 기법을 활용하여 현대인들의 무의미하고 반복적인 일상과 부조리한 현실의 모습을 풍자한 희곡이다. Link 본책 200쪽

---

5 (가)와 (나)에서 '하인'의 역할로 가장 적절한 것은?

① 여자에게 협조한다.

② 극의 긴장감을 높인다.

③ 극의 결말을 암시한다.

④ 관객의 참여를 유도한다.

⑤ 남자의 실체를 드러낸다.

6 (나)에 나타난 '남자'의 말하기 방식으로 적절하지 않은 것은?

① 자신의 부정적 면모를 인정하고 직접적으로 고백하고 있다.

② 사회적 통념과 자신이 펼치는 논리의 차이점을 밝히고 있다.

③ 질문을 던져 상대가 자신의 처지를 헤아려 보도록 이끌고 있다.

④ 자신의 지난 행동을 바탕으로 결혼에 대한 생각을 드러내고 있다.

⑤ 관객에게 동의를 구하여 자신의 주장을 뒷받침하는 논거로 제시하고 있다.

7 [A]를 통해 작가가 궁극적으로 말하고자 하는 내용으로 가장 적절한 것은?

① 물건을 빌려준 사람의 배려에 감사해야 한다.

② 사람은 모두 죽으므로 소유에 집착해서는 안 된다.

③ 사랑은 인생의 덤이므로 그것에 집착해서는 안 된다.

④ 남에게 빌린 물건은 소중히 지녔다가 돌려주어야 한다.

⑤ 모든 것은 잠시 빌린 것이므로 물질보다 진실한 마음이 더 중요하다.

8 ㉠에서 추론할 수 있는 '여자'의 심리로 가장 적절한 것은?

	남자에 대한 호감 여부	청혼 승낙 여부
①	호감을 느낌.	갈등함.
②	호감을 느낌.	승낙하려 함.
③	호감을 느끼지 않음.	갈등함.
④	호감을 느끼지 않음.	거절하려 함.
⑤	호감을 느끼지 않음.	승낙하려 함.

9 ㉡의 상황이 '여자'에게 미친 영향을 30자 내외로 쓰시오.

014 둥둥 낙랑둥 | 최인훈

키워드 체크 #비극 #비극적 #제의적 #고구려 시대 #호동 왕자 설화 모티프 #호동의 내적 갈등 #낙랑 공주

🎯 핵심 정리

갈래 비극
성격 비극적, 제의적
배경 ① 시간 – 고구려 대무신왕 때
② 공간 – 고구려 궁궐
제재 호동 왕자 설화
주제 개인적 욕망과 윤리적·정치적 현실 사이의 갈등
특징 ① 설화의 민족적 정서를 보편적 정서로 승화함.
② 압축적인 내용 표현으로 긴장감을 지님.
출전 《옛날 옛적에 훠어이 훠이》(1979)

☀️ 어휘 풀이

화평(和平) 나라 사이가 화목하고 평화스러움.
자명고(自鳴鼓) 낙랑에 있었다고 하는 전설적인 북. 외적이 침입하면 저절로 울렸다고 한다.
신묘(神妙)하다 신통하고 묘하다.
섶 잎나무, 풋나무, 물거리 따위의 땔나무를 통틀어 이르는 말.
열녀(烈女) 절개가 굳은 여자.

📖 구절 풀이

❶ **왕자께서 두 나라의 ~ 낙랑 공주이시지요.** 낙랑 공주의 비극이 호동의 탓이 아니라 낙랑 공주가 원해서 선택한 길이었음을 강조함으로써, 호동의 죄책감을 덜어 주려 하고 있다.
❷ **열녀이십니다. ~ 영웅이십니다.** 부장은 호동을 위해 죽은 낙랑 공주를 열녀로, 낙랑국 정복의 위업을 달성한 호동을 영웅으로 떠받들고 있다. 호동의 업적을 강조하고 낙랑 공주의 죽음은 그 과정에서 필요한 숭고한 행위였다는 뜻을 전하면서 호동을 위로하고 있다.
❸ **여자 힘을 빌린 영웅이라.** 부장의 말을 비꼬아 자신에 대한 비웃음을 드러내고 있다. 연인의 희생을 바탕으로 이룬 업적을 자랑스러워하지 않는 호동의 강직한 성격이 나타나고 있다.
❹ **큰할아버지 주몽의 ~ 속임수를 쓴 것입니다.** 고구려의 선조 주몽이 호동처럼 속임수를 통해 원하는 바를 얻어 낸 일화를 언급하여, 호동이 낙랑 공주를 이용하여 승리를 거둔 일도 큰 문제가 없는 것임을 강조하고 있다.

Q 부장이 호동에게 궁극적으로 말하고자 하는 것은?

자명고를 찢은 것은 낙랑 공주의 의지에 의한 것이었으므로 공주의 죽음으로 더 이상 괴로워하지 않아도 되며, 호동은 낙랑 공주의 힘을 빌렸지만 전쟁에게 이겨 나라를 구한 영웅임을 말하고 있다.

부장: 그렇습니다. 어찌 알 수 있었겠습니까. 성이 문을 열고 항복하면, 낙랑 왕 식구 세 사람은 모두 목숨을 살려 이곳에 모셔다가 왕비 마마 곁에서 사시게 작정이 된 일이 아니었습니까? 왕자님 어찌할 수 없는 일이었습니다. / **호동:** 어찌할 수 없는 일…….
_{낙랑 공주의 쌍둥이 언니이자 호동의 의붓어머니}

부장: 그렇습니다. 어찌할 수 없는 일이었습니다. / **호동:** 누가 그것을 모르는가.
_{죄책감에서 벗어나지 못함.}

부장: 돌아가신 낙랑 공주에게 미안해서 그러십니까? / **호동:** …….

[A]
부장: ⓐ공주께서도 어찌 원망할 수 있으시겠습니까? ❶왕자께서 두 나라의 평화를 위해서, 두 분의 행복을 위해서 부탁하신 일인 줄 누구보다도 잘 아시는 분이 낙랑 공주였으니 어찌 원망하실 수 있겠습니까. 왕자님과 이 몸이 대왕의 뜻을 받들어 평화 교섭을 위해서 낙랑을 찾아갔을 때, 제일 반가워한 분이 공주님이셨고, 낙랑 왕의 고집 때문에 화평 교섭이 잘 되지 않자 누구보다 근심하신 분이 공주님이셨지요. 그래서 두 나라가 싸워서 숱한 사람이 죽느니보다는 자명고를 찢어서 고구려가 이기게 하는 것이 좋다고 결심한 것도 낙랑 공주이시지요. 낙랑 나라가 그런 신묘한 북을 가진 줄을 누가 알았습니까? 정말 큰일 날 뻔했지요. 대대로 낙랑 왕의 식구밖에는 모르는 비밀을. 그_{자명고}래서 ⓑ왕비 마마께서도 이 나라에 시집오신 몸이면서도, 그리고 의붓아드님이 징벌_{호동 왕자}군을 이끌고 낙랑으로 떠나게 되어도 입을 다물고 계신 그 비밀을 어찌 알아낼 수 있_{낙랑에 자명고가 있다는 사실}었겠습니까? 왕자님을 그렇게 따르시게 된 공주께서 그 이야기를 하시더라는 말씀을_{자명고에 대한 이야기} 왕자님께서 들었을 때처럼 무서웠던 적이 없습니다. 그것도 모르고 고구려군이 싸움을 벌였더라면 섶을 지고 불구덩이에 뛰어드는 것이었겠지요. 적은 먼저 알고 기다리_{앞뒤 가리지 못하고 미련하게 행동함을 이르는 말}고 있었을 테니까요.

호동: 그 말을 자네한테 한 것이 정말 잘한 일인지 어떤지 모르겠군.

부장: 무슨 말씀을. 또 놀라게 하시는군요. 말씀하시기 다행이지요. 그랬길래 제가 왕자님께 간곡히 그 북을 공주님 손으로 찢게 하시라고 일러 드릴 수 있었지요. 그리고 저도 공주님께 그리하는 것이 왕자님을 위하는 길이라고 일러 드릴 수 있지 않았습니까.

호동: 뭐, 자네가? 그런 말은 안 하지 않았는가?
_{부장이 공주에게 자명고를 찢는 것이 왕자를 위하는 것이라고 말했다는 것}
부장: 네 안 했지요. 그러나 잘못된 일이옵니까? / **호동:** …….
_{조국에 대한 충성을 가장 중요하게 여기는 태도가 드러남.}
부장: 왕자님 몰래 공주님께 말씀드리는 것이 좋다고 여겨져서 그리한 것입니다.

호동: 오, 그래서…… / **부장:** 무슨 일이 있었더랬습니까?

호동: 북을 찢겠다면서, 이 일은 왕자님 뜻을 묻기 전에 ⓒ자기가 알아서 하는 일이라고 자꾸 다짐하더군. / **부장:** ⓓ열녀이십니다.

호동: 큰 고구려의 왕자가 ⓔ한 여자의 손을 빌려 싸움에 이기는 것을 부끄러워할까 봐 그_{낙랑 공주의 사려 깊은 면모를 알 수 있음.}랬던 것이로군. / **부장:** ❷열녀이십니다.

호동: 그 열녀의 덕을 본 나는 무어가 되는가?

부장: 영웅이십니다. / **호동:** ❸여자 힘을 빌린 영웅이라.

부장: 아닙니다. ❹큰할아버지 주몽의 옛일을 생각해 보십시오. 금와왕의 마구간에서 말을 기를 때 좋은 말에게는 먹이를 줄여서 여위게 하지 않았습니까? 그도 속임수를 쓴 것입니다.

▶ 공주의 죽음에 죄책감을 느끼는 호동과 이를 위로하는 부장

· 중심 내용 낙랑 공주의 죽음에 죄책감을 느끼며 괴로워하는 호동 · 구성 단계 발단

이해와 감상

이 작품은 《삼국사기》에 실려 있는 '호동 왕자 설화'를 기반으로 창작된 희곡이다. 낙랑 공주에게 쌍둥이 언니가 있고, 그 언니가 고구려에 시집와서 고구려의 왕비이자 호동의 의붓어머니가 되었다는 가상의 상황을 전제로, 조국과 연인 사이에서 갈등하는 호동과 왕비의 고뇌를 섬세하게 묘사하고 있다. 이들은 개인적 욕망의 끝에 있는 것은 죽음뿐이라는 것을 알면서도 멈추지 않고 그 끝을 향해 달려간다. 그리고 자신의 결정에 따라 당당하게 죽음을 선택하는 결말은 비극적이면서도 숭고한 느낌마저 들게 한다.

🔍 전체 줄거리

발단	고구려 왕자 호동은 낙랑군을 정벌하고도 낙랑 공주의 죽음으로 슬퍼한다.
전개	낙랑 공주가 자신 때문에 죽었다는 죄책감에 괴로워하던 호동은 낙랑 공주의 쌍둥이 언니인 왕비를 보며 더욱 혼란스러워진다.
절정	왕비는 호동이 전쟁 이후 기운을 차리지 못하는 이유가 낙랑 공주와의 사랑 때문임을 알게 되고, 낙랑 공주 흉내를 내며 그를 위로해 준다.
하강	왕비는 낙랑국의 궁녀였던 달래를 만나 낙랑 공주가 호동을 위해 자명고를 찢은 사정을 알게 되고, 호동에게 복수하고자 더욱 접근한다.
대단원	그러나 왕비는 호동과 사랑에 빠지게 되고 왕은 호동에게 낙랑국과 고구려의 북 중 하나를 선택하게 한다. 호동은 낙랑국의 북을 선택하고 낙랑 공주에게 속죄하며 죽고 왕비도 호동을 따라 자결한다.

👥 인물 관계도

🏠 작품 연구소

등장인물의 내적 갈등

이 작품에서 호동과 왕비는 다양한 역할을 맡고 있는데, 각각의 역할이 서로 조화를 이루지 못한 채 대립함으로써 내적 갈등을 겪게 된다.

🔑 포인트 체크

인물 호동은 ☐☐☐ 왕자로 사랑하는 낙랑 공주가 자신 때문에 죽었다는 사실에 ☐☐☐을 느끼는 인물이다.

배경 고구려 ☐☐☐☐ 때 궁궐을 배경으로 하고 있다.

사건 낙랑 공주의 죽음에 죄책감을 느끼던 호동은 낙랑 공주에게 속죄하는 마음으로 낙랑의 ☐을 울리며 죽음을 택하고 있다.

1 다음 중 '부장'의 말하기 전략으로 적절한 것을 모두 고른 것은?

> ㄱ. 논리적 근거를 들어 상대의 불만을 해결하려 함.
> ㄴ. 자신의 처지를 호소하며 상대의 동정을 구하려 함.
> ㄷ. 상황의 불가피함을 내세워 상대의 마음을 돌리려 함.
> ㄹ. 유사한 선례와 비교하며 상대의 행동을 정당화하려 함.

① ㄱ, ㄴ ② ㄱ, ㄷ ③ ㄱ, ㄹ ④ ㄴ, ㄷ ⑤ ㄷ, ㄹ

중요 기출 **高난도**

2 [A]를 재구성하여 무대에 올리고자 한다. 〈보기〉에 제시된 선생님의 주문에서 벗어난 것은?

> **보기**
>
> 선생님: 여러분도 보다시피 [A]는 연극의 대사치곤 조금 긴 편이지요? 과거의 사건을 정리하여 관객에게 설명하다 보니 다소 장황해진 것으로 이해할 수 있습니다. [A]를 '연극 속의 연극'으로 바꾸어 다시 꾸며 보면 어떨까요? 그러면 장면을 좀 더 생생하게 관객에게 보여 줄 수 있겠지요? 단, 본문의 내용에서 벗어나지 않도록 합시다. 자, 각자 자신의 생각을 말해 보도록 해요.

① 공주를 직접 등장시킬 수 있어요. 평화 교섭을 위해 낙랑을 찾아간 호동이 공주와 만나는 장면을 삽입하면 관객들이 공주의 모습을 직접 볼 수도 있고, 사건의 내막도 쉽게 알 수 있습니다.

② 첫 대목에서는 조명을 서서히 어둡게 하여 극 중 사건이 과거로 옮겨지고 있다는 사실을 암시하면 어떨까요?

③ 부장이 늘 호동 곁에 등장하는 것으로 처리하는 게 좋겠어요. 부장의 극 중 역할이 제일 중요하므로 부장의 심리를 잘 드러내야 합니다.

④ 극이 진행되는 배경이 고구려에서 낙랑으로 바뀌어야 하는데, 무대 장치를 송두리째 바꾸는 것은 무리니까, 대사를 통해 자연스럽게 드러낼 수 있도록 작품을 고쳐야겠습니다.

⑤ 왕비가 자명고의 비밀을 말해 주지 않았다는 내용은 공주와 호동 사이의 대사로 처리할 수 있어요. 그렇게 하면 왕비를 무대에 등장시킬 필요가 없습니다.

3 ⓐ~ⓔ 중, 문맥상 지시하는 대상이 다른 것은?

① ⓐ ② ⓑ ③ ⓒ ④ ⓓ ⑤ ⓔ

4 이 글에서 '호동'이 갈등하는 원인을 30자 내외로 쓰시오.

Q 이 작품에 나타난 '역할 놀이'의 기능은?

낙랑 공주의 죽음으로 호동은 연인을, 왕비는 조국과 가족을 잃게 된다. 이에 동병상련의 정을 느낀 호동과 왕비는 역할 놀이를 하게 된다. 낙랑 공주와 호동이 함께했던 과거를 재현하면서 호동은 낙랑 공주의 죽음 때문에 입은 마음의 상처를, 왕비는 타국에서 홀로 지내며 느낀 외로운 마음을 위로받는다. 그런데 왕비는 이 때문에 점차 자신의 정체성에 혼란을 느끼고, 결국 호동을 사랑하게 되고 만다.

🐚 구절 풀이

❶ 왕비 탈을 쓴다. 왕비가 고구려에서 어미 무당 역할을 하고 있음이 드러나는 부분이다. 또한 왕비가 탈을 쓰고 있는 동안은 신내림을 받아 왕비가 아닌 주몽 조상신의 역할을 하게 될 것임을 알리는 신호이기도 하다.

❷ 호동아, 듣거라, ~ 않았습니다. 생략된 부분에서 대신들이 호동의 방에서 낙랑국의 불상을 발견하고, 그간 고구려에 긴 가뭄이 든 것이 호동이 낙랑국의 귀신을 모셨기 때문이라고 몰아세운 것과 연관이 있다.

❸ 둥둥 둥둥둥 ~ 둥둥 둥둥둥 호동이 고구려에서 울리는 낙랑국의 북소리이다. 작품의 제목과 같은 글자 수로 배열함으로써 제목과 낙랑국의 북소리 간의 연관성을 암시하고 있다.

❹ 이것이 웬일이오 ~ 모양에 눈멀었습니다. 자신과 동생 낙랑 공주를 구분하지 못하고 혼란에 빠져 호동에 대한 사랑을 고백하는 왕비의 모습이 나타난다. '낙랑성 잔치'는 낙랑 공주가 호동을 처음 만난 자리이고, '고구려 성문 밖'은 왕비가 호동을 처음 만난 자리이다.

Q '나팔 소리'와 '북소리'의 의미는?

나팔 소리는 고구려를 상징하며, 현재 공간이 고구려임을 알리는 효과가 있다. 반면 북소리는 낙랑국의 자명고 소리로, 낙랑을 상징한다. 극 중간에 호동은 나팔 소리 사이로 들리지 않는 북소리를 들으려는 행동을 하는데, 이는 낙랑 공주에 대한 호동의 죄책감을 상징한다. 그리고 결말에서 호동은 고구려에서는 울려서는 안 될 낙랑국의 북소리를 울림으로써 스스로를 벌하게 된다.

Q 난쟁이의 역할은?

난쟁이는 작가를 대신하여 등장인물에 공감하고 위기를 알리는 존재이다. 이후 난쟁이는 호동과 왕비가 죽고 비가 내리는 장면에서 다시 등장하는데, 이는 이 작품의 모든 갈등이 해소되었음을 나타내는 것이라 할 수 있다.

👤 작가 소개

최인훈(1936~2018)
소설가, 극작가. 다채로운 기교를 사용하면서도 구성을 중시하는 작품을 많이 썼다. 주요 작품으로 소설 〈광장〉, 〈회색인〉, 희곡 〈어디서 무엇이 되어 만나랴〉, 〈옛날 옛적 훠어이 훠이〉 등이 있다.

중략 부분의 내용 왕비는 호동이 자신의 동생인 낙랑 공주의 죽음 때문에 기운을 차리지 못하자 이에 연민을 느껴 낙랑 공주의 흉내를 내는 역할 놀이를 통해 호동을 위로해 준다. 그러던 중, 낙랑 공주가 호동을 위해 자명고를 찢은 사정을 알게 된 왕비는 분노하여 호동에 대한 복수를 결심하지만, 계속되는 역할 놀이 때문에 환상과 현실을 구분하지 못하고 결국 호동과 사랑에 빠진다. 그때 고구려에 심한 가뭄이 들고, 대신들은 호동이 낙랑의 귀신에게 홀린 탓이라며 호동을 벌하기로 한다.

나팔 소리 울린다, 제1막과 같은 가락, 점점 커진다, 난쟁이 황급히 일어나 퇴장한다, •악대 음악을 연주하면서 돌아온다, 굿자리를 한 바퀴 돈다, 음악이 끝나고 그들은 굿자리 앞에 늘어 선다, 사람들 무대 양쪽에 들어와 늘어선다. / 악대 물러간다. 왕비가 앞장서서 무당들 들어선다. 무당춤이 끝난다. 왕비 단을 올라간다. ❶왕비 탈을 쓴다. 왕비 외친다.

왕비: 주몽! 주몽! 주몽! / 왕비 일어난다. / 왕비: 북을 들여라.

군사들이 큰북 두 개를 들어다 양쪽으로 벌려 걸어 놓는다. / 흰 북과 검은 북이다.

왕비: 호동을 들여라. / 흰옷을 입은 호동 나와서 단을 마주 잡고 선다.

왕비: ❷호동아, 듣거라, 네가 낙랑의 귀신을 섬겨 나를 몰라본다 하니 그것이 참말이냐?

호동: 삼가 아뢰옵니다, 저는 낙랑의 귀신을 섬기지도 않고, 주몽 할아버지를 몰라보지도 않았습니다.

왕비: 그럴 테지, 그렇다면 네 앞에 지금 고구려의 북과 낙랑에서 가져온 북이 있다. 고구려의 흰 북을 내 앞에서 크게 치거라.

호동: 오호, 낙랑의 북. / 왕자 한 발 물러선다. / 왕비: 빨리 치거라. / 왕자 움직이지 않는다.

왕비: 호동아 어째서 나를 기다리게 하느냐. / 호동, 한 발 나선다.

[A]
호동: 아아, 낙랑의 북, 내가 너에게 빚을 갚을 때가 왔다, 내가 사랑한 손을 위해 네가 소리를 내지 않았으니, 네가 갸륵하다, 그러나 고구려의 왕자가 어찌 너에게 빚을 지고 살랴 ― 주몽 할아버지여 이 손자는 낙랑의 귀신을 섬기지도 않았고, 주몽 할아버지를 몰라보지도 않았습니다. 이것이 제 마음입니다. 할아버지시여 아버님 마음을 타일러 빨리 군사를 낙랑으로 보내소서. 이 손자가 거둔 것을 고구려가 지키게 하소서. (나가서 북채를 집어 들며) 그러나 북은 이렇게 치겠습니다, 고구려의 왕자가 진 빚을 갚게 하소서, 자 울려라 낙랑의 북아.

검은 북 앞으로 가서 친다. / ❸둥둥 둥둥둥, 둥둥 둥둥둥 / 둥둥 둥둥둥

북 방망이를 놓고 물러나 엎드린다. / 사람들이 놀라 웅성인다. / 사이

왕비: 호동의 목을 쳐라.

사람들 물러간다. / 난쟁이, 칼을 휘두르며 춤추면서 나온다.

호동 비치는 •휘장 뒤로 간다. / 난쟁이 따라 들어간다.

난쟁이 왕자의 목을 자른다. / 난쟁이 칼을 놓고 울면서 기어 나간다.

왕비 탈을 벗고 계단을 천천히 내려온다. / 휘장 앞에 선다.

[B]
왕비: ❹이것이 웬일이오, 호동 왕자 내 그대를 위해 북을 찢었거늘 그대를 위해서라면 일만 개의 북이라도 다시 찢겠거늘 그대는 내게 빚을 갚는단 말이오, 이 몸은 비록 어버이 칼에 쓰러졌을망정 더없이 행복합니다, 거룩한 고구려의 왕자 호동 님, 나 당신을 본 첫날부터, 그것이 낙랑성 잔치였는지, 고구려 성문 밖이었는지 나는 잊어버렸소, 나 당신을 본 첫날부터 이 세상 소리에 귀먹고 이 세상 모양에 눈멀었습니다, (호동의 머리를 집어 들며) 그대 머리여, 그대는 이렇게 토막이 잘린 이내의 마음이로다, (머리에 입술을 맞춘다.) 호동 님, 그대를 따르오리다.

▶ 호동과 왕비의 비극적인 죽음

• 중심 내용 낙랑 공주에게 속죄하기 위해 죽음을 택하는 호동 • 구성 단계 대단원

🏠 작품 연구소

제목 '둥둥 낙랑둥'의 의미

이 작품의 제목은 북소리의 의성어와 연관이 있다. 그리고 북소리 중간에 '낙랑(樂浪)'이 들어가 있는 것으로 보아, 낙랑국의 북소리를 나타내고 있음을 알 수 있다. 이 작품에 나타나는 낙랑국의 북소리는 두 가지이다. 하나는 자명고의 소리, 또 하나는 결말 부분에서 울리는 검은 북의 소리이다. 자명고의 소리는 낙랑 공주 때문에 울리지 못한 것으로 이로 인해 극 중 인물들의 비극이 시작된다. 검은 북의 소리는 연인의 죽음에 대한 호동의 죄책감을 덜어 내는 것이자 자명고의 소리를 이어 가는 소리라고 할 수 있다. 하지만 이는 고구려에서는 결코 울려서는 안 될 금기의 소리이기도 하다. 따라서 이 금기를 어긴 호동은 결국 죽음에 처하고 만다. 즉, 이 작품의 제목인 '둥둥 낙랑둥'은 고구려에서 울려서는 안 되는 낙랑국의 북소리를 의미하는 것으로, 작품에서 보여 줄 비극을 암시하고 있다.

'호동 왕자 설화'와 〈둥둥 낙랑둥〉의 차이점

호동 왕자 설화	〈둥둥 낙랑둥〉
• 호동이 낙랑 공주를 꾀어 자명고를 찢게 하고 군사를 이끌어 정벌함. • 호동은 원비의 참소와 공주에 대한 사랑의 번민으로 자살함.	• 낙랑 공주가 죽은 뒤의 상황을 배경으로 함. • 부장의 설득으로 공주가 호동을 위하여 자명고를 찢음. • 낙랑 공주에게 쌍둥이 언니가 있으며 그 언니가 고구려에 시집와서 고구려의 왕비이자 호동의 의붓어머니가 됨.

자료실

〈둥둥 낙랑둥〉에 대한 작가 최인훈의 글

여기서 두 사람이 부딪친 문제는 아마도 사람으로서 풀기가 가장 어려운 것 중의 한 가지다. 그것을 곧이곧대로 풀자면 그럴수록 더 헝클어지는 그런 수렁이다. 개인이 집단에 대해 어디까지 충성해야 하며 사랑이라는 것은 어디까지 갈 수 있는가 하는 것은 영원한 인간 문제이기는 하다. 모든 영원한 문제가 그런 것처럼 보통 사람은 이런 문제를 끝까지 밀고 가지 못한다. [중략] 끝까지 갈 용기가 나지 않는 것은 파멸이 보이기 때문이다. 극 속의 인물들은 이 끝을 피하지 않고 거기까지 걸어간다. 낙랑 공주와 호동 왕자도 그런 사람들이다. 원래 이야기에 없는 호동의 의붓어머니와 낙랑 공주의 쌍둥이라는 설정은 호동과 공주가 직면한 문제를 더 어려운 것으로 만들어 보기 위해서 지어낸 생각이다.

– 최인훈, 〈연극이라는 의식〉

최인훈 희곡의 특징

최인훈 희곡의 가장 큰 특징은 원 텍스트의 변용에 있다. 〈옛날 옛적에 훠어이 훠이〉는 아기 장수 설화를 변용하여 스스로의 운명을 고쳐 나갈 힘이 없는 사람들의 어두운 이야기를 담고 있으며, 〈달아 달아 밝은 달아〉는 심청 모티프를 변용하여 성스럽고도 추한 여성상을 창조해 내었다. 〈어디서 무엇이 되어 만나랴〉는 바보 온달과 평강 공주, 〈둥둥 낙랑둥〉은 호동 왕자와 낙랑 공주의 이야기를 각각 변용하였다. 그의 희곡에 한국의 역사와 설화만 반영된 것은 아니다. 작가는 〈헨젤과 그레텔〉, 예수의 생애, 《출애굽기》의 과월절의 유래 등 폭넓은 텍스트를 변용할 텍스트로서 지향한다. 왜냐하면 작가는 자신의 작품이 한국인의 상황에만 국한되지 않고 인간의 보편적 비극으로 읽히길 기대하기 때문이다.

– 김만수, 〈설화적 형상을 통한 인간의 새로운 해석〉

📖 함께 읽으면 좋은 작품

〈어디서 무엇이 되어 만나랴〉, 최인훈 / 설화를 모티프로 창작한 작품

온달 설화를 재해석하여 설화에서 알 수 없었던 의미들을 개연성 있게 재구성한 희곡으로, 진정한 사랑의 메시지를 전달하고 있다.

🔗 Link 본책 237쪽

---

5 〈보기〉와 이 글을 연결 지어 이해한 내용으로 적절하지 않은 것은?

┤ 보기 ├

고구려 대무신왕의 *차비 소생인 호동은 얼굴이 잘생기고 천성이 총명하여 아버지의 총애를 받았는데, 어느 날 옥저(沃沮)로 사냥을 나갔다가 낙랑 태수 최리(崔理)의 딸인 낙랑 공주와 사랑하게 되었다. 그때 낙랑에는 적병의 침입을 저절로 알리는 자명고가 있어서 정벌하기가 어려웠다. 이에 호동이 낙랑 공주를 꾀어 자명고를 찢게 하고 군사를 이끌어 정벌하였다. 태수는 이 사실을 알고 딸을 죽인 후 항복하였으나, 낙랑을 정벌한 호동은 *원비의 참소와 공주에 대한 사랑의 번민으로 자살한다. – '호동 왕자 설화' 줄거리

• 차비(次妃) 둘째 왕후.   • 원비(元妃) 임금의 정실을 이르던 말.

① 〈보기〉와 달리 이 글에서 호동은 처형을 당한다.

② 〈보기〉와 달리 이 글에서 왕비는 호동을 사랑하게 된다.

③ 〈보기〉와 달리 이 글에서 낙랑 공주는 스스로 목숨을 끊는다.

④ 〈보기〉와 이 글 모두 왕비가 호동의 죽음에 영향을 끼친다.

⑤ 〈보기〉와 이 글 모두 호동이 공주에 대한 번민 때문에 죽는다.

6 이 글을 공연하기 위해 토의한 내용으로 적절하지 않은 것은?

① 무당춤은 제의 장면에 어울리도록 구성해야겠어.

② 왕비는 제의 중 발성을 달리해서 주몽 신을 연기해야 해.

③ 소품으로 탈, 칼, 흰 북, 검은 북, 북채 등을 준비해야겠어.

④ 휘장 뒤편에 제단을 만들어서 신비로운 분위기를 강조하자.

⑤ 호동이 검은 북을 치는 장면은 호동에게만 조명을 집중하자.

7 [A]의 '호동'과 [B]의 '왕비'를 비교한 내용으로 가장 적절한 것은?

① 호동은 지배 체제에 따르고 있으나, 왕비는 지배 체제에 끝까지 저항하고 있다.

② 호동은 과거에 대한 회한을 말하고 있으나, 왕비는 미래에 대한 희망을 말하고 있다.

③ 호동은 자신이 누구인지 인식하고 있으나, 왕비는 정체성을 잃고 혼란에 빠지고 있다.

④ 호동은 긍정적인 사고방식을 지니고 있으나, 왕비는 부정적인 사고방식을 지니고 있다.

⑤ 호동은 자신의 죽음을 받아들이고 있으나, 왕비는 자신의 죽음을 받아들이지 못하고 있다.

8 역할 놀이에 대한 설명으로 적절하지 않은 것은?

① 호동의 내적 갈등을 궁극적으로 해소하지는 못한다.

② 왕비가 동생인 낙랑 공주를 흉내 내는 것이 핵심이다.

③ 호동을 연민하여 위로하려는 왕비의 의도가 담겨 있다.

④ 호동과 왕비 사이의 관계가 변화하는 계기가 되고 있다.

⑤ 왕비는 기억을 떠올리는 부담 때문에 혼란을 겪게 된다

9 이 글에서 '호동'이 '검은 북'을 친 이유를 30자 내외로 쓰시오.

[국어] 천재(이)

◎ 핵심 정리

갈래 장막극, 표현주의 극
성격 사실적, 현실 비판적
배경 ① 시간 – 6·25 전쟁 전후
　　　　② 공간 – 칠산리
제재 전쟁과 이데올로기 대립으로 인해 버려진 자식들과 그들을 위해 희생한 어머니의 삶
주제 전쟁과 이데올로기로 인한 대립의 극복
특징 ① '칠산리'라는 공간이 지닌 상징적 의미를 중심으로 사건이 전개됨.
　　　　② 소품을 이용해 과거와 현재를 한 무대 공간에서 교차하도록 구성함.
　　　　③ 시어체 대사를 사용해 작품의 주제와 분위기를 인상적으로 드러냄.
출전 《이강백 희곡 전집 4》(1996) / 초연 1989

Q ▌자식들이 부르는 합창의 의미는?

합창의 내용으로 보아 세상 사람들은 분단과 전쟁, 이데올로기 대립 속에서 빨치산의 자식들을 경계하고 증오했지만 어미만큼은 끝까지 자식들을 품에서 놓지 않았음을 알 수 있다. 이념이 달랐던 것은 물론 피 한 방울조차 섞이지 않은 자식들을 인류애와 모성애로 포용했던 것이다. 자식들은 이러한 어머니의 사랑을 온갖 색을 하얗게 만드는 눈에 빗대어 노래하고 있다.

☀ 어휘 풀이

빨치산(partizan) 드러나지 않는 곳에서 적을 기습적으로 공격하는 비정규 부대의 군인. 특히 우리나라에서는 6·25 전쟁 전후에 각지에서 활동했던 공산주의 비정규군을 일컫는다.
이장(移葬)하다 무덤을 옮겨 쓰다.
빨갱이 '공산주의자'를 속되게 이르는 말.

❀ 구절 풀이

❶ **(자식들을 달래며) 아니다, 아냐 ~ 모레도 살 수가 있어.** 어미는 도토리묵을 언제 먹으면 좋을지 수수께끼를 내고는 오늘이 아니라 모레 먹어야 한다고 말하고 있다. 당장의 배고픔을 참아 내며 도토리묵을 오래 갖고 있어야 더 오래 살아남을 수 있기 때문이다. 어미는 이처럼 굶주린 자식들을 달래는 한편 고난을 이겨 내는 삶의 지혜를 함께 가르쳐 주고 있다.

❷ **다른 사람들은 ~ 우리들의 심정을요.** 자식들은 세상으로부터 버림받았고 지금도 마을 사람들의 편견과 차별에 시달리고 있다. 어머니는 그런 자신들을 위해 희생하다가 비참하게 죽었는데, 어머니의 무덤마저 마을 사람들에 의해 없어질 위기에 처해 있다. 자식들이 느끼는 슬픔과 서러움이 매우 큼을 짐작할 수 있다.

전략 부분의 내용 칠산리는 6·25 전쟁을 전후로 좌우익이 대립하던 곳이다. 어미는 *빨치산의 핏줄이라는 이유로 산으로 쫓겨난 열두 명의 아이들을 거두어 이들을 먹여 기르지만 자신은 굶주림에 시달리다가 죽고 만다. 그 후 자식들은 성장해 뿔뿔이 흩어지고 칠산리에는 어미의 무덤만 남는다. 어느 날 면장은 칠산리를 개발하기 위해 도로를 만들어야 한다는 마을 사람들의 입장을 전하며 어미의 무덤을 *이장하라고 자식들을 재촉한다. 자식들은 다른 형제들이 모일 때까지 시간을 더 달라고 요구하는 한편, 자신들을 위해 희생했던 어머니의 삶을 떠올린다.

가

자식들:「어머니, 어머니, 우리 어머니 / *빨갱이의 자식 둔 우리 어머니

쫓아라, 쫓아내라, 쫓아내라 / 으흐흐, 호통치고 / 으흐흐, 벼락 쳐도

품 안에서 놓지 않던 우리 어머니

어머니와 함께 보낸 그해 겨울은 / 하얗게, 새하얗게, 눈이 내렸네.

빨간색을 지우고 / 파란색을 지우고 / 노란색을 지우고

이 세상의 온갖 색을 모두 지우고 / 하얗게, 새하얗게, 눈이 내렸네.」

어미: 고개를 들고 산을 바라보렴! 칠산리 일곱 산이 새하얗게 되니깐 보기 좋구나! 하얀 눈이 내리는 하늘은 고요하구, 하얗게 눈이 덮이는 땅은 아늑하구나!

간난이: 하지만 엄마…… 눈을 먹으면 배가 부를까?

자식들: 배가 고파…… 배…… 고파…….

어미: 그래, 너희들은 배가 고파서…… 눈이라도 배부르게 먹고 싶겠지. (사이) 그러나 가만히 들어 봐. 이건 너희가 풀어야 할 수수께끼야. 지금 너희들 앞에 도토리묵이 한 그릇 있다. 그런데 그 묵을 오늘 먹으면 내일은 먹을 게 없구 내일 먹으면 모레는 먹을 게 없지. 그럼 너희들은 언제 그 묵을 먹는 게 좋을까?

간난이: 엄마, 오늘 먹을 테야! / **자식들:** 오늘 당장 먹어야지!

어미: ❶(자식들을 달래며) 아니다, 아냐. 그 묵은 모레 먹어야 해. 그래야만 너희는 오늘도 살고, 내일도 살고, 모레도 살 수가 있어.　　▶ 아이들이 살아남을 수 있도록 가르치는 어미

중략 부분의 내용 어미는 이웃 아낙네들이 가져온 팥죽 한 그릇을 자식들에게 모두 먹이고 죽음을 맞는다.

나

「무대 조명이 어두워진다. ㉠간난이, 죽은 어미를 등에 업고 무대 밖으로 퇴장한다. 자식들이 흐느끼며 따라간다. 면장이 책상을 밀며 무대 가운데로 나온다. 그는 책상 위에 놓여 있는 서류들을 챙겨서 서랍 속에 넣는다.」

면장: 이젠 면사무소 문 닫을 시간이 됐습니다. 칠산리 어머니의 무덤을 어떻게 할 건지 결정하시죠!

자식들 침울한 표정으로 면장 주위에 모여든다.

면장: 당신들의 심정은 알겠습니다. 당신들을 위해서 굶어 죽은 어머니, 그 어머니에 대한 애착이 대단하겠지요.

장남: ❷다른 사람들은 모를 겁니다. 우리들의 심정을요.

면장: 어쨌든 그 어머니가 묻힌 무덤은 옮겨야 합니다. (하늘을 쳐다보며) 저런, 하늘을 보시죠! 예상했던 대로 눈이 내립니다! (자식들에게 재촉한다.) 어서들 결정하세요! 눈이 쌓이면 무덤 옮기는 작업만 힘들어집니다.　　▶ 어머니의 죽음을 애도하는 자식들과 무덤에 대한 결정을 재촉하는 면장

· 중심 내용 자식들이 어머니의 무덤 이장을 강요받고, 자신들을 위해 희생만 하다가 굶어 죽은 어머니를 회상함.
· 구성 단계 절정·하강

이해와 감상

이 작품은 빨치산의 자식이라는 이유로 버려진 열두 명의 아이들을 위해 희생한 어머니의 삶을 소재로 하여 전쟁과 이데올로기 대립으로 인한 상처와 아픔을 그린 희곡이다. 작품의 제목이자 공간적 배경인 '칠산리'는 일곱 개의 산봉우리로 둘러싸인 마을로, 6·25 전쟁 때 좌우익이 치열하게 대립했던 곳이다. 어미는 이곳에 버려진 빨치산의 핏줄들을 데려다 기르고 자신은 굶어 죽는다. 시간이 흐른 뒤, 마을 사람들은 '빨갱이 소굴'의 이미지를 지우기 위해 어미의 무덤을 없애고 그 무덤을 찾아오는 자식들을 내쫓기로 결정한다. 작가는 이를 통해 전쟁과 이데올로기의 대립으로 인한 불신과 반목이 여전히 사람들의 의식을 지배하고 있으며 그 굴레에서 벗어나야 함을 역설하고 있다. 특히, 버려진 빨치산의 핏줄마저 자식으로 품었던 어미의 포용, 희생, 모성애를 갈등과 대립을 해소하는 실마리로 제시함으로써 민족적 비극을 치유할 방법에 대한 모색을 이끌어 내고 있다.

전체 줄거리

발단	현재	면장이 칠산리의 개발을 위해 자식들에게 어미의 무덤을 옮길 것을 요구하고 면사무소에 모인 자식들은 이를 거부하며 과거를 회상한다.
전개	과거	아이를 낳지 못하는 어미, 주워 온 아이 간난이, 할머니는 가난 속에서 힘겹게 살아간다. 어느 날 간난이는 산속에 버려진 아이들을 발견하여 어미에게 알리고, 어미는 이들을 자식으로 거둔다.
	현재	자식들은 안부를 나누며 아직 오지 않은 형제들을 기다린다.
절정	과거	마을 이장과 군인들이 빨치산의 자식들이 있다는 소문을 듣고 그들을 잡으려 찾아오지만, 어미의 간곡한 부탁으로 그냥 돌아간다.
	현재	형사들이 면장을 찾아와 막내가 찾아오면 신고해 줄 것을 요청하고, 면장은 자식들이 말썽을 일으키는 존재라고 여긴다.
하강	과거	어미는 이웃 아낙네들이 자신을 위해 가져온 팥죽을 자식들에게 모두 먹이고 숨을 거둔다.
	현재	무덤 이장 문제에 대해 결정을 해야 하는 시간이 다가오고, 자식들 간의 의견 대립이 일어난다.
대단원	현재	자식들은 어머니가 있는 곳이라면 어디든 칠산리가 될 수 있다고 여기는 장남의 제안대로 어머니의 유골을 화장해 나눠 갖기로 한다.

인물 관계도

어미
산에 버려진 빨치산의 자식들을 데려다가 헌신적으로 키우고 자신은 굶어 죽음. 이념을 뛰어넘는 모성애, 인류애를 지님.

자식들
빨치산의 자식들로, 산속에 버려졌다가 어미의 손에 길러짐. 칠산리에 있는 어미의 무덤 이장 문제로 서로 갈등을 빚음.

간난이
어미의 남편이 고개를 넘다가 데려온 아이로, 철부지 같은 행동을 함.

면장
마을 사람들의 입장을 대변하는 인물. 자식들이 어미의 무덤을 옮기도록 재촉함.

마을 사람들
칠산리에 남아 있는 '빨갱이'의 흔적을 청산하기 위해 어미의 무덤을 없애려 함.

포인트 체크

인물 ⬜⬜⬜의 자식인 열두 명의 아이들을 거두어 키우다가 숨을 거둔 어미는 ⬜⬜을 초월한 모성애를 지닌 희생적 인물이다.

배경 6·25 전쟁 전후 좌우익이 치열하게 대립한 공간인 ⬜⬜⬜를 배경으로 하고 있다.

사건 ⬜⬜은 칠산리의 개발을 위해 어미의 ⬜⬜을 이장할 것을 자식들에게 요구하여, 어머니의 ⬜⬜을 지키는 것이 자식 된 도리라고 생각하는 자식들과 갈등하고 있다.

1 이 글에 대한 설명으로 가장 적절하지 <u>않은</u> 것은?
① 인물 간 갈등의 원인이 제시되어 있다.
② 현재의 사건과 과거와 사건을 교차하여 전개하고 있다.
③ 시간이 경과하면서 인물 사이의 긴장감이 고조되고 있다.
④ 상징적 의미를 지닌 공간을 중심으로 사건을 전개하고 있다.
⑤ 서술자 역할을 하는 인물이 등장해 사건을 이끌어 가고 있다.

2 (가)의 '자식들'이 부르는 합창의 기능으로 적절하지 <u>않은</u> 것은?
① 자식들이 어미를 그리워하며 결속하게 한다.
② 자식들을 위해 희생했던 어미의 삶을 드러낸다.
③ 어미에 대한 자식들의 존경심과 그리움을 드러낸다.
④ 자식들과 면장 사이의 갈등을 일시적으로 해소해 준다.
⑤ 세상을 새하얗게 덮는 눈처럼 포용적인 어미의 사랑을 노래한다.

3 〈보기〉를 바탕으로 하여 '자식들'과 '마을 사람들'이 갈등을 겪는 근본적인 원인을 추측한 내용으로 가장 적절한 것은?

| 보기 |

[과거] 전쟁 직후 좌우익의 대립이 극심했던 시기, 어미는 버려진 빨치산의 자식들을 헌신적으로 키우다가 굶어 죽음. ➡ [현재] 마을 사람들은 마을에 남아 있는 '빨갱이'의 흔적을 지우려고 어미의 무덤을 없애려 하여 자식들과 갈등함.

① 전쟁과 이념 대립이 낳은 비극에서 여전히 벗어나지 못하고 있다.
② 가족, 이웃, 공동체 의식을 잃어버릴 만큼 개인주의가 만연해 있다.
③ 산업화와 도시화에 따라 고향에 대한 전통적인 인식이 변화하고 있다.
④ 전쟁이 끝나지 않아 좌익과 우익이 여전히 서로에게 총을 겨누고 있다.
⑤ 이념의 대립이 사라지면서 과거의 사건을 객관적으로 바라보게 되었다.

4 ⊙은 과거에서 현재로 장면이 전환되는 부분이다. 장면 전환 과정에서 나타나는 이 작품의 특징이 무엇인지 〈조건〉에 맞게 쓰시오.

| 조건 |
장면 전환 시 등장인물의 행동을 포함하여 쓸 것.

☀ 어휘 풀이

색안경(色眼鏡) 주관이나 선입견에 얽매여 좋지 아니하게 보는 태도를 비유적으로 이르는 말.

회의적(懷疑的) 어떤 일에 의심을 품는 것.

동조(同調)하다 남의 주장에 자기의 의견을 일치시키거나 보조를 맞추다.

대항(對抗)하다 굽히거나 지지 않으려고 맞서서 버티거나 항거하다.

부정(否定)하다 그렇지 아니하다고 단정하거나 옳지 아니하다고 반대하다.

연고자(緣故者) 혈통, 정분, 법률 따위로 맺어진 관계나 인연이 있는 사람.

Q 어미의 무덤을 옮기는 문제에 대한 자식들의 입장은?

차녀와 삼남은 칠산리에서 받은 고통과 상처로 괴로워한다. 그래서 어머니의 무덤을 어서 옮기고 이제는 칠산리를 잊고 싶다고 말하고 있다. 그러나 장녀와 차남은 칠산리는 언젠가 돌아와야 할 고향이므로 어머니의 무덤도 이곳에 있어야 한다는 입장이다. 특히 장녀는 칠산리를 잊는다면 어머니의 자식이라고 보기 어렵다며 강경한 입장을 내세우고 있다.

🐚 구절 풀이

❶ **칠산리라면 지긋지긋해. ~ 잊고 사는 것이 더 좋을 수도 있어.** 삼남은 칠산리와 마을 사람들에 대해 큰 반감을 드러내고 있다. 빨치산의 핏줄이라는 이유로 부당한 대우와 차별을 받으며 큰 상처를 입었기 때문이다. 이처럼 칠산리의 굴레로부터 벗어나고 싶어 하는 자식들도 있음을 알 수 있다.

❷ **우린 모두 어머니의 ~ 똑같은 자식이라구.** 장녀가 삼남의 뺨을 때리면서 자식들 간의 갈등은 최고조에 이른다. 이에 대해 장남은 칠산리를 좋아하든 싫어하든, 지금 여기에 왔든 오지 않았든 모두 어머니의 자식임을 말하고 있다. 이러한 인식은 피 한 방울 섞이지 않은 빨치산의 핏줄들을 품었던 어머니의 사랑과 맞닿아 있는 것으로, 장남은 어머니의 사랑과 뜻을 강조함으로써 갈등을 중재하고 있다.

Q "어머니가 계시는 곳은 세상 어디든지 그곳이 칠산리야."라는 대사의 의미는?

장남은 어머니를 화장해 그 유골을 자식들이 각자 나누어 갖고 흩어지면 그곳이 칠산리가 되고, 결국 어머니는 어디에나 계시게 된다고 말하고 있다. 그에게 고향은 특정 장소에 국한된 물리적인 공간이 아니라 정신적인 공간인 것이다. 즉, 자식들이 어머니를 기억하고 마음에 품고 있다면 자식들이 사는 곳 어디나 또 다른 칠산리, 또 다른 고향이 될 수 있다는 인식을 드러내고 있다.

👤 작가 소개

이강백(본책 210쪽 참고)

중략 부분의 내용 면장은 막내가 칠산리에 도착하면 그를 기다리던 형사들에게 잡혀갈 것이라는 말을 전한다. 자식들은 *색안경을 끼고 자신들을 바라보고 부당하게 대하는 세상에 분노와 서러움을 느낀다.
└ 형사들은 노동 파업에 관여한 막내를 '사상이 위험한 자'로 규정하고 그를 잡아가려 함.

가 **차녀:** (*회의적인 태도로 고개를 흔든다.) 난 여기에 온 걸 후회해. 솔직히, 우리 손으로 어머
└ 어머니의 무덤을 지킬 마땅한 방법이 없다고 여김.
닐 옮겨 드리고, 그만 빨리 돌아갔으면 좋겠어.
└ 면장의 요구대로 무덤을 다른 곳으로 옮기고 칠산리를 떠나고 싶어 함.

장녀: 어머니를 옮길 곳이 어디야? 그리고 자식들인 우리가 돌아갈 곳은 어디구?

차녀: 우린 각자 살고 있는 곳이 있잖아?
└ 자식들이 실제로 살고 있는 물리적인 공간

장녀: 도대체 그게 무슨 소리냐! 결국 우리가 돌아갈 곳은 칠산리뿐이야!
└ 장녀는 어머니가 묻힌 칠산리를 고향으로 여기고 있음.

차남: (장녀에게 *동조하며) 옳은 말이야. 지금 우리가 살고 있는 곳은 임시로 머물러 있는 곳에 지나지 않아. 사람은 마지막 돌아갈 곳이 있어야 해. ㉠우리에겐 그곳이 칠산리구,
└ 고향
어머니 무덤은 바로 그곳에 있어야지!

삼남: ❶칠산리라면 지긋지긋해. 그곳은 우릴 반겨 주지도 않잖아? 우리가 칠산리를 아예
└ 칠산리에 반감을 갖고 있는 삼남 ─ 빨치산의 자식이라는 이유로 부당한 대우와 편견에 시달렸음을 알 수 있음.
잊어버리는 것두 나쁜 건 아니라구. 오히려 냉정히 생각해 보면, 잊고 사는 것이 더 좋을 수도 있어. / **차녀:** 그래, 오늘 여기에 오지 않은 사람들은 칠산리를 잊은 거야. 그들은 오
└ 자식들 중에 아직 오지 않은 이들
고 싶어도 못 오는 게 아냐. 칠산리를 잊어버리려구, 그들은 일부러 오지 않았어.
└ 다른 자식들도 칠산리에 대해 마음의 상처를 지니고 있을 것이라 여김.

장녀: (꾸짖는다.) 너희들, 많이 변했구나! 너희들은 이제 어머니의 자식이 아냐!
└ 칠산리를 부정하는 형제들을 어머니의 자식으로 인정하지 않음. ─ 이분법적인 사고

삼남: (*대항하듯이) 왜? 나도 어머니의 자식이야. 칠산리를 인생의 전부인 양 붙잡고 있는 것만이 자식들이 할 일이라구 생각하지 마.

장녀: (분노해서 삼남의 뺨을 친다.) 누구야? 또 누구지? 우리들 중에서 칠산리를 *부정하는
└ 자식들 간의 갈등이 최고조에 이름.
사람이 있으면 나와 봐! 정말 그냥 안 둘 테야!

차녀: 난 이런 분위기 싫어! 솔직한 심정을 말하면 자식도 아니라니⋯⋯. 그럼 누가 마음을 털어놓고 말할 수 있겠어?

삼녀: (두 손에 얼굴을 파묻으며 흐느낀다.) 싸우지 마⋯⋯. 무서워⋯⋯. 우리끼리 서로 싸우
는 건 무섭다니깐⋯⋯.
└ 자식들 간의 다툼과 대립이 일어나기를 원치 않음.

장남: (삼녀의 어깨를 감싸 안으며) 무서워할 것 없어. ❷우린 모두 어머니의 자식들이야. 오
└ 차분하고 진중하게 동생들을 대함.
늘 여기에 온 사람, 무슨 이유에서든지 여기에 오지 않은 사람, 그 모두가 어머니에겐 똑같은 자식이라구. (자식들에게) 다들 마음을 진정하구 생각해 봐. 아까 우린 이런 말을 했었지? 이 세상 어딜 가든지 칠산리와 똑같구, 우리가 겪는 고통도 다를 게 없더라구⋯⋯.
└ 칠산리가 아닌 곳에도 편견과 차별이 존재함.
우리가 모두 어머니의 자식이듯이, ㉡어머니가 계시는 곳은 세상 어디든지 그곳이 칠산
리야. └ 어머니가 바로 자식들의 마음의 고향이며 어머니가 계신 곳이면 어디든 칠산리임.
우리가 어머니를 동쪽으로 옮겨 드리면 그곳이 칠산리, 서쪽으로 옮겨 모시면 그곳이 칠산리, 남쪽으로 옮겨도 그곳이 칠산리라구, 그래서 우리 어머니를 화장해서, 각자 나눠 갖고, 동서남북으로 흩어지면, 그곳이 모두 칠산리가 되는 것이지. (흐느끼는 삼
└ 유골을 나누어 갖고 흩어지면 어디든 칠산리와 같음. ─ 이념 대립으로 겪은 아픔을 치유하려는 휴머니즘이 나타남.
녀를 데리고 무대 밖으로 퇴장하며) 우리는 칠산리로 가겠어. 어머니를 모셔 갈 사람들은
다 함께 칠산리로 가자구. ▶ 장남의 중재로 어머니의 유골을 화장하여 나누어 갖기로 함.

나 자식들, 하나둘씩 장남의 뒤를 따라 무대 밖으로 퇴장한다. 무대에는 면장만이 남는다. 그는 책상 위에 놓인 전화기의 수화기를 들고 번호판을 돌린다.

면장: 군청입니까? 여기는 월평면 면사무소입니다. 군수님, 이제 끝났습니다. *연고자들이 방금 칠산리를 향해서 떠났어요. 자기들 손으로 어머니의 무덤을 옮기겠답니다. 네⋯⋯
네⋯⋯ 저도 뒤따라 칠산리에 갈 겁니다. 아무 말썽 없이, 그들의 어머니를 옮겨 갈 수 있도록 도와줄 생각입니다. (수화기를 내려놓고 잠시 하늘을 바라본다.) ⃞눈⃞이 점점 더 쏟아
지는군. 어머니가 세상을 뒤덮듯이⋯⋯ 세상이 온통 새하얗게 되는군.
└ 새하얀 눈이 이념 대립과 갈등으로 혼탁한 세상을 덮는 모습 ─ 화해와 치유의 가능성을 보여 줌.
▶ 자식들이 떠난 뒤 눈이 점점 더 쏟아짐.

• **중심 내용** 자식들은 어머니의 유골을 화장해 나눠 갖기로 결정함.   • **구성 단계** 하강·대단원

작품 연구소

'칠산리'의 의미

자식들에게	• 빨치산의 핏줄이라는 이유로 버려졌던 공간 • 온갖 차별과 멸시로 고통을 받았던 상처와 아픔의 공간 • 어머니의 희생 속에 자라난 고향이자 어머니의 무덤이 있는 그리움의 공간	전쟁과 분단, 이데올로기 대립 때문에 큰 상처를 입었고, 시간이 흘렀지만 여전히 편견과 차별, 억압이 가득하여 상처가 아물지 않은 우리 국토와 사회를 상징함.
마을 사람들에게	• 좌우익의 대립으로 수많은 사람들이 죽음을 맞이했던 비극적인 공간 • '빨갱이 소굴'이라는 딱지가 붙어 마을 개발을 방해하는 공간	

〈칠산리〉에 드러난 갈등 양상

표면적 갈등
칠산리에 도로를 만들기 위해 어미 무덤의 이장을 요구하는 면장 ↔ 어미의 무덤과 자신들의 고향을 그대로 지키고 싶어 하는 자식들

이면적 갈등
어미와 자식들의 흔적을 지워 '빨갱이 소굴' 딱지를 떼려는 마을 사람들 ↔ 차별과 냉대, 편견과 혐오로 인한 상처에서 벗어나려는 자식들

〈칠산리〉에 나타난 실험적 기법

이 작품은 다양한 기법을 활용해 주제를 인상적으로 전달하고, 시간적·공간적 제약, 즉 과거와 현재를 교차해 제시할 때의 어려움을 극복하고 빠른 장면 전환과 이야기 전개가 가능하게 하고 있다.

소품	• 자식들이 과거의 어린 시절을 연기할 때 반가면을 씀.
장면 전환	• 막은 처음부터 올라가 있고, 막을 올리거나 내리지 않음. • 조명을 변화시키면서 과거와 현재 장면의 전환이 일어남. • 면장이 등장할 때 자신이 앉을 책상을 직접 밀면서 나옴.
인물의 동선	• 인물은 무대 위의 정해진 위치에 항상 서 있음. 등장할 때 무대 가운데로 나오고 퇴장할 때 원래의 위치로 돌아감.
시어체 대사	• 함축적이고 운율이 느껴지는 시어체 대사를 활용하여 작품에 서정성을 더함. • 합창을 통해 어미의 희생과 고달픈 삶을 요약해 전달하고 어머니를 향한 자식들의 그리움을 드러냄.

함께 읽으면 좋은 작품

〈결혼〉, 이강백 / 소유의 본질과 진정한 사랑의 의미를 탐구한 작품

물질 만능주의 시대를 살아가는 현대인에게 소유의 본질과 진정한 사랑의 의미를 묻는 희곡이다. 다양한 실험적 기법이 사용되어 표현주의 극의 특징을 확인할 수 있다. Link 본책 212쪽

〈웰컴 투 동막골〉, 장진 / 이념 대립을 초월한 인간애를 다룬 작품

6·25 전쟁이 한창이던 때 강원도 산골 마을에 머물게 된 국군, 인민군, 연합군이 순박하고 인정 넘치는 마을 사람들에게 동화되어 화해를 이루는 과정을 형상화한 희곡이다. 남북한의 이념과 체제의 대립 속에서 휴머니즘의 가치를 보여 준다는 점에서 〈칠산리〉와 비교하며 감상할 수 있다.

---

5 (가)에 드러난 핵심 갈등과 그 갈등의 주체로 가장 적절한 것은?

① 어미의 삶을 어떻게 평가할지에 대한 자식들 간의 갈등
② 어미의 무덤을 이장하는 문제에 대한 자식들 간의 갈등
③ 어미의 무덤을 없앨 방법에 대한 마을 사람들 간의 갈등
④ 어미의 삶을 어떻게 세상에 알릴지에 대한 자식들 간의 갈등
⑤ 어미의 무덤을 이장하는 일정에 대한 자식들과 면장의 갈등

6 〈보기〉를 바탕으로 이 글을 이해한 내용으로 적절하지 <u>않은</u> 것은?

┤ 보기 ├

이 작품의 '어미'는 전쟁과 이념의 대립으로 인한 상처와 아픔을 감싸고 치유하는 인물이다. 작가는 '어미'가 보여 준 이념을 초월한 사랑과 포용이 전쟁과 이념 대립으로 인한 상처를 치유할 수 있는 방법임을 드러내며, 이분법적 사고를 버리지 않는다면 결코 화합을 이룰 수 없음을 강조하고 있다.

① 빨치산의 자식들을 데려다 키운 어미는 이분법적 사고에서 벗어난 인물이다.
② 차녀와 삼남이 칠산리에 대해 거부감을 갖게 된 것은 이분법적 사고가 낳은 상처와 관련 있다.
③ 모두가 어머니의 자식이라고 말하면서 갈등을 중재하는 장남은 이분법적 사고를 지양하는 인물이다.
④ 차녀와 삼남에게 더 이상 어머니의 자식이 아니라고 꾸짖는 장녀는 이분법적 사고에서 벗어나지 못한 인물이다.
⑤ 칠산리에 오지 않은 다른 자식들은 치유와 화합을 거부한다는 점에서 이분법적 사고에서 벗어나지 못하는 인물이다.

7 〈보기〉의 ⓐ~ⓔ 중에서 (나)의 눈과 그 기능이 가장 유사한 것은?

┤ 보기 ├

그러나 지금 우리는
ⓐ불로 만나려 한다.
벌써 ⓑ숯이 된 뼈 하나가
세상에 불타는 것들을 쓰다듬고 있나니.

만 리 밖에서 기다리는 ⓒ그대여
저 불 지난 뒤에
흐르는 ⓓ물로 만나자.

푸시시 푸시시 불 꺼지는 소리로 말하면서
올 때는 인적 그친
넓고 깨끗한 ⓔ하늘로 오라.
— 강은교, 〈우리가 물이 되어〉에서

① ⓐ ② ⓑ ③ ⓒ ④ ⓓ ⑤ ⓔ

8 ㉠과 ㉡을 참고하여 '칠산리'에 대한 '차남'과 '장남'의 생각이 어떻게 다른지 〈조건〉에 맞게 쓰시오.

┤ 조건 ├

'고향'이라는 단어를 포함하여 쓸 것.

016

북어 대가리 | 이강백

문학 천재(김), 신사고, 창비

🎯 핵심 정리

갈래 단막극, 부조리극
성격 상징적, 풍자적, 비판적
배경 ① 시간 - 현대
　　　　② 공간 - 창고
제재 두 창고지기의 삶
주제 산업 사회에서 방향성을 상실한 채 기계적으로 살아가는 현대인의 삶과 인간 소외
특징 ① 소재에 상징적인 의미를 부여함.
　　　　② 대립되는 가치관을 지닌 인물들을 통해 현실에 대한 비판 의식을 드러냄.
출전 《이강백 희곡 전집 5》(1995) / 초연 1993

Q 인물의 이름을 '딸기코', '외눈깔' 등의 별명으로 명명한 이유는?

딸기코, 외눈깔, 노름꾼 등의 명명법(命名法)은 인물의 특징을 잘 드러내는 장치로 볼 수도 있지만, 원래의 이름이 있음에도 이름을 부르지 않는다는 점에서 소통의 단절로도 해석할 수 있다. 즉 분업화된 산업 사회에서 타인의 이름을 알고 싶어 하지도, 알 필요도 없는 현실을 나타낸다. 이러한 익명성은 자신의 고유한 가치를 상실한 채 기계의 부품처럼 살아가는 현대인의 모습을 부각한 것으로 볼 수 있다.

💡 어휘 풀이

부속품(附屬品) 어떠한 기구나 기계 따위에 딸려 붙어 있는 물건.
호적(戶籍) 호주(戶主)를 중심으로 하여 그 집에 속하는 사람의 본적지, 성명, 생년월일 따위의 신분에 관한 사항을 기록한 공문서. 2008년 호적법 폐지에 따라 폐지되고, '가족 관계 등록부'가 이를 대체하게 되었다.

Q 상자 속 물건에 대한 다링의 외침의 의미는?

다링은 상자 속의 내용물이 세상에 유익함을 주는 물건을 만드는 부품인지 그 반대인지 알지 못한 채 뒤바뀐 상자에 대해 지나치게 두려워하는 자앙의 태도를 비아냥거리고 있다.

🔧 구절 풀이

❶ 난 말이야, ~ 실어 가는 거라구. 상자 속에 무엇이 들었는지 주인이 누구인지도 알지 못한 채 상자를 기계적으로 운반하는 운전수를 통해 목적의식 없이 획일화되고 소외된 현대인의 모습을 엿볼 수 있다. 이러한 점에서 운전수 역시 자앙, 기임 등과 동일한 인물 유형임을 알 수 있다.

❷ 이 조그만 창고 ~ 큰 잘못이 된다고 봐. 창고 밖의 세상이 부정적인 것이라면 창고 안의 성실과 정직이 오히려 그릇된 현실이 유지되는 데 도움을 주는 부정적 행위가 될 수도 있다는 점을 강조하고 있다. 즉, 현실의 부조리함에 대한 안목이 필요함을 드러낸 구절이다.

전략 부분의 내용 자앙과 기임은 트럭에 상자를 싣고 내리며 창고를 관리하는 일을 한다. 꼼꼼하고 성실하게 일하는 자앙에게 일을 대충 해도 아무 문제가 없다는 걸 보여 주고 싶어진 기임은 한 상자를 다른 상자와 바꿔치기하여 트럭에 실어 보내고, 이 사실을 알게 된 자앙은 그 사실을 주인에게 편지로 알리려고 한다.

운전수: 그건 미친 짓이야! 일부러 잘못했다고 편지를 보낼 필요는 없어!

자앙: (편지를 운전수에게 내밀며) 제발 보내야 해요!
〔상자가 잘못 전달되었음을 알리는 편지〕
〔'장'이라는 성〕

운전수: 여봐, 내가 상자들을 운반하고 다니니깐 상자 주인과 통할 수 있다고 생각한 모양인데, 그건 큰 착각이야. ❶난 말이야, 뭐가 뭔지도 모르고 그냥 싣고 왔다가 그냥 실어 가는 거라구. 실제로 내가 아는 건, 정거장에서 여러 트럭들이 상자를 나눠 받을 때 만나는 분배 반장 딸기코하고, 창고에 보관했다가 다시 나눠 싣고 정거장에 가서 만나는 접수 반장 외눈깔, 그 둘뿐이라구. 딸기코와 외눈깔은 내가 붙인 별명인데, 물론 진짜 이름이야 있겠지. 하지만 그들이 내 이름을 부르지 않고 노름꾼이라 하듯이 나도 그들을 별명으로만 불러. 〔현대 사회의 익명성이 드러남.〕 어쨌든 딸기코가 상자를 분배하는 곳은 정거장의 왼쪽이고, 외눈깔이 상자를 접수하는 곳은 정거장의 오른쪽이야. 그래서 그들은 같은 정거장에서 둘 다 상자를 취급하면서도 서로 얼굴 한 번 볼 수조차 없어. 〔소통이 단절된 현대 사회의 모습〕 [중략]

자앙: 부속품 상자들은 결국 한 군데로 모아지는 것이 아닙니까?

운전수: 물론, 모아지는 곳도 있겠지. 상자들이 한 군데에서 나와 여러 군데로 흩어지느냐, 여러 군데에서 나와 한 군데로 모아지느냐…… 그건 그럴 수도 있구, 그렇지 않을 수도 있어. 어쨌든 중간에 있는 우리가 어떻다고 확실하게 알 수는 없지.
〔생산 과정에서 주체가 되지 못하는 현대인의 모습 ①〕

자앙: 그래도 상자 주인에게는 반드시 알려 줘야죠. ㉠엉뚱하게 바뀐 상자 하나 때문에 뭔가 잘못 만들어지면 안 되잖아요. / **운전수:** 잘못 만들어진다니…… 그게 뭔데?

다링: (멀리서 듣고 있다가 큰 소리로 외친다.) 어떤 굉장한 기계래요! 이 세상 모든 사람들을 즐겁고 기쁘게 해 주는 신기한 기계죠! / **운전수:** (다링에게 외친다.) 무슨 기계라구?

다링: (큰 소리로) 기계가 아니라 폭탄이래요! 이 세상 모든 사람들을 한꺼번에 죽여요!

운전수: 도대체 무슨 소리인지 모르겠네! (자앙에게) 어쨌든 상자 속의 부속품으로 뭘 만드는지 알 수는 없어. 만약 폭탄을 만든다면 오히려 상자가 바뀐 것이 사람들의 목숨을 살릴 테니깐 잘된 일이잖아? (자앙의 편지를 허공에 들고 두 조각으로 찢으며) 여봐, 자넨 너무 배짱이 약해. ❷이 조그만 ꠲창고꠲ 속에서 모든 걸 성실하게 잘했다는 것이, 창고 밖에서는 매우 큰 잘못이 된다고 봐. 그럼 상자 하나쯤 틀렸다고 안절부절못하진 않을 거야. (두 조각으로 찢은 편지를 자앙의 바지 양쪽 호주머니에 쑤셔 넣는다.) 〔오히려 상자가 바뀐 것이 세상을 위해 더 잘된 일이므로〕 무슨 일이 생겨도 창고 밖으로 알릴 필요는 없어. 그게 잘한 일인지 못한 일인지 모를 바에야 그냥 덮어 두라구. 〔옳고 그름에 대한 가치 판단은 쓸데없는 짓임.〕 창고 속의 자네한테는, 그게 배짱 편한 거야.
〔생산 과정에서 주체가 되지 못하는 현대인의 모습 ②〕
〔생산 과정에서 주체가 되지 못하는 현대인의 모습 ③〕

자앙: (손에 들고 있는 서류를 가리키며) 그렇다면 이런 서류들은 뭡니까? 누군가 이 서류들을 보면, 상자가 잘못된 것을 알 수 있을 텐데요? 〔자앙이 정확하다고 믿는 대상〕 / **운전수:** 서류가 완전하다고 믿는 건 바보들뿐이지! 좋은 예가 있어. 「내 아내는 옛날에 죽었는데 사망 신고를 안 했거든. 그래서 구청에서 호적을 떼어 보면 지금도 서류상으로는 버젓하게 살아 있는 것으로 나온다구.」 〔「」: 서류 역시 형식적인 문서일 뿐 명확하지 않음. → 그만큼 세상이 합리적이지도 정확하지도 않음을 암시함.〕 자, 굼벵이 양반, 꾸물대지 말고 어서 상자들이나 옮겨! 〔꼼꼼하게 일을 처리하느라 일의 진행이 느린 자앙의 별명〕

▶ 잘못 배달된 상자의 주인에게 편지를 전해 줄 것을 부탁하는 자앙과 이를 거절하는 운전수

· **중심 내용** 편지를 전달해 달라고 부탁하는 자앙과 이를 거절하는 운전수　　· **구성 단계** 하강

이해와 감상

이 작품은 '자앙'과 '기임'이라는 두 창고지기를 통해 현대 산업 사회의 분업화되고 획일화된 삶의 문제점을 비판하고 있다. 산업 사회라는 커다란 구조 속에서 부속품처럼 존재하는 현대인들은 세상과 자신의 관계에 대한 자각 없이 '창고'와도 같은 삶의 공간에서 늘상 같은 일을 반복할 뿐이다. 이 작품은 창고 속에서 성실하게 일하면서도 불안을 느끼는 자앙을 통해, 만약 창고 밖의 세상이 부정적인 것이라면 창고 안에서의 성실과 정직함은 그러한 그릇된 세상을 위해 이바지하고 있을지도 모른다는 의문을 제기한다. 그리고 현실에서는 이미 그 가치를 상실했으나 도저히 포기할 수 없는 신념 때문에 혼란스러워하는 자앙의 모습을 말라비틀어져 머리만 남은 '북어 대가리'의 이미지로 형상화하고 있다.

Q 전체 줄거리

발단	새벽마다 오는 트럭에 상자를 싣고 내리는 일을 하는 창고지기 자앙은 매사에 꼼꼼하고 성실하게 일을 처리한다. 동료인 기임은 그런 자앙을 못마땅하게 여기며 다른 창고지기들처럼 아무렇게나 상자들을 처리하고 재미있게 놀기만 바란다.
전개	트럭 운전수의 딸인 미스 다링을 만난 기임은 술에 잔뜩 취해 그녀의 부축을 받으며 돌아오고, 다링은 자앙을 유혹하지만 자앙은 그녀를 거부한다. 이후 자앙은 기임에게 잔소리를 퍼부으면서도 북어로 해장국을 끓여 준다.
절정	창고지기 생활에 염증이 난 기임은 다링의 제안으로 상자 하나를 고의로 바꿔 트럭에 실어 보낸 후 이를 자앙에게 이야기한다. 이에 불안해진 자앙은 상자 주인에게 편지를 써서 잘못을 바로잡으려고 하지만 오히려 기임은 자앙에게 창고를 떠날 것이라고 말한다.
하강	트럭 운전수는 자신의 딸이 아버지가 누구인지 모르는 아이를 임신한 사실을 알고 기임과 다링의 결혼을 서두르면서 기임에게 함께 떠날 것을 권한다. 또한 바뀐 상자 때문에 편지를 보내려는 자앙에게 쓸데없는 짓이라고 말하며 편지를 찢는다.
대단원	기임은 트럭 운전수, 다링과 함께 창고를 떠나며 북어 대가리 하나를 자앙에게 건네고, 창고에 혼자 남은 자앙은 북어 대가리를 바라보며 지금까지와 같은 삶을 지속할 것임을 다짐한다.

👥 인물 관계도

🔑 포인트 체크

- **인물** ☐☐은 성실하고 책임감이 강한 성격의 인물이고, 기임은 일을 대충 처리하고 남은 시간을 즐기기를 좋아하며 ☐☐ 밖의 세계를 지향하는 인물이다.
- **배경** 현대 ☐☐ 사회, 상자들이 가득 쌓인 어두운 ☐☐ 안을 배경으로 하고 있다.
- **사건** 자앙은 상자가 잘못 배달된 것을 알고 이를 알리는 ☐☐를 전달해 달라고 운전수에게 부탁하지만 거절당하고, ☐☐이 다링과 함께 떠나 자앙 혼자 창고에 남게 된다.

1 〈보기〉의 ㉮~㉰를 통해 이 글을 감상한 내용으로 적절하지 **않은** 것은?

┤ 보기 ├
㉮ 상자가 어디에서 어디로 가는지 아무도 알지 못함.
㉯ 이름 대신 '딸기코', '외눈깔', '노름꾼' 등의 별명을 씀.
㉰ 같은 정거장에서 일하면서도 서로의 얼굴을 볼 수 없음.

① ㉮의 관점에서 본다면 자앙과 운전수는 유사한 유형의 인물로 볼 수 있어.
② ㉮를 통해 자신의 영역 외에는 알지 못하는 파편화되고 분업화된 현대 사회의 모습을 드러내고 있어.
③ ㉯를 통해 철저히 익명화된 현대 사회의 모습을 발견할 수 있어.
④ ㉯로 보아 개인의 인간적 가치보다 능력이 더 중시되는 사회적 분위기를 느낄 수 있어.
⑤ ㉰를 통해 소통이 단절된 현대 사회의 모습을 엿볼 수 있어.

중요 기출

2 이 글의 '편지'와 '서류'에 관한 설명으로 적절하지 **않은** 것은?
① 자앙에게 '서류'는 판단과 행위의 기준이다.
② 운전수에게 '서류'는 신뢰할 수 없는 대상이다.
③ '편지'는 자앙과 운전수가 언쟁을 벌이는 요인이다.
④ '편지'는 운전수의 권위에 대한 자앙의 도전을 의미한다.
⑤ 자앙에게 '편지'는 잘못을 바로잡으려는 노력을 의미한다.

3 〈보기〉는 이 글의 앞부분이다. 〈보기〉를 참고하여 창고 의 공간적 의미를 20자 내외로 쓰시오.

┤ 보기 ├
이 연극의 무대는 창고이다. 직사각형의 단순한 모습에 출입구가 하나 있을 뿐 창문은 찾아볼 수 없다. 지붕 어딘가에 환기통이 있는지 하루 중에 극히 짧은 시간 동안 한 줄기의 햇빛이 비춰질 때가 있다. 그러나 창고 내부는 완전히 어둡다.

4 다음은 ㉠에 대한 두 인물의 태도를 정리한 것이다. 빈칸에 들어갈 알맞은 내용을 차례대로 쓰시오.

▲ 북어

Q 창고를 떠나기로 한 기임의 선택이 지닌 의미는?

기임은 현실에 늘 만족하지 못한 채 적당주의로 살아온 인물로, 다링과 운전수를 따라 창고를 떠나기로 결심한다. 그러나 창고 안의 세계와 창고 밖의 세계에 대한 정확한 인식을 갖고 창고를 떠나는 것이 아니라, 스스로의 말처럼 자기 배짱만 믿고 무모하게 현실을 벗어나려는 것이다. 이러한 점에서 기임의 미래 역시 희망적이라고 단정할 수만은 없다.

🔖 **구절 풀이**

❶ **이게 왜 필요한지는 ~ 곁에 두고 보라구.** 북어 대가리 하나를 건네는 기임의 행위에는 자신을 잊지 말라는 마음과 자앙이 창고 안에서의 삶을 돌아보기를 바라는 마음이 담겨 있다고 할 수 있다.

❷ **나도 너처럼 머리만 남았군.** 몸통이 없다는 점에서 실천력과 방향성을 상실한 자앙의 상황이자 현대인의 단면을 상징적으로 나타낸 것으로 볼 수 있다.

❸ **그저 쓸쓸하고 ~ 남은 거야.** 자앙은 기임이 떠나고 홀로 남은 상황에서 북어 대가리를 바라보며 지금까지 자신이 믿어 왔던 신념과 가치에 대해 의문을 드러내고 있다.

❹ **내가 맡고 있는 ~ 지탱해 왔었는데……** 자앙이 그동안 성실하게 살아온 이유가 드러난 구절이다. 자앙은 자신의 성실함과 정확함 때문에 세상이 평화롭게 굴러가고 자신도 행복해진다고 믿어 왔다.

❺ **제자리에 상자들을 ~ 틀려서는 안 된다!** 자앙은 자신의 삶에 대한 의혹을 거두고 그동안 창고 안에서 해 온 반복적인 일을 되풀이하고 있다. 자신을 둘러싼 세계에 대한 정확한 인식을 포기하고 다시 일상을 기계적으로 반복하고 있는 모습으로 볼 수 있다.

👤 **작가 소개**

이강백(본책 210쪽 참고)

중략 부분의 내용 기임은 다링과 함께 살기로 결심하고 창고를 떠나기 위해 짐을 싼다. 기임이 떠날 것을 예상하지 못했던 자앙은 아쉬워한다.

다링: (㉠놋쇠 국자로 소리 나게 두드리며) 그만하고, 서로 자기 물건들이나 골라 봐요.

기임: (자앙의 포옹을 풀며) 난 내 물건을 잘 모르겠어. 굼벵아, 네가 골라 줘.

자앙: 아냐, 쓸 만한 게 있거든 모두 네가 가져.
　　　서로의 가치관은 다르지만 항상 기임을 배려하는 자앙의 태도를 엿볼 수 있음.

기임: 너는 이 창고 속에서 혼자 살 텐데……
　　　자앙에 대한 염려가 나타남.

자앙: 내 걱정은 말고 어서 먼저 골라 봐. 그리고 내가 너한테 줄 게 있어. (침대 밑의 상자들 중에서 화려한 색깔의 스웨터를 찾아낸다.) 너의 생일날 주려고 두었던 건데, ㉡헤어지는 날 선물이 됐군. / **기임:** (자앙에게 스웨터를 받아 몸에 대본다.) 근사한데!

다링: (자앙의 침대 밑을 바라보며) 좋은 건 이 속에 다 있잖아요! 이걸 가져가도 돼요?
　　　　　　　　　　　　　　현실적 가치관을 지니고 있음을 알 수 있음.

기임: ㉢안 돼, 그건 손대지 마. / **자앙:** 가져가요.

다링: (자앙의 침대 밑에서 상자 하나를 꺼낸다.) ㉣이건 뭐죠?

자앙: 북어 대가리죠. 그건 가져가세요. 꼭 필요할 겁니다. / **다링:** 북어 대가리……?
　　　　　　　　　　　기임이 술을 많이 마신 다음 날 자앙이 북어로 해장국을 끓여 준 것과 관련됨.

기임: ❶이게 왜 필요한지는 두고 보면 알게 될 거야. (상자를 열어서 북어 대가리를 하나 꺼내 자앙에게 준다.) 난 너한테 이것밖에 줄 게 없군. 내 생각이 날 거야, 항상 곁에 두고 보라구.
　　　　　　　　　　　　북어 대가리

자앙: (북어 대가리를 받으며) 그래, 언제나 내 곁에 두고 볼게. / 창고 밖에서 트럭의 재촉하는 ˙경음기가 울린다. 미스 다링은 서둘러서 물건들을 담요에 담는다.

다링: 아버지가 재촉해요. (상자와 담요를 들며) 어서 들고 나가요.

기임: (˙트렁크를 들고, 자앙에게) 그럼 잘 있어.

자앙: (마지못해 대답한다.) ㉤잘 가…… 가서 행복해.
　　　기임을 떠나 보내고 싶지 않은 마음 – 아쉬움
　　　기임과 미스 다링, 창고 밖으로 나간다. 자앙은 북어 대가리를 식탁 위에 놓고, 떠나는 기임을 바라본다. 창고 문 앞에서 기임의 외치는 소리가 들린다.

기임: (소리) 이 창고 앞의 상자들은 어쩔 거야? 내가 좀 창고 안에 옮겨 주고 갈까?

자앙: 괜찮아! 나 혼자서도 할 수 있어! / 창고 밖으로 떠나는 것이 즐겁다는 기임의 환호성이 들린다. 트럭 운전수와 다링의 웃음소리도 들린다. 잠시 후, 트럭이 경음기를 울리며 떠나는 소리가 들린다. 창고는 조용해진다. 자앙, 식탁 앞에 힘없이 주저앉는다. 늙고 허약해진 모습
　　　　　　　　　　　　　　　　　　　　　　　기임이 떠남.　　　　즐거운 모습으로 떠난 기임의 상황과 대비됨.
이다. 그는 식탁 위에 놓여 있는 북어 대가리를 물끄러미 바라본다.

자앙: 그래, ❷나도 너처럼 머리만 남았군. ❸그저 쓸쓸하고…… 허무한 생으로 가득 찬…… 머리만…… 덜렁…… 남은 거야. (두 손으로 북어 대가리를 집어서 얼굴 가까이 마주 바라보며) 말해 보렴, 네 눈엔 내가 어떻게 보이는지? 그토록 오랜 나날…… 나는 이 어둡고
　　　　　　　　　기임이 떠난 후 허전함을 느낌.　　자신의 일과 신념이 헛된 것이었을 수도 있다는 의혹
조그만 창고 속에서…… 행복했었다. 상자들을 옮겨 오고…… 내보내며…… ❹내가 맡고 있는 일을 성실하게 잘하고 있다는 뿌듯한…… 그게 내 삶을 ˙지탱해 왔었는데…… 그러나 만약에…… ⓐ세상이 엉뚱하게 잘못되고 있는 것이라면…… 이 창고 속에서의 성실함이…… 무슨 소용 있는 거지? (사이) 북어 대가리야, 왜 말이 없어? 멀뚱멀뚱 바라만
　　　　　　　　　　　　　　　　　　　　　옳고 그름을 판단하기 어려운 답답함을 토로함.
볼 뿐 왜 대답이 없어? (북어 대가리를 식탁 위에 내려놓는다.) 아냐, 내 의심은 틀린 거야.
　　　　　　　　　　　　　　　　　　　　인식의 전환 및 자기 자신을 다독이는 말
덜렁 남은 머릿속의 생각만으로 세상을 잘못됐다구 판단해선 안 돼. (핸드카에 실린 상자를 서류와 대조하며 혼자서 쌓기 시작한다.) ❺제자리에 상자들을 옮겨 놓아라! 정확하게 쌓아! 틀리면 안 돼! 단 하나의 착오도 없게, 절대로 틀려서는 안 된다!

자앙, ⓑ느릿느릿 정성을 다해 상자들을 쌓는다. 무대 조명, 서서히 자앙에게 압축되면서 ˙암전한다. / - 막 -

▶ 다링과 함께 창고를 떠나는 기임과 창고에 홀로 남아 상자를 쌓는 자앙

・ **중심 내용** 창고를 떠나는 기임과 홀로 남게 된 자앙　　　・ **구성 단계** 대단원

작품 연구소

'창고'의 상징적 의미

창고 ─ • 창문이 없음.
• 매일 같은 시각 트럭이 와서 보관할 상자들을 내려놓고 출고할 상자들을 실어 감.
• 창고지기는 상자 속 물건들을 알 수 없음.

→ 분업화되고 획일화된 현대 산업 사회

기임이 떠난 후 자앙이 느끼는 내적 갈등

오랫동안 함께했던 기임이 떠난 후 허전함과 쓸쓸함을 느끼던 자앙은 북어 대가리를 바라보며 세계에 대한 자신의 신념과 인식에 의혹을 품게 된다. 앞서 자앙은 기임의 고의로 잘못 나간 상자 때문에 벌어지게 될 일을 걱정하는데, 사실 자앙은 그 실수가 바깥 세계에 어떤 영향을 주는지는 전혀 알지 못한다. 이는 창고 안에서의 성실함이 바깥 세계를 지탱하고 유지하는 버팀목이 되어 준다는 자앙의 오랜 믿음을 흔들리게 하는 것으로, 자앙의 믿음과 신념에 대한 회의를 불러일으킨다. 하지만 이내 자앙은 이러한 의심을 뒤로 한 채 그동안과 같이 기계적으로 상자를 옮기고 쌓는 일을 되풀이한다. 이는 세계에 대한 정확한 인식의 부재이자 분업화된 현대 사회에서의 획일화된 삶을 의미하는 것으로 볼 수 있다.

'북어 대가리'의 상징성

술에 취한 기임에게 자앙이 끓여 주는 북어 대가리는 쓸모 있는 몸뚱이를 상실하고 그저 쓸쓸하고 허무한 생각으로 가득 찬 머리만 덜렁 남은 현대인의 모습을 의미한다. 생략된 부분에서 기임은 북어 대가리를 가리켜 '몸뚱이를 다 잃은 놈이, 머릿속엔 생각이 잔뜩 남아 있는 모양이야!'라고 이야기하는데, 이를 통해 '북어 대가리'는 생각이 너무 많은 자앙의 모습이자 방향성을 잃은 우리 사회, 그 속에서 가치관의 혼란과 부재를 겪는 현대인의 모습을 나타내고 있음을 알 수 있다.

자료실

존재 의식의 위기감으로 읽어 보는 〈북어 대가리〉

〈북어 대가리〉의 무대는 상황과 개인의 갈등이라는 어떤 현실적인 의미를 담아내는 공간이 아니라 한 개인의 내면 풍경을 그려 내는 우화적 공간으로 자리하고 있다. 이 창고 안에서 희미한 전등불에 의지하여 자앙과 기임이라는 두 창고지기가 살고 있다. 그리고 자앙이 '몸뚱이를 다 잃은…… 머릿속엔 생각이 잔뜩 남아 있는' 의식적 존재라면 기임은 '머릿속에 생각이라고는 눈꼽만큼도 없이 그저 몸뚱이만 펄쩍펄쩍 뛰는' 육체적인 존재라고 할 수 있다. 즉, 이들은 각각 정신과 육체라는 관념의 육화된 표현이라고 할 수 있으며 안과 밖, 그리고 몸과 머리로 창고라는 한 존재의 집에서 오랫동안 동고동락해 온 관계인 것이다. 그러나 이러한 동거는 어디까지나 정신인 자앙의 주재하에 조화를 이루며 이루어져 왔다. 그러나 이와 같이 정돈되고 단정한 한 개인의 자아는 기임의 반항으로 인해 한순간에 무너지고 만다. 기임이 자앙의 통제에서 벗어나 세상 밖으로 떠난 뒤 자앙은 육체를 상실해 버린 의식이라는 불완전한 자아로서 창고에 남게 되는 것이다.
– 신아영, 〈이강백의 '북어 대가리'와 '통 뛰어넘기' 연구〉

함께 읽으면 좋은 작품

〈북어〉, 최승호 / 북어를 통해 현대인의 무기력한 모습을 비판한 작품

식료품 가게에 진열된 북어를 통해 현대인의 무기력한 모습을 비판하고 있는 시이다. 시의 마지막 부분에서 비판의 주체였던 화자가 비판의 대상으로 바뀌는 반전이 나타나 있다. Link 〈현대 시〉 261쪽

---

5 이 글의 인물에 대한 설명으로 가장 적절한 것은?

① 자앙은 상자를 쌓으며 기임을 떠올리고 있다.
② 자앙은 창고를 떠나려는 기임을 원망하고 있다.
③ 기임은 창고에 혼자 남겨질 자앙을 배려하고 있다.
④ 운전수는 자앙과 기임의 헤어짐을 안타까워하고 있다.
⑤ 다링은 기임과 떠나면서도 자앙에게 미련을 보이고 있다.

내신 적중 多빈출

6 이 글에서 〈보기〉의 ㉮와 ㉯에 대응하는 대상을 바르게 짝지은 것은?

┤ 보기 ├

이 작품은 ㉮폐쇄적 산업 사회에서 노동의 대가로 일정 금액을 받기는 하지만, 삶의 행복도 생산의 주체로서의 성취감도 느끼지 못하고, ㉯자신의 고유한 가치를 상실한 채 산업 사회의 부속품처럼 살아가는 현대인의 모습을 드러내고 있다.

	㉮	㉯
①	상자	침대
②	침대	경음기
③	창고	북어 대가리
④	트럭	상자
⑤	북어 대가리	창고

7 ㉠~㉤에 대한 연기 지시로 적절하지 않은 것은?

① ㉠: 국자를 세게 두들기며 인물들의 행동을 중지시키는 동작을 취해야 합니다.
② ㉡: 부드러운 어조로 인물의 안도감을 드러내도록 합니다.
③ ㉢: 다링을 바라보며 단호한 목소리로 말해야 합니다.
④ ㉣: 궁금한 점에 대해 호기심을 드러내는 말투로 표현해야 합니다.
⑤ ㉤: 상대를 떠나보내는 아쉬움이 느껴지는 표정을 지어야 합니다.

8 ⓐ와 ⓑ에 담긴 '자앙'의 심리와 태도를 〈조건〉에 맞게 쓰시오.

┤ 조건 ├

• '자앙은 ~ 한다.'의 형태로 쓸 것.
• 적절한 연결 어미를 사용하여 한 문장으로 쓸 것.

017

비 오는 날이면 가리봉동에 가야 한다

| 양귀자 원작, 김윤주 각색

키워드 체크 #낭독극 #사실적 #비판적 #1980년대 도시 변두리 #소시민의 삶 #타인에 대한 이해 #소통의 중요성

문학 창비

🎯 핵심 정리

갈래 낭독극

성격 사실적, 세태 비판적

배경 ① 시간 – 1980년대
② 공간 – 부천 원미동

제재 소시민의 삶

주제 소시민들 사이에서 벌어지는 일상의 갈등과 화해

특징 ① 실제 공간을 배경으로 하여 소시민의 삶을 사실적으로 그려 냄.
② 동명의 원작 소설을 각색한 낭독극으로 일반적인 희곡과 달리 내레이터가 중요한 역할을 함.
③ 특정 인물(남편)의 시각에서 다른 인물(임 씨)을 관찰하며 그의 삶을 밝히는 방식으로 사건이 전개됨.

Q 임 씨가 "비 오는 날엔 아침부터 가리봉동에 가야 합니다."라고 말한 이유는?

내레이터가 "임 씨가 잠시 일손을 멈추고 알 수 없는 표정을 언뜻 지었다."라고 한 것으로 보아, 비가 와서 일을 하지 못하는 날에는 가리봉동에 가야만 하는 어떤 특별한 사연이 있음을 추측할 수 있다.

☀️ 어휘 풀이

내레이터 영화, 방송극, 연극 따위에서, 직접 등장하지 아니하고 줄거리나 장면의 내용 따위를 해설하는 사람.

진배없다 그보다 못하거나 다를 것이 없다.

공이 '옹이'의 방언. '굳은살'을 비유적으로 이르는 말.

견적(見積) 어떤 일을 하는 데 필요한 비용 따위를 미리 어림잡아 계산함. 또는 그런 계산.

우정 '일부러'의 방언.

공(空)돈 노력의 대가로 생긴 것이 아닌, 거저 얻거나 생긴 돈.

되려 '도리어'의 방언.

잡부 여러 가지 자질구레한 일에 종사하는 사람.

부러 실없이 거짓으로.

🐚 구절 풀이

❶ 자신이 주무르고 있는 ~ 손가락 이상의 그 무엇이었다. 임 씨가 단순한 노동자가 아니라 자신의 일에 전문성을 가진 사람임이 드러난다.

❷ 하지만 우정 지어낸 ~ 되려 그들이었다. 임 씨의 진실함을 오해했던 부부에 대한 작가의 비판적 의식을 내레이터의 대사를 통해 드러내고 있다.

전략 부분의 내용 부부는 이사한 주택의 욕실 배수관에서 물이 새자 부업으로 집수리를 하는 연탄장수 임 씨에게 목욕탕 수리를 맡기는데, 임 씨가 내놓은 공사 견적이 비싸다고 생각하여 그를 불신하고 조건에 없던 옥상 수리까지 시킨다. 그럼에도 임 씨는 불평 없이 성실하게 작업을 하고, 남편은 임 씨의 일을 거들며 힘겨워한다.

•내레이터: 그는 흙 묻은 손을 털었다. 임 씨의 하는 일이 대충 마무리 단계인 듯싶어 담배나 한 대 피우며 쉬어 볼까 해서였다.

남편: 여름엔 비도 잦은데 그러면 일을 못 해서 어쩝니까?

임 씨: 비가 오면 비가 오는 대로 할 일이 있습지요.

남편: 비가 오면 또 다른 벌이가 있어요?

임 씨: ㉠비 오는 날엔 아침부터 가리봉동에 가야 합니다.

남편: 가리봉동에? (궁금한 표정을 짓는다.)

임 씨: 예. 사장님은 몰라도 됩니다요. 암튼 비가 오면 난 가리봉동으로 갑니다.

내레이터: 임 씨가 잠시 일손을 멈추고 알 수 없는 표정을 언뜻 지었다.
▶ 비 오는 날엔 가리봉동에 가야 한다고 말하는 임 씨
임 씨가 가리봉동에 가야 하는 특별한 이유가 있음을 암시함.

남편: 이렇게 힘든 일을 매일같이 계속했다면 비 오는 날 하루쯤은 쉬어야 할 거 아닙니까?
남편은 임 씨가 비 오는 날에도 돈을 벌기 위해 가리봉동에 가서 일한다고 생각함.

내레이터: 라고 말해 주려다가 그는 입을 다물었다. 누군들 쉬고 싶지 않을 거냐는, 하루에 두 끼는 라면으로 배를 채우는 식구들을 거느린 가장으로서 어찌 비 오는 날이라 하여
임 씨의 처지 – 궁핍한 가정의 가장
아랫목에서 뒹굴기만 하겠느냐는 데 생각이 미쳤던 까닭이었다. 간단하게 여겼던 옥상의 공사는 의외로 시간을 끌었다. 이미 밤은 시작된 것이나 •진배없어 이웃집들의 창문
목욕탕 수리 공사비가 비싸다고 생각하여 임 씨에게 추가로 시킨 일
에 하나둘 불이 밝혀졌다. 그런데도 임 씨는 만족하다 싶을 때까지는 일손을 놓고 싶지
성실하게 최선을 다하는 임 씨
않은 모양이었다. 몇 번씩이나 옥상에 얼굴을 디밀고 일의 진척 상황을 살피던 아내도
임 씨를 불신하고 의심함.
마침내 질렸다는 듯 입을 열었다.
예상보다 시간과 정성이 많이 들어갔기 때문

아내: (급하게) 대강 해 두세요. 날도 어두워졌는데 어서들 내려오시라구요.

임 씨: (아내를 쳐다보고 여유 있게 말한다.) 다 되어 갑니다, 사모님. 하던 일이니 깨끗이 손봐 드려야입지요.
임 씨가 책임감이 강한 사람임을 알 수 있음.

내레이터: 임 씨가 일에 몰두해 있는 동안 그는 숨소리조차 내지 않고 일하는 양을 지켜보았다. / **남편:** 저 열 손가락에 박힌 •공이의 대가가 기껏 지하실 단칸방만큼의 생활뿐이
성실하고 정직하게 최선을 다하지만 가난한 생활에서 벗어날 수 없는 임 씨에 대한 남편의 연민
라면 좀 너무하지 않나?

내레이터: 안타까움이 솟아오르기도 했다. 목욕탕 일도 그러했지만 이 사람의 손은 특별한
임 씨에 대한 남편의 심리   처음에 임 씨에게 맡긴 일
데가 있다는 느낌이었다. ❶자신이 주무르고 있는 일감에 한 치의 틈도 없이 밀착되어 날렵하게 움직이고 있는 ㉡임 씨의 열 손가락은 손가락 이상의 그 무엇이었다. 처음에는 이 사내가 •견적대로의 돈을 다 받기가 민망하여 •우정 지어내 보이는 열정이라고 여겼
임 씨의 진정성을 오해함.
었다. 옥상 일의 중간에 잠시 집에 내려갔을 때 아내도 그런 뜻을 표했다.

아내: 예상 외로 옥상 일이 힘드나 보죠? (웃음) 저 사람도 이제 세상에 •공돈은 없다는 사실을 깨달았을 거예요. / **내레이터:** ❷하지만 우정 지어낸 열정으로 단정한다면 당한 쪽
임 씨가 처음 견적대로의 돈을 다 받아 내기 위해서 끝까지 일하는 것이라고 생각함.
은 •되려 그들이었다. 밤 여덟 시가 지나도록 •잡부 노릇에 시달린 그도 고생이었고, •부러 만들어 시킨 일로 심적 부담을 느끼기 시작한 그의 아내 역시 안절부절못했으니까.
옥상 공사 – 목욕탕 수리 공사비가 비싸고 아까워 임 씨에게 추가로 시킨 일   늦게까지 성실하게 일하는 임 씨에게 미안한 마음이 들기 시작함.
아내는 기다리는 동안 술상을 봐 놓고 있었다. [중략]
▶ 임 씨의 진정성을 오해한 남편과 아내

•**중심 내용** 임 씨가 밤늦게까지 일을 하자 부부가 심적 부담을 느낌.　　•**구성 단계** 절정·하강

이해와 감상

이 작품은 양귀자의 소설 〈비 오는 날이면 가리봉동에 가야 한다〉를 낭독극으로 각색한 희곡이다. 원작 소설은 도시의 변두리에 사는 서민들의 삶을 통해 1980년대의 사회상을 사실적으로 묘사하고 있다. 임 씨는 일용직 노동자로 비 오는 날이면 떼인 돈을 받기 위해 가리봉동에 가야 하는 도시 빈민층이다. 남편과 아내는 임 씨를 의심했다가 성실히 일하는 그의 모습을 보고 자신들의 잘못을 깨닫는 소시민이다. 자본주의 사회에 익숙해진 남편은 임 씨의 정직한 삶을 보며 자신의 삶을 성찰하게 되고, 이를 통해 작가는 타자에 대한 이해와 존중의 중요성을 전하고 있다.

이 작품은 내레이터가 등장하는 낭독극이라는 점에서 일반적인 희곡과 차이점이 있다. 희곡과 소설의 차이점은 서술자의 유무에 있다. 소설은 서술자가 있는 반면, 희곡은 서술자가 없어서 등장인물의 대사와 행동을 통해 내용을 압축적으로 전달해야 하는 한계를 지니는데 이 작품은 내레이터를 설정하여 그러한 희곡의 한계를 극복한 것이 특징이다.

🔍 전체 줄거리

발단	부부가 이사 온 집에 하자가 자주 생겨 수리를 하는 데 돈이 많이 들어간다.
전개	어느 날 욕실에서 물이 새자 부부는 임 씨에게 수리를 맡긴다.
절정	임 씨의 본래 직업이 연탄장수이고 부업으로 집수리를 한다는 것을 알게 된 부부는 임 씨를 믿지 못하고, 그가 공사 견적을 부풀린 것이라고 생각하며 옥상 수리까지 떠맡긴다.
하강	예상과 달리 임 씨가 성실하게 작업하여 공사를 깔끔하게 마치고 처음의 견적보다 적은 돈을 받자, 부부는 임 씨를 오해한 자신들의 모습을 부끄러워한다.
대단원	형제 슈퍼에서 남편과 함께 술자리를 가지게 된 임 씨는 비 오는 날이면 떼인 연탄값을 받기 위해 가리봉동에 간다는 이야기를 한다.

👥 인물 관계도

남편	아내
소심하지만 부끄러움을 아는 이성적인 인물. 임 씨의 진실함을 의심한 자신의 태도를 반성하고, 그에게 연민을 느낌.	인색할 정도로 알뜰한 주부. 금전 문제에 민감한 현실적 인물임.

불신·의심
↓
이해·연민

임 씨
전형적인 도시 빈민 노동자로 겨울에는 연탄장수, 여름에는 막일꾼으로 일함. 책임감이 강하고 정직함.

자료실

낭독극이란?
낭독극은 특별한 의상이나 분장, 무대 장치 없이 연기자가 목소리로만 연기하는 연극을 뜻한다. 따라서 기존의 연극보다 간소하게 진행할 수 있으며, 관객이 상상할 여지가 상대적으로 많다는 특징이 있다.

🔑 포인트 체크

인물 소심하지만 부끄러움을 아는 이성적 인물인 ☐☐, 금전 문제에 민감한 현실적 인물인 ☐☐, 일 처리가 꼼꼼하고 책임감이 강하며 정직한 인물인 ☐☐가 등장하고 있다.

배경 1980년대, 부천 ☐☐☐을 배경으로 하고 있다.

사건 임 씨에게 목욕탕 수리를 맡긴 부부는 공사 견적이 비싸다고 생각하며 추가로 ☐☐ 공사를 시키고 임 씨를 못 미더워한다. 예상과 달리 임 씨가 깔끔하게 공사를 마치고 견적보다 적은 돈을 받자 부부는 임 씨를 오해한 것을 부끄러워한다.

1 이 글에 대한 설명으로 가장 적절한 것은?
① 특별한 분장을 통해 인물의 성격을 제시하고 있다.
② 화려한 의상을 이용해 인물의 심리를 부각하고 있다.
③ 구체적인 지명을 사용하여 극에 사실감을 더하고 있다.
④ 사실적인 무대 장치를 설치하여 현실감을 부여하고 있다.
⑤ 과거와 현재를 교차하며 사건을 압축적으로 전개하고 있다.

2 〈보기〉는 이 글의 원작 소설의 일부이다. 〈보기〉를 바탕으로 하여 ㉠에 얽힌 사연을 이해한 내용으로 적절하지 않은 것은?

│ 보기 │

"가리봉동에 가면 곰국이 나와요?"
임 씨가 따라 주는 잔을 받으면서 그는 온몸을 휘감는 술기운에 문득 머리를 내둘렀다. 아까부터 비 오는 날에는 가리봉동에 간다는 임 씨의 말이 술기운과 더불어 떠올랐다.
"곰국만 나오나. 큰놈 자전거도 나오고 우리 농구 선수 운동화도 나오지요. 마누라 빠마값도 쑥 빠집니다요. 자그마치 팔십만 원이오, 팔십만 원. 제기랄. 쉐타 공장 하던 놈한테 일 년내 연탄을 대 줬더니 이놈이 연탄값 떼어먹고 야반도주했어요. 공장이 망했다고 엄살을 까길래, 내 마음인들 좋았겠소. 근데 형씨. 아, 그놈이 가리봉동에 가서 더 크게 공장을 차렸지 뭡니까. 우리네 노가다들, 출신이 다양해서 그런 소식이야 제꺼덕 들어오지, 뭐."
– 양귀자, 〈비 오는 날이면 가리봉동에 가야 한다〉에서

① 떼인 연탄값 '팔십만 원'이 임 씨에게는 꽤 큰돈임을 짐작할 수 있어.
② '쉐타 공장 하던 놈'은 남의 돈을 갚지 않는 부도덕한 인물이라고 할 수 있겠어.
③ '팔십만 원'을 제때 받았다면 임 씨 가족의 생활을 지탱하는 비용으로 쓰였을 거야.
④ 비 오는 날에 임 씨가 가리봉동에 가는 것은 '노가다들'의 소식을 듣고 또 다른 일자리를 구하기 위함이야.
⑤ 임 씨가 '갑니다'가 아니라 '가야 합니다'라고 한 것에는 떼인 돈을 받아야만 한다는 절박한 심정이 담겨 있어.

3 ㉡에 나타난 '임 씨'에 대한 '남편'의 태도로 가장 적절한 것은?
① 존경심　　② 호기심　　③ 두려움
④ 동정심　　⑤ 안쓰러움

4 '내레이터'의 대사 중에서 '임 씨'의 진정성에 대해 '남편'과 '아내'가 오해했음이 드러나 있는 부분을 찾아 쓰시오.

Q 남편이 자신의 나이를 속이고 임 씨에게 동갑이라고 말한 이유는?

임 씨가 자신보다 나이가 어린 사람에게 고용된 것을 알고 자괴감을 느낄까 봐 임 씨를 배려하여 동갑이라고 말한 것이다. 이를 계기로 남편과 임 씨의 거리가 가까워진다.

📖 **구절 풀이**

❶ **그는 아내가 제발 ~ 내놓기를 대신 빌었다.** 임 씨가 성실하게 일해 준 것이 고마웠기 때문에 아내가 공사비를 깎지 않기를 바라고 있다. 임 씨가 꼼꼼하고 성실하게 일한 대가로 원래 견적대로의 금액을 다 받는 것이 마땅하다고 생각하고 있음을 짐작할 수 있다.

❷ **임 씨의 머릿속에서 ~ 스스로가 정말이지 역겨웠다.** 임 씨가 원래 견적보다 높은 비용을 청구할까 봐 걱정하고 있는 자신에 대한 실망감을 나타낸 것이다.

❸ **아까도 말씀드렸지만 일이 썩 간단하게 되었다 이 말씀입니다.** 공사 비용이 원래의 견적보다 훨씬 줄어들게 되었다는 뜻이다.

Q 남편의 귀에 임 씨가 계산한 내용이 제대로 들리지 않은 이유는?

부부는 임 씨에게 목욕탕 수리 외에 추가로 옥상 수리를 시켰지만, 임 씨는 아무런 군소리 없이 밤 늦게까지 최선을 다해 일을 하였다. 늦은 시간까지 일을 더 하게 되었지만 돈을 더 많이 청구하기는커녕 오히려 돈을 더 적게 청구하는 임 씨의 정직한 태도에 남편이 당혹감을 느끼고 있다.

👤 **작가 소개**

양귀자(1955~)
소설가. 1978년 〈다시 시작하는 아침〉으로 등단하였다. 1986년부터 1987년까지 쓴 단편을 모아 낸 책 〈원미동 사람들〉은 경기도 부천의 한 동네에 사는 서민들의 애환을 다루었다. 주요 작품으로 〈나는 소망한다 내게 금지된 것을〉, 〈천년의 사랑〉, 〈모순〉 등이 있다.

김윤주(1979~)
배우 및 연출가. 낭독극 〈지구를 색칠하는 페인트공〉 등을 연출하였다.

임 씨: 사장님은 금년 몇이시지요? 저는 토끼띠, 서른여섯 아닙니까.

내레이터: 임 씨가 서른여섯에 토끼띠라면 그는 서른다섯의 용띠였다. 옆에 앉아서 지갑을 열었다 닫았다 하던 아내가 얼른…… / 아내: (고개를 들어 남편을 쳐다보며) 이 양반은……. / 내레이터: 하고 나서는 것을 그가 가로챘다.

남편: (*천연덕스러운 표정으로) ㉮그래요? 나도 토끼띠지요. 서로 동갑이군요.
　　나이를 속임.

내레이터: 아내가 기가 막히다는 표정으로 그를 쳐다보았지만 그는 *아랑곳하지 않고 동갑
　　남편이 나이를 한 살 속였기 때문에
기념이라고 또 한 잔의 술을 그의 잔에 넘치도록 부었다. 한 살 정도만 보태는 것으로 거짓
말의 양을 줄일 수 있는 것이 몹시 다행스러웠다. / 임 씨: 토끼띠 남자들이 원래 *팔자가
드센 편 아닙니까요? 여자 토끼띠는 잘사는데 요상하게 우리 나이 토끼띠 남자들은 *신
수가 고단트라 이 말씀입니다. 한데 사장님은 *용케 따시게 사시니 복이 많으십니다.
　　임 씨의 고단한 인생이 투영되어 있음.

내레이터: 저런. 그는 속으로 *머쓱했다. 토끼띠가 어쩌고 해 쌌는 게 아무래도 아슬아슬했
　　동갑이라고 속인 것이 미안함.
든지, 아니면 준비한 술이 바닥나는 게 보였든지 아내가 단호하게 지갑을 열었다.
　　▶ 남편이 일을 마친 임 씨와 술을 마시다가 자신이 임 씨와 동갑이라고 거짓말함.

아내: 돈 드려야지요. ㉠그런데……. / 내레이터: 아내는 뒷말을 못 잇고 그의 얼굴을 *말끄
　　　　공사비를 깎는 것을 남편이 도와주기를 바람.
러미 올려다봤다. 그는 술잔을 들어 올리며 짐짓 아내를 못 본 척했다. 옥상 일까지 시켜
놓고 돈을 다 내주기가 아깝다는 뜻이렷다. ❶그는 아내가 제발 딴소리 없이 이십만 원에
　　　　　　　　　　　　　　　　　　　　　처음 견적 금액이 십팔만 원임.
서 이만 원이 모자라는 견적 금액을 다 내놓기를 대신 빌었다.

임 씨: (문득 생각이 떠오른 듯 손을 내밀며) ㉡사모님, 내 뽑아 드린 견적서 좀 줘 보세요. 돈
이 좀 달라질 겁니다. / 내레이터: 아내가 손에 쥐고 있던 견적서를 내밀었다. 그와 그의
아내는 임 씨의 입에서 나올 말에 주목하여 잠깐 긴장했다.
　　원래 견적보다 비용이 더 들 것이라고 예상했기 때문에

임 씨: (견적서를 한참 들여다보며) 술을 마셨더니 눈으로는 계산이 잘 안 되네요.

내레이터: 임 씨는 엎드려 아라비아 숫자를 더하고 빼고, 또는 줄을 긋고 했다. 그는 빈 술
병을 흔들어 겨우 반 잔을 채우고는 서둘러 잔을 비웠다. ㉢❷임 씨의 머릿속에서 굴러다
니고 있을 숫자들에 잔뜩 애를 태우고 있는 스스로가 정말이지 역겨웠다.

임 씨: 됐습니다, 사장님. 이게 말입니다. 처음엔 파이프가 어디서 새는지 모르니 전체를 뜯
을 작정으로 견적을 뽑았지요. ❸아까도 말씀드렸지만 일이 썩 간단하게 되었다 이 말씀
입니다. 그래서 *노임에서 사만 원이 빠지고 시멘트도 이게 다 안 들었고, 모래도 그렇
고, 에, 쓰레기 치울 용달차도 빠지게 되죠. 방수액도 타일도 반도 못 썼으니 여기서도 요
게 빠지고 또……. / 내레이터: 임 씨가 볼펜 심으로 쿡쿡 찔러 가며 조목조목 남는 것들
　　공사비가 줄어든 이유 – 임 씨의 정직한 면모가 드러남.
을 설명해 갔지만 그의 귀에는 제대로 들리지 않았다. 뭔가 단단히 잘못되었다는 기분,
이게 아닌데, 하는 느낌이 어깨의 뻐근함과 함께 그를 짓누르고 있을 뿐이었다.
　　예상과 달리 정직하게 계산하는 임 씨의 모습에 당혹감을 느끼고 임 씨를 의심했던 것에 미안함을 느낌.

임 씨: 그렇게 해서 모두 칠만 원이면 되겠습니다요.

내레이터: 선언하듯 임 씨가 견적서를 아내에게 내밀었다. 놀란 것은 그보다 아내 쪽이 더
심했다. 그녀는 분명 칠만 원이란 소리가 믿기지 않는 모양이었다.
　　애초에 공사 비용을 깎으려고 했지만, 예상보다 훨씬 적은 금액이었기 때문에

아내: 칠만 원요? 그럼 옥상은…….

임 씨: 옥상에 들어간 재료비도 여기에 다 들어 있습니다. 그거야 뭐 몇 푼 되나요.

아내: 그럼 우리가 너무 미안해서…… (호소하는 눈빛으로 남편을 본다.)

남편: ㉣계산을 다시 해 봐요. 처음에는 십팔만 원이라고 했지 않소?

임 씨: (이것 참, 하는 표정으로 웃는다.) 이거 돈을 더 내시겠다 이 말씀입니까? 에이, 사장
님도. 제가 어디 *공일 해 줬나요. 조목조목 다 계산에 넣었습니다. 옥상 일한 품값은
지가 서비스로다가…….
　　넉넉하지 않은 처지에도 불구하고 인정을 베푸는 임 씨
　　▶ 정직하게 계산한 임 씨에게 미안함을 느끼는 남편과 아내

• **중심 내용** 임 씨의 정직함에 부부가 당황하고 미안을 느낌. • **구성 단계** 하강

작품 연구소

부부의 심리 변화

견적서 수정 이전
• 임 씨가 일을 더디게 하여 못 미더워함.
• 임 씨가 애초의 견적보다 더 많은 금액을 요구할까 봐 긴장함.

↓

임 씨가 성실하게 일을 끝내고, 견적서를 수정하여 최초 견적보다 적은 금액을 청구함.

↓

견적서 수정 이후
• 임 씨가 열심히 일하고도 견적서의 금액보다 적은 금액을 청구하여 당황하고 미안해함.
• 임 씨를 의심했던 자신의 모습에 부끄러움을 느낌.

남편이 임 씨를 이해하는 과정

편견과 오해	임 씨가 일을 제대로 하지 않고 공사비를 부풀릴 것으로 생각함.

↓

편견과 오해의 부분적 해소	임 씨가 일을 성실하고 솜씨 있게 잘한다는 것을 알게 됨.

↓

동정과 연민	임 씨가 고된 삶을 살고 있음을 알게 됨.

↓

편견과 오해의 완전한 해소	임 씨가 공사비를 정직하게 받자 임 씨를 오해한 것에 미안함을 느낌.

내레이터의 역할

낭독극에서는 일반적인 희곡에서와 달리 내레이터의 역할이 두드러진다. 일반적인 희곡에는 서술자가 없기 때문에 등장인물의 심리를 자세하게 알 수 없지만 낭독극에서는 내레이터가 마치 소설의 서술자처럼 등장인물의 내면 심리를 자세하게 제시한다.

함께 읽으면 좋은 작품

〈비 오는 날이면 가리봉동에 가야 한다〉, 양귀자 / 소시민의 삶의 애환이 담긴 작품

희곡의 원작 소설로, 정직하고 성실하게 일하는 일용직 노동자와 그의 진실함을 의심한 소시민의 모습을 그린 작품이다. 타자에 대한 불신이 이해와 공감으로 바뀌는 과정을 그려 세속적인 삶을 반성을 촉구하고 타자에 대한 이해와 존중의 중요성을 전하고 있다.

⏵ Link 〈현대 소설〉 268쪽

〈길모퉁이에서 만난 사람〉, 양귀자 / 이웃에 대한 따뜻한 시선이 담긴 작품

일상에서 만난 다양한 이웃들의 삶을 묘사한 소설이다. 관찰자의 따뜻한 시선을 통해 평범한 이웃들과 함께하는 삶의 행복을 제시하고 있다. 사회에서 소외된 사람들의 삶을 따뜻한 시선으로 그려 내고 있다는 점에서 〈비 오는 날이면 가리봉동에 가야 한다〉와 함께 양귀자 소설의 특성을 잘 보여 준다.

---

5 이 글에 대한 설명으로 적절하지 <u>않은</u> 것은?

① 소시민의 일상이 나타나 있다.
② 등장인물의 심리 변화가 나타나 있다.
③ 대화를 통해 인물의 성격이 간접적으로 드러나 있다.
④ 타인의 진심을 알고 반성하는 등장인물의 태도가 드러나 있다.
⑤ 각박한 시대 현실에 대한 작가의 비관적인 시선이 드러나 있다.

6 ㉠의 말줄임표에 들어갈 말로 가장 적절한 것은?

① 일이 왜 이렇게 늦어요?
② 조금 깎아 주시면 안 돼요?
③ 술이 부족하지는 않으세요?
④ 그렇게 일하면 힘들지 않으세요?
⑤ 돈이 부족한데, 내일 드리면 안 돼요?

7 ㉡에 대한 설명으로 적절하지 <u>않은</u> 것은?

① 남편과 아내에게 긴장감을 준다.
② 임 씨의 정직함이 드러나는 계기가 된다.
③ 남편과 아내가 부끄러움을 느끼는 계기가 된다.
④ 임 씨가 공사비를 다시 계산하여 청구하려 한다.
⑤ 임 씨가 부부에게 잘 보이고자 하는 태도가 드러난다.

8 ㉢에 담긴 태도와 가장 유사한 태도가 나타난 것은?

① 파란 녹이 낀 구리거울 속에 / 내 얼굴이 남아 있는 것은 / 어느 왕조의 유물이기에 / 이다지도 욕될까.
② 벼는 서로 어우러져 / 기대고 산다. / 햇살 따가워질수록 / 깊이 익어 스스로를 아끼고 / 이웃들에게 저를 맡긴다.
③ 꽃 사이 타오르는 햇살을 향하여 / 고요히 돌아가는 해바라기처럼 / 높고 아름다운 하늘을 받들어 / 그 속에 맑은 넋을 살게 하자.
④ 들길은 마을에 들자 붉어지고 / 마을 골목은 들로 내려서자 푸르러졌다 / 바람은 넘실 천 이랑 만 이랑 / 이랑 이랑 햇빛이 갈라지고 / 보리도 허리통이 부끄럽게 드러났다
⑤ 상한 갈대라도 하늘 아래선 / 한 계절 넉넉히 흔들리거니 / 뿌리 깊으면야 / 밑둥 잘리어도 새순은 돋거니 / 충분히 흔들리자 상한 영혼이여 / 충분히 흔들리며 고통에게로 가자

9 ㉣에 어울리는 지시문으로 가장 적절한 것은?

① 괴롭고 고통스러운 표정으로
② 짜증나고 화난 듯한 표정으로
③ 절망스럽고 실망하는 표정으로
④ 꾸짖고 나무라는 듯한 표정으로
⑤ 마음이 편치 않은 듯한 표정으로

10 '남편'이 ㉤처럼 말한 이유를 '배려'라는 단어를 넣어서 쓰시오.

018 산허구리 | 함세덕

이때 동리 사람들, 들것에 복조 송장을 태워 들어온다. 물이 뚝뚝 떨어진다. 복실과 분 어미, 의아하여 잠시 보고 있더니 달려들어 목놓고 운다. 동리 사람들, 소리를 낮춰 힐끔힐끔
비극적 분위기
운다. / 간(間)

처: 왜들 우니? / 분 어미와 복실: 어머니, 복조예요.

동리 사람 3: 쇠뿌리로 배 내다가 보니 범바위 틈에 꼈습디다.

처: 물에서 죽은 놈이 복조뿐인가? 어떻게 복조라고 장담해. (아무 관계없는 듯이 부엌
아들의 죽음을 인정하지 않으려 함.
으로 들어간다.)

노어부를 석이와 윤 첨지가 양편에서 꽉 붙들고 들어온다.

노어부: 놔. 두고 볼 거 아니야.

윤 첨지: 참어. 참는 데 복이 있다네. 그제 참는 것이 제일이야. 참을 인(忍) 자가 셋이면 사람 하나 살린다는 말이 있지 않나.

석이: (그제야 들것과 사람들을 보고) 누나, 이것이 작은형이요? (붙들고 운다.)

윤 첨지: 찾았으니 다행이군. (눈물을 씻는다.)

노어부: (한참 바라보고 있더니 눈물을 닦으며 서러운 소리로 똑똑히) 몇 해 전에는 배도
일제 강점기 이전
서너 척 있었고, 그물도 동리에 뛰어나게 가졌드랬지. 배 팔고 그물 팔고 나머지는 뭐냐? 내 살덩이밖에 없었어. 그것도 다— 못해서 다리 한쪽 뺏겼지. 고기잡이 3년에 자식 다— 잡아먹는다는 것은, 윤 첨지……

윤 첨지: …….

노어부: 나를 두고 하는 말이야. 두고 보고 바랄 것이 인제는 하나도 없어. (별안간 부엌   ▶ 복조의 시체를 보고 절망에 빠진 사람들
자식들과 미래에 대한 희망
뒤로 퇴장. 들어가더니 괭이를 들고 나온다. 뒤따라 처가 미친 듯이 달려들어 부지깽이
평소 복조가 사용하던 것 – 처와 노어부가 충돌하게 만드는 매개체
로 노어부의 머리를 후려 때린다. 노어부 쓰러진다.)

처: (괭이를 잡아 빼며) 이 괭이가 무슨 괭인 줄 알어?

노어부: (덤비려다가 처의 너무도 핼쑥한 얼굴을 보고 고개를 돌려 복조를 붙들고 운다.)

처: 내가 맑은 물 떠 놓고 수신께 빌었거든. 이것은 우리 복조 아니야. 내 정성을 봐서
물을 맡아 다스리는 신
라도 이렇게 전신을 파먹히게 안 했을 거야. 지금쯤은 너구리섬 동녘에 있는 시퍼런 깊은 물속에. 참 거기는 미역 냄새가 향기롭지. 그리고 백옥 같은 모래가 깔렸지. 거기서 팔다리 쭉— 뻗고 눈감았을 거야. 나는 지금 눈에 완연히 보이는걸. 복조 배 위로 무지갯빛 같은 고기가 쑥— 지나갔어. (눈앞에 보이는 환영을 물리치는 듯이 손으로 앞을 가리며) 눈감은 얼굴이 너무도 쓸쓸하군. 이렇—게 (시늉을 하며) 원망스러운 얼굴이야. 불만스러운 얼굴이야. 다문 입이 너무도 쓸쓸해.
현실에 대한 불만
간(間), 울음소리   ▶ 복조의 죽음으로 실성해 버린 처

키 포인트 체크

인물 ▢▢▢는 한쪽 다리를 바다에서 잃고, 두 아들과 사위마저 ▢▢에 빼앗긴 채 폐인이 되어 살아가고 있다.

배경 ▢▢▢▢▢, 인천의 작은 포구 마을에서 일어난 일을 보여 주고 있다.

사건 노어부와 그의 가족들은 바다에 나간 ▢▢를 기다리다가 그가 시체로 돌아오자 절망에 빠진다.

답 노어부, 바다, 일제 강점기, 복조

핵심 정리

갈래 단막극, 비극
성격 비극적, 사실적
배경 ① 시간 – 일제 강점기의 늦은 가을
② 공간 – 인천 앞바다의 작은 포구
제재 일제 강점기 어민들의 삶
주제 어촌 마을 사람들의 비극적인 삶
특징 ① 중심인물이 뚜렷이 드러나 있지 않음.
② 비극적 상황이 시대적 배경 때문임을 암시함.
출전 《조선 문학》(1936)
작가 함세덕(본책 186쪽 참고)

이해와 감상

이 작품은 인천 앞바다의 작은 포구인 산허구리('산허구리'란 산등성이의 잘룩하게 들어간 곳이란 뜻을 지닌 말)를 배경으로 하여 일제 강점기 서민들의 궁핍한 상황을 사실적으로 묘사하고 있는 희곡이다. 유치진의 〈토막〉과 유사한 배경과 구조를 지니고 있으며, 바다와 인간의 대결에서 인간의 참담한 패배를 보여 주는 상황 비극이라고 할 수 있다. 함세덕이 처음 발표한 작품으로, 작가 특유의 서정적 필체가 돋보인다

전체 줄거리

고기를 잡다가 상어 이빨에 왼쪽 다리를 잃은 노어부는 술로 하루하루를 보낸다. 노어부는 바다에서 큰아들과 큰사위를 잃었으며, 그와 그의 가족들은 바다가 요동친 후 돌아오지 않는 둘째 아들 복조를 기다리고 있다. 그런데 풍랑에서 가까스로 살아온 두 어부가 복조가 죽었다는 소식을 전한다. 이후 바위틈에 낀 복조의 시체가 건져지자 노어부의 처는 실성한다. 막내아들 석이는 가난의 원인을 꼭 밝히겠다고 다짐하고, 아침이 밝아 온다.

작품 연구소

〈산허구리〉의 상황 비극적 성격
상황 비극은 인간의 의지가 사회적 상황에 부딪쳐 파멸하는 내용을 담은 희곡을 의미한다. 이 작품은 자식을 잃은 어머니의 비극을 소재로 가난에 허덕이며 살아가는 사람들의 이야기를 그리고 있다. 그러나 작가는 이들의 가난이 그 당시 사회 구조 안에서 이루어진 외부의 수탈(어물 거간들의 농간, 중상들의 착취 등)에 의한 것임을 작품의 곳곳에서 드러내고 있다.

노어부의 상황
서너 척 있던 배와 그물을 모두 잃고 가난에 허덕임.

↓

| 일제 강점기의 사회 구조적 모순에 기인함. |

019 맹 진사 댁 경사 | 오영진

키워드 체크 #풍자극 #해학적 #조선 시대 말기 #구습 결혼 제도의 모순 #인간의 탐욕 풍자 #권선징악

가 김명정: 사돈님! 혼인의 의식이란 자고로 엄숙한 것이며 인류의 대사입니다. 혹시
　　미언의 숙부　　맹 진사
신랑이 불만이시다면은 모든 것을 없었던 것으로 하고 물러가겠습니다.
　　혼인의 의미를 강조하면서, 거짓 소문에 속아 신부를 바꿔치기한 맹 진사의 허영심을 간접적으로 비판함.

맹 진사: 어이구, 아니올시다. 그런 거 아니에요. (이때 실심해 돌아오는 참봉을 쫓아간
　　　　　　　　　　　　　　　　　　　　근심 걱정으로 맥이 빠지고 마음이 산란해
　　다.) 참봉! / 참봉: …… / 맹 진사: 참봉!
　　　　맹 진사가 신부를 바꿔치기한 것을 모르고, 미언이 입분이 혼례를 치르도록 재촉함.

맹 노인: 신부 데려 내오게. 내 마지막 경사인 이 초롓랑 내 손으로 올려야겠다. 오냐,
　　　　　　　　　　　　　　　　　　　　　　　　초례: 전통적으로 치르는 혼례식
　　너희들도 그걸 바랬든 모양이지? 에이, 그렇다구 진작 말을 해야잖느냐? 자, 참봉.
　　　　　　　　　　　　　　　　　　　　　　▶ 맹 노인의 재촉에 입분이 미언이 혼례를 올리게 됨.

나 입분이: 아니 어떡하나, 여지껏 아무것도 모르시나 봐. 서방님, 전…… 저는 천한
　　　　　　　　　　　　　　　　　　　　　　　　솔직하게 모든 사실을 고백함.
　　몸종이에유. 갑분 아가씨의 몸시중 드는 몸종이에유…… 아이 무서워, 하늘이 무서
　　──────────　　　　가까이 있으면서 하는 시중
　　워요, 그렇지만 어쩌는 수가 없어서 나쁜 줄 알면서도 이 댁 나리 마님께서 하도 조
　　　　　　　　　　　　　　　　　　　　　　　　　　　　　　　　맹 진사
　　르시길래 죽는 심만 치고 제가 갑분 아가씨 노릇을 하였든 거예유.
　　　　셈

미언: (빙그레 웃는다.) 그래요?
이미 모든 사실을 알고 있기 때문에

입분이: (드디어 울어 버리며) 서방님, 용서해 주세요. 실상은 갑분 아가씨가 서방님을
　　「 」: 가짜 신부와 혼례를 치른 미언의 상황을 먼저 헤아리고 용서를 구함.
　　절룩발이 신랑이라구— 죽어도 싫다고 그래서 어쩌는 수 없이 금방 신랑이 드신다
　　──────
　　절름발이
　　하는데 신부는 없고 미천한 몸이 아가씨 대신 신부로 뽑혔든 거예유. 저는 가짜예유.

미언: 음……. / 입분이: 그리고 저는 서방님께서 절룩발이인 줄만 알았어요. 그래서 여
　　태 장가도 못 드리고 아무도 시집와 주는 색시가 없는 쓸쓸한 양반이시라…… 이렇
　　게만 알았어유, 그랬드니만 이제는 왜 서방님께서 절룩발이가 못 되었을까. 차라리
　　몹쓸 다리병신으로 세상에 모든 「색시들이 돌아보지도 않는 그런 외로운 서방님이
　　　　　　　　　　　　　　　　「 」: 종의 신분인 자신에게 미언이 너무 과분한 신랑이라고 생각함.
　　었으면 좋겠어요. 지금은 그게 도리어 이 몸에게 견딜 수 없이 원망스러워유, 서방
　　님……」서방님께선 그 몹쓸 속인 사람들 중에 하나인 저를 용서하세유. (운다.)
　　　　　　　　　　　　　　　　　　▶ 혼례를 올린 첫날밤 미언에게 진실을 고백하는 입분

다 미언: 허— 잘못을 사과하고 용서를 빌어야 할 사람은 오히려 나라오.

입분이: 네? / 미언: 나두 다 알고 있으니까 말이오. 내가 왜 아무것도 모르는 줄 아시오.

입분이: 아니 서방님……. / 미언: (입분의 손목을 지그시 잡으며) 놀라지 마시오. 이번
　　일을 이렇게 꾸민 사람도 실상은 나였소. 내가 그같이 꾸몄든 것이오. 내 명정 숙부
　　로 하여금 절룩발이라고 헛소문을 내게 한 것도 기실은 나였소.
　　　　　　　　　　　　　　　　　　실제의 사정

입분이: 네? / 미언: 그 정도가 지나쳐서 그대를 이렇게까지 괴롭힐 줄은 몰랐소.

입분이: 서방님…… 무슨 연유로 그런…….
　　　　　　　　　　　　　까닭

미언: 그 연유는? 아가씨는 터득지 못하겠소? 내가 무엇을 구해서 그런 장난을 했으며
　　무엇을 찾아서 그런 일을 꾸몄는지 짐작하지 못하겠소. / 입분이: 잘 모르겠어요—.

미언: …… 사람의 마음, 더욱이 여자의 마음, 그 마음의 참된 무게와 깊이가 알고 싶었
　　거짓 소문을 퍼트렸던 의도 – 조건에 관계없이 자신을 사랑하는 참된 사람을 배우자로 맞아들이려고 함.
　　던 것이오.
　　　　　　　　　　　　　　　　　　　　　▶ 입분에게 진실을 고백하는 미언

포인트 체크

인물 맹 진사와 그의 딸 갑분은 이기적인 성격을 지닌 부정적 인물, 마음씨가 고운 입분과 진실한 마음씨
　　　 를 중시하는 미언은 □□□ 인물로 그려지고 있다.

배경 조선 시대 말기, 맹 진사의 집을 배경으로 하고 있다.

사건 미언이 절름발이가 아닌 것으로 밝혀지고 □□과 미언이 혼례를 올림으로써 □□□의 욕망
　　　 은 좌절되고 만다.

답 긍정적, 입분, 맹 진사

핵심 정리

갈래 장막극, 희극, 풍자극

성격 해학적, 풍자적

배경 ① 시간 – 조선 시대 말기
　　　 ② 공간 – 맹 진사의 집

제재 맹 진사 댁의 혼인

주제 인간의 탐욕과 우매성에 대한 풍자와 비판

특징 ① 권선징악의 전통적 주제를 계승함.
　　　 ② 한국적 골계미를 두드러지게 표현함.

출전 《국민 문학》(1943)

작가 오영진(본책 190쪽 참고)

이해와 감상

이 작품은 '신부 바꿔치기'에 대한 전래 민담을 소재로 하여 구습 결혼 제도의 모순, 인간의 허욕과 우매함을 풍자한 희곡이다. 작가는 맹 진사를 통해 인간이 저지르는 어리석음의 바탕에 허욕이 자리 잡고 있다는 것을 보여 주고 있다. 또한 갑분 대신 미언에게 시집가게 된 입분을 통해 착한 사람이 복을 받게 된다는 교훈을 주고 있다. 이 작품은 한국적 희극의 가능성을 보여 준 대표적인 희곡으로 평가받고 있으며, 〈시집가는 날〉이라는 시나리오로 각색되기도 하였다.

전체 줄거리

허영과 탐욕에 찬 맹 진사는 무남독녀 갑분을 세도가인 김 판서 댁 미언과 혼인시키기로 약속하고 우쭐댄다. 그러나 김명정에게 신랑 될 미언이 절름발이라는 말을 듣고 맹 진사 집은 발칵 뒤집힌다. 궁리 끝에 맹 진사는 하녀 입분을 갑분으로 꾸며 혼례를 치르기로 하고 하인들에게도 미리 입단속을 시킨다. 혼례 당일 맹 진사의 집에 나타난 신랑이 멀쩡한 장부임이 밝혀지자 다시 소동이 벌어지지만 예정대로 입분과 미언이 혼례를 올린다. 첫날밤, 입분은 자신이 갑분 아씨가 아님을 고백하고 미언은 신부의 마음의 진정성을 확인하기 위해 거짓 소문을 낸 것이라고 밝힌다.

작품 연구소

〈맹 진사 댁 경사〉에 나타난 극적 반전과 거짓말

갑분과 미언의 결혼을 추진함.	맹 진사의 탐욕과 이기심
미언이 절름발이라는 소문을 접합.	반전 1
갑분 대신 입분을 시집보내기로 함.	거짓말 1
작인들에게 입단속을 시키지만 혼란만 생기고, 삼돌에게 갑분과 혼인시켜 준다고 약속함.	상황 악화에 따른 거짓말 2
미언이 절름발이가 아닌 것으로 밝혀짐.	반전 2
신부를 다시 바꾸려 하지만 실패하고 입분과 미언이 혼례를 올림.	맹 진사의 좌절

제목 '맹 진사 댁 경사'에 나타난 반어

'경사'는 주인공 맹 진사의 소망이 좌절된다는 점에서 실제의 의미와는 반대되는 반어적 표현으로, 부정적 인물인 맹 진사에 대한 풍자와 조롱의 효과를 높여 준다.

020 정직한 사기한(詐欺漢) | 오영진

키워드 체크 #풍자극 #비판적 #물질 만능주의 세태 #사기꾼이 된 정직한 청년 #도덕성 상실

형사: 이 남자가 선생 회사에 취직했다는데요.

사장: 천만에! 대체 누굽니까? 이 사내는. 난 생면부지올시다.
위조지폐를 만든 사실을 숨기기 위해 청년을 모른 척함.

청년: 아닙니다. 사장 그런 말씀이 어디 있습니까. 제가 금방 눈물을 흘리며 고마워하지 않았어요? 전 여기 사원이에요. 사장님.

형사: (뺨을 갈기며) 인마! 아직도 거짓말이야!
청년의 말을 믿지 않음.

청년: 아니에요. 나으리는 몰라요, 나으린! 아씨! 회계 과장! 증인이 있습니다. 아씨! 아씨가 아십니다. 회계 과장이 한 달 월급을 선불해 주시고 양복을 사 입으라고 달러 지폐를 주셨어요!

형사: 인마 떠들지 말어. 글쎄 이 미련한 친구가 누굴 속여 보겠다고 백 달러짜리 지폐를 위조해 가지고 백주에 서울 네거리를 횡행합니다그려, 헛헛…… 그러고는 월급을 받았다? (머리를 갈기며) 인마, 뭐 양복을 짓겠다고? 가짜 돈을 찍으려면 남이 봐도 그럴듯하게 만들어. 진짜 백 달러짜린 구경두 못했을 자식이. 가자 인마, 실례 많
대낮
가족 사기단이 만든 위조지폐
았습니다. / **사장:** 온, 천만예요.

청년: 사장! 나으리! 제겐 아무 죄도 없어요. 미련은 하지만 나쁜 짓을 한 적은 없어요! 하나님이 아십니다, 하나님이! 어이구 그 지긋지긋한 감옥살이를 어떻게 또 하라고 이러십니까? 이러시길. 사장! 구두도 사서 신고, 양복도 새로 맡기고, 추천서두 일
청년은 이전에도 누명을 써서 감옥에 간 적이 있음.
없고, 신원 보증도 일없다고 그러시지 않았어요. 사장, 아씨를 만나게 해 주세요, 아씨를! 아씨는 거짓말을 안 할 겁니다. 아씨! 아씨!
청년은 자신이 가족 사기단에 당한 사실을 여전히 파악하지 못하고 있음.

사복: 인마, 떠들지 말어. 가자! (억지로 끌고 밖으로 나간다.) [중략]
사복 형사
▶ 억울함을 토로하는 청년과 위선적인 사장

사원 D: 그이에게 무슨 죄가 있길래! / **사장:** 그럼 어떡하란 말이야.
양심의 가책을 느끼는 사원 D에 대한 거부감

사원 A: 자백하란 말이냐? 우리가 대신 감옥엘 가란 말야? / **사원 D:** ……

사원 C: 너 가렴. / **사원 D:** 대신요? / **사원 B:** 얘가 오늘 왜 이래, 아까부터.

사장: 쓸데없는 생각 말어…… (노크 소리) 이크! 누가 또 왔구나. 이번엔 우리 차례다. 달아날 채비를 해라, 얘들아. (갈팡질팡한다. 사원 D만은 우두커니 서 있다.) 얘들아! 이리로, 이리 나와.
희극적 행동

사원 A: 저, 도……, 도구를 챙겨야죠. (사원 A, 사원 B, 사원 C 장부와 타이프를 가지고 허둥지둥 비상구 입구로 사라진다. 밖에서 사원 A가 "얘, 뭘 하고 있어 빨리 나와." 하고 지껄이는 소리.)

사원 D: 정직하고 착실하고 그런 사람이 왜 감옥살이를 가요. 아버지, 미련한 것도 죄예요?
주제 의식이 단적으로 드러난 대사
▶ 도망가는 사장과 사원들

키 포인트 체크

인물 청년은 이기적인 사장 가족에게 속아 □□□으로 몰리는 순진한 인물이다.

배경 해방 직후, □□□□가 만연한 사회의 어느 무역 회사 사무실을 배경으로 하고 있다.

사건 정직한 청년이 가족으로 구성된 □□□□ 사기단에 걸려 형사에게 붙잡히고 만다.

답 사기꾼, 배금주의(물질주의), 위조지폐

🎯 **핵심 정리**

갈래 단막극, 풍자극

성격 풍자적, 비판적

배경 ① 시간 – 해방 직후
② 공간 – 어느 무역 회사 사무실

제재 배금주의 세태

주제 해방 직후의 혼란스럽고 타락한 사회에 대한 비판

특징 선량한 인물이 몰락하는 상황을 통해 사회의 부정직성을 풍자·비판함.

출전 《사상계》(1953)

작가 오영진(본책 190쪽 참고)

이해와 감상

이 작품은 정직한 청년이 사기꾼으로 몰리는 상황을 통해 사회의 모순과 부조리를 그리고 있는 희곡이다. 위조지폐를 만들어 순박한 청년을 속이는 가족 사기단과 이들의 희생양이 되는 청년은 모두 광복 직후의 혼란스러운 사회를 살아가는 인물이다. 작가는 생활을 위해, 혹은 물질적 욕망 때문에 타인을 속이고 이러한 속임에 넘어가 의도치 않게 사기꾼이 되는 상황을 통해 배금주의와 물질 만능주의에 물든 도시의 세태와 도덕성의 상실을 비판·풍자하고 있다.

전체 줄거리

한 가족 사기단이 위조지폐를 유통할 생각으로 유령 회사를 차리고 자신들이 만든 위조지폐를 대신 시험해 줄 어수룩한 인물을 구한다. 누명을 써서 전과자가 된 한 정직한 청년이 광고를 보고 찾아와 사원으로 채용된다. 청년은 가족 사기단이 준 위조지폐를 모르고 사용했다가 형사에게 붙잡히고, 가족 사기단은 청년의 채용 사실조차 부인한다. 결국 청년은 경찰서로 연행되고 가족 사기단은 사무실 임대료를 물지 않기 위해 몰래 도망친다.

작품 연구소

제목 '정직한 사기한'의 의미

정직한 청년이 사회의 모순과 부조리로 인해 사기꾼이 된다는 의미이다.

정직한	사기한
마음에 거짓이나 꾸밈이 없고 바르고 곧은	남을 속이는 사기꾼

⬇ 모순된 표현

- 순박한 인물이 사기꾼이 될 수밖에 없는 상황을 풍자함.
- 물질 만능주의와 이기주의적 세태를 풍자함.

〈정직한 사기한〉의 인물 유형

청년	위조지폐를 받아 사용하다 억울하게 체포됨. 혼탁한 현실에서 어리숙하게 처신하다가 희생되는 순진한 인물
사장 가족	유령 회사를 차려 위조지폐를 제작하는 진짜 사기꾼. 자신의 이익을 위해서 불법을 자행하는 기만적, 허위적 인물
형사	편파적이며 폭력적인 권력자의 모습

021 산불 | 차범석

키워드 체크 #사실주의극 #고발적 #비극적 #6·25 전쟁 #비극적인 사랑 #이데올로기의 갈등

가 하늘엔 불꽃이 모란보다 더 곱게 물들어 간다. 여기저기서 사람들이 모인다. 훨훨 타오
르는 불길 앞에서 그저 혀 차고 있는 허탈한 얼굴들.
　　　　인물들의 심리와 대조되는 불꽃의 형상 – 비극의 심화

점례: (갑자기 일어서며) 선생님! 선생님! 안 돼요! / 하며 뛰어가려 하자 몇 사람이 붙
들고 말린다. / 쌀례네: 참어! 점례! 정신을 차리라니까!
　　　대밭에 숨어 있는 규복이 위험하게 되자 절규함.

점례: 나도 같이 타 죽을 테야! 대밭으로 보내줘!

양 씨: (이제 지칠 대로 지쳐서) 아이구! 이 자식아! 이럴 줄 알았으면 차라리 그때 네 말
대로 팔아나 버릴 것을!

　　이때 "저놈 잡아라!", "누구야!" 하며 외치는 군인들의 목소리, 그와 함께 총소리가 연달
아 일어난다. 모두들 겁에 질려서 오른편으로 몰려간다. 점례는 그 자리에 서 있다.
　　　규복이 쫓기는 장면을 음성으로 처리함. – 희곡의 제약성

쌀례네: 무슨 소리야? / 이웃 아낙 을: 누가 있었나 부지?

나 이때 사병 A와 B가 총에 맞아 의식을 잃은 규복을 질질 끌고 나온다. 군중들 사이에 새
　　　　　　　　　　　　　　　　　　　규복이 불에 타는 대밭에서 뛰어나오다 국군의 총에 맞음.
로운 파동이 생긴다. 규복을 무대 한복판에 눕힌 다음 사병은 군중을 휘둘러본다.
예상하지 못했던 일이 발생했으므로

사병 A: 이 사람이 누구요? (아무도 대답이 없다.) / 사병 B: 이 마을 사람이 아니오?

이웃 아낙 을: 우리 동네에서 사내 냄새가 없어진 지는 벌써 몇 해나 된 걸요.
　　　전쟁 중에 마을의 젊은 사내들은 모두 죽거나 끌려갔기 때문에 죽은 사내가 마을 사람일 리 없다는 말임.
　　사병 두 사람은 이상하다는 듯이 고개를 갸우뚱거리며 뭐라고 소곤거린다.

이웃 아낙 을: 정말 귀신 곡할 일이지? 그 대밭 속에 사내가 숨어 있다니?

이웃 아낙 갑: 혹시 산에서 내려온 사람 아닐까? (사병 A가 급히 한길 쪽으로 퇴장한다.)
　　　　　　　　　공비

사병 B: 대밭에다 움을 파고 오랫동안 살아온 흔적이 있던데 아무도 모른단 말이오?
　　　　　　　마을 사람 중 누군가가 도와주었을 것이라는 추측의 근거
　　서로가 고개를 좌우로 젓는다. 점례는 멍하니 내려다보고만 있다.

양 씨: 우리 대밭에 사내가? (점례에게) 너도 못 봤지?

점례: (고개만 저을 뿐 아무 대답이 없다.)　　　　▶ 규복의 정체를 묻는 말에 아무 말도 못하는 점례
　　총에 맞아 끌려 나온 사람이 규복이라는 사실을 알지만 아무 말도 못함.

다 **쌀례네:** 이상한 일이지……. (하다 말고 양 씨에게 눈짓을 하자 그것이 무슨 전염병처
　　　　　대밭에서 끌려 나온 사내가 최 씨의 딸 사월이 임신한 아기의 아버지일 수 있다고 생각하여 양 씨에게 눈짓을 보냄.
럼 최 씨에게로 집중된다. 아까부터 반신반의의 상태에 있던 최 씨가 자기에게 시선이 집
중되고 있음을 의식하자 화를 낸다.)

최 씨: 왜 나만 보고 있어! (하며) 옳지, 내 딸이 이 사내하고 정을 통했단 말이지? 좋아!
그럼 내가 데리고 나와서 담판을 지을 테니! (하며 사월을 부르며 자기 집으로 간다.)

　　이때 최 씨의 비명 소리가 들리며 밖을 내다본다.

최 씨: 사람 살려요! 우리 딸이! / 쌀례네: 사월이가?
　　　　사월이 양잿물을 마시고 죽음.
　　군중은 우하니 그 쪽으로 몰려간다. 최 씨의 통곡 소리가 높아 가고 애기 우는 소리도 간
간이 들린다.

이웃 아낙 갑: 양잿물을 먹었어? 저런…….　　　　　▶ 사월이 스스로 목숨을 끊음.

키 포인트 체크

인물 ▢▢은 젊은 과부인 점례, 사월과 삼각관계에 빠지게 되며 이념 갈등으로 희생되는 인물이다.

배경 ▢·▢▢ 전쟁 중 소백산맥의 어느 산골 마을을 배경으로 하고 있다.

사건 국군이 ▢▢를 토벌하기 위해 대밭에 불을 지르자 대밭에 숨어 있던 ▢▢은 불을 피해 도망치다
가 총에 맞아 죽고, 사월도 스스로 목숨을 끊는다.

답 규복, 6, 25, 공비, 규복

핵심 정리

갈래 장막극, 비극, 사실주의 극
성격 사실적, 고발적, 비극적
배경 ① 시간 – 6·25 전쟁 중
　　　　② 공간 – 소백산맥 줄기의 촌락
제재 탈출 공비와 산골 여인들의 비극적인 사랑
주제 이데올로기에 희생당하는 인간의 삶과 사랑
특징 ① 사실주의 희곡의 전형을 보여 줌.
　　　　② 전쟁의 폭력성과 인간의 애욕이라는 이중적
　　　　　 구조를 취함.
출전 《현대 문학》(1963)
작가 차범석(본책 194쪽 참고)

이해와 감상

이 작품은 민족 분단과 이데올로기의 갈등을 조명한
희곡으로 6·25 전쟁 때문에 희망을 상실한 한 젊은이
와 그를 둘러싼 애욕을 사실적으로 그리고 있다. 전쟁
때문에 대부분의 남자들이 죽거나 끌려가고 없는 마
을에 한 남자(규복)가 나타나는데, 그의 존재는 전쟁
중에 억압된 여성들의 본원적 욕망이 드러나게 한다.
그리고 우연하게 빨치산이 된 규복이 비참하게 죽는
결말은 전쟁의 잔인함과 이데올로기의 허상을 고발하
는 작가 의식을 보여 준다.

전체 줄거리

소백산맥의 어느 산골 마을에 사는 이장 양 씨의 며
느리 점례는 젊은 과부이다. 그리고 양 씨와 항상 반목
하는 최 씨에게도 젊은 과부인 딸 사월이 있다. 어느
날 밤, 공비의 소굴에서 탈출한 전직 교사 규복이 점
례의 집 부엌으로 숨어들자 점례는 그를 대밭에 숨겨
주고, 두 사람 사이에 차츰 사랑이 싹튼다. 그러던 어
느 날, 사월이 규복과 점례의 밀회를 목격하고 점례를
협박하여 규복을 차지한다. 사월은 규복의 아이를 임
신하고 그에 대한 소문이 마을에 퍼진다. 얼마 후 공
비 토벌 작전이 시작되어 양 씨 소유인 대밭에 불을
질러야 하는 상황이 벌어지자 양 씨와 점례가 반대하
며 국군에게 통사정하지만 결국 대밭에는 불이 놓인
다. 규복은 대밭에서 뛰쳐나오다 국군의 총에 맞아 죽
고 사월은 양잿물을 마시고 죽는다.

작품 연구소

〈산불〉에서 대나무 밭의 이중적 의미

022 국물 있사옵니다 | 이근삼

키워드 체크 #풍자극 #서사극 #반어적 #실험적 #1960년대 #출세주의 #속물적인 욕망 풍자

전략 부분의 내용 상범은 소심하고 어수룩해 늘 손해만 보는 회사원이다. 그러던 어느 날 형 상학과 아버지의 환갑잔치에 관해 상의하던 중, 형수가 될 사람이 자신의 결혼 상대자였던 용자라는 것을 알게 된다. 게다가 형은 결혼 준비를 이유로 환갑잔치 준비를 모두 상범에게 맡긴다.

상범: (체념하기에는 너무나 억울하다는 태도로) …… 이거…… 결혼 상대자를 빼앗긴
해설자 역할   상범의 심리   설상가상(雪上加霜)
데다가 아버지 환갑잔치 비용도 내가 주선해야만 하는 팔자입니다. 이젠 할 말이 없습니다. 저의 나이는 서른한 살입니다. 앞으로 살아 봤자 한 20년……. 나머지 20년마저 밤낮 손해만 보는 세월일 것이라고 생각하니 앞이 캄캄해집니다. 저는 여태까지의 모든 생활을 제가 아는 상식의 테두리 안에서 해 왔습니다. 그러나 제가 배우고 믿어 왔던 상식적인 생활은 저에게 손해만 끼쳐 왔습니다. 저는 결국 상식적인 생활 태도란 늘 손해만 갖고 온다는 새 상식을 얻었습니다. 『인천서 근무할 때의 일입니다.
                                    『 』: 상식이 통하지 않았던 구체적 상황 제시
여름에 하도 무덥기에 해수욕장에 나갔죠. 갑자기 저쪽 바위 밑에 옷을 입은 채 기어 들어가는 젊은 여자를 보았습니다. 틀림없는 자살입니다. 저는 밀짚모자를 내던지고 달려가 그 여자를 끌어냈습니다. 얼굴도 예쁜데 왜 자살을 하려고 했는지. 모래 위에 끌어내서 살렸더니 그 여자는 고맙다는 말 대신에 저의 뺨을 갈겼습니다. 그러니까 경찰은 저를 파출소로 연행하더군요.』 이 사회에선 저의 상식이 통용 안 되는
                                      기존의 상식 – 정직하고 성실한 삶의 태도
것 같습니다. 이제부터 물에 빠진 놈에겐 돌을 안겨 줘야겠습니다. 자리를 양보하느
                                         새 상식에 따른 행동 ①
니 발로 걷어차는 길을 터야겠습니다. [중략]
    새 상식에 따른 행동 ②   ▶ 기존 상식을 버리기로 결심하는 상범
상범: 아직 장가를 못 갔습니다…… 근데 비서님은 결혼 안 하세요? / **아미:** 저요?
          자신의 신부를 가로챈 형 때문에
…… 저의 남편이 돌아가신 지 8개월밖에 안 돼요. / **상범:** 사장님의 아드님 말이죠?

아미: 결혼 얘기를 꺼내 저의 마음을 괴롭히지 마셔요. 아직 그분을 못 잊고 있어요.
                        이어지는 행동으로 보아 진심이 아님을 알 수 있음.
상범: 죄송합니다. 다시는 안 그러겠습니다. (전화벨이 울린다. 엽총을 쥔 채 상범이 받는다.) 네. 네? 성아미 씨요? 계십니다. (수화기 대신 엽총을 내밀며) 박 전무님입니다. 아, 실례했습니다. (수화기를 준다.)

아미: 네, 저예요. 그분이요? 경리 보는 김상범 씨예요. 괜찮아요. 네? 지금요? 아직 사장님도 계시는데……. 알겠어요. 그리로요? 혼자서 기다리게 하지 마셔요. 네. (수화
      대낮에 박 전무를 만나기 위해 약속을 정하는 성아미의 속물적이고 이중적인 모습
기를 놓고 시계를 본다. 상범을 힐끔 본다. 이어 사장실로 들어간다.)

상범: (관객에게) 8개월 전에 죽은 남편을 잊을 수가 없다는 저 여자입니다. 박 전무가
      해설자 역할
전화를 하니까 대낮에 나갈 생각입니다. 내 상식으로는 도저히 이해를 할 수가 없습니다. 저도 저런 친구들의 상식, 즉 내가 '새 상식'이라고 부르는 상식으로 살아갈 생
              속물적인 사람들의 상식
각입니다.
                                    ▶ 주변 인물들의 위선적인 면을 따르기로 하는 상범

키 포인트 체크

인물 상범은 정직하게 살아 왔으나 비정한 현실을 깨닫고 ☐☐☐인 인간으로 변화한다.

배경 1960년대 서울을 배경으로 ☐☐☐☐에 사로잡힌 속물적 세태를 보여 주고 있다.

사건 상범은 정직하게 살아서는 출세할 수 없다고 생각하여 '☐ ☐☐'에 따라 살기로 결심하고 있다.

답 속물적, 출세주의, 새 상식

핵심 정리

갈래 희극, 풍자극, 서사극

성격 풍자적, 반어적, 실험적

배경 ① 시간 – 1960년대
② 공간 – 서울의 어느 회사 사무실

제재 출세주의에 사로잡힌 어느 청년의 삶

주제 현대인의 속물적인 욕망에 대한 풍자

특징 ① 인물의 심리를 밀도 있게 묘사함.
② 다양한 실험적 방식을 활용함.

출전 《신동아》(1966)

작가 이근삼(본책 202쪽 참고)

이해와 감상

이 작품은 1960년대에 산업 사회의 대두와 더불어 고조된 출세주의와 물질 만능주의 풍조를 반영하고 있다. 소심하지만 정직하고 성실하던 주인공이 비정한 사회 현실에 눈을 뜨게 되고 출세를 위해 비열하고 냉혹한 인간으로 변하는 모습을 그리고 있다. 이를 통해 수단과 방법을 가리지 않는 비정한 우리 사회의 모습을 날카롭게 풍자하고 있다. 작품의 제목인 '국물 있사옵니다'는 당시 유행어인 '국물도 없다'의 상대적인 표현으로 당대 사회의 부정적 가치관에 대한 비판을 반어적 어법을 통해 드러낸 것으로 볼 수 있다.

전체 줄거리

평범한 직장인으로 정직하게 살아오는 동안 늘 손해만 보던 상범은 정직한 방법만으로는 사회에 적응할 수 없다고 생각하고 '새 상식'에 따라 살아가기로 결심한다. 그러던 중 상범은 우연히 사장의 눈에 들어 정식 직원이 된다. 이후 상사인 경리 과장이 공금을 유용한다고 모함하여 그 자리를 차지하고, 사장의 며느리이자 비서인 성아미와 박 전무와의 스캔들을 이용하여, 임신 중인 그녀와 결혼한다. 또 암흑가의 건달을 포섭하여 회사 월급날 경리과를 털게 하고 사냥총으로 그를 살해한 뒤 자신이 큰 공을 세운 것처럼 조작한다. 결국 상범은 상무가 되고 사장까지 바라볼 수 있게 되지만, 초등학교 교사가 된 형과, 열심히 노력하여 입사 시험에 합격한 동생이 오히려 행복하고 만족스런 생활을 하고 있다고 여긴다.

작품 연구소

상범의 성격 변화 과정
이 작품은 평범하던 상범이 변해 가는 모습을 통해, 산업 사회의 부정적인 면을 예리하게 포착하여 비판하고 있다.

평범한 인간	산업 사회의 구조적 모순 →	야비하고 냉혹한 인간

상범의 해설자 역할
상범은 이 작품의 주인공이면서 해설자의 역할을 하고 있다. 해설자 역할을 할 때 상범은 관객들에게 사건을 요약하여 전달하고, 인물의 심리를 알려 주기도 하고 앞으로 전개될 사건을 안내하기도 한다.

023 어디서 무엇이 되어 만나랴 |최인훈

키워드 체크 #비극 #고구려 #왕실의 권력 암투 #온달 설화 모티프 #온달의 꿈

공주: 장군 비록 어제까지 장군이 치닫던 벌판이라 하나, 이제 누구를 위해 여기 머물
겠다고 이렇게 떼를 쓰십니까? 장군의 마음을 내가 알고 있으니 집으로 돌아가십시
다. 고구려는 내 아버지의 나라. 당신의 <u>원수를</u> 용서치 않으리라. 평양성에 가서 반
<u>역자들을 모조리 도륙을 합시다.</u> 자, 돌아가십시다. (손짓을 한다.)
<small>온달을 죽음에 이르게 한 반역자</small>
<small>사람이나 짐승을 함부로 참혹하게 마구 죽임.</small>
의병장들, 관 뚜껑을 닫고 관을 올려놓은 받침의 채를 감는다.

공주: 들어 올려라. / 올라오는 관. 모두, 놀라는 소리.

공주: 가자, 평양성으로. 그곳에서 잔악한 반역자들을 샅샅이 가려내어 목을 베이리
라. (공주, 움직인다.)

　공주, 시녀, 관, 군사들, 서서히 퇴장. 부장과 장수 몇 사람만 무대에 남는다.

장수 1: (부장에게) 공주의 노여워하심이 두렵습니다.
<small>자신들의 음모가 들통날 것을 두려워함.</small>
장수 2: 필시 무슨 기미를 알아보셨음이 틀림없습니다.

부장: 어떻게 알 수 있단 말인가?

장수 3: 투구를 벗으라고 하신 것이 증거가 아닙니까?
<small>온달이 공주의 꿈에 나타나 자신을 죽인 장수의 머리에 상처가 있음을 말해 줌.</small>
부장: 어떻게 알았을까? (둘러보고) 너희들 중에 배반하는 자가 있으면 행여 온전히 상
금을 누릴 목숨이 있거니는 생각 말아라. / 장수들: 무슨 말씀입니까. 억울합니다.
<small>친친 갈아서 맺다.</small>
부장: 그렇겠지. 이것을 문제 삼는다 치더라도 (투구를 벗는다. 머리를 쳐댔다. 피가 배
어 있다.) 이것이 어쨌단 말인가. <u>이토록 신라 놈들과 싸운 것이 군법에 어긋난단 말</u>
<u>인가?</u> (음험한 웃음) 두려워 말라. 공주보다 더 높은 분이 우리 편이야. [중략]
<small>온달의 죽음과 연관이 있음.</small>　　　　　　　<small>자신들의 행위를 합리화하는 말</small>
<small>공주의 형제들</small>　　　　　　　　　▶ 온달의 죽음에 대한 공주의 의심
공주: 이놈, 네 이 무슨 짓이냐? 네가 어떻게 죽고 싶어서 이다지 방자하냐?

장교: 방자? (껄껄 웃는다.) 세상이 바뀐 줄도 모르시오? 온달 없는 공주가 누구를 어떻
게 한다는 말이오. [중략]

공주: 네가 정녕 내 말을 듣지 못하겠느냐? / 장교: 내 말을? 왕명을 받들고 온 사람에게?
<small>공주를 잡기 위해 거짓으로 둘러대는 말임.</small>
공주: 이놈이 정녕 실성했구나. 내가 돌아가면 어찌 될 줄을 모르느냐? 나는 이곳에 머
물기로 하고 이미 아버님께도 여쭙고 오는 길, 누가 또 나를 지시한단 말이냐? 정 그
렇다면 근일 중에 내가 궁에 갈 것이니 오늘은 물러가라. / 장교: 정 안 가시겠소?

공주: (분을 누르며) 내가? 말을 어느 귀로 듣느냐? (타이르듯) 네가 아마 잘못 알고 온
것이니, 그대로 돌아가면 오늘의 허물을 내가 과히 묻지 않으리라.

장교: (들은 체를 않고) 정 소원이라면 <u>평안하게 모셔 오라는 명령이었다.</u> 잡아라.
<small>죽여도 좋다는 뜻</small>
　병사들, 공주의 팔을 좌우에서 잡는다.

공주: 어머니. / 장교: 편하게 해 드려라. / 병사, 칼을 뽑아 공주를 앞에서 찌른다. 공주,
앞으로 쓰러진다. 붙잡았던 병사들, 서서히 땅에 눕힌다.　　　　▶ 공주의 비극적인 죽음

포인트 체크

- **인물** 온달과 ☐☐는 궁중의 권력 암투에 휘말려 살해당하는 비극적 인물이다.
- **배경** 6세기 무렵 ☐☐☐ 왕실의 권력 투쟁을 배경으로 한다.
- **사건** 공주가 전사한 온달 장군의 혼을 위로하자 꿈쩍하지 않던 온달의 ☐이 움직이고, 공주는 병사들에게
　죽음을 당하고 만다.

답 공주, 고구려, 관

핵심 정리

갈래 비극
성격 비극적
배경 ① 시간 – 6세기
　　　② 공간 – 고구려
제재 온달 설화
주제 온달과 평강 공주의 비극적인 사랑
특징 ① '온달 설화'를 재해석하여 새로운 의미를 부
　　　여함.
　　　② 꿈의 장치를 통해 극의 내용을 전개함.
출전 《현대 문학》(1970)
작가 최인훈(본책 218쪽 참고)

이해와 감상

이 작품은 '온달 설화'를 재해석하여 설화에서 알 수
없었던 의미들을 개연성 있게 그려 낸 희곡이다. 상상
력을 동원하여 설화를 더욱 견고한 이야기로 재구성
함으로써 새로운 가치를 부여하고 있다. 온달과 평강
공주의 만남, 온달의 죽음에 얽힌 음모, 배신자들에게
죽임을 당하는 평강 공주의 최후 등이 문학을 통한 역
사의 재현같이 느껴지게 한다. 이렇게 재해석된 설화
는 진정한 사랑의 메시지를 전달하고 있다.

전체 줄거리

온달은 사냥을 하다 길을 잃고 구렁이 여인과 정을 통
하는 꿈을 꾼다. 공주는 왕실의 암투로 인해 궁에서
쫓겨나고 비구니가 되기 위해 암자로 가던 중 온달을
만나 혼인한다. 온달은 꿈속의 여인이 공주임을 알고
놀란다. 10년 후, 공주는 피투성이가 된 온달이 작별
을 고하는 꿈을 꾼 후 온달이 전사했다는 소식을 듣는
다. 전장에서 움직이지 않던 온달의 관이 공주의 위로
를 받고 움직이고 공주는 온달의 살해범을 잡으려 하
나 실패한다. 온달의 어머니와 여생을 보내려던 공주
는 군사들에 의해 살해되고 온달의 어머니는 눈발 속
에 홀로 서서 온달을 기다린다.

작품 연구소

'온달 설화'와 〈어디서 무엇이 되어 만나랴〉
이 작품은 변형과 재해석을 통해 개연성이 떨어지는
설화의 의미를 강화하고 공주에 대한 온달의 사랑을
절대적인 것으로 부각해 감동을 주고 있다.

온달 설화	〈어디서 무엇이 되어 만나랴〉
평강왕이 울보 공주에게 온달과 결혼하라고 농담함.	온달이 꿈에서 한 여인과 정을 통함.
공주가 왕의 말을 어기고 궁 밖으로 쫓겨남.	공주가 정치적 이유로 궁에서 쫓겨남.
공주가 온달을 찾아가 결혼함.	공주와 온달이 결혼함.
공주는 살림을 일구고 온달을 가르침.	공주가 온달을 내조함.
온달이 전쟁에 나가 큰 공을 세우고 벼슬을 받음.	온달이 사냥 나온 왕의 눈에 띄어 장군이 됨.
온달이 전쟁에서 전사함.	온달이 전쟁에서 전사함.
공주가 움직이지 않는 시신을 달래 저승으로 인도함.	공주의 위로로, 움직이지 않던 관이 움직임.
—	공주가 군사들에게 살해됨.

024 출세기 | 윤대성

키워드 체크 #비극 #풍자적 #비판적 #광부 매몰 사건 #언론의 상업주의 비판 #인간의 상품화

홍 기자: 국민 여러분! 여기는 강원도 정선군 동진 광업소 사고 현장입니다. 지하 1천 5백 미터 갱 속에 갇혀 만 16일간이나 굶주림과 추위와 싸워 가며 초인적인 인내력으로 생명을 지탱해 왔던 김창호 씨, 그가 드디어 구출되기 직전입니다. 『그의 생환은 김창호 씨 개인뿐만 아니라 온 국민의 기쁨이며 인간 생명의 승리입니다. 오늘이 있기까지는 각 방송 보도진은 물론이려니와 국민 여러분의 성원 없이는 불가능했을 것입니다.』그럼 당 영업소 소장 권오창 선생님께 몇 말씀 묻겠습니다. 구출될 시간은 대략 몇 시쯤 됩니까?

_{김창호가 언론의 주목을 받게 된 이유}
_{『 』: 시청률을 높이기 위한 거창한 중계}

소장: 예, 지금 김창호 씨와 구조대는 서로 대화를 나누는 거리에 있습니다. 그러니까 아마 30분 내로 구출될 전망입니다.

홍 기자: 김창호 씨의 건강 상태는 어떻습니까?

소장: 어젯밤부터 파이프를 통해서 미음 같은 음식을 공급했습니다만 큰 지장은 없다고 봅니다.

홍 기자: 감사합니다. 그동안 수고가 많으셨습니다.

소장: 전 오로지 그 사람의 생환만을 바라 왔습니다. 제가 광산에 있은 지 20년이 넘습니다만 (감격) 이렇게 오늘처럼 보람 있고 감격해 본 적은 없습니다. (콧물을 닦는다.)

_{자신을 드러내는 것에만 집중함.}

홍 기자: 우리 모두 경건한 마음으로 생명의 존엄 유지를 위한 햇불을 들어야겠습니다. 이 방송은 여성의 탄력 있는 미를 창조하는 몽쉘느그므 화장품과 스타킹 메이커 와키누가 나일론 제공입니다.

_{구호로만 외칠 뿐 실제로는 생명 존엄과 무관한 행태를 보임.}
_{방송을 통한 상품 홍보 → 대중 매체의 상업적 속성}
▶ 김창호를 상품화하는 대중 매체

박 여인, 남매를 데리고 등장한다.
_{김창호의 부인}

아낙네 1: 저기 김창호 씨 부인이 와요. / **광부 1:** 비켜 줘요, 비켜 줘.

구경꾼들, 길 비켜 주고 축하 인사하고, 홍 기자, 박 여인을 카메라 앞으로 끌고 온다.
_{상품된 김창호의 개인사를 보여 주기 위해 김창호의 부인을 대중 매체에 등장시킴.}

홍 기자: 여기 김창호 씨 부인께서 와 계십니다. 어떻습니까? 기쁘시죠?

박 여인: 네. 이루 말로 다할 수가 없어요.

아들: (마이크에 대고) 아버지! / **딸:** 뭐야, 엄마?

박 여인: (쥐어박으며) 조용히 해, 이 녀석들아. (마이크에 대고) 너무들 고마웠어요. 그이가 살아 나온다니까 뭐라고 할 말이 없네요.

홍 기자: (마이크) 벅찬 감격에 말을 잇지 못합니다. (터널 쪽을 보며) 오늘 김창호 씨가 구출된 후 스케줄을 말씀드리겠습니다. 먼저 대기한 1954 구급차에 올라 간단한 응급조치와 진단이 있은 후 H19 공군 헬리콥터 편으로 서울로 급송됩니다. 공항으로부터 두 대의 백차가 호송하는 가운데 메디컬 센터에 입원 가료하게 되며 연도에는 수많은 시민들이 김창호 씨를 환영할 것입니다.

_{큰 도로 좌우에 연하여 있는 곳}
_{차체에 흰 칠을 한 경찰이나 헌병의 순찰차} _{치료}
▶ 김창호를 영웅으로 만드는 대중 매체

포인트 체크

인물 홍 기자는 □□에 갇힌 김창호를 이용하여 대중의 관심을 받으려 하는 이기적인 인물이다.

배경 탄광을 배경으로 하여 1960년대의 방송 언론의 모습을 보여 주고 있다.

사건 갱도가 무너져 광부들이 매몰된 현장에서 □□□의 □□이 임박하자 방송사 기자가 과장된 태도로 사건을 보도하고 있다.

답 탄광, 김창호, 구출

🎯 핵심 정리

갈래 장막극, 비극
성격 풍자적, 비판적
배경 ① 시간 – 현대
　　　② 공간 – 탄광과 서울
제재 1967년 광부 매몰 사건
주제 대중 언론의 상업주의 비판
특징 ① 자본주의 속 대중 매체의 생리를 고발함.
　　　② 자유롭게 공간을 옮길 수 있도록 장면을 분할함.
출전 《현대 문학》(1983) / 초연 1974
작가 윤대성(1939~) 극작가. 주요 작품으로 〈망나니〉, 〈너도 먹고 물러나라〉 등이 있다.

이해와 감상

이 작품은 1976년 매몰되었다가 16일 만에 구출된 광부의 실화를 극화한 희곡으로, 대중 언론의 상업주의와 허위성이 한 인간을 어떻게 파멸시키는가를 예리하게 고발하고 있다. 대중 언론에 의해 일약 영웅으로 부각됐던 평범한 인물이 상품으로서의 가치가 떨어지면서 다시 언론에 의해 외면당하고 비참한 처지로 전락하는 과정을 통해 언론의 인간 상품화와 물질 만능주의를 비판하고 있다.

전체 줄거리

갱도가 무너져 광부들이 매몰된 현장에서 광부 김창호가 많은 취재와 국민의 뜨거운 열기 속에 16일 만에 구출된다. 유명 인사가 된 김창호는 매니저 미스터 양을 만나 각종 방송 프로그램에 출연하면서 많은 돈을 벌게 된다. 가족을 등진 채 유흥에 빠져 돈을 탕진하던 김창호는 상품으로서의 가치가 떨어지면서 사람들로부터 외면을 당한다. 다시 탄광이 있는 곳으로 내려온 김창호는 아내가 사산했다는 소식을 듣고, 이때 광업소에서 사고가 난다. 김창호는 탄광 매몰 현장에서 잠시 주목을 받다가 또다시 외면당한다. 결국 김창호는 땅이 아닌 하늘로 가서 새로운 기록을 세우겠다며 떠난다.

작품 연구소

김창호의 삶을 통해 본 작품의 구조
이 작품은 주인공 김창호의 '매몰–구출–출세–몰락'이라는 큰 테두리 속에서 '상승–하강' 구조를 취하고 있다.

---

025 그 여자의 소설 | 엄인희

큰댁: (귀분네에게) 그 애가 올 스물셋이라구 했지?
_{남의 본처를 높여 이르는 말 작은댁}
귀분네: 예? 그런가…… 열여섯에 박 씨한테 와 가지고, 열여덟에 조춘이를 낳고……
_{작은댁의 전남편. 독립운동을 하러 만주로 간 후 소식이 없음. 박 씨와 작은댁 사이의 딸}
예, 그러네요.

큰댁: 홀시아버지를 모신다는데 괜찮겠나?

귀분네: 잘은 모르지만요, 아들이 중국서 광복군 한대죠. 아마, 그래 갖고는 일본 순
_{박 씨}
사들이 자꾸 정신대니 뭐니 하면서 귀찮게 하니까 그보다는 남의 집 첩살이가 낫다
고…….
_{정신대에 끌려가는 것보다는}

큰댁: (혀를 끌끌 차며) 누가 첩살이 시킨댔나. 아들 하나 낳아 주면 살 만큼 해 줘서 보
내 했지.
_{남아 선호 사상이 드러남.}

귀분네: 그러다 딸부터 낳으면 어째요. 사람 일이 그렇지 생각대로 씨만 받을 수 있수?

큰댁: (화를 내며) 어허, 이게 무슨 재수 없는 소리야! (사이) 내가 딸 하나 낳고 올해로
십 년이네. (귀분네 알고 있다고 고개를 끄덕인다.) 바깥어른이 아들 없는 집엔 들어오
기도 싫다고, 아예 기생집에만 계시니…… 아들만 생긴다면야……. (한숨. 떡을 집어
_{남편 김 씨   작은댁을 들이는 이유}
주며) 먹게. 오랜만에 떡 구경할 텐데……. (떡을 맛있게 먹는다.)

귀분네: 아직도 뜨겁네. / 큰댁: 어머니나 언니는 주로 뭘 많이 낳았대? 아들인가?

귀분네: 아마 혼자라지요. 그 애가 첫앤데 어미가 그 애 낳고 곧 죽었다니까…….
_{출생부터 순탄치 않았음.}

큰댁: 뭘 하구 있나. 아직 안 들어오고. (귀분네 나간다.)

작은댁: (혼잣말) 벌써 쌀 한 가마 받았으니 무를 수도 없고……. 다섯 말이나 팔아서
_{작은댁에게 하는 말}
_{첩 또는 첩의 집을 이르는 말   작은댁이 가난한 형편 때문에 김 씨의 아들을 낳아 주기로 했으나 계속해서 갈등하고 있음.}
빚을 갚았으니 무를 수도 없고……. (오락가락한다.) [중략]
▶ 김씨 종가 댁에 아들을 낳기 위해 온 작은댁

작은할머니: 난 말이다. 『너의 할아버지가 몽둥이를 들 때마다 시골집 대청마루 밑으로
_{세월이 지난 후의 '작은댁'   남편인 김 씨   한옥에서 몸채의 방과 방 사이에 있는 큰 마루}
들어갔어. 너도 알지? 그 마루 밑이 땅하고 이렇게 새가 떴던 거.』
_{『 』: 가부장적이고 폭력적인 남편에게 시달려 온 작은댁의 삶   사이, 공간}

손녀: 예! 누렁이가 마루 밑에서 살았잖아요.

작은할머니: 그리루 들어가면 못 때렸어. 화가 나서 돌멩이를 던지시기도 했지만. 너는
그러지 마라! 남편이 성을 내면.

손녀: 아이, 할머니도. 요즘 누가 그래요. 그리고 밑으로 들어갈 대청마루도 없구요.

작은할머니: 마음이 말이다. 마음이 대청마루 밑으로 들어가지 말라구.
_{남성의 권위에 억눌리지 말고 당당하게 살 것을 당부함.}

손녀: 알았어요.

작은할머니: 성을 내거든 무조건 수그러들지 말고 차근차근 따져 봐. 그리고 너도 마찬
가지야. / 손녀: (영문을 몰라서) 예?
_{남성의 권위적 태도에 위축되지 않고 적극적으로 소통해야 함.}

작은할머니: 유 서방을 대청마루 밑으로 몰아넣지 말아야 해. 알았냐?
_{손녀사위가 될 사람   아내 역시 남편을 몰아세우지 말 것 ▶ 부부간 상호 존중의 태도를 강조함.}
손녀: (할머니를 껴안으며) 아유, 우리 할머니! 우리 작은할머니!

둘이 웃는다. 조명이 나간다.   ▶ 결혼을 앞둔 손녀에게 올바른 부부 관계에 대해 조언하는 작은댁

포인트 체크

인물 가난 때문에 ☐이 된 작은할머니는 가부장적 제도 아래에서 고난을 겪어 왔다.

배경 ☐☐☐☐☐부터 1970년대에 이르는 한 여성의 굴곡진 삶을 보여 주고 있다.

사건 큰댁은 ☐☐을 낳게 하기 위해 작은댁을 들였고, 작은댁은 ☐☐의 권위에 눌려 살아왔다.

답 첩, 일제 강점기, 아들, 남편

핵심 정리

갈래 희곡
성격 회상적, 비판적
배경 ① 시간 – 일제 강점기~현대
② 공간 – 어느 마을의 김씨 댁
제재 굴곡진 근현대사를 견뎌 온 한 여인의 일생
주제 현대사의 아픔과 한 여인의 기구한 삶, 남성 중심의 가부장적 사회 구조 비판
특징 현재의 대화(작은할머니와 손녀) 내용을 매개로 과거와 현재가 유기적으로 이어짐.
출전 극단 완자무늬 공연 대본 / 초연 1995
작가 엄인희(1955~2001) 극작가. 주요 작품으로 〈저수지〉, 〈부유도〉 등이 있다.

이해와 감상

이 작품은 작은할머니와 손녀의 대화를 중심으로 굴곡진 인생을 살아온 한 여인의 삶을 현재와 과거를 넘나들며 보여 주고 있는 희곡이다. 일제 강점기부터 6·25 전쟁을 거쳐 현재에 이르기까지 한 여인의 삶을 한국 현대사 속에 녹여 냄으로써 지난 역사는 물론 우리 세대의 삶까지 돌아보게 하는 작품이다. 아울러 가부장적 사회 구조 속에서 고난을 견디는 여인들의 삶의 모습을 통해 남성 중심의 가부장적 사회 구조의 모순을 비판하고 있다.

전체 줄거리

박 씨가 독립운동을 하러 떠난 뒤 그의 아내(작은댁)는 김 씨 집안에 씨받이로 들어가, 3년 만에 아들을 낳는다. 그러나 남편 김 씨가 둘째 아들까지 원하면서 옛 시대로 돌아가지 못하고 큰댁과 함께 남편의 구박을 받으며 지낸다. 해방이 되자 전남편 박 씨가 다리를 절며 귀국하여 딸과 함께 조용히 사라진다. 큰댁은 6·25 전쟁 중에 비극적인 죽음을 맞고 남편은 나이가 들어 치매 환자가 된다. 작은댁을 작은어머니로 알고 자란 아들이 작은댁이 생모임을 알게 되고, 아들에 의해 호적에 정식으로 오른다. 한편 전남편 박 씨 사이에서 낳은 딸이 결혼을 며칠 앞두고 어머니인 작은댁을 찾아오고, 작은댁은 딸에게 땅문서를 결혼 선물로 건넨다. 세월이 흘러 두 아들은 결혼을 하고, 출가를 앞둔 손녀와의 대화 장면이 극의 도입부로 다시 돌아오면서 극이 마무리된다.

작품 연구소

〈그 여자의 소설〉의 구성 방식

이 작품은 현재와 과거를 넘나들며 인물의 대화를 통해 과거를 회상하는 구성 방식을 취하고 있다.

사건 전개 방식
• '현재-과거-현재-과거'가 반복되면서 과거의 상황이 회상 형식으로 삽입됨.   • 현재 시점에서 마무리됨.

↓

효과
• 과거 장면을 실감 나게 전달함.   • 현대적 관점에서 내용이 마무리됨으로써 오늘날 우리의 삶을 돌아보게 함.

026 밥 | 김지하 원작, 임진택 각색

키워드 체크 #마당극 #풍자적 #해학적 #도시 문명 비판 #자연의 순환 중시 #밥→똥→흙→밥

가 농부: (힘을 주어 끙끙대며) 아휴, 급할 땐 언제고 왜 이렇게 안 나오냐?
　　　　　　　　　　　　　　　_{낯선 도시에 와서 똥이 잘 나오지 않는 농부}

남자 1: 먹고 살기 꽉꽉 막히니까 똥도 콱콱 막히는구나. (힘을 주어 끙끙댄다.)

농부: (놀라서) 아저씨 혈압 조심하세요.

남자 2: 아라차차차차. (강력하게 힘을 준다.) / 농부: (또 놀라서) 그쪽은 차력해요?

남자 1: (기어 바꾸는 시늉하며) 에라, 2단으로 넣어 보자. (더욱 요란하게 끙끙댄다.)
　　　　　　　　　　　　　　　　_{좀 더 세게 힘을 주어 보자.}

남자 2: 아랏차차차차. 왜 이렇게 발동이 안 걸리냐? (마구 부르릉거린다.)

매표: (시끄러운 소리에 쳐다보다가) 아니 이 사람들이 화장실에서 전쟁을 하나? 들어
　_{매표소 직원. 과거에 화장실에 들어가려면 돈을 내고 표를 끊어야 하는 곳들이 있었음.}
　간 지가 언젠데 아직 안 나와? 이봐요, 빨리 정리들 하고 나와요. 나도 정리하고 퇴
　근해야 하니까! (못 참겠던지 결심하고는) 셋 셀 동안 안 나오면 쳐들어가겠어요. 하
　　　　　　　　　_{개인적 공간인 화장실에서조차 편안하게 있을 수 없음.}
　나, 둘, 세엣! / 모두들: 나가요, 나가. (일동 모두 황급히 뛰어나온다.)

　　　　　　　　　　　　　　　　　　　▶ 화장실에서 쫓겨난 농부와 남자들

나 농부: (잠깐 정신을 가다듬은 다음) 한바탕 법석을 떨다 봉게 똥이 쏙 들어가 버렸네.
　(하다가 염려가 되어) 그나저나 서울에 쌀 팔러 왔다가 쌀은 하나도 못 팔고, 큰일 났
　고만. (잠시 생각해 보더니) 『가만히 보니까 서울이란 데가 꽉 막힌 곳이구먼, 뒷간까
　　　　　　　　　　　　　　　　_{순환이 되지 않는 도시 공간}
　지도 꽉 막혀서 이 지경이니 말이여. 뭔가 돌아가야 할 것이 안 돌아가고 중간에서
　_{『』: 자연 순환의 질서가 깨짐. – '밥 → 똥 → 흙 → 밥'의 순환이 잘 되는 것이 생명의 이치라는 작가의 생각을 드러냄.}
　꽉 막힌 통에 문제가 생기는 것이여. 응? 똥이 거름이 돼야 밥이 제대로 생기는 것인
　디 그것이 잘못돼야 버렸어. 가만있자, 아까운 똥을 서울에다 버릴 게 아니라, 꽉 참
　았다가 내 논에다 줘야 쓰겠구먼. / (연희자와 관객에게) 자, 그럼 나 시골로 도로 갈
　　　　　_{똥을 거름으로 쓰려고 생각함.}　　　　_{마당극의 특징 ① – 관객과 호흡을 같이 하며 극의 내용을 이끌어 나감.}
　라네. / (불림 조) 가네 가네 가네 내 똥 누러 고향 가네.
　　　　　　　_{마당극의 특징 ② – 풍물 장단에 맞춰 노래를 부름.}
　풍물 장단에 맞춰 뒤뚱뒤뚱 마당을 한 바퀴 거꾸로 돌아 다시 농촌으로 돌아온다.
　　　　　　　　　　　_{마당극의 특징 ③ – 연기를 통해 극중 장소를 표현함.}

농부: (땅에게) 야들아 나 왔다! 나가 오긴 왔지만, 쌀도 못 팔고 느그들 줄 밥도 못 가져
　　　　　　　　　　　　　　　　　　　　　　　_{거름으로 쓸 똥}
　왔다. 그란디 내가 이번에 서울서 많이 배웠다. 느그들 밥 달라고 했지 근디 서울은
　느그들 줄 밥이 다 어디로 흘러가 버리더라. 하지만 조금만 참아라잉. 『내가 서울서부
　　　　_{자연 순환의 원리에 어긋나는 도시 생활}
　터 참고 온 내 똥이라도 퍼질러 싸서 줄 텡게, 조금만 참어. (자세를 잡고 똥을 싸려는
　　　　　　　　　　　　　　　　　　　　　_{『』: 마당극의 해학적 특징이 두드러진 부분}
　동작을 시도하다가, 관객들에게) 같이 한번 힘 좀 써 보더라고요. 에잇! (장단에 맞춰
　똥을 내 싸지르는 춤을 한바탕 추고 나서) 위매 시원한 것!』

해: (이 광경을 보고 대견한 듯) 어이 비! 저놈이 이제 정신을 차렸고만. 어디 한번 살려
　　　　　　　　　　　　　　_{농부의 행동을 대견하게 생각한 자연이 농사일을 도우려 함.}
　보드라고. / 비: (그 광경을 보고 역시 대견한 듯) 그리여. 저놈이 그중 나은 놈이여.
　(땅에게) 어이, 땅! 내가 살포시 내려앉을 텡게 잘 받아야 써, 알겠제?

땅: 그리여, 느그들이 오는 것은 언제든지 반갑당게. / 농부: (불림 조로) 살아나라 살아
　나라 내 똥 먹고 살아나라. / 『한바탕 풍물에 맞춰 모두들 활기 있게 땅을 도로 일으켜 살
　려 낸다. 이는 자연과 인간이 일체가 되는 농업 살림, 생명 살림의 춤이다.
　_{『』: 연희자와 관객 모두가 어울려 춤을 추며 자연 순환의 질서를 회복하는 극의 주제 의식을 이끌어 냄.}
　　　　　　　　　　　　　　　▶ 땅을 생기게 살려 낸 농부와 자연이 하나 되는 춤사위

키 포인트 체크

인물 ☐☐는 자연 농법을 고집하는 순박한 인물로 눈앞의 문제를 적극적으로 해결하려는 인물이다.

배경 현대의 농촌과 ☐☐를 배경으로 자연의 흐름을 거스르는 ☐☐ 사회의 모습을 보여 주고 있다.

사건 농부는 도시에서 고향으로 돌아와 ☐을 거름으로 삼아 농사지은 ☐을 살려 내고 있다.

답 농부, 도시, 현대, 똥, 땅

핵심 정리

갈래 마당극
성격 비판적, 풍자적, 해학적
배경 ① 시간 – 현대　　② 공간 – 농촌과 도시
제재 농촌과 도시의 반생명적인 삶
주제 ① 자연의 유기적 순환에 순응하는 삶
　　　② 농촌 문제 진단과 도시 문명 비판
특징 ① '밥'에 대해 생명론적인 해석을 보여 줌.
　　　② 농악대의 잡색놀이 형태로 진행됨.
출전 《민족극 대본선 1》(1998)
작가 • 김지하(1941~) 시인, 생명운동가. 주요 작
　　　　품으로 〈오적〉, 산문집 《남녘땅 뱃노래》 등이
　　　　있다.
　　　• 임진택(1950~) 연극 연출가, 국악인. 판소
　　　　리의 전통을 따르면서도 관객이 흥겹게 참여
　　　　할 수 있는 창작 판소리를 만들었다.

이해와 감상

이 작품은 생산과 분배, 생활 방식과 질, 죄와 양심, 현실과 미래의 문제 등을 우리가 늘 먹는 '밥'의 원리를 바탕으로 엮어 내고 있다. 제시된 장면은 첫째 마당 '똥이 밥이다'의 일부분으로, 자연의 순환 구조를 파괴하고 개인의 욕심을 채우려는 인간을 순박한 농부의 눈으로 바라보고 있다. 이를 통해 환경 오염에 시달리는 자연의 아픔을 이해하고, 더불어 자연의 흐름을 파괴하는 도시의 삶에 대해 반성하게 하고 있다. 이 작품에서 '똥'은 일반적으로 생각하는 더럽고 냄새나는 것이 아니라, 인간에 내재된 자연성 또는 인간과 자연의 연결 고리를 상징하고 있다.

전체 줄거리

한 농부가 자기 논의 벼가 자꾸 시들고 땅도 병들어 가자, 비료와 농약을 쓰지 않고 자연 농법으로 농사를 짓는다. 그러나 농약 사용을 적극 권장해 온 농촌 지도소 관리와 땅 주인은 그러한 농부에게 불이익을 주려고 한다. 이에 농부는 자신이 농사지은 쌀을 직접 도시 소비자들에게 판매하고 거름으로 쓸 똥도 구하기 위해 서울로 올라가 이곳저곳을 돌아다니지만 계속 푸대접을 받는다. 그러다 뒤가 급해진 농부는 공중 변소에 들어가게 되는데, 그곳에서 땅으로 돌아가야 할 똥이 물에 씻겨 내려가는 모습에 충격을 받는다. 또한 농부는 변소에서 편히 일도 보지 못하는 사람들을 만나고 도시가 변비처럼 꽉 막힌 곳임을 깨닫게 된다. 결국 다시 농촌으로 돌아온 농부는 자신의 똥을 거름으로 사용하여 땅을 살린다.

작품 연구소

〈밥〉에 담긴 '밥'의 원리

'밥→똥→흙→밥'으로 이어지는 순환을 반복함.	⇒	자연 순환의 질서를 따라야만 자연과 하나 될 수 있음.

자료실

마당극의 형식적 특징
• 무대와 객석의 구분이 없어 관객과 소통하며 진행한다.
• 일반적으로 원형의 야외무대에서 공연된다.
• 무대 장치보다는 연기를 통해 극 중 장소를 표현한다.

027 느낌, 극락 같은 | 이강백

키워드 체크 #철학적 #불교적 #불상 제작 #예술관의 대립 #예술의 본질적 가치 #부처의 마음

동연과 서연, 등장한다. 그들은 당황한 모습으로 함묘진 앞에 선다.
<small>이름을 통해 두 사람이 대립적인 인물임을 알 수 있음.</small>　　　　　<small>동연과 서연의 스승</small>

동연, 서연: 부르셨습니까?

함묘진: 작업장에 너희가 없더구나!

동연: 죄송합니다. 잠깐 밖에 나가 있었습니다.

함묘진: 밖에는 왜?

동연: 말다툼 때문에…… 서로 의견이 달라서요.
　　　　<small>불상 제작을 둘러싼 동연과 서연의 갈등</small>

함묘진: 말다툼?

동연: 네.

함묘진: 서연아, 네가 다툰 이유를 말해 봐라.

서연: 송구스럽습니다…….

함묘진: 너흰 생각도 행동도 똑같았다. 그런 너희가 말다툼을 하다니, 도대체 다르다면 뭐가 달랐더냐?

서연: 동연은 부처의 모습을 만들면, 그 모습 속에 부처의 마음이 있다고 했습니다.
　　　　　<small>내용보다 형식을 중시하는 동연의 예술관</small>

함묘진: 그런데, 너는?

서연: 그런데 저는…… 부처의 모습을 만들어도, 부처의 마음이 그 안에 없다면 무슨 소용이 있겠는가 했습니다.
　　　　　<small>형식보다 내용을 중시하는 서연의 예술관</small>

동연: 사부님, 서연을 꾸짖어 주십시오. 서연은 쓸데없는 주장으로 저를 괴롭힙니다.

함묘진: 너희 둘 다 만들던 불상을 가져와라! [중략] ▶ 불상 제작에 대한 견해 차이로 갈등하는 동연과 서연

서연: 외람된 말씀입니다만…… 저는 이제 사부님의 칭찬을 들을 만큼 형태는 잘 만들게 되었습니다. 하지만…… 제가 만든 불상은 그저 부처의 모습일 뿐, 부처의 마음은 아닙니다.

함묘진: 그러니까 네 말은 뭐냐? 네가 만든 불상에는 부처의 마음이 없다, 그 뜻이냐?

서연: 네. 제 고민은 그것입니다.

동연: 서연을 야단쳐 주십시오. 사부님. 부처의 모습 속에 부처의 마음이 없다니, 그게 무슨 해괴망측한 소리입니까?

함묘진: (손을 들어 동연의 항의를 제지하며) 가만있거라, 너는. (서연에게) 네 말을 좀 들어 보자. 여기 두 개의 불상이 있다. 하나는 네가 만든 것, 다른 하나는 동연이가 만든 것이다. 그런데 너는 네가 만든 불상에 대해서 말하기를, 부처의 형태일 뿐 부처의 마음은 없다고 했다. 그 까닭이 뭐냐?
　　　　　　　<small>서연의 고뇌에 대한 질문</small>

서연: 저는 부처의 마음을 알지 못합니다. 그 마음을 알지 못한 채 형태만 만들었으니, 그건 무엇일까요…….
<small>부처의 마음을 알지 못한 상태에서 불상을 제작하는 것에 대한 회의</small>
　　　　　　　　　　　　　　　　▶ 불상 제작에 회의를 느끼는 서연

🔑 포인트 체크

인물 동연은 불상의 [　][　]를 중시하고 [　][　]은 불상의 내용을 중시한다.

배경 불상 제작자 [　][　][　]의 집을 배경으로 하고 있다.

사건 서연은 불상 제작에 회의를 느끼고 [　][　]과 불상을 만드는 것에 대한 견해 차이로 갈등하고 있다.

답 형태, 서연, 함묘진, 동연

🎯 핵심 정리

갈래 장막극

성격 철학적, 불교적

배경 ① 시간 – 현대
　　　② 공간 – 불상 제작자 함묘진의 집, 들판

제재 불상 제작을 둘러싼 인물 간의 갈등

주제 예술의 본질적 가치에 대한 깨달음, 진정한 구원에 대한 근원적 고찰

특징 ① 두 인물을 통해 대립되는 예술관을 제시함.
　　　② 과거와 현재의 시공간이 공존하는 형태로 극이 전개됨.

출전 《이강백 희곡 전집 6》(1999) / 초연 1998

작가 이강백(본책 210쪽 참고)

이해와 감상

이 작품은 '형식'과 '내용'이라는 예술관의 대립을 바탕으로 '보이는 것'과 '보이지 않는 것'에 대한 진지한 탐색을 보여 주는 희곡이다. 동연은 불상의 완벽한 외적 형태에 몰두하여 부와 명예를 얻고, 서연은 불상이 담고 있어야 할 부처의 마음을 중시하여 방랑의 길을 떠난다. 이렇게 동연과 서연의 예술관과 삶의 태도는 철저하게 대비된다. 그러나 작가는 형식과 내용 중 어느 한쪽만을 강조하지는 않으며, 어느 한쪽에 치우치지 않고 형식과 내용이 조화를 이룰 때 비로소 극락 같은 느낌을 가질 수 있음을 말하고 있다.

전체 줄거리

서연의 장례식장에서 함이정이 그녀의 아들 조숭인과 대화를 나누면서 과거 회상이 시작된다. 불상 제작자 함묘진의 제자인 동연과 서연은 불상 제작에 대한 서로 다른 생각으로 갈등을 겪고, 서연은 진정한 부처의 마음을 찾기 위해 길을 떠난다. 이후 동연은 불상 제작자로 명성을 얻고 스승의 딸인 함이정과 결혼하여 아들 조숭인을 낳는다. 그러던 중 사고로 함묘진이 세상을 떠나자 함이정은 서연을 찾아 나선다. 한편 조숭인은 불상 제작자가 되길 바라는 동연의 바람을 뒤로 하고 정신적 아버지인 서연과 생부인 동연의 불협화음을 조화시켜 보기로 결심한다. 함이정과 서연은 여러 곳을 돌아다니며 부처를 만들고 함이정은 서연의 임종을 지키게 된다. 그리고 함이정은 서연의 장례식장에 나타난 조숭인에게 지난날의 이야기를 들려준다.

작품 연구소

동연과 서연의 예술관 대립

동연과 서연은 불상 제작에 대해 서로 다른 관점을 지니고 있는 인물이다. 동연은 불상의 완벽한 형태 속에 부처의 마음이 있다고 믿는 반면, 서연은 형태가 완벽해도 마음이 깃들어 있지 않으면 진정한 불상이 아니라고 생각한다. 이러한 두 사람의 갈등이 사건 전개의 중심축을 형성하고 있다.

동연		서연
불상의 형태를 완벽하게 만들면 그 속에 부처의 마음이 있음.	⟷	부처의 마음이 담기지 않은 것은 진정한 의미의 불상이 아님.
불상의 형태 중시		**불상의 내용 중시**

028 집 | 김인경

키워드 체크 #마당극 #해학적 #풍자적 #새집 짓기 #아버지와 두 아들 #집의 근원적 의미

김덕보: 오늘이 무슨 날인 줄은 다 알지? / 최 씨: 그람유. 대들보 올리는 상량식 날 아뉴.

김덕보: (자식들을 보며) 네들은? / 대붕: 상량식 날이고……. / 김덕보: 그리구?
  〔집을 지을 때 기둥을 세우고 보를 얹은 다음 마룻대를 올리는 의식〕

대길: (머뭇거리다가) 그야…… 이 집의 주인이 누군지 발표하기로 하신 날이죠.
  〔작은아들〕 〔욕심 때문에 어머니의 기일조차 잊은 자식들의 모습〕

김덕보: 그게 다냐? (입을 다문다.) / 이 씨: 성님! 뭐 그리 뜸을 들이슈? 답답허게.

최 씨: 그류. 얼릉 끝내구 술 한 잔 혀야쥬.

김덕보: 그동안 동네 사람들이 모두 자기 집 일처럼 열심히 해 준 덕에 상량식 날짜를
맞출 수 있게 되어서 얼마나 고마운지 몰러. 사람들 다 모아 놓고 집안일을 거론해서
안됐지만, 오늘이 저 애들 에미…… 기일일세. / 대붕과 대길, 며느리 순간 당황한다.
  〔해마다 돌아오는 제삿날〕   ▶ 아내의 기일임을 밝히는 김덕보

대붕: 아버지, 죄송합니다. (아내에게 화를 내며) 당신 도대체 뭐하는 사람이야!
  〔돌아가신 어머니 기일을 잊은 것에 대한 책임을 돌림.〕

며느리: 왜 나한테만 그래요? / 김덕보는 아무 말 없이 보자기에 싸 온 것을 푼다. 문패를
꺼내 소중하게 한 번 쓰다듬고 집에 건다.
  〔주소, 이름 따위를 적어서 대문 위나 옆에 붙이는 작은 패〕

며느리: 박점례? 박점례가 누구야? 이름도 참…….
  〔시어머니의 이름조차 모르고 있음.〕

대붕: 조용히 해. 어머니 성함이셔.

김덕보: (문패를 어루만지며) 이 사람 살아 있었으면 올해가 환갑이여. 서른에 세상을
등졌으니, 꼭 살았던 만큼 죽은 시절을 보냈구만. (회한에 잠겨) 참 모질게도 추운 날
  〔「」: 가난한 처지에 집이 없어 아내를 먼저 보낸 김덕보의 한〕〔뉘우치고 한탄함.〕
이었지. 당장 집세를 못 내면 집 안에 들여놓지 않는다기에 여기저기 발바닥이 부르
트도록 돈을 구하러 다니다 집에 가 보니, 돌을 막 넘긴 대길이 놈을 꼭 끌어안고 대
문 앞에서 쭈그려 앉아 있더라구. 얼마 되지도 않은 살림은 옆에 쌓여 있구, 대붕이
  〔추위로부터 아이를 지키려는 모성애〕   〔집세를 내지 못해 쫓겨남.〕
놈은 이불에 뚤뚤 말려 잠들어 있구. "이봐, 나 왔어! 어여 일어나!" 일으켜 세우려고
해두 꽁꽁 얼어붙은 몸뗑이가 펴지지가 않아. 그날 밤 그 사람 몸을 녹이느라 밤새
주무르고 문지르면서 내 약속을 했지. "집부터 사자. 못 입어서 그지 소리 듣구, 굶어
죽는 한이 있어두 집부터 사자." 그런데 그날부터 영 운신을 못하더니 그대로 저세
  〔'집'에 대한 김덕보의 한(恨)〕   〔몸을 움직임.〕
상으로 가 버리더구만……. 이봐 대붕 엄마! 이제 환갑 되는 해, 당신 제사상에 집 한
채 올리네. 좋은가? 혼령이라두 편히 살어.
  〔새집을 지은 이유 – 죽은 아내에 대한 미안함〕

대붕: 아버지…… 죄송합니다. / 대길: 아버지…….   ▶ 새집의 주인과 새집을 지은 이유를 밝히는 김덕보
  〔자신들의 이익만 탐했던 모습에 대한 부끄러움과 반성〕

김덕보: 이 집 지으면서 참 여러 가지 생각이 많이 들더구만. 집이 대관절 뭔가. 비바
람 피하고, 세상사에 시달린 육신 편히 쉬라는 곳 아닌가 말여. 언제부터 집이 돈으
  〔'집'의 근원적 의미 – 안식처〕
로 둔갑을 해서 사람을 못살게 굴기 시작했는지 모르겠어. 이 집은 이 나무가 다 썩
어 무너져 내려서 흙으로 다시 없어질 때까지 네들 에미 집이다. 집 앞에서 얼어 죽
  〔집이 물질적 가치로만 평가되는 현실에 대한 비판〕
은 네 어미는 이 집에 오는 사람이면 누구든 내쫓지 않을 테니께……. 나 죽은 담에
도 이 문패를 달구 살 사람이면 누구든 이 집 주인이다.
  〔자신의 뜻을 이을〕   ▶ '집'을 물질적 가치로만 보는 인식을 비판하는 김덕보

포인트 체크

인물 김덕보는 집이 없어 □□를 잃은 아픔을 지녔고, 두 □□은 집을 통해 물질적 욕망을 채우려 한다.

배경 가족의 안식처인 □을 물질적 가치로만 여기는 사회상을 보여 주고 있다.

사건 김덕보는 죽은 아내를 위해 새집을 짓고 □□□로서의 집의 의미를 강조하고 있다.

답 아내, 아들, 집, 안식처

큰아들 대붕	작은아들 대길	
전셋돈에 보탤 자금	돈을 벌기 위한 사업장	재산

김덕보	
비바람을 피하고, 세상사에 시달린 육신이 편히 쉬는 곳	안식처

029 빨래 |추민주

희정 엄마: 무슨 일인데 이렇게 서럽게 우는 거야? [중략]

주인 할매: 울고 싶으므는 울어야제. 여자 혼자 살기 힘든 세상이여. 울고 싶을 때 울
　　　　　울음을 통해서라도 속상한 마음을 풀어내라고 위로함.
기라도 해야제. / 나영: 어제 사장이 멀쩡히 일하던 선배 언니를 잘라서 한마디 했더
　　　　　부당 해고에 대해 항의함. - 정의감 있고 당찬 성격임을 알 수 있음.
니……, 서점에서 책 팔던 저더러 파주에 있는 창고 가서 책 먼지나 털래요. 오늘 회
　　　　　나영의 업무와 관련 없는 부서로 발령을 냄.
사에 가서 싫다고 했더니 관두래요. (노래 # 16 '슬플 땐 빨래를 해')

희정 엄마: 그딴 것들이 다 있대. 울지 마, 나영아! 난 열다섯에 공장 생활 시작했다. 삼
교대도 아니고 맞교대로 돌리는 공장에서 매일 밤 코피 쏟으며 일했어. 윗사람 맘대로
휘두르는 건 예나 지금이나 마찬가지야. 그만 울고 힘을 내야 다시 따지러 가지, 응?
나영과 같이 어려운 처지에 있었음. → 동질감을 느끼게 함.
　　　　▶ 해고될 상황에 처한 나영을 위로하는 희정 엄마와 주인 할매

주인 할매: 난 말이여. 울고 싶을 때 빨래를 혀. 풍 맞아 누운 영감 똥 기저귀 빨았을 때
　　　　　　　　　　　　　　　병든 남편과 장애인인 딸을 돌보느라 힘들게 살아옴.
도, 마흔이 다 된 딸년 똥 기저귀 빨 때도 한숨이 푹 하고 나오지만 빨래를 하다 보면
　　　　　　　　　　　　　　　　　　　　　　　　　'빨래'의 상징적 의미가 드러남.
힘이 생기제. 똥바가지를 갖다 쏟아부어도 시원찮을 것들! 하지만 말여, 많이 울지
　　　　나영 회사의 사장
는 말어!

(노래) 빨래가 바람에 제 몸을 맡기는 것처럼 / 인생도 바람에 맡기는 거여.
　　　　　　　　　　　　　　　　흘러가는 대로 순리에 따름.
시간이 흘러 흘러 빨래가 마르는 것처럼 / 슬픈 네 눈물도 마를 거야. / 자, 힘을 내.
　　　　　　　　　　시간이 지나면 힘든 일도 극복할 수 있게 됨.
나영: 억울하구요. 화가 막 나구요. 어떻게 해야 될지 모르겠어요. 이럴 땐 어떻게 하죠?

주인 할매, 희정 엄마: (노래) 슬픔도 억울함도 / 같이 녹여서 빠는 거야. / 손으로 문지
　　　　　　　　　　　　　　빨래를 통해 삶의 고단함과 상처를 보듬고 다시 살아갈 힘을 얻음.
르고 발로 밟다 보면 힘이 생기지. / 깨끗해지고 잘 말라서 기분 좋은 나를 걸치고 /
하고 싶은 말 다시 한번 하는 거야.

나영: (노래) 「월급은 쥐꼬리, 자판기 커피만 뽑았죠.
　　　　　　「: 자신의 꿈을 포기한 채 힘겨운 삶을 살다 세월만 흘려보냈음을 한탄하고 있음.
야간 대학 다니다 그만둔 지 오래. / 정신없이 흘러간 이십 대.
낮에 직장을 다니는 사람들을 위하여 밤에 공부할 수 있도록 개설한 대학
뭘 하고 살았는지, 뭘 위해 살았는지 난 모르겠어요.」

주인 할매, 희정 엄마: (노래) 뭘 해야 할지 모를 만큼 슬플 땐 난 빨래를 해.
둘이 기저귀 빨 때, 구 씨 양말 빨 때 / 내 인생이 요것밖에 안 되나 싶지만
주인 할매의 딸　　　　희정 엄마의 애인
사랑이 남아 있는 나를 돌아보지. / 살아갈 힘이 남아 있는 우릴 돌아보지.
소중한 사람들에 대한 사랑을 간직하고 있기 때문에 다시 살아갈 힘을 얻을 수 있음을 의미함.
주인 할매, 희정 엄마, 나영: (노래) 빨래가 바람에 제 몸을 맡기는 것처럼 인생도 바람
에 맡기는 거야. / 깨끗해지고 잘 말라서 기분 좋은 나를 걸치고 하고 싶은 일 하는
거야.

「희정 엄마: 난 돈도 많이 벌고 사랑도 많이 할 거야.
「　」: 인물들이 꿈꾸는 희망적인 미래
주인 할매: 난 건강하게 살 거여. / 나영: 난 지치지 않을 거야.」

주인 할매: (노래) 자, 힘을 내. / 희정 엄마: (노래) 자, 힘을 내. / 나영: (노래) 자, 힘을 내.

주인 할매, 희정 엄마, 나영: (합창) 자, 힘을 내, 어서.　　　　▶ 위로와 격려를 받고 힘을 내는 나영
　　　　　　　　　　　　희망적이고 의지적인 인물들의 모습

키 포인트 체크

인물 나영은 동료의 부당 해고에 항의할 정도로 □□□이 있고 당찬 인물이다.

배경 서울의 어느 □□□를 배경으로 하여 고된 삶을 살아가는 서민들의 모습을 그리고 있다.

사건 희정 엄마와 주인 할매가 빨래를 하며 □□ 위기에 처한 나영을 위로하고 격려해 주고 있다.

답 정의감, 달동네, 해고

핵심 정리

갈래 뮤지컬 대본

성격 사실적, 현실적, 희망적

배경 ① 시간 – 2008년 9월~2009년 2월
　　　② 공간 – 서울 달동네의 다가구 주택

제재 빨래

주제 고단한 삶을 살아가는 소외 계층의 애환과 희망

특징 ① 소시민들의 삶의 모습을 진솔하고 현실적으
　　　로 그려 냄.
　　　② 등장인물이 처한 상황이나 등장인물의 정서
　　　를 노래를 통해 효과적으로 전달함.

작가 추민주(1975~) 극작가, 연출가. 소외 계층의
삶의 모습을 따뜻한 시선으로 그린 작품을 주로
썼다. 주요 작품으로 〈수박〉, 〈굿모닝 학교〉 등
이 있다.

이해와 감상

이 작품은 고단한 삶 속에서도 희망을 잃지 않고 살아
가는 소시민들의 모습을 그린 뮤지컬 대본이다. 이 작
품에 등장하는 인물들은 외국인 노동자, 장애인 딸을
키우는 주인 할머니, 남편을 잃고 생계를 위해 마을버
스를 운전하는 기사, 손님 때문에 골치를 썩는 슈퍼
주인 등 우리의 평범한 이웃들이다. 이들은 각기 고민
과 아픔을 지니고 있지만 작품의 분위기는 어둡거나
절망적이지 않다. 이들은 자신의 힘든 삶을 '빨래'를
통해 날려 버리고 힘을 냄으로써 희망적이고 의지적
인 모습을 보인다.

전체 줄거리

서울살이 5년차인 나영은 어느 달동네의 다가구 주택
으로 이사를 오고 옆집의 솔롱고와 가까워진다. 나영
은 회사 일로 힘들어하고 솔롱고는 월급도 받지 못한
채 불법 체류자 신세로 전락한다. 나영을 위로하던 솔
롱고는 취객의 시비에 휘말려 나영을 보호하다 얻어
맞게 되고, 나영과 솔롱고는 부당한 현실에 억울함을
느낀다. 해고 위기에 처한 나영은 서러움과 외로움을
토로하고, 주인 할매와 희정 엄마는 빨래를 하며 나영
을 위로하고 희망을 전해 준다. 서로를 격려하고 위로
해 주던 나영과 솔롱고는 서로의 마음을 확인하게 되
고, 다가구 주택 사람들은 서로의 문제를 해결하는 데
도움을 주고받는다. 주인 할매의 아들이 집으로 들어
오면서 세입자들은 모두 방을 비우고, 나영은 솔롱고
와 함께 지내기로 한다.

작품 연구소

'빨래'의 상징적 의미

등장인물들은 빨래를 하며 슬픔과 자신의 삶에 대해
느끼는 부정적인 감정을 날려 버리고, 깨끗해진 빨래
처럼 마음을 정화시켜 삶을 살아갈 힘과 용기를 얻고
희망찬 미래를 꿈꾸게 된다.

| 슬픔, 억울함 | ···· 빨래 → | 살아갈 힘,
용기, 희망 |

030 오발탄 |이범선 원작, 나소운·이종기 각색

문학 금성

핵심 정리

갈래 시나리오
성격 비판적, 고발적
배경 ① 시간 – 6·25 전쟁 직후
② 공간 – 서울 해방촌 일대
제재 철호 일가의 비참한 삶
주제 전후 사회의 빈곤과 부조리한 현실 비판
특징 ① 전후 사회의 빈곤과 부조리를 고발함.
② 인물들의 인간상과 허무 의식 표출에 중점을 둠.

Q S# 102에서 철호가 어머니에게 갈 수만 있다면 가라고 소리치는 이유는?

철호의 어머니가 "가자"라고 하는 것은 고향인 북으로 돌아가자는 의미이다. 어머니는 제정신이 아닌 상태에서도 고향에 대한 강한 그리움을 표현하고 있다. 철호는 이 말에 특별한 반응을 보이지 않다가 S# 102에서 신경질적으로 소리치는데, 이는 철호가 동생 영호의 일로 경찰서에 갔다가 돌아오는 길에 그의 또 다른 문제인 정신 나간 어머니의 모습을 접하면서 자신이 처한 암울한 상황에 대한 절망감을 드러낸 것으로 볼 수 있다.

어휘 풀이

고리짝 키버들의 가지나 대오리 따위로 엮어서 상자같이 만든 물건.
오버랩(O.L.) 하나의 화면이 끝나기 전에 다음 화면이 겹치면서 먼저 화면이 차차 사라지게 하는 장면 전환 기법.
벽력(霹靂) 벼락. 몹시 심하게 하는 꾸지람이나 나무람을 비유적으로 이르는 말.
정기 생기 있고 빛이 나는 기운.
정시하다 똑바로 보다.

구절 풀이

❶ **어서 병원에 ~ 방바닥만 내려다보고 섰다.** 아내의 위독한 상황을 전해 들은 철호가 연달아 닥치는 불행으로 인해 무력감과 좌절감에 빠지는 모습이 드러나 있다.

❷ **영호야! 그렇게나 ~ 있었단 말이다.** 아내를 잃고 거리를 방황하던 철호는 취직은 하지 않고 허황된 꿈만 쫓는 동생 영호에게 자신이 했던 말을 떠올리고 있다. 철호가 이 말을 떠올린 것은 아내의 죽음이 성실하고 양심적으로 살고자 한 자신 때문이라는 자괴감에서 비롯된 것으로 볼 수 있다.

❸ **그는 길옆에 ~ 보이지 않는다.** 아내의 죽음을 알고 극도의 절망에 빠진 철호의 내면을 보여 주는 행동이다. 가게 진열장을 기웃거리며 걷고 있지만 그것이 무엇인지조차 분간하지 못하는 철호의 모습에서 깊은 허탈감과 절망감을 느낄 수 있다.

가 S# 102. 철호의 집 앞

철호가 휘청거리고 골목을 접어드는데 어머니의 날카로운 ㉠"가자!" 소리.
_{동생 영호가 강도 짓을 하다가 경찰에 붙잡혀 충격을 받음.}
그 소릴 듣자 철호의 눈에 눈물이 왈칵 솟으며 꽥 소리 지른다.

철호: 가세요. 갈 수만 있다면……   ▶ 어머니에게 화를 내는 철호

나 S# 103. 철호의 방 안

철호가 아랫방에 들어서자 윗방 구석에서 *고리짝을 뒤지고 있던 명숙이가 원망스럽게
_{철호의 아내가 위독한데 늦게 들어왔기 때문에}

명숙: 오빤 어딜 그렇게 돌아다니슈.
_{명숙은 영호의 검거 사실을 모르고 있음.}

철호는 들은 척도 않고 아랫목에 털썩 주저앉아 버린다.

명숙: ❶어서 병원에 가 보세요. / **철호:** 병원에라니? / **명숙:** 언니가 위독해요. / **철호:** ……
_{철호에게 힘든 일이 또 일어남. – 설상가상(雪上加霜)}

명숙: 점심때부터 진통이 시작되어 죽을 애를 다 쓰고 그만 어린애가 걸렸어요.

철호: …… / **명숙:** 지금쯤은 아마 애길 낳았는지. [중략]
_{정확한 상황을 모르고 있는 명숙}

명숙: 오빠! / **철호:** …… (돌아선다.)

명숙: 그냥 가기만 함 무슨 소용 있어요? 돈을 가져가셔야죠. / **철호:** …… 돈?

명숙은 벽에 걸린 핸드백을 집어 든다. / 철호는 얻어맞은 사람처럼 방바닥만 내려다보고 섰다. 뒤꿈치가 계란만큼이나 뚫어진 명숙의 나일론 양말. / 명숙이가 만 환 뭉치를 내밀며

명숙: 엣소요. 나 기저귀감 챙겨서 곧 갈게요.

철호도 돈뭉치를 멍하니 바라보다가 받아 넣는다. / —*오버랩(O.L.) —
▶ 아내가 위독한 것을 알게 된 철호

다 S# 104. 동대문 산부인과 복도

철호가 419호실 앞으로 휘청거리고 와서 조용히 노크한다.

이윽고 문이 열리면 텅— 빈 실내를 간호원이 소독하고, 한 간호원이 철호의 위아래를 훑어보며
_{아내의 죽음을 암시함.}

간호원: 혹시 이 방에 입원한 환자의 가족이신가요? / **철호:** ……네.

간호원: …… / **철호:** …… / **간호원:** 한 시간 좀 지났어요. / **철호:** ……? ……

간호원: 부인과 과장실에 가 보세요.

하고 문을 닫는다. 화석(化石) 같은 철호.   ▶ 아내의 죽음을 알게 된 철호
_{아내의 죽음으로 큰 충격을 받음.}

라 S# 107. 거리

허탈한 상태로 걸어가는 철호. / 여기서 자신의 소리가 겹친다. / 소리 (*벽력 같은 소리로) ❷영호야! 그렇게나 살자면 이 형도 벌써 잘살 수 있었단 말이다.
_{매우 큰 소리로}

입은 찢어지고 눈에선 눈물이 사정없이 솟고 그러면서도 눈만은 *정기(精氣)가 차서 앞을 *정시(正視)하며…….   ▶ 영호를 떠올리는 철호

마 S# 110. 다른 거리

문방구점, 라디오상, 사진관, 제과점. ❸그는 길옆에 늘어선 가게의 진열장을 하나하나 기웃거리며 걷고 있다. 하나 철호의 눈에는 무엇인지 하나도 보이지 않는다. / 그는 어느 문 앞에 걸린 간판 앞에 우뚝 선다. '치과' 그것을 쳐다보는 철호의 얼굴이 점점 찌푸려지며 손으로 볼을 움켜쥔다. 철호가 주머니에서 만 환을 꺼내 보더니 이윽고 결심한 듯 안으로 들어간다.
_{무력감에 빠져 있던 철호가 치과 간판을 보고 그동안 잃아 왔던 치통을 자각함.}
_{명숙이 철호 아내의 병원비로 쓰라고 준 돈}
▶ 병원을 나와 갈 곳을 잃은 철호

· **중심 내용** 영호의 검거와 아내의 죽음으로 충격을 받은 철호   · **구성 단계** 절정

이해와 감상

이 작품은 이범선의 소설 〈오발탄〉을 각색한 시나리오로, 전후 월남 가족의 불행한 삶을 통해 당시의 왜곡된 사회상을 상징적으로 형상화하고 있다. 성실하게 살아가지만 생계비에도 미치지 못하는 월급을 받는 철호, 물질적 가치관에 물들어 있는 영호, 가난에 찌들어 웃음을 잃어버린 철호의 아내, 고향으로 돌아가자는 말만 되풀이하는 정신 이상자 어머니, 양공주가 된 명숙의 이야기를 통해 1950년대의 고통스러운 현실을 고발하고, 전쟁의 폭력성과 그에 휘말려 몰락해 가는 사람들의 모습을 처절하게 보여 주고 있다. 특히 철호와 영호가 지닌 가치관의 극명한 차이는 전후 사회의 모순된 현실을 단적으로 보여 주며, 부조리한 현실 속에서도 양심을 지키며 살아가는 철호와 철호가 행복해지도록 내버려 두지 않는 거대한 사회 사이의 갈등을 잘 나타내고 있다. 이 시나리오는 원작 소설의 특징과 감동을 최대한 살리면서 다양한 영상 기술을 도입하여 비극적인 인물상들을 조명하고 있다.

전체 줄거리

발단	계리사 사무실 서기인 철호는 월남 가족의 가장으로 어머니, 만삭의 아내, 남동생 영호, 여동생 명숙과 해방촌의 판잣집에서 살아간다.
전개	어머니는 전쟁으로 인한 충격으로 "가자"라는 말만 되풀이하고, 명숙은 양공주가 된다. 영호는 제대하고 2년이 넘도록 방황하면서 양심적 삶을 거부하고 속물적 삶을 추구한다. 그러나 철호는 묵묵히 주어진 현실에 순응하면서 양심과 성실성을 지키며 살아가고자 한다.
절정	영호가 은행 강도로 수감되고 아내가 출산 과정에서 세상을 떠나자 철호는 극심한 절망감과 자괴감에 시달린다.
하강	갈 곳을 모르고 방황하던 철호는 치과에 들러 평소 앓던 이를 모두 빼 버리고는 과도한 출혈로 점차 의식을 잃어 간다.
대단원	택시에 올라탄 철호는 방향을 정하지 못하고 우왕좌왕하다가 몽롱한 의식 상태에서 "가자……."라고 외친다.

인물 관계도

어머니
전쟁의 상처를 상징하는 인물. 전쟁의 충격 때문에 정신 이상자가 되어 "가자"라는 말만 되풀이함.

아내
명문 여대 음악과 출신. 과거의 꿈을 잊고 극심한 생활고에 시달리다가 출산 중에 죽게 됨. 비극적인 현실을 상징하는 인물

철호
계리사 사무실 서기. 열악한 환경 속에서도 성실히 살아가려고 노력하지만, 자신의 힘으로 어쩔 수 없는 현실 앞에서 깊은 무력감을 느낌.

영호
철호의 남동생. 사회적 모순에 반발하여 한탕주의로 살아가는 인물. 현실에 적응하지 못하고 은행 강도가 되어 감옥에 들어감.

명숙
철호의 여동생. 가족의 생계를 위해 양공주가 됨.

키 포인트 체크

인물 철호는 열악한 환경에서도 성실하게 살아가지만 절망적인 현실 앞에 □□□□을 느끼는 인물이다.

배경 □·□□ 전쟁 직후, 서울 해방촌 일대를 배경으로 하고 있다.

사건 동생 영호가 경찰에 붙잡히고 □□가 아이를 낳다가 죽자 철호는 큰 충격을 받는다. 거리를 방황하던 철호는 그동안 앓던 □를 뽑으려고 □□로 들어간다.

1 이 글에 나타난 '철호'의 심리 상태로 가장 적절한 것은?

① 명숙이 준 돈을 못마땅해하고 있다.
② 어머니의 핀잔에 불만을 느끼고 있다.
③ 무력한 자신의 모습에 자괴감을 보이고 있다.
④ 가정에 소홀한 자신의 행동을 반성하고 있다.
⑤ 아내의 헌신적 희생에 고마움을 느끼고 있다.

중요 기출

2 〈보기〉는 S# 110에 해당하는 원작 소설의 일부분이다. 〈보기〉를 시나리오로 각색할 때 고려했을 점으로 가장 적절한 것은?

┤ 보기 ├

문방구점, 라디오방, 사진관, 제과점. 그는 길가에 늘어선 이런 가게의 진열장을 하나하나 기웃거리며 걷고 있었다. 그러면서도 무엇이 있는지 하나도 보이지는 않았다. 그러던 철호는 또 우뚝 섰다. 그는 거기 눈앞에 걸린 간판을 쳐다보고 있었다. 장기판만 한 흰 판에 빨간 페인트로 치과라고 써 있었다. 철호는 갑자기 이가 쑤시는 것을 느꼈다. 아침부터, 아니 벌써 전부터 홀떡홀떡 쑤시는 충치가 갑자기 아팠다. 양쪽 어금니가 아래위 다 쑤셨다. 사실은 어느 것이 정말 쑤시는 것인지조차도 분간할 수가 없었다. 철호는 호주머니에 손을 넣어 보았다. 만 환 다발이 만져졌다. 철호는 치과 간판이 걸린 층계 이층으로 올라갔다.

① 소설 속 인물의 심리가 시나리오 속 인물의 표정과 행동으로 드러나도록 한다.
② 사건을 추가하여 인물 간의 갈등이 분명하게 드러날 수 있도록 구체화한다.
③ 장면 해설을 활용하여 사건의 의미를 쉽게 풀어 전달할 수 있도록 한다.
④ 등장인물의 수를 늘려 사건의 의미를 다각도로 조명할 수 있도록 한다.
⑤ 공간적 배경을 다르게 설정하여 시대상을 정확히 보여 주도록 한다.

3 〈보기〉를 참고하여 ㉠에 담긴 '어머니'의 심리를 두 가지 이상 쓰시오.

┤ 보기 ├

철호의 어머니는 전쟁을 피해 월남하여 해방촌에 자리 잡고 살면서도 떠나온 고향을 잊지 못하는 인물이다. 전쟁으로 인한 몰락을 경험한 그녀는 급기야 정신 이상에까지 이르게 된다.

☀ **어휘 풀이**

시궁창 더러운 물이 잘 빠지지 않고 썩어서 질척질척하게 된 도랑의 바닥. 또는 그 속.

산실(産室) 아이를 낳는 방.

오발탄(誤發彈) 잘못 쏜 탄환.

E. 이펙트(effect)의 줄임말로, 효과음을 의미함.

유성 지구의 대기권 안으로 들어와 빛을 내며 떨어지는 작은 물체.

✿ **구절 풀이**

❶ **지금 나는 어딘지 가긴 가야 하는데…….** 철호는 어지러움을 느껴 갈팡질팡하면서도 자신이 어디론가 가야 한다는 사실만큼은 잊지 않고 있다. 이는 극도의 절망에 따른 혼란 속에서도 자신의 책임감을 완전히 놓지 못하고 있는 철호의 모습을 나타낸다.

❷ **가자…….** 철호 어머니의 "가자"는 전쟁 때문에 가지 못하게 된 고향에 대한 그리움과 관련이 있다. 반면에 철호의 "가자……."는 전후 사회의 혼란 속에서 어디로 가야 할지 몰라 망설이는 현대인의 방향 상실감을 의미한다.

❸ **유성이 하나 길게 꼬리를 문다.** 별이 생명을 다해서 떨어지는 유성은 극단적인 절망에 처한 철호의 처지를 상징적으로 보여 준다. 올바르게 살려고 노력해도 비극만이 계속되는 철호의 상황을 유성에 투사하여 표현하고 있다.

Q 철호가 계속해서 목적지를 정하지 못하는 이유는?

철호는 책임져야 할 가족과 처리해야 할 일이 많음에도 그 어느 것 하나 완벽하게 수행하기 힘든 상황이다. 갈피를 잡지 못하고 이리저리 가자고만 하는 철호의 행동은 삶의 목적과 방향을 상실한 데에 기인한다. 즉 가긴 가야 하지만 어디로 가야 할지 알지 못하는 철호의 내면을 보여 주는 것이다.

👤 **작가 소개**

이범선(1920~1982)

소설가. 1955년 《현대 문학》을 통해 본격적인 문학 활동을 시작하였다. 초기에는 그의 체험이 반영된 사회의 어두운 단면을, 중기에는 고발 의식이 짙은 사실주의 문학을, 후기에는 잔잔한 휴머니티가 깔린 작품을 창작하였다. 주요 작품으로 〈학마을 사람들〉, 〈피해자〉, 〈분수령〉 등이 있다.

나소운(1923~)

시나리오 작가. 1958년 〈잃어버린 청춘〉으로 등단하였다. 주요 작품으로 〈그 밤이 다시 오면〉, 〈임꺽정〉 등이 있다.

가 S# 113. 거리

철호가 볼을 만지며 걸어온다. 그는 또 우뚝 선다. 다른 치과 앞이다. 그가 한참 생각다 들어가면 / — 오버랩(O.L.) — / 철호가 이번에는 양쪽 볼을 손으로 누르며 나온다.
　　나머지 아픈 이를 뽑기로 결정함.

그는 주머니에서 휴지를 꺼내 입안의 피를 뱉는다.
▶ 아픈 이를 모두 뽑아 버린 철호

나 S# 116. 그 집 앞

그 집 옆 골목으로 비틀거리고 나온 철호가 **시궁창**에 가서 쭈그리고 앉는다. / "왈칵" 쏟아져 나오는 피. / 그는 저고리 소매로 입술을 닦으며 일어선다. / 눈앞이 빙글빙글 돌기 시작한다.
　　철호의 상태가 점점 악화되고 있음.

그는 휘청거리고 나가서는 지나가는 자동차를 세우고 던져지듯 털썩 차 안에 쓰러지자 택시는 구르기 시작한다.
▶ 어지러움을 느끼며 택시에 탄 철호

다 S# 117. 자동차 안

조수: 어디로 가시죠? / 철호: 해방촌! / 자동차가 원을 그리며 돌자
　　북에서 남으로 내려온 동포들이 많이 모여 살던 마을로 철호의 집이 있는 곳

철호: 아냐. 동대문 부인 병원으로. / 이번엔 반대로 커브를 돌리자
　　죽은 아내가 있는 곳

철호: 아냐. 종로서로 가아! / 운전수와 조수가 못마땅해서 힐끗 돌아본다.
　　동생 영호가 잡혀 있는 곳

S# 118. 동대문 부인과 산실

아이는 몇 번 앙! 앙! 거리더니 이내 그친다. / 그 옆에 허탈한 상태에 빠진 명숙이가 아이를 멍하니 바라보며 앉아 있다. / 여기에 겹치는 명숙의 소리.

명숙: 오빠 돌아오세요, 빨리. 오빠는 늘 아이들의 웃는 얼굴이 세상에서 젤 좋으시다고 하셨죠? 이 애도 곧 웃을 거예요. 방긋방긋 웃어야죠. 웃어야 하구 말구요. 또 웃도록 우리가 만들어 줘야죠.
　　물질적 가치보다 정신적·인간적 가치를 중시한 철호
　　희망찬 미래에 대한 의지를 드러냄.
▶ 미래에 대한 의지를 드러내는 명숙

라 S# 120. 자동차 안

조수가 뒤를 보며 / 조수: 경찰섭니다.

혼수상태의 철호가 눈을 뜨고 경찰서를 물끄러미 내다보다가 뒤로 쓰러지며

철호: 아니야. 가! / 조수: 손님 종로 경찰선데요. / 철호: 아니야. 가!
　　자신이 가고자 하는 곳을 모르면서 현재 장소를 부정함.

조수: 어디로 갑니까? / 철호: 글쎄 가재두…….

조수: 참 딱한 아저씨네. / 철호: …….

운전수가 자동차를 몰며 조수에게

운전수: 취했나? / 조수: 그런가 봐요.

운전수: 어쩌다 **오발탄** 같은 손님이 걸렸어. 자기 갈 곳도 모르게.
　　갈팡질팡하고 있는 철호를 비유적으로 표현함.

철호가 그 소리에 눈을 떴다가 스르르 감는다. / 밤거리의 풍경이 쉴 새 없이 뒤로 흘러간다.
　　택시의 창밖으로 보이는 도시의 풍경
여기에 들리는 철호의 소리.

철호: — 효과음(**E.**) — 아들 구실, 남편 구실, 애비 구실, 형 구실, 오빠 구실, 또 사무실 서기 구실, 해야 할 구실이 너무 많구나. 그래 난 네 말대로 아마도 조물주의 오발탄인지도
　　철호가 현실 속에서 감당해야 했던 짐들
모른다. 정말 갈 곳을 알 수가 없다. 그런데 ❶지금 나는 어딘지 가긴 가야 하는데…….
　　현실에 적응하지 못하는 무기력한 자신

이때 네거리에 자동차가 벨 소리와 함께 선다.

조수: (돌아보며) 어딜 가시죠? / 철호가 의식이 몽롱해진 소리로 / 철호: ❷가자…….

마 S# 121. 하늘

도시의 소음이 번져 가는 초저녁 하늘. ❸**유성(流星)**이 하나 길게 꼬리를 문다.

[A] S# 122. 교차로

따르릉 벨이 울리자 신호가 켜진다. / 철호가 탄 차도 목적지를 모르는 채 꼬리에 꼬리를 물고 행렬에 끼여서 멀리멀리 사라져 간다.
　　삶의 가치와 방향을 상실한 채 살아가는 소시민의 삶을 표현함.
▶ 목적지도 모른 채 떠도는 철호

· **중심 내용** 이를 모두 뽑아 버리고 방황하는 철호　　· **구성 단계** 하강·대단원

🏠 작품 연구소

제목 '오발탄'의 의미

오발탄	사전적 의미	잘못 쏜 탄환
	상징적 의미	시대에 적응하지 못하고 삶의 방향을 상실한 양심적 인간(철호)

철호는 가난하지만 양심을 지키며 성실하게 살아가는 인물이다. 하지만 그의 이러한 가치관은 아내가 죽는 현실과 동생들이 겪는 비극 앞에서 전혀 도움이 되지 못한다. 양심이 작용하지 못하는 전후 사회의 모순과 부조리는 결국 철호를 방향 감각을 잃은 '오발탄'과 같은 존재로 만들고 만다.

철호가 이를 모두 뽑아 버리는 이유

치통		앓던 이를 모두 뽑음.
• 가난한 삶 • 가족 부양에 대한 압박감 • 양심(혼란한 사회를 살아가는 데 걸림돌이 되는 존재)	➡	자신의 삶을 고통스럽게 하는 것을 없애 버리려는 시도
철호를 괴롭히는 것		현실의 고통으로부터의 해방

소설 〈오발탄〉과 시나리오 〈오발탄〉 비교

	소설 〈오발탄〉	시나리오 〈오발탄〉
등장 인물	철호, 영호, 명숙, 어머니, 철호의 아내, 철호의 딸 등을 통해 당시의 비극적인 삶을 표현함.	소설의 인물에 민호, 경식, 설희, 미리 등을 추가하여 전후 소시민들의 방황을 효과적으로 표현함.
구성	철호의 심리를 중심으로 하는 전지적 작가 시점으로 구성함.	철호 외에 영호를 비중 있게 등장시켜 전후 사회의 모습을 효과적으로 표현함.
공간	계리사 사무실, 해방촌, 경찰서, 병원, 치과, 택시 안	소설의 공간을 비롯해 스탠드바, 영화사, 설희네 집, 은행, 거리 등을 추가하여 내용을 풍부하게 하고 주제를 효과적으로 표현함.

📋 자료실

영화 〈오발탄〉의 흥행과 수난

영화 〈오발탄〉이 개봉되자 '우리 영화가 처음으로 자아의 현실을 진지하게 파고든 양심작'이라는 극찬을 받게 된다. 당시에는 꽃이 피면 시민들이 대부분 꽃구경을 가서 극장이 텅텅 비는 것이 일반적이었으나, 이 시기에는 〈오발탄〉을 보기 위해 많은 사람들이 영화관을 찾는 이변을 낳기도 하였다. 그런데 5·16 군사 정권이 들어서면서 이 영화는 상영 중지를 당한다. '이제 밝은 세상이 왔는데 어두운 얘기는 그만해야 한다.', '영화 중 노파가 "가자! 가자!"라고 하는 대사가 북으로 가자는 의미가 아니냐?'라는 것이 그 이유였다. 또한 원작자 이범선은 "가자!"라는 문구 때문에 정보기관에 끌려가 고생하기도 하였다. 이렇게 27개월 동안 상영 중지되었던 〈오발탄〉은 1963년에 다시 빛을 보게 된다. 당시 서던캘리포니아 대학교 교수이자 영화 평론가인 멕케인이 한국에서 제7회 샌프란시스코 영화제에 출품할 작품을 고르다가 〈오발탄〉을 공보부에 추천하여 어쩔 수 없이 해금된 것이다.

📖 함께 읽으면 좋은 작품

〈잉여 인간〉, 손창섭 / 전후 사회의 인간 소외를 표현하고 있는 작품

6·25 전쟁 후의 상황에서 존재할 수 있는 세 가지 인간형을 제시하고, 무기력하고 절망적인 현실을 휴머니즘을 통해 극복할 수 있다는 가능성을 보여 주는 소설이다.

---

4 〈보기〉는 하근찬의 소설 〈수난이대〉의 줄거리이다. 〈보기〉의 '만도'가 이 글의 '철호'에게 해 줄 수 있는 말로 가장 적절한 것은?

| 보기 |

만도는 일제에 끌려가 강제 노역을 하던 중에 한쪽 팔을 잃고, 만도의 아들 진수는 6·25 전쟁으로 한쪽 다리를 잃는다. 만도는 돌아온 진수의 모습을 보고 안타까워하고, 진수 역시 부자의 처지를 한탄한다. 집에 돌아가던 부자는 외나무다리를 만나는데, 이때 만도가 진수를 등에 업고 다리를 건넌다.

① 개인의 고통만 이야기하지 말고 주변의 현실을 돌아보세요.
② 갈 길이 멀더라도 꼭 가야 하는 곳이라면 계속 가야겠지요.
③ 참고 견디면 당신 같은 약자에게도 좋은 날이 올 것입니다.
④ 기분 내키는 대로 방황하기보다 현실을 직시했으면 합니다.
⑤ 어려운 상황이라도 가족이 서로 의지하고 힘을 합치면 이겨 낼 수 있어요.

5 〈보기〉는 [A]에 해당하는 원작 소설 부분이다. 이 장면을 시나리오로 각색하는 과정에서 고려했을 사항으로 가장 적절한 것은?

| 보기 |

따르르릉 벨이 울렸다. 긴 자동차의 행렬이 움직이기 시작했다. 철호가 탄 차도 목적지를 모르는 대로 행렬에 끼어서 움직이는 수밖에 없었다. 철호의 입에서 흘러내린 선지피가 흥건히 그의 와이셔츠 가슴을 적시고 있는 것은 아무도 모르는 채 교통 신호등의 파란불 밑으로 차는 네거리를 지나갔다.

① 작품의 주제를 표면적으로 내세우지 않는다.
② 영상으로 처리하기 위해 내용을 압축적으로 보여 준다.
③ 효과적인 내용 전달을 위해 내레이션 기법을 활용한다.
④ 배경 묘사를 통해 인물의 처지를 상징적으로 보여 준다.
⑤ 인물의 심리를 보여 줄 수 있는 인상적인 독백을 추가한다.

6 S# 113에서 '철호'가 앓던 이를 뽑는 이유를 30자 내외로 쓰시오.

7 '오발탄'의 의미를 사전에서 찾아보았다. 이와 〈보기〉의 내용을 참고할 때, 이 글의 제목의 의미를 30자 내외로 쓰시오.

오발탄(誤發彈) 「명사」 잘못 쏜 탄환.

| 보기 |

시나리오 〈오발탄〉은 한국 전쟁 후 월남한 철호 가족의 불행한 삶을 통해 전후의 불안하고 절망적인 사회 현실을 상징적으로 형상화하고 있다. 주인공 철호는 부조리한 현실 속에서도 정직하고 성실하게 살아가고자 하지만 절망적으로 변해 가는 주변의 상황 속에서 스스로를 '조물주의 오발탄'이라고 말한다.

2. 한국 시나리오

031 '난장이가 쏘아 올린 작은 공

| 조세희 원작, 박진숙 극본

키워드 체크 #고발적 #비판적 #상징적 #1970년대 #산업화 #도시 재개발 #도시 빈민 #소시민의 좌절

문학 미래엔

🎯 핵심 정리

갈래 시나리오
성격 비판적, 상징적, 고발적
배경 ① 시간 – 1970년대
② 공간 – 도시 재개발 지역(낙원구 행복동)
제재 난장이 일가의 빈곤한 삶
주제 도시 빈민이 겪는 삶의 고통과 좌절
특징 ① 사회적 약자의 삶을 통해 현대 사회의 문제점을 고발함.
② 반어적 표현으로 비극적 상황을 극대화함.

Q S# 12에서 '클로즈업'의 기능은?

클로즈업(close-up)은 등장하는 배경이나 인물의 일부를 화면에 크게 나타내는 일을 가리키는 용어이다. S# 12에서는 철거 계고장을 받은 어머니와 난장이의 불안한 표정을 클로즈업으로 보여 주고 있다. 이는 철거 계고장 때문에 갈등이 생길 것임을 짐작하게 하여 위기감을 조성하는 기능을 한다.

💡 어휘 풀이

난장이 기형적으로 키가 작은 사람을 낮잡아 이르는 말. 표준어는 '난쟁이'이나 작품 발표 당시의 제목을 따라 '난장이'로 표기함.
평상(平牀/平床) 나무로 만든 침상의 하나. 밖에다 내어 앉거나 드러누워 쉴 수 있도록 만든 것.
통장(統長) 행정 구역의 단위인 통(統)을 대표하여 일을 맡아보는 사람.
철거 계고장(撤去 戒告狀) 무허가 건물이나 불법 시설을 철거하라고 행정 기관에서 발행한 통지서.
클로즈업(close-up) 등장하는 배경이나 인물의 일부를 화면에 크게 나타내는 일.
입주권(入住權) 새집이나 새로 개간한 땅 따위에 들어가 살 수 있는 권리.
대들보 ① 작은 들보의 하중을 받기 위하여 기둥과 기둥 사이에 건너지른 큰 들보. ② 한 나라나 집안의 운명을 지고 나갈 만큼 중요한 사람을 비유적으로 이르는 말.

🔖 구절 풀이

❶ 아이고, 이거 먹고 ~ 고기 좀 먹고 삽시다, 네? 집에 들어온 영호가 밥상을 보고 빈약한 상차림에 대해 불평하고 있다. 이를 통해 난장이 가족의 가난한 형편을 알 수 있다.
❷ 고기반찬 먹고 ~ 저만 뭐가 그리 잘나. 영수, 영희와 달리 특별한 직업도 없으면서 상차림에 대해 불만을 표현하는 영호에 대해 어머니가 못마땅한 심정을 드러내고 있다.
❸ 아이고, 이거 ~ 영 사람 꼴이 아니네. 20일 안에 철거하라는 계고장을 전하러 온 통장이 난장이 가족이 선택할 수 있는 경우를 제시하고 있으나 마땅한 대안이 없음을 알기 때문에 민망해하고 있다.

S# 12. 난장이네 집 마당(밤)

난장이와 어머니는 마당에 있는 *평상에서 저녁을 먹고 있다. 집으로 들어오는 영호, 밥상 앞에 털썩 앉는다.
_{불만을 드러내는 행동}

영호: (밥상을 보며) ❶아이고, 이거 먹고 힘쓰겠나, 어디. 아이, 고기 좀 먹고 삽시다, 네?
_{불품없는 상차림에 대한 불만. 가난한 집안 형편을 짐작할 수 있음.}

어머니: 들개마냥 쏘다니다 들와선.

영호: 뭐 좋은 일 볼 거라고 맨날 집구석에 기어들어 와.

어머니: (영호에게 눈을 흘기며) 나쁜 놈, 아버지 앞에서 할 말이야?
_{가장인 남편을 존중하는 태도를 보여 줌.}

영호: 돈 벌어다 준다니까 그러네.

어머니: 그래 말 잘했다, 이놈아. ❷고기반찬 먹고 싶으면 사지 육신 멀쩡한 네놈이 돈 벌어
_{영호가 돈벌이를 못하고 있음.}
와. 고기반찬 아니라 소라도 잡는다. 지 형 지 동생은 착실하게 일하는데 저만 뭐가 그리
_{영수 영희}
잘나.

영호: (인상을 찌푸리고 자리에서 일어나면서) 아이 씨, 또 그 소리! 아, 나 김영호요. 시시한
_{허세가 있음.}
거 안 합니다. 다들 아실 만한 양반들이 자꾸들 그러시네.

어머니: (영호를 위아래로 흘겨보며) 한심한 놈 같으니라고. (난장이에게 수저를 건네며) 어서 드셔.
▶ 집에 들어와서 반찬을 핑계로 불만을 표출하는 영호

*통장이 난장이네 안으로 들어온다.

어머니: (놀란 목소리로) 통, 통장님!
_{불길한 일을 예감함.}

통장: 아, 마침 있었네. 자네 얼굴 본 지 오래됐네. (평상에 앉으며) 이거 아무래도 내가 직접 전해 줘야 될 것 같아서. (서류 봉투에서 종이를 찾으며) 어디 보자. 김불이가, 김불이……
_{중요한 내용을 담고 있는 행동 서류임을 암시함.} _{갈등 상황을 유발하고, 난장이 가족에게 시련과 고통을 가져다주는 소재}
어, 여기 있다. (종이를 난장이에게 건네주며) 이거, 저, ㉠*철거 계고장일세.

불안한 눈으로 계고장을 바라보는 어머니와 난장이. 이내 난장이는 떨리는 손으로 철거 계고
장을 받아 든다. (*클로즈업)
_{당황스러운 마음을 드러냄.}

통장: 그쪽에서는 20일 안에 결정을 보라고 하는데……. ❸아이고, 이거 참 내가 할 소리는 아니지만 뭐, 돈을 좀 구해 가지고 아파트 입주를 하든지, 아님, 뭐 *입주권을 어디다가
_{재개발 지역의 원주민이 할 수 있는 선택 – 가난한 난장이 가족에게는 불가능한 일임.}
비싸게 팔든지……. ㉡이런 거 전하는 나도 영 사람 꼴이 아니네.

영호, 난장이에게서 계고장을 휙 빼앗아 버린다.

영호: 잘됐네, 잘됐어. 지긋지긋한 이놈의 동네……. 확 떠 버리라, 이거네. 어?
_{거칠고 다혈질적인 성격임을 알 수 있음.}

통장: (평상에서 일어나 난장이에게 손짓을 하며) 나 가네.

통장이 대문을 나서다 집에 들어오던 영수와 마주친다.

통장: (영수를 보며) 응, 이제 오나?

영수는 통장에게 인사를 한다.
_{예의 바른 성격임을 알 수 있음.}

영호: (빈정대는 말투로) 어이, 장남 오셨네. (한 손으로는 철거 계고장을 흔들고 한 손은 주머
_{영수}
니에 넣은 채로) 이 집 *대들보, 장남!
_{영수에 대해 비아냥거리는 태도}

통장, 영수 어깨를 두어 번 두드려 주고 집을 나간다. 영수는 가족들을 걱정스러운 눈으로 바
라본다.
▶ 철거 계고장을 받고 걱정하는 난장이 가족

· **중심 내용** 무허가 판자촌에 살고 있는 난장이 가족이 철거 계고장을 받음.   · **구성 단계** 전개

이해와 감상

이 작품은 소외 계층을 대표하는 난장이 일가의 삶을 통해 도시 재개발 뒤에 숨은 소시민들의 아픔을 그린 조세희의 소설 〈난장이가 쏘아 올린 작은 공〉을 각색한 드라마 대본이다. 이 작품에서는 1970년대 급격한 산업화의 물결 속에서 삶의 기반을 빼앗기고 몰락해 가는 도시 빈민의 삶을 다루고 있다. 작가는 작품의 중심인물인 난장이 가족이 현실에서 상처를 입고 패배에 이르는 과정을 통해 불합리하고 부조리한 사회 현실을 비판·폭로하고 있다.

🔍 전체 줄거리

발단	가난한 난장이 가족은 아파트 개발 계획으로 철거가 진행되고 있는 무허가 판자촌에 살고 있다.
전개	불안감에 휩싸여 지내던 어느 날 통장으로부터 철거 계고장을 받게 되고, 이사할 돈이 없는 난장이 가족은 혼란스러워한다.
절정	난장이 가족은 결국 아파트 입주권을 투기업자에게 팔고, 집은 강제로 철거되어 거리에 나앉을 처지가 된다.
하강	입주권을 돌려주겠다는 투기업자의 말에 속은 영호는 투기업자가 영희에게까지 몹쓸 짓을 하자 영수와 함께 복수할 것을 결심한다.
대단원	도망치던 투기업자는 스스로의 실수로 죽게 되고 영수는 동생을 위해 자신이 모든 책임을 지기로 한다. 난장이는 하늘을 향해 공을 쏘아 올린다.

👥 인물 관계도

난장이(아버지)
수도 배관공 일을 하며 가족의 생계를 꾸려 나가지만 현실의 중압감을 이기지 못하고 자살을 택함.

어머니
가족을 위해 헌신하는 인물. 생활력이 강하며 가장인 남편을 존중함.

큰아들 — **영수**
가난 때문에 학업을 포기하고 공장에서 일함. 생각이 깊지만 나약하고 소극적임.

작은아들 — **영호**
가족이 처한 현실에 불만을 느껴 자기 나름의 방법으로 문제를 해결하려고 노력함.

막내딸 — **영희**
순수하고 어리지만 가족을 위해 희생하는 태도와 삶에 대한 의지를 지닌 인물임.

🏠 작품 연구소

제목 '난장이가 쏘아 올린 작은 공'의 상징적 의미

'난장이'는 육체적 결함을 가진 인물로, 산업화 과정에서 소외되고 경제적으로 궁핍하며 무력감에 빠진 도시 빈민 계층을 상징한다. 그가 쏘아 올린 '공'은 비상하고자 하는 꿈을 상징하는 것으로 불평등한 사회 구조 속에서 고통받고 살아가는 소외 계층(노동자, 도시 빈민)의 낭만적 열망을 표현하고 있다.

작품에 반영된 시대적 상황

이 작품의 배경이 되는 1970년대는 한국 사회가 급격하게 산업화되어 가던 시기이다. 공장 노동자들이 인간적인 대우를 받지 못하고 착취당했으며, 급격한 도시화 과정에서 가난한 소외 계층이 삶의 터전을 빼앗기고 쫓겨나는 일을 겪기도 하였다. 이 작품은 난장이 일가의 삶을 통해 빈부의 갈등과 급속한 산업화가 불러온 인간의 도구화와 같은 가치 전도 현상 등을 보여 주고 있다.

🔑 포인트 체크

인물 소외 계층을 대표하는 ☐☐☐ 일가의 삶을 통해 도시 재개발 뒤에 숨은 도시 빈민들의 아픔을 그리고 있다.

배경 1970년대 서울의 ☐☐☐ 지역을 배경으로 하고 있다.

사건 무허가 ☐☐☐에 살고 있는 난장이 가족은 ☐☐☐☐☐을 받고 마땅한 대책이 없어 불안해하고 있다.

1 이 글을 통해 알 수 있는 내용이 <u>아닌</u> 것은?

① 영수는 예의가 바르며 가족들을 걱정하고 있다.
② 어머니는 통장의 등장에 불길한 일을 예감하고 있다.
③ 난장이 가족은 살던 집에서 내쫓길 위기에 처해 있다.
④ 영호는 가난한 삶의 현실을 못마땅하게 생각하고 있다.
⑤ 통장은 난장이 가족을 걱정하여 실현 가능한 대안들을 제시하고 있다.

2 ㉠의 기능에 대한 설명으로 적절한 것은?

① 갈등이 해소될 것임을 암시한다.
② 극의 긴장감을 높이는 역할을 한다.
③ 사건의 흐름이 반전되는 계기가 된다.
④ 서술의 시점이 바뀌는 계기로 작용한다.
⑤ 과거의 사건과 현재의 사건을 연결해 준다.

<u>내신 적중</u> 多빈출

3 〈보기〉는 이 글의 원작 소설의 일부이다. 〈보기〉와 이 글을 비교한 내용으로 적절하지 <u>않은</u> 것은?

> ┤보기├
>
> "통장이 이걸 가져왔어요."
> 내가 말했다. 어머니는 조각마루 끝에 앉아 아침식사를 하고 있었다.
> "그게 뭐냐?" / "철거 계고장예요."
> "기어코 왔구나." / 어머니가 말했다.
> "그러니까 집을 헐라는 거지? 우리가 꼭 받아야 할 것 중의 하나가 이제 나온 셈이구나!"
> 어머니는 식사를 중단했다. 나는 어머니의 밥상을 내려다보았다.

① 이 글과 달리 〈보기〉는 과거 시제로 이야기를 서술하고 있다.
② 이 글과 달리 〈보기〉는 특정 인물의 시점으로 사건이 전개되고 있다.
③ 이 글과 달리 〈보기〉는 서술자가 도시 빈민의 처지를 직접 설명하고 있다.
④ 〈보기〉와 달리 이 글은 새로운 인물을 등장시켜 긴장감을 조성하고 있다.
⑤ 이 글과 〈보기〉 모두 인물의 행동과 대사를 통해 심리가 드러나고 있다.

4 '통장'이 ㉡과 같이 말한 이유를 50자 내외로 쓰시오.

☀ 어휘 풀이

쌈짓돈 쌈지에 있는 돈이라는 뜻으로, 적은 돈을 이르는 말.

망연자실(茫然自失)하다 멍하니 정신을 잃다.

짐짓 마음으로는 그렇지 않으나 일부러 그렇게.

샌드백(sandbag) 권투에서, 치는 힘을 기르고 치는 방법을 연습하기 위하여 천장에 매단 모래주머니.

딴청 딴전. 어떤 일을 하는 데 그 일과는 전혀 관계없는 일이나 행동.

공구(工具) 물건을 만들거나 고치는 데에 쓰는 기구나 도구를 통틀어 이르는 말.

흙무더기 모여서 쌓인 흙.

☗ 구절 풀이

❶ 콩나물을 다듬고 있던 ~ 한숨을 쉰다. 철거 계고장을 받은 어머니는 앞으로 어떻게 살아야 할지를 걱정하고 있다.

❷ 행복동? 이름부터가 웃겼다고. 난장이 가족이 살고 있는 동네의 이름으로, 반어법을 통해 낙원이나 행복과 대조되는 빈민촌의 비참한 삶을 강조하고 있다.

❸ 난장이, 아무 말 없이 ~ 집 밖으로 나선다. 불안해하는 가족들에게 마땅한 대책을 제시할 수 없는 아버지는 묵묵히 일을 하러 나간다. 가족들에게 미안해하는 마음이 담겨 있다.

Q S# 17에서 영희의 눈에 띈 '쓰러진 꽃'이 상징하는 바는?

건물이 헐린 황량한 빈터에 쓰러져 있는 꽃은 난장이 가족이 겪는 억압과 고통을 형상화한 것이며, 영희가 이 꽃을 다시 세워 땅에 묻어 주는 행위는 현재의 시련을 딛고 행복해지고 싶은 영희의 소망과 희망을 상징적으로 보여 주는 것이다.

👤 작가 소개

조세희(1942~)

소설가. 사회의 소외 계층을 애정 어린 시각으로 바라보는 작품들을 주로 썼다. 주요 저서로 소설집 《난장이가 쏘아 올린 작은 공》, 《시간 여행》 등이 있다.

박진숙(1947~)

드라마 작가. 1981년에 소설 〈지다위〉로 등단하였다. 주요 작품으로 〈마당 깊은 집〉, 〈아들과 딸〉, 〈여울목〉 등이 있다.

S# 13. 안방(밤)

어머니는 *쌈짓돈을 세다가 철거 계고장을 보고는 이내 크게 한숨을 쉰다. 옆에 누워 있던 난장이 역시 걱정스러운 마음에 잠을 이루지 못한다.　　　▶ 철거 계고장 때문에 잠을 이루지 못하는 어머니와 난장이

중략 부분의 내용 영수는 집안의 형편을 걱정하느라 잠을 이루지 못하고, 영희가 일하는 공장의 기계들은 새벽 3시에도 멈추지 않고 돌아간다. 밤을 새우며 일하던 영희가 깜빡깜빡 졸자 공장의 조장이 영희의 팔을 옷핀으로 찔러 잠을 깨운다. 영희는 잠 깨는 약을 먹으며 일하다가 아침이 되어서야 공장에서 퇴근한다.

S# 17. 난장이네 집(아침)

❶*콩나물을 다듬고 있던 어머니. 집 걱정에 콩나물 다듬기를 멈추고 한숨을 쉰다. 영희, 지친 얼굴로 집에 들어오다가 *망연자실해 있는 어머니를 본다.
　　　　철거 계고장을 받은 후 더 이상 버틸 수 없다는 것을 알고 막막해함.

영희: (*짐짓 밝은 목소리로) 엄마! / 어머니: (기운 없이) 어, 이제 오냐?

영희: (어머니 표정을 보며) ……?
　어제 저녁에 철거 계고장이 나온 사실을 모르고 있음.

㉠난장이는 바닥에 쪼그려 앉아 있고, 어머니와 영수는 마루에 앉아 있다. 영희는 그 옆에 걱정스러운 얼굴로 서 있고, 영호는 *샌드백을 툭툭 건드리고 있다.

영호: 에휴, 미련 없이 뜨는 거야, 미련 없이. ㉡❷행복동? 이름부터가 웃겼다고.
　　　　이 작품의 공간적 배경 – 행복과는 거리가 먼 난장이 가족의 비참한 삶을 강조하는 반어적 표현

영희: (영호를 보며) 여기가 우리 집인데 가긴 어딜 가. 그리고 갈 데도 없잖아.

어머니: 『선거철만 되면 시키면 양복들 쫙 빼입고 와서는, 허가 내준다고, 정식 허가 내준다고. 어쩜 그렇게 지키지도 못할 일들을 쉽게 그러는지…… 아이구, 참…….』
　　　『　』: 이중적이고 무책임한 기득권층에 대한 불만과 비판

어머니의 뒤편으로 걱정스러운 얼굴을 한 ㉢난장이의 모습이 보인다. 영수의 얼굴 역시 근심으로 가득 차 있다.

영호: (영수에게 다가와 빈정대는 말투로) 아유, 이럴 땐 책에선 뭐라 그러나?
　　　　　　　　　　　　평소 책을 많이 읽는 영수를 비아냥거림.

영수: (영호를 보며)…… / 영호: 형, 뭐라고 말 좀 해 보슈.
　아무 말도 못함. – 소극적인 성격이 드러남.

답답한 마음에 영호와 영수를 바라보는 영희.

영호: ㉣책 속에 해답이 다 있는 거라며?

영수: (영호를 바라보다 고개를 돌리며) 취직자린, 알아보고 있는 거야?
　동생의 비아냥거림에도 대꾸를 하지 못하고 화제를 돌리는 것으로 보아 소극적인 성격임을 알 수 있음.

영호: (버럭 소리를 지르며) 걱정 마. 형보다 돈 많이 벌어 올 테니까!

어머니: 목소리들 낮춰. 아버지 앞이다. / 난장이: ……
　　　　가장인 남편을 배려함.

어머니의 다그침을 듣고 *딴청을 피우는 영호. / 영수: 죄송해요.

어머니: (평상에서 내려와 난장이 앞에 쪼그려 앉으며) 당신 생각은 어때요? 어떻게 하면 좋겠어요?

㉤❸난장이, 아무 말 없이 *공구를 집어 들고 집 밖으로 나선다. 가족들, 안쓰러운 표정으로 난장이를 바라본다.

영호: (신경질적으로 샌드백을 치며) 아유, 대책 없어, 대책 없어. 돈만 있으면 다 해결되는 거 아니야.
　　　　　　　　　거칠고 반항적이며 냉소적인 성격이 드러남.

하늘을 바라보며 씁쓸한 표정을 짓는 영희.

영호: 가족회의는 무슨 얼어 죽을.

영희가 집 앞으로 걸어 나온다. 『집 앞의 건물은 이미 헐려서 빈터만 남았다. 동네 전체가 공사판이고 *흙무더기이다.』 ⓐ걸어가던 영희 눈에 쓰러진 꽃이 보인다. 꽃을 다시 세워 땅에 묻으며 주변 풍경을 둘러본다.
　　　　　『　』: 산업화와 자본주의에 희생되는 도시 빈민의 비극적 현실
　　　　　　　　　　　　　시련을 딛고 행복해지고 싶은 소망과 희망
▶ 집이 철거될 위기에 놓이지만 별다른 대책을 세우지 못하는 난장이 가족

・중심 내용 집이 철거될 위기에 놓이지만 별다른 대책이 없어 막막해하는 난장이 가족　　・구성 단계 전개

🏠 작품 연구소

클로즈업의 효과

클로즈업(close-up)은 영화나 텔레비전에서 중요한 부분을 포착하여 가까이 접근해서 찍는 것을 말하는데, 보통 피사체를 화면 가득 포착하므로 피사체에 집중하게 하는 효과가 있다.

장면	내용	효과
S# 12	철거 계고장을 받아 든 어머니와 난장이의 불안한 표정을 클로즈업	철거 계고장 때문에 갈등이 유발될 것임을 짐작하게 하여 긴장감을 조성함.
S# 15	조장으로부터 옷핀에 찔린 영희의 작업복에 묻어난 한 점의 빨간 피를 클로즈업	공장 노동자인 영희가 인간적인 대우를 받지 못하고 있음을 강조하여 상황의 비극성을 드러냄.

시나리오 〈난장이가 쏘아 올린 작은 공〉과 원작 소설 비교

시나리오 〈난장이가 쏘아 올린 작은 공〉	소설 〈난장이가 쏘아 올린 작은 공〉
• 인물의 심리가 대사, 지시문(표정이나 행동)을 통해 드러남. • 인물의 대사와 행동을 통해 사건이 전개됨.	• 인물의 내면 심리가 서술자의 서술을 통해 드러나기도 함. • 작중 인물인 서술자의 시각으로 사건이 전개됨.

자료실

조세희 작가가 밝힌 소설 〈난장이가 쏘아 올린 작은 공〉 창작 계기

30년 전, 나는 취재를 하기 위해 서울의 한 철거촌에 갔습니다. 어느 세입자 가정의 마지막 식사 자리, 목이 멘 가장은 밥을 잘 넘기지 못했습니다. 마지막 식사 자리를 지켜 주기에 벽은 너무 얇았습니다. 뚫려 버린 담벼락 밑에서 나는 철거반원들에 맞선 주민들 속에 섞였습니다. 취재를 마치고 돌아오는 길에 내가 다니던 잡지사 부근의 문방구에 들러 볼펜 한 자루와 작은 공책 한 권을 샀습니다. 그것이 〈난장이가 쏘아 올린 작은 공〉의 시작이었습니다.

– 이비에스(EBS), 〈지식채널e – 부끄러운 기록〉

📖 함께 읽으면 좋은 작품

〈아홉 켤레의 구두로 남은 사내〉, 윤흥길 / 도시 빈민의 고달픈 현실을 그린 작품

지식인이라는 자부심을 갖고 살아가지만 도시 빈민의 권리를 주장하는 시위를 주도했다는 이유로 옥살이를 하고 현실에 철저히 패배하는 주인공을 통해 산업화·도시화의 과정에서 소외된 도시 빈민의 현실을 그린 소설이다. 🔗Link 〈현대 소설〉 216쪽

〈징소리〉, 문순태 / 산업화 과정에서 소외된 농촌 빈민의 삶을 그린 작품

장성댐의 축조로 인해 수몰된 마을을 배경으로 고향을 찾으려는 실향민들의 몸부림을 그린 소설이다. 산업화가 지닌 강제성과 폭력성, 산업화의 이면에서 희생당하는 농촌 빈민들의 삶과 한을 사실적으로 그려 내고 있다.

〈객지〉, 황석영 / 1970년대 노동자들의 열악한 현실을 드러낸 작품

서해안 간척지 공사 현장에서 일하는 노동자들의 열악한 생활을 절실하게 파헤치며, 인물들의 내면 심리를 세밀하게 표현한 소설이다. 개인의 행위가 집단적 행동으로 이어지는 과정을 보여 주고 있다.

---

5 S# 17을 촬영할 때 감독이 연기자에게 지시할 내용으로 가장 적절한 것은?

① 난장이는 기운이 없고 무표정한 얼굴을 하여 무기력한 인물로 보이도록 하세요.

② 영희는 가족이 처한 현실을 인식하지 못하는 순진한 인물임이 드러나도록 연기하세요.

③ 어머니는 끝까지 희망을 버리지 않는 인물이므로 실의에 빠진 가족들을 격려하도록 하세요.

④ 영호는 거칠고 반항적이지만 예의 바른 인물이므로 형을 존중하는 태도가 드러나도록 연기하세요.

⑤ 영수는 자신을 조롱하는 영호의 말에 불쾌해하는 감정이 드러나도록 얼굴을 크게 찡그리도록 하세요.

6 이 글의 각 장면에 대한 설명으로 적절하지 않은 것은?

① S# 13은 갈등의 원인이 경제적인 문제에 있음을 보여 준다.

② S# 13에서 S# 17로의 장면 이동은 시간이 흘렀음을 보여 준다.

③ S# 17에서는 영수와 영호의 대비되는 성격이 대화를 통해 드러난다.

④ S# 17에는 가장에게 책임을 물으며 비난하고 싶어 하는 가족들의 심리가 드러난다.

⑤ S# 17에서 영희가 쓰러진 꽃을 일으켜 세우는 모습은 고난을 극복하고자 하는 소망을 상징한다.

7 ㉠~㉤에 대한 설명으로 적절하지 않은 것은?

① ㉠: 인물의 행동을 통해 우울한 분위기가 드러난다.

② ㉡: 반어법으로 현실의 비극성을 강조한다.

③ ㉢: 사회적으로 소외되고 가난한 사람들을 상징한다.

④ ㉣: 지식이 현실의 문제를 해결하는 데에는 아무 소용이 없다고 여기는 냉소적인 태도를 보여 준다.

⑤ ㉤: 가장으로서 책임감을 느끼고 현실에 맞서 싸우기 시작했음을 보여 준다.

8 S# 17을 통해 알 수 있는 시대상으로 적절한 것을 〈보기〉에서 모두 고르면?

보기

ㄱ. 도시 빈민들은 성실하게 일해도 가난에서 벗어나기가 쉽지 않았다.

ㄴ. 물질 만능주의의 폐해를 인식하고 이를 극복하기 위한 움직임이 있었다.

ㄷ. 급격한 도시화의 진행 속에서 도시 빈민들은 삶의 터전을 빼앗기게 되었다.

ㄹ. 선거철에만 도시 빈민을 찾아가 지키지 않을 약속을 하는 사람들이 있었다.

① ㄱ, ㄴ ② ㄴ, ㄷ ③ ㄷ, ㄹ

④ ㄱ, ㄷ, ㄹ ⑤ ㄴ, ㄷ, ㄹ

내신 적중

9 ⓐ는 원작 소설에는 없는 장면이다. 작가가 각색하면서 ⓐ의 장면을 추가한 이유를 50자 내외로 쓰시오.

메밀꽃 필 무렵

이효석 원작, 동희선·홍윤정 각본

문학 비상

✏ 핵심 정리

갈래 시나리오
성격 낭만적, 서정적
배경 ① 시간 – 1920년대 여름
② 공간 – 강원도 봉평에서 대화 장터로 가는 길
제재 장돌림 허 생원의 삶
주제 장돌림의 삶의 애환과 혈육의 정
특징 ① 인물 간의 관계에 초점을 맞추어 주인공의 삶에 주목하게 함.
② 결말에서 암시와 여운을 남김.

Q 허 생원과 조 선달이 뒤따라오는 동이를 신경 쓰는 이유는?

허 생원은 봉평 장에서 충주댁과 농담을 주고받는 동이를 보고 심하게 꾸짖었다. 그래서 허 생원과 조 선달은 동이가 그 일에 앙심을 품고 보복하려고 따라오는 것이라고 짐작하여, 자신들에게 해코지할까 봐 신경을 쓰고 있는 것이다.

💡 어휘 풀이

장돌림 장을 돌아다니면서 여러 가지 물건을 파는 상인.
객줏집 예전에, 길 가는 나그네들에게 술이나 음식을 팔고 손님을 재우는 영업을 하던 집.
틸트업(tiltup) 카메라를 수직으로 위를 향하여 움직이면서 촬영하는 기법.
물리다 다시 대하기 싫을 만큼 몹시 싫증이 나다.

🐚 구절 풀이

❶ **허 생원은 객줏집에서 ~ 동이를 심하게 꾸짖는다.** 허 생원은 평소 충주댁에게 관심이 있었다. 그런데 자신이 좋아하는 충주댁과 동이가 농담을 하며 장난하는 것을 보게 된다. 이 모습을 보고 화가 난 허 생원은 동이를 심하게 야단친다. 표면적으로는 젊은 녀석이 그런 짓을 하면 안 된다는 훈계이지만, 자신이 좋아하는 충주댁과 함께 있는 동이를 못마땅하게 여기는 마음이 표출된 것이다.

❷ **이렇게 달 밝은 밤이면 ~ 한 자락 뽑아 보지그려?** 조 선달은 허 생원과 장돌림 생활을 하면서 허 생원의 옛 사랑 이야기를 자주 들어 왔고, 달 밝은 밤이 되자 허 생원에게 그때의 이야기를 들려줄 것을 요청하고 있다. 원작에서는 이와 다르게 허 생원이 스스로 이야기를 꺼내는 것으로 되어 있다.

전략 부분의 내용 허 생원과 조 선달은 *장돌림으로 오랜 시간 함께 지낸 사이다. 어느 날 봉평 장에 도착했는데,
_{떠도는 생활을 함 – 사건 전개의 필연성을 부여함.}
❶허 생원은 *객줏집에서 어린 장돌림 동이가 충주댁과 농담을 주고받는 것을 보고 동이를 심하게 꾸짖는다. 허 생
_{허 생원이 충주댁에 관심을 두고 있음을 알 수 있음.}
원에게 혼이 나고 밖으로 나간 동이는 백근이가 동네 아이들에게 괴롭힘을 당하고 있는 것을 허 생원에게 알려 도
_{허 생원의 나귀}
움을 준다. 그날 밤, 허 생원과 조 선달은 짐을 싸서 대화 장으로 떠나고, 동이가 그 뒤를 따라온다.
_{장돌림의 삶을 보여 줌.}

가 S# 42. 메밀밭 사잇길(밤)

넓은 메밀밭을 가로지르는 끝없는 길. 그 위를 허 생원과 백근이, 조 선달이 지나고 있고 그들로부터 멀리 떨어져 나귀를 데리고 따라오는 동이가 보인다. *틸트업(tiltup).

조 선달: (무심코 뒤를 돌아보고 놀란다.) 저, 저, 저, 동이 놈 아니야?

허 생원: (조 선달의 시선을 따라 본다.) 어?

동이가 메밀밭을 둘러보며 자신의 나귀를 끌고 걸어오고 있다.
▶ 대화 장으로 떠나던 중 뒤따라오는 동이를 발견한 허 생원과 조 선달

나 S# 43. 메밀밭 다른 길(밤)

다른 구도의 메밀밭 오버랩(O.L.). 서두르며 길을 걷고 있는 허 생원과 조 선달.
_{뒤따라오는 동이를 따돌리려 걸음을 재촉함.}

허 생원: (숨차 하며) 아, 아직도 따라오는가?

조 선달: 동이 녀석 속을 모르겠네. 도대체 왜 따라오는 거여?

허 생원: 아, 저 녀석도 대화 장에 가려나?

조 선달: 걸음도 빠르고 힘도 센 녀석이 충주댁에서 자고 내일 동이 틀 무렵에 발을 놔도 될 것을……

허 생원: (놀란 목소리로) 아니 그럼 아까 충주집에서 나한테 따귀 맞은 그 일 때문에?
_{동이가 봉평 장에서 허 생원에게 혼난 일을 보복하려고 쫓아온다고 생각함.}

조 선달: (힐끗 뒤를 돌아보며) 그러게나 말이야. 저 녀석이 뒤따라오면서 돌부리를 들고서 해코지를 하면 당해 낼 재간이 없잖여.
_{동이가 쫓아오는 것을 두려워하는 이유}

허 생원: (탄식하며) 아유.

허 생원과 조 선달, 더욱 빠르게 걷는다. 동이가 멈춰 서 허리를 숙인다.
_{신발의 돌을 털기 위한 행동이지만 허 생원과 조 선달에게 오해를 받게 됨.}

조 선달: (뒤돌아서 동이를 가리키며) 어, 저, 저, 저, 저놈이.
_{동이가 자신들을 공격할 것이라고 생각함.}

허 생원과 조 선달이 놀란 표정으로 동이를 바라본다. 동이가 신발을 벗어 돌을 털어 내고 있다.

조 선달: (허 생원을 바라보며) 우리가 걱정이 너무 심했나?

허 생원: (머쓱한 표정으로 숨을 고른다.) [중략]

허 생원과 조 선달은 다시 길을 걷는다.

조 선달: 저, 동이 녀석 신경 쓰지 말고 (하늘을 가리키며) ❷이렇게 달 밝은 밤이면 하는
_{낭만적 분위기 – 과거의 사건을 이끌어 내는 배경}
이야기 있잖아. 그 이야기나 한 자락 뽑아 보지그려?
_{허 생원과 성 서방네 처녀 사이에 있었던 이야기(허 생원이 우연히 성 서방네 가족을 만나고 그 딸과 하룻밤을 보낸 일)}

허 생원: (웃으며) 아, *물리지도 않았어? 허허.

[A]

조 선달: (웃으며) 물렸지, 물렸어. 허허. 그래도 이 달 밝은 밤에 그 이야기를 안 들으면
_{여러 번 들었던 이야기임을 알 수 있음.}
서운해서 아침에 동트기가 참 섭섭하네.

허 생원: (허공을 보며) 어떻게 해서 그렇게 됐는지 지금 생각해도 도무지 알 수가 없어.
▶ 동이에 대한 오해가 풀리고 달밤이 되자 조 선달의 권유로 과거의 일을 이야기하는 허 생원

• **중심 내용** 허 생원과 조 선달, 동이가 대화 장으로 떠나고, 옛 추억을 이야기하는 허 생원   • **구성 단계** 전개

이해와 감상

이 작품은 동명 소설 〈메밀꽃 필 무렵〉을 각색한 시나리오로, 기본적인 사건의 흐름은 원작의 내용과 같지만 허 생원이 장돌림이 된 과정을 소개하거나 허 생원으로 추정되는 '초 서방'과 관련한 내용은 원작과 다르다. 이 작품은 장돌림 허 생원을 주인공으로 내세워 한곳에 정착하지 못하고 떠돌이 삶을 사는 장사꾼의 비애와 안타까운 사랑 이야기를 다루고 있는데, 허 생원의 사랑이 안타깝게 느껴지는 이유는 장돌림이라는 허 생원의 처지에서 비롯된다. 허 생원은 과거에 봉평 장에서 우연히 만난 성 서방네 처녀와 하룻밤을 보내게 되는데, 다음 날 성 서방네 처녀는 가족과 함께 어디론가 떠나 버리고 허 생원 역시 한곳에 정착할 수 없는 운명이기 때문에 성 서방네 처녀를 더 이상 찾지 못하고 영영 이별하게 된다. 그러나 성 서방네 처녀와 허 생원 사이에서 태어난 인물로 암시되는 동이가 허 생원과 인연을 맺는 모습을 통해 운명적 이별과 동시에 운명적 만남이 공존하는 모습을 담아낸다. 운명적 이별을 혈육의 정으로 다시 봉합하는 시도를 했다는 점이 이 작품의 궁극적인 묘미라고 할 수 있다.

Q 전체 줄거리

발단	장돌림인 허 생원은 봉평 장에서 어린 장돌림인 동이가 충주댁과 농담을 주고받는 것을 보고 동이를 꾸짖는다.
전개	허 생원과 조 선달은 대화 장으로 가기 위해 길을 나서고, 동이는 먼발치에서 따라온다. 달 밝은 밤에 허 생원은 조 선달의 권유로 과거에 성 서방네 처녀와 있었던 일을 이야기한다.
절정	허 생원은 대화 장으로 향하는 길에 동이와 대화를 나누게 되고, 그 과정에서 동이 어머니의 고향이 허 생원이 과거에 성 서방네 처녀를 만났던 봉평이라는 사실을 알게 된다. 허 생원은 동이의 이야기를 듣던 중 놀라서 개울에 빠진다.
하강	동이가 개울에 빠진 허 생원을 일으켜 업고 개울을 건넌다.
대단원	허 생원은 동이가 자신의 혈육일 수 있다는 생각을 하고, 함께 동이의 어머니가 있는 제천으로 가기로 한다.

👥 인물 관계도

조 선달
허 생원과 같이 장돌림 생활을 하는 친구. 순박한 성격을 지녔음.

↓ 동업자이자 친구

허 생원
왼손잡이인 장돌림. 호탕하면서도 소박한 성격임. 성 서방네 처녀와의 추억을 소중하게 간직하고 살아감.

→ 동일시 → **백근이**
허 생원의 늙은 나귀. 외모나 처지가 허 생원과 동일시되는 대상임.

↓ 사랑, 그리움

성 서방네 처녀
집안의 몰락으로 힘들어하던 시절에 우연히 허 생원과 인연을 맺게 됨. 동이의 어머니로 추정됨.

동이
어린 나이에 장돌림이 됨. 어머니에 대한 효심이 지극함. 허 생원의 친자식임이 암시됨.

키 포인트 체크

인물 ☐☐☐인 허 생원, 그의 오랜 ☐☐인 조 선달, 그리고 허 생원의 혈육으로 추정되는 ☐☐가 등장한다.

배경 시간적 배경은 1920년대 ☐☐, 공간적 배경은 대화 장으로 가는 길이다.

사건 허 생원은 조 선달과 함께 대화 장으로 떠나는 길 위에서 옛 사랑의 ☐☐을 이야기하고 있다.

1 이 글을 영화로 제작하기 위해 촬영할 때, 감독의 지시 사항으로 적절하지 않은 것은?

① 동이 역은 젊고 힘이 센 배우로 선발해 주세요.
② 이 장면의 촬영 시간은 달이 뜬 저녁으로 잡아 주세요.
③ 허 생원은 자신의 속마음을 숨기고 조 선달을 속이려 하는 인물이므로 교활한 표정을 지어 주세요.
④ 인물의 직업이 장돌림이므로 장사꾼이 입는 옷과 장사 물품으로 사용할 방물 등을 소품으로 준비해 주세요.
⑤ 카메라의 상하 이동이 필요한 장면이 있으므로 카메라의 높이를 조절할 수 있는 장치의 작동 여부를 점검해 주세요.

2 [A]에서 '조 선달'의 역할로 가장 적절한 것은?

① 극적 긴장감을 고조시킨다.
② 인물 간의 갈등을 해소시킨다.
③ 주인공의 삶의 내력을 소개한다.
④ 주인공의 숨겨진 심리를 파헤친다.
⑤ 주인공의 과거 이야기를 이끌어 낸다.

내신 적중 多빈출

3 [A]와 비교하여 〈보기〉의 특징으로 가장 적절한 것은?

┤ 보기 ├

"달밤이었으나 어떻게 해서 그렇게 됐는지 지금 생각해 두 도무지 알 수 없어."
허 생원은 오늘 밤도 또 그 이야기를 끄집어내려는 것이다. 조 선달은 친구가 된 이래 귀에 못이 박히도록 들어 왔다. 그렇다고 싫증을 낼 수도 없었으나 허 생원은 시침을 떼고 되풀이할 대로는 되풀이하고야 말았다.
"달밤에는 그런 이야기가 격에 맞거든."
조 선달 편을 바라는 보았으나 물론 미안해서가 아니라 달빛에 감동하여서였다. 이지러는졌으나 보름을 가제 지난 달은 부드러운 빛을 흐뭇이 흘리고 있다.
– 이효석, 〈메밀꽃 필 무렵〉에서

① 작중 인물이 서술자로 등장한다.
② 배경 묘사를 통해 분위기를 조성하고 있다.
③ 조 선달이 허 생원의 이야기를 처음 듣게 된다.
④ 허 생원의 과거 이야기가 요약적으로 제시되어 있다.
⑤ 허 생원의 이야기에 대한 조 선달의 태도 변화가 나타난다.

4 (나)에서 '허 생원'과 '조 선달'이 '동이'가 쫓아오는 것을 두려워하는 원인이 된 사건을 쓰시오.

가 S# 75. 길(밤)

허 생원: ❶*계부 밑에서 자랐다니 *생부는 어쩌다가 돌아가셨나?
　　　　　동이에게 가족의 내력을 물음. – 동이에 대한 우호적 태도가 드러남.

동이: 생부요? 애당초 없었구만유. / 조 선달: 생부가 없다니. 그런 법이 어딨어?

동이: 부끄러워서 말하지 않으려고 했는데 정말이라니께유. 제천에서 달도 차지 않은 저를 낳고 어머니는 친정에서 쫓겨났대유. 친아버지 얼굴은 본 적도 없구유. 그러니 애당초 없는 게 아니겠슈? / 조 선달: (안타까운 듯) 오, 그랬구만.
　　　동이의 처지를 안타깝게 여김. – 동이에 대한 우호적 태도가 나타남. ▶ 동이로부터 집안 내력을 듣는 허 생원과 조 선달

나 S# 77. 개울(밤)
장애물이면서 동시에 앞으로의 사건 전개의 필연성을 부여하는 공간적 배경

허 생원이 동이를 따라 강을 건넌다. 허 생원은 자신의 허벅지까지 오는 강물에 몸을 가누기 힘들어한다.
　　　　　　　　　　　　　　　　　허 생원이 강물에서 넘어질 것임을 암시함.

허 생원: 모친은 원래 제천 분이신가? / 동이: 웬걸요. 원래부터 제천에 살지는 않으셨대유.

허 생원: (울렁거린다.) 아, 그럼 모친 고향이 어디야?

동이: 시원스럽게 말은 안 해 주는데 봉평이라는 것만 들었슈.
　　　　　　동이가 자신의 아들일 수 있다는 생각에 이를 확인하려 구체적인 질문을 함.

허 생원: (놀라며) 봉평? 그럼 아버지 성씨는 뭔가?
허 생원이 과거에 성 서방네 처녀를 만나 하룻밤을 보낸 곳이 봉평이기 때문에

동이: 보지도 못했는데 알 수 있나요? ❷지푸라기로 뭘 잘 만들었다고 해서 초 서방이라고 했던가? / 허 생원: (당황하며) 초, 초 서방?
　　　　　허 생원이 성 서방네 처녀에게 지푸라기로 복조리를 만들어 주었음. → 초 서방이 허 생원임을 암시함.

순간, 허 생원이 발을 헛디뎌 풍덩 앞으로 *고꾸라진다. 놀라는 동이. 허 생원이 물에 빠져 허우적거린다. 동이가 허 생원을 잡아 일으켜 준다.
　　　　동이가 자신의 아들이 맞다는 생각이 들어 당황함.

동이: 안 되겠구먼유. 자, 업혀유. / 허 생원: 아, 괜찮아. / 동이: 아, 괜찮아유. 어서유.

동이, 쉽게 허 생원을 들쳐 업는다.

동이: 생각보다 *해깝네유. / 허 생원, 동이의 등이 편하다. 슬쩍 못 이기는 척 기댄다.
　　　　　　　　동이에게서 혈육의 정을 느낌.
　　　　　　　　　　　　　　　　▶ 동이의 이야기를 듣고 당황하여 물에 빠진 허 생원을 업고 나오는 동이

다 S# 78. 모닥불 근처(밤)

타닥타닥 타고 있는 모닥불에 둘러앉아 젖은 옷을 벗어 말리고 있는 세 사람.

조 선달: (웃으며) 오늘 참 이상하네. 어찌 물에까지 빠지고 말이야. 무엇 때문에 그랬디야?
　　　　　　평소와 다른 허 생원의 행동에 의문을 제기함.

허 생원: 실은 아까 나귀 생각을 했었어. / 조 선달: (백근이를 쳐다보며) 나귀?
　　　　　　　　본심을 숨기고 나귀 얘기를 통해 둘러댐.

허 생원: 그려. 저 못난 꼴을 해 가지고 새끼를 얻었잖아. 그것도 마을에서 제일가는 *피마에게서 말이야. [중략]
　　　허 생원의 처지와 대응됨. – 허 생원도 나귀와 같이 아들을 얻음.

허 생원: 자, 가다가 보면 대충 마를 테니 부지런히들 가세나. 내일 대화 장 보고는 제천으로 가세. / 동이: 생원도 제천으로유?
동이의 어머니가 바로 성 서방네 처녀일 것이라는 생각 때문에 제천으로 가려고 함.

허 생원: 어, 그래. 모처럼 한번 가 보고 싶구만. 같이 동행하려나, 동이?

동이: 아, 그러지유. 가는 김에 어머니도 뵙구유.

동이, 먼저 돌아 왼손으로 나귀의 고삐를 잡는다.

조 선달: 동이도 자네처럼 왼손잡이인가 보네.
　　　허 생원이 동이가 자신의 아들임을 확신하는 결정적 증거

동이: 예, 어머니가 제 생부도 왼손잡이라고 그러셨어유.

조 선달: (놀란 표정으로) 그려? / 허 생원: (놀란다.) / 세 사람은 다시 길을 걷는다.

동이: 다음에 나귀 새끼 보러 가실 때 저도 좀 데려가 주세유. 보고 싶네유.

허 생원: 어, ㉠이제는 나귀 새끼 같은 건 안 봐도 될 것 같네.
　　　　동이가 자신의 아들이라는 확신 때문에 나귀 새끼를 볼 필요가 없다고 생각함.

조 선달: (웃으며) 왜? 팔려나? / 허 생원: (웃으며) 허허, 글쎄.

조 선달: 원, 사람도. / 허 생원: 나도 이제부터는 자네처럼 *땅뙈기나 좀 사 볼까?
　　　　　　　　　　　　　　　가족을 만나서 정착하고 싶은 마음이 드러남.

조 선달: 자네가 땅을 사? 허허, 참 알다가도 모르겠네. / 방울 소리가 밤 벌판에 한층 청청하게 울린다. 세 사람이 가벼운 걸음으로 달빛 기울어진 길을 걸어간다.
　　　　　　　　　　　　　　　　　▶ 동이가 자신의 혈육일 것이라고 기대하는 허 생원

・중심 내용 동이가 자신의 혈육일 수도 있다고 생각하고 기대하는 허 생원　・구성 단계 하강·대단원

🏠 작품 연구소

허 생원과 동이의 관계 변화

갈등		화해
동이가 충주댁과 농담을 주고받자 허 생원이 동이를 꾸짖음.	➡	대화 장으로 가는 길에 이야기를 나누면서 서로를 잘 알게 됨.

'달 밝은 밤'의 기능

'달 밝은 밤'이라는 시간적 배경은 허 생원의 현재와 과거를 연결하는 매개 역할을 하고 있다.

현재		과거
• 시간적 배경: 달 밝은 밤 • 공간적 배경: 대화 장 가는 길 • 인물: 허 생원, 조 선달 • 사건: 허 생원이 조 선달에게 성 서방네 처녀와의 추억을 풀어놓음.	달 밝은 밤	• 시간적 배경: 달 밝은 밤 • 공간적 배경: 봉평 • 인물: 허 생원, 성 서방네 처녀 • 사건: 허 생원과 성 서방네 처녀가 우연히 만나 하룻밤을 보냄.

허 생원과 동이가 부자(父子) 관계임을 암시하는 내용

봉평	• 허 생원이 성 서방네 처녀를 만나 하룻밤을 보낸 곳이 봉평임. • 봉평은 동이 어머니의 고향임.
초 서방	• 허 생원은 성 서방네 처녀에게 지푸라기로 복조리를 만들어 주었음. • 동이의 생부가 지푸라기로 무언가를 잘 만들어 '초 서방'이라고 불렸음.
왼손잡이	• 허 생원은 왼손잡이임. • 동이와 동이의 생부도 왼손잡이임.

허 생원의 방랑과 정착

허 생원은 장돌림으로 떠도는 삶을 살아간다. 그런 허 생원이 운명처럼 성 서방네 처녀와 만나 하룻밤을 보내게 된다. 하지만 다음 날, 성 서방네 처녀는 가족들과 함께 빚쟁이에 쫓겨 갑작스럽게 봉평을 떠나고, 허 생원의 방랑도 다시 시작된다. 그러나 떠돌이 생활 중에 운명처럼 동이를 만나게 되고, 동이가 자신의 혈육이라고 생각한 허 생원은 동이, 성 서방네 처녀와 가족을 이루어 정착하고 싶은 욕구를 느낀다.

📖 함께 읽으면 좋은 작품

〈메밀꽃 필 무렵〉, 이효석 / 장돌림의 삶과 애환을 통해 인간의 근원적인 애정을 다룬 작품

시나리오 〈메밀꽃 필 무렵〉의 원작 소설로, 토속적인 어휘와 서정적이고도 낭만적인 묘사로 한국 근대 단편 소설의 백미(白眉)로 평가되는 작품이다. 메밀꽃이 흐드러지게 핀 달밤의 산길을 배경으로 하여 부자 상봉의 장면을 한 폭의 수채화처럼 구현해 내고 있어 시나리오와 소설의 특징을 비교하며 감상하기에 적절하다. ▶ **Link** 〈현대 소설〉 96쪽

〈역마〉, 김동리 / 운명적인 방랑의 삶을 그린 작품

〈역마〉는 방랑의 삶을 살 수밖에 없는 한 인간의 운명적 상황을 그리고 있는 소설이다. 따라서 떠돌이 삶을 살아가는 인물이 자신의 운명을 대하는 태도를 〈메밀꽃 필 무렵〉과 비교하며 읽을 수 있다. 또한 주인공이 경험한 사랑이 성공과 실패로 각기 달리 귀결되는 결말의 과정을 비교하며 읽을 수 있다. ▶ **Link** 〈현대 소설〉 140쪽

5 이 글에 대한 감상으로 적절하지 **않은** 것은?

① 인물 간의 대화가 길을 따라 이동하는 과정에서 진행되고 있군.

② 허 생원은 동이의 출생 과정, 집안 내력 등에 대해 물어보며 동이와 긍정적 관계를 맺어 나가고 있군.

③ 허 생원, 조 선달, 동이가 봉평 장에서 대화 장으로 이동하는 것은 장돌림의 떠돌이 운명을 보여 주는 것이군.

④ 조 선달은 허 생원과 동이의 관계를 이미 알면서도 모르는 척하며 물에 빠진 허 생원을 이상하게 여기고 있군.

⑤ 허 생원이 동이 어머니의 고향이 봉평이라는 말에 놀란 것은 동이가 자신의 혈육일 수 있다고 생각했기 때문이군.

6 (가)의 '조 선달'과 〈보기〉의 '조 선달'을 비교하여 이해한 내용으로 적절한 것은?

> **│ 보기 │**
>
> S# 43. 메밀밭 다른 길(밤)
>
> 서두르며 길을 걷고 있는 허 생원과 조 선달.
>
> 허 생원: (숨차 하며) 아, 아직도 따라오는가? [중략]
>
> 조 선달: (힐끗 뒤를 돌아보며) 그러게나 말이야. 저 녀석이 뒤따라오면서 돌부리를 들고서 해코지를 하면 당해 낼 재간이 없잖여.

① (가)와 〈보기〉에서 조 선달은 동이의 행동을 의심하고 있군.

② (가)와 〈보기〉에서 조 선달은 허 생원의 태도에 불만을 드러내고 있군.

③ (가)에서는 동이에게 연민을, 〈보기〉에서는 동이에게 두려움을 느끼고 있군.

④ (가)에서는 동이에게 관심이 없지만, 〈보기〉에서는 동이에게 관심을 보이고 있군.

⑤ (가)에서는 허 생원과 동이의 화해를 이끌어 내고 있고, 〈보기〉에서는 허 생원과 동이의 갈등을 조장하고 있군.

7 ㉠의 발화 의도를 추리한 내용으로 가장 적절한 것은?

① 이미 나귀 새끼를 팔 생각을 하고 있어서

② 동이가 자신의 혈육이라는 확신이 들어서

③ 동이가 자신과 고향이 같을지도 모른다는 생각이 들어서

④ 조 선달이 나귀 새끼를 자신에게 팔라고 요구할 것 같아서

⑤ 동이가 나귀를 키우는 것이 체력이 저하된 자신보다 낫다고 생각해서

8 이 글에서 방랑의 삶을 살던 '허 생원'의 정착하고자 하는 욕구가 드러난 대사를 찾아 쓰시오.

033 김 씨 표류기 | 이해준

문학 미래엔

🎯 핵심 정리

갈래 시나리오
성격 상징적, 시사적
배경 ① 시간 – 현대
② 공간 – 서울(밤섬, 여자의 방 등)
제재 남자 김 씨와 여자 김 씨의 삶
주제 현대인의 소외와 소통에 대한 욕구
특징 ① 남자가 머무는 공간(밤섬)과 여자가 머무는 공간(방 안)을 중심으로 사건이 전개됨.
② 두 인물이 세상과 단절된 모습을 통해 소통이 제대로 이뤄지지 않는 현대 사회의 모습을 우회적으로 고발함.
③ 상징적 소재들을 활용해 단절과 소통이라는 주제 의식을 효과적으로 전달함.

Q 배달원의 역할은?

배달원은 공간적으로 단절된 두 김 씨를 연결해 주는 역할을 한다. 남자에게는 여자의 관심과 애정이 담긴 짜장면을 배달해 줌으로써 남자를 지켜보고 있는 여자의 존재를 확실하게 인식하도록 만들어 준다. 여자에게는 짜장면을 삶의 희망으로 여기는 남자의 신념을 전해 준다. 이를 통해 소통에 있어서 한계가 있을 수밖에 없는 두 남녀가 서로를 더 잘 알고 이해하는 계기를 마련해 주고 있다.

☀️ 어휘 풀이

행색(行色) 겉으로 드러나는 차림이나 태도.
망원 렌즈(望遠lens) 멀리 있는 물체 따위를 크고 정확하게 볼 수 있도록, 초점 거리를 비교적 길게 만든 렌즈.
흑발(黑髮) 검은 빛깔의 머리털.

Q 남자가 여자가 보낸 짜장면을 거절한 이유는?

빚 독촉에 시달리던 남자는 자살을 선택하여 자신의 삶을 포기하려 했을 정도로 삶에 의욕이 없던 인물이다. 그런 그에게 무인도에서 농사를 지어 짜장면을 만들어 먹는 일은 이루고 싶은 목표이자 삶의 보람을 느낄 수 있는 행위였을 것이다. 그런데 여자가 보낸 짜장면을 먹으면 삶의 목표와 희망을 잃을까 봐 짜장면을 돌려보냈을 것이다.

😊 구절 풀이

❶ **철컥. 걸쇠에 걸린 ~ 주춤대는 배달원.** 좁은 문틈으로 보이는 여자의 모습에 배달원이 놀라 멈칫하는 장면이다. 여자는 가족과도 얼굴을 마주하지 않을 만큼 자신의 방 안에서 철저히 고립된 삶을 사는 외톨이다. 여자는 배달원과 마주해야 하는 예상치 못한 상황에 당황하였음에도 불구하고, 남자가 짜장면을 돌려보낸 까닭이 궁금하여 힘겹게 현관문을 열어 배달원에게 말을 걸고 있다. 그만큼 남자 김 씨에 대한 여자의 관심과 호기심이 크다는 것을 알 수 있다.

가 S# 82. 섬(오후)

경계하듯 섬을 두리번거리며 모래 해변 위를 걷는 <u>배달원</u>. 저 앞에 남자의 오리 배를 발견하고는 조심스럽게 다가간다.
<small>사람이 살지 않을 것처럼 보이는 밤섬에 짜장면을 배달하러 왔기 때문에 당황하여 긴장함.</small>

배달원: 저기요? 계세요?

카메라가 배달원의 시선으로 오리 배를 향해 조심스럽게 다가간다. 이윽고 오리 배 뒤에 잔뜩 몸을 숨긴 웅크린 남자의 앙상한 뒷모습이 드러난다. 긴장하는 배달원.
<small>남자는 밤섬에 고립되어 물고기와 새 등으로 어렵사리 허기를 달래며 살아가고 있음.</small>

배달원: 짜장면…… 시키신 분?

남자, 조심스럽게 돌아본다. 남자의 *행색에 흠칫 놀라는 배달원. 남자도 난데없는 배달원의 등장에 놀라긴 마찬가지이다. 잠시 서로에게 당황하는 두 사람. 배달원, 머뭇머뭇 조심스럽게 입을 떼는데, 말도 잘 안 나온다.
<small>마치 원시인과 같은 모습의 남자를 보고 당황함. 무인도인 밤섬에 사람이 나타났기 때문에</small>

배달원: 아니…… 어떤 여자가…… 여기로 짜장면…….
<small>남자를 카메라 렌즈로 지켜보던 여자는 남자가 짜장면이 먹고 싶어서 농사를 짓는 것임을 눈치채고, 남자를 위해 밤섬으로 짜장면을 배달시켜 줌.</small>

배달원, 주뼛대다가 철가방을 내려놓는다. 그 바람에 흠칫하는 남자. 여전히 경계를 풀지 않는다. 배달원, 남자의 눈치를 살피며 철가방 속에서 조심스럽게 짜장면을 꺼내 놓는다. [중략]

배달원, 돌아서 간다. 남자, 자기 앞에 놓여 있는 짜장면들을 바라본다. 남자의 눈동자는 미세하게 흔들린다. 점점 복잡해지는 감정인가 싶은데 갑자기 / 남자: 저기요!
<small>누가 짜장면을 보냈을지, 배달된 짜장면을 먹어도 될지 등의 생각으로 혼란스러움.</small>
▶ 여자가 밤섬에 살고 있는 남자에게 짜장면을 배달시켜 줌.

나 S# 83. 방(오후)

여자의 *망원 렌즈 시점. / 짜장면을 들고 배달원 앞까지 걸어오는 남자. 짜장면을 내려놓는다. 배달원에게 '뭐라 뭐라' 하는 남자. 그러고는 돌아서 가 버린다. 황당한 배달원, 어쩔 수 없이 짜장면을 도로 철가방에 담는다. 카메라에서 눈을 떼는 여자. 놀라는 표정.
<small>카메라 렌즈로 포착한 남자와 배달원의 모습을 보여 줌. 남자가 짜장면을 받지 않았기 때문에   ▶ 남자가 짜장면을 받지 않음.</small>

다 S# 85. 현관(오후)

딩동! 딩동! 딩동! 짜증 날 대로 난 배달원. 대답이 없자 현관 앞에 급기야 무작정 짜장면을 내려놓는다.
<small>두 사람 때문에 밤섬을 거쳐 여자의 집까지 짜장면을 배달하느라 지치고 힘듦.</small>

배달원: 아, 몰라, 몰라, 몰라! 직접 전해 주든지, 먹든지, 버리든지……. (울먹이며) 다리에 알배었거든요!
<small>오리 배의 페달을 돌려 밤섬에 다녀왔기 때문에</small>

배달원이 씩씩대며 돌아서 가는데, ❶철컥. 걸쇠에 걸린 현관문이 살짝 열린다. [중략] 배달원, 극도의 짜증을 억지로 삼키며 천천히 돌아서는데, 여자가 안 보인다. 배달원, 천천히 현관을 향해 걸어가면 문 안쪽, 좁은 문틈으로 마치 공포 영화의 한 장면처럼 드러나는, 애써 얼굴을 돌리고 서 있는 긴 *흑발의 여자. 놀라서 멈칫하며 주춤대는 배달원.

배달원: 왜들, 그러세요……. 들…….

여자: 그 남자……. 다른 말 없었어요? 뭐라고 하는 거 같던데…… 그죠? 뭐라고 그랬어요?
<small>남자가 짜장면을 거절한 이유를 무척 궁금해함.</small>

여자는 잠깐잠깐 배달원과 눈을 마주치지만 애써 시선을 피한다.
<small>세상과 단절되어 지내 왔기 때문에 타인과의 소통이나 교감에 큰 어려움을 느끼고 있음.</small>

배달원: (잠시 본다) 참, 두 분…… 서로 참, 관심 있으신가 봐요……. 막 애틋할라 그러네?

여자: ……. / 배달원: 전해 달래요. / 여자: (동그랗게 떠지는 두 눈)

배달원: (정색하며) 자기한테 ⊙짜장면은…… 희망이래요. / 여자: (듣는 표정) …….
<small>남자가 짜장면을 돌려보낸 이유 - 남자에게 짜장면을 직접 만들어 먹는 일은 삶의 목표이자 희망임.</small>

배달원: (정색한 표정 그대로) 그 남자, 가까이 하지 마세요. 그릇은…… 가지시고.

배달원은 돌아서 간다. 이미 불어 터진, 남겨진 짜장면들을 바라보는 여자의 표정.
▶ 여자가 배달원으로부터 짜장면에 대한 남자의 신념을 전해 들음.

• **중심 내용** 여자가 남자에게 짜장면을 배달시켜 주지만 남자는 짜장면을 먹지 않고 돌려보냄.   • **구성 단계** 절정

이해와 감상

이 작품은 우연히 한강의 밤섬에 표류하게 된 남자 김 씨와 그의 표류 생활을 지켜보는 여자 김 씨의 이야기를 담은 시나리오이다. 남자 김 씨는 사회에서 낙오되어 자살하려다가 우연히 한강의 밤섬에 표류하게 된다. 여자 김 씨는 가족과의 대면을 피할 정도로 스스로를 사회와 철저히 격리한 채 방 안에 은둔하여 살아간다. 처지와 이유는 서로 다르지만 두 사람은 사회로부터 단절되고 고립되어 살아간다는 점에서 서로 닮아 있다. 이들은 모래사장에 글자를 쓰고, 짧은 편지를 넣은 와인병을 보내는 등 그들만의 독특한 방식으로 소통을 시도하며 서로에게 조금씩 마음을 연다. 작가는 이를 통해 저마다의 공간에 갇히거나 스스로를 가둬 세상과 단절된 현대인들의 모습을 보여 주는 한편, 진정한 소통이란 무엇이며 그것이 현대인들에게 어떤 의미가 있는지를 생각하게 하고 있다.

전체 줄거리

발단	회사에서 정리 해고를 당하고 빚 독촉에 시달리던 남자 김 씨는 한강에서 자살하려다 무인도인 밤섬에서 깨어난다. 여자 김 씨는 집 밖으로 나가지 않고 자신의 방 안에만 틀어박혀 사이버 세계에서 실제와는 다른 모습으로 살아간다.
전개	여자는 사진을 찍다가 밤섬에 표류한 남자를 발견하고 그를 관찰하기 시작한다. 여자는 와인병에 편지를 넣어 섬으로 던지고 남자는 모래사장에 글자를 써 메시지를 주고받는다. 차츰 밤섬에서의 생활에 적응하던 남자는 어느 날 짜장 라면 가루를 발견하고 짜장면을 만들어 먹기로 결심한다.
절정	남자에게 묘한 동질감을 느낀 여자는 짜장면을 배달시켜 남자에게 보낸다. 그러나 남자는 이를 돌려보내고 직접 농사를 지어 결국 짜장면을 만들어 먹는다. 남자는 여자에 대해 궁금해하고 여자는 자신이 누구인지 남자에게 보여 주는 것에 어려움을 느낀다.
하강	남자는 폭풍우에 지금껏 가꾸어 온 터전을 모두 잃고, 환경 관리원에게 붙잡혀 밤섬 밖으로 끌려 나온다. 여자는 남자를 찾기 위해 용기를 내어 집 밖으로 나와 거리를 헤맨다. 멀리서 버스에 오르는 남자를 발견하지만 달리는 버스를 따라잡지 못한다.
대단원	때마침 민방위 사이렌이 울려 남자가 탄 버스가 거리에 멈춰 서고, 여자가 버스를 향해 달려가서 두 사람이 만나게 된다.

인물 관계도

여자		남자
가족과 대면하는 것도 꺼리고 자신의 방 안에서만 지내는 인물. 카메라 렌즈로 남자 김 씨를 관찰하고 그에게 동질감을 느낌.	소통	경제적으로 실패하여 스스로 목숨을 끊으려다가 우연히 도착한 무인도 밤섬에서 홀로 살아감. 여자 김 씨의 존재를 궁금해함.

자료실

〈김 씨 표류기〉의 시사성

〈김 씨 표류기〉가 던지는 사회적 메시지는 꽤 묵직하다. 남자가 회사 면접을 보는 장면, 대출 광고 전화를 받는 장면, 빚더미에 올라 자살을 시도하는 장면 등은 경제적으로 낙오한 이들을 벼랑 끝으로 내모는 우리 사회의 비정한 현실을 떠올리게 만든다. 또한 방 안에 철저히 고립된 여자가 사이버 세계에서는 실제 모습과 달리 화려하고 사교적인 캐릭터로 살아가는 장면, 자신의 정체성에 대한 고민을 회피하는 장면, 사이버 세계에서조차 비난의 대상으로 전락하는 장면은 우리 사회의 은둔형 외톨이, 인터넷 중독에 의한 현실 부적응, 사이버 폭력 문제 등을 떠올리게 한다.

포인트 체크

인물 무인도에서 자신만의 터전을 만들어 생활하면서 짜장면을 먹겠다는 집념으로 열심히 농사짓는 ☐☐ 김 씨, 방 안에만 틀어박혀 철저히 혼자만의 삶을 살아가는 ☐☐ 김 씨가 등장하고 있다.

배경 서울 한강에 있는 무인도 ☐☐, 여자의 방 안을 배경으로 하고 있다.

사건 여자는 짜장면을 먹고 싶어 하는 남자에게 짜장면을 배달시켜 보내는데, 남자는 짜장면이 자신의 ☐☐이라며 짜장면을 돌려보낸다.

1 이 글의 내용과 일치하지 <u>않는</u> 것은?
① 남자는 여자의 배려에 고마움을 느꼈다.
② 남자는 여자가 보낸 짜장면을 돌려보냈다.
③ 여자는 배달원과 남자가 대화하는 것을 보았다.
④ 배달원은 여자와 남자의 행동 때문에 지친 상태이다.
⑤ 여자는 남자가 짜장면을 거절하리라고 예상하지 못했다.

2 '여자'와 '남자'가 소통하는 과정을 고려할 때, 이 글에서 '배달원'의 역할로 가장 적절한 것은?
① 남자에게 여자에 대한 정보를 제공하고 있다.
② 여자가 남자의 신념을 잘 알고 있음을 그에게 전해 준다.
③ 여자가 남자를 가까이에서 관찰하는 계기를 마련해 준다.
④ 여자가 남자의 존재를 처음으로 인식하도록 만들어 준다.
⑤ 여자가 남자의 행동에 담긴 의도를 이해하도록 만들어 준다.

내신 적중 多빈출

3 〈보기〉를 바탕으로 하여 이 글을 이해한 내용으로 적절하지 <u>않은</u> 것은?

⊣ 보기 ⊢

이 작품은 소통이 단절되고 익명성을 띠는 현대 사회에서 각자의 공간에 고립된 채 살아가는 현대인의 모습을 보여 주고 있다. 남자와 여자는 서로의 존재를 알아채고 다양한 방법으로 소통하지만, 타인 앞에 자신을 드러내는 것에 부담을 느껴 소통에 어려움을 겪기도 한다.

① 방 안에만 있는 여자와 밤섬에 갇힌 남자는 각자의 공간에 고립되어 소외감을 느끼는 현대인을 대변한다.
② 여자가 남자에게 보내는 메시지는 현대인에게 남아 있는 타인에 대한 관심과 소통에 대한 욕구를 상징한다.
③ 배달원과 시선을 마주치지 못하는 여자의 모습은 타인과의 소통에 어려움을 느끼는 현대인의 모습을 나타낸다.
④ 짜장면을 돌려보내는 남자의 모습은 타인과 소통하려는 노력조차 하지 않는 현대인의 고립된 상황을 드러낸다.
⑤ 남자와 여자의 이름을 제시하지 않고 보편적인 성(姓)인 김씨로만 표현한 것은 현대 사회의 익명성을 드러낸다.

4 〈보기〉는 이 글의 앞부분의 줄거리이다. '남자'가 밤섬에 들어오게 된 까닭을 고려하여 '남자'가 ㉠과 같이 말한 이유를 쓰시오.

⊣ 보기 ⊢

회사에서 해고를 당하고 빚 독촉에 시달리던 남자 김 씨는 한강에서 자살하려다 우연히 밤섬에서 깨어난다. 밤섬에서의 생활에 적응해 가던 남자는 어느 날 쓰레기 더미에서 짜장 라면 가루를 발견하고, 짜장면을 만들어 먹기로 결심하여 농사를 짓기 시작한다.

🔅 어휘 풀이
북받치다 감정이나 힘 따위가 속에서 세차게 치밀어 오르다.
눈시울 눈언저리의 속눈썹이 난 곳.
욱여넣다 안으로 함부로 밀어 넣다.
나지막이 소리가 조금 낮고 조용하게.
붙박이장 벽에 붙이거나 벽의 안쪽에 만들어 옮길 수 없게 된 장롱.

Q S# 97과 S# 98에서 남자가 짜장면을 만들어 먹는 과정을 자세히 보여 주는 이유는?

S# 97과 S# 98에서는 어떠한 대사나 다른 장면의 개입이 없이 카메라를 남자에게 밀착한 채로, 옥수수 알을 떼어 내 빻는 모습부터 면을 우걱우걱 씹는 모습까지 짜장면을 만들어 먹는 남자의 모습을 연속적으로 제시하고 있다. 엄숙하고 경건한 의식을 치르듯 정성을 다해 짜장면을 만드는 남자의 모습을 밀착하여 보여 줌으로써 남자가 이 순간을 얼마나 간절히 원했는지를 드러내고 있다. 또한 이를 통해 독자가 남자의 감동과 희열에 몰입하도록 유도하고 있다.

🔅 구절 풀이
❶ 바라보는 여자의 눈가도 ~ 한 줄 눈물이 흐른다. 남자가 짜장면을 먹으며 눈물을 흘리는 모습을 보고, 여자 역시 한줄기 눈물을 흘린다. 남자가 밤섬에서 어떻게 살아왔는지, 짜장면을 어떻게 생각하는지 알고 있는 여자는 그가 삶의 목표를 이뤄 낸 모습에 축하와 기쁨의 눈물을 흘리고 있다. 남자에 대해 관심과 호기심을 넘어 깊은 이해와 공감, 위로와 격려의 마음을 갖게 됐음을 알 수 있는 장면이다.
❷ 이리저리 몸을 뒤척이는 ~ 비좁게 느껴지는 붙박이장. 여자는 그동안 좁은 붙박이장 안에 들어가서 잠을 잤다. 매일 붙박이장 안에서 잠을 자던 그녀가 새삼 붙박이장을 관처럼 비좁다고 느끼는 것은 자신의 고립된 생활에 답답함을 느끼기 시작한 것으로 볼 수 있다. 남자와의 소통과 정서적인 교감을 통해 자기만의 고립된 세계에서 조금씩 벗어나고 있음을 알 수 있다.

👤 작가 소개

이해준(1973~)
시나리오 작가, 영화감독. 사회에서 외면당하는 인물상에 주목해 그들을 따뜻한 시선으로 바라보는 작품을 주로 창작했다. 디지털 단편 영화 〈커밍아웃〉을 시작으로 〈품행제로〉, 〈남극일기〉 등 다양한 영화의 각본 작업을 했다. 감독으로서는 2006년에 영화 〈천하장사 마돈나〉로 첫발을 내디뎠다. 주요 작품으로 〈천하장사 마돈나〉, 〈나의 독재자〉 등이 있다.

가 S# 97. 짜장면을 만들다(오후)
남자가 짜장면을 만드는 과정 하나하나를 클로즈업해 보여 줌.

오리 배 앞. 말린 옥수수의 알을 하나하나 떼어 내는 남자. 냄비에 담긴 노란 옥수수 알. 여자가 보내온 와인병으로 힘차게 옥수수 알을 빻는 남자. 이제는 가루가 된 옥수수에 적당량의 물을 붓는다.
여자가 남자에게 쓴 편지를 와인병에 넣어 섬으로 던졌다.
다시 한번 와인병을 가지고 정성을 다해 반죽한다. 반죽한 덩어리는 깡통 뚜껑으로 얇게 잘라 낸다. 모닥불 위에 끓고 있는 물. 잘라 낸 면을 넣고 나뭇가지로 천천히 젓는 남자. 모래 깊숙이 파묻은 뭔가를 꺼낸다. 보면, 포장도 뜯지 않은 단무지다. 오리 배 안. 오랫동안 곱게 보관한 짜장 라면 가루를 꺼내는 남자. ▶ 남자가 농사지은 옥수수로 직접 짜장면을 만듦.

나 S# 98. 짜장면 완성(오후)
남자가 짜장면을 완성하고 먹는 과정을 클로즈업해 보여 줌.
「양념 가루를 터는 장면, 면을 비비는 장면, 남자가 호흡을 가다듬는 장면 등을 세밀하게 보여 줌으로써 짜장면을 완성하여 먹는 순간을 더욱 극적이고 감동적으로 표현함.

모래사장. 「김이 모락모락 나는 면을 그릇에 담는 남자. 양념 가루를 들어 조심스럽게 찢는다. 찢는 손길이 가볍게 떨린다. 툭 툭 툭 양념 가루의 마지막까지 남김없이 털어 낸다. 잘 익은 노란 면 위에 뿌려지는 검은 양념 가루. 나무젓가락을 꺼내 쓱 쓱 면과 양념 가루를 비비는 남자. 금세 시커멓게 변하는 면발. 마침내 어느 정도 비벼진 면을 바라보는 남자. 남자의 표정은 설명할 수 없는 감격으로 가득하다. 작게 벌린 입에서 흘러나오는 남자의 호흡이 가늘게 떨린다. 드디어 완성된 남자만의 짜장면을 한 젓가락 들어 입으로 가져간다. 후루룩 입 속으로 빨려 들어가는 면발.」우걱우걱 씹는 남자의 감정이 어느 순간 *북받친다. 감정을 누르고 다시 한 젓가락을 입 속에 넣는다. 우걱우걱 씹을수록 점점 더 뜨거워지는 *눈시울. 다시 북받치는 감정. 어느새 뚝뚝 떨어지는 굵은 눈물. 남자, 입가가 시커멓게 되도록 짜장면을 *욱여넣어 보지만, 북받치는 감정을 참을 길 없다. 애써 웃어 보려 하는데 자꾸만 눈물이 흐른다. 이제껏 흘려 본 적 없는 눈물. 말하자면 그것은 살아 있다는 증거 같은 눈물이다. 그렇게 입 안 가득 짜장면을 물고 뜨거운 ㉠눈물을 흘리는 남자. ▶ 남자가 짜장면을 먹으며 눈물을 흘림.

다 S# 99. 방(오후)
여자는 무언가를 바라보며 *나지막이 말한다.
지금까지 두 사람은 'Hello.', 'How are you?', 'Fine, thank you and you?'와 같은 기초적인 수준의 짧은 영어로 메시지를 주고받아 왔음.
여자: (미소를 지으며) 콩그래출레이션스……
Congratulations.(축하합니다.) – 남자에게 마음으로 보내는 축하의 메시지
남자의 사진으로 도배된 벽면. 방금 인쇄한 남자의 사진을 붙이는 여자. 보면, 짜장면을 한가득 입에 물고 눈물을 흘리고 있는 남자의 얼굴.
남자의 모습을 지속적으로 관찰해 왔음.
❶바라보는 여자의 눈가도 투명하게 촉촉하다. 천천히 손을 뻗어 사진 속 남자의 눈물을 쓱 닦아 주는 여자. 여자의 눈에서 한 줄 ㉡눈물이 흐른다.
이해와 공감, 연민, 위로, 응원하는 마음이 담긴 행위
▶ 남자의 모습에 여자가 기쁨과 감동의 눈물을 흘림.

라 S# 100. *붙박이장(밤)
여자가 잠을 자거나 쉬던 곳 – 극단적인 고립과 단절의 공간
❷이리저리 몸을 뒤척이는 여자. 몸이 갑자기 커졌을 리도 없는데. 오늘따라 ⓐ관같이 비좁게 느껴지는 붙박이장.
여자의 심경에 변화가 있음을 보여 줌.
▶ 여자가 자신의 고립된 삶에 불편함을 느끼기 시작함.

마 S# 101. 방 안(밤)
달빛이 드리운 한밤의 방 안. 드르륵 조용히 미닫이문을 열고 나오는 여자. 방 한복판 맨발로 선 여자.
붙박이장을 나와서도 평온함을 느끼는 여자의 심리를 보여 주는 배경
쓰레기들을 한쪽으로 대충 밀치고 자리를 잡고는 천천히 몸을 눕힌다. 부드럽게 하늘거리는 커튼. 창가를 바라보던 여자. 시선이 어느새 평온히 감긴다. ▶ 여자는 전에 없던 마음의 평온을 느낌.

바 S# 102. 오리 배 안(오후)
그동안 받은 와인병들이 줄지어 서 있는 오리 배 안. 여자의 편지, 'CONGRATULATIONS'를 보고 있는 남자.
여자가 짜장면을 만들어 먹는 데 성공한 남자를 축하하며 보낸 편지의 내용
바라보는 남자의 평온한 시선. 비록 짧은 단어지만 많은 감정을 읽을 수 있다. 한동안 보던 남자, 무슨 생각에선지 오리 배 안 구석, 잡동사니가 쌓여 있는 곳에서 뭔가를 찾는다. 남자가 집어 드는 건 다름 아닌 휴대 전화. 목소리를 가다듬어 보는 남자. 폴더를 열고 잠시 후. [중략] / 남자: 아이…… 아이…… 홉 투 씨 유 …… 후 아 유?
I hope to see you. Who are you?(나는 당신을 만나고 싶습니다. 당신은 누구입니까?)
▶ 남자가 여자의 정체를 궁금해함.

• 중심 내용 마침내 짜장면을 만들어 먹는 남자와 그 모습에 감동의 눈물을 흘리는 여자   • 구성 단계 절정

🏠 작품 연구소

여자와 남자의 공통점

여자 김 씨	공통점	남자 김 씨
방안	세상과 단절된 공간에서 지냄.	밤섬
가족과 교류하는 것조차 거부하며 방 안에만 머무름.	• 고립되어 홀로 살아감. • 타인의 접근을 경계함.	무인도에서 혼자만의 자유로운 생활에 만족하며 지냄.
카메라로 집 밖을 관찰하고, 사이버 공간에서 예쁜 캐릭터로 자신을 과시함.	• 타인과 소통하고 싶어 함. • 자신의 존재를 알리고 싶어 함.	누군가가 봐 주기를 바라며 강변 모래사장에 'HELLO' 등의 글자를 써 둠.

고립되어 있는 여자와 남자의 소통

여자 김 씨	남자 김 씨
짧은 편지를 넣은 와인병을 밤섬으로 던져 남자에게 메시지를 보냄.	모래사장에 글자를 크게 써서 여자의 메시지에 응답함.
남자에게 짜장면을 배달시켜 주고, 남자를 찾으려고 집 밖으로 나감.	혼자만의 생활에 익숙해하면서도 자신에게 메시지를 보내고 짜장면을 보내는 여자의 정체를 궁금해함.

↓

누구에게나 소통하고자 하는 욕구가 있다는 점과 진정한 소통의 필요성을 보여 줌.

'짜장면'의 의미와 기능

남자에게	여자에게
• 삶의 목표이자 희망으로, 밤섬에서 살아가는 데 원동력이 되는 소재 • 여자의 존재를 알게 하고 궁금해하게 하는 소재	• 남자에게 호기심을 넘어선 적극적인 관심이 있음을 보여 주는 소재 • 남자를 이해하고 응원하게 하는 소재

↓

남자와 여자가 서로의 존재를 확실하게 인식하고 서로를 이해하게 함으로써 두 사람 간의 소통을 한 단계 나아가게 하는 계기가 됨.

제목 '김 씨 표류기'의 상징적 의미

김 씨	• 이름이 없이 성(姓)만을 호칭으로 제시하여 서로를 잘 알지 못하고 파편화되어 살아가는 현대 사회의 익명성을 드러냄. • 주인공의 성을 가장 보편적인 김씨로 설정해 인물들이 처한 상황이 현대인 대부분이 겪는 것임을 보여 줌.
표류	• 사전적 의미: (물 위에 떠서) 정처 없이 흘러가거나 돌아다님. 목적이나 방향, 원칙이나 주관을 잃고 헤맴. • 남자가 한강에서 표류하다가 밤섬에 고립되어 살아가고 있음을 의미하며 더 나아가서는 남자와 여자처럼 삶을 어떻게 헤쳐 나가야 할지 몰라 막막해하는 현대인의 모습을 나타냄.

📖 함께 읽으면 좋은 작품

〈서울, 1964년 겨울〉, 김승옥 / 고독한 현대인의 모습을 그린 작품

서울을 배경으로 하여 인간의 고독과 소외, 의사소통의 단절, 피상적인 인간관계만을 강요하는 도시의 모습을 형상화한 소설이다. 현대 사회의 익명성, 소통의 부재 등을 소재로 했다는 점에서 〈김 씨 표류기〉와 비교하여 읽어 볼 수 있다.

🔗 Link 〈현대 소설〉 180쪽

---

5 (가)와 (나) 장면에 어울리는 연출 방법으로 적절하지 <u>않은</u> 것은?

① 대사를 넣지 말고 짜장면을 만들어서 먹는 남자의 행동에 주로 초점을 맞춰서 관객의 몰입을 유도해야겠어.

② 빠르고 경쾌한 행진곡을 배경 음악으로 삽입해서 짜장면을 완성한 남자의 성취감이 잘 드러나도록 해야겠어.

③ 옥수수 알, 양념 가루, 비벼진 짜장면 등을 클로즈업해서 남자에게 중요한 의미를 가진 소재들을 강조해야겠어.

④ 남자가 내뱉는 숨소리, 짜장면 면발을 입에 넣는 소리 등 음향 효과를 극대화해서 짜장면을 먹는 순간을 극적으로 연출해야겠어.

⑤ 배우에게 입에 짜장면을 욱여넣을 때 북받치는 감정을 잘 표현하도록 지시해서 남자의 감격과 회한 등의 복합적인 심정을 잘 드러내야겠어.

6 ㉠과 ㉡을 이해한 내용으로 적절하지 <u>않은</u> 것은?

① ㉠은 남자가 삶의 보람을 느끼며 흘린 눈물이다.

② ㉠은 남자가 끝까지 노력한 끝에 흘린 기쁨의 눈물이다.

③ ㉡은 여자가 남자의 고통을 슬퍼하며 흘리는 눈물이다.

④ ㉡은 여자가 남자와 정서적인 교감을 느끼고 있음을 보여 준다.

⑤ ㉠과 ㉡은 모두 남자와 여자가 지금껏 느껴 보지 못한 특별한 감정에서 비롯한 눈물이다.

📌 내신 적중 多빈출

7 여자에게 ⓐ가 갖는 의미로 가장 적절한 것은?

① 일상에서 느끼는 삶의 무료함

② 자신의 삶에 대한 회의와 자조

③ 아픔을 치유할 수 있다는 확신

④ 현실에서 도망치고 싶은 절박감

⑤ 고립에서 벗어날 수 있는 가능성

8 〈보기〉는 이 글에 이어지는 다음 장면이다. 〈보기〉를 바탕으로 하여 앞으로의 전개를 추측한 내용으로 적절하지 <u>않은</u> 것은?

┤ 보기 ├

S# 103. 방(저녁, 밤, 다음 날 오후)

지익…… 지익…… 지익……. 프린트에서 뽑혀져 나오는 사진. 모래사장에 쓰여 있는 글씨. 'WHO ARE YOU?'.

다 뽑혀져 나온 사진을 손도 안 댄 채 무릎을 감싸고 앉아 한참 동안 바라보기만 하는 여자. [중략]

여자: 후 아 유……. 후 아 유……. 후 아 유…….

점점 복잡해지는 감정. 갑자기 휙 이불을 얼굴까지 덮는다.

① 남자와 여자의 관계가 새로운 양상으로 전개되겠군.

② 남자와 여자가 소통에 어려움을 겪는 상황이 전개되겠군.

③ 극단적인 고립 속에 빠졌던 여자의 삶에 균열이 생기겠군.

④ 여자가 남자에게 더욱 적극적으로 메시지를 보내게 되겠군.

⑤ 여자가 자신의 정체를 드러낼지 고민하는 내용이 이어지겠군.

9 (다)에서 '여자'가 '남자'를 꾸준히 관찰해 왔다는 것을 알 수 있는 구절을 찾아 4어절로 쓰시오.

국어 천재(이)

🎯 핵심 정리

갈래 시나리오
성격 현실적, 서정적
배경 ① 시간 – 현대
② 공간 – 어느 섬마을(푸른도)
제재 미혼모와 에이즈(AIDS)에 걸린 어린 딸의 삶
주제 수혈을 받고 에이즈 환자가 된 아이를 둘러싼 사랑의 기적
특징 ① 사실적인 어휘와 표현을 사용함.
② 등장인물 사이의 갈등이 말과 태도를 통해 드러남.
③ 전문어를 사용하여 전문성과 현장감을 드러냄.

Q 기서가 준호에게 다시는 의사를 안 한다고 말한 이유는?

기서의 아버지 준호, 기서의 여자 친구 지민도 의사였다. 사람을 살리는 의술을 중요시하는 마음 따뜻한 의사 준호는 안락사 한 환자에 얽힌 법정 공방 이후 모든 걸 잃었다. 그리고 지민의 실수로 영신의 딸 봄이 에이즈에 걸렸는데, 지민은 이를 알고도 병원 사람들의 만류 때문에 차마 나서지 못하다가 자신이 췌장암에 걸린 것을 알고 죽기 전 영신과 봄에게 사죄하러 푸른도로 가던 중 죽음을 맞는다. 기서는 두 사람이 환자를 위한 의술을 하고도 난처한 상황에 몰리는 모습을 보면서 현실을 비관하여 의사를 하지 않겠다고 말한 것이다.

💡 어휘 풀이

메스(mes) 외과 수술 시 사용하는 칼.
클램프(clamp) 어떤 것을 사이에 넣고 죌 수 있게 만든 기구. 여기에서는 수술용 집게를 말한다.
동맥(動脈) 심장에서 피를 신체 각 부분에 보내는 혈관. 일반적으로 혈관의 벽이 두꺼우며 탄력성과 수축성이 많다.
경외감(敬畏感) 공경하면서 두려워하는 감정.
페머럴 아르터리(femoral artery) 넙다리 동맥. 다리로 피를 보내는 동맥.
패드(pad) 상처에 대는 흡습성 천.

🔖 구절 풀이

❶ 메스로 상처를 더 크게 ~ 손을 집어넣고 혈관 찾는 상처를 더 크게 벌리면 출혈이 심해진다는 것은 상식이다. 그러나 기서가 일반적인 상식에 어긋난 행동을 한 이유는 3년 전에 아버지 준호에게서 배운 것을 그대로 적용하여 환자의 출혈을 막기 위해서이다.

❷ 성공했다는 안도감과 ~ 갈등이 복잡하게 스치는 위험에 처한 보람 부를 본 기서는 아버지인 준호가 가르쳐 준 수술 방법으로 치료에 성공하여 안도감을 느끼지만 한편으로는 아버지에게 다시는 의사를 하지 않겠다고 선언한 것과 정면으로 배치되는 행동이기 때문에 내적으로 갈등하고 있다.

전략 부분의 내용 능력이 뛰어난 의사 기서는 같은 의사였던 아버지와 여자 친구가 난처한 상황에 내몰리는 모습을 보고 의사라는 직업에 회의를 느낀다. 기서는 의사를 그만두고 어머니의 사업을 돕기로 하고, 어머니가 사업을 벌이고 있는 섬 푸른도로 간다.
작품의 공간적 배경

가 S# 4. 준호 택시 안
기서의 아버지. 외과 의사였으나 현재는 택시 운전사로 일하고 있음.

기서: ⊙다신 의사 안 합니다! / 준호: (눈빛이 흔들리는)
아들의 선언적인 말에 매우 놀람.

기서: (얼음장처럼 차가운 눈빛) 안 합니다, 다신! 그쪽으론 고개 돌리는 일도 없을 거예요.
냉정함. 의료계 ▶ 기서가 의사를 그만두겠다고 선언함.

나 S# 8. 사람들이 모여 있는 곳(보람 부 있는 곳)
다리를 크게 다친 상태임.

기서: (❶메스로 상처를 더 크게 연다. 얼굴에 피가 계속 튀지만 굳은 표정으로 아랑곳 않고, 상
의학계에서 사용하는 전문어 ① 자신감 있고 냉정하게 행동함.
처 속으로 손을 집어넣고 혈관 찾는)

박 씨: (하얗게 질려) 저, 저 사람이 지금 어쩔려구…… 그렇게 더 찢으면 피가 더 나오잖아,
기서에 대한 반감이 드러남. 일반적인 생각
이 사람아!

보람 모: (경악하며 애가 타서) 이 사람 좀 비키라 그래! 누가 이 사람 좀 치워! 수철이 아부
지! 이 사람 좀 치워 주세요! (그러나 사람들, 심각한 상황에 얼어붙은 듯 어찌할 바 모르고)
기서를 믿지 못해 말리려 함. 이러지도 못하고 저러지도 못하는 상황 – 진퇴양난(進退兩難)

종수: (불안하게 기서를 보는데)
보건소 의사 기서를 완전히 신뢰하지 못함.
기서: (전혀 표정에 동요 없이 계속 찾다가…… 뭔가 손으로 잡은 듯) 클램프!
자신감 있음. 의학계에서 사용하는 전문어 ②
종수: (떨리는 손으로 클램프를 기서에게 주고) / 영신: ……

기서: (손으로 잡고 있던 혈관을 클램프로 잡는다. 따라락, 클램프 물리는 소리 들리고)
청각적 이미지 ▶ 기서가 크게 다친 보람 부를 응급 치료를 함.

다 S# 9. 수술방(3년 전. ⓛ)

준호: (대답 않고 담담한 표정으로 상처를 더 벌린 후 손을 안으로 쑤욱 넣는다.) 우웃차. (손으
로 혈관을 잡았다.) 잡았다. 클램프!
S# 8에서 기서가 보람 부에게 한 처치는 3년 전 기서가 아버지 준호에게 배운 의술임.

간호사: (준호에게 클램프 주고)

준호: (그제야 친절하게 설명하는) 동맥이 절단되면 이렇게 근육 속으로 들어가 버려서 그
상처를 더 벌린 이유 → 준호가 뛰어난 의술을 가진 의사였음을 알 수 있음.
냥은 잡기가 어렵지……. (씨익 웃으며 얼굴에 묻은 피를 기서의 어깨(수술복)에 비벼 닦는
다.)
기서에게 친밀감을 드러내는 행동

기서: (눈빛이 흔들리는…… 준호에 대해 새삼 다시 느끼는 경외감)
▶ 3년 전, 기서는 준호에게 의술을 배움.

라 S# 10. 사람들이 모여 있는 곳(보람 부 있는 곳)

종수: (떨리는 목소리) 자, 잡았어요? 페머럴 아르터리?
의학계에서 사용하는 전문어 ③
기서: (❷성공했다는 안도감과 다시는 의사 짓을 않겠다던 결심을 어긴 것에 대한 갈등이 복잡
하게 스치는) / 종수: 자, 잡았냐구요?

기서: (고개를 끄덕이고 예전에 준호가 그랬듯 얼굴에 묻은 피를 종수의 어깨에 닦는)

종수: (잠깐 당황하다가 그제야 자신감을 찾고 소란에게) 패, 패드! 압박 붕대도!
의학계에서 사용하는 전문어 ④
소란: (멍해 있다가 패드와 압박 붕대를 종수에게 내민다.)
보건소 간호사
종수: (이젠 자신감 있게 상처에 패드를 대고 압박 붕대를 감는다.)

박 씨: 멋있다! 이제 피가 멎은 거 같애!

기서: (천천히 뒤로 물러나며 일어서려는데. 긴장이 풀리자 다시 느껴지는 현기증…… 다시 휘
청 주저앉는다. 얼굴에 식은땀이 가득하다. 눈앞이 뿌옇게 흐려지자 떨치려 고개를 젓는다.)
▶ 준호에게 배운 의술로 기서가 보람 부를 치료함.

• **중심 내용** 의사를 하지 않겠다던 기서가 아버지에게 배운 의술로 보람 부를 치료함. • **구성 단계** 전개

이해와 감상

이 작품은 우리 주변에서 함께 살아가는 사회적 약자들의 이야기를 그린 드라마 대본이다. 세상을 향해 마음을 닫아 버린 유능한 의사 기서와 딸이 사고로 수혈을 받다가 에이즈에 걸렸지만 희망을 잃지 않고 씩씩하게 살아가는 미혼모 영신이 서로에게 기적이 되어 주는 이야기를 그리고 있다. 이 작품에 등장하는 인물들은 저마다의 상처를 가진 사람들로, 작가는 이들의 삶을 비극적으로 그려 내는 것이 아니라 따뜻한 시선으로 조명하고 있다. 자신들을 향한 편견과 차별 속에서 불평하고 서로를 원망하는 것이 아니라 작은 것에도 '고맙습니다.'라고 말하고 서로의 상처를 보듬으며 살아가는 영신네 가족, 그리고 그런 영신네 가족에게 감화되는 기서를 통해 사람은 아름다울 수밖에 없는 존재임을 깨닫게 하는 감동적인 작품이다.

🔍 전체 줄거리

발단	기서의 애인인 의사 지민이 사고로 응급실에 실려 온 영신의 딸 봄에게 실수로 에이즈 감염자의 피를 수혈하여 봄이 에이즈에 걸리게 된다. 췌장암에 걸린 지민은 죽기 전에 봄에게 용서를 구하려고 기서와 함께 푸른도로 가던 중 배 안에서 눈을 감는다.
전개	기서는 의사였던 아버지와 지민이 난처한 상황에 내몰리는 모습을 보고 이를 비관하여 의사를 그만두고, 어머니의 사업을 돕기로 하고 푸른도로 간다. 기서는 푸른도에서 크게 다친 마을 사람을 외면하지 못하고 응급조치를 하여 그의 목숨을 구한다.
절정	마을 사람들이 봄이 에이즈 환자라는 사실을 알게 된다. 영신네 가족을 따뜻하게 대해 주던 사람들은 봄의 병이 전염병이라는 사실을 알게 되고 영신네를 피한다.
하강	영신은 자신을 믿고 도와주는 몇몇 사람들의 도움을 받아 에이즈는 같이 놀거나 대화한다고 해서 감염되는 병이 아니라는 것을 마을 사람들에게 알리지만, 마을 사람들은 여전히 영신네 가족을 배척한다.
대단원	영신의 할아버지가 마을 사람들에게 초콜릿파이를 돌리고 세상을 떠난다. 할아버지의 따뜻한 마음에 감동하여 마침내 마을 사람들은 변하게 된다.

👥 인물 관계도

🔑 포인트 체크

인물 세상을 향해 마음을 닫아 버린 의사 □□와 어린 딸이 에이즈에 걸렸지만 희망을 잃지 않고 씩씩하게 살아가는 □□이 중심인물이다.

배경 시간적 배경은 현대이고, 공간적 배경은 □□□라는 섬이다.

사건 □□직을 그만두고 □□으로 내려온 기서가 크게 다친 주민을 치료해 주자, 소문을 듣고 병을 고치기 위해 영신의 집에 몰려든 마을 사람들과 □□을 빚고 있다.

1 이 글의 표현상 특징으로 가장 적절한 것은?
① 배경 묘사를 통해 시간의 경과를 제시하고 있다.
② 시간의 순차적 흐름에 따라 사건을 전개하고 있다.
③ 상징적 소재를 사용하여 주제 의식을 드러내고 있다.
④ 전문어를 사용하여 등장인물의 직업을 드러내고 있다.
⑤ 장황한 해설을 제시하여 풍자적 효과를 극대화하고 있다.

내신 적중 多빈출
2 이 글의 내용과 일치하지 <u>않는</u> 것은?
① 기서는 보람 부를 치료한 뒤 내적 갈등을 겪는다.
② 기서는 준호에게 배운 의술로 보람 부를 치료하였다.
③ 종수는 처음부터 기서의 치료에 대한 믿음이 있었다.
④ 박 씨와 보람 모는 기서가 치료하는 모습을 보고 불안해하였다.
⑤ 종수와 소란은 기서의 도움을 받아 보람 부를 무사히 치료할 수 있었다.

3 ㉠에 담긴 태도로 가장 적절한 것은?
① 우쭐함　　② 초조함　　③ 단호함
④ 겸손함　　⑤ 비굴함

4 ㉡에 들어갈 시나리오 용어와 이에 대한 설명이 가장 적절한 것은?

	용어	기능
①	F.O.	페이드아웃(Fade Out). 화면이 처음에 밝았다가 점차 어두워지는 것을 말한다.
②	F.	필터(Filter). 필터를 거쳐 들려오는 소리를 의미하며, 마음속으로 하는 말이나 전화기 너머의 목소리 등을 표현할 때 사용한다.
③	C.U.	클로즈업(Close Up). 극적인 효과를 높이기 위해 장면이나 인물의 특정 부분을 집중적으로 확대하여 찍는 것을 말한다.
④	PAN.	카메라를 상하좌우로 이동하는 것을 말한다. 이동하는 피사체나 광장과 같은 넓은 풍경을 촬영할 때 주로 사용한다.
⑤	Flashback	플래시백. 여러 장면을 한데 배합하여 보여 주는 몽타주 기법의 하나로, 주로 회상하거나 환상적인 분위기를 만들 때 사용한다.

5 (나)～(라)에 반복하여 나타난 행동 두 가지를 쓰시오.

가 S# 52. 영신 집 마당

남자: 아니야. 괜찮아. (박 씨 보고) 저 방에 계시는 분이 그렇게 대단한 분이야, 정말?

박 씨: 보건소 선생 말이 천재래. 서울에서도 저 선생한테 진료 한번 받을라구 환자가 끝도 없이 줄을 서고. 내가 눈으로 직접 봤잖아! 우리 보건소 선생하군 °차원이 다르다니까! 영신아! 너두 봤지? / 영신: (동의한다는 듯 고개 끄덕이는데)
_{영신네 집으로 마을 사람들이 몰려온 이유 – 기서가 실력 있는 의사라는 것이 알려졌기 때문}

이때, 아래채 방문 벌컥 열리며 기서의 모습 드러난다.

기서, 잠에서 덜 깬 표정으로 마당에 모여 선 사람들을 어리둥절하게 보는데. ❶사람들, 누구랄 것도 없이 "선생님!" 부르며 반갑게 꾸벅 인사한다.

기서: (뭐야? °어안이 °병병한데)
_{이해할 수 없는 상황에 당황하는 모습}

봄: 아저씨한테 치료받을라구 아까 아까부터 기다리셨어요.

기서: ? / 영신: 저희 동네 분들이신데요. 어제 보람이 아빠 치료해 주신 거 소문이 나 가지구…… 여기 영식이 할머닌 보름 전부터 입맛이 떨어지시구 °명치끝이 자꾸 아프시다 그러구요…… 박 씨 아저씨는……
_{영신이 마을 사람들이 기서를 찾아온 이유와 증상을 설명함.}

㉠박 씨: 그건 직접 선생님께 일대일루 말씀드리겠습니다. / 기서: (어이가 없고)
_{막무가내로 진료를 요청하는 상황을 어이없어함.}

영신: 여기 순영이 어머닌 °오십견이 와 가지구 잠도 제대로 못 주무시구…… (소를 몰고 온 노인 가리키며) 현덕이 할아버지는……

노인: 내가 고장이 난 게 아니구! 우리 집 소가 어제부터 여물만 먹으면 자꾸 뱉어 내구, 사흘 전부터 콧구멍에서 피고름이 나오구…… (하는데)
_{의사는 가축도 치료할 수 있다고 여기는 순박한 생각}

기서: (싸늘하게) 가축병원으로 가셔야죠, 그림! (사람들을 향해) 몸이 아프면 병원으로 가세요! 병원, 몰라요! (휙 돌아서며 방문 닫으려는데)
_{기서의 신경질적인 반응}

영신: 병원 가는 걸 몰라서 오신 게 아니구요, 유명한 의사 선생님이라니까 진료라도 좀 받아 볼려구…… (하는데) / 기서: 누가 의산데요?

영신: (천진하게 손가락으로 기서를 가리키며) 의사 선생님이시잖아요.

기서: 나, 의사 아녜요! / 영신: 에에이, 우리 보건소 선생님두 그러셨는데…… (하는데)

기서: ❷(버럭) 의사 아니라잖아! 누가 의사야! 내가 의산 거 당신이 봤어?
_{자신을 의사라고 하는 것에 강한 거부감을 드러냄. – 의사라는 직업에 회의감을 느껴 의사를 그만두기로 하였기 때문}

영신: (당황하며 놀라고) / 봄: (역시 눈이 동그래지며 놀라고)
_{예상치 못한 상황이어서 당황함.}

사람들: (놀라고. 일곱 살 아이는 우와앙 울음을 터뜨리며 울고)

기서: 나 의사 아니니까, 여기 이 사람들 당장 내 눈앞에서 치워! 치워, 당장!
_{사람을 물건 취급하듯이 말함. – 영신이 기서에게 화를 내는 원인이 되는 말}

영신: (당황해서 무슨 말을 어떻게 해야 할지 몰라 하는데)

당황하고 놀란 사람들, "가자, 가자." 슬금슬금 피해서 마당을 떠난다.

영신: (사람들 보며) 아니, 저기 잠깐만. (당황해 잡지도 못하는데)

봄: 지은아, 울지 마. (하며 우는 아이를 따라가고)

기서: (문을 거칠게 쾅 닫고 방 안으로 들어가 버린다.)
_{자신을 혼란스럽게 한 상황에 대해 분노를 표출함.}　　　　▶ 기서가 진료를 요청하는 마을 사람들에게 화를 내며 진료를 거부함.

나 S# 53. 영신 집 아래채 방

기서: (영신을 서늘하게 보는데)

영신: 치운다는 말은 물건을 치운다, 눈을 치운다, 그럴 때 쓰는 말이에요.

기서: (뭐야? 표정 °일그러지고)
_{기서가 마을 사람들에게 버릇없게 굴고 함부로 말한 것에 화가 남.}

영신: 사람한테는 절대 쓸 수도 없고, 써서도 안 되는 말이에요! 학교에서 그런 거 안 가르쳐 줬어요? / 기서: (벌떡 일어나 앉는다. 기가 막힌)
_{기서의 무례한 태도에 대해 비아냥거림.}

영신: 우리 봄이두 아는데. 안 배웠어요, 학교에서? / 기서: 이봐요, ㉡아줌마!
　　　　▶ 영신이 기서의 무례한 태도를 비난하며 기서와 갈등함.

・중심 내용 진료를 요청하는 마을 사람들에게 화를 내는 기서와 그런 기서의 태도에 화를 내는 영신　・구성 단계 전개

🏠 작품 연구소

영신과 기서의 갈등

영신		기서
• 기서의 사정을 알지 못한 채 마을 어른들을 진료해 주기를 바람. • 기서가 마을 어른들의 부탁을 거절하며 보인 불손한 행동에 화가 남.	⟷	• 의사를 그만두고 섬으로 내려와 심경이 복잡한데, 다짜고짜 몰려든 마을 사람들에게 화가 남. • 마을 사람들의 부탁을 매몰차게 거절하면서 무례한 언행을 보이고, 영신이 이를 지적하자 영신과 갈등함.

등장인물의 대사에 나타난 언어 예절의 문제점

마을 사람들	부탁하는 말을 할 때에는 상대방의 상황을 살피고, 상대가 자신의 부탁 때문에 부담을 느끼지 않도록 해야 함에도 불구하고 기서의 상황에 대한 고려 없이 일방적으로 부탁하는 말을 하고 있음.
기서	어른들과의 대화에서는 공손하고 예의 바른 표현을 사용해야 하며, 거절의 의사를 나타낼 때에도 상대방의 기분을 상하지 않게 배려해야 함에도 불구하고 거칠고 무례한 표현으로 마을 사람들에게 상처를 주고 있음.

자료실

〈고맙습니다〉에 나타난 기서의 변화

이 작품에서 기서는 존경하고 사랑했던 아버지의 안락사 사건으로 가족이 해체되고 여자 친구 지민이 췌장암으로 죽으면서, 아무런 삶의 희망도 없이 되는대로 산다. 하지만 기서는 봄이네 가족을 만난 후 변하기 시작한다. 지선의 아버지(마을 사람)가 사고로 피를 흘리며 죽어 가는 것을 보고도 외면했던 기서는, '봄동이'(곰 인형)를 달라며 끝까지 자신을 따라왔던 봄이가 넘어진 지선을 일으켜 세워 옷을 털어 주고 같이 울면서 자신에게 봄동이를 가지라고 하며 지선이를 따라가는 것을 보자, 자기도 모르게 다시 사고 현장으로 돌아와 지선의 아버지를 치료해 준다. 이후 봄이네 집의 사랑방에 머물게 된 기서는 영신과 봄이 세상을 향해 늘 고마워하고 다른 사람들은 순수하게 사랑하는 것을 보면서 서서히 변하기 시작한다.

– 김윤정, 〈이경희 미니시리즈의 극작술 연구〉

📖 함께 읽으면 좋은 작품

〈성난 기계〉, 차범석 / 현대인의 인간성 상실과 회복을 담은 작품

현대의 물질문명 속에서 인간미 없는 모습으로 살아가던 의사가 자신보다 더 비정한 인간에게 분노를 느끼면서 인간성을 회복한다는 내용을 담은 희곡이다. 주인공이 외과 의사이고 태도가 변화한다는 점에서 이 글과 비교하여 읽을 수 있다. Link 본책 196쪽

〈삼포 가는 길〉, 황석영 / 소외된 사람들의 애환과 연대 의식을 담은 작품

1970년대 산업화와 근대화의 흐름 속에서 소외된 사람들을 등장시켜 하층민의 애환과 인간적 유대감을 그린 소설이다. 소외된 사람들 사이의 따뜻함을 그린 점에서 이 글과 비교하여 감상할 수 있다. Link 〈현대 소설〉 196쪽

〈가을에〉, 정한모 / 순수한 인간성 회복을 담은 작품

이 작품은 비인간적인 세계에서 생명의 소중함, 인간적인 순수함에 대한 신뢰를 잃지 않으려는 자세를 나타낸 시이다. 삭막한 현실 상황을 따뜻한 인간애로 극복할 수 있다는 태도가 드러난다는 점에서 이 글과 비교하여 감상할 수 있다.

---

6 (가)와 (나)에 나타난 갈등 양상에 대해 바르게 설명한 것은?

① (가)와 (나) 모두 개인과 집단 간의 갈등이 나타나 있다.

② (가)에 나타난 인물 간의 갈등이 (나)에서 해소되고 있다.

③ (가)에서 벌어진 사건이 (나)에 나타난 갈등의 원인이 되었다.

④ (가)와 달리 (나)에는 인물 간의 갈등이 대화를 통해 드러나 있다.

⑤ (가)에는 인물의 내적 갈등이, (나)에는 인물 간의 갈등이 나타나 있다.

내신 적중

7 〈보기〉를 읽고 이 글을 이해한 내용으로 적절하지 <u>않은</u> 것은?

┤ 보기 ├

뛰어난 외과 의사인 기서는 췌장암 말기인 연인 지민의 수술을 직접 시도해 보지만 결국 그녀를 살려 내지 못한다. 기서는 죄책감과 의사로서의 자괴감, 회의감에 시달리며 매일 밤 잠에 들지 못하고 고통스러워한다. 마음의 상처가 깊어질수록 스스로에 대한 자괴감과 냉소도 더욱 커진 기서는 타인에게 공격적인 태도를 보이며 누군가 걸려들기만 기다리는 사람처럼 시비를 걸고 싸움을 벌인다.

① 기서가 마을 사람들에게 소리를 버럭 지르는 것은 일종의 공격성이 드러난 행동이군.

② 기서가 마을 사람들에게 공격적인 태도를 보이는 것은 자괴감 때문이라고 볼 수 있겠군.

③ 기서는 수술을 실패했던 경험을 반복할까 봐 두려워서 마을 사람들의 진료 요청을 거절하고 있군.

④ 기서가 마을 사람들에게 자신이 의사가 아니라고 한 것은 스스로에 대한 냉소적 태도를 드러낸 것이겠군.

⑤ 기서가 영신에게 "내가 의산 거 당신이 봤어?"라고 말한 것은 시비를 걸고 싸움을 벌이는 행동으로 볼 수 있군.

8 ⊙의 상황에 어울리는 속담으로 가장 적절한 것은?

① 윗물이 맑아야 아랫물이 맑다.

② 세 살 적 버릇이 여든까지 간다.

③ 재수 없는 놈은 뒤로 자빠져도 코가 깨진다.

④ 떡 줄 사람은 꿈도 안 꾸는데 김칫국부터 마신다.

⑤ 미운 놈 떡 하나 더 주고 우는 놈 한 번 더 때린다.

9 (나)에서 영신과 기서가 갈등하도록 만든 기서의 말을 (가)에서 찾아 쓰시오.

10 기서의 심리를 바탕으로 하여 기서가 영신을 ⓒ처럼 부른 이유를 쓰시오.

035 세상에서 가장 아름다운 이별 | 노희경 원작, 민규동 각색

키워드 체크 #서정적 #애상적 #가정주부의삶 #엄마와의이별 #죽음 #가족의의미 #가족간의사랑

국어 지학사

🎯 핵심 정리

갈래 시나리오
성격 서정적, 애상적, 극적
배경 현대의 우리 사회
제재 말기 암에 걸려 죽음을 앞둔 가정주부의 삶
주제 가족의 진정한 의미, 이별을 맞이하는 가족의 슬픔과 사랑
특징 ① 죽음을 맞이하는 인물과 그를 바라보는 가족들의 심리를 섬세하게 제시함.
② 파편화된 가족 구성원들이 가족의 사랑과 가치를 확인해 가는 과정이 잘 드러남.

Q 인희가 할머니(시어머니)를 대하는 태도를 통해 짐작할 수 있는 두 사람의 관계는?

인희는 할머니에게 반말을 쓰고 있다. 그리고 어른이 아이를 달래는 듯한 말투를 쓰고 있다. 할머니가 치매에 걸리면서 철없는 아이가 되어 버렸기 때문이다. 또한 두 사람이 함께 그동안의 세월을 겪어 오면서 인희에게 할머니는 오랜 친구와 같은 존재가 되었기 때문이다.

💡 어휘 풀이

넋두리 불만을 길게 늘어놓으며 하소연하는 말.
정인(情人) 연인, 애인.
객지(客地) 자기 고장을 임시로 떠나 있는 곳.

🔖 구절 풀이

❶ 아빠, 한 번만 기획 주세요. ~ 죄송해서 안 돼요. 엄마가 죽게 된다는 사실을 가장 나중에 알게 된 정수는 의사인 아빠에게 엄마를 살려 달라고 애원하며 오열한다. 정수가 이토록 절박함과 안타까움을 느끼는 이유는 지금껏 아들로서 엄마에게 잘해 준 것이 하나도 없다는 생각 때문이다. 소중한 사람의 죽음을 앞두고 남은 이들이 느끼는 미안함, 자책감, 후회가 잘 드러나 있다.

❷ 그 유명한 남대문 여장부 ~ 아꼈다가 주곤 하셨는데……. 인희와 할머니가 쌓아 온 그간의 세월을 알 수 있는 부분이다. 할머니는 억척스럽고 생활력이 강한 여자였지만, 남편(인희의 시아버지) 때문에 순탄치 않은 삶을 살았다. 또한 인희를 시집살이시키고, 말년에는 치매에 걸려 인희를 더욱 힘들게 하고 있다. 그러나 인희가 힘들고 외로울 때 곁에서 유일하게 의지가 되어 준 존재이기도 하다. 고단한 삶을 함께해 주었던 할머니를 더 이상 보살피지 못하고 떠나야만 하는 인희의 슬픔과 안타까움이 잘 나타나 있다.

전략 부분의 내용 가족들을 뒷바라지하며 분주하게 살아온 50대 가정주부 인희는 남편 정철이 퇴직하면 가족들과 교외에서 살기 위해 전원주택을 짓고 있다. (가족의 행복을 바라는 인희의 꿈이 담김.) 어느 날 인희는 통증 때문에 진료를 받으러 갔다가 자궁암 말기임을 알게 되고, 정철은 아내에게 소홀했던 자신을 자책하고 괴로워한다. 딸 연수, 아들 정수도 엄마에 대한 미안함과 엄마를 위해 해 줄 것이 없음에 안타까워하지만, 정작 인희는 점차 다가오는 죽음을 예감하면서 자신이 죽고 난 뒤 가족들이 어떻게 지낼지 걱정한다.

가 S# 144. 인희의 집, 화장실 / 아침

할머니, 변기 위에 물을 뒤집어쓴 채 앉아 있고, 인희, 할머니 발에 비누칠을 해 씻기고 있다.
　(인희의 시어머니. 중증 치매를 앓고 있음.)　(할머니가 똥을 누어서 인희가 씻기고 있음.)
인희: (㉠(약간 퉁명스레)) 오늘뿐이야. 나 없으면 이제 똥 아무 데나 누고 그러면 안 돼. (샤워기로 발을 헹궈 주며 달래듯) 안 그러실 거지? 오늘은 내가 놀라게 해서 그런 거지? 이제 그러면 안 돼?
　(자신이 죽으면 할머니를 돌봐 줄 사람이 없다는 걱정과 속상한 마음이 담겨 있음.)
　(어린 아이를 달래듯 평소처럼 다정하게 말을 건넴.)　(자신이 죽으면 할머니를 돌볼 사람이 없다는 생각에 인희가 할머니의 목을 졸랐음.)
할머니: (가만있고) / **인희:** (계속 헹궈 주고)　　　　　　　　　　　▶ 치매에 걸린 할머니를 씻겨 주는 인희

나 S# 145. 인희의 집, 거실 / 아침

연수: (㉡(불안한 표정)) ……엄마?
『화장실의 인희, 여전히 대답 없고, 연수, 심란하게 정철을 보고
　(「 」: 등장인물들의 행동을 통해 가족들의 슬픔과 안타까움을 드러냄.)
소파에 앉은 정철, 창밖 보며 담배 피우고, 정수, 그 앞에서 무릎 꿇고 웅얼웅얼 *넋두리를 쏟는다.』
정수: 아빠, 대학 발표 때까지만이라도, 엄마 살게 해 줄 수 없어요?
　(아들로서 엄마에게 잘해 준 것이 없다는 미안함과 안타까운 마음이 드러남.)
정철: (㉢(보고)) …….
정수: (고개 떨구고, 울먹이며) 저 대학 가면 알바 할 거예요. 술도 안 마시고, 공부 열심히 해서 장학금 받고 다닐 자신 있어요.
정철: (정수의 머리를 가슴에 안고)
　(정수를 가만히 보고 안아 주는 정철의 반응을 통해 인희가 살 가망이 없다는 사실을 알 수 있음.)
정수: ❶아빠, 한 번만 기획 주세요. 이렇겐 못 보내요. 너무 미안해서, 미안해서…… 안 돼요. 이렇겐 안 돼요. 미안해서, 죄송해서 안 돼요.
정철: (㉣(눈물 참고 정수의 손을 꼭 잡아 주고)) …….　　　　　　▶ 인희에게 미안한 마음이 큰 정수

다 S# 146. 인희의 집, 화장실 / 아침

인희, 할머니에게 새 속옷, 내복을 갈아입혀 주고 있다.
인희: (맘 아픈 걸 참고) 좋아? / **할머니:** …….
인희: (쪼그려 앉으며) 개운하지?
할머니: (인희 눈을 보고 있다. 정신이 들어왔는지 인희 맘을 알 것 같다.)
　(잠시 정신이 돌아온 듯한 모습을 보임. → 인희가 할머니와 인사를 나누게 됨.)
인희: (눈물 참고, 대견해하며) 이렇게 입으니까 꼭 새색시 같네. ❷그 유명한 남대문 여장부…… 시아버님, 다 늙어, 겨우 북에 둔 *정인 잊고, 어머니한테 정붙이나 했더니, 중풍으로 누워 고생만 시키다 훌쩍 떠나시고, 평생 외로움에, 우리 서로 잘 통했는데…….
　(할머니의 지난 삶이 순탄치 않았음을 알 수 있음. - 인희와 동병상련의 처지였음.)
(㉤(손을 잡고, 차마 못 보고)) 어머니, 나 먼저 가 있을게, 빨리 와. (다시 눈을 보며) ⓐ
　(자신이 곧 죽는다는 사실을 힘겹게 전함.)
나 어머니랑 정 많이 들었네. 친정 엄마, 먼저 가시고 애들 애비 공부한다고 *객지 생활할 때, 애들두 없구, 외롭구 그럴 때도…… 어머닌 내 옆에 있었는데……. 나 밉다고 해도, 가끔 당신 좋아하시는 거 아꼈다가 주곤 하셨는데……. 어머니, 이제 기억 하나두 안 나지?
　(시집살이를 시키면서도 며느리인 인희와 정을 나누었던 할머니)
　　　　　　　　　　　　　　　　　　　　　　　　▶ 할머니와 이별할 것을 가슴 아파하는 인희

> • 중심 내용 죽음을 앞둔 인희가 가족들과의 이별을 준비함.　• 구성 단계 하강

이해와 감상

이 작품은 죽음을 앞둔 엄마의 삶을 소재로 하여 가족의 의미, 가족 간의 사랑을 그린 영화의 시나리오이다. 자신의 삶을 제대로 영위하지 못한 채 가족을 위해 헌신만 하다가 시한부 인생을 선고 받은 인물이 느끼는 절망과 허무, 가족들에 대한 걱정 그리고 엄마와의 영원한 이별을 준비하는 가족들의 슬픔과 안타까움을 섬세하게 그리고 있다. 작가는 주인공 인희를 통해 엄마, 며느리, 아내의 이름으로 살아가는 우리 사회의 여성들의 숭고한 삶의 무게를 잘 드러내고 있다.

🔍 전체 줄거리

발단	50대의 가정주부 인희는 남편, 자식, 치매에 걸린 시어머니를 뒷바라지하며 헌신적으로 살아왔다. 인희는 오줌소태가 잘 낫지 않고 통증이 계속되자 약이라도 지으려고 병원을 찾는다.
전개	검사 결과 인희는 자궁암 말기 판정을 받는다. 이를 알게 된 남편 정철은 아프다는 아내의 말을 귓등으로 흘려듣고 아내에게 소홀했던 지난날의 자신을 자책하며 괴로워한다.
절정	인희는 암 수술을 받지만 이미 암이 전이되어 수술은 실패로 끝난다. 인희의 시한부 선고로 식구들은 충격과 슬픔에 잠기고, 인희의 빈자리가 크게 느껴지는 집안은 예전의 온기를 잃고 만다.
하강	인희는 자신의 죽음을 받아들이고, 시어머니, 자식들, 남편과의 이별을 준비한다. 식구들은 인희의 죽음을 앞두고 엄마의 존재와 가족의 관계를 되돌아본다.
대단원	인희가 가족들과 함께 지내려고 애써 지은 전원주택이 완성된다. 인희는 정철과 단 둘이 그곳에서 행복한 한때를 보내고, 결국 그곳에서 정철의 품에 안겨 생을 마감한다.

👥 인물 관계도

인희
항상 가족들을 뒷바라지하며 살아옴. 말기 암 판정을 받고 죽음을 앞두고 절망과 허무에 빠지기도 하지만, 곧 자신의 운명을 받아들이고 마지막까지 가족들의 앞날을 걱정하며 죽음을 준비함.

정철
인희의 남편. 의사로 늘 일에 쫓기며 살아옴. 인희의 죽음을 앞두고 의사로서 남편으로서 자책하고 괴로워함. 인희에게 그동안 나누지 못한 일상의 행복을 선사하며 이별을 준비함.

걱정 ⇄ 미안함

걱정, 속상함 ↓   걱정 ⇅ 미안함

할머니
인희의 시어머니. 인희를 구박하기도 하고 서로 의지하기도 하며 정을 붙이고 살아옴. 현재는 중증 치매에 걸려 인희 없이는 아무것도 하지 못함.

연수, 정수
인희와 정철의 자녀. 연수는 직장인, 정수는 삼수생임. 둘 다 그동안 가족에게 소홀했기 때문에 죽음을 앞둔 엄마에게 미안함을 느낌.

자료실

노희경 작가에게 '가족'이 지닌 의미

인희가 가족들에게 헌신만 하다가 자신을 돌보지 못한 것처럼, 가족은 누군가의 삶을 옥죄기도 하고 삶을 포기하게 만들기도 한다. 그럼에도 불구하고 작가는 "가족과 소통하지 않으면 주변과도 소통할 수 없다."라고 말한다. 가족은 우리가 태어나 자라면서 가장 먼저 만나는 관계이자 사회의 근간이 되는 집단이기 때문에 가족의 문제들을 제대로 겪고 이해해야만 비로소 사회로 나아갈 수 있다고 본 것이다. "인생이 소풍이라면, 그 소풍의 길벗이자 도반(道伴)인 가족이야말로 모든 문제의 해답"이라는 작가의 말에서 작가가 생각하는 가족의 가치와 중요성을 느낄 수 있다.

🗝 포인트 체크

인물 ▢▢을 뒷바라지하는 데 헌신하며 살아온 인희, ▢▢에 걸려 인희의 돌봄을 받는 할머니, 저마다의 바쁜 삶에 치여 가족에게 소홀했던 남편 정철, 딸 연수, 아들 정수가 등장하고 있다.

배경 현대 사회의 가정을 배경으로 하고 있다.

사건 말기 ▢ 선고를 받고 죽음을 앞두고 있는 인희는 끝까지 가족들을 걱정하고, 가족들과 아름다운 ▢▢을 준비한다.

1 이 글의 내용과 일치하지 않는 것은?
① 정수는 인희에게 미안함과 안타까움을 느끼고 있다.
② 인희는 할머니와 오랜 시간 힘든 세월을 함께해 왔다.
③ 정철은 인희의 병을 낫게 해 줄 수 없어 괴로워하고 있다.
④ 할머니는 인희가 힘들 때 그녀에게 힘이 되어 준 적이 있다.
⑤ 할머니는 인희를 배려해서 그녀의 죽음을 모른 척하고 있다.

2 (나)와 (다)에 대한 설명으로 가장 적절한 것은?
① 주인공에 대해 여러 인물이 떠올린 기억들을 연속적인 장면으로 제시하고 있다.
② 공간을 이동할 때마다 달라지는 주인공의 내면 심리를 구체적으로 나타내고 있다.
③ 주인공의 심경 변화를 보여 줌으로써 사건이 새로운 국면으로 전환될 것임을 암시하고 있다.
④ 주인공의 행동과 심리, 주인공을 지켜보는 주변 인물들의 행동과 심리를 함께 제시하고 있다.
⑤ 주인공이 겪고 있는 사건을 압축적으로 제시함으로써 극의 내용을 빠른 속도로 전개하고 있다.

내신 적중

3 이 글을 영화로 만든다고 할 때, ㉠~㉤과 관련하여 배우에게 지시할 내용으로 적절하지 않은 것은?
① ㉠: 자신이 죽으면 시어머니를 돌봐 줄 이가 없다는 걱정과 속상함이 복합적으로 드러나게 해 주세요.
② ㉡: 엄마와 할머니에게 무슨 일이 있는 것은 아닌지 걱정하고 불안해하는 마음이 드러나게 해 주세요.
③ ㉢: 절망에 빠지지 않고 더 열심히 살려는 정수를 보며 느끼는 대견함과 뿌듯함이 드러나게 해 주세요.
④ ㉣: 자식들을 위로하고 다독이기 위해 감정을 억누르는 모습이 드러나게 해 주세요.
⑤ ㉤: 정든 시어머니에게 자신이 곧 죽는다는 사실을 말할 수밖에 없는 인희의 슬픔이 드러나게 해 주세요.

4 ⓐ에 들어갈 대사로 가장 적절한 것은?
① 싸우다 정 든다고
② 모난 돌이 정 맞는다고
③ 먼 사촌보다 가까운 이웃이 낫다고
④ 열 길 물속은 알아도 한 길 사람 속은 모른다고
⑤ 물이 아니면 건너지 말고 인정이 아니면 사귀지 말라고

5 '인희'가 '할머니'와 깊은 정을 붙이며 살 수 있었던 이유를, '인희'와 '할머니'의 삶의 공통점을 근거로 들어 쓰시오.

2. 한국 시나리오

☀️ **어휘 풀이**

오한(惡寒) 몸이 으슬으슬 떨리는 증세.
지짐이 기름에 지진 음식물을 통틀어 이르는 말.

중략 부분의 내용 전원주택이 완성된 후 정철은 그곳에서 인희와 둘만의 오붓한 시간을 보내기로 한다.

몽타주(montage): 따로따로 촬영한 화면을 떼어 붙여서 편집하는 기법

가 S# 163. 전원주택, 몽타주 / 저녁 – 아침 – 낮 – 밤

이틀 동안 전원주택에서 시간을 보내는 두 사람의 모습을 몽타주로 보여 줌.

『1. 인희, 평상복 차림으로 더욱 아픈 모습으로 식탁에 앉아, 정철이 상 차리는 모습을 보고 있
『』: 정철과 일상의 행복을 즐기면서도 악화된 병세로 고통스러워하는 인희의 모습
  다. 밥하다 말고, 우스꽝스러운 엉덩이춤을 추며 인희를 배꼽 잡게 하는 정철.

2. 잠시 후, 정철, 인희에게 죽을 떠먹여 주고, 인희, 힘겹게 받아먹고.

3. 무릎 베고 누운 인희에게 앨범을 보여 주며 수다 떠는 정철. 인희는 재밌는지 환하게 웃고.

4. 정원에서 버섯을 주워 들고 신기하다는 듯 행복한 얼굴을 한 인희와 정철.

5. 인희를 자전거 뒤에 태우고 위태위태 집 둘레를 도는 정철.

6. 강가를 거닐다 춥다고 어지러워하는 인희. 서둘러 인희를 챙기는 정철.

7. 오한에 떨며 잠든 인희 너머로, 울타리와 나무들에 전구를 장식하는 정철.』

▶ 전원주택에서 함께 시간을 보내는 정철과 인희

나 S# 167. 전원주택, 침실 / 밤

인희: 당신, 나 없어도 괜찮지? / 정철: (보면)

인희: 잔소리도 안 하고 좋지, 뭐. / 정철: (고개 저으며) 싫어.

인희: 나…… 보고 싶을 거는 같애? / 정철: (끄덕인다.)

인희: 언제? 어느 때? / 정철: ……다.

인희: 다 언제? / 정철: 아침에 출근하려고 넥타이 맬 때.

인희: (안타까운 맘, 보며) ……또?
함께했던 일상에 혼자 남겨질 남편에 대한 안타까움과 애틋함.
정철: (고개 돌려, 눈물 참으며) 맛없는 된장국 먹을 때.

인희: 또? / 정철: 맛있는 된장국 먹을 때.

인희: 또? / 정철: ❶술 먹을 때, 술 깰 때, 잠자리 볼 때, 잘 때, 잠 깰 때, 잔소리 듣고 싶을
  때, 어머니 망령 부릴 때, 연수 시집갈 때, 정수 대학 갈 때, 그놈 졸업할 때, 설날 지짐이
  할 때, 추석날 송편 빚을 때, 아플 때, 외로울 때.

인희: 당신, 빨리 와. 나 심심하지 않게. (눈물이 주룩 흐르고)

정철: (인희를 안고, 눈물 흘리고)

▶ 이별을 준비하며 서로에게 애틋함을 느끼는 정철과 인희

다 S# 168. 인희의 집 + 전원주택 / 새벽
연수, 정수, 할머니가 있는 인희의 집과 정철과 인희가 있는 전원주택을 이어서 보여 줌.
연수, 정수, 선애는 잠들어 있고. 할머니는 여전히 숨바꼭질 중.

할머니: (흥얼거리며) 미워하는 미워하는 미워하는 마음 없이……
가족들을 뒷바라지하느라 고단했지만 가족들을 원망하지 않고 끝까지 사랑하는 인희의 마음을 대변하는 노랫말
인희가 어디 있나 여기저기 찾다가, 문득 인희 방을 열면, 그곳은 전원주택의 온실이다. 놀란
환상 속 공간
할머니 앞으로 집에서 가져온 꽃 무더기를 바라보며 혼자 앉아 있는 인희의 뒷모습이 보인다.
울고 있는 것 같기도 하고, 웃고 있는 것 같기도 하다. 할머니, 서서히 다가서더니, 문득, ㉠상처
난 데에 입김을 불어 주는 듯, 호오오오 해 준다. 순간, 백만 송이 꽃가루가 흩날리는 눈송이처
럼 온실 너머 새벽안개 속으로 피어오른다.
꽃가루와 눈송이가 피어오르는 형상으로 인희가 삶의 무게에서 벗어났음을 보여 줌.

정철: (OFF) 여보……
화면에 나타나지 않는 인물의 목소리나 소리.

라 S# 169. 전원주택, 침실 / 아침

침실 가득 밝은 햇살이 들어오고. 인희, 정철의 팔에 안겨 편안히 잠들어 있다.
밝은 햇살 속에서 정철의 품에 안겨 평화롭게 잠들 듯 죽음을 맞음. → 제목처럼 아름다운 이별을 맞는 인희
인희: …… / 정철: (아내의 죽음을 느낀다. 보지 않고) 여보……

인희: …… / 정철: 인희야……

  그러나 인희는 대답 없고……. 참지 못하고 부서져라 껴안는 정철. 정철, 이를 앙다물고 우는
데, 눈물 뚝 떨어져 인희의 빰 위로 흐른다. 너무나도 깊이 잠든 인희의 눈에도 차디찬 물기가
서려 있다. 페이드아웃.
화면이 점차 어두워짐.
▶ 인희의 죽음에 슬퍼하는 정철

• **중심 내용** 인희는 정철과 마지막으로 오붓한 시간을 보내고 결국 생을 마감함.　　• **구성 단계** 대단원

Q S# 163에서 인희와 정철의 모습을 몽타주 기법으로 보여 준 이유는?

몽타주 기법은 따로따로 촬영한 화면을 떼어 붙여서 한데 나열해 보여 주는 기법이다. S# 163에서 이 기법을 쓴 이유는 인물 간의 대사, 연속된 행동이나 사건을 하나하나 보여 주지 않더라도 인물이 처한 상황과 심리를 충분히 짐작할 수 있기 때문이다. 인희가 정철과 함께 일상의 행복을 누리는 모습과 병세가 악화되어 극심한 고통을 느끼는 모습을 교차해 보여 주면서 짧은 행복 뒤에 죽음이 다가오고 있음을 예고하고 있다.

😊 **구절 풀이**

❶ **술 먹을 때, 술 깰 때, ~ 아플 때, 외로울 때.** 정철이 인희가 보고 싶은 순간들을 하나하나 나열하고 있다. 결과적으로 정철은 언제 어느 때이고 일상의 모든 순간에 그녀가 보고 싶어질 것이라고 말하고 있다. 곧 영원한 이별을 앞둔 정철이 느끼는 절실한 슬픔과 안타까움이 나타나는 장면이다.

Q S# 168에서 인희의 죽음을 환상적인 장면으로 처리한 효과는?

인희의 죽음은 직접적으로 제시되지 않고, 할머니의 환상을 통해서 간접적으로 암시되고 있다. 환상 속에서 할머니는 인희에게 '호오오오' 입김을 불어 주는데, 이는 인희의 고단한 삶과 상처를 위로하고 보듬어 주는 것을 상징한다. 또한 흩날리는 꽃가루와 눈송이는 그녀가 무거운 삶의 굴레에서 벗어났음을 상징한다. 이처럼 인희의 죽음을 환상적으로 나타냄으로써, 관객은 가족들의 사랑 속에서 아름답게 매듭지어진 인희의 삶에 주목하게 되고 더 큰 감동과 여운을 느낄 수 있게 된다.

🧑 **작가 소개**

노희경(1966~)
드라마 작가. MBC 베스트극장 공모에 〈세리와 수지〉로 당선되며 본격적으로 작품 활동을 시작하였다. 주요 저서로 드라마 대본집 《그들이 사는 세상》, 《괜찮아 사랑이야》, 에세이집 《지금 사랑하지 않는 자, 모두 유죄》, 소설집 《세상에서 가장 아름다운 이별》 등이 있다.

민규동(1970~)
영화감독. 1999년 〈여고괴담 두 번째 이야기〉로 데뷔하였다. 주요 작품으로 〈내 생애 가장 아름다운 일주일〉, 〈허스토리〉 등이 있다.

🏠 작품 연구소

가족만을 위해 헌신했던 인희의 삶

가족을 위해 희생함.	• 모진 시집살이를 시킨 시어머니가 치매에 걸리자 지극정성으로 그녀를 보살핌. • 자신의 몸이 아픈 것은 대수롭지 않게 여기며 가족들 뒷바라지만 하다가 병을 키움.
가족 관계의 회복을 가장 중시함.	• 자신의 무기력함과 미숙함을 아버지에 대한 반발로 표출하는 정수를 품에 안으려고 함. • 자수성가에 대한 강박 관념으로 일에만 매달려 사는 정철의 곁을 묵묵히 지킴. • 전원주택을 지으며 가족들이 행복한 삶을 살기를 소망함.
자신의 죽음보다 가족의 안부를 걱정함.	• 된장찌개 하나 끓이지 못하는 딸, 남편의 노후, 건강이 좋지 않은 막내, 돌봐 줄 사람이 없을 치매에 걸린 시어머니를 걱정함. • 연수에게 자신이 죽은 후 자신의 역할을 맡아 줄 것을 부탁함.

⬇

인희라는 인물은 엄마, 며느리, 아내라는 다양한 이름과 역할로 살아가는 우리 사회의 여성들의 고단한 삶을 보여 줌.

'전원주택'의 의미

인희는 각자 바쁘게 살아가는 가족들이 훗날 전원주택에 모여서 함께 행복한 시간을 나누기를 소망하며 전원주택을 지으려 함.	행복한 가족에 대한 소망을 담은 공간
인희는 자신이 소망한 대로 정철과 행복한 시간을 보내다 그의 품에 안겨 죽음을 맞이함.	아름다운 이별을 맞이하는 공간

제목 '세상에서 가장 아름다운 이별'의 의미

인희의 입장에서	• 인희의 죽음은 할머니의 환상 속에서 흩날리는 아름다운 꽃가루로 형상화되고 있음. • 지금껏 가족들로부터 받지 못한 따뜻한 사랑과 배려를 느끼며 아름답게 죽음(이별)을 맞이함.
가족의 입장에서	서로에게 소원했던 가족들이 인희의 죽음(이별)을 계기로 가족의 소중함과 가치를 깨닫게 됨.

📖 함께 읽으면 좋은 작품

〈우리 동네 구자명 씨〉, 고정희 / 여성에게 강요하는 삶의 무게를 다룬 작품

출근길 버스에서 졸고 있는 구자명 씨를 주인공으로 하여 한 여성의 고단한 일상을 그린 시로, 가족을 위한 여성의 희생을 일방적으로 강요하는 현실을 비판하고 있다. 여성의 고단한 삶을 다루고 있다는 점에서 이 글과 비교하여 읽을 수 있다.

▶ **Link** 〈현대 시〉 240쪽

---

6 〈보기〉는 아내와 사별한 마음을 노래한 시이다. 이 글의 (나)와 〈보기〉를 함께 감상한 내용으로 가장 적절한 것은?

┤ 보기 ├

조금 전까지는 거기 있었는데 / 어디로 갔나,
밥상은 차려 놓고 어디로 갔나,
넘치 지지미 맵싸한 냄새가 / 코를 맵싸하게 하는데
어디로 갔나, / 이 사람이 갑자기 왜 말이 없나,
내 목소리는 메아리가 되어 / 되돌아온다.
　　　　　　　　　　　　　　　－ 김춘수, 〈강우(降雨)〉에서

① (나)와 〈보기〉 모두 대상의 부재가 그 대상과 함께했던 인물의 삶을 되돌아보게 하고 있다.

② (나)와 〈보기〉 모두 대상의 부재를 느끼게 하는 것은 그 대상과 함께했던 소소한 일상이라는 점을 드러내고 있다.

③ (나)는 〈보기〉와 달리 대상의 부재를 인정하는 것이야말로 외로움과 두려움을 이겨 내는 방법이라고 말하고 있다.

④ 〈보기〉는 (나)와 달리 대상의 부재를 절대자의 뜻으로 받아들여야 한다고 말하고 있다.

⑤ 〈보기〉는 (나)와 달리 대상의 부재를 느끼는 일은 죽음이나 이별을 우리의 삶의 일부로 받아들이는 것임을 말하고 있다.

---

7 〈보기〉를 각색하여 이 글의 (라)를 쓴 것이라고 할 때, 그 과정에서 고려했을 내용으로 가장 적절한 것은?

┤ 보기 ├

정철은 잠에서 깨자마자 조용히 아내를 불러 보았다.
"여보."
아내를 안고 있는 오른쪽 팔에서는 이미 온기가 느껴지지 않는다. 그는 벌떡 몸을 일으켰다.
"인희야!"
정철은 오열하며 아내의 이름을 불렀다. 주체할 수 없는 눈물이 계속 그의 볼을 타고 흘러내렸다. 그는 서서히 몸을 굽혀 식어 버린 아내의 몸을 부서져라 껴안아 주었다. 그녀의 입술에 입 맞추며 그렇게 언제까지, 언제까지 끌어안고 있었다. 어느 결에 고인 슬픔인지, 깊이 잠든 인희의 눈에도 차디찬 물기가 서려 있었다.
　　　　　－ 노희경, 소설 〈세상에서 가장 아름다운 이별〉에서

① 정철과 인희가 서로 화해하는 장면을 삽입한다.

② 공간적 배경을 정철의 심리와 어울리도록 바꿔 쓴다.

③ 삶에 미련을 갖는 인희의 모습을 구체적으로 드러낸다.

④ 죽음을 맞는 인희의 고통을 장면 묘사를 통해 보여 준다.

⑤ 인희를 보내는 정철의 슬픔을 좀 더 절제하여 보여 준다.

---

8 ㉠을 통해 작가가 드러내고자 하는 바가 무엇인지 〈조건〉에 맞게 쓰시오.

┤ 조건 ├

할머니가 인희의 상처를 어루만지듯 입김을 부는 행동에서 알 수 있는 인희에 대한 작가의 태도를 쓸 것.

036

그대를 사랑합니다 | 강풀 원작, 이만희 각색

[문학] 신사고

🎯 핵심 정리
갈래 시나리오
성격 사실적, 낭만적
배경 ① 시간 – 2010년
② 공간 – 서울의 어느 산동네
제재 두 노인의 사랑
주제 상처를 안고 살아가는 노인들의 애틋한 사랑과 소외된 세대에 대한 관심
특징 ① 사회적 약자인 노인들을 주인공으로 하여 노년층의 삶을 섬세하게 그려 냄.
② 고령화 사회의 소외 계층이 겪는 어려움을 사실적으로 보여 줌.

💡 어휘 풀이
엄두 감히 무엇을 하려는 마음을 먹음. 또는 그 마음. 흔히 '엄두가 안 나다'의 꼴로 사용함.
파지(破紙) 찢어진 종이. 또는 일정한 규격에 어긋나 못 쓰게 된 종이.
심드렁 '심드렁하다'의 어근. 마음에 들지 않아서 관심이 없음.
안간힘 어떤 일을 이루기 위해서 몹시 애쓰는 힘.
덤덤 '덤덤하다'의 어근. 특별한 감정의 동요 없이 그저 예사로움.
징용(徵用) ① 전시·사변 또는 이에 준하는 비상사태에, 국가의 권력으로 국민을 강제적으로 일정한 업무에 종사시키는 일. ② 일제 강점기에, 일본 제국주의자들이 조선 사람을 강제로 동원하여 부리던 일.

Q S# 4에서 송 씨를 대하는 만석의 말과 행동이 서로 어떻게 다른가?

만석은 겉으로는 어딘가 못마땅한 듯 퉁명스러운 태도로 송 씨를 타박하듯이 말하지만, 송 씨가 손수레 끄는 일을 돕고 송 씨의 건강을 염려하며 우유를 건네고 있다. 이러한 모습에서 만석이 따뜻한 마음을 지닌 인물임을 알 수 있다.

✍️ 구절 풀이
❶ 나, 보면 알겠지만 ~ 만석의 오토바이. 겉으로는 고집불통이며 상대에게 언성을 높이는 만석이지만 사실은 송 씨를 좋아하고 배려하고 있음을 알 수 있다. 좋아하는 마음을 다정하게 표현하는 것에 익숙하지 않은 만석의 서툰 의사소통 방식을 엿볼 수 있는 부분이다.
❷ 이름은 아버지가 ~ 불렀다고요! 송 씨가 제대로 된 이름을 갖지 못하고 '송 씨'로 불리게 된 사연을 설명하고 있다. 이를 통해 송 씨의 불행한 가족사를 짐작할 수 있다. 만석은 송 씨의 사연을 듣고 송 씨의 딱한 처지를 이해하게 되고, 이는 추후 만석이 송 씨를 주민 센터에 데려가는 계기가 된다.

가 S# 4. 언덕길(밤) – 눈
<small>시간적 배경 / 계절적 배경: 겨울</small>

눈이 흩날리는 언덕길. 미끄러운 언덕길을 내려갈 °엄두가 안 나는지 손수레와 함께 쭈그리고 앉아 있는 송 씨. 이때 투타타타 소리를 내며 달려오는 만석의 오토바이. 저만치 가다 말고 커다란 원을 그리며 되돌아온다.
<small>공간적 배경 – 폐지를 줍는 송 씨에게 고난으로 작용함. / 송 씨를 도우려고 다시 돌아옴.</small>

만석: 이런 날은 쉬지…… 뭣 하러 나왔어? 이깟 °파지 주워서 몇 푼이나 번다고……!
<small>겉으로는 거칠게 대하지만 타인을 돕고 배려하는 따뜻한 마음을 가졌음.</small>

송 씨: ㉠(°심드렁 본다.) / **만석:** 아무도 없는 게야? 밥 멕여 줄 식구나 자식이 없어?
<small>추운 겨울밤에 노인이 홀로 폐지를 줍고 있기 때문에 한 질문임.</small>

송 씨: ㉡……! (서글퍼지는…… 못 들은 척 외면하며 무릎을 짚고 일어난다.) 그럴 처지나 되나요. / 만석, 괜한 걸 물었다고 생각한다.
<small>식구나 자식이 없음. / 송 씨에게 상처가 될 수 있는 질문을 했다고 생각함.</small>

만석: (투덜투덜) 이놈들, ㉢연탄재라도 좀 뿌려 놓지.

오토바이에서 내려 손수레 손잡이를 잡는다.
<small>송 씨를 도우려는 만석</small>

송 씨: 뭐 하시는 거예요? / **만석:** 여기서 스케이트 탈 일 있어? 더 있다간 빙판 져서 못 내려가. / 손수레를 잡는데…… 켁…… 생각보다 무겁다. 끄응!

송 씨: 허리 다쳐요!

만석: 그 짝보다 내 허리 힘이 약할까 봐 그래? (손바닥에 침을 뱉으며) 사람을 뭐로 보고…… / **송 씨:** ……

만석: (°안간힘…… 부르르…… 안 움직인다.) 아 좀 밀어 봐!

송 씨 밀고…… 움직이는 손수레 언덕을 힘겹게 내려간다.
<small>(시간이 경과함.)</small>

송 씨 옆에 멈추는 만석의 오토바이, ㉣불쑥 우유 하나를 내민다.
<small>만석이 송 씨에게 호감이 있음을 드러냄.</small>

만석: (°덤덤) 들어! 우유가 뼈에 좋대! / **송 씨:** 안 그러셔도 돼요.

만석: (협박) ❶나, 보면 알겠지만, 누가 하란다고 하고, 하지 말란다고 안 하는 그런 사람 아니야. 여러 소리 말고 받어. / **송 씨:** ……
<small>만석의 고집 센 성격을 알 수 있음.</small>

탁 우유를 내려놓고 투타타타 달려가는 만석의 오토바이.

송 씨: ㉤주인 닮아 소리 한번 요란하네.

송 씨, 싫지 않은 표정이다. 저 멀리 달려가던 오토바이, 펑 소리와 함께 모락모락 흰 연기가 피어오른다.
<small>송 씨 역시 만석의 관심이 싫지 않음.</small>

▶ 폐지를 줍는 송 씨를 돕는 만석

나 S# 44. 거리(낮)

달리는 오토바이. 송 씨, 조금은 어색하지만 만석의 허리를 잡고 있다.
<small>만석과 송 씨의 사이가 조금씩 가까워지고 있음.</small>

만석: 난 김이야. 일만 만 자에 밝을 석…… 김만석이야. 이름이 뭐야?
<small>자신을 소개하면서 친근감을 드러냄.</small>

송 씨: 송 씨예요. / **만석:** 크게 말해!

송 씨: 송 씨요. / **만석:** 그건 성이고…… 이름은?

송 씨: ……없어요. / **만석:** 이름이 없어? / **송 씨:** …… ▶ 통성명을 하며 송 씨에게 이름이 없음을 알게 된 만석
<small>제대로 된 이름도 없이 고달픈 인생을 살아왔음.</small>

다 S# 45. 송 씨 집 계단(낮)

송 씨 집 계단에 앉아 있는 만석과 송 씨.

송 씨: ❷이름은 아버지가 짓는 거라며…… °징용 가신 아버지가 돌아오길 기다리다 결국 이름도 없이 살았어요. 그러다 사람들이, 송씨니까…… / **만석:** 크게 말해! 안 들려.
<small>송 씨가 이름 없이 살아온 이유를 말함. – 만석에게 마음을 열고 있음.</small>

송 씨: 송씨니까 '송 씨야 송 씨야' 하고 불렀다고요! / **만석:** (끄덕끄덕)

▶ 자신이 이름 없이 살게 된 사연을 만석에게 이야기하는 송 씨

• **중심 내용** 송 씨를 돕고 통성명을 하게 된 만석은 송 씨에게 이름이 없는 사연을 알게 됨. • **구성 단계** 발단·전개

이해와 감상

이 작품은 웹툰을 각색하여 2011년 개봉한 영화의 시나리오이다. 우리 사회의 한 구성원인 노인들의 사랑과 이별을 제재로 삼아, 무관심 속에 사회적 보호를 받지 못한 채 살아가는 소외된 이웃들의 삶을 그리고 있는 작품이다. 주인공 만석과 송 씨 사이에서 싹트는 가슴 따뜻한 사랑을 통해 낭만의 정서를 공유하면서, 다른 세대를 이해하고 다양한 삶의 방식을 알아 가는 기회를 제공한다. 한편 이 작품의 다른 인물인 노인 장군봉이 치매에 걸린 아내를 지극 정성으로 돌보다 더 이상 희망이 없음에 좌절하고 그의 아내와 함께 생을 마감하는 내용을 통해 사회적 약자와 소외된 이웃에 대한 우리 사회의 진정한 관심과 소통이 필요함을 시사하고 있다.

🔍 전체 줄거리

발단	우유 배달을 하는 만석은 폐지를 주워 생계를 유지하는 송 씨를 돕고, 주차장 관리 일을 하며 치매에 걸린 아내를 보살피는 군봉은 날이 갈수록 증세가 심해지는 아내 때문에 고민한다.
전개	만석과 송 씨는 서로 마음을 조금씩 열게 되고 만석은 송 씨에게 이름이 없다는 것을 알게 된다. 군봉은 길을 잃어버린 아내를 찾는 데 도움을 준 만석과 친해진다.
절정	만석은 송 씨에게 이름을 지어 주고 사랑하는 마음을 고백한다. 군봉은 아내의 병세가 더 심해져 이제 희망이 없다는 것을 깨닫게 된다.
하강	만석은 송 씨와 즐거운 날들을 보내고, 군봉은 아내와 함께 생을 마감하기로 결심한다.
대단원	군봉 부부의 마지막 부탁을 지킨 만석은 송 씨를 그리워하던 고향에 데려다준다. 그러나 만석은 송 씨를 잊지 못하고, 마침내 송 씨를 찾아가 함께 오토바이를 타고 하늘을 난다.

👥 인물 관계도

김만석	↔	송 씨(송이뿐)
우유 배달부. 무뚝뚝하고 퉁명스럽지만 따뜻한 마음을 지님. 송 씨에게 연정을 갖게 됨.	이름을 지어 줌. 애정·고마움	폐지를 주우며 생계를 유지하는 독거노인. 이름도 없이 고달프게 살아오다가 만석의 관심에 행복을 느낌.

↑ 조력

연아
만석의 손녀. 동 주민 센터에 근무함. 송 씨가 주민 등록을 하고 이름을 가질 수 있도록 도와줌.

자료실

웹툰(webtoon)

인터넷을 뜻하는 '웹(web)'과 만화를 뜻하는 '카툰(cartoon)'의 합성어로서 각종 멀티미디어 효과를 동원해 제작된 인터넷 만화를 말한다. 웹툰은 이전의 출판 만화와 다르게 댓글을 통해서 독자가 능동적으로 참여할 수 있는 '쌍방향성'의 특성을 가지고 있다. 참신한 소재와 이야기를 담은 다양한 웹툰이 창작되고 있고, 독자들에게 인기를 끌고 있다.

🔑 포인트 체크

인물 무뚝뚝하고 퉁명스럽지만 마음만은 따뜻한 ☐☐과 사회적 보호를 받지 못한 채 이름도 없이 힘겹게 살아가는 ☐☐가 등장한다.

배경 타인에게 점점 더 ☐☐☐해지는 현대 사회를 배경으로 하고 있다.

사건 만석이 ☐☐를 도와주면서 서로에게 호감을 갖게 된다. 두 인물이 통성명을 하는 과정에서 송 씨가 ☐☐ 없이 평생을 살아왔음이 드러나고 있다.

1 이 글의 '만석'과 관련된 설명으로 알맞지 <u>않은</u> 것은?

① 무뚝뚝하고 퉁명스럽게 남을 대하고 있다.
② 고집이 센 자신의 성격을 스스로 알고 있다.
③ 화를 잘 내지만 남을 도울 줄 아는 마음을 지녔다.
④ 송 씨와 가까워지면서 그녀의 딱한 처지를 알게 된다.
⑤ 송 씨가 손수레를 끌며 파지 줍는 일을 그만두게 하려고 한다.

2 ㉠~㉤에 대한 설명으로 적절하지 <u>않은</u> 것은?

① ㉠은 상대방의 발화에 대해 탐탁지 않게 여기는 행동이다.
② ㉡은 자신의 처지에 대한 서글픔을 담고 있는 표현이다.
③ ㉢은 대화 상대에 대한 질책을 담고 있는 표현이다.
④ ㉣은 상대방에 대한 호감을 나타내는 행동이다.
⑤ ㉤은 표면적으로는 부정적인 의미를 담고 있지만, 궁극적으로는 긍정적인 의미를 담고 있다.

3 〈보기〉는 이 글에 이어지는 장면이다. 〈보기〉에서 '내레이션(NAR.)'의 역할로 가장 적절한 것은?

┤보기├

S# 46. 송 씨 과거

송 씨: (NAR.) 그 사람은 점점 변해 갔죠. 술을 먹는 날이 안 먹는 날보다 많아지더니 급기야 노름판까지 드나들게 되었죠. 그리고 한번 시작된 매질은 이틀이 멀다 하고 반복되었죠. 하지만 난 참았어요. 나는 참는 덴 선수거든요.

깨진 창틈으로 커튼이 펄럭이고, 겨울 찬바람의 스산한 소리 들려온다. 갓난아이를 업고 삯바느질을 하는 송 씨와 옆에서 화투 패를 맞추는 상태.

송 씨: (NAR.) 그 사이에 딸아이가 하나 생겼고 그 사람은 돈을 벌어 오겠다며 집을 나갔어요.

가방을 들고 대문을 나서는 상태. 아이를 업은 송 씨 혼자 남겨진다.

송 씨: (NAR.) 그게 그 사람과 마지막이었어요.

① 촬영에 필요한 장소를 묘사해 주는 역할을 한다.
② 작품의 주제를 직접적으로 나타내는 역할을 한다.
③ 인물의 과거를 요약적으로 제시하는 역할을 한다.
④ 대사를 하는 인물의 심리적 갈등을 드러내는 역할을 한다.
⑤ 두 개의 사건을 하나로 긴밀하게 연결해 주는 역할을 한다.

내신 적중 多빈출

4 (가)에서 '송 씨'를 향한 '만석'의 호의가 드러나는 행동을 찾아 쓰시오.

어휘 풀이

동 주민 센터 행정 구역 단위인 동의 행정 업무를 맡아보는 기관.

독거노인(獨居老人) 가족 없이 혼자 살아가는 노인.

급여(給與) 돈이나 물품 따위를 줌. 또는 그 돈이나 물품.

영문 일이 돌아가는 형편이나 그 까닭.

걸다 말이 거리낌이 없이 험하다.

Q S# 58, S# 61에 나타난 만석, 송 씨, 연아의 성품은 어떠할까?

만석은 송 씨를 위해 독거노인 보상 급여를 신청해 주고 이름도 지어 준다. 송 씨는 고마운 마음을 진심으로 표현하고, 주민 등록증을 전해 주러 집에 찾아온 연아를 위해 초라하지만 정성을 다한 식사를 대접한다. 연아는 할아버지 만석과 연인 송 씨를 따뜻한 시선으로 바라보며 도움을 준다. 만석, 송 씨, 연아 모두 마음이 착하고 타인을 배려할 줄 아는 인물임을 알 수 있다.

구절 풀이

❶ **할머니, 일단 주민 등록증 주세요. ~ 아예 없으세요?** 송 씨가 그동안 주민 등록도 되지 않은 채 살아왔음을 알 수 있다. 이는 송 씨가 사회로부터 완벽히 소외된 채 살아온 사회적 약자임을 상징적으로 보여 주는 것이다.

❷ **이뿐이야. ~ 그래……. 빨리 써……!** 만석이 송 씨에게 이름을 지어 주는 장면이다. '이뿐'이라는 이름은 '이쁘다'라는 단어를 연상하게 하고 성을 붙여 읽을 때에는 '송이뿐', 즉 '송이, 당신뿐이다.'라는 의미도 나타낼 수 있다. 송 씨를 특별하게 여기는 만석의 마음이 드러나 있다.

❸ **아이구 아이구 ~ 송……. 이……뿐!** 태어나서 처음으로 자신의 이름이 적힌 주민 등록증을 받고 감격스러워하는 송 씨의 모습이 나타나 있다. 그동안 사회에서 소외된 채 살아가던 송 씨가 만석과 연아 등 다른 사람들의 도움을 받아 사회의 일원으로 인정받고 느끼는 감동을 이해할 수 있다.

작가 소개

강풀(1974~)
만화가. 감성적 소재와 서사적 구성의 웹툰을 창작하였다. 주요 작품으로 〈순정 만화〉, 〈아파트〉 등이 있다.

이만희(1954~)
극작가. 문학적인 대사와 탄탄한 이야기 전개를 보여 주었다. 주요 작품으로 〈불 좀 꺼 주세요〉, 〈약속〉 등이 있다.

가 S# 58. 동 주민 센터(낮)

송 씨를 끌고 ˚동 주민 센터 안으로 들어가는 만석.

송 씨: 괜찮다니까요. / 만석: 참 말 많네. 따라만 오라니까.

송 씨의 손목을 잡고 연아 앞으로 다가가는 만석.

연아: (벌떡 일어서며) 할아버지! 여긴 어쩐 일이세요?
　　　만석의 손녀. 동 주민 센터에서 일하고 있음.

만석: 접때 혼자 사는 노인들한테 돈 나온다 그랬지? / 연아: ˚독거노인 보상 ˚급여요?
　　　평소 만석이 찾아온 적이 없어 놀람.　　　　　만석이 주민 센터를 방문한 목적 - 송 씨의 독거노인 보상 급여를 신청해 주려 함.

만석: 얼마나 나와? [중략] / 연아: 10만에서……15만.

만석: 그걸 누구 코에 붙여! 보일러 기름값도 안 되는……
　　　　송 씨를 더 챙겨 주고 싶은 마음이 드러나는 표현

송 씨: (멍하게) 그 많은 돈을 준다구요? / 연아: 네……!
　　　　페지를 팔아 살아가는 송 씨에게는 큰돈임.

송 씨: 한 달 꼬박 모아도 힘든 돈인데…… 가…… 감사합니다. 정말 감사합니다……
　　　　　　　　　　　　　　　　　진심으로 고마움을 표현함. - 송 씨의 착한 성품이 드러남.

연아: (따라 인사하며) 제가 드리는 게 아니고요……

진심으로 감사한 듯, 공손히 또 아주 깊이 절을 한다. 동 주민 센터 직원들 모두에게 하듯.

송 씨: 감사합니다. 감사합니다. / 연아: ……

깊이 허리를 숙이는 송 씨를 따라 연아도 얼떨결에 절을 한다. ˚영문 모르고 덩달아 인사를 하는 직원들. (경과) 연아의 주위에 옹기종기 모인 동 주민 센터 직원들. 한마디씩 거든다. 직원
　　　　　　　　　　　　　　　　　관객의 흐뭇한 웃음을 자아내는 상황
들, "최대한 빨리 신청해 봐." "독거노인 자금 혜택 자료 다 뽑아 놨지?"
　　　　　　　　　　　　　　　　　착한 심성을 지닌 송 씨를 최대한 도와주려는 직원들

연아: ❶할머니, 일단 주민 등록증 주세요. / 송 씨: ……. (머뭇머뭇) / 연아: 주민 등록증요?
　　　　　　　　일정한 지역의 주민임을 증명하는 문서

송 씨: 그게 없는데……. / 연아: (놀라서 송 씨를 보며) 네? 아예 없으세요?
　　　　　　　　　　　　　　주민 등록증도 없을 정도로 사회로부터 소외된 삶을 살아 왔음을 상징적으로 보여 줌.

송 씨: (고개 떨구는) / 송 씨, 대답을 못하고 발끝만 바라본다. [중략]

　┌ 연아: 그럼 일단 등록 신청부터 할게요. 성함이 어떻게 되시죠?
[A]│송 씨: 송 씨요. / 연아: 그다음은요? / 송 씨: 그냥……. 송……. 그게……. (머뭇)
　│　　　　　　　　　　　　　　　　　　　　　이름이 없으므로 당황하여 머뭇거림.
　└ 이때 만석 소리. / 만석: ❷이뿐이야. / 연아: 예? / 만석: 이뿐이라니까……. 송이뿐!
　　　　　　　　　　　　　　　　　　　　　　　　　　　　만석이 지은 이름

연아: (송 씨에게) 진짜요? / 만석: (버럭!) 왜 말귀를 못 알아들어? 송이뿐이라구. 송이뿐!

연아: (이름을 적는데…….) / 만석: 아니 이쁘다 할 때 이쁜 말고…… 송이, 뿐이다 할 때,
　　　　　　　　　　　　　　　　　　　　　　　　　　　　　송 씨를 향한 만석의 애정이 드러남.
'이뿐', 그래……. 빨리 써……!

연아, 얼떨결에 빈칸을 채우고……. 만석, 송 씨를 보며 눈을 찡긋찡긋……

▶ 송 씨의 주민 등록을 돕고 송 씨에게 이름을 지어 주는 만석

나 S# 61. 송 씨 방(낮)

쾅쾅쾅 송 씨 방문을 두들기는 연아.

연아: 계세요. 할머니 계세요? 송이뿐 할머니!

방바닥에 엎드려 한글 연습을 하는 송 씨, "누구요?" 하며 나간다.
　　　　　　　　　송 씨는 한글을 모른 채 살아왔음. - 송 씨의 고달픈 삶을 짐작할 수 있음.

송 씨: (연아를 보고) 아니 이게 누구요…… 어서 들어오우.

송 씨의 손에 이끌려 방으로 들어온 연아.

연아: 짜잔! 송이뿐 할머니 주민 등록증 나왔어요.
　　　　　　　사회적으로 존재를 인정받음.

송 씨: ❸아이구 아이구……. (받아 본다.) 이게 내 이름이라구? 송……. 이……뿐! [중략]
　　　　　기쁨의 표현　　　　　　　　　　　　　　처음으로 이름을 갖게 되어 감격스러움.

연아: 할머니! / 송 씨: 말해요. / 연아: 할아버지 안 무서우세요?

송 씨: 입이 ˚걸어 그렇지, 속은 순한 데가 많은 분이잖수.
　　　　　만석이 마음이 따뜻한 사람임을 알고 있음.
　　　　　　　　　　　　　　　　　　　　　　　　　　　┌ 고마운 마음에 연아에게 줄 밥상
연아: 네…… 혹시 할아버지랑 사귀세요? / 순간 젓가락이 손에서 바닥으로 쨍그랑……│을 준비하던 중 젓가락을 떨어뜨
　　　　　연아의 솔직담백한 성격이 드러남.　　　　　　　　　　　　　　　　　　　└ 림. - 연아의 말을 듣고 당황함.

연아: 괜찮으세요? / 송 씨: 손이 미끄러워서……. / 연아: '송이뿌운' 이름을 말씀하실 때
꼭 '송이뿐이다' 하는 소리처럼 들리더라고요. / 이번에는 그릇이 또 쨍그랑.
　　　만석의 마음을 넌지시 알려줌.

연아: 괜찮으세요? / 송 씨: 손이 왜 이렇게 미끄럽지…….

▶ 주민 등록증을 전달하러 송 씨의 집에 방문한 연아

・ **중심 내용** 송 씨를 위해 이름을 지어 주는 만석과 송 씨의 마음을 알게 된 연아　　・ **구성 단계** 절정

🏠 작품 연구소

제목 '그대를 사랑합니다'의 의미

'그대를 사랑합니다'는 송 씨를 연모하게 된 만석이 손녀인 연아의 조언을 받아 송 씨의 생일날 송 씨에게 고백하는 대사로, 송 씨를 사랑하는 만석의 마음을 담고 있는 표현이다. 연아는 송 씨를 향한 만석의 마음을 눈치채고, 사랑하는 마음을 전하려면 직접 말해야 한다며 '당신을 사랑합니다.'라는 말로 고백하라고 한다. 하지만 만석은 '당신'이란 말은 사별한 자신의 아내에게만 사용할 수 있는 단어라며 이를 거부한다. 이후 만석은 아내의 묘에서 다른 여인에게 마음이 있음을 고백하고 용서를 구한 후 '당신'이라는 단어 대신 '그대'라는 단어를 사용하여 자신의 마음을 송 씨에게 표현한다.

'송이뿐'이라는 이름의 의미

송 씨에게	만석에게
사회의 한 구성원으로 인정받아 사회적인 삶을 영위할 수 있게 됨.	송 씨를 유일하고 특별한 존재로 여기고 있음을 표현함.

'송이뿐'이라는 이름은 주민 등록도 되지 않은 채 사회로부터 소외된 삶을 살던 송 씨가 사회의 한 주체로서 살아갈 수 있게 되었음을 의미한다. 또한 얼핏 '송이뿐'으로 들리기도 하는 '송이뿐'은 자신에게는 송이뿐이라는 만석의 마음이 담긴 이름이다. 젊은이와 다를 바 없이 사랑을 느끼고 표현하는 노인 세대의 삶과 감정이 드러난다.

등장인물을 통해 본 노인 문제

송 씨	장군봉
• 폐지를 주우며 생계를 이어 나감. • 주민 등록증이 없어 제도적 지원을 받지 못함.	• 자녀 셋이 모두 부모를 책임지려 하지 않음. • 치매를 앓는 아내를 돌보며 어려움을 겪다가 죽음을 선택함.

↓

• 가족, 사회로부터 소외된 채 살아감.
• 경제적 생활 능력이 부족해 힘겹게 살아감.

📖 함께 읽으면 좋은 작품

〈타인의 방〉, 최인호 / 사물화된 고독한 현대인을 묘사한 작품

현대인이 도시의 일상생활에서 겪는 인간 소외를 묘사한 소설이다. 서울의 아파트를 배경으로 하여 현대 사회에서 정체성을 상실한 채 사물화된 인간의 모습을 상징적으로 보여 주며 현대인의 고독과 소외감을 드러내는 작품이다.

〈빨래〉, 추민주 / 이웃에 대한 애정과 관심을 노래한 작품

서울의 어느 달동네를 배경으로 하여 고단한 삶 속에서도 희망을 잃지 않고 살아가는 소시민들의 모습을 담은 희곡이다. 소시민들의 삶의 모습을 통해 고민과 아픔을 지니고 살아가는 동시대 사람들에게 위로와 희망의 메시지를 전하는 작품이다.

▶ Link 본책 243쪽

5 이 글의 내용과 일치하지 <u>않는</u> 것은?

① 송이뿐이라는 이름은 송 씨가 작명한 것이 아니다.
② 송 씨는 독거노인 보상 급여를 받을 수 있는 처지이다.
③ 송 씨는 지금까지 한글을 쓸 줄 모르는 상태로 살아왔다.
④ 송 씨는 한 달을 꼬박 모아도 15만 원을 벌기 힘든 상황이다.
⑤ 송 씨는 주민 등록증을 잃어버려서 지금은 가지고 있지 않다.

6 [A]를 〈보기〉와 같이 바꾸었다고 할 때, 그 효과로 적절한 것은?

┤ 보기 ├

그러자 연아는 "할머니 그럼 일단 등록 신청부터 할게요. 성함이 어떻게 되시죠?" 하고 물었다. 나는 "송 씨요."라고 작게 대답했다. "그다음은요?"라고 연아가 물었지만 나는 작은 목소리로 "그냥……. 송……. 그게……."라며 머뭇거렸다. 왜냐하면 나는 지금껏 이름도 없이 살아왔기 때문이다. 이런 상황이 너무 창피하기도 하고 서글프기도 했다.

이때 만석 씨가 나서며 "이뿐이야."라고 말했다. 연아가 "예?"라고 묻자 만석 씨는 "이뿐이라니까……. 송이뿐!" 하며 힘주어 말했다. 나는 만석 씨의 말에 그만 울컥하였다. 미리 내 이름까지 생각해 두고 있었다는 것이 너무도 고마웠기 때문이다.

① 만석의 성격을 부각하여 극적인 사건 전개가 가능해진다.
② 만석과 연아의 갈등을 더욱 심화하여 독자의 몰입감을 높인다.
③ 송 씨의 심리를 자세히 드러내 인물에 대한 독자의 이해를 돕는다.
④ 만석이 개인적으로 숨겨 온 이야기가 드러나 그 비극성이 강조된다.
⑤ 연아의 역할 비중이 커져서 인물 간 대결 구도에 흥미를 더해 준다.

7 이 글을 읽고 난 후의 반응으로 가장 적절한 것은?

① 원치 않는 도움은 오히려 상처를 줄 수 있겠구나.
② 주변에 송 씨처럼 소외된 노인은 없는지 살펴봐야겠어.
③ 적은 액수의 돈을 하찮게 여기는 세태는 비판 받아 마땅해.
④ 지나친 원칙주의는 주민이 행정 기관을 불신하게 되는 이유이군.
⑤ 다른 세대의 사랑을 편견으로 보는 것은 잘못된 것임을 깨달았어.

내신 적중 多빈출

8 이 글에서 '송이뿐'이라는 이름이 갖는 의미를 '송 씨'와 '만석'의 입장에서 각각 50자 내외로 쓰시오.

2. 한국 시나리오

037

뿌리 깊은 나무 | 이정명 원작, 김영현·박상연 각색

문학 천재(정), 창비
언매 비상

🎯 핵심 정리

갈래 시나리오
성격 역사적, 상징적
배경 ① 시간 – 조선 초기 세종 때
② 공간 – 조선
제재 훈민정음 창제와 반포를 둘러싼 갈등과 암투
주제 훈민정음 창제와 반포에 담긴 이도의 이상
적인 정치 이념
특징 ① 이도의 고뇌, 열정을 개성적으로 형상화하
여 임금인 세종의 인간적 면모를 부각함.
② 역사적 사실에 허구를 가미하여 사실성
과 흥미를 동시에 확보함.

💡 어휘 풀이

괘도(掛圖) 벽에 걸어 놓고 보는 학습용 그림이나
지도.
이적(夷狄) 오랑캐. 예전에, 두만강 일대의 만주
지방에 살던 여진족을 멸시하여 이르던 말.
컷(cut) 장면을 중지한다는 의미를 나타냄. 한 번
의 연속 촬영으로 찍은 장면을 이르는 말로도 쓰
임.
언로(言路) ① 신하들이 임금에게 말을 올릴 수 있
는 길. ② 말의 길. 여기서는 백성의 소리가 전달되
는 통로를 뜻한다.
경제문감(經濟文鑑) 조선 건국 초기에 정도전이
조선의 정치 조직에 대한 구상을 밝혀 놓은 책.
요순(堯舜) 고대 중국의 요임금과 순임금을 아울
러 이르는 말. 둘 다 이상적인 군주로 꼽힌다.
간관(諫官) 임금의 잘못을 고치도록 말하고 모든
벼슬아치의 비행을 규탄하던 관리.
관료(官僚) 직업적인 관리. 또는 그들의 집단. 특
히, 정치에 영향력이 있는 고급 관리를 이른다.

> **Q** '작개언로 달사총'을 인용한 이도의 의
> 도는 무엇인가?
>
> 이도는 훈민정음 창제가 성리학을 버리는 것이
> 라는 혜강의 주장을, 유학에서 임금에게 가장 강
> 조하는 덕목인 백성의 의견을 들으라는 뜻을 지
> 닌 구절을 인용하여 반박하고 있다. 훈민정음 창
> 제는 백성의 소리를 듣기 위한 일임을 강조하면
> 서 이것이 성리학을 버리는 것이 아님을 주장하
> 고 있는 것이다.

🔖 구절 풀이

**❶ 헌데 어찌 유학을 버리는 것이 아니라 하시옵니
까?** 혜강은 이도가 만들려는 글자에는 유학의
도가 들어 있지 않기 때문에 새로운 글자를 만
드는 일이 성리학을 버리는 것이라고 주장하며
이를 반대하는 뜻을 드러내고 있다.

❷ 한자가 어렵기에, ~ 편집하여 올린 것이오! 관
료들이 한자를 모르는 백성들의 뜻을 왜곡하는
폐단이 있었다는 뜻으로, 이도가 막힌 언로를
뚫어 백성의 소리를 더욱 잘 듣기 위해서 백성
도 쉽게 사용할 수 있는 글자를 만들고자 함을
알 수 있다.

S# 13. 광화문 앞(낮)

「 」: 훈민정음 창제에 대한 유생들의 반대 시위
『혜강 맨 앞에 앉아 있고, 유생들 뒤에 앉아 "전하!" 하며 시위하고 있는데,』
유학자 – 역사 속 실제 인물이 아닌 가상의 인물. 유생의 입장을 대표하는 역할을 함.
순간, 광화문이 활짝 열리면서, 내시와 궁녀들이 의자와 ˙괘도 등을 들고 와, 시위하는 유생
들의 앞에 놓는다. 이게 뭔가 싶은데 이때 이도가 걸어 나와 혜강의 앞에 앉는다. 경비를 서고
있던 채윤도 그런 이도를 의아하게 본다.

혜강: (그런 이도를 보며) 전하! 어찌 성리학을 버리시고 스스로 ˙이적이 되려 하시옵니까?
　　　　　　　　　　　　　　　　중국 송대 주희가 체계화한 유학 이념으로, 조선의 통치 이념이 됨.
이도: 좋소! 허면 글자를 만드는 일이 어찌 성리학을 버리는 일인지부터 논하도록 합시다.
　　　(하고는 유생들 모두에게) 누구든 나와 자유로이 얘기하라!
　　　　　　　　　　　　　　　반대 세력을 권력으로 억압하지 않고 민주적으로 설득하려 함.
　　˙cut. 이도의 괘도에 크게 쓰여 있는 '武(무)' 자. 앞엔 혜강이 있다.

혜강: 중국의 한자는 그냥 글자가 아니옵고…… 그 자체로 유학의 도이며, 개념이옵니다.
　　　(화면은 '무' 자 보이며) 보시옵소서. '싸울 무 자에는 '창'과 '그치다'라는 두 개의 글자가 들
　　　　　　　　　　　　　　　　　　　　「 」: 한자의 형성(形聲) 원리를 들어 한자의 우수성을 강조함.
　　　어 있사옵니다. / 이도: (보고)

혜강: 즉 싸울 무 자 자체에 싸움을 그치게 하라는 의미와, 싸움을 하지 않기 위한 싸움이라
　　　는 '유학의 도'가 들어 있는 것이옵니다.』헌데…… 다른 이적의 글자에 이런 도가 있을 수
　　　있사옵니까? / 이도: ㉠……

혜강: 전하의 글자는 이것을 표현할 수가 있사옵니까? / 채윤: (보는데)
　　　이도가 만들려는 글자 – 훈민정음
이도: 아니오, 없소.

혜강: (그럼 그렇지.) ❶헌데 어찌 유학을 버리는 것이 아니라 하시옵니까?
　　　　　　　　　　　　　　　　한자와 유학을 동일시함.　　　▶ 혜강이 훈민정음 창제를 반대함.
이도: 허면 말이오. (하며 괘도로 간다.)

　　cut. 괘도에 "作開言路 達四聰"이라 써 있고, 앞엔 이도가 서 있다.

이도: 작개언로 달사총, 즉 ˙언로를 틔워 사방 만민의 소리를 들으라. 이것은 유학에서 임
　　　금에게 가장 강조하는 덕목이오.

혜강: 예, 전하. 백성의 소리를 들으시면 되옵니다.

이도: (무시하고) 삼봉 정도전의 ˙《경제문감》에 이르기를. / 혜강: (멈칫) / 모두: (멈칫)
　　　　　　　　　　고려 말기·조선 전기의 문인·학자(1342~1398)
이도: ˙요순 3대에는 ˙간관이라는 관리가 없었음에도 언로는 넓었으나 진나라 때 모든 비
　　　방을 금지한 뒤, 한나라에 이르러 언로를 터 주기 위해 간관을 만들었으나 간관이라는
　　　　　　　　　　　　　　　　　　　　　　　　　　간관 제도의 모순
　　　관리가 생기면서 언로는 더욱 막히었다. 이런 말이 있지요? / 채윤: (보는데)

혜강: ㉡…….

이도: 이는 말이오. 한자를 아는 자가 ˙관료가 된 시기와 정확히 맞아떨어지오. (점점 강한
　　　　　　　　　　　　　　　　한자를 아는 자가 관료가 되면서부터 언로가 더욱 막히게 됨.
　　　목소리로) ❷한자가 어렵기에, 백성이 그들의 말을 임금께 올리려면 관료를 거칠 수밖에
　　　　　　　　　　한자의 문제점
　　　없었고! / 채윤: (보는데) / 이도: 그 관료들은 백성의 소리를 왜곡, 편집하여 올린 것이오!
　　　　　　　　　　　　　　　　　　　　　　　　　　백성의 사정을 파악하여 백성을 위한 정치를 펼치고자 함.
　　　하여 언로가 막혔다 쓴 것이오! 삼봉은!

혜강: …….

이도: 난 유학에서 가장 중시하는 덕목, 언로를 틔워 주고 싶고, 하여 백성의 글자가 필요하
　　　　　　　　　　　　　　　　　　　　　　　백성의 사정을 파악하여 백성을 위한 정치를 펼치고자 함.
　　　다 판단하였소. 내가 어찌 유학을 버린 것이오? / 채윤: (보는 데서 cut.)
　　　　　　　　　　　　　　　　　　　▶ 이도가 훈민정음 창제가 성리학을 버린 것이 아님을 주장함.

・중심 내용 훈민정음 창제를 반대하는 혜강과 이를 반박하는 이도　　・구성 단계 전개

이해와 감상

이 작품은 훈민정음 창제 당시의 궁궐 내 살인 사건을 다룬 이정명의 동명 소설을 원작으로 하여 세종(이도)이 훈민정음을 창제하고 반포하는 과정을 다룬 드라마 대본이다. 기본적인 서사의 흐름은 원작 소설을 따르고 있으나, 등장인물의 성격과 역할, 사건의 전개 양상 등에서는 소설과 차이를 보인다. 이 작품은 역사에 기록되지 않은 훈민정음 창제 과정과 그 배경을 상상하여 세종이 만들고자 했던 조선의 모습과 이를 이룩하는 과정에서의 세종의 고뇌 등을 그리고 있다. 개성 있는 인물을 설정하고, 짜임새 있는 극의 전개와 예상을 뒤집는 반전을 활용하였다. 또한 긴장감과 박진감 넘치는 장면을 구성하여 국내외에서 호평을 받은 작품이다.

🔍 전체 줄거리

발단	이도는 무자비한 피의 정치를 펼친 아버지 태종(이방원)과 갈등하며 자신은 아버지와 다른 문치(文治)를 하는 왕이 되리라 결심한다.
전개	세월이 흘러 왕이 된 이도는 백성과 직접 소통하는 나라를 만들기 위해 비밀리에 우리 글자를 창제하고 반포하려고 하는데, 비밀 결사 조직 '밀본'이 나타나 집현전 학자들을 암살하기 시작한다.
절정	밀본은 이도가 새 글자를 만들고 있다는 사실을 폭로하고, 신하들의 반대에 부딪히지만 이도는 새 글자 창제 작업을 계속해 나간다.
하강	이도는 자신의 편이라고 여겼던 가리온이 밀본의 수장인 정기준임을 알게 되고, 훈민정음을 반포할 것을 천명한다.
대단원	이도는 궁녀 소이와 호위 무관 무휼, 관원 강채윤 등 여러 조력자들의 도움으로 훈민정음을 반포하는 데 성공한다.

👥 인물 관계도

🏠 작품 연구소

훈민정음 창제를 둘러싼 갈등의 진실

이 작품에서는 훈민정음을 창제하려는 측과 이를 반대하고 방해하려는 측의 갈등을 중심으로 사건이 전개된다. 훈민정음은 백성들이 세상에 대해 눈뜰 수 있는 결정적 도구가 될 수 있었다. 이 점에서 훈민정음 창제 반대에는 그동안 자신들이 누려 왔던 특권을 지켜 내고자 하는 권력층의 이기심이 깔려 있음을 알 수 있다. 또한 유학의 이념은 한자를 통해서만 구현할 수 있다는 사대부들의 주장을 통해 뿌리 깊은 사대주의를 엿볼 수 있다. 이처럼 훈민정음 창제에 대한 인물들의 대립 양상을 통해 당시 기득권을 유지하고자 했던 권력층의 모습과 조선 시대의 시대상 및 가치관을 간접적으로 확인할 수 있다.

🔑 포인트 체크

인물 이도는 ☐☐을 위한 정치를 펼치고자 ☐☐들이 쉽게 쓰고 읽을 수 있는 글자를 만들려고 하는 인물이다.

배경 조선 시대 초기 ☐☐ 때를 배경으로 하고 있다.

사건 유생들이 이도가 새 글자를 만드는 일에 ☐☐하자 이도는 자신이 글자를 만드는 이유는 ☐☐을 위함이며 ☐☐을 버린 것이 아니라고 말하고 있다.

1 이 글을 통해 알 수 있는 시대상으로 적절하지 않은 것은?
① 백성을 근본으로 하는 정치가 임금의 덕목이었다.
② 중국의 한자에는 유학의 도가 들어 있다고 여겼다.
③ 당시 지배층은 성리학에 사상적 기반을 두고 있었다.
④ 백성들은 임금에게 자신의 생각을 전할 기회가 부족하였다.
⑤ 관료들이 백성들의 생각을 전달하는 과정에서 돈이 오고 가기도 하였다.

2 드라마 감독이 ⊙과 ⓒ에 대해 연기 지도를 한다고 할 때, 가장 적절한 것은?
① ⊙에서는 예의를 갖추지 않은 태도에 불쾌해하는 표정을 지으세요.
② ⊙에서는 속내를 들키지 않으려고 애써 담담해하는 표정을 지으세요.
③ ⓒ에서는 예상하지 못한 발언에 당황해하는 표정을 지으세요.
④ ⓒ에서는 임금의 완강한 태도에 자포자기하는 표정을 지으세요.
⑤ ⊙과 ⓒ에서는 모두 상대방의 주장에 동의할 수 없다는 표정을 지으세요.

3 '이도'의 말하기 방식을 〈보기〉에서 골라 바르게 묶은 것은?

┤ 보기 ├
ㄱ. 인용을 통해 자신의 주장을 뒷받침하고 있다.
ㄴ. 구체적 수치를 제시하여 실태를 부각하고 있다.
ㄷ. 비유적 표현을 통해 상대의 주장을 반박하고 있다.
ㄹ. 물음의 방식을 통해 자신의 생각을 강조하고 있다.

① ㄱ, ㄴ ② ㄱ, ㄷ ③ ㄱ, ㄹ ④ ㄴ, ㄷ ⑤ ㄷ, ㄹ

내신 적중

4 이 글의 내용을 〈보기〉와 같이 정리했다고 할 때, @에 들어갈 내용을 의문문의 형식을 활용하여 한 문장으로 쓰시오.

┤ 보기 ├

사대부(士大夫) ① 사(士)와 대부(大夫)를 아울러 이르는 말. 문무 양반(文武兩班)을 일반 평민층에 상대하여 이르는 말이다. ② 벼슬이나 문벌이 높은 집안의 사람.

반촌(泮村) 예전에, 성균관을 중심으로 한 근처의 동네를 이르던 말.

망연자실(茫然自失)하다 멍하니 정신을 잃다.

유황(硫黃) 비금속 원소의 하나로, 공기 중에 가열하면 연한 청색 불꽃을 내며 탄다. 의약품, 화약, 성냥 따위를 만드는 데에 쓴다.

결연(決然)하다 마음가짐이나 행동에 있어 태도 가움직일 수 없을 만큼 확고하다.

Q 한가 놈과 가리온이 경악하는 이유는?

한가 놈과 가리온은 이도가 만든 새 글자(훈민정음)의 실체를 모르고 있었다. 그런데 이도가 만든 글자가 어린아이도 금세 배워 쓸 수 있을 정도로 배우고 쓰기 쉬운 글자라는 사실을 알게 되어 놀라고 있다.

※ 구절 풀이

❶ **글자는 무기다. ~ 무서운 무기다.** 가리온이 글자에 대해 가지고 있는 생각을 드러내는 대사이다. 글자가 칼이나 창, 유황처럼 물리적인 힘을 직접 발휘하지는 않지만 이들만큼이나 큰 파급력을 가지고 있다고 여기는 가리온의 생각을 알 수 있다.

❷ **허나……! 이미 오늘! ~ 하기로 하지 않았습니까!** 이도가 만든 새 글자의 정체를 몰랐던 밀본 조직원들은 자신들의 입지를 높이기 위해서, 이도의 새 글자 반포를 허용하는 대신 이도에게 집현전 폐지를 요구하기로 계획하고 있었다. 이러한 거래는 조정 내에 있는 밀본 조직원인 이신적을 통해 성사시키려 했는데, 가리온과 한가 놈은 새 글자의 정체를 알게 된 뒤 집현전 폐지보다 새 글자 반포를 막는 것이 더 시급한 일이라고 판단하였다. 그런데 거래가 당장 오늘로 예정되어 있기 때문에 거래를 막기 어려울 수도 있다고 생각하고 있다.

👤 작가 소개

이정명(1965~)
소설가. 잡지사와 신문사 기자로 여러 해 동안 일하다가 소설을 쓰기 시작하였다. 그의 소설 〈뿌리 깊은 나무〉, 〈바람의 화원〉이 드라마로 제작되어 많은 인기를 끌었다. 주요 작품으로 소설 〈천년 후에〉, 〈별을 스치는 바람〉 등이 있다.

김영현(1966~)
드라마 작가. 오락 프로그램 구성 작가로 시작하여 드라마 작가가 되었다. 주요 작품으로 〈대장금〉, 〈서동요〉, 〈히트〉, 〈선덕 여왕〉 등이 있다.

박상연(1972~)
소설가, 드라마 작가. 1996년 《세계 문학》에 소설 〈DMZ〉를 발표하면서 등단하였다. 주요 작품으로 〈뿌리 깊은 나무〉, 〈고지전〉 등이 있다.

중략 부분의 내용 •사대부가 국가의 근본이 되어야 한다고 생각하는 비밀 결사 조직 밀본은 자신들의 입지를 높이려면 이도의 사람들이 모여 있는 집현전을 없애야 한다고 판단하고, 밀본의 중심인물인 가리온은 이도의 새 글자 반포를 허용하는 대신 이도에게 집현전 폐지를 요구하는 거래를 계획한다.
_{밀본의 수장. 백정 행세를 하며 이도에게 자신의 정체를 숨기고 있음.}

S# 55. •반촌 한구석 (낮)

한가 놈이 어느 쪽을 보면 옆의 가리온도 한가 놈이 보는 곳을 보는데 땅바닥에 쪼그리고 앉아 마주 보고 있는 개파이와 연두. 나뭇가지로 땅에 뭔가를 쓰며 놀고 있다.

개파이가 손바닥으로 흙을 지우더니, 새로 쓴다. / "카르페이". 그 앞에 연두가 쓴 글자도 보인다. / "난 밥을 먹었다." / 가리온, 놀라서 본다.

한가 놈: (자기도 믿기지 않아) 개파이는 자기 이름을 쓰고, 연두는 이 글자 로 문장을 쓰고 있습니다.

가리온: ㉠(쿵!) ……! / **한가 놈:** 이틀 만입니다!
_{이도가 만든 새 글자의 실체를 알고 충격받음.}

가리온: (쿵! 천천히 개파이에게 다가가 이름 쓴 걸 가리키며) 이게 뭐냐.

개파이: 내…… 이름이다. / **가리온:** 어떻게…… 읽는 것이냐?

개파이: (한 글자씩 짚으며) 카…… 르…… 페…… 이…….

가리온: 진정…… 이틀 사이에……?
_{배우는 데 시간이 오래 걸리는 한자와 달리 새 글자는 짧은 시간 안에 배우고 쓸 수 있음.}

하는데 연두, 옆에서 뭔가를 쓰고 있다. 가리온 고개 돌려, 연두가 쓴 것을 보는데, 바닥에 있는 글자는 다음과 같다. / "진정 이틀 사이에". 한가 놈도 보고 놀란다.
_{어린아이인 연두가 가리온이 한 말을 바로 받아 적음.}

한가 놈: (경악하여) 아니, 이럴 수가…….

가리온: 어찌 그러는가?

한가 놈: 지금 본원이 하신 말을 그대로 쓴 것입니다. '진정…… 이틀…… 사이에'.
_{가리온이 큰 충격을 받았음을 강조하는 효과}

가리온: (충격과 경악) ……! (쾅! 하는 효과음이나 음악)
_{이도가 만든 글자가 어린아이도 금세 쓸 수 있을 정도로 배우고 쓰기 쉬운 글자라는 사실에 매우 놀람.}

한가 놈: (놀라움으로 글자와 본원 번갈아 보면)

가리온: (놀라움으로) 말한 것을 그대로 쓸 수 있고, 쓴 것을 그대로 읽을 수 있다?
_{이도가 만든 글자는 말소리를 그대로 글자로 적을 수 있는 문자임을 알게 됨.}

S# 56. 반촌 내 도축소 (낮) ▶ 가리온과 한가 놈이 이도가 만든 새 글자의 실체를 알고 충격을 받음.

가리온, 탁자에 •망연자실하게 앉아 있다. 한가 놈의 표정도 심각하다.

가리온: (멍하게 놀라움에) 모든 사람이…… 글자를 쓰는 세상에 대해 생각해 본 적이 있는가? / **한가 놈:** 예?
_{양반들뿐만 아니라 일반 백성들도 글자를 쉽게 배워 읽고 쓸 줄 아는 세상}

가리온: (멍하게 놀라움에) 그것은 어떤 세상일까?

한가 놈: 글쎄요, 한 번도 상상해 보지 못했던 일이라. ─ 한자는 배우기 어려워서 일반 백성들의 대부분은 글자를 읽고 쓰지 못했기 때문
_{모든 사람이 글자를 쓰는 것은 불가능하다고 생각해 왔음.}

가리온: ❶글자는 무기다. 칼보다, 창보다, •유황보다 무서운 무기다. 사대부가 사대부인 이유는! 양반집에 태어나서가 아니라, 그런 혈통 때문이 아니라, 글을 알기 때문에 사대부인 것이야. / **한가 놈:** 예, 물론입니다.
_{사대부의 권력을 유지하는 기반이 글자를 사용할 줄 아는 데 있다고 생각함.}

가리온: 그게 사대부의 권력이요, 힘의 근거다. 헌데 이 글자라면, 모두가 글자를 읽고 쓰는 세상이 온다면…… 조선의 모든 질서가 무너질 것이다. 세상은 혼돈에 가득 차고…… 이 조선의 뿌리인 사대부가 무너질 것이야! / **한가 놈:** 어찌해야 합니까?
_{사대부가 권력을 잃게 될 것이라고 생각함.}

가리온: (•결연하게) 막아야지. 이 글자를 막는 것이, 무엇보다 우선해야 한다!
_{새 글자 반포를 막는 것이 집현전 폐지보다 더 시급한 일이라고 판단함.}

한가 놈: (떠오른 듯) ❷허나……! 이미 오늘! 이신적이 거래를 하기로 하지 않았습니까!
_{조정 내에 있는 밀본 조직원 / 새 글자 반포를 허용하는 대신 집현전 폐지를 요구하려 함.}

가리온: ㉡(쿵!) ……!
▶ 가리온과 한가 놈이 이도의 글자 반포를 막기로 결정함.

• 중심 내용 밀본 조직원들이 새 글자의 실체와 파급력을 알게 되어 반포를 막으려 함.　　　• 구성 단계 절정

🏠 작품 연구소

훈민정음을 둘러싼 인물 간의 대립 구도

이도
훈민정음을 민본 중심의 정치적 이상을 실현하기 위한 수단으로 여김.

훈민정음

혜강
훈민정음을 성리학의 이념을 담을 수 없는 문자로 여김.

가리온, 한가 놈
훈민정음을 사대부들의 권력을 흔드는 무서운 무기로 여김.

〈뿌리 깊은 나무〉에 나타난 민주적 군주 '세종'

〈뿌리 깊은 나무〉에서 세종은 이전의 사극에서는 볼 수 없었던 민주적 성격을 지닌 군주로 등장하는데, 이는 군주인 세종의 자유분방한 언동으로 표현되어 극적인 재미를 더한다. 직접 똥장군을 지고 농사를 짓는 모습, 궁녀들이나 호위 무사 무휼에게 격의 없이 걸쭉한 농담을 던지는 모습 등은 드라마의 재미를 살리는 요소 중의 하나이다.

세종은 조정의 신하들에게 도발적 질문을 하여 당황하게 하고, 불의 앞에서는 체면을 생각하지 않고 불같이 화를 내는 다혈질의 왕이다. 자신과 함께 훈민정음 창제 작업을 하다 밀본에 의해 살해된 학사들에 대한 죄책감으로 일개 무수리인 소이 앞에서 체통을 지키지 않고 눈물을 흘리는 파격적인 모습을 보이기도 한다. 아버지 이방원이 경고했던 대로 밀본이라는 조직의 체계적인 반대 음모가 드러나고 조정의 신하들이 자신의 정책을 일일이 가로막는 상황에서 자신의 정치 신념인 설득과 논쟁에 의한 통치가 과연 옳은 것인가, 아버지가 고집했던 힘에 의한 정치가 옳은 것은 아니었을까 고뇌하는 인간적인 모습은 대중에게 친근감을 느끼게 한다. 이처럼 그는 우리가 보통 '성군(聖君)'이라고 할 때 떠올리는 판에 박힌 이미지가 아니라 역동적이고 흥미로운 인물로 부각되어 드라마에 생명력을 불어넣어 준다.

자료실

팩션 사극 〈뿌리 깊은 나무〉

〈뿌리 깊은 나무〉는 역사적 사실인 세종과 한글만을 남긴 채 구조를 재편하고 다양한 장르를 융합하여, 열린 역사를 가능하게 만들어 주었던 허구적 인물들을 최종적으로 모두 죽게 만듦으로써 드라마상의 '허구(fiction)'를 '사실(fact)'로 돌려놓는다. 팩션 사극에서 '허구'가 열린 역사 텍스트를 통해 대중성을 획득하기 위한 하나의 전략이라면, '사실'은 여전히 사극이라는 이름을 갖고 있는 팩션 사극의 지향점이기 때문이다.

– 신원선, 〈팩션 사극 '뿌리 깊은 나무'의 대중화 전략〉

📖 함께 읽으면 좋은 작품

〈광해, 왕이 된 남자〉, 황조윤 / 광해군을 재해석한 작품

광해군 8년, 《조선왕조실록》에 기록되지 않은 15일간의 행적을 그린 영화 시나리오이다. 왕과 정치의 진정한 의미를 생각해 보게 한다는 점에서 〈뿌리 깊은 나무〉와 비교하며 감상하기 적절하다.

---

5 이 글을 바탕으로 이 글자에 대해 이해한 내용으로 적절하지 않은 것은?

① 곧 세상에 반포될 예정이다.
② 일반 백성들도 쉽게 배워 쓸 수 있다.
③ 한자를 쓰던 사대부들은 배우기 어렵다.
④ 반포되는 것을 막으려 하는 세력이 있다.
⑤ 말소리를 그대로 글자로 옮기는 데 탁월하다.

6 ㉠과 ㉡에 담긴 인물의 심리를 추측한 내용으로 적절한 것은?

① ㉠에는 단기간에 글을 터득한 상대의 능력에 대한 감탄이, ㉡에는 예상치 못한 일에 대한 충격감이 담겨 있다.
② ㉠에는 새로운 글자가 드디어 완성된 것에 대한 기쁨이, ㉡에는 글자가 갖는 무한한 힘에 대한 경외감이 담겨 있다.
③ ㉠에는 새로운 글자가 일으킬 변화에 대한 불안감이, ㉡에는 자신의 계획이 들통난 것에 대한 두려움이 담겨 있다.
④ ㉠에는 놀라울 정도로 익히기 쉬운 새로운 글자의 실체에 대한 충격감이, ㉡에는 자신의 계획에 차질이 생긴 것에 대한 당혹감이 담겨 있다.
⑤ ㉠에는 새로운 글자가 이미 백성들 사이에 널리 쓰이고 있음을 알게 된 놀라움이, ㉡에는 새로운 글자로 인해 앞으로 벌어질 세상의 혼란에 대한 불안감이 담겨 있다.

내신 적중 多빈출

7 〈보기〉는 '이도'가 새로운 글자를 만든 취지가 드러난 장면이다. '이도'와 이 글의 '가리온'의 생각을 비교한 내용으로 적절하지 않은 것은?

┤ 보기 ├

이도: 한자가 어렵기에, 백성이 그들의 말을 임금게 올리려면 관료를 거칠 수밖에 없었고! 그 관료들은 백성의 소리를 왜곡, 편집하여 올린 것이오! [중략] 난 유학에서 가장 중시하는 덕목, 언로를 틔워 주고 싶고, 하여 백성의 글자가 필요하다 판단하였소.

① 이도와 가리온은 모두 한자가 일반 백성들에게 어려운 글자라는 것을 알고 있군.
② 가리온은 이도와 달리 언로가 확장되면 사회 질서에 부정적인 영향이 생길 것이라고 생각하고 있군.
③ 가리온은 이도와 달리 새로운 글자가 백성들의 언로 확장에 실질적인 도움을 주지 못한다고 여기고 있군.
④ 이도는 가리온과 달리 기존의 글자를 사용해 생기는 문제점을 개선할 필요가 있다고 여기고 있군.
⑤ 이도는 가리온과 달리 새로운 글자를 통해 원활한 의사소통이 가능하므로 통치에 이롭다고 생각하는군.

8 〈보기〉는 S# 56에 나타난 '가리온'의 생각을 정리한 것이다. [전제]의 내용을 고려하여 ⓐ, ⓑ에 들어갈 내용을 쓰시오.

┤ 보기 ├

새로운 글자를 반포하기 전	⇒	새로운 글자를 반포한 후
ⓐ		ⓑ

[전제] 글자를 안다는 것은 그것을 모르는 사람에 대해 힘과 권력의 우위를 지닌다는 것을 의미한다.

038

마이 리틀 히어로 |안호경 각본, 황조윤 각색

문학 천재(김)
국어 미래엔

🎯 핵심 정리

갈래 시나리오

성격 사실적, 현실 비판적

배경 ① 시간 – 현대
② 공간 – 방송국 스튜디오 등

제재 다문화 가정 소년의 뮤지컬 오디션 도전기

주제 다문화 가정 자녀에 대한 부정적 시선 비판

특징 ① 경연 공연을 통해 한 편의 뮤지컬과 같은 느낌을 주고 극적 긴장감을 유발함.
② 다문화 가정 자녀에 대한 사회적 인식의 극명한 대립을 통해 현실의 문제를 드러냄.

출전 굿초이스컷픽쳐스(2012)

Q 일한이 영광이 무대에 못 올라갈 이유가 없다고 말한 이유는?

구 상무는 사회적 편견 때문에 영광이 무대에 서는 것을 반대하고 있다. 하지만 일한은 영광의 실력을 신뢰하고 있다. 영광이 누구보다 노력했고, 재능도 많고, 시청자들도 원하고 있다는 점 등을 근거로 들어 영광이 무대에 설 수 있다고 주장하고 있다.

💡 어휘 풀이

촉망(囑望) 잘되기를 바라고 기대함.

뮤지컬 미국에서 발달한 현대 음악극의 한 형식. 음악·노래·무용을 결합한 것으로 큰 무대에서 상연하는 종합 무대 예술이다.

재기(再起) 역량이나 능력 따위를 모아서 다시 일어섬.

매수(買收)하다 금품이나 그 밖의 수단으로 남의 마음을 사서 자기편으로 만들다.

어안 어이없어 말을 못 하고 있는 혀 안.

😊 구절 풀이

❶ **저는 가짭니다. 하지만 영광이는 아니에요.** 일한은 자신의 학력은 가짜이지만, 영광의 실력과 마음가짐, 노력은 가짜가 아니라고 주장하고 있다. 이는 자신의 거짓된 행동이 영광에게 폐가 되지 않기를 바라는 마음이 담겨 있는 것이다. 또한 성공을 위해서 학력을 속였던 자신의 과거 행동에 대한 성찰을 담고 있다.

❷ **그럼, 제가 기자들 ~ 다 얘기해도 되는 거죠?** 구 상무는 영광이 오디션에 불참하는 조건으로 영광의 어머니에게 돈을 건넸다. 또한 일한에게는 학력 위조 사실을 폭로하겠다고 협박하여 영광이 오디션에 참가하지 못하도록 유도했다. 하지만 일한은 이러한 구 상무의 협박을 정면으로 돌파하며 영광을 무대에 세우려 하고 있다.

전략 부분의 내용 일한은 한때 *촉망을 받는 *뮤지컬 감독이었다. 하지만 특별한 성과를 내지 못하고 실패한 음악 감독이라는 꼬리표를 달고 지냈다. 그러던 중 *재기를 꿈꾸며 도전한 뮤지컬 오디션 프로그램에서 순수한 목소리를 가진 영광을 만난다. 일한은 처음에는 영광이 다문화 가정의 아이라는 편견 때문에 구박하고 함부로 대했지만, 영광에게 반드시 우승해야 하는 또 다른 이유가 있음을 알게 되고 영광을 무대에 세우기 위해 노력한다.

S# 112. 대기실, 밤

일한: 저…… 결승전 포기하겠습니다.

둘러선 사람들은 안도의 한숨, 혹은 의아한 표정들.
영광의 출연을 반대하는 사람들은 안도의 한숨을, 영광의 출연을 바라는 사람들은 의아한 표정을 지음.

일한: 전 자격이 안 되거든요. 처음부터 이 방송에…… 학력을 위조했습니다.
일한이 영광의 출연을 위해서 자신의 비밀을 드러냄.

당혹스런 얼굴의 사람들. 수군대기 시작한다.

일한: 맨해튼이라는 학교는 가 본 적도 없고 또 라스 폰 트라얀 선생은 제 스승도 아니고
맨해튼 음악 학교. 세계적인 음악 대학으로 입학 및 졸업이 매우 까다로움.
그냥 제가 존경하는 작곡가입니다. 처음부터 그러려고 했던 건 아니지만…… 아닙니다.
맨해튼 음악 학교의 청소부로 일하던 중 우연히 라스 폰 트라얀 교수의 시계를 얻게 되어 그의 제자 행세를 하였음.
(고개를 젓고) 다 변명입니다. (고개를 들며 말이 빨라지는) 예, 맞습니다. ❶**저는 가짭니다.**
일한은 출세를 위해 맨해튼 음악 학교를 졸업한 척 행동함.
하지만 영광이는 아니에요. 그 아이가 무대에 못 올라갈 이유가 없지 않습니까?
영광이 순수한 열정과 진짜 실력을 가지고 있음을 강조함.

구 상무: 야, 유일한!

┌ **일한:** 누구보다 노력했고, 누구보다 재능도 많고, 지금 시청자들도 저 아이를 원합니다.
영광이 오디션에 나갈 수 있는 자격을 지니고 있음을 뒷받침하는 근거들을 나열함.
그런데 왜요? 쟤도 크면 나라 지키러 군대 갈 거고요! 세금도 꼬박꼬박 낼 거고요! 대한민국 국민으로서 의무를 다할 거니까요! 그러니까 조선의 왕도 하게 해야죠.
이번 뮤지컬 오디션의 선발 대상이 하게 될 역할.

[A] 구 상무: (이를 갈며) 너 그렇게 머리가 안 돌아가? / **일한:** 네. 근데, 저 아이는요?

구 상무: 영광이? 절대 못 올라가지.

└ **일한:** ❷**그럼, 제가 기자들 있는 데 가서 김영광 결승전 못 올라가게 하려고 돈 주고 협박하고 *매수한 거 다 얘기해도 되는 거죠?** [중략]
영광의 출연을 막기 위해 구 상무가 영광의 어머니를 돈으로 매수하고, 일한에게는 학력 위조를 폭로하겠다며 협박함.

일한: 민준상 감독님, 부탁드리겠습니다. / **준상:** ……?

일한: 우리 영광이 데리고 무대에 나가 주십시오. / **준상:** ……!

일한: ㉠(마주 선다.) 나가서 최고로 만들어 주십시오. (꾸벅 고개 숙이고) 진짜 진심으로 제가 부탁드리겠습니다.

*어안이 벙벙해서 쳐다보는 사람들. 무시하고 지나치려는 준상을 일한이 잡는다.
손아랫사람이나 친구에게 쓰는 인칭 대명사 – 일한과 준상의 사적인 관계가 존재함을 나타냄.

일한: ㉡준상아! 너도 우리 영광이 찍었잖아. 너도 나랑 같이 영광이 뽑았잖아. 그때 쟤가 널 찍었어야 되는데 바보같이 날 골랐어. 나 때문에 쟤 잘못되면 안 된다, 준상아. 너라면 할 수 있잖아. 나가서 최고로 만들어 주라. 진짜 부탁한다. 준상아, 준상아!

준상이 묵묵히 답이 없자 일한이 급기야 그 앞에 무릎을 꿇는다.
영광의 출연을 위해서 굴욕을 감수함.
그 모습에 울컥하는 성희, 차마 보지 못하겠다는 듯 얼굴을 돌려 버린다.

일한: 부탁합니다! 제가 잘못했습니다. 준상아, 내가 잘못했다. 잘못했습니다, 감독님. 내가 어떻게 할까? 응? 내가 뭐 하면 돼? 준상아, 내가 잘못했다 진짜. 정말, 제발 부탁한다. 제발…… [중략]
공적 관계와 사적 관계를 넘나들며 격정적 감정을 드러냄. – 일한의 절박한 심정이 드러남.

ⓐ영광에게 다가온 준상. 영광의 손을 잡는다.

준상: (구 상무를 바라보며) 내가 데리고 나갑니다. 무슨 문제 있습니까?

▶ 자신의 결승전 출전을 포기하고 준상에게 무릎 꿇으며 영광의 결승전 출전을 부탁하는 일한

・중심 내용 출세를 위해 거짓까지 일삼던 일한의 노력으로 영광이 결승 무대에 오르게 됨. ・구성 단계 절정

이해와 감상

이 작품은 한 음악 감독과 다문화 가정의 아이가 뮤지컬 배우를 선발하는 오디션에서 우승하기까지의 과정을 그린 시나리오이다. 한때 잘나가는 음악 감독이었던 일한은 출세를 위해 거짓 학위를 이용하는 탐욕적인 인물이다. 일한은 특별한 성과를 내지 못하던 중, 재기를 꿈꾸며 뮤지컬 오디션 프로그램에 참여하여 다문화 가정 자녀인 영광을 만난다. 일한은 영광이 다문화 가정의 자녀임을 알고 영광을 구박하고 영광에게 차갑게 군다. 이러한 일한의 모습은 오늘날의 사회에서 다문화 가정 자녀에 대해 갖고 있는 사회적 편견을 보여 준다. 이 작품은 영광에게도 반드시 우승해야 하는 이유가 있음을 알게 된 일한이 영광의 순수한 열정과 노력에 감동하고 자신의 지난 삶을 반성하며 진정한 삶의 가치에 대해 눈을 뜨게 되는 이야기를 통해 사필귀정(事必歸正)의 교훈을 전달하고 있다.

Q 전체 줄거리

발단	맨해튼 음악 학교에 합격하고도 집안 사정 때문에 진학하지 못했던 일한은 뮤지컬 음악 감독으로 한때는 잘 나갔지만, 시간이 흐르고 별 볼 일 없는 음악 감독으로 전락한다.
전개	일한은 맨해튼 음악 학교의 청소부로 일하던 중 우연히 얻은 라스 폰 트라얀 교수의 시계를 이용해 마치 자신이 그 학교를 졸업한 것처럼 학력을 위조한다. 그러다 뮤지컬 오디션 프로그램에 참가하여 필리핀인 어머니와 한국인 아버지 사이에서 태어난 영광과 파트너가 된다.
절정	일한은 처음에는 영광을 싫어했지만 오디션 프로그램을 준비하면서 순수함을 지닌 영광을 점차 좋아하게 된다. 영광이 다문화 가정의 자녀라는 이유로 결승 출전이 어렵게 되자 일한은 자신을 희생하며 영광이 무대에 설 수 있도록 한다.
하강	무대에 선 영광은 그동안 자신이 받아 온 편견에 찬 시선들이 떠올라 노래를 시작하기 어려워한다. 하지만 일한의 격려와 도움으로 경연 무대를 성공적으로 마친다.
대단원	영광이 뮤지컬 오디션 프로그램에서 최종 우승한다.

인물 관계도

일한
뮤지컬 음악 감독. 한때 잘나갔지만 침체기를 겪음. 영광을 만나 과거의 과욕을 버리고 진정한 가치를 이해하는 인식 변화를 보임.

구 상무
일한의 학위가 거짓인 점을 이용하여 영광의 결승전 출전을 포기시키려 함.

설득↕협력 조력 회유·협박

준상
음악 감독. 뮤지컬 오디션 프로그램에서 일한과 경쟁함. 일한의 요청으로 영광이 결승 무대에 설 수 있게 도와줌.

조력

영광
다문화 가정의 자녀. 오디션 프로그램을 통해 유명해져서 한국인 아빠를 찾고자 함. 사회적 편견에 시달려 힘겨워함.

🏠 작품 연구소

일한과 준상의 관계 변화

대립·갈등		협력
일한과 준상은 음악 감독으로 뮤지컬 오디션 프로그램에서 경쟁함.	일한이 영광을 무대에 세울 수 있게 도와달라고 준상에게 간곡하게 부탁함.	준상은 일한의 부탁을 받아들이고 영광을 무대에 세움.

🔑 포인트 체크

인물 출세를 위해 학력을 위조하기도 했던 ☐☐이 순수함을 지닌 ☐☐을 만난 뒤 올바른 가치가 무엇인지를 깨닫는다.

배경 오디션이 펼쳐지는 ☐☐☐☐를 주요 배경으로 하고 있다.

사건 일한의 노력으로 영광은 ☐☐☐☐ 오디션 프로그램의 결승전에 출전하게 되고, 영광은 멋진 공연을 펼쳐 경연에서 ☐☐을 차지한다.

내신 적중 多빈출

1 [A]에 나타난 인물의 말하기 방식에 대한 이해로 적절하지 <u>않은</u> 것은?

① 일한은 미래의 상황을 가정하여 말하고 있군.

② 일한은 불특정한 비교 대상을 설정하여 말하고 있군.

③ 일한은 상대의 과거 행위를 언급하며 상황을 자신에게 유리한 쪽으로 이끌고 있군.

④ 구 상무는 단정적 어투로 상대의 주장에 대한 거부 의사를 분명히 밝히고 있군.

⑤ 구 상무는 비유적 표현을 활용하여 상대가 현 상황을 잘못 인식하고 있음을 지적하고 있군.

2 〈보기〉를 참고하여 이 글을 감상한 내용으로 적절하지 <u>않은</u> 것은?

보기

주인공은 자신의 욕망을 위해 참된 가치를 버리고 거짓된 가치를 선택한다. 참된 가치와 거짓된 가치의 대립 속에서 처음에는 거짓된 가치가 이기는 듯하지만 결국에는 거짓 가치의 모순이 폭로되면서 참된 가치가 승리하게 된다.

① 영광을 무대에 세운 준상은 참된 가치를 따르는 긍정적 인물로 볼 수 있겠군.

② 영광이 결국 무대에 서게 된 것은 참된 가치를 위해 홀로 외롭게 싸운 영광의 승리로 볼 수 있겠군.

③ 일한이 출세를 위하여 학력을 위조한 것은 자신의 욕망을 위해 참된 가치를 버린 행위로 볼 수 있겠군.

④ 일한이 스스로를 가짜라고 자책한 것은 그동안 추구해 온 거짓 가치의 모순을 폭로하는 행위로 볼 수 있겠군.

⑤ 성희가 일한의 행위를 보고 울컥한 것은 참된 가치를 지키려는 일한의 절박한 모습에 감동했기 때문이라고 볼 수 있겠군.

3 ㉠과 ㉡에 대한 설명으로 적절하지 <u>않은</u> 것은?

① ㉠과 ㉡은 당면한 문제 상황을 해결하기 위한 발화이다.

② ㉠과 ㉡에서 일한은 감정을 억누르며 자신의 생각을 전달하고 있다.

③ ㉠에서 일한은 ㉡과 달리 공손한 어투로 자신의 생각을 전달하고 있다.

④ ㉠에서 일한은 ㉡과 달리 비언어적 표현을 통해 절박한 심정을 드러내고 있다.

⑤ ㉡에서 일한은 ㉠과 달리 상대와 비교하며 스스로에 대한 자책을 드러내고 있다.

4 '준상'이 ⓐ와 같이 행동한 이유를 〈조건〉에 맞게 쓰시오.

조건

일한의 행동에 대한 준상의 심리를 추리하여 쓸 것.

☀ 어휘 풀이

세손(世孫) 왕세자의 맏아들.
객석(客席) 극장이나 경기장 등에서 입장객 혹은 관람객들이 앉는 자리.
전주(前奏) 성악이나 기악 독주의 반주 첫머리.
혼신(渾身) 몸 전체. 온몸.

Q 영광이 무대에서 노래를 바로 시작하지 못하는 이유는?

영광은 자신을 대하는 사람들의 부정적 인식이 떠올라 노래를 시작하지 못하고 있다. 얼굴색이 검은 것, 아빠가 없는 것 등 자신이 처한 상황에 대한 자책이 노래를 시작하는 것을 어렵게 만든 것이다. 하지만 영광은 일한의 도움을 받고 극적으로 노래를 시작할 수 있게 된다.

🔖 구절 풀이

❶ **전 얼굴도 까맣고 ~ 난 한국 사람도 아니고……**
영광이 노래를 쉽사리 시작하지 못하는 심리적 이유가 나타나 있다. 이 대사를 통해 한국 사회에서 다문화 가정의 자녀가 겪는 차별이 드러나고 있다. 이러한 차별적 인식은 영광과 같은 다문화 가정의 자녀가 한국 사회의 일원으로 정상적으로 성장하는 것을 방해하는 주요한 요인이라고 할 수 있으며, 작가는 이 장면을 통해 편견과 차별이 가득한 사회 행태를 비판하고 있다.

❷ **너, 지난번에 무대에서 날았던 날 기억하지?**
일한은 대회 준비를 하면서 영광에게 하늘을 나는 연기를 준비시켰다. 본래의 목적은 무언가 특별한 장면을 연출하려는 것이었지만 이는 영광을 향한 편견과 차별을 뛰어넘는 상징적 행위로도 이해할 수 있다. 무대에서 나는 행위를 통해 현실이 만들어 놓은 차별이라는 벽을 훌쩍 넘고자 하는 상징적 시도로 볼 수 있다.

👤 작가 소개

황조윤
시나리오 작가. 2012년 제49회 대종상 영화제 시나리오상을 수상했다. 주요 작품으로 〈살인자의 기억법〉 각본, 〈공조〉 각색, 〈광해, 왕이 된 남자〉 각본, 〈올드 보이〉 각본 등이 있다.

가 S# 116. 스튜디오, 저녁
　　　사건이 벌어지고 있는 시공간적 배경

사회자: 자, 다음 무대는요……. 민준상 감독님과 화제의 주인공이죠? 까만 콩 김영광 군입
　　　　　영광을 친근하게 부르는 별명. 피부색 때문에 편견에 시달리고 있는 영광의 입장을 고려할 때 적절하지 않은 표현임.
니다!

조명이 들어오고 *세손 의상의 영광이 혼자 무대에 덩그러니 서 있다.
　　　　　　　오디션을 통해 선발하려는 역할
천천히 *객석을 둘러보는 영광, 얼굴에 두려움이 가득하다.

공연이 시작되지 않자 객석이 살짝 술렁인다.
　　　　　　　　　예상과 달리 공연이 시작되지 않자 관객들이 수군거림.
㉠사회자가 얼른 시작하라는 신호를 주지만, 여전히 미동 없는 영광.

무대 뒤편에서 조바심 내고 있던 일한이 큰 소리로 영광을 부른다.

일한: 영광아! 영광!

휙 고개를 돌려 일한을 쳐다보는 영광.

일한은 어서 시작하라는 손짓하며 소리 지른다.

일한: 괜찮아, 영광아! 시작해! 영광아!　　　　　▶ 영광이 무대에 섰지만 공연을 시작하지 못함.
　　　　노래를 시작할 수 있도록 영광에게 힘을 북돋워 줌.

나 S# 118. 스튜디오, 저녁

일한을 돌아보다 고개 돌리는 영광. 여전히 홀로 서 있다.

일한이 무대로 걸어 나가서 영광 앞에 한쪽 무릎을 굽혀 앉는다.
　　　　　　　　　　　　　　　　　　영광과 시선을 맞추기 위한 적극적 행동
일한: 왜? 전부 네 노래 들으려고 기다리고 있잖아.

영광: ❶전 얼굴도 까맣고…… 그런데 정조 대왕님은 얼굴도 하얗고…… 난 아빠도 없
　　　　　　　　　　　　영광이 노래를 시작하지 못하는 이유 – 그동안 받은 차별 때문
고…… 아빠는 날 창피해하는데…… (설움이 복받쳐 더듬거리며) 난 한국 사람도 아니
고…….

일한: 영광아, 아니야. 그 사람들…… 너한테 화내는 사람들, 욕하는 사람들…… 그 사람들
이 아니야. 네가 맞아. / 영광: (계속 울먹이고)

일한: 이거 영광의 노래야. 너 아니면 안 돼. 너만 할 수 있는 거야. / 영광: …….
　　　　　　　　　　　　영광에게 자신감을 심어 줌.
일한: ❷너, 지난번에 무대에서 날았던 날 기억하지? / 영광: (고개 끄덕이고)
　　　　　　　　　　　2단계 심사에서 로프를 타고 공중에서 연기를 펼친 날을 말함.
일한: 응? 내가 보면 그때처럼 나는 거야. 알았지? / 영광: (일어나는 일한을 붙잡는 영광)

일한: (다시 앉으며) 같이 하자, 그러면. 내가 시작하면 같이 하는 거야. 내가 시작하면 영광
이 나는 거다, 알았지? 응?　　　　　▶ 무대에서 머뭇거리는 영광에게 일한이 믿음과 용기를 줌.

다 S# 120. 스튜디오, 저녁

무대 한편의 피아노 앞으로 가서 앉는 일한. 건반에 손을 올려 두며 영광과 눈을 맞춘다. *전
　　　　　　　　　　　　　　　　일한과 영광이 연주의 시작을 위해 서로 눈을 맞춤.
주가 시작되면 @피아노 선율을 타고 흐르는 아름다운 영광의 목소리. 목소리만으로도 어린 정
　　　　　　　　　　　　　　　　　　　　　　　　　영광이 배역에 녹아듦.
조의 고통과 슬픔이 느껴진다. 노래를 따라 자연스레 영광의 움직임이 시작되고, 손끝에서 발끝
까지 슬픔과 환희와 고통을 온몸으로 노래하고 춤추는 영광. 일한도 *혼신을 다해 피아노를 연
주한다. 절정에 이르자 폭발하듯 관현악단의 연주가 터져 나오고, 관현악단을 일일이 짚어 주며
손동작이 커지는 준상. 작지만 압도적인 영광의 무대에 ⓑ객석에서는 일제히 환호가 쏟아진다.
　　　　　　　　　　　　　　　　　　　　　▶ 일한의 반주에 맞춰 영광이 최선을 다해 공연을 함.

라 S# 121. 스튜디오, 저녁

공연장을 빠져나오는 일한. / (CUT TO)
　　　　　하나의 장면에서 다른 장면으로 넘어가는 것을 뜻하는 시나리오 용어
사회자가 우승자 이름이 적힌 카드를 손에 들고 있다. 객석은 [　㉡　] 고요하다.

사회자: 뮤지컬 조선의 왕 정조의 주인공과 음악 감독을 뽑는 오디션 '뮤지컬 드림'. 그 최
종 우승자는……. (종이를 펼쳐 들곤 마이크에) 영광의 노래! 김영광, 민준상 팀입니다. 축
하합니다!　　　　　　　　▶ 영광이 오디션에서 최종 우승을 차지함.

・중심 내용 영광이 공연을 성공적으로 해내고 오디션에서 최종 우승을 차지함.　　・구성 단계 하강·대단원

🏠 작품 연구소

등장인물이 갈등을 겪는 이유와 해결 방식

	일한	영광
갈등 요소	• 실력보다 학벌이 중요한 사회 • 학력 위조에 따른 불안감과 열등 　감	• 다문화 가정 자녀에 대한 사회적 　편견 • 외모로만 평가되어 위축됨.
해결 방식	• 영광의 순수한 열정을 보고 더 　큰 가치에 대해 깨달음. • 자신의 삶을 성찰하고 양심 고백 　을 함.	• 일한의 도움으로 신뢰를 회복하 　고 자신감을 갖게 됨. • 경연에서 최종 우승함.

영광의 정체성을 인정받기 위한 노력

주변의 편견	• 학급 친구들이 피부색으로 차별함. • 아버지가 자신을 부정하고 창피해함.

⬇

정체성의 혼란	영광은 자신이 한국 사람이 아니라고 생각함.

⬇

정체성을 인정받기 위한 노력	아버지를 찾기 위해 뮤지컬 오디션 프로그램에 참가해서 최선을 다해 공연함.

　영광을 차별하는 주변 친구들의 태도와 한국인 아버지의 부재는 영광이 자신의 정체성에 대해 자신감을 잃게 하는 원인이 된다. 이러한 영광에게 뮤지컬 오디션 프로그램 참가는 일종의 뿌리를 찾는 행위이자 한국인으로서 자신의 정체성을 인정받기 위한 노력으로 볼 수 있다.

📖 함께 읽으면 좋은 작품

〈황구〉, 임용재·박용집 / 다문화 가정 소년의 성공기를 다룬 작품

　국가 대표 태권도 선수를 꿈꾸는 다문화 가정 소년의 이야기를 다룬 시나리오이다. 필리핀인 아버지와 한국인 어머니 사이에서 태어난 '한구'가 다문화 가정의 자녀라는 이유로 편파 판정을 받아 태권도 국가 대표 선발전에서 매번 고배를 마시지만, 차별과 편견을 극복하고 당당히 국가 대표 선수로 선발되는 이야기이다.

〈완득이〉, 김려령 / 차별적 시선을 극복해 나가는 과정을 그린 작품

　베트남 출신 어머니와 난쟁이 춤꾼 아버지를 둔 고등학생 완득이가 성장해 가는 이야기를 그린 소설이다. 완득이는 다문화 가정의 자녀로 차별적 시선 때문에 고통을 겪는다. 완득이가 이러한 차별적 시선을 스스로의 노력을 통해 문제를 해결하고 꿈을 키워 간다는 점에서 이 글과 비교하며 읽을 수 있다.

---

5 (가)~(다)에 대한 이해로 적절하지 <u>않은</u> 것은?

① (가)에는 영광에게 닥친 위기 상황이 나타나 있군.

② (나)에는 먼 미래의 상황을 가정하여 문제를 해결하는 과정이 나타나 있군.

③ (다)에는 영광이 위기를 극복하고 목표를 이루는 과정이 나타나 있군.

④ (가)~(다)에는 영광에게 도움을 주는 조력자가 등장하고 있군.

⑤ (가)~(다)에서는 사건이 시간의 흐름에 따라 전개되고 있군.

내신 적중 **多빈출**

6 ㉠의 이유를 추리한 내용으로 가장 적절한 것은?

① 밤낮을 가리지 않고 연습했던 힘든 시절이 떠올랐기 때문이다.

② 한 번도 서 보지 못한 큰 무대에 섰다는 생각에 긴장했기 때문이다.

③ 그동안 자신이 받았던 차별이 떠올라 노래를 부르기 두려웠기 때문이다.

④ 공연을 성공적으로 해내면 아빠를 찾을 수 있다는 생각에 감격스러웠기 때문이다.

⑤ 공연을 제대로 해내지 못하면 일한의 처지가 곤란해질까 봐 걱정되었기 때문이다.

7 〈보기〉를 참고할 때, ㉡에 들어갈 말로 적절한 것은?

| 보기 |

　우리말에는 ㉡과 같이 동물을 활용한 관용 표현이 있다. ㉡은 매우 조용한 상태를 비유적으로 이르는 말이다.

① 쥐 죽은 듯

② 쇠귀에 경 읽듯

③ 구렁이 담 넘어가듯

④ 원숭이도 나무에서 떨어지듯

⑤ 서당 개 삼 년에 풍월을 읊는 듯

8 ⓐ와 ⓑ에 대한 설명으로 적절하지 <u>않은</u> 것은?

① ⓐ가 원인이 되어 ⓑ의 결과가 나타났다.

② ⓐ와 ⓑ 모두 청각적 이미지를 활용하고 있다.

③ ⓐ가 실행된 곳은 무대이고, ⓑ가 실행된 곳은 객석이다.

④ ⓐ는 ⓑ와 달리 인물 간의 갈등을 심화하는 기능을 하고 있다.

⑤ ⓐ의 목소리는 한 명이 내는 소리고, ⓑ의 목소리는 여러 명이 내는 소리다.

9 〈보기〉의 밑줄 친 내용과 관련된 '영광'의 대사를 이 글에서 찾아 쓰시오.

| 보기 |

　사실주의 극은 현실 문제에 대한 비판적 의식을 담아낸다. 그래서 <u>현실 속에 존재하는 고통의 실체를 파헤쳐 드러냄으로써 당대의 고통을 치유하려</u> 한다.

2. 한국 시나리오

두근두근 내 인생 │ 김애란 원작, 최민석 외 각본

[국어] 천재(박), 비상(박안)

🎯 핵심 정리

갈래 시나리오
성격 서정적, 감성적
배경 ① 시간 – 2010년대
② 공간 – 서울
제재 선천성 조로증(早老症)에 걸린 소년의 삶
주제 조로증에 걸린 소년의 삶과 가족 간의 사랑
특징 ① 난치병에 걸린 소년의 삶을 다루면서도 무겁지 않은 경쾌하고 따뜻한 분위기로 독자들에게 감동을 전함.
② 주인공이 삶의 순간순간 느끼는 섬세한 감정들이 잘 드러남.

Q 아름이 나열하는 '살고 싶어지는 때'의 의미는?

아름이 살고 싶다고 느끼는 때는 평범한 일상의 사소한 순간들이다. 건강한 사람들은 큰 가치를 느끼지 못하는 평범한 순간이지만 조로증에 걸려 빠르게 늙어 가는 아름은 간절히 바라는 소중한 순간인 것이다. 이를 통해 아름이 살고 싶다는 욕망을 일상적으로 느끼고 있으며, 그만큼 살고 싶은 마음이 간절하다는 것을 짐작할 수 있다.

💡 어휘 풀이

조로증 나이에 비하여 빨리 늙는 질환.
교신(交信) 우편, 전신, 전화 따위로 정보나 의견을 주고받음.
트램펄린(trampolin) 스프링이 달린 사각형 또는 육각형 모양의 매트 위에서 뛰어오르거나 공중회전 따위를 하는 체조 경기. 또는 그 경기에 쓰는 기구.
효과음 영화나 공연 등에서 장면의 실감을 더하기 위하여 넣는 소리.
페이드인(fade-in) 화면이 처음에 어둡다가 점차 밝아지는 촬영 기법.
유혈(流血) 피를 흘림. 또는 흘러나오는 피.
낭자(狼藉)하다 여기저기 흩어져 어지럽다.
봇(洑)물 농사에 쓰기 위해 흘러가지 못하게 막아 놓은 물. 또는 거기에서 흘러내리는 물.

📖 구절 풀이

❶ **"아름이 넌 어떨 때 ~ 편지를 쓰기 시작한다.** 난치병을 앓는 아름에게 매우 의미 있는 질문이다. 아름은 서하의 질문에 진지하게 고민하고 답장을 하고 있다.

❷ **내가 지금까지 ~ 내가 살면 얼마나 산다고!** 게임에 지나치게 몰입하고 부모님께 함부로 말하는 등 평소와 다른 아름의 모습에서 아름이 서하 때문에 마음에 큰 상처를 받았고 이로 인해 내면의 분노가 터져 나왔음을 알 수 있다.

전략 부분의 내용 선천성 ˙조로증을 앓는 아름의 부모 대수와 미라는 아름의 치료비를 마련하려고 아름의 사연을 소개하는 텔레비전 방송에 출연한다. 얼마 후 서하라는 또래 소녀가 아름에게 전자 우편을 보내오자 아름은 이성에 대한 설렘과 삶의 의욕을 느끼게 된다.

가 S# 51. 병원 옥상 정원(밤)

벤치에 앉은 아름이. 태블릿 피시(PC)를 보고 있는데, 편지 끝에 ❶"아름이 넌 어떨 때 가장 살고 싶어지니?"라는 문장이 보인다. / 미동도 않고, 문장의 의미를 생각하던 아름이. / '답장' 버튼을 누르고 편지를 쓰기 시작한다.
<u>약간 움직임</u>
▶ 아름이 서하에게 전자 우편을 받음.

아름(소리): 살고 싶어지는 때?

나 S# 52. ㉠ 몽타주(서하와의 ˙교신)
└ 편지의 내용을 아름의 목소리와 함께 이미지(영상)로 제시함.
인서트(insert). 푸른 하늘에 뭉게뭉게 떠 있는 하얀 구름.
<u>아름의 목소리와 겹쳐지는 삽입 화면 → 이후 인서트 장면들은 소소한 일상의 모습임.</u>
아름(소리): 푸른 하늘의 하얀 뭉게구름을 볼 때,

인서트(insert). ˙트램펄린 위에서 뛰어노는 아이들의 모습. 아이들의 즐거운 웃음소리.

아름(소리): 아이들의 해맑은 웃음소리를 들을 때, 나는 살고 싶어져.

인서트(insert). 햇살 아래, 빨랫줄에 걸려 있는 베갯잇. 나란히 누워 그 향기를 맡는 미라와 아름이.

아름(소리): 맑은 날 오후, 엄마와 함께 햇빛을 머금은 포근한 빨래 냄새를 맡을 때도.
▶ 아름이 서하의 편지에 답장함.

중략 부분의 내용 ⓐ서하의 편지가 뜸해지자, 아름은 서하 걱정에 잠을 못 이룬다. 그러던 어느 날 방송 연출자와 미라의 대화를 우연히 듣게 된 아름은 서하가 사실은 영화감독 지망생이고 시나리오를 쓰기 위해 열여섯 살 소녀로 가장하여 자신에게 전자 우편을 보냈음을 알고 큰 충격을 받는다.

다 S# 59. 아름이의 병실(오후)

어둠 속에서 요란한 ˙효과음 들려오며 ˙페이드인(fade-in). / ˙유혈이 ˙낭자한 게임 속 세상. 아름이가 게임을 하고 있다. / 그런 아름이를 걱정스레 바라보는 대수와 미라. / <u>거친 말을 연발하는 아름이의 표정에 감정이라곤 없어 보인다.</u> / 식판을 든 미라. 조심스레 아름이에게 다가간다.
<u>아름의 심경에 변화가 있음을 짐작할 수 있음.</u>
미라: 밥 먹고 하지? / 아름: 이따 먹을게요.

미라: 약 먹을 시간 지났잖아. / 아름: 금방 끝나요.

미라: 벌써 두 시간째야. 그만하고 얼른! (게임기를 뺏으려 한다.) / 아름: 내버려 둬요, 좀!
<u>이전과 달리 반항적이고 거친 태도를 보임.</u>
게임기를 뺏기지 않으려다가 식판을 치고 만 아름이. / 식판이 요란한 소리를 내며 바닥에 나뒹군다. / 그 소리에 복도를 지나던 사람이 아름이의 병실을 힐끔 쳐다본다. / 미라, 주섬주섬 떨어진 음식을 정리하기 시작한다. / 대수: 너, 이게 뭐하는 짓이야!

아름: (미안한 마음에 도리어 화를 내며) 그러니까 이따 먹는댔잖아요.

대수: 너 그거 안 내려놔? / 아름: (㉡게임에만 몰두한다.) …… / 대수: 아빠 말 안 들려!

아름: (대수가 게임기를 뺏으려 하자) 왜 그래요, 진짜! 좀 내버려 두세요! (뿌리치며) 낫지도
<u>삶에 대한 희망을 포기하려는 속마음이 표출됨.</u>
않는 걸 왜 자꾸 먹으래! 어차피 죽을 거! / 대수, 미라: (놀라 아무 말도 못 한 채) ……

아름: (❷봇물 터지듯이 말하며) ❷내가 지금까지 엄마, 아빠 말 안 들은 적 있어요? 그냥 죽기 전에 내가 하고 싶은 거 좀 하겠다는데, (게임기 흔들며) 내가 지금 하고 싶은 게 이거라고요. 왜 이까짓 것도 못 하게 해요? 네? 내가 살면 얼마나 산다고!
▶ 서하의 실체를 알게 된 뒤, 마음에 상처를 입은 아름이 부모와 갈등함.

• 중심 내용 아름이 전자 우편을 주고받던 서하의 존재가 거짓임을 알고 충격받음. • 구성 단계 전개·절정

이해와 감상

이 작품은 동명의 원작 소설을 각색한 시나리오로, 선천성 조로증(早老症)에 걸린 열여섯 살 소년 아름과 열일곱 살 어린 나이에 아름을 얻어 부모가 된 대수와 미라의 이야기를 그리고 있다. 이제 막 서른셋의 나이를 맞은 어린 부모와 나이에 비해 빨리 늙는 병 때문에 여든 살이 넘는 노인의 몸으로 살아가고 있는 늙은 자식의 이야기를 통해 독자로 하여금 평범한 삶의 행복에 대해 진지하게 생각해 보게 하는 작품이다. 삶의 가장 찬란한 순간인 청춘은 경험해 보지 못했지만 어린 시절부터 투병 생활을 하며 조숙해진 아름과 부모보다 빨리 늙어 가는 아들을 씩씩하게 돌보며 희망을 잃지 않는 미라, 대수의 모습을 통해 삶의 소중함과 가족 간의 사랑을 일깨워 주고 있다. 작가는 난치병과 죽음이라는 무거운 소재를 의도적으로 밝고 따뜻한 분위기로 풀어 나가며 삶의 소중함과 아름다움을 되새겨 보게 한다.

🔍 전체 줄거리

발단	조로증에 걸린 열여섯 살 소년 아름은 세탁 공장에서 일을 하는 엄마 미라와 택시 운전을 하는 아빠 대수와 함께하는 하루하루를 소중히 여기며, 힘든 투병 생활 속에서도 씩씩하고 밝게 살아간다.
전개	미라와 대수는 아름의 치료비를 마련하기 위해 아름과 함께 텔레비전 방송에 출연한다. 아름은 방송에 출연한 뒤 서하라는 소녀가 보낸 전자 우편을 받고, 이후 서하와 전자 우편을 주고받으며 가까워진다.
절정	서하가 사실은 영화감독 지망생이 꾸며 낸 가상의 인물이라는 것을 알게 된 아름은 큰 충격을 받아 건강이 빠른 속도로 나빠지고, 마음에 깊은 상처를 입은 아름은 감정이 폭발하여 부모와 갈등한다.
하강	서먹했던 아름과 대수는 하늘 공원에서 화해하고, 함께 별똥별을 보면서 즐거운 시간을 보내던 중 아름이 시력을 잃는다.
대단원	아름의 병세는 계속해서 나빠진다. 아름은 소원대로 미라, 대수와 함께 보신각 제야의 종 타종 행사를 보러 가던 중에 숨을 거둔다.

👥 인물 관계도

미라
아름의 엄마. 열일곱 살에 아름을 낳음. 당당하고 씩씩하며 긍정적인 성격을 지님.

대수
아름의 아빠. 열일곱 살에 아름을 얻었음. 철없는 면도 있지만 유쾌하고 자상함.

애정

아름
열여섯 살 소년. 선천성 조로증에 걸려 노인과 같은 외양을 지녔으며 노인성 질환을 앓음. 참을성이 많고 어른스러우며 속이 깊음.

설렘·동질감 → 분노·배신감

서하
자신이 아름과 동갑이고 비슷한 처지의 환자라며 아름에게 전자 우편을 보냄. 그러나 사실은 영화감독 지망생이 만들어 낸 허구의 인물임.

인물 선천성 ⬜⬜⬜을 앓고 있는 아름은 여리지만 어른스러운 소년이다. 아름의 부모인 미라와 대수는 아들을 깊이 사랑한다.

배경 2010년대 서울을 배경으로 하고 있다.

사건 투병 생활을 하던 아름은 자기 또래의 소녀 ⬜⬜로부터 ⬜⬜⬜⬜을 받고 삶에 의욕을 느낀다. 하지만 소녀의 실체를 알게 된 아름은 큰 충격을 받아 건강이 급속도로 악화되고, 대수와 하늘 공원에서 함께 ⬜⬜⬜을 보던 중 시력을 잃고 만다.

1 이 글의 중심인물에 대한 설명으로 가장 적절한 것은?

① 일반적이지 않은 특수한 환경에 처해 있다.
② 문제 상황을 해결하려는 의지를 지니고 있다.
③ 성실하게 자신의 목표를 이루어 나가고 있다.
④ 비정상적인 행동을 하여 사회와 격리되어 있다.
⑤ 비범한 능력을 바탕으로 한 리더십을 지니고 있다.

2 ㉠에 대한 설명으로 적절하지 않은 것은?

① 따로따로 촬영한 화면을 적절하게 떼어 붙여 제시하고 있다.
② 아름이 서하에게 쓰는 답장의 내용을 이미지로 형상화하고 있다.
③ 서하와의 교신 내용을 더욱 구체적이고 생생하게 전달하는 효과가 있다.
④ '몽타주'는 한 장면에서 다음 장면으로 전환할 때 컷으로 바꾸는 촬영 기법이다.
⑤ '몽타주'에 의해 만들어진 장면들은 서로 긴밀하게 연결되어 전달되는 효과가 있다.

3 이 글의 주제를 고려할 때, (나)에 추가로 들어갈 장면으로 가장 적절하지 않은 것은?

① 구멍가게 아저씨가 연속극을 보며 우는 모습
② 비행기가 반짝반짝 빛을 내며 야간 비행을 하는 모습
③ 여름날 엄마가 아빠 등목을 해 주며 찬물을 끼얹는 모습
④ 총알이 빗발치는 전쟁터에서 구사일생으로 살아남는 모습
⑤ 저녁 무렵 골목길에서 밥 먹으라고 손주를 부르는 할머니의 모습

4 ㉡에 대한 설명으로 적절하지 않은 것은?

① 부모와 갈등을 겪는 표면적 원인이 된다.
② 이전과 달리 반항적인 태도를 보이고 있다.
③ 자신의 처지에 대한 분노를 표출하는 행동이다.
④ 서하 때문에 받은 충격에서 벗어나기 위한 행동이다.
⑤ 삶에 낙이 없는 아름에게 유일한 즐거움을 주는 일이다.

5 ⓐ가 '아름'에게 미친 긍정적 기능과 부정적 기능을 쓰시오.

💡 어휘 풀이

눈물범벅 눈물을 몹시 많이 흘린 상태.

컷 투(cut to) 컷으로 한 장면에서 다음 장면으로 넘어가는 것.

하염없이 어떤 행동이나 심리 상태 따위가 자신의 의지와는 상관없이 계속되는 상태로.

유성(流星) 우주에서 지구로 들어오면서 공기에 부딪쳐 밝은 빛을 내며 떨어지는 작은 물체.

별똥별 '유성'을 일상적으로 이르는 말.

안색(顏色) 얼굴에 나타나는 표정이나 빛깔.

내레이션(narration) 영화, 방송극, 연극 따위에서, 장면에 나타나지 않으면서 장면의 진행에 따라 그 내용이나 줄거리를 장외(場外)에서 해설하는 일. 또는 그런 해설.

Q 아름이 오솔길을 내달리고 눈물을 흘린 이유는?

서하로부터 받은 상처와 충격, 병원에 입원하여 있는 자신의 처지에 대해 느끼는 갑갑함 등 아름이 그동안 마음속에 억눌러 왔던 여러 가지 감정이 복받쳤기 때문이라고 할 수 있다.

✂️ 구절 풀이

❶ **(거친 숨을 내쉬고 눈물 흘리며)~ 전부 다 좋아요.** 아름이 대수에게 자신의 절망스러운 마음을 숨긴 채 모든 것이 좋다고 말하는 상황이다. 서하에게 받은 상처로 인한 슬픔, 자신의 운명에 대한 분노 등이 울음을 통해 표출되고 있다. 한편으로는 아픈 자신을 보살피고 항상 동행해 준 아빠 대수에게 고마워하는 마음도 나타나 있다.

❷ **나도 아름이 네가 내 아들이라는 ~ 진짜 아프면 안 되는데…….** 아름을 자랑스럽게 여기고 깊이 사랑하는 대수의 마음이 드러나 있다.

👤 작가 소개

김애란(1980~)
소설가. 2002년 〈노크하지 않는 집〉으로 등단하였다. 기발한 상상력과 생기발랄한 문체를 바탕으로 하여 소외된 사람들의 삶을 따뜻한 시선으로 그린 작품을 많이 썼다. 주요 작품으로 〈달려라 아비〉, 〈침이 고인다〉, 〈비행운〉 등이 있다.

최민석(1979~)
시나리오 작가. 새롭고 흥미로운 소재를 바탕으로 하여 인물들의 심리를 세밀하게 묘사한 시나리오를 썼다. 주요 작품으로 〈블라인드〉, 〈두근두근 내 인생〉, 〈나는 증인이다〉 등이 있다.

S# 63. 하늘 공원(밤)

하늘 공원에 도착한 대수의 택시. "겨울철 출입 금지"라고 써진 차단기가 보인다. / 망설임 없
〔아름이 대수에게 별을 보러 하늘 공원에 가자고 하였음.〕
이 문을 열고 먼저 내리는 아름이. 대수도 주차를 하고 서둘러 따라 내려 보면, 어느새 저만치
아름이가 어두운 오솔길을 뛰어가고 있다. / 당황하는 대수. 아름이를 부르며 쫓아가고 두 사람
〔그동안의 답답했던 심정을 분출하는 행동〕
의 추격 아닌 추격이 계속된다. / 전망대 부근에 다가가서야 겨우 아름이를 붙잡아 세우는 대수.
/ 숨을 내쉬고는 돌이켜 세워 보면 아름이가 숨을 가쁘게 헐떡이며 울고 있다.
〔여러 가지 감정들이 울음으로 터져 나옴.〕

대수: 아름이 너! (혼내려다 *눈물범벅인 아름이를 보고) 왜 그래? 무슨 일이야?

아름: 흑흑……. 너무 좋아서요. / **대수:** 대체 무슨 소리야. 괜찮아?

아름: ❶(거친 숨을 내쉬고 눈물 흘리며) ㉠네, 그냥 너무 좋아서요. 아빠랑 다시 차를 탈 수 있어서 좋았고, 이렇게 여기 다시 와서 좋고. 다…… 다…… 전부 다 좋아요. / **대수:** 뭐?

아름: (대수 품에 와락 안기며) 너무 좋아요. (울음이 완전히 터진 채로) 엉엉…….

*컷 투(cut to). 언덕에 누워 *하염없이 하늘을 올려다보고 있는 부자.
〔유성이 떨어지기를 기다리고 있음.〕

대수: 언제까지 이렇게 누워 있어야 하지?

아름: 조금만 더 있어 봐요. 어! (하늘 가리키며) 아빠, 저기!

대수: (아름이가 가리키는 곳을 보며) 뭐야? 떨어졌어? 아이, 못 봤네.

아름: 또 떨어질 거예요. 이제부터가 시작이니까.

하늘을 보면, 휙 지나가는 *유성.

대수: 어, 어어! 저기 떨어졌다, 떨어졌어. / **아름:** 봤어?

대수: 어! 우아, 아빠 *별똥별 진짜 오랜만에 본다. ㉡그리고 보니까 별은 똥도 별이네. (웃음)
〔대수의 익살스러운 성격 - 아들을 즐겁게 해 주려고 애씀.〕

아름: (웃음) 아빠 소원 빌었어요? / **대수:** 아, 깜빡했다.
〔별똥별을 보고 소원을 빌면 소원이 이루어진다고 믿는 속설 때문〕

아름: 또 떨어질 거예요. 그럼 그때 소원 빌어요. / **대수:** 그래, 너는? 빌었어?

아름: ⓐ전 벌써 빌었죠. / **대수:** 뭔데?

아름: 으음, 비밀이에요. / **대수:** 치.

아름: ㉢아빠랑 둘이서 이렇게 별을 보고 있으니까 갑자기 행복해졌어요. 그리고 아빠가 우리 아빠라는 게 너무너무 좋아요.

대수: ❷나도 아름이 네가 내 아들이라는 게 너무 좋다. (한숨) 아름이 너같이 괜찮은 애는 진짜 아프면 안 되는데…….

㉮그때 통증이 오는지 순간 눈을 감는 아름이. / 잠시 후 눈을 떠 보면, 아름이의 시점으로 주
「; 아름이 실명하는 순간을 아름의 시각으로 형상화함.
변 사물들이 흐려지기 시작한다. / 밤하늘, 나무들을 둘러보고 옆에 누운 대수를 돌아보는데 점
점 어두워져 간다. / 아름이의 얼굴도 어두워진다. / 아름이의 시점. 하늘의 별들이 순간 불꽃놀
이처럼 폭발하더니 이내 암흑의 세계.」 눈치채지 못하고 하늘만 뚫어져라 보는 대수.

대수: (갑자기) 어! 또 떨어졌다! ⓑ소원 빌어야지.

소원을 비는 대수. ⓒ애써 어렵게 미소를 지어 보이는 아름이.
〔시력을 잃었으나 의연하게 행동함.〕

대수: 갈까 이제? 아빠 무지 배고프다. (아름이의 *안색을 살피더니) 왜 그래? 몸이 안 좋아?

아름: ㉣아빠…… 나 눈이 안 보여요. / **대수:** 무슨 소리야. 아무것도 안 보여?

아름: 안 보여요. / **대수:** ㉤아빠 봐 봐! 괜찮아?

*내레이션: 반짝이는 밤하늘과 떨어지는 유성 그리고 아빠의 얼굴이, 내가 이 세상에서 본 마지막 것이 되었다.
▶ 아름이 대수와 함께 별똥별을 보던 중에 시력을 잃음.

· 중심 내용 아름이 대수와 하늘 공원에서 별똥별을 보며 행복한 시간을 보내던 중 실명함.   · 구성 단계 하강

🏠 작품 연구소

제목 '두근두근 내 인생'의 의미

힘든 투병 생활 속에서도 씩씩하게 살아가는 아름의 인생	부모보다 더 어른스러운 열여섯 살 아들을 둔 미라와 대수의 인생

↓

아름, 미라, 대수가 함께하는 소중한 시간

〈두근두근 내 인생〉의 주제

전자 우편을 주고받으며 친구가 되었던 아름과 서하의 이야기	⋯⋯	• 선천성 조로증에 걸린 소년이 갖는 삶에 대한 소망 • 삶의 의미
투병 중인 아름과 아름을 돌보는 대수, 미라의 이야기	⋯⋯	• 부모와 자식 간의 사랑 • 가족의 소중함

아름의 심리 변화와 갈등 양상

서하에게 전자 우편을 받음.	또래 소녀에게 편지를 받아 설레어하고 소녀에 대해 궁금해함.

⬇

서하와 편지를 통해 가까워짐.	이성에 대한 설렘과 삶에 대한 의욕을 느낌.

⬇

서하의 정체를 알게 됨.	마음에 상처를 받음. 자신의 처지에 대한 분노, 슬픔을 느낌.

⬇

대수와 갈등함.	• 표면적 원인: 과도한 게임 몰두 • 이면적 원인: 서하의 실체

'서하의 편지'의 의미와 기능

- 투병 중인 아름의 일상에 변화를 가져다줌.
- 아름이 이성에 대한 설렘과 삶에 대한 의욕을 느끼게 함.
- 서하의 정체를 알게 된 후에는 도리어 아름에게 상처가 됨.

📖 함께 읽으면 좋은 작품

〈8월의 크리스마스〉, 오승욱·신동환·허진호 / 죽음을 앞둔 한 남자의 애틋한 사랑을 그린 작품

시한부 인생을 사는 사진사와 주차 단속 요원의 순수한 사랑을 그린 시나리오로, 절제된 대사와 정적인 영상으로 인물 간의 사랑을 아름답고 애틋하게 표현하고 있다. 삶과 죽음의 의미를 생각해 보게 한다는 점에서 두 작품을 비교 감상하기에 적절하다. **Link** 본책 294쪽

〈내 마음의 풍금〉, 하근찬 원작, 이영재 각색 / 첫사랑의 순수한 설렘을 다룬 작품

시골 학교에 부임한 선생님을 짝사랑하는 늦깎이 초등학생 소녀의 설레는 마음을 담담하고 순수하게 그린 시나리오이다. 사춘기 학생의 이성에 대한 설레는 마음을 나타내고 있어 두 작품을 비교 감상하기에 적절하다.

6 이 글에 대한 설명으로 가장 적절한 것은?

① 인물들이 자신의 약점을 밝히기를 꺼리고 있다.
② 인물 간의 갈등이 시간이 흐를수록 깊어지고 있다.
③ 인물들이 상대방에게 비판적인 태도를 보이고 있다.
④ 인물들이 그동안 숨겨 온 비밀을 솔직하게 밝히고 있다.
⑤ 인물 간의 갈등이 대화를 통해 자연스럽게 해소되고 있다.

7 〈보기〉는 이 글의 원작 소설에 대한 설명이다. 〈보기〉를 읽고 ㉠~㉤을 이해한 내용으로 가장 적절하지 않은 것은?

┤ 보기 ├

담백하고 신선한 문장들로 담아낸 **벅찬 생의 한순간과 사랑에 대한 반짝이는 통찰**이 읽는 내내 미소를 머금게 하고 **폭소를 터뜨리게** 하다가 어느 순간에는 울컥, **눈물을 감출 수 없게** 만든다. 작가 김애란은 아프지만 아름다운 청춘, 그리고 인생을 특유의 생기발랄한 문장으로 그려 낸다. **자못 권위 있는 충고** 따위가 아니라 동세대 작가가 극대화된 소설 미학을 통해 풀어 나가는 이러한 이야기는 이 시대를 살아가는 이들에게 따뜻한 위로가 된다.

– 권영민, 〈한국현대문학대사전〉

① ㉠은 아름의 '벅찬 생의 한순간'을 나타낸 말이군.
② ㉡은 유머러스한 말로, '폭소를 터뜨리게' 하는군.
③ ㉢에서는 '사랑에 대한 반짝이는 통찰'을 읽을 수 있군.
④ ㉣은 아름이 실명한 상황으로, '눈물을 감출 수 없게' 만드는군.
⑤ ㉤은 아빠가 아들에게 하는 '자못 권위 있는 충고'가 되겠군.

8 ⓐ와 ⓑ를 추측한 내용으로 가장 적절하지 않은 것은?

① ⓐ: 부모님이 행복하게 해 주세요.
② ⓐ: 내가 떠나더라도 부모님이 슬퍼하지 않게 해 주세요.
③ ⓑ: 아름이가 더 이상 나를 힘들게 하지 않게 해 주세요.
④ ⓑ: 아름이가 나와 미라 곁에 좀 더 오래 있게 해 주세요.
⑤ ⓑ: 아름이가 더 이상 아프지 않고 빨리 낫도록 해 주세요.

9 ⓒ를 통해 알 수 있는 '아름'의 성격으로 가장 적절한 것은?

① 냉정하고 엄격하다.
② 침착하고 어른스럽다.
③ 감정 표현에 서투르다.
④ 내성적이고 소극적이다.
⑤ 여리고 감수성이 예민하다.

10 ㉝는 무엇을 형상화한 것인지 쓰시오.

040 님아, 그 강을 건너지 마오 | 진모영

문학 금성

🎯 핵심 정리

갈래 다큐멘터리 대본
성격 서정적, 애상적
배경 ① 시간 – 현대
② 공간 – 강원도 횡성군
제재 노부부의 일상과 할아버지의 죽음
주제 노부부의 사랑과 이별
특징 ① 인물의 정서를 서정적 풍경을 통해 그려 냄.
② 대조적인 분위기의 장면을 연달아 제시하여 주제를 효과적으로 전달함.

Q 할아버지와 할머니의 반복적인 대화를 제시한 의도는?

할머니가 할아버지에게 반복적으로 어디 가지 말고 노래를 불러 달라고 하고, 할아버지가 계속해서 대답하는 모습을 통해 할아버지와 할머니가 서로 아끼는 마음이 각별함을 보여 주기 위해서이다.

💡 어휘 풀이

당최 '도무지', '영'의 뜻을 나타내는 말.
장대비 장대처럼 굵고 거세게 좍좍 내리는 비.
하염없이 시름에 싸여 멍하니 이렇다 할 만한 아무 생각이 없이.

Q (라)에서 할머니의 심정을 대사로 나타내지 않고 정경만을 통해 표현한 이유는?

할머니의 정서를 풍경으로 형상화하여, 언어로 설명하는 것보다 더욱 진한 여운을 남길 수 있기 때문이다. 할머니의 모습을 오래 비춤으로써 관객들이 할머니의 슬픔에 공감할 수 있다.

😊 구절 풀이

❶ **한꺼번에 태워 드리면 무거워서 어떡하오.** 할아버지가 이승을 떠나는 길이 편안하도록 배려하는 할머니의 사랑이 나타나 있다.

❷ **할아버지 말을 못 하고 손짓만 한다.** 할아버지가 말을 하지 못할 정도로 병색이 짙어졌음을 암시하고 있다.

❸ **할머니는 우산을 쓰고 하염없이 냇가의 다리에 서 있다.** 할머니의 심정을 정경으로 보여 주고 있다. 고대 가요 〈공무도하가〉에서 남편이 강을 건너 죽음으로 향하는 모습을 바라보면서 안타까워하던 화자의 모습이 떠오르는 장면이다.

가 ⓐ화장실.

밤, 불빛. / 할아버지 할머니, 손을 잡고 나온다. 화장실 앞.
_{할아버지와 할머니의 행복한 일상}

할머니: 할아버지 여기서 내 동무 좀 해 줘요. 어디로 가시지 말고. / 할아버지: 예.

할머니: 여기 가만히 서 있어요. / 할아버지: 예.

할머니: 할아버지 노래도 좀 부르고. / 할아버지: 예.

할머니: 어디로 *당최 가시지 마요. / 할아버지: 예.

할머니: 내가 무서워 그래요. / 할아버지: 예.

할머니: 그리고 노래도 좀 불러 줘요. / 할아버지: 예.

할머니: 당최 어디로 가시지 마요. / 할아버지: 예.

할머니, 화장실로 들어간다. 할아버지 기침 짧게, 그리고 노래한다.

할머니: 아유, 노래도 잘하시네요. 노래도 잘하시고 내 동무도 잘해 주고. 춥지 않아요?
_{할머니가 할아버지에게 고마워하고 있으며 동시에 할아버지를 염려하는 따뜻한 마음이 드러남.}

할아버지: 할머니 동무하는 게 뭐 추워?
_{할아버지의 따뜻한 마음}

할머니: 난 추워서 할아버지 근심했잖우. 추워서.

할아버지: 춥지 않아요. / 할머니: 고마워요.

할아버지, 다시 노래 부른다. / 페이드아웃.   ▶ 할아버지와 할머니의 행복한 일상
_{화면이 점차 어두워지는 영상 기법}

중략 부분의 내용 할아버지와 할머니는 눈이 내리면 정답게 눈싸움도 하고 함께 눈사람을 만들며 사이좋게 지낸다. 그러던 어느 날, 할아버지와 할머니가 아끼던 강아지 '꼬마'가 죽어 뒷산에 묻는다. 강아지를 묻고 내려온 날 할아버지의 기침이 심해져서 병원에 가게 되고, 병원에서는 할아버지가 연로하여 더 이상 약이 듣지 않을 것이라고 말한다. 할아버지의 가족들은 눈물을 흘리며 할아버지의 임종을 준비한다.

나 ⓑ할아버지의 옷을 태우다.

*장대비. 할머니, 이불과 할아버지 옷을 곱게 싸서 아궁이로 가지고 간다. 할머니의 맨발. 할머니는 할아버지의 옷을 곱게 태운다.
_{할아버지와 사별할 것을 받아들이고 준비함.}

할머니: 불에 태워 줘야 입는대요, 죽은 사람이. 돌아가시면 깨끗한 것들 태워 드리고 이번
_{생전 입던 옷을 태워야 죽어서 저승에서 그 옷을 입을 수 있다고 생각함.}
에는 평소에 입는 것들을 정리하느라 그래요. ❶한꺼번에 태워 드리면 무거워서 어떡하오. 할아버지는 몰라, (울음 섞임.) 겨울옷인지 여름옷인지. 할아버지는 몰라요. 할아버지는 내가 다 챙겨 줘야 돼요. ㉠내가 곧 갈게요. 할아버지 먼저 가서 정리하고 있어요. 내
_{할아버지의 애틋한 사랑} _{할아버지와 저승에서 재회할 것을 믿고 있음.}
가 금방 못 가거든 할아버지가 데리러 와요. 데리러 오면 내가 할아버지 손목 잡고, 커플
_{저승에서도 할아버지와의 사랑을 이어 가기를 소망함.}
옷으로 새파란 치마를 입고, 노란 저고리를 입고 손목 잡고 그래 갑시다.
  ▶ 할아버지의 옷을 태우며 이별을 준비하는 할머니

다 ⓒ방 안.

할머니: 어디가 아파? 많이 아파? 많이 아프냐고?
_{병이 들어 아파하는 할아버지를 보고 안쓰러워함.}
❷할아버지 말을 못 하고 손짓만 한다. 할머니, ㉯울면서 할아버지의 여윈 몸을 쓰다듬는다.
_{이별을 앞둔 할머니의 절박함과 슬픔이 담겨 있는 행동}
할아버지, 할머니를 올려다본다.   ▶ 할아버지가 아파하는 모습을 보고 안쓰러워하는 할머니

라 ⓓ냇가.

비가 오는 바깥. ❸할머니는 우산을 쓰고 *하염없이 냇가의 다리에 서 있다.
  ▶ 죽음을 향해 가고 있는 할아버지에 대한 할머니의 절절한 심정의 정경

마 ⓔ병원.

병원. 할아버지, 침대에 실려 가면서 기침을 하고 할머니는 조용히 눈물을 삼키며 바라본다.
  ▶ 할아버지의 죽음이 임박함.

· **중심 내용** 다정한 노부부의 행복한 일상과 할아버지와의 이별을 준비하는 할머니의 모습   · **구성 단계** 발단·전개

이해와 감상

이 작품은 실존 인물인 고(故) 조병만 할아버지와 강계열 할머니 부부의 사랑 이야기와 사별, 그리고 사별을 대하는 안타까움과 슬픔의 정서를 담아낸 다큐멘터리 대본이다. 이 작품은 할아버지의 묘 앞에서 슬피 우는 할머니를 비추면서 시작되는 역순행적 구성을 취하고 있다. 그리고 이어지는 장면은 과거로 돌아가서 할머니와 할아버지가 행복하게 살아가는 모습을 보여 준다. 이처럼 현재와 과거의 장면을 연달아 보여 줌으로써 사랑과 이별이라는 대조적인 소재에 관해 관객이 깊이 생각해 볼 수 있게 한다. 일반적인 시나리오는 주로 등장인물들의 대사로 진행되는데, 이 작품은 등장인물의 대사는 간략하게 제시하고 인물의 정서를 이미지로 형상화한 정경(情景)을 많이 담아낸 것이 특징이다. 작품의 제목은 고대 가요 〈공무도하가〉의 첫 구절에서 따온 것으로, 강을 건넌다는 것은 이승과 단절됨을 의미하여 할아버지와의 이별, 할머니가 느끼는 애달픔과 아쉬움 등이 상징적으로 표현되어 있다.

🔍 전체 줄거리

발단	76년차 부부인 조병만 할아버지와 강계열 할머니는 신혼부부처럼 항상 고운 빛깔의 한복을 맞춰 입는다. 그리고 밤에 손잡고 함께 화장실도 가고, 눈싸움도 하고 눈사람을 만드는 등 아기자기하게 사랑을 나누며 지낸다.
전개	산에 가서 나무하고 내려온 어느 날, 할아버지가 아끼던 강아지 '꼬마'가 갑자기 죽어서 묻고 온 뒤 할아버지의 기침이 점점 심해진다. 병원에서는 할아버지가 연로하여 더 이상 약이 듣지 않는다고 말하고, 할머니는 할아버지가 아파하는 모습을 보며 안타까워한다.
절정	할머니는 수의를 준비하며 할아버지와의 이별을 준비한다. 할머니는 할아버지가 석 달만 더 살았으면 좋겠다고 생각하지만 바람은 이루어지지 않고, 할아버지는 결국 죽음을 맞는다.
하강·대단원	할아버지의 무덤가에서 할머니는 어릴 때 죽은 자식들을 위해 전에 시장에서 사 두었던 내복을 태우고, 할아버지가 저승에서 봄옷을 입을 수 있도록 할아버지의 옷을 태운다. 할아버지의 무덤 앞에서 마지막 인사를 건네던 할머니는 세상을 떠난 할아버지를 안타까워하며 주저앉아 흐느낀다.

👥 인물 관계도

할머니		할아버지
할아버지를 극진히 사랑함. 할아버지가 저승에서 입을 옷과 할아버지가 만날 어린 자식들에게 입힐 옷도 준비하는 세심함과 따뜻함을 지녔음.	←사랑·연민→	밤마다 할머니와 함께 화장실에 가서 노래를 불러 주는 다정한 성격임. 할머니와 함께 눈사람을 만들며 즐거워하는 동심과 낭만을 지녔음.

🔑 포인트 체크

인물 서로를 아끼고 사랑하는 76년차 부부인 □□□□와 □□□가 등장한다.

배경 현대의 강원도 □□군을 배경으로 하고 있다.

사건 할아버지와 행복한 일상을 함께하던 할머니는 할아버지의 □□이 임박했음을 알고 안타까워한다. 할머니는 할아버지의 □을 태우며 이별을 준비하고, 끝내 할아버지가 세상을 떠나자 슬퍼한다.

1 〈보기〉에서 이 글의 특징을 골라 바르게 묶은 것은?

┤ 보기 ├
ㄱ. 인물의 정서를 서정적 풍경을 통해 담아내고 있다.
ㄴ. 상징적인 소재를 사용하여 인물 간의 갈등을 잘 드러내고 있다.
ㄷ. 특정 인물의 모습을 통해 우리 사회의 단면을 잘 드러내고 있다.
ㄹ. 대조적인 분위기의 장면을 보여 주어 주제를 효과적으로 드러내고 있다.

① ㄱ, ㄴ　　② ㄱ, ㄷ　　③ ㄱ, ㄹ　　④ ㄴ, ㄷ　　⑤ ㄴ, ㄹ

2 발상 및 태도가 ㉠과 가장 비슷한 것은?

① 장님처럼 나 이제 더듬거리며 문을 잠그네 / 가엾은 내 사랑 빈집에 갇혔네　　– 기형도, 〈빈집〉
② 가야 할 때가 언제인가를 / 분명히 알고 가는 이의 / 뒷모습은 얼마나 아름다운가.　　– 이형기, 〈낙화〉
③ 우리는 만날 때에 떠날 것을 염려하는 것과 같이, 떠날 때에 다시 만날 것을 믿습니다.　　– 한용운, 〈님의 침묵〉
④ 울 엄매의 장사 끝에 남은 고기 몇 마리의 / 빛 발하는 눈깔들이 속절없이 / 은전만큼 손 안 닿는 한이던가. / 울 엄매야 울 엄매.　　– 박재삼, 〈추억에서〉
⑤ 당신의 손끝만 스쳐도 소리 없이 열릴 돌문이 있습니다. 뭇사람이 조바심치나 굳이 닫힌 이 돌문 안에는, 석벽 난간 열두 층계 위에 이제 검푸른 이끼가 앉았습니다.　　– 조지훈, 〈석문(石門)〉

3 ⓐ~ⓔ 중 〈보기〉의 특징이 두드러지게 나타나는 장면은?

┤ 보기 ├
다큐멘터리는 실제로 있었던 어떤 사건을 사실적으로 담은 영상물이나 기록물로, 사건을 사실적으로 드러내기 위해 등장인물과 인터뷰를 하기도 한다.

① ⓐ　　② ⓑ　　③ ⓒ　　④ ⓓ　　⑤ ⓔ

4 이 글에서 '할머니'가 '할아버지'의 옷을 태우는 이유를 쓰시오.

5 '할머니'가 ㉮처럼 행동한 이유를 쓰시오.

수의(壽衣) 염습할 때에 송장에 입히는 옷.

재 ① 길이 나 있어서 넘어 다닐 수 있는, 높은 산의 고개. ② 높은 산의 마루를 이룬 곳.

디졸브(dissolve) 한 화면에서 다음 화면으로 이동할 때 장면을 전환하는 기술의 하나. 첫 화면의 밀도가 점점 감소하는 것과 동시에 다음 화면의 밀도가 높아져서 이윽고 장면이 전환되는 것을 말한다. 오버랩(overlap)과 비슷한 뜻으로 쓰인다.

입관(入棺) 시신을 관 속에 넣음.

선산(先山) ① 조상의 무덤. ② 조상의 무덤이 있는 산.

Q 과거의 나들이 장면을 보여 줌으로써 얻는 효과는?

과거의 나들이 장면은 할아버지와 할머니의 행복한 일상을 보여 주고 있다. 행복한 모습이 강조될수록 할아버지의 죽음으로 인한 슬픔은 더 크게 다가온다.

♨ 구절 풀이

❶ **꽃이고 나뭇잎이고 사람과 다 똑같아요.** 삶과 죽음에 대한 자연의 섭리를 이야기하는 할아버지의 모습을 보여 주고 있다. 인간이라면 누구나 맞게 되는 숙명적인 이별에 대해 이야기함과 동시에 그에 대한 안타까움을 표현하고 있다.

❷ **할머니는 전에 시장에서 ~ 내복을 태운다.** 할아버지와 할머니에게는 어릴 때 죽은 자식들이 있었다. 할머니는 할아버지의 죽음이 가까워 오자, 할아버지가 저승으로 갔을 때 아이들이 마중 나오면 입혀 달라고 시장에 가서 어린아이의 내복을 사 왔다. 어린 자식들을 평생 가슴에 묻고 살아온 할머니의 슬픔과 다정한 성격을 엿볼 수 있다.

Q 눈사람을 반복적으로 보여 주는 이유는?

눈사람은 눈이 오면 할아버지와 할머니가 함께 만들었던 것으로 부부의 행복한 추억이 깃든 소재이다. 이것을 반복적으로 보여 줌으로써 할아버지와 함께했던 행복한 시간들을 그리워하는 할머니의 마음을 상징적으로 드러내고 있다.

👤 작가 소개

진모영(1970~)
영화감독. 2014년 〈님아, 그 강을 건너지 마오〉로 데뷔하였다. 동시대를 살아가는 이들의 모습을 그려 내며 세대를 아우르는 폭넓은 공감을 얻었다. 주요 작품으로 〈님아, 그 강을 건너지 마오〉, 〈올드 마린 보이〉 등이 있다.

가 ˚수의를 준비하다.

　겨울 하늘. 할머니, 집으로 돌아온다. 할아버지의 한복들을 곱게 개서 보자기에 싸고, 할아버지의 신발을 그 위에 올려 둔다. 그리고 수의를 빨아서 빨랫줄에 넌다. 그 사이로 할머니의 모습. 물을 하염없이 바라보는 할머니.　　　　▶ 할아버지의 죽음을 준비하는 할머니의 모습

나 병원.

　다시 병원. 할머니는 할아버지의 옆에 나란히 누워 팔로 할아버지를 안고 눈을 감는다.
　　　　　　　　할아버지와 할머니의 애틋하고 다정한 모습

할머니: 석 달만 더 살아요. 이렇게 석 달만 더 살면 내가 얼마나 반갑겠소.『나하고 같이 갑
　　　　　　할머니의 절박하고 안타까운 심정이 드러남.
시다. 그러면 같이 가재, 내가. 할아버지 나하고 같이 가요, 같이 가요, 그러면 응, 같이
『　』: 죽음도 할아버지와 함께하기를 소망하는 할머니
가자고. 그렇게 같이 가면 얼마나 좋겠소. 할아버지와 손을 마주 잡고, 다리 너머 ㉮˚재
를 같이 넘어가면 얼마나 좋겠소. 이웃 사람들도 다 손 흔들어 줄 거고, 나도 잘 있으라고
　　　　　　　　　　　　　노부부가 가는 길을 배웅함.
손 흔들어 줄 거고. 이렇게 갔으면 얼마나 좋겠소.』　　　　▶ 할아버지와 함께하기를 바라는 할머니

다 ㉠과거, 나들이.

　어느 가을, 빨간 한복을 입고 나들이 나온 할머니와 할아버지.

할아버지: ❶꽃이고 나뭇잎이고 사람과 다 똑같아요. 저 나뭇잎도 봄이 되면 피어서 여름 내
내 비 맞고 잘 살다가, 가을에 서리가 내리면 그만 떨어진단 말이야. 사람도 그것과 한가
지래요. 처음에 어렸을 때는 꽃송이가 생겨서 핀단 말이에요. 이래 피면 피어서 그대로
있으면 좋은데, 그만 나이가 많으니 오그라져 떨어져요. 떨어지면 헛일이야. 떨어지면
그만이야.　　　　　　　　　　　　▶ 자연의 섭리와 인간의 삶이 한가지임을 이야기하는 할아버지

라 마당의 의자.

　마당의 빈 의자. 많이 노쇠한 할아버지, 의자에 와서 앉아 신발을 다시 챙겨 신는다. ㉡할아
　　　　　　　　　　　　　　　　　　　　　할아버지가 이승을 떠날 것임을 암시함.
버지의 모습과 빈 의자(˚디졸브), 다시 빈 의자(페이드아웃).　　　　▶ 할아버지의 죽음을 암시함.

마 할아버지의 죽음.

　할아버지의 ˚입관. 할머니와 자식들. 할머니, 할아버지를 쓰다듬으면서 운다. / 눈길, ˚선산
으로 향하는 큰아들. 무덤가에서 불을 피운 할머니의 뒷모습. ❷할머니는 전에 시장에서 사 두었
던, 어릴 때 죽은 자식들의 내복을 태운다. / 눈물 닦는 할머니. 무덤 위의 ⓐ눈사람.

할머니: 아이들을 할아버지가 가서 만나거든, 아이들이 올 거예요. 오거든 옷 한 벌씩 입혀
요. 그전에 나하고 약속했잖우.　　　　　시장에서 사 두었던 내복을 태운 이유

　할머니는 다시 할아버지의 옷을 태운다.

할머니:『할아버지, 가져가서 내년 봄 되면 입으셔요. 내년 봄날 따뜻해지면 입으셔요. 이건
　　　　『　』: 이승을 떠난 할아버지를 섬세하게 챙기는 할머니 – 할아버지를 향한 할머니의 사랑이 드러남.
할아버지 러닝셔츠야. 날 따시거든 입어. 내가 없더래도 잘해요. 깨끗이 낯도 닦고. 깨끗
하게 하고 다녀요, 할아버지.』내가 없더래도 할아버지 보고 싶더래도 참아야 돼. 나도 할
아버지 보고 싶더래도 참는 거야.

　눈물 닦는 할머니. 무덤 위의 눈사람.

할머니: 할아버지요, 나는 집으로 가요. 나는 집으로 가니, 할아버지는 잘 계셔요. 춥더라도
참고.　　　　　　　　　　할아버지에게 마지막 인사를 함.

　할머니는 걷다가 무덤을 다시 뒤돌아보고 흐느낀다. 흐느끼면서 겨우 발걸음을 옮기던 할머
니, 무덤을 바라보면서 주저앉아 흐느낀다.

할머니: 아이고, 너무 불쌍하다. 할아버지가, 아이고 세상 불쌍해. 할아버지 불쌍해 죽겠네.
할아버지 생각나니까는, 할아버지 생각을 누가 하나, 나밖에는 하는 사람이 없는데…….
아이고(페이드아웃).　　　　　　　　　　　　　　▶ 할아버지와의 이별을 슬퍼하는 할머니

　• **중심 내용** 할아버지가 세상을 떠나고, 할아버지와의 이별에 할머니가 슬퍼함.　　• **구성 단계** 절정·하강·대단원

🏠 작품 연구소

정경(情景)을 통한 서정적 형상화

정경(情景)이란 정서를 자아내는 경치를 말한다. 이 작품은 노부부의 아름다운 사랑과 이별 그리고 이별을 대하는 인물의 정서를 정경에 담아 서정적으로 형상화하고 있다. 이러한 표현 방식은 직접적인 언어로 설명하는 것보다 더 진한 여운을 남기는 효과가 있다.

옷을 태우는 장면의 의미

- 할아버지의 임종이 임박했다는 것을 관객들이 알게 함.
- 슬픔을 억누르고 담담하게 할아버지의 임종을 준비하는 할머니의 모습에서 깊은 사랑을 느끼게 함.
- 이승을 떠난 할아버지, 어릴 때 세상을 떠난 자식들을 위해 옷을 태우는 할머니의 모습을 보여 주어 할머니의 애틋한 마음과 섬세함을 드러냄.

⬇

할머니의 할아버지를 향한 애틋한 사랑, 이별의 슬픔을 간접적으로 나타냄.

각 소재에 담긴 상징적 의미

소재	상징적 의미
재	이승과 저승의 경계를 상징함.
마당의 빈 의자	할아버지의 죽음을 상징함.
꽃, 나뭇잎	인간의 삶과 죽음
무덤 위의 눈사람	노부부의 추억이 담긴 소재로, 할머니의 그리움을 상징함.

〈공무도하가〉와 〈님아, 그 강을 건너지 마오〉

〈공무도하가〉		〈님아, 그 강을 건너지 마오〉
백수 광부의 아내	화자	강계열 할머니
임이 물에 빠져 죽음.	이별의 이유	임이 늙고 병들어 죽음.
임이 물을 건너지 않기를 바람.	화자의 바람	임과 죽음까지 함께하기를 바람.
임을 여읜 슬픔에 빠짐.	화자의 정서	임을 여읜 슬픔에 빠짐.

📖 함께 읽으면 좋은 작품

〈공무도하가〉, 백수 광부의 아내 / 임을 여읜 슬픔을 그린 작품

백수 광부의 아내가 남편이 물에 빠져 죽자 그 슬픔을 노래한 고대 가요이다. 사랑하는 임을 여읜 시적 화자의 애절한 정서가 사랑하는 배우자를 잃은 할머니의 정서와 유사하다. **Link** 〈고전 시가〉 28쪽

〈옥수수 밭 옆에 당신을 묻고〉, 도종환 / 아내와 사별한 슬픔을 그린 작품

사랑하는 아내를 떠나보낸 화자가 아내가 살아 있을 때 잘해 주지 못한 것에 대한 안타까운 마음을 형상화한 시로, 아내와 사별한 슬픔을 재회에 대한 믿음으로 이겨 내는 모습이 나타나 있다.

〈이별가〉, 박목월 / 혈육과 사별한 슬픔을 그린 작품

혈육과 사별한 슬픔을 노래한 시로, 이승과 저승의 단절로 인한 안타까움을 나타낸 작품이다. 죽은 이를 떠나보내야 하는 상황이 이 글과 유사하므로 비교하여 감상할 수 있다.

---

6 ⓐ을 삽입한 이유로 가장 적절한 것은?

① 사건을 순행적으로 배치하여 내용을 쉽게 파악하기 쉽게 하기 위해서이다.

② 할머니와 할아버지가 서로 아끼고 사랑하는 마음이 과거와 달라졌기 때문이다.

③ 할아버지는 과거의 삶을, 할머니는 현재의 삶을 지향한다는 것을 보여 주기 위해서이다.

④ 행복했던 과거의 장면을 보여 줌으로써 죽음으로 인한 슬픔이 더욱 극대화되기 때문이다.

⑤ 과거에 밝고 행복했던 이미지가 현재에도 변함없이 지속되고 있음을 나타내기 위해서이다.

7 이 글과 〈보기〉를 비교하여 감상한 내용으로 적절하지 않은 것은?

⊣ 보기 ⊢

임이여, 물을 건너지 마오. / 임은 그예 물을 건너시네.
물에 빠져 돌아가시니, / 가신 임을 어이할꼬.
– 백수 광부의 아내, 〈공무도하가〉

① 이 글의 할아버지와 〈보기〉의 임은 모두 상대방의 요청을 거절하고 있다.

② 〈보기〉에는 이 글과 달리 죽은 사람의 장례 절차가 구체적으로 드러나 있지 않다.

③ 이 글의 할머니와 〈보기〉의 화자는 모두 사랑하는 사람의 죽음을 인지하고 있다.

④ 이 글의 할머니와 〈보기〉의 화자는 모두 사랑하는 사람의 죽음을 안타까워하고 있다.

⑤ 이 글의 할머니와 〈보기〉의 화자는 모두 죽음으로 인한 이별 때문에 큰 슬픔에 빠져 있다.

8 〈보기〉를 참고하였을 때, ⓑ에 사용된 효과로 가장 적절한 것은?

⊣ 보기 ⊢

디졸브(Dissolve)란 한 화면이 사라짐과 동시에 다른 화면이 점차로 나타나는 장면 전환 기법으로, 화면의 밀도가 점점 감소하는 것과 동시에 다른 화면의 밀도가 높아져서 이윽고 장면이 전환되는 것을 말하며, 오버랩(Overlap)과 비슷한 뜻으로 쓰인다.

① 두 장면이 서로 관련 없음을 나타낸다.

② 두 장면을 연결하여 각 장면의 장단점을 드러낸다.

③ 장면을 자르듯 분리하여 두 장면을 대조하여 나타낸다.

④ 두 장면을 자연스럽게 연결하여 대상의 부재를 강조한다.

⑤ 두 장면을 겹쳐 보이게 하여 몽환적인 분위기를 연출한다.

9 ㉮의 상징적 의미를 쓰시오.

10 〈보기〉는 이 글에 생략된 장면이다. 〈보기〉를 참고하여 ⓐ에 담긴 의미를 쓰시오.

⊣ 보기 ⊢

할아버지와 할머니, 눈사람을 만든다.
할머니: 이거는 할아버지 입이야, 입. 똑 할아버지 같다야. 좀 이쁘게 해 주면 좋은데. 내가 더 이쁘게 만들었네.

오늘부터 하모니 | 승형수·오혜성

국어 동아

🎯 핵심 정리

갈래 시나리오
성격 사실적, 세태 비판적
배경 ① 시간 – 현대
② 공간 – 고등학교
제재 고등학교 보컬 동아리 회원들의 일상
주제 사회적 편견으로 인한 갈등과 서로에 대한 이해와 우정
특징 ① 고등학교 학생들의 일상을 사실적으로 묘사함.
② 다문화 사회의 사회적 편견을 지적하는 세태 비판적 시각이 나타남.
③ 웹 드라마의 대본으로 간결한 구성과 빠른 이야기 전개가 돋보임.

💡 어휘 풀이

이목(耳目) 주의나 관심.
무슬림(Muslim) 이슬람교를 믿는 사람.
스토커(stalker) 상대방의 의도와는 상관없이 고의적으로 쫓아다니면서 상대방에게 위협을 가하는 사람.
조항(條項) 법률이나 규정 따위의 조목이나 항목.

Q S# 3에서 아린이 친구들 간의 오해를 풀어 주는 상황을 통해 인물의 특성을 추측하면?

아린이 학급 친구들 사이에 생긴 오해와 갈등 상황을 해결하는 것으로 보아, 적극적이며 활달한 성격을 지녔고 이해심이 많은 따뜻한 성품의 인물이라는 것을 추측할 수 있다. 또한 자신의 중재로 오해가 풀린 것을 대수롭지 않게 여기고 무심하게 행동하는 것으로 보아 겸손하면서도 쾌활한 성격의 인물이라고 볼 수 있다.

📖 구절 풀이

❶ 그, 그런 뜻이 아니십니다! ~ 죄지으십니다. 하리가 말을 더듬고 친구들에게 높임말을 잘못 사용하고 있다. 이를 통해 하리가 한국어에 서투르다는 것을 알 수 있다.
❷ 오늘도 놓여 있네. ~ 도대체 누구야? 아린의 책상에 초콜릿이 놓여 있는 일이 처음이 아님을 알 수 있다. 이는 누군가가 아린을 좋아하고 있다고 짐작하게 하고, 그 사람이 누구인지 독자가 궁금해하게 하는 역할을 한다. 작품의 마지막에 초콜릿의 주인이 밝혀지며 색다른 반전의 재미를 준다.
❸ 네 명 이상의 동아리만 참가 가능? 아린의 보컬 동아리는 현재 아린, 창렬, 정우 3명으로 구성되어 있다. 그런데 대회에 참가하기 위해서는 4명이 필요하다는 조항이 있어 창렬과 아린 사이에 갈등이 일어난다. 이는 하리가 아린의 보컬 동아리에 들어가는 계기가 된다.

가 S# 1. 교실(낮)

시끌벅적한 교실. 아이들이 각자 자리에 앉아 떠들며 피자를 먹고 있다. 자리에 앉아서 물끄러미 책상을 내려다보는 하리. 책상 위에는 피자 한 조각이 놓여 있다. 피자를 그저 무표정하게 바라만 보고 있는 하리. ─ 피자를 먹지 않는 하리 – 독자의 궁금증 유발

형수: 안 먹어? / 고개를 드는 하리. 그의 옆에 다가와 선 형수. / **형수:** 안 먹으면 내가 먹는다?

하며 하리의 피자를 집어 들려는 형수. 그런 형수의 손을 누군가가 탁 때린다. 반장이다.

반장: 야, 담임 선생님이 한 명당 한 조각씩만 먹으라고 했다. ─ 학급 전체 학생들이 공평하게 먹어야 함. – 학급 전체의 노력의 결과임을 추측할 수 있음.
형수: 아니, 얘가 안 먹으니까. / **반장:** 송하리, 왜 안 먹어?
하리: (형수와 반장을 번갈아 바라보며) 나…… 이딴 음식 안 먹습니다. ─ 서툰 언어 표현으로 갈등을 유발함.

표정이 굳어지는 형수와 반장. 주변에 있던 학생들도 하리를 쳐다본다.
기분이 상했음을 드러내는 비언어적 표현 ▶ 피자를 먹지 않겠다며 거부하는 하리

나 S# 3. 교실(낮)

아린, 교실로 들어온다. 아이들의 *이목이 한데 집중해 있는 것을 발견하고 그곳을 바라본다.
하리와 형수, 반장에게 시선이 몰려 있음.

형수: 야, 말이 심하잖아. 이딴 음식이라니. / **반장:** 야 됐어, 그만해. [중략]
아린: (무리로 다가오며) 뭐야? 무슨 일이야?
지나: 피자 먹으랬더니 송하리가 이딴 음식 안 먹는다고 그랬어.
아린: (하리에게) 송하리, 왜 그랬어? 이 피자 우리 반 모두가 노력해서 따낸 건데, 이딴 거라고 표현하는 건 좀 무례하지 않아? ─ 체육 대회에서 학급이 1등을 하여 받은 것임.
싸우려 하기보다는 언행의 의미를 물어 화해를 시키고자 하는 의도임.
하리: (㉠) ❶그, 그런 뜻이 아니십니다! 무례하신 게 아니라…… 이 음식을 먹지 않는다는 것입니다! 나, *무슬림, 그래서 돼지고기 안 됩니다, 죄지으십니다.
높임법을 잘못 사용함. – 하리가 한국어에 서툼이 드러남. 하리가 피자를 먹지 않는 이유 높임법을 잘못 사용함. – 하리가 한국어에 서툼.
아린: 아 뭐야, 진작 그렇게 말하지. (아이들에게) 무슬림은 돼지고기 못 먹는 거 너희들도 알지? / 아린, 자기 자리로 간다. 아린의 책상 위에도 피자 한 조각이 놓여 있는데, 그 옆에 초콜릿이 놓여 있다.
아린: ❷오늘도 놓여 있네. (초콜릿을 들어 앞뒤를 살펴보며) 도대체 누구야?
누군가 그동안 초콜릿을 계속 가져다 놓았음을 알 수 있음. 독자의 궁금증 유발
지나: *스토커 아냐? / 그때 아린의 휴대 전화가 울린다. ㉡창렬에게서 '홍아린 벤치로 당장 뛰어 올 것'이라는 메시지가 왔다.
사태가 심각함을 짐작하게 함. ▶ 하리와 친구들 사이에서 생긴 오해를 풀어 주는 아린

다 S# 4. 교정(낮)

아린: 네? 대회에 못 나간다고요? / **창렬:** (아린에게 지원서를 던지며) 너 때문이야, 너!
상대방에게 예의를 지키지 않음.
정우: (달래는 표정으로) 창렬아!
아린: (지원서를 주워 읽다가 눈이 동그래지며) ❸네 명 이상의 동아리만 참가 가능?
창렬: 너, 내가 지원서 똑바로 꼼꼼히 읽으라고 했어, 안 했어? ㉢너 때문에 우리가 반년 넘게 준비한 대회 못 나가게 생겼잖아! / **아린:** 이런 *조항이 언제 생겼지?
대회 지원 자격을 꼼꼼히 파악하지 않아 문제가 생김.
정우: 그러니까. 작년까지만 해도 없던 조항인데 말이야.
창렬: 너 어떡할 거야? 어? 난 이게 마지막 대회인데!
아린: 음, 내일이 신청 마감이니까 일단 하루 정도는 시간이 있네요. 제가 내일까지 새로운 회원을 데려올게요. [중략] (뛰어가다 멈춰서 창렬에게) 선배, 너무 걱정하지 말아요.
상황을 긍정적으로 바라보는 성격이 드러남.

어이없다는 표정의 창렬. ▶ 아린의 실수로 노래 경연 대회 참가에 위기를 맞은 보컬 동아리
① 아린이 사과를 제대로 하지 않기 때문에 ② 아린이 현재의 위기 상황을 지나치게 낙관적으로 바라보고 있다고 느껴져서

• **중심 내용** 하리로 인해 생긴 오해의 해결과 아린의 실수로 생긴 대회 참가의 위기 • **구성 단계** 발단

이해와 감상

이 작품은 2015년에 제작된 웹 드라마의 시나리오이다. 총 5부작으로 구성된 작품으로, 한 고등학교를 배경으로 하여 보컬 동아리 경연 대회 참가를 둘러싸고 벌어지는 이야기를 다루고 있다. 이 작품은 우즈베키스탄에서 온 외국인 전학생 하리를 중심으로 하여 서로에 대한 오해와 갈등, 화해와 우정에 관한 이야기를 사실적이고도 유쾌하게 풀어 나간다. 특히 기성세대가 지닌 사회적 편견을 신세대의 시각에서 날카롭게 지적하면서 이러한 부정적 가치관을 바꿔야 함을 시사한 점이 인상 깊은 작품이다. 우리 사회에 여전히 존재하는 사회적 편견을 떨쳐 내고 글로벌 시민 의식을 함양하기를 바라는 작가의 생각을 엿볼 수 있다.

Q 전체 줄거리

발단	외국인 전학생인 하리는 문화적 차이 때문에 학급 친구들의 오해를 받지만 아린의 중재로 갈등이 해결된다. 아린은 선배인 정우, 창렬과 함께 노래 경연 대회에 참가하기 위해 하리를 동아리 회원으로 영입한다.
전개	하리 때문에 동아리 회원 사이에 갈등이 생기지만, 서로를 이해하고 힘을 모아 대회 연습을 한다. 이때 시사 교양물을 제작하는 한 피디(PD)가 방송 아이템을 위해 학교를 방문한다.
절정	피디는 편견이 가득한 시각으로 하리를 취재하려 하고 보컬 동아리 회원들은 이를 반대한다. 이에 피디는 의도적으로 학급 전체 학생들에게 아린이 다문화 가정 자녀라는 사실을 공개한다.
하강	피디의 언행으로 충격을 받은 아린은 계속 결석을 하고, 피디는 아린을 부정적인 인물로 몰아가려는 악의적인 인터뷰를 진행한다. 보컬 동아리 회원들은 아린을 돕기 위해 여러 가지로 노력한다.
대단원	동아리 담당 선생님은 피디의 악의적인 취재를 항의하고 방송 제작을 중단하게 한다. 아린은 하리의 조언을 듣고 용기를 내어 학교에 다시 나온다. 보컬 동아리는 친구들 앞에서 리허설을 겸한 작은 공연을 한다.

인물 관계도

아린
쾌활하고 사교적인 성격을 지님. 하리를 편견 없이 대하고, 하리를 자신의 보컬 동아리에 영입하는 데 적극적으로 나섬.

이해·우정 ↔

하리
우즈베키스탄에서 온 외국인 전학생. 서툰 한국어 실력과 소심한 성격 탓에 학급에서 겉돌았지만 동아리 활동을 하며 차츰 변화됨.

갈등 → 이해

창렬
까칠하게 굴지만 속내는 따뜻한 보컬 동아리 선배. 보컬 동아리에 대한 열정이 큼.

포용 ↑

정우
보컬 동아리 부장. 따뜻한 성품을 갖고 있으며 인자한 언행을 보임. 새로운 회원인 하리를 보듬어 줌.

자료실

웹 드라마(web drama)

웹이나 모바일에서 볼 수 있는 회당 10~15분가량의 짧은 드라마를 말한다. 모바일 드라마, 혹은 에스엔에스(SNS) 드라마라고도 한다. 인터넷과 스마트폰 사용이 급격히 증가하면서, 원하는 콘텐츠를 원하는 시간에 찾아서 볼 수 있다는 장점 때문에 웹 드라마가 큰 인기를 모으고 있다. 또한 지상파 드라마에 비해 제작비가 저렴하며, 소재를 자유롭게 선택하여 다양한 장르와 스토리로 구성할 수 있다는 장점이 있다.

키 포인트 체크

인물 서툰 한국어와 소심한 성격 때문에 친구들과 쉽사리 친해지지 못하는 □□와 그런 □□를 편견 없이 대하는 쾌활한 □□이 등장한다.

배경 현대의 한 □□□□□를 배경으로 하고 있다.

사건 하리가 □□적 차이 때문에 학급 친구들과 갈등하고 아린의 중재로 갈등이 해결된다. 아린은 보컬 동아리의 대회 지원 자격을 충족하기 위해 □□를 동아리에 영입하려 설득한다.

1 이 글의 내용과 일치하지 않는 것은?
① 하리는 돼지고기 때문에 피자를 먹지 못하고 있다.
② 형수는 하리가 무례하다고 생각하여 화를 내고 있다.
③ 창렬은 마지막 대회를 위해서 반년 넘게 준비를 해 왔다.
④ 반장은 피자를 공평하게 나누도록 형수를 제지하고 있다.
⑤ 아린의 실수로 보컬 동아리는 노래 대회에 참가할 수 없게 되었다.

2 '하리'와 '형수'가 갈등을 일으키는 이유로 가장 적절한 것은?
① 형수의 지나친 관심에 하리가 부담감을 느꼈다.
② 형수가 하리의 약점을 학급 학생들에게 공개하였다.
③ 하리의 사소한 말실수에 형수가 과민하게 반응하였다.
④ 하리가 자신의 이익만을 위하는 형수의 잘못을 지적하였다.
⑤ 하리가 자신의 생각을 형수에게 제대로 전달하지 못하였다.

3 ㉠에 들어갈 지시문으로 가장 적절한 것은?
① 놀라며　　　　　② 당돌하게
③ 슬픈 표정으로　　④ 상대를 노려보며
⑤ 의아해하는 표정으로

4 ㉡에 대한 독자의 반응으로 가장 적절한 것은?
① 지나가 말한 스토커는 창렬일 가능성이 높군.
② 아린의 책상에 초콜릿을 가져다 놓은 건 창렬이구나.
③ 창렬과 아린이 서로 사귀고 있는 사이임을 알 수 있어.
④ 창렬과 아린 둘 다에게 연관된 일에 문제가 생겼나 보다.
⑤ 문자의 표현으로 보아 창렬은 대인 관계가 원만하지 않은 인물이군.

5 ㉢에 담긴 '창렬'의 심리를 나타낸 속담으로 적절하지 않은 것은?
① 대회에 나갈 수 없다니, '마른하늘에 날벼락'이 따로 없군.
② 결국 아린 때문에 '다 된 죽에 코 빠진' 상황이 되어 버렸군.
③ 아린의 일 처리를 신뢰하였건만, '믿는 도끼에 발등 찍힌' 격이로군.
④ 꼼꼼히 읽으라는 조언 때문에 일을 망쳤으니 '긁어 부스럼'이 되었군.
⑤ '아는 길도 물어 가랬다'고 지원서를 꼼꼼히 보라고 했는데 실수를 했군.

6 (다)에서 발생한 문제 상황은 무엇이고, 이에 대해 '창렬'과 '아린'이 상대방에게 각각 잘못한 점을 쓰시오.

☀ 어휘 풀이

교정(校庭) 학교의 마당이나 운동장.

연민(憐憫) 불쌍하고 가련하게 여김.

단도직입(單刀直入) 혼자서 칼 한 자루를 들고 적진으로 곧장 쳐들어간다는 뜻으로, 여러 말을 늘어놓지 아니하고 바로 요점이나 본문제를 중심적으로 말함을 이르는 말.

천만(千萬)에 전혀 그렇지 아니하다, 절대 그럴 수 없다는 뜻으로, 상대편의 말을 부정하거나 남이 한 말에 대하여 겸양의 뜻을 나타낼 때 하는 말.

겉돌다 다른 사람과 잘 어울리지 못하고 따로 지내다.

Q 아린이 제안한 동아리 가입에 대해 하리가 망설이는 이유는?

하리는 "다들 나 외국인이라고 싫어하십니다."라고 하며 동아리 가입을 거절한다. 이를 통해 하리가 그동안 외국인 전학생으로서 차별과 편견의 시선을 받으며 살아왔음을 알 수 있다. 따라서 하리는 동아리에 가입하여 대회에 나가면 또다시 자신을 향해 쏟아질 편견 가득한 시선과 오해가 두려워 가입을 거절하는 것임을 알 수 있다.

☙ 구절 풀이

❶(심각한 표정으로 ~ 아린아! 좀! 아린이 자신의 실수로 동아리가 노래 경연 대회에 참가하지 못할 수도 있는 상황을 자책하고 있다. 아린이 남들 앞에서는 유쾌하고 발랄하게 행동하지만 스스로에 대해서는 엄격하게 대처하는 성품임을 알 수 있다.

❷그럼, 졸업할 때까지 ~ 외롭게 살 거야? 하리가 동아리에 들어오기를 바라고 하는 말이지만, 한편으로 하리를 진심으로 대하며 충고하는 말이기도 하다. 결국 하리는 이 말에 용기를 내어 동아리에 들어가게 되고, 나중에는 오히려 상처받은 아린을 위로하는 모습을 보여 준다.

❸하리, 아린의 뒷모습을 ~ 심란한 얼굴. 하리는 다른 친구들이 자신을 싫어한다고 생각하여 혼자 있기를 원하고 동아리 가입도 거부하고 있다. 하지만 아린의 권유에 용기를 내는 것이 좋을지 고민하고 있다.

☺ 작가 소개

승형수(1991~)
시나리오 작가, 웹 개발자. 주요 작품으로 웹 드라마 〈오늘부터 하모니〉, 〈회춘 100km〉 등이 있다.

오혜성(1988~)
웹 드라마 작가, 광고 작가. 주요 작품으로 웹 드라마 〈오늘부터 하모니〉, 〈필요한 남자〉 등이 있다.

가 S# 5. 교정(낮)

*교정 외진 곳. 아린이 천천히 걸어가다가 제자리에 선다.

아린: ❶(심각한 표정으로 있다가 갑자기 자신의 뺨을 때리며) 아, 그런 실수를 하면 어떡하냐, _{실수에 대한 자책감이 드러남.} _{자신을 자책하는 혼잣말}
아린아! 좀!

아린의 앞쪽 멀리 앞이 보이지 않을 정도로 높게 쌓은 피자 상자를 든 하리가 걸어간다. 피자 상자 때문에 여기저기 부딪히고 휘청거리며 걸어가는 하리.

아린: 에? 하, *연민이 폭발한다. (하리에게) 야! _{하리를 도우려는 아린 – 아린의 따뜻한 마음을 보여 줌.}

하리, 못 들었는지 계속 아슬아슬하게 걸어간다. / 아린: 야! 송하리!

하리, 멈추지 않고 걸어간다. 하리에게 다가가는 아린. 귀에 이어폰을 꽂고 음악을 들으며 걸어가는 하리. _{하리가 아린의 말을 듣지 못하는 이유} 분리수거 하는 곳에 다다르자 상자를 펴서 분리수거함에 넣기 시작한다.

▶ 자신의 실수를 자책하던 아린이 하리를 발견함.

나 S# 6. 교정(낮~저녁)

아린과 하리가 계단에 앉아 있다. / 하리: 나 왜 불렀습니까?

아린: 너 아까 부르던 노래 '백만 송이 장미' 맞지? / 하리: 어? 어떻게 압니까? _{라트비아의 가요 〈마라가 준 인생(Davaja Marina)〉이란 곡을 러시아어로 번안한 곡}

아린: 어, 엄마가 러시아 쪽 무역 일을 오래 하셨거든. 그래서 러시아에 대해서 좀 알아. _{아린의 가족사에 대한 단서가 되는 대사 – 후에 아린의 엄마가 우즈베키스탄 출신임이 밝혀짐.}

하리: 그렇습니까? / 아린: 말 놔라 인마. 친구 사이에 존댓말은 무슨. _{친근함의 표현. 아린의 사교적인 성격이 드러남.}

하리: 용건이 끝나셨으면 전 이만. (자리에서 일어난다.)

아린: (일어나는 하리의 손을 잡아 앉히며) 야, 내가 너랑 실랑이할 시간은 없고, *단도직입적으로 말할게. 우리 노래 동아리 알지? ㉠내가 특별히 널 넣어 주겠다. _{친근함을 드러내려는 표현이지만 하리 입장에서는 무례하게 느껴질 수 있음.}

하리: 내가? 내가 왜 하십니까? / 아린: 아까 슬쩍 들으니까 노래 좀 하는 것 같던데?

하리: (도도하게) *천만에 만만에.

아린: 그런 말은 또 언제 배웠냐? 아무튼 너 목소리도 좋고, 우리 동아리랑 어울릴 것 같아. 할 거지? / 하리: 못 합니다. / 아린: 왜? / 하리: 모르겠습니다.

아린: 뭘 몰라. 그냥 하면 되지 인마. 솔직히 말야, 너 전학 온 지 꽤 됐는데도 아직 애들이랑 못 어울리고 *겉돌잖아. 우리 동아리 들어와서 사람들하고 친해지는 법도 배우고, 같 _{하리가 다른 사람들과 잘 어울리기를 바라는 아린의 심정} 이 노래도 하고 인마.

하리: (아린의 말을 자르며) 노래는 좋지만 동아리는 싫습니다. 다들 나 외국인이라고 싫어 _{거절의 의사가 강함.} 하십니다. 너도 나 싫어하실 겁니다. 나는 혼자가 좋습니다. _{하리가 그동안 사회적 편견에 시달려 왔음을 보여 줌.} _{편견을 피해 차라리 혼자 지내는 것을 택한 하리}

아린: ❷그럼, 졸업할 때까지 지금처럼 혼자 지낼 거야? 졸업하면 달라질까? 한국인하고 지낼 일 없을까? 『한국에 살기 시작했으면 적응해야지. 사람들하고도 어울리고, 죽을 때까지 혼자 외롭게 살 거야?』 _{『 』: 하리가 용기를 내기를 바라는 아린의 마음이 드러남.}

아무 말을 못 하는 하리. 그런 하리에게 지원서를 건네는 아린. 지원서에는 '우정우, 백창렬, _{아린의 말이 틀리지 않았다고 생각함.} 홍아린'의 이름이 적혀 있다. _{보컬 동아리 회원들}

아린: 내일까지 거기에 이름 써서 가져와. 너만 우리 동아리에 들어와 주면 같이 연습도 하고 대회도 나가고 그럴 수 있어. (일어나서 떠난다.) _{대회 참가 신청 마감일}

❸하리, 아린의 뒷모습을 지켜보다가 서류로 시선을 옮긴다. '노래 동아리 경연 대회 참가 신 _{동아리 가입을 고민함. → 다른 사람들과 어울릴 것인가에 대한 고민이기도 함.} 청서'라고 써 있는 지원서를 바라보는 심란한 얼굴.

▶ 하리에게 동아리 가입을 권유하는 아린

다 S# 7. 복도(아침)

정우: 야, 아린이가 진짜 데려왔더라. / 창렬: 어? 새 회원? _{하리가 동아리에 가입했음을 짐작할 수 있음.}

정우: 응, 지금 만나고 오는 길이야. / 창렬: 1학년이야? 누군데? ▶ 보컬 동아리에 새 회원을 데려온 아린

· **중심 내용** 대회 참가를 위해 하리에게 동아리 가입을 권유하는 아린 · **구성 단계** 발단

🏠 작품 연구소

제목 '오늘부터 하모니'의 의미

단서	하리가 보컬 동아리 회원들로부터 정식으로 회원 인정을 받은 후 동아리 지침으로 따라야 할 사항들의 제목으로 쓰여 있던 문구임.
의미	하모니(harmony)는 음악 용어로 '일정한 법칙에 따른 화음의 연결'이란 사전적 의미를 갖고 있음. ① 보컬 동아리 회원들 간의 갈등이 해소되고 화합하여 아름다운 화음을 이룸. ② 하리와 아린이 서로의 충고를 통해 편견과 소외로부터 벗어나 다 함께 어울림. ③ 사회적 편견을 극복하고 사회 구성원들이 서로 배려하고 소통하길 바라는 소망을 내포함.

등장인물 사이의 갈등 양상

	인물	내용	원인
S# 1, S# 3	하리 ↔ 형수	피자를 먹지 않는 하리와 형수의 오해로 인한 갈등	상대방의 처지나 상황을 배려하지 않은 말하기
S# 4	아린 ↔ 창렬	대회 신청이 무산될 위기로 인한 아린과 창렬의 갈등	
S# 6	아린 ↔ 하리	동아리 가입을 권유하는 아린과 거절하는 하리의 갈등	
후략 부분	아린, 하리 ↕ 창렬	창렬은 아린이 데려온 하리가 사람들에게 실력이 아닌 동정심으로 비춰질 수 있다며 하리의 회원 가입을 반대하며 갈등함.	잘못된 인식과 오해
	하리, 아린 ↕ 피디	하리가 외톨이인 것처럼 유도하는 인터뷰를 하고 아린의 가정사를 의도적으로 공개한 피디와의 갈등	사회적 편견과 악의적인 방송 제작

〈오늘부터 하모니〉에 나타난 특징

이 작품은 길이가 짧은 웹 드라마의 특성상 짧은 시간 안에 주제를 전달하면서도 반전과 흥미를 주어 관객이 극에 몰입할 수 있도록 다음과 같은 특징을 보인다.

특징	내용
극적 반전을 주는 내용 구성	외국인 전학생인 하리를 위로하며 챙기던 아린이 다문화 가정 자녀임이 드러남.
인물의 성격과 이야기 전개를 암시하는 인물 이름	• 현명한 선생님: 위기를 맞이한 보컬 동아리를 '현명'하게 보호하는 역할을 하는 인물 • 방영중 피디: 자신이 제작한 프로그램이 텔레비전으로 '방영'되는 것만을 목표로, 타인에게 상처를 주면서 취재를 하는 이기적인 인물

📖 함께 읽으면 좋은 작품

〈완득이〉, 김려령 / 다문화 가정 자녀의 갈등과 극복을 그린 작품

서울 변두리의 옥탑방에 사는 고등학생 완득이의 이야기를 그린 소설이다. 베트남 출신 어머니와 난쟁이 춤꾼 아버지를 둔 주인공이 괴짜 담임 선생님을 만나 성장해 가는 이야기로 주인공이 마음의 문을 열고 가족, 이웃과 어울려 성장해 나가는 모습이 감동적으로 다가오는 작품이다.

---

7 이 글에 대한 설명으로 적절한 것은?

① 별도의 해설자를 설정하여 사건을 자세히 설명해 주고 있다.
② 흥미진진한 사건 전개를 위해 역순행적 구성을 취하고 있다.
③ 인물의 외양 묘사를 통해 사건을 예측할 수 있도록 하고 있다.
④ 행동과 표정을 알려 주는 지시문을 통해 상황의 이해를 돕고 있다.
⑤ 이야기를 효과적으로 전달하기 위해 내레이션 기법을 활용하고 있다.

내신 적중 多빈출

8 (나)에서 아린이 하리를 설득하는 말하기 방식으로 가장 적절한 것은?

① 객관적 통계 자료를 제시하여 설득하고 있다.
② 유사한 사례를 제시하여 제안을 수긍할 수 있게 한다.
③ 상대방의 장점을 언급하여 스스로 그 장점을 인정하게 한다.
④ 권위 있고 신뢰할 만한 사람의 말을 인용하여 설득하고 있다.
⑤ 상대의 주장에서 예측되는 부정적 상황을 제시하여 생각을 바꾸도록 유도한다.

9 이 글을 통해 알 수 있는 내용으로 가장 적절한 것은?

① 하리는 가치관이 다른 아린과 계속 갈등하겠군.
② 하리는 결국 동아리에 가입하기로 마음을 굳히겠군.
③ 아린의 동아리는 대회에 참가하여 우승을 하게 되겠군.
④ 하리는 친구들의 관심을 끌기 위해 분리수거를 하고 있군.
⑤ 하리는 동아리에 가입하는 가장 중요한 이유를 모른 채 가입하겠군.

10 이 글을 영상화할 때 각 인물을 맡은 배우들이 알아야 할 사항으로 적절한 것은?

① 아린: S# 5에서 상대방의 실수에 짜증을 내는 연기를 한다.
② 아린: S# 5에서 분리수거하는 하리를 꺼림칙스럽게 바라본다.
③ 하리: S# 5에서 아린이 부르는 소리를 일부러 무시하는 행동을 한다.
④ 하리: S# 5에서 노래 '백만 송이 장미'를 소리 내 부를 수 있도록 미리 준비한다.
⑤ 정우: S# 7에서 새 회원이 누구인지 모르는 것처럼 연기하도록 한다.

11 ㉠처럼 말한 것이 실현된다면 '아린'과 '하리'에게 각각 어떤 기회가 주어질지 90자 내외로 쓰시오.

042 독 짓는 늙은이 | 황순원 원작, 신봉승·여수중 각색

키워드 체크 #비극적 #근대 #독 짓기 #장인 정신 #노인의 집념과 좌절 #어린 아들에 대한 애정

S# 86. 뜸막 안(저녁)

뜸(짚, 띠, 부들 따위로 거적처럼 엮어 만든 물건)으로 지붕을 이은 막집

죽은 듯 눈을 감고 누운 송 영감. 그의 앞에 방물장수가 서 있다. 송 영감 눈이 뜨인다.

아내가 달아나고 독 짓기조차 좌절됨.

송 영감: (한참 동안 천장을 보다가) 아주머니! 우리 돌일 부탁하겠수……

아들을 다른 집에 양자로 보내기로 함.

방물장수: (반가워) 잘 생각하셨죠. 아, 그 댁이야!

집이야

송 영감: 어서 애나 불러다 주시오……

방물장수: (끄덕이며) 네, 그러지요……. (뒤돌아서려다가) 애들이라 영감님이 죽었다고

해야 할 거요……. / 송 영감: ……. (묵묵부답)

방물장수: 그러니까 죽은 척하고 눈을 꼭 감구 계슈. (안됐다는 듯) 아이구! 쯧쯧!

혀를 차며 나간다.   ▶ 자신의 운명을 직감하고 방물장수에게 아들을 부탁하는 송 영감

S# 87. 뜸막 밖 마당

멍청히 한길만 바라보고 앉은 돌이. 방물장수 나와서 돌이 손을 잡고 데리고 들어간다.

S# 88. 뜸막 안

송 영감, 애타게 밖을 보다 돌이가 나타나자 얼른 눈을 감는다.

돌이, 방물장수 따라 가까이 온다. 그냥 굳게 눈을 감은 채 누운 송 영감.

돌이를 떠나보내기 위해 죽은 체함.

돌이 다가와 앉아 송 영감을 흔들어 깨우려 한다.

방물장수: 돌이! 자, 네 아버지 얼굴을 잘 봐 둬야 한다! 네 아버진 죽었다!

움찔하고 보는 돌이. 이때였다. 송 영감의 꼭 감겨진 눈엔 눈물. 그 가득히 고인 눈물이

한 줄기 강물처럼 흘러내린다.   삶에 대한 회한의 눈물

가늘게 아주 가늘게 경련을 일으키는 영감의 눈시울. 돌이 그래도 확인해 보려는 듯 조

심스럽게 송 영감의 얼굴을 쓸어 본다.   아버지가 정말로 죽은 것인지 확인하기 위해

방물장수: (겁주듯) 저것 봐라! 벌써 눈에서 저렇게 썩은 물을 줄줄 나오지 않니!

돌이, 움찔하니 뒷걸음질치기 시작한다.

죽음에 대한 두려움을 느끼는 어린아이다운 행동

방물장수: 자! 아줌마하고 가자!

돌이 손을 끌고 나간다. 송 영감의 눈이 가늘게 열린다. 그리고 나가는 돌이의 뒷모습을

사무치게 본다.

미쳐 나갈 것만 같은 송 영감의 심정—. 돌이 나가다 뒤돌아본다. 언뜻 다시 눈을 감는 송

영감. 문이 삐꺽하며 닫힌다.

송 영감, 이젠 한사코 눈을 뜨지 않으려고 애쓴다. 그 눈에선 다시 썩은 물 같은 뜨거운

새 눈물이 자꾸만 흘러내린다. 아무도 없는 방 안.

백자기에 석양빛이 탄다. 아니, 석양빛은 방 안을 태우고 눈 감은 채 꿈짝 않고 누운 영감

저녁때의 햇빛

얼굴에도, 그의 줄줄이 흘러내리는 눈물 줄기에도 타고 있다.   ▶ 어린 아들과 이별하는 송 영감

키 포인트 체크

인물 송 영감은 ☐을 굽는 장인으로, 어린 아들과 생계를 위해 안간힘을 다해 ☐을 짓지만 이에 실패하고 죽음을 맞는다.

배경 독 짓는 노인의 좌절을 통해 ☐☐☐인 가치가 붕괴되는 근대 사회의 일면을 보여 주고 있다.

사건 송 영감은 자신이 앞으로 살날이 얼마 남지 않았음을 직감하고 어린 아들을 ☐☐로 보내기 위해 죽은 척하여 아들과 이별하고 있다.

답 독, 독, 전통적, 양자

핵심 정리

갈래 시나리오

성격 비극적

배경 ① 시간 – 근대
      ② 공간 – 어느 시골

제재 독 짓는 노인의 삶

주제 예술에 대한 집념과 인간 본연의 애정

특징 ① 인물의 극적인 감정 변화를 잘 표현함.
      ② 비극적 결말이 비장미를 느끼게 함.

작가 • 황순원(1915~2000) 소설가. 주로 함축성이 강한 간결체 문장과 치밀한 구성의 단편 소설을 썼다. 주요 작품으로 〈학〉, 〈목넘이 마을의 개〉, 〈카인의 후예〉 등이 있다.
      • 신봉승(1933~2016) 극작가, 시인. 주요 작품으로 〈갯마을〉, 〈저 하늘에도 슬픔이〉 등이 있다.
      • 여수중(1929~1990) 극작가, 영화 평론가. 주요 작품으로 〈나도 인간이 되련다〉 등이 있다.

이해와 감상

황순원의 〈독 짓는 늙은이〉를 원작으로 1969년에 제작된 영화의 시나리오이다. 원작 소설과 달리 왕손이 영감과 나그네의 대화를 중심축으로 이야기가 전개되고 있다. 원작이 전통적인 가치 체계가 붕괴되는 세태에 대항하려고 하는 노인의 집념과 좌절을 보여 주는 데에 초점이 맞추어져 있다면, 이 시나리오는 그러한 송 영감의 태도뿐만 아니라 혈육 관계를 바탕으로 한 인간 본연의 애정에도 초점을 맞추고 있다.

전체 줄거리

독을 짓는 송 영감은 깊은 병에 걸리고 경제적 어려움에 처하게 된다. 송 영감의 아내는 어린 아들을 두고 젊은 조수와 함께 도망친다. 방물장수는 송 영감에게 아들을 양자로 보낼 것을 권하는데, 송 영감은 이를 거절한다. 마지막 힘을 다해 지은 독이 가마 속에서 깨지는 걸 본 송 영감은 자신의 힘이 다한 것을 깨닫는다. 어린 아들을 다른 집에 양자로 보낸 송 영감은 자신의 가마 속으로 들어가 혼자 최후를 맞이한다.

작품 연구소

〈독 짓는 늙은이〉의 갈등 양상

이 작품의 표면적 갈등은 도망간 아내에 대한 송 영감의 배신감으로 나타난다. 그러나 이는 송 영감이 독 짓기에 실패하면서 예술에 대한 집념과 현실적 번민의 대립으로 심화되고, 전통적인 가치가 붕괴되는 세태와 이에 대응하는 삶의 대립으로 확대된다.

조수와 함께 달아난 아내를 원망하면서도 어린 아들을 위해 독 짓는 일에 전념함.	→	붕괴되어 가는 전통적 사회 질서 속에서 갈등하고 고뇌함.	→	가마 속으로 들어가 깨진 독을 대신하듯 죽음을 맞음.

독 짓는 행위의 의미	• 전통적인 가치가 무너지는 현실에 대항하려는 노인의 집념과 좌절 • 송 영감의 삶의 의미를 실현시켜 주는 유일한 방법

043 장마 | 윤흥길 원작, 윤삼육 각색

키워드 체크 #토속적 #상징적 #6·25 전쟁 #장맛비 #전쟁의 비극 #가족의 불행

S# 28. 동만네 집 전경(밤)

동만 모의 진한 핏빛 울음소리 들리는데 빗속에 누워 있는 동만네 집 전경. 끝없이 쏟아
_{동만의 외삼촌(길준)의 전사 통보를 받았기 때문에}
지는 장맛비. (F.O.)   ▶ 비극적 분위기를 조성하는 배경
_{비극적 분위기를 조성하는 데 기여함.} └ 페이드아웃. 화면이 처음에 밝았다가 점차 어두워짐.

S# 31. 안채 건넌방

머리를 질끈 동이고 자리에 누운 동만 모. 밥상 들고 들어오는 이모. 길자.

길자: 언니 식사해요.
_{동만의 이모}

엉거주춤 일어나 앉는 동만 모. 금세 눈물이 또 쏟아지며

동만 모: 에유! 우리 길준이 뜨뜻한 밥 한 그릇 떳떳하게 끓여 주도 못하고.
_{동만의 외삼촌}

밥상머리에 앉아 눈물을 찔끔찔끔 짠다.

길자: 인제 고만 좀 해 둬요. 몸도 생각해야지.

동만 모: 에유! 느이 오라비 불쌍한 길준이…… 전쟁터에서 죽다니…….
                                          _{슬픔의 원인}

방문 벌컥 열리며 뛰어드는 동만.

동만: 밥 줘, 배고파. / 길자: 어서 먹어라. 언니두 한술 떠요.
_{집안 분위기와 상황을 인지하지 못하는 천진한 어린아이의 모습}

마지못해 밥숟갈을 드는 동만 모. 동만이는 벌써 아구아구 입에 퍼 넣고 있다.

동만 모: 넌 좀 안 드냐? / 길자: 생각 없어요.

동만 모: 엄니는? / 길자: 통 안 잡수셔요.
_{동만의 외할머니의 상태: 아들(길준)의 죽음으로 상심한 상태임.}

동만 모: 에휴! 큰일인지라. 집안 꼴이 말이 아니구나. / 길자: …….

동만 모: 나야 괜찮지마는 엄니가 얼매나 상심하실 것이냐? 삼대독자 외아들을 잃었
            _{동만의 외할머니}
으니…… / 다시 눈물을 찔끔거리다가

동만 모: 어서 누구를 양자로 데려다가 끊어진 대를 이어야지. 저리 큰일 아니냐.
                        _{당시의 사회 풍속을 알 수 있음.}

길자: …….

꽁보리밥 한 그릇을 우걱우걱 비우며 / 동만 모: 동만 아버지 점심 안 하셨제?

길자: 형부는 밭에 나가 계세요. 점심 내다 드려야죠.

동만 모: 내 대신 니가 고생이다. 에휴 에휴…… (밥숟갈 놓으며 다시 눈물 찔끔거리면
서 드러눕는다.)
                        ▶ 길준의 죽음으로 슬픔에 잠긴 가족들

S# 32. 마당

툇마루에 고정된 물체처럼 먼 산 바라보고 앉은 외할머니. 동만이가 눈치를 힐끔힐끔 보
며 조심스럽게 가까이 다가간다. 건지산을 향한 채 미동도 없는 외할머니의 눈길. 동만 손
바닥을 펴서 외할머니 눈앞에 대고 뱅글뱅글 원을 그려 본다. 그제야 눈길 스르르 움직여
_{아들(길준)의 죽음으로 반쯤 정신을 놓은 외할머니의 모습}
동만의 얼굴을 물끄러미 보더니 버릇처럼 완두콩을 다시 까기 시작한다. 부엌에서 이모가
_{동만의 천진난만한 모습}
대소쿠리에 점심을 담아 이고 사립문을 나간다. 냅다 따라 나가는 동만.
                        ▶ 아들(길준)의 죽음으로 깊은 상심에 빠진 외할머니

키 포인트 체크

인물 천진난만한 어린아이인 [ ]의 시각을 통해 전쟁의 비극성을 드러내고 있다.

배경 [ ]·[ ][ ] 전쟁 전후 어느 산골 마을을 배경으로 하여 전쟁이 불러온 동족상잔의 비극을 보여 주
고 있다.

사건 국군으로 전쟁터에 나간 [ ]의 전사 소식을 듣고 가족들이 슬퍼하고 있다.

답 동만, 6, 25, 길준

핵심 정리

갈래 시나리오

성격 비극적, 토속적, 상징적

배경 ① 시간 – 6·25 전쟁 전후
      ② 공간 – 어느 시골 산골 마을

제재 한국 전쟁의 비극

주제 전쟁의 외중에서 빚어진 한 가족의 비극과 그
      극복

특징 ① 토속적인 언어를 사용해 사실성을 획득함.
      ② 토속적 샤머니즘을 바탕으로 상징적 소재를
        활용함.

작가 • 윤흥길(1942~) 소설가. 인간의 근원적인
        갈등과 민족적 의식의 저변에 위치한 삶의 풍
        속도를 예리하게 파헤치는 작품을 주로 썼다.
        주요 작품으로 〈황혼의 집〉, 〈장마〉, 〈완장〉 등
        이 있다.
      • 윤삼육(1937~) 시나리오 작가. 다양한 장
        르를 오가며 200편이 넘는 각본을 썼다. 주
        요 작품으로 〈장마〉, 〈만다라〉, 〈길소뜸〉 등이
        있다.

이해와 감상

이 작품은 6·25 전쟁을 배경으로 한 집안에서 발생한
이념의 대립과 화해의 과정을 그린 윤흥길의 소설 〈장
마〉를 각색한 시나리오이다. 작품의 시간적 배경이 되
는 6·25 전쟁 동안의 장마철은 우리 민족에게 닥친
비극적 상황을 상징한다. 또한 빨치산인 아들을 둔 친
할머니와 국군인 아들을 둔 외할머니의 갈등은 좌우
이념의 대립을 보여 주는데, 두 인물의 화해는 6·25
전쟁이 불러일으킨 이념의 대립을 민족적 동질성을
통해 극복할 수 있다는 가능성을 보여 주는 것이다.

전체 줄거리

6·25 전쟁이 한창이던 무렵, 동만의 집에는 외할머
니와 친할머니가 함께 살고 있다. 장맛비가 내리는 밤
에 국군으로 전사한 아들 생각에 잠겨 있던 외할머니
는 빨갱이들을 쓸어 가라고 고함치고, 이는 친할머니
의 신경을 건드린다. 친할머니의 둘째 아들이 빨치산
으로 활동하고 있기 때문이다. 이후 두 노인 사이에는
냉전이 벌어진다. 친할머니는 점쟁이가 일러 준 날에
삼촌이 돌아오기를 기다리나 삼촌은 나타나지 않고
대신 구렁이 한마리가 집으로 들어온다. 외할머니가
마치 삼촌을 대하듯 구렁이를 달래자 구렁이는 대문
밖으로 사라진다. 이 일로 두 노인의 반목과 동만의
우울한 마음이 해소된다.

작품 연구소

'장마'의 상징성

계속되는 장마는 한 가족에게 일어난 불행과 더 나아
가 우리 민족에게 닥친 전쟁의 비극을 상징한다. 장마
가 그치고 두 인물이 화해하게 되는 설정은 이러한
비극의 극복을 보여 준다.

장마가 시작됨.	→	가족의 불행
↓		↓
장마가 계속됨.	→	두 할머니의 대립 (이념의 대립)
↓		↓
장마가 그침.	→	두 할머니의 화해 (이념 대립의 극복)

044 8월의 크리스마스 | 오승욱·신동환·허진호 [문학]·[화작] 지학사

키워드 체크 #서정적 #서울 변두리 사진관 #시한부 인생 #사진사와 주차 단속 요원 #순수한 사랑

S# 112. 슈퍼마켓 앞(해 질 녘)

파라솔 의자에 나란히 앉아 있는 철구와 정원. 지나가는 사람들을 본다.

철구: 그 주차 단속원 아가씨 너 입원하고 안 보이더라. 그만뒀대?
　　　　　_{다림}

정원: …… 야, 벌써 가을이 다 갔네. / 정원은 길가의 앙상한 가지들을 바라본다.
　　　　　　　　　　　　　　　　　　　_{다른 곳으로 전출 갔음.}
　_{딴청을 부리며 다림에 대한 마음을 숨기는 정원}　▶ 더 이상 사진관에 오지 않는 다림과 다림을 향한 마음을 숨기는 정원

S# 113. 사진관(밤)

정원은 선반 위에 있는 박스와 앨범을 꺼낸다. 자신이 학생 때 찍은 사진들 몇 장이 나온다. 몇 장을 보다가 박스를 밀어 넣고 앨범을 펼친다. 한 장 한 장 앨범을 넘기면서 미소를 짓는다. / 앨범을 넘기면서 정원의 미소는 점점 사라지고 눈시울이 뜨거워진다. 눈물을 글썽
　　　　　　　_{과거의 추억을 떠올리는 정원}
거리는 정원. 한 장의 사진이 앨범에 붙어 있다. 자신이 찍어 준 다림의 증명사진이다. / 정
　　　　_{죽음을 앞둔 정원이 다림을 향한 사랑을 이룰 수 없음에 슬퍼함.}
원, 앨범을 덮고 다림이 보낸 편지와 함께 다시 박스 속에 집어넣는다. 굳게 밀봉되는 박스.
　　　　　　　　　　　　　　　　　▶ 소중한 추억들을 정리하며 죽음을 준비하는 정원

S# 114. 촬영실(밤)

정원, 벽에 걸린 손님용 양복을 입는다. 거울 앞에서 넥타이를 매는 정원.
　　　_{손님이 사진 촬영을 위해 입던 옷}

카메라 앞에 놓인 의자 위에 앉는다. 정원, 다시 일어나 카메라를 보고 자신의 위치를 확인하고는 자리에 앉는다. 플래시가 터진다. 한 번, 두 번, 세 번, 활짝 웃는 정원의 얼굴이
　　　　　　　　　　　　　　　　　_{정원이 자신의 영정 사진을 찍음.}
화면에 가득 찬다. / 『그 사진은 그대로 정원의 영정 사진으로 디졸브된다. 활짝 웃고 있는
　　　　　　　　　　『 』: 정원이 죽었음을 의미함.
정원의 영정 앞에는 향불이 연기를 피워 올리고 있다. 암전.』　　　　　▶ 정원의 죽음
　　　　　　　　　　　　　　　　　　　　_{연극에서, 무대를 어둡게 한 상태에서}

S# 115. 사진관 앞(낮 – 눈)
　　　　　　　　　　_{무대 장치나 장면을 바꾸는 일}

눈이 내리는 사진관 앞 거리. 어딘가에서 크리스마스 캐럴이 흐른다. [중략]
　　　　　　　　　　　_{연인들의 사랑이 이루어지는 시기}

겨울 코트를 입고 털모자와 목도리를 한 다림이 사진관 앞으로 걸어간다. 그러다 문득
　　　　　　　　_{한동안 다림은 사진관을 찾아오지 않았음.}
다시 발걸음을 멈추고 서서히 사진관 쪽으로 걸음을 옮기는 다림. 유리창 안에서 밖을 보
　　　　　　　　　　　　　　　　　　　　　　　_{카메라의 시선}
면 다림이 다가와 사진관 앞에 선다. 사진관 안을 가만히 들여다보다가 시선이 한곳에 머무는 다림. / 놀라움이 조금씩 얼굴에 드러나기 시작한다. / 돌아서 양손에 입김을 불어 넣는 다림, 활짝 웃는다. 양손을 입에 댄 채 입김을 불어 넣으며 서서히 멀어져 가는 다림의
　_{자신의 사진을 봤기 때문에}
뒷모습. / 사진관 진열관에는 활짝 웃는 다림의 얼굴이 액자에 넣어져 걸려 있다.
　_{사진관에 다림의 사진을 걸어 둠. – 다림을 향한 정원의 사랑을 상징함.}　▶ 정원의 사진관에 걸린 자신의 사진을 본 다림
멀어져 가는 다림의 모습.

S# 116. 초등학교 운동장(해 질 녘 – 눈)

운동장 전체가 한눈에 내려다보인다. 아무도 없는 운동장 위로 서서히 눈이 내리기 시작
　_{카메라의 시선}
한다. 아이들이 남긴 무수한 발자국들 위로 흰 눈이 쌓여 간다.

내레이션: 내 기억 속의 무수한 사진들처럼, 사랑도 언젠간 추억으로 그친다는 것을 난
　_{정원의 목소리를 통해 작품의 주제 의식을 드러냄.}
알고 있었습니다. 하지만 당신만은 추억이 되질 않았습니다. 사랑을 간직한 채 떠날
　　　　　　　　　　　　_{다림과의 사랑이 끝나지 않고 계속 이어짐.}
수 있게 해 준 당신께 고맙단 말을 남깁니다.
　　　　　　　　　　　　▶ 다림과의 사랑이 과거의 추억이 아닌 현재의 사랑임을 전하는 정원

🔑 포인트 체크

[인물] ☐☐☐ 인생을 살고 있는 정원은 감정 표현에 ☐☐☐이고, 다림은 감정 표현에 적극적이다.

[배경] 서울 변두리의 사진관을 배경으로 하고 있다.

[사건] 정원은 담담히 죽음을 맞이하고, ☐☐은 크리스마스 무렵 ☐☐☐에 걸린 자신의 사진을 보고 기뻐한다.

[답] 시한부, 소극적, 다림, 사진관

🎯 핵심 정리

갈래 시나리오
성격 애상적, 서정적
배경 ① 시간 – 현대
　　　② 공간 – 서울 변두리
제재 순수하고 안타까운 사랑
주제 죽음을 앞둔 한 남자의 애틋한 사랑과 아름다운 추억
특징 ① 대사보다 장면 중심의 구성을 취함.
　　　② 사진을 통해 인물의 마음을 표현함.
　　　③ 여름에서 크리스마스까지의 시간적 흐름 속에서 사랑의 의미를 표현함.
작가 ·오승욱(1963~) 영화감독, 시나리오 작가. 〈초록 물고기〉의 각본을 썼으며 〈킬리만자로〉를 연출하였다.
　　　·신동환(1969~) 영화배우, 영화 제작자. 〈애심〉, 〈달빛 길어 올리기〉 등의 제작에 참여하였다.
　　　·허진호(1963~) 영화감독. 〈8월의 크리스마스〉로 데뷔하였으며, 〈봄날은 간다〉, 〈외출〉, 〈행복〉 등을 연출하였다.

이해와 감상

이 작품은 시한부 인생을 사는 사진사와 주차 단속 요원의 순수한 사랑을 그린 영화의 시나리오이다. 죽음을 앞둔 사람의 사랑을 소재로 했지만, 슬픔과 안타까움을 강조하기보다 기억과 시간의 흐름을 중심으로 이야기를 전개하고 있다. 즉, 주인공의 죽음과 이루어지지 못하는 사랑은 단지 슬프고 안타까운 것이 아니라 시간이 지나면 담담하게 받아들일 수 있는 것으로 표현하고 있다. 절제된 대사와 서정적인 영상으로 인물 간의 애틋한 사랑을 아름답게 보여 주고 있으며, 삶과 죽음, 사랑의 의미를 생각해 보도록 하는 작품이다.

전체 줄거리

시한부 인생을 살고 있는 사진사인 정원은 도로 주차 단속을 하는 다림을 알게 되고 그녀에게 끌리게 된다. 정원은 다림과 놀이공원에 놀러 가 즐거운 시간을 보내기도 하나 사랑하기엔 남은 시간이 짧다는 것을 잘 알기에 자신의 마음을 다림에게 털어놓지 못한다. 정원은 갑자기 상태가 악화되어 병원으로 실려 가고, 정원의 상태를 모르는 다림은 문 닫힌 사진관 앞을 서성인다. 다림은 다른 곳으로 전출을 가게 되어 더 이상 사진관에 오지 않고, 정원은 몰래 다림을 지켜보며 죽음을 준비한다. 정원의 죽음과 함께 크리스마스이브가 되고, 다림은 사진관을 찾아와 진열장에서 밝게 웃고 있는 자신의 사진을 보고 행복한 미소를 지으며 돌아간다.

작품 연구소

제목 '8월의 크리스마스'의 의미

8월	크리스마스
정원과 다림이 만나 사랑의 감정을 키워 가는 때	추운 겨울이지만 따뜻한 사랑을 나누는 날

8월의 크리스마스
따뜻하고 아름다웠던 다림과 정원의 사랑

045 공동 경비 구역 제이에스에이(JSA) |박상연 원작, 박찬욱 외 각색

키워드 체크 #시나리오 #휴머니즘적 #남북 분단 현실 #판문점 #총격 사건 #분단을 뛰어넘는 우정

전략 부분의 내용 판문점의 <u>공동 경비 구역</u> 내에서 격렬한 총성이 나고 북측 병사 두 사람이 죽는 사건이
남북한 대립의 긴장과 비애를 담고 있는 상징적인 공간
벌어진다. 중립국 감독 위원회는 한국계 중립국 수사관 소피를 파견하여 사건을 조사하게 하는데, 사건 현장
에 있던 남한의 이수혁 병장과 북한의 오경필 중사는 서로 상반된 진술을 한다. 그러던 중 소피의 아버지가
과거 인민군 장교였음이 밝혀지면서 소피의 수사관 자격이 문제가 된다.

S# 80. 수사본부(낮)

사진을 바라보고 앉은 소피에게 쏟아져 들어오는 햇빛. 문이 열리고 헌병들과 함께 들어
북측 초소에서 성식이 찍은 수혁과 경필, 우진의 사진
오는 수혁, 목발을 짚었다.
북측 초소에서의 뜻하지 않은 총격전으로 부상을 입음.

소피: (돌아보지도 않고, 영어로 헌병에게) Turn it off.(불을 꺼 주세요.) (헌병 나가자 수

혁을 돌아보며) 오라고 해서 미안해요. 몸도 불편한데. / 영문을 모르고 불려 온 수혁

이 가만히 지켜보는 가운데, 탁자에 놓인 서류 봉투를 집어 들고 출입구 앞으로 가는 소

피, 과녁의 다트를 뽑아 든 다음 서류 한 장을 꽂아 고정시킨다.

소피: 내일 자정을 기해 나를 제이에스에이 근무에서 해제한다는 명령서예요.
아버지가 과거 인민군 장교였다는 이유 때문에

수혁: (목소리) 들었습니다, 아버지 얘기. / 소피를 보는 수혁. [중략]

소피: 난 아직 흔적이 남아 있는데 이 병장은 깨끗하네요. (당황하는 수혁) 이 병장이 오
이수혁과 오경필의 대질 신문에서 이수혁이 진실을 말하려 하자 오경필이 이수혁을 넘어뜨려 진실을 말하지 못하게 함.
중사보다 힘이 센가 보지요? (분위기를 바꿔) 자, 진짜 재미난 쇼는 이제부터예요. 잘

봐요. (놀라는 수혁의 얼굴) 수정 씨를 만나자마자 전에 본 적 있는 얼굴이라고 생각

했어요. 그런데 그 사람이 누군지 알아내는 건 그렇게 어려운 일이 아니었죠. (우진
성식의 동생
이 그려 놓은 수정의 초상화) 정우진이 그린 초상화예요. 그리고 이건 (당황하는 수혁)
성식이 우진에게 자신의 여동생 사진을 주었음을 알 수 있음.
정우진의 시신에서 나온 사진이에요. / 충격받은 표정의 수혁.
북측 초소에서 성식이 찍은 수혁과 경필, 우진의 사진

소피: '사라진 탄환'이 남 일병의 알리바이를 깨는 증거였다면…… (수혁의 얼굴) '사라
남성식 범죄가 일어난 때에, 피고인 또는 피의자가 범죄 현장 이외의 장소에 있었다는 사실
진 얼굴'은 네 병사가 오랫동안 친하게 지냈다는 걸 뜻하는 증거죠. 주장함으로써 무죄를
이수혁, 남성식, 오경필, 정우진 입증하는 방법
외면하고 걸어가는 수혁.

수혁: (목소리) 그래서요? / 노란색과 빨간색 디스켓 두 개를 꺼내 보이는 소피.
두 개의 다른 보고서 파일

소피: 완전히 다른 두 개의 수사 보고서예요. 내가 뭘 제출하느냐는 이 병장한테 달렸
소피는 사건의 진실을 밝힌 보고서와 수혁과 경필의 의사를 존중하여 사건을 미제로 처리한 보고서를 작성함.
어요. 진실을 말해 준다면 난 후임자한테 어떤 증거나 추리도 제공하지 않겠어요.

수혁: 협박입니까? / **소피:** 거래죠. / **수혁:** 영창을 가든 훈장을 받든 전 관심 없습니다.

그렇다면 진실의 대가로 소령님이 저한테 해 줄 수 있는 게 뭡니까?

소피: 이 병장이 끝까지 보호하려고 하는 사람……, 오경필의 안전이에요.
자신을 희생하면서까지 그동안 우정을 나눈 오경필을 보호하려는 수혁의 인간적인 면모가 드러남.
고개를 홱 돌려 소피를 쏘아보는 수혁. 지지 않고 마주 노려보는 소피. 잠시 침묵. 눈싸움
소피가 자신의 마음을 알아채서 놀람.
끝에 고개 숙이는 수혁. 다시 천천히 고개를 든다.
수혁이 소피에게 사건의 전말을 털어놓게 될 것임을 암시함. ▶ 오경필의 안전을 내세워 수혁에게 진실을 말해 줄 것을 요구하는 소피

포인트 체크

인물 수혁은 그동안 우정을 쌓아 온 북측 병사 □□□을 보호하려고 하는 인간적인 인물이다.

배경 1990년대 □□□의 공동 경비 구역을 배경으로 하여 남북 분단 현실을 보여 주고 있다.

사건 소피는 남북한의 네 병사가 우정을 쌓아 왔던 사실을 추리해 내며 □□에게 사건의 진실을 알려
달라고 말하고 있다.

답 오경필, 판문점, 수혁

핵심 정리

갈래 시나리오
성격 민족적, 휴머니즘적
배경 ① 시간 – 1990년대
　　　② 공간 – 판문점 공동 경비 구역
제재 공동 경비 구역 내에서 벌어진 총격 사건
주제 분단을 뛰어넘는 남북 병사의 우정
특징 ① 분단 문제에 대한 휴머니즘적 접근을 보여 줌.
　　　② 희극적 대사와 장면을 통해 긴장감을 해소함.
　　　③ 사건과 사건을 추리적인 요소로 연결함.
작가 • 박상연(본책 274쪽 참고)
　　　• 박찬욱(1963~) 영화감독, 각본가. 주요 작
　　　　품으로 〈올드 보이〉, 〈친절한 금자 씨〉, 〈사이
　　　　보그지만 괜찮아〉 등이 있다.

이해와 감상

이 작품은 박상연의 소설 〈DMZ〉를 각색하여 공동 경
비 구역이라는 특수한 공간에서 벌어진 총격 사건의
진실을 밝히는 추리극 형식의 시나리오이다. 남한군
과 북한군이 대치 상태에 있는 공동 경비 구역을 배경
으로 남북 병사의 우정을 그리는 동시에 비극적인 결
말을 통해 분단 체제의 모순을 지적하고 있다. 남북
분단이라는 현실적이고 무거운 소재를 새롭게 해석하
여 역사성과 오락성을 동시에 보여 준 작품으로 평가
받고 있다.

전체 줄거리

판문점의 공동 경비 구역 내 북측 초소에서 북측 병사
두 사람이 죽는 사건이 벌어지자, 사건 해결을 위해
중립국 수사관 소피가 파견된다. 사건 발생 전, 수혁
은 수색 중에 낙오되었다가 경필과 우진의 도움을 받
아 서로 친해지고 후임 성식에게도 경필과 우진을 소
개하여 네 병사는 우정을 쌓아 갔다. 소피는 수사본부
에 수혁을 불러 진실을 말하면 경필의 안전을 책임지
겠다고 말한다. 사건의 진실을 알게 된 소피는 상부에
사실대로 보고하지 않지만, 총격전 당시 정우진을 쏜
사람이 바로 자신이었음을 알게 된 수혁은 스스로 목
숨을 끊는다.

작품 연구소

〈공동 경비 구역 제이에스에이〉 인물 소개

이수혁	남측 병사. 수색 중 낙오되었다가 경필과 우진의 도움을 받음.
남성식	남측 병사. 북한군과 우정을 나누면서도 반신반의하는 태도를 보이곤 함.
오경필	북측 병사. 대범하고 냉철하며 인간미를 지님.
정우진	북측 병사. 소박하고 따뜻한 심성을 가짐.

〈공동 경비 구역 제이에스에이〉에 나타난 갈등 양상

소피	수혁, 경필 등
총격 사건과 관련된 진실을 밝히고자 함.	서로를 보호하기 위해 사건을 은폐하고자 함.

남북 당국
남한은 북한의 납치라는, 북한은 남한의 기습
테러라는 주장을 내세우며 각자 자신들에게 유리한
방향으로 사실을 왜곡하려 함.

2. 한국 시나리오

046 건축학 개론 |이용주

화작 미래엔

키워드 체크 #회상적 #서정적 #1990년대 #첫사랑의 추억 #대학 시절 #15년 후 현재

옥상 위, 서연이와 승민이가 서로 멀찍이 떨어져 서서 각자 카메라로 시내 풍경을 찍는다.
<u>같은 동네에 사는 서연과 승민은 건축학 개론 수업 과제로 자신들이 사는 동네를 함께 돌아보는 중임.</u>

서연: 서울은 진짜 넓구나. 건물들도 엄청 크고.

승민: 너 고향이 어디야?

서연: 제주도.

승민: 우와! 제주도.

서연: 제주도 사람 처음 봐?

승민: 어, 처음 봐. 제주도가 살기 그렇게 좋다며?

　　서연, 승민이에게로 다가와 옆에 서서 시내를 바라본다.

서연: 살아 봐. 살기 좋긴. 내가 서울 오려고 얼마나 난리 쳤는데.
　　　　<u>제주도에서 벗어나 서울에서 학교를 다니기 위해 노력했다는 의미</u>
승민: 에이, 서울이라고 뭐 다 좋나.

서연: 난 좋던데. 서울은 다 좋던데. 압구정동도 진짜 멋있더라.

　　서연, 돌아서서 시디플레이어를 꺼낸다.
　　<u>시대적 배경(1990년대)을 알 수 있는 소재</u>
승민: 응……. 그러면 부모님은 계속 제주도에 계시고?

서연: 아빠는 거기 계셔. 엄마는 돌아가셨고. 여긴 아빠 친구분 집에 잠깐 있는 거야.

승민: 아, 미안.

서연: (계속해서 시디플레이어를 작동하며) 네가 뭐가 미안해? 우리 엄마가 너 때문에
　　　　　　　　　　　　　　　　　　　　　　　　　<u>솔직하고 털털한 성격을 알 수 있음.</u>
　　돌아가신 것도 아닌데.

승민: 난 옛날에 아버지가 돌아가셨어. 그 얘기하면 친구들도 그래. 지들이 왜 미안해?
　　　　<u>서연의 고백에 자신의 이야기를 꺼내는 승민</u>
『서연: 그치? 괜히 할 말 없으니까 그러는 거야.
　『 」: 서로의 공통점을 발견하며 더욱 친해지는 두 사람
승민: 그러니까.』

서연: (이어폰을 건네며) 들을래?

　　서연, 승민이의 귀에 이어폰을 꽂아 주고, 남은 한쪽을 낀다. 노래가 흘러나온다. 구름 사
　　<u>서연과 승민의 사이가 가까워짐. → 점점 서로에게 친밀감을 느끼게 됨을 알 수 있음.</u>
이로 해가 비친다.

승민: (듣다가)……. 그런데 이거 누구 노래야?

서연: 너 전람회 몰라? (시디를 보여 주며) 기억의 습작. 노래 좋지?
　　　　<u>1990년대에 유행한 가요 → 관객들로 하여금 그 시절의 추억을 떠올리게 함.</u>
승민: 응.

서연: 빌려줄까?

승민: (반색하며) 그럴래?
　　　<u>자신이 좋아하는 서연과 더 친해질 수 있어서</u>
서연: 너 하는 거 봐서.

승민: (실망한 표정. 다시 시내를 바라보며 노래를 듣는다.)
　　　　　　　　　　　　　　　▶ 건축학 개론 과제를 함께하며 점점 친해지는 서연과 승민

포인트 체크

인물 서연은 솔직한 성격의 인물이고, 승민은 소심한 성격을 가진 인물로 ☐☐을 좋아하고 있다.

배경 과거인 1990년대 서울과 현재인 2010년대 서울 및 제주도를 교차하여 보여 주고 있다.

사건 ☐☐☐☐☐ 강의를 듣는 서연과 승민은 강의 과제로 자신들이 사는 ☐☐를 함께 돌아보며
점점 친해지고 있다.

답 서연, 건축학 개론, 동네

핵심 정리

갈래 시나리오

성격 회상적, 서정적

배경 ① 시간 – 1990년대, 2010년대
　　　② 공간 – 서울, 제주도

제재 첫사랑의 추억

주제 이루지 못한 첫사랑에 대한 아련한 그리움

특징 ① 과거와 현재가 교차되면서 이야기가 진행됨.
　　　② 당시의 시대 상황을 보여 주는 소재들을 효
　　　　 과적으로 활용함.

작가 이용주(1970~) 영화감독. 주요 작품으로 〈살
　　　 인의 추억〉, 〈불신지옥〉 등이 있다.

이해와 감상

서로에게 첫사랑이었지만 오해로 사랑을 이루지 못한
두 사람의 재회와 이별을 통해 첫사랑의 아련한 추억
과 향수를 떠올리게 하는 시나리오이다. 첫사랑과 재
회한 현재와 순수하고 서툴렀던 과거의 모습을 교차
하면서 인물들의 감정 변화를 절제하여 담아내고 있
다. 1990년대의 정서를 진하게 느낄 수 있는 음악과
시디(CD)라는 소재를 통해 당시를 기억하는 관객들
이 자신의 추억을 돌아보며 공감할 수 있도록 하였다.

전체 줄거리

건축가가 된 승민은, 아버지와 함께 살 집을 지어 달
라고 찾아온 첫사랑 서연과 15년 만에 재회한다. 대학
시절 건축학 개론 수업에서 서연을 처음 만난 승민은
서연에게 한눈에 반한다. 같은 동네에 살던 둘은 건축
학 개론 수업 과제로 함께 동네를 돌아보면서 서로에
대해 알게 되고 가까워진다. 승민은 친구의 조언에 따
라 서연에게 고백하기로 결심하지만 술에 취한 서연
이 재욱의 부축을 받으며 가는 것을 보고 오해하게 된
다. 승민은 서연이 준 시디를 돌려주며 심한 말을 하
고 서연은 시디와 시디 플레이어를 승민에게 남긴다.
승민과 서연은 집을 지으면서 다시 가까워지고 서로
가 첫사랑이었음을 확인한다. 하지만 승민과 서연은
둘의 관계를 첫사랑의 추억으로 남기고 각자 자신의
자리로 돌아간다.

작품 연구소

과거와 현재의 교차 진행

이 작품은 승민과 서연이 처음 만났던 대학 시절의 과
거와 15년 만에 재회한 현재가 교차되며 진행되고 있
다. 이를 통해 첫사랑의 풋풋한 감정과 재회 후의 어
색했던 감정이 점차 오묘하게 변해 가는 과정을 함께
느낄 수 있도록 하고 있다. 또한 이러한 교차 진행은
비교적 단순하다고 할 수 있는 이야기에 생동감을 불
어넣어 독자들이 흥미를 잃지 않고 이야기에 집중하
도록 하는 효과를 주고 있다. 과거에서는 설레던 사랑
의 시작과 오해로 인한 엇갈림을, 현재에서는 기억 속
에 남아 있는 첫사랑에 대한 아련한 그리움을 그려 내
어 독자들이 공감할 수 있도록 하고 있다.

047 동주 | 신연식

키워드 체크 #회상적 #서정적 #일제 강점기 #윤동주의 삶 #시인의 사명 #부끄러움

가 S# 27. 옥인동 하숙집(밤)

연희전문학교에 재학 중인 윤동주가 하숙집에서 동료들과 문예지를 만드는 장면

몽규: 자기 생각을 펼치기에는 신문이 좋지. 시는 가급적 빼라. 인민을 나약한 감상주

송몽규가 공산주의자임을 알 수 있음.

의자로 만드는 거이 문학 아이라. [중략]

감정을 지나치게 드러내는 태도나 경향을 가진 사람

몽규: 이광수, 최남선 같은 변절자들 따라하는 글들 다 내다 버리라.

친일 행위를 한 문인과 이들의 문체를 따르는 글을 경멸함. 민족주의적 관점에서 문학 작품을 평가함.

동주: 너 이광수 선생 작품만 봤었잖아? / **몽규:** 아새끼래 그거이 어렸을 때 얘기지.

동주: 지금도 마찬가지지. 관습과 이념에 사로잡혀서 함부로 단정 짓는 거.

송몽규가 그의 사상과 목적(공산주의, 민족주의)에 사로잡혀 문학 작품을 평가하고 있는 것에 반감을 드러냄.

이상한 분위기에 긴장하는 친구들.

몽규: 관습과 이념을 타파하자고 하는 일이야. 와, 시를 빼자고 그래서리? 내래 이 문

피지배 계급을 억압하는 사상과 체제를 깨뜨리고자 함.

예지를 하는 이유가 있고 목적이 있어. 시를 무시해서리 하는 이야기가 아이야.

문학, 문예지를 자신이 추구하는 사상, 목적을 이루기 위한 수단으로 삼고 있음.

동주: 시도 자기 생각 펼치기에 부족하지 않아. 「사람들 마음속에 있는 살아있는 진실

「」: 윤동주의 가치관 ① – 서(시)문학도 사람들의 마음을 드러내고 모아서 세상을 바꾸는 힘이 될 수 있음.

을 드러낼 때 문학은 온전하게 힘을 얻는 거고, 그 힘이 하나하나 모여서 세상을 바

꾸는 거라고.」 / **몽규:** 그런 힘이 어드러케 모이는데? 그저, 세상을 바꿀 용기가 없어

서리 문학 속으로 숨는 거 밖에 더 돼니?

자신이 추구하는 사상과 체제에 맞는 문학과 문예지를 만들고자 하는 송몽규와 같은 이들을 가리킴.

동주: 「문학을 도구로밖에 이용하지 않는 사람들 눈에 그렇게 보이는 거겠지! 문학을

「」: 윤동주의 가치관 ② – 문학은 특정 이념과 목적을 위한 도구가 될 수 없음.

이용해서 예술을 팔아서 뭐 어떻게 세상을 변화시켰는데? 누가 그렇게 세상을 변화

시켰는데? 애국주의니 민족주의니 공산주의니 그딴 이념을 위해 모든 가치를 팔아

버리는 거, 그거이, 그거이 관습을 타파하는 일이야? 그것이야말로 시대의 조류에

몸을 숨기려고 하는 썩어 빠진 관습 아니겠니?」 ▶ 문학의 시대적 역할에 대해 논쟁하는 동주와 몽규

나 S# 30. 정지용의 집 – 방

정지용에게 큰 절로 인사를 하는 동주, 인사를 받는 정지용.

정지용: 편히 앉게. 자네. 자네…… 시인이더구만. / **동주:** 예?

정지용: 읽어 봤어, 좋아. 시인이야. [중략]

정지용: 차라리 일본으로 가게. 일본에도 좋은 선생이 많아. 나도 교토에 있을 때가 좋

시인이자 지식인으로서 더욱 크게 성장할 수 있도록 동주에게 일본 유학을 권함. '일본식 성명 강요'의 전 용어

았어. / **동주:** (일본 유학을 권하는 정지용에게) 그런데…… 창씨개명을 하면서까지

일제가 강제로 우리나라 사람의 성과 이름을 일본식으로 고치게 한 일. 우리 고유의 문화와 전통을 말살하려는 목적으로 실시함.

유학을 가야 할지 모르겠습니다. 그렇게까지 해서 유학을 간다는 게 왠지 부끄러운

창씨개명에 대해 양심의 가책을 느낌.

생각이 들어서요.

정지용: 「부끄럽지. 부끄럽고말고. 아무 말도 못 하고 있는 내가 부끄럽고, 늘 술만 마시

「」: 암울한 현실 속에서 시인으로서 사명을 다하지 못하고 있는 것에 대한 자책

는 내가 부끄럽네. 자네한테 일본에 유학 가라고 권하는 나도 부끄럽고.」그렇지만 부

끄럽지 않게 사는 게 얼마나 힘든 일이겠나? 윤 시인, 부끄러움을 아는 건 부끄러운

게 아니야. 부끄러운 걸 모르는 놈들이 더 부끄러운 거지.

부끄러워할 수밖에 없는 일제 강점기의 현실에서 부끄러워할 줄 모르는 이들에 대한 비판 ▶ 윤동주에게 일본 유학을 권하는 정지용

🔑 포인트 체크

인물 윤동주와 송몽규는 ☐☐을 통해 암울한 식민지 현실을 극복하려 한다.

배경 ☐☐☐☐☐라는 시대 현실을 살아가는 시인의 고뇌와 극복 의지를 보여 주고 있다.

사건 윤동주와 송몽규는 문학에 대한 견해 차이로 ☐☐하고, 정지용은 윤동주가 시인으로 더 성장하기

를 바라며 ☐☐☐☐을 권하고 있다.

답 문학, 일제 강점기, 대립, 일본 유학

🎯 핵심 정리

갈래 시나리오

성격 회상적, 비극적, 서정적

배경 ① 시간 – 일제 강점기

② 공간 – 윤동주의 하숙집, 정지용의 집

제재 시인 윤동주와 독립운동가 송몽규의 삶

주제 일제 강점하의 암울한 시대 현실에 맞섰던 윤동주와 송몽규의 순수하고 치열한 삶

특징 ① 윤동주가 옥중 심문을 받는 현재와, 윤동주와 송몽규의 과거를 교차하여 보여 줌.

② 장면 중간에 윤동주의 시를 삽입해 그의 삶과 시의 연관성을 드러내고 서정적인 분위기를 더함.

작가 신연식(1976~) 시나리오 작가, 영화감독. 주요 작품으로 〈좋은 배우〉, 〈피아노 레슨〉 등이 있다.

이해와 감상

이 작품은 일제 강점기의 암울한 현실에 치열하게 맞선 시인 윤동주와 독립운동가 송몽규, 두 청년의 삶을 그린 시나리오이다. 영화는 성찰과 부끄러움을 바탕으로 시대의 아픔을 노래한 윤동주와 항일 독립운동에 뜻을 두었던 송몽규의 삶을 흑백의 영상으로 보여 준다. 수록된 장면은 암울한 현실에서 문학, 특히 시(詩)의 가치와 효용이 무엇인지를 두고 윤동주와 송몽규가 논쟁을 하는 장면, 일본 유학을 앞둔 윤동주가 시인 정지용을 만나 삶의 방향에 대한 가르침을 듣는 장면으로 시대적 양심과 사명에 대한 윤동주의 인간적인 고뇌가 잘 드러나 있다.

전체 줄거리

윤동주와 송몽규는 한 마을에서 같이 나고 자란 친구이자 사촌지간이다. 윤동주는 문학을 사랑하며 시인의 꿈을 키워 가지만, 송몽규는 조국의 독립을 위해 위험을 무릅쓰고 중국의 임시정부로 향한다. 죽음의 고비를 넘고 온 송몽규에게 윤동주는 앞으로 어디를 가든지 함께하자고 이야기를 하고, 송몽규는 윤동주와 함께 일본 유학길에 오른다. 송몽규는 유학을 가서도 일본 내 한국인 유학생들을 모아 독립운동을 벌일 계획을 세우고 영문학을 공부하던 윤동주도 송몽규와 뜻을 함께하기로 한다. 죽음까지 함께하려던 두 친구는 계획을 실행에 옮기지 못하고 일본 경찰에 체포당하고 만다. 윤동주와 송몽규는 조국이 해방되기 직전 형무소에서 생을 마감하고, 윤동주는 한 권의 시집을 남긴다.

작품 연구소

문학에 대한 윤동주와 송몽규의 생각의 차이

윤동주	송몽규
• 문학은 사람들 마음의 진실을 드러내고 그 힘을 모아 세상을 변화시킴. • 문학은 특정 관습이나 이념의 도구로 쓰일 수 없음.	• 문학은 현실 도피의 수단이며, 인간을 나약하게 만듦. • 문학은 관습과 이념을 타파하는 도구로 적절히 활용되어야 함.

세상을 변화시키는 방법과 문학에 대한 가치관은 서로 다르지만 두 사람 모두 암울한 현실을 극복하려는 열망과 의지를 갖고 있음.

048 오이디푸스왕 | 소포클레스

핵심 정리

갈래 비극
성격 비극적, 분석적
배경 ① 시간 – 고대
② 공간 – 그리스
제재 비극적인 운명
주제 신이 부여한 운명과 인간의 의지 사이에서 빚어지는 갈등과 인간의 한계
특징 ① 그리스 신화에서 소재를 가져옴.
② 과거의 사건으로 거슬러 올라가는 구조를 취함.
③ 인간의 한계를 보여 주는 운명적 비극임.

이해와 감상

이 작품은 비극의 모든 요소를 갖추고 있어, 전형적인 비극의 모델로 평가되고 있는 고대 그리스 희곡이다. 피할 수 없는 운명과 그로 인한 갈등, 그리고 이를 풀어내는 인물의 결정이 작품의 극적 구조를 형성하고 있다. 관객은 자신보다 탁월한 인물이 몰락하는 과정을 지켜보면서 공포와 연민을 경험하고 이 과정에서 카타르시스를 느낄 수 있다.

Q 오이디푸스가 불안해하는 이유는?

오이디푸스는 테베에 전염병이 돌자 선왕 라이오스를 살해한 범인을 처벌하면 된다는 신탁의 내용에 따라 라이오스의 살해범을 추적한다. 그러나 이 과정에서 라이오스를 죽인 범인이 자신일지도 모른다는, 자신이 아버지를 죽이고 어머니를 부인으로 맞았을지도 모른다는 불안감에 떨고 있다.

전체 줄거리

테베의 라이오스왕은 이오카스테와의 사이에서 오이디푸스를 낳는데 아들이 자신을 죽이고 그 어미와 결혼한다는 아폴론의 신탁을 받는다. 두 사람은 오이디푸스를 죽이고자 하나, 그 일을 맡은 신하가 그를 몰래 살려 준다. 코린토스왕에 의해 친자식처럼 길러진 오이디푸스는 아폴론 신탁의 저주를 피하기 위해 집을 떠나고, 우연히 라이오스왕을 만나 말다툼 끝에 그를 살해한다. 그리고 도탄에 빠진 테베를 구하는 과정에서 이오카스테와 결혼한다. 그 후 자신이 죽인 라이오스왕이 친부였음을 알게 된 오이디푸스는 절망에 빠져 자신의 눈을 찌르고 이오카스테는 자결한다. 그리고 오이디푸스는 방랑의 길을 떠난다.

작가 소개

소포클레스(Sophocles, B.C. 496~B.C. 406)
고대 그리스의 비극 시인. 그리스 비극을 기교적·형식적으로 완성하였다. 주요 작품으로 〈오이디푸스왕〉, 〈안티고네〉, 〈엘렉트라〉 등이 있다.

오이디푸스: 방금 그것을 들었을 때, 내 영혼이 얼마나 방황하고 마음이 얼마나 요동하는지 모르겠소, 부인. / 이오카스테: 어떤 근심이 들기에 그리 놀라시는 건가요?

오이디푸스: 나는 당신에게서 이렇게 들은 것 같소. 라이오스가 마차가 다니는 삼거리 근처에서 피살되었다고.

이오카스테: 그런 말이 나돌았고, 그 소문이 그치지 않으니까요.

오이디푸스: 그러면 그 폭력이 일어난 그 장소는 어디요?

이오카스테: 그 땅은 포키스라는 곳인데, 갈라진 길이 델포이와 다울리아로부터 와서 같은 곳에 이르지요. / 오이디푸스: 그러면 그 일이 있은 후 시간이 얼마나 흘렀소?

이오카스테: 당신이 이 땅의 통치권을 차지하기 조금 전에 그 일이 도시에 전해졌습니다.

오이디푸스: 오, 제우스여, 저에게 무슨 일을 계획하신 겁니까! [테베]

이오카스테: 당신 속을 짓누르는 그 일은 무엇인가요, 오이디푸스여?

오이디푸스: 아직 내게 묻지 마시오. 그보다 라이오스에 대해 말해 보시오. 그가 어떤 체격이었는지, 젊은 힘이 얼마나 절정에 다다라 있었는지를.

이오카스테: 피부가 거무스름하고, 머리에 막 흰 터럭이 섞여 나기 시작했으며, 생김새는 당신과 많이 다르지 않았지요. / 오이디푸스: 아아, 불행하도다. 나는 방금 나 자신을 무서운 저주 속에 던져 넣고도 그걸 몰랐던 모양이오.
[오이디푸스가 라이오스왕의 아들임을 암시함.]

이오카스테: 무슨 말씀인가요? 당신을 보고 있자니 마음이 불안해지는군요, 왕이시여.

오이디푸스: 난 아주 두렵소. 혹시 그 예언자가 앞을 보는 게 아닐까 하고. 하지만 그대가 하나만 더 설명해 준다면, 사실을 더 잘 보여 주게 될 것이오.
[테레이시아스 – 테베의 눈먼 예언자로 진실을 보는 통찰력이 있는 인물]

이오카스테: 그러면, 마음이 불안하지만, 당신이 물으시는 것을 듣고 대답하겠어요.

오이디푸스: 그는 소수와 함께 갔소, 아니면 통치자답게 수행원 여럿을 데리고 갔소?

이오카스테: 모두 해서 다섯이었지요. 그들 가운데는 전령이 있었고요. 그리고 한 대의 사륜마차가 라이오스를 이끌었습니다.
[명령을 전하는 사람]

오이디푸스: 아아, 이제 분명하구나! 그 이야기를 당신들에게 해 준 사람은 대체 누구였소, 부인? / 이오카스테: 집안 하인이었습니다. 그 사람 혼자만 살아 돌아왔지요.
[결정적인 정보 제공자]

오이디푸스: 그러면 그가 지금 집 안에 있소?

이오카스테: 아니, 없습니다. 그는 거기서 돌아와서, 당신이 권력을 잡은 것과 라이오스의 죽음을 확인한 이후부터 내 손을 잡고서 간청했지요. 자신을 시골로, 가축 떼가 있는 목장으로 보내 달라고요. 가능한 한 멀리 이 도시로부터 벗어나 있도록. 그래서 저는 그를 떠나보냈지요. 그는 노예였지만 그보다 더 큰 호의라도 누릴 자격이 있었으니까요. / 오이디푸스: 어떻게든 그가 빨리 우리에게 돌아오게 할 수 있소?
[오이디푸스가 라이오스왕을 죽인 사건의 목격자로서 해를 당할까 두려워서]

▶ 라이오스왕을 죽인 범인이 자신일지 모른다는 두려움에 휩싸인 오이디푸스

키 포인트 체크

인물 오이디푸스는 아버지를 죽이고 어머니와 결혼한다는 신탁의 □□에서 벗어나지 못한 □□□ 운명을 지녔다.

배경 고대 그리스의 도시 국가 □□를 배경으로 고귀한 인물이 몰락하는 비극을 보여 주고 있다.

사건 라이오스왕을 살해한 자를 추적하던 오이디푸스는 이오카스테에게 사건의 전말을 듣고 □□이 라이오스왕을 죽인 범인일 수도 있다는 불안감을 느끼고 있다.

답 저주, 비극적, 테베, 자신

베니스의 상인 | 셰익스피어

핵심 정리

갈래 장막극
성격 낭만적, 희극적
배경 ① 시간 – 16세기
② 공간 – 이탈리아의 베니스와 벨몬트
제재 안토니오와 바사니오의 우정, 법정 소송
주제 개인의 가치관 대조를 통한 인간성 성찰
특징 ① 인육 재판에서 모티프를 얻음.
② 반전에 의한 극적 구성이 돋보임.
③ 악당을 비극적인 인물로 묘사함.

이해와 감상

총 5막으로 이루어진 희곡으로, 인육 재판, 상자 고르기, 유대인 처녀와 기독교도 청년의 사랑과 도피, 반지 분실 등 4개의 에피소드를 엮어 구성하였다. 재판의 형식을 도입하여 인물들의 대립적인 생각과 삶의 태도를 뚜렷하게 드러내고 있으며, 인간성에 대한 통찰이 깊고 정확하다는 점에서 높은 평가를 받고 있다. 샤일록이라는 악인을 통해 몰인정하지만 기독교인들의 박해를 받으며 살아가는 비극적인 인물의 모습을 보여 주고 있다.

전체 줄거리

베니스의 선량한 상인 안토니오는 절친한 친구 바사니오가 포샤에게 구혼하러 가기 위한 여비를 마련해 주기 위해 유대인 고리대금업자 샤일록에게 돈을 빌린다. 안토니오는 돈을 갚을 수 없을 때에는 자기의 살 1파운드를 떼어 준다는 증서를 쓰는데, 배가 돌아오지 않아 돈을 갚지 못한 안토니오는 샤일록의 독촉으로 궁지에 몰리게 된다. 그러나 재판관으로 변장한 포샤의 영리한 판결로 샤일록은 오히려 전 재산을 몰수당하고 기독교로 개종할 것을 명령받게 된다. 그리고 샤일록의 딸 제시카는 기독교인 로렌조와 맺어지고, 안토니오의 상선도 무사히 돌아온다.

Q '증서'에 대한 포샤의 해석이 작품 전개에 미치는 영향은?

샤일록은 평소 유대인인 자신을 차별하는 안토니오를 눈엣가시처럼 생각해 왔다. 샤일록이 빚에 대한 대가로 '살 1파운드'를 요구하는 것은 사실 안토니오의 죽음을 원하는 것이다. 그러나 증서에 피에 대한 언급이 없음을 간파한 포샤는 피를 한 방울도 흘리지 않고 1파운드의 살만을 자르라고 판결한다. 이는 실제로는 불가능한 일로, 자신만만하던 샤일록을 오히려 궁지로 몰아넣는 극적 반전을 가져온다.

작가 소개

셰익스피어(William Shakespeare, 1564~1616)
영국의 시인, 극작가. 영국 문학을 대표하는 문호로, 인간 심리에 대한 깊은 통찰을 보여 주었다. 주요 작품으로 4대 비극인 〈햄릿〉, 〈오셀로〉, 〈리어왕〉, 〈맥베스〉를 비롯하여 〈로미오와 줄리엣〉, 〈한여름 밤의 꿈〉 등이 있다.

안토니오: 별로 없습니다. 이미 각오는 되어 있습니다. 바사니오, 악수나 하세. 잘 있게. 내가 자네 때문에 이렇게 되었다고 해서 슬퍼하지 말게. 운명의 여신이 내게 대해서는 그래도 친절한 편이지. 불행한 사람을 재물에서 떼어 놓은 채 마음대로 죽지도 못하게 하고 얼굴엔 주름살 천지가 되어 움푹 들어간 눈을 하고 자신의 가난을 목격하면서 살게 하는 것이 상례인데, 그 비참한 꼴만은 면하게 해 주거든. 부디 부인께 안부 전해 주게. 안토니오는 왜 죽었는지, 얼마나 자네를 사랑했는지, 사실대로 잘 말하고, 부인의 판단을 청해 보게. 한때 바사니오에게 친구 한 사람이 있었다는 말을 할 수 있을지. 자네가 친구 하나를 잃었다고 부인이 슬퍼하신다면 나는 군을 위해서 부채를 지불하는 것을 슬퍼하지 않네. 만일 유대인이 아주 깊숙이 자른다면 그야말로 기쁘게 지불하는 것이 될 테니까.

바사니오: 안토니오, 내 아내는 생명과도 같이 소중한 여잘세. 하지만 생명 그 자체도 아내도 전 세계도 내게는 자네의 생명보다 귀중한 것이 못 되네. 난 모든 것을 버려도 좋아. 모든 것을 희생해도 좋으니까 어떻게 해서든지 이 악마로부터 자네를 구하고 싶네. / **포샤:** 부인이 옆에 있다가 그 소리를 들으면 별로 고마워하지 않을 걸요.

그라시아노: 나도 사랑하는 아내가 있지만 차라리 죽어서 승천한다면 하느님께 호소해서 이 못된 유대 놈의 마음을 바꿔 놓을 수 있을 텐데.

네리사: 그런 소리 부인이 듣지 못한 데서나 해야지 집안에 풍파가 날 거요.

샤일록: (방백) 크리스천 남자들이란 다 저렇다니까! 나에게도 딸이 하나 있지. 크리스천을 사위로 맞을 바엔 강도 바라바의 혈통에게 주어 버리는 게 낫지. 이건 시간 낭빈데, 빨리 언도를 내려 주십쇼.

포샤: 저 상인의 살 1파운드는 원고의 것이오. 법정은 이를 원고에게 주는 것이오.

샤일록: 공명정대하신 재판관님!

포샤: 원고가 직접 피고의 심장 옆에서 살을 베어 내야 하오. 법률이 이를 허가하고 법정이 이를 시인하는 바이오. / **샤일록:** 박학하신 재판관님! 언도요! 자! 어서!

포샤: 잠깐. 할 얘기가 또 있소. 이 증서에서는 피는 한 방울도 원고에게 준다고 하지 않았소. 분명히 '살 1파운드'라고만 쓰여 있소. 그러므로 증서의 문면대로 '살 1파운드'를 가질 것. 그러나 살을 베어 내면서 크리스천의 피 한 방울이라도 흘릴 때에는 원고의 토지나 재산은 베니스 국법에 따라 몰수되어 모두 베니스 국고로 귀속될 것이오.

그라시아노: 아, 공명정대한 재판관님! 어때? 유대인아. 박학하신 재판관님!

샤일록: 그게 법률입니까? / **포샤:** 눈으로 직접 조문을 보시오. 결국 원고가 시종 엄중한 증서 문면대로 재판해야 한다고 고집했기 때문에 원고는 원하는 것 이상의 엄중한 재판을 받지 않으면 안 되는 것이오. 알았는가? ▶ 피를 흘리지 않고 살 1파운드를 베어 낼 것을 언도하는 포샤

포인트 체크

인물 베니스의 상인 ☐☐☐☐는 바사니오와 끈끈한 우정을 나누는 사이이다.
배경 16세기 ☐☐☐☐ 베니스의 상인들의 이야기를 통해 인간성에 대한 통찰을 보여 주고 있다.
사건 샤일록이 빚에 대한 대가로 안토니오에게 ☐ 1파운드를 떼어 달라 하자 재판관 포샤는 몰인정한 샤일록을 벌하는 판결을 내리고 있다.

답 안토니오, 이탈리아, 살

문학 동아, 비상, 신사고

🎯 핵심 정리

갈래 장막극
성격 비극적, 보편적
배경 ① 시간 - 16~17세기
　　　② 공간 - 이탈리아 베로나
제재 청춘 남녀의 사랑
주제 청춘 남녀의 아름다운 사랑과 비극적 결말
특징 ① 다양한 시적 형식과 표현을 보여 줌.
　　　② 그리스와 이탈리아 설화를 모티프로 함.
　　　③ 복선을 통해 극적 긴장감을 고조함.

📖 이해와 감상

이 작품은 서로 갈등하는 몬터규 집안의 로미오와 캐퓰렛 집안의 줄리엣의 비극적 사랑을 그리고 있는 희곡으로, 아름다운 대사와 치밀한 극적 구성으로 명작으로 평가받고 있다. 이 작품은 대사가 운문으로 되어 있는 극시(劇詩)로, 그 속에 다양한 시적 형식과 함축적이고 비유적인 표현을 담고 있다.

> **Q** 줄리엣이 로미오에게 이름을 버리라고 말하는 이유는?
>
> 몬터규 가문과 캐퓰렛 가문은 서로 적대적인 관계에 있다. 따라서 몬터규 가문의 로미오와 캐퓰렛 가문의 줄리엣은 가문을 유지한 채로는 사랑을 이룰 수 없다. 따라서 줄리엣은 로미오에게 오직 서로의 사랑만을 생각하기 위해 이름을 버리라고 말하고 있는 것이다.

🔍 전체 줄거리

몬터규 집안의 로미오는 원수지간인 캐퓰렛 집안의 줄리엣을 보고 첫눈에 반하고 이 둘은 서로의 사랑을 확인하고 결혼을 약속한다. 그런데 두 집안의 싸움에서 줄리엣의 사촌 티벌트가 로미오의 친구 머큐시오를 죽이는 사건이 발생하자, 로미오는 티벌트를 죽이고 도시에서 추방되고 만다. 홀로 남은 줄리엣이 로렌스 신부를 찾아가자, 신부는 마시면 죽은 것처럼 보이는 약을 줄리엣에게 준다. 그러나 이런 사정을 알지 못한 로미오는 줄리엣이 죽은 줄 알고 상심하여 독약을 먹고 자살한다. 나중에 깨어난 줄리엣은 죽어 있는 로미오를 안고 오열하다가 그의 뒤를 따라 자결한다.

🏠 작품 연구소

이 작품의 갈등 관계

두 집안의 갈등이 로미오와 줄리엣의
사랑을 비극으로 끝나게 만듦.

👤 작가 소개

셰익스피어(본책 299쪽 참고)

줄리엣: 아, 로미오, 로미오! 왜 당신은 로미오예요? 아버지를 잊어요. <u>그 이름을 버려요.</u> 그것이 싫다면 날 사랑한다고 맹세해요. 그럼 내가 캐퓰렛 성을 버릴 거야.

로미오: (방백) 좀 더 들어 볼까, 말을 걸어 볼까?
　　　연극에서, 등장인물이 말을 하지만 무대 위의 다른 인물에게는 들리지 않고 관객만 들을 수 있는 것으로 약속되어 있는 대사

줄리엣: 당신 이름만이 나의 원수일 뿐. 비록 몬터규가 아니더라도 당신은 당신이야. 몬
　　　로미오와 자신의 가문이 원수지간이므로
터규가 뭔데? 손도 발도 팔도, 얼굴도 아니고, 사람 몸의 어떤 부분도 아니잖아. 아,
　　　　　　사랑을 위해 필요한 것은 로미오뿐이며 가문은 허상에 불과함.
딴 이름이 돼 주어요! 이름이 뭔데? 장미꽃을 딴 이름으로 불러도 향기는 역시 마찬가지잖아. 로미오도 같아. 로미오란 이름으로 부르지 않아도, 당신이 갖고 있는 소중한 완벽함은 그대로 남을 것이오. 로미오, 그 이름을 버려요. 당신과 상관없는 그 이름 대신에 나의 모든 것을 가져가요. ▶ 로미오에 대한 사랑을 홀로 이야기하는 줄리엣과 이를 바라보는 로미오

로미오: (줄리엣에게) 그 말대로 받아들이지. 날 애인이라 불러 줘. 그게 나의 새로운 세
　　　　　　　　　　　　　　　　　　　줄리엣의 연인으로 새롭게 살아갈 것임.
례명이야. 이제부터 난 절대로 로미오가 아니지.

줄리엣: 당신은 누구요? 밤의 어둠 속에 몸을 숨기고 남의 비밀을 엿들었으니.

로미오: 내가 누구라고 내 이름으로는 말해 줄 수가 없어. 거룩한 성자여, 이젠 내 이름이 미워. 그건 너의 원수니까. 종이에 쓰여 있다면 찢고 싶어.
　　　줄리엣을 향한 사랑을 방해하는 자신의 이름(가문)에 대한 거부

줄리엣: 내 귀는 백 마디도 네 말을 듣지 못했지만, 네 목소리를 알아. 넌 로미오잖아, 몬터규 댁의? / 로미오: 아름다운 아가씨, 네가 싫다면 둘 다 아냐.

줄리엣: 어떻게 여기까지 왔어? 왜 온 거야? 정원 담이 높아서 오르기 어려운데. 네 신분을 생각할 때 우리 집 사람들한테 들키는 날이면 죽음의 장소가 될 것이야.

로미오: 사랑의 가벼운 날개로 담을 넘어왔지만, 돌담이 어찌 사랑을 막을 수 있겠어. 사
　　　　　　　　　　　　　　　원수지간인 가문에 침입한 것이므로
랑은 할 수 있는 일이라면 뭐든지 해내. 그러니 너의 가족인들 날 막지는 못해.

줄리엣: 들키는 날엔 너를 죽일 거야.

로미오: 아아, 그들의 칼 스무 자루보다도 너의 눈동자가 더 두려워! 정다운 눈길로 반겨
　　　　　　　　　　　　　　　사랑을 위해 목숨까지 거는 로미오의 열정적이고 낭만적인 모습
줘. 그러면 그들의 적의쯤 끄떡도 안 할 거야.

줄리엣: 어떤 일이 있어도 여기서 들켜선 안 돼.

로미오: 들키지 않기 위해 밤의 외투를 걸치고 있어. 네가 날 사랑하지 않겠다면 날 들키게 해 줘. 너의 사랑 없이 죽음을 미루며 사느니, 차라리 그들의 증오를 받고 목숨을 끊는 것이 한결 나아.

줄리엣: 너는 누구의 안내로 여기까지 왔지?

로미오: 사랑, 사랑이 찾으라고 떠밀었어. 사랑은 내게 충고를, 난 사랑에게 눈을 빌려주었어. 난 키잡이는 아니지만, 네가 바닷물이 넘실대는 천 리 길의 먼 바닷가에 있다 해
　　　배의 키를 조종하는 사람
도 그 보배를 찾아 모험에 나설 거야. ▶ 사랑을 위해서 무엇이든 할 수 있다고 다짐하는 로미오
　　줄리엣

🎸 포인트 체크

인물 로미오와 줄리엣은 자신의 가문과 □□ 사이인 상대와 사랑에 빠져 있다.

배경 16~17세기 □□□를 배경으로 원수지간인 가문의 아들과 딸의 비극적 사랑을 보여 주고 있다.

사건 로미오와 줄리엣이 자신의 □□을 버리고서라도 사랑을 이루겠다고 다짐하고 있다.

답 원수, 베로나, 이름(가문)

햄릿 | 셰익스피어

문학 해냄

핵심 정리

갈래 장막극, 비극
성격 비극적
배경 ① 시간 – 12세기경
② 공간 – 덴마크
제재 아버지의 복수
주제 인간의 탐욕으로 인한 갈등과 비극
특징 ① 복잡한 내면 심리를 화려한 언어로 표현함.
② 대사를 통해 인생에 대한 이해와 성찰을 담아냄.

이해와 감상

이 작품은 셰익스피어의 4대 비극 중 하나로, 인간의 음모와 모순성을 토로하는 한편, 순결한 영혼을 지닌 인물이 자신이 감당할 수 없는 절박한 상황에 부딪쳐 정신적 고통을 겪으며 무너져 가는 모습을 잘 보여 주고 있다. 제시된 장면에서 왕은, 햄릿이 자기 아버지를 죽인 자를 아는지 시험해 보기 위해 오필리아와 만나도록 계략을 꾸미고, 햄릿은 자신이 처한 상황에 대해 고민하고 있다. 복수를 실행에 옮기지 못하고 고통을 겪는 햄릿은 우유부단한 인물의 전형으로 제시되는 인물이다.

Q 대사를 통해 알 수 있는 햄릿의 심리는?

햄릿은 숙부가 자신의 아버지를 독살하고, 어머니가 원수인 숙부와 결혼한 것을 증오하고 있다. 햄릿은 이러한 상황을 해결하기 위해 죽음을 선택할 수도 있으나 사후 세계를 알 수 없어 이 세상의 고통을 참고 살 수밖에 없다며 망설이고 있다. 즉 사는 것도 모욕이며, 죽는 것 또한 고귀한 일이 아니기에 그 사이에서 갈등하고 있는 것이다.

전체 줄거리

햄릿은 아버지가 죽고 아버지의 뒤를 이어 왕이 된 숙부가 어머니와 결혼하자 크게 상심한다. 그런데 어느 날 아버지의 영혼이 나타나 자신이 숙부에게 독살되었음을 알리고 복수를 명한다. 햄릿은 왕의 의심을 피하기 위해 미친 것처럼 행세하다가 연극을 통해 암살의 진상을 알아낸다. 그 후 햄릿은 오필리아의 아버지 폴로니어스를 왕으로 오인하여 죽이게 된다. 오필리아는 충격을 받아 자살하고 아버지의 죽음을 복수하기 위해 프랑스에서 돌아온 레어티즈는 누이동생 오필리아마저 죽자 햄릿을 증오하게 된다. 햄릿은 레어티즈와 검술 시합 도중 독이 묻은 레어티즈의 칼에 상처를 입는다. 또한 왕비는 왕이 햄릿을 위해 준비한 독배를 마시고 즉사한다. 햄릿은 독이 묻은 칼로 왕을 찔러 아버지의 복수를 마친 후 죽는다.

작가 소개

셰익스피어(본책 299쪽 참고)

왕: 여보, 거트루드, 이제는 좀 들어가 있으시오. 실은 좀 은밀히 햄릿을 이리 불러 놓았소. 여기서 우연히 만나는 것처럼 오필리아와 만나게 하자는 것이오. 그 애 부친과 나는 떳떳이 탐색할 수 있는 입장이니까 여기 숨어서 두 사람이 만나는 장면을 충분히 살펴보고, 그 행동으로 미루어 과연 병의 원인이 사랑 때문인지 아닌지를 판단해 보아야겠소. / **왕비:** 분부대로 하지요. [중략] *(햄릿의 고민을 알기 위해 일을 꾸밈. 왕의 교활한 성격이 드러남. / 폴로니어스)* ▶ 햄릿의 고민을 확인하려 하는 왕

폴로니어스: 얘, 오필리아, 여기서 서성거리고 있거라. (왕에게) 황공하옵니다만 같이 숨으시지요. (다시 오필리아에게) 얘, 이 책을 읽고 있거라. (기도용 책상에서 책을 집어 오필리아에게 준다.) 그렇게 책에 몰두한 것처럼 가장하고 있으면 이상스럽게 보이지는 않을 게다. *(우연한 만남을 가장함.)* 이건 마귀의 본성에다 제법 경건한 듯한 가면과 가장을 가지고 사탕발림을 하는 수작이랄까, 죄스러운 일이기는 하나 세상에 흔해 빠진 사실이거든.

왕: (방백) 과연 그렇다. 그 말이 내 양심을 아프게 채찍질하는구나. 화장으로 곱게 단장한 창녀의 볼이 연지에 비하여 추악하다 한들, 그럴듯하게 꾸민 말 뒤에서 행동하는 내 행실에 비하여 그 이상으로 추악하지는 않으렷다. 아, 참으로 무겁구나, 죄과의 짐이! *(자신의 추악한 양심을 비유함.)*

폴로니어스: 지금 발소리가…… 전하, 숨으시지요. (두 사람, 휘장 뒤에 숨는다. 오필리아, 기도용 책상 앞에 무릎을 꿇는다.) ▶ 양심의 가책을 느끼는 왕

햄릿, 침통한 표정으로 등장.

햄릿: 죽느냐 사느냐, 이것이 문제로다. 가혹한 운명의 화살을 참는 것이 장한 것이냐, 아니면 밀려드는 환난을 두 손으로 막아 이를 근절시키는 것이 장한 것이냐? 죽는다, *(숙부(왕)가 자신의 아버지를 죽이고 자신의 어머니와 결혼한 일)* 잠잔다. ― 다만 그것뿐이다. 잠들면 모든 것이 끝난다, 번뇌며 육체가 받는 온갖 고통이며. 그렇다면 죽음, 잠, 이것이야말로 열렬히 희구할 생의 극치가 아니겠는가! *(숙부(왕)에게 복수하는 일)* 잔다, 그럼 꿈도 꾸겠지. 아, 이것이 문제이다. 대체 생의 굴레를 벗어나 영원한 잠을 잘 때 어떤 꿈을 꾸게 될 것인지, 이를 생각하니 망설여질 수밖에. ― 그러나 이러한 주저가 있기에 인생은 일평생 불행하게 마련이지. 그렇지 않으면 세상의 비난과 조소를 누가 참을쏘냐? 폭군의 횡포와 세도가의 모욕을, 불성실한 사랑의 고통과 무성의한 재판을, 관리들의 오만을, 유덕한 사람이 받아야 할 소인배의 불손을 대관절 누가 참을쏘냐? 한 자루의 단도면 깨끗이 청산할 수 있는 것을, 그 누가 이런 무거운 짐을 지고 지루한 인생에 신음하며 진땀을 흘릴쏘냐? *(스스로 목숨을 끊으면 더러운 세상에서 벗어날 수 있음.)* 사후의 불안과, 나그네 한번 가면 영영 못 돌아오는 미지의 세계가 결심을 망설이게 하고, 이래서 미지의 저세상으로 날아가느니 차라리 이대로 현재의 환난을 참게 마련이지. *(사후 세계에 대한 두려움으로 죽음을 선택하는 것을 고민함.)* 결국 이러한 분별심 때문에 우리는 모두 겁쟁이가 되고, 생생한 혈색을 가진 우리의 결심 위엔 창백한 병색이 드리워져, 의기충천하던 큰 뜻도 마침내 발길이 어긋나 실행의 힘을 잃고 말거든. 가만있자, 아름다운 오필리아…… 오, 숲의 여신님, 기도 중이시오? 제발 내 죄도 빠뜨리지 마시고 같이 좀 기도해 주시오. ▶ 삶에 대해 근본적으로 회의하는 햄릿

키 포인트 체크

인물 햄릿은 아버지의 죽음에 대한 □□를 두고 고민하며 정신적 고통을 받는 우유부단한 인물이다.
배경 12세기경 □□□ 왕궁을 배경으로 권력을 향한 탐욕과 그로 인한 인간적 고뇌를 다루고 있다.
사건 아버지의 죽음에 숨겨진 진실을 알게 된 햄릿이 삶과 □□ 사이에서 갈등하고 있다.

답 복수, 덴마크, 죽음

3. 외국 극

052

인형의 집 |입센|

[문학] 천재(김)

키워드 체크 #사회극 #현실적 #고발적 #가부장적 사회 비판 #여성의 자아 발견 #주체적 여성

핵심 정리

갈래 장막극, 사회극
성격 현실적, 비판적, 고발적
배경 ① 시간 – 19세기
　　　② 공간 – 남성 중심의 서구 사회
제재 가부장적 남편과 근대적 아내
주제 여성의 자아 발견과 해방 의지
특징 ① 치밀한 구성과 사실적인 대화를 사용함.
　　　② 인물의 자각 과정을 객관적으로 묘사함.
　　　③ 기존의 통념에 대한 비판적 인식이 나타남.

이해와 감상

이 작품은 '노라'라는 여성이 아내와 어머니라는 역할에서 벗어나 주체적 자아를 찾아 나가는 모습을 그린 희곡이다. 입센의 대표작으로 평가되는 이 희곡은 1879년 코펜하겐 왕립 극장에서 처음 공연되면서부터 사회적으로 큰 반향을 불러일으켰으며, '노라'는 근대적인 자의식을 가진 새로운 여성의 대명사가 되었다.

전체 줄거리

노라는 남편 헬메르의 치료를 위해 남편 몰래 죽은 아버지의 서명을 위조하여 고리대금업자인 크로그스타에게 돈을 빌린다. 건강을 되찾은 헬메르가 은행장이 되고 은행의 감사로 있던 크로그스타를 해고하려 하자, 크로그스타는 차용 증서에 서명을 위조한 사실을 폭로하겠다며 노라를 위협한다. 이 사실을 알게 된 헬메르는 자신의 명예가 실추될까 봐 노라를 비난한다. 노라는 친구의 도움으로 문제를 해결하고, 헬메르는 예전과 같이 노라를 대한다. 그러나 헬메르의 이중성과 위선에 염증을 느낀 노라는 아내이며 어머니이기 이전에 한 인간으로 살겠다고 선언하며 집을 나간다.

작품 연구소

노라의 태도 변화

자각 이전	→	자각 이후
의존적, 수동적		독립적, 주체적

수동적인 삶을 살아가는 당대 여성의 전형	근대적 자의식을 지닌 새로운 여성의 모습

작가 소개

입센(Henrik Johan Ibsen, 1828~1906)
노르웨이의 극작가. 산문극을 창시하고, 여성 문제나 사회 문제를 다루었다. 주요 작품으로 〈유령〉, 〈민중의 적〉, 〈사랑의 희극〉 등이 있다.

헬메르: 어째서 나는 당신의 사랑을 잃게 된 거지? 그것을 설명해 줄 수 있겠소?

노라: 네. 그 설명이라면 해 드릴 수 있지요. 오늘 저녁에 기적이 일어나지 않았기 때문이죠— [중략]
　　(자신이 남편 헬메르를 위해 한 잘못에 대해 헬메르가 책임지는 모습을 보이는 것)
　　(노라는 결혼 초기, 병에 걸린 남편 헬메르의 치료비를 마련하려고 아버지의 서명을 위조하여 차용증을 쓰고 크로그스타에게 돈을 빌렸는데, 그 일로 크로그스타가 노라를 협박함. 뒤늦게 사실을 알게 된 헬메르는 자신의)

헬메르: 무슨 소린지 알 수가 없구려. 설명을 해 주구려. (명예가 실추될까 봐 노라를 질책하고 비난함.)

노라: 저는 지난 8년 동안 끈기 있게 기다렸어요. 기적이 매일 일어나지 않는다는 것은 저도 잘 알고 있었지요. 하지만 이번 재난이 닥치자, 저는 이제야말로 기적이 일어나리라고 굳게 믿었어요. 크로그스타의 편지가 그곳에 내던져졌을 때— 당신이 그 사나이의 요구대로 움직이리라고는 꿈에도 생각해 보지 않았어요. 당신이 그 사나이를 보고 외칠 줄 알았어요. '가서 세상에다 공표를 하게!' 그리고 일이 벌어지게 되면—.
　　(노라가 작성한 위조 차용증을 빌미로 노라와 헬메르를 협박하는 인물)

헬메르: 그래서? 그다음에 어떻게 된다는 거요? 내가 자기 아내를 수치와 추문 속에 떨어지게 한 뒤에 말이오?

노라: 그 일이 공표되고 나면, 저는 생각했었죠— 저는 완전히 확신을 하고 있었던 거예요— 당신이 나타나서 모든 책임을 한 몸에 지게, 되리라고— 책임은 모두 나에게 있소, 하고 말하리라고 굳게 믿었던 거예요. / **헬메르:** 노라!
　　(노라가 말한 기적 – 자신의 위신이나 명예보다 아내를 더 중요하게 여겼을 때 할 수 있는 행동)

노라: 당신을 희생시키는 일은 제가 절대로 받아들이지 않을 것이라고 당신은 생각하시겠죠? 그래요, 물론이죠. 저는 가만히 있지는 않을 거예요. 하지만 당신과 반대되는 이야기를 제가 한다고 한들 누가 믿겠어요? 그것이 바로 제가 바라던 기적이었던 거예요…… 그러면서도 마음속으로는 두려워 떨었던 거죠. 그런 일을 막기 위해서 저는 제 목숨도 버릴 생각이었어요.
　　(여성의 말보다 남성의 말을 더 믿어 주는 당시의 시대상이 드러남.)
　　(남편을 위해 한 행동을 헬메르가 이해하고 감쌌다면 노라도 목숨을 버릴 각오로 남편의 명예를 살리려고 노력했을 것임.)
▶ 위기 상황에서 헬메르가 자신을 감싸 주기를 원했던 노라

헬메르: 노라, 나는 당신을 위해서라면 기꺼이 밤과 낮을 가리지 않고 일을 할 수가 있소. 당신을 위해서라면 슬픔과 가난도 견딜 수가 있소. 하지만 비록 사랑하는 사람을 위해서라도 자기의 명예를 희생할 수 있는 남자는 없을 것이오. / **노라:** 수많은 여인들은 희생을 해 왔어요. / **헬메르:** 오, 당신은 철부지 아이와 같이 생각하고 말하는구려.
　　(헬메르가 가장 중요하게 생각하는 것) (여성의 입장에서 남자들의 자기중심적인 태도를 비판함.) (노라를 분별력이 없는 존재라고 생각함.)

노라: 아마 그럴지도 모르죠. 하지만 당신은 제 자신이 일생을 맡길 수 있다고 생각한 사나이답게 생각하지도 않았고 말하지도 않았어요. 제 자신을 위협하게 되었대서가 아니라 당신 자신이 위험에 빠지게 될까 봐 벌벌 떨었으면서도 위험이 이제 지나갔다는 사실을 알게 되자, 당신은 아무런 일도 일어나지 않았던 것처럼 태연해지신 거란 말이에요. 단지 『저는 그전과 마찬가지로 작은 종달새고 당신의 인형에 지나지 않는 거예요.』 부서지기 쉽다는 것을 알았기 때문에 앞으로는 좀 더 소중하게 취급하게 되리라는 것뿐. (일어선다.) 돌발— 그때 저는 깨달은 거예요. 지난 8년 동안 저는 낯선 사나이와 생활해 왔다는 것, 그리고 그의 자식을 셋이나 낳았다는 것— 아, 참을 수 없어요. 이 몸을 갈기갈기 찢어 버리고 싶군요—.
　　(새장에 갇힌 '종달새'와 스스로 움직일 수 없는 '인형' – 주체적이고 능동적인 삶과 거리가 멂.)
　　(『 』: 남편 헬메르에 종속되어 수동적으로 살아왔으며 남편과 대등한 인격체로서 존중받지 못했음을 알 수 있음.)
　　(남편의 이중적이고 위선적인 모습을 본 뒤 남편을 '낯선 사나이'로 표현함.)
▶ 관계 회복을 원하는 헬메르와 남편의 이중적인 모습에 염증을 느끼는 노라

키 포인트 체크

인물 노라는 ☐☐처럼 남편에게 의존하여 살아가는 수동적인 존재였으나 독립적·주체적인 존재로 변화하고 있다.

배경 19세기 서구 사회를 배경으로 ☐☐을 남성과 대등한 존재로 인식하지 않는 시대상을 보여 주고 있다.

사건 노라는 ☐☐☐의 위선적인 모습에 염증을 느끼고 그를 비판하고 있다.

답 인형, 여성, 헬메르

053 벚꽃 동산 | 체호프

키워드 체크 #생활극 #상징적 #19세기 말 러시아 #농노 해방 #봉건 귀족의 몰락 #신흥 계급의 등장

핵심 정리
갈래 장막극, 생활극
성격 상징적
배경 ① 시간 - 19세기 말
② 공간 - 러시아
제재 벚꽃 동산의 경매
주제 지주 계급의 몰락과 자본가 계급의 발흥
특징 ① 상징적 소재를 통해 시대적 상황을 드러냄.
② 새로운 시대의 도래에 대한 전망을 드러냄.

이해와 감상
이 작품은 러시아의 격변기를 배경으로 봉건 귀족의 몰락과 신흥 자본가의 발흥을 상징적으로 보여 주고 있다. 전체적으로 몰락해 가는 귀족 계급에 대한 따스한 시선과 밝은 미래에 대한 기대가 드러나 있다. 과거에 매여 자신이 처한 현실을 똑바로 바라보지 못하는 주인공 라네프스카야는 몰락해 가는 러시아 귀족 계급을 상징하는 인물로 볼 수 있다.

Q 벚꽃 동산에 도끼 맛을 보여 준다는 말의 의미는?

로파힌은 신흥 자본가 계급의 대표적 인물로 벚꽃 동산의 개발을 주장해 왔다. 또한 그는 농노 출신으로 벚꽃 동산의 나무들은 그에게 암울했던 농노 시절을 상기시킨다. 따라서 로파힌은 개발과 자신의 불행한 과거를 지우기 위해 벚꽃 동산의 나무를 베려는 것이다.

전체 줄거리
라네프스카야 부인이 소유한 벚꽃 동산은 채무의 담보로 잡혀 경매에 부쳐질 상황에 놓이게 된다. 농노 출신의 부자 상인 로파힌은 빚을 갚기 위해 벚꽃 동산을 별장 용지로 바꾸어 임대하라고 설득한다. 그러나 라네프스카야와 그녀의 오빠 가예프는 가문의 명예와 추억을 이유로 로파힌의 제안을 거절한다. 결국 경매에서 벚꽃 동산을 산 로파힌은 벚꽃 동산의 나무를 베고 별장을 짓는다.

작품 연구소
'벚꽃 동산'의 이중적 의미

라네프스카야	벚꽃 동산	로파힌
추억이 담겨 있는 공간	⇒ 아름다운 자연 ⇐	돈을 벌 수 있는 대상

작가 소개
체호프(Anton Pavlovich Chekhov, 1860~1904)
제정 러시아의 소설가, 극작가. 암시적이면서도 서정적인 문체로 인생을 냉정하게 분석하여 드러내는 소설과 희곡을 썼다. 주요 작품으로 소설 〈육호실〉, 〈초원〉, 희곡 〈갈매기〉, 〈세 자매〉 등이 있다.

로파힌:(상인. 라네프스카야 집안의 옛 농노의 아들) 벚꽃 동산은 이제 제 것입니다! (껄껄대고 웃는다.) 제 것이란 말입니다! 아아, 이게 웬일일까요, 여러분! 벚꽃 동산이 제 것이라니! 저 보고 주정뱅이라고 하든, 정신병자라고 하든, 또는 몽유병자라고 하든 마음대로 지껄이라고 하세요······ (발을 구른다.) 저를 비웃지 마세요! 우리 아버지나 할아버지가 무덤 속에서 오늘의 이 결과를 보셨다면 어땠을까요? 저 예르몰라이가, 얻어맞고만 있던 예르몰라이가······ 겨울에도 맨발로 뛰어다니던 거지가, 틀림없는 그 예르몰라이가 이 세상에 둘도 없이 아름다운 영지를 산 거예요. 거기서는 아버지도 할아버지도 노예였고, 부엌에도 들어갈 수 없었던 바로 그 영지를 제가 산 겁니다. 제가 잠꼬대를 하고 있거나, 꿈을 꾸고 있는 건 아닌지······ 천만에 이거야말로 당신네들이 터무니없는 상상 속의 무지한 암흑에 싸인 환상인 거요. (황홀하게 웃으면서 열쇠 뭉치를 주워 든다.) 열쇠를 던지고 갔군. 이제 이 집의 주부가 아니라는 것을 보여 주겠다는 말이겠지······ (열쇠 뭉치를 짤랑거린다.) 흥, 어쨌든 상관없어. (악단이 음조를 맞추는 소리가 들린다.) 어이, 악대, 연주를 시작해. 계속하라구! 모두 와서 구경하시오. 이 예르몰라이 로파힌이 벚꽃 동산에 도끼 맛을 보여 줄 거야. 나무가 차례차례 땅 위에 넘어지는 거라구! 이곳에 별장을 많이 세워 우리 손자와 증손자 놈들에게 새로운 생활을 하게 해 줄 테다······. 악대, 시작해!

음악이 시작된다. 라네프스카야 부인은 의자에 깊숙이 앉아서 격렬하게 울고 있다.

로파힌:(나무라듯이) 도대체 왜 당신은 제 말을 듣지 않았습니까? 내 소중한 부인, 안됐지만 이젠 어찌할 도리가 없습니다. [중략]

▶ 벚꽃 동산의 새 주인이 된 로파힌

홀에도 객실에도 라네프스카야 부인 외에는 아무도 없다. 그녀는 의자에 앉은 채 몸을 움츠리고 서럽게 울고 있다. 나지막이 흐르는 음악 소리. 빠른 걸음으로 아냐와 트로피모프 등장. 아냐는 어머니 곁으로 다가가서 그 앞에 꿇어앉는다. 트로피모프는 홀 입구에 선다.

아냐: 엄마! 울고 계시군요······. 친절하고 상냥한 엄마! 내 소중한 엄마, 전 엄마를 사랑하고 있어요······. 벚꽃 동산은 팔렸어요. 이제 없어졌어요. 사실이에요. 하지만 울지 마세요, 엄마. 엄마에게는 아직도 앞날의 생활이 있어요. 상냥하고 깨끗한 마음씨도 있구요. 자, 함께 가요, 엄마. 여기서 나가요. 우린 또 새 동산을 만드는 거예요. 이보다 훨씬 훌륭한 것으로 말이에요. 그걸 보시면 기쁨이······ 조용하고 깊은 기쁨이 마치 저녁 햇살처럼 엄마의 가슴속을 비출 거예요. 그럼 엄만 상냥하게 웃으실 수 있을 거예요. 엄마! 가세요, 네, 소중한 엄마! 우리 함께 가도록 해요!

▶ 실의에 빠진 어머니를 위로하는 아냐

포인트 체크

인물 라네프스카야 부인은 봉건 □□ 계급을, 농노의 아들이자 상인인 □□□은 신흥 자본가 계급을 상징한다.
배경 19세기 말, 귀족이 몰락하고 자본가가 발흥하는 □□□의 격변기를 보여 주고 있다.
사건 로파힌이 옛 주인의 영지인 □□ □□을 사들이고, 아냐는 실의에 빠진 엄마를 위로하며 새 생활에 대한 □□을 드러내고 있다.

답 귀족, 로파힌, 러시아, 벚꽃 동산, 희망

칼레의 시민들 | 게오르크 카이저

핵심 정리

갈래 장막극
성격 사실적, 교훈적
배경 ① 시간 – 14세기 백 년 전쟁 중
　　　　② 공간 – 프랑스의 칼레시
제재 도시를 살릴 희생자를 정해야 하는 상황
주제 새로운 인간상 추구와 숭고한 희생정신
특징 ① 표현주의 극의 특징이 드러남.
　　　　② '칼레의 시민들'이라는 로댕의 조각에서 영감을 받아 창작됨.

이해와 감상

이 작품은 백 년 전쟁 당시 프랑스의 도시 칼레에서 일어난 사건을 바탕으로 쓴 희곡으로, 상류층의 사회적 책무에 대해 생각하게 한다. 여섯 명의 희생 지원자가 있었던 실제 역사와 달리, 한 명의 희생 지원자를 더 설정하고 의견이 대립되는 인물을 추가함으로써 극적 긴장감을 더하고 주제를 효과적으로 형상화하고 있다.

> **Q** 외스타슈 드 생피에르와 다른 지원자들의 태도 차이는?
>
> 첫 번째로 희생을 자원한 외스타슈 드 생피에르는 확고하고 당당한 모습을 보인다. 이에 비해 다른 지원자들은 고개를 아래로 떨구거나, 내몰리듯 헐떡이거나, 강요에 못 이겨 따르는 듯한 모습을 보인다. 이를 통해 이들이 희생에 대한 확고한 신념과 의지가 부족함을 알 수 있다.

전체 줄거리

프랑스와의 전쟁에서 승리한 영국 왕은 칼레시를 공격하는 대신 대표자 여섯 명만을 죽이겠다고 통보한다. 희생자를 결정하기 위해 모인 선발 시민 중, 먼저 외스타슈 드 생피에르가 자원하고, 이어 여섯 명의 시민이 더 자원하여 일곱 명이 된다. 이들은 살아남을 한 명을 결정하기 위해 제비 뽑기를 하는데, 살아남기를 바라며 조바심을 내던 사람들은 모두 같은 색의 공이 나오자 당황한다. 생피에르는 자신이 계획한 일임을 밝히고 숭고한 희생정신을 잊고 살아남고자 하는 시민들에게 진정한 희생의 의미를 깨닫게 한다. 결국 다음 날 아침 먼저 광장에 도착하는 여섯 명을 희생자로 삼기로 결정하는데, 생피에르 대신 그의 아버지가 나타나 그의 죽음을 알린다. 사람들의 희생정신을 손상시키지 않기 위해 자결한 것이다. 여섯 명의 시민이 생피에르의 주검과 함께 영국 왕에게 출발하려 하는 순간, 사신이 영국 왕이 간밤에 왕자를 얻은 것을 축하하기 위해 여섯 명의 시민을 풀어 주기로 했음을 알린다.

작가 소개

게오르크 카이저(Georg Kaiser, 1878~1945)
독일의 극작가. 시대 상황에 대한 비판과 인간 개혁에 대한 의지를 드러낸 표현주의 극을 주로 썼다. 주요 작품으로 〈아침부터 밤까지〉, 〈평행〉, 〈산호〉 등이 있다.

장 드 비엔: (제자리를 뜨지 않은 채 — 좀 더 육중한 목소리로) 영국 국왕에게는 칼레시를 제압할 무력이 있소. 그 왕은 칼레시를 자기 의지대로 할 것이오. 그런데 이제 그 국왕이 이렇게 요구하는 것이오. 여섯 명의 선발된 시민이 열쇠를 가지고 도시 밖으로 나오되 — 이 선발된 시민 여섯 명은 성문 밖으로 걸어 나오라는 것이오. — 맨머리와 맨발로, 그리고 불쌍한 죄수복을 입고서, 목에는 오랏줄을 감고 말이오. (그는 고개를 쳐든다.) 여섯 명이 첫새벽에 도시를 출발해야 한다고 하오. 여섯 명은 칼레시의 성 밖의 백사장에서 넘겨져서 — 목의 동아줄이 여섯 번이나 감기는 죽임을 당하는 것이오. 그것이 칼레시와 칼레의 항구를 온전하게 보전하기 위한 속죄가 될 것이오! (잠시 기다린 후에) 여섯 번 여기서 소리 높여 질문하겠소. — 여섯 번 대답이 나오지 않으면 안 되는 것이오! (매우 힘주어서 소리친다.) 어디에 그 여섯 명이 앉아 있소? — 일어서서, 제자리에서 나와 — 여기 앞으로 나설 여섯 명은 어디 있소?

질문이 지닌 부담이 처음에 여전히 좌중을 짓누르는 듯하다. 그다음 순간 몸을 움직이고 고개를 돌리면서 소란해지면서, 이윽고 조롱하는 목소리가 커지기 시작한다.

▶ 여섯 명의 희생 지원자를 모집하는 장 드 비엔

외스타슈 드 생피에르: (일어서더니 제자리로부터 중앙의 한가운데로 걸어 나온다. 마치 옷을 벗으려는 듯 그의 두 손은 옷을 어깨 위로 잡아당긴다.) 내가 가겠소!

좌중이 곧 조용해진다. 장 드 비엔은 놀라며 외스타슈 드 생피에르를 뚫어지게 쳐다본다. 연단에서는 "외스타슈 드 생피에르!"라고 웅성거리는 소리가 들려온다.

다섯 번째 선발 시민: (오른쪽에서, 생피에르의 거의 뒤에 자리하며 — 대략 세 번째 시민과 네 번째 시민과 같은 나이 또래인 듯한데 — 일어서더니 고개를 아래로 떨구고 두 손을 펴서 가슴에 얹으며, 아무 말 없이 외스타슈 드 생피에르의 곁에 선다.)

선발된 시민들은 숨을 죽인 채 놀라서 쳐다본다. 연단에서는 "두 번째 사람이다!"라는 웅성거리는 소리가 들린다. 선발된 시민들의 눈길이 좌중을 스쳐 지나간다. 그들은 그들과 가장 가까운 옆과 위를 찬찬히 훑어본다.

세 번째 선발 시민: (왼쪽 어깨를 추켜올리고 목을 손가락으로 만지며 크게 외친다.) 내가 — 내가 가겠소! (내몰리듯 헐떡이며 급히 한가운데 서 있는 두 사람 있는 곳에 다다른다.)

위의 좌중에서는 "세 번째다!"라고 세는 소리가 들린다. 좌석에 앉아 있는 시민들의 고개가 더욱 급하게 주위를 살피며 돌아간다.

네 번째 선발 시민: (왼쪽에서 일어선다. 마치 강요에 못 이겨 따르듯이 걸어 나온다. 서두름 없이 고개를 곧추 세우고) 내가 가겠소!

연단에서는 한층 큰 목소리로 — "네 번째다!"라고 소리친다. 선발된 시민들 가운데 여러 명이 자리에서 반쯤 일어나 좌중을 빙 둘러본다. 위에서는 웅성거리는 소리가 더욱 커진다.

▶ 외스타슈 드 생피에르를 선두로 하나둘 지원하는 시민들

키 포인트 체크

인물 외스타슈 드 생피에르는 칼레시를 위해 자신의 목숨을 내놓을 정도로 □□□□이 강하다.

배경 14세기 백 년 전쟁 중, 프랑스의 □□시를 배경으로 하고 있다.

사건 희생 지원자를 선발하는 중에 외스타슈 드 생피에르가 가장 먼저 □□하자 시민들이 잇따라 자원하고 있다.

답 희생정신, 칼레, 자원

유리 동물원 | 테네시 윌리엄스

핵심 정리

갈래 장막극, 비극, 심리주의 극
성격 비극적, 상징적
배경 ① 시간 – 1920년대
　　　 ② 공간 – 미국 세인트루이스
제재 현실에 적응하지 못하는 어느 가족
주제 환상 속에서 살아가는 인간의 꿈과 좌절
특징 ① 상징적인 대사로 인물의 심리를 드러냄.
　　　 ② 내레이터를 겸한 배우가 회상하는 형식으로 진행됨.

이해와 감상

이 작품은 작가의 자전적 요소가 담긴 심리주의극으로 등장인물의 내면 심리 묘사가 중심을 이루고 있다. 희곡의 대화가 지니는 상징성을 최대한 활용하고 있으므로 대사의 압축된 표현에 주목하여 감상해야 한다. 전체적으로 어둡고 칙칙한 분위기의 무대와 환상적인 스크린의 조화도 극적인 요소를 더해 주고 있다.

전체 줄거리

아만다와 그녀의 딸 로라, 아들 톰은 모두 자신만의 환상 속에서 살고 있다. 어느 날 아만다는 로라가 실업 학교에 다니지 않은 것을 알고 낙심한다. 아만다와 톰은 로라가 결혼하길 바라는 마음에 로라에게 톰의 친구 짐을 소개해 준다. 로라는 짐에게 마음을 열지만 짐은 로라를 부담스럽게 생각하고 집으로 돌아간다. 로라에게는 다시 절망과 고독만이 남게 된다. 아만다는 톰에게 화를 내고 톰은 집을 나와 방랑의 길로 들어선다. 톰은 로라에게 변화하는 세상에 적극적으로 대응해 가라고 애절하게 충고한다.

Q 아만다가 모든 계획과 꿈과 희망이 물거품처럼 사라졌다고 말하는 이유는?

아만다는 로라가 실업 학교에서 타자 기술을 배운 뒤 사회에 나가기를 원했다. 실업 학교를 나오면 안정적인 직장을 얻을 수 있기 때문이다. 로라가 실업 학교를 다니지 않았다는 것은 안정적인 직장을 얻을 기회가 없다는 것을 의미하므로 아만다의 계획과 꿈과 희망이 물거품이 된 것이다.

작가 소개

테네시 윌리엄스(Tennessee Williams, 1911~1983)
미국의 극작가. 전후 미국 연극계를 대표하는 인물 중 하나이다. 대부분의 작품이 영화화되었고 몇몇 희곡은 한국에서도 상연되어 호평을 받았다. 주요 작품으로 〈욕망이라는 이름의 전차〉, 〈뜨거운 양철 지붕 위의 고양이〉 등이 있다.

아만다: 좀 있으면 괜찮아질 거다. 난 그저 당황했을 뿐이야……. (주저한다.) 하도 기가 차서 그런다……. / **로라:** 엄마, 무슨 일이 있었는지 말해 줘요!

아만다: 너도 알겠지만, 난 오늘 오후에 애국 부인회에서 임원에 취임하게 되어 있었다.

스크린 영상, 무더기로 나타나는 타이프라이터.
　　　　　　　　타자기

아만다: 그런데 시간이 있길래 루비캄 실업 학교에 들렀지. 네 선생한테 네가 감기 걸렸다는 얘기도 하고, 네 성적도 알아볼 겸 해서. / **로라:** 어머…….
자신이 학교에 가지 않은 것을 아만다가 알게 되었을 것이라고 예상함.

아만다: 타이프라이터를 가르치는 선생님을 찾아가 네 어미라고 말했어. 그런데 널 모르더구나. 강사 선생 말이 '윙필드라는 학생은 등록이 안 돼 있습니다.'라고 하더구나. 난 그럴 리가 없다고 우겼지. 정월 초부터 분명히 학교에 다니고 있다고 말이다. 선생이 묻더구나. '며칠 다니다가 그만둔 수줍어하던 여학생 말입니까?' 하고. 난 '내 딸 로라는 지난 여섯 주일 동안 매일 학교에 다녔는데요!'라고 대답했다. 선생은 '잠깐만요.' 하더니 출석부를 가져오셨어. 틀림없이 네 이름이 적혀 있긴 하더라. 네가 장기 결석이라 학교를 그만둔 것으로 판단했다는 거야. '아닙니다. 착오일 거예요! 기록이 잘못 정리됐을 겁니다!' 하고 계속 난 우겼다. 그러자, '아니에요……. 이제 확실히 생각나는군요. 그 학생은 손이 떨려서 건반을 제대로 치지 못했죠. 처음 속력 테스트를
딸에 대한 강한 믿음
했더니 어쩔 줄 몰라 하더군요. 갑자기 배가 아프대서 화장실로 떠메고 갈 정도였죠. 그날 이후 그 학생은 다시는 나타나지 않았습니다. 그 학생 집에 전화를 걸어 봤지만
로라가 느낀 강한 중압감
전화를 안 받더군요.' 하는 거야……. 아마 내가 이걸 선전하면서 페이머스 바르 백화점에서 일할 때 걸었던 모양인가 보다. / 그녀는 두 손으로 브래지어를 가리킨다.

아만다: 아이고! 난 다리에 힘이 빠져서 주저앉고 말았다. 그랬더니 냉수를 갖다 주더구나. 수업료 50달러도, 우리들의 미래의 계획도…… 너에게 건 나의 꿈도 희망도……
딸에 대한 믿음과 미래의 희망이 깨짐.
깡그리 물거품처럼 사라졌어…….
　　　　　　　　　　　　　　　　　　　　　　▶ 로라에게 실망하는 아만다

로라는 숨을 깊이 들이쉬고는 거북한 자세로 일어선다. 그러고는 축음기 옆으로 가서 태엽을 감는다. / **로라:** 아! (로라는 손잡이를 놓고 자기 자리로 돌아간다.)

아만다: 학교를 가는 척하고 그래, 어딜 쏘다녔지?

로라: 그냥 아무 데나 걸어 다녔어요. / **아만다:** 거짓말 마.

로라: 정말이야. 아무 데나 그냥 걸어 다닌 거라고요.

아만다: 걸어 다녀? 그냥 걸어 다녔단 말이지? 이 추운 겨울에? 일부러 폐렴에 걸리려고 미리 처방을 썼구나. 얇은 외투를 입고서 말이다. 도대체 어딜 갔었냐고?

로라: 이곳저곳…… 대개 공원이었어요. / **아만다:** 감기에 걸린 뒤에도?

로라: 둘 다 싫은 일이었지만, 학교에 나가는 것보다는 그게 나았어요.
학교에 가는 것, 감기에 걸리는 것
　　　　　　　　　　　　　　　　　　　　　　▶ 학교에 가기 싫어 방황한 로라

키 포인트 체크

인물 아만다는 딸 ☐☐에게 미래에 대한 꿈과 ☐☐을 걸었다가 좌절하고 만다.
배경 ☐☐☐☐년대 미국 세인트루이스를 배경으로 하고 있다.
사건 아만다는 로라가 ☐☐ ☐☐에 가지 않았다는 사실을 알게 되고 로라는 아만다에게 학교에 가기 싫어 방황했다고 털어 놓고 있다.

답 로라, 희망, 1920, 실업 학교

정답과
해설

Ⅰ. 수필 문학   308

Ⅱ. 극 문학   324

정답과 해설

1 | 한국 수필

001 이제야 참 조선인이 되었다_이봉창   022~023쪽

키포인트 체크 독립운동, 조선인, 시간

1 ②   **2** ④   **3** ⑤   **4** ⑤   **5** 일왕을 암살하려 한 행동에 정당성을 부여함으로써 조선의 독립운동도 정당한 것임을 밝히고자 한다.

1 글쓴이가 1930년 이후 중국 상하이로 건너간 것은 맞으나, 독립운동을 하기 위해 건너간 것이 아니라 친구로부터 상하이에 있는 영국 전자 회사가 조선 사람을 우대해서 채용한다는 말을 들어서이다. 글쓴이가 독립운동을 한 것은 상하이에서 백정선을 만난 뒤 독립 정신에 빠져들게 되었기 때문이다.

2 〈보기〉는 이봉창이 조선 패망과 일본 합방의 현실에서 자신의 삶을 성찰하고 고통을 느낀다는 내용을 제시하고 있다. 일본인 행세를 하는 것에 자괴감을 갖고 일본인 행세를 하며 살아가는 일을 후회하는 ⓓ가 〈보기〉의 내용과 가장 관련이 있다.

3 이봉창은 일본인 행세를 하며 살다가 그것이 거짓된 삶임을 자각하고 조선인으로서 진실한 삶을 살고자 한다. 취직을 위해 상하이의 임시 정부를 찾아갔다가 백정선을 만난 이봉창은 자신의 이력과 일본의 실정을 알린 후 독립 정신을 갖고 수류탄을 투척하는 거사를 일으키게 된다.

4 (가)에서는 한문과 한글이 섞인 편지를 갖고 있었다는 이유만으로 유치장에 갇혔던 경험을 통해 일제 강점기 당시 민족적 차별을 당하던 모습이 나타나 있다. (나)에서는 일본인으로 행세하며 점원 생활을 했던 경험을 통해 조선인으로 살지 않은 것은 거짓이며 일본인으로 속이고 산다는 것은 잘못임을 자각하는 모습이 나타나 있다.

5 이 글은 이봉창이 거사를 실패한 뒤 구속된 상태에서 일본 예심 관사에게 제출한 수기이다. 일반적으로 재판을 받는 피고는 자신이 한 행위의 정당성을 밝히기 위해 자료를 제출한다. 즉, 이 글은 일왕을 암살하려 했던 결심과 관련한 여러 사건을 밝혀 자신의 행위의 정당성을 밝히고, 더 나아가 조선의 독립운동도 정당한 것임을 밝히고자 하는 의도로 쓰였음을 짐작할 수 있다.

002 산촌 여정_이상   024~025쪽

키포인트 체크 도회(도시), 산촌, 비유

1 ①   **2** ⑤   **3** ④   **4** 글쓴이는 도회에 남기고 온 가족을 걱정하고 있기 때문이다.

1 이 글은 경어체의 친근한 어조를 통해 산촌의 풍경에 대한 소개와 도회 생활 및 산촌 생활에 대한 상념을 드러내고 있다. 또한 도회에 두고 온 가족에 대해 걱정하는 심리를 직접적으로 드러내고 있다.

　　오답 뜯어보기 ② '정 형!'이라는 표현을 통해 이 글이 편지글의 형식을 취하고 있음을 알 수 있다.

③ 베짱이 소리를 '도회의 여차장이 차표 찍는 소리', '이발소 가위 소리' 등의 비유를 통해 표현하고 있다.

④ '엠비제이의 미각', '파라마운트 회사 상표' 등 이국적인 느낌을 주는 소재가 나타나 있다.

⑤ 이 글은 시각적·청각적·후각적 표현 등을 통해 도시에서 산촌으로 내려와 느끼는 정서를 드러내고 있다.

2 이 글에 나타난 '팔봉산'은 글쓴이의 호기심을 자극하는 산촌의 자연을 의미한다. 반면 〈보기〉의 '팔봉산'은 글쓴이에게 벽촌 생활을 단조롭고 지루하게 느끼게 하는 존재이다.

3 '귀에 보이는' 것은 '지난날의 기사'로 이는 과거 도시에서의 삶과 관련 있다. 벌레 소리를 듣는 것과는 관계가 없다.

4 산촌(성천)에 내려와서 지내고 있는 글쓴이는 도회(서울)에 남기고 온 가족들에 대해 걱정하고 있다. 이러한 자신의 상황과 처지에서 마을 사람들을 바라보았기 때문에, 마을 사람들의 수심이 '멀리 떨어져 사는 일가 때문'이라고 추측하고 있는 것이다.

003 권태_이상   026~027쪽

키포인트 체크 풍경, 권태, 심리

1 ③   **2** ③   **3** ⑤   **4** ②   **5** 사회가 할 일이 없는 무기력한 삶을 강요했기 때문이다.

1 이 글은 일상적 생활과 변화 없는 주변 환경에 대한 글쓴이의 심리를 드러낸 수필로, 중심 사건의 인과적 과정을 분석하고 있지 않다.

　　오답 뜯어보기 ① 글쓴이는 자신의 권태를 마을 사람들의 삶에 투영하고 있다.

② 글쓴이는 멍석 위에 누운 사람들을 '먹고 잘 줄 아는 시체'라며 냉소적으로 보고 있다.

④ '지구 표면적의 ~ 않을 수 없었다.'에서 끝없이 펼쳐진 초록색 벌판을 공포스럽고 단조롭게 느끼는 글쓴이의 심리를 투영하여 자연의 조물주에 대한 인식을 드러내고 있다.

⑤ 이 글은 주로 '-ㄴ다'의 현재 시제 종결 어미를 사용하여 현재의 생활에 대한 글쓴이의 심리를 생생하게 전달하고 있다.

2 ⓒ은 글쓴이가 시골에 처음 왔을 때 느낀 초록의 신선한 이미지를 의미하고, 나머지는 모두 현재 글쓴이에게 권태를 떠올리게 하는 자연이 지닌 초록의 이미지를 의미한다.

3 〈보기〉에서 글쓴이는 불을 향해 날아들어 죽고 마는 '불나비'를 보면서 '사는 방법을 아는 놈'이라고 생각한다. 즉, 글쓴이는 '불나비'와 같은 삶을 살아야 한다고 생각한 것이다. 글쓴이의 말에 따르면 '불나비'는 불이라는 목표를 향해 정열을 불태우는 생물이다. 따라서 글쓴이는 '불나비'와 같은 삶, 즉 '어떤 목표를 달성하기 위해 정열을 불태우는 삶'을 지향한다고 볼 수 있다.

4 ⓑ '모깃불의 연기'는 멍석 위에 누운 사람들의 모습과 동질적인 것이다. 따라서 글쓴이가 그들에게서 느끼는 삶의 권태와 유사한 의미이다.

5 〈보기〉에서는 식민지 지식인들이 무기력한 상황 속에 있을 수밖에 없는 시대적 현실을 서술하고 있다. 이를 참고하면 이 글의 글쓴이도 식민지 지식인으로서 삶의 목표를 잃고 적극적인 가치 의식 없이 무기력하게 살아가고 있음을 알 수 있다.

---

004 여백을 위한 잡담_박태원 028~029쪽

키포인트 체크 머리 모양, 유지, 솔직

1 ③   2 ④   3 머리터럭을 이마 위에다 가지런히 추려 한일자로 자르는 방식   4 ②

---

1 이 글에서 글쓴이는 자신의 머리 모양 때문에 성격과 인간됨, 문학 활동까지 비난하는 사람들에 대해 비판하면서, 자신의 머리 모양이 왜 남다를 수밖에 없는지 구체적으로 설명하고 그동안 자신이 기울인 노력과 현재의 입장을 밝히고 있다.

2 글쓴이가 자신의 머리 다스리는 방식이 악취미임을 수긍하고 있지만 문맥을 고려할 때 이는 타인과 조화를 이루는 삶의 중요성을 깨닫고 있음을 보여 주는 것이 아니라 자신에 대한 다른 사람의 지적을 일부 인정하면서 그럴 수밖에 없는 자신의 입장을 피력하기 위한 것임을 짐작할 수 있다.

오답 뜯어보기 ① 글쓴이는 자신의 머리를 다른 이들과는 좀 다른 방식으로 다스리고 있다고 하고 이어지는 내용에서 이를 구체화하고 있다.
② 사람들이 글쓴이의 '머리를 비난하고', '사람됨에까지 논란을 캔' 일은 글을 쓰게 된 계기로서 〈보기〉의 새로운 의미를 찾기 위한 경험에 해당한다고 할 수 있다.
③ '그만 머리를 고치라고 말하는 이'들에 대해 '얼마 동안 이대로 지내'겠다는 것은 〈보기〉에서 글쓴이의 생활 태도의 한 단면을 보여 주는 것이라 할 수 있다.
⑤ 글쓴이가 자신의 '악취미를 슬프게 생각하는 이들'에게 설명을 하며 자신의 머리터럭이 억세고 천성이 게으르다고 밝히고 있는 것에서 알 수 있다.

3 '이마 위에다 가지런히 추려 가지고 한일자로 자른 머리', '이것들을 이마 위에다 가지런히 추려 가지고 한일자로 자르는 방법이었다.' 등을 통해 글쓴이가 자신의 머리를 다스리는 독특한 방식을 알 수 있다.

4 '나의 머리가 그처럼 고집 센 것은 슬픈 일이다. 그러나 또한 어찌할 도리가 없다.'를 통해, 글쓴이는 자신의 고집 센 억센 머리터럭을 어찌할 도리가 없어 현재 머리를 다스리는 방식을 유지할 수밖에 없음을 짐작할 수 있다.

---

005 바다_이태준 030~031쪽

키포인트 체크 바다, 상상, 활유법

1 ⑤   2 ④   3 ③   4 구름이 피어올라 있음, 바닷가(모래사장)를 달림.

---

1 이 글은 글쓴이만의 독특한 인식을 바탕으로 바다와 관련된 상상을 제시하고 바다의 웅장함과 역동성이 주는 감동을 진술하고 드러내고 있다.

2 '갈매기 소리'와 '쨍쨍한 모새밭'은 모두 8월의 바다를 묘사하는 데 쓰인 소재일 뿐 계절의 변화와는 관련이 없다.

오답 뜯어보기 ③ '지구가 아니라 수구'에 대해 언급한 부분은, 인간이 땅에서 사는 포유류가 아닌 '어족'이라는 가정이 전제된 것으로, 이러한 가정은 글쓴이의 독특한 시각과 상상력이 발휘된 것으로 볼 수 있다.

3 '화전 지대'에 사는 '소년'은 바다를 한 번도 보지 못했고, 〈보기〉의 '나비'는 바다의 두려움을 알지 못한 채 바다를 '청 무우밭'으로 착각하고 있다. 따라서 '소년'과 '나비'에게 '바다'는 미지의 대상이라고 할 수 있다.

오답 뜯어보기 ① 이 글에서 '바다'는 그리움의 정서와는 관련이 없다. 〈보기〉의 '바다'는 나비에게 동경과 좌절감을 느끼게 하는 대상일 뿐 극복의 대상이 아니다.
② 이 글에서 '바다'는 시각적·청각적 심상을 통해, 〈보기〉의 '바다'는 시각적 심상을 통해 형상화되고 있다.
④ 〈보기〉의 '나비'는 '바다'로부터 상처를 받는 존재이나, 이 글에서 '바다'는 '사람들'에게 도움을 주는 존재로 보기 어렵다.
⑤ 동적인 이미지를 내포하고 있는 것은 이 글의 '바다'이다.

4 '구름은 뭉게뭉게 이상향의 성곽처럼 피어오르고'로 보아 배경으로는 멀리 수평선 근처에서 구름이 피어올라 있는 모습이 적절하다. 또 '뛰어들어 비어가 ~ 뛰고 또 뛰고…….'로 보아 배우는 물결을 따르듯 바닷가를 달리는 모습을 연출하는 것이 적절하다.

---

006 파초_이태준 032~033쪽

키포인트 체크 파초, 비판, 대화

1 ②   2 ④   3 ②   4 ④   5 챙에 비 맞는 소리가 커서 파초에 비 맞는 소리가 들리지 않기 때문이다.

---

1 이 글에는 파초에 대한 글쓴이의 애정과, 파초에 대한 글쓴이의 생각이 진술하게 나타나고 있다. 해학적 표현은 찾아볼 수 없다.

오답 뜯어보기 ① 글쓴이와 앞집 사람의 실제 대화 내용이 제시되고 있다.
③ 크게 성장한 파초가 비를 맞는 모습을 미적으로 형상화하고 있다.
④ 파초를 돌보는 과정을 구체적으로 제시하여 파초에 대한 애정을 짐작하게 하고 있다.
⑤ 앞집 사람과의 의견 대립을 통해 글쓴이의 가치관을 드러내고 있다.

2 주렴 안에 누웠지만 파초가 빗방울을 퉁기는 소리는 듣는 이의 마음에까지 비를 뿌린다고 하였다. 즉, 가슴에 비가 뿌린다는 말은 파초에 비 맞는 소리를 듣고 마음이 시원해짐을 느낀다는 의미이다.

3 파초는 이미 다 자라 내년에 죽게 될 것이므로 주변의 부러움을 계속 사고 싶으면 파초를 팔고 새로운 화초를 심어야 할 것이다.

4 글쓴이는 자신의 파초가 너무 작고 더디 자라서 이웃집의 큰 파초를 사와서 키웠다. 또한 파초를 키우는 과정에서 쏟아부은 애정도 파초를 빨리 키워 즐기기 위한 것으로 볼 수 있다. 이는 과정보다 절정이라는 결과에 집착하는 태도로 볼 수 있다.

5 처마에 챙을 달면 비가 올 때 챙에 떨어지는 빗방울 소리가 뜰에 있는 파초 잎에 떨어지는 빗방울 소리를 듣지 못하게 방해할 것임을 추측할 수 있다.

---

007 게_김용준 034~035쪽

키포인트 체크 게, 풍자, 한시

1 ④ **2** ⑤ **3** ② **4** 작은 이익을 다투다가 모두가 위험에 처하는 인간의 모습

1 글쓴이가 게를 그리기 수월하다고 한 것은 그만큼 게가 단순한 겉모습을 가지고 있다는 것을 나타내는 표현으로 보는 것이 적절하다.

오답 뜯어보기 ① 글쓴이는 정소남의 일화를 통해 예술은 작가의 정신이 투영된 것이라는 자신의 예술관을 밝히고 있다.

②, ③ 글쓴이가 윤우당의 시를 인용한 것은 창자가 없어 단장의 비애를 느끼지 못하는 게의 속성을 부각하기 위한 것이다. 글쓴이는 게는 '무장공자'로 단장의 비애를 모르는데, '이 비애의 주인공은 실로 나 자신이 아닌가.'라며 삶에 대한 성찰을 보여 주고 있다.

⑤ 마지막 부분에서 게를, 즐겨 보내고 싶은 친구에게도 염치없는 친구에게도 그려 보낼 수 있는 좋은 화제라고 한 점으로 보아 자신이 깨달은 바를 다른 사람과 공유하고자 하고 있음을 알 수 있다.

2 ㉠은 예술 작품은 작가의 정신이 반영된 것이라는 글쓴이의 예술관을 보여 준다. 반면 〈보기〉는 글씨와 그림의 솜씨 자체를 중시하고 있다.

3 글쓴이는 게가 단장의 비애를 모른다는 내용을 담은 윤우당의 시구가 자신에게 큰 울림을 주었음을 밝히고 있다. 또한 이러한 비애의 주인공을 글쓴이 자신뿐 아니라 더 나아가 우리 민족으로까지 확장하여 생각하고 있다. 여기에는 세상사에 무관심하고 다른 사람의 아픔에 무감각한 세태에 대한 성찰이 담겨 있다고 볼 수 있다. 따라서 글쓴이의 입장에서는 ②와 같이 시대적 상황에 대한 깊은 통찰 없이 이에 순응하여 무감각하게 살아가는 인물을 비판적으로 바라볼 수 있을 것이다.

4 [B]에서 글쓴이는 게 낚시를 할 때 수십 마리의 게가 미끼에 엉겨 붙어 한 덩어리가 되어 동족상쟁을 하다가 모두 어부에게 잡히는 모습을 묘사하며 작은 이익을 서로 다투다가 모두 위험해지는 인간의 모습을 풍자하고 있다.

---

008 무궁화_이양하 036~037쪽

키포인트 체크 무궁화, 긍정, 인용

1 ④ **2** ② **3** ④ **4** 글쓴이의 평가: 무궁화는 겸손하면서도 자신감을 지닌 꽃이다. / 이유: 피기 시작하면 오랫동안 끊임없이 새 꽃송이를 피워 내기 때문이다.

1 글쓴이는 무궁화와 관련된 경험과 여러 해 동안 무궁화를 관찰하여 얻은 사실을 소개하고, 이를 바탕으로 자신의 판단을 제시하고 있다. 따라서 감성보다는 이성에 근거하여 논리적으로 서술했다고 볼 수 있다.

2 글쓴이는 무궁화를 처음 보았을 때에는 '환멸'을 느꼈고, 오랫동안의 관찰을 통해 무궁화를 '이해'할 수 있었으며, 결국 무궁화의 미덕을 '인정'하게 되었다.

3 글쓴이의 친구는 우리나라의 국화가 특별한 아름다움을 지니고 있을 것으로 기대했다가, 자신이 고향에서 흔히 보던 무강나무가 국화인 무궁화라는 것을 알고는 실망하고 있다.

4 [A]에서 글쓴이는 무궁화를 겸손하지만 자신이 없지는 않은 꽃이라고 평가하였는데, 이러한 표현에는 무궁화에 대한 긍정적 인식이 담겨 있다. 무궁화는 피기 시작하면 꽃 한 송이 한 송이는 그날 밤사이에 시들지만, 다음 날 새 송이가 잇대어 피고 하는 것이 시월에까지 끊임없이 이어지기 때문에 자신감을 가지고 있다고 판단한 것이다.

---

009 측상락_윤오영 038~039쪽

키포인트 체크 화장실, 초조, 과장, 비유

1 ③ **2** ① **3** ② **4** ⑤ **5** 화장실에서 누리는 평온함과 자유로움을 강조하기 위해 불가능한 상황을 가정하고 있다.

1 이 글은 화장실에서 용변을 보는 행위를 독창적인 시선으로 포착하여 새로운 의미를 부여하고 있다. 글쓴이는 용변 보는 행위를 사람과 삶의 근원으로 돌아가는 과정으로 이해하면서, 용변 보는 행위를 '수륙 병진으로 배출을 하건', '내가 이 작업을 하고 있는' 등의 재치 있는 표현을 통해 묘사하고 있다.

2 '내가 이 작업을 하고 있는 한, 이런 무관심과 태만에 대해서도 아무도 문책하는 사람은 없다.'에서 글쓴이는 용변을 볼 때 세상일을 잊고 자유를 만끽하는 것에 대해 태만이라고 했을 뿐 평소 자신의 태도를 태만했다고 여기지 않는다.

3 ⓑ에서 '한 복지'는 글쓴이가 불안하고 초조한 현대인의 생태에서 유일하게 벗어날 수 있는 화장실을 가리킨다.

오답 뜯어보기 ① ⓐ는 '숨 가쁜 세상'과 대비되는 의미로서 고요하고 여유로운 삶을 함축한다고 볼 수 있다.

③ 화장실에서 용변하는 시간을 자유가 확보되고 주권이 부여되는 우주에서의 시간으로 설명한 것에서 알 수 있다.

④ 용변을 볼 때의 마음 상태를 '들뜬 기운이 가라앉으며 평온한 희황 시대로 돌아온다'고 서술하고 있는 것에서 알 수 있다.

⑤ 요임금 때 세상을 등지고 은거 생활을 했던 '소부'와 '허유'에 대한 고사(故事)를 통해 세상과 절연된 화장실의 공간적 특성을 드러내고 있다.

4 '무슨 불안이 문밖에 기다리고 서 있는 것만 같고'와 뒤에 이어지는 '이 초조한 심경' 등을 고려할 때, 마음이 불안하거나 걱정스러워 자리에 가만히 앉아 있지 못하고 안절부절못하는 모양을 이르는 말인 '좌불안석'이 가장 적절하다고 볼 수 있다.

오답 뜯어보기 ① 세력이 있을 때는 아첨하여 따르고 세력이 없어지면 푸대접하는 세상인심을 비유적으로 이르는 말.

② 사방으로 이리저리 몹시 바쁘게 돌아다님을 이르는 말.

③ 은밀한 가운데 일의 실마리나 해결책을 찾아내려 함을 이르는 말.

④ 몹시 아슬아슬한 위기를 비유적으로 이르는 말.

5 외계에서 수소탄이 터지고 태양이 물구나무를 서는 일은 현실적으로 일어날 수 없는 일이다. 글쓴이가 이런 불가능한 상황을 설정하여 제시한 것은 그 어떤 상황에도 개의하지 않음으로써 누리게 되는 평온함과 자유로움을 강조하기 위한 것으로 볼 수 있다.

010 은전 한 닢_피천득   040~041쪽

키포인트 체크   은전, 객관적, 여운

1 ①   **2** ③   **3** ④   **4** 삶의 간절한 소망   **5** ⓐ: 소망을 이루려는 노력과 성취의 기쁨, ⓑ: 인간의 소유욕과 집착에 대한 연민

1 이 글의 글쓴이는 처음부터 끝까지 객관적 입장을 유지하면서 늙은 거지의 행위를 관찰한 그대로 서술하고 있을 뿐, 인물의 심리를 요약적으로 제시하지는 않았다.

2 늙은 거지는 한 푼 한 푼 얻은 동전을 모아 각전 한 닢으로 바꾸고, 다시 각전을 모아 은전 한 닢을 갖게 되었다. '티끌 모아 태산'은 아무리 작은 것이라도 모이고 모이면 나중에 큰 덩어리가 됨을 비유적으로 이르는 말이다.

3 늙은 거지가 은전을 들여다보는 것은 간절하게 원하던 것을 가지게 되어 기쁘면서도 그것이 쉽사리 믿기지 않아 자꾸 확인하고 싶은 심리 때문으로 볼 수 있다.

4 이 돈 한 개가 갖고 싶었다는 거지의 말을 통해 그에게 있어 '은전 한 닢'은 삶의 간절한 소망이었음을 알 수 있다.

5 이 글은 글쓴이의 설명이나 소감 없이 '이 돈 한 개가 갖고 싶었습니다.'라는 거지의 대답만을 제시하여 다양한 해석을 낳게 한다. '은전 한 닢'을 얻기 위한 거지의 갖은 노력에 주목하면 소망을 이루려는 노력과 그 성취의 기쁨이라는 주제를 이끌어 낼 수 있다. 반면 '은전 한 닢'을 맹목적으로 소유하기 위해 애쓰는 거지의 모습에 주목하면 맹목적인 소유욕과 집착에 대한 연민이라는 주제를 이끌어 낼 수 있다.

011 뒤지가 진적_이희승   042~043쪽

키포인트 체크   감옥살이, 해학, 사실

1 ⑤   **2** ②   **3** ①   **4** 읽을거리에 목말라 있던 글쓴이와 감옥 동료들에게는 뒤지라 할지라도 글이 적혀 있으면 진귀한 책과 같이 가치가 있기 때문이다.

1 경찰들은 감방 안에 있는 사람들이 바깥세상의 일들을 아는 것을 막기 위해 신문이나 잡지를 뒤지로 주지 않았고, 신문지를 뒤지로 쓰더라도 읽을거리가 없어지도록 잘게 썰어서 넣어 주었다. 이런 상황에서 글쓴이와 감방 동료들은 《경무회보》라도 많이 입수하도록 갖은 노력을 기울였다. 따라서 글쓴이가 《경무회보》를 일본 경찰계의 기관지라 읽지 않았다는 ⑤의 언급은 적절하지 않다.

2 ㉠은 뒤지를 얻기 위한 방법 중 하나로, 글쓴이와 동료들은 뒤지를 많이 얻어 거기에 써 있는 글을 읽으려고 했다.

3 ⓐ는 간수 몰래 뒤지를 얻으려다가 당하는 봉변을 가리킨다. ⓑ는 뒤지를 읽다가 간수들에게 봉변을 당해도 글을 읽는 본능을 숨길 수 없다는 것으로, 뒤지에 있는 글 읽기를 단념하지 못함을 나타낸다.

4 뒤지는 글쓴이와 동료들에게 읽을거리를 제공해 주고, 지루한 수감 생활을 견디게 해 주며, 글쓴이와 동료들이 글을 읽고 싶어 하는 욕망을 충족해 준다. 그러므로 뒤지는 '단순히 똥을 누고 밑을 씻어 내는 종이'가 아니라 진귀한 책(진적)과 같이 귀하고 가치 있는 존재인 것이다.

012 산정무한_정비석   044~045쪽

키포인트 체크   금강산, 감정, 대구법

1 ③   **2** ⑤   **3** ①   **4** ④   **5** 자연물에 감정을 이입하여 자연물도 마치 저와 같은 감정을 느끼는 것처럼 표현

1 마의 태자와 관련된 내용이 제시되어 있긴 하지만, 이를 고사를 인용한 것으로 볼 수 없으며, 마의 태자와 관련된 내용이 글쓴이의 의견을 뒷받침하고 있는 것은 아니다.

　오답 뜯어보기 ① '이름도 정다운 백마봉은 ~ 건너뜀 정도로 가깝다'에서 망군대에서 바라본 봉우리의 모습을 과장적으로 표현하고 있다.
② 장안봉에서 마의 태자 무덤에 이르는 여정을 시간적 순서와 공간의 이동에 따라 전개하고 있다.
④ '내·외·해 삼금강을 ~ 더 바랄 것은 무엇이랴.'에서 '-랴'라는 의문형 종결 어미를 사용하여 비로봉 최고점에 오른 자부심을 드러내고 있다.
⑤ 한 문장을 길고 장황하게 표현한 만연체를 활용하여 여정과 감상을 구체적으로 전달하고 있다.

2 (다)에서 글쓴이는 비로봉 최고점에 올랐으나 보이는 것은 그저 운해뿐, 삼금강의 모습을 보지 못했다고 하였다. 이로 보아 삼금강을 언제나 볼 수 있는 것은 아님을 알 수 있다.

　오답 뜯어보기 ① (나)에 비와 우박이 몰아치던 날씨가 삽시간에 잠든 양같이 온순해졌다는 내용이 제시되어 있다.
② (가)를 통해 망군대를 오르기 위해서는 삼백 단의 가파른 사닥다리를 올라야 함을 알 수 있다.
③ (라)에서 마의 태자의 무덤은 철책도 상석도 없고 오랜 세월 동안의 바람과 비로 인해 비문조차 읽을 수 없다는 내용을 통해 알 수 있다.
④ (라)의 '비로봉 동쪽은 ~ 자작나무의 수해였다.'를 통해 알 수 있다.

3 글쓴이는 비로봉 최고점에 올라 내·외·해 삼금강을 한눈에 바라볼 수 있다는 '기대감'을 가지고 사방을 조망했으나, 운해 때문에 이것이 불가능하자 '아쉬움'을 느끼게 된다. 하지만 곧 이러한 아쉬움을 달래고 비로봉 최고점에 오른 데 대한 '자부심'을 드러내고 있다.

4 ㉠은 직유법을 사용하여 '우러러보는 단풍이 새색시 머리의 칠보단장 같다', '굽어보는 단풍'은 '규수의 붉은 치마폭 같다'라고 표현하고, 앞뒤 구절을 대구법을 사용하여 연결하고 있다. ㉡은 잠잠해진 날씨를 '잠든 양같이'라고 직유법을 사용하여 나타낸 표현이다. ㉢은 '자작나무'를 '수중 공주'에 빗대어 표현한 은유법을 사용하였다. 따라서 ㉠~㉢ 모두

정답과 해설

표현하고자 하는 대상을 다른 대상에 빗대어 비유적으로 표현하고 있음을 알 수 있다.

오답 뜯어보기 ① 대구법에 대한 설명으로 ㉠에만 해당한다.
②는 영탄법, ③은 의인법, ⑤는 설의법에 대한 설명이다.

5 무심한 '구름'도 여기(마의 태자의 무덤가)에서는 잠시 머무는 것 같고, 소복을 입은 '백화'가 슬프게 서 있으며, '초저녁달'이 눈물을 머금고 있다고 표현한 것은, 마의 태자의 무덤가에서 글쓴이가 느낀 애상감과 추모의 마음을 자연물에 투영한 것이다.

---

013 특급품 _김소운   046~047쪽

키포인트 체크 바둑, 유연, 유추

1 ②   **2** ③   **3** ⑤   **4** 균열을 제힘으로 도로 유착·결합하는 유연성

1 이 글은 일반적으로 적용할 수 있는 인생의 진리를 말하고자 한 것이지, 현실의 세태를 비판하고 있지는 않다.

2 이 글은 일급품 비자반이 균열을 스스로의 힘으로 메우고 특급품으로 거듭나듯이, 인생에 있어서도 시련을 잘 극복하면 좀 더 성숙한 삶을 살 수 있음을 이끌어 내고 있다. 이와 관련된 속담은 비에 젖어 질척거리던 흙도 마르면서 단단하게 굳어진다는 뜻으로, 어떤 시련을 겪은 뒤에 더 강해짐을 비유적으로 이르는 말인 ③이다.

오답 뜯어보기 ① 두각을 나타내는 사람이 남에게 미움을 받게 된다는 말.
② 잘되리라고 믿고 있던 일이 어긋나거나 믿고 있던 사람이 배반하여 오히려 해를 입음을 비유적으로 이르는 말.
④ 가뜩이나 미운 사람이 더 미운 짓만 함을 비유적으로 이르는 말.
⑤ 잘될 사람은 어려서부터 남달리 장래성이 엿보인다는 말.

3 이 글에서 특급품 비자반은 갈라진 상처를 제힘으로 이겨 낸 존재이다. 이를 인간의 삶에 결부한다면 과실이나 시련을 스스로의 노력으로 극복하고 더 나은 삶을 살게 되는 것으로 볼 수 있다. ⑤의 '장 발장' 역시 과실과 시련을 극복하고 더 나은 인생을 살게 된 인물이다.

오답 뜯어보기 ① '형'은 한순간의 오해 때문에 인생을 괴로움 속에 보내는 인물이다.
② '만도'는 절망적인 상황 속에서도 희망을 다짐하는 인물이다.
③ '산티아고'는 시련에 좌절하지 않는 인물이다.
④ '철호'는 거듭된 고통 때문에 삶의 방향을 잃고 헤매는 인물이다.

4 특급품 비자반의 '머리카락 같은 희미한 흔적'은 갈라진 반면이 다시 유착된 것을 말하는데, 이는 비자반의 유연성을 증명해 보인 것이라고 하였다.

---

014 수필 _피천득   048~049쪽

키포인트 체크 수필, 비유

1 ⑤   **2** ⑤   **3** ④   **4** ④   **5** 수필은 글쓴이가 자신을 솔직히 나타내는 문학이다.

1 이 글은 수필의 성격, 재료, 형식 등 수필의 특성을 다양한 비유적 표현을 통해 나타내고 있는 수필이다.

2 글쓴이는 수필은 정열이나 심오한 지성을 내포한 문학이 아니라고 하였고, 누에의 입에서 나오는 액이 고치를 만들 듯이 자연스럽게 써지는 글이라고 밝히고 있다. 수필을 쓰는 데 따르는 글쓴이의 고뇌와 관련된 내용은 이 글에 나타나 있지 않으므로 ⑤는 적절하지 않다.

3 이 글은 단순히 수필의 개념을 정의하거나 설명하기보다는 정서적이고 함축적인 언어로 수필에 대한 글쓴이의 생각을 표현하고 있다.

오답 뜯어보기 ① 이 글은 수필로 쓴 수필론으로, 특별히 정해진 형식 없이 수필 문학에 대한 이론을 문학적으로 표현하고 있다.
②, ③ 글쓴이는 수필을 청자연적 등에 비유하여 개성적인 언어로 표현하고 있다.
⑤ 글쓴이는 마음의 여유가 부족하여 수필을 쓰지 못하는 것을 고백하고 있다.

4 ㉠, ㉡, ㉢, ㉤은 수필 자체의 특성을 비유적으로 표현하고 있는 대상들이다. 그런데 글쓴이는 수필은 '청춘의 글'이 아니라 '서른여섯 살 중년 고개를 넘어선 사람의 글', 즉 삶의 연륜이 느껴지는 글이라고 하였으므로, ㉣은 수필의 특성과 거리가 멀다.

5 이 글에서 글쓴이는 '수필은 그 쓰는 사람을 가장 솔직히 나타내는 문학 형식'이라고 하였다. 〈보기〉의 글쓴이도 수필은 자신의 삶을 통한 의미와 가치를 최상으로 높이는 도구이며 수필을 쓰려면 무엇보다 겸허하고 진실해야 한다고 하였다. 따라서 이 글과 〈보기〉의 글쓴이 모두 수필을 자신을 솔직히 나타내는 문학으로 보고 있음을 알 수 있다.

---

015 참새 _윤오영   050~051쪽

키포인트 체크 참새, 비판, 회고(회상)

1 ④   **2** ④   **3** ⑤   **4** ④   **5** 참새가 없어질 정도로 메마르고 삭막하고 윤기 없다며 비판적인 태도를 보이고 있다.

1 제시된 부분에는 유사한 대상 간의 공통점을 분석한 내용은 나타나 있지 않다. 또한 중략 부분에서 참새가 진달래꽃과 같이 우리와 친근한 존재임을 언급하고는 있으나, 이를 대상 간의 공통점을 분석하여 그 내용을 일반화한 것으로 보기는 어렵다.

2 이 글에서 글쓴이는 과학의 진보를 바라기보다는 그러한 시대의 흐름에 밀려 사라져 가는 옛것(참새)에 대한 아쉬움을 나타내고 있다.

오답 뜯어보기 ① '여기에 만일 꽃꽂이를 한다고 꽃가지를 꺾어 방 안에서 시들리고 ~ 새를 잡아 가두어 놓고 그 비명을 향락하는 자가 있다면, 그는 분명 악취미요, 그것은 살풍경이었을 것이다.'라는 구절이나 참새를 한집의 한 식구처럼 여기는 글쓴이의 모습에서 자연의 다른 생명체들과 공존하며 조화를 이루고자 하는 가치관을 엿볼 수 있다.
② 〈구운몽〉의 내용을 인용하여 고전에 대한 교양을 드러내고 있다.

③ 글쓴이가 작고 귀엽고 조촐한 참새에 대한 애정을 드러내는 것을 통해 알 수 있다.

⑤ 마지막 부분에서 참새 소리 때문에 상념에 빠지게 되었음을 밝히고 있다.

3 이 글에서 글쓴이는 과거와 현재를 비교하며 참새에 대한 회고적 정서를 드러내고 있다. ⑤ 또한 고향에 대한 그리움과 회고적 정서를 잘 드러내고 있다.

◈오답 뜯어보기 ① 지난 삶에 대한 참회의 정서를 드러내고 있다.

② 절대자에 대한 순종을 드러내고 있다.

③ 결연한 삶의 의지를 드러내고 있다.

④ 피폐한 농촌 현실에 대한 울분을 드러내고 있다.

4 글쓴이는 예전부터 참새의 가치를 알고 있었으므로 참새의 가치를 몰랐던 것에 아쉬움을 느꼈다고 볼 수 없다.

5 글쓴이는 참새를 한 식구처럼 여겼던 과거와 달리 참새가 없어질 정도로 메마르고 삭막하고 윤기 없는 현대 사회에 대해 비판적인 태도를 드러내고 있다.

---

016 설해목 _법정

052~053쪽

[키포인트 체크] 눈, 부드러움, 대립

1④　**2**⑤　**3**①　**4**③　**5** 설해(雪害)를 입은 나무, 눈에 의해 꺾인 나무

1 이 글에는 학교에서도 집에서도 더 이상 어찌할 수 없는 망나니 학생의 일화, 사뿐히 내려앉은 눈에 의해 꺾인 나무의 일화, 부처님의 자비로 귀의한 살인귀 앙굴리말라의 일화 등을 제시하여 부드러운 것이 강한 것을 꺾는다는 주제를 형상화하고 있다(ㄴ). 또한 '산은 한겨울이 지나면 앓고 난 얼굴처럼 수척하다.'에서 설해를 입어 꺾인 나무들이 많은 산의 쓸쓸한 풍경을 비유적으로 제시하고 있다(ㄹ).

2 ㉠은 거센 시련에도 굴하지 않는 모습을 말하므로, 백 번 꺾여도 굴하지 않는다는 뜻으로 어떠한 난관에도 굽히지 않음을 의미하는 ⑤의 '백절불굴(百折不屈)'과 뜻이 통한다.

◈오답 뜯어보기 ① '실속은 없으면서 큰소리를 치거나 허세를 부림.'을 의미함.

② '용기가 있으며 씩씩하고 기운차기 짝이 없음.'을 의미함.

③ '겉으로는 부드럽고 순하게 보이나 속은 곧고 굳셈.'을 의미함.

④ '옥이나 돌 따위를 갈고 닦아서 빛을 낸다는 뜻으로, 부지런히 학문과 덕행을 닦음.'을 이르는 말.

3 '정'은 강함을, '물결'은 부드러움을 의미한다. 이와 유사한 관계에 있는 단어는 ①의 '훈계'와 '자비'이다.

4 이 글은 훈계보다는 다사로움(시중 들기)이, 강한 비바람보다는 부드러운 눈이, 위엄이나 권위보다는 자비가 강함을 말하고 있다.

5 쌓인 눈의 무게를 이기지 못해 부러지는 아름드리나무들을 가리킨다는 것을 알 수 있다.

---

017 비닐우산 _정진권

054~055쪽

[키포인트 체크] 비닐우산, 효용성, 역설

1②　**2**④　**3**②　**4**①　**5** 값싼 인생을 살면서 부실한 몸으로 아이들을 보호하고 키우려고 애쓰는 '나'의 모습이 비닐우산과 비슷하다고 생각해서

1 이 글은 비닐우산에 대한 개성적인 인식을 바탕으로 비닐우산의 효용성에 대해 서술하고 있으므로, 대상에 대한 태도가 바뀐다고 할 수 없다.

◈오답 뜯어보기 ① 비닐우산의 장점이 여러 가지로 서술되어 있다. 싼값에 비를 피할 수 있고 어디 놓고 와도 섭섭하지 않다는 점, 빗방울과 빗소리가 만들어 내는 예술을 즐길 수 있다는 점, 우산이 뒤집혔을 때에는 즐거운 짜증과 일상의 변화를 맛볼 수 있다는 점, 비닐우산을 통해 소중한 추억을 쌓을 수 있다는 점 등이 그것이다.

③ 비닐우산을 싸고 볼품없는 것으로 보는 것이 아니라 덕을 갖춘 것, 아름다운 효용성을 지닌 것으로 보고 있으므로 일반적인 시각과는 다른 개성적인 시각이 드러난다.

④ 글의 마지막 단락에서 볼품없고 한 군데도 탄탄한 데가 없지만 아름다운 효용성이 있는 비닐우산과 글쓴이 자신이 비슷한 데가 적지 않은 것 같다고 이야기하고 있다.

⑤ '좀 오래된 이야기 하나가 생각난다. ~ 살 수 없는 체험일 것이다.'에서 비닐우산과 관련된 글쓴이의 경험이 제시되고 있다.

2 '좀 오래된 이야기 하나'는 불쑥 비닐우산 속으로 뛰어들어 온 어린 소녀와 만난 글쓴이의 경험담이다. 이를 '백 원으로선 살 수 없는 체험'이라고 표현하고 있는 것을 보아 글쓴이는 이 경험을 소중한 추억으로 여기고 있음을 알 수 있다. 즉, 글쓴이는 이러한 경험을 삽입하여 비닐우산의 가치를 더욱 부각하고 있는 것이다.

3 글쓴이는 비닐우산 속으로 뛰어들어 온 소녀가 떠나자 허전함을 느낀다. 비닐우산이 그 허전함을 달래 주거나 채워 준 것은 아니다.

4 글쓴이가 비닐우산과 자신의 삶과의 유사성을 찾아내고 있기는 하지만, 이를 통해 자신의 삶의 문제점을 인식하고 현실을 직시하는 것이 중요하다는 이야기를 하는 것은 아니다.

◈오답 뜯어보기 ② 볼품없는 비닐우산을 개성적으로 인식하여 새로운 가치를 찾아내고 있으므로, 사물을 보는 시각에 따라 대상에 대한 가치가 달라질 수 있다는 것을 알 수 있다.

③ 값싸고 보잘것없는 비닐우산에서 여러 효용성을 찾고 있으므로 하찮은 물건도 긍정적인 면을 가지고 있다는 것을 알 수 있다.

④ 비닐우산과 글쓴이 자신의 삶과의 유사성을 찾아내는 부분에서 대상을 통해 자신의 모습을 비추어 보는 모습을 찾아볼 수 있다.

⑤ 글쓴이는 비닐우산과 관련된 생활의 일면을 자세히 관찰하여 이를 비닐우산의 장점과 관련짓고 있다. 경제적 편이성, 예술성, 뜻밖의 즐거움, 소중한 추억 등 다양한 측면에서 비닐우산의 장점을 발견하는 데에서 알 수 있다.

5 글쓴이는, 볼품없고 한 군데도 탄탄한 데가 없지만 아름다운 효용성을 지닌 비닐우산과, 값싼 인생을 살며, 조금만 바람이 불어도 넘어질 듯 부실하지만 그런 몸으로나마 아이들의 머리 위에 내리는 찬비를 가려 주려고 버둥대는 삶을 살고 있는 자신이 비슷하다고 생각하고 있다.

정답과 해설

018 당신이 나무를 더 사랑하는 까닭 _신영복 056~057쪽

키포인트 체크 소나무, 소비, 경쟁, 대조

1 ⑤ **2** ⑤ **3** ⑤ **4** 인간이 문명의 폭력을 휘두르는 도구로 전락하지 않는다면 문명의 폭력이 인간을 해칠 수 없다.

1 이 글은 무차별적으로 개발하고 소비하는 문명의 폭력성에 대해 비판하고 있지만, 이를 극복하기 위해 자연과의 합일을 주장하고 있지는 않다.

🖋 **오답 뜯어보기** ① 이 글은 글쓴이가 '당신'에게 '~ ㅂ니다'라는 경어체를 사용하여 쓰는 편지글 형식으로 서술한 것이 특징이다.

② 제한된 공간에서도 충만한 삶을 누리는 소나무를 통해 무차별적으로 소비하는 현대인의 이기심, 비정함, 폭력성을 고찰하는 방식으로 문제를 확대하고 있다.

③ '오직 '신발 한 켤레의 토지'에 서서 이처럼 우람'한 소나무와 '훨씬 더 많은 것을 소비하면서도 무엇 하나 변변히 이루어 내지 못하고 있는' 글쓴이, 즉 인간의 모습을 대조하며 교훈과 깨달음을 주고 있다.

④ '소광리의 솔숲은 마치 회초리를 들고 기다리는 엄한 스승 같았습니다.', '그러나 어느 생각 깊은 나무가 말했다.' 등에 비유법이 쓰였다. 또한 생존이 위협받는 상황에서 소생할 수 있다는 희망과 저력을 상징하는 '솔방울', 문명의 폭력성을 상징하는 '쇠' 등을 통해 주제를 효과적으로 드러내고 있다.

2 '소나무'가 몇백 년 동안 묵묵히 풍상을 겪어 내는 존재라면, '소나무와 같은 사람'은 소나무처럼 척박한 환경 속에서도 문명의 폭력성을 묵묵히 견디어 내며 가치 있는 삶을 살고 있는 사람을 의미한다고 볼 수 있다.

3 '솔방울'은 소생할 수 있는 저력과 희망을 상징한다. ⑤의 '푸른 별' 역시 '미래에 대한 희망'을 상징하므로 '솔방울'의 의미와 가장 유사하다.

🖋 **오답 뜯어보기** ③ '젊은 산맥'은 화자의 다리를 비유한 표현으로 젊은 패기가 느껴지는 이미지를 지닌다.

④ '저문 들길'은 '암울한 현실'을 상징한다.

4 자루 없는 쇠도끼가 폭력을 가할 수 없는 것처럼 인간이 스스로 문명의 폭력을 휘두르는 도구가 되지 않는다면 문명의 폭력은 결코 인간을 해칠 수 없다는 뜻이다.

019 새 출발점에 선 당신에게 _신영복 058~059쪽

키포인트 체크 출발, 본질, 경험

1 ① **2** ④ **3** ④ **4** ④ **5** 본질적인 것을 추구하는 것의 중요성을 깨닫고 있다.

1 글쓴이는 노인 목수에 관한 자신의 경험을 제시하여 삶에서 본질을 추구하는 것이 중요하다는 자신의 견해를 뒷받침하고 있다.

2 글쓴이는 본질적인 것을 추구하고 있다면 어디에 있든 상관없다는 것을 말하기 위해 '대학의 강의실'과 '공장의 작업대'를 제시하고 있다. 반면 ①, ②, ③, ⑤에서 '화폐, 이론, 탁(度), 글쓴이의 집 그리는 순서'는 본

질이 아닌 것을, '물건, 실천, 족(足), 목수의 집 그리는 순서'는 본질인 것과 관련되어 모두 대조 관계를 이룬다.

3 (다)에서 글쓴이는 '위로'는 위로를 받는 사람으로 하여금 스스로가 위로의 대상이라는 사실을 확인하게 함으로써 좌절하게 만들기 때문에 진정한 애정이 아니라고 하였다. 따라서 글쓴이가 힘든 삶을 사는 젊은이에게 위로의 말이 큰 힘이 된다고 했다는 것은 적절하지 않다.

4 ⊙은 자신의 발보다 그것을 본뜬 탁이 더 정확하다고 말하고 있는 부분이다. 이는 본질이 아닌 '탁'을 본질인 '족'보다 중시하는 것이므로 사물의 경중·선후·완급 따위가 서로 뒤바뀜을 이르는 말인 '주객전도(主客顚倒)'로 비판할 수 있다.

🖋 **오답 뜯어보기** ① 학문의 길이 여러 갈래여서 한 갈래의 진리도 얻기 어려움을 이르는 말.

② 도저히 불가능한 일을 굳이 하려 함을 비유적으로 이르는 말.

③ 옛것을 익히고 그것을 미루어서 새것을 안다는 말.

⑤ 즐거운 일이 다하면 슬픈 일이 닥쳐온다는 뜻으로, 세상일은 순환되는 것임을 이르는 말.

5 (가)에서 글쓴이는 실제 집을 짓는 순서대로 집을 그리는 노인 목수를 보고 충격을 받고 있다. 그리고 본질적인 것을 추구하지 않은 자신의 삶의 태도를 반성하고 있다.

020 젊은 아버지의 추억 _성석제 060~061쪽

키포인트 체크 아버지, 반성, 한자

1 ⑤ **2** ③ **3** ④ **4** ② **5** ⓐ: 자식이 스스로 잘못을 깨닫도록 이끌어 줌. ⓑ: 자식에게 자신의 생각을 강요함.

1 글쓴이가 아버지와 대화를 나눠 보리라 생각한 것은 자신이 아버지의 아들인 이상, 아버지도 자신과 같은 나이에 같은 문제로 고민했을 것이라고 생각했기 때문이다. 따라서 아버지가 천재인 자신을 이해하지 못할 것이라는 ⑤는 일치하지 않는다.

🖋 **오답 뜯어보기** ① 글쓴이는 사춘기적 증상을 겪으면서 '자존망대형(自尊妄大型) 조발성(早發性) 천재 증후군'이라는 자만심에 빠진다.

② 글쓴이는 학교에서 배울 것도 없고 친구들도 유치하다며 아버지께 학교에 가지 않겠다고 말한다.

③ 아버지는 글쓴이를 홀로 남겨 둔 채 냇가로 내려간 후 한참 동안 오시지 않는데 이는 글쓴이에게 세상살이의 무서움을 가르쳐 주기 위해서였다.

④ 아버지는 학교에 가지 않겠다는 글쓴이의 말을 듣고 일단 시간을 갖고 생각하라고 말한다.

2 이 글은 사춘기 시절 자만심에 빠졌던 글쓴이가 아버지의 가르침으로 잘못을 스스로 깨달았던 일화를 통해 삶에 대한 깨달음과 교훈을 주는 수필이다. 그러나 비슷한 내용의 다른 일화가 이어지고 있지는 않으므로 ③은 적절하지 않다.

3 ⊙은 글쓴이가 식구들에게 자신이 천재임을 알리기 위해 숙제를 열심

히 하고, 집에도 일찍 들어오며, 경어를 사용한 것을 가리킨다. 이는 글쓴이가 다른 아이와는 달리 자신은 성숙하고 뛰어난 천재임을 식구들에게 드러내려는 의도로 한 행동이다.

4 아버지는 자신의 정신 수준이 서른 살에 도달하여 학교는 물론이고, 대학도 갈 필요가 없다고 말하는 아들을 깨우치기 위해 일부러 아들을 홀로 남겨 둔다. 글쓴이가 무서워 떨 때 나타난 아버지가 세상이 다 아래로 보이냐는 물음을 하는 데서 ②와 같은 의도를 확인할 수 있다.

5 ⓐ '나', 글쓴이는 자식이 스스로 잘못을 깨달을 수 있도록 이끌어 주었던 ⓑ '아버지'를 떠올리며 아버지와 같이 자식을 마음으로 감복시키지 못하고 자신의 생각을 강요하려 한 스스로를 반성하고 있다.

---

021 내 유년의 울타리는 탱자나무였다 _ 나희덕 062~063쪽

키포인트 체크 가시, 고통, 비유

1 ⑤   2 ⑤   3 ⑤   4 고통은 인생의 소중함을 알게 하고, 사람을 겸허하고 성숙하게 만들어 준다.

1 다리가 불편하다는 가시로 인해 그림을 그려 화가로서의 명성을 얻은 로트레크의 이야기를 통해 글쓴이는 가시가 존재를 높이 들어 올리는 힘이 되기도 하므로, 가시를 어떻게 받아들이고 다스려 나가느냐가 중요하다고 말하고 있다.

2 글쓴이는 가시를 더 깊이 끌어안고 살아야 하며 가시를 의식하지 않는 것이 아니라 잘 다스려야 한다고 생각하고 있다. 따라서 자신의 가시를 뽑아 버리고자 하는 〈보기〉의 '그'에게 내성적인 성격을 잘 다스려 나가라고 조언할 수 있을 것이다.

오답 뜯어보기 ①, ② 〈보기〉의 '그'는 내성적인 성격 때문에 다른 사람 앞에서 발표를 잘 하지 못해서 괴로워하고 있다. 따라서 내성적인 성격을 그의 가시로 볼 수 있다.
③, ④ '그'는 내성적인 성격을 바꾸려고 하고 있으므로 가시를 끌어안고 사는 게 아니라 뽑아 버리고 싶어 한다고 볼 수 있다.

3 ⓜ은 힘든 삶 속에서 결코 포기해서는 안 되는 인생의 가치를 의미하고, ㉠~㉣은 인간의 삶 속에서 자라는 가시의 예에 해당한다.

4 글쓴이는 삶의 고통(가시)이 존재를 들어 올리는 힘이 되곤 하며, 고통이 없었더라면 인생을 너무 쉽게 살았을 것이라고 하였다. 또한 너무 아름답거나 부유하거나 강하거나 재능이 많은 것이 오히려 삶을 불행하게 할 수 있다는 점에서 가시는 사람을 겸허하게 만들어 주는 선물이라고 하였다.

---

022 반 통의 물 _ 나희덕 064~065쪽

키포인트 체크 밭, 생명, 아름다운, 병렬

1 ①   2 ③   3 ④   4 ①   5 불편한 몸으로 텃밭의 살아 있는 것들에 물을 주는 할아버지의 모습이 감동적이어서

1 이 글에서는 당근을 솎아 주었던 경험을 통해 '적절한 거리'의 중요성을 깨달은 것과, 몸이 불편한 할아버지가 채소에 물을 주는 것을 보고 생명을 소중히 여기는 마음을 깨달은 것을 서술하고 있다.

2 글쓴이는 밭에 뿌린 씨를 새들이 먹고 간 작년의 농사 경험을 통해 농부들이 넉넉하게 씨를 뿌리는 이유를 알게 되었고, 이를 통해 자연과 공생하는 삶의 교훈을 얻게 된다.

3 '워낙 자라는 속도가 빨라 자리를 잡지 못하고 밀려 나오는 뿌리가 하나 둘이 아니었다.'는 적절한 거리가 유지되지 않았을 때 나타난 현상이지만, 이를 통해 '적절한 거리'가 식물의 성장 속도를 조절하는 역할을 하는지는 알 수 없다.

4 '남은 반 통의 물을 살아 있는 것들에게 쏟아붓고 싶은 마음'에서 짐작할 수 있듯, 글쓴이는 할아버지가 절뚝거리면서 힘겹게 채소에 물을 주는 것이 '살아 있는 것들', 곧 생명을 소중히 여기는 마음에서 우러나오는 행동일 것이라 생각하고 있다.

5 '절뚝거리면서, 그러면서도 남은 반 통의 물을 살아 있는 것들에게 쏟아붓고 싶은 마음, 그런 게 아니었을까.'를 통해 알 수 있다. 글쓴이는 불편한 몸이지만 텃밭의 생명을 위해 혼신의 힘을 다하는 할아버지의 모습에서 감동을 느꼈기 때문에 할아버지가 물을 흘린 '그 길'을 이 세상에서 가장 '아름답고 빛나는 길'로 생각하는 것이다.

---

023 존재의 테이블 _ 나희덕 066~067쪽

키포인트 체크 테이블, 행복함, 거울

1 ③   2 ④   3 ④   4 ②   5 (1) 자신이 지금 어디에 어떻게 앉아 있는가를 잘 비추어 주는 거울 (2) 힘든 일이 닥칠수록 더 작아지고 고요해지는 것이 필요하다고 일러 주는 거울

1 '존재의 테이블'이라는 사물을 통해 삶을 성찰하고 자신의 존재 의미를 찾으려 노력한 글쓴이의 경험을 진솔하게 서술하고 있다.

2 제시문에는 세상이 바슐라르를 무시하는 모습도 나타나지 않으며, 세상을 용서해 주는 바슐라르의 모습도 나타나지 않는다.

3 라디오는 글쓴이의 외로움을 달래 주는 대상이라고 할 수 있지만, ㉡은 글쓴이의 외로움을 달래 주는 대상이라고 할 수 없다. 제시문에서 외로움을 달래 준 것은 ㉡이 아니라, 바슐라르의 '존재의 테이블'이다.

4 ⓑ는 글쓴이가 인도 토산품점에서 본 테이블을 자신의 '존재의 테이블'로 선택한 이유 중 하나로, 존재의 자리를 갖지 못한 사람보다는 덜 우매해지려는 욕심을 뜻한다.

오답 뜯어보기 ① ⓐ는 좀 더 알고자 하는 지적 목마름과 갈망을 뜻한다.
③ ⓒ는 존재의 테이블에 자주 앉지 못한 글쓴이의 씁쓸함과 후회로 인해 존재의 테이블이 심리적으로 멀게 느껴지는 것을 의미한다.
④ ⓓ는 존재의 테이블이 그 본연의 기능을 하지 못하고 평범하고 하찮은 물건처럼 취급되어 가는 상황을 나타내는 말이다.

정답과 해설

⑤ ⓔ는 '자신의 삶을 돌아보는 시간은 고통스러울 수도 있지만, 그렇게 자신을 돌아보며 존재의 자리를 마련할 수 있다는 것에 대해 행복을 느낄 수 있음'을 의미한다.

5 글쓴이는 존재의 테이블을 '거울'에 빗대어 표현하고 있다. '거울'에 빗대어 표현한 존재의 테이블은 첫째, 글쓴이 자신이 지금 어디에 어떻게 앉아 있는가를 잘 비추어 주는 역할을 하며, 둘째, 힘든 일이 닥칠수록 그 테이블만큼 더 작아지고 고요해지는 것이 필요하다고 넌지시 일러 주는 역할을 한다고 보고 있다.

---

024 순후와 질박함에 대하여 _ 공선옥 068~069쪽

키포인트 체크 시골, 비판적, 대화

1 ③ **2** ③ **3** ⑤ **4** ③ **5** 순후와 질박함을 지닌 사람으로 늙어 가고 싶다.

1 이 글은 '대답한다', '묻는다', '말한다' 등과 같은 현재형 어미를 사용하여 현재 일어난 사건처럼 서술함으로써 현장감을 살리고 있다.

2 글쓴이는 시골 마을에서 만난 할머니에게서 따뜻한 인정을 느끼며 자신이 힘들고 지친 이유를 깨닫게 된다. 그리고 다시 집으로 돌아온 글쓴이는 정성 들여서 집안일을 하며 스스로 자식들에게 정신적 유토피아가 되겠다는 다짐을 실천하기 위해 노력한다. 따라서 ③이 적절하다.

3 이 글에서 글쓴이는 '돈이 많은 사람, 권력을 가진 사람, 육체가 너무 건강한 사람, 아는 것이 너무 많은 사람들 앞에서는 무형의 저항감'을 느낀다고 하였다. 따라서 ①~④는 모두 글쓴이가 부정적으로 인식하는 사회의 모습으로 볼 수 있다. 그러나 '낯선 손님도 스스럼없이 받아 주는 사회'는 글쓴이가 시골 할머니에게서 느낀 순후와 질박함의 모습으로, 긍정적으로 인식하는 사회의 모습에 해당한다.

4 사립문은 글쓴이가 방문한 할머니의 집 문으로, 낯선 사람을 따뜻하게 대접하는 할머니의 인정과는 관련이 없다.

오답 뜯어보기 ① 낯선 사람에게도 미소를 띠며 반기는 모습에서 할머니의 인정을 느낄 수 있다.

② 낯선 사람에게 스스럼없이 집 구경을 허락하고 있다는 점에서 할머니의 인정을 느낄 수 있다.

④ 집에 오자마자 시원한 냉수를 건네는 것은 글쓴이가 목이 마를 것을 예상한 할머니의 배려라고 할 수 있다.

⑤ 글쓴이가 인사치레로 꺼낸 막걸리란 말에 집에 있는 술을 대접하려는 할머니의 모습에서 훈훈한 인심을 느낄 수 있다.

5 글쓴이는 자신이 지치고 힘든 이유가 고향을 잃어버렸기 때문임을 깨닫고 자신의 아이들에게 고향 같은 어머니가 되어야겠다고 결심한다. 그리고 집으로 돌아와 정성껏 집안일을 하며 어떻게 늙어 갈 것인가를 생각한다. 따라서 글쓴이는 자신이 시골 마을에서 겪은 할머니의 모습처럼 '순후'와 '질박함'을 잃지 않은 노년을 떠올리고 있음을 알 수 있다.

---

025 미안합니다 _ 장영희 070~071쪽

키포인트 체크 미안합니다, 인정, 배려, 대비

1 ① **2** ⑤ **3** ② **4** '미안합니다'라는 말 때문에 두 사람 사이의 문제가 원만히 해결되었다. **5** 자신의 잘못을 인정하고 서로에게 사과를 한다

1 이 글은 미안하다고 해야 할 상황에 미안하다는 말을 하지 못했던 글쓴이의 일화와 상대의 상황을 이해하고 미안하다고 사과함으로써 문제를 원만하게 해결한 아버지의 일화를 제시하고 있다. 이처럼 글쓴이는 대비되는 두 가지 일화를 통해 '미안하다'는 말의 가치에 대한 깨달음을 전하고 있다.

2 이 글에서 글쓴이가 아버지를 나무라는 경비원에게 불쾌한 감정을 느꼈는지는 나타나 있지 않다. 또 글쓴이는 차가 떠날 때 경비원이 손까지 흔들며 배웅해 주는 모습을 '아름다운 결말'이라고 긍정적으로 평가하고 있다.

오답 뜯어보기 ① 경비원은 아버지가 기다리는 사람이 누구인지 모르고 아버지를 힐책하였다.

② 글쓴이는 마지막 부분에서 영수에게 사과할 것을 결심하였다.

③, ④ 글쓴이는 아버지와 경비원 사이에 벌어진 일을 보고 '미안합니다'라는 말이 갈등 해소에 큰 효력을 가지고 있음을 깨닫게 되었다.

3 (가)는 글쓴이가 사과를 해야 할 상황인데도 하지 않고 '미안하다'는 말을 피할 구실을 떠올리고 있는 부분이다. 영수의 문제를 몰랐다는 것(ⓒ), 선생 체면에 학생한테 사과하는 일은 곤란하다는 것(ⓐ), 영수가 그때 상황을 잊었을 수도 있으니 긁어 부스럼 낼 필요가 없다는 것(ⓔ)이 그것이다.

4 ㉠은 글쓴이의 아버지와 경비원 사이의 갈등과 문제가 '미안합니다'라는 말을 통해 원만히 해결되었다는 의미이다.

5 이 글에서 아버지는 차를 현관 근처에 주차한 것의 잘못을 인정하고 경비원에게 '미안합니다'를 반복하였고, 경비원은 아버지가 기다리고 있던 사람이 몸이 불편한 글쓴이인 것을 알고 "아이구, 정말 죄송합니다. 왜 이분을 기다리고 있다고 말씀해 주시지 그랬어요."라고 말하며 "미안합니다, 죄송합니다."라는 말을 되풀이하였다. 이것으로 보아 두 사람의 공통점은 자신의 잘못을 인정하고 서로에게 사과한 것임을 알 수 있다.

---

026 하필이면 _ 장영희 072~073쪽

키포인트 체크 하필이면, 긍정, 대조

1 ⑤ **2** ⑤ **3** ② **4** 글쓴이는 자신의 삶을 긍정적으로 생각하고(인식하고) 있다.

1 이 글은 '하필이면'의 이중적 의미에 대해 이야기하고 있지만, 이를 절충하고 있지는 않다.

① 이 글은 글쓴이가 어린 조카가 '하필이면'을 긍정적 의미로 사용하는 것을 들은 경험을 바탕으로 삶을 인식하는 방법에 대해 깨달은 바를 쓴 글이다.

② 이 글에서는 '하필이면'이라는 말에 대해 일반적으로 사용하는 부정적 의미와 글쓴이가 새롭게 인식한 긍정적 의미를 함께 부여하여 사용하고 있다.

③, ④ '하필이면'이라는 말을 부정적으로 인식했을 경우의 상황과 긍정적으로 인식했을 경우의 상황을 다양하게 제시하여 독자의 이해를 돕고, 이 두 사례의 대조를 통해 주제를 선명하게 드러내고 있다.

2 이 글의 글쓴이와 〈보기〉의 화자 모두 슬픔을 겪어야 행복이 배가 된다는 발상은 이끌어 내기 어렵다.

① 〈보기〉의 화자는 임과 이별한 상황이므로 안 좋은 상황이 일어났다는 진술은 적절하다.

② 〈보기〉의 화자는 '슬픔의 힘을 옮겨서 새 희망의 정수박이에 들어부었습니다.'라고 했으므로 생각을 바꾸니 희망이 보인다는 진술은 적절하다.

③ 이 글의 글쓴이는 조카의 말을 듣고 생각을 바꾸어 '하필이면'이라는 말을 긍정적으로 생각하게 되었다.

④ 〈보기〉의 화자는 '우리는 만날 때에 떠날 것을 염려하는 것과 같이, 떠날 때에 다시 만날 것을 믿습니다.'라고 하여 재회에 대한 확신을 가지고 있으므로 적절한 진술이다.

3 ⓐ는 삶 속에서 우연히 일어난 상황으로, 글쓴이가 '하필이면'을 부정적 상황에서 쓴 경우이고, ⓑ는 긍정적 상황에서 쓴 경우이다.

①, ③ 이 글에서 글쓴이는 삶 속에서 우연히 일어나는 '하필이면'에 해당하는 상황을 먼저 제시한 뒤, 태생적·운명적으로 피할 수 없는 '하필이면'에 해당하는 상황을 제시한다. 그러나 이 두 상황은 모두 '하필이면'을 한심하고 슬픈 말로 생각하고 부정적 상황에서 쓴 경우이다. 따라서 ⓑ를 더 중요하고 근본적인 '하필이면', 태생적·운명적으로 피할 수 없는 '하필이면'이라고 서술한 ①, ③은 적절하지 않다.

4 ㉠은 글쓴이가 조카의 말을 듣고 자신의 삶에 대해 긍정적으로 성찰하게 되었으며, 자신의 삶과 운명에 대해 긍정적 의미를 발견하고 행복을 깨닫게 되었음을 밝히는 부분이다.

---

027 관용은 자기와 다른 것, 자기에게 없는 것에 대한 애정입니다 _ 신영복   074~075쪽

키포인트 체크   관용, 장벽, 비유

1 ③   **2** ①   **3** ①   **4** ②   **5** 동양과 서양이 만나는 지점에 있어서 양쪽의 문화가 서로 비슷하게 수용되고 공존하기 쉬웠다.

1 이 글에서는 관용을 바탕으로 한 사회의 통합을 주장하고 있다. 따라서 ③은 적절하지 않다.

① 이 글은 여정보다 이스탄불의 소피아 성당 등에 대한 견문과 감상이 많은 비중을 차지하고 있다.

② 이 글은 경어체인 '하십시오체'를 사용함으로써 단정적이고 일방적

인 느낌 대신 부드러운 느낌을 주고 있다.

④ 글쓴이는 여행지에서 느낀 점들에 철학적인 의미를 부여하고 사색적인 태도로 서술하고 있다.

⑤ 네 번째 문단의 '이 엽서를 띄웁니다'에서 이 글이 엽서의 형식을 빌리고 있음이 나타나고 있다.

2 ① '파괴와 약탈'은 과거 메메트 2세가 금지했던 것이므로 '이스탄불'을 설명하는 말로 적절하지 않다.

3 글쓴이는 소피아 성당에 얽힌 이야기를 통해 이스탄불의 관용 정신을 설명하고 있다. ①에서처럼 여러 유적을 놓고 대립하는 내용은 찾아볼 수 없다.

4 글쓴이가 언급하고 있는 두 개의 장벽은 우리의 사고를 가로막는 정신적 장벽을 의미한다. 따라서 ②와 같이 견문에 포함하는 것은 적절하지 않다.

5 제시된 지도는 유럽과 아시아 사이에 위치한 이스탄불의 지리적 특성을 보여 준다. 이러한 특성은 이스탄불이 동서양의 문화를 모두 접하면서 동서양의 서로 다른 문화를 수용하고 공존할 수 있게 하였다.

---

028 피혁삼우 _ 오병훈   076~077쪽

키포인트 체크   가죽, 허리띠, 의인화, 3

1 ③   **2** ②   **3** ④   **4** 부재하는 대상에 대한 그리움을 심화하는 기능을 한다.

1 이 글은 허리띠, 지갑 등 생활 주변의 사물을 의인화하여 주인을 위해 일하는 이들의 일상을 흥미 있게 형상화하고 있다.

2 (나)에서 주인이 사진을 분실했을 때 무척 아쉬워하고 또 이를 찾았을 때 눈물겨워하는 것에서 주인이 사진을 무척 아낀다는 것을 확인할 수 있지만, 지갑(ⓒ)이 사진을 부러워하는지는 드러나 있지 않다.

① '나이를 먹는 것도 서러운데 그들에게 밀려날 것을 생각하면 앞날이 서글퍼진다'를 통해 알 수 있다.

③ '주인의 총애를 받으며 의기양양하게 지낸다'고 한 것에서 지갑이 주인의 사랑을 받으며 의기양양하게 지냄을 알 수 있다.

④ '매일 이런 상태로 지내야 하니 긴장의 연속', '힘이 부치는 느낌이다.' 등에서 허리띠의 고단함을 알 수 있지만, 지갑이 자신의 일이 힘겹다고 불평하는 부분은 드러나 있지 않다.

⑤ 허리띠는 주인의 허리를 껴안고 있는 일을, 지갑은 주인이 소중히 여기는 물건들을 보듬고 다니는 일을 한다.

3 ⓓ는 주인이 소매치기를 당해 지갑을 잃어버렸던 상황을 일컫는다. 주인이 자신을 버릴지도 모른다는 지갑의 두려움을 드러낸다고 보기 어렵다.

4 주인이 돌아가신 어머니를 그리워하여 어머니 사진을 지갑 속에 고이 간직하고 있는 것과 〈보기〉에서 화자가 밥상 위의 '은수저'를 보고 죽은 '애기'를 애통하게 그리워하는 것을 통해 '빛바랜 사진' 한 장과 '은수저' 모두 부재하는 대상에 대한 그리움을 심화하는 소재임을 알 수 있다.

정답과 해설

029 소년 시절의 맛 _ 성석제 078~079쪽

키포인트 체크 라면, 소년 시절(어린 시절), 시간

1 ④ **2** ② **3** ③ **4** ⑤ **5** 주변 환경에 따라 맛이 다르게 느껴질 수 있다. **6** 꿈과 희망을 지닌 순수한 시절을 지나 어른이 되어 버렸기 때문이다.

1 이 글에서 글쓴이는 라면에 대한 다양한 경험을 회상하며 꿈을 잃고 현실에 안주하여 살아가고 있는 자신의 현재 모습을 성찰하고 있다. 순수했던 과거와 꿈과 희망을 잃어버린 현재의 상황이 대비된다고 볼 수는 있지만 자신의 삶을 되돌아보고 있을 뿐, 현실에 대한 비판적 인식은 드러나 있지 않다.

2 (가)~(라)에 나타난 '라면'의 공통점은 글쓴이의 추억과 관련된 소재라는 점이다.

3 글쓴이가 훈련소에서 라면을 얻어먹을 목적으로 식당 주방장의 연애편지를 대신 써 주었다고 판단할 만한 근거는 이 글에 나타나 있지 않다.

4 도서관에 남아 있는 원래 목적은 공부를 하는 것이지만 글쓴이는 분식집에서 먹는 라면이 너무 맛있어서 도서관에 남아 공부를 하기 위해 라면을 먹는지, 라면을 먹기 위해 도서관에 남아 있는지 잘 모를 지경이라고 밝히고 있다. 이에 어울리는 한자 성어는 주인과 손님이 서로 바뀌었다는 의미의 '주객전도(主客顚倒)'이다.
오답 뜯어보기 ① 외물(外物)과 자아, 객관과 주관, 또는 물질계와 정신계가 어울려 하나가 된다는 말.
② 세상의 온갖 고생과 어려움을 다 겪었음을 이르는 말.
③ 말할 길이 끊어졌다는 뜻으로, 어이가 없어서 말하려 해도 말할 수 없음을 이르는 말.
④ 처지를 바꾸어서 생각하여 본다는 말.

5 이 글의 글쓴이는 잃어버린 라면의 맛을 찾기 위해 그 시절의 환경을 재현하고 있다. 〈보기〉에서도 자장면의 맛이 나기 위한 장소의 구체적인 환경에 대해 말하고 있다. 즉, 이 글의 글쓴이와 〈보기〉의 글쓴이 모두 주변 환경에 따라 맛이 다르게 느껴질 수 있다는 인식을 지니고 있음을 알 수 있다.

6 (마)에서 글쓴이는 자신이 라면이 아닌 '그때 그 시절'을 먹고 싶어 한다는 것을 깨닫는다. 따라서 라면 맛을 잃어버린 이유는 순수한 꿈과 희망을 지닌 시절이 지나고 어른이 되어 버렸기 때문이라는 것을 알 수 있다.

030 성난 풀잎 _ 이문구 080~081쪽

키포인트 체크 풀독, 인간, 인용

1 ⑤ **2** ③ **3** ① **4** 인간 중심적인 사고로 자연의 순리를 거스르는 삶의 태도를 경고하고 질책하는 존재를 의미함.

1 이 글에는 인간 중심적 사고에 대한 비판적 태도는 드러나 있지만, 역설적 표현이 사용되지는 않았다.
오답 뜯어보기 ① '~ 느낌이 없을 수 있겠는가.', '~ 무관한 것이 아니

었던가.' 등 설의적 표현을 사용하여 잡풀도 인간과 동등한 존재라는 글쓴이의 생각을 강조하고 있다.
② 글쓴이는 풀독이 오르기 전 잡풀은 필요 없으므로 뽑고 베어 내야 한다는 인간 중심적인 사고를 보여 주고 있지만, 풀독이 오른 후 잡풀도 인간과 동등한 존재임을 깨닫고 이타주의적 사고를 보여 주고 있다.
③ '큰 잉어가 어린 붕어를 먹고 ~ 큰 송사리가 어린 생이를 먹고'에서 열거법과 연쇄법이 쓰였음을 알 수 있다.
④ '하늘과 땅은 어질지가 않다'는 노자의 말, '자연은 인간의 운명에 대해 관심을 두지 않는다'는 서양의 한 자연주의 작가의 말을 인용하여 자연의 본성에 대해 이야기하고 있다.

2 ㉠은 잡풀의 입장에서 생각한 말로, 모든 존재는 근원적으로 평등하기 때문에, 잡풀도 인간과 동등하게 자신을 인위적으로 해치려는 대상에게 반발할 수 있다는 의미이다.

3 〈보기〉 시에서 '새'는 사람의 손에 의해 파괴된 자연을 상징한다. 이 글의 글쓴이는 인간 중심적인 가치관을 반성하고, 이타주의적 사고, 생명 존중 사상을 이야기하고 있으므로, '인간의 이기심 때문에 자연을 파괴해서는 안 된다.'는 ①이 충고의 내용으로 적절하다.

4 글쓴이는 잡풀은 쓸모없는 존재라고 생각해서 잡풀을 뽑고 베어 내다가 다리에 풀독이 올랐다. 즉, 인간 중심적인 사고로 자연을 대했기 때문에 생긴 일이라고 볼 수 있다. 따라서 '성난 풀잎'은 인간 중심적인 사고로 자연을 대하는 삶의 태도를 경고하고 질책하는 존재로 볼 수 있다.

031 꽃 출석부 1 _ 박완서 082~083쪽

키포인트 체크 꽃, 이름, 출석부, 설렘

1 ③ **2** ④ **3** ② **4** ① **5** 백 가지가 넘는 꽃을 보는 즐거움을 뜻한다.

1 글쓴이는 복수초를 비롯해 자신의 집 마당에 피는 여러 꽃들의 이름과 피는 시기, 특성 등을 잘 알고 있다. 이를 통해 글쓴이가 꽃들을 섬세하게 관찰해 왔음을 알 수 있다.

2 글쓴이는 '작년 가을'에는 복수초의 볼품없는 겉모습 때문에 눈 속에서 피어나는 복수초라는 것이 믿기지 않는다며 복수초에 대해 '미덥지 못하다'고 여긴다. '올해 3월'에는 복수초가 황량한 마당과 어울리지 않게 샛노란 꽃을 피운 것을 생뚱맞다고 느끼며 그 모습을 어색해한다. '큰 눈이 온 뒤'에는 두터운 눈을 녹이고 더욱 샛노랗게 싱싱하게 피어 있는 복수초를 보고 '감탄'하고 있다.

3 꽃 출석부의 출석 번호는 꽃이 피는 순서에 따라 매겨진다. '올해는 복수초가 1번이 되었지만 작년까지만 해도 산수유가 1번이었다.'라고 말한 부분을 통해 출석부에 있는 꽃들의 출석 번호는 달라질 수 있음을 알 수 있다.

4 ㉡은 글쓴이가 꽃들을 매우 아끼고 사랑하는 마음이 담긴 행동이라고 할 수 있다. 따라서 '매우 사랑하고 소중히 여기는 모양'이라는 뜻의 '애지중지(愛之重之)'가 가장 적절하다.

오답 뜯어보기 ② '죽은 뒤에라도 은혜를 잊지 않고 갚음.'을 의미함.

③ '학의 목처럼 목을 길게 빼고 간절히 기다림.'을 의미함.

④ '절망에 빠져 자신을 스스로 포기하고 돌아보지 아니함.'을 의미함.

⑤ 자기의 줄로 자기 몸을 옭아 묶는다는 뜻으로, 자기가 한 말과 행동에 자기 자신이 얽혀 곤란하게 됨을 비유적으로 이르는 말.

5 '사치'란 분수에 넘는 생활을 하는 것을 뜻한다. 문맥적 의미로 볼 때 여기서 '사치'는 글쓴이가 백 가지가 넘는 꽃을 보는 즐거움을 뜻한다.

---

032 앎과 힘의 뿌리, 문화유산_ 윤구병 084~085쪽

키포인트 체크 문화유산, 단절, 대조

1 ④   **2** ④   **3** ②   **4** 마을 어른이나 이웃들은 앎과 힘의 원천으로, 살아 숨 쉬는 생명체의 모습으로 전승되고 있기 때문이다.

1 우리 조상들이 농가의 뜰에 다른 나무보다 감나무를 많이 심은 것은 감이 오래 두고 먹을 수 있는 훌륭한 요깃거리이기 때문이다. 감나무가 다른 나무보다 우리나라의 토양에 더 적합하다고 볼 근거는 없다.

2 〈보기〉에서 글쓴이는 자신의 관심사가 의식주와 관련된 문화유산임을 말하고 있다. 또한 문화유산을 이어받는 것은 자신의 심미안을 높이고 삶의 질을 추구하는 일이 아니라 살아남을 길을 찾는 생존의 문제임을 이야기하고 있다. 따라서 전통 문화유산을 통해 심미안을 기르려고 한다는 것은 글쓴이의 모습과 거리가 멀다.

오답 뜯어보기 ① '어렵게 살던 이들이 남긴 생활 문화의 흔적이 내 삶에 더 큰 힘을 준다.'를 통해 소박한 삶을 추구함을 짐작할 수 있다.

②, ③ 이 글 전체에서 글쓴이는 우리나라 전통 문화유산의 소중함과 가치를 알고 그것을 잘 이어받아 지켜 나가야 함을 이야기하고 있다.

⑤ 대학교수직을 버리고 농사를 짓겠다고 결심한 부분에서 글쓴이는 사회적 성공이나 명예보다 자신이 더 소중하게 생각하는 가치를 추구하기 위해 결단력 있는 행동을 하는 인물임을 알 수 있다.

3 우리나라의 첨단 과학 기술이 집약되어 만들어진 '스마트폰'은 '기르는 문화'가 아니라, '만드는 문화'에 해당한다. '한옥, 김치, 온돌, 한복' 등은 모두 '기르는 문화'에 해당한다.

4 글쓴이는 문화유산을 앎과 힘의 원천으로 보고 있고, 마을 어른들이나 이웃들은 우리 문화를 전승하고 있으므로, 마을 어른들이나 이웃들은 살아 숨 쉬는 생명체의 모습으로 전승되어 오는 문화유산이라고 할 수 있다.

---

033 네가 누리는 축복을 세어 보라_ 장영희 086~087쪽

키포인트 체크 제목, 편견, 낙관, 인용

1 ②   **2** ④   **3** ③   **4** ④   **5** 인간으로 태어난 것, 주변에 좋은 사람이 많은 것, 사랑하는 일을 하고 있는 것, 기본적인 지력과 양심을 타고난 것

1 글쓴이는 직접 체험한 사건들이 아니라 자신이 삶에서 누리는 축복들을 열거하여 제시하고 있다.

오답 뜯어보기 ① 자신의 삶을 축복으로 여기는 까닭을 네 가지 열거하고 있다.

③ 어느 잡지와 인터뷰를 한 경험을 바탕으로 장애인에 대한 사회적 편견을 비판하고 자신의 삶에 대한 태도를 이야기하고 있다.

④ '네가 누리는 축복을 세어 보라.'라는 영어 속담을 인용하여 누구의 삶에든 셀 수 없이 많은 축복이 있음을 효과적으로 표현하고 있다.

⑤ 갇힌 말들이 무한한 자유를 의미하는 이름표를 달고 있는 역설적 상황을 통해 좁은 공간에서 자유 없이 지내는 말들의 모습을 효과적으로 표현하였다.

2 글쓴이는 1급 신체 장애인이고 암 투병을 하고 있다. 그러나 이런 힘든 상황에 굴복하지 않고 자신이 누리는 축복들을 헤아리며 삶을 낙관적으로 바라보고 있다.

3 글쓴이는 인간으로서, 문학 선생으로서의 자신의 모습에 초점을 맞추어 줄 것을 조건으로 인터뷰에 응하였으나 기자는 글쓴이가 지닌 장애에 초점을 맞추어 제목을 정하였다.

4 ⓛ은 요긴한 것이 없으면 안 될 것 같지만 없으면 없는 대로 그럭저럭 살아 나갈 수 있음을 이르는 속담으로, 글쓴이가 1급 신체 장애인이고 암 투병을 하지만 자신이 가진 다른 능력으로 불편함 없이 살아가고 있음을 드러내기 위해 사용한 말이다.

5 글쓴이는 '네가 누리는 축복을 세어 보라.'라는 영어 속담을 인용한 뒤 자신의 삶에도 축복이 있다며, 자신이 삶에서 누리는 축복을 네 가지로 언급하고 있다.

---

034 너라는 꽃이 피는 계절_ 김난도 088~089쪽

키포인트 체크 꽃, 성공, 조언, 자문자답

1 ②   **2** ③   **3** ⓐ: 늦게 성공한 사람 ⓑ: 빨리 성공한 사람   **4** ④   **5** 남과 비교하지 말고 자신에게 맞는 길을 찾아야 한다.

1 이 글은 독자에게 직접 말하듯이 쓰였지만, 경어체를 사용하고 있지는 않다.

오답 뜯어보기 ① 꽃의 속성에서 인간의 삶을 유추하며 자신의 생각을 전개하고 있다.

③ '매화가 세상 꽃 중에서 가장 아름다운가? 가장 훌륭한가? 그렇지 않다.', '장미가 마음이 급해 3월에 피고자 한다면 어떻게 될까? 춘삼월 찬 이슬에 살아남기 어려울 것이다.' 등에서 스스로 묻고 대답하는 자문자답의 형식으로 글을 전개하고 있다.

④ '그러므로 고개를 들라. 그대의 계절을 준비하라.', '그러지 말라.' 등의 명령형 어미를 사용하여 자신의 주장을 전달하고 있다.

⑤ '늦게 성공한 사람'을 '국화'에, '빨리 성공한 사람'을 '매화'에 빗대어 표현하고 있다.

2 이 글에서 '선생으로서 내가 제자들에게 바라는 것은 '일찍' 출세하는 것이 아니라, '크게' 성공하는 것이다.'라고 하였으므로 '크게 성공하려는 사람'은 글쓴이가 추구하는 사람이므로 조언의 대상이 되지 않는다.

오답 뜯어보기 ① '그대의 전성기는 아직 멀리 있다.'라고 했으므로 참을성이 없는 사람에게 조언해 주기에 적절하다.

정답과 해설

② '잠깐의 뒤처짐에 열등감을 느낀다.'라고 했으므로 열등감이 있는 사람에게 조언해 줄 수 있다. 열등감은 남과 비교를 통해서 일어나는 것이므로 '남과 비교를 잘하는 사람'에게 조언해 주기에 적절하다.

④ '잠정적인 실패에 좌절하여'라고 했으므로 '실패하여 낙심을 잘하는 사람'에게 조언해 주기에 적절하다.

⑤ '청춘들은 대부분 가장 일찍 꽃을 피우는 '매화'가 되려고만 한다.'라고 했으므로 '성급하게 목표를 이루려는 사람'에게 조언해 주기에 적절하다.

3 '국화'는 가을에 피는 꽃이므로 '늦게 성공한 사람'을 비유한 것이고, '매화'는 이른 봄에 피는 꽃이므로 '빨리 성공한 사람'을 비유한 것이다.

4 글쓴이는 선인들의 생각, 즉 '소년등과를 인간의 세 가지 불행 중 첫 번째로 꼽은 것'을 자신의 생각을 뒷받침할 내용으로 제시하고 있다. 따라서 시대가 다르므로 선인들의 생각을 따를 필요가 없다고 한 ④는 적절하지 않다.

5 이 글에서는 다른 사람이 일찍 성공하는 것을 부러워하지 말고 자신만의 전성기를 준비하라고 조언하고 있으며, 〈보기〉에서는 장미의 화려함을 부러워하여 좇지 말고 자신의 장점을 살릴 것을 조언하고 있다.

---

035 한 그루 나무처럼_ 윤대녕   090~091쪽

키포인트 체크 참나무, 마음, 성찰(반성)

1 ③ **2** ③ **3** ⑤ **4** 참나무를 올려다보며 어머니의 건강을 빌었던 글쓴이의 염원이 이루어졌기 때문이다.

1 이 글에서 글쓴이는 약수터 옆 참나무에 박힌 대못을 빼 준 것을 계기로 친구를 만나러 가듯 나무와 교감을 나누게 되었으며 겨울이 되어 무성했던 나뭇잎이 다 떨어졌으나 변함없이 그 자리에서 눈을 맞고 기다려 주는 참나무의 모습을 보면서 자신의 삶을 성찰하게 되었음을 밝히고 있다. 이처럼 이 글은 일상적 경험인 산행에서 만난 나무를 통해 쉽게 흔들리지 않고 다른 사람을 포용할 수 있는 삶을 살아야겠다는 깨달음을 얻게 되었음을 밝히고 있으나, 눈을 맞고 서 있는 참나무에 대한 연민은 나타나지 않는다.

2 글쓴이는 여름에 무성했던 나뭇잎이 겨울이 되어 다 떨어졌으나 변함없이 그 자리에서 눈을 맞고 기다려 주는 참나무의 모습을 보면서 사소한 일에도 마음이 흔들리고 원망의 시간을 보냈던 그간의 삶을 반성하고 겉모습은 변하더라도 속마음은 변치 않는 사람이 되겠다고 다짐하고 있다. 다른 사람을 위해 희생하며 살아가겠다는 내용은 나오지 않는다.

3 [E]에서 글쓴이는 '겉모습은 어쩔 수 없이 변하더라도 속마음은 변하지 않는 사람이 되고 싶다'고 했으므로, 나무를 본받아 겉과 속이 일치하는 사람이 되겠다고 다짐하고 있다는 말은 적절하지 않다.

오답 뜯어보기 ① [A]에서 '나무에 박혀 있는 녹슨 대못'과 '두고두고 그 대못이 가슴에 남았다'를 통해 글쓴이가 연민을 느꼈다는 것을 알 수 있으므로 적절하다.

② [B]에서 글쓴이는 '장도리를 챙겨 넣고 약수터로 올라'가 나무의 못을 빼내고 난 후 '그렇게 후련할 수가 없었다'고 했으므로 적절하다.

③ [C]에서 글쓴이는 '나무는 언제나 그 자리에 서 있었고 내게 시원한

그늘을 내주며 때로는 미소를 짓거나 무어라 말을 건네 오는 것 같았다'고 했으므로 적절하다.

④ [D]에서 글쓴이는 '헐벗은 나무'를 보며 과거 자신의 모습을 되돌아보고 있으므로 적절하다.

4 '우주 나무'는 우리의 옛 신화에서 지상과 천상을 이어 주며, 사람의 염원을 하늘에 전달해 주는 나무를 가리킨다. 글쓴이는 어머니가 편찮으시다는 연락을 받고 난 저녁, 산에 올라 참나무를 올려다보며 어머니의 건강을 빌었다. 그리고 얼마 후에 어머님은 건강을 되찾았다. 즉, 글쓴이는 자신의 염원을 참나무가 하늘에 전달해 주었다고 생각해서 참나무를 우주 나무로 삼게 된 것이다.

---

036 나와 남_ 장영희   092~093쪽

키포인트 체크 나, 남, 관계, 신화

1 ⑤ **2** ④ **3** '남'의 마음을 '나'의 마음으로 헤아리게 되었을 때 자신에게 상처를 준 사람들을 이해하고 용서하게 됨. **4** ②

1 이 글은 자신과 타인의 관계에 대한 성찰과 문제의식을 바탕으로 타인을 대하는 바람직한 태도에 대한 글쓴이의 생각을 제시하고 있다.

2 사람마다 얼굴 모습이 제각각 다르듯이 사람마다 생각이 다를 수 있으므로 나의 관점과 기준에 따라 다른 사람을 판단하지 말고 너그러운 마음으로 남을 바라보는 자세가 필요함을 말하고 있다.

3 이 글에서 글쓴이는 자신에게 상처를 준 사람을 도저히 용서할 수 없을 것 같지만 입장을 바꿔서 생각하다 보면 그 사람을 너그럽게 용서하게 되는 기적 같은 일이 벌어질 수 있다고 말하고 있다.

4 〈보기〉와 이 글의 글쓴이는 사람들의 관점에 따라 대상에 대한 평가가 달라질 수 있다는 점에서 공통된 인식을 하고 있으나 이 글이 '나'와 '남'을 지나치게 구분하는 태도를 경계하고 있는 데 반해, 〈보기〉에서는 다른 사람의 장점을 부러워하지 말고 자신의 가치를 소중하게 여기며 살아갈 것을 강조하고 있다는 점에서 차이가 있다.

---

037 우리는 어디로부터 왔는가_ 최인호   094~095쪽

키포인트 체크 개구리, 경탄, 시

1 ⑤ **2** ③ **3** ② **4** 독자들에게 사색의 기회를 부여한다.

1 글쓴이는 자신의 집 정원에서 발견한 개구리를 보고 생명이 어떻게 잉태되고 태어났는지에 대하여 사색을 시작한다. 이어 자신의 집 마당에서 볼 수 있는 다양한 살아 숨 쉬는 것들에 대한 사색과 관찰을 통해 자연의 생명력과 신비로운 섭리에 대한 자신의 생각을 펼쳐 보이고 있다.

2 ⓐ, ⓑ, ⓓ, ⓔ가 각각의 생명이라면, ⓒ는 이 모든 생명의 근원이다.

3 〈보기〉에서 글쓴이는 모과나무에 꽃이 피고 벌과 나비가 날아들어 열매를 맺게 하는 과정들을 세심하게 지켜보며, 생명의 근원을 궁금해하고 있다. 이를 보아 관찰력이 있고 사색적인 인물임을 알 수 있다.

4 글의 앞부분에서도 나왔던 질문과 유사한 질문으로 글을 마무리함으로써 여운을 주는 동시에 독자들에게 주제에 대해 사색할 기회를 부여하고 있다.

038 풀 비린내에 대하여_ 나희덕
096~097쪽

키포인트 체크 자동차, 의존도, 인용

1 ①　**2** ②　**3** ③　**4** 자동차 사용을 최소화하고 자동차에 대한 의존도를 낮추기로

1 글쓴이는 자동차의 편안함에 익숙해져 가던 어느 날 풀 비린내 사건을 경험한 뒤 자신의 편리함과 안락함이 다른 생명을 해칠 수 있다는 깨달음을 얻고, 문명의 이기와 생태 문제에 관해 성찰하기 시작한다.

2 글쓴이가 차를 유지하되 사용을 최소화하고 의존도를 낮추는 것으로 자신의 생각을 정리한 것을 볼 때, 문명의 이기가 주는 편안함을 완전히 거부하고 있다고 볼 수는 없다.

　　오답 뜯어보기 ① '손을 씻고 또 씻'는 글쓴이의 행위는 무수한 풀벌레를 죽인 행동에 대한 글쓴이의 죄책감에서 비롯된 것이다.
③ 풀벌레가 죽은 일을 '살상의 경험'으로 표현한 것은 그 사건이 글쓴이에게 엄청난 범죄라도 저지른 것처럼 매우 당황스럽고 충격적인 일이었기 때문이다.
④ '아슬아슬한 줄타기'는 차를 소유하되 그에 종속되지 않는다는 생각을 빗댄 표현이다. 이를 통해 자동차가 없는 것이 가장 좋겠지만 자신의 상황에서는 어쩔 수 없이 필요하다고 말하는 부분에서 글쓴이가 자동차를 필요악으로 인식하고 있음을 짐작할 수 있다.
⑤ 글쓴이의 '원죄 의식'은 생명을 중시하는 태도에서 비롯된 것으로 볼 수 있다.

3 '생태적 사유'란 인간의 욕망을 위해 자연을 훼손하는 태도를 반성하고 자연과 인간이 공존하는 길을 모색하는 것을 의미한다. 따라서 〈보기〉를 바탕으로 글쓴이의 주된 생각을 추측해 보면, 인간이 자신의 욕망을 채우기 위해 자연의 다른 생명체를 해치는 것은 부당한 일이라는 내용이 적절하다.

4 자동차가 주던 편안함에 점점 익숙해져 가던 글쓴이는 고속 도로를 달린 다음 날 아침 차체에 엉겨 붙은 풀벌레의 잔해를 목격한 후 거대한 범죄를 저지른 듯한 죄책감에 시달린다. 이를 계기로 글쓴이는 자동차에 대한 생각과 태도를 정리하여, 당장 자동차를 없앨 수는 없는 형편이므로 자동차를 유지하되 사용을 최소화하고 자동차에 대한 의존도를 낮추기로 결심하게 된다.

039 오해_ 박완서
098~099쪽

키포인트 체크 고양이, 오해, 반성

1 ③　**2** ⑤　**3** ②　**4** ③　**5** 고양이는 인간에게 길들여지기보다는 자유와 자존심을 지키고자 하는 존재이다.

1 고양이 가족을 보고 감동하고 기뻐한 글쓴이에게 어미 고양이가 짧고도 강렬한 적의를 보인 것이 극적인 반전에 해당된다고 볼 수 있다.

2 글쓴이는 그동안 먹이를 주었던 고양이가 자신을 배신하고 강렬한 적의를 보인 것에 배신감을 느껴 허탈해한 것이 아니라, 자신이 고양이에 대해서 가졌던 오해가 어처구니없어서 웃음이 난 것이다.

　　오답 뜯어보기 ① 글쓴이는 어미 고양이의 짧고 강렬한 적의에 기절을 할 뻔하게 놀랐다.
② 글쓴이는 고양이 가족의 아름다운 모습을 보고 전율에 가까운 기쁨을 느끼고 있다.
③ 글쓴이는 뒷문 밖 툇마루에 고양이가 새끼들과 나란히 앉아 있는 것을 보고 감사와 친애의 표시로 자신을 찾아왔다고 생각하여 감동하였다.
④ 글쓴이는 쓰레기라도 깔끔하게 보이고 싶어 쓰레기봉투를 꼭꼭 잘 여미면서 집 앞에 내놓지만, 고양이 때문에 쓰레기봉투가 파헤쳐지는 일이 빈번하게 일어나자 속상해한다.

3 고양이가 직접 쓰레기봉투를 뒤져 먹이를 찾아내는 것이 스릴도 있고 보람도 있었을 것인지도 모른다는 것은 글쓴이가 고양이의 입장에서 생각해 본 내용이다. 글쓴이가 했던 오해는 고양이를 위하여 먹이를 따로 접시에 담아 내놓는 것을 고양이가 좋아했으리라 생각했던 것이다.

4 〈보기〉는 사물을 보고 판단하는 '나'의 생각의 방향이 중요하다는 것을 나타내는 구절로, 이 글에 적용해 보았을 때 글쓴이가 고양이에 대하여 오해하게 된 것도 자기중심적인 또는 인간 중심적인 사고 때문이었다는 것을 알 수 있다.

5 글쓴이는 고양이 입장에서 인간에게 길들여진다는 것은 자유와 자존심을 담보로 해야 하는, 죽느니만도 못한 짓일 수도 있다고 생각한다.

040 내리막길의 어려움_ 박완서
100~101쪽

키포인트 체크 내리막길, 인생, 품위, 역설

1 ①　**2** ①　**3** ③　**4** 권력을 쥐고 내려오지 않으려고 발버둥 쳐서는 안 된다. 품위 있게 내려올 수 있어야 한다.

1 이 글은 등산과 하산이라는 경험을 통해 오르막길보다 내리막길이 더 어렵다는 깨달음을 전하고 있다. 그리고 이런 경험을 인생에 확대 적용하여, 인생의 내리막길에서 품위 있게 내려오기 어려우므로 올라갈 때 힘을 다 써 버리지 말고 남겨 놓아야 한다는 교훈도 전달하고 있다.

2 '사람 사는 세상'은 숙부와 숙모의 경험으로 미루어 보아, 어려움에 처했을 때 사람들이 서로 돕는 세상을 의미하는 것으로 이해할 수 있다. 숙부가 내리막길에서 다리가 풀려 곤란한 상황이 되었을 때 산행을 하던 사람들이 모여 숙부를 산 아래까지 데려다주었기 때문이다. 따라서 이렇게 도움을 준 사람들에게 숙모는 고마운 감정을 느꼈을 것이다.

3 오르막길보다 내리막길이 더 어렵다는 글쓴이의 깨달음은 전반부가 아니라 후반부에 제시되어 있다.

　　오답 뜯어보기 ① 숙부 내외의 등산 이야기는 숙부 내외가 직접 겪은 경험으로 사실에 해당한다.

② 이 글은 숙부와 글쓴이의 경험을 통해 오르막길보다 내리막길이 더 어렵다는 깨달음, 인생의 내리막길에서 품위 있게 내려오기가 어렵다는 메시지를 전하고 있다.

④ 이 글의 후반부에서는 제힘으로 당당하게 내려오려면 올라갈 때 힘을 다 써 버리지 말고 남겨 놓아야 한다며 내리막길을 대비하는 삶의 자세를 이야기하고 있다.

⑤ 글쓴이도 나이가 들어 숙부와 비슷한 경험을 하게 되면서 숙부를 이해하게 되었다고 말하고 있다.

4 ⓒ을 통해 이 당시 전직 권력자들이 제대로 권력을 내려놓는 경우가 별로 없었음을 짐작할 수 있다. 글쓴이는 이런 사람들에게 권력의 내리막길을 걸을 때 필요한 자세가 무엇인지 말하고 싶었을 것이다.

---

041 우주와 사랑을 품은 요리, 볶음밥 _노명우 102~103쪽

키포인트 체크 자립, 어른, 볶음밥, 대조

1 ① **2** ④ **3** ④ **4** ④ **5** 실패를 통해 완성해 간다는 점이 공통점이다.

1 이 글은 '볶음밥'이라는 일상적인 소재와 관련된 자신의 경험과 생각을 전달하고 있다.

2 아이에서 어른이 되어 가는 십 대가 자립 요리를 시작하기 딱 적당한 나이라고 하고 있으므로, 요리를 십 대라면 누구나 능숙하게 할 줄 알아야 한다고 서술한 ④는 적절하지 않다.

3 실패를 통해 어떤 재료와 재료가 어울리는지를 배울 수 있다고 서술하고 있으나, 반어적인 표현을 사용하고 있지는 않다.

🔎 **오답 뜯어보기** ① 갓난아이는 스스로 할 수 있는 일이 없으나, 어른이 된다는 것은 자신이 스스로 해야 할 일이 늘어난다는 것이라고 대조적으로 이야기하면서, 어른이 스스로 해야 할 일 중에 스스로 요리하는 일을 자연스럽게 연결하고 있다.

② 불고기볶음밥에 셀러리를 썰어 넣으면 평범한 불고기볶음밥이 '마법에서 풀려난 왕자님처럼' 고급스러운 맛으로 변신한다고 하여 비유적인 표현을 활용하고 있다.

③, ⑤ 자립 요리의 조건 다섯 가지를 나열한 뒤, 볶음밥이 재료를 구하기도 쉽고 요리할 때 창의성을 발휘할 수 있기 때문에 자립 요리의 조건을 충족하는 요리라고 말하고 있다.

4 글쓴이는 볶음밥의 조리법과 조리 도구가 간단하며, 짧은 시간에 완성할 수 있다는 점을 이야기하고 있으므로, 볶음밥을 조리하는 데에 특별한 기술이 필요하지 않다는 점을 이야기하고 있다.

5 볶음밥을 만들다 보면 재료의 조합이 어울리지 않아 실패하는 경우가 있지만 그 실패를 통해 어떤 재료들이 서로 어울릴지 배우게 되고, 이를 통해 자신만의 궁극의 요리법을 완성할 수 있다. 인간 역시 어른이 되어 가면서 여러 실패를 겪고, 그 실패를 통해 성장하고 자신만의 세계관을 갖추게 된다. 즉, 볶음밥을 만드는 과정과 어른이 되는 과정은 실패를 통해 완성해 간다는 공통점이 있다고 볼 수 있다.

---

042 책 속에 길이 있다 _이권우 104~105쪽

키포인트 체크 책 읽기, 길, 벗, 비유

1 ② **2** ㄱ, ㄹ, ㅁ **3** ② **4** ④ **5** 책을 읽어야 바람직한 삶을 살 수 있다.

1 글쓴이는 책과 관련된 자신의 어린 시절 경험을 바탕으로 글을 시작하여 책 읽기의 가치와 필요성에 대해 말하고 있다.

2 오늘날에는 정보가 엄청나게 쏟아져 나오는 데다가 특정인이 그것을 독점할 수도 없기 때문에 정보 그 자체로는 가치를 지니지 못한다. 따라서 많은 정보 가운데 의미 있는 것을 골라내고(ㄱ), 무관한 정보를 엮어 유관한 정보를 만들고(ㅁ), 이를 바탕으로 가치 있는 지식을 창조해야(ㄹ) 정보를 가치 있게 만들 수 있다.

3 책 읽기로 청소년기의 모자라고 부족한 부분을 채울 수 있을 것이라는 내용이 나오지만, 이것은 정서적인 결핍에 대한 충족을 의미하지, 책 읽기가 경제적인 결핍을 충족해 주었다고는 볼 수 없다.

4 책 읽기의 가치와 중요성을 강조하고 책과 벗하며 살아야 함을 강조하였지만, 일상생활에서 책을 가까이하는 구체적인 방법에 대한 설명은 나타나 있지 않다.

🔎 **오답 뜯어보기** ① 다른 이들의 고통을 어루만질 줄 아는 성숙한 시민으로 성장하기 위해서이다.

② 책을 읽지 않아도 인터넷이면 다 해결된다고 생각한다.

③ 책을 읽으면 편견에서 벗어나 새로운 지혜를 얻을 수 있기 때문이다.

⑤ 정보가 엄청나게 쏟아져 나오는 데다가 특정인이 그것을 독점할 수도 없기 때문이다.

5 '길'은 '바람직한 삶의 방향'을 의미한다. 길이 책 속에 있으므로 책을 읽어야 가치 있고 보람 있는 삶을 살 수 있다고 볼 수 있다.

---

043 과학자의 서재 _최재천 106~107쪽

키포인트 체크 이기적 유전자, 욕심, 최선, 솔직

1 ② **2** ② **3** ④ **4** 좌절감, 인간의 의지를 부정하는 '이기적 유전자'로 세상을 보니 학문과 삶에 대한 의지가 사라졌기 때문이다.

1 글쓴이는 《이기적 유전자》라는 책을 읽고 인생관, 가치관 등이 바뀌는 경험을 했다고 밝히면서, 책을 읽은 이후 자신의 유전자의 범주 안에서 최선을 다해 살아야겠다는 가치관을 갖게 되었음을 서술하고 있다.

2 '일장춘몽(一場春夢)'은 '한바탕의 봄꿈'이라는 뜻으로, 헛된 영화나 덧없는 일을 비유적으로 이르는 말이다. 이와 바꾸어 쓸 수 있는 한자 성어는 '남가일몽(南柯一夢)'이다.

🔎 **오답 뜯어보기** ① '오래지 않은 동안에 몰라보게 변하여 아주 다른 세상이 된 것 같은 느낌.'을 의미함.

③ 중국의 황허강(黃河江)이 늘 흐려 맑을 때가 없다는 뜻으로, 아무리 오랜 시일이 지나도 어떤 일이 이루어지기 어려움을 이르는 말.

④ 인생의 길흉화복은 변화가 많아서 예측하기가 어렵다는 말.

⑤ 여우가 죽을 때에 머리를 자기가 살던 굴 쪽으로 둔다는 뜻으로, 고향을 그리워하는 마음을 이르는 말.

3 〈보기〉의 학생은 글쓴이처럼 《이기적 유전자》를 읽고 좌절감을 느끼고 있다. 글쓴이는 이 좌절감에서 벗어나기 위해 《이기적 유전자》와 같은 주제를 다루는 책을 닥치는 대로 읽고 그 주제를 다루는 토론회에 모두 참석하는 등 여러 노력을 기울였고, 그 결과 욕심내지 않고 할 수 있는 일에 최선을 다하면 행복과 만족을 얻을 수 있다는 깨달음을 얻게 된다. 이러한 글쓴이의 경험과 깨달음을 바탕으로 할 수 있는 조언으로는 ④가 가장 적절하다.

4 글쓴이는 《이기적 유전자》를 읽고 난 직후에는 여러 가지 삶의 의문이 유전자의 관점에서 명쾌하게 설명되는 경험을 하고 황홀감을 느끼게 된다. 그러나 인간은 유전자가 계획한 대로 움직이는 수동적인 존재일 뿐이라는 생각에 만사가 시시해지고, 인간이 애쓰며 노력하는 것은 모두 허사라는 생각이 들어 좌절감까지 느끼게 된다.

044 신생_ 현기영   108~109쪽

키포인트 체크 병아리, 생명력, 인용, 비유

1 ④   **2** ②   **3** 자식을 넉넉하고 따뜻한 사랑으로 보호한다.   **4** ④

1 봄이 오면 병아리가 태어나는 모습은 향토적인 소재라고 볼 수 있다. 하지만 '애환'은 '슬픔과 기쁨을 아울러 이르는 말'인데, 병아리를 통해 슬픔을 표현하고 있지는 않다.

🖋️ 오답 뜯어보기 ① 병아리들을 거느린 어미 닭의 모습, 장닭이 벌레를 잡고 암탉과 병아리들을 부르는 모습이나 풋닭의 꺼병한 모습, 솔개가 감도는 모습 등을 구체적으로 묘사하고 있다.
② '무릇 신생의 첫 빛깔이 가녀린 노란색인 것도 흥미롭다.'와 같이 글쓴이의 정서를 직접 표현하고 있다.
③ '봄이 진군한다', '지금 한창 리허설을 하고 있는 것이다.'에서 봄을 의인화하여 계절이 겨울에서 봄으로 바뀌고 있음을 표현하고 있다.
⑤ 헤르만 헤세가 쓴 〈데미안〉의 일부를 인용하여 새로운 세계에 가기 위해서는 자신이 안주해 왔던 세계를 깨야 함을 강조하고 있다.

2 글쓴이는 신생의 이미지로 봄 병아리를 떠올리고, 봄 병아리를 살피는 어미 닭의 모습에서 자신의 어머니를 떠올린다. 하지만 이를 통해 자신이 부모로서 자신의 자식들에게 보인 태도를 성찰하는 내용은 나타나 있지 않다.

🖋️ 오답 뜯어보기 ① '그리고 병아리뿐만 아니라, 무릇 신생의 첫 빛깔이 가녀린 노란색인 것도 흥미롭다.'라고 하였다.
③, ⑤ 글쓴이는 봄 병아리, 여린 새싹, 골목 안에서 뛰노는 어린이들의 시끌짝한 소리 등에서 신생의 이미지를 떠올리고 있다.
④ 글쓴이는 신생의 이미지로 생명력을 떠올리고 있다. 병아리가 알에서 나오는 과정이나, 새싹이 땅을 뚫고 나오는 것은 모두 생명력을 보여 주는 모습으로, 글쓴이는 이에 〈데미안〉의 구절을 인용하면서 외경심을 드러내고 있다.

3 위기 상황에서 얼른 날개를 펴 제 새끼들을 거두어 안는 어미 닭은 따뜻하고 넉넉한 모성애를 지니고 있다. 〈결빙의 아버지〉에서 아버지 역시 추운 겨울밤 시적 화자를 품에 안고 추위를 막아 주며, 자식을 보호하며 사랑하는 모습을 보이고 있다.

4 '딱딱한 알껍데기를 연약한 부리로 깨뜨리는 그 힘이 놀랍다.', '무력해 보이는 것 속에 상상하기 어려운 강인한 생명력이 있는 것이다.'라는 문장을 통해 병아리뿐 아니라 모든 태어나는 것들의 생명력이 보기와는 다르게 매우 강인함을 파악할 수 있다.

045 총, 꽃, 시_ 정재찬   110~111쪽

키포인트 체크 꽃, 폭력, 시, 동요

1 ⑤   **2** ③   **3** ③   **4** 총은 꽃을 이길 수 없으며, 꽃을 닮은 시는 폭력적이고 강한 것을 이겨 내는 힘을 가지고 있다.

1 이 글은 꽃과 시가 총을 이길 수 있다는 점을 설명하기 위해 영상, 시, 동요, 사진, 그림 등의 자료를 차례로 열거하고 글을 전개하고 있다.

2 ③ '그걸 어쩌란 말씀'은 할머니의 전쟁에 대한 노여움과 분노에 화자가 어떻게 대처할 수 없음을 나타낸 말로, 전쟁 앞에서 무기력한 화자의 태도가 드러난다. 전쟁을 환상이나 낭만으로 여겨 회피하고자 하는 마음을 나타내는 것은 아니다.

🖋️ 오답 뜯어보기 ① '방공호'는 '적의 공중 공격으로부터 피하기 위하여 땅속이나 산속에 파 놓은 굴이나 구덩이 따위의 시설'을 가리키는 말이므로, 전쟁 상황을 배경으로 하고 있음을 나타낸다고 할 수 있다.
② '채송화 꽃씨'는 전쟁이라는 현재의 부정적 상황을 언제든 이겨 내고 새롭게 희망의 세계를 이루어 낼 수 있다는 의지를 나타낸다.
④ '할머니의 노여움'은 계속되는 전쟁 상황에 대한 분노를 나타내는 것이라 할 수 있다.
⑤ '지구(地球)가 깨어져 없어'진다는 것은 전쟁으로 인해 지구가 없어질 수 있다는 것으로, 전쟁의 비정한 현실을 나타낸다고 할 수 있다.

3 제시된 그림은 카투니스트인 지현곤 작가의 그림으로, 전쟁 속에서 부각되는 꽃의 순수함을 보여 주고 있다. 꽃 한 송이를 들고 있는 아이는 총을 든 군인 앞에서도 두려움 없이 서 있다. 이를 통해 작고 부드러운 것을 의미하는 '꽃'이 크고 강한 것, 폭력적인 것을 의미하는 '총'을 이길 수 있다는 것을 전달하고 있다. 장애를 극복하려는 글쓴이의 삶의 태도와는 거리가 멀다.

4 '총'은 폭력적이고 강한 힘을 의미한다. 그 '총'에 맞서는 것이 '꽃'이다. '꽃'은 약하고 부드러워 보이지만 그 부드러움 속에 담긴 평화와 희망의 힘으로 인해 '총'은 결코 '꽃'을 이길 수 없다. 또한 그러한 '꽃'을 닮고자 하는 것이 '시'라는 점에서 '시'는 '꽃'이 상징하고자 하는 바를 언어로 형상화한 것이다. 따라서 '꽃'과 '시'는 모두 '총'과 대립되는 것이라고 할 수 있다.

정답과 해설

II. 극 문학

1 | 한국 희곡

001 산돼지 _ 김우진   164~167쪽

키포인트 체크 현실, 일제, 최 주사댁, 꿈속, 사회 개혁

1 ④ **2** ④ **3** ③ **4** 차혁과 영순의 혼인을 반대한다. **5** ③ **6** ⑤
7 〈보기〉는 인물의 대사를 통해 사건을 직접적으로 드러내고 있고, (나)는 인물의 꿈을 통해 사건을 드러내고 있다. **8** ⑤

1 원봉은 영순을 차혁과 혼인시키려는 최 주사댁과 갈등을 빚고 있으므로, 원봉과 최 주사댁은 대립적 관계에 있다고 볼 수 있다. 또한 영순에 대해서는 '보석', '보물' 등으로 비유하며 우호적인 태도를 보이고 있는 반면, 차혁에 대해서는 자신과 결혼하기로 되어 있는 영순을 뺏어간다고 여겨 미워하고 있다.

2 '산돼지'는 현실의 모순에 저항하는 자를, '집돼지'는 현실에 순응하는 자를 의미한다. 원봉은 "혁이는 산돼지도 못 되고 집돼지예요."라고 이야기하며 최 주사댁이 영순을 차혁과 결혼시키려는 것을 못마땅해하는 심기를 드러내고 있으므로, 원봉이 산돼지보다 집돼지가 더 낫다고 생각한다는 감상은 적절하지 않다.

3 ㉠은 원봉의 친부모, ㉡은 최 주사, ㉢은 원봉, ㉣은 영순, ㉤은 차혁을 의미한다.

4 원봉은 차혁에 대한 반감을 지속적으로 드러내고 있다. 이는 최 주사댁이 차혁을 영순과 혼인시키려고 하기 때문으로, 원봉이 최 주사댁에게 궁극적으로 말하려는 것은 차혁과 영순을 혼인시키려는 것에 대한 반대이다.

5 (나)는 동학 혁명 당시의 상황을 보여 주고 있는 부분으로, 사실적이라기보다는 표현주의 기법을 통해 환상적으로 표현하고 있다.

6 ㉠의 '이런 산돼지'는 원봉 자신을 의미하는 말로, ㉠에는 '집 안'과 같은 안정된 환경에서는 식민지 지식인으로서의 사명을 이룰 수 없다는 원봉의 생각이 담겨 있다.

《오답 뜯어보기》 ① 〈보기〉의 내용을 고려할 때, ㉠을 영순과의 연애 문제와 연관 짓는 것은 적절하지 않다.

② 최 주사댁은 산돼지 같은 원봉이 현실에 순응하기를 바라고 있다.

③ 원봉은 식민지 지식인으로서의 의무와 현실의 벽 사이에서 극심한 갈등을 겪는 인물이다. 최 주사댁이 영순을 차혁과 맺어 주고자 한다는 점에서 원봉과 갈등을 일으키고 있기는 하지만, 이를 원봉이 겪는 좌절의 직접적 원인으로 볼 수는 없다.

④ 최 주사댁이 원봉이 스스로의 삶을 개척해 나갈 수 없다고 보고 있는지는 알 수 없다.

7 〈보기〉는 문 여사와 세정이라는 두 인물의 대사를 통해 사건을 제시하고 있고, (나)는 원봉의 꿈을 통해 사건을 제시하고 있다.

8 동학당 전군 행렬이 등장하는 팬터마임 부분은 동학 혁명이 발발하고 실패하기까지의 과정을 축약하여 보여 주고 있다. 팬터마임의 끄트머리에 "천천히 그러나 무거운 수천 리 걸어온 피로된 보조로 지나간다."

라는 지시문으로 보아 힘이 넘치고 생기가 넘치는 분위기라고 보기 어렵다. 따라서 즐거운 함성 소리를 효과음으로 제시하는 것은 적절하지 않다.

《오답 뜯어보기》 ④ (나)의 "노래가 이어지는 동안 원봉이는 잠들고 무대는 어두워진다."로 보아 (나)의 장면이 원봉이 꿈속에서 보는 내용임을 알 수 있다. (가)에서 (나)로 넘어갈 때 조명에 변화를 주면 (나)가 원봉이 꿈속에서 보는 장면임을 효과적으로 드러낼 수 있다.

002 토막 _ 유치진   168~171쪽

키포인트 체크 가장, 무조건, 농촌, 일본, 백골

1 ④ **2** ④ **3** ⑤ **4** ⑤ **5** 일제 강점하 우리 민족의 비참한 삶을 상징한다. **6** ④ **7** ① **8** ⑤ **9** 사건을 비극적인 결말로 이끌고 있다.

1 이 작품은 일제 강점기라는 역사적 상황 때문에 비참한 삶을 이어 가고 있는 한 가족을 중심으로 내용을 전개하고 있다.

《오답 뜯어보기》 ① 이 작품에 나타나는 명서 일가의 비참한 모습을 통해 당대의 현실을 사실적으로 보여 주고 있다.

② 명수의 신변에 대한 명서 일가의 다양한 태도가 나타나고 있다.

③ 명수를 걱정하는 명서 일가의 모습은 당시 우리 민족의 심정과 연관이 있다.

⑤ 명서 일가의 비참한 모습은 당시 우리 민족 전체의 비극을 상징하고 있다.

2 명수는 가족을 위해 폭력을 쓴 것이 아니고, 명수가 '정말 훌륭한 일'을 한 것 때문에 가족들이 그의 신변을 걱정하고 있는 것이다. 일제 강점기라는 상황으로 보아 명수가 독립운동을 하다 감옥에 들어갔음을 짐작할 수 있다.

3 '머리를 푼다'는 것은 관용적으로 '상을 당하여 틀었던 머리를 푸는 것'을 의미한다. 이는 명서 일가의 기대와 달리 명수가 살아서 돌아오지 못할 것임을 암시하고 있다.

4 ⓐ의 '바람 소리' 효과음은 명서 처가 금녀에게 머리를 풀라고 하는 것과 마찬가지로 비극적인 사건이 벌어질 것을 암시하는 효과가 있다. 또한 명서의 마지막 대사도 이와 관련이 있다.

5 이 작품에서 명서 일가는 우리 민족 전체를 상징하며, 명서 일가가 살아가는 토막은 우리 민족의 비참한 삶을 상징적으로 보여 주는 소재이다.

6 명서 처는 명서가 마지막 대사를 할 때 쓰러지는 것이 아니라 백골을 안치해 놓고 합장하고 있어야 한다.

7 이 작품이 초연된 시기는 일제 강점기인 1933년이다. 따라서 당시의 사회상과 민중의 모습을 사실적으로 드러낸 점에서 관객에게 좋은 평가를 받은 것으로 볼 수 있다.

《오답 뜯어보기》 ② 일제 강점기를 시대적 배경으로 하고 있지만, 사건은 역사적인 사건이 아닌 허구적인 사건이다.

③ 개인의 삶이 아닌 민족 전체의 삶을 돌아보게 하고 있다.

④ 풍자적인 기법은 쓰고 있지 않다.

⑤ 서정적인 분위기와는 거리가 먼 내용이다.

8 이 작품의 금녀는 오빠 명수가 죽은 상황에서도 꾹 참고 살아가자며 의지적인 태도를 드러내고 있다. 그러나 〈보기〉의 영희는 가족들의 의미 없는 기다림에 분통을 터뜨리고 있을 뿐, 상황을 극복하려는 모습은 드러나지 않는다.

9 배달부는 명수의 죽음을 전혀 예상하지 못한 명서의 가족들에게 명수의 유골이 담긴 소포를 배달한다. 이것을 고려할 때 배달부는 극의 전개를 파국으로 이끄는 역할을 하고 있다고 볼 수 있다.

---

003 영웅 모집 _채만식_

172~175쪽

키포인트 체크 풍자, 공원, 영웅, 영웅

1 ⑤ **2** ④ **3** ⑤ **4** 피에로가 관객들과 같은 시선으로 등장인물들을 관찰하는 느낌을 받게 하여 관객들은 극 중 상황에 더욱 몰입할 수 있고 피에로의 비판적 시선으로 무대 위의 사건을 바라볼 수 있다. **5** ③ **6** ③ **7** ⑤ **8** ② **9** 피에로의 무지함을 드러내 피에로를 풍자하려는 의도가 담겨 있다.

1 아버지와 아들의 입장은 다르지 않다. 잘되면 조선에 다시 돌아올 수 있을 것이라며 긍정적으로 전망하는 아들의 입장에 아버지도 동의하고 있다.

오답 뜯어보기 ① 아버지는 예전에 절이었던 곳이 불에 타고 탑만 남았고 그것이 바로 지금 자신들이 보고 있는 사리탑이라고 말하며 사리탑과 관련한 내력을 가족들에게 설명하고 있다.
② "조선서 태어나서 조선서 저만큼씩이나 자라 가지고 아무리 살 수가 없어 만리타국으로 떠나가는 할망정"이라는 아버지의 대사를 참고할 때, 이주민 가족은 조선에서 도저히 살 수가 없게 되어 조선을 떠나는 상황임을 알 수 있다.
③ 아들은 "인제 잘되면 돌아와서 보아란 듯이 살 텐데."라고 말하며 아버지의 근심을 위로하고 있다. 이러한 모습을 통해 아들이 앞날을 긍정적으로 내다보며 현재의 어려운 상황을 이겨 내려 하고 있음을 알 수 있다.
④ 언제 다시 와서 서울 구경을 하겠냐며 공원을 잘 봐 두라는 아버지의 말에 어머니는 멀리 떠나는 마당에 서울 구경이 무슨 소용이냐고 불평하고 있다. 이러한 불평은 어쩔 수 없이 고향을 떠나야 하는 자신들의 처지에 대한 절망감에서 비롯되었다고 볼 수 있다.

2 '공원'은 계층, 직업 등에 상관없이 다양한 사람들이 오가는 곳이다. 이러한 특성을 지니고 있는 공원을 공간적 배경으로 설정한 이유는 공원을 오가는 다양한 인물의 대화, 행동을 제시하여 당대의 암담한 현실을 생동감 있게 보여 주기 위해서이다.

3 ⓐ에는 피에로가 조선을 지키지 않고 떠나는 이주민 가족에 대해 느끼는 연민과 아쉬움이 드러나 있다. 현실에 순응하는 태도는 드러나 있지 않다. ⓑ에는 일제 강점하의 부조리한 현실에 대해 문제의식 없이 방탕하게 살아가는 주정꾼들에 대한 피에로의 부정적 인식이 드러나 있다. 피에로가 이상 세계를 추구하는 태도는 드러나 있지 않다.

오답 뜯어보기 ① ⓐ에서 공원을 떠나는 이주민 가족을 관찰하는 인물은 피에로이고, ⓑ에서 주정꾼들을 관찰하는 인물도 피에로이다.
② ⓐ와 ⓑ는 피에로가 일제 강점기를 살아가는 우리 민중들을 바라보며

떠올린 생각과 행동이므로 시대적 현실과 관련된 반응으로 볼 수 있다.
③ ⓐ에서는 피에로가 "조선을 죽도록 지키잖구!"라는 대사(언어적 표현)와 울듯이 바라보는 표정(비언어적 표현)을 통해 이주민 가족에 대한 연민과 안타까움 등을 드러내고 있다.
④ 비언어적 표현이란 언어가 아닌 몸짓, 손짓, 표정 등으로 생각이나 느낌을 나타내는 것을 말한다. ⓑ에서는 피에로가 얼굴을 찌푸리는 비언어적 표현을 통해 주정꾼들을 못마땅해하는 감정을 표현하고 있다.

4 객석을 등지고 선 피에로는 관객과 똑같은 시선에서 무대 위를 바라보게 된다. 이러한 구도는 관객이 피에로와 같은 관점에서 무대를 바라보게 함으로써 관객이 무대 위에서 벌어지는 사건에 더욱 집중하게 하고 피에로의 심정에 공감하며 극을 감상하도록 하는 효과가 있다.

5 ㉮에는 우리 민족이 처한 암울한 현실에서 벗어나기 위해서는 영웅이 필요하다고 깨닫는 피에로의 모습을 통해 현실을 비판적으로 인식하고 문제 해결의 필요성을 느끼는 피에로의 긍정적인 면모가 나타나 있다. 그러나 ㉯에서 피에로는 약을 팔듯이 광고하여 영웅을 모집하려 하고 역사 속 인물들의 국적을 잘못 말하여 ㉮에서와 달리 영웅에 대한 왜곡된 인식과 무지함을 드러내고 있다. ㉰에서는 영웅이 되면 얻을 수 있는 혜택이라며 엉뚱한 이야기를 하고 있다. 따라서 ㉮에는 인물의 긍정적 면모가, ㉯와 ㉰에는 인물의 부정적 면모가 나타나 있다고 할 수 있다.

오답 뜯어보기 ② ㉮에는 피에로가 불안을 느끼는 모습이 나타나 있지만 ㉯에는 나타나 있지 않다. ㉰에서 피에로가 자신감을 드러내고 있다는 내용은 적절하지 않다.
④ ㉮에서 피에로는 영웅을 모집하여 문제를 해결하려 하고 있다. 이는 현재의 상황을 문제 상황으로 인식하고 있는 비판적 인식이 전제된 것이다. 하지만 ㉯와 ㉰에서 피에로의 비판적인 사고가 더욱 강화되는 것은 아니다. 오히려 잘못된 정보와 엉뚱한 특전을 내세우는 모습을 통해 ㉮에서의 비판적인 사고가 진정성을 잃고 있다.

6 이 작품에서 무대를 잠시 비운 것은 현재의 상황을 마무리 짓고 새로운 장면을 시작하기 위해서이다. 장면 전환 후에도 피에로가 중심인물로 등장하고 있으므로 ③은 적절하지 않다.

7 이 작품에서 사건은 시간의 흐름에 따라 순차적으로 진행되고 있다. 따라서 인물 간의 갈등이 해결되는 과정을 역순행적 구성으로 제시하였다는 내용은 적절하지 않다.

8 소년들은 피에로의 말에 엉뚱한 대답을 하고 있다. 이러한 상황을 설명하는 한자 성어로는, 물음과는 전혀 상관없는 엉뚱한 대답을 뜻하는 '문동답서(問東答西)'가 적절하다.

오답 뜯어보기 ① 서로서로 도움을 이르는 말.
③ 누구를 형이라 하고 누구를 아우라 하기 어렵다는 뜻으로, 두 사물이 비슷하여 낫고 못함을 정하기 어려움을 이르는 말.
④ 팔짱을 끼고 보고만 있다는 뜻으로, 간섭하거나 거들지 아니하고 그대로 버려둠을 이르는 말.
⑤ 어렵고 의심스러운 것을 서로 묻고 대답함을 이르는 말.

9 피에로는 조선이 암담한 현실에서 벗어나기 위해서는 영웅이 필요하다고 생각하고 영웅을 모집하고 있다. 하지만 ⓒ에서 인물의 국적을 잘못 말하고 있다. 게다가 그중에는 영웅이라고 볼 수 없는 독재자도 있

다. 피에로가 영웅에 대해 왜곡된 인식을 가지고 있으며 무지하다는 점을 보여 주는 대목이다.

004 소_ 유치진 　　　　　　　　176~179쪽

[키포인트 체크] 소작농, 소, 일제, 농촌, 빚, 사음(마름)

1 ④　　**2** ⑤　　**3** ⑤　　**4** 소를 팔아 자신의 밑천을 마련해 줄 것을 부탁함.
5 ④　　**6** ②　　**7** ⑤　　**8** ③　　**9** 명줄

1 이 작품은 인물들이 일상적인 구어체와 비속어, 방언 등을 사용하여 극의 사실성을 높이고 있다.
　[오답 뜯어보기] ① 이 작품은 사실주의 극으로, 과장된 표현과는 거리가 멀다.
　② 관객을 참여시키는 부분은 나타나 있지 않다.
　③ 조명을 사용하여 막과 막, 장과 장을 구분한 부분은 나타나 있지 않다.
　⑤ 과거와 현재의 상황이 함께 나타나고 있지 않다.

2 이 글에서 '소'는 국서에게 함부로 팔 수 없는 대상이며, 〈보기〉의 '소'는 최 노인과 30년 넘게 동고동락한 사이이다. 따라서 '소'는 각각 인물들의 분신과 같은 존재라고 보는 것이 적절하다.
　[오답 뜯어보기] ① 이 글과 〈보기〉 모두에 해당하지 않는 내용이다.
　② 농민의 소박하고 넉넉한 모습을 보여 주는 것은 〈보기〉의 '소'에만 해당되는 내용이다.
　③ 이 글에만 해당되는 내용으로, 국서와 개똥이가 소를 파는 문제로 갈등을 빚고 있다.

3 ㉤은 구석에 숨어 있는 말똥이가 사음의 태도가 마음에 들지 않아 투덜거리고 있는 부분이다. 따라서 확신에 찬 표정을 짓고 크고 우렁찬 목소리로 말하는 것은 적절하지 않다.

4 개똥이는 농사일을 도우라는 국서의 말에 소를 팔아 한밑천을 마련해 줄 것을 요구하며, 그 돈으로 항구에 나가 돈을 벌어 오겠다고 말하고 있다.

5 〈보기〉는 소지주나 소작농으로 전락한 농민들이 가난하게 살 수밖에 없었음을 설명하고 있다. 소로 빚을 갚았다고 해도 빚은 또다시 쌓이게 될 것이며, 소가 없으면 농사를 짓는 데도 영향을 받게 되므로 ④는 적절하지 않다.

6 (나)에는 '도지' 때문에 일어나는 국서네 가족과 사음 사이의 갈등이 드러나 있다. 표면적으로는 '소'를 둘러싼 갈등으로 보이지만 근본적인 원인은 국서네가 내지 못한 '도지' 때문임을 알 수 있다.

7 사음은 국서와 국진의 의견은 고려하지 않고, 밀린 도지를 대신해서 소를 데려가겠다는 주장만을 반복하고 있다.
　[오답 뜯어보기] ① 소를 몰고 가겠다며 본심을 직접적으로 밝히고 있다.
　② 현재 상황에 대한 자신의 생각만을 밝히고 있다.
　③ 주로 강압적인 태도를 취하면서 국서와 국진을 대하고 있다.
　④ '이래서는 뒷일이 좋지 못'하다며 부정적인 상황을 강조하며 위협하고 있다.

8 ㉠은 자식을 팔면서도 돈이 생긴 것에만 기뻐하고 있는 상황을 보여 주고 있다. 부자를 동경하는 태도와는 관련이 없다.

9 국서의 처는 밀린 도지 대신 소를 데려가겠다는 사음의 횡포에 '남의 집 명줄'을 가지고 무슨 짓이냐고 불만을 터뜨리고 있다. 국서와 국서 처에게 있어 '소'는 집안의 생계를 이어 나갈 수 있는 소중한 자산이자 삶의 희망을 의미한다.

005 제향날_ 채만식 　　　　　　　　180~183쪽

[키포인트 체크] 저항적, 구한말, 프로메테우스

1 ①　　**2** ③　　**3** ④　　**4** 그리해서 느이는, 있는 것이다.　　**5** 프로메테우스가 인류에게 전한 불에 담긴 정신이 우리 민족의 삶에도 계속해서 이어져 내려오고 있다.　　**6** ②　　**7** ④　　**8** ③　　**9** ③　　**10** 최 씨가 바라는 가정의 안녕이 좌절될 것임을 의미한다.

1 (가)는 꿈속에서 일어난 사건이 아니라 상인이 최 씨와 영오에게 해 주는 이야기의 내용에 해당한다.

2 화로에 관한 내용은 최 씨의 대사에서 나타나고 있을 뿐, 이 글에서 최 씨가 화로에 불을 담는 모습은 나타나지 않는다.

3 "뭘, 거짓뿌렁! 성냥이 있는데 왜 불이 없어!"라는 영오의 대사는 의심이 많은 성격을 보여 주는 것이 아니라, 원시인들이 등장하는 신화 속의 세계에도 성냥이 있었을 것이라고 생각하는 단순하고 순진한 성격을 드러낸 것으로 보는 것이 적절하다.
　[오답 뜯어보기] ① 이 작품에서는 신화와 현실의 상황이 번갈아 나타나고 있으므로, 빠른 장면 전환이 필요하다.
　② 작품의 내용으로 보아, 소품으로는 프로메테우스가 원시인들에게 건네는 횃불, 최 씨가 껍질을 벗기고 있는 밤 등이 필요하다. 또한 '김생의 털가죽으로 몸을 가린 원시인'이라는 (가)의 내용으로 보아, 의상으로는 짐승의 털가죽 등을 준비해야 한다.
　③ (가)의 내용으로 보아 원시인들은 프로메테우스와 불을 보고 겁을 내며 뒤로 물러나고 있으므로, 불을 경계하는 모습을 연기하는 것이 적절하다.
　⑤ 프로메테우스는 신화 속 인물이므로 인간인 원시인들과 달리 비범한 느낌이 들도록 분장과 말투를 신경 쓰는 것은 적절하다.

4 프로메테우스의 두 번째 대사에서, 먼저 불의 세부적인 기능을 설명하고, 그러한 기능을 통해 궁극적으로 얻게 되는 결과를 밝히고 있다.

5 ㉠은 불의 영속성이 우리 민족의 삶에도 이어져 내려오고 있음을 밝히고 있는 부분이다.

6 상인이 프로메테우스 신화 이야기를 하는 것은 할아버지, 아버지의 뒤를 이어 자신도 프로메테우스와 같은 삶을 살면서 의를 실천하고자 하는 바람을 드러낸 것이다. 상인이 최 씨의 기대를 한 몸에 받고 있지만 그것에 대해서 부담스러워하고 있는지는 이 글에서 알 수 없다.
　[오답 뜯어보기] ① 최 씨는 상인이 공부만 착실히 잘해서 장하게 되어 잘 살기를 바라고 있다.
　③ 누구를 만나기 위해 나가는 상인을 따라가려 하는 모습에서 영오가 상인을 친근하게 잘 따르고 있음을 알 수 있다.

④ 상인이 누구를 만나는지 어디로 가는지 밝히지 않는 것으로 보아 영오에게 자신이 하는 일을 알리지 않으려 함을 알 수 있다.
⑤ 영오는 최 씨에게 상인이 사회주의를 한다는 소식을 전하고 있다.

7 ㉺의 이전과 이후는 모두 신화 속의 세계에 해당한다. 이 작품에서 신화의 장면과 극 중 현실 상황을 구분하고 있는 것은 조명이다.

8 ㉼은 상인과 상인 아버지의 유사성을 강조하고 있는 대사로, 상인 역시 할아버지, 아버지와 마찬가지로 저항적 삶을 살아갈 것임을 짐작하게 한다.

9 〈보기〉의 윤 직원은 자신의 처지가 편하다는 이유로 일제 강점기를 태평천하로 여기고 있다. 의로운 성격의 상인은 이러한 태도를 비판할 수 있다.
　 ✎ 오답 뜯어보기 ① 상인이 사회주의를 조국을 구하는 유일한 방법으로 생각하고 있는지는 알 수 없다.
② 이 글에 나타난 상인의 의연한 모습과 크게 연관이 없는 내용이다.
④ 일본 순사들의 보호를 긍정하고 있는 내용이므로 적절하지 않다.
⑤ '대의'를 제대로 인식하지 못하고 있는 태도를 먼저 지적해야 한다.

10 상인이 사회주의를 한다는 것은 동학 농민 운동, 3·1 운동 등과 같이 역사적 사명을 완수하기 위한 수단 중 하나에 해당한다. 그러나 최 씨에게는 상인의 선대에서 그랬던 것처럼 가정에 고난을 가져오게 될 행동에 해당한다.

---

006 동승_함세덕　　184~187쪽

키포인트 체크) 어머니, 주지, 절, 미망인

1 ②　**2** ⑤　**3** ⑤　**4** 어머니를 찾아 절을 떠나려는 도념과 불도를 내세워 도념을 막으려는 주지 간의 갈등이 나타나 있다.　**5** ①　**6** ③　**7** ④
8 ②　**9** 앞으로 도념의 삶이 험난할 것임

1 이 작품의 배경은 현실적인 공간인 깊은 산속의 절로, 내용을 사실적으로 그리고 있을 뿐 특별한 실험적 기법은 쓰이지 않았다.
　 ✎ 오답 뜯어보기 ① 도념은 절을 벗어나 세속적 공간으로 가고 싶어 한다.
③ 인물들이 일상에서 사용하는 말투를 사용하여 사실성을 높이고 있다.
④ 주지는 속세와의 인연을 끊어야 함을 강조하고, 도념은 속세에 대한 갈망을 드러내어 서로 갈등하고 있다.
⑤ 주지의 대사를 통해 도념의 부모의 과거사가 드러난다.

2 〈보기〉는 이 작품의 일부분을 소설화한 장면이다. 소설은 희곡과는 달리 서술자가 등장해 극 중 상황이나 인물, 사건을 서술하게 된다. 그에 비해 희곡은 서술자가 등장하지 않고 무대 위에서 인물들이 대사와 행동을 전개함으로써 사건을 이끌어 나간다.

3 주지는 도념을 속세에 내보내지 않기 위해 속세를 연못에 비유하여 겉으로는 잔잔해 보여도 속으로는 '개흙투성이'라고 주장하고 있다. 즉, 속세가 겉으로는 평온해 보여도 속으로는 혼란스럽고 더럽고 부정한 공간임을 언급하며 도념의 마음을 돌리고자 하고 있다.
　 ✎ 오답 뜯어보기 ① 동정심이란 남의 어려운 처지를 안타깝게 여기는 마

음으로, 주지가 도념의 동정심을 유발한 것은 아니다.
②, ④ 권위자의 견해나 일반적인 평가가 아니라 주지 본인의 생각을 드러내고 있다.
③ 도념의 약점이 아니라 속세의 더러움을 지적하고 있다.

4 도념은 어머니를 그리워하는 마음에 절을 나가 세상으로 가겠다는 의지를 드러내고 있으며, 주지는 세상의 더러움과 혼란을 내세워 불도를 닦으며 절에 머무르기를 강요하는 데서 갈등이 일어나고 있다.

5 초부는 도념의 결정에 대해 처음에는 만류하지만 이내 잘 생각해서 하라며 그의 뜻을 존중하고 도념을 보내 주고 있다.
　 ✎ 오답 뜯어보기 ② 잣을 두고 가는 행동은 주지와 이별하고 어머니를 만나겠다는 의지를 보여 주는 것이다.
③ 도념은 주지 몰래 절을 떠나고 있다.
④ 미망인은 주지의 반대 때문에 도념을 포기한 것으로 볼 수 있다.
⑤ 주지는 미망인에 대한 적대감이 아니라 도념이 절에서 업보를 씻어야 한다는 생각 때문에 도념의 입양을 반대하고 있다.

6 〈보기〉에 따르면 독백이란 배우가 심리적으로 자극을 받아 촉발된 혼잣말이다. 그런데 도념이 초부와 헤어진 후에 한 혼잣말은 어머니가 아니라 주지 스님에 대한 감정을 드러낸 것이다.

7 주지는 미망인을 엄하게 꾸짖고 있으므로 '애원하면서'라는 지시문은 적절하지 않다.

8 어머니를 만나는 꿈을 여러 차례 꾸었다는 것은 그만큼 어머니에 대한 그리움이 크다는 것을 의미한다.

9 '눈 내리는 비탈길'은 넘어지기 쉬워 내려가기 힘든 길이다. 도념이 이와 같은 길을 내려가는 결말은 앞으로 도념의 삶이 험난할 것을 암시하고 있다.

---

007 살아 있는 이중생 각하_오영진　　188~191쪽

키포인트 체크) 친일, 해방, 자살극

1 ②　**2** ②　**3** ③　**4** 경동맥으로 면도칼을 싹둑 잘러 버렸는걸.　**5** ③
6 ④　**7** ④　**8** 욕심 때문에 살아 있다고도 죽어 있다고도 할 수 없는 상황에 처한 이중생을 풍자

1 이 작품은 부정하게 모은 재산을 지키기 위해 거짓 초상을 무사히 마치려는 이중생 일가의 부조리한 모습을 풍자적으로 보여 주고 있다.

2 최 변호사는 이중생의 거짓 자살을 계획하고 꾸민 인물로, 재산을 지키기 위한 이중생의 거짓 자살극을 주도하는 인물이다. 김 의원은 이중생의 비리를 조사하고 그의 재산을 보건 시설 건립에 쓰자고 송달지에게 제안하는 인물이다. 즉, 최 변호사는 이중생의 재산을 지키려 하고 김 의원은 그의 재산으로 공익사업을 하려는 점에서 갈등하고 있다.

3 ㉠은 최 변호사가 김 의원의 조사를 이중생에게 유리한 방향으로 이끌기 위해 이중생을 칭찬한 말이다. 이중생이 부도덕한 행위를 저질러 온 사람이라는 점에서 이중생에 대한 최 변호사의 언급은 얕은수로 상대를 속이려는 행위로 볼 수 있다. '눈 가리고 아웅'은 얕은수로 남을 속이

정답과 해설

려 한다는 말이다. 또는 실제로 보람도 없을 일을 공연히 형식적으로 하는 체하며 부질없는 짓을 함을 비유적으로 이르는 말로 쓰이기도 한다.

오답 뜯어보기 ① '우물 안 개구리'는 넓은 세상의 형편을 알지 못하는 사람을 비유적으로 이르는 말이다. 또는 견식이 좁아 저만 잘난 줄로 아는 사람을 비꼬는 말로 쓰이기도 한다.

② '걱정도 팔자'는 하지 않아도 될 걱정을 하거나 관계도 없는 남의 일에 참견하는 사람에게 놀림조로 이르는 말이다.

④ '송충이는 솔잎을 먹어야 한다'는 자기 분수에 맞게 처신하여야 함을 비유적으로 이르는 말이다.

⑤ '고양이 목에 방울 달기'는 실행하기 어려운 것을 공연히 의논함을 이르는 말이다.

4 "경동맥으로 면도칼을 싹둑 잘러 버렸는걸."은 이중생의 죽음을 거짓으로 설명하다가 나온 말실수로 웃음을 유발한다. 극 중에서 이중건은 실수로 비밀을 폭로하거나 누설하여 긴장감을 높이고 웃음을 주는 역할을 하고 있다.

5 이중생과 김 의원은 서로 마주치지는 않았지만, 최 변호사를 통해 갈등을 빚고 있다고 할 수 있다.

오답 뜯어보기 ① 송달지는 이중생의 당부와 달리 자신의 의견을 밝혀 김 의원의 결정에 힘을 실어 준 것 때문에 이중생과 갈등을 빚는다.

② 최 변호사는 죽은 척하고 있는 이중생의 의견을 김 의원에게 전달하고 있다.

④ 송달지의 의견에 "잘 알겠습니다."라고 하며 의견을 받아들여 이중생의 재산을 보건 시설 건립에 쓰자는 자신의 주장을 강화하고 있다.

⑤ 최 변호사는 김 의원의 눈치를 보며 이중생의 재산을 지키려 하고 있다.

6 (나)는 이중생이 자신의 계획과 달리 전 재산이 보건 시설을 세우는 데 쓰이게 되자 이에 찬성한 송달지에게 화를 내는 부분이다. 이중생은 '두 팔을 휘두르고 두 발을 궁그르며' 분노를 표출하고 있으며 사위인 송달지에게 계속해서 화를 내고 있다. 이중생이 쉽게 흥분했다 쉽게 화를 가라앉히고 있지 않으므로 ④는 적절하지 않다.

7 이 작품에서 인과응보의 구성을 잘 보여 주고 있는 인물은 전 재산을 잃고 스스로 죽음을 선택하여 생을 마치는 주인공 이중생이다.

8 "자넨 살아 있는, 아니 죽어 있는! 아아, 아니 살아 있는 이중생……"은 이중생이 자신을 살아 있다고 해야 할지 죽어 있다고 해야 할지 혼란스러워하는 모습을 우스꽝스럽게 표현한 부분이다. 이는 재산을 지키려는 욕심 때문에 자신을 죽었다고도 살았다고도 할 수 없는 상황에 빠진 이중생을 풍자하려는 작가의 의도가 담긴 것이라고 할 수 있다.

008 불모지_차범석

192~195쪽

키포인트 체크 | 최 노인, 자식, 종로, 이사, 사기

1 ③   2 ②   3 ⑤   **4** 최 노인과 경재는 낡은 집에서 이사하는 문제 때문에 서로 갈등하고 있다.   5 ④   6 ④   7 ④   **8** 고층 건물로 상징되는 근대화

1 이 작품을 통해 여성의 사회 진출에 대한 사회 인식과 현실이 어떠한지

는 구체적으로 알 수 없다.

2 최 노인은 조그마한 화단 앞에 쭈그리고 앉아서 화초며 푸성귀들을 손보고 있다. 입에 물린 파이프에서 뱉어지는 담배 연기가 한가롭게 보인다고 표현되어 있으나, 무대 지시문에서 최 노인의 집을 폐가와 같이 묘사한 것으로 보아 이는 최 노인이 물질적으로 여유 있음을 드러낸 것으로 보기는 힘들다.

오답 뜯어보기 ① 최 노인의 집은 하루 종일 햇볕이 들지 않아 어둡고 습하며 음산한 공기가 풍겨 나오는 곳이다.

③, ④ 최 노인의 집은 번화한 상가 중간에 끼이어 쇠락해 가는 공간이므로 근대화의 모습을 대비시켜 보여 주는 것이 적절하다.

⑤ 최 노인은 낡고 좁은 집에서 이사를 나가자는 경재의 말에 제집을 가진 것을 고마워해야 한다면서 화를 내고 있다.

3 이 작품의 최 노인과 〈보기 2〉의 '할아버지'는 모두 옛것을 소중하게 여기는 옛 세대라는 점에서 공통된다. 그러나 경운과 경재가 옛것보다 새로운 변화를 지향하는 데 비해, 〈보기 2〉의 '나'는 어쩔 수 없이 최근의 흐름을 따라가고 있지만 내면적으로는 그것이 할아버지에 대한 불효라는 생각을 하고 있다. 따라서 ⑤는 적절하지 않다.

4 경재는 공동 수도에서 물을 길어 오며 아버지 최 노인에게 '물 흔한 집'으로 이사를 가자고 말한다. 그리고 경재가 지금의 집이 '계딱지 굴속'처럼 낡고 허술하다는 점을 지적하자, 최 노인은 화를 내며 이에 반발하고 있다.

5 군중의 웅성거림은 경수가 잡혀가는 사건의 충격을 강조하는 역할을 하지만, 작품의 비극성을 심화시키지는 않는다.

6 이 작품과 〈보기〉의 가장 큰 차이는 결말 처리 방식으로, 〈보기〉에서는 경애의 자살에도 불구하고 가족들의 화합을 통한 희망적 분위기를 연출하며 막을 내린다. 그러나 〈보기〉에서 경재의 역할을 부각하여 신세대의 가능성을 보여 주고 있다고 보기는 어렵다.

오답 뜯어보기 ① 〈보기〉에서는 이 작품과 달리 경수의 애인인 춘자라는 새로운 인물이 등장하고 있다.

② '불모지'라는 부정적 이미지를 지닌 제목에서 긍정적인 이미지가 담긴 '태양'을 활용해 제목을 바꾸었다.

③, ⑤ 이 작품에서는 경수가 체포되고 경애가 자살하는 것으로 끝이 났지만 〈보기〉에서는 경수가 "해바라기처럼 태양을 향해 다시 한번 살아 보자, 경재야."라고 하며 희망적인 태도를 보이고 있고, 최 노인도 이사를 결심하면서 희망적인 내용으로 끝을 맺고 있다.

7 최 노인은 경수가 강도 사건으로 잡혀간 직후 큰딸 경애의 자살이라는 충격적인 일을 맞닥뜨린다. 이는 눈 위에 서리가 덮인다는 뜻으로, 난처한 일이나 불행한 일이 잇따라 일어남을 이르는 '설상가상'의 상황이라고 할 수 있다.

오답 뜯어보기 ① 한편으로는 기뻐하고 한편으로는 슬퍼함 또는 기쁨과 슬픔이 번갈아 일어남을 의미함.

② 얼마쯤 믿으면서도 한편으로는 의심함을 의미함.

③ 같은 병을 앓는 사람끼리 서로 가엾게 여긴다는 뜻으로, 어려운 처지에 있는 사람끼리 서로 가엾게 여김을 이르는 말.

⑤ 들어갈수록 점점 재미가 있음. 또는 시간이 지날수록 하는 짓이나 몰골이 더욱 꼴불견임을 비유적으로 이르는 말.

8 최 노인은 "풀포기만 시들게 하는 줄 알았더니 사람까지…… 아니 이게 정말이야?"라고 하였다. 최 노인은 '풀포기를 시들게 하는' 것 때문에 딸 경애가 자살한 것이라고 생각하고 있는데, 풀포기를 시들게 한 것은 '최 노인'의 집 주변에 지은 '고층 건물'이다. 〈보기〉를 참고할 때 '고층 건물'은 근대화를 상징하는 것으로 볼 수 있다. 따라서 빈칸에 들어갈 말은 '고층 건물로 상징되는 근대화'가 적절하다.

---

009 성난 기계_차범석   196~199쪽

키포인트 체크 기계, 돈, 종합 병원, 분노, 인간성

1 ④   **2** ①   **3** ⑤   **4** ②   **5** 수술비가 아깝고, 아내가 계속 부정을 저지르는 것을 원하지 않기 때문이다.   **6** ⑤   **7** ③   **8** ②   **9** ⓐ: 겉모습 (육체)   ⓑ: 내면(인간성, 정신)   **10** '기계'와 같던 회기가 감정을 갖게 되었다는 의미로, 상실한 인간성의 회복을 상징한다.

1 이 작품은 물질적 가치만을 중요시하여 아내의 수술을 반대하는 상현의 호소에 대한 회기의 인간적 반응을 통해 주제를 드러내고 있다. 상현의 호소는 주제와 상반되는 부정적 상황을 드러내기 위한 것이므로 이에 감정을 이입하는 것은 적절하지 않다.

2 상현이 "우리 내외가 죽어라 벌어도 어린것들하고 겨우 풀칠하는 판국인데……. 그런 돈 있으면……."이라고 말하는 것으로 보아, 상현이 아내의 수술을 반대하는 이유 중 하나는 수술비 때문임을 알 수 있다(ㄱ). 상현은 아내가 감독관과 부적절한 관계를 가지고 있는 것을 알고 있지만 자신이 팔 담배를 들고 나오기 위해 하는 행동이므로 모른 척하고 있다(ㄴ).

오답 뜯어보기 ㄷ. 상현의 아내는 남편이 팔 담배를 들고 나오기 위해 부정을 저지른 것이다.
ㄹ. 회기는 상현의 이야기에 의아해하고 납득이 되지 않는 투로 대응하고 있다.

3 ㉠은 상현이 아내가 몰래 가져온 담배를 팔아서 벌이로 삼고 있음을 말하다가 웃고 있는 부분이다. 이는 돈 때문에 아내의 부정을 모른 척하고 있는 자신의 치부(恥部)가 드러난 것에서 오는 부끄러움과 멋쩍음에서 순간적으로 벗어나고자 하는 심리가 담긴 행동으로 볼 수 있다.

4 ⓑ는 상현이 인옥의 폐 수술을 반대하는 진짜 이유를 숨기고 수술의 위험성을 강조하며 수술을 반대하고 있는 부분이다. 이는 화자의 의도를 감추고 말하는 돌려 말하기라고 할 수 있다. 그러나 ⓐ, ⓒ, ⓓ, ⓔ에는 특별한 의도가 감추어져 있지 않다.

5 상현이 아내의 수술을 반대하는 이유는 크게 두 가지이다. 먼저 수술비가 아깝고, 건강해진 아내가 다시 부정을 저지르는 것을 원하지 않기 때문이다.

6 "선생님, 웬일이세요?"나 "기계가 노하셨네요……."와 같은 대사를 볼 때, 금숙은 회기의 변화된 성격을 지적하여 관객에게 알리는 역할을 하고 있다.

7 ㉢ 다음에 이어지는 "그건 너무 심하지 않소?"라는 회기의 대사는 상현

의 비인간적인 태도를 보고 분노를 표출한 것이다. 따라서 ㉢에는 '분노를 터뜨리며'와 같은 지시문이 들어가는 것이 적절하다.

8 〈보기〉에 제시된 전광용의 〈꺼삐딴 리〉는 변절을 일삼는 기회주의적인 인물 '이인국'을 통해, 한국 근대사의 과정에서 사회 지도층이 보여 왔던 반민족적 행태를 비판하고 풍자하는 소설이다. 외과 의사인 이인국은 돈과 권력을 지향하며, 시대 변화를 재빨리 읽어서 시류에 편승하는 인물이다. 한편, 기계같이 냉정하던 회기는 [A]에 와서 감정을 지닌 '성난 기계'로 바뀌며 잠재되어 있던 인간성을 회복하게 된다. 따라서 회기는 자기 일신(一身)을 먼저 생각하는 이인국과는 다르므로 ②의 설명이 적절하다.

9 회기의 대사는 인간을 담배에 비유하여 포장보다 알맹이가 중요함을 제시하고 있다. 인간성을 상실한 현대인을 비판하고 휴머니즘을 옹호하는 이 작품의 주제를 고려할 때, 여기서 ⓐ '포장'은 겉모습(육체)을, ⓑ '알맹이'는 내면(인간성, 정신)을 상징한다.

10 '기계'는 회기를 가리키는 표현으로, 그가 기계처럼 냉정하고 인간성을 상실한 사람임을 의미한다. 반면 '노하다'는 인간적인 감정이다. 따라서 회기가 분노했다는 것은 그가 인간적인 감정을 느낄 수 있게 되었음을, 즉 인간성을 회복하게 되었음을 의미한다.

---

010 원고지_이근삼   200~203쪽

키포인트 체크 교수, 의무, 돈, 교수, 천사, 꿈

1 ②   **2** ④   **3** ①   **4** ③   **5** 원고지 무늬로 된 양복은 원고지처럼 규격화된 틀에 얽매여 살아가는 교수의 모습을 상징한다. 쇠사슬은 교수가 가정과 사회로부터 느끼는 책임감과 구속감, 노동의 중압감 등을 상징한다.   **6** ③   **7** ②   **8** ⑤   **9** ②   **10** 부조리하고 비정한 현대 사회의 모습을 풍자한다.

1 장녀는 비참하게 들리는 교수의 하품을 달콤하다고 표현하고 있다. 이는 교수에게 무관심한 태도를 드러내고 있는 것으로 볼 수 있다.

2 이 작품에서 장녀는 관객에게 말을 건네는 방식으로 해설을 하고 있다. 이는 객석과 무대를 엄격히 구별하는 서구 전통극의 형식을 벗어난 구성으로, 관객의 극 중 몰입을 방해하는 '낯설게 하기' 효과에 해당한다.

3 〈보기〉의 '섬'은 사람들 사이의 소통이 부재한 상황에서 나타나는 고립된 공간을 의미한다. 교수가 이 시에 주목했다면 이는 집에서도 서로 소통하지 못한 채 고립되어 있는 자신의 처지 때문일 것이다.

4 희곡에서 장면의 전환은 대개 막을 열고 닫으면서 이루어지는데, 이 작품에서는 조명에 변화를 주어 특정 부분에 초점을 맞추는 형식으로 이루어지고 있다.

5 원고지 무늬로 된 교수의 양복은 규격화된 틀에 갇혀 노예처럼 살아가는 교수의 모습을 상징한다. 교수를 옭아맨 쇠사슬은 가장으로서의 책임감, 노동의 중압감, 현실에서 받는 구속감 등을 나타낸다.

6 이 작품에서 조명의 변화는 장면의 전환이나 인물의 등장을 표현할 때

나타나고 있다. 이 작품은 사건들이 유기적으로 연결되어 있지 않기 때문에 조명의 변화로 다음 사건이 진행될 방향을 암시하거나 예측하기는 어렵다.

🖉 오답 뜯어보기 ① 등장인물인 장녀는 관객들에게 인물과 극적 상황을 설명하는 해설자의 역할을 하고 있다.

② 돈이 되는 번역 일에만 매달리는 교수를 장녀가 "그야말로 학자지요."라고 반어적으로 표현하고 있다.

④ 이 작품은 등장인물의 이름을 '교수', '처', '장남', '장녀' 등의 보통 명사로 제시하여 익명성을 강조하고 현대 사회를 살아가는 삭막한 인간형을 드러내고 있다.

⑤ 교수의 잃어버린 희망과 정열을 상징하는 존재인 '천사'와 교수와의 대화를 통해 희망과 정열을 잃고 무의미한 일상을 살아가는 교수의 삶의 모습을 드러내고 있다.

7 교수는 과거의 정열을 잠시 떠올리다가 원고를 독촉하는 감독관의 말을 듣자마자 다시 무미건조한 일상으로 돌아오고 있으므로, ②는 적절하지 않다.

> ─────────────────── 지식 ✛
> • 최승호, 〈북어〉
> • 감상: 이 작품은 식료품 가게에 진열된 '북어'를 통해 현대인의 무기력한 모습을 비판하고 있는 시이다. 시의 마지막 부분에서 비판의 주체였던 화자가 비판의 대상으로 바뀌는 참신한 반전이 나타나고 있다.
> • 주제: 비판 정신과 삶의 지향성을 잃은 현대인에 대한 비판

8 '함정'은 현재 교수의 삶을 의미한다. 이 작품에서 교수는 꿈과 정열을 포기한 채 기계적으로 노동해야만 하는 삶을 살고 있다.

9 ⓑ는 시간의 변화를 알려 주는 대사일 뿐이다.

10 '두 살 난 애가 자기 애비를 죽'이고 '지프차가 동대문을 들이받아 동대문이 완전히 무너'지고 '지프차'가 '도망가 버리'는 기사의 내용을 통해 비정하고 부조리한 사건들이 일상적으로 벌어지는 현대 사회의 모습을 풍자하고 있다.

011 만선_천승세 204~207쪽

키포인트 체크	만선, 모성애, 어촌, 빚, 배

1 ③ **2** ⑤ **3** ④ **4** ④ **5** 삶의 궁극적 목표이자 가치를 의미한다.
6 ① **7** ③ **8** ② **9** 뱃사람으로서의 숙명에서 벗어나 죽음을 피할 수 있는

1 언어유희란 말이나 글자를 소재로 하는 놀이를 의미한다. 곰치와 구포댁은 바다의 거센 풍랑에 아들을 잃은 비극적 상황에 처해 있으며, 언어유희는 나타나 있지 않다.

🖉 오답 뜯어보기 ① 대부분의 대화가 짧고 간결하게 처리되고 있어, 사건이 속도감 있게 전개되고 있다.

② '옳것!', '뭇이라고' 등과 같이 사투리를 사용하여 현장감과 향토성을 드러내고 있다.

④ '그물', '뱃놈' 등의 단어를 통해 곰치의 직업이 어부라는 점과 공간적 배경이 어촌임을 짐작할 수 있다.

⑤ '(드러누운 채)', '(침통하게)' 등과 같이 지시문을 많이 사용하여 인물의 말과 행동을 구체적으로 이해할 수 있도록 돕고 있다.

2 구포댁은 곰치가 좌절할 것을 염려하는 것이 아니라, 곰치가 만선에 대한 꿈을 버리지 않고 남은 자식까지 어부로 만들려고 하는 것을 염려하고 있다.

🖉 오답 뜯어보기 ①, ② 곰치와 구포댁은 현재 아들 도삼을 잃고 시련을 겪고 있다.

③ 곰치의 유일한 삶의 목표는 '만선'이다.

④ 구포댁은 도삼을 잃고 남은 자식들의 삶의 문제에 집착하고 있다.

3 ⓔ은 아기를 대를 이어 어부를 시키겠다는 말로 곰치의 집념을 엿볼 수 있다. 이는 어떤 고난에도 좌절하지 않는 곰치라는 인물의 개성을 잘 보여 주고 있다.

4 ⓐ의 다음에 아기를 어부로 키우겠다는 곰치의 말에 놀라서 되묻고 있는 구포댁의 대사가 이어지고 있다. 따라서 ⓐ에 들어갈 지시문으로는 ④가 가장 적절하다.

5 곰치는 바다에서 아들을 잃은 비극적 상황에서도 만선에 대한 집념을 보이며 하나 남은 아들조차 어부로 키우려고 하고 있다. '만선'은 곰치에게 삶의 궁극적인 목표이자 최고의 가치라고 할 수 있다.

6 구포댁은 곰치의 물음에 모른다고 잡아떼고 있을 뿐, '물음과는 전혀 상관없는 엉뚱한 대답'을 하고 있는 것이 아니므로 구포댁이 동문서답(東問西答)하고 있다는 설명은 적절하지 않다.

🖉 오답 뜯어보기 ② 곰치는 널쪽을 타고 바다로 나가면 안 된다는 성삼의 만류를 뿌리치고 있으므로, '달리 어찌할 수 없음.'을 의미하는 '막무가내(莫無可奈)'를 활용하여 표현할 수 있다.

③ 성삼은 헛간에서 목숨을 끊은 슬슬이를 보고 기겁하고 있으므로, '뜻밖의 일에 얼굴빛이 변할 정도로 놀람.'을 의미하는 '아연실색(啞然失色)'을 활용하여 표현할 수 있다.

④ 곰치는 하나 남은 아들마저 어부로 키우겠다는 집념을 버리지 않고 있으므로, '굳게 참고 견디어 마음이 흔들리지 않음.'을 의미하는 '견인불발(堅忍不拔)'을 활용하여 표현할 수 있다.

⑤ 구포댁은 아기를 되찾아 오기 위해 나가려고 하는 곰치의 가랑이를 쥐어 잡고 못 가게 하고 있으므로, '몹시 마음을 쓰며 애를 태움.'을 의미하는 '노심초사(勞心焦思)'를 활용하여 표현할 수 있다.

7 널쪽을 타고 바다로 나가겠다는 것은 매우 위험하고 불가능한 상황이므로, 성삼은 무모한 행동을 하려는 곰치를 바라보며 말도 안 된다는 어이없는 표정과 말투로 이야기하는 것이 적절하다.

8 이 작품에는 곰치와 구포댁 사이에 겪는 인물 간의 갈등(㉮)과 어부로서 만선의 꿈을 이루고자 투쟁하는 곰치의 의지와 운명 간의 갈등(㉰)이 나타나 있다.

9 구포댁은 아이를 빈 배에 태워 떠나보낸 후, (가)에서 거칠게 아이의 행방을 묻는 곰치에게 "뭍으로 가야 안 죽어! 지 명대로 살라면 뭍으로 가야 해!"라고 말하고 있다. 이는 남은 아들마저 어부로 키우려는 곰치와 아들의 목숨을 앗아 갈지도 모르는 바다로부터 아들을 지키려는 모성애에서 비롯된 것이다. 이를 통해 구포댁이 뭍을 뱃사람으로서의 운명에서 벗어날 수 있는 공간으로 여기고 있음을 알 수 있다.

012 파수꾼 _이강백

208~211쪽

키포인트 체크 위선적, 진실, 망루, 다, 이리 떼, 촌장

1 ② **2** ③ **3** ⑤ **4** ④ **5** 파수꾼 다는 진실을 밝혀서 얻는 평화를, 촌장은 거짓된 공포를 통해 얻는 질서를 중요시하고 있다. **6** ③ **7** ③ **8** ⑤ **9** 진실을 감추면서 촌장만이 누리고 있는 특권을 의미한다.

1 이 작품은 '이리 떼', '흰 구름' 등을 통해 권력자의 위선과 그 뒤에 숨겨진 진실을 상징적으로 제시하고 있다.

2 ㉢은 파수꾼 다를 회유하기 위한 촌장의 대사로, 뒷부분에 이어지는 "그러나 잘될까? 흰 구름, 허공에 뜬 그것만으로 마을이 잘 유지될까? 오히려 이리 떼가 더 좋은 건 아닐지 몰라."라는 촌장의 대사나 파수꾼 다를 협박하는 촌장의 모습으로 보아 촌장이 자신의 잘못을 진심으로 뉘우치고 있다고 보는 것은 적절하지 않다.

3 '흰 구름'은 공동의 위기의식이 아니라 이리 떼의 습격이라는 담론 뒤에 숨겨진 진실을 의미한다.

4 〈보기〉는 우화의 보편성과 상징성에 대해 설명하고 있다. 두 가지 성질을 모두 지적하고 있는 것은 ④로, 역사에서 반복된다는 것은 보편성을, '권력의 부패'는 상징성을 보여 준다.

5 파수꾼 다는 사람들이 있지도 않은 이리 떼 때문에 두려움에 시달리는 것을 부당하다고 보고 있으며, 촌장은 이리 떼에 대한 공포를 유지함으로써 마을의 질서가 계속되기를 바라고 있다.

6 촌장은 진실을 밝히려는 파수꾼 다를 회유, 동정심 유발, 거짓 약속 등 다양한 설득을 통해 서서히 굴복시켜 나가고 있다. 파수꾼 다가 '흰 구름'이 내일 사라지는 것이냐는 촌장의 물음에 아니라고 답하고 있으므로 내일이면 사라지는 '흰 구름' 때문에 촌장의 요구를 수용했다고 보기는 어렵다.
오답 뜯어보기 ①, ② 이 작품은 이리 떼는 존재하지 않는다는 진실을 밝히려는 파수꾼 다와 이를 은폐하려는 촌장 간의 갈등을 보여 주고 있다. ④, ⑤ 파수꾼 다는 촌장에 맞서 마을 사람들에게 진실을 밝히려고 하지만 촌장에게 서서히 설득당해 "이리 떼가 몰려온다!"라고 외치고 있다. 작가는 이러한 파수꾼 다의 모습을 통해 권력에 굴복하고 마는 개인의 나약함을 드러내고 있다.

7 촌장은 자신의 이익을 위해 현실을 왜곡하고 모든 사람들을 속이는 인물로, 진실을 은폐하기 위해 파수꾼 다를 마을에 오지 못하게 하는 것으로 보아 파수꾼 다에 대해 미안해하고 있다고 보기 어렵다.
오답 뜯어보기 ① 파수꾼 다는 촌장에게 설득당해 결국 "이리 떼다, 이리 떼! 이리 떼가 몰려온다!"라고 외치고 있다.
②, ⑤ 파수꾼 가와 파수꾼 나는 '이리 떼'의 진실을 알리는 시도조차 하지 않고 기존 체제와 권력에 순응하는 인물이다.
④ '이리 떼'의 실체가 적힌 파수꾼 다의 편지가 마을에 알려졌음에도 불구하고, 촌장과 촌장에게 설득당한 파수꾼 다로 인해 마을 사람들은 '이리 떼'의 실체를 파악하지 못하게 되었다.

8 촌장이 마을 사람들에게 말을 할 때, 실제로 마을 사람들이 등장하고 있지 않다. 이는 무대에서 이루어지는 연극의 특성상 등장인물 수의 제약이 따르기 때문으로 볼 수 있다. 따라서 촌장이 마을 사람들에게 말을

할 때 관객들을 바라보며 말하는 것은 적절한 방안이다. 실제로 이 작품은 관객들을 마을 사람들로 설정하여 관객들이 극에 더욱 몰입할 수 있도록 하고 있다.
오답 뜯어보기 ① 흰 구름은 이리 떼의 실체로, 마을 사람들은 이리 떼의 실체에 대해 알지 못하므로 이를 무대 전체에 까는 것은 적절하지 않다.
② 촌장은 거짓 진실을 강변하는 인물이므로 위선적이지만 진지한 표정을 지어야 한다.
③ 이리 떼는 실재하지 않는 대상이므로 무대 배경에 이리 떼를 그리는 것은 적절하지 않다.
④ 파수꾼 다는 촌장에게 저항하다가 회유되고 마는 나약한 소년이므로 건장한 체격의 배우는 적절하지 않다.

9 이리 떼에 대한 공포 때문에 촌장을 제외한 마을 사람들은 딸기가 있는 장소에 접근하기 힘들다. 이런 점으로 볼 때 '딸기'는 촌장이 마을 사람들을 속이며 독차지하고 있는 특권을 상징한다. 촌장은 딸기를 언급하며 파수꾼 다를 회유하고 있다.

013 결혼 _이강백

212~215쪽

키포인트 체크 결혼, 저택, 하인, 물건, 청혼

1 ③ **2** ④ **3** ④ **4** ㉠ 긴장감을 고조하는 ㉡ 우리가 소유한 모든 것은 빌린 것 **5** ② **6** ② **7** ⑤ **8** ① **9** 여자가 남자에 대한 자신의 사랑을 깨닫고 결혼을 결심하게 된다.

1 이 작품은 한정된 시간 안에 결혼을 해야 하는 남자의 결혼 과정을 그린 것으로 전래 동화의 내용과는 관계가 없다.
오답 뜯어보기 ①, ④ '작가 노트'의 내용을 통해서 알 수 있다.
② 남자가 낭독하는 이야기책의 내용은 모두 극 중 현실로 나타나고 있다.
⑤ 남자와 여자를 통해 물질적 가치를 중시하는 사회의 단면을 드러내고 있다.

2 남자가 읽어 주는 이야기책의 내용은 남자 자신의 이야기로 볼 수 있다. 그러나 이야기책과 이 작품의 내용이 환상적인 성격을 지닌 것은 아니다.

3 〈봉산 탈춤〉의 '말뚝이'는 '구경하시는 양반들'에게 말을 걸고 있고, 이글의 하인은 관객에게 극의 진행에 필요한 소품을 빌리고 있다. 이를 통해 이 작품과 〈보기〉 모두 무대와 객석 간의 구분이 엄격하지 않고 배우와 관객 간의 소통을 도모하고 있음을 알 수 있다.

4 남자가 빌린 물건들은 각각 돌려주어야 할 시간이 다른데, 각 물건을 돌려줄 시간이 다가온다는 설정은 극의 긴장감을 고조시키고 있다. 그리고 물건을 빌렸다가 돌려주어야 하는 설정은 이 세상의 모든 것이 본래 남의 것을 빌린 것이라는 주제를 전달하고 있다.

5 하인은 남자를 저택에서 쫓아내기 위해 엄청나게 큰 구두를 가져와 신고 남자에게 다가감으로써 극의 긴장감을 높이고 있다.

6 (나)에서 남자는 자신이 펼치는 논리만을 강조할 뿐 사회적 통념에 대해 언급하지는 않고 있다.
오답 뜯어보기 ① 남자는 "난 사기꾼입니다.", "이렇게 빈털터리입니

다."라고 자신의 부정적 면모를 여자에게 직접적으로 고백하고 있다.

③ 관객에게 "이게 당신 겁니까? 정해진 시간이 얼마지요?", 여자에게 "덤, 당신은 어떻습니까?" 등의 질문을 던지며 상대방이 자신의 처지를 생각해 볼 수 있도록 이끌고 있다.

④ 무언가를 빌려 소중히 다루다가 돌려주었던 자신의 경험을 바탕으로, 여자에게 당신을 아끼고 사랑하겠다며 결혼에 대한 자신의 생각을 제시하고 있다.

⑤ 넥타이를 빌렸던 남성 관객에게 말을 걸어 동의를 구하며 자신의 주장을 강화하고 있다.

7 넥타이를 빌렸던 남성 관객과 여자를 향한 남자의 대사에는 우리가 가진 모든 것은 잠시 빌린 것이므로 그것을 빌리는 동안 아끼고 사랑하는 태도와 마음으로 대해야 한다는 주제 의식이 담겨 있다.

8 여자가 멈칫 선 이유는 남자에게 미련이 있기 때문이다. 이는 남자에게 호감이 있음을 보여 준다. 그럼에도 얼굴은 남자를 외면하는 이유는 빈 털터리라는 남자의 조건 때문에 청혼을 승낙하기가 망설여지기 때문이다. 여자는 남자에게 호감은 있으나 청혼을 승낙하는 것은 갈등하고 있음을 알 수 있다.

9 남자가 하인의 구둣발에 걷어차이는 모습을 보고 여자는 드디어 남자에 대한 자신의 사랑을 깨닫고 결혼을 결심하게 된다.

---

014 둥둥 낙랑둥 _ 최인훈

216~219쪽

키포인트 체크 고구려, 죄책감, 대무신왕, 북

1 ⑤ **2** ③ **3** ② **4** 자신의 공적을 이루는 과정에서 낙랑 공주가 희생하였기 때문이다. **5** ③ **6** ④ **7** ③ **8** ⑤ **9** 자신 때문에 죽은 낙랑 공주에게 속죄하기 위해서이다.

1 부장은 '어찌할 수 없는 일이었습니다.'를 반복하며 호동의 죄책감을 덜어 주려 하고 있다(ㄷ). 또한 호동의 큰할아버지인 주몽의 선례를 들어 호동이 낙랑 공주의 힘을 빌려 전쟁에서 이긴 것을 정당화하고 있다(ㄹ).

2 [A]에서 부장이 호동에게 "공주께서 그 이야기를 하시더라는 말씀을 왕자님께서 들었을 때처럼 무서웠던 적이 없습니다."라고 말하는 것을 보면 부장이 호동과 낙랑 공주 사이에 있었던 일을 호동으로부터 전해 들었음을 알 수 있다. 따라서 부장이 늘 호동과 함께 있었던 것은 아님을 알 수 있다. 또한 이 작품의 중심인물은 호동과 낙랑 공주이므로 부장이 극에서 제일 중요한 역할을 하고 있다고 보기도 어렵다.

오답 뜯어보기 ① [A]에서 공주의 비중이 큰 편이므로 연극 속의 연극으로 재구성할 때 공주를 직접 등장시키면 관객의 흥미 유발과 사건의 자연스러운 진행에 도움이 된다.

② 조명을 통한 배경의 변화는 시간의 변화를 표현하는 데 적절한 방법이다.

④ 희곡은 공간적 제약이 있다는 점에서 배경이나 대사를 재구성하는 것은 바람직한 방법이다.

⑤ [A]에서 왕비는 비중이 적으므로 굳이 무대에 등장할 필요 없이 왕비가 자명고의 비밀을 말해 주지 않았다는 사실을 호동과 낙랑 공주의 대사로 처리하는 것은 적절하다.

3 ⓑ는 낙랑 공주의 쌍둥이 언니이자 호동의 의붓어머니인 '왕비'를 의미한다. 반면 ⓐ, ⓒ, ⓓ, ⓔ는 모두 '낙랑 공주'를 의미한다.

4 이 글에서 호동은 자신을 영웅이라고 추켜세우는 부장의 말에도 죄책감에서 벗어나지 못하고 있다. 이는 자신을 영웅으로 만든 전쟁에서의 승리가 사실은 연인인 낙랑 공주의 희생을 바탕으로 한 것이기 때문이다.

5 〈보기〉에서 낙랑 공주는 자명고를 찢은 후 아버지인 낙랑 태수에게 목숨을 잃게 된다. 이 작품에서 낙랑 공주와 자신 사이에서 정체성의 혼란을 느끼는 왕비가 "이 몸은 비록 어버이 칼에 쓰러졌을망정"이라고 이야기하는 것으로 보아 이 작품에서 역시 낙랑 공주가 자명고를 찢은 후 부모의 칼에 목숨을 잃었음을 알 수 있다.

오답 뜯어보기 ④ 호동은 〈보기〉에서는 원비의 참소 때문에, 이 작품에서는 주몽의 신내림을 받은 왕비의 판결 때문에 죽게 된다.

⑤ 〈보기〉에서는 호동이 공주에 대한 사랑으로 번뇌하다 자살하게 된다. 이 작품에서는 공주에 대한 번민 때문에, 울려서는 안 될 검은 북을 울려 난쟁이의 칼에 죽게 된다.

6 호동은 제단 위에 있는 왕비와 대화하다가 휘장 뒤로 이동하여 난쟁이에게 목이 잘리게 된다. 따라서 휘장 뒤에 제단을 만드는 것은 적절하지 않다.

7 호동은 자신이 고구려의 왕자임을 잊지 않고 있으나 낙랑 공주에 대한 죄책감을 떨치지 못하고 빚을 갚기 위해 검은 북을 울리고 있다. 반면 왕비는 죽은 호동을 보고 자신과 낙랑 공주 사이에서 정체성의 혼란을 겪으며 죽은 호동을 따르려 하고 있다.

8 왕비는 낙랑 공주 역할을 하면서 역할 놀이와 현실을 구분하지 못하게 되었다. 왕비가 기억을 떠올리는 데 어려움을 겪었다는 근거는 찾아볼 수 없다.

9 호동은 낙랑국을 상징하는 검은 북을 치고 있다. 이는 자신 때문에 죽은 낙랑 공주에 대한 속죄이자, 자신의 죄책감을 해소하기 위한 행동으로 볼 수 있다.

---

015 칠산리 _ 이강백

220~223쪽

키포인트 체크 빨치산, 이념, 칠산리, 면장, 무덤, 무덤

1 ⑤ **2** ④ **3** ① **4** 등장인물이 무대 가운데로 나왔다가 역할이 끝나면 퇴장하고 장면을 드러내는 소품을 사용하여 한 무대 공간에서 과거와 현재가 교차하도록 구성하였다. **5** ② **6** ⑤ **7** ④ **8** 차남은 칠산리만이 고향이라고 생각하고, 장남은 어머니가 계신 모든 곳이 칠산리이기 때문에 그 어디든 어머니를 모신 곳이면 고향이 될 수 있다고 생각한다.

1 이 작품에는 서술자 역할을 하는 등장인물이 따로 존재하지 않는다. 일부 희곡의 경우 서술자 역할을 하는 인물이나 해설자가 등장하기도 하지만, 이 작품에는 해당되지 않는다.

오답 뜯어보기 ① 어미 무덤의 이장 문제를 둘러싸고 자식들과 면장이 갈등을 겪고 있다.

③ 면장은 면사무소가 문을 닫을 시간이라면서 자식들에게 결정을 재촉하여, 시간이 흐를수록 긴장감이 점차 고조되고 있다.

2 자식들은 합창을 통해 세상의 온갖 색을 지우고 새하얗게 세상을 덮는 눈과 같은 어머니의 사랑과 희생을 노래하고 있다. 합창에는 온갖 위협에도 불구하고 자신을 희생하여 자식들을 품어 낸 어미에 대해 자식들이 느끼는 그리움과 존경심이 드러난다. 그러나 이 합창을 통해 면장과 자식들 간의 갈등이 해소되지는 않는다.

오답 뜯어보기 ① 자식들은 합창을 하며 어미의 희생을 기리고 어미를 그리워하며 결속된 모습을 보인다.

3 〈보기〉를 통해 과거의 전쟁과 이념 대립이 시간이 흐른 지금까지도 사람들의 의식에 영향을 미치고 있음을 알 수 있다. 전쟁은 끝났지만 그로 인한 상처와 비극은 여전히 현재 진행형으로 사람들을 지배하고 있는 것이다.

4 무대 조명이 어두워지면서 ⊙에서는 과거에서 현재로 장면이 전환된다. 간난이는 죽은 어미를 등에 업고 퇴장하고 면장은 직접 책상을 밀며 무대 가운데로 나온다. 이처럼 이 작품은 빠른 장면 전환과 이야기 전개를 위해 등장인물들이 무대로 나왔다가 역할이 끝나면 제자리로 돌아가거나 퇴장하도록 하고, 장면을 드러내는 소품을 사용하여 한 무대 공간에서 과거와 현재가 교차하도록 구성한 것이 특징이다.

5 (가)에서는 어미의 무덤 이장 문제를 두고, 자식들 간에 생각이 달라 갈등을 겪고 있다.

오답 뜯어보기 ① 칠산리에 대한 감정은 자식들마다 서로 다르지만, 어미의 삶에 대해서는 자식들 모두 같은 생각을 하고 있다.

6 다른 자식들이 칠산리에 오지 않은 이유는 이 글에 정확하게 드러나 있지 않아 알 수 없다. 따라서 칠산리에 오지 않은 자식들을 치유와 화합을 거부하거나 이분법적 사고에서 벗어나지 못하는 인물로 해석하는 것은 적절하지 않다.

오답 뜯어보기 ③, ④ 장녀는 칠산리를 인정하면 어머니의 자식이고 그렇지 않으면 어머니의 자식이 아니라고 말하면서 이분법적인 사고를 드러내고 있다. 장녀의 이러한 사고방식은 자식들 간의 갈등을 최고조에 이르게 한다. 반면 장남은 칠산리에 오든 오지 않든 모두가 어머니의 자식이라고 말하며 이분법적 사고에서 벗어난 모습을 보여 주고 있다.

7 (나)에서는 어머니가 세상을 뒤덮듯이 온 세상이 새하얗게 된다고 하며, '눈'이 내리는 모습을 어머니의 사랑에 빗대어 표현하고 있다. 어미가 버려진 자식들을 감싸 주었던 것처럼 새하얀 눈이 이념 갈등으로 혼탁한 세상을 뒤덮는 모습을 통해 화해와 치유의 가능성을 보여 주고 있다. 한편 〈보기〉는 '물'과 '불'의 대조적 이미지를 통해 삭막하고 황폐한 현대 사회에서 벗어나 '너'와 '나'가 '우리'가 되는, 생명력과 조화가 넘치는 공동체적 삶에 대한 소망을 나타낸 시의 일부분이다. 〈보기〉의 '물'은 포용력, 생명력, 정화력을 지닌 존재를 상징하며, 모든 것을 태우는 '불'을 잠재우고 '그대'를 '인적' 그친 넓고 깨끗한 '하늘'로 인도하는 역할을 하고 있다. '물'은 갈등, 대립, 고통을 해소함으로써 평화와 화합, 생명력이 넘치는 세계로 이끈다는 점에서 (나)의 '눈'과 그 기능이 유사하다.

오답 뜯어보기 ① 불: '물'과 대립되는 시어로, 모든 것을 태워 버린다는 점에서 죽음, 파괴, 소멸을 상징하고 있다. 갈등을 잠재우고 포용하는 '눈'의 이미지와는 거리가 멀다.

② 숯이 된 뼈: '불'에 의해 생명력을 잃어버린 존재를 의미한다.

③ 그대: 시적 화자가 말을 건네는 대상으로, 포용과 화합의 모습으로

만나고자 하는 존재이다.

⑤ 하늘: 대립과 갈등이 사라지고 완전한 합일을 이루고 생명력이 충만한 세계이자 화자가 지향하는 궁극적인 만남의 공간을 상징한다.

◀ **지식 +**

• 강은교, 〈우리가 물이 되어〉

이 시는 '우리가 물이 되어 만난다면'이라는 가정법 형식을 통해 완전한 합일과 생명력이 넘치는 세계에 대한 소망을 형상화하고 있다. 물길을 따라 흐르며 메마른 것들을 적시고 바다에 가 닿는 물의 모습을 묘사하고, 모든 것을 태워 버리는 삭막하고 뜨거운 불과 뜨거운 세상을 잠재우고 치유하는 물의 이미지를 대비함으로써, 생명력의 회복과 그대와의 만남에 대한 열망을 효과적으로 드러내고 있다.

8 차남은 칠산리가 '마지막 돌아갈 곳'이므로 어머니 무덤은 칠산리에 있어야 한다고 말하며, 칠산리를 고향으로 여기고 있음을 드러내고 있다. 그러나 장남은 어머니가 계시는 곳이라면 세상 어디든지 칠산리라고 말하며 어머니를 정신적 고향으로 여기고 있음을 드러내고 있다. 장남에게는 고향이 특정한 물리적 공간으로 한정되는 것이 아니라 정신적인 공간임을 알 수 있다.

---

016 북어 대가리_이강백 `224~227쪽`

키포인트 체크 자양, 창고, 산업, 창고, 편지, 기임

1 ④ **2** ④ **3** 외부와의 소통이 단절된 폐쇄적인 공간이다. **4** 물건이 잘못 만들어질 수 있으, 알려야 한다. 상자를 잘못 배달한 일의 결과도 모르, 알릴 필요가 없다. **5** ③ **6** ③ **7** ② **8** 자양은 세계에 대한 자신의 인식과 신념에 의혹을 품지만 이내 자신의 일상을 되풀이한다.

1 '딸기코', '외눈깔', '노름꾼' 등의 명칭은 원래의 이름이 아닌 별명이라는 점에서 현대 사회의 익명성과 관련 있다. 이러한 별명이 개인의 가치보다 능력을 더 중시하는 사회적 분위기를 드러낸다고 보기는 어렵다.

2 '편지'는 자양이 잘못 배달된 상자에 대한 내용을 담아 상자 주인에게 전달하려는 것으로 잘못된 일을 바로잡고자 하는 인물의 의도가 담겨 있을 뿐, 운전수의 권위에 도전하는 것으로 보는 것은 적절하지 않다.

3 '창고'는 외부 세계와 단절된 공간으로, 자양은 운전수를 통해 편지를 전달하고자 하고 있다. 〈보기〉에서 '창고'가 창문도 없이 출입구만 있는 어둡고 해가 들지 않는 공간으로 설명되어 있으므로, 외부와의 소통이 단절된 폐쇄적 공간임을 짐작할 수 있다.

4 자양은 엉뚱하게 바뀐 상자 때문에 물건이 잘못 만들어지면 안 되기 때문에 상자 주인에게 물건이 잘못 배달되었음을 알려야 한다고 이야기하고 있다. 그와 달리 운전수는 상자 속의 부품으로 무엇을 만드는지도 모르는 상황에서 상자를 잘못 배송한 것이 잘한 일인지 못한 일인지도 모르므로 덮어 두는 것이 좋다고 이야기하고 있다.

5 기임은 창고에 혼자 남게 될 자양을 걱정한다. 아무 물건이나 가져가려는 다령의 행동을 저지하고 북어 대가리를 건네며, 창고 앞 상자들을 창고 안으로 옮겨 주고 갈지 묻기도 한다. 기임의 이러한 행동에는 떠나는 사람으로서의 미안함과 홀로 남겨질 자양에 대한 배려가 담겨 있음을 알 수 있다.

정답과 해설

6 '폐쇄적 산업 사회'는 다른 곳에서의 일은 알지 못한 채 맡겨진 일에만 충실해야 하는 '창고'와 대응한다. 또한 자양의 마지막 대사를 통해 '북어 대가리'는 정체성을 잃고 기계화되어 가는 현대인을 비유하고 있음을 알 수 있다.

7 ㉡에서 기임에게 줄 스웨터를 건네는 자양의 대사를 부드러운 어조로 처리하는 것은 적절하지만, 자양이 헤어지는 날을 예상하며 스웨터를 준비한 것이 아니므로 안도감보다는 아쉬움이 드러나도록 표현하는 것이 더 적절하다.

〈오답 뜯어보기〉 ① 다링은 기임이 얼른 물건을 챙겨서 함께 창고를 떠나기를 바라고 있으므로 적절한 진술이다.

⑤ 자양은 오랫동안 함께했던 기임을 떠나보내며 아쉬움을 느끼고 있으므로 적절한 진술이다.

8 ⓐ에서 자양은 세계에 대한 자신의 인식과 신념에 처음으로 의혹을 제기하며, 창고 밖의 세상이 부정적인 것이라면 창고 안에서의 자신의 성실함과 노력이 무의미해지는 것이 아닌지 혼란을 느끼고 있다. 하지만 자양은 이내 자신의 의심이 틀린 것이라고 이야기하며 ⓑ와 같이 늘 하던 대로 상자들을 쌓고 있다.

---

017 비 오는 날이면 가리봉동에 가야 한다_양귀자 원작, 김윤주 각색 228~231쪽

키포인트 체크 남편, 아내, 임 씨, 원미동, 옥상

1 ③　　**2** ④　　**3** ①　　**4** 이 사내가 견적대로의 돈을 다 받기가 민망하여 우정 지어내 보이는 열정이라고 여겼었다.　　**5** ⑤　　**6** ②　　**7** ⑤　　**8** ①

9 ⑤　　**10** 임 씨가 자신보다 나이가 어린 사람에게 고용된 것을 알면 자괴감을 느낄까 봐 임 씨를 배려하여 말한 것이다.

1 이 글에서는 '가리봉동'이라는 구체적인 지명을 드러내 극의 내용에 사실감을 더하고 있다.

〈오답 뜯어보기〉 ①, ②, ④ 이 글은 낭독극이기 때문에 각 역할을 맡은 연기자의 목소리 연기를 중심으로 하여 극이 진행되며 특별한 의상이나 분장, 무대 장치가 없다.

⑤ 과거와 현재가 교차하는 구성은 나타나 있지 않다.

2 임 씨가 '비 오는 날'에 가리봉동에 가는 이유는 '쉐타 공장 하던 놈'에게 떼인 연탄값을 받으러 가기 위해서이다. '노가다들'의 소식을 듣고 또 다른 일자리를 구하려고 가리봉동에 가는 것은 아니다.

〈오답 뜯어보기〉 ① 임 씨가 떼인 연탄값은 '자그마치 팔십만 원'이다. 이는 임 씨가 '쉐타 공장 하던 놈'에게 일 년 동안 대 준 연탄에 대한 대가이므로, 임 씨가 떼인 연탄값이 임 씨에게 매우 큰돈임을 짐작할 수 있다.

③ 〈보기〉에서 "큰놈 자전거도 나오고 우리 농구 선수 운동화도 나오지요. 마누라 빠마값도 쑥 빠집니다요."라고 말하는 것으로 보아 임 씨가 떼인 연탄값은 임 씨 가족의 생활비로 쓸 돈임을 짐작할 수 있다.

3 ㉠은 임 씨가 기술적으로 뛰어나다는 것뿐만 아니라 임 씨가 정성을 들여 성실하게 일하는 모습을 표현한 것으로, 최선을 다해 일하는 임 씨에 대한 남편의 존경심이 드러나 있다고 할 수 있다.

4 내레이터의 대사 중 "이 사내가 견적대로의 돈을 다 받기가 민망하여 우정 지어내 보이는 열정이라고 여겼었다."를 통해 남편과 아내가 임 씨

가 성실하게 일하는 모습을 보고도 그가 첫 견적대로의 금액을 다 받아 내기 위해서 열심히 일하는 것으로 오해했음을 짐작할 수 있다.

5 이 글에서 남편은 임 씨의 성실하고 정직한 모습 앞에서 자신의 삶을 성찰하게 되고 부끄러움을 느낀다. 이러한 남편과 임 씨의 관계 변화를 통해 작가는 타인에 대한 이해와 소통의 중요성을 강조하고 있다. 임 씨를 불신하는 남편과 아내의 모습을 보여 주기도 하지만 궁극적으로는 공동체 구성원 간의 소통과 상생을 추구해야 한다는 주제 의식을 드러내고 있다. 따라서 이 글에 각박한 시대 현실에 대한 비관적인 시선이 드러나 있다는 진술은 적절하지 않다.

〈오답 뜯어보기〉 ① 남편과 아내는 평범한 소시민이며 이 글에는 이들의 일상이 나타나 있다.

②, ④ 남편과 아내는 임 씨가 견적서를 받아 다시 계산을 하는 모습을 보고 공사비를 더 많이 요구할까 봐 경계하였다. 그러나 임 씨가 비용을 정직하게 계산하여 처음의 견적보다 적은 금액을 청구하자 당황하며 임 씨에게 미안함을 느끼는 모습이 드러나 있다.

③ 등장인물들이 나누는 대화를 통해서 인물의 성격이 간접적으로 드러나 있다.

6 ㉠처럼 말하고 남편을 쳐다보는 아내에 대해 남편이 '옥상 일까지 시켜 놓고 돈을 다 내주기가 아깝다는 뜻이렷다.'라고 생각한 것으로 보아, 아내가 '조금 깎아 주시면 안 돼요?' 하는 말을 생략한 것으로 보는 것이 적절하다.

7 임 씨가 ㉡처럼 말한 이유는 공사에 들어간 비용을 다시 계산하여 부부에게 정직하게 공사비를 청구하기 위해서이다. 부부에게 잘 보이기 위한 것과는 거리가 멀다.

8 ㉢에는 남편이 임 씨가 견적보다 많은 비용을 청구할까 봐 걱정하고 있는 스스로에게 느끼는 부끄러움과 실망감이 드러나 있다. ①은 윤동주의 〈참회록〉의 일부분으로 국권 상실의 역사를 경험한 화자가 암울한 시대에 무기력하게 살아온 자신의 삶을 성찰하며 느끼는 부끄러움과 고뇌가 드러나 있다.

〈오답 뜯어보기〉 ② 이성부의 〈벼〉의 일부분이다. 이 시는 '벼'라는 소재를 통해 민족, 민중의 공동체 의식을 나타낸 작품으로, 비유와 상징의 기법으로 주제를 형상화하고 있다.

③ 조지훈의 〈마음의 태양〉의 일부분이다. 이상 세계에 대한 동경과 맑은 넋을 지닌 삶을 살고 싶다는 소망을 드러내고 있다.

④ 김영랑의 〈오월〉의 일부분이다. 오월에 느낄 수 있는 봄의 생명력을 향토적인 소재들을 통해 형상화하고 있다.

⑤ 고정희의 〈상한 영혼을 위하여〉의 일부분이다. 어려운 상황에도 굴하지 않고 강한 의지로 견디어 나가는 삶의 태도를 형상화한 시로, 고통을 직시하고 그에 맞서려는 각오를 드러내고 있다.

9 남편은 임 씨가 처음의 견적보다 적은 비용을 청구하자 당혹스럽기도 하고 임 씨가 수고의 대가를 너무 적게 받는 것이 아닐까 하는 생각에 미안한 마음이 들었을 것이다. 따라서 ㉣에 어울리는 지시문으로는 '마음이 편치 않은 듯한 표정으로'가 적절하다.

10 남편이 임 씨보다 나이가 한 살 어리지만 임 씨에게 동갑이라고 말한다. 이는 임 씨가 자신보다 나이가 어린 사람에게 고용된 것을 알면 자괴감을 느낄까 봐 임 씨를 배려하고자 한 것이다.

2 | 한국 시나리오

030 오발탄 _ 이범선 원작, 나소운·이종기 각색 _ 244~247쪽

무력감, 6, 25, 아내, 이, 치과

1 ③　**2** ①　**3** 현실에 대한 거부감, 고향으로 돌아가고자 하는 소망, 고향에 대한 그리움　**4** ⑤　**5** ④　**6** 현실의 고통과 압박감에서 해방되고 싶었기 때문이다.　**7** 전후 사회에서 삶의 방향 감각을 잃은 철호의 모습을 의미한다.

1 집으로 돌아온 철호는 명숙에게 아내가 위독하다는 사실을 듣고 병원으로 가지만 이미 아내는 목숨을 잃은 상황이다. 거리로 나온 철호는 자신이 동생 영호에게 했던 말을 떠올리고 있는데, 이는 성실하고 양심적으로 살았지만 아내를 잃을 수밖에 없는 자신의 무기력함에 대해 자괴감을 느꼈기 때문으로 볼 수 있다.

　오답 뜯어보기 ① 철호는 아내가 위독하다는 사실에 충격을 받고 병원비를 가져가야 한다는 사실조차 깨닫지 못하고 있다가 명숙이 준 돈을 받고 있다. 따라서 명숙이 준 돈에 대해 못마땅해하고 있다고 보기는 어렵다.

② "가자!"는 어머니의 핀잔이 아니라 고향으로 돌아가고자 하는 소망의 표현이다. 또한 어머니의 이러한 외침에 대한 철호의 감정은 비극적 상황에 대한 분노이지, 이를 단순히 불만으로만 보는 것은 적절하지 않다.

④ 철호가 아내가 위독한 사실을 늦게 알게 된 것을 가정에 소홀했기 때문으로 보기는 어렵다.

⑤ 아내가 아이를 낳다가 잘못된 것은 희생보다 사고에 가까운 일이다. 철호 또한 아내의 갑작스러운 죽음에 절망을 느끼고 있다.

2 〈보기〉의 "철호는 갑자기 이가 쑤시는 것을 느꼈다. 아침부터, 아니 벌써 전부터 훌떡훌떡 쑤시는 충치가 갑자기 아팠다. 양쪽 어금니가 아래위 다 쑤셨다. 사실은 어느 것이 정말 쑤시는 것인지조차도 분간할 수가 없었다."에는 치통을 앓는 철호의 괴로운 심리가 구체적으로 드러나 있다. 이는 S# 110에서 '철호의 얼굴이 점점 찌푸려지며 손으로 볼을 움켜쥔다'는 표정과 행동으로 드러나고 있다.

3 월남민인 철호의 어머니는 전쟁의 상처로 정신 이상자가 된 인물이다. 철호의 어머니가 가고 싶어 하는 곳은 전쟁이 일어나기 전의 고향으로, "가자!"라는 말에는 현재의 삶을 부정하고 그것으로부터 벗어나고자 하는 심리와 고향에 대한 그리움, 고향으로 돌아가고 싶은 바람이 담겨 있다고 볼 수 있다.

4 〈보기〉에서 만도는 일제 강점기에 강제 노역을 하다가 한쪽 팔을 잃었고 아들인 진수는 6·25 전쟁으로 인해 한쪽 다리를 잃었다. 만도가 진수를 등에 업고 외나무다리를 건너는 것은 서로에게 의지함으로써 현재의 비극적인 상황을 극복하려는 태도로 볼 수 있다. 따라서 만도는 철호에게 현재의 상황에 절망하지 말고 가족 간에 서로 힘을 합쳐 이겨 나가라고 말할 수 있을 것이다.

5 〈보기〉는 피를 흘리고 있는 철호의 모습을 직접적으로 보여 줌으로써 인물에게 닥친 비극을 부각하고 있다. 이에 비해 [A]에서는 떨어지는 유성과 목적지 없이 달려가는 자동차 등 원경에서 잡은 배경 묘사를 통해 인물의 처지를 상징적으로 보여 주고 있다.

6 이 작품에서 철호가 겪는 치통은 세상을 정직하게 살아가려는 철호의 정신적 고통을 의미한다. 따라서 앓던 이를 모두 뽑아 버리는 철호의 행위는 자신의 삶을 고통스럽게 하는 모든 것을 없애 버리려는 것으로 볼 수 있다.

7 정직하고 성실하게 살아가고자 하는 철호의 양심이 소용없게 되는 전후 사회의 부조리는 결국 철호를 '잘못 쏜 탄환'과 같이 방향 감각을 잃은 '오발탄'과 같은 존재로 만들고 있다. 따라서 '오발탄'은 전후 사회에서 방향 감각을 상실하고 방황하는 철호의 모습을 의미한다고 볼 수 있다.

031 난장이가 쏘아 올린 작은 공 _ 조세희 원작, 박진숙 극본 _ 248~251쪽

난장이, 재개발, 판자촌, 철거 계고장

1 ⑤　**2** ②　**3** ③　**4** 철거 계고장을 받은 난장이 가족에게 마땅한 대책이 없음을 알기 때문에 민망해서　**5** ①　**6** ④　**7** ⑤　**8** ④　**9** 현재의 시련을 딛고 행복해지기를 바라는 영희의 소망을 상징적으로 전하기 위해서

1 S# 12에서 통장이 무허가 판자촌에 살고 있는 난장이 가족에게 철거 명령을 알리는 계고장을 전달하고 있다. 통장은 난장이 가족에게 돈을 구해 아파트 입주를 하라는 대안을 제시하면서도 가난한 난장이 가족에게는 그 대안이 실현 불가능한 대안임을 알기 때문에 민망해하고 있다.

2 '철거 계고장'은 무허가 판자촌에 있는 난장이 가족의 집을 철거하라는 명령이 담긴 문서이다. 난장이 가족은 삶의 터전을 잃을 위기에 처했지만 가난한 형편 때문에 다른 곳으로 이사를 할 수도 없는 처지이다. 따라서 철거 계고장은 앞으로 난장이 가족이 시련을 겪게 될 것임을 짐작하게 하여 극의 긴장감을 높이는 역할을 한다.

3 이 글과 달리 소설인 〈보기〉에는 서술자가 존재한다. 그러나 〈보기〉에서 서술자인 '나'가 도시 빈민의 비참한 처지를 직접 설명하는 부분은 나타나지 않는다.

　오답 뜯어보기 ① 이 글에서는 현재 시제로 이야기를 서술하고 있고, 〈보기〉에서는 '말했다', '중단했다', '내려다보았다'와 같이 과거 시제로 서술하고 있다.

② 〈보기〉는 작중 인물인 '나'(난장이의 큰아들인 영수)의 시점으로 이야기를 전개하고 있다.

④ 이 글에는 〈보기〉에는 등장하지 않는 통장이 등장하여 난장이 가족에게 철거 계고장을 전달함으로써 극의 긴장감을 높이고 있다.

4 철거 계고장을 전달하러 온 통장은 난장이 가족에게 20일 안에 집을 비워야 하는 상황을 전하며 대안을 제시하지만 가난한 난장이 가족에게는 현실성이 없는 제안임을 알기 때문에 민망해하고 있다.

5 S# 17은 가난한 난장이 가족이 철거 계고장을 받고 특별한 대책을 마련하지 못해 막막해하는 장면으로 인물들의 심리적 갈등이 잘 드러나 있다. 여기서 난장이인 아버지는 문제를 해결할 방법을 찾지 못하는 무기력한 모습을 드러내고 있다.

　오답 뜯어보기 ② 영희는 가족이 집을 빼앗길 처지에 놓였다는 것을 알지만 이를 극복하고 행복해지고 싶은 소망을 드러내고 있다.

③ 어머니는 철거 계고장을 받고는 더 이상 버틸 수 없다는 것을 알고

정답과 해설

절망하고 있다.

④ 영호는 다혈질적인 성격으로 시종일관 반항적인 태도를 보이고 거칠게 행동하고 있다.

⑤ 영수는 소극적인 성격을 지닌 인물로, 동생인 영호의 조롱과 비아냥거림에도 대꾸하지 않으며 화제를 돌리고 있다.

6 S# 17에서 어머니는 가장인 남편을 존중하고 배려하고 있음을 알 수 있다. 또한 집 밖으로 나서는 난장이를 가족들이 안쓰러워하는 표정으로 바라보고 있으므로, 가족들이 가장을 비난하고 싶어 한다고 보기 어렵다.

7 ⓛ에서 난장이는 철거 계고장을 받고 삶의 터전에서 쫓겨나야 하는 처지에서 가장으로 책임감을 느끼지만, 별다른 대책이 없으므로 가족들에게 미안한 마음에 일을 하러 나간다.

8 난장이 가족은 도시 재개발 때문에 집에서 내쫓길 위기에 놓여 있다. 이를 통해 급격한 산업화와 도시화 과정에서 가난한 소외 계층이 삶의 터전을 빼앗기던 당시의 시대상을 엿볼 수 있다(ㄷ). 또한 아버지인 난장이와 영수, 영희가 성실하게 일해도 집이 철거될 위기를 극복할 돈이 없어 막막한 처지로 내몰리는 데에서 도시 빈민들이 성실히 일해도 가난에서 벗어나기가 쉽지 않은 상황임을 알 수 있다(ㄱ). "선거철만 되면 시커먼 양복들 쫙 빼입고 와서는, 허가 내준다고" 말하고는 이를 지키지 않았다는 어머니의 말을 통해 선거철에만 도시 빈민을 찾아가서 지키지 않을 약속을 하는 사람들이 있었음을 알 수 있다(ㄹ).

9 영희가 쓰러진 꽃을 일으켜 세우는 장면을 삽입한 이유는 현재의 시련을 딛고 다시 행복해지기를 바라는 영희의 소망을 상징적으로 전달하기 위해서라고 볼 수 있다.

---

032 메밀꽃 필 무렵 _ 이효석 원작, 동희선·홍윤정 각본   252~255쪽

키포인트 체크 장돌림, 친구, 동이, 여름, 추억

1 ③   **2** ⑤   **3** ②   **4** 허 생원이 충주집에서 동이의 따귀를 때렸음.   **5** ④
6 ③   **7** ②   **8** 나도 이제부터는 자네처럼 땅뙈기나 좀 사 볼까?

1 이 글에서 허 생원은 조 선달의 요청에 따라 자신의 과거 이야기를 꺼내려 하고 있다. 따라서 허 생원이 자신의 속마음을 숨기고 조 선달을 속이려 한다는 진술은 적절하지 않다. 또한 회상에 잠겨 이야기를 시작하고 있으므로 교활한 표정을 지어 달라는 지시 사항도 적절하지 않다.

오답 뜯어보기 ① S# 43에서 조 선달이 동이를 보고 '걸음도 빠르고 힘이 센 녀석'이라고 말하고 있다. 따라서 동이가 힘이 세다는 특징과 극중 나이를 고려하여 동이 역은 젊고 힘이 세 보이는 배우가 맡는 것이 적절하다.

② 이 글의 시간적 배경은 달이 뜬 밤이므로 달이 뜬 저녁에 촬영하는 것이 적절하다.

④ 등장인물인 허 생원, 조 선달, 동이는 모두 장돌림이므로 직업에 맞는 의복, 방물 등을 준비하는 것이 적절하다.

⑤ S# 42에서 카메라를 수직으로 위를 향하여 움직이면서 촬영하는 기법인 '틸트 업'을 적용해야 하므로 적절한 지시 사항이다.

---

2 [A]에서 조 선달이 '달 밝은 밤'이면 하는 이야기를 해 보라며 허 생원을 부추기자 허 생원은 "어떻게 해서 그렇게 됐는지 지금 생각해도 도무지 알 수가 없어."라며 과거 이야기를 시작하고 있다. 따라서 조 선달은 주인공인 허 생원의 과거 이야기를 이끌어 내는 역할을 하고 있다.

오답 뜯어보기 ①, ② 인물 간의 갈등이나 긴장감을 고조시키는 상황은 나타나 있지 않다.

③ 조 선달이 허 생원의 삶의 내력을 직접 소개하는 내용은 나타나 있지 않다.

④ 조 선달이 허 생원의 숨겨진 심리를 파헤치는 내용은 나타나 있지 않다.

3 [A]에서는 조 선달의 "이렇게 달 밝은 밤이면"이라는 대사를 통해 배경을 간단히 제시한 것과 달리 〈보기〉에서는 "이지러졌으나 보름을 가제 지난 달은 부드러운 빛을 흐붓이 흘리고 있다."라는 묘사를 통해 달밤의 낭만적 분위기를 조성하고 있다.

오답 뜯어보기 ① 시나리오인 [A]와 달리 소설인 〈보기〉에는 서술자가 존재한다. 그러나 〈보기〉는 전지적 작가 시점으로 쓰였으므로 작중 인물이 서술자로 등장한다는 진술은 적절하지 않다.

③ 허 생원의 과거 이야기를 [A]의 조 선달은 물리도록 듣고, 〈보기〉의 조 선달은 귀에 못이 박히도록 들었다. [A]와 〈보기〉 모두 조 선달이 허 생원의 이야기를 여러 번 들었음을 알 수 있다.

④ [A]와 〈보기〉 모두 허 생원의 과거 이야기의 내용이 본격적으로 제시되어 있지 않다.

⑤ [A]와 〈보기〉 모두 허 생원의 이야기에 대한 조 선달의 태도 변화는 나타나 있지 않다.

4 허 생원과 조 선달은 뒤따라오는 동이가 자신들에게 해코지를 할까 봐 두려워하는데, 그 원인은 S# 43의 허 생원의 대사("아까 충주집에서 나한테 따귀 맞은 그 일 때문에?")를 통해 알 수 있다. 평소 충주댁에 관심이 있던 허 생원은 동이가 충주댁과 농담을 주고받는 것을 보고, 동이를 꾸짖으며 따귀를 때렸다.

5 조 선달이 물에 빠진 허 생원을 이상하게 여긴 것은 허 생원이 평소와 다르게 물에 빠지는 실수를 했기 때문이다. 조 선달이 허 생원과 동이의 관계를 이미 알고 있다고 판단할 수 있는 근거는 나타나 있지 않다.

오답 뜯어보기 ① 이 글의 인물들은 길을 따라 이동하며 대화를 나누고 있다.

② 허 생원은 동이와의 오해가 풀리고, 이런저런 질문을 던지며 대화를 나누고 있다. 이는 허 생원이 젊은 나이에 장돌림을 하는 동이의 처지에 연민을 느끼고 긍정적 관계를 맺어 나가는 과정으로 볼 수 있다.

③ 이 글의 등장인물들은 모두 장돌림이다. 따라서 그들은 장에서 장으로 이동하며 떠도는 삶을 살아가고 있다.

⑤ 허 생원은 봉평이라는 말에 놀라고 있다. 그것은 성 서방네 처녀와 단 한 번의 인연을 맺었던 곳이 봉평이기 때문이다. 이러한 사실은 동이가 성 서방네 처녀의 아들, 즉 자신의 아들일 수 있다는 생각으로 이어진다.

6 (가)에서 조 선달은 동이에 대한 오해가 풀리자 동이의 안타까운 처지에 연민을 느끼고 있다. 반면에 〈보기〉에서 조 선달은 허 생원이 동이를 꾸짖었던 일 때문에 동이가 자신과 허 생원에게 해코지를 할지도 모른다는 두려움을 느끼고 있다.

7 허 생원은 동이가 자신의 아들이라고 확신하여, 이제 진짜 아들과 가족이 생겼으므로 이전까지 가족처럼 여기던 나귀 새끼에게 애정을 둘 필요가 없다고 생각하고 있다.

8 허 생원은 장돌림으로 평생 이리저리 떠돌아다니며 살아왔다. 평생을 방랑하며 살아온 그가 추억할 만한 일은 오로지 성 서방네 처녀와의 만남뿐이었다. 그런 그가 자신의 친아들로 짐작되는 동이를 만나 성 서방네 처녀, 동이와 함께 살고 싶은 욕구와 설렘을 느끼게 된다. 이러한 생각은 "나도 이제부터는 자네처럼 땅뙈기를 사 볼까?" 하는 대사에서 확인할 수 있다. 이는 한곳에 정착하여 가족과 함께 살고 싶은 허 생원의 욕구가 드러난 것으로 볼 수 있다.

033 김 씨 표류기_이해준 | 256~259쪽

256~259쪽

키포인트 체크 남자, 여자, 밤섬, 희망

1 ① **2** ⑤ **3** ④ **4** 삶의 희망이 없어 자살을 선택했던 남자에게 짜장면을 만들어 먹는 일은 삶의 희망을 갖게 하는 일이기 때문이다. **5** ②
6 ③ **7** ⑤ **8** ④ **9** 남자의 사진으로 도배된 벽면

1 이 글에는 여자가 망원 렌즈를 통해 남자가 배달원에게 '뭐라 뭐라' 말하는 모습을 관찰하는 장면과 짜장면은 자신의 희망이라고 여자에게 전해 달라고 했다는 사실만 드러나 있을 뿐 여자가 짜장면을 보낸 것에 남자가 고마움을 느꼈는지는 알 수 없다.
 ▶ 오답 뜯어보기 ④ 배달원은 짜장면을 배달하러 밤섬에 갔는데 남자가 짜장면을 받지 않겠다고 하여, 짜장면을 여자의 집으로 다시 배달하느라 매우 지친 상태이다.
 ⑤ S# 83에서 배달원이 짜장면을 도로 철가방에 담는 모습을 보고 여자가 놀란 표정을 짓고 있다. 이를 통해 남자가 짜장면을 거절하여 배달원이 도로 가져올 것임을 전혀 예상하지 못했다고 볼 수 있다.

2 배달원은 여자에게 짜장면을 갖다 주면서 남자가 짜장면을 만들어 먹는 일을 삶의 희망으로 여기고 있음을 전해 주고 있다. 이를 통해 남자가 농사를 짓고 짜장면을 만들어 먹으려는 의도와 의미를 여자가 이해하게 되었다.
 ▶ 오답 뜯어보기 ① 배달원은 남자에게 어떤 여자가 짜장면을 보냈다는 것만 알려 줄 뿐 여자에 대한 정보를 제공하지는 않는다.
 ④ 남자는 자신을 지켜보고 있는 여자의 존재를 이미 알고 있었다.

3 남자가 짜장면을 돌려보낸 것은 짜장면을 삶의 희망이자 목표라고 생각했기 때문이지, 여자와 소통하지 않으려고 돌려보낸 것은 아니다. 오히려 여자에게 자신의 생각을 전해 달라고 하였으므로 여자와 소통하려 노력한 것으로 볼 수 있다.
 ▶ 오답 뜯어보기 ③ 타인이나 외부 세계와 철저하게 단절된 삶을 살아온 여자는 배달원과 대면하는 것을 꺼리고 그와 시선을 마주치지 못할 만큼 소통에 부담과 어려움을 느끼고 있다.
 ⑤ 등장인물의 이름 없이 성(姓)만 제시하여 진정한 소통 없이 파편화되어 살아가는 현대 사회의 익명성을 드러내고 있다. 특히 가장 보편적인 성인 김씨로 설정하여, 등장인물이 겪는 단절과 고립이 현대인 대부분이 겪는 것임을 상징하고 있다.

4 남자는 밤섬에 오기 전에 빚 독촉에 시달리다가 자살을 선택했다. 경

제적으로 실패를 겪으면서 삶의 희망과 의미를 완전히 상실했던 것이다. 그런 그에게 손수 농사를 지어 짜장면을 만들어서 먹는 일은 삶의 보람을 느끼고 희망을 갖게 하는 일이었을 것이다. 그래서 남자가 짜장면이 자신에게 희망이라고 말하고 있는 것이다.

5 남자는 짜장면을 먹는 순간 감정이 북받쳐 눈물을 흘리느라 짜장면을 제대로 먹지 못하고 있다. 성취감과 뿌듯함뿐만 아니라 자신의 삶에 대한 여러 가지 생각과 회한이 밀려들고 있는 것이다. 따라서 이러한 남자의 감정을 고려할 때, 이 장면에서 빠르고 경쾌한 행진곡을 배경 음악으로 넣는 것은 적절하지 않다.

6 ㉡은 남자가 목표를 이룬 것에 대한 여자의 감격, 기쁨, 격려의 의미가 담긴 눈물이지 남자의 고통을 슬퍼하며 흘리는 눈물은 아니다. 여자는 남자가 입은 마음의 상처나 고통을 자세하게 알지는 못한다.

7 붙박이장은 여자가 주로 잠을 잘 때 이용하던 공간으로, 극단적인 고립과 폐쇄성을 상징하는 소재이다. 매일 붙박이장 안에서 잠을 자던 그녀가 남자와 정서적인 교감을 나눈 뒤 붙박이장을 관처럼 비좁고 불편하게 느끼고 있다. 이러한 모습은 그녀가 자신의 고립된 생활에 답답함을 느끼기 시작한 것으로 볼 수 있으며, 남자와의 소통과 정서적인 교감을 통해 그녀만의 고립된 세계에서 벗어날 수 있다는 가능성을 보여 준다.
 ▶ 오답 뜯어보기 ④ 붙박이장을 비좁은 관에 빗댈 정도로 불편하게 느끼는 것은 고립된 삶을 살던 여자가 긍정적인 방향으로 변화하고 있음을 나타낸 것으로 이해할 수 있다. 현실로부터의 도피와 같은 부정적인 심리를 표현한 것은 아니다.

8 〈보기〉에서 남자는 여자의 정체를 궁금해하고, 여자는 남자의 질문에 고민한다. 남자는 그동안 자신을 관찰하던 여자에게 그녀의 정체를 물으며 이전보다 적극적인 태도로 소통하려 한다. 그러나 남자의 질문을 되뇌다가 마음이 복잡해져서 이불로 얼굴을 덮는 여자의 반응으로 볼 때, 여자는 남자에게 자신의 정체를 드러내는 데 부담을 느끼고 있음을 짐작할 수 있다. 따라서 여자가 더 적극적으로 메시지를 보내게 될 것이라는 ④의 진술은 적절하지 않다.
 ▶ 오답 뜯어보기 ①, ③ 남자가 여자의 정체를 궁금해하고 적극적으로 알아내려는 모습과 여자가 남자의 질문에 부담스러워하는 모습을 통해 그동안 단편적으로만 이루어졌던 두 사람의 소통 양상이 변화하고, 그 결과 극단적인 고립과 단절 속에 머물러 있던 여자의 삶에 어떤 식으로든 균열이 생길 것임을 추측할 수 있다.

9 (다)에서 여자가 짜장면을 먹고 있는 남자의 얼굴을 찍어서 방 안의 한 벽면에 붙이는데, 그 벽면은 남자의 사진으로 도배되어 있다. 이를 통해 여자가 그동안 남자를 꾸준히 관찰하면서 카메라로 찍은 사진들을 벽에 붙여 왔음을 알 수 있다.

034 고맙습니다_이경희 | 260~263쪽

260~263쪽

키포인트 체크 기서, 영신, 푸른도, 의사, 섬, 갈등

1 ④ **2** ③ **3** ③ **4** ⑤ **5** 환자의 상처를 더 크게 연다(벌린다), 얼굴에 묻은 피를 다른 사람의 어깨에 닦는다. **6** ③ **7** ③ **8** ④ **9** 여기 이 사람들 당장 내 눈앞에서 치워 치워 치워, 당장! **10** 영신에게 화가 나고, 심리적으로 거리를 두고 싶기 때문이다.

정답과 해설

1 '메스, 클램프, 페머럴 아르터리, 패드' 등 의학 분야의 전문어를 사용하여 기서, 종수, 소란 등의 직업이 의료직임을 드러내고 있다.

　[오답 뜯어보기] ① 배경 묘사나 시간의 경과가 뚜렷하게 나타나지 않는다.
② 과거를 회상하는 장면이 삽입되어 있으므로 시간의 순차적 흐름에 따라 사건이 전개된다는 설명은 적절하지 않다.
③ 상징적 소재가 나타나 있지 않다.
⑤ 장황한 해설이나 풍자적 효과가 나타나 있지 않다.

2 종수는 (나)에서 기서가 응급 처치하는 것을 보고 처음에는 불안해하다가 (라)에서 기서가 '페머럴 아르터리'를 잡은 뒤에야 자신감을 찾고 있다. 따라서 처음부터 기서에 대해 믿음이 있었다는 ③은 이 글의 내용과 일치하지 않는다.

　[오답 뜯어보기] ① (라)에 제시된 '다시는 의사 짓을 않겠다던 결심을 어긴 것에 대한 갈등이 복잡하게 스치는'이라는 지시문을 통해 알 수 있다.
② (나)와 (다)를 보면 기서가 아버지인 준호에게 배운 의술을 써서 보람부를 치료하고 있음을 알 수 있다.
④ (나)에서 메스로 상처를 더 크게 여는 기서의 행동에 경악하는 박 씨와 보람 모의 반응을 통해 알 수 있다.
⑤ (라)에서 당황해하고 있는 종수와 소란이 기서가 출혈 부위를 잡고서야 정신을 차리고 응급 처치를 마무리하는 모습에서 알 수 있다.

3 기서가 준호에게 "다신 의사 안 합니다!"라고 말하고 연이어 얼음장처럼 차가운 눈빛으로 "안 합니다, 다신!"이라고 말하고 있으므로 ㉠에는 단호한 의지가 담겨 있음을 알 수 있다.

　[오답 뜯어보기] ① '우쭐하다'는 '의기양양하여 뽐내다'라는 뜻이므로 적절하지 않다.
② '초조하다'는 '애가 타서 마음이 조마조마하다'라는 뜻이므로 적절하지 않다.
④ '겸손하다'는 '남을 존중하고 자기를 내세우지 않는 태도가 있다'라는 뜻이므로 적절하지 않다.
⑤ '비굴하다'는 '용기나 줏대가 없이 남에게 굽히기 쉽다'라는 뜻이므로 적절하지 않다.

4 S# 9는 3년 전의 사건을 회상하여 보여 주는 장면이므로 ㉡에는 '플래시백(Flashback)'이 들어가는 것이 적절하다.

5 (다)에서 과거에 준호가 환자의 상처를 더 벌려 혈관을 잡은 뒤, 자신의 얼굴에 묻은 피를 기서의 어깨에 닦았던 것처럼 (나)에서 기서는 환자의 상처를 더 크게 열어 혈관을 잡은 뒤 (라)에서 자신의 얼굴에 묻은 피를 종수의 어깨에 닦고 있다.

6 (가)에서 기서가 마을 사람들에게 "여기 이 사람들 당장 내 눈앞에서 치워! 치워, 당장!"이라고 말한 것에 대해 영신이 (나)에서 비판하고 있다. 따라서 (가)에서 일어난 사건이 (나)에 나타난 기서와 영신 간 갈등의 원인이 되고 있다.

　[오답 뜯어보기] ① (나)에 나타난 갈등은 기서와 영신 간의 갈등으로, 개인과 집단 간의 갈등이라는 진술은 적절하지 않다.
② (가)에 나타난 기서와 마을 사람들 사이의 갈등이 해소되는 장면은 나타나 있지 않으며, (가)에 나타난 사건은 (나)에서 기서와 영신의 갈등으로 이어지고 있다.
④ (가)와 (나) 모두 인물 간의 대화를 통해 인물 간의 갈등이 드러나 있다.

⑤ (가)와 (나) 모두 인물 간의 외적 갈등이 나타나 있다.

7 기서가 마을 사람들의 진료 요청을 거절하는 이유는 의사라는 직업에 회의를 느껴 의사를 그만두기로 결심하였기 때문이다. 기서가 지민의 수술을 실패했던 것처럼 다른 환자들을 제대로 치료하지 못할까 봐 두려워하기 때문이 아니다.

8 기서는 마을 사람들을 진료할 생각이 전혀 없는데 박 씨는 마치 기서가 박 씨를 진료하기로 이미 결정한 것처럼 말했기 때문에 기서가 어이없어한 것이다. 따라서 해 줄 사람은 생각지도 않는데 미리부터 다 된 일로 알고 행동한다는 뜻의 속담인 '떡 줄 사람은 꿈도 안 꾸는데 김칫국부터 마신다'가 ㉠의 상황과 잘 어울린다.

　[오답 뜯어보기] ① '윗물이 맑아야 아랫물이 맑다'는 윗사람이 잘하면 아랫사람도 따라서 잘하게 된다는 말이다.
② '세 살 적 버릇이 여든까지 간다'는 어릴 때 몸에 밴 버릇은 늙어 죽을 때까지 고치기 힘들다는 뜻으로, 어릴 때부터 나쁜 버릇이 들지 않도록 잘 가르쳐야 함을 비유적으로 이르는 말이다.
③ '재수 없는 놈은 뒤로 자빠져도 코가 깨진다'는 일이 안되려면 하는 모든 일이 잘 안 풀리고 뜻밖의 큰 불행도 생긴다는 말이다.
⑤ '미운 놈 떡 하나 더 주고 우는 놈 한 번 더 때린다'는 미운 놈은 미워한다는 것이 알려지면 뒤에 화를 입을 수 있어서 마지못해 떡 하나를 더 주지만 우는 놈은 당장 듣기 싫어서 울음을 멈추라고 한 대 더 때리게 된다는 뜻으로, 미운 놈보다 우는 놈이 더 귀찮음을 이르는 말이다.

9 (나)에서 영신은 '치우다'는 물건을 치운다고 할 때나 쓰는 말이라고 기서에게 말하면서 기서가 마을 사람들을 두고 "이 사람들 당장 내 눈앞에서 치워! 치워, 당장!"이라고 말한 것에 대해 비난하고 있다.

10 기서는 자신의 속사정도 모른 채 자신에게 화를 내는 영신에게 화가 나고, 자신의 사정을 털어놓기도 싫어 '아줌마'라고 부르며 영신과 거리를 두고 있다.

---

035 세상에서 가장 아름다운 이별 _ 노희경 원작, 민규동 각색　264~267쪽

[키포인트 체크] 가족, 치매, 암, 이별

1 ⑤　**2** ④　**3** ③　**4** ①　**5** 인희는 친정 엄마를 잃고 남편과 자식들과 떨어져 외롭게 살았고, 할머니도 남편을 잃고 외롭게 살았기 때문에 두 사람은 서로를 의지하며 정을 붙이고 살 수 있었다.　**6** ②　**7** ⑤　**8** 평생 가족을 위해 희생하고 외롭게 살아왔으며, 암에 걸려 고통스럽게 죽음을 기다리는 인희의 고된 삶을 위로하고 있다.

1 할머니는 잠깐 동안 정신이 돌아온 듯한 모습을 보이지만 치매를 앓고 있기 때문에 인희에게 닥친 상황을 온전히 알지는 못하고 있다. 따라서 인희가 곧 죽을 것을 알면서도 그녀를 배려해서 모른 척한다고 보는 것은 적절하지 않다.

2 (나)와 (다)에는 죽음을 앞둔 인희의 심리와 행동, 그리고 그녀를 지켜보는 가족들의 심리와 행동이 드러나 있다.

　[오답 뜯어보기] ② (나)와 (다)에서 주인공인 인희가 등장하는 장면의 공

간은 인희의 집 화장실로, 공간 이동은 나타나지 않는다.

⑤ 정수가 정철에게 인희를 살려 달라며 애원하는 모습과 인희가 할머니에게 자신이 곧 죽게 된다는 사실을 알리고 애틋한 마음을 전하며 이별을 준비하는 과정이 비교적 상세하게 나타나 있으므로, 사건을 압축적으로 제시하거나 극을 빠르게 전개하고 있다고 보기 어렵다.

3 정수는 아빠 정철에게 자신이 앞으로 더 잘하겠다고 말하며 엄마 인희가 더 오래 살 수 있게 해 달라고 간청하고, 이러한 아들의 모습을 보고 정철은 눈물을 참고 있다. 따라서 정철은 아들을 대견해하는 것이 아니라 엄마의 죽음 앞에서 어쩔 줄 몰라 하는 아들과 함께 큰 슬픔을 느끼고 있는 것이다.

오답 뜯어보기 ④ 정철은 정수와 같은 심정이겠지만 애원하고 오열하는 정수를 안아 주면서 그를 위로하고 다독이는 모습을 보여 주고 있다.
⑤ 인희는 슬픔과 안타까움에 차마 할머니의 눈을 쳐다보지 못한 채 힘겹게 말을 이어 가고 있다.

4 인희의 대사로 보아 인희는 젊었을 때 할머니에게 구박을 당하기도 했지만 오랜 시간 서로를 의지하여 지내면서 할머니와 미운 정 고운 정이 다 들어 버렸음을 알 수 있다. 이러한 맥락에 어울리는 말은 '싸우다 정 든다'이다.

오답 뜯어보기 ② '모난 돌이 정 맞는다'는 두각을 나타내는 사람이 남에게 미움을 받게 된다는 말 또는 강직한 사람은 남의 공박을 받는다는 말이다.
③ '먼 사촌보다 가까운 이웃이 낫다'는 이웃끼리 서로 친하게 지내다 보면 먼 곳에 있는 일가보다 더 친하게 되어 서로 도우며 살게 된다는 것을 이르는 말이다.
④ '열 길 물속은 알아도 한 길 사람의 속은 모른다'는 사람의 속마음을 알기란 매우 힘듦을 비유적으로 이르는 말이다.
⑤ '물이 아니면 건너지 말고 인정이 아니면 사귀지 말라'는 인정에 의한 사귐이 있어야만 참된 사귐이라는 말이다.

5 S# 146의 인희의 대사를 통해 인희와 할머니의 삶을 알 수 있다. 인희는 일찍이 친정 엄마를 잃었고, 남편 정철과 자식들 뒷바라지를 하며 외롭게 살았다. 할머니 역시 남편(인희의 시아버지) 때문에 평생을 외롭게 살았다. 남편이 젊었을 때에는 북에 두고 온 정인을 잊지 못해서, 늙어서는 중풍에 걸려서 할머니를 고생시키다가 세상을 먼저 떠났기 때문이다. 인희와 할머니의 삶에 이런 공통점이 있기 때문에, 티격태격하면서도 서로를 의지하고 정을 붙이면서 살았던 것이다.

6 〈보기〉는 아내와의 사별을 받아들이지 못하는 화자의 심정을 애절하게 노래한 시의 일부분이다. 〈보기〉에서 화자는 '넙치 지지미' 반찬을 올려 밥상을 차렸었던, 일상을 함께 나눈 아내가 지금은 부재하고 있음을 실감하며 공허해하고 있다. (나)에서 정철은 모든 일상의 순간마다 인희를 그리워할 것이라고 말하고 있다. 따라서 〈보기〉와 (나) 모두 소소한 일상에서 아내의 부재를 느끼고 그리워함을 알 수 있다.

오답 뜯어보기 ① 자신의 삶을 되돌아보거나 반성하는 장면은 나타나 있지 않다.
③ 두 작품 모두 대상의 부재로 인한 고통이나 외로움을 어떻게 이겨 내는지에 대해서는 말하고 있지 않다.

7 〈보기〉의 "정철은 오열하며 아내의 이름을 불렀다. 주체할 수 없는 눈물이 계속 그의 볼을 타고 흘러내렸다.", "그녀의 입술에 입 맞추며 그렇

게 언제까지, 언제까지 끌어안고 있었다."에서 아내를 떠나보낸 정철의 슬픈 감정이 잘 드러나 있다. 이를 (라)의 "(아내의 죽음을 느낀다. 보지 않고)", "눈물이 뚝 떨어져 인희의 뺨 위로 흐른다."라는 지시문과 비교했을 때 (라)가 〈보기〉보다 정철의 슬픔을 절제하여 제시했음을 알 수 있다.

8 인희는 평생 가족들을 뒷바라지하고 자신을 희생하면서 외로운 삶을 살아왔다. 그리고 말기 암 진단을 받고 극심한 고통을 느끼며 죽음을 기다리고 있다. 그런 인희에게 할머니가 '호오오오' 입김을 불어 주는 장면을 통해, 인희의 고단한 삶을 위로하고 보듬어 주는 작가의 태도를 알 수 있다.

036 그대를 사랑합니다 _ 강풀 원작, 이만희 각색 268~271쪽

키포인트 체크 만석, 송 씨, 무관심, 송 씨, 이름

1 ⑤ **2** ③ **3** ③ **4** 만석이 송 씨가 손수레 끄는 일을 돕고 송 씨에게 우유를 건넨다. **5** ⑤ **6** ③ **7** ② **8** 송 씨에게는 사회의 한 구성원으로 인정받아 사회적인 삶을 영위할 수 있게 되었음을 의미하는 것이고, 만석에게는 송 씨를 유일하고 특별한 존재로 여기는 마음을 표현한 것이다.

1 만석이 송 씨에게 "(눈이 오는) 이런 날은 쉬지……."라고 말하지만 이는 송 씨를 걱정하여 한 말이지 송 씨가 일을 그만두게 하려는 의도가 담긴 표현은 아니다.

오답 뜯어보기 ①, ③ S# 4에서 만석이 송 씨를 대하는 모습을 보면 만석이 퉁명스러운 성격을 지녔음을 알 수 있다. 하지만 송 씨를 도와주고 우유를 건네는 행동을 보면 남을 도울 줄 아는 따뜻한 마음을 지닌 인물이라는 것을 알 수 있다.
② S# 4에서 만석은 자신이 건네는 우유를 거절하는 송 씨에게 "나, 보면 알겠지만, 누가 하란다고 하고, 하지 말란다고 안 하는 그런 사람 아니야."라고 말한다. 이를 통해 만석이 자신의 고집 센 성격을 알고 있음을 알 수 있다.
④ 만석은 S# 4에서 송 씨에게 식구나 자식이 없음을 알게 되고, S# 45에서 통성명을 하면서 그동안 이름도 없이 살아온 송 씨의 딱한 처지를 알게 된다.

2 ⓒ에서 만석이 질책하는 대상은 송 씨가 아니다. 불특정한 인물에게 "연탄재라도 좀 뿌려 놓지."라고 말한 것이다. 또한 이는 송 씨에게 상처가 될 수 있는 질문을 했다는 생각에 화제를 전환하고자 하는 의도가 담겨 있다.

오답 뜯어보기 ① ⑤은 "이런 날은 쉬지……. 뭣 하러 나왔어? 이깟 파지 주워서 몇 푼이나 번다고……!"라는 만석의 핀잔 섞인 대사를 탐탁지 않아 하는 송 씨의 심리가 나타나 있다.
② ⓛ은 "아무도 없는 게야? 밥 멕여 줄 식구나 자식이 없어?"라는 만석의 대사에 아무 대답을 하지 않고 있다. 이어지는 '서글퍼지는…….'이라는 지시문을 통해 송 씨의 침묵에는 서글픈 감정이 담겨 있음을 알 수 있다.
④ ②은 만석이 송 씨에게 우유를 건네고 있는 장면으로, 만석이 송 씨에게 호감이 있음을 알 수 있다.
⑤ ⑩에서는 "주인 닮아 소리 한번 요란하네."라고 말하면서도 '싫지 않은 표정'을 지었다는 지시문을 통해 송 씨가 만석에게 경계심을 풀고 긍

..

정적인 감정을 느끼고 있음을 짐작할 수 있다.

3 '내레이션(NAR.)'은 장면의 진행에 따라 그 내용이나 줄거리를 장외(場外)에서 해설하는 것을 말한다. 〈보기〉에서는 송 씨의 내레이션을 통해 송 씨가 과거에 겪은 일을 요약적으로 제시하고 있다.

　오답 뜯어보기 ④ 남편의 매질을 견디며 살아온 비극적인 삶이 나타나 있지만 인물의 심리적 갈등이 직접적으로 드러나 있지는 않다.

4 S# 4에서 만석은 눈이 내리는 밤, 언덕길에서 손수레를 끌고 내려갈 엄두를 내지 못하고 있는 송 씨를 보게 된다. 이에 만석은 손수레를 끌어 주고, 뼈 건강에 좋다며 송 씨에게 우유를 내민다. 이러한 만석의 행동에는 송 씨를 향한 관심과 호의가 담겨 있다.

5 S# 58을 보면 송 씨는 주민 등록을 한 적이 없고, 주민 등록증 역시 발급받지 못한 채 평생을 살아왔음을 알 수 있다. 송 씨는 현재 주민 등록증을 잃어버린 것이 아니라 처음부터 갖고 있지 않았던 것이다.

　오답 뜯어보기 ① '송이뿐'이라는 이름은 만석이 지어 준 것이다.
② 송 씨는 식구나 자식 없이 혼자 사는 독거노인이다.
③ S# 61에서 연아가 송 씨의 집을 방문했을 때 송 씨는 한글 연습을 하고 있다. 송 씨가 한글을 잘 쓸 줄 모르는 상태로 살아왔음을 짐작할 수 있다.
④ 독거노인 보상 급여가 10만 원에서 15만 원 정도라는 연아의 말을 듣고 송 씨는 한 달을 꼬박 모아도 힘든 돈이라고 말하며 고마워한다. 따라서 송 씨가 한 달을 꼬박 모아도 15만 원을 벌기 힘든 상황임을 짐작할 수 있다.

6 [A]를 보면 송 씨의 대사와 행동은 파악할 수 있지만 송 씨의 심리는 직접적으로 드러나 있지 않아, 대사와 행동을 바탕으로 하여 심리를 짐작할 수밖에 없다. 하지만 〈보기〉에는 이름이 없다는 사실에 대해 송 씨가 느끼는 창피함과 서글픔, 이름을 지어 준 만석에 대한 고마움 등이 드러나 있다. 이처럼 송 씨의 심리가 직접적으로 드러나 있기 때문에 독자가 송 씨라는 인물을 깊이 이해할 수 있다.

　오답 뜯어보기 ② [A]를 〈보기〉처럼 바꾸었을 때 만석과 연아의 갈등 양상에는 변화가 없다.
⑤ [A]와 〈보기〉에서 연아의 역할 비중은 변화가 없으며, [A]와 〈보기〉 모두 인물 간 대결 구도가 드러나지 않는다.

7 이 작품은 노인들의 사랑과 이별을 제재로 삼아, 무관심 속에 적절한 보호를 받지 못한 채 살아가는 소외된 노인 세대의 삶을 그리고 있다. (가)와 (나)는 송 씨가 사회의 일원으로서 기본적인 혜택이나 보호도 받지 못하고 사회에서 소외된 채 이름도 없이 살아왔음을 알 수 있는 장면이다. 따라서 이를 읽고 보일 수 있는 반응으로는 주변에 소외된 사회적 약자들은 없는지 관심을 가져야겠다는 반응이 적절하다.

　오답 뜯어보기 ③ 만석이 송 씨에게 지급될 돈이 적다고 말한 것은 적은 액수의 돈을 하찮게 여기는 태도가 아니라 송 씨에게 좀 더 많은 도움을 주고 싶어 하는 심정이 담긴 표현이다. 또한 송 씨는 그 금액에 대하여 감사함을 표현하고 있기 때문에 적은 액수의 돈을 하찮게 여기는 세태는 나타나 있지 않다.
④ 연아는 송 씨에게 주민 등록증을 요구하는데 이는 법적 절차에 따른 증명서를 요구하는 것으로, 지나친 원칙주의라고 보기 어렵다. 또한 연아와 주민 센터 직원들이 적극적으로 송 씨를 도우려는 모습을 고려하면 행정 기관에 대한 불신을 키운다는 반응은 적절하지 않다.

⑤ 만석과 송 씨는 서로에게 호감을 갖고 있는 사이이다. 이 글에는 만석과 송 씨의 관계를 편견에 사로잡힌 시각으로 바라보는 장면은 나타나 있지 않다. 이 글은 노년의 사랑에 대한 편견을 지적하는 것이 아니라 사회에서 소외된 노인 계층에 대한 관심을 바라고 있다.

8 평생을 이름도 없이 힘겹게 살아온 송 씨는 만석의 도움으로 '송이뿐'이라는 이름을 갖게 된다. 송 씨는 이름을 갖게 됨으로써 사회의 한 구성원으로 인정받아 사회적인 삶을 영위할 수 있게 되었다. 또한 만석은 '송이뿐이다'라는 의미를 담아 송 씨에게 이름을 지어 주어, 송 씨를 유일하고 특별한 존재로 여기고 있음을 표현하고 있다.

---

037 뿌리 깊은 나무 _ 이정명 원작, 김영현·박상연 각색　　272~275쪽

키포인트 체크　백성, 백성, 세종, 반대, 백성, 유학

1 ⑤　**2** ③　**3** ③　**4** 훈민정음 창제는 성리학(유학)을 버리는 것인가?
5 ③　**6** ④　**7** ③　**8** ⓐ: 글을 아는 사대부만이 권력을 가짐.　ⓑ: 모두가 글자를 읽고 쓰게 되어 사대부의 권력이 무너짐.

1 이도의 대사에 한자를 아는 관료들이 중간에서 백성들의 뜻을 왜곡하고 편집했다는 내용이 있으나, 이 과정에서 돈이 오고 갔는지는 알 수 없다.

　오답 뜯어보기 ① 언로를 틔워 사방 만민의 소리를 듣는 것이 유학에서 임금에게 가장 강조하는 덕목이라는 이도의 대사에서 확인할 수 있다.
② 중국의 한자는 그냥 글자가 아니라 유학의 도라는 혜강의 대사에서 확인할 수 있다.
③ 훈민정음 창제를 반대하는 유생들의 시위와 이적의 글자(이도가 만드는 글자)에는 유학의 도를 담을 수 없다는 혜강의 대사를 통해 알 수 있다.
④ 한자가 어려워 백성들은 그들의 말을 임금에게 올리려고 할 때 관료를 거칠 수밖에 없었다는 이도의 대사를 통해 백성들은 임금에게 자신의 생각을 전할 기회가 부족했음을 알 수 있다.

2 혜강은 '무(武)' 자를 예로 들어 훈민정음 창제가 성리학을 버리는 것이라는 주장을 논리적으로 뒷받침하고 있다. 그러나 이도가 '작개언로 달사총'을 언급하며 혜강의 논리를 반박하자 답변을 하지 못하고 있다. 이는 허를 찌르는 이도의 발언에 당황하는 모습으로 볼 수 있다.

3 이도는 유학에서 강조하는 덕목인 '작개언로 달사총'을 인용하고, 정도전이 쓴 《경제문감》의 일부 구절을 인용하여 훈민정음을 만드는 것이 유학을 버리는 일이 아니라는 자신의 주장을 뒷받침하고 있다(ㄱ). 또한 '내가 어찌 유학을 버린 것이오?'와 같이 물음의 형식을 사용하여 자신이 유학을 버린 것이 아님을 강조하고 있다(ㄹ).

4 '쟁점'이란 자신의 견해가 옳다고 서로 다투는 중심이 되는 점을 의미한다. 훈민정음 창제를 반대하는 유생들의 시위에 이도는 누구든지 자유로이 얘기하라고 하며, 혜강과 논쟁을 벌인다. 이도는 훈민정음 창제가 성리학을 버리는 것이라는 혜강의 주장에 대해 '작개언로 달사총'이라는 구절을 인용하여 훈민정음 창제는 오히려 성리학을 따르는 것임을 주장하고 있다. 따라서 이 논쟁의 쟁점은 '훈민정음 창제는 성리학(유학)을 버리는 것인가?'로 볼 수 있다.

5 사대부들이 한자를 사용해 왔던 것은 맞지만 사대부들이 한자를 써 왔기 때문에 '이 글자'를 배우는 데 어려움이 따른다는 내용은 나타나 있지 않다.

오답 뜯어보기 ② 어린아이인 연두는 '이 글자'를 배운 지 이틀 만에 문장을 쓰고 가리온이 한 말을 그대로 받아 적는다. 이를 통해 '이 글자'가 어린아이가 금세 쓸 수 있을 정도로 배우고 쓰기 쉬운 글자이고, 일반 백성들도 쉽게 배워 쓸 수 있는 글자임을 알 수 있다.

6 ⊙의 '쿵!'은 개파이와 연두가 새로운 글자를 빠르게 익힌 것을 본 후 가리온이 보인 반응으로, 새로운 글자의 실체를 직접 확인한 후 느낀 놀라움과 충격이 나타나 있다. 새로운 글자가 누구든 배우고 쓰기 쉬워, 자신이 생각했던 것보다 더 큰 영향력이 있음을 직감했기 때문이다. ⓒ의 '쿵!'은 가리온이 한가 놈의 말을 들은 후 보인 반응이다. 새로운 글자의 정체를 확인한 가리온은 새 글자의 반포를 막는 것이 급선무라고 생각하지만 이신적의 거래일, 즉 집현전을 없애는 조건으로 새 글자의 반포를 수용하기로 한 날이 오늘이라는 것을 깨닫는다. ⓒ에는 자신의 계획이 잘못되었음을 깨닫고 느끼는 당혹감이 나타나 있다.

오답 뜯어보기 ① 문맥을 고려할 때, 단기간에 글을 터득한 연두와 개파이의 능력에 감탄하는 것이 아니라 그들이 이틀 만에 글자를 쓸 수 있을 만큼 새로운 글자가 배우고 쓰기 쉽다는 사실에 놀랐다고 보는 것이 적절하다.

7 가리온은 배우고 쓰기 쉬운 새로운 글자가 반포되면 일반 백성들이 글자를 읽고 쓸 줄 알게 되면서, 조선의 질서가 흔들리고 사대부만이 누리던 권력을 잃게 될 것이라고 생각하고 있다. 따라서 그가 새로운 글자가 백성들의 언로 확장에 도움을 주지 못할 것이라고 여긴다는 설명은 적절하지 않다.

오답 뜯어보기 ① "사대부가 사대부인 이유"는 "글을 알기 때문"이라는 가리온의 대사를 통해서, 가리온 사대부는 일반 백성들이 잘 알지 못하는 한자를 읽고 쓸 줄 알기 때문에 사대부의 권력을 유지할 수 있다고 생각하고 있음을 알 수 있다. 이를 통해 가리온도 한자가 백성들에게 어려운 글자라는 것을 알고 있음을 알 수 있다.

8 가리온은 [전제]의 내용처럼 글자가 힘, 권력의 근원이라고 생각하고 있다. 따라서 새로운 글자를 쓰기 전에는 한자를 아는 사대부만이 힘과 권력을 가질 수 있지만, 새로운 글자를 쓰게 되면 모든 백성이 글자를 읽고 쓸 수 있게 되면서 사대부만이 누려 온 힘과 권력을 잃게 될 것이라고 경계하고 있다.

---

038 마이 리틀 히어로 _안호경 각본, 황조윤 각색 **276~279쪽**

키포인트 체크 일한, 영광, 스튜디오, 뮤지컬, 우승

1 ⑤　**2** ②　**3** ②　**4** 준상이 일한의 진심어린 부탁을 받고 자신이 영광을 무대에 세우기로 결심했기 때문이다. **5** ②　**6** ③　**7** ①　**8** ④
9 전 얼굴도 까맣고…… 그런데 정조 대왕님은 얼굴도 하얗고…… 난 아빠도 없고…… 아빠는 날 창피해하는데……(설움이 복받쳐 더듬거리며) 난 한국 사람도 아니고…….

1 구 상무는 일한이 현 상황에 잘못 대응하고 있다고 생각하고 있다. 하지

만 구 상무가 비유적 표현을 활용하고 있는 것은 아니다.

오답 뜯어보기 ① 일한은 영광이 자라서 대한민국 국민으로서의 의무를 지키는 상황을 가정하고 있다.
② 일한은 '누구'라는 불특정한 비교 대상을 설정하여 영광의 성실함, 뛰어난 재능 등을 강조하고 있다.
③ 일한은 구 상무가 과거에 '돈 주고 협박하고 매수한' 행위를 언급하며 영광을 무대에 세우는 일에 구 상무가 반대하지 못하도록 하고 있다.
④ 구 상무는 "절대 못 올라가지."라고 단정적으로 말하며 영광을 무대에 세워 달라는 일한의 요청에 거부 의사를 분명히 밝히고 있다.

2 영광은 자신의 재능과 노력을 바탕으로, 일한의 헌신적 도움과 준상의 협조에 힘입어 뮤지컬 오디션 결승 무대에 설 수 있게 되었다. 따라서 영광이 참된 가치를 위해 홀로 외롭게 싸웠다는 감상은 적절하지 않다.

오답 뜯어보기 ① 준상은 일한의 진술하고 간곡한 부탁에 마음이 움직여 영광을 무대에 세운다. 따라서 준상은 참된 가치를 세우는 데 도움을 주는 긍정적 인물로 볼 수 있다.
③ 일한이 학력을 위조한 것은 자신의 욕망을 위해 참된 가치를 버린 행위로 볼 수 있다.
④ 일한은 사회에서 성공하기 위해 학력을 위조하였지만 이 사실을 들킬까 봐 불안감을 느끼며 살아왔고, 자랑처럼 여기던 자신의 가짜 학력은 구 상무에게 협박당하는 약점이 되어 버렸다. 일한이 스스로 자신의 학력 위조 사실을 폭로한 것은 거짓 가치의 모순을 깨닫고 참된 가치를 선택하려는 행동으로 볼 수 있다.
⑤ 성희는 일한이 영광을 무대에 세우기 위해 준상에게 굴욕적인 행위를 감수하는 것을 보고 울컥한다. 이는 일한의 절박함에 마음이 움직였기 때문으로 볼 수 있다.

3 일한은 ⊙에서 감정을 절제하면서 준상에게 정중하게 부탁하고 있고, ⓒ에서는 절박한 심정을 격정적으로 드러내며 준상에게 매달리고 있다.

오답 뜯어보기 ① ⊙과 ⓒ 모두 영광이 무대에 올라가지 못할 위기에 처한 현재의 문제 상황을 해결하기 위한 발화이다.
③ ⊙에서 일한은 ⓒ에서와 달리 준상에게 존칭을 써 가며 공손한 어투로 영광을 무대에 세워 달라고 부탁하고 있다.
④ ⊙에서 일한은 고개를 숙이는 비언어적 표현을 통해 절박한 심정을 드러내고 있다.
⑤ ⓒ에서 일한은 준상이 자신보다 더 잘할 수 있을 것이라며 추켜세우고 있다. 또한 자신을 능력이 부족한 사람이라고 하며 자책하고 있다.

4 준상이 영광의 손을 잡는 이유는 일한의 진술하고 간곡한 모습에 감동하여 일한의 요청을 받아들이고 영광을 무대에 세우기로 결심했기 때문이다.

5 (나)에서 일한은 영광이 무대에서 머뭇거리자 과거에 무대에서 날았던 기억을 떠올리게 하며 영광에게 용기를 주었다. 이에 힘입어 영광이 공연을 시작하고 있기 때문에 먼 미래의 상황을 가정하여 문제를 해결한다는 설명은 적절하지 않다.

오답 뜯어보기 ① (가)에는 영광이 당황하여 무대에서 꼼짝도 하지 못하는 위기 상황이 나타나 있다.
③ (다)에는 영광이 어려움을 극복하고 공연을 성공적으로 해내 관객들로부터 환호를 받는 모습이 나타나 있다.
④ (가)~(다)에서 일한은 영광에게 도움을 주는 조력자 역할을 하고 있다.

정답과 해설

6 영광은 어렵사리 무대에 섰지만 그동안 자신이 받아 온 차별과 편견에 사로잡힌 사람들의 시선이 떠올라 노래를 시작하지 못하고 있다. S# 118에서 영광의 대사를 보면 얼굴이 까맣다고 놀림받았던 것, 자신을 창피해하는 아빠, 한국 사람이 아니라고 차별받았던 일 등 그동안 받은 상처에 대한 자책이 노래를 시작하기 어렵게 만들었음을 짐작할 수 있다.

7 '쥐 죽은 듯'은 매우 조용한 상태를 비유적으로 이르는 말이다.

오답 뜯어보기 ② '쇠귀에 경 읽기'는 소의 귀에 대고 경을 읽어 봐야 단 한 마디도 알아듣지 못한다는 뜻으로, 아무리 가르치고 일러 주어도 알아듣지 못하거나 효과가 없는 경우를 이르는 말이다.

③ '구렁이 담 넘어가듯'은 일을 분명하고 깔끔하게 처리하지 않고 슬그머니 얼버무려 버림을 비유적으로 이르는 말이다.

④ '원숭이도 나무에서 떨어진다'는 아무리 익숙하고 잘하는 사람이라도 간혹 실수할 때가 있음을 비유적으로 이르는 말이다.

⑤ '서당 개 삼 년에 풍월을 읊는다'는 서당에서 삼 년 동안 살면서 매일 글 읽는 소리를 듣다 보면 개조차도 글 읽는 소리를 내게 된다는 뜻으로, 어떤 분야에 대하여 지식과 경험이 전혀 없는 사람이라도 그 부문에 오래 있으면 얼마간의 지식과 경험을 갖게 된다는 것을 비유적으로 이르는 말이다.

8 ⓐ는 영광이 어려움을 극복하고 멋진 무대를 만들어 내고 있는 모습으로, 그동안의 갈등이 해소되는 순간이다. 따라서 ⓐ가 갈등을 심화한다는 내용은 적절하지 않다.

오답 뜯어보기 ① ⓐ의 아름다운 영광의 목소리 때문에 ⓑ에서 관객들이 환호하고 있다.

⑤ ⓐ의 목소리는 영광이 내는 소리이고, ⓑ의 목소리는 관객들이 환호하는 소리이다.

9 이 글은 영광이 겪은 어려움을 영광의 대사와 행동을 통해 나타냄으로써 우리 사회에 만연한 다문화 가정 자녀에 대한 사회적 편견과 차별을 비판하고 있다. 영광은 무대에 섰지만 그동안 자신이 받은 상처들이 떠올라 노래를 시작하지 못하고 있다. 영광이 S# 118에서 자책하듯 말하는 대사에 그동안 겪어 온 고통이 잘 드러나 있다.

---

039 두근두근 내 인생 _ 김애란 원작, 최민석 외 각본   280~283쪽

키포인트 체크 조로증, 서하, 전자 우편, 별똥별

1 ①   **2** ④   **3** ④   **4** ⑤   **5** 긍정적 기능: 아름이 이성에 대한 설렘과 삶에 대한 의욕을 느끼게 한다.   부정적 기능: 서하의 정체를 알게 된 아름에게 큰 상처를 준다.   **6** ⑤   **7** ⑤   **8** ③   **9** ②   **10** 아름이 실명하는 순간을 아름의 시각에서 형상화한 것이다.

1 이 글의 중심인물은 아름과 그의 부모 대수, 미라이다. 열여섯 살 소년 아름은 선천성 조로증이라는 희귀병에 걸려 신체 나이는 여든 살이 넘는다. 그리고 열일곱 살이라는 어린 나이에 부모가 된 대수와 미라는 투병 생활 중인 아들 아름을 위해 애쓰는 인물로, 이들은 특수한 환경에 처해 있는 인물이라고 할 수 있다.

2 한 장면에서 다음 장면으로 전환할 때 컷으로 바꾸는 촬영 기법은 '몽타주'가 아니라 '컷 투(cut to)'이다.

오답 뜯어보기 ① '몽타주'는 따로 촬영한 화면을 적절하게 떼어 붙여 편집하는 기법이다.

②, ③ 아름이 답장하는 내용에 해당하는 이미지(영상)를 몽타주로 제시하여 서하와의 교신 내용을 더욱 구체적이고 생생하게 전달하는 효과가 있다.

⑤ '몽타주'는 따로따로 촬영한 화면을 적절하게 떼어 붙여서 하나의 긴밀하고도 새로운 장면이나 내용으로 만드는 것이므로 '몽타주'에 의해 만들어진 장면들은 서로 긴밀하게 연결되는 효과가 있다.

3 (나)에 나타난 내용은 소박하고 일상적인 순간들로, (나)는 건강하고 평범한 삶에 대한 아름의 소망이 드러난 장면이라고 할 수 있다. 그러나 ④는 아름이 소망하는 건강하고 평범한 삶과 거리가 멀기 때문에 (나)에 들어갈 장면으로 적절하지 않다.

4 아름은 힘든 투병 생활 중에도 대수, 미라와 함께하는 하루하루를 소중히 여기고 그 속에서 즐거움을 느끼며 살아왔다. 그런 아름이 평소와 다르게 부모의 말을 듣지 않고 게임에만 몰두하는 것은 서하의 실체를 안 뒤 느낀 배신감, 분노 등을 표출하는 행동이다. 따라서 ⑤의 설명은 적절하지 않다.

오답 뜯어보기 ① ⓛ 때문에 아름이 부모와 갈등을 일으키고 있다.

② "내가 지금까지 엄마, 아빠 말 안 들은 적 있어요?"라는 아름의 대사에서 알 수 있듯이, 아름은 평소 부모의 말을 잘 따르는 아이였다. 그런 아름이 ⓛ처럼 행동한 것은 이전과 달리 반항적인 태도를 보인 것이라고 할 수 있다.

③, ④ 아름이 미라와 대수의 말을 듣지 않고 게임에만 몰두하는 것은 서하의 실체를 알고 나서 받은 충격, 세상에 대한 배신감, 자신의 처지에 대한 분노 등 복잡한 심경에서 비롯된 행동임을 짐작할 수 있다.

5 '서하의 편지'는 투병 중인 아름의 일상에 변화를 가져다주고, 아름이 이성에 대한 설렘과 삶에 대한 의욕을 느끼게 했다. 하지만 한편으로는 서하가 가상의 인물이라는 것을 알게 된 아름에게 큰 상처와 충격을 주기도 한다.

6 이 글에서는 아름과 대수가 하늘 공원에서 대화를 나누고 함께 별똥별을 바라보면서 인물 간의 갈등이 해소되고 있다.

7 ⓜ은 대수가 아들의 눈이 보이지 않는 상황에서 한 말로, 놀람과 염려와 안타까움이 담긴 말이므로 권위 있는 충고와는 거리가 멀다.

8 아름과 대수의 갈등이 해소되고 함께 유성을 바라보며 소원을 빌고 있는 상황이다. 대수가 "아름이 네가 내 아들이라는 게 너무 좋다. (한숨) 아름이 너같이 괜찮은 애는 진짜 아프면 안 되는데……."라고 말한 것으로 보아 대수가 아름을 깊이 사랑하고 아름이 아픈 것을 안타깝게 여기고 있음을 알 수 있다. 따라서 대수가 ⓑ에서 "아름이가 더 이상 나를 힘들게 하지 않게 해 주세요."라고 소원을 빌 것이라고 추측하는 것은 적절하지 않다.

9 ⓒ는 아름이 갑자기 시력을 잃었음에도 불구하고 당황한 기색을 내비치지 않고 애써 미소를 짓고 있는 상황이므로, 이를 통해 아름이 침착하고 어른스러운 성격을 지녔음을 알 수 있다.

10 ⓞ는 아름이 시력을 잃는 순간을 아름의 시각에서 형상화하고 있다.

040

님아, 그 강을 건너지 마오_ 진모영 | **284~287쪽**

키포인트 체크 할아버지, 할머니, 횡성, 임종(죽음), 옷

1 ③ **2** ③ **3** ② **4** 할아버지의 옷을 태워 줘야 할아버지가 저승에서 그 옷을 입을 수 있다고 생각하기 때문이다. **5** 할아버지와의 이별을 앞두고 절박함과 슬픔을 느끼기 때문이다. **6** ④ **7** ① **8** ④ **9** 이승과 저승의 경계 **10** 할머니와 할아버지의 행복한 추억이 담긴 소재

1 이 글은 이별로 인한 슬픔을 주로 정경(情景)을 통해 서정적으로 드러내고 있다(ㄱ). 이 글의 (가)에서는 할아버지와 할머니의 정겹고 행복한 일상을 보여 주는 반면, (나)~(라)에서는 할아버지와의 이별을 앞둔 할머니의 슬픔이 드러나 있어 (가)와 대조적인 분위기를 이루고 있다(ㄹ).
오답 뜯어보기 ㄴ. 이 글에는 인물 간의 갈등이 드러나지 않는다.
ㄷ. 이 글은 할아버지와 할머니의 지극히 개인적인 이야기를 다루고 있다.

2 ㉠에서 할머니는 죽음 이후에 할아버지와 다시 만날 것이라고 믿고 있다. ③은 절망적인 이별의 슬픔을 극복하고 그것을 새로운 만남에 대한 희망으로 승화하는 시의 일부분으로, '님'과 다시 만날 것이라는 믿음이 드러나 있다.
오답 뜯어보기 ① 사랑을 잃고 세상과의 소통을 단절한 화자의 공허한 내면을 나타내고 있다.
② 이별을 대하는 성숙한 태도와 긍정적인 인식이 드러나 있다.
④ 고달프게 살아온 어머니의 한과 슬픔이 드러나 있다.
⑤ 오랜 세월 동안 '당신'을 기다리는 화자의 마음이 드러나 있다.

3 이 글의 ⓑ에는 연출자가 할머니를 인터뷰한 내용이 제시되어 있다. "불에 태워 줘야 입는대요 ~ 할아버지는 내가 다 챙겨 줘야 돼요."는 할머니가 연출자에게 한 말이다.

4 할머니가 할아버지의 옷을 태우는 이유는 할아버지가 세상을 떠났을 때 저승에서 그 옷을 입을 수 있다고 생각하기 때문이다.

5 할머니가 울면서 할아버지의 여윈 몸을 쓰다듬는 것은 할아버지와의 이별을 앞두고 할머니가 느끼는 슬픔과 안타까움, 절박함이 담겨 있는 행동이다.

6 ㉠과 같이 할머니와 할아버지가 과거에 예쁜 한복을 차려입고 함께 나들이 했던 장면을 삽입한 이유는 행복했던 과거의 상황과 할아버지와의 이별을 앞둔 현재의 안타까운 상황이 대비되어 이별로 인한 슬픔이 극대화되기 때문이다.
오답 뜯어보기 ① 이 글은 현재와 과거가 교차하는 역순행적 구성을 취하고 있다.

7 〈보기〉의 임이 물을 건너지 말라는 화자의 만류에도 불구하고 물에 들어갔지만, 이 글의 할아버지가 할머니의 요청을 거절하는 장면은 뚜렷하게 나타나지 않는다.
오답 뜯어보기 ② 이 글에 나타난 입관, 선산으로 향하는 것, 무덤가에서 불을 피운 것 등은 장례 절차 중 하나이다. 그러나 〈보기〉에는 이런 장례 절차가 전혀 나타나지 않는다.

8 ㉡에서는 할아버지가 의자에 앉아 있는 장면에서 할아버지가 사라지고 빈 의자만 남아 있는 장면으로 전환되고 있다. 이를 통해 할아버지의 부재를 드러내고, 할아버지의 죽음을 암시하고 있다.
오답 뜯어보기 ① 할아버지가 의자에 앉아 있는 장면과 빈 의자만 있는

장면은 서로 밀접한 관련을 맺으며 할아버지의 죽음을 암시하고 있다.
③ 디졸브는 장면을 자르듯 분리하지 않고 앞 화면이 사라짐과 동시에 다른 화면이 점차로 나타나게 하는 기법이다.
⑤ 이 장면에서 디졸브가 몽환적인 분위기를 연출하는 효과가 있다고 보기는 어렵다.

9 ㉮의 '재'는 '길이 나 있어서 넘어 다닐 수 있는, 높은 산의 고개'를 뜻하는 말로, 이 글에서는 이승과 저승의 경계를 상징하고 있다.

10 할아버지가 건강하던 시절에 할머니와 할아버지는 눈이 내리면 눈싸움도 하고 함께 눈사람도 만들며 정다운 시간을 보냈다. ⓐ는 노부부의 추억이 깃든 소재이다.

오늘부터 하모니_ 승형수·오혜성 | **288~291쪽**

키포인트 체크 하리, 하리, 아린, 고등학교, 문화, 하리

1 ⑤ **2** ⑤ **3** ① **4** ④ **5** ④ **6** 문제 상황: 아린이 지원서의 조항을 꼼꼼하게 확인하지 못해서 보컬 동아리가 노래 동아리 경연 대회에 나가지 못할 위기에 놓였다. 잘못한 점: 창렬은 지원서를 던지면서 아린을 비난했고, 아린은 걱정하는 창렬에게 제대로 사과하지 않고 자리를 벗어났다. **7** ④ **8** ⑤ **9** ② **10** ④ **11** 아린에게는 노래 동아리 경연 대회에 참가할 수 있는 기회가 생기고, 하리에게는 동아리 회원들과 어울리면서 사람들과 친해지고 노래도 맘껏 부를 수 있는 기회가 생긴다.

1 노래 동아리 경연 대회의 참가 자격 조건을 몰랐던 아린의 실수로 보컬 동아리의 대회 참가가 무산될 위기에 놓인 것은 맞지만 신청 마감일까지 하루가 남아 있기 때문에 대회에 참가할 수 없게 되었다는 내용은 적절하지 않다.
오답 뜯어보기 ② S# 3에서 형수는 모두가 노력해서 얻은 피자를 '이딴 음식'이라고 표현한 하리에게 말이 심하다며 화를 내고 있다.
③ S# 4에서 창렬은 "너 때문에 우리가 반년 넘게 준비한 대회 못 나가게 생겼잖아!", "난 이게 마지막 대회인데!"라며 아린에게 화를 내고 있다.
④ S# 1에서 하리의 피자를 먹으려는 형수를 반장이 제지한다. 그리고 "담임 선생님이 한 명당 한 조각씩만 먹으라고 했다."라고 말하고 있다.

2 S# 3을 보면 하리가 돼지고기를 먹지 않는 무슬림이기 때문에 피자를 먹지 않는 것을 알 수 있다. 하지만 이러한 사실을 모르는 형수와 반장에게 "나…… 이딴 음식 안 먹습니다."라고 말하여 갈등이 일어난 상황이다. 하리가 한국어에 서툴러 형수에게 자신의 생각을 제대로 전달하지 못했기 때문이다.
오답 뜯어보기 ③ 형수에게는 하리의 "나…… 이딴 음식 안 먹습니다."라는 말이 자신을 포함한 반 친구들의 노력을 깎아내리는 것으로 느껴졌을 수 있다. 형수가 과민하게 반응한 것이라고 보기는 어렵다.

3 S# 3에서 하리는 서툰 한국어 때문에 '이런 음식은 먹을 수 없습니다.'라고 말해야 할 것을 "나…… 이딴 음식 안 먹습니다."로 표현하여 친구들에게 무례하게 굴었다는 오해를 사고 있다. 이러한 상황에 대해 하리도 놀라고 당황한 상황이므로 ㉠에 들어갈 지시문으로는 '놀라며'가 가장 적절하다.
오답 뜯어보기 ② '당돌하다'는 '꺼리거나 어려워하는 마음이 조금도 없

정답과 해설

이 올차고 다부지다'라는 뜻이므로 상황과 어울리지 않는다.

④ '노려보다'는 '미운 감정으로 어떠한 대상을 매섭게 계속 바라보다. 또는 탐이 나서 눈독 들여 겨누어 보다.'라는 뜻이므로 상황과 어울리지 않는다.

⑤ '의아하다'는 '의심스럽고 이상하다'라는 의미이므로 상황과 어울리지 않는다.

4 ⓛ에서 창렬이 아린에게 '홍아린 벤치로 당장 뛰어 올 것'이라는 문자 메시지를 보낸 것으로 보아 아린이 빨리 뛰어와야 할 만큼 매우 급한 일이 생겼음을 알 수 있다. 또한 급한 일이 창렬과도 연관되어 있음을 짐작할 수 있다. 급한 일이 무엇인지는 S# 4에 나타나 있다.

✏️오답 뜯어보기 ② 현재의 상황에서 아린의 책상에 초콜릿을 가져다 놓은 사람은 누구인지 전혀 알 수 없다.

③ 문자 메시지 한 건만을 보고 사귀는 사이라고 짐작하는 것은 확대 해석이며 S# 4의 내용을 보아도 무리한 해석임을 알 수 있다.

⑤ 문자의 내용을 보고 창렬의 대인 관계가 원만하지 않은 인물이라고 단정하는 것은 적절하지 않다.

5 ⓒ은 창렬이 아린에게 대회 지원서를 꼼꼼히 읽어 보라고 당부를 했음에도 아린이 지원 자격을 확인을 하지 않아 대회 참가가 무산될 위기에 놓이자 창렬이 화를 내고 있는 상황이다. '긁어 부스럼'은 아무렇지도 않은 일을 공연히 건드려서 걱정을 일으킨 경우를 비유적으로 이르는 말로, 이는 미리 당부를 했음에도 일을 제대로 처리하지 못한 아린에게 화를 내는 상황과는 어울리지 않는 속담이다.

✏️오답 뜯어보기 ① '마른하늘에 날벼락'은 뜻하지 아니한 상황에서 뜻밖에 입는 재난을 이르는 말이다. 반년 넘게 준비한 대회에 참가하지 못할 수도 있는 상황에 당황스러운 창렬의 심리를 나타내기에 적절하다.

② '다 된 죽에 코 빠졌다'는 거의 다 된 일을 망쳐 버리는 주책없는 행동을 비유적으로 이르는 말이다. 창렬이 느끼는 허무함과 실수한 아린에 대한 야속함을 나타내기에 적절하다.

③ '믿는 도끼에 발등 찍힌다'는 잘되리라고 믿고 있던 일이 어긋나거나 믿고 있던 사람이 배반하여 오히려 해를 입음을 비유적으로 이르는 말이다. 아린이 실수한 상황에서 창렬의 심리를 나타내기에 적절하다.

⑤ '아는 길도 물어 가랬다'는 잘 아는 일이라도 세심하게 주의를 하라는 말이다. 창렬이 아린에게 지원서를 꼼꼼하게 읽어 보라고 조언까지 한 상황에서 아린이 주의를 기울이지 않아 실수를 한 것에 대한 창렬의 심리를 나타내기에 적절하다.

6 (다)에서는 아린이 4명 이상의 동아리만 참가 가능하다는 조건을 확인하지 않아 아린의 보컬 동아리가 노래 경연 대회에 참가하지 못할 위기에 놓여 있다. 그런데 이에 대처하는 창렬과 아린의 모습을 보면 둘 다 상대방에게 잘못하고 있음을 알 수 있다. 창렬은 화가 나서 지원서를 던지면서 아린을 비난하고 있으며, 아린 또한 대회에 참가하지 못할까 봐 걱정하는 창렬에게 제대로 사과하지 않은 채 새로운 동아리 회원을 구해 오겠다며 떠났다. 대화의 상황에서 상대방에게 지켜야 할 예의를 어긴 것이다.

7 S# 5의 '심각한 표정으로 있다가 갑자기 자신의 뺨을 때리며'와 같은 지시문을 통해 인물의 표정이나 동작을 설명하여 인물이 어떠한 상황에 놓여 있는지에 대한 독자의 이해를 돕고 있다.

✏️오답 뜯어보기 ② 이 글은 시간의 순서대로 사건이 진행되는 순행적 구

성을 취하고 있다.

⑤ 내레이션은 장면에 등장하지 않는 해설자나 인물의 목소리만 나오는 기법으로 이 글에는 나타나지 않는다. S# 5에서 아린의 대사는 화면에 등장하는 인물의 독백으로, 내레이션과는 구별된다.

8 (나)에서 아린은 하리에게 동아리 가입을 권유하고 있다. 혼자 있는 것이 좋다며 거절하는 하리에게 아린은 "죽을 때까지 혼자 외롭게 살 거야?"라고 하며 계속 혼자 지낼 경우 겪을 수도 있는 부정적인 상황을 가정하여 하리가 마음을 바꾸도록 하고 있다.

✏️오답 뜯어보기 ③ 아린이 하리에게 노래를 잘하고 목소리도 좋다며 장점을 이야기하는 장면은 있지만, 하리가 이를 인정하는 장면은 나타나 있지 않다.

9 S# 6에서 하리는 아린의 동아리 가입 제안을 받고 고민하고 있다. 그런 뒤 S# 7에서 아린이 새 회원을 데려왔다는 정우와 창렬의 대사로 볼 때 하리가 동아리에 가입하기로 결정하였음을 짐작할 수 있다.

✏️오답 뜯어보기 ③ 하리가 동아리에 가입함으로써 아린의 동아리가 대회에 참가할 수 있게 될 것이란 예측은 가능하나 대회에서 우승할지는 알 수 없다.

⑤ 아린이 하리에게 건넨 것은 '동아리 가입 신청서'가 아닌 '노래 동아리 경연 대회 참가 신청서'이다. 따라서 하리는 동아리에 가입하여 친구를 사귀고 노래도 부를 수 있다는 이유 외에도 대회에 참가해야 한다는 사실을 알고 있다고 짐작할 수 있다.

10 S# 5에서 하리는 '백만 송이 장미'라는 노래를 흥얼거려야 한다. 따라서 그 노래를 부를 수 있도록 미리 준비하는 것이 적절하다.

✏️오답 뜯어보기 ① 아린은 자신의 실수로 대회 참가가 무산될 상황에 놓이자 S# 5에서 자책하는 모습을 보이고 있다.

② S# 5에서 아린은 혼자 분리수거하는 하리를 보며 '연민이 폭발한다.'라고 말하고 있다. '연민'은 상대를 불쌍하고 가련하게 여긴다는 의미이므로 혼자 분리수거하는 하리가 안쓰러워 도와주려는 것으로 짐작할 수 있다.

③ S# 5에서 하리는 이어폰으로 음악을 듣고 있어 아린이 부르는 소리를 듣지 못하고 있다. 따라서 아린이 자신을 부르는 소리를 일부러 무시하는 행동은 적절하지 않다.

⑤ S# 7에서 정우는 새 회원이 누구인지 보고 와서 창렬에게 이야기하는 상황이다. 따라서 새 회원이 누구인지 모르는 것처럼 연기하는 것은 적절하지 않다.

11 ㉠처럼 말한 것이 실현된다는 것은 하리가 아린이 속한 보컬 동아리에 가입하는 것을 뜻한다. 따라서 아린에게는 동아리 회원 수를 채워 노래 동아리 경연 대회에 참가할 수 있는 기회가 주어지고, 하리에게는 아린이 말했던 것처럼 동아리 회원들과 어울리면서 사람들과 친해질 수 있고 노래도 맘껏 부를 수 있는 기회가 생긴다고 볼 수 있다.

고전 시가

고전 산문

현대 시

현대 소설

수필·극

앞선 생각으로
더 큰 미래를 제시하는 기업

서책형 교과서에서 디지털 교과서,
참고서를 넘어 빅데이터와 AI학습에 이르기까지
끝없는 변화와 혁신으로
대한민국 교육을 선도해 나갑니다.

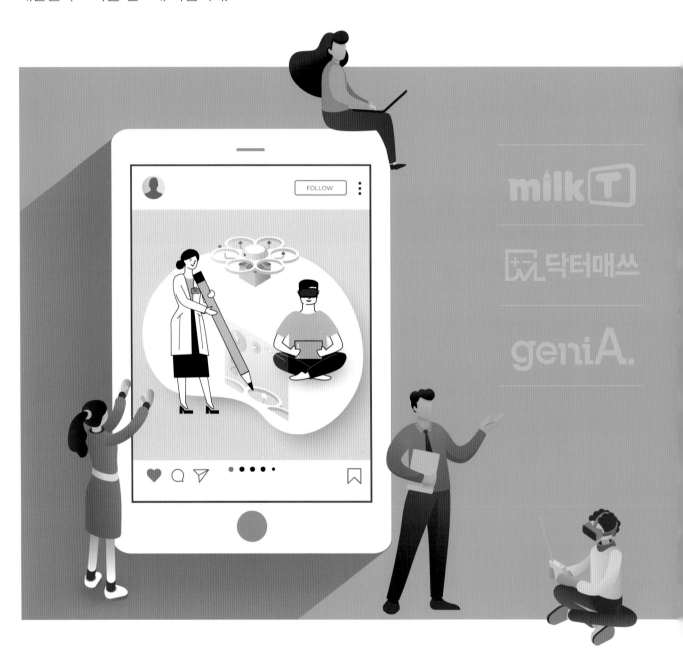

천재교육

문학 작품
핵심 정리집

• 해법문학 주요 작품 519편

고전 시가	2
고전 산문	37
현대 시	59
현대 소설	93
수필·극	114
작품 찾아보기	133

고전 시가

본책 28쪽

001 공무도하가 | 백수 광부의 아내

| 짧은 감상 | 백수 광부의 아내가 남편이 물에 빠져 죽자 그 슬픔을 노래한 작품으로, 사랑하는 임을 여읜 화자의 애절한 정서와 한(恨)이 담겨 있다.

◉ 핵심 정리

갈래	고대 가요, 한역 시가	성격	개인적, 서정적, 체념적, 애상적
제재	물을 건너는 임		
주제	임을 여읜 슬픔(이별의 한(恨))		
의의	① 집단 가요에서 개인적 서정시로 넘어가는 과도기적 작품 ② 고조선 시대의 노래로 우리나라 최고(最古)의 서정시		

◉ 이것만은 꼭!

1 시상 전개에 따른 화자의 정서

1구		2구		3구		4구
임을 만류함. (애원)	→	임이 물을 건넘. (초조)	→	임이 죽음. (절망)	→	화자가 탄식함. (슬픔, 체념)

2 이별의 슬픔(한의 정서)을 노래한 작품의 계보

고대 가요 〈공무도하가〉, 〈황조가〉 → 백제 가요 〈정읍사〉 → 고려 가요 〈가시리〉, 〈서경별곡〉 → 한시 정지상의 〈송인(送人)〉 → 황진이의 시조, 민요 → 현대 시 김소월의 〈진달래꽃〉

본책 30쪽

002 구지가 | 구간 등

| 짧은 감상 | 가락국의 군중이 임금을 맞이하기 위해 불렀던 주술적인 노래로, 영신군가에 해당한다.

◉ 핵심 정리

갈래	고대 가요, 한역 시가	성격	주술적, 집단적
제재	거북		
주제	수로왕(지도자)의 강림 기원		
의의	① 현전하는 최고(最古)의 집단 무요 ② 주술성을 지닌 노동요		

◉ 이것만은 꼭!

1 명령, 위협의 표현 방식과 주술성 | 고대인들은 집단적 염원을 담은 언어로써 문제를 해결할 수 있다는 믿음을 지니고 있었고, 주술적 명령을 통해 결국 수로 임금을 맞이하게 되었으므로 주술이 효과를 거두었다고 볼 수 있다.

1구		2구		3구		4구
호명	→	명령	→	가정	→	위협

2 '거북'과 '머리'의 상징적 의미

거북	신령스러운 존재이자, 인간의 집단적 의지에 복종하는 존재
머리	① 생명: 새로운 생명, 즉 임금의 탄생을 의미함. ② 우두머리: '머리'는 '최고, 으뜸'을 가리키므로 지도자, 임금을 의미함. ③ 음경: 외형이 유사하다는 점에서 생명력의 근원을 상징함.

본책 32쪽

003 황조가 | 유리왕

| 짧은 감상 | 사랑하는 임을 잃은 외로움을 '꾀꼬리'를 매개로 하여 우의적으로 형상화한 노래로, 사랑을 주제로 한 최초의 개인적 서정시이다.

◉ 핵심 정리

갈래	고대 가요, 한역 시가	성격	서정적, 애상적
제재	꾀꼬리		
주제	사랑하는 임을 잃은 슬픔과 외로움		
의의	① 작가가 구체적으로 알려진 고대 가요 ② 집단 가요에서 개인적 서정시로 넘어가는 과도기적 작품 ③ 사랑을 주제로 한 최초의 개인적 서정시		

◉ 이것만은 꼭!

1 시상 전개 과정

선경(1, 2구)	대조	후정(3, 4구)
꾀꼬리(자연물): 정다움	↔	시적 화자(인간): 외로움
↓		↓
세계: 조화, 충족		자아: 부조화, 결핍

2 〈공무도하가〉, 〈구지가〉, 〈황조가〉의 성격 차이 | 〈구지가〉는 고대 사회의 질서였던 주술성, 제의성이 강한 집단적 의식요로 볼 수 있고, 〈공무도하가〉와 〈황조가〉는 신성성, 주술성이 무너지면서 드러나는 개인적 갈등과 좌절을 노래한 개인적 서정 시가로 볼 수 있다.

집단적 의식요	→	개인적 서정시
〈구지가〉		〈공무도하가〉, 〈황조가〉

본책 34쪽

004 해가 | 작자 미상

| 짧은 감상 | 신라 성덕왕 때 해룡이 수로 부인을 잡아가자 수로 부인의 귀환을 요구하며 백성들이 불렀던 주술적 노래로, 〈해가사(海歌詞)〉라고도 한다.

◉ 핵심 정리

갈래	고대 가요, 한역 시가	성격	주술적, 집단적
제재	수로 부인의 납치		
주제	수로 부인의 귀환을 요구함.		
의의	〈구지가〉가 후대로 계승되었음을 알 수 있는 주술 시가		

◉ 이것만은 꼭!

〈해가〉와 〈구지가〉의 비교

	항목	〈구지가〉	〈해가〉
공통점	중심 소재	거북	
	성격	주술요, 노동요	
	어조	상대를 위협하는 말하기 방식	
	구조	'호명 – 명령 – 가정 – 위협'의 구조	
차이점	요구 내용	지도자(수로왕)의 출현	수로 부인의 구출
	거북의 역할	소망을 들어주는 존재	부정적 행위를 한 존재
	요청의 근거 제시 여부	없음.	있음(남의 아내를 빼앗은 죄가 큼.).

005 정읍사 | 어느 행상인의 아내

| **짧은 감상** | 행상을 나가 오랫동안 돌아오지 않는 남편을 기다리는 아내가 달에 의탁하여 남편이 무사하길 간절히 소망하는 노래이다.

◉ 핵심 정리

갈래	고대 가요, 서정시	성격	서정적, 여성적, 기원적
제재	남편에 대한 염려		
주제	남편의 안전을 바라는 여인의 간절한 마음		
의의	① 현전하는 유일한 백제 노래 ② 한글로 기록되어 전하는 고대 가요 중 가장 오래된 작품 ③ 시조 형식의 기원이 되는 작품		

◉ 이것만은 꼭!

빛과 어둠의 대립 구조

빛		어둠
돌	↔	즌 ᄃᆡ
비취오시라		졈그ᄅᆞᆯ셰라

> **수능에는 이렇게**
>
> [고1 전국연합] • '머리곰'에는 남편을 걱정하는 아내의 간절한 마음이 담겨 있다.
> • '져재 녀러신고요'에서 남편의 직업이 상인임을 알 수 있다.
> • '즌 ᄃᆡ'는 남편에게 일어날 수 있는 모든 부정적인 상황을 의미한다.
> • '어느이다 노코시라'에는 남편 자신의 안전을 먼저 생각하라는 아내의 당부가 나타난다.

006 서동요 | 서동

| **짧은 감상** | 현전하는 향가 중 가장 오래된 작품으로, 훗날 무왕이 된 서동이 진평왕의 딸 선화 공주를 아내로 맞이하기 위해 지어 부른 노래이다.

◉ 핵심 정리

갈래	4구체 향가	성격	민요적, 참요적, 모험적, 주술적
제재	선화 공주와 서동의 사랑		
주제	• 표면적: 선화 공주와 서동의 은밀한 사랑 • 이면적: 선화 공주에 대한 서동의 사랑(선화 공주를 아내로 맞이하기 위한 계략)		
의의	① 현전하는 향가 중 가장 오래된 작품 ② 민요가 4구체로 정착한 작품 ③ 향가 중 유일하게 동요의 성격을 지닌 작품		

◉ 이것만은 꼭!

1 민요·동요로서의 〈서동요〉

민요(民謠)	〈서동요〉의 민요적·동요적 성격
민중 사이에 구전되어 내려온, 민중들의 사상, 생활, 감정이 담긴 노래	이 작품은 사람들 사이에 구전되어 내려온 노래로, 내용이 소박하고 2구가 기본을 이루는 전형적 민요의 모습을 띤다. 또한 아이들이 불러 퍼뜨렸다는 점에서 동요라고 할 수 있다.
동요(童謠)	
어린이를 위하여 동심(童心)을 바탕으로 지은 노래	

2 참요(讖謠)로서의 〈서동요〉

참요(讖謠)	〈서동요〉의 참요적 성격
시대적 상황이나 정치적 징후 등을 암시하는 민요 예 신라의 멸망과 고려의 건국을 암시한 〈계림요〉, 미나리와 장다리로 인현 왕후와 장희빈을 표현한 〈미나리요〉	이 작품은 아직 일어나지 않은 일을 이미 일어난 것처럼 노래했고 결국 그 일이 사실로 이루어졌으므로 참요라고 할 수 있다.

007 모죽지랑가 | 득오

| **짧은 감상** | 죽지랑의 낭도인 득오가 죽지랑의 죽음을 애도하여 부른 향가로 죽지랑을 사모하는 마음이 잘 나타나 있다.

◉ 핵심 정리

갈래	8구체 향가	성격	추모적, 예찬적, 서정적
제재	죽지랑의 인품		
주제	죽지랑의 인품에 대한 사모와 그에 대한 추모의 정		
특징	① 화랑의 세계를 보여 줌. ② 주술성이나 종교적 색채가 없는 순수한 정서를 드러냄.		

◉ 이것만은 꼭!

1 시상 전개에 따른 화자의 태도

기(1, 2구)	승(3, 4구)	전(5, 6구)	결(7, 8구)
죽지랑과 함께 했던 과거를 그리워함.	생전의 죽지랑을 회상하며 인생의 무상감을 표현함.	죽지랑과 다시 만나기를 바람.	죽지랑을 만나지 못함에 대한 한탄과 저세상에서 만날 것을 확신함.

2 대상에 대한 화자의 태도와 표현 방식 | 화자는 죽지랑과 함께 했던 '간 봄'을 그리워하며, 죽지랑이 죽고 없는 현재의 '시름'을 말하고, 죽지랑을 그리워한다. 죽지랑을 다시 만나기 위해 '녀올 길'을 노래하여 '과거 → 현재 → 미래'의 시간적 순서에 따라 시상을 전개하면서 죽지랑에 대한 화자의 감정을 점차 극대화하고 있다. 또한 '지나간 봄', '다북쑥 마을'과 같은 비유적 표현으로 화자의 무상감을 잘 드러내고 있다.

008 헌화가 | 견우 노인

| **짧은 감상** | 4구체의 서정적 향가로 소를 몰고 가던 어느 노인이 수로 부인에게 벼랑에 핀 꽃을 꺾어 바친다는 내용의 작품이다.

◉ 핵심 정리

갈래	4구체 향가	성격	민요적, 서정적
제재	바위 위의 꽃		
주제	꽃을 바치며 사랑을 고백함.		
특징	① 가정법을 활용하여 화자의 심리를 드러냄. ② 연모의 정을 담은 소재를 활용하여 화자의 정서를 드러냄. ③ 주술성이나 종교적 색채 없이 개인의 정서를 드러냄.		

◉ 이것만은 꼭!

1 구애(求愛)와 예찬(禮讚)의 노래 | 〈헌화가〉는 표면상 남성 화자인 한 노인이 미모의 여인인 수로 부인에게 꽃을 꺾어 바치며 부르는 소박한 구애의 노래라고 할 수 있다. 아울러 이 작품은 신화적 인물이 여성의 아름다움에 바치는 예찬의 노래라는 성격도 지니고 있다고 볼 수 있다.

2 〈헌화가〉에 드러난 인간 중심의 미의식

견우 노인		수로 부인
비범성을 지닌 신화적 인물	→	빼어난 아름다움을 지닌 현실적 인간

↓

이 작품은 신화적 인물인 견우 노인이 현실의 인물인 수로 부인에게 바치는 노래라는 점에서 인간의 아름다움이 초자연적 존재까지도 감동시킬 수 있다는 인식을 엿볼 수 있다. 즉, 이를 통해 신라인들은 인간의 아름다움이 신물(神物)까지도 감동시킬 수 있다고 생각하는 인간 중심적 미의식을 지녔음을 알 수 있다.

009 제망매가 | 월명사

| 짧은 감상 | 삶과 죽음의 문제를 뛰어난 비유로 그려 낸 향가로, 누이의 죽음으로 인한 슬픔을 종교적 믿음으로 극복하고 있다.

◉ 핵심 정리

갈래	10구체 향가	성격	추모적, 애상적, 비유적, 종교적
제재	누이의 죽음	주제	죽은 누이에 대한 추모
의의	정제된 형식미와 고도의 서정성을 담은 작품으로 현전 향가의 백미로 꼽힘.		

◉ 이것만은 꼭!

1 시구의 비유적 의미

이른 부름	• 이른: 일찍 찾아온, 예기치 못한 • 부름: 시련, 가혹한 운명	→ 젊은 나이에 죽음.
뜨러딜 닙	• 뜨러딜: 죽음 • 닙: 한 부모에게서 태어난 존재	→ 죽은 누이
후둔 가지	한 부모, 같은 핏줄	

2 화자의 태도 | 화자는 누이의 갑작스러운 죽음으로 인해 안타까움을 느끼면서도 감정을 감상적으로 표출하지 않고 삶과 죽음의 문제에 대한 진지한 성찰의 자세를 보이며, 불교적 믿음으로 슬픔을 승화하고 있다.

이에 이승 / 누이와의 이별	→슬픔의 종교적 승화→	미타찰 극락세계 / 누이와의 재회

수능에는 이렇게

[수능] • 헤어짐의 상황을 받아들여 기다림으로 극복하고자 한다.
[평가원] • '미타찰'은 화자의 지향을 함축하는 공간이다.
• '머뭇거리고'는 생사의 문제에 대한 인간적 고뇌를 담고 있다.
[고1 전국연합] • 어느 가을의 때 이른 바람이라는 인식을 통해 예기치 못한 누이의 죽음에 안타까움을 느끼고 있군.

---

010 찬기파랑가 | 충담사

| 짧은 감상 | '기파랑을 찬양하는 노래'라는 뜻의 제목을 지닌 향가로, 화랑인 기파랑의 모습을 자연물에 비유하여 찬양하면서 그의 기상과 인품을 예찬하고 있다.

◉ 핵심 정리

갈래	10구체 향가	성격	추모적, 예찬적, 서정적
제재	기파랑의 인품	주제	기파랑의 고매한 인품에 대한 찬양
의의	〈제망매가〉와 함께 가장 서정성이 높은 향가로 평가됨.		

◉ 이것만은 꼭!

1 기파랑을 나타내는 상징적인 시어

둘	광명과 염원, 높이 우러러보는 존재인 기파랑의 고결한 모습	
믈서리	기파랑의 맑고 깨끗한 성품	→ 기파랑의 인품 예찬
자싯가지	기파랑의 고고한 절개, 드높은 기상	

↕대조

눈	시련, 역경, 불의	

2 해독에 따른 의미상 차이 | 이 작품에 대한 해석은 크게 두 가지로 나뉜다. 김완진 해독에 따르면 이 작품은 화자의 독백 형식으로 이루어져 있지만, 양주동 해독에 따르면 화자와 달의 문답으로 이루어져 있다고 볼 수 있다.

수능에는 이렇게

[고1 전국연합] • 대상에 대한 긍정적 인식이 드러나 있다.

---

011 도솔가 | 월명사

| 짧은 감상 | 신라 경덕왕 때 하늘에 두 개의 해가 나타나는 기이한 현상이 생기자 이러한 괴변을 물리치기 위해 불렀다고 하는 4구체 향가이다.

◉ 핵심 정리

갈래	4구체 향가	성격	주술적, 불교적
제재	산화공덕(散花功德)		
주제	산화공덕으로 국가의 괴변을 물리치고자 함.		
특징	① 국태민안(國泰民安)을 기원하는 뜻에서 부른 노래임. ② 명령법을 사용하여 자신의 소망을 제시함. ③ 꽃을 인격화하여 화자의 염원을 알림.		

◉ 이것만은 꼭!

1 형식상 특징 | 〈도솔가〉는 4구체 향가로, 이와 같은 4구체 향가가 2연으로 이어져 8구체 향가로, 8구체 향가에 2구(낙구)가 덧붙여져 10구체 향가로 발전했다. 〈도솔가〉와 같은 형식의 작품으로는 〈서동요〉, 〈풍요〉, 〈헌화가〉가 있다.

2 상고 시대 주술요에 나타난 화자의 태도 | 국문학 초기에 나타난 주술요들의 위협적 형태는 점차 순화되어 〈도솔가〉에서는 '가정과 명령'의 형태가 사라진 '호명과 명령'의 형태만으로 소망을 실현하고자 했다. 이후에 나타난 〈처용가〉에서는 좀 더 완곡한 형태인 '관용'으로 주술성을 발휘하고자 했다.

작품	주술적 상황	화자의 태도
〈구지가〉	수로왕의 강림(降臨)	요구와 위협
〈해가〉	수로 부인의 귀환(歸還)	요구와 위협
〈도솔가〉	해의 변괴(變怪)를 물리침.	명령
〈처용가〉	역신의 퇴치(退治)	관용

---

012 처용가 | 처용

| 짧은 감상 | 처용이 아내를 침범한 역신을 보고 물러나 이 노래를 부르자 역신이 물러갔다는 벽사진경의 내용을 담은 향가이다.

◉ 핵심 정리

갈래	8구체 향가	성격	주술적, 무가(巫歌)
제재	아내를 범한 역신(질병을 일으키는 신)		
주제	아내를 범한 역신을 물러나게 함.		
의의	① 현전하는 신라 향가의 마지막 작품 ② 향가 해독의 시금석 역할을 함. ③ 고려 가요 〈처용가〉의 모태가 됨.		

◉ 이것만은 꼭!

1 처용의 관용적 태도 | 처용의 관용적 태도는 대상에 대한 부정과 공격이 아닌 자기 절제와 초극을 통해 갈등의 해결을 가져온다.

2 처용의 정체와 작품의 성격 | 처용의 정체에 대해 무격, 지방 호족의 아들, 아랍 상인 등 다양한 견해가 있는데 이 중 무격으로 보는 것이 가장 일반적 견해이다. 그렇게 볼 때 이 작품은 처용의 아내가 병이 들었다가 처용이 그 병을 치료한 것을 비유적으로 표현한 노래로 볼 수 있다.

처용(무격)이 역신을 쫓아냄. = 아내의 병을 치료함.

015 여수장우중문시 | 을지문덕

본책 54쪽

| 짧은 감상 | 살수 대첩에 앞서 을지문덕이 수나라의 장수 우중문에게 보낸 5언 고시로, 적장에게 항복을 종용하는 전술적 성격을 띠고 있으며, 현전하는 가장 오래된 한시이다.

◉ 핵심 정리

갈래	한시, 5언 고시	성격	풍자적, 반어적
제재	우중문		
주제	적장 우중문에 대한 야유와 조롱		
특징	반어법, 억양법, 대구법을 사용함.		
의의	현전하는 우리나라 최고(最古)의 한시		

◉ 이것만은 꼭!
짧은 내용에 담긴 무인의 기개

	표면적 의미	내면적 의도
기(1구) 승(2구)	신책(神策), 묘산(妙算) 찬양	그 정도의 계책은 간파하고 있다는 조롱
전(3구)	전쟁에서 승리한 공을 찬양	더 이상의 공을 세우지 못할 것이라는 경고
결(4구)	전쟁을 그만두자는 권유	항복하지 않으면 가만두지 않겠다는 위협

016 야청도의성 | 양태사

본책 56쪽

| 짧은 감상 | 발해 사람이었던 작가가 일본에 사신으로 가 머물 때, 깊은 밤 다듬이질하는 소리를 들으며 고국에 대한 그리움을 애절하게 표현한 7언 배율의 한시이다.

◉ 핵심 정리

갈래	한시, 7언 배율	성격	애상적
제재	다듬이 소리		
주제	고국을 그리워하는 나그네의 마음		
의의	발해 시인의 작품 중 가장 장편이며, 감정이 풍부하게 드러난 작품		

◉ 이것만은 꼭!
소재의 역할

수능에는 이렇게

[수능] • 바라는 공간에 있지 못한 안타까운 심정이 드러나 있다.
• '달'과 '은하수'는 시흥을 불러일으키는 배경이다.
• '다듬이 소리'는 화자의 정서를 심화시킨다.
• '별이 낮도록'은 시간이 많이 흘렀음을 보여 준다.
• '서로 비슷하네'는 과거와 현재의 경험이 중첩됨을 드러낸다.

017 촉규화 | 최치원

본책 58쪽

| 짧은 감상 | 신라 말기의 문장가 최치원이 당나라 유학 시절에 지은 한시이다. 자신을 접시꽃에 비유하여 자신의 능력을 알아주지 않는 세상을 한탄하고 있다.

◉ 핵심 정리

갈래	한시, 5언 율시	성격	애상적, 체념적
제재	촉규화(접시꽃)		
주제	자신의 재능을 알아주지 않는 세상에 대한 한탄		
특징	① 자신의 처지와 상황을 자연물을 통해 비유적으로 드러냄. ② 선경 후정의 대칭 구조를 보임.		

◉ 이것만은 꼭!
1 시어의 비유적 의미

꽃(촉규화)	화자 자신
거친 밭 언덕 쓸쓸한 곳	당나라(화자가 처해 있는 공간)
(탐스러운) 꽃송이, 향기	화자의 학문적 경지
수레 탄 사람	임금을 비롯한 고관대작
벌 나비	하찮은 사람들

2 화자의 현실 인식 태도와 정서 | 화자는 자신이 인정받지 못하는 현실을 스스로 천한 땅에 태어난 것 때문이라고 생각하여 자신을 알아주지 않는 시대에 대한 한스러움을 노래하고 있다. 이는 주어진 운명에 대결하지 않고 순응함으로써 슬픔을 승화하려는 체념적 태도로 이어진다.

수능에는 이렇게

[평가원] • 계절감을 주는 어휘로 시적 분위기를 조성하고 있다.
• [A]에서 화자는 자신의 출신상의 한계와 탁월한 능력을 대비하여 말하고 있어.
• [A]에서는 '촉규화'의 외양 묘사를 통해, [D]에서는 '촉규화'의 내면 서술을 통해 화자 자신의 처지를 드러내고 있어.

018 추야우중 | 최치원

본책 60쪽

| 짧은 감상 | 당나라에서 문장가로 이름을 떨쳤던 최치원이 자신을 알아주지 않는 세상에 대한 고독과 외로움을 표현한 5언 절구의 한시이다.

◉ 핵심 정리

갈래	한시, 5언 절구	성격	서정적, 애상적
제재	비 내리는 가을밤		
주제	• 자신의 뜻을 펴지 못하는 지식인의 고뇌 • 고국에 대한 그리움		
특징	① 자연물을 통해 화자의 정서를 부각함. ② 제목에서 가을과 밤, 비의 조합으로 시의 전체적인 분위기를 조성함.		

◉ 이것만은 꼭!
1 시상 전개 과정

2 소재의 의미

가을바람, 등불	외롭고 우울한 분위기 조성	화자의 고독을
깊은 밤, 비	화자와 세상 사이의 단절 암시	심화함.

수능에는 이렇게

[고3 전국연합] • 현재의 상황을 부정적으로 인식하고 시상을 전개한다.

019 제가야산독서당 | 최치원

| 짧은 감상 | 최치원이 신라 말기의 난세에 절망하여 전국 각지를 유랑하다가 가야산 해인사에 은거할 때 지은 7언 절구의 한시이다. 세상을 멀리하고 산중에 은둔하고 싶은 심경을 노래했다.

● 핵심 정리

갈래	한시, 7언 절구	성격	서정적, 상징적
제재	물소리		
주제	세상과 단절하고 산속에 은거하고 싶은 마음		
특징	① 물의 이미지를 사용하여 시상을 전개함. ② 대조를 통해 주제를 형상화함.		

● 이것만은 꼭!

시어의 의미

인어(人語)	사람 사이의 시비와 어지러움
공(恐)	사람들의 시비 소리가 들릴까 두려워함.
롱(籠)	흐르는 물에게 산을 감싸라고 함. (주체: 화자)

수능에는 이렇게

[고2 전국연합] • 속세와 단절하기 위하여 자신이 일부러 물로 산을 둘러싸 버렸다고 생각한다. ── 세상의 시비하는 소리 ↔ 물 소리
• 대조적 상황을 통해 화자의 처지를 드러내고 있다.
• 문제 상황에 대해 '물'은 거부의 태도를 내포하고 있다.
• 세속적인 삶과 거리를 두려는 태도가 드러나 있다.

---

020 가시리 | 작자 미상

| 짧은 감상 | 이별의 정한을 노래한 고려 가요로, 사랑하는 사람을 떠나보내는 화자의 슬프고도 애절한 마음이 잘 형상화되어 있다.

● 핵심 정리

갈래	고려 가요	성격	서정적, 민요적, 애상적
제재	임과의 이별	주제	이별의 정한(情恨)
특징	간결한 형식과 소박한 시어를 사용하여 이별의 감정을 절묘하게 표현함.		
의의	① 우리 민족의 전통적인 정서인 이별의 정한을 노래한 대표 작품 ② 여성적 정조의 원류가 되는 작품		

● 이것만은 꼭!

〈가시리〉에 드러난 화자의 태도

잡ᄉᆞ와 두어리마ᄂᆞᆫ 선ᄒᆞ면 아니 올셰라	→	순종적, 체념적
가시는 ᄃᆞᆺ 도셔 오쇼셔 나ᄂᆞᆫ		소극적

수능에는 이렇게

[수능] • 이별에 따른 정서를 노래하고 있다. ── 3음보
[고1 전국연합] • 일정한 음보의 반복으로 음악성을 높이고 있다.
• 자기희생과 절제의 심정을 드러내고 있다.
• 반복되고 있는 '가시리잇고'는 이별에서 오는 충격의 깊이를 표현한 것이다.
• '브리고'의 주체는 임으로, 화자가 애원하는 이유가 된다.
• '엇디 살라 ᄒᆞ고'의 주체는 임을 떠나보내며 한탄하는 화자이다.
• '보내옵나니'의 주체는 화자로, 임이 돌아오기를 바라면서 하는 행위이다.

---

021 동동 | 작자 미상

| 짧은 감상 | 각 달의 특성과 세시 풍속을 중심으로 송축과 찬양, 떠나버린 임에 대한 원망과 한스러움, 그리움 등 화자의 애절한 정서를 노래한 월령체의 고려 가요이다.

● 핵심 정리

갈래	고려 가요	성격	연가(戀歌)적, 민요적, 서정적
제재	달마다 행하는 세시 풍속	주제	임에 대한 송도(頌禱)와 연모의 정
특징	① 분절체 형식으로 서사인 1연과 본사인 12개 연으로 구성됨. ② 영탄법, 직유법, 은유법을 사용함. ③ 세시 풍속에 따라 사랑의 감정을 읊음.		
의의	현전하는 최고(最古)의 월령체(달거리) 노래		

● 이것만은 꼭!

임과 화자를 비유한 표현

화자
• 별해 부론 빗(6월령)
• 져미연 부룻(10월령)
• 반(盤)잇 져(12월령)

시적 대상(임)
• 등(燈)ㅅ블(2월령)
• 돌읫곶(3월령)

수능에는 이렇게

[고2 전국연합] • 대상이 부재하는 상황이 드러나 있다.
• 〈오월령〉의 '바치옵니다'와 〈칠월령〉의 '비옵니다'에는 정성과 기원이 담겨 있다.
• 〈유월령〉의 '따르겠습니다'와 〈칠월령〉의 '함께 지내고자'에는 소망이 직접적으로 표출되고 있다.
• 〈유월령〉의 '빗'과 〈시월령〉의 '보리수나무'는 버림받은 화자의 신세를 비유한 사물이다.
[고3 전국연합] • 자연의 순환적 질서가 시상의 바탕에 깔려 있다.
• 임에 대한 그리움의 정서가 바탕에 깔려 있다.
• 강물이 얼었다 풀리는 상황과 시적 화자의 처지를 대비하고 있다.

---

022 서경별곡 | 작자 미상

| 짧은 감상 | 〈가시리〉와 같이 이별의 정한(情恨)을 노래한 고려 가요로 영원한 사랑을 꿈꾸는 여성 화자의 마음을 직설적으로 표현하고 있다.

● 핵심 정리

갈래	고려 가요	성격	서정적, 애상적
제재	임과의 이별	주제	이별의 정한(情恨)
특징	① 설의적 표현으로 임과의 사랑을 맹세하는 마음을 효과적으로 드러냄. ② 상징적 시어를 통해 화자가 처한 이별의 상황을 드러냄.		

● 이것만은 꼭!

'대동강'의 의미와 '물'의 이미지

대동강
공간적 배경: 임과 이별한 공간

대동강 너븐디 몰라서
이별을 거부하는 화자와 떠나는 임과의 공간적·심리적 거리감 표현

비 타 들면 것고리이다
화자의 두려움(임이 강을 건너면 다른 여인과 만날 것) 암시

'물'의 이미지 | 단절의 공간이자 미래에 대한 두려움을 일으키는 공간

수능에는 이렇게

── 대동강: 임과의 이별 공간
[고3 전국연합] • 상황에 대한 화자의 속마음이 직접적으로 표출되고 있다.
• 공간적 배경이 부각되어 시적 정황이 잘 드러나 있다.
• '길쌈 베'는 화자가 여성이란 사실을 단적으로 보여 준다.
• '우러곰 좃아가겠습니다'는 화자가 이별을 거부하고 있음을 드러낸다.
• '사공'은 화자와 임의 사랑을 방해하는 역할을 한다.
• '배를 타면 꺾으리이다'에는 미래에 나타날 임의 행동을 경계하는 심리가 내재되어 있다.

023 정과정 | 정서

본책 78쪽

| **짧은 감상** | 국문으로 전하는 고려 가요 중 작가를 알 수 있는 유일한 노래이며 유배 문학의 효시라 할 수 있다. 충신연주지사(忠臣戀主之詞)의 성격을 보이며 내용과 형태 면에서 향가의 맥을 잇고 있는 작품이다.

◉ 핵심 정리

갈래	고려 가요, 향가계 고려 가요	성격	애상적
제재	임과의 이별	주제	임금을 향한 변함없는 충절
특징	① 형식 면에서 향가의 전통을 이음.　② 감정 이입을 통해 정서를 표현함. ③ 내용 면에서 신충의 〈원가(怨歌)〉와 통함.		
의의	① 작가가 밝혀진 유일한 고려 가요 ② 유배 문학의 효시 ③ 향가의 잔영이 엿보임.		

◉ 이것만은 꼭!

1 자연물에 대한 감정 이입

화자	감정 이입	대상
한(恨), 그리움, 고독감	→	접동새

2 10구체 향가를 잇는 향가계 여요로서의 특징

• '아소 님하'와 같이 낙구에 감탄사가 있음. • 11행이지만 8행과 9행을 묶으면 3단 구성임.	→	10구체 향가의 특징을 보임.

수능에는 이렇게

[평가원] • 현재의 상황에 만족하지 못하고 있다. ─── 화자의 태도
• 의문문을 사용하여 말을 거는 듯한 효과를 내고 있다. ── '뉘러시니잇가', '니즈시니잇가'
• 잔월효성이 아르시리이다: 화자의 결백과 심적 상황을 암시한다.
[고2 전국연합] • 임과의 이별로 인한 슬픔을 노래하고 있다.
[고3 전국연합] • 화자는 임과의 재회를 소망하고 있다.

---

024 정석가 | 작자 미상

본책 80쪽

| **짧은 감상** | 실현 불가능한 상황을 설정하여 사랑하는 임과 이별하지 않겠다는 화자의 강한 의지를 표현한 고려 가요로, 6연은 〈서경별곡〉의 2연과 유사하다.

◉ 핵심 정리

갈래	고려 가요	성격	서정적, 민요적
제재	임에 대한 사랑		
주제	태평성대 기원, 임에 대한 영원한 사랑		
특징	① 불가능한 상황을 전제하는 역설적 표현이 쓰임. ② 시구를 반복하여 리듬감을 살리면서 상황과 정서를 강조함.		

◉ 이것만은 꼭!

1 〈정석가〉의 역설적 상황과 표현 효과

연	제재	가정	행위	
2연	구운 밤	구운 밤에 움이 돋아 싹이 나면		
3연	옥 연꽃	옥 연꽃에 꽃이 피면	임과 이별 하겠다.	→ 임과 이별하지 않겠다.
4연	무쇠 옷	무쇠로 된 철릭이 헐면		
5연	무쇠 소	무쇠로 된 큰 소가 쇠 풀을 먹으면		

2 '임'의 의미와 〈정석가〉의 성격

'임'을 '임금'으로 보는 경우	태평성대를 기원하는 신하나 백성이 임금에게 바치는 축수(祝壽)의 송축가로 볼 수 있음.
'임'을 '연인'으로 보는 경우	사랑하는 사람과의 영원한 사랑을 꿈꾸는 연정가로 볼 수 있음.

---

025 사모곡 | 작자 미상

본책 82쪽

| **짧은 감상** | 농경 생활에서 우러나온 지혜로 어머니와 아버지의 사랑을 각각 낫과 호미에 비유하고, 이 둘을 비교하여 어머니의 사랑이 더 강하다는 것을 노래하고 있다.

◉ 핵심 정리

갈래	고려 가요	성격	예찬적, 유교적
제재	효(孝), 어머니의 사랑	주제	어머니의 절대적인 사랑 예찬
특징	① 비교와 대조를 통해 어머니의 사랑을 강조함. ② 어머니의 사랑을 농기구에 빗대어 표현함. ③ 직유법, 영탄법 등을 사용하여 어머니의 사랑을 진솔하게 풀어냄.		

◉ 이것만은 꼭!

다양한 표현 기법을 통한 주제 강조

---

026 청산별곡 | 작자 미상

본책 84쪽

| **짧은 감상** | 고려 시대 민중들의 삶의 애환을 다룬 대표적인 고려 가요로, 뛰어난 음악적 효과와 감각적 언어 사용 및 고도의 상징성이 돋보인다.

◉ 핵심 정리

갈래	고려 가요	성격	현실 도피적, 애상적
제재	청산, 바다		
주제	• 삶의 고뇌와 비애 　• 실연의 슬픔 　• 삶의 터전을 잃은 유랑민의 슬픔		
특징	① 'ㄹ', 'ㅇ'음의 어울림에서 빚어내는 음악성이 돋보임. ② 반복과 상징을 사용하여 화자의 정서를 드러냄.		

◉ 이것만은 꼭!

1 시어의 의미

청산, 바다	화자의 이상향, 현실 도피처
새	화자의 분신, 감정 이입의 대상
돌	화자의 의지와 무관한 운명적 삶, 화자의 비애를 야기하는 매개체
강수(술)	현실의 괴로움을 잊기 위한 매개체

2 시적 화자에 따른 주제의 다양한 해석

시적 화자 = 유랑민	난리로 인해 삶의 터전을 잃고 떠도는 유랑민들의 고통과 비애를 읊은 민요
시적 화자 = 실연한 사람	실연 또는 이별의 상황에서 슬픔을 이기지 못하고 속세를 떠나 살고자 하는 마음을 나타낸 노래
시적 화자 = 좌절한 지식인	무신 정권의 횡포나 외세의 침략 등으로 인해 속세를 떠나 사는 지식인의 염세적 노래

수능에는 이렇게

[수능] • '청산'은 일상적 삶의 터전과 구별된다. ─── 얄리얄리 얄라셩 얄라리 얄라
• 후렴: 반복의 효과를 바탕으로 시 전체가 통일감을 갖도록 한다.
[고1 전국연합] • (시적 화자는) 현재의 처지에서 벗어나고 싶어 한다.
• 현실에서 느끼는 삶의 고달픔이 담겨 있다.

030 한림별곡 | 한림 제유

| 짧은 감상 | 고려 신진 사대부들의 문학적 경지와 자긍심, 향락적, 풍류적 삶의 태도가 잘 나타나 있는 경기체가이다.

● 핵심 정리

갈래	경기체가	성격	풍류적, 향락적, 귀족적
제재	상류층의 향락과 풍류		
주제	• 신진 사대부들의 학문적 자부심과 의욕적 기개 • 귀족들의 향락적 풍류 생활과 퇴폐적인 기풍		
특징	① 열거법, 영탄법, 설의법, 반복법을 사용함. ② 전 8장의 분절체임. ③ 3·3·4조, 3음보의 율격을 보임.		
의의	① 최초의 경기체가로 귀족의 생활 감정을 표현함. ② 후대 가사 문학에 영향을 미침.		

● 이것만은 꼭!

1 〈제8장〉이 다른 장과 다른 점

제1장~제7장	제8장
'시부, 서적, 명필, 명주, 화훼, 음악, 누각' 등 대상의 명칭을 나열하고 감흥을 표현함.	• 그네 타는 즐거움과 귀족의 풍류를 과시하며 감각적이고 동적인 묘사. • 우리말의 아름다움을 살려 쓰고 있어 문학성이 높음.

2 '경기체가'의 특징과 '고려 가요'와의 차이점

		경기체가	고려 가요
공통점		• 3·3·4의 음수율 • 분연체	• 3음보의 율격 • 후렴구
차 이 점	향유 계층	한문학에 능한 귀족	평민
	표현 수단	한자 및 이두 표현	우리말 표현
	종결 어미	의문형 종결 어미를 확신과 단정의 기능으로 활용함.	평서형 종결 어미를 사용하여 대상이나 정서, 상황을 드러냄.
	내용	• 관념적이고 교술적임. • 외부 묘사에 치중하여 귀족층이던 한림만이 경험할 수 있는 생활상과 그 흥취를 노래함.	• 하층민의 경험에서 형성되는 보편적 정서를 다룸. • 일반 백성들이 누구나 공감할 수 있는 상황이나 대상을 노래함.

033 백설이 자자진 골에 | 이색

| 짧은 감상 | 고려의 국운이 쇠퇴해 가는 상황에서 느끼는 회한을 상징적 소재의 대비를 통해 풍자적으로 드러내고 있는 작품이다.

● 핵심 정리

갈래	평시조, 서정시	성격	비유적, 풍자적, 우의적, 우국적
제재	백설, 구름, 매화, 석양		
주제	고려의 국운 쇠퇴에 대한 한탄과 우국충정		
특징	나라를 걱정하는 마음을 상징적으로 드러냄.		

● 이것만은 꼭!

시어의 대조적 의미 | 이 작품은 고려의 국운이 쇠락해 가는 시기에 창작된 시조로, '백설'이 사라져 가고 '구름'이 일고 있는 것은 고려의 유신이 사라져 가고 조선의 신흥 세력이 나타난 상황을 표현한 것으로 이해할 수 있다. 그리고 이 상황에서 지조와 절개를 상징하는 '매화'를 찾아보기 어렵다는 것은 고려에 충절을 다할 우국지사를 애타게 기다리는 심정을 드러낸 것이다.

백설, 매화	구름
고려의 유신(遺臣), 우국지사(憂國之士)	조선의 신흥 세력

034 춘산에 눈 녹인 바롬 | 우탁

| 짧은 감상 | 늙음을 한탄하면서도 안타까워하기보다는 오히려 인생을 달관하는 여유와 관조의 자세를 보이는 화자의 낙천적 태도를 엿볼 수 있는 시조이다.

● 핵심 정리

갈래	평시조, 서정시	성격	낙천적, 달관적, 탄로가
제재	봄바람, 흰 머리		
주제	탄로(嘆老; 늙음을 한탄함.)		
특징	색채 이미지를 활용한 참신한 비유가 돋보임.		

● 이것만은 꼭!

1 시어의 상징적 의미

춘산	눈, 서리
• 녹색 이미지 → 눈이 녹고 새순이 돋아난 산 • '젊음'을 상징	• 흰색 이미지 → 귀 밑의 흰머리 • '늙음'을 상징

2 **화자의 태도** | 이 작품의 화자는 어쩔 수 없이 늙을 수밖에 없는 인생의 무상함에 대해 탄식하면서도 한편으로는 달관적인 자세를 통해 낙천적이고 여유 있는 정서를 드러내고 있다. 눈을 녹이는 따뜻한 바람을 자신의 머리 위에도 불게 하여 해묵은 서리 같은 자신의 백발을 녹게 하고 싶다는 표현에서 여유와 관조의 태도가 잘 드러난다.

035 이화에 월백ᄒ고 | 이조년

| 짧은 감상 | 봄밤에 느끼는 애상적 정서를 시각적 심상과 청각적 심상을 활용하여 형상화한 시조이다. 다정가(多情歌)라고도 한다.

● 핵심 정리

갈래	평시조, 서정시	성격	애상적, 감각적, 다정가
제재	배꽃, 달, 은하수, 자규		
주제	봄날 밤에 느끼는 애상적인 정서		
특징	시각적 심상과 청각적 심상의 조화를 통한 감각적 표현이 뛰어남.		

● 이것만은 꼭!

시어의 이미지

이화, 월백, 은한	자규
• 백색 이미지 → 순수, 애상 • 시각적 이미지	• 처절한 울음소리 → 고독, 한(恨) • 청각적 이미지

수능에는 이렇게

[평가원] • 화자의 독백이 중심을 이루고 있다.
• 주관적이고 감성적인 체험에 바탕을 두고 있다.
• '자규'의 시적 기능
  ① 화자의 정서 변화에 촉매 역할을 한다.
  ② 소리로써 화자의 정서를 불러일으킨다.
  ③ 화자가 자신의 처지를 확인하게 해 준다.
  ④ 작품 내의 상황과 분위기를 조성하는 데 개입한다.

본책 94쪽

036 이런들 엇더ᄒ며 | 이방원

| 짧은 감상 | 이방원이 고려의 충신 정몽주의 속셈을 떠보고 그를 회유하기 위해 지었다고 전해지는 시조로 〈하여가(何如歌)〉라고도 한다.

● 핵심 정리

갈래	평시조, 서정시	성격	회유적, 설득적, 우의적, 하여가(何如歌)
제재	칡덩굴		
주제	정적(政敵)에 대한 회유		
특징	현실에 대한 영합을 권유하고자 하는 자신의 의도를 직설적인 말로 내비치지 않고 칡덩굴에 비유하여 우회적으로 표출함.		

● 이것만은 꼭!

표현상의 특징 | 이 작품은 비유를 통해 상대방에게 시류에 영합하라고 은근히 회유하고 있다.

037 이 몸이 주거 주거 | 정몽주

본책 94쪽

| 짧은 감상 | 이방원의 시조 〈이런들 엇더ᄒ며〉에 답하여 지은 시조로 직설적 어조와 반복적 표현을 통해 고려에 대한 충성심을 표현한 작품이다.

● 핵심 정리

갈래	평시조, 서정시	성격	직설적, 의지적, 단심가(丹心歌)
제재	일편단심(一片丹心), 절개		
주제	고려의 왕에 대한 변함없는 충절		
특징	직설적인 언어와 반복법, 점층법, 설의법 등의 표현 기교를 통해 자신의 굳은 의지를 강하게 드러냄.		

● 이것만은 꼭!

표현상의 특징 | 이 작품은 직설적인 언어와 반복적 표현을 사용하여 고려 왕조에 대한 작가의 충성심을 극명하게 표현하고 있다.

본책 98쪽

042 송인 | 정지상

| 짧은 감상 | 우리나라 한시 중 이별가(離別歌)의 백미(白眉)로 평가되는 7언 절구의 한시로, 자연사와 인간사의 대조를 통하여 이별의 정한을 심화·확대하고 있다.

● 핵심 정리

갈래	한시, 7언 절구	성격	서정적, 애상적
제재	임과의 이별	주제	이별의 슬픔
특징	① 인간사와 자연사를 대비하여 주제를 효과적으로 드러냄. ② 도치법, 과장법, 설의법을 활용함. ③ 감각적 이미지가 사용되었으며, '물'의 원형적 이미지를 활용하여 정서를 표현함.		

● 이것만은 꼭!

1 '물[水]'을 통한 화자의 정서 표현

2 공간적 배경과 그에 따른 정서의 심화

> **수능에는 이렇게**
>
> [수능] • 이별의 상황을 공간적으로 형상화하고 있다.
> • 결구(結句)('해마다 흘린 눈물로 푸른 물결 더 보태네.')에 대한 설명
> ① 기구(起句)의 '풀빛'과 시각적으로 어울린다.
> ② 과장된 표현으로 이별의 슬픔을 강조하고 있다.
> ③ 전구(轉句)의 '언제나 다할런가'와 의미가 호응한다.
> ④ 이별의 정한(情恨)이 깊은 강물의 흐름과 어우러진다.

본책 100쪽

043 설중방우인불우 | 이규보

| 짧은 감상 | 고려의 문호 이규보가 지은 5언 절구의 한시로, 친구에 대한 애틋한 그리움과 작가의 풍류가 담긴 작품이다.

● 핵심 정리

갈래	한시, 5언 절구	성격	서정적, 풍류적, 애상적
제재	눈 속에 벗을 찾아감.	주제	친구를 만나지 못한 아쉬움과 그리움
특징	① 돈호법을 사용하여 주의를 환기함. ② 명령형 종결 어미를 사용하여 화자의 바람을 나타냄.		

● 이것만은 꼭!

1 화자의 상황과 정서

화자의 상황	화자가 있는 공간	친구의 집 앞
	화자의 처지	말을 타고 먼 길을 달려왔으나 친구를 만나지 못함.
화자의 정서	정서를 알 수 있는 단서	눈 위에 이름을 씀.
	화자의 주된 정서	친구를 만나지 못한 아쉬움과 그리움

2 시어의 함축적 의미

눈	화자의 감흥을 불러일으키는 존재
바람	화자의 소망을 방해하는 존재

044 사리화 | 이제현

| 짧은 감상 | 권력자(탐관오리)들의 농민 수탈과 횡포가 만연했던 당대의 민족적 현실을 상징적 표현을 통해 풍자하고 있는 작품이다.

● 핵심 정리

갈래	한시, 7언 절구	성격	풍자적, 상징적, 현실 비판적
제재	참새의 횡포(탐관오리의 농민 수탈)		
주제	• 권력자들의 농민 수탈에 대한 비판 • 가혹한 수탈로 인한 농민의 피폐한 삶		
특징	① 권력자들의 수탈과 횡포를 비유적으로 고발함. ② 당시 민족적 현실을 풍자하여 나타냄.		

● 이것만은 꼭!

1 제목 '사리화(沙里花)'의 의미

사(沙): 목이 쉬다	+	리(里): 근심하다	+	화(花): 꽃

↓

농부들이 목이 쉬고, 근심하며 얻은 꽃 = 곡식을 의미함.

2 〈사리화(沙里花)〉의 풍자성 | 이 작품에서는 가혹하게 수탈하고 빼앗아 가는 관리들을 온갖 작물을 쪼아 먹어 버리는 '참새'에, 수탈당하는 농민을 '늙은 홀아비'에 빗대어 농민들의 마음은 헤아리지도 않고 권력을 마음대로 휘두르며 수탈을 일삼는 탐관오리의 횡포를 고발하고 있다.

수능에는 이렇게

[고1 전국연합] • 자연물을 적절히 활용해야겠어.
• 부정적 현실을 풍자적으로 표현해야지.
• 직설적 방법보다는 우의적인 방법으로 표현해야지.
• 의미상 대립되는 소재로 주제 의식을 드러내는 게 좋겠어.

048 용비어천가 | 정인지, 권제, 안지 등

| 짧은 감상 | 세종 27년에 정인지, 권제, 안지 등이 편찬한 장편 서사시로 악장 문학의 대표작이며, 세종의 직계 조상인 목조부터 태종까지의 공적 찬양을 통해 천명성을 강조하며 후왕을 권계하고 백성들의 교화를 도모했다.

● 핵심 정리

갈래	악장, 영웅 서사시, 송축가	성격	서사적, 송축적, 설득적, 권계적
제재	새 왕조의 창업	주제	새 왕조 창업의 정당성
특징	① 서사, 본사, 결사의 구조 속에 작품의 창작 동기가 유기적으로 서술됨. ② 2절 4구의 형식에서 1절은 중국 제왕(帝王)의 사적을, 2절은 조선 왕조의 사적을 찬양함.		

● 이것만은 꼭!

〈용비어천가〉의 전체 구성

내용 구성		주제
서사: 개국송	제1장	조선 창업의 정당성을 밝힘.
	제2장	조선의 무궁한 발전을 송축함.
본사: 사적찬	제3장 ~ 제8장	태조의 선조인 사조(四祖)의 사적을 노래함.
	제9장 ~ 제89장	태조의 인품과 업적을 노래함.
	제90장 ~ 제109장	태종의 위업을 찬양함.
결사: 계왕훈	제110장 ~ 제125장	후대 왕에게 권계함.

수능에는 이렇게

[수능] • 〈제125장〉에서는 행에 따라 종결 어미를 달리하고 있다.
• 〈제2장〉과 달리, 〈제125장〉은 전언의 수신자를 명시하고 있다.
• '뿌리 깊은 나무'와 '샘이 깊은 물'은 기반이 굳건하고 기원이 유구하다는 뜻을 내세워 왕조를 송축하는 표현이겠군.

051 강촌 | 두보

| 짧은 감상 | 가족과 단란한 정착 생활을 하며 느끼는 정신적 안정과 여유가 잘 드러난 작품이다. 강촌의 한가로운 모습이 선경 후정의 수법 속에 한 폭의 수채화처럼 그려져 있다.

● 핵심 정리

갈래	한시, 7언 율시	성격	서정적, 한정적
제재	강촌의 여름 정경		
주제	한가로운 자연에서 누리는 삶에 대한 만족감		
특징	① 선경 후정의 방식으로 시상을 전개함. ② 원근법, 대구법 등이 사용됨.		

● 이것만은 꼭!

표현상 특징

원근법	수련과 함련에서는 여름 강촌의 한가로운 정경을 먼 곳에서 가까운 곳으로 시선을 이동하며 그리고 있다.
대구법	자연과 인간의 한가로운 모습을 그려 내기 위해 함련과 경련에 각각 대구법이 쓰였다.
선경 후정	시의 전반부에서는 강촌의 경치 묘사를, 후반부에서는 강촌에서의 생활과 이에 대한 화자의 심정을 드러냈다.

수능에는 이렇게

[수능] • 온화하고 부드러운 태도를 담고 있어 좋군.
• 한가롭게 지내는 가운데 느낀 감동을 표현해서 좋군.
└─ 안분지족의 삶의 자세

052 등악양루 | 두보

| 짧은 감상 | 전란 중에 동정호의 악양루에 올라 풍경의 광활함에 감탄하고 전란의 슬픔을 한탄하는 작품이다.

● 핵심 정리

갈래	한시, 5언 율시	성격	우국적, 애상적
제재	악양루에서 바라본 경치		
주제	우국과 향수		
특징	① 대구법을 사용하여 자신의 외로운 처지를 효과적으로 보여 줌. ② '배'에 감정을 이입하여 표현함.		

● 이것만은 꼭!

1 풍경과 화자의 대비

풍경	정서
악양루에 올라 오나라와 초나라가 동남쪽에 갈라져 있고 하늘과 땅이 밤낮으로 떠 있는 광활한 풍경을 접하게 됨.	↔ 가까운 친구의 편지도 없이 늙어 가는 자신의 외로운 처지를 느낌.

2 선경 후정(先景後情)의 기법 | 이 작품의 전반부에는 악양루에 올라 바라본 광활한 경치(오나라와 초나라가 동남쪽에 갈라졌고 하늘과 땅이 밤낮으로 떠 있는 경치)가 나타나고 후반부에는 외로이 늙어 가는 화자의 처지가 나타나는데, 이를 통해 싸움터의 말이 관산 북쪽에 있는, 전란이 계속되는 상황에서 비애에 잠겨 탄식하는 화자의 모습이 효과적으로 드러난다.

053 강남봉이구년 | 두보

| **짧은 감상** | 태평한 시절에 만났던 명창 이구년을 인생의 황혼기에 다시 만난 후 인생의 무상함을 드러낸 작품으로, 화자의 애상적 정조가 드러난다.

● 핵심 정리

갈래	한시, 7언 절구	성격	애상적, 회고적
제재	이구년(당 현종 때의 명창)과의 만남		
주제	옛 지인을 만난 감회와 인생무상		
특징	① 대구법을 통해 화려했던 시절을 회상함. ② 대조법을 통해 과거와 현재를 대비함.		

● 이것만은 꼭!

1 **대조를 통한 정서의 부각** | 과거에서 현재로 시간의 흐름에 따라 시상이 전개되는 것처럼 보이지만, 화자는 현재 시점에서 화려했던 과거를 회상하고 있으므로 실제로는 역순행으로 시상이 전개되고 있다.

현재	이구년과의 뜻밖의 해후	
과거 회상	명창 이구년과 함께 풍류를 즐겼던 기억	인생 무상
현재	늙고 초라해져 유랑하는 처지	

2 **표현 기법의 효과**

과거와 현재, 자연의 아름다움과 화자 및 대상의 초라한 모습을 대비하거나 중의적인 표현을 사용함.

↓

화자의 안타깝고 서글픈 정서를 더욱 절실하게 전달함.

058 오백 년 도읍지를 | 길재

| **짧은 감상** | 고려의 옛 도읍지를 돌아보면서 느끼는 감회를 노래한 회고가의 대표작으로, 망국의 한과 안타까움이 잘 드러난 시조이다.

● 핵심 정리

갈래	평시조, 서정시	성격	회고적, 감상적
제재	고려의 옛 도읍지		
주제	망국의 한과 인생무상		
특징	비유적 표현과 대구법, 영탄법을 사용하여 고려 왕조 멸망의 한을 노래함.		

● 이것만은 꼭!

1 **시어의 의미**

필마	벼슬하지 않고 홀로 지내는 외로운 신세
태평연월	고려 왕조의 융성기
쑴(꿈)	인간 역사의 무상함

2 **감탄사, '어즈버'** | 종장에 나타난 '어즈버'는 시상을 전환하고 화자의 정서를 집약하는 기능을 하는 감탄사로, 10구체 향가의 낙구 첫머리에 나타나는 감탄사의 영향을 받았다고 볼 수 있다. 10구체 향가와 시조 모두 3단 구성이며 같은 기능을 하는 감탄사가 존재한다는 점으로 볼 때, 10구체 향가는 시조의 형식적 근원이라고 할 수 있다.

3 **고려 왕조 교체기 사대부들의 고뇌와 갈등** | 고려 말에서 조선 초에 이르는 시기는 정치적 격변기였다. 고려가 망하고 새로운 왕조인 조선이 건국되면서 '군신유의(君臣有義)'라는 유교적 덕목이 흔들릴 수밖에 없었다. 이러한 유학자나 선비들의 갈등은 옛 왕조의 멸망에 대한 한탄과 회고, 고려 왕조에 대한 변함없는 충절, 새로운 왕조에 대한 긍정적 태도 등의 형태로 다양하게 시조에 반영되었다.

059 흥망이 유수ᄒᆞ니 | 원천석

| **짧은 감상** | 잡초가 우거진 옛 궁궐의 터를 바라보며 지은 시조로, 고려의 멸망에서 느끼는 무상감이 탄식의 어조로 잘 표현되어 있다.

● 핵심 정리

갈래	평시조, 서정시	성격	회고적, 감상적
제재	만월대		
주제	고려 왕조의 멸망에 대한 탄식과 무상감		
특징	① 시각적·청각적 이미지로 인생무상의 정서를 표현함. ② 비유적 표현과 중의적 표현을 통해 주제를 형상화함.		

● 이것만은 꼭!

시어의 의미

추초	황폐해진(쇠락한) 고려 왕조
목적	세월의 무상함
석양	고려 왕조의 몰락
객	작가(화자) 자신

수능에는 이렇게

[고1 전국연합] · 대상의 부재에서 느끼는 안타까움이 드러나 있다. ─── 고려의 멸망에서 느끼는 무상감이 탄식의 어조로 표현
· 동일한 음보율을 사용하여 리듬감을 살리고 있군.
· 침울한 분위기를 느낄 수 있군. ─── 고려 왕조의 몰락
· '석양'은 화자의 정서를 심화하는 배경으로 기능하고 있군.
· 화자가 혼잣말을 하는 방식으로 자신의 내면을 드러내고 있군.

060 선인교 나린 물이 | 정도전

| **짧은 감상** | 고려 왕업의 무상함을 노래한 조선 개국 공신의 회고가로, 망국의 슬픔에 빠져들지 않고 오히려 그것을 잊으려는 태도를 보이는 시조이다.

● 핵심 정리

갈래	평시조, 서정시	성격	회고적, 감상적, 권유적
제재	물소리		
주제	고려 왕업의 무상함		
특징	① 고려 왕조를 회고하면서도 시세에 따라야 함을 은근히 드러냄. ② 청각적 이미지, 영탄법, 설의법을 통해 화자의 감정을 드러냄.		

● 이것만은 꼭!

화자의 태도 | 화자는 고려 왕조에 대한 회고에 잠깐 잠기지만, 이미 망한 나라의 흥망을 물어 무엇하겠느냐고 마무리하고 있다. 즉, 고려의 멸망을 돌이킬 수 없는 역사의 흐름으로 보고, 무상감에서 벗어나 현실에 충실해야 함을 은근히 드러내고 있다.

초장	중장	종장
흥성했던 고려 왕조를 회상함.(선인교, 자하동)	고려 왕업의 무상함을 느낌(물소리)	무상감을 극복함. – 개국 공신의 면모

고려 왕조에 대한 회고와 새로운 왕조에 대한 긍정적 태도

061 수양산 ᄇ라보며 | 성삼문

| 짧은 감상 | 세조의 단종 폐위에 항거한 작가의 의지를 은유적으로 드러낸 시조이다.

● 핵심 정리

갈래	평시조, 서정시	성격	지사적, 풍자적, 비판적
제재	백이숙제의 고사		
주제	죽음을 각오한 굳은 지조와 절의		
특징	① 백이숙제의 태도를 새로운 시각으로 평가하고 자신의 절의를 강조함. ② 중의법, 설의법을 사용하여 자신의 지조를 부각함.		

● 이것만은 꼭!

화자의 태도

백이숙제의 태도		화자의 태도
주나라 무왕의 은나라 정벌을 반대하고 수양산에 은거하여 고사리를 캐 먹다가 죽음.	화자의 주관적 비교	세조(수양 대군)의 왕위 찬탈을 부당하게 여겨 그의 녹을 먹지 않고 쌓아 둠.

화자의 굳은 절개 강조

062 이 몸이 주거 가셔 | 성삼문

| 짧은 감상 | 사육신(死六臣)의 한 사람인 작가가 단종의 복위를 꾀하다가 발각되어 처형당할 때, 자신의 충정을 노래한 시조이다.

● 핵심 정리

갈래	평시조, 서정시	성격	의지적, 지사적, 절의적
제재	낙락장송		
주제	죽어서도 변할 수 없는 굳은 절개		
특징	충절을 상징하는 소나무의 이미지를 활용해 자신의 지조를 부각함.		

● 이것만은 꼭!

1 대조적인 시어와 화자의 태도 | 화자는 죽어서도 '낙락장송'이 되어 '백설'로 뒤덮인 세상, 즉 잘못된 세상에 저항하겠다는 태도를 보인다.

백설		낙락장송
부당하게 왕위를 찬탈한 세조 일파	↔	화자

화자의 굳은 절개 강조

2 조선 전기의 절의가 | 유교적 이념을 통치 사상으로 한 조선 왕조에는 개국 후 수십 년이 지나지 않아 수양 대군이 단종을 몰아내고 왕위를 찬탈한 계유정난이 발생한다. 유교적 충의 사상을 자연스럽게 습득한 사대부들은 이러한 정변을 용납할 수 없었으며, 이 과정에서 단종 복위 운동을 벌이다가 희생된 사육신이 나타나게 된다. 사육신 가운데 처형을 앞두고 시조를 지은 사람이 성삼문을 포함해 넷이나 되는데, 불의의 정치 상황에 맞서 자신의 충절과 우국의 정을 노래한 이들의 시조가 조선 전기 절의가의 주된 유형이다.

063 눈 마즈 휘여진 디를 | 원천석

| 짧은 감상 | 눈 속에서도 푸르름을 잃지 않는 대나무를 통해 두 왕조를 섬길 수 없다는 작가의 굳은 의지를 드러낸 시조이다.

● 핵심 정리

갈래	평시조, 서정시	성격	절의적, 의지적, 회고적
제재	대나무		
주제	고려 왕조에 대한 굳은 지조		
특징	상징법, 설의법, 의인법을 통해 작가의 굳은 의지를 표현함.		

● 이것만은 꼭!

절의의 표현 방식 | 이 작품은 충신은 두 임금을 섬길 수 없다는 지조와 충절을 담고 있는 절의가이다.

이미지 활용의 효과	전통적으로 충신의 지조와 절개를 상징하는 '대나무'의 이미지를 활용하여 자신의 절의를 효과적으로 표현함.

수능에는 이렇게

[고1 전국연합] • 초장의 '눈'은 새로운 왕조에 협력을 강요하는 세력을 의미한다고 볼 수 있겠군. *시련의 상징, 압력과 회유*
• 중장의 '절개'는 고려의 신하로서 새 왕조에 반대하고 끝내 벼슬을 거절한 것과 관련된다고 볼 수 있겠군.
• 종장의 '너'는 초장의 '대'와 동일한 대상으로, 조선의 건국 과정에서 보여 준 작가의 태도와 유사한 특성을 가지고 있다고 볼 수 있겠군.

064 가마귀 눈비 마즈 | 박팽년

| 짧은 감상 | 단종의 복귀를 꾀하다 발각되어 옥에 갇혀 있는 작가가 세조의 명을 받고 찾아온 김질의 회유에 대한 대답으로 지은 시조이다.

● 핵심 정리

갈래	평시조, 서정시	성격	절의적, 의지적
제재	까마귀		
주제	변하지 않는 절의와 지조		
특징	색채 대비를 통해 주제를 강조함.		

● 이것만은 꼭!

시어의 대조 | 초장과 중장에서 '가마귀'와 '야광명월'의 대조로 간신과 충신의 이미지를 뚜렷하게 드러낸 뒤 종장에서 자신의 충절을 부각하고 있다.

가마귀		야광명월(夜光明月)
눈비를 맞아 겉모양이 하얗게 보이는 듯하나 원래 검음. – 이중성과 위선성	대조	한밤중에도 빛남. – 변치 않는 심성

수능에는 이렇게

[고2 전국연합] • '밤'은 세조가 단종을 몰아내고 왕위에 오른 시대 상황을 암시한다고 볼 수 있다.
• '일편단심'은 세조의 회유를 뿌리치고 단종에 대한 충의를 지키려는 작가의 굳은 마음을 드러낸다고 볼 수 있다.

065 간밤의 부던 바람에 | 유응부

본책 130쪽

| 짧은 감상 | 계유정난을 배경으로 당대 현실에 대한 풍자와 인재의 희생에 대한 걱정을 자연 현상에 빗대어 표현한 시조이다.

◉ 핵심 정리

갈래	평시조, 서정시	성격	우국적, 풍자적
제재	바람(계유정난), 소나무, 꽃		
주제	수양 대군의 횡포에 대한 비판과 인재 희생에 대한 걱정		
특징	대조적인 소재를 사용하여 주제를 드러냄.		

◉ 이것만은 꼭!

작품의 풍자적 속성 | 이 작품은 수양 대군의 왕위 찬탈을 풍자한 시조로, 당시의 상황을 자연물에 비유하여 우의적으로 표현하고 있다.

시어	비유적 의미
바람, 눈서리	수양 대군의 왕위 찬탈, 포악함
낙락장송	수양 대군의 야욕에 희생된 조정의 충신
못다 핀 곳	장차 국가의 기둥이 될 젊은 인재

066 풍상이 섯거 친 날에 | 송순

본책 130쪽

| 짧은 감상 | 임금의 뜻을 받들어 절개를 지키겠다는 작가의 굳은 의지가 드러난 시조이다.

◉ 핵심 정리

갈래	평시조, 서정시	성격	의지적, 비판적, 유교적
제재	바람과 서리 속에서 피어난 국화		
주제	임금에 대한 변함없는 절개를 맹세함.		
특징	국화를 복숭아꽃, 오얏꽃과 대조하여 화자의 강한 의지를 나타냄.		

◉ 이것만은 꼭!

시어의 대조 | 금분에 담은 '황국화'는 정성스럽게 지켜 나가야 할 지조를 상징하며, '도리'는 한때 피었다 쉽게 지는 꽃으로 변절자를 상징한다. 결국 종장의 '도리'와 대조를 이루는 초장의 '황국화'는 역경 속에서도 절개를 지키는 충성스러운 신하가 되라는 뜻으로 임금이 보낸 것이라 할 수 있다.

황국화(黃菊花)	대조	도리(桃李)
지조와 절개를 지닌 충신	↔	쉽게 변절하는 간신

수능에는 이렇게

[고3 전국연합] • '님의 뜻'은 시류에 편승하지 말고 강직한 신하가 되라는 것이다.
• '금분'과 '황국화'는 색채적인 효과를 살린 시어이다.
• '섞어 친'과 '갓 피온'은 대조적인 느낌을 자아내고 있다.
• '황국화'와 도리는 상징적 의미가 대비되는 자연물이다.
• '풍상이 섞어 친 날'은 '황국화'를 돋보이게 하는 배경이 되고 있다.

067 방 안에 혓는 촛불 | 이개

본책 132쪽

| 짧은 감상 | 수양 대군의 왕위 찬탈 후 강원도 영월로 유배를 가는 단종과 이별하는 안타까운 마음을 타는 촛불에 비유하여 형상화한 시조이다.

◉ 핵심 정리

갈래	평시조, 서정시	성격	여성적, 애상적, 감상적, 연군가
제재	촛불		
주제	임(단종)과 이별한 슬픔		
특징	① 여성적 어조의 완곡한 표현으로 자신의 절의를 드러냄. ② 의인법을 사용하여 시적 화자의 감정을 특정한 대상(촛불)에 이입함.		

◉ 이것만은 꼭!

감정 이입의 표현 | 단종과 이별하는 상황에서 화자 자신의 심정을 무생물인 촛불에 빗대어 표현하고 있다. 촛농이 흘러내리는 것을 화자의 눈물에 비유하고, 초 심지가 타는 것을 화자의 속 타는 심정에 비유하여 표현했다.

수능에는 이렇게

[고1 전국연합] • 영탄적 표현을 통해 시적 상황에 대한 화자의 정서를 부각하고 있다.
• '겉으로 눈물 지고'에서 '눈물'은 촛농이 흘러내리는 모습을 비유한 것으로 화자의 슬픔을 형상화하고 있다.
• '저 촉(燭)불 날과 같아서'에서 '촉(燭)불'은 화자와 동일시되는 대상이다.

068 내 무음 버혀 내여 | 정철

본책 132쪽

| 짧은 감상 | 임금을 그리워하는 안타까운 마음을 우회적으로 형상화한 시조이다.

◉ 핵심 정리

갈래	평시조, 서정시	성격	애상적, 감상적, 연군가
제재	별, 달		
주제	연군의 정		
특징	추상적 개념인 '마음'을 구체적인 대상인 '별'과 '달'로 형상화하여 표현함.		

◉ 이것만은 꼭!

추상적 개념의 구체적 형상화 | 화자는 자신의 마음을 칼로 베어 '별'과 '달'을 만들어서 임금이 계신 궁궐에 비춤으로써 자신의 충정(忠情)을 임금께 전하고 싶다고 노래한다. 추상적인 대상인 '마음'을 구체적 사물인 '별', '달'로 형상화한 시적 상상력이 돋보인다.

069 천만 리 머나먼 길히 | 왕방연

| 짧은 감상 | 단종이 영월로 유배될 때 호송 책임을 맡았던 작가가 호송을 마치고 돌아오면서 안타까움과 죄책감 등의 괴로운 심정을 시냇물에 이입하여 읊은 시조이다.

◉ 핵심 정리

갈래	평시조, 서정시	성격	애상적, 감상적, 연군가
제재	시냇물		
주제	임금(유배된 단종)과 이별한 애절한 마음		
특징	냇물에 감정을 이입하여 단종과 이별하는 슬픔과 단종을 호송한 죄책감을 진솔하게 드러냄.		

◉ 이것만은 꼭!

1 감정 이입 | 감정의 직접적인 표출을 자제했던 조선 시대 사대부들은 자신의 감정을 객관화하면서 효과적으로 표현하기 위한 방법으로 감정 이입의 방법을 사용했는데, 이 작품에서는 무심히 흘러가는 시냇물에 자신의 감정을 이입하여 표현했다.

2 정서의 감각적 형성화

청각적 이미지	시냇물 흐르는 소리	화자의 울음소리	→	정서의 감각적 형상화

> **수능에는 이렇게**
>
> [수능] • 대상의 부재에서 느끼는 안타까움이 드러나 있다.
> • '천만 리 머너먼 길에 고운 님 여의옵고'는 과장된 표현을 통해 '님'과 이별한 상황을 강조하고 있다.
> • '저 물도 내 안 같아서'는 인간과 자연물의 동일시를 통해 화자의 슬픔을 표현하고 있다.└ 감정 이입의 대상
> • '밤길 가는구나'는 캄캄한 '밤'의 속성을 통해 화자의 암담한 심정을 표현하고 있다.

071 십 년을 경영ᄒ여 | 송순

| 짧은 감상 | '돌', '청풍'과 '나'가 초가 삼간 속에서 일체를 이루는 물아일체적 삶과 안분지족의 생활 태도에서 산수의 아름다움에 몰입된 참신한 멋을 느끼게 하는 작품으로, 자연과 하나가 되어 풍류를 즐기는 작가의 삶을 노래하고 있다.

◉ 핵심 정리

갈래	평시조, 서정시	성격	풍류적, 낭만적, 전원적, 한정가
제재	전원생활		
주제	자연에 대한 사랑과 안빈낙도		
특징	의인법과 비유적 표현을 사용하여 물아일체의 삶을 드러냄.		

◉ 이것만은 꼭!

화자의 자연 친화적 자연관 | 송순은 1533년에 고향인 담양으로 내려가 정자 '면앙정'을 짓고 시를 지으며 지냈다. 그는 주변의 자연과 어울려 유유자적하면서 정신을 수양하는 삶을 노래한 가사, 시조, 한시 등을 지었다. 이 작품에는 '나'와 '돌', '청풍'이 각각 '초려 삼간'의 한 칸씩 차지한다고 하여 자연과 인간을 나누는 경계를 벗어나 자연과 친화하고자 하는 화자의 자연관을 잘 드러내고 있다.

070 추강에 밤이 드니 | 월산 대군

| 짧은 감상 | 물욕과 명리를 벗어나 자연 속에서 유유자적하는 삶의 모습을 그린 시조이다.

◉ 핵심 정리

갈래	평시조, 서정시	성격	풍류적, 낭만적, 탈속적, 한정가
제재	추강(秋江), 가을 달밤, 낚시		
주제	가을 달밤의 풍류와 정취		
특징	한적한 가을밤의 풍취를 드러내어 물욕과 명리를 벗어난 탈속의 정서를 표출함.		

◉ 이것만은 꼭!

화자의 태도 | 이 작품에서 자연은 멋과 풍류를 찾을 수 있는 공간이다. '빈 배'에 고기 대신 '달빛'만 가득 싣고 돌아오는 풍류는 욕심을 버린 작가의 마음을 반영하고 있다.

072 대쵸 볼 불근 골에 | 황희

| 짧은 감상 | 풍요로운 가을 농촌의 흥겨움과 풍류를 노래한 시조이다.

◉ 핵심 정리

갈래	평시조, 서정시	성격	풍류적, 낭만적, 전원적, 한정가
제재	늦가을의 농촌 생활		
주제	농촌 생활의 풍요로움과 흥겨움		
특징	순우리말로 농촌의 가을 풍경을 구체적으로 묘사함.		

◉ 이것만은 꼭!

표현상 특징 | '대쵸, 밤, 벼, 게, 술' 등의 시어의 나열을 통해 농촌의 풍요로움을 효과적으로 표현했다. 또한 관념적인 자연이 아닌 현실적이고 구체적인 자연의 모습을 그린 것이 특징이며, 감각적인 표현을 효과적으로 사용했다.

감각적 표현	시각(대쵸 볼 불근), 청각(뜻드르며), 후각(술 닉쟈)
시어의 나열	대쵸·밤 → 벼·게 → 술·체 장수
사실적 표현	관념적 표현과 한자어를 배제하고 순우리말을 사용하여 농촌의 가을 풍경을 구체적으로 묘사함.

073 뭣버들 갈히 것거 | 흥랑

| 짧은 감상 | 임과 이별하게 된 화자가 자신을 잊지 말아 달라고 호소하는 시조이다.

◉ 핵심 정리

갈래	평시조, 서정시	성격	감상적, 애상적, 여성적, 연정가, 이별가
제재	뭣버들, 이별		
주제	임에게 보내는 사랑		
특징	떠나는 임에 대한 사랑을 소박한 자연물을 통해 드러냄.		

◉ 이것만은 꼭!

'뭣버들'의 역할 | '뭣버들'은 화자의 심경을 말해 주는 대상이면서 임을 그리워하는 화자의 분신이다. 화자는 그러한 뭣버들을 통해 서로에 대한 사랑이 끝나지 않고 이어지기를 바라고 있다.

- 화자의 심경을 말해 주는 대상
- 임을 그리워하는 화자의 분신

> **수능에는 이렇게**
> [수능] • 이별에 따른 정서를 노래하고 있다.

074 동지ㅅ둘 기나긴 밤을 | 황진이

| 짧은 감상 | 임을 기다리는 여인의 간절한 마음을 참신한 비유로 호소력 있게 형상화한 시조이다.

◉ 핵심 정리

갈래	평시조, 서정시	성격	감상적, 낭만적, 연정가
제재	연모의 정, 동짓달 기나긴 밤		
주제	임을 기다리는 애타는 마음		
특징	① 추상적 개념을 구체적 사물로 표현했고, 우리말의 우수성을 잘 살려 냄. ② 음성 상징어를 사용하여 표현 효과를 높임.		

◉ 이것만은 꼭!

참신한 발상과 표현 | 추상적 개념인 시간을 구체적 사물로 형상화하여 그 한가운데를 잘라서 이불 아래 넣고 편다고 한 발상이 돋보이며, '서리서리'와 '구뷔구뷔' 같은 우리말 의태어를 절묘하게 구사하여 여류 시조의 섬세함을 드러낸 대표 작품이다.

> **동짓달 긴 밤의 한 허리를 베어 냄.**
> 임이 없는 시간을 단축
>
> ↓
>
> **임이 오면 베어 놓은 것을 펼침.**
> 임과 함께하는 시간을 연장

> **수능에는 이렇게**
> [고2 전국연합] • (나)의 화자는 '밤'을 '굽이굽이' 펴겠다고 하고 있어, 이것은 임과 함께 오래 있고 싶은 마음을 표현한 것으로 볼 수 있을 거야.
> ┌ 임에 대한 간절한 그리움의 표현

075 청산은 내 뜻이오 | 황진이

| 짧은 감상 | 임에 대한 변함없는 사랑과 지조를 자연물에 비유하여 형상화한 시조이다.

◉ 핵심 정리

갈래	평시조, 서정시	성격	감상적, 상징적, 은유적, 연정가
제재	청산, 녹수	주제	임을 향한 변함없는 사랑
특징	불변성을 상징하는 청산과 가변성을 상징하는 녹수를 대조하여 표현함.		

◉ 이것만은 꼭!

기녀 시조의 문학사적 의미

① 자신들의 애정과 이별 문제를 노래한다는 점에서 동시대의 시조 담당층인 사대부의 시조와 비교된다.

② 세련된 표현 기교를 갖추었을 뿐만 아니라 순수 국어를 잘 구사했다.

③ 내용 면에서는 남녀 간의 애정 및 인간의 정서를 솔직하고 담대하게 표현했다.

④ 기녀들이 시조를 짓고 향유했던 문화는 시조 작가층의 확대와 더불어 시조가 새로운 모습으로 탈바꿈하는 계기를 마련했다.

> **수능에는 이렇게**
> ┌ '녹수'의 '흘러간다'는 가변성과 대조되는 표현
> [수능] • 굳은 뜻과 변하는 정(情)을 대조시켰다.
> • 청산(靑山)은 불변한다는 관습화된 상징을 이용했다.
> • 정(情)이 변하는 것을 물이 흘러가는 것으로 구상화했다.
> • 이별을 청산(靑山)의 탈속적(脫俗的)인 이미지로 나타냈다.

076 어져 내 일이야 | 황진이

| 짧은 감상 | 임을 떠나보낸 후의 회한을 진솔하게 나타낸 시조이다. 애틋한 심리를 섬세하게 포착하여 우리말의 절묘한 구사를 통해 표현하였다.

◉ 핵심 정리

갈래	평시조, 서정시	성격	감상적, 애상적, 여성적, 연정가, 이별가
제재	이별과 그리움(보내고 그리는 정)		
주제	임을 그리워하는 마음, 이별의 정한		
특징	도치법 혹은 행간 걸침의 수법을 통해 화자의 심리를 표현함.		

◉ 이것만은 꼭!

'제 구퇴야'의 중의성

'제 구퇴야 가랴마는'으로 보는 경우	'임'을 주어로, '임'의 행위를 강조하는 역할의 도치로 봄.
'가랴마는 / 제 구퇴야 보내고'로 보는 경우	화자 '나'를 주어로, '행간 걸침'으로 볼 수 있음.

이렇게 중의적으로 해석될 수 있도록 이 시구를 배치한 것은, 이별은 어쩔 수 없는 일이었는데 자존심 상하게 굳이 그 책임을 따져서 무엇하겠느냐는 의미를 함축한다고 볼 수 있다.

> **수능에는 이렇게**
> [고3 전국연합] • 임과 함께 있고 싶은 소망을 담고 있다.
> • '어져 내 일이야 그릴 줄을 모르던가'는 영탄과 설의적 표현을 활용하여 화자의 회한을 나타내고 있다.
> • '제 구퇴야'는 행동의 주체를 중의적으로 표현하여 화자의 복잡한 심경을 드러내고 있다.
> • '보내고 그리는 정(情)'은 화자의 행위와 심리를 대비시켜 임을 그리워하는 화자의 모습을 드러내고 있다.

077 이화우 흣쑤릴 제 | 계랑

| 짧은 감상 | 작가가 자신과 정이 깊었던 유희경이 서울로 간 뒤 소식이 없자 그를 그리워하며 지은 시조이다.

◉ 핵심 정리

갈래	평시조, 서정시	성격	애상적, 감상적, 연정가
제재	이화, 낙엽		
주제	이별의 슬픔과 임에 대한 그리움		
특징	① 임과 헤어진 뒤의 시간적 거리감과 임과 떨어져 있는 공간적 거리감이 조화를 이룸. ② 시간의 흐름과 하강의 이미지를 통해 시적 화자의 정서를 심화함.		

◉ 이것만은 꼭!

작품에 드러난 하강 이미지 | 초장의 '이화우'와 중장의 '추풍낙엽'은 공통적으로 하강 이미지를 표상한다는 점이 특징이다. 이별할 때 배꽃이 떨어진 것처럼 현재는 나뭇잎이 떨어지고 있다는 상황적 유사성을 바탕으로 시상을 전개하고 있는 것이다.

초장	이화우	→	하강 이미지
중장	추풍낙엽		

수능에는 이렇게

[수능] • 대상에 대한 그리움의 정서가 드러나 있다.
• 계절적 이미지를 활용하여 시의 분위기를 형성하고 있다.
[고2 전국연합] • 시간의 흐름을 바탕으로 대상에 대한 화자의 심정을 표출하고 있다.

---

078 청초 우거진 골에 | 임제

| 짧은 감상 | 당대의 대문장가였던 작가가 함께 풍류를 즐겼던 기녀 황진이의 죽음을 슬퍼하는 마음을 솔직하게 담은 작품이다.

◉ 핵심 정리

갈래	평시조, 서정시	성격	애상적, 연정가
제재	황진이의 무덤		
주제	황진이의 죽음을 애도(哀悼)함.		
특징	시각적 이미지를 통한 대조적 표현과 의문의 형식을 통해 화자의 무상감을 강조함.		

◉ 이것만은 꼭!

작품에 드러난 비애의 정서 | 화자는 황진이가 더 이상 이 세상에 없기에 더불어 풍류를 즐길 사람이 없다는 데 따른 공허감을 '잔(盞) 자바 권(勸)후리 업스니'라는 말로 표현하며 '슬허후노라'를 통해 그로 인한 비애감을 극대화하고 있다.

잔(盞) 자바 권(勸)후리 업스니	→	슬허후노라
황진이의 부재에 따른 공허한 마음		황진이가 없는 데 따른 슬픔

수능에는 이렇게

[수능] • 대상의 부재에서 느끼는 안타까움이 드러나 있다.
• '홍안(紅顔)을 어디 두고 백골(白骨)만 묻혔느냐'는 시어의 대비를 통해 화자의 무상감을 드러내고 있다.

---

079 재 너머 성권롱 집에 | 정철

| 짧은 감상 | 토속적인 농촌의 정취 속에서 술과 벗을 좋아하는 작가의 풍류가 잘 느껴지는 시조이다.

◉ 핵심 정리

갈래	평시조, 서정시	성격	풍류적, 전원적, 목가적, 한정가
제재	성 권농 집의 술과 벗		
주제	전원생활의 멋과 풍류		
특징	압축과 생략을 통해 경쾌하게 서술했으며, 우리말을 자유자재로 멋스럽게 구사함.		

◉ 이것만은 꼭!

❶ 표현상 특징 | 중장과 종장 사이에 화자가 성 권농의 집에 도착하기까지의 과정을 생략하여 작품 전체에 생동감을 주었다.

❷ 정철의 시조에 나타난 풍류적 성격 | 80여 수에 달하는 정철의 시조 가운데 음주를 내용으로 하는 작품은 14수로, 호방하고 풍류적 성격의 내용이 주를 이룬다. 음주를 노래한 작품이 많다는 것은 백성을 상대로 교화를 펼치는 공인(公人)의 모습보다는 자신의 감정에 충실한 개인의 면모가 부각되는 것으로, 문학을 교화의 수단으로 삼던 사대부들의 문학관과는 사뭇 다른 작가 의식을 엿볼 수 있다.

---

080 혼 잔 먹새 그려 | 정철

| 짧은 감상 | 최초의 사설시조로, 삶의 허무함(인생무상)이라는 주제를 드러내어 술을 마시는 행위를 합리화한 작품이다.

◉ 핵심 정리

갈래	사설시조	성격	풍류적, 권주가
제재	술		
주제	술로 인생의 무상감을 해소함.		
특징	① 인생무상의 허무적 태도와 술을 권유하는 퇴폐적 정조가 동시에 나타남. ② 초장은 'a-a-b-a' 형식이 사용되고, 중장은 제한 없이 길어지는 사설시조의 구조를 지님.		

◉ 이것만은 꼭!

'권주가'로서의 성격 | 화자는 죽으면 모든 것이 헛될 것이니 후회하지 말고 술을 마실 수 있을 때 마음껏 마시고 취하여 즐거움을 누리자고 권유하고 있다.

죽음 이후의 쓸쓸하고 삭막한 상황에 대한 무상감
이 몸 주근 후면 ~ 진나비 ㅍ람 불 제

↓ 술을 즐김.

인생에 대한 무상감을 해소함.

수능에는 이렇게

[수능] • 지게 위에 거적 덮어 졸라매 메고 가나 오색실 화려한 휘장에 만인이 울며 가나: 대조적 상황을 설정해 죽음의 필연성을 강조했다.

---

081 어부사 | 이현보

| 짧은 감상 | 자연을 벗하며 고기잡이하는 풍류객으로서의 어부 생활을 그린 연시조로, 강호 가도의 맥을 잇는 동시에 윤선도의 〈어부사시사〉에도 영향을 미쳤다.

● 핵심 정리

갈래	연시조(전 5수), 강호 한정가	성격	풍류적, 낭만적, 자연 친화적
제재	어부의 생활		
주제	자연을 벗하는 풍류적인 생활, 자연에 은거하는 어부의 생활		
특징	상투적 표현을 사용하여 정경 묘사가 추상적이고 관념적임.		
의의	① 고려 때부터 전해 오는 〈어부가〉를 개작한 강호가도의 맥을 잇는 작품임. ② 윤선도의 〈어부사시사〉에 영향을 줌.		

● 이것만은 꼭!

화자의 내적 갈등

강호 한정	속세에 대한 미련
〈제1수〉 일엽편주를 타고 인세(人世)를 잊는 삶 〈제2수〉 십장 홍진이 가려진 가운데 무심(無心)을 추구하는 삶	〈제5수〉 어주(漁舟)에 누워서도 장안과 북궐을 잊지 못하는 삶

⟷

수능에는 이렇게

[고1 전국연합] · 현재의 삶에 만족하는 태도를 보이고 있다.
[고2 전국연합] · 자연 속에 묻혀 살면서도 속세에 대한 미련을 떨쳐 버리지 못했던 모양이야.
　　　　　　제5수: 장안과 북궐을 의식함. 임금에 대한 걱정
[고3 전국연합] · 세속적인 삶과 거리를 두려는 태도가 드러나 있다.

---

082 강호사시가 | 맹사성

| 짧은 감상 | 조선 전기 강호가도의 대표적 작품으로, 강호에서 자연을 즐기며 한가롭게 지내는 삶을 노래하며 이를 임금의 은혜와 결부하여 표현한 연시조이다.

● 핵심 정리

갈래	연시조(전 4수), 강호 한정가	성격	풍류적, 전원적, 낭만적
제재	강호의 사계절		
주제	강호에서 자연을 즐기며 임금의 은혜에 감사함.		
특징	① 계절에 따라 한 수씩 읊고, 대유법, 대구법, 의인법을 구사함. ② 각 연마다 형식을 통일하여 안정감을 드러내고 주제를 효과적으로 부각함.		
의의	우리나라 최초의 연시조이자 강호가도(江湖歌道)의 선구적 작품		

● 이것만은 꼭!

사시(계절)에 따른 화자의 태도 | 화자는 각 계절마다 안분지족의 삶 속에서 자연과 조화를 이루는 한가로운 생활을 영위하며, 이 모든 것을 임금의 은혜로 귀결함으로써 유교적 충의 사상을 드러낸다.

봄	시냇가에서의 풍류를 통해 봄의 흥취를 느낌.
여름	초당에서 한가하게 시원한 강바람을 즐김.
가을	작은 배로 고기잡이하며 소일함.
겨울	아름다운 설경 속에서 안분지족을 느낌.

→ 임금의 은혜

수능에는 이렇게

[수능] · 각 수 초장의 전반부에는 계절적 배경을 제시하며 시상의 단서를 드러내야겠군.
· '한가'하게 '소일'하는 개인적 삶도 임금의 은혜 덕분이라고 표현한 데서 정치적 성격을 엿볼 수 있군.
[고2 전국연합] · 자연을 즐기는 가운데 임금을 향한 마음을 드러내고 있다.
· 각 수 종장의 '역군은(亦君恩)이샷다'는 신하라는 공적인 삶과 관련지어 한 말이라고 할 수 있군. 유교적 충의관이 드러남.

---

083 도산십이곡 | 이황

| 짧은 감상 | 작가가 속세를 떠나 자연에 흠뻑 취해 사는 자연 귀의 생활과 후진 양성을 위한 강학, 사색에 잠긴 학문 생활을 솔직하고 담백하게 표현한 연시조이다.

● 핵심 정리

갈래	연시조(전 12수)	성격	교훈적, 회고적
제재	자연, 학문		
주제	자연 친화적 삶의 추구와 학문 수양에 대한 변함없는 의지		
특징	① 도학자의 자연 관조적 자세와 학문 정진에 대한 의지가 잘 나타남. ② 어려운 한자어가 많이 사용되었으며, 반복법, 설의법, 대구법 등을 통해 주제를 부각함.		

● 이것만은 꼭!

성리학적 이념의 문학적 형상화

언지(1곡)	언학(10곡, 11곡)
자연에 대한 지극한 사랑(천석고황)	학문 수양을 향한 다짐

사대부들의 성리학적 이상 생활

수능에는 이렇게

[수능] · 글쓴이가 생각하는 바람직한 삶의 자세가 드러나 있다.
[평가원] · 자연물의 속성에 빗대어 화자의 의지를 드러내고 있다.
· 제1수에서는 화자가 자신을 드러내고 삶의 지향을 제시함으로써 주제 의식을 환기한다.
· 제6수에서는 화자의 인식을 점층적으로 드러내어 주제 의식을 집약한다.
· '유란'과 '백운'은 화자가 심미적으로 완상하는 대상이다.
· '화만산'과 '월만대'는 화자의 충만감을 자아내는 정경의 표상이다.
[고2 전국연합] · '청산'은 일관된 삶의 자세를 일깨우는 공간이다.

---

084 고산구곡가 | 이이

| 짧은 감상 | 고산의 아름다운 경치를 예찬하면서 이를 학문의 즐거움에 빗대어 쓴 10수의 연시조이다.

● 핵심 정리

갈래	연시조(전 10수)	성격	예찬적, 교훈적
제재	고산의 아름다움	주제	학문의 즐거움과 자연의 아름다움 예찬
특징	① 유학자로서의 삶의 지향이 중의적 표현과 독창적인 내용 속에 잘 반영됨. ② 한자어 사용이 두드러지고, 절제된 감정 속에 풍경을 구체적으로 묘사함.		

● 이것만은 꼭!

〈고산구곡가〉의 시간적 유기성 | 이 작품은 고산 구곡담에서 바라본 하루와 사시(四時)의 시간 경과에 따른 경관 묘사가 유기적으로 이루어져 있다.

사시(四時)		하루	
봄	늦은 봄의 화암	아침	관암의 아침 햇살
여름	녹음 짙은 취병	낮	소쇄한 은병
가을	서리가 내려 금수 같은 풍암	저녁	해 저문 송애 / 황혼의 조협
겨울	기암괴석이 눈 속에 묻힌 문산	달밤	달 밝은 금탄

수능에는 이렇게

[수능] · '원근이 그림이로다'의 '그림'은 마을 안의 풍경을 의미하겠군.
· '승지'는 작가가 꿈꾸는 이상적인 자연의 모습을 의미하겠군.
[고2 전국연합] · 각 수별로 '고기', '절벽', '옥진금휘', '기암괴석' 등으로 소재를 바꾸어 가면서 변화를 꾀하고 있군.
[고3 전국연합] · 유사한 시구를 반복하여 형식적 통일성을 유지하고 있다.

고전 시가

085 한거십팔곡 | 권호문

| 짧은 감상 | 현실의 근심을 잊기 위해 자연을 선택하지만 결코 현실을 외면할 수 없었던 작가의 사대부로서의 의식이 잘 드러난 연시조이다.

핵심 정리

갈래	연시조(전 19수)	성격	유교적, 교훈적, 은일적
제재	자연에 은거하는 삶		
주제	유교적 깨달음의 실천과 안빈낙도의 소망		
특징	현실 세계로부터 벗어나 자연 속에서의 삶을 선택하기까지의 과정을 시간 순서에 따라 전개함.		
의의	후기 강호가도의 전형적 작품		

이것만은 꼭!

〈한거십팔곡〉의 시상 전개 과정

〈제4수〉	출처(出處)의 갈등	
〈제8수〉	은거의 삶을 선택	시상이 전개되면서 심리적 갈등이 점차 해소되어 감.
〈제12수〉	은거에 열중하는 상황	
〈제19수〉	시상의 마무리	

수능에는 이렇게

[수능] • 삶에 대한 화자의 고뇌가 나타나 있다.
└ 사대부로의 삶과 은거로서의 삶 사이의 갈등이 나타남.
• '세월이 물 흐르듯 하니'는 시간을 시각적으로 형상화하고 있다.
• 제4수는 제2수와 제3수의 내용을 아우르고 있다.
[평가원] • 의문형 어미를 활용하여 화자의 정서를 강조하고 있다.
• 〈제2수〉의 '부급동남'은 〈제4수〉의 '성주를 섬기'기 위해 화자가 행한 일이다.
• 〈제4수〉의 '강호'를 화자가 선택한 이유 중 하나는 〈제8수〉의 '부귀 위기'이다.
[고2 전국연합] • 대구 형식을 사용하여 운율을 형성하고 있다.
• 영탄적 어조를 통해 화자의 정서를 부각하고 있다.
• 〈1수〉에서 '충효'를 하지 않으면 '금수(禽獸)'와 다름없다고 생각하는 것은 유교적인 가치를 중시하는 사대부로서의 모습을 보여 주는군.

095 상춘곡 | 정극인

| 짧은 감상 | 작가가 벼슬에서 물러나 고향인 태인에 머물면서 자연의 아름다움과 자연을 즐기는 삶의 흥취를 노래한 가사이다.

핵심 정리

갈래	양반 가사, 은일 가사, 강호 한정가	성격	서정적, 묘사적, 자연 친화적, 예찬적
제재	봄의 아름다운 풍경		
주제	봄 경치를 즐기는 강호가도(江湖歌道)와 안빈낙도(安貧樂道)		
특징	① 대구법, 직유법, 의인법, 고사 인용 등 다양한 표현 방법을 사용함. ② 화자의 시선 이동에 따라 시상을 전개함.		

이것만은 꼭!

〈상춘곡〉에 나타난 자연관

홍진(속세)	산림(자연)
관직에 나아가 정치에 참여하며 부귀와 공명을 누리는 공간	← → 학문을 닦고 수양하며, 풍류를 즐기는 공간

수능에는 이렇게

[수능] • 설의적 표현을 통해 화자의 자족감을 표출하고 있다.
[평가원] • 세속적 이익을 좇지 않는 삶의 자세가 나타나 있다.
• 주체와 객체가 전도된 표현을 통해 화자의 인생관을 분명히 하고 있다.
[고2 전국연합] • 자연적 소재를 활용하여 글쓴이의 정서를 나타내고 있다.
└ 공명도 날 꾀우고 부귀도 날 꾀우니

096 만분가 | 조위

| 짧은 감상 | 억울하게 유배 생활을 하게 된 작가가 억울한 심정과 원통함, 연군의 정을 토로한 작품으로, 조선 시대 유배 가사의 효시로 평가받는다.

핵심 정리

갈래	유배 가사	성격	한탄적, 비분적, 원망적
제재	무오사화로 인한 유배	주제	귀양살이의 억울함과 연군의 정
특징	① 고사를 활용하여 유배에 대한 억울한 심정을 토로함. ② 자연물에 의탁하여 정서를 드러냄.		
의의	조선 시대 유배 가사의 효시		

이것만은 꼭!

〈만분가〉가 후대 유배 가사에 끼친 영향 | 〈만분가〉는 조선 전기 당쟁의 회오리 속에서 희생된 신하가 자신의 억울함을 토로한 유배 가사의 효시라는 점에서 문학사적 의의가 크다. 특히 후대에 지어진 정철의 〈사미인곡〉, 〈속미인곡〉에 〈만분가〉가 끼친 영향이 잘 드러난다. 〈만분가〉에서 임과 이별한 여성을 화자로 설정하여 임에 대한 간절한 그리움과 충성을 노래한 점과, 임금이 계신 곳을 옥황상제가 사는 천상 세계로 설정한 점 등이 정철의 작품에서도 유사하게 나타난다.

수능에는 이렇게

[수능] • 대상에 대한 그리움의 정서가 드러나 있다.
• 계절적 이미지를 활용하여 시의 분위기를 형성하고 있다.
• '바람비 뿌린 소리', '두어 소리'는 임에게 전하고자 하는 화자의 마음을 담고 있다.
[평가원] • '매화'의 '뿌리'와 '가지'를 활용하여 '혼'의 정서를 형상화하고 있다.
• '만장송'과 '매화'라는 소재를 활용하여 임을 향한 화자의 마음을 표상하고 있다.
[고3 전국연합] • 자연물을 통해 화자의 정서를 드러내고 있다.

097 면앙정가 | 송순

| 짧은 감상 | 면앙정 주변의 풍경을 묘사하고 아름다운 자연에서 얻은 흥취를 사계절의 변화에 따라 노래한 가사이다.

핵심 정리

갈래	양반 가사, 은일 가사, 강호 한정가	성격	서정적, 묘사적, 자연 친화적
제재	면앙정 주변의 아름다운 자연 풍경		
주제	자연을 즐기는 강호가도와 군은(君恩)에 대한 감사		
특징	① 비유, 대구, 반복 등의 다양한 표현 방법을 사용함. ② 사계절의 변화에 따라 내용을 전개함.		

이것만은 꼭!

〈면앙정가〉에 나타난 작가의 인생관 | 마지막 결구인 '이 몸이 이렁 굼도 역군은(亦君恩)이샷다.'를 통해 자연 친화적인 태도에 유교의 충의 사상을 결합해 자연과 임금을 별개의 것이 아닌 동일한 대상으로 여기는 가치관을 보여 주고 있다.

자연을 즐기는 생활 (자연 친화적 태도)	임금의 은혜에 대한 감사 (유교의 충의 사상)

자연 = 임금

수능에는 이렇게

[수능] • '제월봉'이 '무변대야에 무슨 짐작'을 한다는 표현에는 높은 이상을 향한 작가의 의지가 자연물에 투영되어 있군.
[평가원] • 녹양(綠楊)에 우는 황앵(黃鶯) 교태 겨워하는구나: 화자의 감정이 이입되어 있다.
[고2 전국연합] • 인간(人間)을 떠나와도 내 몸이 겨를 업다: 자연 속에서 바쁘게 살아가는 모습을 표현하고 있다.

098 관동별곡 | 정철

| 짧은 감상 | 작가가 강원도 관찰사로 부임하여 금강산과 관동 팔경을 유람한 후 아름다운 경치와 고사, 풍속 등을 여정에 따라 읊은 기행 가사로, 가사 문학의 대표적 작품이다.

● 핵심 정리

갈래	양반 가사, 기행 가사, 정격 가사	성격	서정적, 지사적, 서경적
제재	내금강과 관동 팔경		
주제	금강산, 관동 팔경에 대한 감탄과 연군지정 및 애민 사상		
특징	① 영탄법, 대구법, 생략법 등을 활용함. ② 우리말의 아름다움을 잘 살려 뛰어난 언어적 기교가 나타남.		

● 이것만은 꼭!

표현상 특징

① 생략과 비약을 통한 내용 전개, 역동적인 움직임을 포착한 박진감 있는 경치 묘사가 특징이다.

② 대구, 비유, 반복 등의 다양한 표현 방식을 통해 역동적으로 경치를 묘사하여 생동감과 경쾌한 리듬을 형성한다.

수능에는 이렇게

[수능] • 왕뎡(王程)이 유훈(有限)후고 풍경(風景)이 못 슬믜니, 유회(幽懷)도 하도 할샤 긱수(客愁)도 둘 듸 업다.: 공인(公人)의 임무를 수행해야 하는 현실적 의무와 새로운 세계에 대한 동경이 얽혀 있다.
• 감각적인 언어로 대상을 생동감 있게 그려 내고 있다.
[고1 전국연합] • 현재 상황에 대한 화자의 내면적 다짐이 드러나 있다.
[고2 전국연합] • 자연을 즐기는 가운데 임금을 향한 마음을 드러내고 있다.

---

099 사미인곡 | 정철

| 짧은 감상 | 작가가 당파 싸움으로 고향에 내려가 있을 때 임금을 향한 충성심을 임을 생각하는 여인의 마음에 빗대어 지은 가사로 다양한 표현 기법과 절묘한 어구 구사가 돋보인다.

● 핵심 정리

갈래	서정 가사, 양반 가사, 정격 가사	성격	서정적, 여성적, 연모적, 주정적, 의지적
제재	임금에 대한 사랑		
주제	임금을 향한 일편단심, 연군지정(戀君之情)		
의의	① 충신연주지사(忠臣戀主之詞)의 대표적 작품임. ② 후편 격인 〈속미인곡〉과 더불어 가사 문학의 백미를 이룸.		

● 이것만은 꼭!

계절별 주요 소재에 담긴 상징적 의미

계절	소재	상징적 의미
봄	매화	임(임금)에 대한 화자의 사랑(충정)
여름	옷	임(임금)에 대한 화자의 지극한 정성(충정)
가을	청광(달빛)	임금의 선정에 대한 소망(화자의 충정)
겨울	양춘, 햇빛	임(임금)에 대한 화자의 염려(화자의 충정)

수능에는 이렇게

[수능] • 이별의 상황을 공간적으로 형상화하고 있다.
[평가원] • 소재에 상징적 의미를 부여하여 주제 의식을 부각하고 있다.
[고2 전국연합] • '범나비'는 사랑의 현실적 한계를 극복하려는 화자의 분신으로 볼 수 있겠군. └─ 죽어서 영혼으로라도 임을 따르겠다는 의지

---

100 속미인곡 | 정철

| 짧은 감상 | 〈사미인곡〉의 속편으로 갑녀와 을녀 두 여인이 등장해 임을 향한 일편단심을 간곡하게 노래한 충신연주지사의 대표작이며 가사 문학 중 우리말 표현이 가장 뛰어난 작품으로 평가된다.

● 핵심 정리

갈래	서정 가사, 양반 가사, 정격 가사	성격	서정적, 여성적, 연모적, 충신연주지사
제재	임에 대한 그리움		
주제	임금을 향한 그리움, 연군지정(戀君之情)		
특징	① 대화 형식으로 내용을 전개함. ② 순우리말을 절묘하게 구사함.		

● 이것만은 꼭!

〈속미인곡〉의 두 화자의 성격

갑녀(甲女)	을녀(乙女)
• 을녀의 하소연을 유발하고, 극적으로 작품의 결말을 짓게 함. • 작품의 전개와 종결을 위한 기능적 역할 • 보조적 위치에 있는 화자	• 갑녀의 질문에 응하여 신세 한탄을 함으로써 작품의 정서적 분위기를 주도함. • 작품의 주제를 구현하는 중추적 역할 • 작가의 처지를 대변하는 중심 화자

수능에는 이렇게

[수능] • 시간적 배경으로 화자의 처지가 부각되고 있다. ─ 방등
[고2 전국연합] • 화자는 '지는 달'이 되어 '창 안'을 비추고 싶다는 소망을 드러내고 있어. 이것은 임에 대한 간절한 사랑을 나타낸 것으로 볼 수 있을 거야.
• 죽어서 '낙월'이 되고 싶어하는 모습을 통해 임금에 대한 연모를 드러내고 있군.

---

101 규원가 | 허난설헌

| 짧은 감상 | 가부장적 유교 질서 속에서 남편을 기다리며 독수공방하는 외로움과 남편에 대한 원망을 노래한 가사이다.

● 핵심 정리

갈래	규방(내방) 가사	성격	원망적, 체념적, 절망적, 고백적
제재	여인의 한 많은 삶		
주제	봉건 사회 규방 부인의 삶과 정한		
특징	① 다양한 대상에 화자의 심정을 투영(비유)함. ② 고사를 이용하여 작품 분위기가 유려함.		

● 이것만은 꼭!

화자의 정서를 드러내는 소재 | 이 작품은 화자의 정서를 효과적으로 드러내기 위해 다양한 대상에 화자의 감정을 직접 투영하거나 객관적인 사물을 동원하여 간접적으로 표현했다.

실솔, 새	화자와 서글픈 심정이 일치하는 감정 이입의 대상
자최눈, 구준비	화자의 쓸쓸한 심화를 돋우는 객관적 상관물
녹기금	화자의 서글프고 외로운 심정을 부각하는 객관적 상관물

수능에는 이렇게

[고2 전국연합] • 대상의 부재 상황에서 느끼는 정서를 드러내고 있다. ─ 돌아오지 않는 남편에 대한 원망, 남편에 대한 그리움
• '박명한 홍안'의 기능: 화자의 현재 처지를 집약하여 보여 준다.
• 죽림(竹林)푸른 곳에 새 소리 더욱 설다: 화자 자신이 느끼는 서러움을 새 소리에 이입시켜 드러내고 있다. ─ 방탕한 임을 원망함.
[고3 전국연합] • 대상에 대한 원망이 드러나 있다.
• 과거를 회상하며 현재의 처지에 대해 탄식하고 있다.

102 만보 | 이황

| 짧은 감상 | 수확의 기쁨이 있는 가을 풍경과 화자 자신의 모습을 대비하여 학문적으로 아무것도 이룬 것이 없는 자신을 돌아보며 회한의 정서를 드러낸 한시이다.

● 핵심 정리

갈래	한시, 5언 배율	성격	사색적, 자아 성찰적, 대조적
제재	가을 저녁의 풍경, 학문적 성취의 미진함		
주제	소망한 바를 이루지 못한 회한과 성찰		
특징	① 독백적 어조를 사용하여 화자 자신의 삶을 성찰함. ② 자연(외물)과 화자 자신(내면)을 대조하며 시상을 전개함.		

● 이것만은 꼭!

자연과 대비되는 화자의 정서 | 수확과 결실의 계절인 가을에 학문적으로 아무것도 이룬 것이 없는 자신의 모습을 보며 화자는 안타까움을 느끼고 탄식한다.

가을 풍경		화자의 모습
수확과 결실의 기쁨	↔	학문적 성취가 미진함.

↓

학문적으로 아무것도 이룬 것이 없는
상황에 대한 안타까움과 탄식

수능에는 이렇게

수확의 기쁨이 있는 가을 풍경과 화자 자신의 모습 대비
[수능] • 외부 세계와 내면을 대비해 가며 화자의 정서를 부각하고 있다.
• 의문의 형식을 빌려 탄식의 마음을 드러내고 있다.
• 해는 문득 서쪽으로 기울어지는데: 화자로 하여금 자신의 삶을 되돌아보게 하는 계기이다.

---

103 무어별 | 임제

| 짧은 감상 | 여인이 이별하는 순간을 남성 작가가 여성적인 섬세한 감각으로 표현한 한시로, 간결한 형식미를 보여 주는 작품이다.

● 핵심 정리

갈래	한시, 5언 절구	성격	서정적, 애상적, 낭만적
제재	이별		
주제	• 이별의 슬픔 • 이별한 소녀의 애틋한 마음		
특징	① 간결하고 담백한 표현으로 절제된 언어의 아름다움을 구사함. ② 관찰자적 입장에서 객관적으로 시적 상황을 전달함.		

● 이것만은 꼭!

결구의 애상적 분위기의 역할

소재	배꽃	달
색채감	백색(白色)	
정서	애상적 분위기, 애련한 느낌	
속성	금방 떨어지는 순간성	어두운 밤하늘에 홀로 걸려 있어 임을 상기시킴.

↓

• 배경의 역할을 함.
• 이별의 안타까움을 더해 줌.
• 이별한 임을 연상시킴으로써 임에 대한 그리움을 북돋움.
• 주인공의 애달픈 심정과 절묘한 조화를 이룸.

---

104 봄비 | 허난설헌

| 짧은 감상 | 규중에서 홀로 지내는 여인의 마음을 아름답게 표현한 한시로, 화자 자신의 슬프고도 외로운 삶의 모습을 지는 꽃과 동일시하고 있다.

● 핵심 정리

갈래	한시, 5언 절구	성격	서정적, 애상적, 독백적
제재	봄비	주제	규중 여인의 고독과 외로움
특징	객관적 상관물로 화자의 심성을 드러냄.		

● 이것만은 꼭!

1 시상 전개

기	연못에 내리는 봄비	
승	장막 속에 스며드는 찬 바람	선경(先景): 시·공간적 배경
전	뜬시름	
결	떨어지는 살구꽃	후정(後情): 고독한 정서

2 작품의 배경에서 드러나는 정서 | 이 작품의 표현상 묘미는 봄비, 찬 바람, 살구꽃 등의 배경을 통해 화자의 정서를 효과적으로 드러내는 데 있다. 자신의 감정과 정서를 정경 묘사에 기대어 감정을 표현해 낸 절제된 어조가 돋보인다. 특히 떨어지는 살구꽃을 자신의 모습과 동일시하여 허망하게 지나가는 자신의 젊은 날을 안타까워하고 아쉬워하는 심정을 드러내고 있다.

배경	봄비	찬 바람	(지는) 살구꽃
화자의 정서	슬픔, 쓸쓸함	외로움	아쉬움

---

109 국화야 너는 어이 | 이정보

| 짧은 감상 | 국화를 오상고절(傲霜孤節)이라 예찬하며, 자신도 국화처럼 꿋꿋하게 절개를 지키며 살겠다는 의지를 다지고 있는 시조이다.

● 핵심 정리

갈래	평시조, 서정시	성격	예찬적, 교훈적, 절의가
제재	국화	주제	국화(선비)의 높은 절개 예찬
특징	의인법을 사용하여 대상에 대한 친근감을 드러냄.		

● 이것만은 꼭!

오상고절(傲霜孤節) | '서릿발이 심한 속에서도 굴하지 않고 외로이 지키는 절개'라는 뜻으로, 따뜻한 봄에 꽃을 피우는 일반적인 꽃들과 달리 추운 날에 꽃을 피우는 국화(菊花)의 별칭으로 쓰인다. 화자는 이런 국화를 예찬하며 자신도 국화처럼 절개를 지키며 살겠다는 의지를 드러낸 것이다.

일반 꽃		국화
삼월 동풍 (봄)에 개화	대조	낙목한천 (늦가을 혹은 초겨울)에 개화
평범함.		특별함.

↓

오상고절인 '국화' 예찬

수능에는 이렇게

[평가원] • 계절감을 주는 어휘로 시적 분위기를 조성하고 있다.
• '네로호'에는 다른 꽃들과 대조되는 국화의 속성이 드러나 있다.
• (가)의 '오상고절'에는 굳건한 절개가 표현되어 있다.
• (가)의 '너뿐인가 하노라'에는 대상을 예찬하는 화자의 태도가 나타나 있다.

110 가노라 삼각산아 | 김상헌

| 짧은 감상 | 병자호란에서 패배한 후 청나라에 볼모로 잡혀가게 된 작가가 고국을 떠나면서 느끼는 비분강개한 심정을 노래한 시조이다.

◉ 핵심 정리

갈래	평시조, 서정시	성격	절의가, 비분가, 우국가
제재	고국 산천		
주제	고국을 떠나는 신하의 안타까운 마음		
특징	대구법, 대유법, 의인법 등을 활용해 화자의 정서를 효과적으로 표현함.		

◉ 이것만은 꼭!

1 시어의 의미

2 역사적 배경 – 병자호란 | 병자호란은 인조 14년인 1636년에 청나라가 일으킨 전쟁으로, 군신의 관계를 맺자는 청나라의 요구에 조선이 불응하자 청나라 태종이 직접 20만 대군을 이끌고 조선을 침략하며 시작되었다. 조정은 남한산성으로 피했으나 결국 삼전도에서 항복하여 왕이 청나라 태종에게 세 번 절하고 아홉 번 머리를 조아리는 치욕을 당했고, 청나라와는 군신의 관계를 맺어야 했으며, 해마다 조공을 바쳐야만 했다. 또한 소현 세자와 봉림 대군이 청나라에 볼모로 잡혀갔다.

111 청강에 비 듯는 소리 | 효종

| 짧은 감상 | 효종이 봉림 대군이었을 때 형인 소현 세자와 함께 청나라로 끌려가면서 지은 시조로, 볼모가 된 자신의 비통한 심정과 청나라에 복수하고자 하는 마음을 담은 작품이다.

◉ 핵심 정리

갈래	평시조, 서정시	성격	우의적, 의지적, 비분가
제재	강, 비, 산, 나무, 봄바람		
주제	청나라에 볼모로 끌려가는 비통함과 설욕 의지		
특징	의인법과 우의적 표현을 통해 화자의 상황과 정서를 간접적으로 드러냄.		

◉ 이것만은 꼭!

시어의 의미 | 초장의 '청강에 비 듯는 소리'는 '청나라에 볼모로 끌려가는 화자의 처지, 눈물을 흘리며 비통해하는 심정'을 드러낸 것이라고 할 수 있다. '만산 홍록'은 '산에 가득한 꽃과 풀'이지만 '청나라 군사'를 뜻한다고 볼 수 있고, '춘풍' 역시 '따뜻한 봄바람'을 의미하지만, '청나라의 세력'을 뜻한다고 볼 수 있다. '춘풍(春風)이 몃 날이리'는 '청나라의 세력이 오래 가지 않고 곧 꺾일 것'이라는 화자의 신념을 드러낸 것이라고 볼 수 있다.

청강, 만산 홍록, 춘풍	비 듯는 소리
청나라(사람, 세력)	볼모가 된 화자의 심정 (화자의 처지)

112 아츰은 비 오더니 | 신흠

| 짧은 감상 | 비와 바람 같은 인생길의 장애물 앞에서 흔들리지 않는 여유를 노래한 시조이다.

◉ 핵심 정리

갈래	평시조, 서정시	성격	풍류적, 낙천적, 한정가(閑情歌)
제재	비와 바람		
주제	삶에 대한 달관(達觀)의 자세		
특징	상징적 시어를 사용하여 시상을 전개함.		

◉ 이것만은 꼭!

작품에 나타난 삶에 대한 선조들의 달관적 태도 | 이 작품의 화자는 '천리만리' 길을 앞에 두고 '비'와 '바람'을 마주하게 된다. 이러한 장애물이 당황스러울 수도 있지만 낙관적인 화자는 좌절하지 않고 잠시 '쉬여 간들 엇더리'라고 여유를 보이며 역경에 대해 달관적인 태도를 드러낸다.

비, 부람(풍우)	'두어라 ~ 엇더리'
시련, 역경	달관, 초탈의 자세

113 주려 주그려 ᄒ고 | 주의식

| 짧은 감상 | 백이숙제가 수양산에 들어가 고사리를 캐 먹다가 죽었다는 고사를 인용하여 세상의 불의와 부정을 풍자한 시조이다.

◉ 핵심 정리

갈래	평시조, 서정시	성격	풍자적
제재	백이숙제의 고사		
주제	백이와 숙제의 절개 예찬과 세상의 혼탁함 비판		
특징	① 고사를 인용하여 세상의 혼란스러움과 지조 없음을 한탄함. ② 설의법을 사용함.		

◉ 이것만은 꼭!

1 시상 전개 과정 | 이 작품은 백이숙제의 태도를 비판한 성삼문의 〈절의가(絕義歌)〉에 화답하여 백이숙제의 지조와 절개를 옹호하고 한층 높여 이상화하고 있다. 더불어 부정적인 생각을 갖는 세상 인심에 대한 화자의 비판적 인식이 드러나 있다.

2 성삼문의 시조와의 대비 | 성삼문의 〈절의가(絕義歌)〉에 화답하는 형식으로 성삼문과는 다른 차원에서 채미(採薇), 즉 '백이숙제가 고사리를 캔 행동'을 해석하여 백이숙제의 지조를 한층 더 높이고 상대적으로 세상의 지조 없음을 비판하는 효과를 얻고 있다.

> 수양산(首陽山) 부라보며 이제(夷齊)를 한(恨)ᄒ노라
> 주려 주글진들 채미(採薇)도 ᄒ는 것가
> 비록애 푸새옛 거신들 그 뉘 따헤 낫드니   – 성삼문, 〈절의가〉

114 논밭 갈아 기음 매고 | 작자 미상

| 짧은 감상 | 농부의 하루 일과를 생동감 있게 사실적으로 묘사한 시조로, 힘들고 고단한 삶 속에서도 즐거움을 만끽하는 화자의 모습이 잘 드러나 있다.

◉ 핵심 정리

갈래	사설시조	성격	전원적, 사실적, 한정가(閑情歌)
제재	농사일		
주제	농촌의 바쁜 일상 속에서 느끼는 여유		
특징	열거법을 통해 쉴 틈 없이 바쁜 농부의 일과를 구체적으로 묘사함.		

◉ 이것만은 꼭!

구체적 삶의 공간인 자연 | 이 작품은 전원생활의 즐거움을 노래하고 있다. 화자는 논밭을 갈고, 산에서 나무하고, 샘터에서 점심을 먹고, 해가 지면 집으로 돌아오는 농가의 일상적 삶과 즐거움을 누리고 있다. 즉, 자연을 관념적 낙원으로 보지 않고 구체적 생활 공간, 노동의 공간으로 그리고 있으며, 농촌 생활에 대한 긍정적 인식을 드러내고 있다.

수능에는 이렇게

[고1 전국연합] • 인물의 행동을 구체적으로 표현하여 현장감을 살리고 있다.
• 무림산중(茂林山中): 일상적 삶이 드러나는 공간이다. 현실적 삶을 영위하는 노동의 공간이다.
• 잎담배 피워 물고 콧노래 조올다가: 농부의 여유 있는 모습이 드러나 있다.
[고2 전국연합] • 구체적인 생활 현실을 소재로 삼고 있다.
• 인물의 행동을 구체적으로 묘사하고 있다.

116 곡구롱 우는 소리에 | 오경화

| 짧은 감상 | 평화롭고 한가한 가족의 일상을 청각적·시각적 이미지를 주로 활용하여 묘사한 사설시조이다.

◉ 핵심 정리

갈래	사설시조	성격	사실적, 전원적, 한정가(閑情歌)
제재	일상적 생활		
주제	전원의 한가로움과 화목한 가정의 분위기		
특징	한가로운 일상 속 가족의 모습을 나열의 기법을 사용하여 그려 냄.		

◉ 이것만은 꼭!

이 작품에 드러난 사설시조의 특징

형식상 특징		내용상 특징
중장이 길어지고 초장과 종장이 정해진 음수율에서 벗어나기도 하는 파격이 나타남.	+	충효와 같은 관념적인 주제 의식을 전달하는 데 치우치지 않고 현실적인 삶을 생생하게 드러내면서 자유분방한 정서를 드러냄.

115 집 방석 내지 마라 | 한호

| 짧은 감상 | 자연을 삶의 일부로 여기고 자연과 조화를 이루며 살고자 한 모습을 대조의 방식을 통해 드러낸 시조이다.

◉ 핵심 정리

갈래	평시조, 서정시	성격	전원적, 풍류적, 한정가(閑情歌)
제재	자연에서의 생활		
주제	산촌 생활 속의 소박한 풍류, 안빈낙도		
특징	대립적 시어를 나란히 제시하여 화자가 추구하는 삶을 드러냄.		

◉ 이것만은 꼭!

인위적인 것과 자연적인 것의 대조 | 자연 친화적 태도를 드러내기 위해 화자는 '인위적인 것'을 거부하고 '자연적인 것'을 추구하는 대립적 구조를 취하였다. 즉, '집 방석'↔'낙엽', '솔불'↔'달'의 대립을 통해 '자연 친화적 태도와 안빈낙도'를 선명하게 부각한 것이다. 또한 '인위적인 것'과 '자연적인 것'의 대립을 한 번만 나타낸 것이 아니라, 대구법을 사용하여 초장과 중장에서 거듭 드러내고 있다.

117 백구 | 야 말 무러보쟈 | 김천택

| 짧은 감상 | 아름다운 자연 속에서 노닐며 자연과 합일을 이루고 싶은 화자의 마음을 형상화한 시조이다.

◉ 핵심 정리

갈래	평시조, 서정시	성격	한정가(閑情歌)
제재	갈매기		
주제	자연과의 합일을 추구하는 마음		
특징	'백구'를 의인화하여 자연에 묻혀 살고 싶은 심정을 효과적으로 드러냄.		

◉ 이것만은 꼭!

1 '백구(白鷗)'의 의미 | 아름다운 자연 속에서 노닐고 싶은 간절한 소망을 '백구'에 의탁하여 생동감 있게 형상화했고, '백구'를 의인화하여 물아일체(物我一體)의 삶을 지향하는 화자의 태도를 효과적으로 형상화했다. 화자는 자연에 묻혀서 물아일체의 삶을 살아가고자 한다.

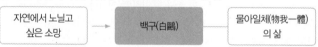

2 화자가 바라는 삶의 모습

• 갈매기에게 경치 좋은 곳을 물음.
• 놀라지 말라고 당부함.
• 경치 좋은 곳에서 갈매기와 놀고 싶음.

→ **자연과의 합일, 유유자적(悠悠自適)한 삶 추구 (자연 친화의 자세)**

118 청산도 절로절로 | 송시열

| **짧은 감상** | 조화롭고 질서 있는 자연의 모습을 통해 자연의 섭리에 순응하는 삶, 자연과 조화를 이루는 삶의 모습을 경쾌하게 그려 낸 시조이다.

◉ 핵심 정리

갈래	평시조, 서정시	성격	순응적, 달관적, 관조적
제재	청산(靑山), 녹수(綠水)		
주제	무위자연(無爲自然)의 조화로운 삶		
특징	대구와 반복을 통해 시상을 선명하게 드러내고 '절로'를 반복하여 경쾌한 리듬감을 형성함.		

◉ 이것만은 꼭!

1 화자가 지향하는 삶 | 화자는 자연의 섭리에 순응하며 자연과 더불어 자연스럽게 늙어 가는 삶을 살아가고자 한다.

2 시어 '절로(절로)'의 효과와 의미

효과	• 시어를 반복하여 리듬감 형성 • 유음 'ㄹ'을 반복함. → 부드러운 느낌, 경쾌한 분위기 조성	➡ 주제와 표현의 절묘한 조화
의미	• 정해진 이치, 자연의 순리에 따라 이루어짐. • 물 흐르듯 자연스럽게 살아가고 늙어 가겠다는 마음 반영	

119 금강 일만 이천 봉이 | 안민영

| **짧은 감상** | 눈 덮인 금강산의 경치를 감상하고 그것이 마치 신선 세계에서나 볼 수 있을 법한 아름다운 광경이라 말하며 그 풍경을 예찬한 시조이다.

◉ 핵심 정리

갈래	평시조, 서정시	성격	예찬적, 영탄적
제재	금강산		
주제	금강산의 빼어난 겨울 경치 예찬		
특징	흰색의 이미지를 통해 눈 내린 금강산의 아름다움을 미화함.		

◉ 이것만은 꼭!

종장에 나타난 음악성 | 이 작품의 종장은 '3-7-4-3'의 형태로 구성되어 파격을 보이며 이 부분에서 음악성을 느끼게 한다.

	아마도	서부진 화부득은	금강인가	하노라
1음절의 속도	1/3	1/7	1/4	1/3
읽는 속도	느리게	아주 빠르게	조금 느리게	느리게
		⬇	⬇	
느낌		갑자기 빨라짐. – 긴장감	다시 느려짐. – 편안함	

수능에는 이렇게

[평가원] • '혈성루'에서 금강산을 바라보며 신선이 되는 느낌을 가져 본다.

120 강산 죠흔 경을 | 김천택

| **짧은 감상** | 평민 출신의 가객인 작가가 속세에서는 자신의 처지와 분수로 많은 제약을 받을 수밖에 없지만 자연 속에서는 마음껏 노닐 수 있음을 노래한 시조이다.

◉ 핵심 정리

갈래	평시조, 서정시	성격	한정가(閑情歌), 비판적
제재	강산 좋은 경치	주제	자연을 즐기는 삶
특징	설의법을 통해 자연을 즐기고자 하는 화자의 태도를 강조함.		

◉ 이것만은 꼭!

시조의 구조 | 작가는 '힘센 이'가 서로 다투는 속세와는 달리, 자연은 아무도 소유를 주장할 수 없고 누구든지 마음껏 누릴 수 있다는 점을 부각했다. 초장과 중장에서는 '힘센 이'와 '닉 힘과 닉 분(分)'이 대조를 이루어 욕망을 지니고 서로 다투는 세속적 세계를 은근하게 비판했으며, 종장에서는 누구나 누릴 수 있는 아름다운 자연의 세계를 제시했다.

부귀영화라는 속세의 가치에 매달려 자연에서 얻는 참다운 즐거움을 알지 못하는 세속적인 인간들 비판

121 빈천을 폴랴 ᄒ고 | 조찬한

| **짧은 감상** | 빈천(貧賤), 즉 가난함을 팔겠다는 독특한 발상을 바탕으로 하여, 속세의 부귀영화보다 자연이 더 가치가 있다는 태도를 드러낸 시조이다.

◉ 핵심 정리

갈래	평시조, 서정시	성격	풍자적
제재	자연(강산, 풍월)	주제	자연을 벗 삼아 살고자 함.
특징	풍자적 표현을 통해 주제 의식을 효과적으로 드러냄.		

◉ 이것만은 꼭!

1 화자의 태도 | 빈천(貧賤)을 평생 지니고 살지라도 아름다운 자연을 부귀와 바꿀 수는 없다는 화자의 의지를 표현한 작품으로, 세속적 삶을 부정하고 자연을 귀하게 여기는 작가 의식을 표현했다.

2 시어의 의미

시어	의미	
빈천(貧賤)	가난하고 천한 상태. 부귀가 없는 삶	부정적 → (자연 속에서) 긍정적
	⬍	
권문(權門)	세속적이고 물질적인 가치가 있는 삶	부정적

수능에는 이렇게

[고3 전국연합] • 설의적 표현을 통해 구절의 의미를 강조하고 있다.
• '빈천'은 선비들의 현실적인 어려움을 드러낸다고 볼 수 있군.
• 화자가 '강산과 풍월'을 지키고자 하는 모습에서 자연과 더불어 살아가며 선비로서의 삶의 자세를 잃지 않으려는 태도를 엿볼 수 있군.

122 벽사창 밖이 어른어른커놀 | 작자 미상

| **짧은 감상** | 임에 대한 그리움을 해학적으로 표현하여 웃음과 연민을 자아내는 시조이다.

◉ 핵심 정리

갈래	사설시조	성격	연정가(戀情歌), 해학적
제재	임을 기다리는 마음		
주제	임에 대한 연모(戀慕)의 정		
특징	임에 대한 그리움의 정서를 해학적 행동으로 표현함.		

◉ 이것만은 꼭!

이 작품의 해학성 | 조선 전기의 시조와는 달리, 이 작품은 감정의 표현이 진솔할 뿐만 아니라 그 정서를 해학적인 행동으로 그려 내고 있다. 봉황새가 깃을 다듬는 듯한 모양의 구름 그림자에 속을 정도로 절박한 그리움을 수다스럽고 과장된 어조로 풀어냄으로써 자신이 처한 상황을 스스로 희화화하여 해학성을 얻고 있다.

임에 대한 간절한 마음	수다스럽고 과장된 표현
그림자에 속을 정도로 절박함.	자신의 상황을 희화화함.

↓

해학미 획득
웃음과 연민

> **수능에는 이렇게**
>
> [고1 전국연합] • 상황을 희화적으로 표현하여 웃음을 유발하고 있다.
> [고3 전국연합] • 임에 대한 그리움이 드러나 있다.

123 부롬도 쉬여 넘는 고기 | 작자 미상

| **짧은 감상** | 임을 기다리며 느끼는 정서를 진솔하게 표현한 작품으로, 모든 험난함과 고초를 뛰어넘는 열렬한 연모의 정을 노래한 시조이다.

◉ 핵심 정리

갈래	사설시조	성격	연정가(戀情歌), 연모가(戀慕歌)
제재	임을 그리워하는 마음		
주제	임에 대한 강렬한 사랑의 의지		
특징	① 의인법, 과장법, 열거법, 점층법을 활용하여 화자의 간절한 마음을 드러냄. ② 사랑 앞에서 적극적인 태도가 두드러짐.		

◉ 이것만은 꼭!

이 작품에 나타난 화자의 적극적 태도 | 이 작품의 화자는 임을 만날 수 있다면 '고개'를 단숨에 넘어가겠다는 적극적인 태도를 보이고 있다. 특히 고개의 험준함을 의인법, 과장법, 열거법, 점층법 등 다양한 표현 방법을 활용하여 드러냄으로써 이러한 화자의 의지를 강조하고 있다.

간절한 그리움과 사랑의 의지

화자	고개(장애물)	임
	바람, 구름, 매들도 쉬어 넘는 높고 험준한 고개	

> **수능에는 이렇게**
>
> [수능] • 이별에 따른 정서를 노래하고 있다.

124 님 그린 상사몽이 | 박효관

| **짧은 감상** | 귀뚜라미의 넋이라도 되어 자신을 잊고 편안하게 잠든 임을 깨워 사랑을 전달하고 싶은 심정을 표현한 시조이다.

◉ 핵심 정리

갈래	평시조, 서정시	성격	연정가(戀情歌)
제재	상사몽, 실솔(귀뚜라미)	주제	임을 향한 그리움, 홀로 지내는 외로움
특징	① 추상적 개념을 구체화하여 임에 대한 화자의 심정을 드러냄. ② 감정 이입을 통해 화자의 간절함을 부각함.		

◉ 이것만은 꼭!

중심 소재 – 실솔(蟋蟀)

가을	실솔 = 귀뚜라미	밤
외롭고 쓸쓸한 계절		조용하고 고독한 시간

↓

가을밤의 외로운 정서

↓

'실솔'의 기능
• 화자의 그리움을 이입한 대상물 • 임과의 사랑을 연결해 주는 매개물 • 화자의 마음을 전달해 주는 분신

125 님이 오마 하거놀 | 작자 미상

| **짧은 감상** | 임을 애타게 그리워하는 화자의 마음을 거침없고 솔직한 행동을 통해 제시하면서 해학적으로 표현한 시조이다.

◉ 핵심 정리

갈래	사설시조	성격	해학적, 과장적
제재	임이 온다는 소식	주제	임을 기다리는 초조한 마음
특징	임을 기다리는 마음을 과장하여 묘사함.		

◉ 이것만은 꼭!

❶ 시상의 전개 | 임이 오신다는 소식을 들은 후 임을 빨리 만나고 싶어 하는 화자의 행동이 구체적으로 제시되면서 해학성을 얻고 있다. 임을 기다리는 마음이 간절한 나머지 착각을 하게 된 데 대해 겸연쩍어 하는 부분에서는 해학성과 함께 화자의 낙천적인 성격이 드러난다.

❷ 시어의 의미와 화자의 태도

시어	의미	
곰븨님븨 님븨곰븨	엎치락뒤치락 급하게	애타게 임을 기다리는 화자의 모습을 해학적으로 표현함.
천방지방 지방천방	허둥지둥하면서	
워렁충창	급히 달려서	

↓

주추리 삼대	임인 줄 착각한 대상

↓

남을 웃길 뻔했다고 겸연쩍어함. (해학적, 낙천적 태도)

> **수능에는 이렇게**
>
> [고1 전국연합] • 상황을 희화적으로 표현하여 웃음을 유발하고 있다.
> • '곰븨님븨', '천방지방' 같은 음성 상징어를 활용하여 화자의 행동을 생동감 있게 표현하고 있군.
> • '주추리 삼대'를 임으로 착각하여 달려가는 화자의 우스꽝스러운 모습에서 해학성을 느낄 수 있군.

126 어이 못 오던가 | 작자 미상

| **짧은 감상** | 오랫동안 자신을 찾지 않는 임에 대한 원망의 심정을 표현한 시조로, 사물을 연쇄적으로 나열하여 임이 오지 못하는 상황을 표현한 것이 돋보인다.

◎ 핵심 정리

갈래	사설시조	성격	해학적, 과장적
제재	오지 않는 임	주제	임을 기다리는 안타까운 마음
특징	열거법, 연쇄법 등을 사용하여 리듬감을 형성함.		

◎ 이것만은 꼭!

작품의 시적 상황 | 이 작품의 중장에서는 임에 대한 답답한 마음을 가상적인 상황 설정을 통해 보여 준다. 임이 오는 길에 무쇠로 성을 쌓고, 성안에 담을 쌓고, 담 안에 집을 짓고, 집 안에 뒤주를 놓고, 뒤주 안에 궤짝을 짜고, 그 안에 임을 오랏줄로 꽁꽁 묶어 넣고, 쌍배목, 걸쇠, 금거북 자물쇠로 꽁꽁 잠가 두었느냐고 하는 것이다. 이와 같은 표현의 이면에는 그처럼 기막히고 힘든 상황이 아닌 이상 어떻게 자신을 보러 오지 않을 수가 있는가 하는 의구심과 원망이 담겨 있다.

수능에는 이렇게

[평가원] • 의문문을 사용하여 말을 거는 듯한 효과를 내고 있다.
• 성: 화자와 '너' 사이에 놓여 있는 장벽을 의미한다.
• 날 와 볼 하루 없으랴: '너'에 대한 그리움과 가벼운 책망이 공존한다.
• '무쇠로 성을 쌓고 성 안에 담 쌓고' 등에서 구절들이 연쇄적으로 이어진 것을 알 수 있다.
[고2 전국연합] • 말을 연쇄적으로 이어가는 표현을 사용하고 있다.
• 필자형(必字形)으로 결박하여: 온몸이 묶여 움직이지 못하는 상태를 한자 '必'의 글자 모양에 빗대어 표현하고 있다.

127 귀쏘리 져 귀쏘리 | 작자 미상

| **짧은 감상** | 쓸쓸하고 긴 가을밤을 배경으로 임과 이별한 여인의 독수공방하는 외로움을 귀뚜라미에 감정 이입하여 표현한 시조이다.

◎ 핵심 정리

갈래	사설시조	성격	연정가(戀情歌), 연모가(戀慕歌)
제재	귀뚜라미		
주제	임을 그리워하는 마음, 가을밤 독수공방(獨守空房)하는 외로운 여심(女心)		
특징	① 대상에 감정을 이입하여 화자의 외로움을 표현함. ② 반어법을 통해 화자의 감정을 효과적으로 드러냄.		

◎ 이것만은 꼭!

대상에 대한 화자의 태도

'귀쏘리'에 대한 원망을 떨치고 '귀쏘리'를 동병상련의 대상으로 여김.

수능에는 이렇게

[평가원] • 화자의 독백이 중심을 이루고 있다.
• 동일한 시어를 반복적으로 사용하여 감정을 고조시키고 있다.
• '살뜰히도'에는 '귀뚜리'를 야속하게 하는 심정이, '두어라'에는 자신의 마음을 달래는 심정이 드러나 있다.
[고3 전국연합] • 자연물을 통해 화자의 정서를 드러내고 있다.

128 개를 여라믄이나 기르되 | 작자 미상

| **짧은 감상** | 집에서 짖는 개 때문에 임이 오지 않는다고 표현함으로써 오지 않는 임을 간절히 기다리는 마음을 소박하고도 해학적으로 표현한 시조이다.

◎ 핵심 정리

갈래	사설시조	성격	연정가(戀情歌), 해학적
제재	얄미운 개		
주제	임을 기다리는 안타까운 마음		
특징	의성어와 의태어를 효과적으로 사용하여 얄미운 개가 하는 행동을 해학적, 사실적으로 묘사함.		

◎ 이것만은 꼭!

갈등의 이중성

표면적 갈등	이면적 갈등
화자 ↔ 개	화자 ↔ 임
'뮈온 님'은 반기고 '고온 님'은 내쫓는 개와의 갈등	기다려도 오지 않는 임과의 갈등

표면적 갈등을 통해 이면적 갈등을 드러냄.

129 나모도 바히돌도 업슨 뫼헤 | 작자 미상

| **짧은 감상** | 임과 이별한 뒤의 절박한 심정을 절체절명의 위기에 빠진 까투리와 사면초가의 위기에 직면한 도사공의 심정에 견주어 표현한 시조이다.

◎ 핵심 정리

갈래	사설시조	성격	수심가(愁心歌), 이별가
제재	임과의 이별		
주제	임을 여읜 슬픔		
특징	① 열거법, 비교법, 과장법, 점층법 등 다양한 표현법을 사용하여 화자의 심정을 강조함. ② 수다스럽고 과장된 표현을 통해 해학성을 드러냄.		

◎ 이것만은 꼭!

작품의 구조

비교 대상 ① 까투리의 마음	비교 대상 ② 도사공의 마음
숨을 곳 없는 산에서 매에게 쫓김.	바다 한가운데서 난파에 직면하여 해적을 만남.

화자의 상황
(엊그제) 임과 이별함.

수능에는 이렇게

[고1 전국연합] • 대상과의 단절이 작품을 창작한 계기가 되고 있다.
• '내 안'은 임의 상실로 인해 생긴 절망적인 마음이다.
[고2 전국연합] • 과장된 상황을 설정하여 화자의 절실한 감정을 드러내고 있다.

130 천지간 만물지중에 | 작자 미상

| 짧은 감상 | 이 세상에서 제일 무서운 것에 대해 묻고 대답하는 방식을 취해 임을 못 보는 고통과 소식 없는 임에 대한 그리움을 표현한 시조이다.

◉ 핵심 정리

갈래	사설시조		성격	수심가(愁心歌), 이별가
제재	임과의 이별			
주제	소식 없는 임에 대한 그리움			
특징	문답법, 열거법, 과장법을 사용하여 화자의 마음을 효과적으로 드러냄.			

◉ 이것만은 꼭!

1 작품의 구조

초장	이 세상에서 제일 무서운 것?	질문	세상에서 제일 무서운 것 = (소식이 없는) 임
중장	두려움, 공포심을 유발하는 것들 나열		
종장	임을 못 보는 고통	소식 없는 임	

↓

임에 대한 애절한 그리움

2 장면의 극대화 | 장면의 극대화란 흥미로운 부분을 특별하게 확대·부연하는 것을 말한다. 이 작품의 중장에서는 '백액호, 사랑, 대망, 독사, 오공, 지주, 야차, 두억신, 이매망량, 요괴 사기, 호정령, 몽달귀신, 염라사자, 시왕차사' 등 세상 사람들이 무섭게 여기는 것들을 장황하게 열거하여 독자들에게 흥미를 유발하고 웃음을 자아낸다.

---

131 창 내고쟈 창을 내고쟈 | 작자 미상

| 짧은 감상 | 답답한 화자의 심정을 꽉 막힌 '방'에 비유하고, 여기에 '창'을 달아 세상살이의 고달픔에서 벗어나고 싶은 심정을 드러낸 시조이다.

◉ 핵심 정리

갈래	사설시조		성격	해학적, 의지적, 구체적
제재	창			
주제	삶의 답답함에서 벗어나고 싶은 마음			
특징	① '마음'에 '창'을 낸다는 기발한 발상을 통해 문학성을 획득함. ② 비애와 고통을 웃음을 통해 극복하려는 해학성이 돋보임.			

◉ 이것만은 꼭!

작품의 구조

초장	창을 내고 싶은 소망	답답한 마음을 방에 비유, 시구 반복
중장	장지문의 종류와 부속품 나열 답답함을 해소하기 위한 구체적 방법·도구	친근한 일상적 사물 열거
종장	창을 여닫아 답답함을 해소하고자 함.	

수능에는 이렇게

[고1 전국연합] • 현재의 처지에서 벗어나고 싶어 한다.
• 당대의 일상어를 사용하고 있다.
• 나열을 통해 리듬감을 살려 주고 있다.
• 같은 말을 반복하여 의미를 강조하고 있다.
• 답답한 심정을 사방이 막힌 방으로 비유하고 있다.

---

132 식어마님 며느라기 낫바 | 작자 미상

| 짧은 감상 | 화자인 며느리가 자신을 못살게 구는 시집 식구들에 대해 원망하고 한탄하는 심정을 노래한 시조이다.

◉ 핵심 정리

갈래	사설시조		성격	원부가(怨婦歌), 비유적, 희화적
제재	시집 식구			
주제	시집살이의 고충을 한탄함.			
특징	일상적인 소재에 시집 식구들을 비유한 것을 나열하여 해학적으로 표현함.			

◉ 이것만은 꼭!

시집 식구에 대한 해학적 비유 | 화자는 시집 식구를 일상적이면서도 재미있는 소재를 통해 비유함으로써 이들을 풍자의 대상으로 삼아 희화화했다. 작자 미상의 사설시조에는 이렇듯 조선 후기 서민들의 삶의 애환, 현실의 시름을 웃음으로 극복하려는 삶의 자세가 나타나 있다.

시아버님	회초리	알살픠신	➡	매서움.
시어머님	볏 뵌 쇳동	되죵고신	➡	까다로움.
시누이님	새 송곳 부리	쏙족후신	➡	날카로움.
아들(남편)	시노란 외곳	피똥 누는	➡	어리고 병듦.

일상적 소재를 동원한 비유로 해학성을 높임.

---

133 말하기 좋다 하고 | 작자 미상

| 짧은 감상 | 다른 사람에 대한 말을 함부로 할 때의 폐해를 언급하면서, 말을 함부로 하지 말아야 함을 강조한 시조이다.

◉ 핵심 정리

갈래	평시조		성격	교훈적
제재	말(말하기)			
주제	말을 함부로 하는 것에 대한 경계			
특징	① '말(言)'과 '말다'의 활용형을 이용한 언어유희적 표현이 사용됨. ② 특정 단어('말')를 반복하면서 신중한 언어생활의 중요성을 강조함.			

◉ 이것만은 꼭!

화자가 보이는 말에 대한 인식 | 화자는 내가 남에 대해 함부로 말하면 남도 똑같이 나에 대해 함부로 말할 수 있다는 점을 들어, 함부로 말하지 말고 신중하게 말할 것을 당부하고 있다. 이처럼 이 작품에는 '말'을 중요하게 여겨 불필요한 말을 삼가고, 대화 상대나 상황을 고려하여 필요한 말만 조심히 하는 '신중하게 말하기'의 담화 관습이 반영되어 있다고 할 수 있다.

134 한숨아 셰 한숨아 | 작자 미상

| 짧은 감상 | 삶의 고뇌와 시름을 '한숨'으로 의인화하여 그것에서 벗어나고 싶은 마음을 해학적으로 그린 시조이다.

◉ 핵심 정리

갈래	사설시조	성격	수심가(愁心歌), 해학적
제재	한숨, 시름		
주제	끝없는 시름과 답답한 삶에서 벗어나고 싶은 마음		
특징	의인법, 반복법, 열거법 등 다양한 표현법을 사용하여 화자의 답답한 마음을 표현함.		

◉ 이것만은 꼭!

의인법의 효과 | '한숨'을 '너'라고 지칭함으로써 한숨에 인격을 부여했다. 이는 삶의 끊임없는 근심과 걱정('한숨')을 객관화하여 보여 주는 동시에 문학 작품의 기발하고도 생생한 표현의 묘미를 느끼게 한다.

> 한숨 = '너' → ・ 인격을 부여함.
> ・ 삶의 근심과 걱정을 객관화함.

수능에는 이렇게

[고1 전국연합] ・ '한숨'은 화자의 내적 심리가 드러난 것이다.
・ 의인화된 대상에게 말을 건네면서 시상을 전개하고 있다.
・ '자물쇠'는 부정적 상황에 처하지 않기를 바라는 마음이 담겨 있다.

---

135 매화 옛 등걸에 | 매화

| 짧은 감상 | 자신의 늙어 가는 처지를 돌아보면서 삶에 대한 무상감을 읊은 시조이다. 개인적 측면에 초점을 맞추면 임을 다른 여인에게 뺏긴 것을 탄식하는 시조로 볼 수도 있다.

◉ 핵심 정리

갈래	평시조	성격	감상적, 애상적
제재	매화, 춘설	주제	늙음과 인생무상에 대한 한탄
특징	중의법을 사용하여 인생에 대한 고찰과 함께 사랑에 얽힌 사연을 담음.		

◉ 이것만은 꼭!

보편적 해석과 개인적 해석 | 이 시조는 늙음과 인생무상에 대한 한탄을 노래(보편적 해석)한 작품으로 접근할 수도 있고, 떠나간 임에 대한 한탄과 임의 마음을 뺏은 동료에 대한 원망을 노래(개인적 해석)한 작품으로 접근할 수도 있다.

보편적 해석		개인적 해석
인생의 섭리를 비유하기 위한 자연물, 화자 자신	매화	작가 자신 (평양 기생)
노쇠한 자신	옛 등걸	노쇠한 자신
지난 시절의 사랑	옛 피던 가지	임의 옛 사랑 (매화 자신)
지난 시절에 함께했던 정든 임이 올 듯함.	피엄직도 하다마는	임이 자신을 사랑해 줄 법도 함.
어지러운 세상살이 (늙어 가는 삶에 대한 무상)	춘설	임의 새로운 사랑 (동료 기생)
임과 보내는 행복한 날들이 찾아올지 모르겠다는 안타까움	필 동 말 동 하여라	사랑이 떠나는 것에 대한 안타까움과 한탄

---

136 봄이 왔다 ᄒ되 | 신흠

| 짧은 감상 | 자연과 인간사를 대비하여 인간사의 이별에 대한 안타까움을 드러낸 시조이다.

◉ 핵심 정리

갈래	평시조	성격	감상적, 대비적
제재	무심한 자연과 이별로 상심한 마음		
주제	이별의 슬픔		
특징	① 자연과 인간사를 대비함. ② 자연의 변화를 상심과 연결함으로써 화자의 심경이 부각됨.		

◉ 이것만은 꼭!

참신한 시상 전개 | 이 작품은 초장, 중장의 배경인 '봄'의 분위기와 종장의 시적 화자의 심정이 불일치하는 참신한 시상 전개를 보인다. 종장에 이르러서야 봄이 왔음에도 화자가 그 소식을 몰랐던 이유와 인간사의 이별은 필연적으로 일어날 수밖에 없다는 깨달음이 드러나고, 이를 통해 자연의 무심함과 인간사가 대비되어 이별의 슬픔이 부각되는 것이다.

초장 중장	→	봄이 왔음에도 인간은 그 사실을 모르고, 자연은 먼저 봄을 맞이함.
종장	→	봄이 왔음에도 이별은 일어날 수밖에 없다는 것을 깨달음.

---

137 댁들에 동난지이 사오 | 작자 미상

| 짧은 감상 | 시정(市井)의 상거래 장면을 대화를 통해 익살스럽게 표현하면서 게젓 장수의 현학적인 면을 꼬집는 풍자가 돋보이는 시조이다.

◉ 핵심 정리

갈래	사설시조	성격	해학적, 풍자적
제재	게젓의 거래 장면		
주제	현학적인 태도(세태) 비판		
특징	돈호법, 의성어, 대화체를 사용하여 생동감을 유발함.		

◉ 이것만은 꼭!

1 대화를 통한 내용 전개 | 이 작품은 시정의 상거래 장면이 익살스럽게 표현된 작품으로, 대화 형식으로만 엮인 점이 특징이다.

대화	게젓 장수	'게'를 한자어로 장황하게 묘사 → 잘난 척, 현학적 태도
	사람들	거북이 웨지 말고 게젓이라 하렴은. → 빈정거림과 비판

2 중장 – 게의 묘사 | 외골내육(外骨內肉) 양목(兩目)이 상천(上天) 전행(前行) 후행(後行) 소(小)아리 팔족(八足) 대(大)아리 이족(二足) 청장(淸醬) 아스슥하는 동난지이 사오.

・ 한자 어휘를 동원해 '게'를 장황하게 묘사한 것은 다분히 풍자적임.
・ 아스슥하는: 감각적 표현으로 현실감을 더함.

138 붉가버슨 아해 | 들리 | 이정신

| 짧은 감상 | 어린아이가 고추잠자리를 잡는 놀이에 풍자성을 가미하여 서로가 서로를 모해하는 세상 사람들의 태도를 풍자한 시조이다.

● 핵심 정리

갈래	사설시조	성격	풍자적
제재	아이들과 잠자리		
주제	서로 모함하고 속이는 세태 풍자		
특징	중의법, 언어유희를 활용하여 주제를 암시함.		

● 이것만은 꼭!

1 언어유희 – 동음이의어의 활용 | '붉가버슨 아해', '붉가숭이'는 속이는 자, 모함을 일삼는 자를 가리킨다. '붉가버슨 아해'가 부르는 '붉가숭이'는 고추잠자리를 가리키며 나아가 속아 넘어가는 자, 모해(謀害)를 당하는 자에 해당한다.

부르는 이, 속이는 자		속는 자
붉가버슨 아해, 붉가숭이	↔	붉가숭이(고추잠자리)

2 사설시조의 해학적 골계미와 풍자적 골계미 | 조선 후기 평민들이 지은 사설시조에는 해학적 골계미와 풍자적 골계미가 두드러지게 나타난다. 둘 다 사람이나 현상을 우스꽝스럽게 표현하여 웃음을 유발하는 표현 방식이지만, 해학은 그 대상에 대한 동정을 불러일으키는 반면, 풍자는 대상의 부정적 측면을 날카롭게 공격하여 웃음을 유발한다는 차이가 있다.
이 작품은 풍자적 골계미를 보여 주는 사설시조라고 할 수 있으며, 남을 속여 자신의 이익을 얻으려 하는 사람이 많은 세태를 풍자하고 있다.

139 개야미 불개야미 | 작자 미상

| 짧은 감상 | 자신의 결백함을 호소하며 자신을 모함하는 말에 현혹되지 말라는 내용을 개미를 제재로 하여 해학적으로 형상화한 시조이다.

● 핵심 정리

갈래	사설시조	성격	과장적, 해학적, 교훈적
제재	개미		
주제	참언에 대한 경계와 결백 주장		
특징	반복법, 점층법, 과장법 등의 다양한 표현법이 쓰임.		

● 이것만은 꼭!

1 시상 전개

초장	반복과 확장을 통한 의미 강화
중장	현실에서는 있을 수 없는 허황된 상황을 점층적으로 제시
종장	자신의 결백함 호소(남들 – 비방·참소, 님 – 짐작·이성적 판단)

2 불가능한 상황 설정 | 중장에서 상황을 극단적으로 과장하여 자신의 결백을 주장했고, 종장에서는 '님'에게 '온 놈'의 '온 말', 즉 다른 사람의 참소에 속지 말라고 당부하고 있다. 당시 상황으로 볼 때 '님'은 임금으로 볼 수도 있다.

불가능한 상황 설정	
불개미가 성치 않은 몸으로 호랑이를 물고 감.(모함)	→ 결백을 주장함.

140 두터비 푸리를 물고 | 작자 미상

| 짧은 감상 | '두터비, 푸리, 백송골'의 대응 관계를 통해 약자에게 강하고 강한 자에게 약한 양반(지방 관리)의 허세를 풍자한 시조이다.

● 핵심 정리

갈래	사설시조	성격	풍자적, 우의적, 해학적
제재	두꺼비		
주제	탐관오리의 횡포와 허장성세(虛張聲勢) 풍자		
특징	의인법, 상징법 등을 사용하여 대상(두꺼비)을 희화화함.		

● 이것만은 꼭!

시어의 의미와 의미 구조

수능에는 이렇게

[평가원] • 대상을 비판하고자 하는 의도가 담겨 있다.
[고2 전국연합] • '두터비 파리': 억압자와 피억압자의 관계로 볼 수 있다.
 • 대상에 인격을 부여하여 시적 상황을 표현하고 있다.
[고1 전국연합] • 상황을 희화적으로 표현하여 웃음을 유발하고 있다.

141 일신이 사쟈 흔이 | 이정보

| 짧은 감상 | '물껏'이 많아서 살기 어려운 상황을 호소함으로써 백성들을 착취하는 무리가 많아 괴롭고 견디기 힘든 현실을 풍자한 시조이다.

● 핵심 정리

갈래	사설시조	성격	풍자적, 우의적, 해학적
제재	물것		
주제	가렴주구(苛斂誅求)를 일삼는 탐관오리의 횡포 비판		
특징	곤충('물껏')을 장황하게 열거함으로써 삶의 괴로움과 고통을 우의적·해학적으로 표현함.		

● 이것만은 꼭!

1 작품의 구조

초장	'물껏' 때문에 괴로운 현실
중장	'물껏'의 종류를 장황하게 나열
종장	그중 '쉬푸리' 때문에 가장 괴로움.

2 시어의 나열과 해학성 | 이 작품에서는 백성을 착취하고 괴롭히는 무리들을 '물껏'으로 상징함으로써 백성들을 착취하는 무리들이 너무 많아서 살기 어려운 현실을 풍자하고 있다. 특히, 중장에서 '물껏'의 종류들을 숨가쁘게 엮어 나가는 익살스런 말투에서 해학을 느낄 수 있다.

물껏(열거)		화자
갈앙니, 슈통니, 줄인니, 깃선니, 조 별록, 굴근 별록, 강별록, 왜별록, 그는 놈 …… 불이 쏘족혼 목의, 달이 기다훈 목의, 야왼 목의, 술진 목의, 글임애, 쏘록이, 쉬푸리	쉴 새 없이 물어댐. →	견디기 괴로움.

백성을 착취하는 부패한 탐관오리

142 흔 눈 멀고 흔 다리 저는 | 작자 미상

| 짧은 감상 | 〈두터비 푸리를 물고〉와 유사한 전개를 보이는 시조로, 시대의 부조리한 모습을 의인화를 통한 우회적 수법과 익살스러운 표현을 통해 풍자하고 있다.

● 핵심 정리

갈래	사설시조	성격	풍자적, 우의적, 해학적
제재	두꺼비		
주제	탐관오리(양반)의 횡포와 허장성세(虛張聲勢) 풍자		
특징	의인화된 대상을 통해 권력 구조의 비리를 우회적으로 나타내고 탐관오리의 부패를 풍자함.		

● 이것만은 꼭!

1 시어의 상징성

백송골	상급 관리, 중앙 관리, 외세	→	계급 사회의 억압·수탈 구조
두터비	제 분수를 모르고 날뛰는 무리들, 탐관오리		
전푸리	억압과 수탈을 당하는 백성		

2 두터비의 허장성세 | 초장과 중장에서는 약자에게 강하고 강자에게 약한 양반(혹은 탐관오리)의 비굴한 모습이 제시되어 있다. 파리 한 마리를 물고 두엄 위에 올라가 앉은 두꺼비의 모습은 '우물 안의 개구리'와도 같으며, 건너편 산의 송골매에 놀라 두엄 아래로 뒹굴어 벌렁 자빠지는 모습은 해학적이다. 종장에서는 겁 많은 자신의 모습을 감추기 위해서 허세를 부리는 두꺼비의 모습을 신랄하게 비꼬고 있다.

143 반중 조홍감이 | 박인로

| 짧은 감상 | 〈조홍시가〉 제1수로, 작가가 홍시를 대접받자 회귤 고사(懷橘古事)를 떠올리면서 돌아가신 어버이에 대한 그리움을 담아낸 시조이다.

● 핵심 정리

갈래	평시조, 서정시	성격	교훈적
제재	조홍감(홍시)		
주제	돌아가신 부모님에 대한 그리움, 풍수지탄(風樹之嘆)		
특징	중국 육적의 회귤 고사(懷橘故事)를 인용하여 부모님에 대한 그리움을 표현함.		

● 이것만은 꼭!

시어의 의미

반중 조홍감 → · 부모님을 떠올리게 하는 매개체
· 시상의 시작

수능에는 이렇게

[평가원] · 사랑하는 대상에 대한 그리움으로 안타까워하고 있다.
· 중심 소재인 '조홍감'의 기능은? → 외적 기능: 창작의 계기, 내적 기능: 정서 환기
· '유자(柚子)' 관련 고사(故事)를 인용한 효과는? → 주제를 효과적으로 부각함.
· 주제와 관련된 한자 성어가 있을까? → 풍수지탄(風樹之嘆)
· 독자에게는 어떤 교훈을 주게 될까? → 부모님 생전에 효도를 다하자는 마음을 갖게 함.
[고1 전국연합] · 그리움의 감정이 드러나 있다.

144 마음이 지척이면 | 작자 미상

| 짧은 감상 | 사람 간의 마음의 거리를 실제 거리에 빗대어 노래한 시조로, 심리적 거리가 실제 물리적 거리보다 중요하다는 깨달음을 담고 있다.

● 핵심 정리

갈래	평시조, 서정시	성격	비유적
제재	마음		
주제	멀리 있어도 가까이 느껴지는 두 사람의 마음		
특징	마음의 거리를 실제 거리에 빗대어 표현함.		

● 이것만은 꼭!

작품에 드러난 물리적 거리와 심리적 거리의 관계 | 이 작품에서는 물리적 거리와 심리적 거리를 대조하여 시상을 전개하고 있다. 물리적으로 거리가 있다 하더라도 마음먹기에 따라 가까울 수도 있고 멀 수도 있다고 하며 물리적 거리를 절대적인 것으로 인식하지 않는 것이다. 종장에서 화자는 대상과 현재 천 리나 떨어져 있지만 이를 심리적으로 극복하여 '지척(咫尺)'으로 인식하는 태도를 보이고 있다.

145 만흥 | 윤선도

| 짧은 감상 | 세속과 떨어져 자연 속에서 은거하는 삶이 부귀공명을 추구하며 살아가는 것보다 낫다는 자부심을 드러낸 연시조이다.

● 핵심 정리

갈래	연시조(전 6수)	성격	자연 친화적, 한정가(閑情歌)
제재	자연을 벗하는 생활		
주제	자연에 묻혀 사는 즐거움과 임금님의 은혜		
특징	① 화자의 안분지족하는 삶의 자세와 물아일체의 자연 친화적 태도가 잘 드러남. ② 세속적인 것과 자연을 대비하여 주제를 드러냄.		

● 이것만은 꼭!

'자연'과 '속세'의 대립

자연		속세
이상적 공간 작가가 지향하는 공간	↔	현실 좌절감을 준 벼슬길

수능에는 이렇게

[평가원] · '내 분(分)으로 누었느냐: 설의적 표현으로 의미를 강조하고 있다.
[고1 전국연합] · 자연 속에서의 한가로운 삶의 모습이 드러나 있다.
[고2 전국연합] · '띠집'은 유배 생활을 끝내고 오랫동안 은거하며 지냈던 삶의 공간으로 볼 수 있군.
· '보리밥 풋나물'은 자연 속에서 검소하면서도 청빈한 삶을 추구했음을 짐작하게 하는 소재이군.
· '부럴 줄이 있으랴'에는 어지러운 세상을 떠나 자연 속에서의 삶에 만족하는 태도가 잘 드러나 있군.
· '임금 은혜를 이제 더욱 아노이다'에서는 자연에 머물면서도 군신의 도리를 잊지 않고 있는 모습을 엿볼 수 있군.
[고3 전국연합] · '산수', '바위' 등으로 구체화된 자연은 세월의 흐름에도 변하지 않는 불변성의 표상으로 이해할 수 있군.
· 자신을 '어리고 향암'이라 하고 있지만 그 이면에는 자신의 능력에 대한 확신과 벼슬살이에 대한 경계의 의도가 담겨 있다.

146 견회요 | 윤선도

| 짧은 감상 | 귀양지에서 부모와 임금을 그리워하는 마음을 아름다운 우리말로 형상화하여 드러낸 연시조이다.

● 핵심 정리

갈래	연시조(전 5수)	성격	연군적, 우국적
제재	유배지에서의 정회(情懷)	주제	연군, 우국지정과 사친(思親)
특징	① 감정 이입을 통해 화자의 정서를 드러냄. ② 대구법, 반복법을 통해 형식적 운율과 주제적 의미를 동시에 강조함.		

● 이것만은 꼭!

자연물에 반영된 화자의 상황과 정서

자연물	화자의 상황	의미
시내	임금이 자신의 충심을 알아주지 않음.	• '울어 예는' 시냇물: 자신의 마음을 몰라주는 임금에 대한 안타까움 • '주야에 흐르는' 시냇물: 임금께 계속 충성을 다하겠다는 다짐
기러기	어버이를 가까이에서 모시지 못함.	• '울고 울고 가'는 외기러기: 어버이를 그리워함. • '외기러기': 어버이를 가까이에서 모시지 못하는 안타까움과 외로움

수능에는 이렇게

[고1 전국연합] • 제목인 견회요(遣懷謠)는 화자의 억울한 마음을 달래는 노래라는 의미로군.
• 밤낮으로 흐르는 시냇물처럼 임금님을 향한 화자의 충성심은 언제나 변함없을 것이라고 말하고 있군.
[고3 전국연합] • 지향하고자 하는 삶에 대한 화자의 내면세계가 드러나 있다.

147 오우가 | 윤선도

| 짧은 감상 | 물, 바위, 소나무, 대나무, 달을 벗으로 의인화하여 자연물의 특징을 인간의 덕으로 환원하여 예찬한 연시조이다.

● 핵심 정리

갈래	연시조(전 6수)	성격	예찬적, 찬미적
제재	물, 바위, 소나무, 대나무, 달	주제	오우(五友) 예찬
특징	① 대상의 속성을 예찬의 근거로 제시함. ② 자연물에 가치를 부여하는 인간 중심의 가치관을 드러냄.		

● 이것만은 꼭!

시상 전개 방식

1수	문답	질문: 벗이 몇인지? 답: 다섯(수·석·송·죽·월)
	정리	다섯이면 충분함.(안분지족)
2수	대구·대조	구름과 바람의 가변성 ↔ 깨끗하고 맑으며 변함없는 '물'
3수	대구·대조	꽃과 풀의 순간성 ↔ '바위'의 영원성
4수	대구·대조	더우면 꽃이 피고 추우면 잎이 짐. ↔ 눈서리를 이겨 내는 '소나무'
5수	대구	나무도 풀도 아니며 곧고 속이 비었음.
	정리	사시사철 푸른 '대나무' – 지조와 절개
6수	정리	광명의 상징이며, 과묵한 '달' → 내 벗

수능에는 이렇게

[수능] • 자연물을 통해 지은이의 생각을 표현하고 있다.
[고1 전국연합] • 대상을 예찬하는 태도를 보이고 있다.
• 대조적인 소재로 대상의 속성을 부각하고 있다.

148 어부사시사 | 윤선도

| 짧은 감상 | 계절에 따라 변하는 어부의 생활과 경치를 읊으면서 자연 속에서 소박하게 살아가면서 느끼는 감흥과 정취를 드러낸 연시조이다.

● 핵심 정리

갈래	연시조(춘하추동 각 10수씩 전 40수)	성격	풍류적, 전원적, 자연 친화적
제재	자연에서의 어부 생활		
주제	자연 속에서 한가롭게 살아가는 어부 생활의 여유와 흥취		
특징	① 초장과 중장, 중장과 종장 사이에 고려 가요처럼 여음(후렴구)이 있음. ② 대구법, 반복법, 원근법, 의성어의 사용 등 다양한 표현법을 사용함.		

● 이것만은 꼭!

1 〈어부사시사〉의 여음(餘音) | 각 계절의 10수마다 출항에서 귀항까지의 과정을 정연하게 보여 주는 여음으로, 작품을 유기적으로 연결한다.
2 중장과 종장 사이의 여음(후렴구) | 중장과 종장 사이의 여음(후렴구)인 '지국총(至匊悤) 지국총(至匊悤) 어ᄉ와(於思臥)'는 노 젓는 소리와 노를 저을 때 외치는 소리를 나타내는 의성어로, 시상 전개에 사실감을 부여하고 강호에서 느끼는 흥취를 북돋우며 평시조의 단조로운 흐름에 변화를 준다.

수능에는 이렇게

[고3 전국연합] • 매 수의 둘째 행의 여음구가 변화하는 것을 통해 시간 순으로 전개되고 있음을 알 수 있다.
• '지국총(至匊悤) 지국총(至匊悤)'과 같은 의성어는 노 젓는 소리를 떠올리게 하여 배경을 짐작할 수 있다.

149 매화사 | 안민영

| 짧은 감상 | 작가가 스승의 집을 방문했다가 책상 위에 놓인 매화를 보고 지은 연시조로, 매화를 의인화하여 매화의 강인한 생명력과 절개를 예찬하였다.

● 핵심 정리

갈래	연시조(전 8수)	성격	예찬적
제재	매화		
주제	매화 예찬		
특징	① 매화를 의인화하여 표현함. ② 영탄법, 설의법을 통해 주제를 강조함.		

● 이것만은 꼭!

'매화'에 부여된 의미 | 사군자(四君子) 가운데 하나인 매화에 '절개' 혹은 '지조'라는 관습적 상징을 부여하고, 이를 인격화하여 지조 높은 선비의 모습을 상징적으로 표현했다. 특히 작가 자신의 우아하고 고절(高節)한 성품과 정서를 투영하여 표현함으로써 주체인 작가와 객체인 매화가 하나된 물아일체(物我一體), 주객일체(主客一體)의 경지를 보여 주고 있다.

수능에는 이렇게

[평가원] • 다양한 감각적 심상을 사용하여 대상을 예찬하고 있다.
• '아치고절'은 자연물인 매화에 부여된 심미적이면서도 규범적인 가치이다.
[고3 전국연합] • 빙자옥질(氷姿玉質): 매화에 인격을 부여한 표현이다.

170 선상탄 | 박인로

| **짧은 감상** | 임진왜란이 끝난 후 우리 민족이 겪은 전쟁의 시련을 다루면서 왜적에 대한 적개심과 분노를 드러내는 한편 우국충정과 평화로운 세상에 대한 희구를 노래한 가사이다.

◉ 핵심 정리

갈래	가사, 전쟁 가사	성격	우국적, 비판적, 기원적
제재	임진왜란의 경험		
주제	전쟁에 대한 한탄과 우국충정(憂國衷情) 및 평화에 대한 기원		
특징	① 민족의 현실을 구체적으로 다룸. ② 왜적에 대한 강한 적개심이 나타남. ③ 한자 성어와 고사의 인용이 많음.		

◉ 이것만은 꼭!

1 전쟁 가사로서의 〈선상탄〉 | 〈선상탄〉은 임진왜란을 배경으로 임진왜란을 일으킨 왜적에 대한 분노와 적개심을 표현하고 있으며, 전쟁이 완전히 끝난 후의 태평성대에 대한 바람도 담고 있어 완성도 높은 전쟁 가사로 평가된다.

〈선상탄〉에 나타난 전쟁에 대한 의식	• 전쟁을 일으킨 왜적에 대한 강한 분노 • 전쟁의 종식을 통한 평화로운 세상에 대한 염원과 희구

2 중국 고사 인용의 효과

헌원씨에 대한 원망	고대 중국에서 문명을 일으켜 발전시킨 헌원씨가 배를 만든 것을 원망함.
진시황에 대한 원망	불로초를 구하기 위해 왜에 동남동녀(童男童女) 삼천 명을 보냄으로써 왜적이 생겨나게 만든 진시황을 원망함.
서불에 대한 원망	불로초를 구하지 못하자 군신(君臣) 간의 의리를 저버리고 일본 땅에 머물러 왜적이 생겨나게 한 서불을 원망함.

↓

왜적에 대한 강한 분노와 전쟁에 대한 안타까운 심정을 효과적으로 형상화함.

171 누항사 | 박인로

| **짧은 감상** | 일상생활에서 겪은 경험을 사실적으로 형상화하면서 자연에 묻혀 안빈낙도하며 충효와 우애를 지키겠다는 의지를 노래한 가사이다.

◉ 핵심 정리

갈래	가사, 정격 가사, 양반 가사	성격	전원적, 사색적, 사실적
제재	안분지족(安分知足)의 생활		
주제	• 자연을 벗 삼아 안빈낙도(安貧樂道)하고자 하는 선비의 궁핍한 생활상 • 빈이 무원(貧而無怨)하며 충효, 우애, 신의를 나누는 삶의 추구		
특징	① 대화체를 사용하여 일상생활을 생생하게 묘사함. ② 임진왜란 이후의 혼란한 사회와 곤궁한 사대부의 삶을 보여 줌.		
의의	조선 후기 가사의 새로운 주제와 방향을 제시함.		

◉ 이것만은 꼭!

화자의 모습에 반영된 당대의 사회상

화자의 상황		시대 현실
전쟁이 끝나고 고향에 돌아온 뒤 소도 없는 가난한 생활을 함.	→	경제적으로 몰락한 양반 사대부의 가난한 삶의 현실
소를 빌려 농사를 짓고자 하나 소 주인에게 거절당함.	→	직접 농사일을 해서 생활을 영위해야 하는 사대부의 달라진 위상

수능에는 이렇게

[고3 전국연합] • '쇼 업ᄉᆞ 궁가'의 화자가 이웃집 소 주인에게 소를 빌리러 간다는 사실에서 경제적으로 몰락한 양반들이 있었음을 알 수 있다.
• (나)의 화자가 '빈곤한 인생' 속에서도 '일단심'을 잊지 않겠다는 모습에는 선비로서 지조와 신념을 지키며 살겠다는 의지가 드러나 있군.

172 일동장유가 | 김인겸

| **짧은 감상** | 조선 영조 때 일본 통신사로 가게 된 작가가 약 11개월에 걸친 여정과 견문을 기록한 장편 기행 가사로, 일본으로 떠나는 과정, 도착 과정, 일본과의 외교 관계, 풍속, 문물 등을 실감나게 기록하였다.

◉ 핵심 정리

갈래	가사, 기행 가사, 장편 가사	성격	사실적, 묘사적
제재	일본 여행의 경험		
주제	일본 여행의 견문과 감상		
특징	① 여정에 따른 추보식 구성을 보임. ② 여정에 따라 일화, 환경, 사건, 풍물 등을 사실적으로 제시함.		
의의	조선 후기 장편 가사의 전형적인 특징을 보여 줌.		

◉ 이것만은 꼭!

일본의 문물에 대한 우월주의적 시선

• 집 형상이 노적 더미 같음. • 남자들이 앞머리를 깎아 상투를 틀어 올리고, 발 벗고 바지 벗음. • 무 없는 두루마기, 소매 없이 터진 의복을 입음. • 아낙네들이 이에 검은 칠을 하고 다님.	→	일본 문물을 미개하다고 생각하는 작가의 문화 우월주의적 시각

수능에는 이렇게

[수능] • 거대한 자연물에 비유하여 악화된 기상 상황을 표현하고 있다.
• 식물의 연약한 속성을 활용하여 화자의 위태로운 상황을 드러내고 있다.
• 상승과 하강의 이미지를 대비하여 목전에 닥친 위기감을 강조하고 있다.
• 인물의 행동을 시간의 흐름에 따라 열거하여 상황을 구체적으로 보여 주고 있다.
[고3 전국연합] • 화자가 이동한 경로가 드러나 있다.

173 만언사 | 안조환

| **짧은 감상** | 유배를 가게 된 작가가 유배 생활의 고통과 어려움을 사실적으로 그려 내며 자신의 잘못을 뉘우치는 심정을 담아낸 가사이다.

◉ 핵심 정리

갈래	가사, 유배 가사, 장편 가사	성격	사실적, 반성적, 애상적
제재	유배 생활		
주제	유배 생활의 고통과 잘못을 뉘우치는 심정		
특징	유배 생활의 고통을 사실적으로 그려 냄.		
의의	〈북천가〉와 더불어 유배 가사의 쌍벽을 이룸.		

◉ 이것만은 꼭!

〈만언사〉와 조선 전기 유배 가사의 차이점 | 조선 전기에 지어진 〈만분가〉, 〈사미인곡〉, 〈속미인곡〉 등의 유배 가사는 자신의 억울함에 대한 호소와 연군 지정을 주제로 하는 전형적 특성을 보이는데, 조선 후기에 지어진 〈만언사〉는 유배 생활의 고통을 사실적으로 묘사하며 자신의 잘못을 뉘우치는 내용을 담고 있다는 점에서 특징적이다.

수능에는 이렇게

[평가원] • 의인화된 청자에게 말을 건네는 방식을 활용하고 있다.
• 자신을 '벌나비'에 빗댄 것은 자신의 죄를 유혹에 약한 인간 본성의 탓으로 돌리려는 것이 아니었을까?
• 자신을 '미친 사람'이라고 인식한 것은, 유배로 인한 심리적 고통을 전달하기 위한 것으로 볼 수 있지 않을까?
• '그물에 걸렸다'는 표현을 사용한 것은 작가가 죄를 지으려는 의지가 없었다는 점을 강조하기 위한 전략일 수도 있겠군.

174 연행가 | 홍순학

| **짧은 감상** | 작가가 청나라 사신의 일원으로 연경(燕京)에 다녀온 견문과 감상을 적은 장편 기행 가사로, 청나라의 풍물과 경치를 자세하게 묘사하고 있다.

◉ 핵심 정리

갈래	가사, 기행 가사, 장편 가사	성격	사실적, 서사적, 묘사적, 비판적
제재	청나라 연경 여행의 경험	주제	청나라 연경을 다녀온 견문과 감상
특징	① 치밀한 관찰을 통해 대상을 자세히 묘사함. ② 소박한 표현과 우리말 구사가 나타남.		

◉ 이것만은 꼭!

〈연행가〉의 여정과 역사의식 | 이 작품에는 '한양 → 평양 → 의주 → 압록강 도강 → 온정역 → 봉황성 → 연경'에 이르는 여정이 시간에 따라 제시되며, 돌아오는 여정은 역순으로 반복된다. 화자는 여정을 따르며 주로 그곳에 얽힌 인물의 고사나 사적 등을 떠올리는 모습을 보인다. 이때 화자는 인물이나 왕조, 역사적 사건에 크게 구애받지 않고 나라에 대한 충절 의식, 우국지정을 드러내는데, 이를 통해 사대부로서 유교적 가치관에 충실한 역사의식을 엿볼 수 있다.

조선	청
선죽교, 취승당, 북장대 등을 유람함.	구연성, 온정평, 봉황성 등을 돌아봄.
↓	↓
정몽주, 임진왜란, 홍경래의 난 등을 상기하며 우리나라의 역사를 성찰함.	조선과 청나라 사이의 역사적 관계를 생각함.

수능에는 이렇게

[수능] • 객지에서의 낯선 풍물 및 경험에 대한 정서를 드러내고 회환할 때의 심정을 서술하고 있다.
• '올적에 심은 곡식 추수가 한창이요'는 계절감을 드러내는 표현을 사용하여 시간의 경과를 보여 주고 있다.

---

175 춘면곡 | 작자 미상

| **짧은 감상** | 다른 이별가와 달리 임과 헤어져 상심한 남성 화자가 등장해 이별의 슬픔과 안타까움을 진솔하게 드러낸 가사이다.

◉ 핵심 정리

갈래	가사, 가창 가사	성격	서정적, 비애적, 애상적
제재	임과의 이별	주제	임과의 이별로 인한 슬픔과 한(恨)
특징	① 자연물을 통해 화자의 정서를 드러냄. ② 임과의 이별의 슬픔을 솔직하게 드러냄. ③ 영탄, 대구 등의 다양한 표현법을 구사함.		
의의	남성적 목소리로 이별의 슬픔을 노래한 작품		

◉ 이것만은 꼭!

〈춘면곡〉의 전체 시상 전개 과정

봄잠에서 깨어나 술을 마시고 야유원으로 감.	→	아름다운 여인을 만나 정을 나누고 애달픈 이별을 함.
임과 이별한 뒤에 느끼는 괴로운 심정과 그리움	→	입신양명하여 임을 다시 만나고자 다짐함.

수능에는 이렇게

[수능] • '오동', '제비', '나비' 등이 사용된 데서, 인간과 자연이 관련되어 있다는 화자의 인식을 엿볼 수 있어.
• 자연물로 변해서라도 '님'과 만나려 하는 것을 보니 화자가 '님'과 만나기 어려운 상황에 놓여 있음을 알 수 있어.

---

176 유산가 | 작자 미상

| **짧은 감상** | 서울 지방을 중심으로 불리던 대표적인 잡가로 율격의 파괴와 자유분방한 언어 구사를 통해 봄을 맞이하여 아름다운 자연의 풍류를 즐기는 모습을 나타내고 있다.

◉ 핵심 정리

갈래	잡가	성격	서정적, 향락적, 유흥적, 영탄적
제재	봄을 맞이한 풍류		
주제	봄의 아름다운 경치 완상(玩賞)과 감흥		
특징	① 의태어와 의성어를 빈번히 사용하여 생동감을 부여함. ② 가창되는 특성을 고려하여 일정한 운율로 전개됨. ③ 대구법, 열거법, 비유법 등 다양한 표현 방법을 활용함.		
의의	조선 후기에 유행한 잡가의 대표작		

◉ 이것만은 꼭!

우리말과 한자어의 이중적 표기 | 이 작품에는 우리말과 한자어가 혼용된 특이한 언어 사용이 나타난다.

유상앵비(柳上鶯飛)는 편편금(片片金)이요, 화간접무(花間蝶舞)는 분분설(紛紛雪)이라.	→ 향유 계층인 양반을 고려한 한자어 중심의 표현
• 이 골 물이 주루루룩, 저 골 물이 쏼쏼 • 천방져 지방져 소쿠라지고 펑퍼져, 넌출지고 방울져,	→ 창작 계층인 서민층의 특성이 반영된 우리말 중심의 표현

수능에는 이렇게

[수능] • 후반부로 가면서 3·4조의 율격이 파괴되고 있다.
• 화자의 시선이 원경에서 근경으로 옮아가고 있다.
• 후반부에서는 대상에 대한 묘사가 보다 구체적으로 드러난다.
• 후반부로 갈수록 시각적 이미지와 청각적 이미지가 두드러진다.

---

177 덴동 어미 화전가 | 작자 미상

| **짧은 감상** | 부녀자들의 화전놀이를 소재로 한 규방 가사로, 액자 구성을 통해 덴동 어미의 기구한 삶을 구체적으로 담아내 조선 후기의 사회상을 사실적으로 형상화하였다.

◉ 핵심 정리

갈래	가사, 규방 가사, 화전 가사, 탄식 가사	성격	여성적, 사실적, 훈계적
제재	화전놀이, 덴동 어미의 삶		
주제	조선 후기 어느 여인의 비극적이고 운명적인 삶		
특징	① 순흥 지방의 화전놀이를 바탕으로 함. ② '덴동 어미'의 비극적인 일생을 액자 구성을 통해 나타냄.		
의의	조선 후기 부녀 가사로서 당대의 사회상을 형상화함.		

◉ 이것만은 꼭!

1 〈덴동 어미 화전가〉에 나타난 사회상

중인 집안 출신이었으나 네 번의 결혼을 거치면서 점차 가난해지고 몰락해 하층민이 된 덴동 어미의 인생 역정	→ 조선 말기의 가혹한 징세와 지배층의 수탈상, 당대의 화폐 경제의 발달상, 경제적 몰락으로 인한 유랑 생활과 서민들의 궁핍한 생활상 등이 드러남.

2 작품 속 화전놀이의 의미 | 조선 시대의 여성들은 사회적 활동 등을 비롯해 일상생활에 여러 제약이 있었는데, 화전놀이 가는 날은 일 년에 하루 집 밖에서의 놀이가 공식적으로 허용된 날이었다. 여성들은 화전놀이를 통해 답답한 일상생활에서 벗어나 꽃구경을 하며 화전을 부쳐 먹고, 노래도 하며 그동안 가슴에 맺혀 있던 사연이나 회포도 서로 나눌 수 있었다.

178 북찬가 | 이광명

본책 268쪽

| **짧은 감상** | 작가가 유배 생활을 하던 당시에 지은 가사로, 당쟁에서 밀려나 폐가한 가문의 고단하고 암울한 상황을 사실적으로 묘사하고 있다.

● 핵심 정리

갈래	가사, 유배 가사	성격	한탄적, 애상적, 사모곡
제재	유배 생활		
주제	유배지에서 어머니를 그리워함.		
특징	① 유교적 충의 사상이 드러나지 않음. ② 다양한 표현 방법을 통해 어머니에 대한 그리움을 노래함.		

● 이것만은 꼭!

시어 및 시구의 의미

천산 만슈, 막힌 길	화자가 처한 유배 상황
붉은 돌, 쓰는 구롬	고향에 대한 화자의 그리움
흐르는 내, 새	화자가 동일시하고 싶은 대상
여의 일흔 농, 치 업슨 비	아무것도 할 수 없는 화자의 상황을 비유

수능에는 이렇게

[수능] • 친숙한 사물을 통해 화자의 마음이 향하는 공간을 환기하고 있다.
[고3 전국연합] • 물음의 방식을 통해 화자의 처지를 강조하고 있다.
• 비유의 방법을 활용하여 시적 상황을 전달하고 있다.
• 유사한 구조의 시구끼리 짝을 지어 운율감을 형성하고 있다.
• 연쇄법을 활용하여 화자의 정서를 효과적으로 부각하고 있다.
• '밤밤마다 꿈에 뵈니'에는 어머니에 대한 화자의 간절한 그리움이 담겨 있군.
• '산과 강물 막힌 길에 일반고사 뉘 헤올고'에는 노모에게 소식을 전할 수 없는 화자의 절망감이 담겨 있군.
• '어느 때에 주무시며 무엇을 잡숫는고'에는 홀로 남겨진 노모에 대한 화자의 걱정이 드러나 있군.
• '나 아니면 뉘 뫼시며'에는 노모에게 효를 다하지 못하는 화자의 안타까움이 나타나 있군.

183 아리랑 | 작자 미상

본책 272쪽

| **짧은 감상** | 우리나라의 대표적인 서정 민요로, 임과 함께하고 싶은 소망과 자신을 버리고 떠나는 임에 대한 원망의 감정이 드러나 있다.

● 핵심 정리

갈래	민요	성격	서정적, 애상적
제재	임과의 이별	주제	이별의 슬픔과 안타까움
특징	① 후렴구의 반복으로 리듬감을 형성함. ② '위협'의 표현으로 화자의 소망을 드러냄.		

● 이것만은 꼭!

〈가시리〉, 〈아리랑〉, 〈진달래꽃〉에 드러나는 이별의 정서

	〈가시리〉	〈아리랑〉	〈진달래꽃〉
갈래	고려 가요	민요	현대 시
시적 상황	이별의 상황		
주제	이별의 슬픔		
운율	3음보		
화자의 태도	임을 붙잡으면 임의 마음이 상하여 돌아오지 않을까 봐 두려워하며, 빨리 돌아오기를 간청함.	떠나는 임을 원망함.	임과 이별하고 싶지 않은 마음을 '애이불비(哀而不悲)'의 형식으로 에둘러 표현함.

184 시집살이 노래 | 작자 미상

본책 274쪽

| **짧은 감상** | 봉건적 가족 관계 속에서 서민 여성들이 겪는 시집살이의 어려움과 고통을 소박하고 간결한 언어 속에 압축하여 노래한 부요(婦謠)이다.

● 핵심 정리

갈래	민요, 부요(婦謠)	성격	여성적, 서민적, 풍자적, 해학적
제재	시집살이	주제	시집살이의 한(恨)과 체념
특징	① 언어유희와 비유로 해학성을 유발함. ② 물음과 대답으로 이루어진 대화 형식으로 구성됨. ③ 유사 어구와 동일 어구의 반복으로 리듬감을 형성함. ④ 대구, 대조, 열거 등의 표현법을 활용함.		
의의	① 서민들의 소박한 삶의 애환이 드러나는 민중 문학임. ② 대표적인 부요의 하나로 시집살이의 어려움과 한(恨)이 절실하게 표현됨.		

● 이것만은 꼭!

화자의 상황과 표현상 특징

상황	봉건적 가족 관계 속에서 겪는 서민 여성의 괴로움과 한	
특징	• 다양한 비유 • 언어유희 • 대화 형식 • 반복, 대구, 대조, 열거 • 4음보 율격	➡ 화자의 정서를 생동감 있게 표현함.
효과	• 해학성 유발 • 생동감 조성 • 운율감 형성	

수능에는 이렇게

[평가원] • 오리 물을 길어다가 ~ 열두 방에 자리 걷고.: 과장된 표현을 통해 며느리가 수행해야 하는 가사 노동의 상황을 강조하고 있다.
• 시아버니 호랑새요 ~ 남편 하나 미련새요: 시집 식구들을 일일이 지목하여 시집 식구들에 대한 화자의 생각을 드러내고 있다.

185 잠 노래 | 작자 미상

본책 276쪽

| **짧은 감상** | 옛날 부녀자들이 잠을 참으며 밤새 바느질을 할 때 불렀던 대구 지방의 민요이다. 삶의 애환을 익살과 해학을 통해 풀어내고자 했던 민중의 건강한 삶의 모습이 드러난다.

● 핵심 정리

갈래	민요, 부요, 노동요	성격	해학적, 서민적, 한탄적
제재	잠	주제	밤새워 바느질해야 하는 삶의 고달픔
특징	① 잠을 의인화함(잠을 작중 청자로 설정하여 원망의 마음을 전함.). ② 일하지 않아도 되는 사람과 노동에 시달리는 자신의 처지를 대조함. ③ 넋두리 형식의 노래임.		

● 이것만은 꼭!

표현상 특징

| 늦은 밤까지 잠을 참으며 일해야 하는 옛 여인들의 삶의 애환 | ➡ | • 잠을 의인화함.
• 잠이 오는 상황을 해학적으로 표현함. |

• 익살과 해학을 통해 삶의 애환을 풀어냄.
• 고통스럽고 힘든 현실도 긍정적으로 받아들이며 극복하려 했던 민중들의 건강한 삶의 태도가 드러남.

수능에는 이렇게

[고2 전국연합] • '잠'을 청자로 설정하여 이야기하는 것으로 볼 때 대상을 의인화하고 있군.
• '낮에 못한 남은 일을 밤에 할랴 마음먹고'를 통해 화자의 애환을 알 수 있군.
• '바늘'이라는 소재를 통해 이 노래가 여인들 사이에서 불리어졌음을 확인할 수 있군.
• '눈썹 속에 숨었는가 눈알로 솟아온가'라는 구절에서 해학적 태도를 엿볼 수 있군.

186 정선 아리랑 | 작자 미상

| 짧은 감상 | 강원도 정선에서 즐겨 부르는 민요로 다양한 삶의 모습과 정서가 녹아 있고, 노동요의 성격을 띠기도 한다.

● 핵심 정리

갈래	민요	성격	서정적, 애상적
제재	정선의 자연 풍경과 그 속에서 살아가는 사람들의 삶		
주제	정선 사람들의 삶의 애환		
특징	① 정선의 지역적 특성과 지역민의 삶의 모습 및 정서를 담고 있음. ② 4음보 율격, 후렴구의 반복으로 운율감이 느껴짐.		
의의	강원도는 물론 그 인접 지역에서 광범위하게 전승되고 있으며, 강원도 무형 문화재 제1호로 등록되어 있음.		

● 이것만은 꼭!
구성과 특징

병렬 구성	1절	어렵고 힘들어진 삶	• 각 연이 독립적임. • 후렴구 반복 • 열린 구조
	2절	늦봄의 풍경과 한의 정서	
	3절	강을 건너지 못하는 안타까움	
	4절	임에 대한 간절한 그리움	

---

187 진도 아리랑 | 작자 미상

| 짧은 감상 | 전국에 다양하게 퍼져 있는 아리랑 중 진도 지방에서 전해지는 우리나라의 대표적인 서정 민요로서, 부녀자들이 밭일을 하면서 불렀다.

● 핵심 정리

갈래	민요	성격	애상적, 한탄적
제재	사랑과 이별		
주제	이별의 슬픔, 사랑의 안타까움		
특징	① 선후창(先後唱) 형식으로 후렴구가 있음. ② 후렴구에 '으으응'과 같은 콧소리가 들어감. ③ 소박하고 직설적인 표현을 사용함.		

● 이것만은 꼭!
■ '잔별'의 시각적 이미지와 한의 정서 | 이 작품에서는 시름과 고뇌로 인한 한스러운 삶을 하늘에 흩뿌려진 '잔별'의 이미지와 결합하고 있다.

잔별 ➡ 시각적 이미지를 통한 한의 정서 형상화

■ 〈진도 아리랑〉과 다른 〈아리랑〉의 비교 | 〈진도 아리랑〉은 보편적인 아리랑의 주제 의식에서 크게 벗어나지 않으면서도 다른 아리랑과 구별되는 독특함을 지니고 있다.

〈밀양 아리랑〉 ➡ 남성적 성격임.

〈정선 아리랑〉 ➡ 비탄조의 서글픔이 느껴짐.

〈진도 아리랑〉 ➡ 흥청거리고 신명이 나며 기교성이 두드러짐.

---

188 사할린 본조 아리랑 | 작자 미상(정성애)

| 짧은 감상 | 일제 강점기에 러시아 사할린으로 이주한 동포들이 부른 노래라고도 하고, 18세 때 사할린 탄광에 징용으로 끌려간 남편을 따라갔다가 러시아에 정착하게 된 정성애 할머니가 창작한 민요라고도 한다.

● 핵심 정리

갈래	민요	성격	애상적, 현실 비판적, 민중적, 한탄적
제재	일제 강점기 해외 이주민의 현실		
주제	일제 강점기 해외 이주민의 고향에 대한 그리움과 한탄		
특징	① 자문자답의 형식을 통해 시상을 전개함. ② 일제 강점기 해외 이주 상황을 사실적으로 그려 냄. ③ 사할린과 조선의 대조를 통해 민족적 아픔을 나타냄. ④ 아리랑의 보편적 형식에 사할린에서의 고된 생활을 담음.		

● 이것만은 꼭!
■ 시상 전개 과정 | 이 작품은 식민지 현실이라는 부정적 상황에서 사할린으로 강제 징용 와 느끼는 고통스러운 삶을 노래한다.

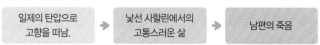

일제의 탄압으로 고향을 떠남. ➡ 낯선 사할린에서의 고통스러운 삶 ➡ 남편의 죽음

■ 작품의 구조

과거	조선	—	수탈과 탄압	➡ 한탄, 애상
현재	사할린(일본령)	—	그리움	

---

193 요양의 달 | 허균

| 짧은 감상 | 작가 허균이 명나라에 사신으로 갔을 때 쓴 한시로, 이국의 풍경을 보며 느낀 객수와 고향에 대한 그리움이 담겨 있다.

● 핵심 정리

갈래	한시, 5언 절구	성격	애상적, 서정적
제재	타향살이, 보름달		
주제	고향에 대한 그리움		
특징	① 배경의 묘사를 통해 화자가 고향을 떠올리는 상황을 밝힘. ② 공간의 대비를 통해 고향에 돌아가기 쉽지 않은 처지를 나타냄. ③ 동일한 구절을 반복하여 고향에 대한 그리움을 강조함.		

● 이것만은 꼭!
소재의 의미와 기능

보름달	이국에서 고향을 떠올리게 하는 매개체
가을	나그네의 근심을 심화하는 시간적 배경
나그네	화자의 처지를 비유적으로 표현한 대상
누각	화자가 고향에 관해 떠올린 특정 대상
꿈	귀국에 대한 화자의 소망

194 보리타작 | 정약용

| **짧은 감상** | 원제는 〈타맥행(打麥行)〉으로 보리타작하는 농민들의 모습을 사실적으로 노래한 한시이다. 농민들의 삶에 대한 이해를 통해 자아를 성찰하는 화자의 진지한 태도가 잘 나타나 있다.

● 핵심 정리

갈래	한시, 행(行)	성격	사실적, 묘사적, 성찰적
제재	보리타작하는 농민		
주제	농민들의 건강한 노동을 통해 얻은 삶의 깨달음		
특징	① 농민들의 일상적 생활과 관련된 시어를 사용함. ② 시각적이고 동적인 이미지를 통해 현장감과 사실성을 부각함. ③ 조선 후기의 평민 의식을 반영함.		

● 이것만은 꼭!

시상 전개에 따른 화자의 태도

관찰	인식	반성
보리타작하는 농민들의 건강한 모습	몸과 마음이 합일된, 농민들의 건강한 노동의 즐거움	세속적 욕망에 집착하던 자신의 삶 반성
기(1~4구), 승(5~8구)	전(9~10구)	결(11~12구)

수능에는 이렇게

[고1 전국연합] • 대상에 대한 화자의 긍정적 인식이 드러나 있다.
• 비판적 태도(세속적 욕망에 대한 비판)를 드러내며 시상을 마무리하고 있다.
[고2 전국연합] • 시각적, 청각적 이미지를 통해 생동감을 주고 있다.
• 시적 화자는 대상을 바라보며 자신을 성찰하고 있다.
[고3 전국연합] • 중심 소재에서 긍정적 가치를 이끌어 내고 있다.
• '낙원'에 내포된 의미: 세속적 욕망에서 벗어나 있는 공간이다.
• 설의적 표현을 통해 화자가 깨달은 바를 드러내고 있다.
• 묘사를 통해 생동감 있는 현장의 분위기를 보여 주고 있다.
• 선경 후정의 구조를 통해 주제를 효과적으로 전달하고 있다.

195 유배지에서 처의 죽음을 슬퍼하며 | 김정희

| **짧은 감상** | 작가가 유배지인 제주도에서 유배 생활을 하던 중 아내가 죽었다는 소식을 전해 듣고 비통함을 적은 한시이다.

● 핵심 정리

갈래	한시, 7언 절구	성격	애상적, 비탄적, 애도시, 도망시(悼亡詩)
제재	아내의 죽음	주제	아내의 죽음에 대한 슬픔
특징	① 부부의 처지를 바꾸겠다는 참신한 발상이 나타남. ② 사별의 슬픔을 통해 아내에 대한 사랑을 애절하게 드러냄.		

● 이것만은 꼭!

시상의 전개 과정 | 이 작품은 저승의 월하노인에게 호소하는 내용과 그와 같은 호소를 하는 이유가 나타난다.

기	호소의 대상	시간적 거리 (금생 ↔ 내세)
승	호소한 내용	
전	호소의 실현 가정	공간적 거리 (여기 ↔ 천 리 밖)
결	호소한 이유	

수능에는 이렇게

[고3 전국연합] • 그리움의 정서가 나타나 있다.
• 화자는 독백적 어조를 취하고 있다.
• 시적 대상에 대한 상실감을 드러내고 있다.

196 자술 | 이옥봉

| **짧은 감상** | 임과 이별한 여인이 임에 대한 그리움을 노래한 한시로, 꿈속에서 임과 만나는 것을 가정하여 임에 대한 그리움을 독창적으로 그려 내고 있다.

● 핵심 정리

갈래	한시, 7언 절구	성격	고백적, 애상적
제재	임과의 이별	주제	임에 대한 간절한 그리움
특징	① 가정법을 활용하여 현실에서 꿈으로 내용을 전환함. ② 과장법을 활용하여 화자의 그리움을 효과적으로 표현함. ③ 임에게 말을 건네는 듯한 섬세한 어조를 사용함.		

● 이것만은 꼭!

시상의 흐름과 표현 방식 | 이 작품의 '기'와 '승'에서는 화자의 현실적 상황과 마음이 직접적으로 드러난다. '전'에서는 꿈을 통해 상황을 가정하면서 분위기를 전환하고, '결'에서는 자신의 간절한 기다림을 다시 한번 강조하기 위해 과장법을 사용하고 있다.

현실	꿈
기, 승	전, 결
임과 이별한 부정적 공간	임에 대한 그리움이 표현되는 공간
오랜 시간 이별로 한이 많음.	문 앞의 돌길이 모래가 됨.

가정적 상황 설정

수능에는 이렇게

[고1 전국연합] • '달'은 화자의 정서를 심화시킨다.

197 화왕가 | 이익

| **짧은 감상** | 설총의 〈화왕계〉를 바탕으로 창작된 한시로, 왕도 정치와 충신의 모습에 대한 교훈을 효과적으로 전달하고 있다.

● 핵심 정리

갈래	한시	성격	예찬적, 우국적, 교훈적, 우회적
제재	설총의 〈화왕계〉		
주제	왕도 정치의 모습과 설총에 대한 예찬		
특징	① 설총의 〈화왕계〉를 모티프로 함. ② 인간의 모습을 식물에 비유함. ③ 설총과 신문왕 사이의 일화를 서술한 뒤, 왕에게 깨우침을 준 설총을 예찬함.		

● 이것만은 꼭!

〈화왕가〉에 나타난 세 가지 소통 구조

		조선 후기			
		〈신라 시대 설총의 일화〉			
[작가] 이익	[화자] 설총	〈화왕계〉		[청자] 신문왕	[예상 독자] 왕 또는 신하들
		[화자] 할미꽃	[청자] 화왕		

세 가지 소통 구조에서 나타나는 공통점

① 화자와 청자가 임금과 신하의 관계로 설정되어 있음.
② 신하는 임금에게 비유적·우회적으로 충언을 함.
③ 임금은 신하의 충언을 듣고 자신을 돌이켜 볼 줄 알아야 함.

198 사유악부 | 김려

| 짧은 감상 | 작가가 함경도 부령에서의 유배 생활을 회상하여 쓴 연작시 중의 한 편으로, 관기 연희에 대한 사랑과 절절한 그리움이 담겨 있다.

● 핵심 정리

갈래	한시(전 290수)	성격	애상적, 서정적, 회상적
제재	연희, 앵두		
주제	연희(부령)에 대한 간절한 그리움		
특징	① 매 편의 첫 부분에 같은 구절을 고정적으로 반복하여 통일성을 부여함. ② 과거를 회상하며 그 시절에 만났던 인물에 대한 그리움을 드러냄. ③ 비유적 묘사와 직접 인용을 통해 사실성을 부각함.		

● 이것만은 꼭!

표현상 특징

그대 무엇을 생각하나요? ~ 북쪽 바닷가.	묻고 답하는 방식을 통해 화자가 그리워하는 대상을 드러내고 있다.
수정처럼 둥글고 빛깔은 영롱했네.	직유법을 통해 앵두나무 알맹이의 모습을 구체적으로 묘사하여 대상이 지닌 특성을 부각하고 있다.
"앵두가 붉나요, 제 입술이 붉나요?"	연희가 과거에 했던 말을 직접 인용하여 사랑스러운 연희의 모습을 생생하게 나타내고 있다.

199 송파에서 시를 주고받으며 | 정약용

| 짧은 감상 | 우리 시의 정체성이 무엇인지 고민하고 '조선의 시'를 쓰고자 했던 작가의 의지와 함께 관념보다는 실용성을 강조한 실학자적 면모가 담긴 한시이다.

● 핵심 정리

갈래	한시(전 6수)	성격	고백적
제재	시 창작		
주제	시 창작에서 중요한 것		
특징	① 작가 자신의 문학관을 직접 드러냄. ② 설의적 표현과 명령문을 통해 주제를 부각함.		

● 이것만은 꼭!

정약용의 문학관

조선 시 선언	시에는 당시의 현실을 잘 드러내는 소재나 표현이 사용되어야 한다.

	백성들의 고달픔	봉건 지주와 부패한 관리 밑에서 굶주려 신음하는 농민의 삶
당시의 현실을 소재로 삼아 표현함.	부패한 현실	과거 제도의 폐단, 삼정의 문란, 노론의 독점적 전제 정치에 대한 비판

농민들의 일상사 및 생산 활동과 관련된 시어들을 사용하여 생동감과 현장감을 느끼게 하는 시를 창작함.

200 절명시 | 황현

| 짧은 감상 | 1910년 국권 피탈의 소식을 들은 후 작가가 자결하기 전에 남긴 총4수의 한시이다. 망국에 대한 절망과 통분의 심정을 토로하면서 글 아는 이의 도리를 못한 것에 대한 자책이 담겨 있다.

● 핵심 정리

갈래	한시, 7언 절구	성격	우국적, 고백적, 저항적, 비탄적
제재	국권의 상실		
주제	국권 상실에 따른 지식인의 비탄과 절망		
특징	① 나라를 잃은 지식인의 고뇌와 절망의 심정을 고백적 어조로 표현함. ② 활유법, 과장법, 대유법, 의인법, 감정 이입 등의 다양한 시적 기법을 활용함.		

● 이것만은 꼭!

〈절명시〉에 나타난 인물의 현실 대응 양상

고전 산문

본책 24쪽

001 단군 신화 | 작자 미상

| 짧은 감상 | 우리 민족 최초의 고대 국가인 고조선의 건국 신화로, '홍익인간(弘益人間)'의 건국 이념을 제시하고 우리 민족이 천손(天孫)의 혈통임을 일깨워 준다.

◉ 핵심 정리

갈래	설화, 건국 신화	성격	신화적, 서사적, 민족적
제재	단군의 탄생과 고조선의 건국		
주제	홍익인간의 이념과 단일 민족의 역사성		
특징	① '환인-환웅-단군'의 삼대기(三代記)적 구성임. ② 천손 하강형(天孫下降型), 천부 지모형(天父地母型)의 화소가 나타남.		

◉ 이것만은 꼭!

〈단군 신화〉에 나타난 고조선의 건국 이념

> 환인이 인간 세상을 널리 이롭게 하기 위해 아들 환웅을 내려보냄.

⬇

> 홍익인간(弘益人間)

⬇

> 모든 인간을 이롭게 하는 것이 정치의 기본이라는 인본주의적 가치를 바탕에 둠.

본책 26쪽

002 주몽 신화 | 작자 미상

| 짧은 감상 | 고구려의 시조인 주몽의 신이한 탄생과 고구려의 건국 과정을 보여 주는 신화로, 후대 영웅 소설의 서사 구조에 영향을 끼쳤다.

◉ 핵심 정리

갈래	설화, 건국 신화	성격	신화적, 서사적, 영웅적
제재	주몽의 탄생과 고구려의 건국 경위		
주제	주몽의 일생과 고구려의 건국		
특징	① 난생 화소와 천손 하강형, 천부 지모형 화소가 결합됨. ② '탄생-기아-구출-시련-극복'이라는 영웅의 일대기 구조로 이루어짐.		

◉ 이것만은 꼭!

〈주몽 신화〉에 나타난 영웅의 일대기 구조

고귀한 혈통	천제의 아들인 해모수와 하백의 딸인 유화 사이에서 태어남.
신이한 탄생	유화가 햇빛을 통해 주몽을 잉태하고 알을 낳음.
기아와 구출	• 금와가 알의 형태로 태어난 주몽을 버리게 함. • 알을 들에 버리니 새와 짐승들이 보살펴 줌.
비범한 능력	주몽의 골격과 외모가 영특하고 기이하며, 활을 잘 쏨.
성장 후 시련	• 금와왕의 아들들이 주몽을 죽이려 함. • 주몽이 엄수에 이르러 배가 없어 길이 막힘.
시련 극복과 위업 달성	• 주몽이 자신의 신분을 밝히자 물고기와 자라가 다리를 놓아 줌. • 부여에서 탈출하는 데 성공하고, 고구려를 건국함.

본책 28쪽

003 가락국기 | 작자 미상

| 짧은 감상 | 가락국 시조인 김수로왕의 탄생과 건국 과정을 다루고 있는 신화로, 김수로왕의 강림을 기원하는 〈구지가〉가 삽입되어 있다.

◉ 핵심 정리

갈래	설화, 건국 신화	성격	신화적, 상징적, 신성성
제재	가락국의 건국		
주제	수로의 강림과 가락국의 건국		
특징	① 신화 내용이 직접 신에게서 주어짐. ② 신맞이 신화임. ③ 여러 씨족이 연합되어 이룩된 통합적인 왕국의 창건에 관한 신화임.		

◉ 이것만은 꼭!

〈가락국기〉의 특징

특징	내용
씨족 연합으로 이룩된 통합적인 왕국의 창건 신화임.	국호도 없이 아도간, 여도간 등 아홉명의 추장이 백성들을 통솔하고 있던 씨족 연합 사회에 김수로왕이 군장으로 하강함.
신화 내용이 직접 신에게서 주어졌음.	구지봉에 모인 무리들이 직접 하늘에서 들려오는 신의 목소리에 응답했고, 그 결과 신의 내림을 받음.
신맞이 신화임.	신이 인간에게 직접 한 말을 받들어 노래하고 춤추며 육체로 연행된 신화임.

본책 30쪽

004 온달 설화 | 작자 미상

| 짧은 감상 | 고귀한 신분의 평강 공주가 바보 온달과 혼인을 하고 온달을 영웅으로 성장시키는 내용의 설화로, 온달의 행적과 평강 공주의 주체 의식이 잘 드러나 있다.

◉ 핵심 정리

갈래	설화, 전(傳)	성격	역사적, 영웅적
제재	온달과 평강 공주의 삶		
주제	온달의 입신출세와 평강 공주의 주체적인 삶의 태도		
특징	① 역사상의 실존 인물을 다룸. ② 인물에 대한 전(傳) 형식의 설화임.		

◉ 이것만은 꼭!

온달에 대한 당대인들의 인식

온달의 처지	당대인들의 인식
바보 온달	얼굴이 우스꽝스럽고 집안이 가난하지만 부지런히 어머니를 봉양하는 모습을 보고 효자로 인식함.
평강 공주의 남편인 온달	• 공주의 남편이 된 온달 – 당대인들의 바람이 투영됨. • 뛰어난 능력을 지니게 된 온달 – 지혜로운 아내의 역할을 인식함.
고구려의 장수 온달	미천한 신분을 극복하고 고구려를 위해 싸우다가 전사하는 모습에서 존경심을 가지게 됨.

005 조신지몽 | 작자 미상

| 짧은 감상 | 인간의 욕망과 집착이 한낱 꿈과 같이 헛된 것임을 보여 주는 전기적(傳奇的) 설화로, '현실 – 꿈 – 현실'이라는 환몽 구조를 통해 흥미를 더하고 있다.

● 핵심 정리

갈래	사찰 연기(寺刹緣起) 설화, 환몽 설화, 전설	성격	불교적, 환몽적, 서사적, 교훈적
제재	조신의 꿈		
주제	인간의 욕망과 집착의 무상함		
특징	① '현실 – 꿈 – 현실'의 환몽 구조임. ② '외화 – 내화'로 이루어진 액자식 구성을 취함. ③ 구체적인 지역과 증거물 등 전설로서의 특징이 나타남.		

● 이것만은 꼭!

〈조신지몽〉의 환몽 구조와 액자식 구성

본책 34쪽

006 도미 설화 | 작자 미상

| 짧은 감상 | 열녀 설화, 관탈 민녀 설화의 원형으로, 지배층의 부당한 권력 앞에서 절개를 지킨 도미 부인을 통해 비도덕적 권력에 저항하는 당대 민중의 건강한 삶의 의지를 찾을 수 있다.

● 핵심 정리

갈래	열녀 설화, 관탈 민녀(官奪民女) 설화	성격	교훈적, 저항적, 서사적
제재	도미 부인의 절개		
주제	도미 부인의 정절 칭송 및 지배층의 횡포 폭로		
특징	① 민중의 도덕성과 긍정적 인간관이 잘 드러남. ② 지배층의 비도덕적인 권력에 대한 저항 의지가 나타남.		

● 이것만은 꼭!

1 도미와 개루왕의 상반된 인간관

도미의 관점		개루왕의 관점
어떠한 역경과 유혹이 있어도 절개를 지킬 수 있음.	↔	절개를 지킬 수 있는 사람은 이 세상에 존재하지 않음.
긍정적		부정적

2 〈도미 설화〉의 전승 및 관탈 민녀 설화 | 〈도미 설화〉는 유교적 윤리관인 열(烈)의 귀감이 되어 《삼국사기》와 《오륜 행실도》 등에 실려 널리 전승되었다. 〈도미 설화〉는 관탈 민녀 설화에 해당하는데 관탈 민녀 설화는 대체로 인물들이 비극적인 결말을 맞는다는 공통점이 있다. 〈도미 설화〉는 〈우렁 각시〉나 〈산방덕 전설〉에 비해 부부가 함께 살아남았다는 점에서는 다행이지만, 도미의 눈이 멀고 부부의 여생도 힘들었다는 점에서는 비극적이라고 할 수 있다.

본책 36쪽

007 지귀 설화 | 작자 미상

| 짧은 감상 | 선덕 여왕을 사랑한 지귀의 사랑을 화재를 예방하는 풍속과 연관 지어 형상화하여 주술적 능력과 함께 선덕 여왕의 통치자로서의 능력도 보여 준다.

● 핵심 정리

갈래	해원(解冤) 설화, 화신(火神) 설화, 민담	성격	순애적, 해원적, 주술적
제재	지귀의 사랑		
주제	지귀의 사랑과 선덕 여왕의 넉넉한 품성, 화신(火神)의 내력		
특징	① 신이하고 환상적이며, 전기적(傳奇的)인 요소가 나타남. ② 여왕과 평민, 여자와 남자, 불과 물 등의 대립 관계를 보임.		

● 이것만은 꼭!

〈지귀 설화〉에 드러나는 당대인들의 인식

설화의 내용	당대인들의 인식
주요 인물의 이름이 인물의 특징을 반영함.	이름은 그 사람의 영혼을 담고 있다고 인식함.
선덕 여왕의 외모와 성격을 긍정적으로 서술함.	선덕 여왕을 존경함.(선덕 여왕을 긍정적으로 서술하기 위해 이 부분을 삽입한 것으로 해석할 수도 있음.)
지귀와 선덕 여왕의 만남이 이루어지지 않음.	신분의 차이를 뛰어넘는 사랑을 용납하지 않음.
선덕 여왕이 지귀에게 팔찌를 줌.	선덕 여왕을 자비로운 여왕으로 인식함.
불귀신으로 변한 지귀 때문에 화재가 일어남.	화재를 불귀신이라는 미신적 존재 때문에 일어나는 것이라고 생각함.
주문으로 화재를 면할 수 있음.	화재의 원인에 대한 인식과 마찬가지로, 화재 해결 또한 주술로써 가능하다고 믿음.

본책 38쪽

008 화왕계 | 설총

| 짧은 감상 | 신라 신문왕 때 설총이 왕에게 충언(忠言)하기 위해 지은 우화로, 인간의 모습을 꽃의 특성에 비유하여 제왕이 지녀야 할 바른 자세를 일깨우고 있다.

● 핵심 정리

갈래	창작 설화, 우화	성격	우의적, 풍자적, 유교적, 교훈적
제재	꽃		
주제	제왕의 도리에 대한 충언(忠言)		
특징	① 우의적 기법으로 교훈을 제시함. ② 고사(故事)를 인용하여 교훈적 의도를 효과적으로 드러냄.		

● 이것만은 꼭!

장미와 백두옹의 대비

유혹 ↗ 화왕(왕) ↖ 충언

장미(간신)		백두옹(충신)
붉은 얼굴에 옥 같은 이와 신선하고 탐스러운 감색 나들이 옷을 입음.	외모	베옷을 입고, 허리에는 가죽 띠를 두르고, 손에는 지팡이를 짚고, 머리는 백발임.
백설의 모래사장	거주지	서울 밖 한길 옆
사마(부귀, 현재의 만족)와 같은 역할	역할	관과(미래를 위한 대비)와 같은 역할

009 김현감호 | 작자 미상

| 짧은 감상 | '호원사'의 사찰 연기 설화이며 변신형 설화로, 설화적 특성과 소설적 특성이 고루 나타난다.

● 핵심 정리

갈래	사찰 연기 설화, 변신형 설화, 전설	성격	불교적, 전기적, 환상적
제재	김현과 호랑이 처녀의 사랑	주제	자기희생의 고귀한 사랑
특징	① 동물 변신 모티프가 나타남. ② 신이하고 환상적인 요소가 드러남.		

● 이것만은 꼭!

1 호랑이 처녀와 김현의 성격

호랑이 처녀	김현
• 형제의 악행에 대한 벌을 대신 받고자 함. • 자신을 희생하여 김현에게 보답하고자 함.	• 호랑이와의 비정상적인 사랑을 천행으로 여김. • 호랑이 처녀의 희생으로 벼슬을 얻는 것을 요행으로 여기지 않음.
⬇	⬇
이타적이고 자기희생적임.	도덕적이고 진실함.

2 〈김현감호〉의 제목에 담긴 의미 | '김현감호'라는 제목의 뜻은 '김현이 호랑이를 감동시키다'이다. 이 작품에서 김현이 다른 사람에게 감동을 줄 만큼 정성스레 한 행동은 탑돌이이다. 탑돌이는 부처에게 소원을 비는 행위이고 김현은 탑돌이 때 만난 호랑이 처녀의 희생적 도움으로 입신양명의 뜻을 이룬다. 이러한 상황을 고려한다면 호랑이 처녀는 '부처의 대리인'으로 볼 수 있다. 즉, 김현의 정성스러운 탑돌이에 감동한 부처가 호랑이 처녀로 나타나 소원을 이루어 준 것이다.

> **수능에는 이렇게**
>
> [평가원] • 김현은 배필의 죽음을 결국 막지 못하는 나약한 모습을 보인다는 점에서 '소극성'을 지닌 인물임을 알 수 있다.

---

010 경문 대왕 이야기 | 작자 미상

| 짧은 감상 | 《삼국유사》에 수록된 설화로 임금님의 귀가 당나귀 귀로 변한다는 내용의 '당나귀 귀' 화소가 드러나는 이야기이다. 우리 문학과 세계 문학 간의 관련성과 문화적 보편성을 잘 보여 준다.

● 핵심 정리

갈래	설화	성격	설화적, 보편적
제재	경문 대왕의 귀		
주제	경문 대왕의 인물됨		
특징	① 신라 말기의 혼란스러운 사회상을 반영함. ② 그리스 신화 〈미다스 왕 이야기〉를 비롯하여 세계적 보편성을 지닌 설화 유형(당나귀 귀 화소)임.		

● 이것만은 꼭!

〈경문 대왕 이야기〉에 담긴 당나귀 귀 화소 | 왕의 귀가 당나귀 귀로 변한다는 화소는 이 글뿐만 아니라 세계 각지의 설화에 종종 드러나는 화소이다. 이러한 당나귀 귀 화소가 갖는 기본적인 골격은 다음과 같다.

귀의 모습이 갑자기 당나귀 귀로 변하는 사람(왕이나 권력자 등)이 등장함.
⬇
당나귀 귀의 비밀을 알아차리는 사람(이발사, 하인 등)이 등장하고, 비밀을 발설하고 싶어 함.
⬇
주술적인 공간(숲이나 들판 등)에서 비밀이 퍼져 나감.

---

011 지하국 대적 퇴치 설화 | 작자 미상

| 짧은 감상 | 전 세계적으로 널리 분포되어 있는 보편적 이야기 구조로, 주인공이 조력자의 도움으로 위기를 극복하고 업적을 이룬다는 점에서 영웅 서사의 구조를 보여 준다.

● 핵심 정리

갈래	설화, 민담	성격	전기적, 교훈적
제재	지하국 도적에게서 여인을 구출한 무사의 행적		
주제	위기 극복과 노력을 통한 과업 성취		
특징	① 주인공이 조력자의 도움으로 위기를 극복하고 업적을 이루는 영웅 설화의 구조를 지님. ② 권선징악의 주제를 전달함.		

● 이것만은 꼭!

〈지하국 대적 퇴치 설화〉에 담긴 민중 의식

무사	도적
보통의 능력을 지닌 인물	비현실적이고 비범한 능력을 지닌 존재
⬇	⬇
평범한 인물인 무사가 강자인 도적을 퇴치함.	

• 노력으로 고난을 극복하고 행복해질 수 있다는 민중의 욕망을 드러냄.
• 우리 민족의 낙천적인 태도와 소박한 삶의 방식을 드러냄.

---

014 왕오천축국전 | 혜초

| 짧은 감상 | 신라의 승려 혜초가 고대 인도의 다섯 천축국을 답사하고 쓴 기행문으로, 인도의 정세, 지리, 풍속, 언어 등을 자세히 기록하고 있다.

● 핵심 정리

갈래	기행 수필(성지 순례기)	성격	사실적, 묘사적
제재	천축국에서 보고 들은 것		
주제	천축국의 정치 상황과 언어, 법률, 풍습 소개		
특징	① 다양한 정보를 병렬적으로 나열함. ② 시간의 흐름과 여정에 따라 서술함.		

● 이것만은 꼭!

〈왕오천축국전〉의 사료적 의의 | 〈왕오천축국전〉은 1908년 프랑스의 동양학자 펠리오가 중국 북서 지방 간쑤성의 둔황 천불동 석불에서 발견했으며, 중국의 나옥진이 출관하여 세상에 알려졌다. 이 작품에는 육로와 해로가 같이 언급되어 있어서, 육로 기행문인 현장의 《대당서역기》와 해로 기행문인 법현의 《불국기》와 차별된다. 또한 8세기의 인도와 중앙아시아를 다룬 세계에서 유일무이한 기록이고, 일반적인 정치나 그 시기의 정세 이외에도 사회상을 다루고 있어 사료적 가치가 높다.

015 격황소서 | 최치원

| 짧은 감상 | 신라 사람인 최치원이 당나라 관원으로 지낼 때 난을 일으킨 '황소'에게 한문으로 써 보낸 격문이다. 회유와 위협을 절묘하게 배합하여 상대방을 효과적으로 설득하고 있다.

● 핵심 정리

갈래	격문(檄文)	성격	설득적, 위협적, 회유적
제재	황소의 반란		
주제	황소의 죄상을 고발하고 항복을 권유함.		
특징	① 중국 문학과 한국 문학의 교섭 관계를 파악할 수 있는 자료임. ② 문학의 힘을 잘 보여 줌. ③ 위협과 회유의 방법을 조합하여 효과적으로 설득함.		

● 이것만은 꼭!

1 〈격황소서〉에 나타난 설득 방식

위협	회유
• 역모의 실패 사례들을 듦. • 경전의 가르침을 인용함. • 토벌군의 막강한 위력을 알림.	항복하면 부와 명예를 누리도록 배려할 것임.

↓

항복하여 죽음을 면하고 부귀와 공명을 누리라며 황소를 설득함.

2 〈격황소서〉를 한국 문학으로 볼 수 있는 근거 | 한국 문학은 한국인이 자신의 체험과 정서를 한국의 언어로 표현한 문학이다. 이 글이 중국에서 창작된 한자 표기의 문학이기는 하나 당시는 훈민정음이 창제되지 않은 시기여서 한자가 우리나라 문인들의 보편적인 문자 표현 수단이었던 점, 최치원이라는 한국 사람의 경험과 시각, 문학적 재능을 바탕으로 창작되었다는 점을 고려한다면 이 글 역시 한국 문학으로 볼 수 있다.

---

016 공방전 | 임춘

| 짧은 감상 | 돈(엽전)을 의인화한 전기(傳記) 형식의 가전으로, 돈의 내력과 그 흥망성쇠를 보여 줌으로써 재물을 탐하는 것을 경계하고 있다.

● 핵심 정리

갈래	가전(假傳)	성격	풍자적, 우의적, 교훈적
제재	돈(엽전)		
주제	돈(재물)에 대한 인간의 탐욕과 돈을 탐하는 세태에 대한 비판		
특징	① 의인화 기법을 활용한 전기적 구성임. ② '도입 – 전개 – 비평'의 구성임. ③ 돈에 대한 작가의 부정적·비판적·풍자적 성격이 강하게 드러남.		

● 이것만은 꼭!

〈공방전〉에 나타난 작가의 의도

공방의 특징	사신의 평가
• 속이 편협하게 모가 나 있음. • 욕심이 많고 비루하고 염치가 없음. • 백성들이 농사짓는 것을 방해함. • 관직을 매매하여 사회의 질서를 해침.	공방의 존재가 사회를 어지럽히므로, 후환을 막으려면 공방의 무리를 모두 없애야 함.

↓

돈의 폐해에 대한 작가의 비판적 인식 표출

---

017 국순전 | 임춘

| 짧은 감상 | 술을 의인화한 국순의 일생을 전기(傳記) 형식으로 기록한 가전 문학의 효시로, 술의 내력과 그 흥망성쇠를 통해 술 때문에 향락에 빠진 임금과 이를 따르는 간신들을 풍자하고 있다.

● 핵심 정리

갈래	가전(假傳)	성격	풍자적, 우의적, 교훈적
제재	술(누룩)	주제	간사한 벼슬아치에 대한 풍자
특징	① '도입 – 전개 – 비평'의 구성임. ② 일대기 형식의 순차적 구성임. ③ 의인화 기법을 활용한 전기적 구성임.		

● 이것만은 꼭!

〈국순전〉에 나타난 술의 이중성 및 국순의 공과(功過)

술	이로움	• 막힌 것을 열어 줌. • 맺힌 것을 풀어 줌.	→	사람들이 지나치게 술에 탐닉하는 것을 경계함.
	해로움	• 인간을 방탕하게 함. • 사람을 망신시킴.		
국순	공(功)	• 성품이 맑고 도량이 넓음. • 사람들의 기운을 더해 줌.	→	향락에 빠진 임금과 간신들을 풍자하고 경계함.
	과(過)	• 임금의 마음을 혼미하게 함. • 임금에게 아첨만 하고 간언하지 않음.		

수능에는 이렇게

[평가원] • 예화를 열거하는 방식으로 인물의 성격을 나타내고 있다.
　　　　 • '출렁대고 넘실거림이 만경창파(萬頃蒼波) 같으며'는 국순의 성품을 바다에 비유한 것으로, 넓고 깊은 국순의 마음을 의미한다.
[고3 전국연합] • 인물 간의 대화를 통해 시·공간적 배경이 드러나고 있다.

---

018 국선생전 | 이규보

| 짧은 감상 | 술을 의인화한 가전으로, 주인공 국성(麴聖)의 일생을 통해 바람직한 신하의 모습과 이상적인 인간의 모습을 제시하고 있다.

● 핵심 정리

갈래	가전(假傳)	성격	서사적, 우의적, 교훈적
제재	술(누룩)		
주제	위국충절의 교훈과 군자의 처신 경계		
특징	① 사물을 의인화한 일대기 형식임. ② '도입 – 전개 – 비평'의 구성임. ③ 임춘의 〈국순전〉의 영향을 받음.		

● 이것만은 꼭!

〈국선생전〉에 나타난 작가의 의도

내용	작가의 의도
국성의 도량이 만경의 물결과 같음.	이상적인 마음가짐을 표현함.
국성이 임금을 도와 태평을 이룸.	이상적인 신하의 역할을 제시함.
파면되었다가 다시 부름을 받아 활약하고, 시기를 보아 물러남.	• 어진 신하의 도리를 표현함. • 물러날 때를 보아 물러날 줄 알아야 한다는 가치관을 드러냄.

↓

술에 대한 작가의 긍정적인 태도가 드러남.

019 청강사자현부전 | 이규보

| 짧은 감상 | 거북을 의인화한 가전으로, 안분지족(安分知足)하는 처세의 소중함을 알고 말이나 행동을 삼가야 한다는 경계를 전하고 있다.

● 핵심 정리

갈래	가전(假傳)	성격	교훈적, 우의적
제재	거북		
주제	안분지족의 처세와 언행(言行)을 삼가는 삶의 자세		
특징	① 사물을 의인화한 일대기 형식임. ② '도입-전개-비평'의 구성임. ③ 미신적 신앙보다는 지족(知足)의 삶이 더 중요함을 강조함.		

● 이것만은 꼭!

현부의 특징과 작가의 주제 의식

현부의 특징	사건의 전개
• 앞일의 길흉화복을 점치는 신령스러운 능력이 있음. • 벼슬을 탐하지 않고 자신의 처지에 만족하며 삶.	• 현부가 어부에게 사로잡혀 강제로 세상에 나옴. • 관직을 두루 거치며 왕에게 존경받고 공을 세우지만, 생을 어디에서 마감했는지 알려지지 않음.

주제 의식	아무리 현명한 사람이라도 한순간 실수로 일을 그르칠 수 있으므로, 위태로운 시대에 말과 행동을 조심해야 함.

020 경설 | 이규보

| 짧은 감상 | 거울이라는 일상적 소재를 통해 사물과 삶의 본질적인 의미를 발견하고 있는 교훈적 수필로, 삶의 자세와 처세에 대한 깨달음을 전하고 있다.

● 핵심 정리

갈래	한문 수필, 설(說)	성격	교훈적, 관조적, 철학적
제재	(흐린) 거울		
주제	① 세상을 살아가는 올바른 처세 ② 사물과 현상의 본질을 꿰뚫어 보는 통찰		
특징	① 대화 형식으로 주제를 표출함. ② 사물을 통해 올바른 삶의 자세를 상징적으로 드러냄.		

● 이것만은 꼭!

〈경설〉의 구성

거사가 흐린 거울(작가의 세계관을 알려 주는 사물)을 봄.

손의 질문	맑은 거울이 아닌 흐린 거울을 보는 이유를 물음.	통념에 해당함.

거사의 답변	인간의 보편적 심리를 들어 흐린 거울을 취하는 이유를 말함.	통념을 깨뜨림.

021 이옥설 | 이규보

| 짧은 감상 | 글쓴이의 경험과 그로 인한 깨달음을 서술하는 설의 특징이 잘 나타나 있으며, 대상이 가진 의미를 유추한 뒤 그것을 확장하는 사고가 드러나는 한문 수필이다.

● 핵심 정리

갈래	한문 수필, 설(說)	성격	교훈적, 경험적, 유추적
제재	행랑채를 수리한 일		
주제	잘못을 알고 고쳐 나가는 자세의 중요성		
특징	① '사실-의견'의 구성임. ② 유추의 방법으로 글을 전개함.		

● 이것만은 꼭!

〈이옥설〉의 구성

첫 번째 문단	행랑채 수리 일상생활의 구체적 경험 제시	대상 자체의 분석

유추(경험에서 얻은 깨달음의 적용)

두 번째 문단	사람의 경우 • 자신의 잘못을 알고도 고치지 않으면 점점 더 나빠짐. • 잘못을 알고 빨리 고치면 다시 착한 사람이 될 수 있음.	대상의 의미 유추

유추 및 확장(깨달음의 확대 적용)

세 번째 문단	정치의 경우 • 백성을 좀먹는 무리를 내버려 두면 나라가 위태로워짐. • 늦기 전에 잘못을 바로잡아야 정치가 올바르게 됨.	대상의 의미 확장

수능에는 이렇게

[고1 전국연합] • '비'는 문제 상황을 유발하는 원인이다.

022 이상자대 | 이규보

| 짧은 감상 | 관상가와의 문답을 통해 대상을 바라보는 새로운 관점을 제시하고, 고정관념이나 편견에 얽매이지 않는 유연한 사고가 필요하다는 교훈을 강조하고 있는 한문 수필이다.

● 핵심 정리

갈래	한문 수필	성격	교훈적, 성찰적
제재	관상가와의 대화		
주제	고정관념에 얽매이지 않는 유연한 시각으로 세상을 바라보는 태도		
특징	① 문답 형식으로 주제 의식을 구체화함. ② '기-승-전-결'의 4단 구성을 통해 관상가에 대한 긍정적인 태도를 드러냄.		

● 이것만은 꼭!

'나'의 깨달음과 작품의 주제 의식

관상가의 생각	• 사람의 현재 모습이나 행동보다 미래의 모습을 기준으로 관상을 봄. • 고정관념이나 편견에 얽매이지 않고, 대상의 이면에 숨겨진 의미를 찾는 것을 강조함.

'나'와 관상가의 문답

'나'의 깨달음	일반적인 관상가들과 다르게 생각하는 관상가의 모습을 통해 선입견과 편견을 버리고 유연한 시각으로 대상을 바라봐야 한다는 깨달음을 얻음.

023 차마설 | 이곡

| 짧은 감상 | 일상의 경험과 그로 인한 깨달음을 서술한 전형적인 설의 특징이 잘 나타난 글로, 글쓴이의 깨달음과 함께 집필 동기를 직접적으로 덧붙이고 있는 교훈적 수필이다.

◉ 핵심 정리

갈래	한문 수필, 설(說)	성격	교훈적, 경험적, 자성적
제재	말을 빌려 탄 일	주제	소유에 대한 성찰과 깨달음
특징	① '사실-의견'의 2단 구성임. ② 권위 있는 사람(맹자)의 말을 논거로 제시해 설득력을 높임. ③ 유추의 방법을 사용해 개인적 경험을 보편적 깨달음으로 일반화함.		

◉ 이것만은 꼭!

〈차마설〉의 구성

사실 - 일상적 경험	의견 - 경험의 일반화
빌린 말의 상태 차이에 따라 심리가 변화함. → 소유물에 따른 심리의 변화로, 항상심(恒常心)을 갖지 못하는 것을 한탄함.	힘, 권세 등 인간이 소유한 모든 것은 남에게서 빌린 것으로, 인간에게 진정한 자기 소유는 없음. → 무소유의 의미를 일깨우고자 이 글을 씀.

↓

참된 삶의 자세 자각
• 무소유(無所有), 안분지족(安分知足)의 삶
• 소유에 대한 지나친 집착을 경계함.
• 소유에 맹목적으로 집착하지 않는 것이 참되고 바른 삶의 자세임을 제시함.

수능에는 이렇게

[평가원] • 개인적 체험에서 얻은 깨달음을 사회적 차원으로 일반화하고 있다.

026 만복사저포기 | 김시습

| 짧은 감상 | 불우한 서생 양생(梁生)이 부처와의 저포 내기에서 이겨 죽은 처녀의 환신과 만나 사랑을 나누다가 이별하는 비현실적이고 전기적인 소설이다.

◉ 핵심 정리

갈래	한문 소설, 전기(傳奇) 소설, 명혼(冥婚) 소설	성격	전기적(傳奇的), 낭만적, 비극적, 환상적
제재	남녀 간의 사랑		
주제	생사(生死)를 초월한 남녀 간의 애절한 사랑		
특징	① 한문 문어체로 사물을 미화해서 표현함. ② 불교의 연(緣) 사상과 윤회 사상을 바탕으로 함. ③ 시를 삽입하여 인물의 심리를 효과적으로 전달함.		

◉ 이것만은 꼭!

1 전기 소설(傳奇小說)로서의 〈만복사저포기〉 | 전기 소설은 기괴하고 신기한 사건이 벌어지는 내용을 담고 있는 소설로, 〈만복사저포기〉는 귀신과 인간의 사랑을 다루고 있어 이에 속한다고 할 수 있다. 전기 소설은 비현실적인 사건을 다루지만, 현실의 사건을 반영하기도 하며 실제 인간의 감정을 절실하게 표현하기도 한다. 또한 인물의 감정을 드러내기 위해 시를 삽입하는 것도 중요한 특징 가운데 하나인데, 〈만복사저포기〉는 이러한 특징이 잘 드러나는 작품이라고 할 수 있다.

2 〈만복사저포기〉의 결말 부분의 의미 | 이 작품의 결말에서 여인과 헤어진 양생은 장가를 가지 않고 지리산에 들어가 행방을 감춘다. 세상을 등지고 산으로 들어가는 양생의 모습은 부당한 세계의 횡포와 부조리에 맞서는 것으로 이해할 수 있으며, 죽은 사람에 대해 끝까지 의리를 지킨 것은 단종에 대한 지조를 저버리지 않았던 김시습의 정치적 삶을 반영한 것으로 볼 수도 있다.

027 이생규장전 | 김시습

| 짧은 감상 | 전반부는 살아 있는 남녀 간의 사랑을 다루고, 후반부는 산 남자와 죽은 여자의 사랑을 다루고 있는 전기적(傳奇的) 요소가 강한 소설이다.

◉ 핵심 정리

갈래	한문 소설, 전기(傳奇) 소설, 명혼(冥婚) 소설	성격	전기적(傳奇的), 낭만적, 비극적
제재	남녀 간의 사랑		
주제	죽음을 초월한 남녀 간의 애절한 사랑		
특징	① '만남-이별'을 반복하는 구조임. ② 유불선(儒佛仙) 사상이 혼재함. ③ 시를 삽입하여 인물의 심리를 효과적으로 전달함.		

◉ 이것만은 꼭!

〈이생규장전〉의 중심 내용과 갈등 구조

구성	중심 내용	인물의 심리	갈등 구조 (시련과 해소)
전반부 (현실적)	이생과 최 처녀의 만남과 사랑	행복	행복한 발단
	이생 부모의 반대로 인한 이별	불행	1차 시련
	부모의 반대를 극복하고 이룬 혼인	행복	시련 해소
	홍건적의 난으로 인한 최 처녀의 죽음	불행	2차 시련
후반부 (비현실적)	이생과 죽은 최 처녀의 재회	행복	시련 해소
	영원한 이별과 이생의 죽음	불행	3차 시련과 비극적 결말

028 용궁부연록 | 김시습

| 짧은 감상 | 조선 전기에 김시습이 지은 한문 소설로 《금오신화》에 수록되어 있다. 몽유 소설(夢遊小說)에 속하며 주인공이 꿈속에서 용궁으로 초대되어 겪은 일을 주된 내용으로 한다.

◉ 핵심 정리

갈래	한문 소설, 몽유 소설, 전기(傳奇) 소설	성격	환상적, 전기적(傳奇的)
제재	한생이 용궁에 다녀온 경험		
주제	화려한 용궁 체험과 세속적 명리의 부질없음		
특징	① '현실-꿈-현실'의 몽유(夢遊) 구조로 이루어짐. ② 탁월한 글재주로 궁궐에 초대되어 세종 대왕의 칭찬을 받았던 작가의 경험과 밀접한 관련을 지님.		

◉ 이것만은 꼭!

1 〈용궁부연록〉에 나타난 전기적 요소 | 전기(傳奇)적 성격을 띠는 작품에서는 천상, 지옥, 용궁 등 비현실적 공간에서의 기괴한 사건이 흥미롭게 전개되고는 하는데 현실과 초현실을 구분 없이 일원적 구조로 인정한다. 〈용궁부연록〉은 《금오신화》에 수록된 전기 소설로, 한생이 용궁에 갈 때 탄 하늘을 나는 말인 총마, 용왕, 용궁 등의 비현실적인 요소가 다양하게 나타난다. 이러한 전기적 요소는 현실적으로 실현되기 어려운 인간의 욕구를 비현실적 시간과 공간에서 해결할 수밖에 없는, 전근대적 사회의 한계를 극복하는 하나의 방법이라 할 수 있다.

2 용궁에서의 체험 이후 한생의 행동이 지닌 의미 | 한생은 용궁에서 후한 대접을 받고 돌아온 뒤 세상을 등진다. 한생은 이미 자신을 초청한 용궁에서의 체험을 통해 자기의 위상을 확인했다. 그런데 용궁에서 한생은 실상 그리 중요한 일을 할 수 있는 인물이 아니었다. 그것을 안 한생은 그곳에 다시는 가서는 안 된다는 자각을 하게 된다. 그러나 현실과 연결되어 있는 용궁에서 언제나 다시 부를 수 있는 가능성이 남아 있으므로 한생은 그러한 순환을 막기 위해 세상을 등지고 산으로 들어간 것이다.

033 주옹설 | 권근

| **짧은 감상** | 세상을 어떻게 살아야 하는가에 대한 답을 제시한 교훈적 수필로, 역설적인 발상을 통해 세상에 대한 태도와 참된 삶의 방식을 깨우쳐 주고 있다.

● 핵심 정리

갈래	한문 수필, 설(說)	성격	교훈적, 비유적, 우의적, 계몽적
제재	뱃사람의 삶		
주제	세상을 살아가는 올바른 삶의 태도		
특징	① 질문을 제시하고 이에 대한 인물의 생각을 설명함. ② 역설적 인식을 바탕으로 삶의 교훈을 전달함.		

● 이것만은 꼭!

1 삶에 대한 손과 주옹의 관점 차이

손	→	항상 위태로운 지경에 처해 있는 배 위에서의 삶을 위험하다고 여김.	→	상식과 통념에 물든 사람
↕				
주옹	→	위태로운 지경에 있기 때문에 더욱 조심하고 경계하여 오히려 안전함.	→	새로운 관점으로 삶의 이치를 통달한 사람

2 〈주옹설〉의 작가가 주옹을 통해 말하고자 하는 바

쉽고 편한 것이 결코 더 좋은 것은 아니기 때문에 험한 파도 위의 삶을 선택함.	→	인생에 대한 달관의 자세

↓

> 안전한 것만을 택해 나태에 빠지기보다 위태로운 상황에 대비하여 늘 조심하고 경계하며 사는 삶의 태도가 중요함.

034 주봉설 | 강유선

| **짧은 감상** | 벌을 관찰한 경험에서 얻은 깨달음을 인간에 적용하여, 욕심을 절제하지 못하면 순수한 마음을 잃게 된다는 교훈을 전하는 수필이다.

● 핵심 정리

갈래	한문 수필, 설(說)	성격	교훈적, 우의적, 관조적, 유추적
제재	술에 빠져 죽은 벌		
주제	과욕(過慾)에 대한 경계		
특징	① 벌을 관찰한 경험을 토대로 서술함. ② '경험 – 깨달음'의 구조로 이루어져 있음.		

● 이것만은 꼭!

1 벌과 인간이 욕심에 빠지는 과정

	벌	인간
처음	술을 먹느라 날아가지 않음.	어떤 대상에 욕심을 가짐.
중간	날개가 젖은 것을 깨닫지 못함.	욕심을 절제하지 못하고 계속 빠져듦.
끝	술에 빠져 죽음.	순수한 마음을 잃고 생명까지 잃게 됨.

2 작가의 경험과 깨달음

작가의 경험		작가의 깨달음
술에 취한 벌이 과욕을 부리다 날개가 젖어 술 그릇에 빠져 죽는 것을 목격함.	→	욕심을 절제하지 못하면 본연의 마음을 잃고 생명까지 잃을 수 있음.

035 난중일기 | 이순신

| **짧은 감상** | 이순신 장군이 임진년(1592년) 1월 1일부터 무술년(1598년) 11월 17일까지 7년 동안 전쟁을 겪으며 체험한 것을 한문으로 기록한 일기이다.

● 핵심 정리

갈래	한문 수필, 일기	성격	사실적, 기록적, 체험적
제재	임진왜란의 역사적 상황		
주제	국란 극복에 대한 염원		
특징	① 전쟁이라는 특수한 상황이 배경이 됨. ② 군대의 직위와 군사 관련 용어가 많이 사용됨.		

● 이것만은 꼭!

1 〈난중일기〉의 발간 경위와 구성 | 〈난중일기〉는 임진왜란이 일어난 1592년 1월 1일부터 1598년 11월 17일까지의 일을 간결하고 명료하게 기록한 일기이다. 그러나 〈난중일기〉라는 책의 제목은 이순신이 지은 것이 아니다. 임진왜란 발발 200주년이 되던 1792년(정조 16년)에 정조가 이순신의 위계를 영의정으로 더 높이고, 이순신의 글과 그에게 준 글들을 모아 1798년에 《이충무공전서(李忠武公全書)》를 편찬했는데, 그때 편찬자들이 이순신의 전란 중의 일기를 묶어서 편의상 〈난중일기〉라고 이름을 붙였다.

2 〈난중일기〉의 의의 | 〈난중일기〉에는 이순신의 충(忠)·효(孝)·의(義)·신(信)이 잘 나타나 있어 충무공의 인간성을 여러 각도에서 살필 수 있다. 그리고 당대의 정치·경제·사회·군사 상황 전반도 잘 드러나 있어 그 당시의 사회상을 이해하는 데에 많은 도움이 된다.

036 보지 못한 폭포 | 김창협

| **짧은 감상** | 폭포를 찾아 나섰다가 폭포를 보지 못하고 돌아온 경험을 여정에 따라 전개하고, 그 과정에서 느낀 안타까움과 깨달음을 전하고 있다.

● 핵심 정리

갈래	한문 수필	성격	경험적, 성찰적
제재	폭포를 보러 간 경험		
주제	폭포를 보지 못한 경험과 그에 대한 감상		
특징	① 작가의 경험과 이에 대한 감상 및 깨달음이 진술하게 드러남. ② 폭포를 보기 위해 갔다가 돌아온 과정에 따라 서술됨.		

● 이것만은 꼭!

〈보지 못한 폭포〉에 드러난 경험과 깨달음

경험		깨달음
• 폭포를 찾아 나섰다가 길을 잃고 헤맴. • 폭포가 보잘것없다는 자익의 말에 폭포에 가지 않고 돌아옴. • 위쪽에 진짜 폭포가 있다는 노인의 말을 들음.	→	• 좀 더 애를 써서 앞으로 나아가지 못한 안타까움 • 기이한 폭포가 진짜 있다는 사실로 인한 기쁨 • 뒷날 유람할 거리를 남겨 둔 것으로 인한 여운

고전 산문

041 최고운전 | 작자 미상

| 짧은 감상 | 최치원의 일생을 허구화한 전기적(傳奇的) 영웅 소설로, 우리 민족의 뛰어난 문재(文才)를 과시하는 인물을 내세우고 있다.

● 핵심 정리

갈래	설화 소설, 전기 소설, 영웅 소설, 적강 소설	성격	설화적, 전기적, 영웅적, 도교적, 민족주의적
제재	최치원의 일생		
주제	① 중국의 위협에 맞선 최치원의 비범한 능력 ② 최치원의 일대기를 통한 우리 민족의 문화적 자긍심 고취		
특징	① 다양한 전래 민담 화소들이 복합적으로 구성됨. ② 한문 경구가 인용되고 삽입 시가 나타남. ③ 척한적(斥漢的) 민족의식이 반영됨.		

● 이것만은 꼭!

〈최고운전〉에 나타난 영웅 소설의 특징

영웅 소설의 특징	〈최고운전〉의 내용
적강 화소 및 천상적 질서	최치원은 인간 세상으로 유배되어 온 적강 선인으로, 위기 때마다 하늘의 도움을 받음.
부자간의 갈등	최치원이 부모로부터 버림을 받는 한편, 자신도 부모를 부정하고 자신의 삶을 개척함.
조력자와의 만남, 여인과의 결혼을 통한 신분 상승	최치원이 나 승상의 종이 되어 말을 키우고 화원을 관리하다 승상의 사위가 됨.
국가를 위기에서 구한 뒤 획득한 지위를 굳게 다짐.	최치원이 문제를 풀어 국가를 위기에서 구하고 중국 황제와 대결하여 실력을 인정받음.
조력자로부터 도움을 받음.	최치원이 중국으로 가는 도중에 신이한 인물들로부터 도움을 받음.

> **수능에는 이렇게**
>
> [고2 전국연합] • 황제가 의자에서 내려와 최치원에게 머리를 조아리며 사죄하는 것은 민족적 우월성을 고취할 수 있는 내용으로 볼 수 있겠군.

042 홍길동전 | 허균

| 짧은 감상 | 우리 문학사상 최초의 한글 소설로, 적서 차별의 신분 제도와 부패한 정치 현실을 개혁하려는 작가의 혁명 사상이 드러나 있다.

● 핵심 정리

갈래	국문 소설, 사회 소설, 영웅 소설	성격	현실 비판적, 영웅적, 전기적(傳奇的)
제재	적서 차별		
주제	모순된 사회 제도의 개혁과 이상국의 건설		
특징	① 사회 제도의 불합리성을 비판함. ② 영웅의 일대기 구조가 드러나며 전기적 요소가 강함.		

● 이것만은 꼭!

〈홍길동전〉에 나타난 영웅의 일대기 구조

영웅의 일대기 구조	〈홍길동전〉의 내용
고귀한 혈통의 인물	판서의 아들로 태어남.
비정상적인 잉태 혹은 태생	시비에게서 태어난 서자(庶子)임.
비범한 지혜와 능력	총명하고 도술에 능함.
어려서 위기에 처해 죽을 고비에 이름.	초란의 음모로 생명의 위협을 받음.
구출자를 만나서 위기에서 벗어남.	도술로 자객을 죽이고 위기를 극복함.
자라서 다시 위기에 부딪힘.	활빈당을 조직하여 활동하자 나라에서 길동을 잡아들이려 함.
위기를 극복하고 승리자가 됨.	국가 권력을 물리치고 율도국을 건설하여 왕이 됨.

043 최척전 | 조위한

| 짧은 감상 | 주인공 최척과 옥영의 사랑 이야기를 바탕으로 임진왜란과 정유재란으로 인한 당시 민중 계층의 희생, 가족들의 이산의 아픔 등이 사실적으로 나타나 있다.

● 핵심 정리

갈래	한문 소설, 애정 소설, 전기 소설, 군담 소설	성격	사실적, 불교적
제재	최척 가족의 이산과 재회		
주제	전란으로 인한 가족의 이산과 재회		
특징	① '만남 – 이별 – 재회'를 반복해서 구성함. ② 시대적 상황과 전쟁으로 인한 민중의 고통을 사실적으로 표현함.		

● 이것만은 꼭!

〈최척전〉의 문학사적 의의

공간적 배경의 확대	조선뿐만 아니라 중국, 일본, 안남(베트남) 등 동아시아 지역으로 공간적 배경을 확장함.
사실성의 확보	임진왜란, 정유재란 등 실제 일어난 전쟁을 배경으로 당시 백성들이 겪은 고통을 구체적이고 사실적으로 표현함.
구성의 복잡화	임진왜란, 정유재란, 후금의 요동 출병 등 세 차례의 전쟁으로 인해 최척과 옥영이 만남과 이별의 과정을 세 차례 반복함.
분량의 장편화	최척과 옥영, 최숙과 심씨, 몽석과 몽선 등의 행적을 각각 상세하게 그려 냄으로써 분량이 길어짐.

> **수능에는 이렇게**
>
> [평가원] • '경자년', '4년' 등은 최척과 옥영이 겪어야 했던 전란과 유랑 체험이 역사적 실제성을 지닌 것임을 알려 주는군.

044 박씨전 | 작자 미상

| 짧은 감상 | 실존 인물인 이시백과 가공의 인물인 이시백의 아내 박씨를 주인공으로 하여 병자호란의 패배를 심리적으로 보상하고 민족적인 긍지와 자부심을 일깨우고자 한 작품이다.

● 핵심 정리

갈래	역사 군담 소설, 전쟁 소설	성격	역사적, 전기적(傳奇的), 영웅적
제재	병자호란		
주제	① 박씨 부인의 영웅적 기상과 재주 ② 청나라에 대한 적개심과 대리 만족		
특징	① 변신 화소가 드러남. ② 실존 인물을 등장시켜 사실성을 높임. ③ 병자호란에서 패배한 역사적 사실을 승리한 것처럼 허구로 바꾸어 민족의 자긍심을 고취함. ④ 여성의 능력을 부각하고 남성 중심 사회를 비판함. ⑤ 전기성이 두드러지게 나타남.		

● 이것만은 꼭!

〈박씨전〉의 이중 구성 | 〈박씨전〉은 구성상 박색인 박씨가 시집 식구로부터 천대받는 가정 내의 갈등을 다룬 전반부와 절세가인으로 변신 후에 병자호란을 배경으로 영웅적으로 활약하는 후반부로 나뉜다.

	전반부	전환	후반부
내용	박씨와 이시백의 혼인(결혼담)	박씨의 변신	병자호란을 배경으로 한 박씨의 활약(전쟁담)
갈등	가정 내 갈등		사회적 갈등
유교적 의미	수신제가(修身齊家) → 개인적 차원		치국평천하(治國平天下) → 사회적 차원

> **수능에는 이렇게**
>
> [수능] • '상공'이 '박 처사'를 쉽게 찾지 못하도록 한 구도에서 금강산이 지닌 초월계의 성격을 찾을 수 있겠군.

045 구운몽 | 김만중

| **짧은 감상** | 성진이라는 불제자(佛弟子)가 하룻밤의 꿈을 통해 인간의 부귀영화는 일장춘몽에 불과하다는 것을 깨닫고 불법에 귀의하는 내용을 담은 소설이다.

● 핵심 정리

갈래	국문 소설, 몽자류(夢字類) 소설, 양반 소설, 염정 소설, 영웅 소설	성격	전기적, 이상적, 불교적
제재	꿈을 통한 성진의 득도(得道) 과정		
주제	인생무상(人生無常)의 깨달음을 통한 허무의 극복		
특징	① '현실 – 꿈 – 현실'의 이원적 환몽 구조를 지닌 일대기 형식을 취함. ② 유교, 불교, 도교 사상이 나타나며, 그중 불교의 공(空) 사상이 중심을 이룸. ③ 설화 〈조신지몽〉의 영향을 받음.		

● 이것만은 꼭!

'구운몽(九雲夢)'이라는 제목의 상징적 의미

구(九)	운(雲)	몽(夢)
인물	주제	구성 – 환몽 구조
현실 – 성진과 팔선녀 꿈 – 양소유와 2처 6첩	인생무상의 깨달음	양소유가 세속적 욕망이 헛된 것임을 깨닫는 공간

성진과 팔선녀, 아홉 사람이 속세의 삶을 갈망하다가 꿈에서 부귀영화를 누린 후에 허망함을 느끼고, 인생의 덧없음을 깨닫는 이야기

수능에는 이렇게

[평가원] • 성진은 양소유로서의 자신의 삶을 되돌아보고 있다.
[고3 전국연합] • 전기적(傳奇的) 요소를 활용하여 서사를 진행하고 있다.

---

046 사씨남정기 | 김만중

| **짧은 감상** | 조선 시대 일부다처제의 가부장적 사회에서 일어나는 처첩 간의 갈등을 다룸으로써 축첩 제도의 문제점을 제기하고 권선징악이라는 교훈을 주는 대표적인 가정 소설이다.

● 핵심 정리

갈래	국문 소설, 가정 소설	성격	풍간적(諷諫的), 가정적
제재	처첩 간의 갈등		
주제	처첩 간의 갈등과 사씨의 고행, 권선징악(勸善懲惡)		
특징	① 각 인물들이 상징성을 지님. ② 숙종을 깨우치기 위한 일종의 목적 소설임.		

● 이것만은 꼭!

〈사씨남정기〉의 창작 배경 | 이 작품은 숙종이 왕비인 인현 왕후를 폐위하고 희빈 장씨를 중전에 책봉한 사건을 풍자한 것으로 해석되기도 한다. 작품 속 사씨 부인은 인현 왕후, 유 한림은 숙종, 첩 교씨는 희빈 장씨와 대응된다. 즉, 이 작품은 인현 왕후 폐위의 부당성을 드러내고 숙종의 잘못을 일깨우고자 하는 목적으로 창작되었다고 볼 수 있다.

	현실	작품
인물	숙종 ┌ 인현 왕후 – 아들이 없음. └ 희빈 장씨 – 균(경종)	유연수 ┌ 사씨(본처) – 인아(아들) └ 교씨(첩) – 장주(아들)
사건 전개	희빈 장씨의 무고 → 인현 왕후의 폐위 → 인현 왕후의 복위	교씨의 모해 → 사씨를 내쫓음. → 사씨를 다시 정실로 맞아들임.

수능에는 이렇게

[수능] • 가족의 소중함을 일깨우는 전통적인 가치 인식과 함께 속도감과 박진감을 한 축으로 삼는 현대적 서사성을 두루 갖추고 있다.
• '유 한림'은 전에 '동청'을 꺼렸던 '사씨'의 말을 받아들이지 않고 '사씨'를 의심했었다.

---

047 운영전 | 작자 미상

| **짧은 감상** | 선비 유영이 궁녀인 운영과 그의 애인 김 진사를 만나 그들의 비극적 사랑 이야기를 듣는 형식의 애정 소설로, 고전 소설에서 보기 드문 비극적 성격을 띠고 있다.

● 핵심 정리

갈래	염정 소설, 몽유 소설, 액자 소설	성격	염정적, 비극적
제재	궁녀 운영과 김 진사의 사랑		
주제	신분적 제약을 초월한 남녀의 비극적 사랑		
특징	① 액자식 구성으로 이루어짐. ② 궁중이라는 특수한 사회를 배경으로 함. ③ 고전 소설의 보편적 주제인 권선징악에서 벗어나 자유연애 사상을 보여 주는 개성적인 작품임.		

● 이것만은 꼭!

〈운영전〉의 전체 구성과 서술상 특징 | 이 작품에서 운영과 김 진사의 사랑 이야기는 대부분 운영의 목소리를 통해 전달된다. 즉, 운영이 유영에게 과거의 사건을 들려주는 형식으로 서술되고 있다. 특히 과거의 등장인물들이 한 말을 직접 화법으로 서술하여 현장감을 부여하고 있다.

	외화(外話)	내화(內話)	외화(外話)
내용	유영이 운영과 김 진사를 만남.	운영과 김 진사의 애절한 사랑 이야기	운영, 김 진사와의 이별, 유영의 행적
시대	선조(현재)	세종(과거)	선조(현재)
서술자	전지적 작가	운영, 김 진사	전지적 작가

수능에는 이렇게

[수능] • 궁녀들에게 내려진 금기를 부당하다고 느끼면서도 지킬 수밖에 없었다는 '은섬'의 말에 현실의 문제가 드러나는군.
• 담을 넘는 것은 대군의 권위에 도전하는 것이다.

---

048 숙향전 | 작자 미상

| **짧은 감상** | 천상계의 인물인 주인공이 지상계로 내려와 온갖 시련을 극복하면서 사랑을 성취하는 애정 소설로, 비현실적 사건 전개와 영웅 소설의 구조가 나타나는 작품이다.

● 핵심 정리

갈래	염정 소설, 적강 소설, 영웅 소설	성격	도교적, 초현실적, 낭만적
제재	숙향과 이선의 사랑		
주제	① 고난을 극복한 사랑의 성취 ② 인간의 천상적 애정 실현		
특징	① 천상계와 지상계의 이원적 공간이 설정됨. ② 영웅의 일대기 구조가 나타남. ③ 주인공 숙향은 영웅으로서의 능력을 구비하지 못함.		

● 이것만은 꼭!

〈숙향전〉과 일반적인 영웅 소설의 비교

	영웅 소설	여성 영웅 소설	〈숙향전〉
공통점	영웅의 일대기 구조		
차이점	남성 주인공	여성 주인공	
	집단적 가치를 실현하는 영웅		집단적 가치를 실현하지 않음.
	초월적 존재 및 영웅 스스로의 능력으로 문제를 해결함.		초월적 존재의 도움으로 문제를 해결함.

수능에는 이렇게

[수능] • '장씨'는 '숙향'을 보고서 자신의 딸을 떠올리며 '숙향'에게 연민을 느끼고 있다.
[평가원] • 숙향이 여러 고난을 겪는 것은 당시 독자의 비감을 증대시키려는 것이군.

049 홍계월전 | 작자 미상

| **짧은 감상** | 명나라를 배경으로 주인공인 홍계월의 고행담과 무용담을 엮은 조선 후기의 대표적인 여성 영웅 소설로, 봉건적 가치관에 맞서는 여성 의식을 보여 주고 있다.

● 핵심 정리

갈래	영웅 소설, 군담 소설	성격	영웅적, 일대기적
제재	홍계월의 영웅성		
주제	여성인 홍계월의 영웅적 활약상		
특징	① 영웅의 일대기 구조를 지님. ② 신분을 감추기 위한 남장 화소가 사용됨.		

● 이것만은 꼭!

〈홍계월전〉의 여성 영웅 소설로서의 의의

- 보국이 홍계월의 월등한 능력을 인정하게 됨.
- 홍계월이 천자에게 물러남을 간청하나, 천자는 이를 수용하면서도 홍계월의 벼슬을 회수하지 않음.

↓

가정과 사회에서 모두 인정받게 되는 결말을 취하여,
조선 후기에 성장하고 있는 여성 의식을 구체적으로 표출함.

수능에는 이렇게

[평가원] • 신하들이 나라의 위기를 해결할 인물로 홍계월을 적극 추천하는 것에서 홍계월의 뛰어난 능력을 짐작할 수 있군.
• 홍계월이 정체가 탄로 나면 나랏일을 할 수 없다고 판단한 것에서 여성의 사회적 참여에 제약이 따랐음을 짐작할 수 있군.

050 소대성전 | 작자 미상

| **짧은 감상** | 신이한 능력을 지닌 인물 소대성이 위기를 극복하고 성공에 도달하는 과정을 그린 영웅 소설로, 조선 후기에 대중들에게 크게 인기를 얻었던 작품이다.

● 핵심 정리

갈래	국문 소설, 영웅 소설, 군담 소설	성격	전기적, 일대기적
제재	소대성의 영웅적 일대기		
주제	고난을 극복하고 지위를 회복한 영웅의 활약상		
특징	① 영웅·군담 소설의 화소를 수용하되 부분적으로 변용함. ② 〈홍길동전〉과 〈유충렬전〉을 잇는 교량 역할을 함.		

● 이것만은 꼭!

〈소대성전〉에 나타난 영웅의 일대기 구조

영웅의 일대기 구조	〈소대성전〉의 내용
고귀한 혈통을 지니고 태어남. 혹은 잉태나 출생이 비정상적임.	용왕의 아들이나 천상계에서 저지른 잘못 때문에 인간 세상에서 태어남.
어려서부터 비범함을 보임.	도술을 부리는 등 비범한 능력을 지님.
일찍 기아(棄兒, 내다 버린 아이)가 되거나 죽을 고비에 이름.	10세 무렵 부모를 잃고 유랑함.
양육자의 도움으로 위기에서 벗어남.	소대성의 비범함을 알아본 이 승상의 보살핌을 받게 됨.
자라서 다시 위기에 부딪힘.	이 승상이 죽자 왕 부인 등에게 죽임을 당할 위기에 처함.
위기를 극복하고 승리자가 됨.	이 승상 댁에서 나온 이후 무술을 연마하여 위험에 처한 황제를 구하고 대원수가 됨.

수능에는 이렇게

[수능] • 승상에 대한 감상 – 곤히 잠든 '아이'를 깨우지 않고 이를 잡아 주며 기다리는 모습에서 따뜻한 인정을 느낄 수 있군.

051 유충렬전 | 작자 미상

| **짧은 감상** | 유충렬이라는 영웅의 일대기를 그린 조선 후기의 대표적인 영웅 소설이자 군담 소설로, 유충렬이 고난을 극복하고 위기에 처한 가문과 국가를 구한다는 이야기이다.

● 핵심 정리

갈래	국문 소설, 영웅 소설, 군담 소설, 적강 소설	성격	전기적, 비현실적, 영웅적
제재	유충렬의 영웅적 일대기	주제	유충렬의 고난과 영웅적 행적
특징	① 천상계와 지상계로 이원적 공간이 설정됨. ② 유불선 사상을 바탕으로 함.		

● 이것만은 꼭!

〈유충렬전〉의 주제와 작가 의식

충신(忠臣) 유충렬과 간신(奸臣) 정한담이 대결함.	→	**표면적 주제** 국가에 충성하고 부모에게 효도하는 유교적 윤리관
유충렬이 큰 공을 세워 가문의 명예를 회복하고 부귀영화를 누림.	→	**이면적 주제** 실세(失勢)한 계층의 권력 회복

천자에 대한 충성이라는 유교 관념을 중시하면서, 국가적 위기에서 공을 세워 명예를 회복하려는 몰락한 양반층의 꿈을 담고 있음.

수능에는 이렇게

[평가원] • 서술자의 개입과 인물의 발화를 통해 인물의 심리를 드러낸다.
• '군사들' 중에 '유충렬'의 말을 듣고 '눈물을 흘리지 않는 이'가 없는 것으로 보아, '군사들'은 '유충렬'의 심정에 공감하고 있다.

052 임진록 | 작자 미상

| **짧은 감상** | 임진왜란 때 왜군에 당한 굴욕적인 수모를 허구적 상상력을 동원하여 통쾌하게 승리하는 것으로 변용한 작품으로, 민족적 자부심을 고취하고자 한 역사 군담 소설이다.

● 핵심 정리

갈래	역사 소설, 군담 소설	성격	전기적(傳奇的), 설화적
제재	임진왜란 때 영웅들의 활약상		
주제	임진왜란 패배에 대한 정신적 보상과 승리		
특징	① 역사적 사실을 바탕으로 설화와 혼용하여 소설로 창작됨. ② 영웅적 인물들이 활약하는 애국적 무용담을 순차적으로 엮음.		

● 이것만은 꼭!

〈임진록〉의 형성 배경

전쟁의 패배에 대한 정신적 보상	역사적으로 패배한 전쟁을 승리한 전쟁으로 허구화함.
민중 의식의 성장	• 왜적의 침략을 예언했던 사람들을 요망하다고 처벌한 집권층을 비판함. • 의병장, 승려, 기생 등이 왜적을 격퇴함.
왜국에 대한 적개심과 정신적 승리	• 김응서와 강홍립이 왜국을 정벌함. • 사명당이 왜왕의 항복을 받아 냄.
배명 의식(排明意識)	• 명의 구원군이 갖가지 트집을 잡음. • 명나라 장수 이여송이 조선 산천의 혈맥을 끊다가 신령에게 혼이 남.

수능에는 이렇게

[평가원] • 공간이 국내에서 국외로 바뀌면서 서사적 긴장감이 고조되고 있다.
• 사명당의 복수를 통해, 국토가 유린되는 과정에서 받은 민중들의 고통을 보상하고 있군.

053 임경업전 | 작자 미상

| **짧은 감상** | 병자호란을 배경으로 실존 인물인 임경업의 이야기에 허구를 가미하여, 병자호란 후의 청에 대한 적개심과 사리사욕만을 일삼던 집권층에 대한 비판 의식을 민족적 차원에서 승화시키고 있다.

◈ 핵심 정리

갈래	국문 소설, 역사 소설, 군담 소설, 영웅 소설	성격	민족적, 비판적
제재	임경업 장군의 영웅적 생애		
주제	임경업 장군의 비극적 생애와 병자호란의 패전에 대한 정신적 승리		
특징	① 역사적 실존 인물을 주인공으로 하여 창작됨. ② 주인공의 모습이 민족적 영웅으로 부각되어 있음. ③ 사실적 요소와 허구적 요소를 결합하여 호국에 대한 적개심과 간신에 대한 분노를 효과적으로 나타냄.		

◈ 이것만은 꼭!

〈임경업전〉에 그려진 민족적 영웅의 모습

민족적 영웅으로서의 주인공의 모습을 부각함.
다른 영웅 소설과 달리 임경업은 보잘것없는 집안에서 태어나 영웅으로 성장하며 비극적인 죽음을 맞이하는 인물로 그려짐.

↓

조선 후기의 민족의식을 잘 반영함.
• 김자점이 민족적 영웅인 임경업을 암살하는 부분에서 민중의 분노가 극에 달함. • 억울하게 죽은 임경업을 민족적·민중적 영웅으로 묘사하여 당대 지배 계층에 대한 강한 비판 의식을 드러냄. • 자신들을 구제해 줄 영웅의 등장을 소망하는 민중의 의도가 반영된 것이라 할 수 있음.

054 조웅전 | 작자 미상

| **짧은 감상** | 군신 간의 충의를 주제로 삼은 영웅 소설이며 군담 소설이다. 주인공이 자신의 힘보다는 초인의 도움으로 운명을 개척해 나간다는 점이 특징이다.

◈ 핵심 정리

갈래	국문 소설, 영웅 소설, 군담 소설	성격	영웅적, 도술적, 비현실적
제재	조웅의 영웅적 활약		
주제	진충보국(盡忠報國)과 자유연애		
특징	① 영웅의 무용담과 결연담으로 구성됨. ② 한시를 삽입하여 인물의 상황이나 의중을 나타냄. ③ 유교, 불교, 도교 사상의 영향을 받음.		

◈ 이것만은 꼭!

다른 작품과 구별되는 〈조웅전〉의 특징 | 〈조웅전〉은 영웅의 일대기 구조를 거의 그대로 따르고 있으나, 다른 작품에 비해 특이한 점이 있다. 첫째, 주인공의 탄생에서 고귀한 혈통이나 천상인의 하강과 같은 적강 화소가 나타나지 않는다. 둘째, 서술자의 개입이 있기는 하지만 빈번하지 않고, 사건을 전개하는 과정에 운문을 삽입하여 인물의 심리나 상황을 압축적으로 전달한다. 셋째, 다른 군담 소설의 주인공들이 대부분 천상계 인물의 후신으로서 초인적인 능력을 발휘하여 위기를 극복하는 데 반해, 이 작품의 주인공은 자신의 힘보다는 초인의 도움으로 운명을 개척해 간다. 넷째, 이 작품은 부모의 허락 없는 혼전 성사(婚前性事)를 다루고 있어 전통적 유교 윤리에 어긋나는 애정담을 지닌다.

수능에는 이렇게
[평가원] • '월경 대사'는 '조웅'의 수련을 돕는 것으로 보아 조력자의 역할을 하고 있군. • 선천적으로 초월적 힘이 주어진 경우보다 고난 극복에 대한 주인공의 현실적이고 강인한 의지를 부각시킨다.

055 춘향전 | 작자 미상

| **짧은 감상** | 신분을 초월한 남녀 간의 사랑을 그리고 있는 판소리계 소설로, 소재의 현실성, 성격의 창조성, 주제의 저항성이라는 측면에서 국문 소설의 최고봉이라고 할 수 있다.

◈ 핵심 정리

갈래	판소리계 소설, 염정 소설	성격	해학적, 풍자적, 평민적
제재	춘향의 정절		
주제	① 신분을 초월한 남녀 간의 사랑 ② 불의한 지배 계층에 대한 서민의 항거 ③ 신분적 갈등의 극복을 통한 인간 해방		
특징	① 해학과 풍자에 의한 골계미가 나타남. ② 서술자의 편집자적 논평이 자주 드러남. ③ 판소리의 영향으로 운문체와 산문체가 혼합됨.		

◈ 이것만은 꼭!

〈춘향전〉의 표면적 주제와 이면적 주제

	표면적 주제	이면적 주제
내용	춘향과 이몽룡의 연애담 → 춘향이 수청을 강요하는 변 사또에 맞서 정절을 지킴.	춘향과 이몽룡의 결연(結緣) → 춘향이 사대부와 혼인하여 신분적 제약에서 벗어남.
주제	여성의 굳은 정절	신분적 제약을 벗어난 인간 해방

수능에는 이렇게
[고2 전국연합] • 춘향은 자신의 죽음을 운명으로 받아들이며 체념하고 있다. [고3 전국연합] • 비유적인 표현을 통해 등장인물의 심리를 드러내고 있다.

056 심청전 | 작자 미상

| **짧은 감상** | 전래 설화를 바탕으로 한 판소리계 소설로, 부친의 눈을 뜨게 하기 위해 자신의 목숨을 바치는 효녀 심청을 통해 유교의 근본 사상인 효(孝)를 강조하고 있다.

◈ 핵심 정리

갈래	윤리 소설, 설화 소설, 판소리계 소설	성격	교훈적, 비현실적, 환상적
제재	심청의 효(孝)		
주제	① 부모에 대한 지극한 효심 ② 인과응보(因果應報)		
특징	① 유교적 덕목인 효를 강조함. ② 유불선(儒佛仙) 사상이 복합적으로 담겨 있음. ③ 현실 세계를 중심으로 펼쳐지는 전반부와 환상적인 이야기 중심의 후반부로 내용이 구분됨.		

◈ 이것만은 꼭!

〈심청전〉의 구성

	전반부	전환점	후반부
공간	현실적, 세속적 공간		환상적, 초월적 공간
내용	• 심청이 가난한 집에서 출생함. • 심 봉사를 봉양하며 고되게 삶. • 심 봉사의 눈을 뜨게 하기 위해 공양미 삼백 석에 몸을 팔아 인당수 제물이 됨.	심청이 인당수로 투신함. (죽음 - 통과 의례적 성격)	• 인당수에 빠진 심청이 용왕에게 구출됨. • 환생한 심청이 황후가 되어 아버지를 찾기 위해 맹인 잔치를 베풂. • 심 봉사와 재회하여 행복한 삶을 살다가 천상계로 복귀함.
심청의 삶	가난하고 비천하게 살다가 부친과 생이별하는 불행한 삶		고귀한 신분으로 살며 부친과 상봉하는 행복한 삶

수능에는 이렇게
[평가원] • 용궁은 심청이 다른 존재로 변화하기 위한 장소라는 의미를 지니는군. [고3 전국연합] • 뱃사람들이 심 소저의 혼을 불러 위로하는 장면은 환상계의 존재와 현실계의 존재가 서로 교감하는 계기를 드러낸 것이다.

고전 산문

057 흥보전 | 작자 미상

| 짧은 감상 | 형제간의 우애와 권선징악(勸善懲惡)이라는 주제를 판소리계 소설로, 인물이 처한 비극적 상황을 해학으로 극복하려는 특징을 보이는 작품이다.

● 핵심 정리

갈래	국문 소설, 설화 소설, 판소리계 소설	성격	교훈적, 해학적, 풍자적
제재	제비의 박씨		
주제	① 형제간의 우애와 권선징악(勸善懲惡) ② 빈부 간의 갈등		
특징	과장된 표현, 익살, 해학 등을 통해 골계미를 드러냄.		

● 이것만은 꼭!

〈흥보전〉에 나타난 해학미 | 〈흥보전〉은 다른 고전 소설 작품에 비해 토속적인 어휘와 과장된 표현 등에서 드러나는 해학성이 두드러지는 작품이다. 이러한 해학적인 표현은 특히 흥보의 초년 고생이나, 놀보의 몰락 과정을 묘사한 부분에서 찾을 수 있다. 또한 놀보에게 내쫓긴 흥보가 자신의 신세를 한탄하는 장면에서도 탐욕스러운 놀보와 순종적인 흥보의 심성을 극명하게 대조·과장함으로써 해학성을 드러내고 있다. 이처럼 이 작품에서는 심각하거나 비극적인 상황을 서민 특유의 건강한 웃음으로 희화화하고 있는데, 이러한 해학미는 비극적인 상황을 웃음으로 극복하는 데서 나타난다.

수능에는 이렇게

[고1 전국연합] · 인물의 탐욕스러운 면모를 해학적인 말과 묘사를 통해 드러내고 있는 작품이야.
[고2 전국연합] · 매품까지 팔아야 했던 상황에서 당대 빈곤 계층이 겪은 처절한 생활의 아픔을 느낄 수 있어.
[고3 전국연합] · 운율감이 느껴지는 어투가 빈번하게 사용되었다.

058 토끼전 | 작자 미상

| 짧은 감상 | 동물을 의인화한 판소리계 소설로, 자라의 속임수에 넘어가 수궁에 들어갔다가 죽을 위기에 처했던 토끼가 기지를 발휘하여 살아 돌아온다는 이야기이다.

● 핵심 정리

갈래	우화 소설, 판소리계 소설	성격	교훈적, 우화적, 풍자적, 해학적
제재	용왕의 병과 토끼의 간		
주제	① 위기 극복의 지혜와 허욕에 대한 경계 ② 임금에 대한 충성(표면적 주제) ③ 무능한 집권층에 대한 비판(이면적 주제)		
특징	① 우화적 기법으로 인간 사회를 풍자함. ② 고사성어, 속담, 한자어, 과장과 대구, 비유적 표현 등이 많이 사용됨.		

● 이것만은 꼭!

〈토끼전〉의 배경에 따른 인물의 태도와 사건 양상

	용궁(수궁)	육지(산속)
배경의 상징	지배 관료층의 세계 (귀족 사회)	피지배 서민층의 세계 (서민 사회)
인물의 태도	· 자라(거만함.) → 우세 · 토끼(공손함.) → 열세	· 자라(풀이 죽음.) → 열세 · 토끼(의기양양함.) → 우세
사건의 양상	토끼는 살아남기 위해 온갖 꾀를 생각해 내어 용왕을 설득함.	위기를 벗어난 토끼는 자라를 준엄하게 꾸짖으며 의기양양해함.

수능에는 이렇게

[수능] · 토끼는 용왕의 병과 관련하여 자신으로부터 별주부로 화제를 옮김으로써 불리한 상황을 벗어나려 하고 있군.
[고1 전국연합] · 자라의 유혹에 빠져드는 과정을 보니 토끼가 당할 위험은 자업자득(自業自得)이군.
[고2 전국연합] · 산문에 운문적 요소가 섞인 문장을 구사하고 있다.

059 장끼전 | 작자 미상

| 짧은 감상 | 꿩을 의인화한 우화 소설로, 장끼와 까투리를 통해 남존여비(男尊女卑)와 여성의 개가 금지(改嫁禁止)라는 남성 중심의 유교 윤리를 풍자하고 있다.

● 핵심 정리

갈래	국문 소설, 우화 소설, 판소리계 소설	성격	우화적, 풍자적, 해학적, 현실 비판적
제재	장끼와 까투리		
주제	남존여비(男尊女卑) 사상과 여성의 개가(改嫁) 금지에 대한 비판과 풍자		
특징	① 의인화된 동물에 의해 사건이 전개됨. ② 중국의 고사가 많이 인용됨. ③ 당대의 서민 의식이 반영됨.		

● 이것만은 꼭!

〈장끼전〉의 주요 인물과 주제 의식

장끼	까투리
· 여자의 말을 무시함. · 아전인수(我田引水) 식으로 해석함. · 자신의 죽음을 까투리 때문이라고 말함.	· 죽어 가는 장끼로부터 수절을 강요당함. · 장끼가 죽고 곧바로 개가함.
· 남존여비(男尊女卑) 사상 비판 · 남성 우월 의식 비판 · 가부장적 권위주의 비판	· 여성의 개가 금지(改嫁禁止) 비판 · 봉건적 유교 윤리 비판·풍자 · 인간의 본능적 욕구 및 여성의 자아실현이라는 진보적 의식 반영

봉건적 유교 윤리 비판·풍자

060 광문자전 | 박지원

| 짧은 감상 | 광문(廣文)이라는 걸인을 주인공으로 내세워 그의 인간성을 예찬한 박지원의 한문 소설로, 바람직한 성품을 지닌 광문을 통해 새로운 인간상을 제시하고 있다.

● 핵심 정리

갈래	한문 소설, 단편 소설, 풍자 소설	성격	풍자적, 사실적
제재	비렁뱅이 광문의 삶		
주제	① 정직하고 신의 있는 삶에 대한 예찬 ② 권모술수가 판을 치는 사회에 대한 풍자		
특징	① 주인공의 일화를 삽화 형식으로 나열하여 조선 후기 사회의 모습을 사실적으로 묘사함. ② 거지인 주인공의 인품을 예찬함으로써 상대적으로 양반 사회에 대한 풍자 효과를 높임.		

● 이것만은 꼭!

일화를 통해 드러난 광문의 인물됨

일화	인물됨
누명을 쓴 뒤에도 버려진 거지 아이의 시신을 묻어 줌.	인정을 지니고 있으며 의리를 지킴.
돈을 훔쳤다는 의심을 받고도 자신의 일을 묵묵히 함.	의연하며 성실함.
광문이 빚보증을 서 준 사람에게는 담보를 따지지 않고 돈을 빌려 줌.	사람에 대한 신의를 중시함.
사내가 잘생긴 얼굴을 좋아하는 것처럼 여자도 그럴 것이라고 말함.	남녀가 대등한 권리를 갖고 있다고 생각함.
집을 가지라고 권하면 필요 없다며 사양함.	물질에 욕심이 없으며, 자유분방함.

수능에는 이렇게

[고1 전국연합] · 몇 개의 사건을 연결하여 이야기를 엮어 나가고 있다.

061 양반전 | 박지원

| **짧은 감상** | 조선 후기 양반들의 경제적 무능과 허위가 가득한 생활 태도를 풍자한 박지원의 한문 소설로, 신분 질서가 혼란해진 당시의 사회상을 바탕으로 하고 있다.

● 핵심 정리

갈래	한문 소설, 단편 소설, 풍자 소설	성격	풍자적, 비판적, 사실적
제재	양반 신분의 매매		
주제	① 양반들의 무능과 위선적인 태도, 허례허식 풍자 ② 맹목적인 신분 상승에 대한 욕구 비판		
특징	① 몰락하는 양반들의 위선적인 모습을 풍자함. ② 조선 후기 사회상을 사실적으로 보여 줌.		

● 이것만은 꼭!

1 〈양반전〉의 주된 풍자 내용과 비판 대상

1차 매매 증서	양반이 지켜야 할 덕목과 의무	양반의 비생산성과 허례허식 비판
2차 매매 증서	양반이 누릴 수 있는 특권	백성에 대한 양반의 수탈, 횡포 비판

2 〈양반전〉에 나타난 근대적 성격

신분제의 동요	돈으로 신분을 사고파는 세태를 보여 줌으로써 신분제가 점차 붕괴되는 현상이 일반화되고 있음을 드러내고 있다.
지배층의 허위에 대한 비판	관념적이고 허례허식에 얽매인 양반 계층의 삶을 비판하고 있다.
새로운 계층의 등장	평민 부자를 통해 시민 계급의 대두라는 사회 구조의 변화 가능성을 시사하고 있다.

수능에는 이렇게

[고3 전국연합] • 인물의 말과 행동을 통해 사건을 전개하고 있다.
• 정선 양반은 나라에서 곡식을 꾸어다 먹고 갚지 못했다.
• 군수는 부자가 양반을 도와주었다는 것에 대해 의로운 행위라 칭송했다.

본책 202쪽

062 예덕선생전 | 박지원

| **짧은 감상** | 분수를 알고 직분에 충실하며 그 속에서 즐거움을 찾는 엄 행수의 삶을 통해 바람직한 교우의 도를 제시하고 양반의 허례허식을 풍자하고 있는 한문 소설이다.

● 핵심 정리

갈래	한문 소설, 단편 소설, 풍자 소설	성격	풍자적, 비판적, 교훈적
제재	양반의 허위		
주제	바람직한 벗의 사귐과 참된 인간상		
특징	① 대화를 중심으로 사건을 전개함. ② 특정 인물에 대한 상반된 평가로 갈등이 발생함.		

● 이것만은 꼭!

〈예덕선생전〉에 드러난 풍자 의식과 작가의 의도

엄 행수의 삶	양반 계층의 삶
• 스스로 노동을 하면서 생활함. • 미천한 자신의 처지를 앎.(분수에 맞는 삶) • 남의 것을 탐하지 않음. • 화려하거나 쾌락적인 삶을 추구하지 않음.	• 노동보다는 명분에 집착함. • 높은 자리에 오르려고 노력함.(분수에 맞지 않는 삶) • 권력으로 남의 것을 탐하려 함. • 화려하고 쾌락적인 삶을 추구함.

작가의 의도
허례허식에 얽매이고 위선적인 삶을 살아가던 당대의 양반 계층을 풍자·비판함.

063 허생전 | 박지원

| **짧은 감상** | 비판적 지식인인 허생을 주인공으로 내세워 당대 집권층인 사대부의 무능과 허위를 비판하고 올바른 현실 인식과 사회 개혁을 촉구하고 있는 한문 소설이다.

● 핵심 정리

갈래	한문 소설, 풍자 소설	성격	풍자적, 비판적
제재	허생의 이인적(異人的) 삶		
주제	① 지배층인 사대부의 무능과 허례허식 비판 ② 지배층의 각성 촉구		
특징	① 실학사상을 바탕으로 당대 사회의 모순을 풍자함. ② 빈 섬을 통해 이상향의 구체적 모습을 제시함. ③ 허생이라는 영웅적 인물의 행적을 중심으로 사건을 전개함.		

● 이것만은 꼭!

허생의 행위에 따른 작가의 현실 인식

허생의 행위		작가의 현실 인식
집에서 글만 읽으며 경제적으로는 무능력한 서생의 삶	➡	사대부의 허위적인 삶 비판
변 부자에게 빌린 돈으로 매점매석하여 돈을 벎.	➡	• 취약한 경제 구조 지적 • 양반의 허례허식 비판
도둑이 된 양민들(군도)을 데리고 빈 섬으로 감.	➡	• 무능력한 지배층 비판 • 이용후생의 정책 부재 비판
이완에게 시사 삼책을 제시함.	➡	• 북벌론의 허구성 비판 • 집권층의 무능력과 허례허식 비판

수능에는 이렇게

[고2 전국연합] • 허생은 자신의 상술에 자신감을 가지고 있다.
• 허생은 인재 등용 제도가 잘못되어 있다고 인식하고 있다.

본책 210쪽

064 호질 | 박지원

| **짧은 감상** | 북곽 선생과 동리자의 위선적 행동을 통해 당시 지배 계층인 양반들의 도덕 관념을 풍자한 한문 소설로, 범을 의인화하여 작가의 비판 의식을 드러내고 있다.

● 핵심 정리

갈래	한문 소설, 우화 소설, 풍자 소설	성격	풍자적, 비판적, 우의적
제재	양반의 위선과 허세		
주제	양반의 위선적인 삶과 인간 사회의 부도덕성 비판		
특징	① 우의적 수법을 사용함. ② 인물의 행위를 희화화하여 제시함. ③ 실학사상을 바탕으로 인간의 부정적인 삶을 비판함.		

● 이것만은 꼭!

〈호질〉에서 범의 역할과 그 활용 의의

역할	범은 작가 의식을 대변하는 의인화된 인물로, 비현실 세계의 존재로 나타나면서 풍자의 주체가 되어 현실 사회의 본질과 모순을 꿰뚫어 보고 있다. 또한 객관적 관찰자로서 인물의 부도덕성을 객관적으로 보여 주고 있으며, 동시에 인간과 사회의 심판자로서 양반 지배 계층의 위선적 속성을 폭로하고 풍자하고 있다. 작가는 범을 통해 북곽 선생으로 대표되는 당대의 위선적이고 부도덕한 선비 계층을 신랄하게 비판하면서, 한편으로 동물보다 못한 인간의 부도덕한 악행을 꼬집고 있는 것이다.
활용 의의	당시 유교 사회에서는 직접적인 현실 비판이 받아들여질 수 없었기 때문에 작가는 범을 통해 우회적으로 당대 지배층의 위선과 부도덕한 모습을 풍자함으로써 유교 사회의 지탄도 받지 않고 작품의 묘미와 흥미까지 더하면서 신랄한 현실 비판의 목적도 달성하고 있다.

수능에는 이렇게

[수능] • '여우가 사람 시늉을 한다.'라는 말은 북곽 선생이 진정한 선비가 아님을 암시한다.

065 이춘풍전 | 작자 미상

| 짧은 감상 | 무능하고 방탕한 이춘풍이 초래한 위기를 슬기로운 아내의 활약으로 극복해 나가는 이야기를 통해 가부장적 남성 권력의 횡포를 풍자하고 여성의 능력을 부각하고 있다.

● 핵심 정리

갈래	풍자 소설, 판소리계 소설	성격	풍자적, 해학적, 교훈적
제재	이춘풍의 방탕한 행적과 이춘풍 아내의 활약		
주제	허위적인 남성 중심의 사회 비판		
특징	① 두 인물의 갈등 과정을 통해 주제 의식을 드러냄. ② 서술자의 편집자적 논평이 자주 드러남. ③ 판소리의 영향으로 운문체와 산문체가 혼합되어 있음.		

● 이것만은 꼭!

〈이춘풍전〉에 나타난 문제 상황과 해결

문제 상황	→	해결
이춘풍이 선대로부터 물려받은 가산을 방탕한 생활로 탕진함.	→	이춘풍의 아내 김씨가 품팔이를 하여 가세를 회복함.

↓

무능한 이춘풍의 모습을 통해 남성 중심 사회의 허위를 풍자함.

↓

문제 상황	→	해결
이춘풍이 서울로 돌아온 후에 여전히 거만한 태도로 허세를 부리며 아내를 핍박함.	→	이춘풍의 아내가 다시 비장으로 변장하여 이춘풍을 꾸짖음.

↓

방탕한 남편을 꾸짖어 개과천선하게 한다는 점에서
여성의 주인 의식을 강조하며 새로운 여성상을 보여 줌.

066 옥루몽 | 남영로

| 짧은 감상 | 부패한 정치 현실, 문란한 조세 제도, 타락한 민간의 윤리 의식 등 19세기 조선 사회가 지닌 모순을 첨예하게 드러내고 있다.

● 핵심 정리

갈래	한문 소설, 염정 소설, 영웅 소설, 군담 소설	성격	전기적, 비판적
제재	영웅적 인물들의 활약상		
주제	양창곡의 영웅적 활약상과 부패한 현실에 대한 비판		
특징	① 여성 인물들의 성격을 특징 있게 묘사하여 그들의 영웅적 활약상을 보여 줌. ② 천상계와 지상계라는 이원적 공간 구조가 드러남. ③ 환몽 구조를 통해 서사를 전개함.		

● 이것만은 꼭!

1 여성 주인공을 통해 나타난 진취적인 여성상 | 강남홍은 기녀이자 첩의 신분이지만 집안에서는 물론 전쟁터에서도 주도적으로 활약했으며, 조정에서도 그 능력을 인정받는다. 이처럼 여성 주인공이 사건의 중심에 서서 방대한 서사를 이끌고 있다는 점에서 이 작품이 당대의 진보적인 세계관을 반영하고 있음을 알 수 있다.

2 〈옥루몽〉의 공간적 배경의 의미 | 이 작품에는 양창곡, 강남홍과 갈등 관계에 있는 간신들의 죄상이 낱낱이 제시되어 있다. 이에는 당대 통치자들의 부조리와 불합리한 사회 현실을 드러내고 비판하고자 하는 작가의 의도가 담겨 있다고 볼 수 있다. 이 작품의 배경을 중국으로 설정한 것도 조선 조정의 병폐를 중국의 이야기인 듯이 제시하여 조선 사회를 간접적으로 비판하기 위한 것이다.

수능에는 이렇게

[수능] • '양창곡' 일가가 속세에서 천수를 누리고 일생을 마무리하는 것으로 보아, 이 작품은 주인공이 속세에서 연을 다한 후 천상계로 복귀하는 구조로 이루어졌군.

067 채봉감별곡 | 작자 미상

| 짧은 감상 | 지배층의 부정부패가 만연했던 조선 말기를 배경으로 부모의 욕심에 의해 온갖 고난을 겪은 채봉이 사랑을 쟁취하는 이야기를 사실적으로 그려 내고 있다.

● 핵심 정리

갈래	애정 소설, 염정 소설	성격	사실적, 비판적, 진취적
제재	채봉의 사랑 쟁취		
주제	권세에 굴하지 않는 순결하고 진실한 사랑		
특징	① 주체적으로 자신의 운명을 결정해 나가는 근대적 여성이 등장함. ② 매관매직이 성행했던 당시의 부패상을 사실적으로 드러냄.		

● 이것만은 꼭!

〈채봉감별곡〉에 반영된 시대적 상황 | 이 작품은 근대로 전환되는 조선 말기를 배경으로 하여 당시 봉건 제도의 모순과 부패를 고발하고 개화의 물결 속에서 새로운 가치관이 퍼져 나가는 상황을 잘 반영하고 있다.

작품 내용	작품에 드러난 시대상
허 판서가 김 진사에게 돈을 받고 벼슬을 팔고 딸을 첩으로 줄 것을 요구함.	매관매직이 성행했으며 신분 제도가 혼란스러워짐.
김 진사 내외가 채봉에게 허 판서의 첩이 될 것을 강요함.	가부장적 권위와 봉건적 가치관이 남아 있음.
김 진사는 장필성의 집안이 가난하다는 것을 이유로 장필성을 못마땅해함.	자본주의적 가치관이 드러남.

수능에는 이렇게

[고2 전국연합] • 채봉이 겪는 장애는 그녀의 부모에 의한 것이겠군.
• 필성에 대한 변치 않는 마음으로 보아 채봉은 필성과 재결합하겠군.
• 스스로 선택한 사랑을 이루려는 채봉을 통해 주체적 인물상을 제시하고 있다.

074 규중칠우쟁론기 | 작자 미상

| 짧은 감상 | 일곱 가지 바느질 도구를 의인화하여, 자신의 처지를 망각하고 공치사만 일삼는 세태를 풍자하고 직분에 따른 성실한 삶을 추구하는 내간체 수필이다.

● 핵심 정리

갈래	국문 수필, 내간체 수필	성격	우화적, 논쟁적, 풍자적, 교훈적
제재	바느질 도구들의 공치사와 불평		
주제	① 공치사만 일삼는 이기적인 세태 풍자 ② 역할과 직분에 따른 성실한 삶 추구		
특징	① 사물을 의인화하여 세태를 풍자함. ② 3인칭 시점에서 객관적으로 관찰하여 서술함.		

● 이것만은 꼭!

〈규중칠우쟁론기〉의 구성과 주제 의식

전반부		후반부
규중 칠우의 공치사		인간에 대한 불평과 원망
↓	규중 부인의 등장	↓
경쟁 관계		동료 관계
↓		↓
이기적인 세태 풍자		인간에 대한 비판

수능에는 이렇게

[고2 전국연합] • 허구적인 설정을 통해 교훈적 의미를 드러내고 있다.
• 사물을 의인화하여 인간 세태를 우회적으로 드러내고 있다.

075 원이 엄마의 한글 편지 | 이응태의 부인

| 짧은 감상 | 죽은 남편을 꿈속에서라도 다시 보기를 바라며 쓴 아내의 편지로, 남편의 장례 전까지의 짧은 시간 동안 쓴 글이다.

● 핵심 정리

갈래	국문 수필, 편지	성격	사실적, 비탄적, 애상적, 여성적
제재	남편과의 사별		
주제	남편과 사별한 슬픔		
특징	사별의 슬픔을 섬세하고 자세하게 서술함.		

● 이것만은 꼭!

1 〈원이 엄마의 한글 편지〉의 형식과 내용

발신인	이응태의 부인
수신인	원이 아버지(이응태)
편지의 내용	• 사랑하는 남편을 잃은 슬픔과 서러운 마음을 드러냄. • 죽은 남편에 대한 그리움을 드러냄. • 죽은 남편을 꿈속에서라도 다시 보기를 바람.

2 남편에 대한 아내의 마음을 알 수 있는 표현

과거	'둘이 머리 희어지도록 살다가 함께 죽자.'라며 백년해로를 약속할 만큼 애정이 깊었음.
현재	남편의 곁으로 가고 싶으니 데려가 달라는 표현에서 남편을 잃고 살 수 없다고 생각할 만큼 상실감이 컸음을 알 수 있음.
미래	꿈속에서라도 보고 이야기를 나누고 싶다고 말함으로써 죽은 남편에 대한 그리움을 나타냄.

076 산성일기 | 어느 궁녀

| 짧은 감상 | 병자호란 당시 남한산성으로 피란하여 겪은 일을 사실적이고 간결하게 기록한 어느 궁녀의 글로, 역사적 자료로서의 가치뿐만 아니라 문학적인 가치도 엿보이는 글이다.

● 핵심 정리

갈래	국문 수필, 일기체 수필, 궁정 수필	성격	사실적, 객관적, 체험적
제재	병자호란으로 피란하여 겪은 일		
주제	병자호란의 치욕과 남한산성에서의 항쟁		
특징	① 간결하면서도 정중하고 무게가 있는 궁중 용어를 사용함. ② 객관적인 태도로 사실을 기록함.		

● 이것만은 꼭!

〈산성일기〉의 사료적 가치와 문학적 가치 | 〈산성일기〉는 병자호란의 체험을 기록한 일기이지만 야담보다 사실적·구체적으로 서술되어 사료로서의 가치가 두드러진다. 더불어 이 작품에는 병자호란이라는 국란을 맞아 이에 대응하는 다양한 사람들의 모습과 거기에서 벌어지는 갈등이 그려져 있으며, 이를 읽은 독자에게 굴욕적 역사에 대한 울분을 느끼게 하는 등 문학적인 가치도 지니고 있다.

077 서포만필 | 김만중

| 짧은 감상 | 당대의 한문학 중심 문학관을 부정하고, 송강 정철의 가사 작품을 예로 들어 우리말로 된 작품의 가치를 높이 평가한 비평문이다.

● 핵심 정리

갈래	국문 수필, 문학 비평문(평론)	성격	비판적, 비평적, 주관적
제재	송강 정철의 가사 작품		
주제	진정한 국문 문학의 가치		
특징	① 문화적 자주 의식이 드러남. ② 예시를 통해 논거를 제시함.		

● 이것만은 꼭!

〈서포만필〉의 구성과 내용

078 요로원야화기 | 박두세

| 짧은 감상 | 시골 양반과 서울 양반의 대화를 통해 당대의 세태를 풍자하고 정치 제도에 대한 불만을 토로한 글로 당시의 언어 사용의 실상과 풍속이 잘 드러난다.

● 핵심 정리

갈래	희곡적 수필	성격	풍자적, 해학적, 비판적
제재	시골 양반과 서울 양반의 대화		
주제	양반 사회의 허위와 불합리함 비판		
특징	① 이야기 방식을 활용하여 세태를 풍자함. ② 사회에 대한 비판 의식이 드러남.		

● 이것만은 꼭!

'나'와 객의 관계를 통해 알 수 있는 작가의 의도

• 시골 양반의 실태와 서울 양반의 교만함을 드러낸다.
• 양반층의 허례허식을 폭로하여 이들에 대한 비판 의식을 보여 준다.
• 양반층의 횡포와 사회·정치적 문제를 보여 준다.

079 낙치설 | 김창흡

| 짧은 감상 | 나이가 들어 앞니가 하나 빠진 일을 계기로 지금까지의 태도를 반성하고, 앞으로의 삶을 계획하는 결심을 담고 있는 고전 수필이다.

◉ 핵심 정리

갈래	한문 수필, 설(說)	성격	체험적, 반성적, 성찰적
제재	나이가 들어 이가 빠진 일		
주제	늙어서 이가 빠진 경험에서 얻은 늙음에 대한 긍정적 수용과 인생에 대한 낙천적 인식		
특징	① '체험 – 성찰'이라는 설(說)의 체계를 따르고 있음. ② 선인들의 예법, 권위 있는 성현(주자)의 사례를 인용하여 설득력을 높임.		

◉ 이것만은 꼭!

〈낙치설〉에 나타난 설(說)의 구조적 특징

체험	앞니가 빠져서 낭랑한 목소리로 책을 읽을 수 없게 됨.

↓

반성	그동안 노인으로서의 분수를 지키지 못했음.

↓

깨달음	본심을 잃지 않고 타고난 착한 성품을 기르는 데 전념하는 것이 참된 인생임.

080 의산문답 | 홍대용

| 짧은 감상 | 가상의 인물인 실옹과 허자가 서로 묻고 답하는 대화 형식의 고전 수필로, 조선 유학의 문제점을 비판하고 유연한 자세로 학문을 대할 것을 이야기하고 있다.

◉ 핵심 정리

갈래	한문 수필	성격	철학적, 사색적
제재	만물의 가치 판단 기준		
주제	인간 중심적 사고에 대한 비판		
특징	① 실옹과 허자가 질문하고 대답하는 형식으로 이야기가 전개됨. ② 인간과 사물이 동등하다는 상대적 가치관이 잘 드러남.		

◉ 이것만은 꼭!

1 만물을 대하는 실옹과 허자의 태도

실옹	허자
• 사람의 몸이 만물과 다른 점이 거의 없음. • 사람, 금수, 초목의 귀천에 등급이 없음. • 사람의 '인(仁), 지(知), 복식, 의장, 예의, 병형'은 모두 만물에게 도움받은 것임.	• 사람의 몸과 만물이 체질, 정혈의 교감, 지혜와 윤리에서 다름. • 사람, 금수, 초목 중 오직 사람만이 귀함. • '인(仁), 지(知), 복식, 의장, 예의, 병형'이 없는 금수, 초목은 사람과 같다고 할 수 없음.
사람과 만물을 동등하게 대함.	사람 중심의 관점에서 만물을 대함.

2 〈의산문답〉이 오늘날의 우리에게 주는 의미

인간 중심주의를 비판하고 만물이 동등하다는 가치관을 드러냄.

↓

• 자연과 환경을 대하는 우리의 태도를 성찰하게 함.
• 상생과 공존의 태도를 일깨워 줌.

081 동명일기 | 의유당

| 짧은 감상 | 남편을 따라 명승고적을 유람하던 의유당(意幽堂)이 동해 월출과 일출의 광경을 세밀하게 관찰하고 사실적으로 묘사한 기행 수필이다.

◉ 핵심 정리

갈래	국문 수필, 기행 수필	성격	사실적, 묘사적, 비유적, 예찬적
제재	동해의 월출과 일출		
주제	귀경대에서 본 월출과 일출의 장관		
특징	① 순우리말의 섬세한 표현이 드러남. ② 월출과 일출 광경을 비유적 표현을 통해 사실적으로 묘사함.		

◉ 이것만은 꼭!

〈동명일기(東溟日記)〉의 작가의 개성적 성격 | 〈동명일기〉의 작가 의유당은 기존 사대부가의 여성과 달리 개성이 아주 강한 작가이다. 의유당은 동명(동해)의 해돋이를 보기 위해 지속적으로 남편을 졸라 마침내 자신의 소원을 성취하는 적극적이고 집념이 강한 사람이다. 또, 밤늦게까지 풍악을 즐기며 놀았다는 〈북산루〉의 기록을 볼 때, 자유분방하고 낭만적이며 개방적인 성격임을 알 수 있다. 그리고 눈앞에 펼쳐지는 사물과 풍경을 차분하고 섬세하게 묘사하는 것으로 보아, 여유가 있고 관조적이며 사물에 대한 격조 높은 안목을 지녔음도 알 수 있다. 이러한 성격과 안목이 반영된 〈동명일기〉는 개성 있는 탁월한 표현력으로 그 가치를 높이 평가받고 있다.

082 이름 없는 꽃 | 신경준

| 짧은 감상 | 고향의 정원에서 이름 없는 꽃을 보며 깨달은 바를 적은 글로, 사물의 이름보다 본질이 중요하다는 것을 강조한 고전 수필이다.

◉ 핵심 정리

갈래	한문 수필, 설(說)	성격	사색적, 교훈적, 체험적
제재	이름 없는 꽃		
주제	이름 없는 꽃의 아름다움을 통해 이끌어 낸 본질의 중요성		
특징	① 다양한 사례로 주장을 뒷받침함. ② 자연물에서 발견한 이치를 통해 깨달음을 이끌어 냄. ③ 반대 의견을 반박하여 주장을 강화함. ④ 중국의 고사를 활용하여 주제를 강조함.		

◉ 이것만은 꼭!

〈이름 없는 꽃〉의 구성

기	이름 없는 꽃에 이름을 붙여야 하는가에 대해 문제를 제기함.
승	사물을 좋아하는 것은 이름 때문이 아니며, 이름은 대상을 구별하기 위한 것에 불과함.
전	이름이 꼭 아름다워야 하는 것은 아니며, 없어도 됨.
결	모르는 것에 굳이 이름을 붙일 필요가 없음.

083 옛사람의 독서 일기 | 유만주

본책 254쪽

| 짧은 감상 | 선비 유만주가 13년 간 쓴 일기에 실린 글로, 책을 대하는 올바른 자세와 올바른 독서 방법을 제시하고 있다.

● 핵심 정리

갈래	한문 수필, 일기	성격	주관적, 논리적, 계몽적
제재	책을 대하는 자세와 올바른 독서 방법		
주제	책을 대하는 올바른 자세와 올바른 독서 방법		
특징	① 단정적 어조를 통해 독서에 대한 작가의 가치관을 드러냄. ② 대조적 인식을 바탕으로 작가의 생각을 드러냄.		

● 이것만은 꼭!

독서에 관하여 작가가 경계하는 태도

책 바보		사사로운 행동		사소한 물건의 노비
• 책이 있으면서 남에게 빌려주지 않음. • 무슨 수를 써서라도 책을 소장하려고 함.	=	책을 쌓아 두고 내 것이기를 고집함.	=	훌륭한 서화나 책을 혼자서만 보기 위해 근심하고 걱정함.

본책 256쪽

084 통곡할 만한 자리 | 박지원

| 짧은 감상 | 연암 박지원의 《열하일기》에 실려 있는 글로 작가가 청나라 황제의 생일을 축하하는 사절단을 따라 북경으로 가는 도중 광활한 요동 벌판을 보고 쓴 일기이다. 드넓은 평야를 보고 통곡하기 좋은 터라고 하며 그 이유를 나름대로의 논리로 설명하고 있는 글이다.

● 핵심 정리

갈래	한문 수필, 중수필, 기행 수필	성격	체험적, 논리적, 설득적, 사색적, 교훈적
제재	광활한 요동 벌판		
주제	① 광활한 요동 벌판을 보며 느낀 감회 ② 새로운 세계를 만나는 기쁨		
특징	① 묻고 답하는 구성 방식을 취함. ② 작가의 창의적 발상이 돋보임. ③ 적절한 비유와 구체적인 예시로 대상을 실감 나게 표현하여 설득력을 높임.		

● 이것만은 꼭!

'통곡할 만한 자리'에 드러난 대상을 바라보는 관점

본책 260쪽

085 일야구도하기 | 박지원

| 짧은 감상 | 연암 박지원이 청나라에 다녀온 경험을 쓴 《열하일기》에 실려 있는 글로, 밤중에 강을 아홉 번 건넌 경험을 통해 깨달은 바를 기록한 기행 수필이다.

● 핵심 정리

갈래	한문 수필, 기행 수필	성격	체험적, 사색적, 분석적, 교훈적
제재	하룻밤에 아홉 번 강을 건넌 경험		
주제	① 외물(外物)에 현혹되지 않는 삶의 자세 ② 이목(耳目)에 구애됨이 없는 초연한 마음 ③ 마음을 다스리는 일의 중요성		
특징	① 구체적인 경험을 바탕으로 자연스럽게 결론을 이끌어 냄. ② 치밀하고 예리한 관찰력으로 사물의 본질을 꿰뚫어 봄.		

● 이것만은 꼭!

'낮'과 '밤'의 강물에 대한 인식과 깨달음

	'낮'의 강물	'밤'의 강물
인식 방법	시각	청각
결과	강물을 보고 두려워하느라 소리가 들리지 않음.	앞이 보이지 않아 듣는 것에 신경이 쓰여 강물 소리가 두려움.

낮의 강물과 밤의 강물은 같은 것인데, 눈과 귀에 의존한다면 보고 듣는 것에 현혹되어 사물을 제대로 인식할 수 없게 됨.

> **수능에는 이렇게**
>
> [평가원] • 체험한 사실을 토대로 깨달음을 이끌어 내고 있다.

본책 264쪽

086 상기 | 박지원

| 짧은 감상 | 연암 박지원의 《열하일기》에 실려 있는 글로 작가가 중국의 열하에서 코끼리를 본 경험을 밝혀 쓴 글이다. 모든 사물의 근거를 하늘에서 찾는 사람들의 통념을 비판하며 고정된 시각에서 벗어나 유연하게 사물을 인식해야 함을 주장하고 있다.

● 핵심 정리

갈래	한문 수필, 기(記)	성격	철학적, 비유적, 묘사적
제재	코끼리를 본 경험		
주제	획일적인 생각으로 세상을 바라보는 고정관념에 대한 경계		
특징	① 통념을 깨는 철학적 진리를 전달함. ② 비유와 묘사를 통해 개성적으로 표현함.		

● 이것만은 꼭!

고정된 관점으로 대상을 판단할 때의 오류 | 작가는 코끼리가 호랑이와 쥐를 만났을 때의 상황을 대비하면서 고정된 관점으로 대상을 인식하는 것은 불합리하다는 주장을 펼치고 있다.

087 수오재기 | 정약용

| 짧은 감상 | 글쓴이가 큰형 정약현이 집에 붙인 당호(堂號) '수오재'를 통해 얻은 깨달음을 쓴 고전 수필로, 의문으로 시작해서 반성과 사색의 결과, 깨달음을 얻게 되는 과정을 보여 주고 있다.

◉ 핵심 정리

갈래	한문 수필, 기(記)	성격	반성적, 회고적, 교훈적, 자경적(自警的)
제재	'수오재'라는 집의 이름		
주제	본질적 자아를 지키는 것의 중요성		
특징	① 관념적인 '나의 마음'을 구체화하여 그것과 대화하는 방식(자문자답)으로 글을 구성함. ② 자신의 과거를 반성적으로 돌아보고 그 과정에서 얻은 깨달음을 전함. ③ 의문에서 출발하여 깨달음을 얻는 과정을 드러냄으로써 독자의 공감을 유도함.		

◉ 이것만은 꼭!

〈수오재기〉의 주제 형상화 방식 | 〈수오재기〉는 '나를 지키는 것의 중요성'을 전하는 작품이다. 이러한 주제를 구현하기 위해 작가는 '나를 지킨다'는 말의 의미를 깨닫지 못했다는 데에서 이야기를 시작한다. 이것은 독자와 자신이 유사한 상황에 있음을 제시하는 공감의 기법을 사용한 것이다. 이러한 의문 제기 뒤에 자신의 과거를 돌아보면서 '나'를 지킨다는 말의 의미를 이해하게 되었음을 밝히고, 자신을 지키는 것이 얼마나 중요한지를 강조함으로써 자연스럽게 주제를 드러내어 독자를 효과적으로 이해시키고 있다.

088 포화옥기 | 이학규

| 짧은 감상 | 나그네에게 들은 이야기 속 어떤 노비의 삶을 통해, 견디기 힘든 현실의 고통을 견디는 방법에 대한 깨달음을 쓴 수필이다.

◉ 핵심 정리

갈래	한문 수필, 기(記), 소품문(小品文)	성격	교훈적, 경세적, 성찰적, 설득적, 예시적
제재	어느 여관집 노비의 인생관		
주제	주어진 삶에 만족하며 살아가는 삶		
특징	체험과 깨달음의 구조로 이루어짐.		

◉ 이것만은 꼭!

1 〈포화옥기〉의 구성

기	'나'는 찾아오는 손님들에게 집에 대한 불만을 하소연함.	
승	나그네는 여관에서 잠을 이루지 못하는 사람들에 대해 이야기해 줌.	체험
전	나그네가 여관에서 천수를 누리는 노비에 대해 이야기함.	
결	나그네가 스스로 병을 만드는 '나'에게 깨달음을 줌.	깨달음

2 〈포화옥기〉에 드러난 '나'의 깨달음과 주제

'나'		여관집 노비
집이 좁고 벌레가 많아 병이 생겼음을 하소연함.	↔	의식주가 변변치 않지만 지금의 삶을 본래 정해진 운명으로 여김.

⬇

운명에 순응하며 만족하는 삶이 중요함.

089 한중록 | 혜경궁 홍씨

| 짧은 감상 | 사도 세자의 빈(嬪)인 혜경궁 홍씨가 쓴 궁정 수필로, 사실적인 묘사와 품위 있는 궁중 용어 사용으로 한글로 된 궁정 문학의 백미로 손꼽힌다.

◉ 핵심 정리

갈래	국문 수필, 궁정 수필, 회고록	성격	사실적, 체험적, 회고적, 비극적
제재	사도 세자의 죽음(임오옥)		
주제	사도 세자의 참변을 중심으로 한 파란만장한 인생 회고		
특징	① 우아하고 품위 있는 궁중 용어를 사용함. ② 자전적 회고의 성격을 지님. ③ 간곡하면서도 적절하게 상황을 묘사함.		

◉ 이것만은 꼭!

〈한중록〉의 의의

역사적 의의	비빈(妃嬪)이라는 높은 신분의 궁중 인물이 쓴 글이라는 점과 궁궐 내부에서 일어난 역사적 사실을 알려 주고 있다는 점에서 야사(野史)로서의 가치를 지님.
궁정 문학으로서의 의의	뛰어난 성격 묘사, 생동감 넘치는 갈등의 재현, 생생한 분위기 묘사, 절실하고도 간곡한 상황 묘사, 박진감 넘치는 문체, 기구한 인물의 삶을 담아낸 입체적 구성 등으로 한 편의 소설에 견줄 만하며, 유려하고 전아한 문체, 고상하고도 우아한 어휘, 당대 궁중의 풍속과 용어를 잘 나타내고 있어서 궁정 문학의 효시로서의 가치가 큼.
여성 문학으로서의 의의	작가의 비극적 체험과 한(恨)의 정서를 내면화했다는 점, 19세기 이후에 규방 가사가 널리 창작되고 필수적인 교양물로 읽힐 때 국문 문학의 저변이 크게 확대될 수 있도록 했다는 점에서 여성 문학으로서의 가치를 지님.

⬇

한글로 기록된 궁정 문학의 백미

090 조침문 | 유씨 부인

| 짧은 감상 | 바늘을 잃은 슬픔을 제문 형식으로 표현한 조선 시대 여류 수필의 대표작으로, 바늘을 의인화하여 글쓴이의 애절한 심정을 잘 드러낸 작품이다.

◉ 핵심 정리

갈래	국문 수필	성격	추모적, 고백적
제재	부러진 바늘		
주제	부러진 바늘에 대한 애도		
특징	① 제문 형식을 차용하여 바늘에 대한 추도의 정을 표현함. ② 바늘을 의인화하여 대화하듯이 표현함. ③ 의성어, 의태어를 사용하여 감각적으로 표현함. ④ 섬세한 정서와 뛰어난 우리말 표현이 드러남.		

◉ 이것만은 꼭!

〈조침문〉의 주제의 이중성

표면적 주제	부러진 바늘에 대한 애도의 정
이면적 주제	죽은 남편에 대한 그리움과 한(恨)

남편의 죽음으로 홀로 남겨진 애통함을 바늘을 통해 우회적으로 표현함.
→ 바늘에 대한 과장된 슬픔의 정서는 사별한 남편에 대한 애절한 그리움과 추모의 정으로 해석할 수 있음.

095 흥보가 | 작자 미상

| 짧은 감상 | 형제의 우애를 중심으로 권선징악이라는 주제 의식을 구현하고 있으며, 비극적인 상황에서 나타나는 해학과 당대의 현실 반영이 두드러진다.

● 핵심 정리

갈래	판소리 사설	성격	풍자적, 해학적, 교훈적, 서민적
제재	제비의 박씨		
주제	① 형제간의 우애와 인과응보에 따른 권선징악 ② 빈부 간의 갈등		
특징	① 3·4조, 4·4조의 운문과 산문이 혼합됨. ② 양반층의 한자어와 평민의 비속어가 같이 쓰임. ③ 일상적 구어와 현재형 시제를 사용하여 사실적으로 표현함. ④ 서민 취향이 강한 작품으로 조선 후기 농민층의 분화를 보여 줌.		

● 이것만은 꼭!

1 〈흥보가〉의 해학성 | 흥보가 양식을 구하러 놀보를 찾아갔다가 놀보와 형수에게 매를 맞는 대목은 비극적인 상황이 재미있게 묘사되고 있다. 이렇게 슬픔을 웃음으로 이겨 내려고 하는 해학성(諧謔性)은 판소리의 특징이다. 흥보가 매품을 팔지 못하고 돌아오는 대목이나 흥보 자식들이 음식 타령을 늘어놓는 대목 등에서도 해학성이 나타난다. 그러나 청자가 웃음뿐만 아니라 제시된 상황의 본질적인 면모인 비장미도 느끼게 함으로써 그 웃음이 결코 현실을 무시한 것이 아님을 드러낸다.

2 〈흥보가〉에 나타난 사회상과 민중 의식 | 〈흥보가〉는 세속적, 물질적 가치관이 팽배해지고 화폐 경제가 자리 잡아 가던 조선 후기의 사회상을 배경으로 한다. 흥보는 실제 생활은 하층민으로 전락했으나 신분과 유교 사상에 얽매이는 몰락한 양반을, 놀보는 조선 후기에 출현한 서민 부자의 현실을 반영한다. 또한 착한 흥보의 바람은 부자가 되기를 바라는 당대 서민들의 바람이라고 볼 수 있으며, 〈흥보가〉에 두드러지는 해학성은 어렵고 힘든 현실을 웃음으로 극복하려고 하는 당대 서민들의 의식과 태도의 발현이라고도 볼 수 있다.

096 적벽가 | 작자 미상

| 짧은 감상 | 중국 소설 〈삼국지연의〉를 차용한 판소리 사설로, 조조가 백만 대군을 이끌고 오(吳)나라와 싸우던 적벽전 이야기를 판소리로 재창조했다.

● 핵심 정리

갈래	판소리 사설	성격	풍자적, 해학적, 희화적
제재	적벽전		
주제	적벽전 영웅들의 활약상과 전쟁으로 인한 하층민의 고통		
특징	① 〈삼국지연의(三國志演義)〉의 '적벽전'을 바탕으로 함. ② 조조로 표상되는 당대 지배층에 대한 민중의 신랄한 저항 정신을 표출함. ③ 군사들을 통해 전쟁의 참혹함과 서민들의 고통을 드러냄		

● 이것만은 꼭!

〈적벽가〉의 '군사 설움' 대목에 나타난 민중 의식 | '군사 설움' 대목은 적벽전이 일어나기 전날 밤에 조조의 군사들이 제각기 고향의 부모와 처자를 이별한 설움과 애틋한 사연들을 늘어놓은 부분이다. 〈적벽가〉는 이 대목에서 볼 수 있듯이 민중의 한과 이에 대한 저항과 풍자를 통해 지배층에 대한 비판적인 태도를 드러냈다.

첫째 군사	+	둘째 군사	+	셋째 군사
부모 생각		자식 생각		아내 생각

↓

전쟁에 강제 동원된 병사들이 전장에서 겪는 설움과 고통

↓

백성들의 고난과 전쟁의 참혹함 폭로

097 춘향가 | 작자 미상

| 짧은 감상 | 기생의 딸 춘향과 남원 부사의 아들 이몽룡의 신분적 한계를 뛰어넘은 사랑을 다룬 작품이다.

● 핵심 정리

갈래	판소리 사설	성격	해학적, 풍자적, 평민적
제재	춘향의 정절		
주제	① 신분을 초월한 남녀 간의 사랑 ② 불의한 지배 계층에 대한 서민의 항거 ③ 신분적 갈등의 극복을 통한 인간 해방		
특징	① 해학과 풍자에 의한 골계미가 나타남. ② 언어유희의 말하기 방식이 두드러짐. ③ 춘향과 변학도를 중심으로 한 갈등 양상이 뚜렷하게 나타남.		

● 이것만은 꼭!

〈춘향가〉의 표면적 주제와 이면적 주제

	표면적 주제	이면적 주제
내용	춘향과 이몽룡의 연애담 → 춘향이 수청을 강요하는 변학도에 맞서 정절을 지킴.	춘향과 이몽룡의 결연 → 춘향이 사대부와 혼인하여 신분적 제약에서 벗어남.
끝	여성의 굳은 정절	신분적 제약을 벗어난 인간 해방

수능에는 이렇게

[수능] · 사설의 운율과 자진모리장단이 어울려 분위기를 고조시킨다.
[평가원] · 인물 간의 대화를 통해 주인공이 처한 상황과 내면을 드러내고 있다.

100 봉산 탈춤 | 작자 미상

| 짧은 감상 | 황해도 봉산 지방에서 전승되던 가면극으로, 오락성과 예술성, 풍자성이 뛰어나다. 전체 일곱 과장이 인과성 없이 독립적으로 구성되어 있다.

● 핵심 정리

갈래	민속극, 가면극(탈춤) 대본	성격	풍자적, 해학적, 서민적, 비판적
제재	양반 소개와 숙소 정하기	주제	양반에 대한 풍자와 조롱
특징	① 각 과장이 독립적임. ② 언어유희, 열거, 대구, 익살, 과장 등을 통해 양반을 풍자하고 비판함. ③ 서민 계층의 언어와 양반 계층의 언어가 함께 사용됨. ④ 무대와 객석, 배우와 관객이 엄격하게 구분되지 않음.		

● 이것만은 꼭!

1 양반춤 과장에 나타나는 해학과 풍자 | 양반춤 과장에서는 익살과 과장, 열거와 대조, 언어유희 등을 통해 해학성과 풍자성을 드러내고 있다. 이는 특히 말뚝이의 대사에서 잘 나타나는데, 말뚝이는 양반을 희화화하여 웃음을 유발하는 동시에 양반의 어리석음과 무능함을 폭로한다. 또한 〈봉산 탈춤〉의 다른 과장에서도 기존의 사회 현상에 대한 비판 정신이 해학과 풍자를 통해 드러나는데, 이는 탈춤이 평민들을 중심으로 유희되던 놀이라는 데에서 비롯한 특징이다.

2 〈봉산 탈춤〉의 표현상 특징

· 양반을 조롱하는 재담과 언어유희가 돋보인다.
· 비속어와 한자어가 동시에 사용되어 언어 사용의 양면성을 보인다.
· 서민적인 체취가 풍기는 언어를 구사하여 당시의 생활상을 반영한다.
· 근대적인 서민 의식을 바탕으로 반어 및 익살, 과장 등을 사용하여 고도의 풍자성을 이루어 낸다.

수능에는 이렇게

[수능] · 이 작품은 대화로 이루어졌으므로 극적 구성에 주목해서 읽어 보려고 해.
· 나는 대본의 내용을 통해서 이 작품이 어떻게 연희되었을까를 생각해 보려고 해.

101 강령 탈춤 | 작자 미상

| 짧은 감상 | 황해도 강령 지방에서 전승된 일종의 가면극으로, 봉산 탈춤과 더불어 황해도 일대 탈춤의 양대 산맥을 이룬다.

● 핵심 정리

갈래	민속극, 가면극(탈춤) 대본	성격	해학적, 풍자적, 서민적
제재	할몜의 영감 찾기		
주제	처첩 간의 갈등과 가부장적 폭력에 따른 여성의 희생		
특징	① 처첩 간의 갈등과 같은 봉건적 가족 관계의 갈등 양상이 두루 나타남. ② 언어유희, 재담, 비속어 등 서민적 언어 표현과 한문 투 표현이 함께 쓰이는 이중적인 언어관을 엿볼 수 있음. ③ 등장인물과 관객이 적극적으로 소통하는 개방성을 지님. ④ 놀이의 반주를 하는 악공이 극에 개입하여 할몜과 영감의 재회를 매개함.		

● 이것만은 꼭!

〈강령 탈춤〉의 작중 인물 묘사 | 장구잽이가 할몜에게 영감의 모습을 말해 보라고 하자, 할몜은 "마모색은 말새끼지."라고 말하고, '난간이마에 우멍눈, 삼동코에 술을 한 반 잔쯤 먹었는지 얼굴이 불그레하고'라고 묘사하는 등 영감의 모습을 과장되고 해학적으로 표현하여 극의 재미를 살리고 있다.

102 양주 별산대놀이 | 작자 미상

| 짧은 감상 | 경기도 양주 지방에서 전승된 전통 가면극이다. 전체 여덟 과장으로 구성되어 있으며 파계승에 대한 풍자, 양반에 대한 풍자, 서민 생활의 애환 등을 담고 있다.

● 핵심 정리

갈래	민속극, 가면극(탈춤) 대본	성격	풍자적, 해학적, 골계적
제재	양반의 숙소 정하기		
주제	무능한 양반에 대한 풍자와 조롱		
특징	① 전체 여덟 과장으로, 각 과장은 다른 과장과 관련 없이 독립적임. ② 익살스럽고 과장된 표현을 많이 사용함. ③ 비어가 섞인 일상적인 대사가 주를 이룸. ④ 무대 장치 없이 공간을 자유롭게 설정하고 있음.		

● 이것만은 꼭!

〈양주 별산대놀이〉에 담긴 의식

지배 계층에 대한 비판과 풍자	몰락한 양반과 파계승을 희화화함으로써 무능력하고 부조리하던 당시 지배 계층에 대한 민중들의 비판 의식을 드러냄.
서민 의식의 성장	• 말뚝이와 쇠뚝이는 서민을 대표하는 전형적인 인물로, 무능한 양반들을 비하하고 조롱함으로써 양반에 대한 비판적·저항적 의지를 적극적으로 드러냄. • 처첩 갈등과 여성에 대한 남성의 부당한 횡포 등 가부장제의 문제점을 고발함.
벽사(辟邪) 의식	노장 마당과 취발이 마당에서 노장과 대결하는 취발이의 가면은 벽사(辟邪, 귀신을 물리침.)를 뜻하는 붉은색이며, 귀룽나무의 가지로 노장 귀신을 쫓듯이 물리치는 것 등에서 집단 무속의 성격이 나타남.

103 하회 별신굿 탈놀이 | 작자 미상

| 짧은 감상 | 경상북도 안동 하회 마을에서 서민들이 연행한 전통 가면극으로, 마을굿의 일종인 별신굿을 거행할 때 공연되었다. 외설적인 언어와 재담을 통한 양반 계층에 대한 민중들의 비판 의식이 담긴 작품이다.

● 핵심 정리

갈래	민속극, 가면극(탈춤) 대본	성격	풍자적, 해학적, 서민적, 비판적
제재	서민과 양반의 생활		
주제	양반의 이중성에 대한 풍자		
특징	① 대표적인 농촌형 탈춤임. ② 원초적이고 소박한 내용을 담음. ③ 언어유희와 외설적인 표현이 많음.		

● 이것만은 꼭!

〈하회 별신굿 탈놀이〉의 사회적 기능 | 〈하회 별신굿 탈놀이〉에는 직설적이고 외설적인 언어와 재담이 자유롭게 나타나고, 서민들의 삶의 애환에 대한 토로나 양반에 대한 거침없는 조롱과 풍자가 나타난다. 이처럼 지배층을 노골적으로 비판·풍자하고 희화화하는 내용의 탈놀이가 유서 깊은 양반 마을인 하회 마을에서 양반들의 묵인 아래 양반의 경제적 지원을 바탕으로 연희되었다는 점은 매우 역설적이다. 그러나 이것은 양반들이 일상에서 지배층에 대한 서민들의 불만을 탈놀이라는 형식을 통해 해소시킴으로써 서민과의 조화로운 삶을 영위하고자 했기 때문에 가능한 것이었다. 이렇게 보면 〈하회 별신굿 탈놀이〉는 공동체에 내재한 계급 간의 모순과 문제점을 해소하고 공동체 질서를 더욱 강화하는 기능을 수행했다고 볼 수 있다.

하회 별신굿 탈놀이	
피지배층 지배층에 대한 불만 해소	**지배층** 피지배층의 불만 수용

계층 간의 조화로운 삶,
기존 공동체 체계의 강화

104 꼭두각시놀음 | 작자 미상

| 짧은 감상 | 조선 후기 유랑 연예인 집단인 남사당패에 의해 현전하는 유일한 민속 인형극으로, 당대의 사회상과 민중의 언어, 정서가 잘 나타나 있다.

● 핵심 정리

갈래	민속극, 인형극 대본	성격	희극적, 풍자적
제재	양반의 횡포		
주제	지배 계급의 횡포와 그에 대한 풍자		
특징	① 막과 막 사이에 줄거리의 연관성이 없음. ② 무대 밖의 악사나 관객이 등장인물과 수시로 대화할 수 있음. ③ 사투리, 비속어, 언어유희 등 해학적인 표현이 자주 나타남.		

● 이것만은 꼭!

〈꼭두각시놀음〉의 내용상 특징

• 박첨지 일가를 통해 가부장적이고 봉건적인 가족 제도를 비판함.
• 이시미(이무기)를 통해 민중과 대립적 위치에 있는 대상들을 희화적(戲畫的)으로 응징함으로써 적극적 성격을 띰.
• 벌거벗은 홍동지를 등장시켜 봉건적 지배층을 비판하면서 반면에 그를 우스갯거리로도 보이게 하여 지배층의 공세를 피함.
• 절을 지었다가 다시 헐어 내는 모습을 통해 외래 종교에 대한 부정적 태도를 취함.

109 이야기 주머니 | 작자 미상

| 짧은 감상 | 이야기 자체에 관한 이야기를 담은 설화이다. 이야기를 의인화함으로써 이야기의 존재 이유는 소통에 있다는 주제를 우의적(寓意的)으로 나타내고 있다.

◉ 핵심 정리

갈래	설화, 민담	성격	구술적, 교훈적, 서사적
제재	이야기 주머니		
주제	이야기의 소통적 본질		
특징	① 민담을 구연(口演)한 것을 그대로 옮겨 적음. ② 이야기 자체를 소재로 삼아 의인화함.		

◉ 이것만은 꼭!

〈이야기 주머니〉의 표현상 특징 | 〈이야기 주머니〉에는 '-요'와 같은 구어체 종결 어미, '허먼'과 같은 구어체 표현과 '그전엔', '왜'와 같은 즉흥적 표현이 나타난다. 또 '이렇게'라고 하여 청중 앞에서 동작을 활용하여 직접 시범을 보이며 설명하거나, '이걸루 끝납니다.'처럼 청자를 대면하고 있음을 알 수 있는 표현이 사용되고 있다. 이러한 표현상 특징은 〈이야기 주머니〉가 구연자가 청자에게 말한 내용을 채록한 글임을 알게 해 준다.

110 용소와 며느리바위 | 작자 미상

| 짧은 감상 | 황해도 장연읍에 있는 용소와 며느리바위가 생겨난 내력에 관한 설화로, 이야기의 증거물을 제시하여 전설의 특성이 뚜렷이 드러난다.

◉ 핵심 정리

갈래	설화, 지명 전설	성격	교훈적, 서사적, 비현실적
제재	용소가 만들어진 유래		
주제	권선징악, 탐욕에 대한 경계		
특징	① 구어체를 활용하여 화자가 청자에게 직접 이야기를 들려주는 형식임. ② 방언의 사용이 두드러짐. ③ 용소와 며느리바위가 생겨난 이유를 밝힘.		

◉ 이것만은 꼭!

〈용소와 며느리바위〉의 전설로서의 특징

인색하고 욕심이 많은 장재 첨지가 도승에게 쇠똥을 줌.	장재 첨지의 며느리가 금기를 지키지 않음.
⬇	⬇
장재 첨지의 집터가 소(沼)가 됨.	며느리가 화석이 됨.

⬇

장연읍에 있는 용소와 며느리바위의 내력

⬇

증거물이 남아 있어 사람들에게 신빙성을 느끼게 함.

111 나무꾼과 선녀 | 작자 미상

| 짧은 감상 | 나무꾼이 토끼를 도와준 대가로 선녀와 결혼하지만 금기를 위반하며 비극적 결말을 맞게 되는 이야기이다.

◉ 핵심 정리

갈래	설화, 민담	성격	교훈적, 비극적, 상징적
제재	나무꾼과 선녀의 사랑	주제	나무꾼과 선녀의 비극적 사랑
특징	① 천상계와 지상계라는 대비되는 공간을 중심으로 사건이 전개됨. ② 동물 보은, 통과 제의, 금기 등 다양한 화소가 활용됨. ③ 군말과 사투리 등 구비 문학의 표현상 특징이 두드러짐.		

◉ 이것만은 꼭!

금기 위반 화소 | 어떤 일을 해서는 안 된다는 금기(禁忌)를 어기는 이야기 요소로, 금기에 대한 위반은 호기심, 경계를 넘어서고자 하는 욕망, 억압된 충동의 발산, 자유 의지에 대한 열망 등 지극히 인간적인 욕망에서 비롯된다고 볼 수 있다. 또한 금기와 금기 위반 화소를 통해 이야기의 극적 긴장감과 흥미가 높아지는 효과도 있다.

천상계
가족과 상봉 → 처남의 시험 → 금기 ②의 위반 → 고향을 그리워함.

지상계	지상계
토끼의 보은으로 선녀와 혼인 → 금기 ①의 위반 → 가족과의 이별 → 토끼의 도움	고향으로 돌아옴. → 금기 ③의 위반 → 영원히 하늘로 못 올라감.

112 바리데기 신화 | 작자 미상

| 짧은 감상 | 죽은 이의 혼령을 천도하는 오구굿에서 구연되던 서사 무가로, 부모에게 버림받은 바리공주가 병든 부모를 위해 고난을 이겨 내고 무조신(巫祖神)이 되는 이야기이다.

◉ 핵심 정리

갈래	서사 무가, 구비 서사시, 무조(巫祖) 신화	성격	신화적, 서사적, 무속적, 교훈적
제재	바리공주의 일생		
주제	바리공주의 고난 극복과 희생을 통한 구원의 성취		
특징	① 죽은 이의 소원이나 원혼을 풀어 주고 극락 천도를 기원하는 오구굿에서 가창됨. ② 죽음을 관장하는 무조신(巫祖神)의 유래를 밝힌 본풀이임. ③ 한국 서사 문학의 전형 가운데 하나인 영웅의 일대기 구조를 지님.		

◉ 이것만은 꼭!

1 바리공주의 희생과 구원의 의미

희생	• 일곱 번째 딸이라는 이유로 부당하게 버림받음. • 부모를 위해 자신을 희생하며 시련을 감내함.	➡	당대 여성들의 수난
구원	• 비극적인 운명을 인내로 극복하고 죽은 부모를 회생시킴. • 저승에 안착하지 못하는 영혼을 천도함.	➡	당대 여성들의 정체성 발견과 소망

2 〈바리데기 신화〉에 나타난 '여성의 수난과 극복'의 화소 | 여성이 고난을 겪으면서 무엇인가를 이루어 낸다는 내용은 〈단군 신화〉의 웅녀와 〈주몽 신화〉의 유화의 이야기에서 찾아볼 수 있다. 또한 아버지에게 쫓겨난 공주가 훌륭한 업적을 남기게 된다는 내용은 〈온달 설화〉와 〈서동 설화〉 등에서 발견되며, 부모를 위해 희생하는 내용도 〈효녀 지은 설화〉와 〈심청전〉 등에서 나타난다. 이처럼 〈바리데기 신화〉에 나타난 여성의 수난과 극복 화소는 다른 서사 문학에서도 두루 확인할 수 있는 한국 문학의 특질이다.

113 천지왕본풀이 | 작자 미상

| 짧은 감상 | 제주도 지역의 서사 무가로, 천지가 생겨난 과정을 설명하는 창세 신화의 성격을 지니고 있다.

● 핵심 정리

갈래	서사 무가, 본풀이, 창세 신화	성격	신화적, 서사적, 무속적, 교훈적
제재	대별왕과 소별왕의 과업 달성 과정		
주제	인간 세상을 구원하고 각각 저승과 이승의 신이 된 대별왕과 소별왕		
특징	① 천체와 세상이 만들어진 유래, 세상의 질서가 정리되어 가는 과정을 설명함. ② 제주도 큰굿의 첫째 굿거리인 '초감제'에서 불림.		

● 이것만은 꼭!

〈천지왕본풀이〉에 담긴 전승 집단의 의식

내용	전승 집단의 의식
이승을 악행이 끊이지 않는 혼란스러운 곳으로, 저승을 이상적인 곳으로 그림.	부정적인 현실에 대한 비판과 구원에 대한 기대
사람들을 핍박한 수명장자가 벌을 받고, 속임수를 써서 이승을 차지한 소별왕 때문에 이승에 악행이 넘침.	욕심을 부리지 않고 남을 배려해야 한다는 의식
대별과 소별이 인간 세계인 이승을 다스리고 싶어 하고, 인간의 특성을 지닌 대별과 소별이 저승과 이승을 다스리는 신이 됨.	인간 존재를 긍정적으로 보고 인간의 능력을 높이 평가하는 인간 중심적 사고

114 제석본풀이 | 작자 미상

| 짧은 감상 | 삼신의 내력을 영웅 서사 구조 속에 담아낸 서사 무가로, 무병장수와 자손의 번창을 주된 내용으로 삼고 있다.

● 핵심 정리

갈래	서사 무가, 구비 서사시, 본풀이	성격	신화적, 서사적, 무속적, 주술적
제재	당금애기의 일생		
주제	고난 끝에 삼신이 된 당금애기의 일생		
특징	① 무녀의 구연과 악사의 반주로 진행됨. ② 말과 창(唱)으로 이루어짐. ③ 신성성과 오락성을 동시에 지님.		

● 이것만은 꼭!

〈제석본풀이〉의 신화로서의 성격 | 〈제석본풀이〉에는 천부지모형(天父地母型) 신화로서의 성격이 나타난다. 남성 주인공, 즉 석가모니가 화한 스님은 천신으로서의 성격을 보이며, 여성 주인공인 당금애기는 인간으로서의 면모와 더불어 지역을 수호하는 생산신의 성격을 지니고 있다. 즉, 〈제석본풀이〉는 부계 신인 천신과 모계 신인 지신의 결합을 통해 새로운 생명, 곧 제석신(帝釋神)이 탄생하는 과정을 보여 주는 신화적 요소를 지닌 무가라 할 수 있다.

115 세경본풀이 | 작자 미상

| 짧은 감상 | 제주도의 큰굿에서 연행되는 무가의 하나로, 농경과 다산의 풍요를 기원하기 위해 구연한다. 전형적인 여성 영웅 설화의 성격을 지닌 작품이다.

● 핵심 정리

갈래	서사 무가	성격	신화적, 서사적, 무속적, 토속적
제재	자청비의 일생		
주제	자청비의 고난과 성취		
특징	① 농사를 주관하는 무조신의 일대기를 밝힌 본풀이임. ② 한국 서사 문학의 전형 가운데 하나인 영웅 서사 구조를 지님. ③ 남장 화소를 활용함.		

● 이것만은 꼭!

〈세경본풀이〉에서 여성 신이 농경신으로 등장하는 이유 | 〈세경본풀이〉에서는 여성인 자청비가 농경신으로 등장하는데, 농경신이 여성 신인 것은 다른 나라의 신화에서도 나타나는 보편적인 현상이다. 이것은 여성이 가진 생산과 번식의 신비에서 연유했다고 볼 수 있다. 〈세경본풀이〉에는 농경신인 자청비가 여성이 한 달에 한 번 거쳐야 할 법지법(法之法)을 마련했다는 내용이 나오는데, 이것을 보아도 이 신화를 창조할 때 여성을 생산과 관련지어 생각했음을 알 수 있다. 결국 대부분의 농경 신화에서 여성 신이 주인공으로 나타나는 이유는 농경에서의 잉태·열매 맺음·번식이 자연 체계에서 여성이 가진 속성인 잉태·생산·번식 능력과 맞닿아 있기 때문이라고 할 수 있다.

현대 시

001 애국하는 노래 | 이필균

| **짧은 감상** | 개항 이후 밀려드는 외세에 맞서 독립을 지키고 문명개화를 통해 부강한 국가를 건설할 것을 노래한 개화 가사이다.

● 핵심 정리

갈래	개화 가사, 애국 가사	성격	계몽적, 교훈적, 교술적
제재	애국 개화		
주제	개화·계몽을 통한 애국		
특징	① 4·4조의 4음보 외형률, 분연체 형식의 노래임. ② 민요의 선후창(先後唱) 형식을 계승하여 각 절의 뒷부분을 합가로 하고 있음. ③ 청유형 어미를 사용하여 계몽적 의도를 드러냄.		

● 이것만은 꼭!

어휘와 표현 등에 나타난 시대적 상황과 창작 의도 | 이 작품은 나라의 주권이 위태롭던 정치적 상황과 봉건적 구습에서 벗어나지 못한 사회·문화적 상황을 배경으로 창작된 개화 가사이다.

깁흔 잠	새로운 시대의 도래를 깨닫지 못하고 봉건적인 사고방식에 빠져 있는 상태
셔셰 동졈 막아 보세.	근대 이후 식민지 확대를 목적으로 진행된 서구 열강의 침략을 경계해야 함.
남녀 업시 입학하야 세계 학식 비화 보자.	성별의 '차별'이 없이 '세계 학식'을 배워야 한다는 것을 통해 개화기의 모습을 살필 수 있음.

002 동심가 | 이중원

| **짧은 감상** | 문명개화에 대한 낙관적인 기대를 바탕으로, 민족이 단결하여 문명개화를 구체적으로 실천할 것을 촉구하고 있다.

● 핵심 정리

갈래	개화 가사	성격	계몽적, 교훈적
제재	문명개화		
주제	문명개화를 위한 민족의 일치단결		
특징	① 청유형 어미를 통해 계몽적 성격을 드러냄. ② 개화의 목표와 방법을 '고기'와 '그물'에 비유하여 형상화함. ③ 대구법과 풍유법을 사용함.		

● 이것만은 꼭!

소재의 의미

잠	봉건 의식에 젖어 있는 상태. 무지몽매함.
일가(一家)	개화 문물의 교류로 밀접해진 국가 간의 관계
범·봉	문명개화가 주류를 이루는 현실 또는 세계의 실상
개·닭	문명개화의 실상을 제대로 보지 못하는 관념적인 현실 인식
고기	개화된 문명, 부강한 나라
그물	전 국민의 단결
동심결	합심, 협력의 굳은 의지(단단한 매듭)

003 경부 텰도 노래 | 최남선

| **짧은 감상** | 근대 문명의 대표적 문물인 경부 철도의 개통을 찬양한 창가로, 개화 문명에 대한 예찬과 계몽 의식이 드러나 있다.

● 핵심 정리

갈래	창가	성격	계몽적, 예찬적
제재	경부 철도		
주제	개화 문명에 대한 동경과 예찬		
특징	① 7·5조 3음보의 노래임. ② 각 절이 4행으로 이루어진 전 67절의 장편 창가임. ③ 직유, 과장, 영탄 등의 표현법이 쓰임. ④ 가사에 따른 악보가 함께 붙어 있음.		

● 이것만은 꼭!

1 이 시의 구성

기차의 외부 모습(1절)	기차의 내부 모습(2절)
• 힘찬 기적 소리 • 빠르게 달리는 기차의 모습	• 노소의 동승 • 내국인과 외국인의 동승

2 이 시의 창작 의도

작품이 실린 단행본끝 부분	
'아해들로 하여금 시맛[詩趣]과 재미를 맛보게 하고 아울러 우리나라 남반구의 지리 지식을 주기 위하여 지은 것'이라 적혀 있음.	➡ • 철도라는 신문명의 도구가 지닌 이점을 대중에게 널리 알리고자 함. • 다양한 문물을 소개하여 새로운 지식을 전달함으로써 당시 사람들을 계몽하려는 의도로 창작됨.

004 해에게서 소년에게 | 최남선

| **짧은 감상** | 바다와 소년이 담고 있는 상징적 의미를 통해 문명개화를 실현해야 할 주역들인 소년에 대한 믿음과 기대를 노래하고 있다.

● 핵심 정리

갈래	신체시	성격	계몽적, 낙관적
제재	바다(새로운 문명)		
주제	소년의 시대적 각성과 의지		
특징	① 최초의 신체시로, 근대시 형성에 기여함. ② 웅장하고 힘찬 남성적 어조를 사용함. ③ 직설적 표현을 구사함.		

● 이것만은 꼭!

이 시에 나타난 '바다'와 '소년'의 의미

바다	힘이 세고 순수함.	• 낡고 권위적인 가치관을 타파할 수 있는 서구 근대 문명 • 세계로 나아갈 통로이자 세계를 지배할 힘	⬌	육상, 산

⬇

소년	담이 크고 순정함.	• 신문명 세계인 미래의 주인공 • 개화에 장애가 되는 수구 세력을 타파할 세력	⬌	힘과 권력을 부리던 자, 어른

005 가는 길 | 김소월

| 짧은 감상 | 사랑하는 임을 두고 떠나야 하는 화자의 안타까운 심정을 자연물에 의탁하여 민요조 율격과 간결한 구성의 언어로 섬세하게 표현하고 있다.

● 핵심 정리

갈래	자유시, 서정시	성격	서정적, 전통적, 민요적, 애상적
제재	임과의 이별		
주제	이별의 아쉬움과 임에 대한 그리움		
특징	① 3음보의 민요조 율격이 나타남. ② 유음·비음 등을 사용하여 음악적 효과를 거둠. ③ 시행의 길이와 속도, 어조를 통해 화자의 심리를 효과적으로 표현함.		

● 이것만은 꼭!

1 이 시의 시행 배열과 시적 의미의 관계

1·2연	3·4연
짧은 시행, 느린 호흡	긴 시행, 빠른 호흡
망설임, 미련	상황의 촉박함.

2 객관적 상관물로서의 '까마귀'와 '강물'

까마귀		화자		강물
서산에 해가 진다고 지저귐.	→ 재촉	임과 이별하는 안타까움의 심화	재촉 ←	어서 따라오라며 흘러감.

수능에는 이렇게

[고1 전국연합] · '말을 할까'와 '그냥 갈까'에 사용된 어미를 통해 행동과 행동의 멈춤에 대한 내적 갈등을 드러낸다.
· '까마귀'와 지는 '해'는 화자에게 떠나가야 하는 상황임을 환기시킨다.
· 의도적 행갈이를 통해 낭송 속도를 조절함으로써 화자의 머뭇거림의 정서를 드러낸다.
· 1, 2연은 짧은 시행을, 3, 4연은 보다 긴 시행을 배열하여 화자의 심리 변화를 드러낸다.

006 접동새 | 김소월

| 짧은 감상 | 한 가족의 비극을 담은 전래 설화를 제재로 하여 애절한 혈육의 정을 표현하고 있으며, 민족의 전통적 정한(情恨)을 형상화하고 있다.

● 핵심 정리

갈래	자유시, 서정시	성격	전통적, 애상적, 민요적, 향토적
제재	접동새 설화(서북 지방)		
주제	죽어서도 잊지 못하는 혈육의 정한(情恨)		
특징	① 서북 지방의 전설을 제재로 활용함. ② 의성어를 통해 애상적 분위기를 형성함. ③ 3음보의 민요조 운율을 사용함.		

● 이것만은 꼭!

화자의 상황과 정서

2, 3연	· 접동새에 얽힌 이야기를 객관적으로 제시함.

＋

4연	· '불설워'라는 시어를 통해 화자의 주관적 감정을 드러냄. · '누나'를 '우리 누나'로 표현하여 독자가 화자와 동일하게 느끼게 함.

↓

죽은 누나에 대한 그리움과 안타까움을 독자들이 고스란히 느끼게 함.

수능에는 이렇게

[평가원] · 애상적 어조를 통해 비극적 분위기를 드러내고 있다
· 행의 길이에 변화를 주어 리듬의 완급을 조절하고 있다.
· 4연에서는 '누나'에 대한 화자의 정서가 직설적으로 제시되고 있다.
오오 불설워

007 먼 후일 | 김소월

| 짧은 감상 | 떠나간 임을 잊을 수 없는 안타까운 심정을 반어적인 표현을 사용하여 노래하고 있다.

● 핵심 정리

갈래	자유시, 서정시	성격	민요적, 애상적
제재	떠난 임		
주제	떠난 임에 대한 그리움		
특징	① 3음보의 민요적 율격을 통해 리듬감을 형성함. ② 반어적 진술을 통해 그리움을 강조함. ③ 가정적 상황을 통해 화자의 정서를 드러냄. ④ 유사한 문장 구조의 반복과 변조가 나타남.		

● 이것만은 꼭!

1 시에 드러난 표현법과 그 효과

점층법	'당신'을 그리워하고 잊을 수 없는 마음을 점점 더 강하게 표현함.
반어법	'잊었노라'라는 반어적 표현으로 잊을 수 없는 그리움을 강하게 표현함.
대구법	1연에서 3연까지 '~면 ~잊었노라'라는 통사 구조를 대응하여 그리움을 더욱 강조함.
반복법	동일한 시어인 '당신', '잊었노라', '먼 훗날'을 반복하여 의미 강조와 운율이 나타남.

2 반어적 표현의 의미

표면적 의미		내포된 의미
잊었다.	대조 / 강조	결코 잊을 수 없다.

수능에는 이렇게

[고1 전국연합] · 화자는 '먼 후일'과 '잊었노라'를 결합하여 '오늘'의 이별 상황을 인정하고 싶어 하지 않는군.

008 산유화 | 김소월

| 짧은 감상 | 꽃이 피고 지는 자연 현상을 통해 이 세상에 존재하는 모든 사물의 근원적 고독감을 노래하고 있다.

● 핵심 정리

갈래	자유시, 서정시	성격	관조적, 민요적, 전통적
제재	산에 피는 꽃		
주제	존재의 근원적 고독		
특징	① 1연과 4연이 내용과 구조 면에서 서로 대응됨. ② 종결 어미 '-네'를 통해 각운의 효과를 얻고 감정의 절제를 보여 줌. ③ 3음보를 여러 행에 걸쳐 배열하거나 한 행에 배열함.		

● 이것만은 꼭!

이 시의 운율 형성 요소

· 4개의 연이 모두 종결 어미 '-네'로 끝난다.
· 3음보가 각 연에 두 번 나타나며, 3음보를 한 행, 두 행, 세 행 등으로 다양하게 배열하고 있다.
· 첫 연과 마지막 연이 같은 구조로 되어 있으며, 2연과 3연은 시행의 길이(음보의 배열)가 대칭을 이루고 있다.
· '산에는, 꽃이 피네, 갈 봄 여름 없이, 산에, 산에서, 꽃이 지네' 등의 시어 또는 시구가 반복된다.

009 진달래꽃 | 김소월

| 짧은 감상 | 민요적 율격과 애절한 어조로 이별의 슬픔과 그것을 극복하려는 내적 의지를 형상화하고 있다.

● 핵심 정리

갈래	자유시, 서정시	성격	전통적, 애상적, 민요적, 향토적
제재	임과의 이별		
주제	승화된 이별의 정한(情恨)		
특징	① 이별의 상황을 가정하여 시상을 전개함. ② 3음보의 민요조 율격과 '–우리다'의 반복을 통해 운율을 형성함.		

● 이것만은 꼭!

〈가시리〉, 〈서경별곡〉, 〈진달래꽃〉의 비교

		가시리	서경별곡	진달래꽃
공통점	상황	사랑하는 사람과의 이별		
	주제	이별의 슬픔		
	운율	3음보		
	어조	여성적 어조		
차이점	화자의 태도	이별의 상황을 수용하지만 임이 돌아오기를 끝까지 기다리겠다는 의지적 태도를 보임.	이별을 거부하려는 의사를 직접적으로 표출하며, 적극적인 태도를 보임.	이별의 상황을 수용하고 슬픔을 인내하겠다는 소극적이고 순종적인 태도를 보임.

수능에는 이렇게

[수능] • 자신이 처한 현실에 대한 대응 방식이 드러나 있다.
[고1 전국연합] • 반어법을 사용하여 임에 대한 화자의 심정을 드러냈다.

010 초혼 | 김소월

| 짧은 감상 | 장례 절차의 일부인 고복 의식 중에서 '초혼(招魂)'을 소재로 하여, 사랑하는 사람을 잃은 비탄과 절망감을 격정적인 어조로 노래하고 있다.

● 핵심 정리

갈래	자유시, 서정시	성격	서정적, 전통적, 민요적, 격정적, 애상적
제재	임의 죽음		
주제	임의 죽음으로 인한 슬픔과 임에 대한 그리움		
특징	① 반복과 영탄을 통한 격정적 어조를 사용함. ② 민요조의 3음보 율격을 사용함. ③ 전통적 장례 의식과 망부석 설화를 소재로 함.		

● 이것만은 꼭!

이 시와 한국 문학의 전통

전통 시가의 형식	민족의 보편적 정서	민중적 소재
오랜 세월 동안 민족 정서의 가락이 되어 온 3음보의 민요 운율로 이루어짐.	민족의 설움과 한(恨)의 정서를 주제로 함.	'망부석 설화'나 장례 의식 '초혼'과 같은 설화나 민속과 관련된 소재를 활용함.

↓

내용이나 형식 면에서 민족적 보편성이 드러남.

수능에는 이렇게

[고3 전국연합] • 화자는 대상과의 거리를 인식하고 있다.

011 봄은 고양이로다 | 이장희

| 짧은 감상 | 봄과 고양이의 유사점을 포착하여 고양이를 통해 봄의 아름다움을 감각적으로 형상화하고 있다.

● 핵심 정리

갈래	자유시, 서정시	성격	감각적, 즉물적
제재	봄, 고양이		
주제	고양이의 모습을 통해 드러나는 봄의 분위기		
특징	① 각 연이 유사한 통사 구조로 이루어짐. ② 의미 전달보다는 대상의 이미지 전달을 중시함. ③ '–도다', '–아라'와 같은 말을 반복하여 리듬감을 형성함.		

● 이것만은 꼭!

이 시의 시상 전개

1연		2연		3연		4연
봄의 향기	→	봄의 불길	→	봄의 졸음	→	봄의 생기
고양이의 털		고양이의 눈		고양이의 입술		고양이의 수염
정적 이미지		동적 이미지		정적 이미지		동적 이미지

012 님의 침묵 | 한용운

| 짧은 감상 | 불교의 역설적 진리를 바탕으로 하여 임과의 이별의 슬픔을 극복하고, 그것을 새로운 만남의 희망으로 전환시켜 노래하고 있다.

● 핵심 정리

갈래	자유시, 서정시	성격	낭만적, 상징적, 의지적, 역설적
제재	임과의 이별		
주제	임에 대한 영원한 사랑		
특징	① 역설적 표현을 통해 주제를 부각함. ② 불교적 비유와 고도의 상징이 돋보임. ③ 여성적 어조와 경어체를 사용함.		

● 이것만은 꼭!

이 시의 구조에 따른 화자의 정서 변화

기(1~4행)	이별	이별의 상황 인식

↓

승(5~6행)	슬픔	이별 후의 슬픔, 고통

↓ → 정서의 반전

전(7~8행)	희망	슬픔과 고통을 극복하려는 의지

↓

결(9~10행)	다짐	임과의 재회에 대한 믿음(임에 대한 영원한 사랑)

수능에는 이렇게

[수능] • (가)의 첫 번째 '아아'는 부정적 상황에 대한 비탄의 표현으로 볼 수 있군.
[고3 전국연합] • 모순 어법을 통해 화자의 생각을 효과적으로 표현하고 있다.
아아, 님은 갔지마는 나는 님을 보내지 아니하였습니다.

013 수의 비밀 | 한용운

| **짧은 감상** | 경어체를 사용하여 임에 대한 변함없는 기다림과 사랑을 노래하고 있다.

● 핵심 정리

갈래	자유시, 서정시	성격	상징적, 여성적, 역설적
제재	수(繡)를 놓는 과정		
주제	수(繡)에 담긴 사랑의 비밀		
특징	① 역설적 표현을 통해 주제를 부각함. ② 경어체를 사용하여 화자의 정서를 효과적으로 드러냄.		

● 이것만은 꼭!

표현상의 특징 – 역설법

주머니를 짓기 싫어서 짓지 못하는 것이 아님.	모순 관계 ⟷	주머니를 짓고 싶어서 다 짓지 않음.

진실된 의미	이 시의 화자는 '수놓기'가 당신(임)을 기다리는 한 방법임과 동시에 그에 대한 정성과 사랑을 표현하는 행위라고 생각함. 따라서 수놓기의 완성은 당신을 기다리는 행위의 종결을 뜻하는 것이기에 그가 이 기다림을 인식하고 있는 이상 수놓기는 멈추지 않고 계속되어야 한다고 생각함.

수능에는 이렇게

[고3 전국연합] • '나의 손때가 많이 묻었습니다'를 통해 화자의 일상적 행위가 오랫동안 지속되었음을 짐작할 수 있군.
• '짓다가 놓아두고 짓다가 놓아두고'에는 임의 부재라는 현실을 부인하고 싶은 화자의 심리가 내재되어 있다고 할 수 있군.
• '맑은 노래가 나와서 나의 마음이 됩니다'에서 수를 놓는 과정을 통해 화자의 자기 정화가 이루어졌다고 할 수 있군.
• '짓고 싶어서 다 짓지 않는 것입니다'에는 임의 부재가 환기되는 상황을 지연시키려는 화자의 태도가 드러나 있다고 할 수 있군.

014 빼앗긴 들에도 봄은 오는가 | 이상화

| **짧은 감상** | 국권 상실의 비극적 현실과 새로 찾아온 봄의 아름다움을 대비하며, 일제 강점기 우리 민족의 설움을 강렬한 어조로 드러내고 있다.

● 핵심 정리

갈래	자유시, 서정시	성격	낭만적, 상징적, 저항적
제재	빼앗긴 땅에 찾아온 봄		
주제	국토를 빼앗긴 민족의 비통한 현실		
특징	① 향토적 소재와 시어를 사용함. ② 격정적인 호흡과 영탄적 어조를 사용함. ③ 시상의 흐름이 전후 관계에 따른 대칭 구조를 보임.		

● 이것만은 꼭!

시구의 의미

시구	의미
가르마 같은 논길	곧게 쭉 뻗은 '논길'의 모습을 '가르마'에 비유한 것으로, 국토를 여성적 이미지로 표현하고 있다.
삼단 같은 머리	비에 씻기어 아름답게 출렁이는 '보리밭'의 모습을 '삼단 같은 머리'에 비유한 것으로, 국토에 대한 애정을 여성적 이미지로 표현하고 있다.
살찐 젖가슴 같은 부드러운 이 흙	'국토'를 '풍요로운 생산성과 따뜻한 사랑을 지닌 어머니'에 비유한 것으로, 국토를 모성적(여성적) 이미지로 표현하고 있다.

수능에는 이렇게

[예비시행] • 계절적 배경을 통하여 분위기와 주제 의식의 연관성을 높인다.
봄

015 향수 | 정지용

| **짧은 감상** | 감각적 이미지를 사용하여 가난하지만 평화로운 고향의 모습과 고향에 대한 그리움을 노래하고 있다.

● 핵심 정리

갈래	자유시, 서정시	성격	향토적, 묘사적, 감각적
제재	고향		
주제	고향에 대한 그리움		
특징	① 참신하고 선명한 감각적 이미지를 사용함. ② 후렴구가 반복되는 병렬식 구조를 보임. ③ 향토적 소재와 시어를 구사함.		

● 이것만은 꼭!

이 시에 나타난 감각적 이미지와 효과

감각적 심상	표현	효과
시각적 심상	얼룩백이 황소, 파아란 하늘빛, 검은 귀 밑머리 날리는, 성근 별, 흐릿한 불빛 등	• 어린 시절의 추억을 떠올리게 함. • 고향에 대한 그리움을 불러일으킴.
청각적 심상	옛이야기 지줄대는 실개천, 서리 까마귀 우지짖고, 도란도란거리는	
촉각적 심상	따가운 햇살	
공감각적 심상	금빛 게으른 울음, 밤바람 소리 말을 달리고(청각의 시각화)	

수능에는 이렇게

[수능] • '그곳이 차마 꿈엔들 잊힐리야'의 기능: 반복의 효과를 바탕으로 시 전체가 통일감을 갖도록 한다.

016 유리창 1 | 정지용

| **짧은 감상** | 어린 자식을 잃고 아버지로서 느끼는 애절한 슬픔을 노래하고 있다.

● 핵심 정리

갈래	자유시, 서정시	성격	상징적, 회화적, 감각적
제재	어린 자식의 죽음		
주제	죽은 아이에 대한 슬픔과 그리움		
특징	① 선명하고 감각적인 이미지를 사용함. ② 감정을 절제하여 표현함. ③ 모순 어법을 구사하여 시의 함축성을 높임.		

● 이것만은 꼭!

시어 및 시구의 상징적 의미

시어 및 시구	1차적 의미	2차적 의미
차고 슬픈 것	입김	화자의 죽은 아이
파닥거리는 날개	모양이 변하는 입김	아이의 마지막 모습
새까만 밤	허탈감과 상실감	죽음의 세계
물 먹은 별	눈물이 가득 고인 눈으로 바라본 별	화자의 죽은 아이
산(山)새	잠시 머물다 떠난 아이	

수능에는 이렇게

[고1 전국연합] • 대상에 대한 화자의 그리움이 바탕에 깔려 있다.

017 춘설 | 정지용

| 짧은 감상 | 이른 봄에 눈이 내린 풍경을 묘사하면서, 때 아닌 눈이 오히려 봄을 알린다는 참신한 발상을 통해 봄을 맞이하는 화자의 감회를 신선하게 나타내고 있다.

● 핵심 정리

갈래	자유시, 서정시	성격	감각적, 영탄적
제재	춘설(봄에 내린 눈)		
주제	춘설이 내린 자연에서 느끼는 봄의 생명력		
특징	① 다양한 감각적 이미지를 사용하여 봄이 온 것을 생동감 있게 나타냄. ② 영탄법을 사용하여 화자의 정서를 효과적으로 드러냄.		

● 이것만은 꼭!

이 작품에 사용된 감각적 심상

시구	감각적 심상	표현 방법
먼 산이 이마에 차라	공감각적 심상	먼 산에 내린 눈(시각적 심상)이 마치 이마에 닿아서 차가운 것(촉각적 심상)처럼 표현함.
서늘옵고 빛난 이마받이하다	공감각적 심상	먼 산에 덮여 있는 차가운 눈(촉각적 심상)과 빛을 받아 반짝이는 눈(시각적 심상)이 이마에 와 닿는 것처럼 느껴진다고 표현함.
흰 옷고름 절로 향기로워라	공감각적 심상	훈훈한 봄바람에 날리는 하얀색 옷고름(시각적 심상)에서 봄의 향기(후각적 심상)가 느껴진다고 표현함.

수능에는 이렇게

[고3 전국연합] • 감각적 이미지를 활용하여 대상을 묘사하고 있다.
• 자연 – 화자에게 감흥을 불러일으키는 대상으로 작품 창작의 계기가 된다.

---

018 비 | 정지용

| 짧은 감상 | 비가 내리는 자연 현상을 섬세하고 감각적인 묘사를 통해 형상화하고 있다.

● 핵심 정리

갈래	자유시, 서정시	성격	감각적, 묘사적, 비유적
제재	비		
주제	비 오는 날의 정경		
특징	① 시간의 흐름에 따라 시상을 전개함. ② 주관적 감정을 배제하고 자연 현상을 감각적으로 묘사함. ③ 간결한 시행과 규칙적인 연 구성을 보임.		

● 이것만은 꼭!

시상의 흐름

기(1~2연)	비 내리기 직전의 모습
승(3~4연)	빗방울이 여기저기 다투어 떨어지기 시작하는 모습
전(5~6연)	빗물이 모여서 여울이 되어 흘러가는 모습
결(7~8연)	빗방울이 나뭇잎에 떨어지는 정경

수능에는 이렇게

[고2 전국연합] • 시각적 이미지와 의인화의 방법을 통해 대상의 모습을 생동감 있게 표현하였다.

---

019 백록담 | 정지용

| 짧은 감상 | 백록담 근처의 자연 풍경을 담담하게 묘사함으로써 화자의 정신적 지향점을 드러내고 있다.

● 핵심 정리

갈래	산문시, 서정시, 기행시	성격	서정적, 자연 친화적
제재	한라산 백록담 기행		
주제	백록담의 신비로움과 탈속의 정신세계에 대한 지향		
특징	① 백록담까지 오르는 여정에서 본 장면들을 순차적으로 묘사함. ② 인간 세상의 질서와 단절된 자연의 평화롭고 순수한 모습을 산문적 어조로 표현함. ③ 가급적 주관적 감상을 절제하고, 사물의 인상을 담담하게 묘사하는 데 치중함.		

● 이것만은 꼭!

'백록담'의 상징성과 화자의 정서

백록담	화자
가재도 기지 않음. 푸른 물에 하늘이 돎. 실구름 일말에도 흐려짐. (잔잔함, 맑고 깨끗함.)	불구에 가깝도록 고단함. 쓸쓸함. 기도조차 잊음.
화자가 지향하는 삶(정신세계)	몰아지경(沒我之境)

---

020 거울 | 이상

| 짧은 감상 | '거울'이라는 소재를 통해 분열된 자의식의 세계를 보여 줌으로써, 현대인의 심리적 불안감과 갈등 양상을 드러내고 있다.

● 핵심 정리

갈래	자유시, 초현실주의 시	성격	주지적, 실험적, 자의식적
제재	거울, 자아의식		
주제	자아 분열 양상과 현대인의 불안 심리		
특징	① 자동기술법을 사용하여 초현실주의적 경향을 띰. ② 역설적 표현으로 자아의 모순성을 드러냄. ③ 띄어쓰기를 하지 않음으로써 분열된 자의식을 효과적으로 표현함.		

● 이것만은 꼭!

이 시에 나타난 대칭 구조 | 이 시에서 '거울'은 대칭의 이미지로 사용되고 있다. 현실과 거울 속 세계, 그리고 현실의 '나'와 거울 속의 '나'가 대칭 구조를 이루고 있다. 또한 거울이 현실의 '나'와 거울 속의 '나'를 연결하여 주는 긍정적인 의미를 지니는 동시에 차단하는 부정적 의미를 지니고 있다는 점에서 의미상 대칭 구조를 이루고 있다.

021 오감도 – 시 제1호 | 이상

| 짧은 감상 | 기존 어법을 파괴하고 실험적 기법을 사용함으로써 현대인이 느끼는 불안함과 두려움을 표현하고 있다.

● 핵심 정리

갈래	자유시, 초현실주의 시	성격	초현실적, 관념적
제재	현대인이 느끼는 감정의 근원과 본질		
주제	현대인의 불안함과 두려움		
특징	① 일반적인 규범에서 벗어난 실험적 기법을 사용함으로써 낯선 느낌을 줌. ② 동일한 통사 구문을 반복적으로 제시하여 특정 심리를 강조함.		

● 이것만은 꼭!

시어 및 시구의 상징적 의미

시어 및 시구	상징적 의미
오감도	'조감도'의 변형. '까마귀'의 의미를 더해 부정적이고 어두운 분위기를 조성함.
13인의아해	불안과 공포에서 벗어날 수 없는 현대인
도로	불안과 공포의 공간
막다른골목	'도로'로 인한 불안과 공포를 강화하는 장치

022 가정 | 이상

| 짧은 감상 | 자책감과 소외감을 느끼고 있는 한 가장의 고뇌와, 일상적인 생활을 회복하고자 하는 바람을 표현하고 있다.

● 핵심 정리

갈래	자유시, 서정시, 산문시	성격	관념적, 상징적, 초현실주의적
제재	가정		
주제	일상적 생활에 대한 회복 의지		
특징	① 화자의 상황을 상징적으로 드러냄. ② 띄어쓰기를 무시하여 내면 의식을 제약없이 드러냄.		

● 이것만은 꼭!

띄어쓰기 없는 산문시 형식 | 이상은 실험적이며 난해한 형식의 작품을 많이 창작하였다. 띄어쓰기가 없는 형식도 그러한 실험적 시도의 하나로서, 〈가정〉은 띄어쓰기를 하지 않은 산문시 형태로 연과 행의 구분 또한 없어, 화자가 느끼는 답답한 심정을 시의 형식을 통해서도 느낄 수 있다. 또한 내면세계를 어떠한 제약 없이 자유롭게 드러냄으로써 시인의 의식 세계를 보여 주는 것이기도 하다.

023 모란이 피기까지는 | 김영랑

| 짧은 감상 | 모란이 피고 지는 과정을 통해 소망하는 것에 대한 기다림과 그것이 이루어진 후 그 가치와 의미가 퇴색함으로써 생기는 비애를 형상화하고 있다.

● 핵심 정리

갈래	자유시, 서정시	성격	유미적, 낭만적, 탐미적
제재	모란의 개화와 낙화		
주제	소망이 이루어지기를 기다림.		
특징	① 수미 상관식 구성을 통해 주제를 강조함. ② 역설적 표현(모순 형용)을 사용함.		

● 이것만은 꼭!

'모란'과 '봄'의 관계

수능에는 이렇게

[평가원] • 아름다움을 경험하는 주체를 직접 노출하여 정서를 표현하고 있군.
• 한정된 시간 동안 존속하는 속성이 대상의 아름다움을 강화하고 있군.
[고1 전국연합] • 대화의 형식을 통해 청자와의 친밀감을 드러내고 있다.(×) 독백의 형식임.
• 역설적 표현을 통해 대상에서 느끼는 모순된 감정을 강조하고 있다.
• 일반적인 문장 성분의 순서를 바꾸어 화자의 간절한 심정을 나타내고 있다.

024 여우난골족 | 백석

| 짧은 감상 | 어린 소년을 화자로 내세워 사라져 가는 우리의 소중한 풍속과 민족 공동체의 회복에 대한 염원을 드러내고 있다.

● 핵심 정리

갈래	자유시, 서정시, 산문시	성격	회고적, 토속적, 향토적
제재	명절날의 친척들과 집안 풍경		
주제	가족 공동체의 유대감과 명절날의 정취		
특징	① 시간과 공간의 변화에 따라 시상이 전개됨. ② 산문적 진술로 명절의 모습을 회고적으로 그림. ③ 평안도 방언과 토속적 소재를 사용하여 향토적이고 정겨운 분위기를 표현함.		

● 이것만은 꼭!

'여우난골'의 상징적 의미와 의의 | 이 시에 묘사된 '여우난골'은 명절을 맞아 일가친척이 모두 모이는 장소로서, 공동체적 합일의 공간을 상징한다. 이 시가 쓰인 일제 강점기에 우리 민족은 일제의 침탈로 가족 공동체가 해체되기 시작했다. 따라서 시인은 '여우난골'이라는 어린 시절의 공동체적 공간을 제시하면서 사라져 가는 우리의 소중한 풍속과 민족 공동체 회복에 대한 염원을 드러내었고, 이는 당시 우리 민족에게 위안을 주고 공동체 회복의 필요성을 일깨워 주었다.

025 모닥불 | 백석

| 짧은 감상 | 모닥불에 타들어 간 온갖 사물과, 그 주변에 모여 불을 쬐는 사람들과 짐승들을 통해 일체화된 마을 공동체의 정겨운 삶을 노래하고 있다.

● 핵심 정리

갈래	자유시, 서정시, 산문시	성격	감각적, 토속적, 산문적
제재	모닥불		
주제	조화와 평등의 공동체적 합일 정신		
특징	① 토속어의 사용을 통해 향토적 정감을 느끼게 함. ② 현재의 정황과 과거의 회상으로 이루어짐. ③ 열거된 사물이나 사람의 배열이 주제 의식을 높이는 데에 기여함.		

● 이것만은 꼭!

모든 존재와 삶, 역사를 보듬는 '모닥불'의 상징성

1연	농촌에서 흔히 볼 수 있는 쓸모없고 보잘것없는 존재들이 하나로 묶여 모닥불을 이룸.	→	합일의 이미지
2연	차별 없이 각계각층의 사람들과 동물들이 뒤섞여 모닥불을 쬐고 있음.	→	조화와 평등의 이미지
3연	모닥불은 고아로 자란 할아버지가 장애를 안고 사는 모습을 떠올리게 하는 매개체가 됨.	→	우리 민족의 슬픈 역사를 내포한 대상

026 백화 | 백석

| 짧은 감상 | 깨끗하고 아름다운 산속 세계와 자작나무들에 둘러싸여 살아가는 순수하고도 소박한 사람들의 모습을 감각적으로 형상화하고 있다.

● 핵심 정리

갈래	자유시, 서정시	성격	향토적, 서정적
제재	백화		
주제	순수하고 아름다운 산골 사람들의 삶		
특징	① 사물들의 나열과 보조사 '도'를 반복적으로 사용하여 시적 의미를 강조함. ② 다양한 감각적 심상(시각, 청각, 미각)을 활용하여 산골 정경을 구체적으로 형상화함.		

● 이것만은 꼭!

산골 사람들의 삶의 중심인 '자작나무'

온통 자작나무로 이루어진 산골의 삶	—	산골 사람들의 사는 집
		산골 사람들의 정신적 삶
		산골 사람들의 생활의 근거

027 흰 바람벽이 있어 | 백석

| 짧은 감상 | 외롭고 쓸쓸한 화자가 흰 바람벽에 투사된 내면의 풍경을 통해 자신의 지난 삶을 성찰하고 어려운 현실에 대한 운명적 수용과 극복 의지를 그리고 있다.

● 핵심 정리

갈래	자유시, 서정시	성격	회고적, 의지적
제재	타향에서의 고단한 삶		
주제	고단한 삶 속에서도 고결함을 잃지 않으려는 삶의 자세		
특징	① 화자의 내면 풍경과 삶에 대한 성찰의 자세를 형상화하여 표현함. ② 감각적 이미지를 사용하여 화자의 정서를 구체적으로 제시함.		

● 이것만은 꼭!

화자의 내면 의식의 변화

• 지치운 불빛 • 낡은 무명 샤쯔와 어두운 그림자	외로움, 쓸쓸함

↓

• 늙은 어머니 • 내 사랑하는 어여쁜 사람	부재하는 존재에 대한 그리움

↓

첫 번째 글자들 (나는 이 세상에서 ~ 가득 찬다)	자신의 삶을 숙명으로 여기고 받아들이려는 체념적 태도

↓

두 번째 글자들 (하늘이 이 세상을 ~ 그러하듯이)	자신의 운명을 긍정적으로 수용하고 자긍심을 느끼면서 고단한 삶 속에서도 고결함을 잃지 않겠다는 다짐

> **수능에는 이렇게**
>
> [고3 전국연합] • 시어의 반복을 통해 의미를 강조한다.
> • 현재형 어미를 사용하여 상황을 부각한다.
> • 독백의 어조를 통해 화자의 심정을 표출한다.
> • 도치의 구문으로 시상을 종결하여 주제 의식을 강화한다.

028 국수 | 백석

| 짧은 감상 | 국수에 대한 화자의 아련한 기억을 독특하고 토속적인 언어로 그려 냄으로써, 고향의 정겨움과 공동체적 삶의 모습을 떠올리게 하는 작품이다.

● 핵심 정리

갈래	자유시, 서정시	성격	회고적, 감각적, 토속적
제재	국수		
주제	정겨운 고향에 대한 추억과 회상		
특징	① 토속어를 사용하여 향토적 정감을 드러냄. ② 농촌 공동체의 이미지를 감각적으로 형상화함.		

● 이것만은 꼭!

'국수'가 지닌 의미

• 친근하고 반가우며 고담하고 소박한 것으로 정겨웠던 고향 마을의 공동체적 삶을 떠올리게 하는 대상

• 꾸밈이 없고 소박한 우리 민족의 심성을 간접적으로 드러내는 소재

한대 시

본책 92쪽

029 벽공 | 이희승

| 짧은 감상 | 청명하고 순수한 가을 하늘에 대한 예찬과 이러한 자연에 따르지 못하는 인간 세계의 혼탁함에 한탄하고 있다.

● 핵심 정리

갈래	현대 시조, 구별 배행 시조	성격	감각적, 묘사적, 영탄적, 예찬적
제재	가을 하늘		
주제	맑고 순수한 가을 하늘에 대한 예찬과 인간사에 대한 비판		
특징	① 자연물과 인간사를 대비하여 속세의 부정적인 면을 부각함. ② 푸른 하늘의 아름다움을 감각적으로 형상화함. ③ 미종결의 어미를 사용하여 시적 여운을 남김.		

● 이것만은 꼭!

시어 및 시구의 상징적 의미

시어 및 시구	상징적 의미
쨍하고 금이 갈 듯	맑고 투명한 가을 하늘을 유리에 빗대어 표현함.
새파랗게 고인 물	명경지수(明鏡止水)의 이미지를 나타냄.
드리우고 있건만	미종결형 어미를 통해 시적 여운을 줌.

본책 94쪽

030 오랑캐꽃 | 이용악

| 짧은 감상 | 오랑캐꽃이라는 자연물을 소재로 일제 강점기하 우리 민족의 비참한 삶을 그리고 있다.

● 핵심 정리

갈래	자유시, 서정시	성격	서사적, 상징적, 서술적
제재	오랑캐꽃		
주제	일제 강점기 유이민들의 비참한 삶에 대한 연민		
특징	① 오랑캐꽃을 의인화하여 청자로 설정함. ② 작품의 서두에 오랑캐꽃의 명칭에 대한 유래를 설명함. ③ 역사적 사건과 관련지어 시상을 전개함.		

● 이것만은 꼭!

'오랑캐꽃'의 상징성

고려 시대	고려 군사에 의해 삶의 터전을 잃고 쫓겨 가던 여진족의 비극적 삶을 연상하게 함.

↓

오랑캐꽃

↓

일제 강점기	일제의 탄압에 의해 생활의 터전을 잃어버린 채 유랑하는 우리 민족의 유이민으로서의 삶을 표상함.

본책 96쪽

031 청포도 | 이육사

| 짧은 감상 | 감각적인 표현을 사용하여 풍요롭고 평화로운 세상에 대한 염원을 노래하고 있다.

● 핵심 정리

갈래	자유시, 서정시	성격	감각적, 미래 지향적
제재	청포도		
주제	평화로운 세상을 향한 기다림		
특징	① 색채 이미지를 활용하여 이상적 세계의 모습을 형상화함. ② 음성 상징어를 활용하여 생동감을 드러냄.		

● 이것만은 꼭!

이육사의 시에 나타나 있는 기다림의 대상

본책 98쪽

032 절정 | 이육사

| 짧은 감상 | 견디기 어려운 극한 상황에서 오히려 그것을 넉넉한 관조의 정신으로 받아들이는 강인함을 절제된 언어로 보여 주고 있다.

● 핵심 정리

갈래	자유시, 서정시	성격	상징적, 남성적, 지사적
제재	현실의 극한 상황		
주제	극한 상황에서의 초월적 인식		
특징	① 한시의 '기-승-전-결'의 구조와 유사한 형식임. ② 역설적 표현을 통해 주제를 효과적으로 형상화함.		

● 이것만은 꼭!

역설적 인식과 초극 의지

겨울, 강철	무지개
혹독한 시련의 시간, 차가운 이미지	희망, 황홀한 이미지

↓

겨울은 강철로 된 무지개
역설적 인식을 통한 극한 상황의 초월

수능에는 이렇게

[고2 전국연합] • '고원'은 높은 곳이라는 긍정적 속성과 달리 화자가 더 이상 나아갈 수 없는 한계의 공간을 의미한다.

033 광야 | 이육사

| 짧은 감상 | 광야라는 광막한 공간, 그리고 아득한 시간을 배경으로 강인한 지사적 의지와 미래 지향적인 역사의식을 보여 주고 있다.

● 핵심 정리

갈래	자유시, 서정시	성격	의지적, 저항적, 미래 지향적, 상징적
제재	광야		
주제	조국 광복에 대한 의지와 염원		
특징	① 상징적 시어와 속죄양 모티프를 통해 주제를 형상화함. ② '과거－현재－미래'의 시간의 흐름에 따라 시상을 전개함.		

● 이것만은 꼭!

화자의 현실 인식 태도와 '씨'가 갖는 상징성 | 이 시의 화자는 '눈' 내리는 부정적이고 암담한 현실을 극복하기 위해 '가난한 노래의 씨'를 뿌리겠다고 말하고 있다. 따라서 '가난한 노래의 씨'에서 화자의 현실에 대한 부정적인 인식과 이를 극복하려는 의지와 희생정신을 엿볼 수 있다.

수능에는 이렇게

[고1 전국연합] · 추상적 개념을 구체적 이미지로 변용하여 표현하고 있다.
[고3 전국연합] · 어려운 상황에 처한 화자의 모습이 나타나 있다.

034 꽃 | 이육사

| 짧은 감상 | 꽃을 소재로 하여 새로운 세계에 대한 소망의 의지를 노래하고 있다.

● 핵심 정리

갈래	자유시, 서정시	성격	의지적, 상징적, 저항적, 미래 지향적
제재	꽃		
주제	조국 광복에 대한 신념과 의지		
특징	① 선경 후정의 한시 구조를 보이며 점층적으로 시상을 전개함. ② 대립적 이미지의 시어를 사용함.		

● 이것만은 꼭!

시어 및 시구의 상징적 의미

시어 및 시구	상징적 의미
동방	나라를 빼앗긴 조국
북쪽 툰드라	극한 상황, 혹독한 현실
제비 떼	밝은 미래
꽃 맹아리	조국 독립의 기운
눈	고난, 시련

수능에는 이렇게

[수능] · 꽃은 극한 상황을 극복하려는 의지의 표상이다.

035 윤사월 | 박목월

| 짧은 감상 | 순수한 산수의 서경과 인간 본연의 근원적 애수를 노래한 시로, 산속의 풍경을 한 폭의 그림처럼 보여 주고 있다.

● 핵심 정리

갈래	자유시, 서정시	성격	서정적, 향토적, 애상적, 낭만적, 민요적
제재	윤사월 산속의 정경과 눈먼 처녀의 비애		
주제	외딴 산속 윤사월의 풍경과 눈먼 처녀의 애틋한 그리움		
특징	① 3음보의 율격과 7·5조를 바탕으로 한 민요풍의 간결한 시형 ② 선경 후정과 기승전결에 의한 시상 전개 ③ 토속적인 소재를 사용한 한국적인 정적미(靜寂美)와 비애미(悲哀美)를 드러냄.		

● 이것만은 꼭!

처녀의 행동을 통해 본 인물의 상황

시각, 후각적 심상	청각적 심상
송홧가루	꾀꼬리 울음소리

⬇

처녀의 행동	처녀는 외딴집에 살고 있다. 가난과 장애로 세상과 떨어져 있음에도 문설주에 기대 꾀꼬리 소리를 엿들으려는 의지를 보여 주고 있다.

036 자화상 | 윤동주

| 짧은 감상 | 우물을 들여다보는 행위를 통해, 일제 강점기를 살아가는 자신의 모습을 객관적으로 성찰하고자 하는 의지를 노래하고 있다.

● 핵심 정리

갈래	자유시, 서정시	성격	성찰적, 고백적
제재	우물 속에 비친 자신의 모습		
주제	자아 성찰과 자신에 대한 애증(愛憎)		
특징	① 평이한 구어체를 사용하여 산문적으로 진술함. ② 시상 전개에 따라 화자의 심리가 분명한 변화를 보임.		

● 이것만은 꼭!

1 우물의 기능

우물	➡	· 자아 성찰의 매개체 · 자아의 내면을 비추는 사물

2 시대 상황과 연관된 화자의 정서 및 태도 변화

자신에 대한 미움	➡	자신에 대한 연민	➡	자신에 대한 미움	➡	자신에 대한 그리움

수능에는 이렇게

[수능] · 제1연에서 '외딴', '홀로', '가만히', '들여다봅니다' 등으로 보아, '우물'은 화자의 모습을 투영해 볼 수 있는 내밀한 공간이겠군. 자아 성찰의 매개체
[고1 전국연합] · 화자는 자신을 '사나이'로 객관화하여 드러낸다.

037 별 헤는 밤 | 윤동주

| 짧은 감상 | 밤하늘의 별을 통해 아름다웠던 유년 시절을 회상하며, 이상에 대한 동경과 자기 성찰을 보여 주는 화자의 모습을 형상화하고 있다.

● 핵심 정리

갈래	자유시, 서정시	성격	회상적, 성찰적, 의지적, 사색적
제재	별		
주제	아름다운 과거에 대한 그리움과 자기 성찰		
특징	① '현재-과거-현재-미래'의 시간적 흐름에 따라 시상을 전개함. ② 산문적 리듬을 가진 연을 삽입하여 운율의 변화를 줌.		

● 이것만은 꼭!

시간적 흐름에 따른 시상 전개 | 이 시는 현재에서 과거로, 다시 현재를 거쳐 미래로 이어지는 시간의 흐름에 따라 시상이 전개된다.

현재(1~3연) 별을 보는 화자의 상념	과거 (4~7연)	과거에 대한 상념과 그리움
	현재 (8~9연)	자기 성찰, 부끄러움
	미래 (10연)	희망, 기대

수능에는 이렇게

[수능] • 시적 화자는 자연물들에 대하여 친화적인 태도를 보이고 있다.
• 별 – 시인이 지향하는 내적 세계를 나타낸다.
[고2 전국연합] • 화자는 별을 매개로 하여 자아를 성찰하고 있어.
• 별에는 화자가 소망하는 이상 세계가 투영되어 있군.

038 서시 | 윤동주

| 짧은 감상 | 적절한 상징과 시각적 심상을 활용하여 일제 강점기를 살아가는 지식인의 도덕적 순결성에 대한 고뇌와 그것을 극복하려는 의지를 드러내고 있다.

● 핵심 정리

갈래	자유시, 서정시	성격	성찰적, 고백적, 의지적, 상징적
제재	별		
주제	순수한 삶에 대한 간절한 소망과 의지		
특징	① 시간의 이동에 따라 시상을 전개함. ② 이미지를 대립시켜 시적 상황을 제시함.		

● 이것만은 꼭!

이 시에 나타난 화자의 태도 | 화자는 암울한 시대 상황에서도 양심을 지키며 현실에 타협하지 않는 삶, 즉 부끄러움이 없는 순결한 삶을 추구하고 있다. 나라를 일제에 빼앗긴 현실에 괴로워하면서도 '별'과 같이 이상적인 삶, 도덕적으로 순결한 삶을 살기를 소망하며 민족을 위해 고난과 시련의 삶을 피하지 않고 꿋꿋하게 헤쳐 나갈 것을 다짐하고 있다. 이처럼 화자는 일제 강점기의 어두운 시대에 도덕적 순결성과 양심을 지켜 나가겠다는 의지를 드러내고 있다.

수능에는 이렇게

[수능] • 길 – '나'가 걸어갈 길로, 미래의 소명을 가리킨다.
• 그는 이처럼 마음속에서 시를 다듬었기 때문에, 한 마디의 시어(詩語) 때문에도 몇 달을 고민하기도 했다.
[고1 전국연합] • '죽는 날까지'는 이상을 지향하는 자아의 숙명을 강조하여 표현한 것이다.
• '하늘을 우러러'는 절대적 가치를 지향하는 자아의 모습을 표현한 것이다.
• '괴로워했다'는 현실에서 이상을 실현하지 못하는 고뇌를 나타낸 것이다.
• '주어진 길을 걸어가야겠다'는 이상 실현을 위한 의지를 드러낸 것이다.

039 쉽게 씌어진 시 | 윤동주

| 짧은 감상 | 일제 강점기하의 시대 상황에서 부끄럽지 않은 삶을 살려고 노력한 식민지 지식인의 고뇌와 자기 성찰을 담고 있다.

● 핵심 정리

갈래	자유시, 서정시	성격	저항적, 반성적, 미래 지향적
제재	현실 속의 자신의 삶(시가 쉽게 씌어지는 것에 대한 부끄러움)		
주제	어두운 시대 현실에서 비롯된 고뇌와 자기 성찰		
특징	① 상징적 시어를 대비하여 시적 의미를 강화함. ② 두 자아의 대립과 화해를 통해 시상을 전개함.		

● 이것만은 꼭!

시간적·공간적 배경을 통해 본 화자의 상황

시간적 배경	공간적 배경
밤비	육첩방

화자의 상황	화자는 어두운 밤에 육첩방이라는 낯선 생활 공간에 있는데, 이는 조국을 잃은 암울한 시대 현실과 일본 유학 중인 화자의 처지를 나타냄.

수능에는 이렇게

[고1 전국연합] • '시대처럼 올 아침'은 긍정적인 미래에 대한 화자의 확고한 인식을 드러내는군.
• '최초의 악수'는 현실적 자아와 이상적 자아가 화해에 이르렀음을 나타내는군.
[고2 전국연합] • 삶에 대한 성찰의 태도가 담겨 있다.
[고3 전국연합] • 현실 상황에 맞서려는 의지를 드러내고 있다.

040 참회록 | 윤동주

| 짧은 감상 | 치욕스러운 역사를 경험한 화자가 암울한 시대에 무기력하게 살아온 자신의 삶을 성찰하며 느끼는 부끄러움과 고뇌를 고백하고 있다.

● 핵심 정리

갈래	자유시, 서정시	성격	자기 성찰적, 고백적, 상징적
제재	구리거울, 부끄러운 자기 삶의 참회		
주제	자기 성찰을 통한 순결성 추구, 현실 극복 의지		
특징	① 시간의 흐름에 따라 시상을 전개함. ② 구리거울을 매개로 치열한 자기 성찰의 모습을 보여 줌.		

● 이것만은 꼭!

이 시에 나타난 참회의 내용과 의미

현재	미래
만 이십사 년 일 개월을 / 무슨 기쁨을 바라 살아왔던가.	그때 그 젊은 나이에 / 왜 그런 부끄런 고백(告白)을 했던가.
과거로부터 현재에 이르는 자신의 삶 전체에 대한 참회로, 일제 강점기에 식민지 지식인으로서 무기력하게 살아온 삶에 대한 반성	미래의 어느 즐거운 날, 즉 조국 광복이 이루어진 날에 현재의 참회를 다시 돌아보며 한 참회로, 현실에 적극적으로 대응하지 못했던 젊은 날에 대한 반성

060 청노루 | 박목월

| 짧은 감상 | 간결한 리듬과 절제된 언어를 바탕으로 봄날의 정취를 그린 시로, 한 폭의 동양 화를 보는 듯한 탈속적인 세계를 형상화하고 있다.

● 핵심 정리

갈래	자유시, 서정시	성격	서경적, 묘사적, 관조적
제재	청노루		
주제	봄의 정경과 정취		
특징	① 동적 이미지와 정적 이미지가 조화를 이룸. ② 원경에서 근경으로의 시선의 이동에 따라 시상을 전개함. ③ 짧은 시행을 배열하고 명사로 시를 종결함.		

● 이것만은 꼭!

화자의 시선 이동 | 이 시는 화자의 시선의 이동에 따라 자연의 대상을 묘사 하고 있다. 처음에는 멀리 떨어져 있는 청운사의 낡은 기와집과 봄눈이 녹 는 자하산을 바라보다가 점차 가까운 곳으로 시선을 이동해 골짜기마다 느 릅나무에 속잎이 피어나는 모습을 바라보다 청노루의 눈에 비친 구름으로 시상을 집중해 시를 마무리한다.

청운사 낡은 기와집	→	자하산	→	골짜기, 느릅나무	→	청노루의 눈

061 산도화 | 박목월

| 짧은 감상 | 한 폭의 정갈한 동양화를 보는 듯한 이미지로 이상화된 자연 속에 봄이 오는 정 경을 묘사하고 있으며, 산도화를 통해 생명 탄생의 순수함을 나타내고 있다.

● 핵심 정리

갈래	자유시, 서정시	성격	관조적, 회화적
제재	산도화		
주제	이상적 세계의 평화롭고 아름다운 정경		
특징	① 감정을 절제한 압축적 표현과 평화롭고 아늑한 분위기가 드러남. ② 시각적 이미지를 중심으로 시선이 원경에서 근경으로 이동함.		

● 이것만은 꼭!

여백의 함축 | 자연의 풍경을 있는 그대로 구체적으로 표현하지 않고 인상적 인 몇 장면, 즉 보랏빛 석산, 산도화 두어 송이, 흐르는 물, 발을 씻는 암사슴 등의 장면을 묘사하고 있다. 이는 마치 한 편의 동양화 풍경을 그대로 옮겨 놓은 것처럼 담담하고 담백한 여백의 미를 느끼게 한다. 아울러 수식어가 거의 없는 극도로 절제된 시어를 사용하여 여백의 함축을 더욱 강화하고 있 다. 특히 산도화가 흐드러지게 피어 있는 것이 아니라, '두어 송이' 피어나 있는 모습에서 이러한 특징이 두드러지게 나타난다.

062 산이 날 에워싸고 – 남령에게 | 박목월

| 짧은 감상 | '산'이 화자에게 말한 것을 전달하는 방식을 취하여 자신의 소망을 표현한 시로, 화자는 자연 속에서의 소박한 삶을 토대로 현실을 넘어선 초월적이고 달관적인 삶을 꿈꾸고 있다.

● 핵심 정리

갈래	자유시, 서정시	성격	자연 친화적, 초월적, 관조적
제재	산		
주제	자연 친화를 통한 순수한 삶에 대한 소망		
특징	① '산'을 의인화하여 화자에게 말을 하는 것처럼 표현함. ② 시구의 반복을 통해 리듬감을 형성함. ③ 자연과의 동화가 점층적 구조로 나타남.		

● 이것만은 꼭!

시의 구조와 주제 의식

1연		2연		3연
자연에 토대를 둔 삶	→	자연에서의 소박한 삶	→	자연에서의 초월적 삶

각 연에서의 삶의 모습에 변화를 줌으로써 점차 자연에서의 삶이 고양되는 양상을 보여 준다. 시상이 전개될수록 화자와 자연과의 동화가 점층적으로 나타나면서 자연 속에서의 순수한 삶에 대한 소망이라는 주제 의식을 더욱 강조하게 되는 것이다.

063 하관 | 박목월

| 짧은 감상 | 죽은 아우를 그리워하며 쓴 시로, 하강의 이미지와 담담한 어조의 산문적 진술 을 통해 감정을 절제하여 표현하고 있다.

● 핵심 정리

갈래	자유시, 서정시	성격	서정적, 사색적, 상징적
제재	아우의 죽음		
주제	아우의 죽음으로 인한 슬픔과 아우에 대한 간절한 그리움		
특징	① 담담한 어조로 슬픔과 그리움의 감정을 절제하여 표현함. ② 하강 이미지를 반복적으로 제시하여 죽음과 슬픔의 이미지를 형상화함.		

● 이것만은 꼭!

시어 및 시구의 상징적 의미

시어 및 시구	상징적 의미
관이 내렸다	'아우의 죽음'이라는 시적 상황 제시
꿈	죽은 아우를 만나게 되는 매개
턱이 긴 얼굴, 어질고 안쓰럽고 다정한 눈짓	생전 아우의 모습
눈과 비	아우의 죽음으로 인한 서러움과 슬픔
툭 하는 소리	떨어지는 열매, 생명체의 소멸이 남기는 흔적

064 꽃덤불 | 신석정

| 짧은 감상 | 어둡고 고통스러웠던 일제 강점기와 광복 직후의 혼란상을 극복하고, 새롭게 수립해야 할 바람직한 민족 국가의 모습을 꽃덤불로 형상화하고 있다.

● 핵심 정리

갈래	자유시, 서정시	성격	상징적, 비판적, 서술적, 독백적
제재	꽃덤불		
주제	광복의 기쁨과 새로운 민족 국가 건설에의 소망		
특징	① 시간의 흐름에 따라 시상을 전개함. ② 유사한 문장 구조의 반복을 통해 운율을 형성함. ③ 어둠과 밝음의 대립적 이미지를 활용하여 주제를 형상화함.		

● 이것만은 꼭!

1 대립적인 이미지

어둠	태양을 등진 곳, 밤, 헐어진 성터, 겨울밤	→	화자가 처해 있는 암담하고 혼란스러운 현실

⇕

밝음	태양, 하늘, 봄, 꽃덤불	→	화자가 소망하는 밝은 미래

2 시에 반영된 시대적 상황과 창작 의도 | 이 시는 해방이 되었음에도 좌우익의 이념 갈등으로 시련을 겪고 있는 상황과 주체적인 역량에 의해서가 아니라 연합군 세력에 의해 해방됨으로써 새로운 모순을 담고 있는 혼란한 사회상을 5연의 '겨울밤 달이 아직도 차거니'로 표현하고 있다. 이를 고려할 때 시인은 조국의 완전한 독립과 화합에 대한 소망을 드러내기 위해 이 시를 창작했다고 볼 수 있다.

> **수능에는 이렇게**
>
> [평가원] • 시련과 고난을 드러내는 표현을 사용하여 기대가 실현되기 이전의 상황을 제시하고 있다.
> • '헐어진 성터'를 헤매고 '이야기'를 나누는 것은 사랑하는 대상에 대한 관심을 잃지 않았음을 의미한다.
> [고1 전국연합] • 화자가 지향하는 바람직한 삶이 나타나 있다.

065 낙화 | 조지훈

| 짧은 감상 | 떨어지는 꽃잎을 보면서 느끼는 삶의 무상감과 비애, 절망감을 전통적 어휘와 4음보의 율격을 바탕으로 드러내고 있다.

● 핵심 정리

갈래	자유시, 서정시	성격	낭만적, 묘사적, 애상적
제재	낙화		
주제	낙화에서 느끼는 삶의 비애		
특징	① 시간의 흐름에 따라 화자의 시선이 이동하면서 시상이 전개됨. ② 모든 연이 2행으로 구성되어 절제된 느낌을 줌.		

● 이것만은 꼭!

화자의 정서 | 화자는 꽃이 지는 것을 자연의 섭리로 인식하며 담담하게 받아들이고 있다. 하지만 꽃이 떨어지는 시간이 가까워지자 꽃이 지는 것에 대한 서글픔을 느끼게 된다. 이때의 화자의 한과 슬픔의 정서는 귀촉도의 울음을 통해 간접적으로 표현된다. 그리고 화자는 현실과 단절된 자신의 상황을 인식하면서 자신의 마음을 아는 이가 있을까 경계하는 심정을 드러내고 '울고 싶어라'라는 표현을 통해 삶의 무상감과 비애, 상실감을 표현하고 있다.

066 사향 | 김상옥

| 짧은 감상 | 다양한 감각적 이미지를 사용하여 고향의 정경을 그려 냄으로써, 고향에 대한 인간 본연의 그리움을 선명하게 나타내고 있다.

● 핵심 정리

갈래	현대 시조(연시조)	성격	회상적, 향토적, 묘사적, 애상적
제재	고향		
주제	고향에 대한 그리움		
특징	① 다양한 감각적 심상을 사용함. ② '현재-과거-현재'의 역순행적 구성임. ③ 사투리를 사용하여 토속적 정취를 형상화함.		

● 이것만은 꼭!

'고향'의 의미와 화자의 태도

'고향'의 의미		화자의 태도
• 그리움의 대상 • 이상화된 공간 • 화자에게 마음의 위안이 되는 공간	→	고향에 대한 그리움

> **수능에는 이렇게**
>
> [평가원] • 이미지의 흐름에 따라 짜임새 있는 의미 구조를 이루고 있군.

067 상치쌈 | 조운

| 짧은 감상 | 평범한 일상에서 봄의 아름다움을 발견하게 되는 순간을 절묘하게 포착하여 현대 시조에 담아낸 작품이다.

● 핵심 정리

갈래	현대 시조, 정형시, 서정시	성격	서정적, 회화적
제재	상추쌈을 먹다 바라본 광경		
주제	상추쌈을 먹다가 포착한 봄 풍경에 대한 감탄		
특징	① 시조의 4음보 율격을 계승하면서도 세 개의 장을 각각의 연으로 배치하여 현대적인 느낌을 살림. ② 일상적 경험을 순간적으로 포착하여 묘미를 살림.		

● 이것만은 꼭!

시선의 전환

일상생활의 단면	→	시선의 전환과 주목 '희뜩'	→	아름다운 순간 (봄의 생명력, 생동감) 포착

화자는 초장의 상추를 싸 먹는 행동을 채 마무리하지도 못한 상태에서 날아가는 나비로 시선을 돌리게 된다. 이 시선의 전환은 봄의 생동감과 생명력을 포착하는 순간으로 이어지면서, 자칫 지나칠 뻔했던 찰나적이고 덧없는 봄의 아름다움을 목도한 데 대한 감탄을 표현하게 되는 계기가 된다.

068 남신의주 유동 박시봉방 | 백석

| **짧은 감상** | 고향을 떠나 객지에 홀로 머무는 화자가 지나온 삶을 차분히 응시하고 자신의 삶의 자세를 성찰하고 있는 시이다.

● 핵심 정리

갈래	자유시, 서정시	성격	독백적, 반성적, 의지적
제재	유랑하는 삶		
주제	무기력한 삶에 대한 반성과 새로운 삶에 대한 의지		
특징	① 토속적 소재가 등장하며, 사투리를 구사함. ② 편지의 형식을 빌려 자신의 근황을 드러냄. ③ 산문적 서술 형태이나, 쉼표를 통해 내재율을 획득함.		

● 이것만은 꼭!

'갈매나무'의 상징적 의미 | 이 시에서 '갈매나무'는 화자의 삶에 대한 의지를 드러내는 소재이다. 여기서 '갈매나무'는 '굳고 정한' 나무로, 시련에도 꺾이지 않는 의연함을 상징한다. 즉, 화자는 어두워 가는 하늘 밑에서 하얗게 눈을 맞고 서 있을 갈매나무를 생각하면서 자신도 맑고 깨끗하게 살아야겠다는 의지를 되새기게 되는데, 이처럼 '갈매나무'는 화자의 정서를 대신해서 드러내고 있다는 측면에서 객관적 상관물이라 할 수 있다.

> **수능에는 이렇게**
>
> [고2 전국연합] • 어려운 상황에 처한 화자의 모습이 나타나 있다.

---

069 파랑새 | 한하운

| **짧은 감상** | 나병 환자였던 시인이 현실에서의 고통에서 벗어나, 자유롭게 살고자 하는 간절한 바람을 간결한 형식과 내용을 통해 표현하고 있다.

● 핵심 정리

갈래	자유시, 서정시	성격	서정적, 애상적, 민요적
제재	파랑새		
주제	자유로운 삶에 대한 소망		
특징	① 색채어와 시각적 심상을 주로 이용함. ② 반복과 수미 상관의 구성으로 화자의 정서를 강조함.		

● 이것만은 꼭!

시어 및 시구의 상징적 의미

시어 및 시구	상징적 의미
파랑새	자유로운 존재. 화자가 바라는 존재
푸른 하늘, 푸른 들	자유와 희망의 공간
푸른 노래, 푸른 울음	• 자유롭고 밝은 생활(청각의 시각화) • 한과 슬픔이 서려 있는 노래와 울음

---

070 꽃 | 김춘수

| **짧은 감상** | '꽃'을 제재로 하여 존재의 본질을 인식하고자 하는 인간의 근원적 갈망과 진정한 인간관계 형성에 대한 소망을 표현하고 있다.

● 핵심 정리

갈래	자유시, 서정시	성격	관념적, 주지적, 상징적
제재	꽃		
주제	존재의 본질 구현에 대한 소망		
특징	① 간절한 어조를 사용하여 소망을 드러냄. ② 존재의 의미를 점층적으로 심화, 확대함. ③ 사물에 대한 인식론과 존재론을 배경으로 함.		

● 이것만은 꼭!

'이름 부르기[명명(命名)]'의 의미

이름 부르기
• 대상의 존재를 인식하는 행위 • 대상에게 의미를 부여하는 행위

→ 진정한 관계를 맺는 과정

> **수능에는 이렇게**
>
> [고1 전국연합] • [A]에서 '몸짓'은 '나'에게 의미가 없는 존재이다.
> • [B]의 '꽃'은 '이름을 불러 주'기에 의해 의미를 부여받은 존재를 나타낸다.
> • [C]의 '빛깔과 향기'는 '나'라는 존재가 지니고 있는 본질이다.
> • [A]~[D]를 통해 '나'는 진정한 관계 형성에 대한 소망을 드러내고 있다.

---

071 눈 | 김수영

| **짧은 감상** | 순수를 표상하는 '눈'을 제재로 하여 순수하고 정의로운 삶을 살아가고자 하는 의지를 형상화하고 있다.

● 핵심 정리

갈래	자유시, 서정시	성격	비판적, 참여적, 상징적
제재	눈		
주제	순수하고 정의로운 삶에 대한 소망과 부정적 현실을 극복하려는 의지		
특징	① '눈'과 '가래'의 상징적 의미가 대립 구도를 보임. ② 청유형 어미를 반복하여 적극적으로 함께 행동할 것을 권유함. ③ 동일한 문장의 반복과 변형을 통해 리듬감을 형성함.		

● 이것만은 꼭!

시어 및 시구의 상징적 의미

시어 및 시구	상징적 의미
눈	순수한 생명력을 지닌 존재, 화자에게 현실에 타협하지 않고 불의에 저항하는 정신을 일깨워 주는 존재
기침	마음속에 고여 있는 불순한 것들을 쏟아 내는 행위
젊은 시인	순수한 영혼을 가진 존재, 부정적인 것과 타협하지 않고 순수와 정의를 지키는 삶을 살고자 하는 존재
가래	불순하고 부정적인 것, 부정적이고 부패한 현실에서 생긴 속물근성, 소시민성, 일상에 대한 안주의 태도 등

> **수능에는 이렇게**
>
> [고3 전국연합] • 미래에 대한 희망과 의지가 드러나 있다.
> • 1연에서는 '떨어진', '마당 위에 떨어진'이 점층적으로 덧붙여지면서 '눈은 살아 있다'의 상황이 구체화된다고 볼 수 있다.
> • 1~2연으로 이루어진 전반부의 내용은 3~4연으로 이루어진 후반부에서 변주된다고 볼 수 있다.
> • 1연과 3연은 '눈은 살아 있다'라는 시구를 중심으로, 2연과 4연은 '기침을 하자'라는 시구를 중심으로 변주되고 있다.
> • 4연의 '밤새도록 고인 가슴의 가래라도 마음껏 뱉자'에서는 '기침을 하자'가 '가래라도 뱉자'로 변화되면서 거기에 '밤새도록 고인 가슴의'와 '마음껏'이 덧붙여져 있다.

072 눈물 | 김현승

| 짧은 감상 | 사랑하던 어린 아들을 잃고 그 지극한 슬픔을 기독교 신앙으로 승화시켜 쓴 작품이다.

● 핵심 정리

갈래	자유시, 서정시	성격	서정적, 종교적, 기원적, 관조적
제재	눈물		
주제	지극한 슬픔의 종교적 승화		
특징	① 경어체를 통해 경건한 시적 분위기를 조성함. ② 일상적인 언어의 의미를 새롭게 해석하여 의미를 부여함. ③ 자연 현상에 빗대어 화자의 깨달음을 표현함.		

● 이것만은 꼭!

1 자연 현상에 빗댄 화자의 깨달음

꽃	➡	시듦	➡	열매
‖		‖		‖
웃음 (자식과의 삶에서 느끼는 기쁨)	➡	(자식의 죽음)	➡	눈물 (순결한 삶이 가지는 본질적 가치)

2 시적 허용을 통한 의미의 강조 | 이 시에서 '나아중'은 '나중'의 시적 허용에 해당하는 것으로, 원래의 형태보다 음을 늘임으로써 '눈물'이 화자가 가진 최후의 것이라는 화자의 정서를 극대화함과 동시에 '눈물'이 가장 근원적이고 순수한 것이라는 점을 강조하고 있다.

073 할머니 꽃씨를 받으시다 | 박남수

| 짧은 감상 | 비정하고 절망적인 전쟁 상황을 드러냄과 동시에 미래에 대한 희망을 노래하고 있는 작품이다.

● 핵심 정리

갈래	자유시, 서정시	성격	상징적, 현실 비판적
제재	전쟁, 꽃씨		
주제	미래에 대한 희망을 통한 전쟁의 극복		
특징	① 상징적 시어를 통해 부정적인 시대 상황을 암시함. ② 유사한 구절을 반복하여 주제 의식을 강조함. ③ 할머니의 독백을 삽입하여 전쟁에 대한 비판 의식을 드러냄.		

● 이것만은 꼭!

'꽃씨'의 상징적 의미 | 작품에서 화자와 할머니가 처한 상황은 전쟁의 위험에서 벗어나기 위해 방공호에 숨어야 하는 상황으로, 이러한 상황에서 할머니는 방공호 위에 피어 있는 채송화의 꽃씨를 받고 있다. 일반적으로 '꽃씨'는 지금은 작고 소박한 존재이더라도 결국은 꽃을 피울 수 있는 희망을 의미한다. 또한 1연의 '채송화'는 '어쩌다 핀' 존재로, 누군가 의도적으로 심은 것이라기보다 전쟁 통에 우연히 핀 존재라 할 수 있다. 즉, 전쟁이라는 폭력적이고 비정한 상황과 더욱 대조적으로 보여지는 소박한 존재가 바로 '채송화'인 것이다.

074 즐거운 편지 | 황동규

| 짧은 감상 | 그대에 대한 변함없는 사랑을 반어적 표현을 통해 참신하고 감각적으로 표현하고 있다.

● 핵심 정리

갈래	산문시, 서정시	성격	서정적, 고백적, 사색적
제재	사랑		
주제	사랑의 간절함과 불변성에 대한 고백		
특징	① 화자의 사랑을 자연 현상에 빗대어 표현함. ② 반어적 기법으로 사랑의 간절함을 전달함.		

● 이것만은 꼭!

이 시에 나타난 반어적 표현

 사소한 일
(사소함) — 해가 지고 바람이 부는 일은 사소한 일이지만 이런 사소한 일들이 사라진다면 우리들의 삶은 유지될 수 없다. 따라서 '사소한 일'은 무엇보다 소중하고 간절한 일이라는 것을 의미한다.

이 시의 화자는 자신의 사랑을 사소하다고 말하고 있다. 하지만 이는 화자가 '그대'를 향한 자신의 사랑이 소중하다는 것을 말하기 위해 사용한 반어적 표현으로 보아야 한다. '해가 지고 바람이 부는 일'은 보통 사람들에게는 사소한 것일 수 있지만, 사랑에 빠진 화자에게는 그저 반복되는 사소한 자연 현상조차도 '그대'를 떠올리게 하는 계기가 되기 때문이다. 그리고 언젠가 '그대'가 괴로워할 때 오랫동안 전해오던 그 사소함으로 '그대'를 불러 볼 것이라는 말을 통해 '사소한 일'이 '그대'를 향한 화자의 간절하고 변함없는 사랑에 대한 고백임을 알 수 있다.

수능에는 이렇게

[수능] • 헤어짐의 상황을 받아들여 기다림으로 극복하고자 한다.

075 구부정 소나무 | 리진

| 짧은 감상 | 이국땅에서 조국의 소나무와 닮은 나무를 보고 조국에 대한 그리움을 표현한 작품이다.

● 핵심 정리

갈래	자유시, 서정시	성격	상징적, 애상적
제재	구부정 소나무		
주제	타향에서 느끼는 조국에 대한 그리움		
특징	① 자연물에 화자의 상황과 감정을 이입함. ② 역설적 표현을 통해 조국에 대한 그리움을 강조함.		

● 이것만은 꼭!

시어 및 시구의 상징적 의미

시어 및 시구	상징적 의미
구부정 소나무	조국을 떠올리게 하는 소재
로씨야	현재 화자가 있는 공간이자 이국적인 공간
길 떠난 아들	화자 자신에 대한 인식이자 조국을 떠난 모든 이들
내 나라	구부정 소나무로 대변되는 조국

085 사랑 | 김수영

| 짧은 감상 | 영원불변의 속성을 지닌 사랑과 순간성이라는 불안함의 속성을 지닌 사랑의 주체 사이에서 느껴지는 모순에 대해 노래하고 있다.

● 핵심 정리

갈래	자유시, 서정시	성격	상징적, 주지적, 분석적
제재	사랑		
주제	혼돈과 불안을 동반하는 사랑의 역설		
특징	① 도치 구문 및 반복과 생략, 의미의 대응 구조를 통해 사랑에 대한 화자의 깨달음을 표현함. ② 추상적이고 상징적 시어를 사용하여 다양한 의미 해석의 가능성을 열어 둠.		

● 이것만은 꼭!

1 시상 전개 과정

1연		2연		3연
사랑의 속성	상호 모순	'너의 얼굴'의 속성	그래서 불안함.	'금이 간 너의 얼굴'
영원불변		순간성, 가변성		'너의 얼굴' = 번개

2 '번개'와 '너의 얼굴'의 관계

대상		공통 속성		의미
번개 ‖ 너의 얼굴	→	• 순간적 존재 • 긴장감 조성	→	영원불변한 사랑에 대비해 순간적인 가변성을 지닌 주체에게서 느껴지는 불안함, 긴장감, 순간성을 번쩍이며 금이 가는 번개에 비유하여 표현함.

086 어느 날 고궁을 나오면서 | 김수영

| 짧은 감상 | 부정한 권력과 사회의 부조리가 만연한 사회에서 올곧은 삶을 살아가지 못하는 소시민의 심정을 형상화하고 있다.

● 핵심 정리

갈래	자유시, 서정시	성격	비판적, 반성적, 자조적
제재	부조리한 권력과 사회 현실		
주제	사회적 부조리에 저항하지 못하는 소시민적 삶에 대한 자기반성		
특징	① 자신의 일상 경험과 일화를 나열하여 삶을 성찰함. ② 대조적인 상황을 설정하여 자신의 옹졸한 모습을 형상화함.		

● 이것만은 꼭!

대조적 상황에서 드러나는 화자의 태도

중요한 일(의미 있는 일)		조그마한 일(사소한 일)
• 언론의 자유 요구, 월남 파병 반대 • 불합리한 상황과 힘 있는 권력에 대한 저항	↔	• 힘없는 자인 설렁탕집 주인, 야경꾼, 이발쟁이에게 분개함. • 스펀지 만들기와 거즈 접는 일

부조리한 현실과 힘 있는 권력에는 반항하지 못하고
사소한 일과 힘없는 자에게만 분개하는 소시민적 모습을 반성하고 자책함.

수능에는 이렇게

[고2 전국연합] • '자유를 이행하지 못하고' 있다는 생각은 소시민성에 대한 자각을 나타내는 것으로 볼 수 있겠어.
• '나'의 반성은 자기비판을 넘어 역사와 현실의 불합리에 맞서는 힘이 될 수 있겠군.

087 풀 | 김수영

| 짧은 감상 | '풀'을 제재로 하여 민중의 끈질긴 생명력과 넉넉함을 비유적 표현을 통해 형상화하고, 반복과 대구를 통해 운율을 형성하고 있다.

● 핵심 정리

갈래	자유시, 주지시, 참여시	성격	상징적, 주지적, 참여적, 비판적
제재	풀		
주제	민중의 끈질긴 생명력		
특징	① 대립적 시상 구조로 주제를 강화함. ② 반복과 대구를 통해 리듬감을 형성함. ③ 상징적 의미를 지닌 시어를 사용하여 주제를 효과적으로 드러냄.		

● 이것만은 꼭!

1 '풀'과 '바람'의 상징적 의미

풀	나약해 보이지만 강인한 존재 → 민중
↕	
바람	풀을 굴복시키려는 존재 → 독재 권력

2 대조적·점층적 시상 전개

1연	바람에 밀려 옆으로 누워 버린 풀	풀의 수동성 – 나약함
↕ 대조		
2연	바람보다 빨리 눕지만, 먼저 일어나는 풀	풀의 능동성 – 강인함
↓ 점층		
3연	바람보다 먼저 일어나고, 먼저 웃는 풀	풀의 끈질긴 생명력

수능에는 이렇게

[고1 전국연합] • 유사한 어구를 반복하여 시적 상황을 부각한다.
• 시상이 전개될수록 점점 강화되는 억압과 그 상황에 대처하는 풀의 움직임을 다양한 부사어를 활용하여 형상화하고 있다.

088 흥부 부부상 | 박재삼

| 짧은 감상 | 고전 소설 〈흥부전〉을 모티프로 하여 가난한 삶 속에서도 웃음을 잃지 않고 사랑으로써 가난을 이겨 내는 서민들의 애환을 따뜻한 시선으로 형상화하고 있다.

● 핵심 정리

갈래	자유시, 서정시	성격	전통적, 회상적, 고전적
제재	박 타는 흥부 부부		
주제	가난한 삶의 애환과 극복		
특징	① 고전 소설에서 제재를 끌어 옴. ② 1연과 3연이 형식 면에서 유사성을 보임. ③ 독자에게 말을 건네는 듯한 대화체 형식으로 시상이 전개됨.		

● 이것만은 꼭!

대립적 시어의 상징적 의미 | 이 시에서 '웃음'과 '금, 황금 벼 이삭'은 대립적 관계에 있는 시어이다. '금'과 '황금 벼 이삭'은 물질적인 풍요를 가리키고, '웃음'은 물질적 빈곤함을 이겨 나가는 힘을 가리킨다. '금, 황금 벼 이삭'과 같은 물질적 풍요를 누리지 못하고 가난한 삶을 살지만, 금이나 누렇게 익은 벼 이삭보다 그저 박 덩이가 좋아서 웃음을 짓는 흥부 부부의 모습을 통해 물질적인 풍요보다는 부부 사이의 사랑과 신뢰, 정신적인 행복이 더 중요함을 드러낸다.

수능에는 이렇게

[고2 전국연합] • '손발 닮은 처지'는 흥부 부부가 고단한 생활을 하고 있음을 보여 준다.

089 산에 가면 | 박재삼

| 짧은 감상 | 산에 가면 맡을 수 있는 나무와 풀, 흙의 냄새 등으로 인해 산에서 취하는 휴식이 화자의 정신을 맑게 하고 몸에 생명력과 활력을 넘치게 한다는 사실을 노래하고 있다.

● 핵심 정리

갈래	자유시, 서정시	성격	감각적, 자연 친화적
제재	산		
주제	자연의 생명력을 통한 영혼의 정화		
특징	① '산'의 원형적 이미지를 통해 공간의 의미를 드러냄. ② 감각적 시어를 사용하여 산의 생명력을 표현함.		

● 이것만은 꼭!

1 시상 전개 과정

2 이 시에 쓰인 주된 심상

'산'에서 느낄 수 있는 생명력은 후각적 심상으로 나타나는데, 생명의 열기를 '후덥지근한 냄새'로 표현하여 후각을 촉각화하여 전달하고 있다.

---

090 낙화 | 이형기

| 짧은 감상 | 꽃이 피고 지는 자연의 순환을 인간의 '사랑'과 '이별'이라는 삶의 관점에서 바라보고 있다.

● 핵심 정리

갈래	자유시, 서정시	성격	애상적, 서정적, 관조적
제재	낙화		
주제	이별의 아픔을 극복한 성숙한 삶의 추구		
특징	① 자연 현상에서 인생의 이치나 섭리를 발견함. ② 역설적 표현과 의인화를 통해 자연에서 깨달음을 이끌어 냄. ③ 이별에 대한 긍정적인 수용과 극복의 과정을 다루고 있음.		

● 이것만은 꼭!

역설적 표현

결별	고통스러운 이별의 상황		**결별이 이룩하는 축복(역설적 표현)**
	⇕	→	고통스러운 이별을 통해 내적 성숙을 얻음.
축복	삶에서 느끼는 행복		

수능에는 이렇게

[수능] • 영탄과 독백의 어조를 통해 화자의 심정을 드러내고 있다.
• '머지 않아 열매 맺는 / 가을을 향하여'는 이별의 경험이 내적 충만으로 이어지리라는 화자의 기대감을 계절의 의미에 빗대어 표현하고 있다.

---

091 껍데기는 가라 | 신동엽

| 짧은 감상 | 군부 독재 체제의 시대 상황 속에서 부정적인 세력이 물러가고 순수와 열정의 시대가 도래하기를 바라는 소망을 상징적인 시어를 통해 표현하고 있다.

● 핵심 정리

갈래	자유시, 서정시, 참여시	성격	현실 참여적, 저항적, 의지적
제재	민족의 현실		
주제	부정적 세력에 대한 저항, 민족의 화합과 통일에 대한 소망		
특징	① 직설적 표현으로 부정적 현실 인식을 드러냄. ② 명령법으로 단호한 의지를 표현함. ③ 반복적 표현과 대조적인 시어의 사용을 통해 주제를 강조함.		

● 이것만은 꼭!

대립적 이미지의 시어

수능에는 이렇게

'~는 가라'
[고2 전국연합] • 유사한 통사 구조를 반복하여 운율감을 나타내고 있다.
• '맞절할지니'는 남과 북이 하나의 공동체로 화합되기를 소망하는 마음이 반영된 것 같아.

---

092 누가 하늘을 보았다 하는가 | 신동엽

| 짧은 감상 | '하늘'로 상징되는 자유롭고 평화로운 세상의 부재와 올바른 현실 인식을 하지 못했던 과거의 삶을 비판하고 밝은 미래에 대한 희망을 노래하고 있다.

● 핵심 정리

갈래	자유시, 참여시	성격	참여적, 의지적, 비판적
제재	하늘		
주제	부정적인 현실에 대한 비판과 밝은 미래에 대한 희망		
특징	① 대립되는 시어와 상징적인 시어를 활용함. ② 명령형 등 직설적 표현으로 시상을 전개함.		

● 이것만은 꼭!

주요 시어에 따른 시상 전개 과정

---

093 아지랑이 | 이영도

| 짧은 감상 | 사랑의 감정을 봄날에 피어오르는 아지랑이와 나비가 나는 정경과 관련지어 서정적으로 표현하고 있는 현대 시조이다.

● 핵심 정리

갈래	현대 시조		성격	서정적, 낭만적
제재	아지랑이			
주제	아지랑이처럼 피어나는 사랑			
특징	① 시조의 기본 율격을 따르면서 자유롭게 표기함. ② 비유법을 활용하여 관념적인 대상을 구체적으로 형상화함. ③ 시각적, 촉각적 심상을 통해 감각적인 느낌을 부여함.			

● 이것만은 꼭!

시조의 형식에 따른 현대 시조 | 이 시는 현대 시조로 3장 6구 45자 내외라는 시조의 기본 형태를 유지하고 있다.

초장	어루만지듯	당신 숨결	이마에	다사하면
중장	내 사랑은	아지랑이	춘삼월	아지랑이
종장	장다리	노오란 텃밭에	나비 나비	나비 나비

094 아침 이미지 1 | 박남수

| 짧은 감상 | 어둠과 아침이라는 일상적인 대상을 제재로 하여 그 이미지를 구체적으로 그려 아침의 생동감 넘치는 풍경을 감각적으로 묘사하고 있다.

● 핵심 정리

갈래	자유시, 서정시		성격	주지적, 회화적, 관조적
제재	아침			
주제	즐겁고 생동감 넘치는 아침의 이미지			
특징	① 시간적 순서에 따라 시상이 전개됨. ② 감각적 표현, 의인법을 사용함. ③ 지적이고 절제된 어조를 사용함.			

● 이것만은 꼭!

시어 및 시구의 상징적 의미

시어 및 시구	상징적 의미
무거운 어깨	어둠이 걷히기 전 어둠 속에 있는 물상의 모습
노동의 시간	어둠이 걷혀 아침이 오기까지의 시간
즐거운 지상의 잔치	활기차고 밝은 아침의 모습
금으로 타는 태양의 즐거운 울림	생동감 넘치는 아침의 모습

수능에는 이렇게

[수능] • '어둠'은 '물상'을 돌려주는 행위의 주체로 표현되고 있다.
• '태양의 즐거운 울림'은 하늘의 태양이 지상에 있는 사물들과 서로 어울려 생기를 띠는 모습을 표현한 것이다.

095 성북동 비둘기 | 김광섭

| 짧은 감상 | 근대화 과정에서 파괴된 자연에 대한 안타까움과 점점 비인간화되어 가는 현대 문명에 대한 비판을 '비둘기'를 통해 우의적으로 형상화하고 있다.

● 핵심 정리

갈래	자유시, 서정시		성격	비판적, 상징적, 주지적
제재	비둘기			
주제	자연 파괴와 비인간화되어 가는 현대 문명에 대한 비판			
특징	① 선명한 감각적 이미지를 제시함. ② 비둘기를 의인화하여 문명 비판적 내용을 우의적으로 표현함.			

● 이것만은 꼭!

표현 방식과 효과

① 감각적 표현

시각	가슴에 금이 갔다. 새파란 아침 하늘		**효과**
청각	돌 깨는 산울림, 채석장 포성이 메아리쳐서	→	대상이나 대상이 처한 상황이 구체적인 형상으로 지각되어 독자의 감정을 직접적으로 자극하고, 그 상황에 더욱 공감하게 해 줌.
후각	구공탄 굴뚝 연기에서 향수를 느끼다가		
촉각	금방 따 낸 돌 온기에 입을 닦는다		

② 아이러니

'번지(인간의 주소)'가 생기면서 '번지(비둘기의 보금자리)'가 없어지는 상황을 말함으로써 문명의 이면에는 자연 환경의 파괴가 있다는 모순을 압축적으로 보여 주고 있다.

096 저녁에 | 김광섭

| 짧은 감상 | 인간 존재에 대한 깊이 있는 내면 성찰을 통하여, 현대인이 느끼는 사람과 사람 사이의 관계와 숙명적 고독을 그리고 있다.

● 핵심 정리

갈래	자유시, 서정시		성격	서정적, 내면적, 관조적
제재	별			
주제	인간 존재에 대한 깊이 있는 내면 성찰			
특징	① 유사한 시구를 반복적으로 제시하여 리듬감을 드러냄. ② 대구와 대조를 통해 의미를 강조함. ③ 불교의 윤회설에 바탕을 둠.			

● 이것만은 꼭!

1 시상 전개 과정

시간의 흐름에 따른 시상 전개		
저녁	깊은 밤	미래
'별'과 '나'의 특별한 만남	'나'와 '별'의 이별	'별'과 다시 만나고 싶음.

2 '별'과 화자의 관계

현대 시 **75**

097 샤갈의 마을에 내리는 눈 | 김춘수

| 짧은 감상 | 샤갈의 그림인 〈나와 마을〉을 보면서 떠오르는 이미지를 감각적인 언어로 포착하여 나타낸 시로, 봄의 순수한 생명감을 시인 고유의 한국적 감성으로 재구성하고 있다.

● 핵심 정리

갈래	자유시, 서정시	성격	감각적, 회화적, 환상적, 낭만적
제재	눈		
주제	봄의 맑고 순수한 생명감		
특징	① 의미 전달보다는 이미지 제시만으로 시상을 전개함. ② 현재형의 시제로 생동감 있게 표현함.		

● 이것만은 꼭!

1 '눈'의 역할과 시의 전체적 분위기

'눈'의 역할	시의 전체적 분위기
• 사나이의 관자놀이에 돋은 정맥을 어루만짐. • 마을의 지붕과 굴뚝을 덮음. • 겨울 열매들을 올리브빛으로 물들게 함. • 아낙들이 아궁이에 아름다운 불을 지피게 함.	봄을 알리고 맑고 순수한 생명력을 일깨워 주어, 따뜻하고 생동감이 느껴짐.

2 이질적인 시어를 배치한 효과 | 이 시에 나오는 '샤갈의 마을'은 실재하지 않는 환상의 세계이다. 시인은 이러한 공간을 배경으로 '눈'과 '새로 돋은 정맥', '올리브빛', '불' 등과 같은 이질적인 시어들을 사용하여 자유로운 연상을 전개하고 있다. 이들은 독자적인 이미지를 가지면서 감각적으로 조화를 이루어 '봄의 순수하고 맑은 생명감'이라는 공통적인 심상을 떠올리게 하고 있다.

수능에는 이렇게

[수능] • '샤갈의 마을'은 시인이 그림 속 마을 풍경에서 받은 인상을 자신의 고향 마을에 투사하여 표현한 것이군.
• '삼월에 눈', '봄을 바라고 섰는 사나이', '새로 돋은 정맥' 등은 시인이 그림 속 이질적 이미지들의 병치를 다양한 이미지들의 병치로 변용하여 봄의 생동감을 형상화한 것이군.
• '올리브빛'은 시인이 그림 속에서 영감을 받은 것으로 '겨울 열매들'을 물들이는 따뜻한 봄의 이미지를 표상한 것이군.
• '아낙', '아궁이' 등은 시인이 초현실주의적 그림 속 풍경에 대한 감각적 인상을 고향 마을을 떠올리게 하는 이미지로 전이시킨 것이군.

098 묵화 | 김종삼

| 짧은 감상 | 한 편의 '묵화(墨畵)'처럼 할머니와 소의 모습을 짧은 시행으로 제시하여 여백의 미를 느끼게 하며 인생의 고단함과 쓸쓸함을 그려 내고 있다.

● 핵심 정리

갈래	자유시, 서정시	성격	애상적, 서정적
제재	할머니와 소		
주제	인생의 고단함과 쓸쓸함		
특징	① 세부 상황과 배경이 생략된 채 대상만이 과감하게 단순화되어 묘사됨. ② 절제된 언어로 함축미와 여백의 미를 느끼게 함. ③ 쉼표로 마무리하여 여운을 주고 이러한 삶이 지속될 것임을 암시함.		

● 이것만은 꼭!

'소'와 '할머니'의 동반자적 관계

소	〈유대감〉	할머니
힘든 일을 마치고 난 뒤 물을 먹고 있음.	'함께', '서로'	물을 먹는 소 목덜미에 손을 얹고 있음.

• 힘거운 하루를 함께 지냈음. —— 연민, 교감
• 서로 발잔등이 붓고 적막함. ——

099 누군가 나에게 물었다 | 김종삼

| 짧은 감상 | 시와 시인의 존재 의미와 가치에 대한 질문을 받은 화자가 고된 삶에서도 인정 있고 슬기롭게 사는 사람들이 시인임을 발견하게 된 과정을 담고 있다.

● 핵심 정리

갈래	자유시, 서정시	성격	철학적, 사색적, 문답적
제재	시와 시인		
주제	시와 시인의 본질, 서민들의 성실하고 건강한 삶에 대한 긍정		
특징	① 일상적인 체험을 통해 시인이 지향해야 할 가치를 표현함. ② 질문과 질문에 답하는 과정을 통해 주제 의식을 형상화함. ③ 유사한 시구를 반복하여 시적 의미를 강조함.		

● 이것만은 꼭!

이 시의 시상 전개 과정

질문	누군가로부터 시가 뭐냐는 질문을 받음.

↓

화자의 반응	자신은 시인이 못 되므로 잘 모른다고 대답함.

↓

질문에 대한 화자의 탐색	무교동에서 종로, 명동, 남산과 서울역 앞을 걷고 저녁 무렵 남대문 시장에 이를 때까지 질문에 대해 생각함. 남대문 시장에서 만난 사람들을 보고 질문에 대한 답을 얻음.

↓

화자의 생각	고생하며 살아도 순하고 명랑하고 마음이 좋고 인정이 있으므로 슬기롭게 최선을 다해 사는 사람들이 이 세상의 근간이고 고귀한 인류이고 희망이며 시인이라고 생각함. → 사람이 지녀야 할 덕성을 조화롭게 갖추고 사는 것이 사람답게 사는 삶이라는 깨달음을 얻음.

100 울타리 밖 | 박용래

| 짧은 감상 | 고향 마을의 풍경과 사람들을 통해 인간과 자연이 모두 천연하게 조화를 이룬 아름다운 세계에 대한 소망을 노래하고 있다.

● 핵심 정리

갈래	자유시, 서정시	성격	서정적, 향토적, 자연 친화적
제재	울타리 밖에도 화초를 심는 마을		
주제	• 자연과 인간이 조화를 이룬 아름다운 세계에 대한 소망 • 자연과 인간이 어우러진 고향에 대한 그리움		
특징	① 주로 시각적 이미지를 활용하여 마을의 풍경을 묘사함으로써 회화성을 살림. ② 동일한 연결 어미를 반복하여 다양한 소재의 동일한 속성을 부각함. ③ 하나의 시어로 독립적인 연을 구성하여 주제 의식을 함축적으로 드러냄.		

● 이것만은 꼭!

'천연히'의 역할

1, 2연	3연	4연
인간과 자연의 모습 소녀, 소년, 들길, 아지랑이, 태양, 제비, 물	천연히	인간과 자연의 조화 화초, 마을, 잔광, 별

• 1, 2연과 4연을 연결하며 의미의 상관성을 보여 줌.
• 시상을 집약하며 주제를 함축함.

수능에는 이렇게

[평가원] • 비유적 표현을 활용하여 공간에 대한 인식을 드러내고 있다.
• '아지랑이가 피듯 ~ 물이 흐르듯'은 동일한 연결 어미를 반복하여 다양한 소재의 동질적 속성을 부각하고 있다.
• '천연(天然)히'는 하나의 시어로 독립된 연을 구성하여 대상의 상태를 강조하고 있다.

101 거산호 Ⅱ | 김관식

| 짧은 감상 | 변함없이 푸르른 영속성을 유지하면서 고요하고도 너그럽고 겸허한 존재인 '산'을 통해 번잡한 속세를 등지고 자연 공간을 지향하고자 하는 의지를 표현하고 있다.

◉ 핵심 정리

갈래	자유시, 서정시	성격	의지적, 자연 친화적, 예찬적
제재	산		
주제	산에 기거하며 산을 닮고자 함.		
특징	① 산의 속성을 나열하고 긍정적인 가치를 부여함. ② 의미의 대립을 통해 화자가 지향하는 바를 드러냄.		

◉ 이것만은 꼭!

화자가 '산'에서 발견한 긍정적 가치

태고로부터 푸르러 온	고요하고 너그러워 수하는	보옥을 갖고도 자랑 않는
영속성, 불변성	영속적인 고요함, 포용력	겸허함

⬇

'산을 향하여 앉은 뜻' = 화자가 산을 지향하는 이유

수능에는 이렇게

[고3 전국연합] • 대조적 이미지를 활용하여 화자의 정서를 드러내고 있다.

• '마음이 본시 산을 사랑해'를 통해 산에 대하여 화자가 친화적 태도를 지니고 있음을, '배우네'를 통해 산이 화자에게 깨우침을 주고 있음을 드러내고 있다.
• '산에서도 오히려 산을 그리며'라는 역설적 표현으로 자연에 동화되고자 하는 화자의 태도를 강조하고 있다.

102 농무 | 신경림

| 짧은 감상 | 산업화 과정에서 소외된 농촌의 암담한 현실, 이로 인한 농민의 절망감과 울분 등을 농무를 추는 농민들의 모습을 통해 그려 내고 있다.

◉ 핵심 정리

갈래	자유시, 서정시, 농민시	성격	사실적, 묘사적, 비판적
제재	농무		
주제	농민들의 한(恨)과 고뇌 어린 삶		
특징	① 서사적인 시상 전개가 이루어짐. ② 직설적 표현으로 현실 인식을 드러냄. ③ 역설적 상황의 설정으로 정서를 드러냄.		

◉ 이것만은 꼭!

직설적 표현의 효과

직설적 표현이 나타난 부분
• 답답하고 고달프게 사는 것이 원통하다
• 산 구석에 처박혀 발버둥 친들 무엇하랴
• 비룟값도 안 나오는 농사 따위야

⬇

농촌의 암담한 현실을 사실적으로 표현함과 동시에 강한 비판의 의도를 전달함.

수능에는 이렇게

[평가원] • 대구의 방식으로 시상을 마무리하면서 여운을 강화한다.
[고2 전국연합] • 현실적 한계에 대한 화자의 인식이 드러나 있다.

103 목계 장터 | 신경림

| 짧은 감상 | '목계 장터'라는 구체적 삶의 공간을 설정하여 그곳에서 살아가는 민중들의 삶의 모습과 애환을 그려 내고 있다.

◉ 핵심 정리

갈래	자유시, 서정시	성격	향토적, 서정적, 비유적, 애상적
제재	떠돌이 민중의 삶		
주제	방랑과 정착 사이에서 갈등하는 민중들의 삶의 애환		
특징	① 대립적 이미지의 시어를 통해 시상을 전개함. ② 4음보의 민요적 율격과 '하고', '하네', '라네' 등의 반복을 통해 운율을 형성함. ③ 향토적 시어를 활용하여 토속적 분위기를 드러냄.		

◉ 이것만은 꼭!

1 '목계 장터'의 상징적 의미 | 근대화의 과정에서 붕괴되어 가는 농촌 공동체로서 민중들의 삶의 애환과 숱한 사연이 배어 있는 곳이다. 정착하거나 안주할 곳이 아니라, 잠깐 쉬어 가는 곳이나 넉넉한 인정이 아직도 살아 있는 공간이다.

2 이미지 대립을 통해 본 화자의 상황

방랑의 이미지		정착의 이미지
구름, 바람, 방물장수	← 방랑과 정착의 갈림길 →	들꽃, 잔돌

⬇

떠돌이로 살 수밖에 없는 민중의 현실

수능에는 이렇게

[고3 전국연합] • '가을볕도 서러운'에는 유랑하는 민중들의 삶의 비애가 드러나 있군.

104 가난한 사랑 노래 – 이웃의 한 젊은이를 위하여 | 신경림

| 짧은 감상 | '이웃의 한 젊은이'로 지칭되는 모든 가난한 젊은이들의 현실에 안타까운 시선을 보내며 그들이 지닌 인간적인 감정이 소중하고 아름다움을 노래하고 있다.

◉ 핵심 정리

갈래	자유시, 서정시	성격	애상적, 현실적, 감각적
제재	가난한 젊은이의 현실		
주제	가난하고 소외된 삶에 대한 공감과 연민		
특징	① 설의법을 활용하여 주제 의식을 강조함. ② 유사한 통사 구조를 반복하여 운율을 형성함. ③ 감각적 이미지를 활용하여 화자의 정서를 생생히 전달함.		

◉ 이것만은 꼭!

공간적 배경의 대조

도시		고향집
눈이 내리고 육중한 기계가 굴러가는 차가운 공간	⬌	감나무에 까치밥이 남아 있는 따뜻한 공간

수능에는 이렇게

[수능] • 사랑하는 대상을 향한 그리움과 안타까움이 드러나 있다.
• 주변에서 흔히 볼 수 있는 가난한 사람들의 삶을 반영해 현실성을 높여 준다.
• '너'를 구체적인 청자로 한정하고 있지만, 전체적으로는 화자의 독백이라는 느낌을 준다.

현대 시

105 봄 | 이성부

| 짧은 감상 | 겨울이 지나면 봄이 오듯, 부조리한 시대가 가고 새 시대가 올 것이라는 신념을 봄을 통해 형상화하고 있다.

핵심 정리

갈래	자유시, 서정시	성격	상징적, 희망적
제재	봄		
주제	다가오게 될 새로운 시대에 대한 강한 신념		
특징	① 확고한 신념에 찬 어조를 띰. ② 대상을 의인화하여 상징적으로 그려 냄.		

이것만은 꼭!

'봄'의 상징적 의미 | 이 시에서 '너'로 의인화되어 있는 봄은 단순한 계절로서의 의미를 넘어서서 화자가 부여한 상징적 의미를 지닌다. 그것은 화자에게 있어 기다림의 대상으로, 현재는 부재 상태에 있지만 언젠가는 회복될 수 있다고 믿는 가치라고 할 수 있다. 또한 이 시의 시대적 배경으로 볼 때, '봄'은 민주와 자유를 상징하는 것으로 이해할 수 있다.

---

106 외할머니의 뒤안 툇마루 | 서정주

| 짧은 감상 | 외할머니네 집 뒤안 툇마루를 떠올리며 어린 시절 느꼈던 외할머니의 사랑에 대한 그리움을 표현하고 있다.

핵심 정리

갈래	서정시, 산문시	성격	회상적, 서사적
제재	외할머니의 뒤안 툇마루		
주제	유년 시절의 추억과 외할머니의 사랑에 대한 그리움		
특징	① 향토적 소재를 사용하여 우리 고유의 정서를 드러냄. ② 회상적 어조를 통해 추억과 그리움을 표현함. ③ 구체적 공간에서의 특정 장면을 그려 회화성이 느껴짐.		

이것만은 꼭!

'툇마루'의 상징적 의미

- 외할머니의 손때와 딸들의 손때로 칠해져 온 것
- '나'가 외할머니가 따다 준 오디 열매를 먹으며 사랑과 위안을 느낀 곳
- 외할머니와 '나'의 얼굴이 나란히 비치는 거울과 같은 곳

⬇

전통이 이어지는 공간, 가족 간·세대 간의 교감과 사랑을 느낄 수 있는 공간

수능에는 이렇게

[수능] • '때거울 툇마루'라는 표현이 자연스러운 것은 '하도나 많이 문질러서'라는 구절과 관련되기 때문이다.
- '숨을 바로 합니다'는 치유의 의미를 함축하고 있다.
- '툇마루'는 시간적 의미와 공간적 의미를 가지고 있다.
  회상의 매개체

---

107 신선 재곤이 | 서정주

| 짧은 감상 | 장애를 가진 '재곤이'를 배려하고 보살피는 농촌 공동체 '질마재' 마을 사람들의 따뜻한 마음을 그리고 있다.

핵심 정리

갈래	산문시, 서정시	성격	낭만적, 토속적, 신화적
제재	앉은뱅이 재곤이		
주제	장애인을 보살피는 '질마재' 공동체 구성원들의 따뜻한 마음		
특징	① 시간의 흐름에 따라 시상을 전개함. ② 설화를 이야기하는 듯한 서사적 구성을 취함.		

이것만은 꼭!

이 시에 나타난 전통적 사고방식

인과응보적 사고방식	재곤이를 잘 돌보아 주지 않으면 천벌을 받을 것이라는 질마재 사람들의 생각에서 알 수 있음.
공동체적 사고방식	공동체의 구성원 가운데 어느 한 사람이라도 헐벗고 굶주리는 사람이 없도록 보살피는 것이 공동체 구성원의 도리라고 생각하는 질마재 사람들의 모습에서 알 수 있음.
죽음을 재생과 부활로 인식	재곤이가 죽은 것이 아니라 하늘로 신선살이를 하러 간 것이라고 말하는 것에서 알 수 있음.

---

108 저문 강에 삽을 씻고 | 정희성

| 짧은 감상 | 하루 일을 마치고 강물에 삽을 씻으며 고단한 자신의 삶을 되돌아보는 중년 노동자의 모습을 통해 산업화 시대에 소외되고 가난한 노동자의 삶을 형상화하고 있다.

핵심 정리

갈래	자유시, 서정시	성격	성찰적, 회고적
제재	강물		
주제	가난한 노동자의 삶의 비애		
특징	① 연의 구분이 없는 단연시임. ② 구체적인 삶의 경험을 자연물의 이미지와 결합시킴. ③ 시간의 흐름과 화자의 내면 변화에 따라 시상을 전개함.		

이것만은 꼭!

화자와 강물·달의 관계 | 이 시에서 화자는 자신의 삶을 흐르는 '강물'과 썩은 강물에 뜬 '달'과 동일시하여 강물이 흘러가고 달이 반복하여 뜨는 것처럼 암담한 현실 속에서 희망 없이 힘들게 살아가는 노동자의 삶을 보여 주고 있다.

수능에는 이렇게

[고3 전국연합] • 자연물을 통해 화자의 정서를 부각시키고 있다.
- '돌아갈 뿐이다', '돌아가야 한다'에는 희망 없는 삶이 반복될 수밖에 없다는 화자의 인식이 내재되어 있다.
- '샛강바닥 썩은 물'은 산업화된 현실에 대해 부정적 인식을 보여 주는 것이다.

109 슬픔이 기쁨에게 | 정호승

| 짧은 감상 | 슬픔에 대한 성찰을 통하여 남의 아픔에 무관심한 이기적인 삶의 자세를 반성하는 한편, 소외된 우리 이웃들과 더불어 살아가는 삶의 중요성을 이야기하고 있다.

◉ 핵심 정리

갈래	자유시, 서정시	성격	의지적, 상징적
제재	소외된 이웃들의 슬픔		
주제	이기적인 삶에 대한 반성 및 더불어 살아가는 삶의 가치 추구		
특징	① 상대방에게 말을 건네는 방식으로 전개함. ② '-겠다'의 반복을 통해 운율감을 형성하고 화자의 의지적인 자세를 효과적으로 나타냄.		

◉ 이것만은 꼭!

시어의 대립적 이미지

슬픔		기쁨
• 이타적인 존재 • 소외된 이웃들과 더불어 살아가는 따뜻한 마음	↔	• 이기적인 존재 • 타인에게 무관심하며 자신의 이익만을 생각하는 몰인정한 마음

> **수능에는 이렇게**
>
> [고2 전국연합] • 화자는 더불어 사는 삶을 지향하고 있다.
> • 힘겨운 사람들에게 아낌없이 베푸는 것이 가치 있는 삶입니다.

110 앞날 | 이성복

| 짧은 감상 | 서로 사랑을 하고 있는 '나'와 '당신'이 사랑의 기쁨만을 누릴 수 없고 숙명적으로 고통 속에 있을 수밖에 없음을 노래하고 있다.

◉ 핵심 정리

갈래	자유시, 서정시, 산문시	성격	사색적, 고백적
제재	당신과의 사랑		
주제	숙명적 고통을 수반하는 당신과의 사랑		
특징	① 경어체를 활용하여 사랑에 대한 화자의 생각을 드러냄. ② 사랑에 대한 역설적 인식을 통해 사랑의 본질적 속성을 드러냄.		

◉ 이것만은 꼭!

1 '당신'과의 사랑으로 인한 '나'의 심리적 고통

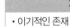

'당신'이 '나'의 곁에 있음.	'당신'이 '나'의 곁에서 멀어짐.
자신으로 인해 '당신'의 앞날이 어두워질까 봐 불안함.	'나'의 앞날이 어두워짐.

'나'의 정서	• 당신이 '나'를 떠날까 봐 걱정하면서도 '당신'을 잡지도 놓지도 못하고 있음. • '당신'이 '나'로부터 떠나야 할 줄 알면서도 '당신'을 보내지 못하고 있음.

2 제목 '앞날'의 의미 | 제목 '앞날'은 '나'와 '당신' 앞에 놓인 시간을 의미한다. 화자인 '나'는 '당신'이 '나'의 곁에 있을 때와 '나'의 곁을 떠날 때를 가정하여 정서를 드러내고 있는데, 어떠한 상황이든지 '나'와 '당신'의 앞날은 고통이 수반될 수밖에 없다. 서로 사랑을 하고 있는 '나'와 '당신'이 사랑의 기쁨만을 누릴 수 없고 숙명적 고통 속에 있을 수밖에 없는 시간이 바로 '앞날'인 것이다.

111 올 여름의 인생 공부 | 최승자

| 짧은 감상 | 타지에서 묘지와도 같은 극도의 외로움을 겪은 화자가 깨달은 올바른 삶의 방법을 제시하고 있다.

◉ 핵심 정리

갈래	자유시, 서정시	성격	반성적, 비판적
제재	인생에 관한 단상		
주제	올바른 인생에 관한 깨달음		
특징	① 구체적 인명을 활용해 현실감을 부각함. ② 유사한 의미의 구절을 나열하여 깨달음의 내용을 강조함.		

◉ 이것만은 꼭!

표현상 특징과 효과

시어 및 시구	표현상 특징	효과
시간이 똑똑 수돗물 새는 소리로 / 내 잠 속에 떨어져 내렸다.	• 추상적 관념의 구체화 • 의성어 활용	• 추상적 대상(시간)의 의미를 참신하게 표현함. • 시적 상황에 생동감을 부여함.
~법, ~것	명사형 종결의 반복	• 시적 여운을 제공하여 독자에게 감동을 줌. • 동일 단어의 반복으로 음악성을 만듦.

112 납작납작 – 박수근 화법을 위하여 | 김혜순

| 짧은 감상 | 화가 박수근의 그림 〈세 여인〉을 제재로 하여 가난한 삶을 살아가는 서민들에 대한 연민을 그려 내고 있다.

◉ 핵심 정리

갈래	자유시, 서정시	성격	애상적, 현실 비판적
제재	박수근의 그림 〈세 여인〉		
주제	서민들의 애처로운 삶		
특징	① 그림을 바탕으로 서민들의 애환을 설의적으로 표현함. ② 고달픈 삶을 사는 서민의 입장에서 절대자에게 항변하는 투의 어조를 사용함.		

◉ 이것만은 꼭!

표현상의 특징

설의적 표현	'하나님 보시기 어떻습니까?', '하나님, 보시니 마땅합니까?'라고 말하는 것은 절대자인 하나님에게 질문하는 형식이지만, 실제로는 서민들의 고달픈 현실에 대한 비판의 의미를 강조하기 위한 설의적 표현임.
부사어의 사용	'슬그머니', '바짝' 등의 부사어를 통해 작품 속 대상의 모습을 효과적으로 나타냄.
현재형 어미, 의태어의 사용	'바라본다', '물어본다'의 현재형 어미와 '서성서성', '펄렁펄렁'의 의태어를 사용함으로써 현장감과 생동감을 부여함.

113 〈꽃〉의 패러디 | 오규원

| 짧은 감상 | 김춘수의 〈꽃〉을 패러디한 시로, 대상에 이름을 붙이는 순간 존재는 왜곡된 모습을 보인다는 것을 노래하고 있다.

● 핵심 정리

갈래	자유시, 서정시	성격	고백적, 풍자적, 비판적
제재	명명 행위		
주제	본질을 왜곡하는 명명 행위에 대한 비판		
특징	① 김춘수의 시 〈꽃〉을 패러디하여 명명 행위에 대한 참신한 관점을 제시함. ② 명명 행위의 의미를 철학적 관점에서 깊이 있게 분석함.		

● 이것만은 꼭!

명명 행위로 인해 나타난 결과

명명 행위 이전		명명 행위 이후
대상의 본질이 훼손되지 않음.	명명	대상의 본질이 훼손됨.

대상의 본질을 온전하게 이해하는 것은 어려우므로 대상의 이름을 부르는 명명 행위는 결국 대상의 본질을 왜곡하게 된다. 명명 행위가 일어난 후에 대상은 그 본질을 훼손당한 채 의미의 틀에 갇히게 된다.

114 프란츠 카프카 | 오규원

| 짧은 감상 | 메뉴판의 형식을 빌려 문학과 사상마저 교환 가치에 의해서 평가되는 현대의 물질 만능주의를 비판하고 있다.

● 핵심 정리

갈래	자유시, 서정시	성격	현실 비판적, 풍자적
제재	메뉴판		
주제	물질적 가치만 중시하는 현실에 대한 풍자		
특징	① 정신적 가치가 상품화되고 있는 현실을 메뉴판 형식으로 표현함. ② 자조적인 어조와 반어적 표현을 통해 현실의 모순을 비판함.		

● 이것만은 꼭!

❶ 이 시에 사용된 기법– 인용적 묘사

메뉴판 형식		
문학가와 철학자 등의 이름에 가격을 매겨 놓음.	→	정신적 가치마저도 가격을 매기는 현대 사회의 물질 만능주의를 비판함.

시인은 이 시에서 사용된 기법을 '인용적 묘사'라고 지칭하였다. 인용적 묘사는 말 그대로 어떤 대상을 인용한 것으로, 그 인용의 출처가 우리 주변에서 흔히 볼 수 있는 기성품에서 유래했다는 특징이 있다.

❷ 이 시에 나타난 시인의 자조적 현실 인식

미친 제자	물질적 가치가 중시되는 현실에서 문학을 공부하는 것은 비현실적인 행위일 수 있다. '미친 제자'라는 표현은 이러한 현실에서 문학 공부를 하는 것이 무슨 의미가 있겠느냐는 시인의 자조적인 한탄과 의문이 드러난 반어적인 표현이다.
제일 값싼 프란츠 카프카	이 표현은 정신적 가치가 인정받지 못하는 현실에 대한 자조적 인식을 담고 있다. '프란츠 카프카'는 유명한 작가이지만 물질 만능주의 현실에서는 가장 값싼 존재로 전락해 있다. 또 시인과 제자가 '제일 값싼' 커피를 마신다는 것도, 시인은 생산적인 일을 하지 못하는 사람으로서 당연히 가장 값싼 커피를 마셔야 한다는 시인의 자조적인 인식이 반영된 반어적인 표현이다.

115 나는 고양이로 태어나리라 | 황인숙

| 짧은 감상 | 이다음 생에는 고양이로 태어나서 벌판을 뛰어다니며 자유로운 삶을 살겠다는 화자의 꿈과 소망을 노래하고 있다.

● 핵심 정리

갈래	자유시, 서정시	성격	의지적, 낭만적, 의지적
제재	고양이로 태어나기		
주제	고양이로 태어나 자유로운 야생의 삶을 살고 싶은 소망		
특징	① 화자의 소망을 '고양이'의 모습을 통해 간접적으로 드러냄. ② 특정한 어미('-리라', '-겠지' 등)를 반복적으로 사용하여 운율을 형성함. ③ 음성 상징어를 활용하여 장면을 생동감 있게 묘사함.		

● 이것만은 꼭!

부정적 현실과 긍정적 이상

현실		이상
인간 (부정적 삶 – 속박)	↔	고양이 (긍정적 삶 – 자유)

이 시의 화자가 지향하는 이상적 세계는 마음껏 자유를 누리는 공간이다. 이는 곧 이와 대비되는 인간 세계가 속박만이 존재하는 부정적인 공간임을 의미한다. 또한 '나'를 부정하며 고양이를 긍정적 대상으로 그리고 있는 점을 고려할 때, 이 시는 자유를 속박하는 인간 세계에 대한 비판적 성격을 지니고 있다고 할 수 있다.

116 섬진강 1 | 김용택

| 짧은 감상 | 섬진강과 강변 마을의 모습을 통해 민중의 소박하고 건강한 삶과 끈질긴 생명력을 상징적으로 그려 내고 있다.

● 핵심 정리

갈래	자유시, 서정시, 연작시	성격	서정적, 민중적, 상징적, 향토적
제재	섬진강		
주제	민중의 소박하고 건강한 삶과 끈질긴 생명력		
특징	① 섬진강의 모습과 특성이 민중의 속성과 잘 대응하고 있음. ② 명령투의 어조를 통해 화자의 단호한 태도와 강한 자신감을 드러냄. ③ 자연물을 의인화하고 상징의 표현 기법을 통해 주제 의식을 형상화함.		

● 이것만은 꼭!

섬진강과 민중의 유사성

섬진강	민중
가문, 목메이면, 퍼 간다	민중이 처한 척박한 현실 부정한 세력으로부터 받는 시련
실핏줄 같은 개울물들	공동체를 이루는 민중 개개인의 삶
모여 흐르며	민중의 끈끈한 연대감
퍼 간다고 마를 강물인가	민중의 끈질기고 건강한 생명력

민중의 소박하고 건강한 삶과 끈질긴 생명력 예찬

수능에는 이렇게

[고3 전국연합] • 끊어지지 않고 흘러가는 개울물의 이미지는 농민들의 끈질긴 생명력을 환기한다.
• 그리워 얼싸안는 행위는 힘겨운 삶 속에서 서로에게 의지하며 살아가는 농민들의 모습을 형상화한 것이다.
• 강물이 마르지 않을 것이라는 인식은 건강한 삶을 살아가는 농민들에 대한 믿음을 보여 준다.

117 공사장 끝에 | 이시영

| 짧은 감상 | 산업화·도시화의 과정에서 삶의 터전을 빼앗기는 철거민의 비참한 삶과 이러한 폭력을 가해야 하는 철거반 인부의 상황을 극적 구성을 활용하여 형상화하고 있다.

● 핵심 정리

갈래	자유시, 서정시	성격	극적, 애상적, 비판적
제재	철거민의 삶		
주제	산업화로 삶의 터전을 빼앗기는 도시 빈민의 비참한 현실		
특징	① 대화 형식을 통해 긴장감과 현장감을 조성함. ② 비극적인 상황을 절제된 언어로 간결하게 표현함. ③ 장면 중심으로 시상을 전개하면서 화자는 관찰자의 입장을 취함.		

● 이것만은 꼭!

작품의 전체 구성

집 안 / 집 밖

- 집 안의 가족들의 모습을 보여 줌.
- 여인의 모습을 통해 철거를 당할 위기에 처한 도시 빈민이 느끼는 불안과 암담함을 형상화함.

- 철거 작업 진행에 관한 인부들의 대화를 제시함.
- 철거민에 대한 동정·연민과 철거 명령 수행 의무 사이의 갈등이 나타남.

118 우리 동네 구자명 씨 | 고정희

| 짧은 감상 | 출근 버스 안에서 졸고 있는 구자명 씨를 묘사하며 남성 중심의 사회에서 살아가는 여성의 고달픈 삶을 형상화하고, 여성의 희생을 강요하는 현실을 비판하고 있다.

● 핵심 정리

갈래	자유시, 서정시	성격	현실 비판적, 애상적
제재	남성 중심적 사회에서의 여성의 삶		
주제	여성의 일방적 희생을 강요하는 현실 비판		
특징	① 여성의 고단한 삶을 구체적으로 드러냄. ② 개인의 모습에서 보편적인 여성의 모습으로 시상을 확대하고 있음.		

● 이것만은 꼭!

1 바깥 경치와 대비되는 '구자명 씨'의 모습

아름다운 바깥 경치	↔	피곤해 졸고 있는 구자명 씨
진달래 피고 밤꽃 흐드러짐.		죽음의 잠을 잠.

2 구자명 씨의 삶과 한국 사회에서 여성의 삶

가족을 위해 희생하는 여성의 삶	
• 간밤에 아기에게 젖을 물림. • 간밤에 시어머니의 약시중을 듦. • 새벽녘 만취한 남편을 기다림.	구자명 씨의 삶

⬇ 유추

가정의 편안함이 여성의 희생으로 이루어짐.	
여성의 일방적 희생을 강요하는 현실	한국 사회 여성의 삶

119 라디오같이 사랑을 끄고 켤 수 있다면 | 장정일

| 짧은 감상 | 패러디 기법을 사용하여 김춘수의 시 〈꽃〉을 소비적 사랑의 현실 세태를 비판하는 새로운 작품으로 재창조한 시이다.

● 핵심 정리

갈래	자유시, 서정시	성격	관념적, 풍자적, 비판적
제재	라디오		
주제	쉽게 만나고 헤어지는 현대인들의 사랑에 대한 비판		
특징	① 김춘수의 〈꽃〉을 패러디한 작품으로 운율과 통사 구조 등 형식적인 면을 그대로 따르고 있음. ② 추상적이고 관념적인 의미를 구체적 사물을 활용하여 드러냄.		

● 이것만은 꼭!

1 단추를 누르는 행위에 담긴 의미

단추를 누르기 전	→	단추를 누른 후
하나의 라디오(무의미한 존재)		전파(의미 있는 존재)

단추를 누르는 행위의 의미	사랑을 나눌 수 있는 사람으로 허락하는 행위, 타자와의 소통을 추구하는 행위, 사물에 존재 의미를 부여하고 이해하기 위한 행위

2 문학의 창조적 재구성 | 이 시는 김춘수의 〈꽃〉을 패러디의 기법을 사용하여 재창작한 작품이다. 김춘수의 〈꽃〉은 존재론적인 탐구라는 의미를 부여받은 작품으로 대중들에게 널리 알려진 작품이다. 작가는 이를 라디오와 단추라는 소재를 이용해 패러디함으로써 기존 작품의 철학적 위상을 전복시키고 인스턴트식 사랑 노래로 만들고 있는 것이다. 이는 단순한 시의 모방 창작이 아니라 문학적인 재탄생을 의미한다고 볼 수 있다. 존재론적 탐구라는 무거운 의미의 시를 몇 개의 시어 교체를 통해 현대 사회의 풍속도를 제시하는 풍자시로 탈바꿈하는 과정이야말로 모방을 통한 새로운 문학의 창조라 말할 수 있다.

120 엄마 걱정 | 기형도

| 짧은 감상 | 화자의 어린 시절 가운데 엄마를 기다리던 어느 하루를 제시하여 가난했던 어린 시절의 외로움과 아픔에 대한 안타까움을 그려 내고 있다.

● 핵심 정리

갈래	자유시, 서정시	성격	회상적, 애상적
제재	어린 시절 엄마에 대한 기억		
주제	어린 시절 어두운 기억에 대한 안타까움		
특징	① 명사형으로 작품을 끝맺음으로써 시상을 집중하고 독자에게 여운을 전달함. ② 다양한 감각적 심상을 활용하여 과거의 기억을 생생하게 표현함.		

● 이것만은 꼭!

시간의 흐름과 시상의 집약

과거(유년 시절)		현재(성인)
아주 먼 옛날, 그 시절, 유년	시간의 흐름	'지금'

시상의 집약	'내 유년의 윗목'

수능에는 이렇게

[고2 전국연합] • 엄마의 고달픈 삶과 빈 방에 남겨진 어린 화자의 외로움을 서사적 구조로 드러낸다.
• 유사한 문장의 반복과 변조를 통해 리듬감을 형성한다.
[고1 전국연합] • '삼십 단'은 어머니의 삶의 무게가 부각되는 효과를 준다.
• '타박타박'은 힘겨운 삶에 지쳐 있는 엄마의 고단한 모습을 잘 드러낸다.

121 질투는 나의 힘 | 기형도

| **짧은 감상** | 미래의 시점을 가정하여 현재의 모습을 돌아보고 젊은 날에 대한 화자의 반성을 담고 있는 작품이다.

● 핵심 정리

갈래	자유시, 서정시	성격	성찰적, 고백적, 회고적, 자조적
제재	젊은 날의 삶		
주제	자신의 삶에 대한 반성과 회한		
특징	① 감탄형 어미를 통해 삶의 태도를 평가함. ② 현재의 시점에서 미래의 일을 상상함.		

● 이것만은 꼭!

참신한 표현

시구	표현 방법	의미
질투는 나의 힘	역설법	'힘'은 일반적으로 문제 해결을 가능하게 하는 긍정적 요소가 될 수 있다. 그러나 이 시에서 '질투'는 화자 자신을 탄식에 빠뜨리는 요소이다. 따라서 이를 두고 힘이라고 표현하는 것은 논리적 모순이라고 할 수 있다. 이는 비록 부정적 평가를 내릴 수밖에 없지만 지금까지 자신을 이끌어 온 요소라는 측면에서 '힘'이라는 표현을 사용한 것으로 볼 수 있다.
아주 오랜 세월이 흐른 뒤에	가정법	화자는 현재의 위치에서 미래를 가정하고 있다. 이러한 가정법의 사용은 현재에 대한 객관적인 거리를 확보하는 효과를 주어 화자의 고백이 지니는 진정성을 부각한다.

122 모닥불 | 안도현

| **짧은 감상** | 자신을 태우면서 어둠을 밝히는 모닥불을 보며 고단하게 살아가는 소외된 이웃을 따스하게 감싸 안고, 어두운 현실을 극복하는 삶의 모습을 형상화하고 있다.

● 핵심 정리

갈래	자유시, 서정시	성격	상징적, 의지적
제재	모닥불		
주제	고단하게 살아가는 소외된 사람들에 대한 위로와 보다 나은 삶에 대한 기대		
특징	① 동일한 시구를 반복하여 시적 의미를 강조함. ② 도치법을 활용하여 주제 의식을 드러냄.		

● 이것만은 꼭!

이 시와 백석의 〈모닥불〉의 공통점

구분	안도현의 〈모닥불〉	백석의 〈모닥불〉
중심 제재	모닥불	
반복	'에서', '에', '-는', '모닥불은 피어오른다' 반복	조사 '도' 반복
열거	모닥불이 피어오르는 곳과 피어오르는 때	모닥불에 타는 소재들
시적 대상과 태도	'공사장', '쓰레기장', '여공', '양말에 구멍 난 아이'와 같이 소외된 존재에게 따뜻한 연민의 눈길을 보냄.	'새끼오리', '헌신짝' 같은 보잘것없는 것들과 '나그네', '붓장사', '땜쟁이' 같은 소외된 이들에게 동등한 관심과 시선을 줌.

148 성에꽃 | 최두석

| **짧은 감상** | 새벽 시내버스 창에 핀 성에를 통해서 함께 세상을 살아가는 서민들의 삶에 대한 애정과 시대 현실에 대한 아픔을 형상화하고 있다.

● 핵심 정리

갈래	자유시, 서정시	성격	감각적, 상징적, 현실 참여적
제재	성에		
주제	어두운 현실을 살아가는 서민들의 삶에 대한 애정		
특징	① 감각적이고 역설적인 표현을 사용함. ② 감성과 지성이 어느 한쪽으로 치우치지 않고 균형 잡힌 시선을 유지함.		

● 이것만은 꼭!

시적 배경과 대상에 드러난 화자의 정서

시적 배경과 대상	화자의 정서
새벽 시내버스, 엄동 혹한	고단한 삶을 사는 서민들에 대한 연민과 암담한 현실에 대한 안타까움
처녀, 총각, 아이, 어른, 미용사, 외판원, 파출부, 실업자	힘들지만 열심히 살아가는 사람들에 대한 연민과 애정
면회마저 금지된 친구	보고 싶은 친구에 대한 그리움과 안타까움

수능에는 이렇게

[예비시행] • 계절적 배경을 통하여 분위기와 주제 의식의 연관성을 높인다.
[고3 전국연합] • 역설적 표현을 통해 현재 상황에 대한 인식을 드러내고 있다.
[고2 전국연합] • 서민들의 입김과 숨결이 만나 이루어진 성에꽃에서 아름다움을 느끼고 있다.
• 오랫동안 함께했던 친구를 떠올리며 안타까움을 느끼고 있다.

149 사과를 먹으며 | 함민복

| **짧은 감상** | 사과를 먹는 일상적인 경험에서 출발하여 일상적 소재인 사과를 존재하게 한 자연의 이치, 생성과 소멸의 우주 원리에 대한 깨달음을 드러내고 있다.

● 핵심 정리

갈래	자유시, 서정시	성격	사색적, 역설적
제재	사과를 먹는 경험		
주제	생명 순환의 원리에 대한 깨달음		
특징	① 점층적으로 의미를 확대하며 시상을 전개함. ② 유사한 문장 구조를 반복하여 운율을 형성함. ③ 일상의 사물에 대한 새로운 시각을 통해 삶의 깨달음을 제시함.		

● 이것만은 꼭!

작품의 창작 과정에 나타난 개성적 인식

일상적 경험	'나'가 사과를 먹음.

↓

대상의 의미	하나의 사과에는 수많은 자연물과 인간의 노력이 함께했음.

↓

사고의 확장	'사과'가 '나'를 먹음('나'와 '사과'의 일체감).

↓

의미 도출	생명이 순환된다는 인식

150 봄꽃 | 함민복

| 짧은 감상 | 봄꽃은 부드럽고 화사하여 힘이 없어 보이지만, 사람들의 마음속 상처를 치유하는 힘을 가지고 있음을 '꽃침'이라는 역설적 비유를 통해 드러내고 있다

● 핵심 정리

갈래	자유시, 서정시	성격	서정적, 심미적, 예찬적
제재	봄꽃		
주제	아름다운 봄꽃의 힘		
특징	① 서로 상반되는 속성의 대상을 연결하여 참신한 비유를 보여 줌. ② 간결한 문장 구조의 시상 전개를 통해 시적 의미를 압축적으로 표현함.		

● 이것만은 꼭!

1 시구의 상징적 의미

시구	상징적 의미
부드러움에 찔려	꽃의 부드러운 속성을 통해 (마음의) 치료를 받아
삐거나 부은 마음	타인과의 관계와 소통에서 받은 마음의 상처
환해지고 선해지니	마음의 상처가 치유되고 행복해지니
꽃침이라도 맞고 볼 일	꽃을 통해 마음의 상처를 치유해야 함.

2 시상 전개와 그 의미

1연	2, 3연	4연
봄꽃	삐거나 부은 마음	봄
		↓ 맞아야 함.
↓	↓	↓
찔림. 마음을 치료함.	환해지고 선해짐. 상처가 치유됨	꽃침. 꽃의 부드러운 힘

151 바퀴벌레는 진화 중 | 김기택

| 짧은 감상 | '바퀴벌레'의 끈질긴 생명력을 반어적 표현을 통해 보여 줌으로써 환경 오염과 생태계 파괴의 심각성에 대해 경고하고 있다.

● 핵심 정리

갈래	산문시, 서정시	성격	비판적, 상징적, 반어적
제재	바퀴벌레		
주제	현대 물질문명이 초래한 환경 문제의 심각성		
특징	① 반어적 표현을 통해 주제를 효과적으로 드러냄. ② 도치법, 영탄법 등을 사용하여 화자의 심리와 정서를 효과적으로 표현함.		

● 이것만은 꼭!

1 현대 물질문명을 상징하는 시어

시멘트, 살충제, 독약, 금속, 로봇, 철판, 중금속 폐기물, 암회색 스모그, 폐수	→	현대 물질문명 (반생명적, 반환경적 속성)

2 반어적 표현을 통해 드러난 화자의 의도

• 입을 벌릴 수밖엔 없다 • 아직은 암회색 스모그가 그래도 맑고 희고, 폐수가 너무 깨끗한 까닭에	→	환경 오염의 심각성을 반어적으로 표현하여 환경 오염에 대한 경각심을 불러일으킴.

152 우주인 | 김기택

| 짧은 감상 | 무중력 상태인 우주에서 움직이는 우주인처럼 목표도 없는 일상적인 삶을 반복하는 무기력한 상황을 깨닫고 이러한 현실을 벗어나고 싶어 하는 소망을 노래하고 있다.

● 핵심 정리

갈래	자유시, 서정시	성격	상징적, 관념적, 성찰적, 반성적
제재	우주인		
주제	• 일상에 매몰돼 살아가는 현대인의 삶에 대한 성찰과 반성 • 지나온 날을 돌아보며 현실 극복을 소망함.		
특징	① 시어의 반복을 통해 화자의 정서를 강조함. ② 현대인의 삶의 모습을 우주인에 빗대어 비판함.		

● 이것만은 꼭!

1 시상 전개에 따른 화자의 정서 변화

1연	2연	3연
'얼마나 힘 드는 일인가~것은' (도치법, 반복법)	'~모른다' (반복법)	'~고 싶다' (반복법)
현실에 대한 부정적 인식	삶에 대한 성찰	소망과 의지

2 화자의 상황과 소망

화자의 상황		화자의 소망
• 허공에서 허우적거리고 있음. • 자신의 상황을 알 수 없음.	⇨	• 걸어온 발자국(삶의 흔적)을 보고 싶음. • 길고 삐뚤삐뚤한 길을 보고 싶음.

이 시의 화자는 삶의 목표 없이 일상에 매몰돼 무감각하게 살아가는 자신의 삶을 반성적으로 성찰하게 된 후, 자신이 걸어온 삶의 흔적을 확인하고 앞으로는 삶의 목표가 명확한 삶을 살고 싶다는 의지를 드러내고 있다.

153 풀벌레들의 작은 귀를 생각함 | 김기택

| 짧은 감상 | 시끄러운 소리를 뿜어내는 텔레비전을 끄고 풀벌레 소리를 듣게 된 경험을 통해 문명과 인간의 이기를 비판하면서 자연과의 공생에 대해 말하고 있다.

● 핵심 정리

갈래	자유시, 서정시	성격	감각적, 고백적
제재	풀벌레들의 울음소리		
주제	• 문명과 인간의 이기를 비판하며 자연과의 공생을 노래함. • 풀벌레 소리를 통해 자신의 삶을 성찰함.		
특징	① 새롭게 깨달은 점을 고백적 어조로 노래함. ② 풀벌레를 의인화하여 풀벌레의 마음을 헤아리는 태도를 보임.		

● 이것만은 꼭!

소재의 대조적 의미

긍정적 의미		부정적 의미
풀벌레, 별빛, 작은 귀, 여린 마음, 울음소리	⇔	텔레비전, 발뒤꿈치, 현란한 빛, 벽, 전등

수능에는 이렇게

[수능] • '큰 울음'뿐만 아니라 '들리지 않는 소리'도 존재한다는 것을 알게 됨으로써 화자의 인식 범위가 확장되고 있다.

• 화자는 자신이 의식하지 못했던 '그 울음소리들'을 떠올리며, 그 소리를 간과했던 삶을 성찰하고 있다.

154 선운사에서 | 최영미

| 짧은 감상 | 자연 현상의 하나인 꽃이 피고 지는 과정을, 사랑하는 사람과의 만남과 이별에 대응시켜 인생의 보편적 진리를 깨닫는 과정을 보여 주는 시이다.

● 핵심 정리

갈래	자유시, 서정시	성격	서정적, 낭만적, 애상적
제재	꽃		
주제	꽃을 통해 깨닫게 되는 만남과 이별의 진리		
특징	① 동일한 시어를 반복하여 시적 정서를 형성함. ② 자연 현상과 인간사를 병치하여 의미를 강화함. ③ 시간을 나타내는 단어 '잠깐, 순간'과 '한참'을 대비하여 주제를 부각함.		

● 이것만은 꼭!

1 '꽃'과 '인간사'의 비유 구조

꽃이 피고 지는 과정	→	사랑하는 사람과의 만남과 헤어짐의 과정
꽃은 힘들게 피지만, 지는 건 순간이다.		어떤 사람을 만나 사랑을 완성하는 것은 어려워도 이별을 하는 것은 순간이다.

2 종결 어미의 반복이 주는 효과

'~더군'의 반복 효과 →
• 운율을 형성함.
• 시의 분위기와 정서를 안정시킴.
• 감정을 절제하는 듯한 효과를 줌.
• 아쉬움과 안타까움의 정서를 효과적으로 드러냄.
• 사랑과 이별에 대한 깨달음을 드러냄.

---

155 봄눈 오는 밤 | 황인숙

| 짧은 감상 | 봄눈이 나무의 예쁜 눈에 입 맞추려고 내린다는 생각을 통해 자연의 섭리에 대한 경탄과 곧 피어날 꽃과 잎에 대한 기대를 나타내고 있다.

● 핵심 정리

갈래	자유시, 서정시	성격	예찬적, 회화적
제재	봄눈을 맞는 나무의 눈(싹)		
주제	봄이 되어 봄눈을 맞으며 싹이 나기를 기다리는 나무의 아름다움		
특징	① 대화체의 말투를 활용하여 대상에 대한 친근한 감정을 표현함. ② 도치와 영탄법을 활용하여 대상에 대한 감탄의 태도를 표현함. ③ 동음이의어를 활용하여 나무의 싹과 나무에 내리는 눈을 효과적으로 표현함. ④ 나무와 봄눈을 의인화하여 사랑스럽고 친근한 느낌을 표현함.		

● 이것만은 꼭!

동음이의어 '눈'의 다양한 의미

시어	사전적 의미	시에서의 의미
봄눈[雪]	대기 중의 수증기가 찬 기운을 만나 얼어서 땅 위로 떨어지는 얼음의 결정체	봄에 내리는 눈으로, 계절이 겨울에서 봄으로 이동하고 있음을 표현함.
감은 눈[目]	빛의 자극을 받아 물체를 볼 수 있는 감각 기관('감다'라는 서술어와 어울리는 '눈'의 뜻)	아직 돋아나지 않은 나무의 눈을 사람의 눈에 빗대어 감았다고 표현함.
나무의 눈[芽]	새로 막 터져 돋아나려는 초목의 싹. 꽃눈, 잎눈 따위	곧 피어날 꽃눈이나 잎눈으로 봄이 만개할 것임을 예고함.

---

156 귀뚜라미 | 나희덕

| 짧은 감상 | 큰 소리의 '매미 소리'와 낮은 '내 울음'(귀뚜라미의 울음)을 대조하여 자신의 울음이 공감을 얻고 감동을 불러일으키는 노래가 되길 희망하고 있다.

● 핵심 정리

갈래	자유시, 서정시	성격	저항적, 의지적, 희망적
제재	매미 소리에도 꺾이지 않고 우는 귀뚜라미의 모습		
주제	부정적 현실에 굴하지 않는 의지와 그 소통의 가능성		
특징	① 귀뚜라미를 의인화하여 화자로 내세움. ② 소재와 계절의 대조를 통해 주제 의식을 부각함.		

● 이것만은 꼭!

시어의 대립

매미 소리		노래
여름, '높은 가지를 흔드는', '하늘을 찌르는' – 작고 약한 소리를 압도함.	↔ 대조	가을, '누구의 마음 하나 울리는', '누군가의 가슴에 실려 가는' – 감동과 공감을 전제한 소통

↕ (대조)　　　　↑ (지향)

내 울음	'차가운 바닥', '풀잎 없고 이슬 한 방울 내리지 않는 / 지하도 콘크리트 벽 좁은 틈', '발길에 눌려 우는' → '매미 소리'가 지배하는 현실을 절박한 것으로 받아들이면서도 '노래'가 될 수 있다는 소망을 유지함.

수능에는 이렇게

[고2 전국연합] • 자연물을 이용하여 정서를 드러내고 있다.
• '울음'은 누군가에게 감동을 주고 싶은 소망을 의미한다.

---

157 산속에서 | 나희덕

| 짧은 감상 | 늦은 밤에 산속에서 길을 잃고 막막함과 두려움에 헤매었던 경험으로부터 얻게 된 깨달음을 바탕으로 바람직한 삶의 자세에 대해 성찰하고 있다.

● 핵심 정리

갈래	자유시, 서정시	성격	성찰적, 교훈적, 상징적
제재	늦은 밤 산속에서 길을 잃고 헤맨 경험		
주제	길을 잃어버린 누군가에게 따뜻한 불빛이 되어 주는 삶의 자세와 태도		
특징	① 화자의 체험을 바탕으로 자신의 삶을 성찰함. ② 유사한 시구를 반복·변주하여 주제 의식을 강조함. ③ 도치법을 통해 의미를 강조함.		

● 이것만은 꼭!

1 시어의 대립

화자의 경험		깨달음
산속에서 길을 잃고 헤맴.	→	• 멀리서 보이는 불빛의 따뜻함을 느낌. • 맞잡을 손이 있다는 것이 새삼 고마움.
산속에서 밤을 맞이하게 됨.	→	• 작은 지붕들이 큰 힘으로 어깨를 감싸 줌. • 먼 곳의 불빛은 나그네가 계속 걸어갈 수 있도록 해 줌.

2 시어의 상징적 의미

시어	상징적 의미
불빛	힘들고 어려운 처지에 있는 사람에게 힘이 되는 존재
어둠	인생 및 세상사의 곤경과 시련
나그네	인생사를 헤쳐 나가는 존재

158 그 복숭아나무 곁으로 | 나희덕

| **짧은 감상** | 복숭아나무에 대한 편견으로 인해 가까이 다가가지 않던 화자가 멀리서 본 복숭아나무가 가진 수천의 빛깔을 확인하고 복숭아나무의 마음을 이해하게 된다.

● 핵심 정리

갈래	자유시, 서정시	성격	고백적, 관념적, 성찰적
제재	복숭아나무		
주제	복숭아나무에 대한 이해와 깨달음(타인에 대한 편견에서 벗어나 따뜻한 관심과 이해가 필요함.)		
특징	① 일상적 소재를 통해 관념적 주제를 형상화함. ② 사람의 내면을 자연물에 빗대어 표현함. ③ 경어체의 종결로 자기 고백적 태도를 나타냄.		

● 이것만은 꼭!

화자의 인식과 태도의 변화

수능에는 이렇게

[평가원] · 지시어를 반복하여 중심 소재로 초점을 모으고 있다.
· '너무도 여러 겹의 마음'은 화자가 대상에 대해 거리감을 가지게 되는 이유를 나타낸다.
· '눈부셔 눈부셔'는 화자가 깨달음을 얻는 과정에서 '수천의 빛깔'을 발견하는 순간을 강조한다.

159 오 분간 | 나희덕

| **짧은 감상** | 아카시아 꽃그늘 아래에서 아이를 기다리며 떠올린 '기다림'에 대한 생각을 섬세한 시각으로 그려 내고 있다.

● 핵심 정리

갈래	자유시, 서정시	성격	명상적, 관조적
제재	아이를 기다리는 상황		
주제	아이를 기다리는 동안의 상념		
특징	① 오 분간이라는 짧은 시간 동안 자신과 아이의 미래에 대한 상념을 떠올림. ② 유사한 문장 구조를 반복하여 화자의 정서를 드러냄.		

● 이것만은 꼭!

시의 의미 전개 과정

1~4행	꽃그늘 아래에서 아이를 기다리며, 일생이 '기다림'으로 다 지나갈 것 같다는 생각에 잠김.
5~15행	아카시아꽃이 흩날리는 그늘 아래에서 아이를 기다리는 오 분 동안, 화자는 늙고 아이는 청년으로 성장할 것을 생각함.
16~22행	아이가 성장하여 부모의 곁을 떠나는 상황과 기다림의 의미를 생각함.
23~24행	꽃잎이 지고 버스가 오면서 꽃그늘 아래에서의 상념에서 벗어남.

160 그 사람의 손을 보면 | 천양희

| **짧은 감상** | 다양한 사람들의 손을 통해 사소하게 보일 수 있는 일이더라도, 자신이 맡은 일을 성실하게 수행하고 최선을 다하는 삶의 소중함에 대해 노래하고 있다.

● 핵심 정리

갈래	자유시, 서정시	성격	교훈적, 사색적, 예찬적
제재	다양한 사람들의 손		
주제	자신이 맡은 바를 성실히 수행하는 사람들에 대한 예찬		
특징	① 대조적인 의미의 시어를 통해 주제 의식을 강조함. ② 유사한 문장 구조를 반복하여 시상을 전개함.		

● 이것만은 꼭!

1 시적 대상과 화자의 인식

· 자신이 맡은 일을 성실하게 수행하는 사람들
· 화자가 가치 있게 여기는 존재들
· 때론 사소하게 보일지라도 성자처럼 거룩한 존재들

2 대조적 의미의 시어 사용

161 길을 찾아서 4 – 명암리 길 | 천양희

| **짧은 감상** | 밝음과 어둠을 의미하는 '명암리'에서 화자의 지나온 삶과 현재에 대한 성찰을 통해 인식한 삶에 대한 상념과 깨달음을 노래하고 있다.

● 핵심 정리

갈래	자유시, 서정시	성격	사색적, 독백적
제재	자신이 지나온 삶		
주제	지나온 삶에 대한 성찰과 깨달음		
특징	① 산문적 호흡과 연쇄적 표현을 통해 내면의 흐름을 묘사함. ② 비유적 표현을 통해 화자의 삶과 내면을 형상화함.		

● 이것만은 꼭!

연쇄법을 통한 정서의 표현

길은 모를수록 새롭고	➡	새 길은 새로워서 낯설다	➡
낯설게 만나는 바람 소리 물소리	➡	그 소리 기막히다	

'삶'을 상징하는 길에서의 내적 성찰에 대한 느낌과 깨달음을 연쇄적 표현을 통해 효과적으로 드러내고 있다.

현대 시

162 참 맑은 물살 - 회문산에서 | 곽재구

| 짧은 감상 | 겨울이 지나고 봄이 오면서 맑게 흐르는 물살을 중심으로 봄의 생명력과 풍경을 간결하고 감각적인 시어로 표현하고 있다.

● 핵심 정리

갈래	자유시, 서정시	성격	서정적, 예찬적, 자연 친화적
제재	봄의 자연		
주제	생명력이 가득한 자연을 마주하며 느끼는 감흥		
특징	① 봄의 정경을 감각적인 이미지로 표현함. ② 자연물을 의인화하여 생명력 가득한 봄의 모습을 형상화함. ③ 비슷한 구조의 문장과 시어를 반복하면서 화자의 감정을 생생하게 전달함.		

● 이것만은 꼭!

봄의 아름다운 풍경을 노래한 시상 전개

1연	2연
고사리순	산의 풍경

⬇

봄의 생명력	솟아오른 애기 고사리순과 맑게 흘러가는 물살에 비친 산의 풍경이 생명력 가득한 봄의 모습을 나타내고 있다.

163 상처는 스승이다 | 정호승

| 짧은 감상 | 절벽에 나무가 뿌리를 내리기까지 견뎌 낸 수많은 상처와 고통을 떠올리고 상처와 고통이 치유될 수 있기 위해서는 희생을 통한 사랑이 필요함을 말하고 있다.

● 핵심 정리

갈래	자유시, 서정시	성격	성찰적, 서정적, 의지적
제재	삶과 상처(고통)		
주제	상처를 수용하는 삶의 태도		
특징	① 대상에게 말을 건네는 방식으로 시상을 전개함. ② 생각을 담담한 어조로 상대방을 설득하듯이 전달함. ③ '-라'와 '-다'의 종결 어미를 반복하여 운율을 형성함.		

● 이것만은 꼭!

1 자연물에서 얻은 깨달음

절벽의 나무	절벽의 애기똥풀
뿌리를 내림.	똥을 누며 웃음.

⬇

화자의 깨달음	화자는 절벽에도 뿌리를 내리는 나무와 그 절벽에서도 피어나 똥을 누며 웃는 애기똥풀을 통해 상처를 견디고 이겨 낼 때 이루어지는 진정한 성숙과 성장에 대해 말하고 있다.

2 생명의 순환

나무가 뿌리 쪽으로 잎을 떨굼.	→	잎이 썩어 뿌리 끝에 닿음.	→	뿌리가 다시 양분을 흡수함.

화자는 절벽에 내린 나무의 뿌리에서 생명의 순환을 발견하고 있다.

164 고래를 위하여 | 정호승

| 짧은 감상 | 이 시대를 살아가는 청년들이 가져야 하는 꿈과 목표, 희망과 포부를 푸른 바다에 사는 고래로 나타내고 있다.

● 핵심 정리

갈래	자유시, 서정시	성격	상징적, 교훈적
제재	고래		
주제	꿈과 목표를 가진 청년이 되기를 당부함.		
특징	① 깨달음을 바탕으로 교훈적인 내용을 전달함. ② 상징적인 표현을 사용하여 청년들의 꿈과 목표를 형상화함. ③ 유사한 종결 어미를 반복하여 운율을 형성함.		

● 이것만은 꼭!

시어 및 시구의 상징적 의미

시어 및 시구	상징적 의미
푸른 바다	꿈과 희망이 존재하는 세상
고래	꿈과 희망, 목표를 추구하는 존재
청년	고래를 키울 수 있는 젊음을 간직한 존재
밤하늘 별	희망, 삶의 목표이자 지향점

165 윤동주 시집이 든 가방을 들고 | 정호승

| 짧은 감상 | 풀과 강아지와 사람이 똑같이 소중하다고 말하면서도 강아지의 행동마저 용서하지 못하고 구두를 던지고 욕을 한 자기 자신에 대한 치열한 반성이 담긴 작품이다.

● 핵심 정리

갈래	자유시, 서정시	성격	성찰적, 비판적, 교훈적
제재	용서		
주제	용서를 실천하지 못하는 자신에 대한 반성		
특징	① 유사한 종결 어미를 반복하여 자신의 행동에 대한 질책의 질문을 던짐. ② 일상에서 경험한 일을 소재로 깨달음을 전달함. ③ 상징적인 소재를 사용하여 주제를 전달함.		

● 이것만은 꼭!

일상에서 찾은 화자의 깨달음과 반성

강아지가 구두에 오줌을 쌈.	→	욕설과 분노
사소한 실수(일상)		옹졸한 자신(생명 경시)

이 시의 화자는 평소 생명의 소중함을 역설하고 평등을 추구했던 사람이다. 특히 강아지를 산에 데려온 행동을 비난하는 사람과 멱살잡이를 할 만큼 생명에 대한 차별을 반대하고 거부했던 인물이다. 그러나 강아지가 오줌을 싼 사소한 행위에 욕설을 퍼붓고 구두를 집어던지는 옹졸한 행동을 한 후 자신의 행동을 반성하고 있다. 이는 사소하고 일상적인 일에서 깨달음을 얻는 화자의 시선을 보여 주고 있다.

166 세한도 | 고재종

| 짧은 감상 | 추사의 〈세한도〉와 마찬가지로 쇠락해 가는 농촌의 모습을 보여 주면서 극한의 농촌의 현실을 극복하고자 하는 의지를 청솔의 푸르름과 꼭두서니빛으로 제시하고 있다.

● 핵심 정리

갈래	자유시, 서정시	성격	의지적, 희망적
제재	청솔		
주제	힘겨운 농촌의 현실과 이를 극복하려는 희망		
특징	① 색채 이미지를 사용하여 상황을 상징적으로 제시함. ② 의인법을 사용하여 대상과의 일체감을 부여함. ③ 청솔의 의연한 모습과 명령형 어조로 의지를 드러냄.		

● 이것만은 꼭!

쇠락한 마을의 상황

과거	앰프 방송 하나로 집집의 새앙쥐까지 깨우던 회관

↕ 대립

현재	날로 기우듬해 가는 마을 회관

이 시에서 형상화하고 있는 농촌은 한때는 앰프를 중심으로 마을 사람들의 중심지 역할을 했던 마을 회관이 지금은 쇠락하여 청솔만이 지키고 있는 모습으로 나타나고 있다.

167 첫사랑 | 고재종

| 짧은 감상 | 한겨울에 나뭇가지에 눈이 쌓이는 풍경을 소재로 삼아 사랑의 결실을 위한 시련과 고난, 그리고 헌신의 의미를 노래하고 있다.

● 핵심 정리

갈래	자유시, 서정시	성격	서정적, 회화적, 역설적
제재	눈		
주제	인내와 헌신으로 피워 낸 아름다운 사랑		
특징	① 자연물에서 사랑의 의미를 발견함. ② 시어의 반복을 통해 운율감을 형성함. ③ 시각적 이미지를 사용하여 대상을 형상화함. ④ 역설적 표현을 통해 주제를 효과적으로 드러냄.		

● 이것만은 꼭!

역설적 표현

세상에서 가장 아름다운 상처	→	봄에 피어난 꽃의 황홀한 모습을 '아름다운'이라는 말을 통해, 눈이 꽃을 피우기까지의 시련과 고통의 과정을 '상처'라는 말을 통해 표현하였다. 표면적으로는 모순이 되는 '아름다운'과 '상처'를 병치하여 아픔을 겪은 뒤 얻은 성숙한 사랑을 강조하고 있다.

수능에는 이렇게

[고2 전국연합] • 영탄적 어조를 통하여 화자의 고조된 감정을 드러내고 있다.
• '미끄러지고 미끄러지길 수백 번'은 눈이 눈꽃을 피우기 위해 겪는 시련으로 볼 수 있다.
• '다 퍼부어 준 다음에야'는 나뭇가지에 대한 눈의 헌신적 태도로 볼 수 있다.
• '아름다운 상처'는 끝없는 인내와 헌신 끝에 얻은 사랑의 결실인 봄꽃으로 볼 수 있다.

168 사는 일 | 나태주

| 짧은 감상 | 예상치 못하게 걷게 된 힘든 길에서 세상과 자연의 아름다움을 알게 된 경험을 통해서 삶에 대한 여유롭고 긍정적인 태도를 강조하고 있다.

● 핵심 정리

갈래	자유시, 서정시	성격	독백적, 긍정적
제재	삶의 여정, 일상		
주제	삶의 모든 상황을 긍정적으로 받아들이는 여유롭고 겸허한 자세		
특징	① 수미 상관의 구성을 통해 시적 안정감을 높이고 주제 의식을 강조함. ② 길을 걷는 여정에 빗대어 삶의 모습과 성찰의 내용을 형상화함.		

● 이것만은 꼭!

1 시상 전개 과정

| 걷지 않아도
좋을 길을 걸음.
(예상치 못한 일) | → | 싱그러운 바람
빨갛게 익은 멍석딸기
물총새 쪽빛 날갯짓 | = | 세상의
아름다움 | → | 삶에 대한
긍정적인
만족감 |

2 수미 상관의 구조를 통해 드러난 삶의 만족감

1연 1행
오늘도 하루 잘 살았다

+

4연 4~5행
오늘도 하루 나는 이렇게 / 잘 살았다

169 세일에서 건진 고흐의 별빛 | 황동규

| 짧은 감상 | 고흐의 그림 내용을 묘사하면서, 그림 속 소재들의 빛나는 모습을 통해 모든 존재와 모든 삶의 아름다움, 고귀함을 깨닫고 응원하는 마음을 표현하고 있다.

● 핵심 정리

갈래	자유시, 서정시	성격	묘사적, 회화적, 희망적
제재	고흐의 그림		
주제	모든 존재의 아름다움과 고귀함		
특징	① 미술 작품을 모티프로 하여 창작됨. ② 상상력을 바탕으로 원작과는 다른 새로운 의미를 표현함. ③ 열거와 반복을 통해 주제 의식을 강조함.		

● 이것만은 꼭!

1 시상의 전개

세일에서 고흐의 복사화를 구함.	→	그림 속 모든 소재들이 빛나며 노래하고 있음.	→	모든 존재의 소중함을 이해하고 응원하게 됨.
경험		묘사		감상

2 시어의 상징적 의미

시어	상징적 의미
빛나라	존재의 아름다움에 대한 감탄. 또는 응원
노래	존재의 가치를 드러내는 행위
별	하나하나의 고귀한 존재. 모든 존재

170 버팀목에 대하여 | 복효근

| 짧은 감상 | 쓰러져 가는 나무에 세워진 버팀목을 소재로 다른 누군가를 위해 희생하는 삶의 아름다움과 가치를 노래하고 있다.

● 핵심 정리

갈래	자유시, 서정시	성격	성찰적, 상징적, 긍정적
제재	버팀목		
주제	다른 이를 위해 희생하는 삶의 아름다움과 가치		
특징	① 경어체를 반복하여 대상의 모습을 강조하고 경건한 분위기를 조성함. ② 자연물을 통해 삶의 깨달음을 얻음.		

● 이것만은 꼭!

이 시에 나타난 유추적 사고

| 태풍에 쓰러진 나무 = 산 나무 | = | 화자 '나' |

↑ 삶을 지탱하는 힘을 줌.

| 버팀목 = 죽은 나무 | = | 죽은 아버지, 사라진 이웃들 |

쓰러진 나무와 버팀목이 맺었던 관계가 인간의 삶에서 인간과 인간이 맺는 관계에서도 나타날 것이라고 보는 유추적 사고를 바탕으로 시상을 전개하고 있다.

수능에는 이렇게

[고1 전국연합] • 음성 상징어를 활용하여 시적 상황을 구체화하고 있다.
• '다시'는 '산 나무'가 '죽은 나무' 덕분에 생명력을 회복하고 있음을 강조한 시어이다.
• '이제는'은 '산 나무'가 '죽은 나무'에 의지하지 않아도 살아갈 수 있음을 강조한 시어이다.

171 배를 매며 | 장석남

| 짧은 감상 | 생각지 못한 순간에 사랑이 시작되고 커 가는 과정을 배를 매는 일에 빗대어 사랑의 본질에 대해 노래하고 있다.

● 핵심 정리

갈래	자유시, 서정시	성격	서정적, 사색적, 비유적
제재	배를 매어 본 경험		
주제	사랑의 시작과 본질에 대한 깨달음		
특징	① 유추에 의해 시상을 전개함. ② 사랑이라는 감정을 배를 매는 일에 비유하여 주제를 형상화함.		

● 이것만은 꼭!

유추에 의한 시상 전개 | 이 시는 '배를 매는 일'과 '사랑'의 유사성을 바탕으로, 사랑이라는 추상적인 관념을 배를 매는 일에 빗대어 형상화하고 있다.

배		사랑
배를 맴.		사랑이 시작됨.
우연히 날아든 밧줄을 잡아 어찌할 수 없이 배를 매는 것	유추 →	사랑은 예기치 못하게 다가와 불가항력적으로 시작되는 것
구름과 빛과 시간이 배와 함께 매어짐.		사랑은 그 대상과 대상을 둘러싼 모든 것을 받아들이는 것임.
빛 가운데 배가 울렁이며 온종일을 떠 있음.		사랑이 시작되면서 온종일을 설렘 속에 보냄.

수능에는 이렇게

[평가원] • 소재에 상징적 의미를 부여하여 주제 의식을 부각하고 있다.
• 배를 매는 행위의 의미가 사랑임이 비로소 드러나고 있다.
• '부둣가'는 화자가 사랑에 대한 깨달음을 얻는 공간이다.
　만남의 가능성이 존재하는 공간

172 전라도 젓갈 | 문병란

| 짧은 감상 | 전라도의 토속 음식인 젓갈의 맛에 대한 해석을 통하여 평범한 사람들의 삶과 사랑의 맛까지 표현하고 있는 작품이다.

● 핵심 정리

갈래	자유시, 서정시	성격	토속적, 향토적, 비유적
제재	전라도 젓갈		
주제	고난과 역경, 인내를 통해 완성되는 젓갈의 맛, 삶의 맛		
특징	① 전라도의 대표 음식을 통해 남도의 정서와 삶을 노래함. ② 미각적 심상과 다양한 비유를 활용함. ③ 토속적인 소재와 사투리를 사용함.		

● 이것만은 꼭!

다양한 전라도 젓갈 맛의 상징적 의미

다양한 전라도 젓갈의 맛
전라도 갯땅의 깊은 맛, 소금기 짭쪼름한 눈물의 맛, 어머니 눈물 같은 진한 맛 등

→ 발효되고 삭아서 완성된 젓갈의 맛

→ 갖은 애환을 겪고 살아가는 민중들의 삶의 맛

173 산수유나무의 농사 | 문태준

| 짧은 감상 | 산수유나무의 그늘에 대한 참신한 문학적 발상을 통해 타인에게 인색한 우리의 현실을 말하고 있다.

● 핵심 정리

갈래	자유시, 서정시	성격	상징적, 자연적
제재	산수유나무의 그늘		
주제	산수유나무의 그늘이 주는 배려와 평안함		
특징	① 자연물을 바라보는 참신한 발상이 돋보임. ② 우직하고도 섬세한 눈으로 사물에 담긴 서정성을 발견함. ③ 산수유나무의 풍성한 그늘과 사람들의 좁아지는 마음의 그늘을 대비함.		

● 이것만은 꼭!

대립적 이미지의 시어

| 산수유 나무의 그늘 | • 농사의 주체: 산수유나무 • 특성: 꽃이 활짝 필수록 땅에서 넓어짐. • 상징적 의미: 다른 생명들을 배려하는 공간, 다른 생명에게 휴식을 제공하는 공간 |

↕

| 사람들의 마음의 그늘 | • 농사의 주체: 사람 • 특성: 말려들고 좁아짐. • 상징적 의미: 이기적이고 인색하여 타인에게 베풀지 못하는 인간의 속성 |

→ 타인을 배려하고 타인에게 베푸는 것에 인색한 우리의 현실을 다른 존재를 배려하고 넉넉한 인정을 지닌 산수유나무와 대비하여 보여 줌.

174 평상이 있는 국숫집 | 문태준

| **짧은 감상** | 국숫집에서 만난 사람들이 평상에 마주 앉아 국수를 먹으며 서로 소통하고 서로의 삶을 이해하는 모습을 형상화하고 있다.

● 핵심 정리

갈래	자유시, 서정시	성격	묘사적, 서정적, 교훈적
제재	소박한 국숫집 손님들의 이야기		
주제	평범한 사람들이 주고받는 위로와 교감		
특징	① 국숫집에 모인 사람들을 묘사하며 시상을 전개함. ② 열린 공간과 소박한 소재를 통해 평범한 사람들의 인정을 표현함. ③ 의성어에 중의적 의미를 부여하여 주제 의식을 부각함.		

● 이것만은 꼭!

핵심 시어 '쯧쯧쯧쯧'의 의미

	관련 시구	의미
	국수가 찬물에 헹궈져 건져 올려지는 동안	국수가 헹궈질 때 나는 소리
'쯧쯧쯧쯧'의 중의성	• 손이 손을 잡는 말 • 눈이 눈을 쓸어 주는 말 • 세상에 이런 짧은 말이 있어서 • 세상에 이런 깊은 말이 있어서	• 연민을 느낄 때 가볍게 혀를 차는 소리 • 손을 잡고 눈을 쓸어 주며 위로하는 말 • 짧지만 깊은 마음의 공감을 이루어 내는 말 • 진정으로 소통하고 교류하는 말

수능에는 이렇게

[고2 전국연합] • '붐비는 국숫집은 삼거리 슈퍼 같다'는 비유적 표현을 통해 시적 상황을 제시하고 있다.
• '쯧쯧쯧쯧 쯧쯧쯧쯧'은 동일한 시어를 반복하여 의미를 강조하고 있다.

175 모진 소리 | 황인숙

| **짧은 감상** | 타인에 대한 모진 소리가 얼마나 큰 아픔과 상처가 되는지를 반성하고 성찰하는 내용을 담고 있다.

● 핵심 정리

갈래	자유시, 서정시	성격	성찰적, 사색적, 감각적
제재	모진 소리		
주제	사람들에게 상처를 주는 말과 행위에 대한 성찰		
특징	① 유사한 통사 구조를 반복하여 의미를 심화하고 운율을 형성함. ② 의성어의 변형과 반복을 통하여 주제를 효과적으로 드러냄.		

● 이것만은 꼭!

1 의성어의 변형과 반복

의성어	효과
가슴이 쩌엉한다 가슴속부터 쩡 금 가게 했을 쩌어엉 세상에 금이 간다	'쩡'이라는 의성어를 변형하여 반복함으로써 모진 소리 때문에 받는 마음의 상처를 청각적 심상으로 형상화함.

2 점층과 확장의 표현

점층적 표현	효과
가슴이 쩌엉한다 → 온몸이 쿡쿡 아파 온다	모진 소리가 주는 반복적이고도 넓은 상처와 아픔을 강조함.
내 모진 소리를 자꾸 생각했을 → 내 모진 소리에 무수히 정 맞았을	
늑골에 정을 친다 → 쩌어엉 세상에 금이 간다	

176 신의 방 | 김선우

| **짧은 감상** | 제주도의 전통 재래식 변소인 '통시'를 생명이 끊임없이 순환되며 새로운 생명을 길러내는 가치를 지닌 공간으로 표현하며 생명의 순환을 이야기하고 있다.

● 핵심 정리

갈래	자유시, 서정시, 산문시	성격	생태적, 묘사적, 사색적
제재	통시		
주제	생명이 순환되는 공간인 통시		
특징	① 제주도의 전통식 화장실을 통해 생명의 순환이라는 의미를 발견함. ② 생태적인 가치관을 편리성 위주의 가치관과 대립적으로 제시함.		

● 이것만은 꼭!

1 대상에 대한 인식의 흐름

통시	→	생명의 순환이 이루어지는 곳	→	신의 방 (신성한 곳)

2 부드러운 이야기 문체의 특징 | 이 시는 '~지요', '~군요' 등의 부드러운 종결 어미를 활용하여 이야기를 끝맺지 않고 계속 이어 나가고 있어 문장의 길이가 긴 이야기체로 산문적인 서술을 하고 있다. 이처럼 부드럽고 따뜻하며 편안한 문체는 시인이 강조하고자 하는 생명의 순환이라는 자연스럽고도 따뜻한 주제를 더욱 부각시키는 장치가 될 수 있다.

177 깨끗한 식사 | 김선우

| **짧은 감상** | 조상들이 음식이 되는 다른 생명 앞에서 취했던 고마움과 두려움에 주목하면서, 그 '떨림'과 '기도'가 전제될 때 '깨끗한 식사'가 가능해질 것임을 이야기하고 있다.

● 핵심 정리

갈래	자유시, 서정시	성격	생태적, 생명 친화적, 반성적
제재	식사에서 발견한 생명 존중의 의미		
주제	모든 생명에 대한 존중의 필요성		
특징	① 대상에 대한 개성적인 인식을 통해 '생명'의 의미를 심화함. ② 행의 구분 없이 제시되어 산문시의 리듬에 가까운 운율감을 느끼게 함.		

● 이것만은 꼭!

시간의 흐름에 따른 '식사'의 의미 변화

과거	현재
떨림, 기도, 남김없이 고맙게, 두렵게 잡숫는 법	사뭇 괴로운 포즈
음식 = 생명 (생명 존중의 태도 + 인간과 다른 생명을 동등하게 간주하는 사고방식)	음식 = 시장에서 화폐로 구입하는 상품 (자본주의의 논리 + 인간 중심적인 사고방식)

178 흙 | 문정희

| 짧은 감상 | 흙이 지닌 모성적 속성을 예찬하고 그에 대한 화자의 벅찬 감흥을 노래한 작품이다.

● 핵심 정리

갈래	자유시, 서정시	성격	예찬적, 감각적
제재	흙		
주제	흙의 모성성과 희생에 대한 공감과 예찬		
특징	① 차분하고 담담한 어조로 시상을 전개함. ② 일상적 언어를 사용하여 화자의 정서를 형상화함. ③ 1연의 내용이 3연에서 반복되면서 심화됨(수미 상관).		

● 이것만은 꼭!

'흙'의 속성

주체		노동		결과물
도공		주물러서	……	달덩이
농부		씨앗을 뿌리면	……	한 가마의 곡식

생명의 태반이며 귀의처	• 모성(母性)을 지닌 존재 • 모든 존재의 근원

179 율포의 기억 | 문정희

| 짧은 감상 | 율포의 바다를 떠올리며 어머니와 함께했던 경험을 통해 삶의 의미를 성찰하고 있는 작품이다.

● 핵심 정리

갈래	자유시, 서정시	성격	성찰적, 사색적, 회상적
제재	율포 바닷가의 뻘밭		
주제	뻘밭을 통해 깨달은 자연의 생명력과 어부들의 경건한 삶		
특징	① 개인적 경험을 통해 깨달은 내용을 표현함. ② 결과를 제시한 후 이유를 찾아가는 방식으로 시상을 전개함.		

● 이것만은 꼭!

일상적 공간에서 어머니를 통해 얻은 깨달음

일상적 공간	깨달음의 전달자
바다(뻘밭)	어머니

깨달음	• 왕성한 생명력을 지닌 대상들이 지니고 있는 힘(역동적 삶의 중요성) • 생명을 소중하게 여기는 경건한 태도

수능에는 이렇게

[고2 전국연합] • 자연을 매개로 삶의 태도를 드러내고 있다.
• '뻘밭': '퍼덕거리는' 생명체와 함께 살아가는 '사람들'의 모습이 드러나는 공간이다.

180 의자 | 이정록

| 짧은 감상 | 어머니의 말을 통해 세상의 모든 존재에게는 의자와 같이 몸과 마음을 기댈 수 있는 대상이 필요함을 드러내고 있다.

● 핵심 정리

갈래	자유시, 서정시	성격	사색적, 상징적, 일상적
제재	의자		
주제	서로 의지하며 살아가는 삶에 대한 깨달음		
특징	① 화자의 어머니가 화자에게 말한 내용을 그대로 인용하는 방식으로 시상을 전개함. ② 방언을 사용하여 인물의 특성을 부각하고 시적 상황을 생생하게 드러냄. ③ '의자'라는 소재를 상징적으로 사용하여 주제 의식을 드러냄.		

● 이것만은 꼭!

인간과 인간, 인간과 사물의 교감

다른 사람과의 교감	[3연] 돌아가신 아버지에게 화자가 의자였음. [5연] 삶은 가족 간에 의자가 되는 것임.
사물과의 교감	[2연] 세상이 다 의자로 보임. [4연] 참외와 호박에도 의자를 내주려 함.

이 시에서는 '의자'라는 사물을 바탕으로 인간과 인간, 인간과 사물의 따뜻한 배려와 교감을 자연스럽게 드러내고 있다. 이를 바탕으로 세상의 모든 존재들은 다른 대상에게 기대기도 하고, 다른 대상이 기댈 수 있도록 하는 방식으로 긴밀하게 이어져 있음을 보여 준다.

수능에는 이렇게

[고2 전국연합] • 어머니는 허리가 아픈 경험을 계기로 '꽃도 열매도, 그게 다 의자에 앉아 있는 것'이라고 인식하게 돼.
• 어머니가 '아버지 산소 좀 다녀'오라고 한 것은 죽은 남편을 배려하는 마음을 담은 말이야.
• 의자의 상징성을 고려하면, '아버지한테는 좋은 의자'였다는 것은 '아버지'가 '큰애'에게 위로받고 의지했다는 뜻이야.
• '참외밭에 지푸라기'를 깔겠다는 어머니의 말에서 자연물도 '식구'로 느끼며 포용하는 태도를 확인할 수 있어.

181 원어 | 하종오

| 짧은 감상 | 화자가 고향으로 가는 기차 안에서 동남아 출신의 결혼 이주 여성 2명과 마주하게 된 경험을 통해, 결혼 이주 여성들의 삶의 애환과 그들도 우리와 다르지 않음을 보여 주고 있다.

● 핵심 정리

갈래	자유시, 서정시	성격	감상적, 사실적, 서사적
제재	기차에서 우연히 만난 결혼 이주 여성들		
주제	결혼 이주 여성들의 삶과 애환, 다문화 사회 구성원에 대한 새로운 인식		
특징	① 짧고 간결한 문장을 사용한 서사적 시상 전개가 두드러짐. ② 일상적인 경험을 평이한 시어로 진술하여 사실성을 높이고 친근감을 줌. ③ 관찰자의 시선으로 시적 대상을 묘사함.		

● 이것만은 꼭!

시적 화자의 인식의 변화

지대한 관심		자각과 반성
• 동남아인 두 여인을 호기심 어린 시선으로 바라봄. • 결혼 이주 여성들을 우리와 다른 이방인으로 인식함.	인식의 전환 →	두 여인에게 비상한 관심을 보인 것이 편견과 차별적 인식에서 기인한 것임을 자각하고 자신의 행동을 반성함.

182 푸른곰팡이 – 산책 시 1 | 이문재

| 짧은 감상 | 느림에 대해 예찬하며 속도의 효율성을 중시하는 현대 사회에 대해 비판하고 있는 작품이다.

● 핵심 정리

갈래	자유시, 서정시	성격	현실 비판적, 상징적
제재	편지, 우체국		
주제	느림에 대한 예찬, 속도의 효율성을 중시하는 현대 사회에 대한 비판		
특징	① 상징적 의미를 지닌 시어를 통해 느림의 가치를 강조함. ② 경어체 종결 어미를 사용하여 화자가 깨달은 바를 진솔하게 전달함. ③ 색채어를 사용하여 주제 의식을 선명하게 부각함.		

● 이것만은 꼭!

'산책', '푸른곰팡이', '편지'의 의미 관계

산책		푸른곰팡이		편지
속도 경쟁에서 벗어나 느리게 걸으며 주변을 돌아볼 수 있음.	≒	오랜 시간 동안의 배양을 통해 질병 치료에 쓰이는 페니실린이 됨.	≒	주고받는 데 사나흘의 시간이 걸리며, 사랑이 무르익도록 함.

'산책'과 '푸른곰팡이', '편지'는 모두 일정한 시간을 필요로 한다. 그리고 그 시간은 의도된 시간이다. 화자는 속도가 미덕인 사회에서 일부러 느리게 걷는 '산책'을 선택하고 있으며, 산책길에 만난 우체국을 통해 '편지'가 지닌 느림의 가치에 주목하고 있다. 편지가 배달되는 사나흘의 시간은 상대방을 향한 기다림과 그리움, 설렘을 숙성하는 과정이며, 이렇게 무르익은 정서는 몸의 질병을 치료해 주는 '푸른곰팡이'와 같이 인간 관계를 회복·발전시켜 주는 역할을 한다.

183 나도 그들처럼 | 백무산

| 짧은 감상 | 인간의 이성적인 사고가 지배하기 이전의 자연의 상태와 이후의 상태를 대조하며 생명력 있는 삶으로부터 멀어진 인간의 삶을 성찰하는 작품이다.

● 핵심 정리

갈래	자유시, 서정시	성격	비판적, 성찰적
제재	자연과 문명		
주제	생명력 충만한 삶에 대한 지향		
특징	① 도치와 유사한 문장 구조의 반복을 통해 문명의 발달로 인간이 자연에서 멀어졌음을 강조함. ② 현대 문명에 대해 비판적인 태도를 드러냄. ③ 과거 시제를 통해 자연과 소통하던 시대와 단절되었음을 표현함.		

● 이것만은 꼭!

시어의 상징적 의미

바람, 비, 별, 대지, 숲		계산, 측량, 해석, 부동산, 시계
• 원초적인 자연 • 단순하지만 아름다운 것들 • 사람과 자연이 이웃임.	↔	• 근대적인 합리적 사고 • 인간을 자연으로부터 멀어지게 만드는 것들

184 가을밤 | 오창렬

| 짧은 감상 | 상대의 행동으로 상처받은 화자의 마음을 나타낸 작품으로, 음성 상징어와 의인화를 사용하여 낙엽이 받은 상처를 생생하게 표현하고 있다.

● 핵심 정리

갈래	자유시, 서정시	성격	사색적, 성찰적, 감각적
제재	낙엽		
주제	대상과의 단절과 소외 받은 존재의 슬픔		
특징	① 낙엽을 의인화하여 화자의 상처를 표현함. ② 행간 걸침을 활용하여 시적인 긴장감을 유지함. ③ 유사한 문장 구조를 반복하여 운율을 형성하고 낙엽이 받은 상처를 강조함. ④ 자연 현상을 통해 화자의 정서를 강조하여 표현함.		

● 이것만은 꼭!

1 시어 및 시구의 상징적 의미

시어 및 시구	상징적 의미
문 그러닫지만	'너'가 화자에게 모질게 굶.
구겨지진	상처받은 화자의 마음이 편하지 못함.
마당귀로 몰리며	막다른 곳에 이른 듯 암담한 마음을 느낌.
가슴이 마르진	상처가 깊어 생기가 없게 됨.

2 낙엽에게 일어난 일의 의미 | 이 시의 화자는 낙엽에게서 자신의 모습을 본다. 낙엽이 구겨지고 바람에 몰려 마당 귀퉁이에 모이고, 바스락거리며 말라 있는 모습이 마치 자신의 모습과 같다고 여기는 것이다. 화자가 이처럼 구겨지고 상처를 받게 된 까닭은 '너'의 모진 행동 때문이다. '너'의 행동이 원인이 됨을 표현하기 위하여 1연에서 바람이 불거나 쌀쌀해졌다고 가정을 하고, 그렇게 가을이 깊어졌다 치더라도 너의 행동이 아니었으면 낙엽이 변하지 않았을 것이라고 강조한다. 즉, 이 시는 자연 현상을 통해 화자의 정서를 표현하고 있다.

185 글로벌 블루스 2009 | 허수경

| 짧은 감상 | 독일로 이주해 살며 타국에서 겪은 삶의 정서를 그려 내고 있는 작품이다.

● 핵심 정리

갈래	자유시, 서정시	성격	서정적, 독백적
제재	외국에서의 삶		
주제	외국에서 살아가는 한국인이 느끼는 고독		
특징	① 세계화된 환경을 음식을 통해 친근하게 드러냄. ② 상징적인 시어로 환상적인 분위기를 조성함. ③ 외국어와 외래어를 사용하여 이국적인 분위기를 형성함.		

● 이것만은 꼭!

화자의 정서 | 화자는 글로벌한 식재료로 고향의 음식을 만들며 '완벽한 고향'을 '건설한다'라고 일컫는다. 취나물 요리는 한국의 음식이지만 화자가 한국이 아닌 곳에 살고 있으므로 어쩔 수 없이 다른 나라의 식재료를 사용할 수밖에 없다. 독일에서 자신이 만든 고향의 음식을 먹으며 '완벽한 내면은 글로벌의 위장으로 내려간다'라고 생각한다. 하지만 그것은 어디까지나 인위적인 것이다. 그래서 화자는 자신이 만들어 낸 고향을 '가난한 고향'이라 명한다. '블루스'는 우울한 선율을 가진 곡이다. 즉 화자는 '블루스'라는 시어를 통해 고향의 것이 아닌 식재료를 이용하여 만든 고향 음식을 먹으며 느끼는 향수와 해외에 거주하면서 느끼는 고독과 외로움을 드러내고 있다고 볼 수 있다.

186 자동문 앞에서 | 유하

| 짧은 감상 | 자동문으로 대표되는 현대 문명의 편리함에 익숙해져서 스스로 수고를 하거나 문제를 해결하려는 능력을 상실해 가고 있는 현대인들의 모습을 비판하고 있다.

● 핵심 정리

갈래	자유시, 서정시	성격	비판적, 비유적
제재	자동문, 키위 새		
주제	현대 문명의 편리함에 길들여진 현대인들에 대한 비판		
특징	① 자동문과 키위 새의 비유를 통해 현대 문명을 비판함. ② 대구와 반복 등을 통해 운율을 형성함.		

● 이것만은 꼭!

키위 새와 현대인

먹이가 풍부한 곳에서 생활해 날개가 퇴화됨.	→ 키위 새 = 현대인 ←	편리한 현대 문명에 의해 손이 퇴화될 것임.

뉴질랜드의 키위 새는 먹이가 풍부한 땅에서 살다 날개가 퇴화되어 날 수 없게 되었다. 이 시는 이러한 키위 새를 현대인과 연관 짓고 있는데, 현대인 역시 편리한 현대 문명에 길들여져 손을 사용하거나 문제를 해결하려는 노력을 기울이지 않게 되고 이로 인해 손이 퇴화될 수 있음을 지적한다. 그리고 이러한 퇴화로 인해 정작 문제 해결이 필요한 순간에 아무것도 하지 못하는 상황이 올 수 있음을 경고하고 있다.

187 별 닦는 나무 | 공광규

| 짧은 감상 | 자연물이 교감하는 상황을 인간이 교감하는 상황과 대응시키며 당신을 향해 헌신적인 사랑을 주고 싶은 소망을 효과적으로 표현하고 있다.

● 핵심 정리

갈래	자유시, 서정시	성격	서정적, 낭만적
제재	은행나무		
주제	은행나무를 보며 떠올린 당신을 향한 사랑		
특징	① 자연물이 교감하는 상황과 인간이 교감하는 상황을 대응시킴. ② 동일한 시어와 통사 구조의 반복을 통해 화자의 소망을 강조함. ③ 밝은 이미지의 시어를 활용해 대상들에서 느끼는 인상을 감각적으로 묘사함.		

● 이것만은 꼭!

별과 나무

별 = 당신	이상, 지향
나무 = '나'	별을 닦는 존재, 헌신적

흔히 시에서 '별'은 긍정적 이미지로 사용되는데, 하늘에 밝게 떠 있는 존재로 화자의 지향이나 이상 등의 의미를 지닌다. 이 시에서 역시 밝고 환하게 빛나는 존재의 모습을 지닌다. 따라서 이 시에서 '당신'을 '별'에 비유하고 있는 것은 당신에 대한 화자의 심정을 보여 주는 표현으로, '당신'이 화자의 이상이자 지향이라는 것을 알려 준다. 반면, 화자는 그러한 '별을 닦는 나무'가 되기를 소망하고 있는데, 이 나무는 별을 열심히 닦다 지는 존재로, '당신'을 향한 헌신적인 사랑을 보여 준다. 즉, 하늘에 뜬 별을 당신에 비유하고 나를 진다고 표현함으로써 당신을 향한 화자의 마음을 효과적으로 드러내고 있는 것이다.

188 다시 느티나무가 | 신경림

| 짧은 감상 | 어릴 때 작아 보이던 느티나무가 오랜 세월이 흘러 삶의 깨달음을 얻은 노년기에 다시 크게 보이게 된 것을 통해 늙음을 수용하는 자기 성찰적 태도를 드러내고 있다.

● 핵심 정리

갈래	자유시, 서정시	성격	성찰적, 고백적
제재	고향집 앞 느티나무		
주제	• 사물의 인식 변화를 통한 삶의 성찰 • 늙어 가는 것에 대한 자족감과 달관		
특징	① 시간의 흐름에 따라 시상을 전개함. ② 일상적인 경험을 평이한 시어로 진솔하게 표현함.		

● 이것만은 꼭!

화자의 인식 변화

청년기: 느티나무가 작아 보임.		노년기: 느티나무가 다시 커 보임.
자신의 성장을 깨달음. 당연한 이치라고 생각함.	→	늙고 병듦을 깨달음. 세상이 아름다워 보임.

시적 주체가 자신을 대상화하는 방법으로는 자연, 음악 등과 같은 매개를 통해 자신의 참모습을 발견하고 성찰하는 것이 있다. 이 시에서는 '느티나무'를 바라봄으로써 늙음 자체를 수용하게 되어 시적 주체는 한 단계 더 성숙한 인간으로 성장하게 된다.

189 택배 상자 속의 어머니 | 박상률

| 짧은 감상 | 고향에 계신 어머니가 화자에게 보낸 택배 상자를 제재로 하여 아들에 대한 어머니의 사랑과, 돌아가신 어머니를 그리워하는 아들의 마음이 드러난 작품이다.

● 핵심 정리

갈래	자유시, 서정시	성격	추모적, 상징적, 영탄적
제재	어머니의 택배 상자		
주제	아들에 대한 어머니의 사랑과 돌아가신 어머니를 그리워하는 아들의 마음		
특징	① 산문적 문체와 서사적 시상 전개를 통해 시적 의미의 이해를 도움. ② 방언의 사용으로 화자의 정서를 효과적으로 전달함. ③ 형태적으로 유사한 소재의 대조적 상징을 통해 시적 주제를 강조함.		

● 이것만은 꼭!

시어 및 시구의 상징적 의미

시어 및 시구	상징적 의미
서울 과낙구 실님이동	학력이 높지 않은 어머니의 순박함과 정성
단단히 엮은 노끈	어머니의 꼼꼼한 성격과 아들에 대한 사랑과 정성
양파, 감자, 마늘, 제사 떡, 풋콩, 참기름	소박한 물품에서 전해 오는 어머니의 사랑과 정성

현대 소설

001 혈의 누 | 이인직

| **짧은 감상** | 구한말을 배경으로 변화하는 시대에 필요한 문명개화와 신교육, 자유 결혼이라는 근대적 계몽 이념을 담고 있는 우리나라 최초의 신소설이다.

◉ 핵심 정리

갈래	신소설, 계몽 소설	성격	계몽적, 교훈적
배경	① 시간 – 청일 전쟁(1894)~광무 6년(1902) ② 공간 – 평양, 일본(오사카), 미국(워싱턴)		
주제	신교육 사상과 개화 의식의 고취		
특징	① 문어체의 서술이 드러남. ② 개화기의 시대적 모습과 당시 지식인들의 계몽 의지를 보여 줌.		

◉ 이것만은 꼭!

신소설로서의 〈혈의 누〉의 특징과 한계 | 신소설인 〈혈의 누〉는 형식 면에서 서사와 묘사 중심의 서술 방식을 구사하였으며, 내용 면에서는 신문명에 대한 동경과 새로운 윤리관을 제시하기 위해 청일 전쟁과 일본, 미국 등의 국제적 배경을 설정하여 새로운 세계 구조를 부각시켰다는 성과를 거두었다. 그러나 당대의 민족적 고난과 좌절을 간과함으로써, 진정한 개화 의지를 담아내지 못한 점은 이 작품의 한계라 할 수 있다.

형식	내용	의의
• 구어체 시도 • 국문·산문 위주	• 신문명 동경 • 자유연애 사상	개화기의 시대상과 시대 의식 반영

002 구마검 | 이해조

| **짧은 감상** | 미신 숭배로 인해 패가망신하는 과정을 통해 당대 무속 신앙에 몰두해 허무맹랑한 가치관으로 살아가는 세태를 비판적으로 그려 낸 신소설이다.

◉ 핵심 정리

갈래	신소설, 계몽 소설	성격	계몽적, 비판적
배경	① 시간 – 1900년대 ② 공간 – 서울의 부촌인 중부 다방골		
주제	미신이 만연한 세태에 대한 풍자와 비판		
특징	① 대립적 가치관을 지닌 인물 구성을 통해 주제 의식을 형상화함. ② 인물과 사건에 대한 서술자의 주관적인 판단을 통해 서사가 전개됨.		

◉ 이것만은 꼭!

제목 '구마검'의 상징적 의미 | 이 작품의 제목인 '구마검'은 '귀신을 쫓아내는 검'이라는 뜻으로, '귀신'은 비판의 대상이며, '검'은 이러한 귀신을 물리쳐 잘못을 바로잡을 수 있는 방법을 의미한다.

구마검
- **구마**
  - • 귀신을 쫓아내는 일
  - • '귀신'은 무당이나 지관 등에 의한 무속 행위, 미신 행위 등을 가리킴.
- **검**
  - • 귀신을 물리칠 수 있는 방법
  - • 미신 행위를 물리칠 근대적이고 합리적인 가치관이나 의식을 가리킴.

003 무정 | 이광수

| **짧은 감상** | 1910년대 개화한 조선의 청춘 남녀들의 사랑을 소재로 하여 신교육과 자유연애로 대표되는 근대화의 의지나 계몽 의식을 형상화하고 있다.

◉ 핵심 정리

갈래	장편 소설, 계몽 소설, 연재소설	성격	민족적, 계몽적, 설교적
배경	① 시간 – 1910년대 개화기 ② 공간 – 경성, 평양, 삼랑진		
주제	민족 현실의 자각과 새로운 사회에 대한 열망		
특징	① 우리나라 최초의 근대 장편 소설임. ② 민족의식 고취와 자유연애 사상이라는 계몽성과 대중성을 고루 갖춤.		

◉ 이것만은 꼭!

〈무정〉의 문학사적 의의 | 〈무정〉은 국문학사상 최초의 근대적 장편 소설이라는 점에서 문학사적 의의를 지닌다.

형식 면	• 전대 신소설의 문체적 한계를 극복(언문일치체) • 서술자의 편집자적 서술보다는 산문적 서술을 중시 • 사건을 역순행적으로 배열한 구성 • 인물들의 내면 심리 묘사를 강조
내용 면	• 자유연애, 신교육의 계몽적 사상 강조 • 과학과 기술 문명에 대한 긍정적 가치관 • 민족 공동체를 중시(개인보다는 민족을 우선시)

006 만세전 | 염상섭

| **짧은 감상** | 조선의 현실에 관심이 없던 주인공이 잠시 귀국했다가 돌아가는 여정을 통해 민족의 현실을 깨닫는 주인공의 인식과 그 변화 과정을 효과적으로 보여 주고 있다.

◉ 핵심 정리

갈래	중편 소설, 사실주의 소설, 여로형 소설	성격	사실적, 현실 비판적
배경	① 시간 – 1918년 겨울(3·1 운동 직전) ② 공간 – 동경과 서울		
주제	지식인의 눈으로 바라본 식민지 조선의 암담한 현실		
특징	① 여로형 구조를 사용하여 '나'의 현실 인식 변화와 자아 각성 과정을 보여 줌. ② '나'를 통해 당시 지식인들의 나약하고 무기력한 모습을 나타냄.		

◉ 이것만은 꼭!

1 〈만세전〉의 여로형 구조 | 이 작품은 주인공의 여정이 '동경–서울–동경'으로 이어진다는 점에서 '원점 회귀형 여로 구조'라고 할 수 있다. 이러한 구조는 주인공이 현실을 새롭게 인식하고, 자아를 각성해 가는 과정과 연관되어 있다.

2 〈만세전〉에 담긴 현실 비판

서울로 향하는 여정의 초반		부산 도착 이후 서울에 이르는 과정
일제의 억압과 수탈이 만연한 현실에 대한 비판	⇨	현실에 대한 조선인들의 무기력한 대응에 대한 비판

수능에는 이렇게

[평가원] • 냉소적 어조를 통해 세태에 대한 비판적 태도를 드러내고 있다.
[고1 전국연합] • 식민지 상황에서 힘든 삶을 살아가는 전형적인 인물로 '그'를 연구한다. _{무기력한 지식인}
[고2 전국연합] • '목욕탕'은 '나'가 새로운 정보를 얻게 되는 공간으로서 기능한다.

007 고향 | 현진건

| **짧은 감상** | 기차 안에서 만난 유랑민과의 대화를 통해 일제의 수탈로 농토와 고향을 잃은 사람들의 참담한 삶을 형상화하여 일제에 대한 작가의 비판 의식을 드러내고 있다.

● 핵심 정리

갈래	단편 소설, 액자 소설	성격	사실적, 현실 고발적
배경	① 시간 – 일제 강점기 ② 공간 – 대구발 서울행 열차 안		
주제	일제 강점기 우리 농민(민중)의 참혹한 생활상 폭로		
특징	① 1920년대 민족 항일기의 시대상을 조명함. ② 농토를 빼앗긴 농민의 참상을 사실적으로 그림.		

● 이것만은 꼭!

〈고향〉의 서사 구조 | 이 작품은 액자 구성의 소설로, '그'로부터 들은 이야기가 주된 내용이다. 이야기를 듣는 사람은 지식인('나')이고 이야기를 하는 사람은 민중('그')이다.

> **서두** 서울로 향하는 기차 안에서 만난 '나'와 '그'
>
> **바깥 이야기** **안 이야기** 일제에게 농토를 빼앗긴 '그' → 간도로 이주했으나 부모가 죽음. → 구주 탄광을 거쳐 고향에 와서 옛 여인과 해후한 '그'
>
> **마무리** '나'와 술을 나누어 마시고 노래를 부르는 '그'

수능에는 이렇게

[고2 전국연합] • 온갖 고난을 겪다가 고향까지 잃어버린 '그'의 모습을 통해 식민 지배의 직접적인 피해 계층이 한국 민중임을 구체적으로 보여 주고 있군.
• '그'의 모습을 '조선의 얼굴'이라고 표현한 것은 '그'의 고달픈 삶을 통해 당시 암울했던 우리 민족 전체의 삶을 짐작할 수 있도록 하려는 의도에서 비롯되었겠군.

008 삼대 | 염상섭

| **짧은 감상** | 삼대에 걸친 가족의 삶을 중심으로 당대의 가족 간의 갈등과 사회적 계층 간의 대립을 통해 급변하고 있는 당시 사회의 실상을 자세히 보여 주고 있다.

● 핵심 정리

갈래	장편 소설, 세태 소설, 가족사 소설	성격	사실주의적, 현실 비판적
배경	① 시간 – 일제 강점기(1920~1930년대) ② 공간 – 서울 중산층의 집안		
주제	일제 강점기 중산층 가문을 둘러싼 재산 상속 문제와 세대 갈등을 통해 본 식민지 조선의 사회상		
특징	① 당시의 풍속과 세대 간의 갈등을 사실적으로 세밀하게 묘사함. ② 사건의 전개보다 인물들 간의 관계나 사고방식, 행동 양식을 보여 주는 데 초점을 맞춤.		

● 이것만은 꼭!

〈삼대〉의 세대별 의식 성향

1대: 구한말 세대	• 보수적이며 가문과 제사를 중시하는 등 유교 중심적 사고 • 조 의관으로 대표됨
2대: 개화기 세대	• 기독교와 신학문을 접하였고 3·1 운동의 좌절을 맛봄. • 조상훈으로 대표됨.
3대: 식민지 세대	• 보수주의·마르크스 사상 등 다양한 이념 지향을 보임. • 조덕기, 김병화, 홍경애로 대표됨.

수능에는 이렇게

[수능] • 조부가 덕기에게 말하는 방식 – 선택의 여지가 없다는 점을 단정적으로 말하고 있다.
[고3 전국연합] • 가족의 유대 관계가 물질에 의해 허물어진다는 것이 씁쓸했어.

009 고향 | 이기영

| **짧은 감상** | 1920년대 말 농촌을 배경으로 일제 강점기의 부조리한 농촌 현실과 이를 타개하기 위한 농민과 지식인의 투쟁을 그리고 있다.

● 핵심 정리

갈래	장편 소설, 농촌 소설	성격	사실적, 계몽적, 사회주의적
배경	① 시간 – 일제 강점기(1920년대) ② 공간 – 농촌 마을 '원터'		
주제	고난을 극복해 나가는 농민들의 의식 성장		
특징	① 계층을 대표하는 전형적인 인물들이 형상화되어 있음. ② 사실적 서술을 통해 당대 현실을 적나라하게 묘사함.		

● 이것만은 꼭!

1 〈고향〉에 반영된 1920년대의 사회상 | 작품의 배경이 되는 1920년대 중반은 일제에 의해 실시된 토지 조사 사업과 산미 증산 계획의 여파로 소지주와 자작농이 몰락하고 소작농이 급증하는 등 급격한 계층 분화 양상을 보이던 시기이다.

2 〈고향〉의 갈등 구조 | 작가는 대립적인 계층 구조를 통해 당대 사회의 모순을 비판하고 있으며, 이에 대한 해결 방식으로 지배 계층에 대한 피지배 계층의 저항과 투쟁을 보여 주고 있다.

지배 계층	안승학(마름)
↕ 계층 간의 갈등	
피지배 계층	농민들, 희준, 갑숙

010 달밤 | 이태준

| **짧은 감상** | 모자라지만 천진한 성품을 지닌 황수건이라는 인물이 세상에 부딪혀 아픔을 겪는 모습을 통해 사회에서 소외된 인물에 대한 연민을 드러내고 있다.

● 핵심 정리

갈래	단편 소설	성격	애상적, 서정적
배경	① 시간 – 일제 강점기(1930년대) ② 공간 – 서울 성북동		
주제	세상에 적응하지 못하는 못난이 황수건의 삶에 대한 연민		
특징	① 작가의 서정성과 인정미가 잘 드러남. ② 섬세하고 감각적인 묘사를 통해 인물과 사건을 형상화함.		

● 이것만은 꼭!

1 '달밤' 장면에 담긴 의미

 달밤 → • 서정적·애상적 분위기를 형성함.
• 거듭된 실패를 경험한 황수건의 서글픔을 강조함.
• 독자들에게 깊은 여운을 줌.

2 황수건에 대한 '나'의 태도 | '나'는 한밤중에 찾아와 엉뚱한 이야기를 하는 황수건에게 황당함을 느끼지만 곧 그를 통해 시골의 정취를 느끼고 황수건의 순수함을 좋아하게 된다. 황수건의 거듭된 실패를 안타까워하며 그를 받아들이지 않는 세상의 각박함을 원망하기도 하고, 그를 위해 장사 밑천을 내놓기도 한다. 이런 모습을 통해 '나'는 지식인으로서 당대 사회에서 소외된 인물에 대한 따뜻한 연민과 동정을 드러내고 있는 것이다.

011 레디메이드 인생 | 채만식

| 짧은 감상 | 이 작품은 무직 상태로 생계에 어려움을 겪고 있는 P를 통해 일제 강점기 지식인의 무기력한 현실을 풍자하고 있다.

● 핵심 정리

갈래	단편 소설, 풍자 소설	성격	자조적, 풍자적, 냉소적
배경	① 시간 – 1930년대 ② 공간 – 경성(서울)		
주제	식민지 시대를 살아가는 지식인의 고통		
특징	① 당대 지식인의 현실을 상징하는 제목을 통해 주제 의식을 직접적으로 드러냄. ② 인물을 주로 익명으로 처리하여 당대 현실을 암시하는 효과를 나타냄.		

● 이것만은 꼭!

1 지식인과 노동자의 삶에 대한 인식

| P의 인식 | 학교 공부 | • 지식인이 되어도 삶을 영위하는 데에는 아무런 도움이 되지 않음. • 아들에게 지식인의 힘든 삶을 그대로 물려줄 수 없음. |
| | 딴 공부 | 생활에 도움이 되는 실질적인 공부로 학교 공부보다 절실하게 필요함. |

2 제목 '레디메이드 인생'의 의미 | '레디메이드'라는 말은 '이미 만들어진 제품', 즉 기성품이라는 뜻으로 '레디메이드 인생'은 누구에게 팔릴 것을 기대하고 있는 기성품 인생을 의미한다. '레디메이드 인생'은 좁게는 식민지 시대 양산된 무직 인텔리 계층을 의미하며, 넓게는 궁핍한 삶을 살고 있는 우리 민족 전체를 상징한다고 할 수 있다.

012 소설가 구보 씨의 일일 | 박태원

| 짧은 감상 | 소설가 구보가 경성 거리를 배회하다가 귀가하는 여로형 구조를 가진 작품으로, 몽타주 기법과 의식의 흐름 기법을 사용하여 구보의 내면을 포착하고 있다.

● 핵심 정리

갈래	중편 소설, 심리 소설, 모더니즘 소설, 세태 소설	성격	관찰적, 심리적, 묘사적
배경	① 시간 – 1930년대의 어느 날 ② 공간 – 서울 시내		
주제	1930년대 무기력한 소설가의 눈에 비친 도시의 일상과 그의 내면 의식		
특징	① 당대 서울의 모습과 세태를 구체적으로 보여 줌. ② 하루에 걸쳐 원점으로 회귀하는 여로 구조를 보임. ③ 한 인물의 의식의 흐름에 따라 서사가 진행됨.		

● 이것만은 꼭!

작품의 형식과 기법의 조화 | 이 작품에서 구보의 '산책'이라는 배회의 형식은 '고현학적 기법'과 '의식의 흐름'을 효과적으로 드러내는 장치이다.

```
            배회의 형식
         ┌──────────┴──────────┐
    고현학적 기법              의식의 흐름
```

고현학적 기법	의식의 흐름
일상생활의 풍속을 면밀히 관찰하고 조사하는 고현학 기법을 활용하여 시정의 풍속을 파노라마식으로 묘사함.	여러 풍경에서 보이는 구보의 의식의 흐름은 구보 자신에게는 결여된 일상적인 행복과 지식인의 고독에 초점이 맞춰져 있음.

수능에는 이렇게

[평가원] • 현재형 어미를 사용해 인물의 내면을 생동감 있게 제시하고 있다.
[고3 전국연합] • <u>구보의 거리 방황과 고독감은 당대 지식인의 정신적 무력감과 관련지어 이해할 수 있겠군.</u> 경성(서울) 거리를 배회

013 떡 | 김유정

| 짧은 감상 | 음식으로 인해 봉변을 당한 옥이를 안타까워하면서 옥이의 처지를 이해하지 못하고 나무라기만 하는 아버지와 동네 여자들의 비정한 행태를 고발하고 있다.

● 핵심 정리

갈래	단편 소설, 세태 소설, 풍자 소설	성격	풍자적, 사실적, 비판적
배경	① 시간 – 1930년대 겨울 ② 공간 – 시골 마을		
주제	민중의 비참한 삶과 몰인정한 세태		
특징	① 민중의 비참한 삶을 사실적으로 드러냄. ② 1인칭 관찰자 시점과 전지적 시점의 혼선을 보임. ③ 판소리 사설의 서술 기법이 나타남.		

● 이것만은 꼭!

1 시점의 혼란과 판소리 사설의 문체 | 이 작품에 드러난 시점의 혼란은 전지적 시점에 있는 창자가 수시로 작중에 개입하여 자신의 주관적인 생각을 드러내는 판소리 사설의 서술 방식과 유사하다고 볼 수 있다.

1인칭 관찰자 시점	옥이가 음식으로 인해 당한 봉변에 대해 '나'가 보고 들은 내용을 서술함.
↕ 시점의 혼란	
전지적 작가 시점	'나'의 관찰 범위를 벗어나 옥이와 관련된 사건의 구체적이고 세부적인 내용까지 전지적 시점에서 서술함.

2 옥이를 대하는 아버지 덕희의 태도 | 이 작품에서 옥이의 아버지 덕희는 폭력을 행사하거나 딸을 증오하는 비정상적인 모습을 보인다. 덕희는 굶주린 옥이에게 화를 내면서, 귀한 음식을 혼자 먹은 것에 대해 시기하고 증오하는 모습을 보이는 것이다. 이러한 덕희의 비인간적인 행태는 서술자인 '나'의 관점에서 '놈'이라는 부정적인 명칭을 통해 독자에게 전달되고 있다.

014 만무방 | 김유정

| 짧은 감상 | 일제 강점하에서 착취당하고 소외당하는 농민의 삶을 응칠과 응오 형제의 상반된 삶을 통해 사실적으로 형상화한 소설로, 현실 비판 의식을 강하게 드러내고 있다.

● 핵심 정리

갈래	단편 소설, 농촌 소설	성격	반어적, 비판적, 토속적
배경	① 시간 – 일제 강점기의 어느 가을날 ② 공간 – 강원도 산골 마을		
주제	식민지 농촌 사회의 가혹한 현실		
특징	① 간결하고 사실적인 문체와 토속적인 어휘를 사용하여 생동감 있게 묘사함. ② 일제 강점기의 농민의 궁핍함을 반어적인 기법을 통해 표현함.		

● 이것만은 꼭!

〈만무방〉의 반어적 상황 | 동생을 도적으로 알고 몽둥이로 치는 형, 그런 형에게 억울하다는 듯이 대드는 동생의 순박함에 독자들은 웃음을 짓게 되지만, 이 웃음 속에 가혹한 농촌의 비극적 현실이 숨어 있는 것이다.

표면적	반어적 상황	이면적
자기 벼를 자기가 훔침.		착취하는 농민
↓		↓
웃음 유발 (해학적)		일제 강점기 농촌 사회의 구조적 모순 고발

수능에는 이렇게

[수능] • 인물의 행동과 심리를 따라가며 서사를 전개하고 있다.
[고2 전국연합] • 인물에 대한 이야기를 요약적으로 제시하였다.

현대 소설 **95**

015 봄·봄 | 김유정

| 짧은 감상 | 우직하고 순진한 '나'가 심술 사나운 장인과 혼례를 둘러싸고 벌이는 갈등을 해학적으로 그린 작품으로 당대 농촌 상황을 웃음 속에서 비판적으로 보여 준다.

● 핵심 정리

갈래	단편 소설, 농촌 소설, 순수 소설	성격	향토적, 해학적
배경	① 시간 – 1930년대 봄 ② 공간 – 강원도 산골의 농촌 마을		
주제	우직하고 순박한 데릴사위와 그를 이용하는 교활한 장인 간의 갈등		
특징	① 시간과 사건의 서술을 역순행적으로 구성함. ② 토속어, 방언, 비속어 등을 사용하여 향토성과 현장감을 느낄 수 있음.		

● 이것만은 꼭!

제목 '봄·봄'의 상징성 | 이 작품의 제목은 단순히 계절적 배경으로서의 장치가 아니라, 헤어날 수 없는 주인공의 암담한 현실의 순환을 상징하고 있다.

작년 봄	올해 봄	내년 봄
• '나'의 성례 요구 • 장인 때문에 발목을 삔 '나' • 장인의 회유 • 다시 일하러 나간 '나'	• '나'의 성례 요구 • '나'와 장인의 격투 • 장인의 회유 • 다시 일하러 나가는 '나'	갈등의 원인이 완전히 해소되지 않아 내년에도 유사한 갈등 상황이 발생할 것으로 예상됨.

순환적 구조(암담한 현실의 순환)

수능에는 이렇게

[고1 전국연합] • 토속성 짙은 사투리를 사용하여 현장감과 사실감을 높이고 있어.
• 이 작품은 데릴사위 제도를 소재로 농촌 내부의 계층 대립을 상징적으로 드러내고 있다고 말할 수 있어.
장인(마름) ↔ '나'(머슴)

---

016 화랑의 후예 | 김동리

| 짧은 감상 | 시대의 변화에도 불구하고 가문이라는 낡은 관념에 사로 잡힌 황 진사의 정신적 오만과 허위성을 비판한 작품이다.

● 핵심 정리

갈래	단편 소설, 풍자 소설	성격	풍자적, 현실 비판적
배경	① 시간 – 일제 강점기(1930년대 중반) ② 공간 – 서울(관상소, 집, 거리)		
주제	과거의 권위에 집착하는 몰락한 양반에 대한 풍자와 연민		
특징	① 유사한 일화의 반복으로 인물의 성격을 드러냄. ② 희극적인 소재와 행동으로 대상을 희화화함.		

● 이것만은 꼭!

황 진사를 바라보는 작가의 시선 | 황 진사는 마땅히 살아갈 방도 없이 자존심만 내세우는 몰락한 양반을 상징한다. 그런데 황 진사에 대한 작중 화자인 '나'의 시선은 이중적이다. 이는 작가가 정도를 벗어난 보수적 인물을 등장시켜 풍자와 연민의 대상으로 삼음으로써 궁극적으로는 전통의 가치 있는 계승을 희구하는 자신의 심리를 간접적으로 드러낸 것으로 볼 수 있다.

황 진사의 특성
→ 시대착오적 사고: 문벌 의식과 가문에 대한 허세가 강함.
→ 비참한 현실의 삶: 끼니를 잇지 못할 정도로 궁핍함. 가짜 약을 팔다가 잡혀감.
→ 풍자와 연민

수능에는 이렇게

[고2 전국연합] • 황 진사가 가문의 명예를 중시하면서도 약장사의 조력자 노릇을 하는 것은, 그가 허위적인 삶을 살고 있음을 보여 주는군.

---

017 날개 | 이상

| 짧은 감상 | 일제 강점기 지식인의 자기 소모적인 삶을 통해 현대인의 분열된 자의식과 고독, 자기 극복 의지를 의식의 흐름에 따라 기술한 실험적인 소설이다.

● 핵심 정리

갈래	단편 소설, 심리 소설, 모더니즘 소설	성격	고백적, 상징적
배경	① 시간 – 1930년대 어느 날 ② 공간 – 경성(서울)		
주제	무력한 삶과 자아 분열 속에서 벗어나 본래의 자아를 찾고자 하는 의지		
특징	① 내적 독백을 중심으로 주인공의 의식의 흐름에 따라 서술됨. ② 상징적 장치를 통해 식민지 지식인의 어두운 내면을 드러냄.		

● 이것만은 꼭!

① '방'으로부터의 '외출'의 의미 | 이 작품에서 억압된 자아의식을 '방'이라는 밀폐된 구조로 표현했다면, '외출'은 그러한 상태를 벗어나려고 하는 의지의 표현이다. '나'는 주된 활동 공간인 어두운 방에서 나와 다섯 번의 외출을 하는데, '나'의 외출 횟수가 늘어날수록 활동 공간이 넓어지는 모습을 보인다. '나'가 거리로 외출하는 것은 폐쇄된 공간에서 개방된 공간으로 이동하는 것이다. 결국 '나'의 외출은 사회와 단절된 방에서의 탈출을 의미하며, 분열된 자아가 통일되는 사회성 획득을 의미하는 것으로도 볼 수 있다. 이는 마지막 장면에 등장하는 '날개'가 상징하는 바이기도 하다.

② 〈날개〉의 표현상 특징 – 의식의 흐름 기법 | 이 작품은 '나'의 의식의 흐름에 따라 사건이 전개되기 때문에 사건 자체가 뚜렷하지 않고 사건들 사이의 연관성을 찾기 어렵지만, 현실 세계가 인간의 내면세계에 어떤 영향을 끼치는지 짐작할 수 있게 한다.

수능에는 이렇게

의식의 흐름에 따라 서술
[평가원] • 독백적인 어조로 현실과 단절된 의식 상태를 표현하고 있다.
• '미쓰꼬시 옥상' – '회탁의 거리'를 부자유와 체념의 공간으로 인식하게 한다.
• '나'가 '아내'에게서 완전히 떠나겠다고 생각하지 못하는 것은 현대 문명과 결별하기 어려운 지식인의 의식 상태를 의미한다.

---

018 동백꽃 | 김유정

| 짧은 감상 | 농촌을 배경으로 마름의 딸과 소작인 아들의 풋풋한 애정을 해학적으로 그려낸 작품이다. 토착어와 향토적인 소재의 사용으로 토속적인 분위기를 형성하고 있다.

● 핵심 정리

갈래	단편 소설, 농촌 소설	성격	해학적, 토속적
배경	① 시간 – 1930년대 어느 봄 ② 공간 – 강원도 산골 마을		
주제	사춘기 시골 남녀의 순박한 사랑		
특징	① 토속적 어휘, 사투리, 비속어, 의성어와 의태어 등으로 생동감 있게 표현함. ② '현재 → 과거 → 현재'의 역순행적 구성으로 전개됨. ③ 우스꽝스러운 인물의 행동으로 해학적인 분위기를 조성함.		

● 이것만은 꼭!

① 주요 소재가 지닌 의미

감자	닭싸움	동백꽃
'나'에 대한 점순의 최초의 애정 표현	미움과 애정이라는 이중적 감정 표현	화해와 사랑의 분위기 형성

② 〈동백꽃〉의 해학성과 향토성 | 이 소설의 화자인 '나'는 독자들은 다 알고 있는 점순의 마음을 정작 자신은 알아차리지 못함으로써 웃음을 유발한다. 인물들이 사용하는 비속어, 방언, 육담 등은 대상을 왜곡하거나 과장함으로써 웃음을 유발한다. 또한 〈동백꽃〉은 소재 자체가 향토적일 뿐만 아니라 농촌만이 가지는 독특한 풍속이나 향토적 배경 등을 통해 해학적 어조와 더불어 이 작품의 토속성을 두드러지게 한다.

019 메밀꽃 필 무렵 | 이효석

| **짧은 감상** | 허 생원이라는 한 장돌뱅이의 삶을 통해 떠돌이 삶의 애환과 육친의 정(情)을 그린 소설로, 배경 묘사와 문체가 조화를 이루어 낭만적이고 환상적인 분위기를 자아내고 있다.

● 핵심 정리

갈래	단편 소설, 순수 소설, 낭만주의 소설	성격	서정적, 낭만적, 묘사적
배경	① 시간 – 1920년대 어느 여름날의 낮부터 밤까지 ② 공간 – 강원도 봉평에서 대화 장터로 가는 길		
주제	떠돌이 삶의 애환과 육친의 정(情)		
특징	① 전지적 서술자가 등장인물의 행동과 심리를 서술함. ② 서정적이며 시적인 문체를 구사하여 배경을 낭만적으로 묘사함. ③ 암시와 여운을 남기는 결말 구성을 취함.		

● 이것만은 꼭!

배경의 의미와 역할 | 이 작품에서 달이 비치는 메밀밭과 산길의 묘사를 통해 향토적 서정이라는 독특한 분위기를 연출하면서 허 생원과 동이를 결합시키는 계기를 마련하고 있다.

시간적 배경	달밤: 인간의 본연적인 애정(혈육의 정) 부각
공간적 배경	• 산길: 삶의 역경, 허 생원과 동이의 혈육 관계 확인 • 개울: 허 생원이 동이에게 육친의 정을 느끼게 함.

수능에는 이렇게

[고1 전국연합] • 허 생원의 옛 추억은 현재의 삶에 영향을 미치고 있군.
• 허 생원은 동이 모가 성 서방네 처녀가 아닐까 하는 기대감으로 탐정식 질문을 하고 있군.

---

020 천변 풍경 | 박태원

| **짧은 감상** | 1930년대 청계천 주변에서 살아가는 사람들의 일상생활을 에피소드로 나열한 세태 소설로서, 당시 도시의 문화와 다양한 사람들의 삶을 세밀하게 제시하고 있다.

● 핵심 정리

갈래	장편 소설, 세태 소설	성격	삽화적, 관찰적
배경	① 시간 – 1930년대 ② 공간 – 서울 청계천 주변		
주제	1930년대 청계천 주변에서 살아가는 서민층의 삶의 애환		
특징	① 여러 인물의 일상생활을 삽화식 구성으로 보여 줌. ② 카메라아이(camera-eye) 기법을 활용하여 장면을 사실적으로 그려 냄.		

● 이것만은 꼭!

'창수'의 변모를 통해 드러내고자 하는 세태 | 가평에서 아버지의 손에 이끌려 서울로 올라온 창수는 짧은 기간 동안 서울 생활을 하며 가치관이 급격히 변화하는 인물로 그려지고 있다.

서울에 올라온 직후(제3절): 순박하고 어수룩한 시골 소년	→	서울 생활에 적응한 후(제24절): 탐욕적이고 세속적인 인물

전근대와 근대가 혼재하는 시대 속에서 물질주의에 경도되어 가는 도시인의 모습과 가치관의 혼돈 상태를 드러냄.

수능에는 이렇게

[수능] • '창수'가, '어른같이' 묻는 물음에 선뜻 답하지 못하는 장면에서, 도시에 처음 입성한 인물이 겪는 심리적 위축 상태를 볼 수 있군.
[고2 전국연합] • 특정 인물의 시선을 중심으로 이야기가 전개되고 있다.

---

021 복덕방 | 이태준

| **짧은 감상** | 일제 강점기의 서울을 배경으로 근대화의 물결 속에서 소외된 세대의 궁핍함과 좌절을 그리고 있다. 또한 당시 젊은 세대들의 위선적인 삶에 대한 비판을 드러내고 있다.

● 핵심 정리

갈래	단편 소설, 세태 소설	성격	현실 비판적, 사실적
배경	① 시간 – 1930년대 ② 공간 – 서울 변두리의 한 복덕방		
주제	근대화의 물결 속에서 소외된 세대의 좌절과 비애		
특징	현실에서 소외된 노인들의 삶을 통해 근대화에 대한 비판적인 시각을 보임.		

● 이것만은 꼭!

〈복덕방〉에 드러난 세대 간의 갈등

구세대(주변부)	신세대(중심부)
안 초시, 박희완, 서 참의	안경화와 주변 인물
• 전통적인 윤리와 가치관(정을 중시)을 추구 • 근대 사회에 적응하지 못하고 소외된 세대	• 근대적 가치관(개인과 자아를 중시)을 추구 • 근대 사회를 이끌어 나가는 새로운 세대

세대 간의 대립 양상이 갈등의 축을 이룸.

수능에는 이렇게

[평가원] • 서사 전개 과정에서 공간의 이동이 거의 없다.
• '안 초시'의 반응 – 복덕방으로 벌어 봤댔자 금광 부자에 비할까.

---

022 치숙 | 채만식

| **짧은 감상** | 사회주의 운동을 하다 감옥살이를 하고 폐인이 된 지식인과 그를 비판하는 조카를 통해, 당시 지식인의 좌절과 현실 순응적인 삶의 태도를 풍자적으로 그리고 있다.

● 핵심 정리

갈래	단편 소설, 풍자 소설	성격	풍자적, 비판적
배경	① 시간 – 일제 강점기 ② 공간 – 서울		
주제	일제 식민 통치에 순응하려는 '나'와 사회주의 사상을 가진 아저씨의 갈등		
특징	① 신빙성 없는 서술자를 통해 현실을 이중적으로 풍자함. ② 대화적 문체를 통해 '나'와 아저씨의 가치관을 비교함.		

● 이것만은 꼭!

1 채만식 소설의 아이러니 | 채만식 소설의 아이러니는 그가 부정적 인물을 소설의 전면에 내세우고 긍정적 인물을 후면에 내세우거나 희화화하는 데서 얻어진다. 아울러 작가가 내심 긍정적 인물이라고 생각하는 쪽에 대해서는 부정적 인물의 입을 빌려 희화적으로 묘사한다.

〈치숙〉에서도 아저씨를 희화적으로 묘사하지만, 실제로 풍자가 되는 대상은 바로 '나'이다. 이러한 아이러니는 작가가 일제의 검열을 피해 자신의 생각을 표현하기 위해 채택한 방법으로 볼 수 있다.

2 〈치숙〉의 서술 방식 | 전반부에서 '나'는 독백의 형식으로 자신의 가치관, 인생관 등을 보여 주는데, 이는 작가가 겉으로는 '나'를 긍정하면서도 실상은 '나'를 비판하는 것이며, 특히 후반부의 대화체는 설명이나 주관적인 해설 없이 오로지 '나'와 아저씨의 대화만 보여 주면서 인물에 대한 비판 의식을 드러낸다. 또한 속어나 비어를 사용하여 사실성을 높이고 인물에 대한 독자의 이해를 돕고 있다.

023 태평천하 | 채만식

| 짧은 감상 | 1930년대 후반 서울을 배경으로 하여 세대 간의 가치관 갈등과 대립으로 인해 한 대지주 집안이 붕괴되는 과정을 해학적이고 풍자적인 수법으로 그린 작품이다.

🔘 핵심 정리

갈래	중편 소설, 풍자 소설, 가족사 소설	성격	풍자적, 반어적, 비판적
배경	① 시간 – 1930년대 후반 ② 공간 – 서울의 어느 대지주 집안		
주제	일제 강점기 한 지주 집안의 세대 간 갈등과 이로 인한 가족의 붕괴		
특징	① 비유, 과장, 반어 등을 통해 대상을 희화화하여 독자의 웃음을 유발함. ② 방언과 구어체, 판소리 사설의 문체를 사용하여 생동감을 부여함. ③ 왜곡된 의식을 지닌 인물을 등장시켜 당대의 현실을 반어적으로 풍자함.		

🔘 이것만은 꼭!

〈태평천하〉의 표현상의 특징

경어체 문장	'~입니다', '~습니다' 등의 경어체는 독자와의 거리를 좁히면서 작중 인물에 대한 풍자와 조롱을 극대화함.
서술자의 직접 개입	판소리 사설과 비슷한 문체로, 독자와 등장인물의 중간에 서서 인물과 사건에 대한 작가의 생각과 판단을 드러냄.
풍자적 수법	겉으로는 치켜세우지만 실제로는 격하시키는 반어적 표현으로 인물의 추악함을 드러냄.

수능에는 이렇게

[수능] • '전보'의 기능 – 두 사건을 연결하여 긴장감을 유지시킨다.
• '윤 직원'에 대한 서술자의 태도 – 중립적인 것처럼 보이지만 <u>사실은 비판적이다.</u>
　　　　　　　　　　　　　　　　　　　　　　풍자적

---

024 돌다리 | 이태준

| 짧은 감상 | 농토를 파는 문제를 둘러싼 아버지와 아들 사이의 갈등을 바탕으로 서구 문화의 유입 속에 금전적인 가치만을 중시하는 근대적 사고방식에 대한 비판을 드러내고 있다.

🔘 핵심 정리

갈래	단편 소설	성격	사실적, 교훈적, 비판적
배경	① 시간 – 일제 강점기 말 ② 공간 – 농촌 마을		
주제	땅의 가치에 대한 인식과 물질 만능주의 사회에 대한 비판		
특징	① 인물 간의 대화와 서술자의 요약적 제시로 주제를 형상화함. ② 작가가 보존하고자 하는 긍정적인 가치를 '돌다리'라는 소재를 통해 상징적으로 드러냄.		

🔘 이것만은 꼭!

1 '돌다리'의 의미 | 이 작품에서 '돌다리'는 창섭의 부친으로 대표되는 전통적인 세대의 자연 중심적 가치관을 상징하는 소재이다. 아버지는 '돌다리'를 단순한 다리가 아닌 가족사의 일부로 보고 있다.

2 〈돌다리〉에 나타난 '인식의 아이러니' | 창섭은 현실적이고 합리적인 의사이고, 아버지는 전형적인 농부로 구시대의 인물이다. 병원을 확장하기 위해 땅을 팔자는 아들의 제안에 아버지는 땅을 팔아서는 안 된다는 신념을 논리 정연하게 펼쳐 놓는다. 창섭은 아버지의 세계를 인정하고 어느 정도까지 경외하고 동경하는 마음으로 바라보면서도, 아버지와 똑같은 생각을 가질 수 없다는 데서 비롯되는 모순적 심리 상태에 놓이게 되는데 이를 '인식의 아이러니'라 할 수 있다.

수능에는 이렇게

[수능] • '아버지'에게 돌다리는 삶의 추억과 애환이 투영된 장소애의 대상이다.
• '아버지'는 자아로서의 완고한 성격을 세계에 대해서도 유지하고 있는 인물이다.
[고2 전국연합] • 대화와 설명을 통해 인물의 지향점을 드러내고 있다.
　　　　　　　　아버지와 아들의 대화

---

033 논 이야기 | 채만식

| 짧은 감상 | 구한말과 일제 강점기를 거쳐 해방 직후 과도기의 사회상을 풍자한 농촌 소설로, 한 생원의 이기적이고 소시민적인 욕심과 편협한 국가관을 풍자·비판하면서 동시에 나라답지 못한 나라에 대한 비판 의식을 제기하고 있다.

🔘 핵심 정리

갈래	단편 소설, 풍자 소설	성격	풍자적, 비판적
배경	① 시간 – 광복 직후 ② 공간 – 군산 부근의 농촌		
주제	① 광복 직후의 국가 토지 정책 비판 ② 국가보다는 개인의 이익만 추구하는 소시민적 삶의 태도 비판		
특징	① 시간의 역전적 구성을 통해 사건에 입체감을 부여함. ② 인물의 냉소적 어조를 통해 시대 현실을 비판함.		

🔘 이것만은 꼭!

'논'의 상징적 의미 | 농민들에게 논은 삶의 터전이자 존재의 이유다. 논을 빼앗긴다는 것은 단순히 땅을 빼앗기는 것이 아니라 삶 자체를 박탈당하는 것을 의미한다. 논을 빼앗길 수밖에 없는 모순된 현실에 대한 고발이 이 소설의 주제이다. 온갖 정성을 기울여 가꾸어도 소작료를 내고 나면 식량 확보조차 쉽지 않은 소작 제도의 속박에서 해방되지 않고서는 그 어떠한 정치적 변화도 이들에게는 해방일 수 없었다. 농민들의 이러한 바람에도 불구하고 일본이 앗아간 농토는 원래 주인에게 돌아가지 못했으며 독립된 정부가 들어선 이후에도 친일파들을 중심으로 한 지주 세력의 기득권은 유지되었다.

수능에는 이렇게

[고1 전국연합] • 작품 밖 서술자가 인물의 행동과 내면 심리를 서술하고 있다.
• 해방 후 독립 만세를 부르지 않은 것을 다행으로 여긴다는 점에서 '한덕문'은 독립의 역사적 의미보다는 자신의 이익을 중시한 인물이군.

---

034 미스터 방 | 채만식

| 짧은 감상 | '방삼복'이라는 보잘것없는 인물이 '미스터 방'이라는 인물로 인정받게 되는 과정을 통해 광복 직후의 혼란스러운 사회에 발빠르게 적응해 가는 인물의 삶을 희화적이고 풍자적으로 그려 당시의 세태와 인간상을 비판하고 있다.

🔘 핵심 정리

갈래	단편 소설, 세태 소설, 풍자 소설	성격	풍자적, 해학적, 현실 비판적
배경	① 시간 – 광복 직후 ② 공간 – 서울		
주제	권력에 편승하여 자신의 이익을 추구하는 인간상과 당시의 세태 비판		
특징	① 판소리 사설체를 사용하여 서술자의 개입이 자주 나타남. ② 풍자와 비판의 대상이 되는 인물의 행적을 사실적으로 드러냄.		

🔘 이것만은 꼭!

〈미스터 방〉의 풍자성

웃음 (해학)	부정적 인물을 희화화하여 웃음을 유발하고 있으며, 미스터 방의 출세 과정을 다분히 해학적으로 표현함.
비판적 관점	조롱, 냉소 등을 통해 기회주의자인 미스터 방과 백 주사를 비판하고, 나아가 광복 직후 혼란스러운 당시의 사회를 비판함.

수능에는 이렇게

[평가원] • 서술자가 작중 상황과 사건을 전지적 시점으로 전달하고 있다.

035 역마 | 김동리

| **짧은 감상** | 토속적이고 향토적인 공간을 배경으로 하여 인간의 사랑과 운명에 대한 문제를 밀도 있게 그림으로써 인간의 운명과 생(生)의 본질적 탐구에 주력하고 있다.

● 핵심 정리

갈래	단편 소설, 순수 소설	성격	무속적, 운명적, 토속적
배경	① 시간 – 구체적으로 제시되지 않음. ② 공간 – 전라도와 경상도의 경계인 화개 장터		
주제	한국적 운명관(역마살)에 순응하며 사는 삶과 인간 구원의 문제		
특징	① 시간적, 공간적 배경에 상징적 의미를 부여함. ② 전통적 운명론을 바탕으로 개인과 운명의 갈등을 형상화함.		

● 이것만은 꼭!

〈역마〉의 주요 갈등 | 이 작품에는 역마살이라는 운명과, 운명에서 벗어나기 위해 노력했지만 결국 순응하게 되는 인간의 갈등이 나타난다.

성기가 바라는 삶		성기의 운명
사랑하는 계연과 결혼하여 한곳에 정착하는 삶	↔	역마살에 의해 여기저기 떠돌아다니는 삶

> **수능에는 이렇게**
>
> [평가원] • 과거 장면을 삽입하여 인물들의 관계를 드러내고 있다.
>   체 장수 영감이 들려준 이야기

---

036 유예 | 오상원

| **짧은 감상** | 인민군에게 포로로 잡혀 처형을 당하게 된 국군 소대장의 복잡한 내면세계를 의식의 흐름 기법을 이용하여 그린 소설이다. 전쟁이라는 극한 상황 속에서 무가치하게 죽을 수밖에 없는 인간 실존의 문제를 잘 표현하였다.

● 핵심 정리

갈래	단편 소설, 심리 소설, 전후 소설	성격	독백적, 실존적
배경	① 시간 – 6·25 전쟁 당시의 겨울 ② 공간 – 어느 산골 마을의 눈 덮인 들판		
주제	전쟁이라는 상황 속에서 인간이 겪는 고뇌		
특징	① 의식의 흐름 기법을 사용하여 서술함. ② 호흡이 짧은, 현재형 문장을 많이 사용함.		

● 이것만은 꼭!

1 〈유예〉의 비극성을 심화하는 장치

흰 눈	변함없이 아름답게 빛나는 눈	대조	붉은 피	주인공의 무가치한 죽음

전쟁의 비극성 고조

2 〈유예〉의 구성상 특징 – 기억으로 재구성되는 사건들 | 이 작품은 시간의 흐름을 역전시켜 사건의 전모를 밝혀 가는 역순행적 구성을 취하고 있다. 죽음을 앞에 둔 주인공이 지금의 상황에 이르게 된 과정을 재구성함으로써 죽음 직전 상황의 긴장감이 고조될 수 있도록 구성되었다. 하지만 주인공은 오히려 담담하고 체념적인 태도로 죽음에 이르게 된 과거 상황을 설명함으로써, 주어진 운명의 시간을 향해 가는 공포와 초조감이 도리어 아무렇지도 않은 일상처럼 느껴지도록 만들고 있다. 주인공의 내면에서 벌어지는 기억과 현실의 복잡한 엇갈림을 과거 회상이라는 구성을 통해 표현함으로써 인간 본래의 의연함과 자존감을 효과적으로 드러내고 있다.

---

037 수난 이대 | 하근찬

| **짧은 감상** | 아버지와 아들 진수의 모습을 통해 우리 민족 앞에 어떤 시련이 닥쳐도 서로 의지하여 살아간다면 각자의 아픔과 상처를 극복해 낼 수 있다는 주제를 드러내고 있다.

● 핵심 정리

갈래	단편 소설, 전후 소설	성격	사실적, 상징적
배경	① 시간 – 일제 강점기부터 6·25 전쟁 후까지 ② 공간 – 경상도의 어느 작은 마을		
주제	민족의 수난과 이를 극복하려는 의지		
특징	① 현대사의 굴곡으로 인한 개인의 상처와 상실을 사실적으로 묘사함. ② 역사적 시련을 극복하기 위한 방안을 제시함. ③ 인물의 대사에 방언을 사용하여 사실감을 부여함.		

● 이것만은 꼭!

1 '외나무다리'의 상징성

외나무다리	기쁨에 찬 만도가 건너는 다리
	절망감을 주지만 극복하게 되는 다리

2 제목 '수난 이대'와 결말의 의미 | 작가는 '수난 이대'라는 제목을 통해 우리 민족의 '수난'이 '이대'에서 그치고 다음 세대로 넘어가지 않기를 바라는 마음을 드러냈으며, 마지막 장면에서 만도와 진수가 서로 도와 외나무다리를 건너는 모습으로 세대 간의 협력을 통해 역사적 비극을 극복하고 새로운 미래로 나아갈 수 있는 가능성을 보여 주고자 했다.

> **수능에는 이렇게**
>
> [고1 전국연합] • 감각적 표현으로 인물이 처한 상황을 생생하게 전달하고 있다.

---

038 너와 나만의 시간 | 황순원

| **짧은 감상** | 6·25 전쟁 중 본대에서 낙오한 주 대위, 현 중위, 김 일등병이 극한 상황에서 생존하기 위해 보여 준 행동과 심리를 다루고 있는 소설이다.

● 핵심 정리

갈래	단편 소설, 전쟁 소설	성격	실존적, 휴머니즘적
배경	① 시간 – 6·25 전쟁 중 ② 공간 – 인적이 없는 깊은 산속		
주제	전쟁의 극한 상황 속에서 발휘되는 삶의 의지		
특징	① 전쟁을 다루지만 이념 갈등보다는 인간 존재의 의미를 성찰하고 있음. ② 등장인물이 겪는 사건과 심리를 간결한 문장과 사실적 묘사로 그려 냄.		

● 이것만은 꼭!

제목 '너와 나만의 시간'의 의미 | 이 작품의 제목인 '너와 나만의 시간'은 전쟁이라는 극한 상황 속에서 죽음의 위기에 부딪힌 실존적 개체들의 시간으로, 그 시간의 끝은 개체의 의지에 따라 죽음의 시간이 될 수도 있고 삶의 시간이 될 수도 있다. 어떠한 시간을 선택하느냐는 실존적 개체들의 선택에 달려 있다. 이 작품에서 삶에 대한 의지를 보여 주는 인물은 주 대위로, 전쟁으로 인한 절망적이고 극한 상황에서 그 상황을 극복하는 과정을 보여 주고 있다.

> **수능에는 이렇게**
>
> [고3 전국연합] • 간결한 문장과 사실적 묘사로 기술되었다.
> • 인물이 처한 상황과 심리를 중심으로 이야기를 전개하고 있다.
> **개 짖는 소리의 서사적 기능**
> • 인물의 내면 심리가 전환되는 계기를 제공한다.
>   삶에 희망을 안겨 줌.

현대 소설 **99**

단편 소설

043 광장 | 최인훈

| **짧은 감상** | 남북 분단의 비극을 이데올로기적 측면에서 본격적으로 다룬 작품으로 6·25 전쟁 이후 남과 북의 이념과 체제 대립의 현실에 맞서 이상적인 삶을 추구하는 인물의 행로를 그리고 있다.

● 핵심 정리

갈래	장편 소설, 관념 소설, 분단 소설	성격	관념적, 독백적, 회고적
배경	① 시간 – 해방 직후 ~ 6·25 전쟁 ② 공간 – 남한과 북한, 타고르 호 안		
주제	이데올로기의 갈등 속에서 바람직한 삶과 사회에 대한 추구		
특징	① 상징적인 소재와 배경이 사용됨. ② 관념적이고 철학적인 용어가 많이 사용됨. ③ 주인공이 회상하는 형식으로 내용이 전개됨.		

● 이것만은 꼭!

'광장', '밀실'의 의미와 현실의 관계

광장	밀실
·공공의 장소, 사회적 삶의 공간 ·공동의 이념을 추구하면서 바람직한 사회를 건설하는 공간	·내밀한 공간, 개인적 삶의 공간 ·개인이 삶의 행복을 추구하고 사랑을 나누며 자신의 역량을 키우는 공간

명준이 추구하는 이상향
· 광장과 밀실이 조화롭게 공존하는 사회
· 인간적인 교감이 이루어지는 자유로운 공간

수능에는 이렇게

[수능] · 서술의 초점을 한 인물에 맞추어 사건을 전개하고 있다.
· 작중 인물의 회상을 통해 과거와 현재를 연결하고 있다.

---

044 꺼삐딴 리 | 전광용

| **짧은 감상** | 변절을 일삼는 기회주의적인 인물을 통해, 한국 근대사의 과정에서 사회 지도층이 보여 왔던 반민족적 행태를 비판하고 풍자한 소설이다.

● 핵심 정리

갈래	단편 소설, 풍자 소설	성격	비판적, 풍자적
배경	① 시간 – 일제 강점기 말 ~ 1950년대 ② 공간 – 남한과 북한		
주제	① 시류에 따라 변절하면서 순응해 가는 기회주의자의 삶에 대한 비판 ② 출세 지향적 삶과 왜곡된 현대사에 대한 비판		
특징	① '현재 – 과거 – 현재'의 입체적 구성 방식으로 전개됨. ② 역사적 전환기마다 변신하는 주인공의 행동을 '회중시계'라는 소재와 연관 지어 나타냄.		

● 이것만은 꼭!

이인국 박사의 기회주의자적 면모 | 이인국 박사는 일제 강점기에는 친일파로 득세하고, 광복 후에는 소련군에 접근하여 명맥을 유지하며, 1·4 후퇴 때 월남한 이후로는 미군정 인사를 통해 부와 명예를 지키는 데 성공한다.

일제 강점기	광복 후 소련군의 진주	월남 이후 미국의 득세
제국 대학 졸업 친일 행위	소련군 군의관의 혹 제거 수술 성공	미 대사관에 근무하는 브라운 씨에게 고려청자를 선물함.
친일파	친소파	친미파

시대의 흐름을 짚으면서 철저하게 자신의 이익만을 계산하여 행동함.

---

045 시장과 전장 | 박경리

| **짧은 감상** | 이 작품은 지영이 중심이 되는 생활 터전인 시장과, 기훈이 중심이 되는 이념의 싸움터인 전장이라는 두 관점에서 6·25 전쟁을 그리고 있다.

● 핵심 정리

갈래	장편 소설, 전쟁 소설, 전후 소설	성격	사실적, 자전적, 역사적
배경	① 시간 – 6·25 전쟁 ② 공간 – 서울, 부산 등		
주제	6·25 전쟁의 비극과 전쟁으로 인한 민중들의 애환		
특징	① 작가의 자전적 체험을 바탕으로 함. ② 시장과 전장이라는 상징적 공간을 통해 전쟁의 비극을 객관적으로 형상화함.		

● 이것만은 꼭!

'시장'과 '전장'의 의미 | 시장과 전장은 삶을 위한 다툼의 공간이라는 점에서는 유사하지만, 시장은 민중의 삶의 터전으로 생계유지를 위한 다툼의 공간인 반면, 전장은 삶과 죽음의 두 갈림길 속에서 삶을 택하려는 처절한 다툼의 공간으로, 그 목적에 차이가 있다.

시장	지영을 중심으로 펼쳐지는 생활과 살림의 공간	
전장	공산주의자인 기훈을 중심으로 펼쳐지는 혁명과 죽음의 공간	삶을 위한 다툼의 공간

수능에는 이렇게

[수능] · 인물의 연속적인 행위를 제시하여 인물이 처한 긴박한 상황을 드러내고 있다.
· '식량'을 얻으려다가 인물이 죽게 되는 것은 전장과 후방이 구분되지 않는 혼돈의 현장을 보여 주는 것이로군.
· '갈가마귀떼'는 전쟁으로 인해 기본적인 존엄성마저 상실한 채 살아가는 사람들의 모습을 상기하게 하는군.

---

046 역사 | 김승옥

| **짧은 감상** | 이 작품은 양옥집과 창신동 빈민가를 대조하여 능률과 효율을 우선시하는 현대인의 기계적인 일상을 풍자하고 있다.

● 핵심 정리

갈래	단편 소설, 풍자 소설, 액자 소설	성격	풍자적, 현실 비판적
배경	① 시간 – 1960년대 ② 공간 – 서울 동대문 지역		
주제	현대인의 기계적인 일상생활에 대한 비판		
특징	① 액자식 구성을 취하고 있음. ② 공간의 대비를 통해 현대인의 규격화된 삶과 이에 대한 비판적 시각을 나타냄.		

● 이것만은 꼭!

❶ 대립적 공간에 대한 '나'의 태도

창신동 집		양옥집
·가난하고 무질서함. → 불편하여 벗어나고 싶음. ·인간적이며 활력과 생명력이 있음. → 그리워함.	'나'	·부유하고 깨끗함. → 동경과 편입에의 욕망 ·비인간적이고 삭막하며 기계적임. → 소외감과 거부감

❷ 서 씨의 행동이 지니는 상징적 의미 | 서 씨가 자신의 놀라운 힘을 아무 보상도 없는 비효율적인 일에 '허비'하는 것은 현대 생활에 맞서 인간으로서 자신의 실존을 확인하려는 상징적 의미를 지닌 것으로 이해할 수 있다.

수능에는 이렇게

[수능] · 인물들의 서로 다른 특성을 제시하며 서술자의 시각을 드러낸다.
· '서 씨' 가계의 내력을 제시한 것은 '서 씨'의 행위에 사실성을 부여하기 위한 장치이군.

047 서울, 1964년 겨울 | 김승옥

| 짧은 감상 | 1960년대 서울을 배경으로 인간의 고독과 소외, 의사소통의 단절, 피상적인 인간관계만을 강요하는 도시의 특징을 상징적으로 형상화한 작품이다.

● 핵심 정리

갈래	단편 소설	성격	현실 고발적, 사실적
배경	① 시간 – 1964년 겨울밤 ② 공간 – 서울의 거리		
주제	뚜렷한 가치관을 갖지 못한 도시인들의 방황과 연대감의 상실로 인한 절망		
특징	① 등장인물을 익명화하여 제시함. ② '벽으로 나누어진 방', '개미' 등과 같은 상징적인 표현을 사용하여 인간적 유대가 없는 현대인의 모습을 그림.		

● 이것만은 꼭!

〈서울, 1964년 겨울〉에 등장하는 인물들의 태도

'나'		사내		'안'
자신의 세계에 틀어박혀 타인을 도울 겨를이 없음.	동정적 소통 지향	자신의 사연을 털어놓으며 고뇌를 함께 나눌 것을 간청함.	냉소적 소통 지향	사내의 자살을 예감하면서도 이를 외면함.

[고3 전국연합] • 작중 인물이 서술자의 역할을 담당하고 있다.
 • 간결하고 함축적인 문장을 주로 활용하고 있다. ─── 소외감과 고독감을 느끼며 살아가는 '나'
 • 인물의 대화와 행동을 중심으로 서술하고 있다.
 • 상징적 배경 묘사를 통해 상황을 암시하고 있다.

---

048 1965년, 어느 이발소에서 | 이호철

본책 184쪽

| 짧은 감상 | 한 이발소 안에서 벌어진 이야기를 통해 권력에 당당하게 맞서지 못한 채 비굴하게 행동하는 나약한 사람들의 모습과 그들을 억압하는 정의롭지 못한 무리에 대한 비판을 담고 있다.

● 핵심 정리

갈래	단편 소설, 풍자 소설	성격	비판적, 풍자적
배경	① 시간 – 1960년대 ② 공간 – 서울의 어느 이발소 안		
주제	부조리한 권력에 당당히 맞서지 못하는 소시민들의 비굴함 비판		
특징	① 특정 공간에서 발생한 상황을 통해 사회 전체의 문제를 우의적으로 드러냄. ② 인물의 외양 묘사를 통해 성격을 표현함. ③ 실체가 아닌 허상 앞에서 굴복하는 소시민들을 통해 당대 사회 구조의 모습을 비판함.		

● 이것만은 꼭!

1 등장인물들의 상징적 의미

두 청년	소시민들을 억압하는 강압적 권력을 상징함.
이발소 안 사람들	당대 사회의 부도덕한 권력에 대항하여 떳떳하게 맞서지 못하는 옹졸한 소시민을 상징함.

2 '이발소'의 공간적 의미

이발소 → 두 청년이 등장하기 전에는 평온하며 소시민들의 일상적 삶이 잘 드러나는 곳이었음.
↓
두 청년이 등장하면서 이발소 안 사람들은 그들의 눈치를 보게 되고 긴장감과 공포감이 맴돌게 됨.

---

049 토지 | 박경리

본책 188쪽

| 짧은 감상 | 현대 소설사에서 최장편인 대하소설로, 구한말에서 일제 강점기에 이르기까지 최 참판 댁의 삼대와 그 주변 인물, 당시 민중들의 삶을 통해 한국 근대사를 형상화하고 있다.

● 핵심 정리

갈래	대하소설, 가족사 소설, 연대기 소설	성격	사실적, 민중적, 역사적
배경	① 시간 – 1897년 한가위 ~ 1945년 ② 공간 – 경남 하동, 서울, 만주(북간도) 등		
주제	① 한국 근대사의 격변 속에서 인물들이 겪는 고통과 삶 ② 민족적 한(恨)과 그 극복 의지		
특징	① 한 집안의 몰락과 재기를 민족사의 흐름과 맥을 같이하여 전개함. ② 방언, 은어, 속어의 사용이 두드러짐.		

● 이것만은 꼭!

제목 '토지'에 담긴 다의성

• 민족적 삶의 원형으로서의 '토지': 전통적으로 농경 민족인 우리 민족에게 토지는 생산과 경제 활동의 기반이 되는 소중한 대상이다.
• 삶의 현장인 '토지': 농민들이 삶을 영위하는 터전이 되며, 최씨 집안을 중심으로 볼 때 토지의 상실과 회복은 삶의 터전을 회복하는 것과 같다.
• 국토를 상징하는 '토지': 민족 전체로 볼 때 국토를 의미하는데, 국권의 상실이라는 것은 정치적으로 볼 수도 있겠지만 땅의 상실로도 볼 수 있다.

[고3 전국연합] • 작품 밖 서술자를 통해 인물의 내면 심리를 제시하고 있다.
 • '모자 사이에는 보이지 않는 강물이 흐르기 시작했다'는 것을 통해 현재의 치수가 윤씨 부인을 '회피'하는 행위가 '자연스러운' 이유를 짐작할 수 있겠군.

---

050 관촌수필 | 이문구

본책 192쪽

| 짧은 감상 | 작가의 어린 시절 체험을 바탕으로 자신이 성장했던 고향에서의 삶을 회상하며 근대화의 과정에서 해체되어 가던 농촌의 모습을 생생하게 표현하고 있는 작품이다.

● 핵심 정리

갈래	장편 소설, 연작 소설	성격	회고적, 향토적, 자전적
배경	① 시간 – 1940년 ~ 1970년대 ② 공간 – 충청남도 보령 관촌 마을		
주제	근대화 과정에서 사라진 전통적인 농촌 공동체에 대한 회고와 아쉬움		
특징	① 전후 근대화와 도시화로 인해 해체되어 가는 농촌의 모습을 사실적으로 그려 냄. ② 향토적인 어휘와 고풍스러운 어투를 사용함.		

● 이것만은 꼭!

옹점이 VS 대복 어메

옹점이	대복 어메
• '나'의 집에서 하인으로 일함. • 일솜씨가 뛰어나고 말과 행동이 시원스러움. • 그릇이나 바가지를 잘 깸.	• '나'의 옆집에 살며 일을 해 주고 음식을 얻어 감. • 허드렛일만 하며 궁색한 행동을 많이 함. • '나'의 집 음식을 몰래 가져감.

↓

둘 다 상대방의 허물과 잘못을 '나'의 어머니에게 고자질하나, 옹점이가 불씨를 대복이네에서 가져오는 것은 둘 다 함구함.

[수능] • 방언과 구어적 표현을 사용하여 생동감 있게 이야기를 풀어 가고 있다.
 • 초점이 되는 인물을 형상화하는 방법으로 묘사를 도입하고 있다.
 • 사건이 전개됨에 따라 대상의 특성이 드러나는 서술 방식을 취하고 있다.
 • 관촌은 공동체적 유대감과 계층 간 위계 의식이 남아 있는 공간이다.

051 삼포 가는 길 | 황석영

| 짧은 감상 | 1970년대 이후 급속하게 진행되었던 농촌의 해체와, 근대화 과정에서 소외된 떠돌이 노동자와 술집 작부의 삶과 인간적 유대감을 그리고 있다.

◉ 핵심 정리

갈래	단편 소설, 사실주의 소설, 여로형 소설	성격	사실적, 현실 비판적
배경	① 시간 – 1970년대 겨울 ② 공간 – 공사장에서 삼포로 가는 길		
주제	산업화 과정에서 소외된 사람들의 애환과 연대 의식		
특징	① 정 씨가 고향을 찾아가는 여로를 중심으로 사건이 전개됨. ② 여운을 남기는 방식으로 결말을 처리함.		

◉ 이것만은 꼭!

1 〈삼포 가는 길〉에 등장하는 세 인물의 공통점

정 씨	영달	백화
돌아갈 고향이 있었으나 결국 고향마저 잃게 되는 떠돌이 노동자	한곳에 정착하지 못하고 고달프게 살아가는 떠돌이 노동자	시골 마을의 술집을 전전하는 작부

- 산업화의 흐름 속에서 소외되어 힘들게 살아가는 존재
- 삶의 터전을 잃고 생계를 위해 떠돌아다녀야 하는 인생

2 '길'의 상징적 의미 | 길은 공간적 배경일 뿐만 아니라 등장인물들의 정서적 교감을 빚어 내는 공간으로서의 상징적 의미를 지닌다.

'길'의 처음	고립된 인간관계	→	'길'의 끝	교감을 나눔.

수능에는 이렇게

[고3 전국연합] • '산골 마을'을 지나는 인물들이 추위와 허기 속에서도 여정을 계속하는 것에서 고달픈 떠돌이의 삶을 읽을 수 있군.
- '폐가'는 '불가'에 다가앉아 온기를 느끼는 일시적인 쉼터가 된다고 할 수 있군.
- '역'은 백화가 '고향'으로 가면서 세 인물의 동행이 끝나는 공간이라고 할 수 있군.

052 장마 | 윤흥길

| 짧은 감상 | 6·25 전쟁을 배경으로, 이데올로기 때문에 만들어진 대립 상황은 전통적 정서에 바탕을 두고 극복할 수 있음을 보여 준다.

◉ 핵심 정리

갈래	중편 소설, 전후 소설	성격	상징적, 토속적, 사실적
배경	① 시간 – 6·25 전쟁 중 여름 장마 기간 ② 공간 – 어느 시골 마을		
주제	이념의 대립과 전쟁으로 인한 가족 내의 비극과 민족적 정서를 통한 갈등 극복 및 화해		
특징	① 무속 신앙을 바탕으로 분단과 전쟁의 상처를 극복하려 함. ② 어린 화자를 등장시켜 전쟁과 이데올로기로 인한 비극을 효과적으로 보여 줌.		

◉ 이것만은 꼭!

1 '장마'라는 배경의 의미 | 온 세상을 물걸레처럼 질펀히 적시는 장마는 오랜 기간 동안 지속된 지긋지긋한 가족사의 불행을 상징하며, 나아가 우리 민족에게 닥친 6·25 전쟁이라는 비극적 사건을 상징한다.

2 이념의 대립과 화해

외할머니	이념의 대립	친할머니
아들이 국군으로 6·25 전쟁에 참전했다가 전사함.	←→	아들이 인민군으로 6·25 전쟁에 참전했다가 소식이 없음.

↓ 구렁이의 등장
분열된 민족적 정서의 화합과 이념의 대립을 해소하는 계기가 됨.

053 겨울 나들이 | 박완서

| 짧은 감상 | '나'와 남편, 아주머니와 노파의 삶을 통해 6·25 전쟁이 낳은 상처와 그 상처를 극복하는 과정을 작가의 따뜻한 시선으로 그려 낸 작품이다.

◉ 핵심 정리

갈래	단편 소설, 분단 소설	성격	사실적, 고백적
배경	① 시간 – 현재: 1970년대 겨울, 과거: 6·25 전쟁 ② 공간 – 서울, 온양		
주제	6·25 전쟁으로 인한 정신적 상처와 인간애를 통한 극복		
특징	① 여행을 통해 인물 간의 갈등 해소 과정이 드러남. ② 전쟁으로 인한 정신적 상처의 극복 과정을 액자식 구성을 통해 드러냄.		

◉ 이것만은 꼭!

'대사업'의 의미

대사업	노파 (시어머니)	도리질: 가족을 지키고 싶은 의지와 책임감, 사랑의 몸부림	→	가족 간에 서로 사랑하고 의지하며 상처를 극복해 나가는 삶
	아주머니	도리질을 하는 시어머니를 극진히 봉양하는 일		

수능에는 이렇게

[고3 전국연합] • 여러 번 반복되는 말을 통해 시대적 분위기를 보여 주고 있다.
- 작중 인물의 회상을 통해서 과거의 사건이 드러나고 있다.
- 중심 사건을 체험한 주체와 작품의 서술자가 분리되어 있다.
- 서술자의 의문과 오해가 풀려 가는 방향으로 이야기가 전개되고 있다.
   노파의 도리질

054 카메라와 워커 | 박완서

| 짧은 감상 | 6·25 전쟁이 우리 사회에 남긴 상처와 아픔을 한 가족의 세대 간 갈등과 극복 과정을 통해 드러내고 있다.

◉ 핵심 정리

갈래	단편 소설	성격	현실 비판적, 사실적
배경	① 시간 – 1970년대 산업화 시기 ② 공간 – 서울, 영동 고속 도로 건설 현장		
주제	6·25 전쟁의 상처를 치유하고자 하는 노력의 좌절과 산업화 시대의 문제점		
특징	① 상징적 의미를 지닌 소재를 활용하여 주제 의식을 효과적으로 드러냄. ② 6·25 전쟁으로 인한 인물의 상처와 피해 의식을 1인칭 서술자를 통해 구체적으로 드러냄.		

◉ 이것만은 꼭!

1 제목의 상징적 의미

카메라		워커
경제적으로 안정되어 편안하게 여가를 즐기는 삶	↔	고된 노동일을 하면서 제대로 보상도 받지 못하고 가난하게 생활하는 삶

2 〈카메라와 워커〉에 반영되어 있는 사회상과 오늘날의 현실

사회상	오늘날의 현실
이공계 선호 현상	이공계 출신들이 취업에 유리하게 되자, 이공계열 학과에 학생들이 몰리고, 인문계열 학과는 통폐합되는 경우가 늘어남.
취업난	경제가 어려워지고, 많은 분야에서 산업화, 자동화가 이루어짐으로써 양질의 일자리가 줄어듦.
비정규직 차별	노동 유연성 확보를 위해 비정규직으로 채용하는 경우가 많아지고, 정규직과 비정규직 간의 차별이 늘어남.

055 난쟁이가 쏘아 올린 작은 공 | 조세희

| 짧은 감상 | 소외 계층을 대표하는 난쟁이 일가(一家)의 삶을 통해 화려한 도시 재개발 뒤에 숨은 소시민들의 아픔과 현대 사회의 구조적 모순을 비판적으로 제시하고 있다.

● 핵심 정리

갈래	중편 소설, 연작 소설, 세대 소설	성격	사회 고발적, 비판적, 상징적
배경	① 시간 – 1970년대 ② 공간 – 서울의 무허가 판자촌		
주제	도시 빈민들의 궁핍한 삶과 좌절된 꿈		
특징	① 반어적 표현으로 비극적 상황을 극대화함. ② 서술 주체에 변화를 주어 다양한 시각을 제시함. ③ 상징적 소재를 사용하여 주제를 강조함.		

● 이것만은 꼭!

〈난쟁이가 쏘아 올린 작은 공〉의 공간적 배경 | 작가는 난쟁이 일가가 살고 있는 빈민촌을 '낙원구 행복동'이라고 반어적으로 표현하였다. 실제 현실과 대조되는 이러한 지명은 '난쟁이' 일가로 대표되는 소외 계층의 빈곤하고 비참한 삶을 강조하는 효과를 낸다.

동네 이름		실제 삶
낙원구 행복동	↔	지옥과도 같은 불행한 삶

⬇

소외 계층의 비참한 삶을 강조하기 위한 반어적 표현

수능에는 이렇게

[수능] • 서술자의 시각을 통해 상황에 대한 비관적 인식이 드러나고 있다.

---

056 아홉 켤레의 구두로 남은 사내 | 윤흥길

| 짧은 감상 | 현실에 적응하지 못하고 변두리 인생으로 전락한 인물의 삶을 그린 소설로, 1970년대 소외된 이웃의 모습을 통해 당대 사회가 지닌 현실적 문제를 지적하고 있다.

● 핵심 정리

갈래	중편 소설, 세대 소설, 연작 소설	성격	사실적, 현실 비판적
배경	① 시간 – 1970년대 후반 ② 공간 – 경기도 성남 지역		
주제	산업 사회에서 소외된 계층의 어려운 삶		
특징	① 날카로운 문제의식으로 현실의 모순을 지적함. ② 상징적인 사물을 통해 인물의 내면 심리를 표현함.		

● 이것만은 꼭!

'아홉 켤레의 구두'가 갖는 의미

열 켤레의 구두		아홉 켤레의 구두
지식인으로서 권 씨의 자존심을 상징함.	자존심에 상처를 입음.	권 씨의 부재를 상징하며 자존심마저 잃게 된 권 씨의 처지를 보여 줌.

수능에는 이렇게

[고1 전국연합] 특정 어휘에 주목한 '권 씨'에 관한 정보
• '말' → 그는 평소에는 언어를 점잖게 사용해 온 편이다.
• '막벌이' → 그는 변변한 일이 없어 경제적으로 궁핍한 처지에 놓여 있다.
• '식칼' → 그는 어려운 사정 때문에 강도 행각을 벌이게 되었다.
• '이웃' → 그는 평소 주변 사람으로부터 소외감을 느끼며 살아가고 있다.

---

057 우리 동네 황 씨 | 이문구

| 짧은 감상 | 이 작품은 타인이나 공동체의 상황에는 무관심하고 자기 이익에만 몰두하는 황 씨의 모습을 통해 물질 중심의 가치관에 경도된 이기적 사회상의 단면을 드러내고 있다.

● 핵심 정리

갈래	단편 소설, 연작 소설, 농촌 소설	성격	비판적, 해학적, 풍자적
배경	① 시간 – 1970년대 ② 공간 – 농촌(느티울 마을)		
주제	근대화로 인한 생태계의 파괴와 농촌 공동체 의식의 상실		
특징	① 방언을 활용하여 삶의 구체적 모습을 보여 줌으로써 현장성과 사실성을 높임. ② 인물 간의 대화를 통해 근대화 과정에서 발생한 부조리한 현실을 드러냄.		

● 이것만은 꼭!

1 부조리한 농촌 현실

근대화의 모순과 농촌의 변모

강압적인 정부 정책	소비 풍조의 확산	공동체 의식 해체
송충이 잡이 등 전시 행정에 농민들을 동원하거나 비용을 부담하도록 함.	텔레비전 매체를 통해 허영과 소비 욕구를 유발하여 소비 풍조를 확산시킴.	빈농을 상대로 고리대금을 하고 수재 구호품으로 입던 팬티를 낸 황 씨

2 〈우리 동네 황 씨〉의 갈등 구조

황 씨		마을 사람들(이장, 김, 홍 등)
재물에 밝아 고리대금업을 하여 돈을 많이 벌었지만 인색하고 탐욕스러우며 이기적임.	↔	농사에 자부심을 가지고 있으며 공동체 의식 및 유대적인 인간관계를 추구함.

---

058 은강 노동 가족의 생계비 | 조세희

| 짧은 감상 | 1970년대 산업화 시대를 맞아 급속한 경제 성장을 이루며 풍요로운 삶을 갈구하던 때에 변두리로 밀려나 소외되었던 도시 노동자 가족의 삶을 상징적으로 드러내고 있다.

● 핵심 정리

갈래	단편 소설, 연작 소설, 사회 소설	성격	사회 고발적, 비판적, 상징적
배경	① 시간 – 1970년대 ② 공간 – 은강 지역		
주제	도시 빈민이 겪는 삶의 고통과 좌절		
특징	① 대비되는 공간을 제시하여 현실의 문제를 부각함. ② 상징적 인물과 표현으로 산업화에 소외된 계층의 아픔을 드러냄. ③ 짧은 문장을 사용하여 독자들에게 해석의 여지를 줌.		

● 이것만은 꼭!

'난쟁이'의 상징적 의미 | 이 작품에서 아버지는 난쟁이로 그려지는데, 난쟁이는 '거인'과 대립 관계를 이루고 있다. 이러한 이분법적 선악 대립 구도를 통해 사회적 모순이 드러나고 있다.

난쟁이	• 경제적으로 빈곤하고 소외된 사람 • 경제력과 권력이 없는 사람 • 먹이 피라미드의 하위층에 놓인 사람

↕

거인	• 거대 자본가 • 권력을 가진 사람 • 먹이 피라미드의 상위층에 놓인 사람

059 소리의 빛 | 이청준

| 짧은 감상 | 연작 소설 《남도 사람》 중 한 편으로, 한(恨)을 지닌 오누이의 해후(邂逅)와 소리를 통한 한의 승화를 담고 있다.

◉ 핵심 정리

갈래	단편 소설, 연작 소설	성격	전통적, 예술적
배경	① 시간 – 1960년대 ② 공간 – 장흥읍 인근의 시골 주막		
주제	한(恨)의 예술적 승화		
특징	① 현재와 과거가 교차되는 역순행적 구성 방식을 취함. ② 세 편의 작품이 유기적으로 연결된 연작 소설 중 한 편임.		

◉ 이것만은 꼭!

오라비의 마음속에 있는 '햇덩이'의 의미 | '햇덩이'는 소리꾼 사내에게는 있지만 오라비 자신에게는 없는 것으로 어머니가 욕망하는 그것이면서, 의붓아버지인 소리꾼 사내에 대한 살기(殺氣)이기도 하다. 결국 오라비에게 '햇덩이'는 의붓아버지에 대한 원망과 누이를 버린 것에 대한 죄책감, 가족에 대한 그리움의 의미이며, 눈먼 여인에게는 오라비에 대한 연민인 동시에 버림받았다고 생각한 과거에서 벗어나 새로운 삶을 살게 할 원동력으로 작용한다.

수능에는 이렇게

[고3 전국연합] • 한 인물이 다른 인물에게 들려주는 이야기 속에서 과거의 사연이 드러나고 있다.
• '사내'가 '여자'에게서 '뜨거운 햇덩이'를 보았다고 했음에도 다시 길을 떠났다는 것은, 예술의 길이 끝이 없는 과정임을 의미한다고 볼 수 있다.
• '사내'가 '소리'로 상징되는 노인에게 '살기'를 품었으면서도 결국 해치지 못한 것은, 그가 예술의 길을 포기할 수 없었기 때문인 것으로 볼 수 있다.
• '사내'가 노인의 '소리'를 못 이기고 도망을 쳤음에도 끊임없이 '소리의 진짜 얼굴'을 찾아다니는 것은, 그가 예술가의 길을 '숙명'으로 여기는 인식과 관련이 있다고 할 수 있다.

---

060 도요새에 관한 명상 | 김원일

| 짧은 감상 | 1970년대 사회의 모습을 조명하며 산업화의 폐해를 보여 주고, 북에 가족을 두고 온 실향민들의 안타까운 심정을 드러내고 있다.

◉ 핵심 정리

갈래	중편 소설, 환경 소설, 가족 소설	성격	비판적, 사실적, 생태적
배경	① 시간 – 1970년대 후반(회상 부분은 6·25 전쟁 전후) ② 공간 – 동진강 유역(도요새의 도래지)		
주제	비극적 역사 현실과 산업화의 폐해에 따른 인간성 회복		
특징	① 전체 4부로 되어 있으며 각 부분마다 서술 시점을 달리함. ② 당대 사회의 문제점을 다양하게 보여 줌. ③ 과거와 현재가 교차하는 역순행적 구성을 보임.		

◉ 이것만은 꼭!

〈도요새에 관한 명상〉에서 다루는 주제

실향민 문제	아버지는 고향에 대한 그리움과 상실감을 도요새를 보며 달래는데, 작가는 아버지를 통해 분단 상황에 대한 비판 의식을 보여 준다.
환경 오염 문제	맹목적인 산업화에 의해 희생되는 자연을 보여 준다.
젊은이들의 고민과 방황의 모습	병국과 병식은 성격과 삶의 태도가 다르지만 모두 젊은 시절의 방황과 아픔을 겪고 있는 인물이다.

수능에는 이렇게

[평가원] • 서술자가 자신의 체험을 진술하여 현실에 대한 인식을 드러내고 있다.

---

061 엄마의 말뚝 2 | 박완서

| 짧은 감상 | 6·25 전쟁 중에 아들을 잃은 어머니의 한과 상처를 보여 주는 소설로, 분단의 아픔이 계속되고 있는 우리의 현실과 이에 대한 극복 의지를 잘 드러내고 있다.

◉ 핵심 정리

갈래	중편 소설, 연작 소설, 전후 소설	성격	자전적, 회고적, 사실적
배경	① 시간 – 6·25 전쟁 당시와 현재 ② 공간 – 서울		
주제	전쟁의 상처와 분단 문제의 극복 의지		
특징	① 세 편의 연작으로 되어 있는 소설 중의 한 편임. ② 현재 시점에서 과거를 회상하는 역순행적 구성임.		

◉ 이것만은 꼭!

'엄마의 말뚝'의 상징적 의미

홀로 두 자녀를 억척스럽게 키워 낸 어머니의 집념	아들의 죽음으로 인해 어머니의 가슴에 깊이 박힌 한(恨)	죽어서라도 분단이라는 비극적 현실과 맞서려는 어머니의 의지

수능에는 이렇게

[평가원] • 서술하는 시간과 서술되는 시간이 일치하지 않는 서술 방식을 사용하고 있다.
• 과거와 현재를 넘나들면서 비극이 계속되고 있음을 드러내고 있다.
　　　전쟁이 남긴 상처와 분단의 비극

---

062 그해 겨울은 따뜻했네 | 박완서

| 짧은 감상 | 6·25 전쟁으로 인한 한 가정의 불행과, 인정과 윤리를 상실한 현대 사회 중산층의 이기심과 허위의식을 비판하고 있다.

◉ 핵심 정리

갈래	장편 소설, 가정 소설	성격	현실 고발적, 비판적, 사실적
배경	① 시간 – 1951년 겨울 ~ 1980년대 ② 공간 – 서울		
주제	① 전쟁의 비극과 이산가족의 아픔 ② 중산층의 허위의식에 대한 비판		
특징	① 등장인물의 심리를 섬세하게 표현함. ② 계층을 대표하는 전형적 인물을 형상화함.		

◉ 이것만은 꼭!

1 제목 '그해 겨울은 따뜻했네'의 의미

① '그해'를 6·25 전쟁이 진행 중이던 1951년으로 볼 때 – 고난과 절망의 시대를 반어적으로 나타냄으로써 도덕적 규범과 가족주의적 윤리관이 무너지고 있는 당시의 모습을 비꼬고 있다.

② '그해'를 수지가 오목에게 진정으로 참회하던 1980년대의 어느 겨울날로 볼 때 – 그해 겨울은 허위의식을 지닌 채 이기적으로 살아가던 수지가 드디어 오목에게 자신의 죄를 고백하고 뉘우침으로써 가족 공동체의 모습을 회복하게 되는 때이다. 제목에는 이러한 장면을 따스하게 바라보는 작가의 시각이 녹아 있는 것이라고 볼 수 있다.

2 '수지의 참회'가 갖는 의미 | 수지가 자신의 위선과 이기심을 꺾고 진정으로 참회하는 모습은 우리에게 우리의 현실을 되돌아보게 하는 계기를 준다. 인간적 가치와 도덕적 규범이 사라지고 물질주의와 이기심, 허위의식으로 살아가는 현대인들에게 가족의 진정한 의미와 공동체적 가치에 대해 생각하게 하고, 배려와 사랑을 통해 상생과 공존의 문화를 만들어 가기를 바라는 작가의 희망이 녹아 있는 것이다.

063 태백산맥 | 조정래

| 짧은 감상 | 이 작품은 여수 순천 10·19 사건 직후인 1948년부터 6·25 전쟁이 끝난 1953년까지, 좌우익의 이념이 대결했던 격동의 시기를 사실적으로 그려 낸 대하소설이다.

◉ 핵심 정리

갈래	장편 소설, 대하소설, 역사 소설	성격	사실적, 민중적, 역사적
배경	① 시간 – 1948년~1953년 ② 공간 – 전라도 벌교		
주제	좌우익의 이념이 대결했던 격동의 시기에서의 민족의 삶		
특징	① 6·25 전쟁 전후의 역사적 상황을 사실적으로 그려 냄. ② 전라도 사투리 등을 통해 당시 민중의 삶의 모습을 생생하게 묘사함.		

◉ 이것만은 꼭!

1 〈태백산맥〉에 나타난 우리 민족의 분열 원인 | 첫 번째는 일제 강점기 동안 소위 '내선일체'를 외치고 '성전(聖戰)'에 참여하자며 학병, 노무자, 정신대 징용에 앞장섰던 친일 경찰을 포함한 일제의 청산에 실패한 것이다.

두 번째는 지주 계층과 소작인들 간의 뿌리 깊은 갈등에 있다. 작가는 봉건적 토지 소유 제도에서 비롯된 이러한 계층의 분화와 그 구조 안에서의 갈등이 이념적 대결 도구로 변하면서 6·25 전쟁으로 연결되었음을 밝히고 있다.

2 문 서방의 이중적인 모습에 대한 김범우의 판단

지주 김사용이 인민재판에 회부된 것을 안타까워하며 눈물을 흘리는 모습을 보고 선량하다고 여김.	악한 지주들이 인민재판을 마치고 공개 처형되는 모습에 통쾌해하는 모습을 보고 하나의 악마와 같다고 느낌.

⬇

- 문 서방의 돌변한 모습을 보며 그의 이중적인 모습에 놀라고 있음.
- 그러나 문 서방은 지주가 어떤 사람이냐에 따라 태도가 달라지는 것이지, 성격이 돌변하는 이중적인 사람은 아님.

064 완장 | 윤흥길

| 짧은 감상 | 임종술이 완장을 차고 저수지 감시원으로 활약하게 되는 과정과 그 결과를 통해 위선적 권력과 그 권력을 향한 인간의 욕망이 얼마나 집요하고 공허한 것인지를 다룬 소설이다.

◉ 핵심 정리

갈래	장편 소설, 세태 소설	성격	비판적, 풍자적, 토속적
배경	① 시간 – 1970~1980년대 ② 공간 – 전라북도 농촌 마을		
주제	억압된 사회 현실 및 권력에 대한 허황된 집착에 대한 비판		
특징	① 해학적인 표현과 아이러니한 상황을 통해 부조리한 현실을 풍자함. ② 상징적 소재를 활용하여 주제를 형상화함.		

◉ 이것만은 꼭!

1 종술이 완장에 현혹된 이유

종술의 과거	종술에게 완장의 의미
돈을 벌어 보려고 몸부림치는 종술의 노력 앞에 완장들이 도사리고 있어 종술은 완장에 주눅들 수밖에 없었음.	• 한 맺힌 상처 • 자신도 권력을 지닐 수 있다는 선망의 대상

2 '완장의 나라'의 의미 | 6·25 전쟁을 야기한 이념의 대립, 빈부 간의 불평등, 지배와 피지배의 역학 관계가 모두 권력에 대한 집착을 바탕에 두고 있으며, 이는 타인과 공존하기보다는 지배하려는 속성을 지니고 있음을 이야기하고 있다. 과거 동대문에서 종술이 생계유지를 위해 했던 행위들이 당시 법에 위배되는 측면도 있으나, 이를 빌미로 약자에게 제 권력을 행사하려던 사회적 분위기를 '완장의 나라'라는 말로 표현한 것이다.

065 생명 | 백남룡

| 짧은 감상 | 북한의 한 대학의 입학시험을 소재로 양심적인 교육자의 모습과 인간형을 그리면서 정직한 삶이라는 보편적인 주제 의식을 전달하고 있다.

◉ 핵심 정리

갈래	단편 소설, 사회 소설	성격	사실적, 상징적
배경	① 시간 – 1980년대 ② 공간 – 도시의 대학교		
주제	인간적인 정과 원칙 사이에서의 갈등		
특징	① 북한의 특징적인 어휘나 표현 방식이 잘 드러남. ② 이념보다는 인간의 내면 심리를 섬세하게 그려 냄. ③ 북한 사람들의 삶의 모습을 생생하게 드러냄.		

◉ 이것만은 꼭!

1 석훈의 내적 갈등

인정(사적인 일)	원칙(공적인 일)
자신의 목숨을 구해 준 복부외과 과장의 아들을 합격시켜 주고 싶은 마음	자신이 지켜 온 입학생 선발에 대한 공정함과 원칙을 지키고 싶은 마음

2 석훈에게 원칙의 중요성 | 이 작품은 외과 과장과의 인정에 이끌려 정철욱을 합격시키고자 하는 석훈이 오경남의 인물 심사 과정에서 원칙을 회복해 가는 모습을 다루고 있다. 결국 석훈은 오경남이 자신이 존경하는 도로 관리원의 아들이라는 것을 알게 되면서 '생명'과 같은 원칙의 중요성을 깨닫게 된다.

066 해산 바가지 | 박완서

| 짧은 감상 | 우리나라 사람들의 의식에 깊숙이 자리 잡고 있는 남아 선호 주의를 비판하고 전통적인 생명 존중 사상을 드러낸 소설이다.

◉ 핵심 정리

갈래	단편 소설	성격	현실 비판적, 회상적, 자기 고백적
배경	① 시간 – 1980년대 ② 공간 – 도시		
주제	생명의 고귀함과 생명 탄생에 대한 경건한 자세		
특징	① 1980년대의 사회 문제를 다룸. ② 주인공의 내적 변화와 사회적 문제 의식을 다룸. ③ 과거 회상에 초점을 맞추고 있으며, 작가의 자전적 성향이 강함.		

◉ 이것만은 꼭!

1 〈해산 바가지〉의 주제

전반부	딸을 출산한 며느리를 못마땅해하는 '나'의 친구와 산모를 문병 온 친지들이 성차별적 대화를 나눔.	➡	남아 선호 사상 비판
후반부	'나'의 시어머니는 아이를 성별에 따라 차별하지 않고 정성을 다해 키움.	➡	생명 존중의 태도

2 '해산 바가지'의 역할

과거 회상의 매개체	'나'는 정신이 망가진 시어머니를 보낼 요양원을 살펴보러 가는 길에 초가지붕에 달린 보름달처럼 풍만하고 잘생긴 박을 보면서 시어머니의 해산 바가지를 떠올림.
갈등 해소의 매개체	'나'는 손주의 탄생을 경건하게 준비했던 시어머니의 생명 존중의 태도를 깨닫고, 집으로 돌아와 시어머니를 임종 때까지 잘 모시게 됨.

067 격정 시대 | 김학철

| 짧은 감상 | 항일 독립 전쟁 시기 중국에서 활동했던 조선 의용군들의 군사적, 정치적, 민족적 사실을 바탕으로 독립투사들의 삶을 거시적으로 조명하고 있다.

● 핵심 정리

갈래	장편 소설, 역사 소설, 자전 소설	성격	역사적, 사실적, 저항적
배경	① 시간 – 일제 강점기 ② 공간 – 한반도와 중국		
주제	일제 강점기 항일 독립운동		
특징	① 작가의 경험을 바탕으로 쓴 자전적 소설임. ② 조선 의용군의 실체를 사실적으로 보여 줌.		

● 이것만은 꼭!

1 공간의 이동에 따른 서선장의 성장 | 이 작품에서 서선장은 평범한 인간에서 의식화된 인간으로 성장한다. 서선장이 거친 공간들은 그가 혁명가로서 성장할 수 있도록 각성과 실천의 계기를 주고 있다.

원산 ➡ 경성 ➡ 상해 ➡ 태항산

2 등장인물의 성격 | 이 작품은 비중이 적은 인물일지라도 각각 개성 넘치는 인물들로 그려 내고 있다. 이는 이 작품에서 형상화되는 다양한 인물들이 항일 투쟁의 과정에서 희생됨으로써 만들어 낸 역사를 기념하기 위한 작가의 의도가 녹아 있는 것이다.

068 흐르는 북 | 최일남

| 짧은 감상 | 1980년대를 배경으로 서울 중산층의 가정에서 일어나는 세대 간의 갈등과 이러한 갈등을 넘어선 할아버지와 손자를 통해 세대 간의 화합 과정을 드러낸 작품이다.

● 핵심 정리

갈래	단편 소설, 세태 소설, 가족사 소설	성격	사실적, 비판적
배경	① 시간 – 1980년대 ② 공간 – 서울		
주제	예술과 삶에 대한 인식의 차이로 인한 세대 간 갈등		
특징	① 중심 소재를 통해 세대 간의 갈등 양상을 보여 줌. ② 갈등의 해소를 제시하지 않음으로써 여운을 줌.		

● 이것만은 꼭!

'북'에 대한 등장인물들의 생각

민 노인	분신과도 같은 존재로 자유로운 예술 정신을 구현할 수 있도록 해 주는 물건
민대찬	과거 아버지가 가족들을 돌보지 못하게 만든 물건이자 현재 자신의 체면을 깎는 물건
민성규	할아버지의 삶의 일부로 느껴지는 물건이자 자신과 할아버지를 이어 주는 매개체

수능에는 이렇게

┌─ 전지적 작가 시점이지만 서술자가 민 노인의 입장에 가깝게 위치함.
[수능] **• 특정 인물의 시각**에서 서술하여 그의 내면에 공감하도록 유도하고 있다.
• '막걸리 집'은 '민 노인'이 신세대와 만나 인간적인 소통을 하는 공간이다.
• '춤판'은 '민 노인'이 신명 나게 북을 치며 자신감을 회복하는 공간이다.
[평가원] • '성규'의 아버지가 '민 노인'과 소통할 수 없는 것은 예술에 대한 가치관을 '민 노인'과 공유하지 못한 데서 원인을 찾을 수 있겠군.
• '성규'가 자신의 아버지와 소통할 수 없는 것은 '민 노인'의 예술가로서의 삶에 대한 두 사람의 가치관이 서로 다르기 때문이겠군.
• '민 노인'이 자신의 아들에게서 예술가로서의 삶을 이해받지 못하고 격리된 것은 아버지로서 존재 가치를 인정받지 못했기 때문이겠군.

069 비 오는 날이면 가리봉동에 가야 한다 | 양귀자

| 짧은 감상 | 1980년대 도시 변두리에 사는 소외된 사람들의 삶을 소재로, 타자에 대한 불신이 이해와 공감으로 바뀌는 과정을 그리고 있다.

● 핵심 정리

갈래	단편 소설, 연작 소설	성격	사실적, 비판적, 성찰적
배경	① 시간 – 1980년대 ② 공간 – 부천시 원미동		
주제	소시민들 사이에 벌어지는 일상의 갈등과 화해		
특징	① 실제 공간을 배경으로 소시민들의 삶을 사실적으로 그려 냄. ② 등장인물의 대화와 행동을 중심으로 사건을 전개함.		

● 이것만은 꼭!

1 제목의 의미와 역할

의미	임 씨는 비가 오지 않는 날에는 일을 하고, 비가 와서 일을 하지 않는 날이면 가리봉동에 떼인 연탄값을 받으러 감.
역할	• 임 씨의 말을 제목으로 삼아 독자의 호기심을 유발함. • 정직하고 성실한 사람이 제대로 대우받지 못하는 사회를 비판함. • 자신의 이익만을 지키려 하는 부유층의 이기적인 모습을 비판함.

2 공간의 이동에 따른 '그'의 심리 변화

공간	사건	'그'의 심리
'그'의 집	연탄장수가 본업인 임 씨가 욕실을 고침.	임 씨에 대한 불신
	임 씨가 옥상까지 수리하고도 수리비를 적게 받음.	자신에 대한 부끄러움
형제 슈퍼	임 씨가 비 오는 날이면 가리봉동에 가는 사연을 말함.	임 씨에 대한 안타까움과 연민

070 마지막 땅 | 양귀자

| 짧은 감상 | 땅의 본질적 가치를 중요하게 여기며 이를 지키고자 하는 강 노인과 땅을 경제적 수단으로 보아 땅값을 올려 부(富)를 얻으려는 마을 사람들 간의 갈등을 그린 작품이다.

● 핵심 정리

갈래	단편 소설, 세태 소설, 연작 소설	성격	세태적, 비판적, 일상적
배경	① 시간 – 1980년대 ② 공간 – 부천시 원미동		
주제	도시화 과정에서 땅의 가치에 대한 인식		
특징	① 원미동의 평범한 사람들의 일상적이고 소박한 삶을 사실적으로 드러냄. ② 땅을 둘러싼 갈등을 인물 간의 대화와 행동을 통해 구체적으로 드러냄.		

● 이것만은 꼭!

1 '땅'을 대하는 인물들의 태도

	강 노인	• 삶의 터전이자 생명의 근원이라 생각함. • 도시화 과정에서 땅을 통해 정신적 위안을 얻음.
땅	마을 사람들	• 땅을 경제적인 수단으로만 생각함. • 도시화의 과정에서 땅값을 올려 부(富)를 얻으려고 함.

2 도시화의 흐름과 소시민들의 삶 | 원미동 토박이였던 강 노인에게 '강제 토지 수용', '용도 변경', '택지 조성' 등 도시화로 인한 토지 용도의 변화가 '폭력'이었던 이유는 그것이 자신의 의지와 무관하게 진행되었기 때문이다. 선대로부터 염원해 온 부농의 꿈을 자신의 대에서 이룬 그에게 '땅'은 단지 생계의 수단만은 아니었다. 그런 그가 '땅'이 일종의 '자본'으로 투기의 대상이 되는 과정을 지켜보는 일은 그것이 불가항력이었기에 더 수용하기 힘들었을 것이다.

071 허생의 처 | 이남희

| **짧은 감상** 박지원의 〈허생전〉을 페미니즘적 시각으로 패러디한 작품으로, 허생의 처를 전면에 내세워 남성 중심의 가부장적 이데올로기를 비판하고 있다.

◉ 핵심 정리

갈래	단편 소설, 패러디 소설	성격	비판적, 페미니즘적
배경	① 시간 – 조선 후기 ② 공간 – 허생의 집		
주제	남성 중심의 가부장적 이데올로기 비판		
특징	① 원작 〈허생전〉과 배경을 동일하게 설정하여 허생의 처의 시각에서 이야기를 만듦. ② 〈허생전〉에 나오는 후일담을 허생의 처에 대한 이야기의 도입 액자로 삼음.		

◉ 이것만은 꼭!

1 〈허생의 처〉의 이중적 서술 구조

현재의 이야기(능동적인 '나')		과거의 이야기(수동적인 '나')
• 이복동생을 통해 허생이 큰돈을 번 사실을 알게 됨. • 시할머니에게 꾸중을 듣고 억울해함. • 남편의 무책임한 태도에 결별을 통보함.	교차 서술	• 혼인 초 남편에 대해 존경심을 가짐. • 극심한 가난으로 인해 현실적으로 고통을 겪고, 남편에게 불만을 가지게 됨. • 남편이 가출함.

↓

남성 중심의 가부장적 이데올로기 비판

072 빼떼기 | 권정생

| **짧은 감상** 고난과 역경을 이겨 낸 병아리 빼떼기의 삶과 그가 모진 운명을 이겨 낼 수 있도록 보살펴 준 가족의 헌신적인 사랑을 다룬 동화이다.

◉ 핵심 정리

갈래	동화	성격	회상적, 향토적, 비극적
배경	① 시간 – 1948년 7월~1950년 6·25 전쟁 ② 공간 – 어느 시골 마을		
주제	모진 운명을 극복하는 과정과 약자를 보살피는 따뜻한 마음		
특징	① 모진 운명을 극복해 나가는 병아리 빼떼기의 모습을 통해 삶의 교훈을 전달함. ② 빼떼기의 삶과 죽음을 통해 생명 존중, 사랑 등의 가치를 담아냄.		

◉ 이것만은 꼭!

〈빼떼기〉에 드러난 주제 의식

빼떼기	• 화상으로 제대로 걷지도 먹지도 못함. • 어미와 형제들에게 버려짐.	역경에 좌절하지 않고 극복하려고 노력함.

↓

생명의 소중함을 깨닫게 하려는 작가의 가치관을 드러냄.

순진이네 가족	• 화상을 입은 빼떼기를 정성껏 보살핌. • 형제들과 어울리고 싶어 하는 빼떼기를 위해 닭장을 수리해 줌.	약하고 작은 가축도 자신의 가족으로 생각함.

↓

사회적 약자와 함께 살아가는 공동체 정신을 강조하는 주제 의식을 드러냄.

081 유자소전 | 이문구

| **짧은 감상** 서술자가 친구 '유재필'의 범상치 않은 삶의 일대기를 전달하는 내용으로, 현대 사회에 팽배한 물질 만능주의와 몰인정한 세태를 비판하고 있다.

◉ 핵심 정리

갈래	단편 소설, 세태 소설, 실명(實名) 소설	성격	전기적, 풍자적, 비판적, 해학적
배경	① 시간 – 1970년대 ② 공간 – 서울		
주제	물질 만능주의에 빠진 현대 사회 비판		
특징	① '전(傳)'의 형식을 취함으로써 한국 문학의 전통을 계승함. ② 방언을 사용하여 향토적인 정서를 드러냄. ③ 비속어를 사용하여 대상을 효과적으로 풍자하고 비판함.		

◉ 이것만은 꼭!

1 〈유자소전〉의 서술 방식과 그 효과

방언의 사용		비속어의 사용		판소리 사설체의 사용
• 토속적인 정감과 사실성, 현장성을 획득함. • 주인공에 대한 친근감을 유발함.	+	• 주인공이 속한 계층과 그들의 처지를 전형적으로 표현함. • 풍자와 비판의 효과를 지님.	+	• 전지적인 서술자의 위치에서 작가의 생각을 독자에게 직접 전달함. • 등장인물을 논평하면서 독자와 함께 조롱하고 풍자함.

2 〈유자소전〉에서 웃음을 유발하는 방식 – 해학

유자	혼잣말로 능청스럽게 자신의 소신과 신념을 표현함으로써 동정적 웃음을 유발함.	➡	해학적 요소

082 나의 아름다운 이웃 | 박완서

| **짧은 감상** 아파트로 대변되는 도시에서의 삭막한 삶에서 겸손한 자세로 이웃을 배려하고 살피는 가치의 필요성에 대해 역설하고 있다.

◉ 핵심 정리

갈래	콩트	성격	반성적, 성찰적, 교훈적
배경	현대의 아파트		
주제	겸손한 자세로 주변 사람을 살피고 배려하는 삶		
특징	① '나'가 이웃의 모습을 보고 깨달음을 얻는 과정이 드러남. ② '나'가 바람직한 이웃이 되려고 다짐한다는 점에서 교훈성이 드러남.		

◉ 이것만은 꼭!

〈나의 아름다운 이웃〉에 드러난 공간의 대비

한옥		아파트
• 결혼하고 시어머니가 돌아가시기 전까지 살았던 공간 • 구식 부엌과 마당에 있는 수돗가 빨래터로 인해 불편함. • 이웃은 대부분 시어머니의 친구인 노인들임. • 외손주를 본 나이에도 '아가'나 '새댁'으로 불림. • 주변 이웃에 대한 사소한 일도 서로 알고 있음.	⟷	• 시어머니가 돌아가신 후 문화 생활을 하고 싶어 이사한 공간 • 이웃은 대부분 이십 대나 삼십 대 초반의 젊은 주부임. • 엘리베이터에서 만난 젊은 엄마로부터 할머니 소리를 들음. • 주변 이웃에 대한 관심이 없음.

↓		↓
주변 이웃에 대한 관심과 배려가 만연함.		주변 이웃에 대한 무관심과 삭막한 분위기가 만연함.

현대 소설

083 갈매나무를 찾아서 | 김소진

| 짧은 감상 | 이 작품은 역설적 의미를 지닌 갈매나무를 통해 지옥 같은 아픔과 맞서며 갈매나무처럼 살아가려는 주인공의 모습을 그리고 있다.

● 핵심 정리

갈래	단편 소설	성격	회상적, 상징적
배경	① 시간 – 주인공 두현의 서른 즈음 ② 공간 – 서울 근교의 찻집		
주제	삶의 의지를 회복하고자 하는 열망		
특징	① 백석의 시를 인용하여 인물의 처지를 드러냄. ② 상징적 소재를 활용하여 주제 의식을 형상화함.		

● 이것만은 꼭!

두현이 '수칼매나무'를 찾으려고 하는 이유와 그 의미 | 두현은 아직 수칼매나무를 보지 못했으나 언젠가 꼭 보게 될 것이라 확신한다. 두현은 수칼매나무가 깊은 계곡 어디에선가 뿌리를 박고 홀로 눈보라와 찬 비와 거친 바람을 맞으며 추운 계절을 꿋꿋이 견디며 힘차게 수액을 높은 우듬지 위로 뽑아 올리고 있을 것이라는 상상을 한다. 결국 이 수칼매나무는 지옥 같은 현실 앞에서도 꿋꿋하게 부딪혀 사는, 생명의 힘을 갖는 현실 속의 수칼매나무로 살고자 하는 두현의 다짐이라 할 수 있다.

---

084 그 여자네 집 | 박완서

| 짧은 감상 | 서술자인 '나'가 김용택의 시 〈그 여자네 집〉을 읽고 회상한 만득이와 곱단이의 사랑을 통해 가슴 아픈 민족사가 남긴 상처를 그리고 있다.

● 핵심 정리

갈래	단편 소설, 액자 소설	성격	회상적, 서정적, 체험적
배경	① 시간 – 일제 강점기, 현대 ② 공간 – 행촌리, 서울		
주제	일본 제국주의의 폭력으로 인해 고통받은 우리 민족의 비극적인 삶		
특징	① '현재–과거–현재'의 역순행적 구성임. ② 극적인 반전을 통해 주제 의식을 드러냄.		

● 이것만은 꼭!

1 김용택의 시 〈그 여자네 집〉의 삽입 효과
- 서술자인 '나'가 과거를 회상하게 되는 매개체가 됨.
- 산문 형식인 소설에 운문 형식의 시를 배치하여 글의 단조로움에서 벗어나게 하고, 작품 전체에 서정성을 부여함.
- 시의 제목이 작품의 제목과 같다는 점, 시 속에 나타난 화자의 태도나 정서 등을 통해 앞으로 전개될 사건이 이와 유사한 아름답고도 슬픈 사랑의 이야기일 것임을 암시함.

2 〈그 여자네 집〉에 나타난 주제 의식

정신대 할머니	정신대에 끌려가 직접 피해를 당한 사람들의 한	→	제국주의적 폭력의 희생자
곱단이	정신대를 면하기 위한 선택으로 고통을 받았던 사람들의 한		

---

085 19세 | 이순원

| 짧은 감상 | 이 작품은 강원도에 살았던 한 소년이 어른이 된 후 자신의 청소년기를 회상하는 회고록 형식의 성장 소설로, 자신이 누구인지, 어떻게 살아야 하는지를 찾아가는 '나'의 모습을 통해 진정한 삶의 의미를 생각하게 한다.

● 핵심 정리

갈래	장편 소설, 성장 소설	성격	자전적, 회고적, 고백적
배경	① 시간 – 주인공의 13세~19세에 이르는 6년 ② 공간 – 강원도(강릉, 대관령)		
주제	한 소년의 꿈과 방황을 통한 성장		
특징	① 어른이 된 서술자의 시선에서 과거의 경험을 자전적으로 서술함. ② 청소년의 방황 또는 성장의 한 과정을 보여 줌.		

● 이것만은 꼭!

'나'의 성장통

미성숙한 '나'		성숙해진 '나'
• 빨리 어른이 되고 싶음. • 나이와 상관없이 경제권을 가지면 어른이 된다고 생각함. • 농사를 지어 경제권을 가진 어른이 되려 함.	농사를 지음.	• 나이에 맞는 일을 하지 못하고 있다는 생각을 함. • 자신이 어른 노릇을 한 것이 아니라 어른놀이를 했음을 깨달음. • 자신의 방황이 헛된 일이 아니라 성장의 한 과정으로 추억되길 바람.

---

086 황만근은 이렇게 말했다 | 성석제

| 짧은 감상 | 약간 모자라는 인물인 황만근의 생애를 해학적인 문체로 그려 낸 소설로, 선량한 인물인 황만근과 마을 사람들을 대조하여 이해타산적인 현대인을 날카롭게 꼬집고 있다.

● 핵심 정리

갈래	단편 소설, 농촌 소설	성격	해학적, 풍자적, 향토적
배경	① 시간 – 1997년 ② 공간 – '신대리'라는 농촌 마을		
주제	황만근의 생애와 그의 행적		
특징	① 바보형의 우직한 인물을 통해 이기적인 세태를 비판함. ② '전(傳)'의 양식을 창조적으로 재구성함.		

● 이것만은 꼭!

'황만근'과 마을 사람들의 대조

'황만근'		마을 사람들
• 이타적이고 자기희생적인 인물 • 평균 이하의 인물 • 전통 사회의 인물 유형	대립 관계	• 이기적이고 타산적인 인물들 • 평균적인 인물 • 자본주의 사회의 인물 유형

수능에는 이렇게

[고3 전국연합] · 구어체 사투리를 구사하여 작품에 현장감을 부여하고 있다.
- 마을 사람들에게 반편이로 취급받던 황만근이 농민으로서 확고한 신념을 가진 인물임을 알 수 있다.
- 원칙을 지키다 죽은 황만근의 모습은 원칙을 지키는 사람이 손해를 보는 현실을 돌아보게 한다. └ 농민 총궐기 대회에 경운기를 끌고 참가했다 사고로 죽음.
- 농사를 짓기 위해 농기계를 사느라 빚을 지고 힘겹게 살아가는 농민들의 실상을 그리고 있다.

---

087 칼의 노래 | 김훈

| 짧은 감상 | 이 작품은 전란과 복잡한 국내 정세 속에서 갈등하고 고뇌하는 인간 이순신의 모습과 그의 내면을 1인칭 시점과 군더더기 없는 간결한 문체로 그리고 있다.

● 핵심 정리

갈래	장편 소설, 역사 소설	성격	역사적, 사실적, 독백적
배경	① 시간 – 16세기 말 임진왜란 ② 공간 – 서울, 남해안 일대		
주제	이순신 장군의 인간적 고뇌와 갈등		
특징	① 역사적 사실에 작가의 상상력을 덧붙여 내용을 전개함. ② 국가적 위기 상황 속에서 고뇌하고 갈등하는 이순신 장군의 내면이 잘 드러남. ③ 간결하면서도 힘 있는 문체로 서술함.		

● 이것만은 꼭!

1 '통증'의 의미

어깨 통증	허리, 무릎 통증
사천 전투에서 적탄에 맞음. → 적탄을 발라냄.	의금부에서 심문의 고초를 겪음. → 풀려남.

몸속에 남아 지속적으로 '나'를 괴롭힘.

2 '적'의 이중적 의미

적
- 일본군
  - 전쟁에서 '나'가 대적해야 할 대상
  - 임금이 '나'를 살려 주게 된 계기로 작용함.
- 임금
  - '나'를 죽여 왕위를 보전하려 함.
  - '나'를 살려 주어 일본군과 대적하게 함.

088 한데서 울다 | 공선옥

| 짧은 감상 | 이 작품은 자본주의와 문명을 상징하는 도시로부터 벗어나고자 하는 인물을 통해 자유로운 삶에 대한 욕망을 그리고 있다.

● 핵심 정리

갈래	단편 소설	성격	사실적, 상징적
배경	① 시간 – 현대 ② 공간 – 도시의 아파트와 시골집		
주제	삶의 가치가 다른 현대인의 갈등과 폭력적 도시에 대한 대응 의지		
특징	① 도시와 시골 등 서로 대비되는 소재를 통해 주제를 드러냄. ② 역순행적 구성 방식을 취함.		

● 이것만은 꼭!

1 낯선 남자로 인한 정희의 심리 변화

불쾌감	불안감
낯선 남자가 갑자기 다가와 알은체하며 악수를 청하는 무례함에 불쾌감을 느낌.	놀란 마음이 가라앉자 도시의 폭력성에 불안감을 느낌.

2 대조적 공간의 제시

'집도 아닌 집'	진정한 의미의 '집'
• 도시의 새 아파트 • 사육장과 같은 곳 • 소음으로 가득 찬 곳 • 정체를 알 수 없는 불안감을 주는 곳	• 추억거리를 만들어 주는 마당이 있는 곳 • 마음을 평안하고 풍요롭게 하는 곳 • 돈이 아닌 마음에 의해서 선택한 곳 • 육신이 몸담은 가장 정신적인 곳

089 황진이 | 홍석중

| 짧은 감상 | 이 작품은 황진이의 삶을 새로운 시각으로 그린 북한 소설로, 가공인물인 황 진사 댁 하인 출신 '놈이'와 기생 '황진이'의 비극적인 사랑을 그린 작품이다.

● 핵심 정리

갈래	장편 소설, 북한 소설, 역사 소설	성격	비극적, 일대기적, 묘사적
배경	① 시간 – 조선 시대 ② 공간 – 송도(개경)		
주제	① 황진이의 파란만장한 삶과 비극적인 사랑 ② 조선 시대 지배 계층의 위선적 허위의식 비판		
특징	① 서술자의 논평이 드러남. ② 우리 고유의 풍습이 잘 드러남. ③ 표준어에 비해 고유어, 북한 방언 등이 많이 사용됨. ④ 당대 민중의 언어와 양반들의 언어를 사용하여 현실감을 줌.		

● 이것만은 꼭!

황진이가 기생이 되기까지의 과정

출생의 비밀	황 진사와 부인 윤 씨의 계집종 현금과의 사이에서 태어남.
파혼	놈이에 의해 출생의 비밀이 밝혀지면서 파혼을 하게 됨.
또복이의 죽음	자신을 짝사랑하던 총각 또복이의 죽음으로 충격을 받음.
기생이 됨.	또복이에게 자신의 상징적 정조를 바친 황진이는 양반에 대한 반감과 더불어 기생이 되겠다고 결심함.

090 종탑 아래에서 | 윤흥길

| 짧은 감상 | 전쟁의 충격으로 눈이 멀게 된 소녀와 그 소녀의 처지를 마음 아파하는 소년의 이야기를 담고 있는 소설이다.

● 핵심 정리

갈래	단편 소설, 액자 소설	성격	사실적, 상징적, 회상적
배경	① 시간 – 6·25 전쟁 당시 ② 공간 – 전라도 익산		
주제	사랑과 연민을 통해 극복하는 전쟁의 상처		
특징	① 전쟁에서 비롯된 문제 상황과 그에 대한 해결 방안을 제시함. ② '우화'를 삽입하여 작중 인물의 상황과 주제를 부각함. ③ 구체적인 지명과 사투리를 사용하여 사실감을 높임.		

● 이것만은 꼭!

1 '종소리'의 의미

종소리	• 부모의 죽음을 목격한 명은이의 울음소리를 뜻함. • 명은이의 여리고 순수한 소원을 의미함. • 구원의 희망을 상징함. • 전쟁의 비극을 세상에 전하며 평화를 바라는 소리임.

2 〈종탑 아래에서〉의 주제

전쟁으로 인해 눈뜬장님이 된 명은	→	전쟁의 참혹함과 폭력성 고발
명은이가 종을 쳐서 소원을 빌 수 있도록 도와주는 '나'	→	인간에 대한 사랑으로 전쟁의 상처 치유

현대 소설

091 세상에 단 한 권뿐인 시집 | 박상률

| **짧은 감상** | 첫사랑의 순수하고 애틋한 감정을 보여 주는 소설로, 글을 씀으로써 첫사랑의 상처를 극복하는 모습이 잘 드러나 있다.

◉ 핵심 정리

갈래	단편 소설, 성장 소설	성격	자전적, 회고적, 낭만적
배경	① 시간 – 현대 ② 공간 – 어느 도시, 바닷가 고향 마을		
주제	애틋하고 순수한 첫사랑의 기억		
특징	① 현재 시점에서 과거를 회상하고 다시 현재로 돌아오는 역순행적 구성을 취함. ② 눈 내리는 날을 배경으로 첫사랑의 낭만성을 부각시킴.		

◉ 이것만은 꼭!

1 **'시집'의 의미** | 이 글에서 '시집'은 성인이 된 '나'가 과거의 '나'와 현아를 추억하게 하는 매개물이다. 서술자인 '나'는 시집을 통해 과거를 회상하며, 과거를 회상할 때나 현재의 이야기를 풀어 낼 때 모두 시집을 중심으로 주요 이야기를 진행한다.

2 **'세상에 단 한 권뿐인 시집'을 중심으로 한 사건 전개 양상**

과거		현재
• 첫사랑의 설렘과 좌절을 경험함. • 문학을 외면하고 사회생활을 시작함.	세상에 단 한 권뿐인 시집	• 시가 아닌 소설로 문학을 다시 시작함. • 현아를 만나 사건의 진상을 알게 됨.

---

092 코끼리 | 김재영

| **짧은 감상** | 네팔 출신 외국인 노동자와 조선족 여자 사이에서 태어난 초등학생 서술자의 시각으로 외국인 노동자들의 꿈과 절망을 그려 낸 소설이다. 이주민 노동자들의 현실과 그들을 대하는 우리의 태도를 사실적으로 표현하고 있다.

◉ 핵심 정리

갈래	단편 소설	성격	사실적, 현실 비판적
배경	① 시간 – 1990년대 ② 공간 – 일산구 식사동 가구 공단		
주제	외국인 노동자들의 꿈을 좌절시키는 편견과 차별		
특징	① 어린 서술자를 통해 이주 노동자들의 힘겨운 삶을 더욱 부각함. ② 우리 사회의 부정적 단면을 제시하여 반성하도록 함.		

◉ 이것만은 꼭!

1 **'코끼리'의 의미** | '나'는 힌두교 신화 속 코끼리가 천상의 삶에서 지상의 삶으로 격이 낮아진 것을 아버지의 삶과 연관시켜 생각하고 있다.

'코끼리'의 상징적 의미		아버지를 코끼리처럼 여긴 이유
코끼리는 인드라를 태우는 구름이었지만 격이 낮아져 우주를 떠받치는 기둥이 됨.	→	아버지는 네팔에서 꿈이 있는 청년이었으나 한국에서는 하층민의 삶을 살며 한국 사회를 떠받치게 되었음.

2 **〈코끼리〉의 서술자의 특징 및 효과**

서술자	효과
13살의 어린아이	이주 노동자들에 대한 한국 사회의 심한 편견과 차별이 그들의 자식에게도 대물림된다는 사실을 보여 주어 다문화 시대 속 우리 사회의 문제점을 그대로 드러냄.

---

093 남한산성 | 김훈

| **짧은 감상** | 병자호란이라는 역사적 사건을 바탕으로 창작된 작품으로, 남한산성에 고립된 채 '과연 무엇이 살 길인가'를 놓고 임금과 대신, 백성들이 각자의 입장에서 46일 동안 펼친 각양각색의 주장과 대처 방식이 드러나 있다.

◉ 핵심 정리

갈래	장편 소설, 역사 소설	성격	역사적, 비판적
배경	① 시간 – 17세기 병자호란 ② 공간 – 남한산성		
주제	병자호란 당시 남한산성에서 벌어진 주화파와 주전파의 의견 대립과 조국의 참혹한 운명		
특징	① 역사적 사실에 작가의 상상력을 덧붙임. ② 나라가 처한 위기 속에서 고뇌하는 인조의 내면이 잘 드러남. ③ 간결하면서도 힘 있는 문체로 서술함. ④ 상황에 대한 묘사와 인물들 간의 대화가 주를 이룸.		

◉ 이것만은 꼭!

〈남한산성〉의 갈등 구조 | 이 작품은 특징적으로 부각되는 중심 사건 없이 남한산성에서 고립된 상황을 겪는 인물들의 내면에 초점을 두고 있다.

표면적 갈등		실질적 갈등
청나라 ↔ 조선	—	• 주전파와 주화파 간의 갈등 • 인조의 내적 갈등

---

094 도도한 생활 | 김애란

| **짧은 감상** | 이 작품은 2000년대를 살아가는 청년들의 궁핍하고 고단한 삶을 감각적이고 구체적으로 형상화한 소설이다.

◉ 핵심 정리

갈래	단편 소설	성격	고백적, 감각적, 사실적
배경	① 시간 – 2000년대 ② 공간 – 서울 반지하방		
주제	청년들의 고단하고 궁핍한 삶		
특징	① 개인적인 공간과 사물에 주목하여 주제를 형상화함. ② 개인의 일상적인 삶을 그리며 그에 내재된 사회 문제를 드러냄. ③ 참신하고 감각적인 표현을 사용함.		

◉ 이것만은 꼭!

'피아노'의 의미

피아노	• 엄마가 만두 가게를 하며 마련해 줌. • 엄마는 '나'가 피아노 치는 모습을 좋아함. • 집이 망했을 때도 엄마의 반대로 팔지 않고 서울 반지하방 언니의 집으로 이사를 할 때 가지고 옴. • 폭우로 집에 물이 찼을 때 물에 젖지 않도록 노력하지만, 피아노가 물에 잠겨 가자 피아노를 연주함.

'나'의 도도한 생활을 지키는 보루

095 명랑한 밤길 | 공선옥

| 짧은 감상 | 세련되어 보이는 도시 남자에게 버림받는 가난한 농촌 여성의 이야기와 임금도 받지 못한 채 고향을 그리워하는 외국인 노동자의 삶을 사실적으로 표현한 소설로, 다문화 시대를 살아가는 사람들에 대한 따뜻한 시선이 인상적이다.

● 핵심 정리

갈래	단편 소설, 세태 소설, 다문화 소설	성격	사실적, 비판적
배경	① 시간 – 2000년대 ② 공간 – 어느 면 소재지		
주제	소외된 사람들의 현실에 대한 연민과 건강한 극복 의지에 대한 가능성		
특징	① 시간 순서에 따라 사건이 전개됨. ② 날씨의 상태를 통해 인물의 심리를 간접적으로 드러냄. ③ 서술자의 설명보다는 인물들의 말과 행동을 통해 성격을 드러냄.		

● 이것만은 꼭!

1 〈명랑한 밤길〉의 구성

'나'의 이야기	외국인 노동자들의 이야기
· 치매에 걸린 어머니 · 좋지 않은 가정 환경 · 도시 남자에게 버림받음.	· 가난한 가족들의 삶 · 임금을 받지 못함. · 고향에 돌아갈 수 없음.

⬇

힘겨운 삶을 '명랑하게' 견뎌 내는 사람들의 모습

2 '나'와 외국인 노동자 사이의 동질감 | '나'는 처음에는 외국인 노동자들에게 두려움을 느끼다가 그들의 상처를 확인하고 나서는 그들에게서 동질감을 느낀다. 이 작품은 사회적 소수자들의 삶에서 의미를 찾고, 미약하나마 그들의 삶에 희망이 있음을 나타내고 있다.

096 두근두근 내 인생 | 김애란

| 짧은 감상 | 이 작품은 비정상적으로 노화가 빨리 진행되는 '조로증'을 앓고 있는 아름이의 시선으로 바라본 세상과, 온전한 삶에 대한 소망을 그리고 있는 소설이다.

● 핵심 정리

갈래	장편 소설, 성장 소설	성격	일상적, 성찰적
배경	① 시간 – 현대 ② 공간 – 병원과 집		
주제	조로증을 앓는 소년의 삶과 가족 간의 사랑		
특징	① 다소 어둡고 슬플 수 있는 소재를 작가 특유의 생기발랄한 문장으로 표현함. ② 1인칭 서술자인 '나'가 자신의 상황과 정서를 구체적이고 세밀하게 잘 드러내고 있음.		

● 이것만은 꼭!

1 제목 '두근두근 내 인생'의 의미

제목 '두근두근 내 인생'	'나'가 태어나서 열일곱 살이 될 때까지 느낀 삶에 대한 기쁨과 기대, 설렘을 의미함.
	조로증이라는 불치병으로 인해 시한부 인생을 살아가는 '나'의 불안함

2 〈두근두근 내 인생〉의 주제

조로증에 걸린 '나'와 '나'를 키우는 대수, 미라의 이야기	➡	· 부모와 자식 간의 사랑 · 가족의 소중함
메일을 통해 마음을 열어 갔던 '나'와 서하의 이야기	➡	· 불치병에 걸린 '나'의 삶에 대한 소망 · '나'가 찾고자 했던 삶의 의미

097 소년을 위로해 줘 | 은희경

| 짧은 감상 | 이 작품은 기존의 통념에 따르는 삶의 모습에 의문을 제기하는 인물들을 통해, 각자의 정체성과 고유성에 어울리는 진정한 행복의 의미는 무엇일지 생각하게 하는 소설이다.

● 핵심 정리

갈래	장편 소설, 성장 소설, 인터넷 연재소설	성격	독백적, 비판적, 성찰적
배경	① 시간 – 2000년대 ② 공간 – 도시		
주제	타인(세상)과 다른, 진정한 자아 정체성을 찾아가는 청소년들의 성장 과정		
특징	① 인터넷으로 작품에 수록된 음악을 들으면서 소설을 읽는 방식을 도입하는 등 대중음악을 문학의 소재로 활용함. ② 인터넷 연재 방식으로 창작되어 작가와 독자의 상호 소통 과정을 거침.		

● 이것만은 꼭!

서로 같은 곳을 바라보는 '나'와 채영

'나'	····	그림자	➡	그린핀(날개)
채영	····	흙탕물 웅덩이의 미운 오리	➡	호수 속 백조

자신이 주체가 되지 못하는 현실에서 벗어나 진정한 자신이 될 수 있는 세계로 나아가고자 함.

098 처삼촌 묘 벌초하기 | 성석제

| 짧은 감상 | 우리 주변에서 일어나는 소소한 일상을 재미있게 그린 작품으로, 처가에 의지하여 살아가는 삶의 힘겨움을 속담과 관련된 일화를 바탕으로 형상화하고 있다.

● 핵심 정리

갈래	콩트	성격	해학적, 희극적
배경	① 시간 – 처서와 추석 사이(가을) ② 공간 – 농촌		
주제	처가의 선산 벌초를 둘러싼 주인공의 심리 변화		
특징	① 일상생활에서 체험할 수 있는 일화를 압축적으로 제시함. ② 속담을 활용하여 주제 의식을 드러냄. ③ 사건의 반전을 통해 극적 재미를 부여함.		

● 이것만은 꼭!

사건 전개에 따른 동순의 심리 변화

사건 전개		동순의 심리
손위 처남의 전화	➡	큰소리를 쳤지만 한숨만 내쉼.
벌초하기	➡	무더위를 뚫고, 안전사고에 대한 불안감을 이기며 어렵게 일을 마치고 난 후 성취감을 느낌.
손위 처남의 전화	➡	애쓴 보람도 없이 허탈감에 빠짐.

099 스노우맨 | 서유미

| 짧은 감상 | 이 작품은 비현실적인 상황과 기발한 상상력을 동원하여 맹목적인 목표를 위해 반복적인 노동을 하며 살아가는 현대인들의 고단한 삶을 그리고 있다.

● 핵심 정리

갈래	단편 소설, 사회 소설, 디스토피아 소설	성격	사회 고발적, 비판적, 우의적
배경	① 시간 – 눈이 많이 내린 새해 첫날 ② 공간 – 대도시의 거리		
주제	경쟁 사회 속에서 단순화된 노동과 압력에 시달리는 인간의 모습		
특징	① 비현실적인 이야기를 통해서 현실의 문제를 생각하게 함. ② 상징적인 소재를 사용하여 현대인이 겪는 삶의 모순과 무게를 드러냄. ③ 이름을 사용하지 않고 일반적인 호칭을 사용하여 비인간적인 현대 사회의 모습을 드러냄.		

● 이것만은 꼭!

1 주인공의 호칭이 '남자'인 이유 | 이 작품에서 주인공은 이름도 없이 '남자'라는 보통 명사로 불린다. 이러한 호칭으로 주인공의 삶은 어느 한 개인의 삶이 아니라 보편적인 사람들의 삶의 모습으로 확대된다. 이 남자의 무비판적인 행동과 비극적인 결말이 결국 현대를 살아가는 모든 사람들의 모습임을 드러내기 위한 문학적 장치라고 볼 수 있다.

2 제목 '스노우맨'의 의미 | 이 작품에서 눈사람은 폭설이 내린 가운데 웃고 있는 모습으로 묘사되고 있다. 눈이 재앙이 된 현실과 어울리지 않게 웃고 있는 눈사람의 모습은 결국 현실의 고통을 외면하고 살아가는 남자의 모습과 일치한다. 이는 결국 극심한 경쟁 사회 속에서 기계적인 노동을 하며 무비판적으로 살아가는 현대인의 모습과도 맞닿아 있다.

100 입동 | 김애란

| 짧은 감상 | 이 작품은 어린 아들을 잃은 부부가 겪는 고통과 슬픔을 담담하게 그리고 있는 소설로, 타인의 불행을 대하는 우리의 태도와 소통 방식에 대해 고민하게 한다.

● 핵심 정리

갈래	단편 소설, 가정 소설	성격	사실적, 현실 비판적
배경	① 시간 – 2010년대 ② 공간 – 도시의 아파트 단지		
주제	① 자식을 잃은 부모의 상실감과 슬픔 ② 타인에 대한 공감과 이해의 어려움		
특징	① 타인의 아픔에 진정으로 공감하지 못하는 현대인의 일면을 상징적 사건으로 드러냄. ② 간결한 서술로 인물과 시간을 제시함. ③ '집'이라는 공간을 중심으로 아이를 잃기 전과 후의 생활을 대비시킴. ④ 역순행적 구성을 통해 사건 진행의 긴장감을 극대화함.		

● 이것만은 꼭!

1 제목 '입동'의 상징적 의미

2 '꽃무늬'가 상징하는 의미

101 뿌리 이야기 | 김숨

| 짧은 감상 | 이 작품은 '뿌리'라는 익숙한 소재에 상상력과 감수성을 가미하여 제자리를 잃는 공포와 고통, 존재의 이유와 의미에 대한 성찰을 보여 주고 있다.

● 핵심 정리

갈래	중편 소설	성격	성찰적, 고백적, 반성적, 실존주의적
배경	① 시간 – 2010년대 ② 공간 – 서울		
주제	뿌리를 통해 깨닫는 인간의 고통과 불안		
특징	① 여러 뿌리의 모습을 통해 현대 사회를 살아가는 인간의 다양한 고통을 형상화함. ② 구체적 지명을 사용하여 사실감을 높임.		

● 이것만은 꼭!

'나'의 태도 변화를 통해 드러나는 공감과 공존의 희망

'그'에 대한 태도	고모할머니에 대한 태도
뿌리를 재료로 하는 이유를 이해하지 못함.	고모할머니의 존재와 손을 거북하게 생각함.

⬇ ⬇

'그'의 아픔과 고민, '그'가 뿌리로 작업하는 의미를 이해하고 뿌리 너머에 있는 '그'에게 다가감.	• 고모할머니의 이름을 부르고, 일본군 위안부에 대해 알아봄. • 고모할머니의 아픔을 이해하고 자신과의 연결을 인식함.

⬇ ⬇

타인의 고통과 슬픔에 공감함으로써 타인과 공존할 수 있음.

102 투명 인간 | 성석제

| 짧은 감상 | 이 작품은 외모나 능력 모두 변변찮고 존재감 또한 없는 김만수라는 주인공을 통해 격동의 현대사를 살아왔던 사회적 약자의 삶을 조명하고 있다.

● 핵심 정리

갈래	장편 소설	성격	현실 비판적, 해학적, 풍자적
배경	① 시간 – 1970년대 초반 4월 초 ② 공간 – 문희읍		
주제	어려운 현실에서 순박함을 잃지 않고 살아가는 만수와 '나'의 깨달음		
특징	① 구체적인 지명과 사회적, 역사적 사건을 배경으로 제시하여 사실감을 높임. ② 예상치 못한 인물의 행동과 태도를 통해 해학성을 드러냄.		

● 이것만은 꼭!

'나'의 태도 변화

전근 초	교육자로서 아이들을 제대로 가르쳐 보겠다고 생각함.

⬇

혼분식 운동 참여율 저조	다른 반에게 뒤처지는 게 싫어 가난한 아이들도 도시락을 싸 오라며 몽둥이로 때림.

⬇

달걀을 받음.	자신의 욕심으로 아이들을 지나치게 다그친 것을 반성함.

⬇

사회적 강압이 개인의 신념을 어떻게 바꾸어 가는지를 보여 줌.

103 세상에 없는 나의 집 | 금희

| 짧은 감상 | 이 작품은 중국 땅에서 중국인도, 한국인도 아닌 경계인으로 살아가면서 자신의 정체성을 찾기 위해 노력하는 조선족의 삶을 자전적으로 그린 소설이다.

● 핵심 정리

갈래	단편 소설	성격	사실적, 성찰적, 회상적
배경	① 시간 – 현재 ② 공간 – 중국 연변		
주제	조선족 여인의 정체성에 대한 고민과 해결 과정		
특징	① '집'이라는 상징적인 소재를 통해 자신의 정체성을 고민하고 있는 주인공의 심리를 드러냄. ② 조선족 작가가 쓴 한국어 소설로 한국 소설의 다양화에 기여함.		

● 이것만은 꼭!

1 자신의 정체성에 대한 '나'의 고민

'나'와 연주	분화의 위기에 놓인 두 마리의 도롱뇽	➡	같은 민족의 뿌리를 지니고 있지만 국적이 다르기 때문에 현실 인식 방식이 다름.
'나'와 닝	한 배경 속에서 살고 있는 오리와 닭	➡	같은 국적이기에 현실을 인식하는 방식은 비슷하지만 세밀한 부분에서는 차이가 있음.

2 등장인물의 정체성에 대한 고민

연주	유학으로 중국에 왔지만 아이를 낳고 학업을 그만두면서 중국에 계속 있어야 하는지에 대해 고민함.
닝	부모님 주선으로 도서관 실무자로 일하면서 자신이 진심으로 원하는 것이 무엇인지에 대해 고민함.
'나'	조선족으로서 한국인과 중국인 사이에서 오는 정체성에 대한 혼란으로 고민함.

수필·극

I. 수필 문학

본책 22쪽

001 이제야 참 조선인이 되었다 | 이봉창

| 짧은 감상 | 일제 강점기 때 글쓴이가 일왕을 암살하기 위해 폭탄을 던진 거사가 실패한 뒤 구속된 상태에서 거사를 일으키기까지의 과정을 상세하게 기록하여 일본 예심 판사에게 제출한 수기이다.

◉ 핵심 정리

갈래	수기	성격	사실적, 고백적, 감정적
제재	이봉창의 삶		
주제	조선인 이봉창이 겪은 차별과 거사의 배경		
특징	① 자신의 처지와 심정을 솔직하게 고백함. ② 일제 강점기 당시의 시대상과 조선인의 현실 인식이 드러남.		

◉ 이것만은 꼭!

이봉창의 주요 행적

시기 및 장소	주요 행적 및 심리
1928년 교토	• 일왕 즉위식을 보러 교토에 감. • 별다른 문제가 없는데도 조선인이라는 이유로 유치장에 갇힘. • 자신이 신일본인이 되었다고 생각하였지만, 조선인이라는 이유로 차별을 받는 현실에 괴로워함.
1929년 오사카	• 일본인 행세를 하며 비누 도매상에서 일함. • 조선 사람을 무시하는 일본인 주인의 행태를 보고도 입을 다물 수밖에 없어 서글퍼함. • 일본인으로 속이고 산 것을 후회함.
1930년 이후 상하이	• 조선인으로서 생활할 각오를 하고 상하이로 건너감. • 임시 정부의 백정선을 만나 독립 정신에 빠져들어 거사를 하게 됨.

본책 24쪽

002 산촌 여정 | 이상

| 짧은 감상 | 도시에서의 삶에 익숙한 글쓴이가 산촌에 머물면서 체험한 것들과 그에 대한 감상을 도시적 감수성을 바탕으로 서술하고 있는 수필이다.

◉ 핵심 정리

갈래	경수필	성격	감상적, 감각적, 체험적
제재	산촌에서의 생활		
주제	산촌의 정경과 그에 대한 도시인의 정서		
특징	① 서간체 수필의 형식으로 구성함. ② 이국적인 단어와 근대적이고 도회적인 이미지로 산촌의 생활을 묘사함.		

◉ 이것만은 꼭!

글쓴이의 도회적 감각 | 도회지 사람인 글쓴이는 산촌에서 생활하면서 산촌의 풍경을 도시적인 시선과 감각으로 바라보고 표현하고 있다. 이러한 근대적이고 이국적 이미지, 지적인 경향, 감각적 표현 등은 모더니즘 문학의 대표적인 특징으로 꼽을 수 있다.

노루, 멧돼지, 곰	비유	동물원에서 산에다 내어놓아 준 동물
석유 등잔 냄새		도회지의 석간과 같은 그윽한 냄새
베짱이 울음소리		여차장이 차표 찍는 소리, 이발소 가위 소리

본책 26쪽

003 권태 | 이상

| 짧은 감상 | 특별한 일이나 삶의 목표 없이 권태롭게 흘러가는 농촌 생활에 대한 답답한 심리를 드러내고 있는 수필이다.

◉ 핵심 정리

갈래	경수필	성격	지적, 초현실주의적
제재	여름날 벽촌에서의 생활		
주제	단조로운 일상생활의 연속에서 느끼는 권태		
특징	① 자연이나 대상을 통해 글쓴이의 내면세계를 보여 줌. ② 주관적이고 개성적인 관점에서 대상을 바라봄.		

◉ 이것만은 꼭!

글쓴이의 일상과 그에 따른 정서

• 굴곡이 없는 산과 어디에나 있는 초록색의 벌판 • 똑같은 모습의 농가 풍경	⟶	환경의 단조로움

⬇

삶의 목표와 적극적 가치 의식이 없는 생활

⬇

권태의 근본적인 원인으로, 글쓴이의 방황과 고민의 이유가 됨.

수능에는 이렇게

[수능] • 비유를 활용하여 대상의 속성과 관련된 상념을 표현하고 있다.

본책 28쪽

004 여백을 위한 잡담 | 박태원

| 짧은 감상 | 자신의 남다른 머리 모양을 좋지 않게 바라보는 사람들에게 그러한 머리 모양을 할 수밖에 없는 사연과 머리 모양에 대한 현재 자신의 입장을 밝히고 있는 수필이다.

◉ 핵심 정리

갈래	경수필	성격	개성적, 경험적
제재	남다른 머리 모양		
주제	자신의 머리 모양에 대한 주변 사람들의 반응과 그에 대한 석명		
특징	① 제재와 관련한 자신의 경험을 가감 없이 드러냄. ② 일상에서 경험한 사건을 바탕으로 삶의 태도에 대해 이야기함.		

◉ 이것만은 꼭!

이 글을 쓴 의도와 이 글을 통해 전달하고자 하는 바

이 글을 쓴 의도		이 글을 통해 전달하고자 하는 바
자신의 작품은 좋아하지만 머리 모양에는 배타적인 태도를 보이는 사람들에게 지금의 머리 모양을 하게 된 까닭을 설명하기 위해서	⟶	• 자신의 머리 모양은 일부러 그렇게 한 것도 아니고, 머리가 억세게 타고나서 어쩔 도리가 없음. • 별다른 방법이 생기기 전까지 얼마 동안은 이대로 지낼 수밖에 없으므로 이대로 인정해 주었으면 함.

005 바다 | 이태준

| 짧은 감상 | 바다에 대한 상상, 바다라는 단어가 주는 어감 등을 바탕으로 하여 바다의 웅장함과 역동성이 주는 감동을 진솔하고 담백한 문장으로 표현한 수필이다.

● 핵심 정리

갈래	경수필	성격	체험적, 비유적, 묘사적
제재	바다		
주제	바다의 웅장함과 역동성이 주는 감동		
특징	① 가정을 통한 상상, 단어가 주는 어감 등 다양한 측면에서 대상에 대한 주관적 감정을 드러냄. ② 활유법, 은유법 등 비유적 표현을 활용하여 대상을 묘사함.		

● 이것만은 꼭!

〈바다〉에 나타난 글쓴이의 개성적 인식

가정을 통한 상상	• 바다를 한 번도 보지 못했다면 '바다'라는 말을 들었을 때 바다가 어떠한 모습과 느낌으로 다가올지 상상해 봄. • 사람이 어족이었다면 '지구(地球)'가 아니라 '수구(水球)'였을 것이며, 육지는 무인절도였을 것이라고 상상해 봄.
단어가 주는 느낌 분석	우리말 '바다'는 경탄음을 사용하여 바다 전체뿐 아니라 바다를 덮은 하늘까지도 총칭하는 말같이 크고 둥글고 넓게 울리는 소리라고 생각함.

006 파초 | 이태준

| 짧은 감상 | 파초를 좋아하는 글쓴이가 이웃집의 커다란 파초를 사 와서 겪은 일과 그것에 대한 감상을 서술하고 있는 수필이다.

● 핵심 정리

갈래	경수필	성격	체험적, 서정적, 논쟁적
제재	파초		
주제	파초에 대한 애정과 가치관		
특징	① 두 개의 이야기가 공통된 소재로 연결됨. ② 파초를 통해 글쓴이의 정서와 가치관을 표현함.		

● 이것만은 꼭!

파초를 통해 드러나는 글쓴이의 인품

성실한 애정	멋	가치관
• 소 선지 • 생선 씻은 물 • 깻묵물	• 싱그러운 그늘 • 은은한 빗방울 소리	• 사람에 대한 정직함 • 물욕에 대한 무심함 • 사물에 대한 도리

수능에는 이렇게

[수능] • 글쓴이가 '앞집 사람'의 제안을 거절하는 이유는 글쓴이가 파초를 통해 얻는 경제적 이득보다 파초 자체를 감상하는 데 더 큰 가치를 부여하고 있기 때문이다.
• 글쓴이는 파초를 자신과 함께 살아가는 존재로 여김으로써 자연물과의 교감을 드러내고 있다.
• 파초가 비 맞는 장면에 대한 감각적 서술은 자연물에 대한 '나'의 심미적 감상의 태도를 보여 준다.

007 게 | 김용준

| 짧은 감상 | 화가이자 문인인 글쓴이가 친구들에게 자주 그려 보내는 작품의 화제인 '게'에 대해 독특한 관점에서 자신의 생각을 표현하고 있는 수필이다.

● 핵심 정리

갈래	경수필	성격	풍자적, 현학적
제재	게		
주제	게의 생태를 통한 인간의 삶 풍자		
특징	① 한시를 통해 독특한 관점을 드러냄. ② 게의 속성을 통해 인간의 속성을 풍자함. ③ 자신의 예술관에 대해 서술함.		

● 이것만은 꼭!

소재 '게'의 속성에 대한 글쓴이의 인식 | 글쓴이는 '게'를 '무장공자'와 '해공'으로 비유하여 게의 속성을 제시하고 이를 바탕으로 하여 인간의 삶에 대해 성찰적 인식을 드러내고 있다.

무장공자 (無腸公子)	단장의 비애를 모르는 놈	→	세상일에 무감각한 글쓴이와 우리 민족의 모습을 성찰함.
해공(蟹公)	욕심 때문에 어부지리를 당하는 미련하고 어리석은 존재	→	어리석고 싸우기 좋아하는 사람들의 모습을 풍자함.

수능에는 이렇게

[수능] • 제재에 대한 글쓴이의 평가를 드러내고 있다.
• 동물에 빗대어 인간의 행동을 풍자하고 있다.
• 앞부분과 다른 이름을 써서 제재의 또 다른 속성을 드러내고 있다.
　　　　　　무장공자

008 무궁화 | 이양하

| 짧은 감상 | 무궁화에 대한 애정 어린 관찰을 바탕으로 하여 국화(國花)로서의 무궁화의 덕목을 상세히 밝히고 이를 설득력 있게 예찬한 수필이다.

● 핵심 정리

갈래	경수필	성격	사색적, 체험적, 논리적
제재	무궁화		
주제	국화(國花)로서의 자격이 충분한 무궁화		
특징	대상에 대한 관찰을 바탕으로 논리적인 의견을 진술함.		

● 이것만은 꼭!

'무궁화'에 대한 글쓴이의 인식 변화 | 글쓴이는 처음 무궁화를 보고 그 모습에 실망했지만 점차 무궁화가 보여 주는 은근과 끈기의 미덕이 우리 민족성과 일치하고 있음을 깨닫고, 결국 무궁화를 예찬하고 있다.

부정적	• 무궁화의 평범하고 초라한 모습에 환멸과 실망을 느낌. • 무궁화가 국화로 지정된 것에 회의를 품음.
↓	
중립적	무궁화는 국화로 대접하기에 부끄러운 꽃이 아니라고 생각함.
↓	
긍정적	• 선인들이 무궁화를 소중히 여긴 이유와 무궁화의 독특한 미덕을 이해함. • 여러 가지 미덕과 생명력을 지닌 아름다운 꽃임을 예찬함.

수필·극　**115**

본책 38쪽

009 측상락 | 윤오영

| **짧은 감상** | 화장실에서 용변을 보는 지극히 일상적인 행위를 독창적인 시선으로 바라봄으로써 화장실에 대한 새로운 인식과 의미를 부여하고 있는 수필이다.

● 핵심 정리

갈래	경수필	성격	독창적, 사색적
제재	화장실에서 용변 보는 행위		
주제	현대인들이 세상과 절연되어 유유 한적하게 자유를 만끽할 수 있는 공간으로서의 화장실		
특징	① 화장실에서 용변 보는 행위를 독창적 시선으로 포착하여 새로운 의미를 부여함. ② 특유의 관찰력으로 평범한 일상에서 현대 문명의 특성을 읽어 내는 한편 재치 있는 표현을 통해 웃음을 유발함.		

● 이것만은 꼭!

'화장실'에 대한 새로운 인식

화장실에 대한 보편적 인식	좁은 공간, 세상과 절연된 공간

⬇ ← 글쓴이의 독창적인 시선

화장실에 대한 새로운 인식	• 인간의 근원적인 모습으로 돌아갈 수 있는 공간 • 인간의 주체성을 회복할 수 있는 공간 • 자유 해탈의 공간

본책 40쪽

010 은전 한 닢 | 피천득

| **짧은 감상** | 갖은 노력 끝에 은전 한 닢을 얻고 기뻐하는 늙은 거지의 모습을 담담하고 객관적인 시선에서 서술한 수필이다.

● 핵심 정리

갈래	경수필	성격	서사적, 콩트적, 체험적, 회상적
제재	은전 한 닢		
주제	① 소망을 이루려는 노력과 그 성취의 기쁨 ② 인간의 맹목적인 소유욕과 집착에 대한 연민		
특징	① 대화 형식을 사용하며 콩트식 구성을 취함. ② 간결한 문체와 속도감 있는 전개로 사건이 구성됨. ③ 글쓴이의 논평이나 설명 없이 글을 마무리하여 깊은 여운을 줌.		

● 이것만은 꼭!

〈은전 한 닢〉의 주제 | 이 글은 글쓴이의 설명이나 소감 없이 '이 돈 한 개가 갖고 싶었습니다.'라는 거지의 대답만을 제시하며 마무리하여 다양한 해석을 낳게 한다. 이 글에서는 이러한 결말 처리를 통해 주제를 함축적으로 보여 주고 있다.

"이 돈 한 개가 갖고 싶었습니다."

갖은 노력 끝에 '은전 한 닢'을 얻고 감격의 눈물을 흘리는 거지의 모습	맹목적으로 '은전 한 닢'을 소유하기 위해 애쓰는 거지의 모습
⬇	⬇
주제 ①	**주제 ②**
소망을 이루려는 노력과 그 성취의 기쁨	인간의 소유욕과 집착에 대한 연민

수능에는 이렇게

[수능] • 전체적으로 대상의 속성을 드러내는 데 중점을 두고 있다.
• 구체적인 장면을 통해 대상의 한 면모를 생생하게 그려 내고 있다.

본책 42쪽

011 뒤지가 진적 | 이희승

| **짧은 감상** | '조선어 학회 사건'으로 감옥살이를 하던 때에 겪었던 일을 다룬 수필로, 어려운 상황에서도 글을 읽고 싶어 하는 글쓴이와 동료들의 모습을 해학적으로 보여 주고 있다.

● 핵심 정리

갈래	경수필	성격	사실적, 해학적, 회고적
제재	일제 강점기의 감옥 생활		
주제	일제 강점기 감옥 현실의 폭로, 글을 읽고 싶은 욕구의 강함.		
특징	① 겪은 일을 사실적으로 그리고 있음. ② 일제 강점기 감옥의 현실을 잘 보여 주고 있음. ③ 글쓴이의 해학적 태도가 돋보임.		

● 이것만은 꼭!

1 제목 '뒤지가 진적'에 담긴 의미

 '뒤지'의 역할
• 글쓴이와 동료들에게 읽을거리를 제공해 줌.
• 지루한 수감 생활을 견디게 해 줌.
• 글쓴이와 동료들이 글을 읽고 싶어 하는 욕망을 충족해 줌.
→ '똥을 누고 밑을 씻어 내는 종이'인 뒤지가 감옥 안에서는 귀중하게 여겨짐.

⬇

 제목의 의미
읽을거리에 목마른 사람에게는 뒤지라 할지라도 글이 적혀 있으면 진귀한 책과 같이 가치 있다는 의미가 담겨 있음.

2 〈뒤지가 진적〉에 나타난 글쓴이의 경험과 깨달음

'뒤 자주 보기', '헛뒤 보기' 등	→	• 매우 고통스럽고 비참한 체험인데도 이를 회상하여 그리는 글쓴이의 태도는 해학적임. • 읽는 이로 하여금 웃음을 짓게 만듦.

본책 44쪽

012 산정무한 | 정비석

| **짧은 감상** | 금강산 기행 과정에서의 여정, 견문, 감상을 화려하고 섬세한 문체로 기록한 수필로, 서경과 서정이 적절하게 조화를 이루고 있다.

● 핵심 정리

갈래	경수필, 기행 수필	성격	낭만적, 회고적, 서정적, 서경적, 묘사적
제재	금강산의 아름다운 풍경		
주제	금강산 기행의 견문과 감상		
특징	① 주로 현재 시제로 문장을 진술함. ② 다양한 표현 기법과 화려한 문체를 구사함.		

● 이것만은 꼭!

〈산정무한〉에 나타난 문체

• 그림 같은 연화담 수렴폭을 ~ 시야는 일망무제로 탁 트인다. • 내·외·해 삼금강을 ~ 더 바랄 것이 무엇이랴.	• 우러러보는 단풍이 ~ 규수의 붉은 치마폭 같다고나 할까. • 설 자리를 삼가 ~ 무슨 수중 공주이던가!
많은 어구를 이용하여 문장을 길게 표현해 글의 호흡이 느림.(만연체)	문장이 화려하며, 비유와 수식을 많이 사용함.(화려체)

013 특급품 | 김소운

| 짧은 감상 | 우리 주변에서 흔히 볼 수 있는 바둑판을 소재로 하여 인생에서 한 번쯤 있을 수 있는 과실을 극복할 줄 알아야 함을 이야기하고 있는 수필이다.

● 핵심 정리

갈래	경수필		성격	유추적, 교훈적
제재	비자반			
주제	삶의 과실을 극복할 줄 아는 유연한 태도의 필요성			
특징	① 사실과 의견을 적절히 섞어서 서술함. ② 사물의 성질에서 인생의 교훈을 이끌어 냄.			

● 이것만은 꼭!

〈특급품〉에 나타난 유추

수능에는 이렇게

[수능] • 일상의 사물에서도 인생의 의미를 발견할 수 있다.
비자반   과실을 극복하는 유연한 태도

014 수필 | 피천득

| 짧은 감상 | 세련되고 함축적인 비유를 통해 수필의 성격, 재료, 형식 등 수필 문학에 대한 전반적인 이론을 문학적으로 표현하고 있는 수필이다.

● 핵심 정리

갈래	경수필	성격	비평적, 주관적, 비유적
제재	수필	주제	수필의 본질과 특성
특징	① 대상에 대한 비유가 독창적이고 기발함. ② 이미지를 통해 대상을 정서적으로 전달함. ③ 섬세하면서도 단정적인 문체를 사용함.		

● 이것만은 꼭!

〈수필〉에 나타난 비유적 표현

'수필'이 비유된 대상	의미
청자연적	수필은 고결하고 우아한 멋을 지님.
난, 학, 여인	수필은 그윽하며 아름다움이 있음.
숲속으로 난 평탄하고 고요한 길	수필은 여유와 관조, 사색의 글임.
(깨끗하고 사람이 적게 다니는 주택가에 있는) 가로수 늘어진 포도	수필은 일상생활의 체험을 바탕으로 함.
서른여섯 살 중년 고개를 넘어선 사람의 글	수필은 삶의 연륜이 느껴지는 글임.
(번쩍거리지 않는 바탕에 약간의 무늬가 있는) 비단	수필은 담백한 가운데 유머와 위트를 드러냄.
(누에의 입에서 나오는 액이 만드는) 고치	수필은 글쓴이의 개성과 심정에 의해 자연스럽게 쓰여짐.
독백	수필은 고백적 성격의 글임.
(청자연적의) 꼬부라진 꽃잎 하나	수필은 균형 속에 있는, 눈에 거슬리지 않는 파격임.

015 참새 | 윤오영

| 짧은 감상 | 참새에 대한 글쓴이의 상념을 바탕으로 하여 우리 민족의 후덕한 정서가 사라져 가고 있는 현대 사회의 모습을 과거와 비교하고 있는 수필이다.

● 핵심 정리

갈래	경수필		성격	회고적, 성찰적
제재	참새			
주제	우리 민족의 후덕함과 어린 시절을 떠올리게 하는 참새에 대한 상념			
특징	① 전통적인 것들에 대한 애착을 드러냄. ② 과거를 회상하며 현대 사회를 비판적으로 바라봄.			

● 이것만은 꼭!

〈참새〉의 전체 구조

016 설해목 | 법정

| 짧은 감상 | 부드러움이 지닌 강한 힘을 말하고 있는 수필로, 생활 언어를 감각적으로 구사하여 산속의 정경을 생생하게 그려 내고 더 나아가 삶의 깊은 예지(叡智)를 표현하고 있다.

● 핵심 정리

갈래	경수필	성격	교훈적, 사색적
제재	설해(雪害)를 입은 나무		
주제	부드러운 것의 강함		
특징	① 유사한 성격의 여러 사례를 제시함. ② 대립적인 소재를 통해 주제를 효과적으로 드러냄.		

● 이것만은 꼭!

〈설해목〉의 주제 전달 방식

부드러움		강함과 억셈
시중 들어 주기		훈계
눈	⇔	비바람
자비		신통력, 위엄, 권위
물결		무쇠로 된 정

주제	부드러움과 사랑이 억세고 강한 것을 꺾음.

017 비닐우산 | 정진권

| **짧은 감상** | 볼품없는 비닐우산에서 발견한 아름다운 효용성을 이야기하고 있는 수필로, 일상적 사물에 대한 글쓴이의 개성적 인식이 잘 드러나 있다.

◉ 핵심 정리

갈래	경수필	성격	개성적, 성찰적, 회상적
제재	비닐우산		
주제	볼품없는 비닐우산이 지니고 있는 아름다운 효용성		
특징	① 사물의 가치를 새롭게 발견하는 개성적인 인식을 바탕으로 함. ② 간결하고 담백한 문체로 서술함.		

◉ 이것만은 꼭!

'비닐우산'에 대한 글쓴이의 개성적 인식

비닐우산의 특징	글쓴이의 개성적 인식
값이 쌈.	싼값에 비를 피할 수 있고, 어디에다 놓고 와도 부담스럽지 않음.
투명한 비닐로 되어 있음.	우산 위로 떨어져 흐르는 맑고 명랑한 물방울과 묘한 리듬의 빗방울 소리를 감상할 수 있음.
바람이 세게 불면 뒤집힘.	재미없는 일상에 즐거움과 싱그러운 변화를 불러일으킴.

018 당신이 나무를 더 사랑하는 까닭 | 신영복

| **짧은 감상** | 태백산맥 소광리 소나무 숲에서의 사색을 바탕으로 하여 현대 문명의 비정함과 폭력성을 비판하고 오늘날을 살아가는 바람직한 태도를 전하고 있는 수필이다.

◉ 핵심 정리

갈래	경수필, 기행 수필	성격	사색적, 비판적, 교훈적
제재	소광리의 소나무 숲		
주제	이윤 추구를 위해 무차별적 소비를 하는 현대인들의 형태 비판, 현대 문명의 비정함과 폭력성 비판		
특징	① 경어체와 서간체 형식으로 서술함. ② 소나무의 모습을 통해 현대인의 삶에 대한 성찰과 비판적 인식을 보여 줌. ③ 인간과 소나무를 대조하여 교훈을 제시함. ④ 자연에서 얻은 깨달음을 인간 문제로 확대함.		

◉ 이것만은 꼭!

1 '소나무'와 '소나무 같은 사람'의 의미

소나무		소나무 같은 사람
몇백 년의 시간 동안 묵묵히 풍상을 겪어 내는 존재	소나무의 덕성 적용 →	문명의 폭력성을 묵묵히 견디어 내는 존재

2 글쓴이의 깨달음

관찰 및 떠올림	깨달음
'신발 한 켤레의 토지'만을 차지한 채 우람하게 서 있는 소나무를 봄.	좁은 땅에서도 우람한 자태를 드러내는 소나무에 감탄하며 많은 것을 소비하기만 하고 무엇 하나 이루어 내지 못한 자신을 반성함.
산판일을 하는 사람들의 불문율에 관해 생각함.	인간의 욕심 때문에 베어진 나무의 노기를 떠올리며 인간이 자연에 가한 폭력과 폭력적인 소비 행태를 반성함.
거인에게 잡아먹힌 소년에 관한 신화를 생각함.	힘들고 어려운 상황에서도 희망을 잃지 않아야 한다고 생각함.

019 새 출발점에 선 당신에게 | 신영복

| **짧은 감상** | 새 출발을 앞둔 사람들이 가져야 할 자세에 대한 글쓴이의 당부를 편지 형식에 담아내고 있는 수필이다.

◉ 핵심 정리

갈래	경수필	성격	교훈적, 비유적
제재	대학 예비 합격자들에게 해 줄 말		
주제	삶의 본질을 추구하며 실천하는 삶을 살기를 당부함.		
특징	① 자신의 체험을 제시하여 설득력을 얻음. ② 모두에게 적용될 수 있는 '당신'이라는 독자를 설정함.		

◉ 이것만은 꼭!

〈새 출발점에 선 당신에게〉에 나타난 일화에 담긴 의미

	본질인 것	본질이 아닌 것
노인 목수의 그림	• 집을 짓는 순서대로 집을 그림. • 구체적 실천에서 나온 그림	• 집의 지붕부터 그림. • 실천 없는 추상적 관념에서 나온 그림
차치리의 일화	족(足)	탁(度)

⬇

중요한 것(본질)과 부수적인 것(본질이 아닌 것)이 뒤바뀌어 있는 우리의 사고를 비판하고, 삶의 본질을 추구할 것을 당부함.

020 젊은 아버지의 추억 | 성석제

| **짧은 감상** | 어린 시절 자만심에 빠져 있던 글쓴이를 아버지가 지혜롭게 일깨워 줬던 일화를 소개하면서 삶에 대한 깨달음을 전하고 있는 수필이다.

◉ 핵심 정리

갈래	경수필	성격	고백적, 회고적, 성찰적
제재	어린 시절, 아버지와의 대화		
주제	아들의 치기 어린 자만심을 스스로 깨닫게 한 아버지의 지혜		
특징	① 글쓴이의 개성과 삶의 경험이 진솔하게 드러나고 있음. ② 과거의 일을 회상하여 서술함.		

◉ 이것만은 꼭!

글쓴이의 경험과 깨달음

글쓴이는 사춘기적 증상에 빠져 아버지에게 앞으로 학교에 가지 않겠다고 함.

⬇

아버지는 좀 더 생각해 보라고 말하며 자전거 위에 글쓴이를 남겨 두고 혼자 냇가로 내려감.

⬇

글쓴이는 세차게 불어오는 바람에 자전거와 함께 신작로 아래로 굴러떨어질까 두려움에 떨며 아버지를 기다림.

⬇

아버지가 올라와 달밤에 자전거 타고 혼자 있으니 세상이 다 아래로 보이냐고 물음.

⬇

자만심에 빠져 있던 자신의 잘못을 스스로 깨달음.

021 내 유년의 울타리는 탱자나무였다 | 나희덕

| 짧은 감상 | 탱자나무의 가시와 관련된 유년 시절의 기억을 떠올리며 인생의 고통을 대하는 방법에 대해 생각해 보게 하는 교훈적 수필이다.

● 핵심 정리

갈래	경수필	성격	서정적, 체험적, 교훈적
제재	탱자나무		
주제	삶이 주는 고통을 슬기롭게 받아들여 삶의 자양분으로 삼아야 함.		
특징	① 구체적인 사물을 통한 비유를 사용하여 주제를 전달함. ② 일상적 경험을 바탕으로 교훈을 이끌어 냄.		

● 이것만은 꼭!

1 글쓴이가 추구하는 삶의 태도

'가시'에 대한 새로운 생각	가시는 존재를 들어 올리는 힘이자 우리를 겸허하게 만들어 주는 선물임.(가시의 긍정적인 역할)

↓

글쓴이의 태도	가시를 받아들이고 잘 다스려 삶을 발전시켜 나가고자 함.

2 탱자나무 가시와 꽃, 열매의 관계 | 탱자나무는 '가시'를 통해 아름다운 '꽃'을 지킴으로써 '향기로운 열매'를 맺는다. 탱자나무는 날카로운 가시 때문에 스스로를 상처 입히기도 하지만, 결국 그러한 과정을 통해 '열매'를 얻을 수 있다.

022 반 통의 물 | 나희덕

| 짧은 감상 | 밭에서 씨를 뿌리고 김을 매고 물을 주면서 느낀 자연과 사람, 생명에 대한 글쓴이의 생각과 깨달음이 담겨 있는 수필이다.

● 핵심 정리

갈래	경수필	성격	체험적, 사색적, 성찰적
제재	밭을 가꾸는 일		
주제	밭을 가꾸며 자연의 소중함과 생명에 대한 사랑을 깨달음.		
특징	① 농사를 짓는 자신의 체험에서 깨달음을 이끌어 냄. ② 밭을 일구면서 느낀 점을 솔직하게 드러냄. ③ 길이가 짧은 일화를 병렬적으로 제시함.		

● 이것만은 꼭!

글쓴이의 경험과 깨달음

경험	깨달음
당근이 잘 자랄 수 있도록 싹들을 적절히 솎아 냄.	올바른 성장을 가능하게 하는 '적절한 거리'의 중요성을 깨달음.
풀을 뽑지 않아 밭에 잡초가 무성해짐.	• 사람이 잡초와 채소를 구분하여 죽이고 살리는 것에 문제의식을 느낌. • 공존이 땅의 본래적 질서임을 깨달음.
몸이 불편한 할아버지가 직접 물을 길어 와 밭을 일구는 모습을 봄.	몸이 불편해도 농사일에 정성을 쏟는 할아버지의 모습을 통해 생명을 소중히 여기는 마음이 가장 중요함을 깨달음.

023 존재의 테이블 | 나희덕

| 짧은 감상 | 글쓴이가 인도 여행 중에 구입한 '존재의 테이블'과 관련한 경험과 깨달음을 이야기하고 있는 수필로, 일상을 성찰하며 존재의 가치를 느끼려 노력하는 글쓴이의 모습을 보여 주고 있다.

● 핵심 정리

갈래	경수필	성격	성찰적, 반성적, 회고적
제재	존재의 테이블		
주제	존재의 가치를 되찾으려는 노력		
특징	① 식물과 관련된 경험을 떠올리면서 자신의 삶을 성찰함. ② 다른 사람의 삶을 바탕으로 삶의 교훈을 이끌어 냄.		

● 이것만은 꼭!

'존재의 테이블'과 관련한 글쓴이의 심리 변화

• 오랫동안 존재의 테이블 앞에 앉을 시간을 갖지 못해 심적으로 멀게 느껴지기도 함. • 테이블 사이에 먼지가 끼어 가는 것을 보며 자신의 마음에도 먼지가 끼어 가고 있다고 생각함.	⇒	• 테이블을 닦으며 자신의 삶을 비추고, 힘들게 살던 삶을 고요하게 가라앉힘. • 잘 닦인 테이블 앞에 앉아 자신의 삶을 경건하고 진지하게 돌아보려 함.
'존재의 테이블'을 자주 활용하지 못한 것에 씁쓸함을 느낌.		자신의 존재의 의미를 찾으며 일상의 순간들이 고통스러우면서도 행복하다고 느낌.

024 순후와 질박함에 대하여 | 공선옥

| 짧은 감상 | 한 시골 마을에서의 경험을 통해 따뜻한 인정을 느끼고, 이러한 인정이 사라져 가는 오늘날에 대한 안타까움을 담아낸 수필이다.

● 핵심 정리

갈래	경수필	성격	체험적, 성찰적, 비판적
제재	시골 마을에서의 경험		
주제	순후하고 질박한 시골 사람들에게서 받은 위로와 깨달음		
특징	① 대화를 직접 인용하여 생동감을 줌. ② 현대 사회의 문제점과 이에 대한 비판적 시각을 드러냄.		

● 이것만은 꼭!

1 글쓴이의 이동 경로와 깨달음

글쓴이의 집		시골 마을		글쓴이의 집
반복되는 일상에 지쳐 무작정 집을 나섬.	→	• 시골 할머니에게 순후하고 질박한 인정을 느낌. • 아이들에게 고향 같은 어머니가 되어야겠다고 생각함.	→	집안일을 하며 어떻게 늙어 갈 것인가를 생각함.

2 글쓴이가 추구하는 바람직한 공동체의 모습

할머니(시골 사람들)		현대인
• 낯선 사람을 경계하지 않고 친절하게 대함. • 순후하고 질박한 인정을 지님.	⇔	• 무의미한 지식이 너무 많음. • 돈과 권력에 욕심을 부림. • 자신의 건강에만 너무 신경 씀.
긍정적 시각		부정적 시각

타인에게 따뜻하고 후덕한 인정을 베풀 줄 아는 공동체를 추구함.

025 미안합니다 | 장영희

| **짧은 감상** | 미안하다는 말을 해야 하는 상황에서 서로 다른 대응을 보인 글쓴이와 아버지의 일화를 통해 '미안합니다'라는 말이 지닌 위력에 대한 깨달음을 전하고 있는 수필이다.

● 핵심 정리

갈래	경수필	성격	자아 성찰적, 반성적
제재	'미안합니다'라는 말		
주제	'미안합니다'라는 말의 위력과 가치		
특징	① 대조되는 두 가지 일화를 제시하여 내용을 전달함. ② 아버지의 일화를 통해 자신을 되돌아봄으로써 주제 의식을 이끌어 냄.		

● 이것만은 꼭!

〈미안합니다〉의 전체 구성

도입	'미안하다'라는 말을 하는 것을 어려워하는 글쓴이
일화 1	학생에게 미안하다고 말을 해야 할 상황에서 갖가지 구실을 내세워 그 말을 하지 않으려는 글쓴이의 일화
일화 2	'미안합니다'라는 말로 문제를 해결한 아버지와 경비원의 일화
깨달음	자신의 잘못을 인정하고 상대방의 처지를 이해하는 마음의 필요성

026 하필이면 | 장영희

| **짧은 감상** | 보통 부정적 상황에서 사용하는 '하필이면'이라는 말을 조카가 긍정적 상황에서 사용한 경우를 통해 자신의 삶을 긍정적으로 보게 된 글쓴이의 경험과 깨달음을 담은 수필이다.

● 핵심 정리

갈래	경수필	성격	체험적, 사색적
제재	'하필이면'이라는 말		
주제	'하필이면'이라는 말을 통한 삶의 긍정적 성찰		
특징	① 글쓴이의 진솔한 경험과 깨달음이 나타남. ② '하필이면'을 긍정적으로 사용한 어린 조카의 말에 깨달음을 얻음. ③ 인식의 전환을 통해 자신의 삶을 긍정적으로 성찰하게 됨.		

● 이것만은 꼭!

이 글의 구조

'하필이면'	깨달음의 계기	'하필이면'
• 세차한 날에 비가 오고, 줄을 서면 바로 앞에서 매진됨. • 어깨에 새똥이 떨어짐. • 목발에 의지함. • 글 쓰는 재주가 없음. • 하느님이 나누어 주시는 재능을 갖지 못함. • 큰돈을 못 받는 영혼을 갖고 태어남.	조카 아름이가 '하필이면'을 긍정적으로 사용함.	• 훌륭한 부모님 밑에 태어나 좋은 형제들과 인연 맺고 아름다운 세상을 살고 있음. • 먹을 것 입을 것 걱정 없이 편하게 살고 있음. • 똑똑한 학생들을 가르치고 있음. • 많은 사람들이 도와주고 사랑해 줌.
한심하고 슬픈 말		삶을 긍정적으로 보는 말

027 관용은 자기와 다른 것, 자기에게 없는 것에 대한 애정입니다 | 신영복

| **짧은 감상** | 글쓴이가 세계사의 현장에서 역사를 돌아보며 얻은 성찰, 그것을 바탕으로 한 우리의 지향점을 담아낸 기행 수필이다.

● 핵심 정리

갈래	경수필, 기행 수필	성격	사색적, 성찰적
제재	이스탄불		
주제	자기와 다른 것에 대한 관용과 사랑의 중요성		
특징	① 기행문적 요소가 드러남. ② 비유, 예시 등의 방법으로 주제를 드러냄. ③ 경어체를 사용하여 자신의 생각을 부드럽게 전달함.		

● 이것만은 꼭!

이 글의 구조

이스탄불에 대한 상념	• 지리적으로 로마나 파리보다 가까운 이스탄불이 멀게만 느껴짐. • 이스탄불이 멀게 느껴지는 이유는 중국과 서구 유럽에 종속된 사고방식 때문임.
소피아 성당을 중심으로 한 견문과 감상	• 소피아 성당은 서유럽의 유적에 비해 그 가치를 인정받지 못하고 있음. • 원형이 보존된 소피아 성당 내부의 벽화를 보며 이슬람의 관용 정신을 새롭게 인식함.
이스탄불에서 얻은 깨달음과 반성	• 성당과 모스크가 상징하는 문화의 공존은 세계화를 역조명할 수 있는 시각을 제공함. • 우리에게 관용적 사유를 방해하는 요소는 없는지 반성해야 함.

028 피혁삼우 | 오병훈

| **짧은 감상** | 가죽으로 만든 소품 세 가지, 허리띠와 구두, 지갑을 의인화하여 관찰자의 입장에서 이들 각각의 모습과 상황에 대해 서술하고 있다.

● 핵심 정리

갈래	경수필	성격	풍자적, 비유적, 우화적
제재	허리띠, 구두, 지갑		
주제	자신의 주인을 위해 일하는 허리띠와 구두, 지갑의 일상		
특징	① 소품(피혁 제품)을 의인화하여 서술함. ② 3인칭 관찰자가 각각의 소품에 대해 서술함.		

● 이것만은 꼭!

세 소품의 겉모양과 각 소품이 처한 상황

	겉모양	처한 상황
허리띠	• 가느다란 혀 하나와 턱에 의지하여 제 꼬리를 물고 있음. • 꼬리의 구멍이 두 개밖에 남아 있지 않음.	• 주인이 신참 녀석을 데려올까 염려하고 있음. • 나이를 먹는 것도 서러운 와중에 주인이 데려올 신참에게 밀려날 것을 상상하며 서글퍼하고 있음.
구두	• 얼굴과 색깔이 같지만, 좌우가 대칭인 쌍둥이임. • 날씨에 따라, 주인의 행선지에 따라 천차만별의 모습을 보임.	• 하루 종일 백 근이 넘는 주인을 떠받치며 어디든 헤집고 다님. • 식당에서 우연히 만난 구두 아가씨를 잊지 못함.
지갑	외양이 묘사되어 있지 않음.	• 주인의 심장 소리를 자장가처럼 들으며 잠들 수 있는 가장 깊은 곳에 얌전히 숨어 있음. • 주인이 아끼는 것들을 보듬고 다녀 주인의 총애를 받음. • 주인과 영원히 이별할 뻔했다가 사진 한 장을 꼭 껴안고 재회함.

029 소년 시절의 맛 | 성석제

| 짧은 감상 | 라면에 얽힌 다양한 추억과 옛날의 라면 맛을 되찾기 위한 노력을 통해 순수한 꿈과 희망을 지녔던 시절에 대한 그리움을 표현하고 있는 수필이다.

● 핵심 정리

갈래	경수필	성격	회상적, 체험적
제재	라면		
주제	과거에 먹던 라면 맛에 대한 추억과 그리움		
특징	① 체험한 사실을 서사적으로 전개함. ② 특정 사물을 매개체로 하여 어린 시절에 대한 추억을 회상함.		

● 이것만은 꼭!

1 글쓴이가 먹은 라면의 맛

생애 최초로 먹은 라면	기존의 질서에서 살짝 일탈한 위반의 맛, 인스턴트하고 중독의 예감을 안겨 주는 맛

↓

중학교 때 먹은 라면	시골에서 먹던 것보다 짜고 더욱 인스턴트하고 냄새가 강한 맛

↓

고등학교 때 먹은 라면	도서관에 남아 공부를 하려고 라면을 먹는지, 라면을 먹으려고 도서관에 남아 있는지 모를 지경의 맛

↓

군대에서 먹은 라면	수천 명이 이용하는 취사도구를 계급도 없는 훈련병이 독점한 기분을 주는 잊을 수 없는 특별한 맛

2 글쓴이가 소년 시절의 라면 맛을 잃어버린 이유

과거	현재
순수한 꿈과 희망을 지녔던 시절, 잊을 수 없는 라면의 맛을 느낌.	꿈과 희망을 지닌 소년이 아닌 어른이 되었기 때문에 그 시절의 맛을 잃어버림.

↓

소년 시절의 라면 맛에 대한 그리움

030 성난 풀잎 | 이문구

| 짧은 감상 | 잡풀을 베다가 풀독이 올라 고생한 경험을 바탕으로, 인간과 자연에 대한 글쓴이의 인식 변화를 다루고 있는 수필이다.

● 핵심 정리

갈래	경수필	성격	사색적, 성찰적
제재	풀독이 오른 경험		
주제	인간 중심적 사고에 대한 성찰과 반성		
특징	① 글쓴이의 경험을 통해 인식의 변화를 드러냄. ② 다른 사람의 말을 인용하여 내용을 효과적으로 전달함.		

● 이것만은 꼭!

글쓴이의 인식 변화

• 고추밭과 집터서리에 뒤덮인 잡풀은 필요가 없으므로 뽑고 베어 내야 한다고 생각함. • 인간에게 이로운지 해로운지만을 중심으로 상황이나 사태를 판단함.	풀독이 오름.	• 잡풀도 인간과 동등하게 자신을 인위적으로 해치려는 대상에 반발할 수 있다는 것을 깨달음. • 인간 중심이 아닌 대상의 입장을 헤아려 상황이나 사태를 판단함.

이기주의적 사고, 인간 중심적 사상	이타주의적 사고, 생명 존중 사상

031 꽃 출석부 1 | 박완서

| 짧은 감상 | 글쓴이가 마당에 핀 꽃들을 관찰하며 느끼는 즐거움을 표현하고 있는 수필로, 글쓴이의 세심한 관찰력과 섬세한 감정, 자연에 대한 무한한 애정이 드러나 있다.

● 핵심 정리

갈래	경수필	성격	체험적, 개성적
제재	복수초, 마당의 꽃		
주제	어려움을 이겨 내고 때를 지켜 피어나는 꽃들을 기억하고 기다림.		
특징	① 마당에서 꽃을 기르는 글쓴이의 경험을 소재로 함. ② 글쓴이의 세심한 관찰력과 섬세한 감정이 드러남. ③ 머릿속에 꽃 출석부가 생겼다는 표현을 통해 꽃이 피기를 기다리는 설렘과 기쁨을 드러냄.		

● 이것만은 꼭!

1 '복수초(福壽草)'에 대한 글쓴이의 생각 변화

작년 가을	올해 3월	큰 눈이 온 뒤
볼품없는 겉모습 때문에 눈 속에서 피어나는 복수초라는 것이 믿기지 않음.	황량한 마당과 어울리지 않게 샛노란 꽃을 피운 모습이 생뚱스럽다고 생각함.	• 신기해하고 감탄함. • 자랑스럽게 여김.

2 마당에 핀 꽃들에 대한 글쓴이의 태도

• 백 가지가 넘는 꽃들의 이름과 꽃이 피는 시기를 알고 있음. • 피는 순서에 따라 꽃을 정리해 보니 백 번이 넘어 꽃 출석부를 만듦. • 꽃 출석부의 꽃들이 전원 출석하기를 바람.	→	• 꽃을 좋아하고 꽃과 함께하는 생활에 기쁨을 느낌. • 마당에 핀 소박한 꽃들을 모두 소중하게 여기며 관심을 기울임.

032 앎과 힘의 뿌리, 문화유산 | 윤구병

| 짧은 감상 | 글쓴이가 농촌에서 생활하며 겪었던 경험을 이야기하면서, 우리 문화유산 전승의 가치와 중요성을 전달하고 있는 수필이다.

● 핵심 정리

갈래	경수필	성격	체험적, 사색적, 교훈적
제재	조상들의 삶의 흔적인 문화유산		
주제	우리 문화유산 전승의 가치와 중요성		
특징	① 농촌 생활에서 겪었던 경험과 그에 따른 생각 등을 잔잔한 어조로 서술함. ② 우리 문화유산에 대한 가치를 그와 상반되는 대상과 대조하여 서술함.		

● 이것만은 꼭!

1 글쓴이가 대상으로 삼은 문화유산과 그에 대한 글쓴이의 생각

농가의 뜰	겉으로는 초라해 보이지만 실제로는 유용한 나무와 꽃들로 이루어져 있어 생활에 필요한 것을 생산할 수 있는 문화유산임.
마을 어른들과 이웃들	앎과 힘의 원천으로, 살아 숨 쉬는 생명체의 모습으로 전승되어 오는 문화유산임.

2 기르는 문화와 만드는 문화

기르는 문화	만드는 문화
• 자연이 주체임. • 오랫동안 대대로 전승되어 살림의 기둥이자 버팀벽 노릇을 해 옴.	• 자본이 주체임. • '기르는 문화'의 유산을 낡은 것으로 치부하고 함부로 버림.

↓

오랜 세월 동안 전승되어 온 문화유산을 이어받아 '기르는 문화'를 지켜 나가야 함.

033 네가 누리는 축복을 세어 보라 | 장영희

| 짧은 감상 | 신체적 능력만을 능력으로 평가하는 사회적 편견과 장애인에 대한 왜곡된 시선을 비판하면서 자신의 삶이 축복임을 낙관적인 태도로 그리고 있는 수필이다.

● 핵심 정리

갈래	경수필		성격	비판적, 낙관적
제재	잡지 인터뷰 기사			
주제	장애가 있는 것과 상관없이 하루하루가 축복인 삶			
특징	① 장애인에 대한 사회적 편견을 비판함. ② 자신의 삶을 낙관적으로 바라보는 태도가 나타남. ③ 자신이 누리는 많은 축복을 열거함.			

● 이것만은 꼭!

1 이 글에 나타난 장애인에 대한 사회적 편견

• 글쓴이의 삶을 '천형 같은 삶'이라고 칭함.
• 신체장애를 갖고 살아가는 것을 끔찍하고 비참할 것이라 생각함.
• 무언가를 못해서가 아니라 못하리라고 기대함.

↓

장애인이 '장애'인이 되는 것은 신체적 불편함 때문이 아니라
사회가 장애인들을 편견의 틀에 가두고 바라보기 때문임.

2 사회적 편견에 대한 글쓴이의 태도

• 자신의 삶을 천형이라고 생각하지 않음.
• 자신의 삶에도 축복이 있다고 여김.

→

• 장애에 대한 사회적 편견을 비판함.
• 자신의 삶을 긍정적이고 낙관적으로 바라봄.

---

034 너라는 꽃이 피는 계절 | 김난도

| 짧은 감상 | 인간의 삶을 꽃의 생태와 연관 지어 인간도 각자 자신만의 꽃을 피우는 전성기가 있음을 이야기하며, 미래에 대한 불안과 성공에 대한 조바심으로 힘들어하는 젊은이들에게 용기와 위안을 주고 있다.

● 핵심 정리

갈래	경수필		성격	체험적, 사색적, 교훈적, 비유적
제재	꽃과 인생			
주제	일찍 성공하지 못한 것에 좌절하지 말고 자신의 전성기를 대비하라.			
특징	① 인간의 삶을 꽃의 생태와 연관 지어 사람마다 주목받는 시기가 다름을 알기 쉽게 설명함. ② 교수로서 제자(청년)에게 인생에 대해 조언하는 형식으로 서술함.			

● 이것만은 꼭!

1 꽃에서 유추한 인간의 삶

꽃		인간의 삶
• 꽃은 저마다 피는 계절이 다름. • 피는 시기와 무관하게 모두 저마다의 가치가 있다고 생각함.	→	• 누구나 언젠가는 성공할 때가 있음. • 인생에 대해 우열을 가릴 수 없음.

2 옛사람들의 생각에 대한 글쓴이의 해석

옛사람들은 인간의 세 가지 불행 중 첫 번째로 '소년등과'를 꼽음.

↓

이른 출세는 나태와 오만을 불러와 더 이상의 발전을 어렵게 하고 적을 만들기 쉬움.

↓

일찍 성공하지 못한 것 때문에 좌절하지 말고 자신의 전성기를 준비해야 함.

---

035 한 그루 나무처럼 | 윤대녕

| 짧은 감상 | 약수터의 참나무에 박혀 있는 대못을 빼 준 것을 계기로 참나무와 인연을 맺은 사연을 소개하고, 이를 통해 삶의 태도를 반성하며 변치 않는 내면을 지닌 사람이 되고 싶다는 바람을 드러내고 있는 수필이다.

● 핵심 정리

갈래	경수필		성격	체험적, 성찰적
제재	약수터의 참나무			
주제	변하지 않는 삶에 대한 바람			
특징	① 일상적인 소재와 체험을 통해 삶의 자세를 성찰함. ② 자연물과의 교감을 통한 이야기를 전달함.			

● 이것만은 꼭!

글쓴이가 추구하는 삶의 태도

봄의 참나무		겨울의 참나무
연둣빛의 아름다운 잎으로 무성함.	→	모든 잎을 떨군 채 찬바람 속에 말없이 서 있음.

참나무는 무성한 잎을 가진 봄이든 모든 잎을 떨군 겨울이든 관계없이 늘 그 자리에 굳건히 뿌리를 내리고 있음.

↓

글쓴이가 추구하는 삶의 태도	• 한 그루 나무처럼 자연의 순리에 따르고 다른 사람을 포용할 수 있는 사람이 되고 싶음. • 겉모습은 어쩔 수 없이 변하더라도 속마음은 한 그루 나무처럼 변하지 않는 사람이 되고 싶음.

---

036 나와 남 | 장영희

| 짧은 감상 | 자기를 기준으로 다른 사람을 판단하는 태도에서 벗어나 너그러운 마음으로 상대방의 입장을 헤아려 보는 자세를 가져야 함을 당부하고 있는 수필이다.

● 핵심 정리

갈래	경수필		성격	사색적, 교훈적
제재	나와 남			
주제	너그러운 마음으로 남을 대하는 자세의 필요성			
특징	① 신화와 유행가 가사를 인용하여 독자의 흥미를 유발함. ② 누구나 경험해 보았을 만한 상황을 제시하여 독자의 공감을 유도함.			

● 이것만은 꼭!

1 이 글에서 글쓴이가 전달하려는 의미 | 우리는 자신의 단점은 보지 못하지만 남의 단점은 잘 보여서, 살아가면서 남들과 크고 작은 갈등을 겪게 된다. 따지고 보면 '나'와 '남'은 점 하나의 차이에 불과할 정도로 매우 긴밀한 관계를 맺고 있다. 글쓴이는 조금만 달리 생각하면 이해할 수 있는 상대방의 언행에 대해 우리가 너무 민감하게 반응하여 스스로 피곤하게 산다고 생각하며 안타까워하고 있다. 그러면서 조금만 여유를 가지고 나를 대하듯 남을 대하면 단점으로 보였던 상대방의 모습을 이해할 수 있게 되므로 이러한 마음가짐을 가져야 한다는 것을 강조하고 있다.

2 표현 전략과 효과

표현 전략		효과
• 그리스 신화의 내용을 활용함. • 유행가의 가사를 인용함.	→	• 독자의 흥미와 관심을 유발함. • 내용을 더욱 효과적으로 전달함.
• 두뇌 과학자들의 연구 결과를 제시함.	→	• 내용의 신뢰성을 높임.
• 누구나 경험해 보았을 만한 상황을 제시함.	→	• 독자의 공감을 유발함.

037 우리는 어디로부터 왔는가 | 최인호

| **짧은 감상** | 어느 봄날 자신의 집 정원에서 개구리를 발견한 경험을 통해 자연의 신비로운 섭리와 생명의 근원에 대하여 사색하고 있는 수필이다.

● 핵심 정리

갈래	경수필	성격	경험적, 사색적
제재	정원에서 개구리를 발견한 일		
주제	자연의 섭리와 생명의 근원에 대한 사색		
특징	① 정원에서 개구리를 발견한 경험이 생명의 근원에 대한 사색으로 이어지는 과정을 보여 줌. ② 주제와 관련된 시를 인용하여 주제를 부각함. ③ 질문의 형태로 글을 마무리하며 독자들에게 사색의 기회를 부여함.		

● 이것만은 꼭!

이 글에 나타난 글쓴이의 경험과 그에 대한 글쓴이의 생각과 깨달음

글쓴이의 경험	글쓴이의 생각과 깨달음
• 정원에 사는 개구리를 발견함. • 정원에 나방, 참새 등이 날아오는 것을 보게 됨. • 열매가 제대로 맺힐까 걱정했던 모과나무가 봄이 되자 꽃을 피우고 열매를 맺는 것을 보게 됨. • 생명의 근원이 어디서 온 것인지 사색함.	• 개구리가 어디서 왔을지 궁금해함. • 정원에 살아 숨 쉬는 것이 많다는 것을 알게 됨. • 각자의 때에 맞추어 소생하는 생명의 경이로움에서 자연의 섭리를 떠올림. • 식물도 동물도 사람도 모두 흙 한 줌에서 왔음을 깨달음.

038 풀 비린내에 대하여 | 나희덕

| **짧은 감상** | 자동차의 편리함에 익숙해져 있는 현대인들에게 생태 문제에 대한 물음을 던지며 반성과 성찰을 이끌어 내는 교훈적인 수필이다.

● 핵심 정리

갈래	경수필	성격	일상적, 성찰적, 생태적
제재	자동차 운전		
주제	자동차 사용에 대한 바람직한 태도, 문명의 이기와 생태 문제에 대한 성찰		
특징	① 글쓴이의 운전 경험을 바탕으로 생태 문제에 대한 성찰을 이끌어 냄. ② 통념에 대한 비판적 사고를 드러내어 독자에게 성찰의 기회를 제공함.		

● 이것만은 꼭!

'자동차'에 대한 글쓴이의 태도

039 오해 | 박완서

| **짧은 감상** | 글쓴이가 고양이와 있었던 경험에서 얻은 깨달음을 담은 수필로, 고양이에 대한 오해와 그를 통해 깨달은 인간 중심적 사고에 대한 반성이 담겨 있다.

● 핵심 정리

갈래	경수필	성격	경험적, 성찰적
제재	먹이를 챙겨 주던 고양이에게 놀랐던 경험		
주제	고양이에 대한 오해와 성찰		
특징	① 고양이에게 먹이를 준 자신의 생활 경험을 고백하고 있음. ② 경험에서 깨달은 점(성찰)과 느낀 점(정서)이 잘 나타나 있음.		

● 이것만은 꼭!

1 글쓴이의 경험과 그에 따른 정서 변화

2 글쓴이가 고양이에 대해 오해한 내용과 깨달음

고양이에 관한 오해	고양이에 관한 깨달음
고양이는 글쓴이가 먹이를 챙겨 주어서 좋아했을 것이다.	고양이는 직접 음식을 찾아 먹는 것을 더 좋아했을 것이다.
고양이는 새끼들을 자랑하고 감사와 친애의 표시를 하러 나들이를 왔을 것이다.	고양이가 글쓴이에 대한 어떤 감정이나 의도를 가지고 나들이를 나온 것이 아닐 수 있다.
고양이는 글쓴이를 공격하려고 했을 것이다.	고양이는 글쓴이가 아닌 새끼들을 향해서 경고의 메시지를 보냈을 것이다.
고양이는 은혜를 모르는 동물이다.	고양이는 인간에게 길들여지는 것을 거부할지도 모른다.

040 내리막길의 어려움 | 박완서

| **짧은 감상** | 역설적인 제목을 사용한 수필이다. 오르막길 후 내리막길의 경험을 통해 내리막이 더 어렵다는 메시지를 담고 있다.

● 핵심 정리

갈래	경수필	성격	사색적, 성찰적, 관조적
제재	숙부의 회갑 여행		
주제	인생의 내리막길에서 품위 있게 내려오기의 어려움		
특징	① 등산과 하산이라는 숙부의 경험을 통해 교훈을 이끌어 냄. ② 하산의 경험에서 인생의 내리막길을 유추하여 주제를 형상화함.		

● 이것만은 꼭!

이 글의 전개 방식

041 우주와 사랑을 품은 요리, 볶음밥 | 노명우

| 짧은 감상 | 자립 요리로서의 볶음밥의 매력에 대해 이야기하고 있는 수필로, 요리를 통해 어른이 되어 가는 과정을 성찰하고 있다.

◉ 핵심 정리

갈래	경수필		성격	비유적, 설득적, 논리적
제재	볶음밥			
주제	자립 요리의 의미와 자립 요리로서 볶음밥의 매력			
특징	① 볶음밥의 특징을 나열하고 그 장점을 드러냄. ② 십 대 독자를 고려하여 쉽고 재미있는 비유를 통해 흥미를 유발함. ③ 유추의 방식으로 어른이 되는 과정을 볶음밥을 만드는 과정에 빗대어 제시함.			

◉ 이것만은 꼭!

1 글쓴이가 생각하는 진정한 의미의 자립

갓난아이	자기 스스로 먹을 것을 챙기지 못함.
십 대	자신의 먹을거리를 스스로 해결함.
어른	자신이 먹을 것은 물론 다른 사람을 위해 요리를 함.

➡ 진정한 자립은 자신이 먹을 것을 스스로 요리하여 먹는 것을 의미함.

2 이 글의 전개 방식: 유추

볶음밥을 만드는 과정
실패를 통해 자신만의 요리법을 완성해 감.

➡

어른이 되는 과정
실패를 통해 더욱 성숙한 어른이 됨.

042 책 속에 길이 있다 | 이권우

| 짧은 감상 | 글쓴이가 자신의 어린 시절 체험을 바탕으로 책 읽기의 가치와 필요성을 말하고 있는 수필이다.

◉ 핵심 정리

갈래	경수필		성격	회고적, 교훈적
제재	책 읽기			
주제	독서의 가치와 필요성			
특징	① 자신의 경험을 바탕으로 생각을 풀어 나감. ② 다양한 근거를 제시하며 독서의 가치와 중요성을 주장함.			

◉ 이것만은 꼭!

글쓴이가 말하는 책 읽기의 가치

- 인터넷에 있는 수많은 정보 가운데 의미 있는 것을 골라내는 눈을 가질 수 있음.
- 무관해 보이는 정보를 엮어서 가치 있는 지식을 창조하는 능력을 갖출 수 있음.

+

- 문학 작품을 읽고 간접 경험을 함으로써 자신과 다른 사람을 더욱 깊이 이해할 수 있음.
- 고통받는 사람들의 아픔을 헤아리고 그 고통을 어루만질 줄 아는 성숙한 시민으로 성장할 수 있음.

043 과학자의 서재 | 최재천

| 짧은 감상 | 글쓴이가 독서를 통해 성장한 경험을 진솔하게 쓴 수필로, 책을 읽으면서 학문적 길과 삶의 방향을 정립해 나가는 모습이 자세하게 서술되어 있다.

◉ 핵심 정리

갈래	경수필		성격	체험적, 고백적, 회고적
제재	《이기적 유전자》를 읽은 경험			
주제	삶의 가치관과 방향을 재정립하는 데 영향을 미친 독서 경험			
특징	① 자신의 가치관과 인생관, 세계관 변화에 영향을 끼친 독서 경험에 초점을 맞춰 서술함. ② 독서 경험에 따른 그때그때의 감정 변화를 솔직하게 서술함.			

◉ 이것만은 꼭!

《이기적 유전자》를 읽은 뒤 글쓴이의 심리 변화

책을 읽은 직후		생각의 조정 시기		생각의 재정립 시기
여러 가지 삶의 의문이 유전자의 관점에서 명쾌하게 해결됨.	➡	인간의 의지를 부정하는 '이기적 유전자'로 세상을 보니 삶의 의지가 상실됨.	➡	욕심내지 않고 할 수 있는 일에 최선을 다하면 행복과 만족을 얻을 수 있음을 깨달음.
⬇		⬇		⬇
황홀감		좌절감		편안함

044 신생 | 현기영

| 짧은 감상 | 봄을 맞이하여 떠올린 신생의 이미지를 바탕으로 하여 쓴 수필로, 글쓴이는 신생의 봄과 가장 잘 어울리는 것으로 약해 보이지만 강인한 생명력을 지닌 노란 병아리를 떠올리고 있다.

◉ 핵심 정리

갈래	경수필		성격	회상적, 감상적
제재	봄			
주제	봄을 맞이하여 떠올린 신생의 이미지			
특징	① 봄 병아리와 관련된 어린 시절의 체험을 통해 신생의 이미지를 제시함. ② 소설 내용을 인용하여 말하고자 하는 바를 강조함.			

◉ 이것만은 꼭!

1 글쓴이가 병아리와 새싹을 통해 말하고자 하는 바

알 속의 병아리	여린 새싹
딱딱한 알껍데기를 연약한 부리로 깨뜨림.	딱딱하게 굳은 땅을 뚫고 솟아오름.

- 새롭게 태어나기 위해 용기를 내어 기존에 안주해 왔던 세계에서 벗어남.
- 겉으로는 무력해 보이지만, 강인한 생명력을 지니고 있음.

2 신생의 시각적 이미지

신생의 이미지를 나타내는 대상	공통점
• 노란 병아리 • 어린 새싹 • 봄의 햇살 • 초목의 새싹·햇순·속잎	• 가녀린 노란색 • 노란색에 가까운 연두색

045 총, 꽃, 시 | 정재찬

| 짧은 감상 | '총', '꽃', '시'라는 상징적인 소재를 통해 작은 것이 큰 것을 고치고, 부드러운 것이 강한 것을 이긴다는 주제를 전달하고 있는 수필이다.

● 핵심 정리

갈래	경수필	성격	상징적, 사색적
제재	총을 이기는 꽃		
주제	작은 것이 큰 것을 고치고, 부드러운 것이 강한 것을 이긴다.		
특징	① 주제를 전달하기 위해 다양한 분야의 여러 사례를 제시함. ② 상징적인 소재들을 활용하여 주제를 전달함.		

● 이것만은 꼭!

1 '총', '꽃', '시'의 관계

총	꽃
• 폭력적이고 지배적인 힘 • 전쟁, 거친 남성, 군인의 폭력, 주류의 횡포, 지배 언어	• 부드러움 속에 담긴 희망의 힘 • 평화, 여성, 아이, 장애, 변방의 언어

시
• '꽃'을 닮고자 함. • '꽃'이 상징하는 바를 언어로 형상화한 것

2 〈총, 꽃, 시〉에서 글쓴이가 전달하고자 하는 바

• 작은 것이 큰 것을 고칠 수 있음.
• 부드러운 것이 강한 것을 이길 수 있음.
• 변방의 언어가 지배 언어를 반성시킬 수 있음.

II. 극 문학

001 산돼지 | 김우진

| 짧은 감상 | 현실 개혁의 사명감과 기존 질서 사이에서 갈등하는 1920년대 한 청년 지식인의 저항 의식을 표현주의 기법으로 그린 희곡이다.

● 핵심 정리

갈래	장막극, 표현주의 극	성격	실험적, 상징적
배경	① 시간 – 1920년대 ② 공간 – 서울과 가까운 어느 마을		
주제	식민지 지식인의 새로운 삶의 방향 모색과 좌절		
특징	① 우리나라 최초의 표현주의 극임. ② 상징적 수법을 사용하여 인물의 심리를 드러냄.		

● 이것만은 꼭!

제목 '산돼지'의 의미 | '산돼지'는 저돌적이며 주변 환경과 쉽게 타협하지 않는 최원봉의 성격을 드러내는 별명이면서 원봉이 지닌 사회 개혁에 대한 숙명을 의미한다. '산돼지'라는 제목은 자신에게 주어진 숙명과 현실적인 무기력함 사이에서 극심한 정신적 갈등을 느끼는 최원봉의 모습이자 1920년대 식민지 지식인의 모습을 의미하는 것이다.

> **수능에는 이렇게**
>
> [고3 전국연합] • 작품의 시대적 배경과 어울리는 소품들을 준비하도록 지시한다.
> • 최원봉의 마지막 대사는 차혁을 비꼬는 듯한 느낌이 나도록 연기하게 한다.

---

002 토막 | 유치진

| 짧은 감상 | 1920년대를 배경으로 일제 강점기의 가혹한 현실 속에서 파괴되어 가는 농민들의 삶과 이를 극복하려는 의지를 그린 희곡으로, 우리나라 사실주의 극의 효시이다.

● 핵심 정리

갈래	장막극, 비극, 사실주의 극	성격	비판적, 현실 고발적, 사실적
배경	① 시간 – 1920년대 ② 공간 – 어느 가난한 농촌		
주제	일제의 가혹한 억압과 수탈의 참상 고발		
특징	① 사실주의 희곡의 전형임. ② 상징적인 배경을 설정함.		

● 이것만은 꼭!

1 〈토막〉에 나타난 시대적 현실과 이를 상징하는 내용

내용	상징적 의미
다 기울어진 토막	일제의 수탈에 피폐해진 조선
명서 일가의 처지	민족 전체의 비극적 삶의 축소판
명수의 해방 운동	일제에 대한 조선 민중의 투쟁
명수의 죽음	독립에 대한 희망의 좌절
금녀의 마지막 대사	민족의 비극적 현실에 대한 극복 의지와 희망

2 제목 '토막'의 상징적 의미 | 토막은 '움집, 움막집'을 말하는 것으로, 이 작품의 제목이자 무대 배경이다. 토막은 음습하고 어두우며 환기가 되지 않는 곳으로, 인간적인 삶이 어려운 환경이다. 이 작품의 무대 배경으로 제시되는 토막의 빈궁한 모습은, 1920년대의 참담하고 궁핍한 농촌의 현실을 보여 주면서, 동시에 일제의 식민지로 전락한 당시 조선의 사회 현실을 상징적으로 드러내고 있다.

> **수능에는 이렇게**
>
> [평가원] • '삼조'는 '명서'의 집에 오기 전에 '명수'에게 전할 것이 있음을 알았다.

003 영웅 모집 | 채만식

| 짧은 감상 | 서울 파고다 공원을 배경으로 하여 일제 강점기를 살아가던 다양한 사람들의 삶을 보여 주는 희곡이다.

◉ 핵심 정리

갈래	사회극, 실험극	성격	풍자적, 사실적
배경	① 시간 – 1930년대 ② 공간 – 서울 파고다 공원		
주제	일제 강점하에서 비참하게 살아가는 민중을 구원할 영웅 출현에 대한 기대		
특징	① 관찰자적 시선을 가진 중심인물이 주변의 여러 대상을 관찰하는 형식을 취함. ② 당시로서는 낯선 피에로를 중심인물로 등장시킴.		

◉ 이것만은 꼭!

극 전개에 따른 피에로의 위상 변화

피에로는 공원을 지나는 다양한 인물을 관찰하면서 일제 강점하에서 비참하게 살아가는 우리 민중들의 모습에 안타까워하고, 민족의식 없이 살아가는 인물들을 비판한다. 그러나 작품의 후반부에서 피에로는 흡사 약을 팔기 위해 광고하는 것처럼 영웅을 모집하고, 잘못된 정보와 엉뚱한 특전을 내세우는 모습을 보여 결국 풍자의 대상으로 전락하게 된다.

004 소 | 유치진

| 짧은 감상 | 일제 강점기인 1930년대 농촌의 궁핍과 사회적 모순을 보여 주는 대표적인 사실주의 극으로, 소작농과 마름의 갈등 속에 첨예한 사회의식이 드러나 있다.

◉ 핵심 정리

갈래	장막극, 비극, 사실주의 극	성격	사실적, 현실적, 고발적
배경	① 시간 – 1930년대 ② 공간 – 어느 가난한 농촌		
주제	가난에 시달리는 일제 강점기 농촌의 현실		
특징	사실주의 계열의 첫 장막극임.		

◉ 이것만은 꼭!

소재 '소'의 상징적 의미 | 국서에게 '소'는 정신적 기둥이며, 개똥이에게는 일확천금의 기회를 열어 줄 수 있는 수단이다. 또한 말똥이에게는 사랑을 이룰 수 있는 희망이기도 하다. 이처럼 이 작품에서 '소'는 평화로운 농촌 공동체의 소중한 자산이자 희망을 상징한다. 그러므로 일제의 불합리한 소작 제도에 의해 소를 빼앗기게 되는 현실은 국서네로 대표되는 우리 농촌 공동체의 희망이 송두리째 상실되는 것을 의미한다. 이를 더욱 확대해서 본다면, 일제에게서 지켜 내야 할 민족혼을 상징한다고도 할 수 있다.

> **수능에는 이렇게**
>
> [고2 전국연합] • '국서'에게 소는 재산 이상의 의미를 갖고 있다.
> • '국진'은 '국서'와 '논임자' 사이의 갈등을 중재하고 있다.
> • '국서'와 '논임자'의 갈등은 계층 간의 갈등으로 볼 수 있다.
> 소작농과 지주

005 제향날 | 채만식

| 짧은 감상 | 구한말에서 일제 강점기까지 불의한 세력에 저항하는 삶을 산 김성배 일가의 가족사를 통해 지식인으로서의 의무와 책임이 무엇인지를 보여 주는 희곡이다.

◉ 핵심 정리

갈래	장막극	성격	비판적, 저항적
배경	① 시간 – 1937년 가을 ② 공간 – 최 씨의 집		
주제	부정적 세력에 대한 투쟁, 이상향 추구의 영속성		
특징	① 작가의 역사의식이 뚜렷하게 드러남. ② 과거와 현재를 교차하는 방식으로 진행됨. ③ '프로메테우스 이야기'를 삽입하여 일제 강점기 지식인의 책무를 드러냄.		

◉ 이것만은 꼭!

❶ '프로메테우스 신화'의 상징적 의미 | 프로메테우스는 제우스 몰래 불을 훔쳐 내어 인간에게 전해 주고 유용하게 쓸 수 있도록 도와준다. 그 때문에 신의 분노를 사서 영원히 바위에 묶여 독수리에게 살을 쪼이는 형벌을 받게 되는데, 그는 자신의 행위를 뉘우치지 않고 의연한 태도를 보인다. 이러한 프로메테우스의 모습을 제시한 것은 프로메테우스처럼 일제 강점기의 지식인들에게도 민족적 수난을 극복하기 위한 자기희생과 의연한 자세가 필요함을 드러내기 위해서이다.

❷ 〈제향날〉에서 사용된 회상 기법 | 〈제향날〉에서 '회상'은 극을 진행하는 주요 기법이다. 조선 후기부터 일제 강점기에 이르는 포괄적인 이야기를 한 편의 연극으로 만들기는 쉽지 않다. 이에 작가는 서술자와 같은 역할(극 중 서술자)로 최 씨를 설정하고, 최 씨가 손자들에게 해 주는 설명에 따라 동학 농민 운동, 3·1 운동 등의 사건을 무대에 재현하였다.

> **수능에는 이렇게**
>
> [수능] • 작가는 '제향날'이라는 제목을 붙이고 그날을 시간적 배경으로 삼아, 극 중 현재에 찾아온 제삿날의 의미를 독자들이 상기하도록 유도하려 했겠구나.

006 동승 | 함세덕

| 짧은 감상 | 어머니를 향한 강한 그리움을 갖고 있는 동승 도념이 인간적 감정과 종교적 숙명 사이에서 갈등하는 모습을 형상화한 낭만주의 경향의 희곡이다.

◉ 핵심 정리

갈래	단막극, 비극, 낭만주의 극	성격	낭만적, 비극적
배경	① 시간 – 초겨울 ② 공간 – 깊은 산속의 어느 절		
주제	인간적 사랑과 불교의 가르침 사이의 갈등		
특징	① 등장인물의 심리 묘사에 치중함. ② 운명과 의지 사이의 갈등이 잘 드러남.		

◉ 이것만은 꼭!

제목 '동승'의 의미

> **수능에는 이렇게**
>
> [평가원] '비탈길'의 의미
> • 도념의 여정이 순탄하지 않을 것임을 암시한다.
> • 초부와 헤어져 홀로 길을 떠나야 하는 도념의 처지를 보여 준다.
> • 도념이 자신의 일을 스스로 결정하면서 정신적으로 성숙해 나갈 것임을 알려 준다.

007 살아 있는 이중생 각하 | 오영진

| 짧은 감상 | 광복 직후를 배경으로, 부정부패한 행각으로 재산을 모은 이중생의 삶을 통해 인간의 탐욕과 어리석음을 비판하는 희곡이다.

● 핵심 정리

갈래	장막극, 사회 풍자극, 희비극	성격	풍자적, 해학적
배경	① 시간 – 광복 직후 ② 공간 – 서울		
주제	① 친일 세력 청산과 새로운 세계에 대한 희구 ② 이기적이고 탐욕스러운 인물에 대한 풍자와 비판		
특징	① 부정적 인물과 긍정적 인물 간의 대비를 통해 사건을 전개함. ② 해학적 표현을 통해 풍자의 효과를 극대화함.		

● 이것만은 꼭!

제목 '살아 있는 이중생 각하'의 상징적 의미

살아 있는	• 살아 있으면서 죽은 척하는 인물의 이중적 행태에 대한 조롱을 나타냄. • 지키려 했던 재산도 잃고 자식에게 존재를 부정당하는 등 진정으로 살아 있다고 할 수 없다는 반어적 의미를 나타냄.
이중생	• 인물의 '이중성'을 드러내고자 한 이름 • 두 개의 생(生)이란 뜻으로, 두 번 죽는 사람 혹은 살아 있지만 죽은 사람 행세를 해야 하는 인물의 상황을 반영함.
각하	붙일 필요 없는 높임의 호칭을 사용함으로써 인물을 조롱하고 야유하는 의도를 표현함.

008 불모지 | 차범석

| 짧은 감상 | 변화하는 시대에 적응해 나가지 못하는 최 노인 일가의 불행을 사실적으로 그려 낸 희곡이다. 새로운 것과 전통적인 것의 대립을 통해 근대화 과정에서 겪는 가족 해체와 가치관의 변화를 상징적으로 보여 주고 있다.

● 핵심 정리

갈래	장막극, 비극	성격	사실적, 비극적, 세대 고발적
배경	① 시간 – 1950년대 전후(戰後) ② 공간 – 서울 종로 한복판		
주제	근대화 과정에서 겪는 가족의 해체와 가치관의 변화		
특징	① 대조적인 배경 및 인물 설정으로 근대화 과정에서 발생하는 갈등을 드러냄. ② 세대 차이의 비극과 도시 문명의 급격한 변화를 강조하기 위해 대사와 조명 등을 효과적으로 활용함.		

● 이것만은 꼭!

1 제목 '불모지'의 상징적 의미 | '불모지'란 '식물이 자라지 않는 거칠고 메마른 땅'으로 자연적인 조건이 좋지 못하여 식물이 잘 자라지 못하는 곳을 이른다. 작가가 이처럼 부정적인 의미를 지닌 '불모지'를 제목으로 설정한 것은 구세대는 그 힘을 상실하였고 새로운 세대는 아직 뿌리내리지 못한 1950년대를 불모지로 인식했기 때문이다.

2 〈불모지〉에 나타난 인물 간의 갈등 구조

등장인물	인물의 성격	세대적 의미	사회적 의미
최 노인	보수적	기성세대	전통 사회
자식들	현실적	신세대	근대화 사회

수능에는 이렇게

[수능] • 실제 지명의 노출을 통해 극 중 상황에 사실감을 부여하고 있다.
• 자신의 노력이 결실을 맺지 못하여 허망해하는 중심인물의 감정이 드러나는 장소이다. 화초방

009 성난 기계 | 차범석

| 짧은 감상 | 현대의 물질문명 속에서 인간미 없는 모습으로 살아가던 의사가 자신보다 더 비정한 인간에게 분노를 느끼면서 인간성을 회복한다는 내용의 사실주의 극이다.

● 핵심 정리

갈래	단막극, 사실주의 극	성격	사실주의적, 세태 고발적
배경	① 시간 – 현대의 어느 늦가을 ② 공간 – 종합 병원 외과 과장실		
주제	현대인의 인간성 상실과 회복		
특징	① 전반부와 후반부가 대립 구조를 보임. ② 물질문명을 비판하고 휴머니즘을 옹호함. ③ 밀도 있는 심리 묘사로 갈등을 잘 보여 줌.		

● 이것만은 꼭!

〈성난 기계〉의 극적 반전

	전반부		후반부
사건	인옥의 인간적인 호소 ↕ 회기의 냉정한 거절	→	상현의 극단적인 비인간성 ↕ 회기의 인간적인 분노
의미	인간성 상실	→	잠재된 인간성 회복
소재	기계	→	성난 기계

수능에는 이렇게

[고2 전국연합] • 금숙은 의사로서의 회기를 신뢰하고 있다.
• 인옥은 가족들을 위해 자기가 수술을 받아야 한다고 생각한다.

010 원고지 | 이근삼

| 짧은 감상 | 다양한 실험적 기법을 활용하여 현대인들의 무의미하고 반복적인 일상과 부조리한 현실의 모습을 풍자하는 희곡이다.

● 핵심 정리

갈래	단막극, 희극, 부조리극	성격	반사실적, 서사적, 풍자적, 실험적
배경	① 시간 – 현대 ② 공간 – 어느 중년 교수의 가정		
주제	현대인의 기계적인 삶에 대한 풍자		
특징	① 특별한 사건 전개나 뚜렷한 갈등 없이 극 중 상황만을 전개함. ② 무대 장치, 소품, 인물의 분장, 대사, 행동 등을 희극적으로 과장함.		

● 이것만은 꼭!

〈원고지〉의 희극적 과장과 그 의미

대상	희극적 과장	의미
무대	교수가 사용하는 공간을 원고지 무늬로 꾸밈.	규격화된 틀 속에서의 무의미한 일상생활 풍자
의상 및 소품	교수의 원고지 무늬 양복과 쇠사슬	규격화된 틀에 얽매여 살면서 압박감과 구속감을 느끼는 인물의 모습
대사	• 자녀들이 소개하는 내용과 실상의 불일치 • 부모와 대조되는 자녀들의 퉁명스러운 말투	• 대화 단절과 유대감 상실 풍자 • 전도된 가족 관계 풍자
기타	• 똑같은 음악의 반복 • 3년 전과 같은 신문 내용	지루한 일상의 반복

수능에는 이렇게

[평가원] • 소도구를 활용하여 주제의 상징성을 부각하고 있다.
• 교수의 '비명' 같은 하품을 '달콤한 하품'이라고 말하는 장녀의 대사를 통해 가족 간 소통이 원활하지 않음을 드러내고 있다.

011 만선 | 천승세

| **짧은 감상** | 만선에 대한 집념을 불태우며 거친 바다와 싸우는 한 어부의 강인한 의지와 이를 불가능하게 하는 비극적 현실과의 갈등을 그린 희곡이다.

◉ 핵심 정리

갈래	장막극, 비극, 사실주의 극	성격	향토적, 사실적, 비극적
배경	① 시간 – 현대 ② 공간 – 남해안의 어느 어촌		
주제	① 만선에 대한 한 어부의 집념 ② 현실에 대한 인간의 도전과 좌절		
특징	① 사투리와 비속어를 사용하여 향토색과 현장감을 높임. ② 인물의 의지와 집념, 인물 간의 갈등을 섬세하게 표현함.		

◉ 이것만은 꼭!

제목 '만선'의 상징적 의미

인간이 이루고자 하는 삶의 목표이자 가치를 상징함.

수능에는 이렇게

[수능] • 현장감을 강조하기 위해서 사투리를 사용하고 있다.
• 인물의 직업과 공간적 배경을 짐작하게 하는 단어를 사용하고 있다.

---

012 파수꾼 | 이강백

| **짧은 감상** | 우화를 모티프로 하여 1970년대의 정치 상황을 풍자하고 권력의 위선과 허위를 간접적으로 폭로하는 희곡이다.

◉ 핵심 정리

갈래	단막극, 풍자극	성격	풍자적, 교훈적, 상징적, 우화적
배경	① 시간 – 근대 ② 공간 – 어느 마을의 황야에 있는 망루		
주제	진실을 향한 열망과 진실이 통하지 않는 사회의 비극		
특징	① 이솝 이야기를 바탕으로 현실을 우의적으로 그림. ② 상징성이 강한 인물과 소재를 사용함.		

◉ 이것만은 꼭!

〈파수꾼〉에 나타난 다양한 상징

대상	상징적 의미
촌장	지배 이념을 생산하여 민중을 통제하려 하는 권력자
파수꾼 가, 나	지배 이념에 대한 회의 없이 이를 확산·증폭하는 자
파수꾼 다	지배 이념에 대한 회의를 지니고 진실을 밝히려 하는 소수
마을 사람들	지배 이념에 의해 통제되는 다수의 민중
이리 떼	거짓, 지배 이념
흰 구름	진실
망루, 양철 북	불안감을 조성하여 민중을 통제하기 위한 권력의 장치
딸기	권력자만이 누릴 수 있는 특권, 권력자가 민중을 현혹하기 위해 언급하는 회유책
도끼	권력자가 민중을 협박하기 위해 언급하는 대상

수능에는 이렇게

[평가원] • '팻말'은 명분 뒤에 숨겨진 '딸기'라는 실리를 촌장이 차지하게 하는 수단이 된다.

---

013 결혼 | 이강백

| **짧은 감상** | 다양한 실험적 기법을 사용하여 물질 만능주의 시대를 살아가는 현대인에게 소유의 본질과 진정한 사랑의 의미를 생각하게 하는 희곡이다.

◉ 핵심 정리

갈래	단막극, 실험극	성격	풍자적, 희극적, 교훈적
배경	① 시간 – 현대 ② 공간 – 어느 저택		
주제	소유의 본질과 진정한 사랑의 의미		
특징	① 특별한 무대 장치가 없음. ② 관객을 극 중으로 끌어들임. ③ 이야기책의 내용을 극 중 현실로 바꿈.		

◉ 이것만은 꼭!

❶ '결혼'에 대한 인물들의 인식 | 이 작품은 결혼이라는 소재를 바탕으로 사건이 진행되고 있는데, 구성 단계에 따라 결혼의 조건에 대한 인물들의 인식이 달라지고 있다.

❷ 〈결혼〉에서 '시간'과 소품의 기능 | 〈결혼〉은 남자 주인공이 저택을 빌린 '45분간'의 시간 동안 진행되는데, 이는 실제 극이 상연되는 시간의 길이와 일치한다. 즉 45분이 지나고 남자 주인공이 쫓겨나는 순간 끝을 맺게 된다. 〈결혼〉에서 시간의 흐름에 따라 무대 위에서 사라지는 소품은 눈에 보이지 않는 시간의 흐름을 가시화하여 극의 주제 의식을 형성하는 데 기여하고 있다.

수능에는 이렇게

[평가원] • 하인의 등퇴장은 남자가 빌린 물건들이 하나둘씩 없어지는 사실과 결부되어 남자의 초조함을 고조시킨다.
• 남자는 관객들을 극 중 사건 진행으로 끌어들임으로써 관객석과 무대 공간의 경계를 허문다.

---

014 둥둥 낙랑둥 | 최인훈

| **짧은 감상** | 설화로 전해 오는 '호동 왕자 설화'에서 모티프를 빌려 각색한 희곡으로, 나라와 연인을 둘러싼 인간적 고뇌와 욕망을 섬세하게 표현하고 있다.

◉ 핵심 정리

갈래	비극	성격	비극적, 제의적
배경	① 시간 – 고구려 대무신왕 때 ② 공간 – 고구려 궁궐		
주제	개인적 욕망과 윤리적·정치적 현실 사이의 갈등		
특징	① 설화의 민족적 정서를 보편적 정서로 승화함. ② 압축적인 내용 표현으로 긴장감을 지님.		

◉ 이것만은 꼭!

제목 '둥둥 낙랑둥'의 의미 | 이 작품의 제목은 북소리의 의성어와 연관이 있다. 그리고 북소리 중간에 '낙랑(樂浪)'이 들어가 있는 것으로 보아, 낙랑국의 북소리를 나타내고 있음을 알 수 있다. 하지만 이는 고구려에서는 결코 울려서는 안 될 금기의 소리이다. 즉 이 작품의 제목인 '둥둥 낙랑둥'은 고구려에서 울려서는 안 되는 낙랑국의 북소리를 의미하는 것으로, 작품에서 보여 줄 비극을 암시하고 있다.

수능에는 이렇게

[수능] • 호동은 공주에 대한 죄의식 때문에 괴로워하면서도 그로부터 벗어나고 싶어합니다. 이로 인해 갈등하는 모습을 잘 표현해 보십시오.

015 칠산리 | 이강백

| 짧은 감상 | 빨치산의 자식이라는 이유로 버려진 열두 명의 아이들을 위해 희생한 어머니의 삶을 소재로 하여 전쟁과 이데올로기 대립으로 인한 상처와 아픔을 그린 희곡이다.

● 핵심 정리

갈래	장막극, 표현주의 극	성격	사실적, 현실 비판적
배경	① 시간 – 6·25 전쟁 전후 ② 공간 – 칠산리		
주제	전쟁과 이데올로기로 인한 대립의 극복		
특징	① '칠산리'라는 공간이 지닌 상징적 의미를 중심으로 사건이 전개됨. ② 소품을 이용해 과거와 현재를 한 무대 공간에서 교차하도록 구성함. ③ 시어체 대사를 사용해 작품의 주제와 분위기를 인상적으로 드러냄.		

● 이것만은 꼭!

〈칠산리〉에 드러난 갈등 양상

표면적 갈등	
칠산리에 도로를 만들기 위해 어미 무덤의 이장을 요구하는 면장	↔	어미의 무덤과 자신들의 고향을 그대로 지키고 싶어 하는 자식들

이면적 갈등	
어미와 자식들의 흔적을 지워 '빨갱이 소굴' 딱지를 떼려는 마을 사람들	↔	차별과 냉대, 편견과 혐오로 인한 상처에서 벗어나려는 자식들

016 북어 대가리 | 이강백

| 짧은 감상 | 서로 다른 가치관을 지닌 창고지기 자앙과 기임을 통해 현대 산업 사회의 문제점을 비판하는 희곡으로, 상징적 소재를 사용하여 주제를 형상화하고 있다.

● 핵심 정리

갈래	단막극, 부조리극	성격	상징적, 풍자적, 비판적
배경	① 시간 – 현대 ② 공간 – 창고		
주제	산업 사회에서 방향성을 상실한 채 기계적으로 살아가는 현대인의 삶과 인간 소외		
특징	① 소재에 상징적인 의미를 부여함. ② 대립되는 가치관을 지닌 인물들을 통해 현실에 대한 비판 의식을 드러냄.		

● 이것만은 꼭!

'북어 대가리'의 상징성 | 술에 취한 기임에게 자앙이 끓여 주는 북어 대가리는 쓸모 있는 몸뚱이를 상실하고 그저 쓸쓸하고 허무한 생각으로 가득 찬 머리만 덜렁 남은 현대인의 모습을 의미한다. 기임은 북어 대가리를 가리켜 '몸뚱이를 다 잃은 놈이, 머릿속엔 생각이 잔뜩 남아 있는 모양이야!'라고 이야기하는데, 이를 통해 '북어 대가리'는 생각이 너무 많은 자앙의 모습이자 방향성을 잃은 우리 사회, 그 속에서 가치관의 혼란과 부재를 겪는 현대인의 모습을 나타내고 있음을 알 수 있다.

수능에는 이렇게

[고2 전국연합] • '기임'이 떠난 후 혼자 남은 '자앙'의 독백은 기존의 삶의 방식을 확신하지 못하는 내면 의식의 붕괴를 보여 준다.
• '운전수'에게 '서류'는 신뢰할 수 없는 대상이다.
• '자앙'에게 '편지'는 잘못을 바로잡으려는 노력을 의미한다.

017 비 오는 날이면 가리봉동에 가야 한다 | 양귀자 원작, 김윤주 각색

| 짧은 감상 | 1980년대 도시 변두리에 사는 서민들의 삶을 소재로 한 낭독극으로, 타자에 대한 불신이 이해와 공감으로 바뀌는 과정을 그리고 있다.

● 핵심 정리

갈래	낭독극	성격	사실적, 세태 비판적
배경	① 시간 – 1980년대 ② 공간 – 부천 원미동		
주제	소시민들 사이에서 벌어지는 일상의 갈등과 화해		
특징	① 실제 공간을 배경으로 하여 소시민의 삶을 사실적으로 그려 냄. ② 동명의 원작 소설을 각색한 낭독극으로 일반적인 희곡과 달리 내레이터가 중요한 역할을 함. ③ 특정 인물(남편)의 시각에서 다른 인물(임 씨)을 관찰하며 그의 삶을 밝히는 방식으로 사건이 전개됨.		

● 이것만은 꼭!

남편이 임 씨를 이해하는 과정

편견과 오해	임 씨가 일을 제대로 하지 않고 공사비를 부풀릴 것으로 생각함.

↓

편견과 오해의 부분적 해소	임 씨가 일을 성실하고 솜씨 있게 잘한다는 것을 알게 됨.

↓

동정과 연민	임 씨가 고된 삶을 살고 있음을 알게 됨.

↓

편견과 오해의 완전한 해소	임 씨가 공사비를 정직하게 받자 임 씨를 오해한 것에 미안함을 느낌.

018 오발탄 | 이범선 원작, 나소운·이종기 각색

| 짧은 감상 | 전후 한국 사회의 불안하고 절망적인 현실을 그린 동명 소설을 각색한 영화 시나리오로, 주인공 가족의 비극적 삶을 통해 전후 사회의 부조리를 고발하고 있다.

● 핵심 정리

갈래	시나리오	성격	비판적, 고발적
배경	① 시간 – 6·25 전쟁 직후 ② 공간 – 서울 해방촌 일대		
주제	전후 사회의 빈곤과 부조리한 현실 비판		
특징	① 전후 사회의 빈곤과 부조리를 고발함. ② 인물들의 인간상과 허무 의식 표출에 중점을 둠.		

● 이것만은 꼭!

1 제목 '오발탄'의 의미

오발탄	사전적 의미	잘못 쏜 탄환
	상징적 의미	시대에 적응하지 못하고 삶의 방향을 상실한 양심적 인간(철호)

2 철호가 이를 모두 뽑아 버리는 이유

치통		앓던 이를 모두 뽑음.
• 가난한 삶 • 가족 부양에 대한 압박감 • 양심(혼란한 사회를 살아가는 데 걸림돌이 되는 존재)	➡	자신의 삶을 고통스럽게 하는 것을 없애 버리려는 시도
철호를 괴롭히는 것		현실의 고통으로부터의 해방

수능에는 이렇게

[고2 전국연합] • '철호'의 치통은 절망적인 상황에서 느끼는 고통을 상징한다.
• '철호'를 '오발탄'으로 설정한 것은 삶의 방향 감각을 상실한 인물을 부각하기 위한 문학적 장치이다.

031 난장이가 쏘아 올린 작은 공 | 조세희 원작, 박진숙 극본

| 짧은 감상 | 난장이 일가의 삶을 통해 1970년대 급격한 산업화의 물결 속에서 몰락해 가는 소시민들의 아픔을 그린 드라마 대본이다.

◉ 핵심 정리

갈래	시나리오	성격	비판적, 상징적, 고발적
배경	① 시간 – 1970년대 ② 공간 – 도시의 재개발 지역(낙원구 행복동)		
주제	도시 빈민이 겪는 삶의 고통과 좌절		
특징	① 사회적 약자의 삶을 통해 현대 사회의 문제점을 고발함. ② 반어적 표현으로 비극적 상황을 극대화함.		

◉ 이것만은 꼭!

1 **제목 '난장이가 쏘아 올린 작은 공'의 의미** | '난장이'는 육체적 결함을 가진 인물로, 산업화 과정에서 소외되고 경제적으로 궁핍하며 무력감에 빠진 도시 빈민 계층을 상징한다. 그가 쏘아 올린 '공'은 비상하고자 하는 꿈을 상징하는 것으로 불평등한 사회 구조 속에서 고통받고 살아가는 소외 계층(노동자, 도시 빈민)의 낭만적 열망을 표현하고 있다.

2 **작품에 반영된 시대적 상황** | 이 작품의 배경이 되는 1970년대는 한국 사회가 급격하게 산업화가 되어 가던 시기이다. 공장 노동자들이 인간적인 대우를 받지 못하고 착취당했으며, 급격한 도시화 과정에서 가난한 소외 계층이 삶의 터전을 빼앗기고 쫓겨나는 일을 겪기도 하였다. 이 작품은 난장이 일가의 삶을 통해 빈부의 갈등과 급속한 산업화가 불러온 인간의 도구화와 같은 가치 전도 현상 등을 보여 주고 있다.

032 메밀꽃 필 무렵 | 이효석 원작, 동희선·홍윤정 각본

| 짧은 감상 | 동명 소설을 각색한 드라마 대본으로, 한 곳에 정착하지 못하고 떠돌이 삶을 사는 장사꾼의 비애와 안타까운 사랑 이야기를 다루고 있다.

◉ 핵심 정리

갈래	시나리오	성격	낭만적, 서정적
배경	① 시간 – 1920년대 여름 ② 공간 – 강원도 봉평에서 대화 장터로 가는 길		
주제	장돌림의 삶의 애환과 혈육의 정		
특징	① 인물 간의 관계에 초점을 맞춰 주인공의 삶에 주목하게 함. ② 결말에서 암시와 여운을 남김.		

◉ 이것만은 꼭!

허 생원의 방랑과 정착 | 허 생원은 장돌림으로 떠도는 삶을 살아간다. 그런 허 생원이 운명처럼 성 서방네 처녀와 만나 하룻밤을 보내게 된다. 하지만 다음 날, 성 서방네 처녀는 가족들과 함께 빚쟁이에 쫓겨 갑작스럽게 봉평을 떠나고, 허 생원의 방랑도 다시 시작된다. 그러나 떠돌이 생활 중에 운명처럼 동이를 만나게 되고, 동이가 자신의 혈육임을 짐작한 허 생원은 동이, 성 서방네 처녀와 가족을 이루어 정착하고픈 욕구를 느낀다.

033 김 씨 표류기 | 이해준

| 짧은 감상 | 우연히 한강의 밤섬에 표류하게 된 남자 김 씨와 그의 표류 생활을 지켜보는 여자 김 씨의 이야기를 그린 시나리오이다.

◉ 핵심 정리

갈래	시나리오	성격	상징적, 시사적
배경	① 시간 – 현대 ② 공간 – 서울(밤섬, 여자의 방 등)		
주제	현대인의 소외와 소통에 대한 욕구		
특징	① 남자가 머무는 공간(밤섬)과 여자가 머무는 공간(방 안)을 중심으로 사건이 전개됨. ② 두 인물이 세상과 단절된 모습을 통해 소통이 제대로 이뤄지지 않는 현대 사회의 모습을 우회적으로 고발함. ③ 상징적 소재들을 활용해 단절과 소통이라는 주제 의식을 효과적으로 전달함.		

◉ 이것만은 꼭!

제목 '김 씨 표류기'의 상징적 의미

김 씨	• 이름이 없이 성(姓)만을 호칭으로 제시하여 서로를 잘 알지 못하고 파편화되어 살아가는 현대 사회의 익명성을 드러냄. • 주인공의 성을 가장 보편적인 김씨로 설정해 인물들이 처한 상황이 현대인 대부분이 겪는 것임을 보여 줌.
표류	• 사전적 의미: (물 위에 떠서) 정처 없이 흘러가거나 돌아다님. 목적이나 방향, 원칙이나 주관을 잃고 헤맴. • 남자가 한강에서 표류하다가 밤섬에 고립되어 살아가고 있음을 의미하며 더 나아가서는 남자와 여자처럼 삶을 어떻게 헤쳐 나가야 할지 몰라 막막해하는 현대인의 모습을 나타냄.

034 고맙습니다 | 이경희

| 짧은 감상 | 세상을 향해 마음을 닫아버린 의사와 딸이 사고로 수혈을 받다가 에이즈에 걸렸지만 희망을 잃지 않고 살아가는 미혼모의 이야기를 그린 드라마 대본이다.

◉ 핵심 정리

갈래	시나리오	성격	현실적, 서정적
배경	① 시간 – 현대 ② 공간 – 어느 섬마을(푸른도)		
주제	수혈을 받고 에이즈 환자가 된 아이를 둘러싼 사랑의 기적		
특징	① 사실적인 어휘와 표현을 사용함. ② 등장인물 사이의 갈등이 말과 태도를 통해 드러남. ③ 전문어를 사용하여 전문성과 현장감을 드러냄.		

◉ 이것만은 꼭!

영신과 기서의 갈등

영신		기서
• 기서의 사정을 알지 못한 채 마을 어른들을 진료해 주기를 바람. • 기서가 마을 어른들의 부탁을 거절하며 보인 불손한 행동에 화가 남.	⟷	• 의사를 그만두고 섬으로 내려와 심경이 복잡한데, 다짜고짜 몰려든 마을 사람들에게 화가 남. • 마을 사람들의 부탁을 매몰차게 거절하면서 무례한 언행을 보이고, 영신이 이를 지적하자 영신과 갈등함.

035 세상에서 가장 아름다운 이별 | 노희경 원작, 민규동 각색

| 짧은 감상 | 죽음을 앞둔 가정주부의 삶을 소재로 하여 이별을 준비하는 가족들의 슬픔과 안타까움, 가족 간의 사랑을 섬세하게 그려 낸 시나리오이다.

◉ 핵심 정리

갈래	시나리오	성격	서정적, 애상적, 극적
배경	현대의 우리 사회		
주제	가족의 진정한 의미, 이별을 맞이하는 가족의 슬픔과 사랑		
특징	① 죽음을 맞이하는 인물과 그를 바라보는 가족들의 심리를 섬세하게 제시함. ② 파편화된 가족 구성원들이 가족의 사랑과 가치를 확인해 가는 과정이 잘 드러남.		

◉ 이것만은 꼭!

제목 '세상에서 가장 아름다운 이별'의 의미

인희의 입장에서	• 인희의 죽음은 할머니의 환상 속에서 흩날리는 아름다운 꽃가루로 형상화되고 있음. • 지금껏 가족으로부터 받지 못한 따뜻한 사랑과 배려를 느끼며 아름답게 죽음(이별)을 맞이함.
가족의 입장에서	서로에게 소원했던 가족들이 인희의 죽음(이별)을 계기로 가족의 소중함과 가치를 깨닫게 됨.

036 그대를 사랑합니다 | 강풀 원작, 이만희 각색

| 짧은 감상 | 노인들의 사랑과 이별을 소재로 하여 무관심 속에 사회적 보호를 받지 못한 채 살아가는 소외된 이웃들의 삶을 그린 시나리오이다.

◉ 핵심 정리

갈래	시나리오	성격	사실적, 낭만적
배경	① 시간 – 2010년 ② 공간 – 서울의 어느 산동네		
주제	상처를 안고 살아가는 노인들의 애틋한 사랑과 소외된 세대에 대한 관심		
특징	① 사회적 약자인 노인들을 주인공으로 하여 노년층의 삶을 섬세하게 그려 냄. ② 고령화 사회의 소외 계층이 겪는 어려움을 사실적으로 보여 줌.		

◉ 이것만은 꼭!

■ 제목 '그대를 사랑합니다'의 의미 | '그대를 사랑합니다'는 송 씨를 연모하게 된 만석이 손녀인 연아의 조언을 받아 송 씨의 생일날 송 씨에게 고백하는 대사로, 만석이 송 씨를 사랑하는 마음을 담고 있는 표현이다.

② 등장인물을 통해 본 노인 문제

송 씨	장군봉
• 폐지를 주우며 생계를 이어 나감. • 주민 등록증이 없어 제도적 지원을 받지 못함.	• 자녀 셋이 모두 부모를 책임지려 하지 않음. • 치매를 앓는 아내를 돌보며 어려움을 겪다가 죽음을 선택함.

↓
• 가족, 사회로부터 소외된 채 살아감. • 경제적 생활 능력이 부족해 힘겹게 살아감.

037 뿌리 깊은 나무 | 이정명 원작, 김영현·박상연 각색

| 짧은 감상 | 동명의 역사 소설을 각색한 드라마 대본으로, 훈민정음 창제와 반포 과정을 둘러싼 갈등을 바탕으로 세종(이도)이 만들고자 했던 조선의 모습을 담아내고 있다.

◉ 핵심 정리

갈래	시나리오	성격	역사적, 상징적
배경	① 시간 – 조선 초기 세종 때 ② 공간 – 조선		
주제	훈민정음 창제와 반포에 담긴 이도의 이상적인 정치 이념		
특징	① 이도의 고뇌, 열정을 개성적으로 형상화하여 임금인 세종의 인각적 면모를 부각함. ② 역사적 사실에 허구를 가미하여 사실성과 흥미를 동시에 확보함.		

◉ 이것만은 꼭!

훈민정음을 둘러싼 인물 간의 대립 구도

수능에는 이렇게

[고1 전국연합] • 《농사직설》이 한자로 씌어져 백성들에게 소용이 없었기 때문에 이도가 '쉬운 문자'를 만들고자 한 것으로 볼 수 있군.

038 마이 리틀 히어로 | 안호경 각본, 황조윤 각색

| 짧은 감상 | 한 음악 감독과 다문화 가정의 아이가 뮤지컬 배우를 선발하는 오디션에서 우승하기까지의 과정을 그린 시나리오이다.

◉ 핵심 정리

갈래	시나리오	성격	사실적, 현실 비판적
배경	① 시간 – 현대 ② 공간 – 방송국 스튜디오 등		
주제	다문화 가정 자녀에 대한 부정적 시선 비판		
특징	① 경연 공연을 통해 한 편의 뮤지컬과 같은 느낌을 주고 극적 긴장감을 유발함. ② 다문화 가정 자녀에 대한 사회적 인식의 극명한 대립을 통해 현실의 문제를 드러냄.		

◉ 이것만은 꼭!

등장인물이 갈등을 겪는 이유와 해결 방식

	일한	영광
갈등 요소	• 실력보다 학벌이 중요한 사회 • 학력 위조에 따른 불안감과 열등감	• 다문화 가정 자녀에 대한 사회적 편견 • 외모로만 평가되어 위축됨.
해결 방식	• 영광의 순수한 열정을 보고 더 큰 가치에 대해 깨달음. • 자신의 삶을 성찰하고 양심 고백을 함.	• 일한의 도움으로 신뢰를 회복하고 자신감을 갖게 됨. • 경연에서 최종 우승함.

수필·극

039 두근두근 내 인생 | 김애란 원작, 최민석 외 각본

| 짧은 감상 | 선천성 조로증(無老症)에 걸린 열여섯 살 소년 아름과 열일곱 살 어린 나이에 아름을 얻어 부모가 된 대수와 미라의 이야기를 그린 시나리오이다.

◉ 핵심 정리

갈래	시나리오	성격	서정적, 감성적
배경	① 시간 – 2010년대 ② 공간 – 서울		
주제	조로증에 걸린 소년의 삶과 가족 간의 사랑		
특징	① 난치병에 걸린 소년의 삶을 다루면서도 무겁지 않은 경쾌하고 따뜻한 분위기로 독자들에게 감동을 전함. ② 주인공이 삶의 순간순간 느끼는 섬세한 감정들이 잘 드러남.		

◉ 이것만은 꼭!

1 제목 '두근두근 내 인생'의 의미

힘든 투병 생활 속에서도 씩씩하게 살아가는 아름의 인생	부모보다 더 어른스러운 열여섯 살 아들을 둔 미라와 대수의 인생

↓

아름, 미라, 대수가 함께하는 소중한 시간

2 〈두근두근 내 인생〉의 주제

전자 우편을 주고받으며 친구가 되었던 아름과 서하의 이야기	• 선천성 조로증에 걸린 소년이 갖는 삶에 대한 소망 • 삶의 의미
투병 중인 아름과 아름을 돌보는 대수, 미라의 이야기	• 부모와 자식 간의 사랑 • 가족의 소중함

040 님아, 그 강을 건너지 마오 | 진모영

| 짧은 감상 | 노부부의 사랑 이야기와 할아버지의 죽음으로 인한 사별, 그리고 사별을 대하는 안타까움과 슬픔의 정서를 담아낸 다큐멘터리 대본이다.

◉ 핵심 정리

갈래	다큐멘터리 대본	성격	서정적, 애상적
배경	① 시간 – 현대 ② 공간 – 강원도 횡성군		
주제	노부부의 사랑과 이별		
특징	① 인물의 정서를 서정적 풍경을 통해 그려 냄. ② 대조적인 분위기의 장면을 연달아 제시하여 주제를 효과적으로 전달함.		

◉ 이것만은 꼭!

1 정경(情景)을 통한 서정적 형상화 | 정경(情景)이란 정서를 자아내는 경치를 말한다. 이 작품은 노부부의 아름다운 사랑과 이별 그리고 이별을 대하는 인물의 정서를 정경에 담아 서정적으로 형상화하고 있다. 이러한 표현 방식은 직접적인 언어로 설명하는 것보다 더 진한 여운을 남기는 효과가 있다.

2 옷을 태우는 장면의 의미

• 할아버지의 임종이 임박했다는 것을 관객들이 알게 함.
• 슬픔을 억누르고 담담하게 할아버지의 임종을 준비하는 할머니의 모습에서 깊은 사랑을 느끼게 함.
• 이승을 떠난 할아버지, 어릴 때 세상을 떠난 자식들을 위해 옷을 태우는 할머니의 모습을 보여 주어 할머니의 애틋한 마음과 섬세함을 드러냄.

↓

할머니의 할아버지를 향한 애틋한 사랑, 이별의 슬픔을 간접적으로 나타냄.

041 오늘부터 하모니 | 승형수·오혜성

| 짧은 감상 | 고등학교 보컬 동아리 경연 대회 참가를 둘러싸고 벌어지는 이야기를 통해 다문화 학생에 대한 오해와 갈등, 화해와 우정을 그린 웹 드라마 대본이다.

◉ 핵심 정리

갈래	시나리오	성격	사실적, 세태 비판적
배경	① 시간 – 현대 ② 공간 – 고등학교		
주제	사회적 편견으로 인한 갈등과 서로에 대한 이해와 우정		
특징	① 고등학교 학생들의 일상을 사실적으로 묘사함. ② 다문화 사회의 사회적 편견을 지적하는 세태 비판적 시각이 나타남. ③ 웹 드라마의 대본으로 간결한 구성과 빠른 이야기 전개가 돋보임.		

◉ 이것만은 꼭!

제목 '오늘부터 하모니'의 의미

하모니(harmony)는 음악 용어로 '일정한 법칙에 따른 화음의 연결'이란 사전적 의미를 갖고 있음.
① 보컬 동아리 회원들 간의 갈등이 해소되고 화합하여 아름다운 화음을 이룸.
② 하리와 아린이 서로의 충고를 통해 편견과 소외로부터 벗어나 다 함께 어울림.
③ 사회적 편견을 극복하고 사회 구성원들이 서로 배려하고 소통하길 바라는 소망을 내포함.

작품 찾아보기

고전 시가

ㄱ

가노라 삼각산아 | 김상헌   21

가마귀 눈비 마즈 | 박팽년   12

가시리 | 작자 미상   6

간밤의 부던 부람에 | 유응부   13

강남봉이구년 | 두보   11

강산 죠흔 경을 | 김천택   23

강촌 | 두보   10

강호사시가 | 맹사성   17

개를 여라믄이나 기르되 | 작자 미상   25

개야미 불개야미 | 작자 미상   28

견회요 | 윤선도   30

고산구곡가 | 이이   17

곡구롱 우눈 소릐에 | 오경화   22

공무도하가 | 백수 광부의 아내   2

관동별곡 | 정철   19

구지가 | 작자 미상   2

국화야 너눈 어이 | 이정보   20

귀쏘리 져 귀쏘리 | 작자 미상   25

규원가 | 허난설헌   19

금강 일만 이천 봉이 | 안민영   23

ㄴ

나모도 바히 돌도 업슨 뫼헤 | 작자 미상   25

내 모옴 버혀 내여 | 정철   13

논밭 갈아 기음 매고 | 작자 미상   22

누항사 | 박인로   31

눈 마즈 휘여진 듸를 | 원천석   12

님 그린 상사몽이 | 박효관   24

님이 오마 후거눌 | 작자 미상   24

ㄷ

대쵸 볼 불근 골에 | 황희   14

댁들에 동난지이 사오 | 작자 미상   27

덴동 어미 화전가 | 작자 미상   32

도산십이곡 | 이황   17

도솔가 | 월명사   4

동동 | 작자 미상   6

동지ㅅ돌 기나긴 밤을 | 황진이   15

두터비 푸리를 물고 | 작자 미상   28

등악양루 | 두보   10

ㅁ

마음이 지척이면 | 작자 미상   29

만보 | 이황   20

만분가 | 조위   18

만언사 | 안조환   31

만흥 | 윤선도   29

말하기 좋다 하고 | 작자 미상   26

매화 옛 등걸에 | 매화   27

매화사 | 안민영   30

면앙정가 | 송순   18

모죽지랑가 | 득오   3

묏버들 갈히 것거 | 홍랑   15

무어별 | 임제   20

ㅂ

부룸도 쉬여 넘눈 고기 | 작자 미상   24

반중 조홍 감이 | 박인로   29

붉가버슨 아해 ㅣ 들리 | 이정신   28

방 안에 혓는 촛불 | 이개   13

백구ㅣ야 말 무러보쟈 | 김천택   22

백설이 자조진 골에 | 이색   8

벽사창 밖이 어른어른커놀 | 작자 미상   24

보리타작 | 정약용   35

봄비 | 허난설헌   20

봄이 왔다 후되 | 신흠   27

북찬가 | 이광명   33

작품 찾아보기

빈천을 폴랴 ᄒᆞ고 | 조찬한   23

ㅅ

사리화 | 이제현   10

사모곡 | 작자 미상   7

사미인곡 | 정철   19

사유악부 | 김려   36

사할린 본조 아리랑 | 작자 미상   34

상춘곡 | 정극인   18

서경별곡 | 작자 미상   6

서동요 | 서동   3

선상탄 | 박인로   31

선인교 나린 물이 | 정도전   11

설중방우인불우 | 이규보   9

속미인곡 | 정철   19

송인 | 정지상   9

송파에서 시를 주고받으며 | 정약용   36

수양산 부라보며 | 성삼문   12

식어마님 며느라기 낫바 | 작자 미상   26

시집살이 노래 | 작자 미상   33

십 년을 경영ᄒᆞ여 | 송순   14

ㅇ

아리랑 | 작자 미상   33

아츰은 비 오더니 | 신흠   21

야청도의성 | 양태사   5

어부사 | 이현보   17

어부사시사 | 윤선도   30

어이 못 오던가 | 작자 미상   25

어져 내 일이야 | 황진이   15

여수장우중문시 | 을지문덕   5

연행가 | 홍순학   32

오백 년 도읍지를 | 길재   11

오우가 | 윤선도   30

요양의 달 | 허균   34

용비어천가 | 정인지 외   10

유배지에서 처의 죽음을 슬퍼하며 | 김정희   35

유산가 | 작자 미상   32

이 몸이 주거 가셔 | 성삼문   12

이 몸이 주거 주거 | 정몽주   9

이런들 엇더ᄒᆞ며 | 이방원   9

이화에 월백ᄒᆞ고 | 이조년   8

이화우 흣쑤릴 제 | 계랑   16

일동장유가 | 김인겸   31

일신이 사쟈 ᄒᆞ니 | 작자 미상   28

ㅈ

자술 | 이옥봉   35

잠 노래 | 작자 미상   33

재 너머 성권롱 집에 | 정철   16

절명시 | 황현   36

정과정 | 정서   7

정석가 | 작자 미상   7

정선 아리랑 | 작자 미상   34

정읍사 | 어느 행상인의 아내   3

제가야산독서당 | 최치원   6

제망매가 | 월명사   4

주려 주그려 ᄒᆞ고 | 주의식   21

진도 아리랑 | 작자 미상   34

집 방석 내지 마라 | 한호   22

ㅊ

찬기파랑가 | 충담사   4

창 내고쟈 창을 내고쟈 | 작자 미상   26

처용가 | 처용   4

천만 리 머나먼 길희 | 왕방연   14

천지간 만물지중에 | 작자 미상   26

청강에 비 듯는 소릐 | 효종   21

청산도 절로절로 | 송시열   23

청산별곡 | 작자 미상   7

청산은 내 뜻이오 | 황진이   15

청초 우거진 골에 | 임제   16

촉규화 | 최치원　　　　　　　　5

추강에 밤이 드니 | 월산 대군　　　14

추야우중 | 최치원　　　　　　　　5

춘면곡 | 작자 미상　　　　　　　32

춘산에 눈 녹인 바룸 | 우탁　　　　8

ㅍ

풍상이 섯거 친 날에 | 송순　　　13

ㅎ

한거십팔곡 | 권호문　　　　　　18

한림별곡 | 한림 제유　　　　　　8

한숨아 셰 한숨아 | 작자 미상　　27

훈 눈 멀고 훈 다리 저는 | 작자 미상　29

훈 잔 먹새 그려 | 정철　　　　　16

해가 | 작자 미상　　　　　　　　2

헌화가 | 견우 노인　　　　　　　3

화왕가 | 이익　　　　　　　　　35

황조가 | 유리왕　　　　　　　　2

흥망이 유수ᄒ니 | 원천석　　　　11

고전 산문

ㄱ

가락국기 | 작자 미상　　　　　　37

강령 탈춤 | 작자 미상　　　　　56

격황소서 | 최치원　　　　　　　40

경문 대왕 이야기 | 작자 미상　　39

경설 | 이규보　　　　　　　　　41

공방전 | 임춘　　　　　　　　　40

광문자전 | 작자 미상　　　　　48

구운몽 | 작자 미상　　　　　　45

국선생전 | 이규보　　　　　　　40

국순전 | 임춘　　　　　　　　　40

규중칠우쟁론기 | 작자 미상　　50

김현감호 | 작자 미상　　　　　39

꼭두각시놀음 | 작자 미상　　　56

ㄴ

나무꾼과 선녀 | 작자 미상　　　57

낙치설 | 김창흡　　　　　　　　52

난중일기 | 이순신　　　　　　　43

ㄷ

단군 신화 | 작자 미상　　　　　37

도미 설화 | 작자 미상　　　　　38

동명일기 | 의유당　　　　　　　52

ㅁ

만복사저포기 | 김시습　　　　　42

ㅂ

바리데기 신화 | 작자 미상　　　57

박씨전 | 작자 미상　　　　　　44

보지 못한 폭포 | 김창협　　　　43

봉산 탈춤 | 작자 미상　　　　　55

ㅅ

사씨남정기 | 작자 미상　　　　45

산성일기 | 어느 궁녀　　　　　51

상기 | 박지원　　　　　　　　　53

서포만필 | 김만중　　　　　　　51

세경본풀이 | 작자 미상　　　　58

소대성전 | 작자 미상　　　　　46

수오재기 | 정약용　　　　　　　54

숙향전 | 작자 미상　　　　　　45

심청전 | 작자 미상　　　　　　47

ㅇ

양반전 | 작자 미상　　　　　　49

양주 별산대놀이 | 작자 미상　　56

예덕선생전 | 작자 미상　　　　49

옛사람의 독서 일기 | 유만주　　53

작품 찾아보기

옥루몽 | 작자 미상   50

온달 설화 | 작자 미상   37

왕오천축국전 | 혜초   39

요로원야화기 | 박두세   51

용궁부연록 | 김시습   42

용소와 며느리 바위 | 작자 미상   57

운영전 | 작자 미상   45

원이 엄마의 한글 편지 | 이응태의 부인   51

유충렬전 | 작자 미상   46

의산문답 | 홍대용   52

이름 없는 꽃 | 신경준   52

이상자대 | 이규보   41

이생규장전 | 김시습   42

이야기 주머니 | 작자 미상   57

이옥설 | 이규보   41

이춘풍전 | 작자 미상   50

일야구도하기 | 박지원   53

임경업전 | 작자 미상   47

임진록 | 작자 미상   46

ㅈ

장끼전 | 작자 미상   48

적벽가 | 작자 미상   55

제석본풀이 | 작자 미상   58

조신지몽 | 작자 미상   38

조웅전 | 작자 미상   47

조침문 | 유씨 부인   54

주몽 신화 | 작자 미상   37

주봉설 | 강유선   43

주옹설 | 권근   43

지귀 설화 | 작자 미상   38

지하국 대적 퇴치 설화 | 작자 미상   39

ㅊ

차마설 | 이곡   42

채봉감별곡 | 작자 미상   50

천지왕본풀이 | 작자 미상   58

청강사자현부전 | 이규보   41

최고운전 | 작자 미상   44

최척전 | 작자 미상   44

춘향가 | 작자 미상   55

춘향전 | 작자 미상   47

ㅌ

토끼전 | 작자 미상   48

통곡할 만한 자리 | 박지원   53

ㅍ

포화옥기 | 이학규   54

ㅎ

하회 별신굿 탈놀이 | 작자 미상   56

한중록 | 혜경궁 홍씨   54

허생전 | 작자 미상   49

호질 | 작자 미상   49

홍계월전 | 작자 미상   46

홍길동전 | 작자 미상   44

화왕계 | 설총   38

흥보가 | 작자 미상   55

흥보전 | 작자 미상   48

현대 시

ㄱ

가난한 사랑 노래 – 이웃의 한 젊은이를 위하여 | 신경림   77

가는 길 | 김소월   60

가을밤 | 오창렬   91

가정 | 이상   64

거산호 Ⅱ | 김관식   77

거울 | 이상   63

경부 텰도 노래 | 최남선   59

고래를 위하여 | 정호승　86
공사장 끝에 | 이시영　81
광야 | 이육사　67
구부정 소나무 | 리진　72
국수 | 백석　65
귀뚜라미 | 나희덕　84
그 복숭아나무 곁으로 | 나희덕　85
그 사람의 손을 보면 | 천양희　85
글로벌 블루스 2009 | 허수경　91
길을 찾아서 4 - 명암리 길 | 천양희　85
깨끗한 식사 | 김선우　89
껍데기는 가라 | 신동엽　74
꽃 | 김춘수　71
꽃 | 이육사　67
꽃덤불 | 신석정　70
〈꽃〉의 패러디 | 오규원　80

ㄴ
나는 고양이로 태어나리라 | 황인숙　80
나도 그들처럼 | 백무산　91
낙화 | 이형기　74
낙화 | 조지훈　70
남신의주 유동 박시봉방 | 백석　71
납작납작 - 박수근 화법을 위하여 | 김혜순　79
농무 | 신경림　77
누가 하늘을 보았다 하는가 | 신동엽　74
누군가 나에게 물었다 | 김종삼　76
눈 | 김수영　71
눈물 | 김현승　72
님의 침묵 | 한용운　61

ㄷ
다시 느티나무가 | 신경림　92
동심가 | 이중원　59

ㄹ
라디오같이 사랑을 끄고 켤 수 있다면 | 장정일　81

ㅁ
먼 후일 | 김소월　60
모닥불 | 백석　65
모닥불 | 안도현　82
모란이 피기까지는 | 김영랑　64
모진 소리 | 황인숙　89
목계 장터 | 신경림　77
묵화 | 김종삼　76

ㅂ
바퀴벌레는 진화 중 | 김기택　83
배를 매며 | 장석남　88
백록담 | 정지용　63
백화 | 백석　65
버팀목에 대하여 | 복효근　88
벽공 | 이희승　66
별 닦는 나무 | 공광규　92
별 헤는 밤 | 윤동주　68
봄 | 이성부　78
봄꽃 | 함민복　83
봄눈 오는 밤 | 황인숙　84
봄은 고양이로다 | 이장희　61
비 | 정지용　63
빼앗긴 들에도 봄은 오는가 | 이상화　62

ㅅ
사과를 먹으며 | 함민복　82
사는 일 | 나태주　87
사랑 | 김수영　73
사향 | 김상옥　70
산도화 | 박목월　69
산속에서 | 나희덕　84
산수유나무의 농사 | 문태준　88
산에 가면 | 박재삼　74
산유화 | 김소월　60
산이 날 에워싸고 | 박목월　69
상처는 스승이다 | 정호승　86

작품 찾아보기

상치쌈 | 조운   70

샤갈의 마을에 내리는 눈 | 김춘수   76

서시 | 윤동주   68

선운사에서 | 최영미   84

섬진강 1 | 김용택   80

성북동 비둘기 | 김광섭   75

성에꽃 | 최두석   82

세일에서 건진 고흐의 별빛 | 황동규   87

세한도 | 고재종   87

수의 비밀 | 한용운   62

쉽게 씌어진 시 | 윤동주   68

슬픔이 기쁨에게 | 정호승   79

신선 재곤이 | 서정주   78

신의 방 | 김선우   89

ㅇ

아지랑이 | 이영도   75

아침 이미지 1 | 박남수   75

앞날 | 이성복   79

애국하는 노래 | 이필균   59

어느 날 고궁을 나오면서 | 김수영   73

엄마 걱정 | 기형도   81

여우난골족 | 백석   64

오 분간 | 나희덕   85

오감도 – 시 제1호 | 이상   64

오랑캐꽃 | 이용악   66

올 여름의 인생 공부 | 최승자   79

외할머니의 뒤안 툇마루 | 서정주   78

우리 동네 구자명 씨 | 고정희   81

우주인 | 김기택   83

울타리 밖 | 박용래   76

원어 | 하종오   90

유리창 Ⅰ | 정지용   62

윤동주 시집이 든 가방을 들고 | 정호승   86

윤사월 | 박목월   67

율포의 기억 | 문정희   90

의자 | 이정록   90

ㅈ

자동문 앞에서 | 유하   92

자화상 | 윤동주   67

저녁에 | 김광섭   75

저문 강에 삽을 씻고 | 정희성   78

전라도 젓갈 | 문병란   88

절정 | 이육사   66

접동새 | 김소월   60

즐거운 편지 | 황동규   72

진달래꽃 | 김소월   61

질투는 나의 힘 | 기형도   82

ㅊ

참 맑은 물살 – 회문산에서 | 곽재구   86

참회록 | 윤동주   68

첫사랑 | 고재종   87

청노루 | 박목월   69

청포도 | 이육사   66

초혼 | 김소월   61

춘설 | 정지용   63

ㅌ

택배 상자 속의 어머니 | 박상률   92

ㅍ

파랑새 | 한하운   71

평상이 있는 국숫집 | 문태준   89

푸른 곰팡이 – 산책시 1 | 이문재   91

풀 | 김수영   73

풀벌레들의 작은 귀를 생각함 | 김기택   83

프란츠 카프카 | 오규원   80

ㅎ

하관 | 박목월   69

할머니 꽃씨를 받으시다 | 박남수   72

해에게서 소년에게 | 최남선   59

향수 | 정지용   62

흙 | 문정희   90

흥부 부부상 | 박재삼   73

흰 바람벽이 있어 | 백석   65

동백꽃 | 김유정   96

두근두근 내 인생 | 김애란   111

떡 | 김유정   95

현대 소설

ㄱ

갈매나무를 찾아서 | 김소진   108

겨울 나들이 | 박완서   102

격정 시대 | 김학철   106

고향 | 현진건   94

고향 | 이기영   94

관촌수필 | 이문구   101

광장 | 최인훈   100

구마검 | 이해조   93

그 여자네 집 | 박완서   108

그해 겨울은 따뜻했네 | 박완서   104

꺼삐딴 리 | 전광용   100

ㄴ

나의 아름다운 이웃 | 박완서   107

난쟁이가 쏘아 올린 작은 공 | 조세희   103

날개 | 이상   96

남한산성 | 김훈   110

너와 나만의 시간 | 황순원   99

논 이야기 | 채만식   98

ㄷ

달밤 | 이태준   94

도도한 생활 | 김애란   110

도요새에 관한 명상 | 김원일   104

돌다리 | 이태준   98

ㄹ

레디메이드 인생 | 채만식   95

ㅁ

마지막 땅 | 양귀자   106

만무방 | 김유정   95

만세전 | 염상섭   93

메밀꽃 필 무렵 | 이효석   97

명랑한 밤길 | 공선옥   111

무정 | 이광수   93

미스터 방 | 채만식   98

ㅂ

복덕방 | 이태준   97

봄·봄 | 김유정   96

비 오는 날이면 가리봉동에 가야 한다 | 양귀자   106

빼떼기 | 권정생   107

뿌리 이야기 | 김숨   112

ㅅ

삼대 | 염상섭   94

삼포 가는 길 | 황석영   102

생명 | 백남룡   105

서울, 1964년 겨울 | 김승옥   101

세상에 단 한 권뿐인 시집 | 박상률   110

세상에 없는 나의 집 | 금희   113

소년을 위로해 줘 | 은희경   111

소리의 빛 | 이청준   104

소설가 구보 씨의 일일 | 박태원   95

수난 이대 | 하근찬   99

스노우맨 | 서유미   112

시장과 전장 | 박경리   100

19세 | 이순원   108

작품 찾아보기

ㅇ

아홉 켤레의 구두로 남은 사내 | 윤흥길   103

엄마의 말뚝 2 | 박완서   104

역마 | 김동리   99

역사 | 김승옥   100

완장 | 윤흥길   105

우리 동네 황 씨 | 이문구   103

유예 | 오상원   99

유자소전 | 이문구   107

은강 노동 가족의 생계비 | 조세희   103

입동 | 김애란   112

ㅈ

장마 | 윤흥길   102

종탑 아래에서 | 윤흥길   109

ㅊ

처삼촌 묘 벌초하기 | 성석제   111

천변 풍경 | 박태원   97

치숙 | 채만식   97

1965년, 어느 이발소에서 | 이호철   101

ㅋ

카메라와 워커 | 박완서   102

칼의 노래 | 김훈   109

코끼리 | 김재영   110

ㅌ

태백산맥 | 조정래   105

태평천하 | 채만식   98

토지 | 박경리   101

투명 인간 | 성석제   112

ㅎ

한데서 울다 | 공선옥   109

해산 바가지 | 박완서   105

허생의 처 | 이남희   107

혈의 누 | 이인직   93

화랑의 후예 | 김동리   96

황만근은 이렇게 말했다 | 성석제   108

황진이 | 홍석중   109

흐르는 북 | 최일남   106

수필

ㄱ

게 | 김용준   115

과학자의 서재 | 최재천   124

관용은 자기와 다른 것, 자기에게 없는 것에 대한 애정입니다 | 신영복   120

권태 | 이상   114

꽃 출석부 1 | 박완서   121

ㄴ

나와 남 | 장영희   122

내 유년의 울타리는 탱자나무였다 | 나희덕   119

내리막길의 어려움 | 박완서   123

너라는 꽃이 피는 계절 | 김난도   122

네가 누리는 축복을 세어 보라 | 장영희   122

ㄷ

당신이 나무를 더 사랑하는 까닭 | 신영복   118

뒤지가 진적 | 이희승   116

ㅁ

무궁화 | 이양하   115

미안합니다 | 장영희   120

ㅂ

바다 | 이태준   115

반 통의 물 | 나희덕   119

비닐우산 | 정진권   118

ㅅ

산정무한 | 정비석   116

산촌 여정 | 이상   114

새 출발점에 선 당신에게 | 신영복   118

설해목 | 법정   117

성난 풀잎 | 이문구   121

소년 시절의 맛 | 성석제   121

수필 | 피천득   117

순후와 질박함에 대하여 | 공선옥   119

신생 | 현기영   124

ㅇ

앎과 힘의 뿌리, 문화유산 | 윤구병   121

여백을 위한 잡담 | 박태원   114

오해 | 박완서   123

우리는 어디로부터 왔는가 | 최인호   123

우주와 사랑을 품은 요리, 볶음밥 | 노명우   124

은전 한 닢 | 피천득   116

이제야 참 조선인이 되었다 | 이봉창   114

ㅈ

젊은 아버지의 추억 | 성석제   118

존재의 테이블 | 나희덕   119

ㅊ

참새 | 윤오영   117

책 속에 길이 있다 | 이권우   124

총, 꽃, 시 | 정재찬   125

측상락 | 윤오영   116

ㅌ

특급품 | 김소운   117

ㅍ

파초 | 이태준   115

풀 비린내에 대하여 | 나희덕   123

피혁삼우 | 오병훈   120

ㅎ

하필이면 | 장영희   120

한 그루 나무처럼 | 윤대녕   122

극

ㄱ

결혼 | 이강백   128

고맙습니다 | 이경희   130

그대를 사랑합니다 | 강풀 원작, 이만희 각색   131

김 씨 표류기 | 이해준   130

ㄴ

난장이가 쏘아 올린 작은 공 | 조세희 원작, 박진숙 극본   130

님아, 그 강을 건너지 마오 | 진모영   132

ㄷ

동승 | 함세덕   126

두근두근 내 인생 | 김애란 원작, 최민석 외 각본   132

둥둥 낙랑둥 | 최인훈   128

ㅁ

마이 리틀 히어로 | 안호경 각본, 황조윤 각색   131

만선 | 천승세   128

메밀꽃 필 무렵 | 이효석 원작, 동희선·홍윤정 각본   130

ㅂ

북어 대가리 | 이강백   129

불모지 | 차범석   127

비 오는 날이면 가리봉동에 가야 한다 | 양귀자 원작, 김윤주 각색   129

뿌리 깊은 나무 | 이정명 원작, 김영현·박상연 각색   131

작품 찾아보기

ㅅ

산돼지 | 김우진   125

살아 있는 이중생 각하 | 오영진   127

성난 기계 | 차범석   127

세상에서 가장 아름다운 이별 | 노희경 원작, 민규동 각색   131

소 | 유치진   126

ㅇ

영웅 모집 | 채만식   126

오늘부터 하모니 | 승형수·오혜성   132

오발탄 | 이범선 원작, 나소운·이종기 각색   129

원고지 | 이근삼   127

ㅈ

제향날 | 채만식   126

ㅊ

칠산리 | 이강백   129

ㅌ

토막 | 유치진   125

ㅍ

파수꾼 | 이강백   128

MEMO

MEMO